Sociologia

Dados Internacionais de Catalogação na Publicação (CIP)
(Câmara Brasileira do Livro, SP, Brasil)

Sociologia : sua bússola para um novo mundo / Robert Brym...[et al.]. -- São Paulo : Thomson Learning, 2006.

Outros autores: John Lie, Cynthia Lins Hamlin, Remo Mutzenberg, Eliane Veras Soares, Heraldo Pessoa Souto Maior.
Título original: Sociology : your compass for a new world.
Vários tradutores.
Bibliografia.
ISBN 85-221-0467-0

1. Sociologia I. Brym, Robert. II. Lie, John. III. Hamlin, Cynthia Lins. IV. Mutzenberg, Remo. V. Soares, Eliane Veras. VI. Souto Maior, Heraldo Pessoa.

06-3025 CDD-301

Índice para catálogo sistemático:
1. Sociologia 301

Sociologia

Sua Bússola para um Novo Mundo

1ª edição brasileira

Robert J. Brym
Universidade de Toronto

John Lie
Universidade da Califórnia, Berkeley

Cynthia Lins Hamlin
Universidade Federal de Pernambuco

Remo Mutzenberg
Universidade Federal de Pernambuco

Eliane Veras Soares
Universidade Federal de Pernambuco

Heraldo Pessoa Souto Maior
Universidade Federal de Pernambuco

THOMSON

Austrália Brasil Canadá Cingapura Espanha Estados Unidos México Reino Unido

THOMSON

Gerente Editorial:
Patricia La Rosa

Editora de Desenvolvimento:
Danielle Mendes Sales

Supervisor de Produção Editorial:
Fábio Gonçalves

Produtora Editorial:
Gabriela Trevisan

Supervisora de Produção Gráfica:
Fabiana Alencar Albuquerque

Adaptado de:
Sociology: Your Compass for a New World, 2nd edition
ISBN: 0-534-62784-6

Copidesque:
Elis Abreu

Revisão:
Andréa Pisan Soares Aguiar
Cristiane Maruyama
Gisele Múfalo

Editoração Eletrônica:
Megaart Design

Capa:
Eduardo Bertolini

Impresso no Brasil.
Printed in Brazil.

1 2 3 4 08 07 06

Junho de 2006

Rua Traipu, 114 – 3º andar
Perdizes – CEP 01235-000
São Paulo – SP
Tel.: (11) 3665-9900
Fax: (11) 3665-9901
sac@thomsonlearning.com.br
www.thomsonlearning.com.br

Dados Internacionais de Catalogação na Publicação (CIP)
(Câmara Brasileira do Livro, SP, Brasil)
Sociologia : sua bússola para um novo mundo / Robert Brym...[et al.]. -- São Paulo : Thomson Learning, 2006.
Outros autores: John Lie, Cynthia Lins Hamlin, Remo Mutzenberg, Eliane Veras Soares, Heraldo Pessoa Souto Maior.
Título original: Sociology : your compass for a new world.
Vários tradutores.
Bibliografia.
ISBN 85-221-0467-0
1. Sociologia I. Brym, Robert. II. Lie, John. III. Hamlin, Cynthia Lins. IV. Mutzenberg, Remo. V. Soares, Eliane Veras. VI. Souto Maior, Heraldo Pessoa.
06-3025 CDD-301

Índice para catálogo sistemático:
1. Sociologia 301

A nossos alunos.

Sobre os Autores

Robert J. Brym estudou no Canadá e em Israel, tendo completado seu doutorado na Universidade de Toronto, onde atualmente é professor titular de sociologia. Entre seus principais livros pode-se citar *Intellectuals and Politics* (Londres e Boston: Allen & Unwin, 1980), *From Culture to Power* (Toronto: Oxford University Press, 1989) e *The Jews of Moscow, Kiev, and Minsk* (Nova York: New York University Press, 1994). Foi editor da *Current Sociology*, revista da Associação Sociológica Internacional (ISA), de 1992 a 1997. Atualmente, dedica-se a uma pesquisa sobre homens-bomba, com a colaboração de uma equipe de sociólogos israelenses e palestinos.

John Lie nasceu na Coréia do Sul, cresceu no Japão e no Havaí e estudou na Universidade de Harvard. Entre seus livros mais recentes pode-se citar *Multiethnic Japan* (Cambridge MA: Harvard University Press, 2001) e *Modern Peoplehood* (Cambridge MA: Harvard University Press, 2004). Atualmente, é diretor do Instituto de Estudos Internacionais da Universidade da Califórnia, em Berkeley. Seus interesses no campo da pesquisa são a teoria social e a economia política.

Cynthia Lins Hamlin estudou na Universidade Federal de Pernambuco (UFPE) e na Universidade de Sussex (Inglaterra), na qual cursou seu doutorado. Atualmente, é professora-adjunta do curso de Ciências Sociais e do programa de pós-graduação em Sociologia da UFPE, lecionando fundamentos de sociologia, metodologia das ciências sociais e teoria social. Entre suas principais publicações pode-se citar *Spiegazione Scientifica e Relativismo Culturale* (com Raymond Boudon e Enzo di Nuoscio. Roma: LUISS University Press, 2000 e 2004) e *Beyond Relativism: Raymond Boudon, Cognitive Rationality and Critical Realism* (Londres: Routledge, 2002).

Remo Mutzenberg é sociólogo e estudou na Universidade Federal de Pernambuco (UFPE), onde cursou mestrado e doutorado. Iniciou sua vida profissional como educador em organizações e movimentos sociais. Atualmente, é professor-adjunto da UFPE, ministrando as disciplinas coleta e análise de dados, metodologia da pesquisa e fundamentos de sociologia. Desenvolve pesquisa na área de movimentos sociais, tema de sua tese de doutorado e sobre a qual possui artigos publicados.

Eliane Veras Soares é socióloga, tendo estudado na Universidade de Brasília (UnB) e na Universidade de Genebra. Atualmente, é professora-adjunta da UFPE, ministrando as disciplinas fundamentos de sociologia, introdução ao estudo da sociedade brasileira e sociedade brasileira contemporânea. Dedica-se ao estudo do pensamento social no Brasil e é autora do livro *Florestan Fernandes, o Militante Solitário* (São Paulo: Cortez, 1997).

Heraldo Pessoa Souto Maior é sociólogo, professor emérito da Universidade Federal de Pernambuco (UFPE) e pesquisador emérito da Fundação Joaquim Nabuco. Foi pesquisador honorário associado do Departamento de Antropologia Social da Universidade de Harvard (1975-1976). Em 2005, recebeu o Prêmio Florestan Fernandes da Sociedade Brasileira de Sociologia. Atualmente, leciona análise sociológica no programa de pós-graduação em Sociologia da UFPE e realiza pesquisas nas áreas de história da sociologia no Brasil e de teoria social. Tem artigos publicados sobre a família brasileira e sobre os aspectos da sociologia no Brasil.

SUMÁRIO

PARTE II – PROCESSOS SOCIAIS BÁSICOS

3 CULTURA

4 SOCIALIZAÇÃO

PARTE IV — INSTITUIÇÕES

9 ECONOMIA E TRABALHO

10 POLÍTICA

11 FAMÍLIAS

15 AÇÃO COLETIVA E MOVIMENTOS SOCIAIS

PREFÁCIO

Por que uma Bússola para um Novo Mundo?

Assim que chegaram ao continente americano, os exploradores europeus chamaram-no de "Novo Mundo". Tudo aqui era diferente. Uma população nativa talvez cem vezes maior do que a da Europa ocupava um território que tinha mais de quatro vezes o seu tamanho. O Novo Mundo tinha uma riqueza de recursos inimaginável. Os governantes europeus perceberam que, ao controlá-la, poderiam aumentar seu poder e sua importância; cristãos reconheceram novas possibilidades para difundir sua religião; exploradores visualizaram novas oportunidades de aventuras. Uma onda de excitação varreu a Europa à medida que os enormes potenciais e desafios do Novo Mundo eram alardeados.

Hoje em dia, é fácil compreender tamanha excitação, pois nós também chegamos à fronteira de um Novo Mundo e, como os europeus do século XVI, também estamos cheios de expectativas. Esse Novo Mundo se caracteriza pela comunicação de longa distância praticamente instantânea, por economias e culturas globais, por Estados-nação enfraquecidos e por avanços tecnológicos que fazem as notícias dos jornais parecerem histórias de outros planetas. De uma maneira fundamental, o mundo já não é o que era há apenas 50 anos. Telescópios em órbita que observam os limites do universo, o código genético humano exposto como um mapa à espera de ser decifrado, fibras de cabo óptico que carregam um trilhão de bits de informação por segundo e naves espaciais que transportam robôs até Marte ajudam a fazer deste um Novo Mundo.

Há 500 anos, os primeiros exploradores da América se propuseram o desafio de mapear os contornos do Novo Mundo. Aqui, nosso desafio é semelhante. As fronteiras que eles encontraram eram físicas; as nossas, sociais. Seus mapas eram geográficos; os nossos, sociológicos. Porém, em termos de funcionalidade, nossos mapas são muito parecidos com os deles. Todos os mapas possibilitam que encontremos nosso lugar no mundo e nos vejamos no contexto de forças mais amplas. Mapas sociológicos, como escreveu o sociólogo norte-americano C. Wright Mills, nos permitem "apreender a história e a biografia e as relações entre ambas dentro da sociedade" (Mills, 1965: 12). Este livro, então, mostra como desenhar mapas sociológicos para que você possa ver seu lugar no mundo, descobrir como navegar nele e, talvez, como melhorá-lo: trata-se da sua bússola sociológica.

Não somos tão ingênuos como os primeiros exploradores europeus. Eles viam apenas esperança e horizontes esplendorosos, minimizando a violência necessária para a conquista dos povos do Novo Mundo. De nosso lado, nossas expectativas estão cheias de apreensão. Descobertas científicas são anunciadas quase diariamente, mas o meio ambiente global nunca esteve em tão mau estado, e a Aids é a principal causa de morte na África. Casamentos e nações se desfazem de uma hora para outra, reconstituindo-se depois de maneira imprevista. Celebramos os avanços obtidos pelas mulheres e por minorias raciais e descobrimos mais tarde que algumas pessoas se opõem a esse progresso, muitas vezes, de forma violenta. Grandes contingentes de pessoas migram de um continente para outro, estabelecendo novas formas de cooperação, mas também de conflito entre grupos anteriormente separados. Novas tecnologias tornam o trabalho mais interessante e criativo para algumas pessoas, oferecendo oportunidades sem precedentes de dinheiro e fama, porém tornam o trabalho mais oneroso e repetitivo para outros. O padrão de vida aumenta para alguns, mas permanece estagnado para outros.

Será motivo para surpresa que, entre tantas novidades contraditórias, boas e más, prevaleça uma grande incerteza sobre o futuro? Escrevemos este livro para mostrar aos estudantes universitários dos cursos de graduação que a sociologia pode ajudá-los a compreender suas vidas, não importa quão incertas pareçam. Além disso, mostramos que a sociologia pode ser uma atividade prática libertadora, e não apenas um exercício intelectual abstrato. Ao revelar as oportunidades e as restrições a que você está sujeito, a sociologia pode ajudar a ensinar quem você é e o que pode se tornar no atual contexto social e histórico. Não sabemos o que o futuro nos reserva, mas podemos conhecer as escolhas que nos confrontam e as conseqüências prováveis de nossas ações. A partir desse ponto de vista, a sociologia pode nos ajudar a criar o melhor futuro possível. Foi sempre essa a justificativa central da sociologia e deve continuar a sê-lo hoje em dia.

Características do Livro

Tentamos manter a relevância e os propósitos da sociologia como nossa preocupação central ao longo deste livro. Como resultado, *Sociologia: Sua Bússola para um Novo Mundo* difere em cinco aspectos principais da maioria dos livros de introdução à sociologia disponíveis no Brasil:

1. **O estabelecimento de correlações entre o indivíduo e a sociedade**. Embora alguns livros-texto de sociologia disponíveis em português tentem mostrar aos estudantes como suas experiências pessoais estão relacionadas com o mundo social, essa preocupação ainda é rara entre nós. Aqui, não apenas enfatizamos essa relação como empregamos dois artifícios a fim de torná-la o mais evidente possível. Em primeiro lugar, ilustramos as idéias centrais da sociologia a partir de exemplos tirados daqueles aspectos da cultura intimamente associados aos interesses e às experiências dos estudantes. Por exemplo, no Capítulo 1, ilustramos como as diversas perspectivas teóricas da sociologia podem iluminar diferentes aspectos da sociedade por meio de uma análise da moda, da alta-costura ao estilo *neogrunge*.

Concluímos nossa discussão do Capítulo 3 mostrando como subculturas radicais podem se tornar comerciais, focando o desenvolvimento do movimento mangue beat no Brasil. Ao discutirmos a teoria da religião de Durkheim, no Capítulo 12, analisamos a Copa do Mundo como um evento quase religioso. A fim de mostrar os diversos aspectos dos meios de comunicação de massa, no Capítulo 13, investigamos a controvérsia gerada com relação ao compartilhamento de arquivos de música pela internet. Acreditamos que esses e diversos outros exemplos falam diretamente aos estudantes de hoje acerca da importância das idéias da sociologia, em uma linguagem que eles entendem e que possibilita esclarecer a relação entre suas vidas e a sociedade.

Em segundo lugar, desenvolvemos diversas estratégias pedagógicas com esse propósito. "**Onde Você se Encaixa?**" é uma pergunta que colocamos em cada capítulo. Nessa seção, desafiamos os alunos a considerar como e por que suas experiências e seus valores se moldam a diversos padrões de relações e ações sociais ou se desviam deles. Também inserimos um debate sobre políticas sociais em cada capítulo em uma seção intitulada "**Política Social: O que Você Acha?**". Aqui, levantamos várias alternativas de políticas sociais acerca de diversas questões urgentes, mostrando aos alunos que a sociologia pode ter um caráter prático da maior importância e que eles podem se envolver no desenvolvimento de políticas sociais.

2. **O que pensar *versus* como pensar**. Todos os livros de introdução à sociologia ensinam *o que* pensar sobre um assunto e *como* pensar a partir de uma determinada perspectiva disciplinar. Em nossa avaliação, entretanto, a grande maioria dos livros coloca muita ênfase no "o quê" e não o bastante no "como". No Brasil, em particular, a maioria dos livros de introdução à sociologia que não são simples traduções de manuais estrangeiros ou coletâneas de textos clássicos tem uma preocupação excessivamente conceitual. Resultado: com freqüência, esses livros podem ser lidos mais como enciclopédias do que como convites a olhar para o mundo de maneira nova e criativa. Enfatizamos o oposto. Evidentemente, *Sociologia: Sua Bússola para um Novo Mundo* contém definições e revisões bibliográficas. Contém recursos pedagógicos-padrão, como um **sumário** com as principais idéias e um **glossário** dos conceitos desenvolvidos em cada capítulo. Não tão comum em livros brasileiros, incluímos ainda uma lista de **objetivos** no início de cada capítulo e um conjunto de **questões para reflexão** no final. Mas a verdadeira novidade refere-se ao espaço dedicado à demonstração de como os sociólogos pensam. Em diversas ocasiões, damos exemplos anedóticos a fim de enfatizar a importância de um tema. Também apresentamos interpretações conflitantes para uma mesma questão e diversos dados que avaliam os méritos de cada uma. Não apenas nos referimos a tabelas e gráficos, mas os analisamos. Quando as evidências permitem, rejeitamos algumas teorias e corroboramos outras. Assim, muitas seções deste livro podem ser lidas não como verbetes de enciclopédia, mas como se fossem artigos de jornal, embora sociologicamente fundamentados. Se tudo isso lhe parece próximo ao que os sociólogos fazem em sua vida profissional, então teremos alcançado nosso objetivo: apresentar a prática sociológica de maneira menos asséptica, mais realista e, portanto, mais atraente. Em outras palavras, um dos méritos deste livro é que não apresenta a sociologia como um conjunto de "verdades" imutáveis, mas retrata como os sociólogos desempenham seu trabalho cotidiano na tentativa de resolver uma série de quebra-cabeças sociológicos.

3. **Objetividade *versus* subjetividade**. Desde Max Weber os sociólogos têm compreendido que, assim como quaisquer cientistas, são membros da sociedade e que seu pensamento e suas pesquisas são influenciados por seu contexto social e histórico. Apesar disso, a maioria dos livros introdutórios de sociologia apresenta uma visão estilizada e não muito sociológica do processo de pesquisa. Esses livros tendem a enfatizar a objetividade e um modelo de explicação hipotético-dedutivo, ignorando, com freqüência, os fatores mais subjetivos da pesquisa (Lynch e Bogen, 1997). Acreditamos que essa ênfase é um erro pedagógico. A partir de nossa experiência de ensino, concluímos que tornar evidentes as relações entre objetividade e subjetividade na pesquisa sociológica faz a disciplina mais atraente para os estudantes. Isso mostra como os problemas de pesquisa estão relacionados à vida de homens e mulheres de carne e osso e como a sociologia diz respeito a questões existenciais dos estudantes. Assim, na maioria dos capítulos deste livro, contamos uma **história pessoal** de um dos autores que explica como determinadas questões sociológicas surgiram em nossas mentes. Nessa seção, adotamos um estilo narrativo porque as histórias possibilitam que os estudantes compreendam as idéias em um nível intelectual e emocional; além disso, quando estabelecemos uma conexão emocional com as idéias, elas se cristalizam de maneira mais efetiva do que quando nossa ligação com elas é apenas intelectual. Localizamos as idéias dos grandes nomes da sociologia em seu contexto social e histórico. Mostramos como os diferentes métodos sociológicos podem servir como uma forma de "conferir" a realidade, mas também deixamos claro que nossas preocupações pessoais socialmente embasadas ajudam a determinar que aspectos da realidade são levados em consideração e quais aspectos são "esquecidos" ou ignorados. Acreditamos que este livro apresenta uma perspectiva única no que se refere ao papel da objetividade e da subjetividade no processo de pesquisa.
4. **Diversidade e uma perspectiva global**. É gratificante perceber como os livros de introdução à sociologia do mundo inteiro têm se tornado menos provincianos do que há apenas 20 anos. A maioria tem enfatizado questões de gênero e de grupos minoritários e ilustrado os principais debates contemporâneos a partir de exemplos de diferentes sociedades. Estudos comparativos entre sociedades tão diversas quanto a Suécia e a Índia e a distribuição de variáveis globais e regionais — e suas relações no tempo e no espaço — têm possibilitado demonstrar como questões locais afetam processos globais e vice-versa. Entretanto, acreditamos que isso não justifica a estratégia comumente adotada pelo mercado editorial brasileiro de simplesmente traduzir manuais estrangeiros. Toda obra traz a marca do seu contexto histórico e social e a edição americana na qual este livro se baseia não poderia fugir a essa regra. A sociologia brasileira tem uma produção de conhecimento considerável e, sob diversos aspectos, única. Não faz sentido que essa produção não seja disponibilizada aos nossos alunos de graduação em uma linguagem simples e adequada aos cursos introdutórios. Foi com essa idéia em mente que os autores se colocaram o desafio de adaptar para o contexto brasileiro a edição americana deste livro. O processo de adaptação envolveu não apenas a introdução de um número considerável de dados sobre o Brasil no já extenso conjunto de dados comparativos utilizados na obra original, como também de teorias latino-americanas e européias que não tiveram um impacto tão significativo na América do Norte como entre nós. Como você verá nas páginas que se

seguem, essa preocupação resultou em uma obra que, ao mesmo tempo em que enfatiza a diversidade e uma perspectiva global, não ficou insensível às singularidades do caso brasileiro.

5. **Contemporaneidade**. Este é um dos primeiros livros do século XXI dedicados à introdução à sociologia no Brasil e, provavelmente, o mais atualizado. Isso pode ser comprovado por meio da contemporaneidade de nossos exemplos, dos dados empíricos e das referências bibliográficas, além da própria estrutura teórica do livro. Poderia fazer sentido, até há pouco tempo, simplificar o universo teórico da sociologia para os estudantes dos cursos introdutórios afirmando que três perspectivas teóricas principais — o funcionalismo, o interacionismo simbólico e as teorias do conflito — atravessavam todas as áreas da disciplina. Essa abordagem não é mais adequada. O funcionalismo tem menos influência hoje do que no passado. O feminismo surgiu como uma importante perspectiva teórica. O interacionismo simbólico e as teorias do conflito tornaram-se muito diferenciados internamente. Surgiram novas perspectivas e abordagens teóricas, como o pós-modernismo e o construtivismo, e nem todas se encaixam nas antigas categorias. Por essas razões, tentamos incorporar não apenas os dados sociológicos mais recentes, como também dedicamos especial atenção às novas abordagens teóricas que têm recebido atenção insuficiente por parte de outros livros introdutórios publicados no Brasil.

Agradecimentos

Qualquer pessoa que já tenha velejado sabe que, quando embarcamos em uma longa viagem, precisamos de outras coisas além de uma bússola. Precisamos de um timoneiro com um forte senso de direção e um conhecimento profundo dos perigos envolvidos na viagem. Também precisamos de uma tripulação experiente na arte de atar e desatar nós e que possua um grande senso de organização a fim de manter as coisas em seus devidos lugares. Precisamos de braços fortes para içar e abaixar as velas. Na viagem na qual embarcamos para a confecção deste livro, nossa tripulação exibiu todas essas habilidades. Diversos profissionais da Pioneira Thomson Learning testemunharam o nascimento deste projeto, ajudaram a determinar o curso que deveríamos seguir e, em diversas ocasiões, fizeram que retomássemos o prumo. A eles, nosso muito obrigado.

A pró-reitoria Acadêmica da UFPE (Proacad) financiou grande parte desta empreitada por meio da doação de computadores, impressoras, material de consumo e o pagamento de dez bolsas de monitoria ligadas ao Projeto Pró-Ensino durante o ano de 2004. Somos imensamente gratos aos nossos monitores, em especial Carla Caminha, Leonardo de Lima, Manoel Caio Netto e Romero Maia.

Este livro teria uma qualidade bastante inferior se as pessoas a seguir não tivessem compartilhado conosco seu conhecimento, disponibilizado material ao qual não tínhamos acesso e oferecido críticas e sugestões valiosas às versões preliminares dos capítulos:

Adriana Valle-Hoelinger (Universidade de Graz), Breno Fontes (UFPE), Cecília Loreto Mariz (UERJ), Diogo Valença (UFPE), Fábio Soares (Ipea), Eurico Cursino (UnB), Frédéric Vandenbergh (Universidade de Yale), Franz Hoelinger (Universidade de Graz), Gustavo Gilson de Oliveira (UFPE), Joanildo Burity (Fundaj), Jonatas Ferreira (UFPE), José Carlos Wanderley (UFPE), José Maurício Domingues (Iuperj), José Sérgio Leite Lopes (Museu Nacional/UFRJ), Josefa Salete Cavalcanti (UFPE), Luiz Melo (UFG), Luiz Mott (UFBA/Grupo Gay da Bahia), Karla Patriota

(UFPE), Marcelo Camurça (UFRJ), Maria Auxiliadora Ferraz (UFPE), Maria Celi Scalon (Iuperj), Maria da Conceição Lafayette (UFPE), Maria Lúcia de Santana Braga (MEC/Iesb), Maria de Nazareth Baudel Wanderley (UFPE), Maria Eduarda da Motta Rocha (UFPE), Maurício Antunes (UFPE), Nadilson Manoel da Silva (Unicap), Paulo Henrique Martins (UFPE), Renato Athias (UFPE), Ronaldo Sales (UFPE/Centro Josué de Castro), Rosângela Pimenta (UFPE), Rosilene Alvim (UFRJ), Russell Parry Scott (UFPE) e Silke Weber (UFPE).

CAPÍTULO 1

Uma Bússola Sociológica

Neste capítulo, você aprenderá que:

- As causas do comportamento humano baseiam-se principalmente nos padrões de relações sociais que nos rodeiam e permeiam.
- A sociologia é o estudo sistemático do comportamento humano em seu contexto social.
- Os sociólogos examinam a conexão existente entre as relações sociais e os problemas pessoais.
- Os sociólogos são freqüentemente motivados a realizar pesquisas pelo desejo de melhorar a vida das pessoas; ao mesmo tempo, adotam métodos científicos para testar suas idéias.
- A sociologia originou-se à época da Revolução Industrial. Os fundadores da sociologia diagnosticaram as intensas transformações do período e sugeriram formas de superar problemas sociais gerados pela Revolução Industrial.
- A Revolução Pós-Industrial dos dias de hoje, assim como o processo de "globalização", apresenta desafios semelhantes para nós. A sociologia esclarece o escopo, a direção e o significado da mudança social, além de sugerir formas de lidar com os problemas sociais gerados pela Revolução Pós-Industrial e pela globalização.
- No nível pessoal, a sociologia pode ajudar a esclarecer as oportunidades e as restrições a que se está sujeito, indicando o que você pode se tornar no contexto histórico e social atual.

Introdução

Por que Cynthia Hamlin Decidiu *Não* Estudar Sociologia — História Pessoal

"Vinda de uma família de classe média, entrar para a universidade nunca foi de fato uma questão para mim — era um dado, praticamente um determinante de classe. O problema era, mais propriamente, o que escolher como profissão, um meio de vida honesto que garantisse aquilo que eu considerava como sendo minhas necessidades básicas e que, além disso, fosse interessante o bastante para me manter estimulada durante toda a minha vida profissional.

Certamente vários fatores pesaram em minha decisão de entrar para o curso de ciências sociais, mas, olhando retrospectivamente, creio que um dos mais fortes foi minha paixão adolescente pelo arqueólogo interpretado pelo ator Harrison Ford na série de filmes *Indiana Jones*. Minhas afinidades anteriores com a história e as ciências humanas em geral, aliadas ao poder de Hollywood de criar estereótipos românticos que despertam paixões avassaladoras nos adolescentes, fizeram-me optar pela arqueologia.

Mas como fazer arqueologia no Brasil, se não há cursos de graduação em arqueologia? Minha primeira decisão importante foi, então, a de que precisaria de uma pós-graduação. Com meu curso de pós-graduação definido, restava-me decidir o que cursar na graduação. Minhas opções eram basicamente duas: história ou antropologia. Como também tinha afinidade com a biologia, decidi-me pela antropologia, em especial pela antropologia física, pois me proporcionaria alternativas, além da arqueologia, caso mudasse de idéia sobre minha pós-graduação.

Foi assim que vim parar no curso de ciências sociais: com a cabeça cheia de idéias românticas sobre minha profissão e a certeza fundamental de que não gostaria de cursar nada que fosse remotamente relacionado à vida política, que eu, de forma um tanto ingênua, concebia como uma esfera de arbitrariedades e desonestidade, cujo estudo deveria consistir em um aprofundamento da disciplina organização social e política do Brasil, obrigatória nas escolas durante a ditadura militar. Na verdade, ciência política e sociologia estavam, para mim, intimamente associadas ao horror que sentia pelo curso de OSPB, uma associação sustentada pelas capas dos manuais de sociologia que, assim como os livros de OSPB da minha época de estudante do ensino fundamental e médio, quase sempre mostravam uma figura qualquer de uma massa amorfa de indivíduos.

Além disso, a sociologia me parecia uma disciplina um tanto difusa, sem método ou objeto próprio, muito diferente daquilo que os arqueólogos faziam em seus sítios, munidos de suas pás, de seus pincéis e de seus chapéus de abas largas. No entanto, como eu não poderia cursar ciências sociais sem me matricular em alguns cursos de ciência política ou de sociologia, optei pelo máximo de disciplinas da sociologia como forma de me esquivar definitivamente da política."

Mudando de Idéia

"Antes de entrar em contato com a sociologia, eu acreditava que as coisas aconteciam no mundo — e comigo — porque fatores físicos e emocionais as causavam. Como grande parte das pessoas, eu achava que a fome ocorria por causa das secas; a guerra, por causa da ganância territorial; o sucesso econômico, pelo trabalho árduo; o casamento, pelo amor; o suicídio, pela depressão profunda; os estupros, pela luxúria desenfreada de determinados homens. Mas meus professores de sociologia conseguiram me mostrar, ao longo do meu curso de graduação, evidências que contradiziam minhas respostas simplistas para essas questões. Se as secas são responsáveis pela fome, por que tantos grupos passam fome em condições climáticas normais? Se o trabalho árduo gera a prosperidade, por que tantas pessoas que trabalham duro durante toda a vida são pobres? Se o amor é a causa do casamento, por que tantas famílias são lócus de violência contra a mulher e a criança? Assim, as questões foram se multiplicando e Indiana Jones foi se tornando uma referência cada vez mais remota em minha vida.

Essas questões, no entanto, serviam apenas para me mostrar que as ciências humanas lidavam com problemas humanos que não poderiam ser compreendidos com base em fatores físicos ou emocionais. Existia uma ordem de coisas, a ordem social, fundamental para o entendimento das organizações e dos produtos humanos. Meus professores de sociologia também conseguiram fazer que eu enxergasse que a sociologia oferece uma perspectiva única para se olhar para esses problemas. Ao apreender a concepção de sociologia como estudo sistemático do comportamento humano em seu contexto social, isto é, como o estudo dos fatores sociais que estão em jogo nas nossas interações com outros indivíduos e com as organizações sociais, tornou-se claro que a sociologia poderia ir além da compreensão com base em nossas experiências pessoais, fornecendo uma base mais sistemática e precisa para o entendimento do mundo.

Foi assim que, aos poucos, fui desfazendo um mito bastante difundido segundo o qual as pessoas são livres para fazerem o que quiserem com as suas vidas. Tornou-se claro que a organização do mundo social abre determinadas oportunidades e fecha outras, restringindo alguns aspectos da nossa liberdade, ao mesmo tempo em que nos possibilita fazer determinadas escolhas. Por meio do exame de forças sociais poderosas, a sociologia nos possibilita enxergar as causas que moldam e estruturam nossas vidas, revelando nossas capacidades e limitações. A essa altura, eu já havia encontrado uma motivação pessoal para me aprofundar no estudo da sociologia tão ou mais forte que minha paixão adolescente por Harrison Ford, ao mesmo tempo em que ocorreu minha reconciliação com a ciência política. Nosso objetivo é fazer que você também encontre essa motivação."

O Poder da Sociologia

Ao final deste capítulo, deveremos atingir três objetivos:

1. Primeiro, ilustrar o poder da sociologia em dispersar pressuposições nebulosas e nos ajudar a perceber com mais clareza como o mundo social opera. Nesse sentido, examinaremos um fenômeno que, à primeira vista, parece resultar apenas de crises psicológicas: o suicídio. Mostraremos que, de fato, as relações sociais influenciam muito as taxas de suicídio. Esse exercício deve colocar em evidência o caráter único da perspectiva sociológica.
2. Mostraremos que, desde suas origens, a pesquisa sociológica tem sido motivada pelo desejo de melhorar o mundo social. Nesse sentido, a sociologia não é um mero exercício acadêmico, mas um meio de estabelecer caminhos alternativos para a sociedade. Ao mesmo tempo, os sociólogos adotam métodos científicos para formular e testar suas idéias, aumentando, assim, sua validade. Esses pontos serão ilustrados por meio de uma breve análise da obra dos chamados "pais fundadores" da sociologia.
3. Sugeriremos que, da mesma forma que a sociologia ajudou seus fundadores a entender melhor a realidade de sua época, ela também pode nos proporcionar uma melhor compreensão do nosso tempo. Hoje, testemunhamos mudanças intensas e desorientadoras. Países inteiros estão se dissolvendo; as mulheres estão demandando igualdade em relação aos homens em todas as esferas da vida; os desejos das pessoas são cada vez mais governados pelos meios de comunicação de massa; os computadores têm alterado radicalmente a maneira como as pessoas trabalham e se divertem; existem, proporcionalmente, menos bons empregos para se escolher; a violência nos rodeia; a ruína ambiental nos ameaça. Assim como ocorreu há um século, os sociólogos contemporâneos procuram entender os fenômenos sociais e sugerir maneiras plausíveis de melhorar suas sociedades. Ao prometer tornar a sociologia relevante para você, este capítulo deve ser percebido como um convite para participar do desafio sociológico.

Comecemos do início. Antes de mostrar como a sociologia pode ajudar a compreender e melhorar seu mundo, examinaremos brevemente o problema do suicídio. Isso ajudará a ilustrar como a perspectiva sociológica pode esclarecer e, por vezes, subverter nossas crenças do senso comum.

A Perspectiva Sociológica

Ao analisar o suicídio sociologicamente, você pode testar nossa afirmação de que a sociologia adota uma perspectiva única, surpreendente e esclarecedora em relação aos eventos sociais. Afinal de contas, o suicídio parece ser o ato anti-social e não-social supremo: é quase sempre desempenhado na esfera privada, longe do olhar intrusivo do público e é relativamente raro. No ano de 2001, por exemplo, havia menos de cinco suicídios para cada grupo de 100 mil brasileiros (Datasus, 2004). Quando se pensa no porquê de as pessoas cometerem suicídio, é provável que se focalizem os estados mentais dos indivíduos, e não o estado da sociedade. Em outros termos, o que normalmente nos interessa são os aspectos da vida de indivíduos particulares que os levaram a ficar deprimidos ou raivosos o suficiente para cometerem suicídio. De modo geral, não pensamos nos padrões de relações sociais que podem estimular tais ações. Se a sociologia pode revelar as causas sociais ocultas de tal fenômeno aparentemente anti-social e não-social, então deve haver algo de importante nela!

A Explicação Sociológica do Suicídio

No final do século XIX, o sociólogo francês Émile Durkheim, um dos pioneiros da disciplina, demonstrou que o suicídio é mais do que um simples ato individual de desespero, resultante de uma desordem psíquica, como as pessoas acreditavam naquela época (Durkheim, 2000 [1897]). As taxas de suicídio, conforme ele demonstrou, são fortemente influenciadas por forças sociais.

Durkheim construiu seu argumento baseado no exame da associação entre as taxas de suicídio e as taxas de desordem psicológica de diferentes grupos. Conforme ele raciocinou, a idéia de que desordens psicológicas causam o suicídio só poderia ser sustentada se as taxas de suicídio fossem altas onde as de desordem psicológica fossem altas e baixas onde as de desordem psicológicas fossem baixas. Contudo, suas análises das estatísticas governamentais de países europeus e dos prontuários hospitalares não mostraram nada nesse sentido. Ele descobriu que mais mulheres do que homens eram internadas em hospitais psiquiátricos; no entanto, quatro homens cometiam suicídio para cada mulher que se matava. Os judeus apresentavam as maiores taxas de desordem psicológica entre os principais grupos religiosos da França; apesar disso, eram eles que apresentavam as menores taxas de suicídio. As desordens psicológicas ocorriam mais freqüentemente quando as pessoas atingiam a maturidade, mas as taxas de suicídio aumentavam à medida que a idade dos indivíduos avançava.

▲
Émile Durkheim: (1858-1917) foi o primeiro professor de sociologia, na França e é freqüentemente considerado o primeiro sociólogo moderno. Em *As Regras do Método Sociológico* (1895) e *O Suicídio* (1897), ele argumentou que o comportamento humano é moldado por "fatos sociais", ou pelo contexto social das pessoas. Na visão de Durkheim, os fatos sociais definem as restrições e as oportunidades segundo as quais as pessoas devem agir. Durkheim também esteve bastante interessado nas condições que promovem a ordem social nas sociedades "primitivas" e modernas e explorou esse problema em profundidade em obras como *Da Divisão do Trabalho Social* (1893) e *As Formas Elementares da Vida Religiosa* (1912).

Assim, as taxas de suicídio e de desordem psicológica não aumentavam e diminuíam juntas. O que, então, explicaria a variação nas taxas de suicídio? Durkheim argumentou que as taxas de suicídio variam devido às diferenças no grau de **solidariedade social** nos diferentes grupos. De acordo com ele, quanto maior o grau de compartilhamento de crenças e valores entre os membros de um grupo, e quanto mais freqüente e intensamente eles interagem, maior o grau de solidariedade social desse grupo. Além disso, quanto maior o grau de solidariedade social, mais firmemente ancorados no mundo social estão os indivíduos e menos probabilidade haverá de cometerem suicídio se alguma adversidade se abater sobre eles. Em outros termos, Durkheim esperava que grupos com graus mais altos de solidariedade apresentassem menores taxas de suicídio do que grupos com um baixo grau de solidariedade — pelo menos até certo ponto (Figura 1.1).

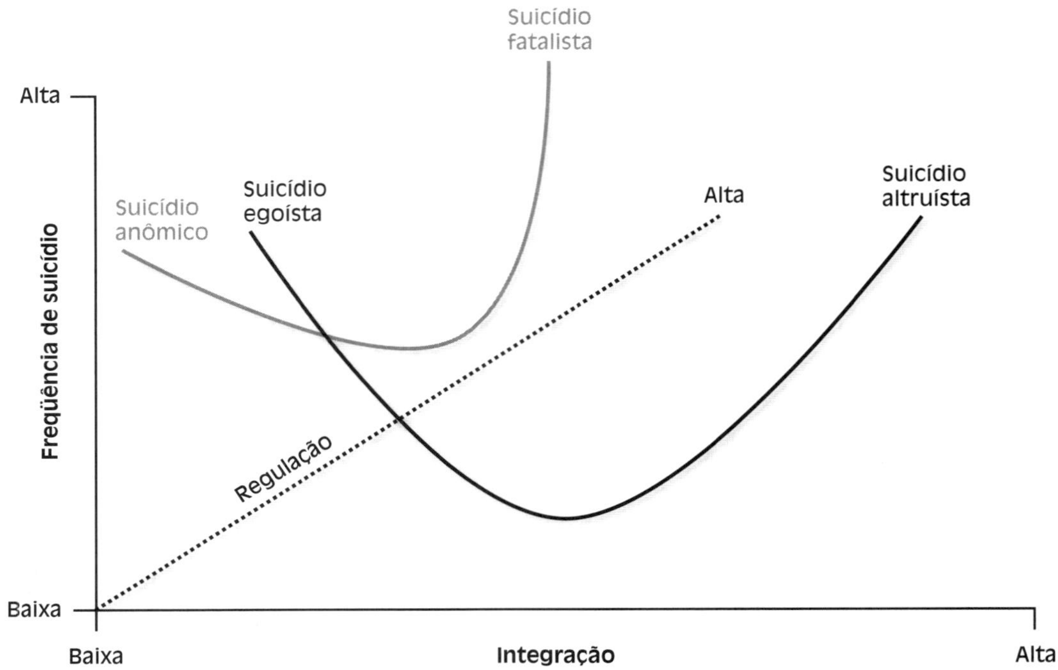

Figura 1.1 A teoria do suicídio de Durkheim

Durkheim argumentou que, à medida que o nível de solidariedade social (regulação e integração) aumenta, a taxa de suicídio declina. Depois de um certo ponto, a taxa começa a subir. Daí as curvas em forma de U do gráfico. Durkheim chamou o suicídio que ocorre em ambientes de baixa regulação social de "suicídio anômico". O suicídio anômico ocorre quando as normas que governam o comportamento dos indivíduos são definidas de maneira vaga. Na situação oposta, ou seja, em ambientes de alta regulação social, tendem a ocorrer suicídios que Durkheim denominou "suicídio fatalista". O fatalismo decorre de uma regulação ou normatização excessivas da vida social e que deixa pouco espaço para que os indivíduos manifestem suas paixões e necessidades. Já em contextos de baixa integração social, isto é, em contextos nos quais a freqüência e intensidade das interações sociais são baixas, ocorre o "suicídio egoísta". O suicídio egoísta decorre de uma falta de integração do indivíduo à sociedade devido a laços sociais fracos com outros indivíduos. Finalmente, o "suicídio altruísta" ocorre quando existe um grau muito alto de integração social, de forma que as ações individuais dizem respeito aos interesses do grupo.

Para embasar seu argumento, Durkheim mostrou que adultos casados têm metade das chances de cometer suicídio em relação a adultos solteiros porque o casamento normalmente cria laços sociais e um "cimento" moral que liga os indivíduos à sociedade. De maneira semelhante, as mulheres são menos propensas a cometer suicídio do que os homens. Por quê? As mulheres geralmente se envolvem mais nas relações sociais íntimas da vida familiar. Os judeus, Durkheim escreveu, são menos propensos ao suicídio do que os cristãos. A razão? Séculos de perseguição transformaram-nos em um grupo mais defensivo e socialmente coeso. Os idosos são mais predispostos do que os jovens e os de meia-idade a dar cabo da própria vida quando se deparam com adversidades porque é mais provável que vivam sós, tenham perdido o cônjuge, parte de sua rede de amigos e que não tenham emprego. De maneira geral, Durkheim afirmou: "O suicídio varia na razão inversa do grau de integração dos grupos sociais de que o indivíduo faz parte" (Durkheim, 2000 [1897]: 258). Observe que essa generalização não nos diz nada sobre o porquê de um indivíduo particular dar fim à própria vida: essa é uma questão para a psicologia. No entanto, ela evidencia que a propensão de uma pessoa para o suicídio diminui conforme o grau em que está ancorada à sociedade. Tal generalização também nos mostra algo surpreendente e unicamente sociológico sobre como e por que as taxas de suicídio variam de grupo para grupo.

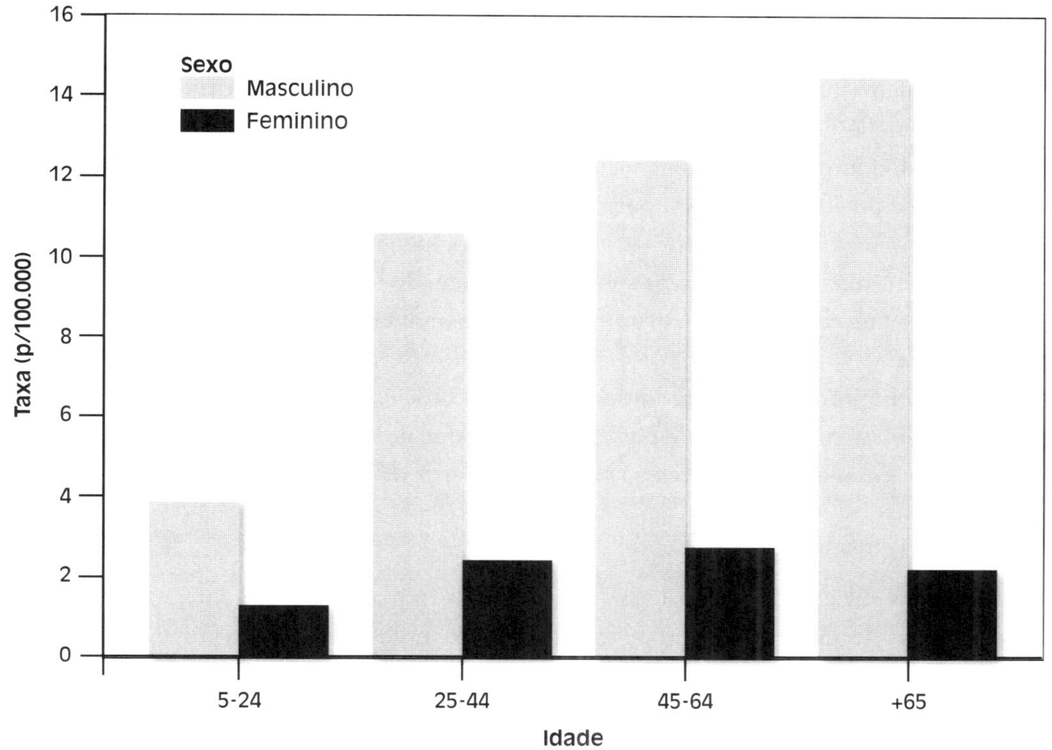

● **Figura 1.2** Taxa de suicídios no Brasil por sexo e idade, 2001 (por 100 mil habitantes)
Fonte: Datasus (2004).

A teoria de Durkheim não é apenas uma curiosidade histórica. Ela também ajuda a esclarecer o suicídio aqui e agora. Já mencionamos que aproximadamente cinco em cada 100 mil brasileiros cometem suicídio a cada ano. Como a Figura 1.2 ilustra, a taxa de suicídio varia de acordo com a idade, da mesma forma que variava na França do século XIX. A Figura 1.2 também ilustra que as taxas diferem entre homens e mulheres: como na França do fim do século XIX, os homens estão, com freqüência, menos envolvidos na educação das crianças e em outras tarefas ligadas à família e esse dado também é consistente com a teoria de Durkheim. No entanto, diferentemente da época de Durkheim, o suicídio entre pessoas jovens tem se tornado mais comum nos últimos anos. Para o conjunto de estados brasileiros, houve uma elevação das taxas de suicídio entre pessoas de 15 a 24 anos, passando de 3,5, em 1979, para cinco por 100 mil habitantes, em 1998 (Souza, Minayo e Malaquias, 2002). De fato, essa parece ser uma tendência mundial. Por que você acha que isso tem ocorrido? Será que algumas áreas da vida social, como a vida familiar, o mundo do trabalho, a religião etc., podem ter mudado no sentido de enfraquecer os laços das pessoas mais jovens com a sociedade? *Você* pode explicar sociologicamente o aumento das taxas de suicídio entre os jovens?

De Problemas Pessoais a Estruturas Sociais

Você sabe há bastante tempo que vive em sociedade; no entanto, pode ser que, até o momento, não se tenha dado conta plenamente de como a sociedade também vive em você. Padrões de relações sociais afetam seus pensamentos e sentimentos mais íntimos, influenciam suas ações e, portanto, ajudam a definir quem você é. Como vimos, um padrão particular de relações sociais refere-se ao nível de solidariedade social que caracteriza os vários grupos aos quais você pertence.

Os sociólogos chamam os padrões estáveis de relações sociais de **estruturas sociais**. Uma das principais tarefas do sociólogo é identificar e explicar a conexão existente entre os problemas pessoais dos indivíduos e as estruturas sociais nas quais eles estão inseridos. Essa tarefa é mais árdua do que pode parecer a princípio, pois, em nossa vida cotidiana, normalmente percebemos as coisas segundo o nosso próprio ponto de vista e nossas experiências parecem ser exclusivas a cada um de nós. Além disso, se pensarmos sobre as estruturas sociais, elas podem parecer remotas e impessoais. Para perceber como as estruturas sociais operam em nós, é necessário um treinamento em sociologia.

Um passo importante no sentido de expandir a consciência sociológica de alguém envolve reconhecer que existem três níveis de estruturas sociais que nos rodeiam e permeiam. Pense nessas estruturas como círculos concêntricos que irradiam a partir de você.

Microestruturas

Microestruturas são padrões de relações sociais íntimas formados durante interações face a face. Famílias, círculos de amizade, colegas de trabalho são exemplos de microestruturas.

Entender o funcionamento de microestruturas pode ser útil. Digamos que você esteja procurando um emprego. Você poderia pensar que a melhor coisa a fazer seria consultar o máximo de amigos próximos e de parentes sobre dicas e contatos. No entanto, pesquisas sociológicas mostram que as pessoas que você conhece bem provavelmente conhecem muitas das mesmas pessoas que você. Por essa razão, depois de pedir a alguns poucos contatos próximos para lhe ajudar a conseguir um emprego, o melhor a fazer seria pedir a alguns conhecidos mais distantes dicas e contatos. É possível que pessoas com as quais você esteja *fracamente* ligado (e que estão fracamente ligadas entre si) conheçam *diferentes* grupos de pessoas. Sendo assim, elas lhe darão mais informações sobre possibilidades de trabalho e garantirão que mais pessoas saibam que você está procurando emprego. Assim, é provável que você encontre um emprego mais rapidamente se compreender "a força dos laços fracos" em ambientes microestruturais (Granovetter, 1973).

Macroestruturas

Macroestruturas são padrões de relações sociais que se encontram "fora" e "acima" dos círculos de pessoas íntimas ou conhecidas. Uma macroestrutura importante é o **patriarcalismo**, sistema tradicional de desigualdade econômica e política entre homens e mulheres presente na maioria das sociedades (para exceções, ver o Capítulo 8, "Sexualidade e Gênero", e o Capítulo 11, "Famílias")[1].

Compreender o funcionamento das macroestruturas também pode ser útil. Considere, por exemplo, um aspecto do patriarcalismo: a maioria das mulheres casadas que trabalha em tempo integral na força de trabalho remunerada desempenha mais trabalho doméstico e é responsável por maiores cuidados com as crianças e com os idosos do que os maridos. Os governos e as empresas alimentam esse fato na medida em que oferecem pouca assistência às famílias na forma de creches, programas educacionais em tempo integral e instituições para idosos. No entanto, a divisão desigual do trabalho doméstico é fonte importante de falta de satisfação no casamento, em especial

[1] Alguns sociólogos também falam de "mesoestruturas", ou seja, relações sociais que ligam micro e macroestruturas.

entre as famílias que não podem pagar por tais serviços particulares. Assim, a pesquisa sociológica mostra que quando os cônjuges dividem as responsabilidades domésticas de forma igualitária, ficam mais satisfeitos com o casamento e mostram-se menos propensos ao divórcio (Hochschild e Machung, 1989). Quando um casamento se encontra em risco de dissolução, os parceiros normalmente acusam um ao outro pelos problemas. Entretanto, deve estar claro agora que outras forças, e não só as personalidades incompatíveis, exercem algum fator de estresse sobre as famílias. Compreender como a macroestrutura do patriarcalismo interfere na vida cotidiana, e fazer algo para mudar essa estrutura, pode ajudar as pessoas a ter uma vida mais feliz.

Estruturas Globais

O terceiro nível de sociedade que nos envolve e permeia é composto de **estruturas globais**. Organizações internacionais, padrões de comunicação e de viagens internacionais e as relações econômicas entre os países são exemplos de estruturas globais. As estruturas globais têm se tornado cada vez mais importantes à medida que formas mais baratas de comunicação e de transporte possibilitam que o mundo se torne interconectado cultural, econômica e politicamente.

Compreender o funcionamento de estruturas globais também pode ser útil. Por exemplo, muitas pessoas de países desenvolvidos se preocupam com os pobres do mundo. Fazem doações a instituições de caridade para ajudar a amenizar a fome nos países em desenvolvimento. Algumas dessas pessoas também aprovam políticas governamentais de ajuda externa a países em desenvolvimento. No entanto, muitas delas não se dão conta de que a caridade e a ajuda externa, isoladamente, não resolverão o problema da pobreza no mundo. Isso porque a caridade e a ajuda externa são insuficientes para superar a estrutura das relações sociais, que criou e sustenta a desigualdade global, entre os países.

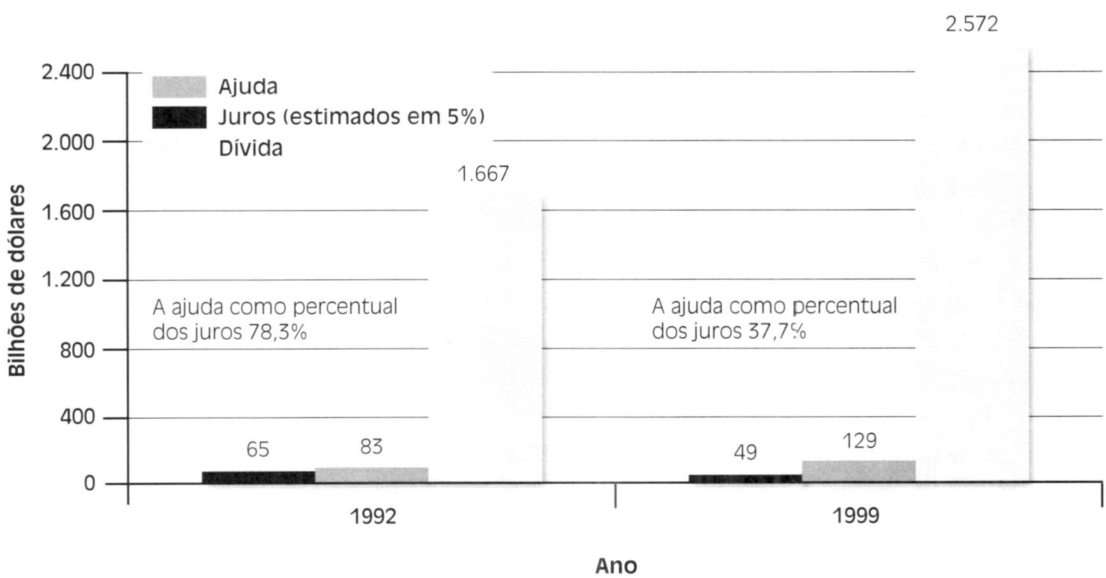

● **Figura 1.3** Ajuda externa, dívida e pagamento de juros dos países em desenvolvimento, 1992 e 1999 (em bilhões de dólares)
Fonte: World Bank (2004a); United Nations (2004b); Central Intelligence Agency (2004b).

Detenhamo-nos nesse ponto por um momento: países como Reino Unido, França, Espanha, Portugal e outras potências imperiais condenaram alguns países à pobreza quando os colonizaram entre os séculos XVII e XIX. No século XX, os países em desenvolvimento tomaram dinheiro emprestado dos países ricos e dos bancos ocidentais para financiar aeroportos, estradas, portos, sistemas de saneamento e de saúde. Hoje, os países pobres pagam muito mais aos países ricos e aos bancos na forma de juros do que aquilo que recebem em termos de ajuda (ver Figura 1.3). Assim, fica claro que a ajuda externa e os programas de caridade farão muito pouco para resolver o problema da pobreza. Entender como a estrutura global de relações internacionais gerou e mantém a desigualdade global sugere novas prioridades políticas cuja finalidade seja ajudar os pobres do mundo. Uma dessas prioridades poderia, por exemplo, envolver campanhas para o perdão das dívidas externas como forma de compensação pelas injustiças cometidas no passado.

Como os exemplos ilustram, os problemas pessoais estão relacionados a estruturas sociais nos níveis micro, macro e global. Não importa se o problema pessoal envolve procurar emprego, manter um casamento intacto ou agir com justiça para acabar com a pobreza mundial, considerações sobre as estruturas sociais aprofundam nossa compreensão do problema e sugerem mecanismos de ação apropriados.

A Imaginação Sociológica

Há quase meio século, o grande sociólogo norte-americano C. Wright Mills (1916-1962) chamou a habilidade de se perceber a conexão existente entre problemas pessoais e estruturas sociais de **imaginação sociológica**. Ele enfatizou a dificuldade para o desenvolvimento dessa habilidade intelectual. Sua linguagem é um tanto sexista para os padrões de hoje, mas seu argumento continua tão verdadeiro e inspirador como quando surgiu, na década de 1950.

> *Quando uma sociedade se industrializa, o camponês se transforma em trabalhador; o senhor feudal desaparece, ou passa a ser homem de negócios. Quando as classes ascendem ou caem, o homem tem emprego ou fica desempregado; quando a taxa de investimento se eleva ou desce, o homem se entusiasma, ou se desanima. Quando há guerras, o corretor de seguros se transforma no lançador de foguetes; o caixeiro de loja, em homem do radar; a mulher vive só, a criança cresce sem pai. A vida do indivíduo e a história da sociedade não podem ser compreendidas sem compreendermos essas alternativas.*
> *E, apesar disso, os homens não definem, habitualmente, suas ansiedades em termos de transformação histórica (...). O bem-estar que desfrutam, não o atribuem habitualmente aos grandes altos e baixos da sociedade*

▲ C. Wright Mills (1916-1962) argumentou que a imaginação sociológica é uma forma de pensamento singular. Ela possibilita que as pessoas percebam como suas ações e potenciais são afetados pelo contexto histórico e social no qual vivem. Mills empregou a imaginação sociológica em suas obras mais importantes. Por exemplo, *A Elite do Poder* (1956) é um estudo sobre as várias centenas de homens que ocupavam os "postos de comando" nas principais instituições americanas. Essa obra sugere que o poder econômico, político e militar é altamente concentrado na sociedade americana, o que a torna menos democrática do que nos querem fazem crer. O corolário do estudo de Mills é o de que, para tornar a sociedade mais democrática, o poder deve ser distribuído mais igualmente entre os cidadãos.

em que vive. Raramente têm consciência da complexa ligação entre suas vidas e o curso da história mundial; por isso, os homens comuns não sabem, quase sempre, o que essa ligação significa para os tipos de ser em que se estão transformando e para o tipo de evolução histórica de que podem participar. Não dispõem da qualidade intelectual básica para sentir o jogo que se processa entre os homens e a sociedade, a biografia e a história, o eu e o mundo. Não podem enfrentar suas preocupações pessoais de modo a controlar sempre as transformações estruturais que habitualmente estão atrás deles (...).

O que precisam (...) é de uma qualidade de espírito que lhes ajude a [perceber] (...) o que está ocorrendo no mundo e (...) o que pode estar acontecendo dentro deles mesmos. É essa qualidade (...) que poderemos chamar de imaginação sociológica. (Mills, 1965 [1959]: 9-11)

A imaginação sociológica é uma aquisição recente do repertório humano. Embora seja verdade que durante a Antiguidade e a Idade Média alguns filósofos tenham escrito sobre a sociedade, seu pensamento não era sociológico. Tais filósofos acreditavam que Deus e a natureza controlavam a sociedade; gastavam muito do seu tempo esboçando modelos da sociedade ideal e requisitando às pessoas que seguissem esses modelos; baseavam-se na especulação, e não na evidência, para concluir como a sociedade funciona.

As Origens da Imaginação Sociológica

A imaginação sociológica nasceu quando três revoluções modernas levaram as pessoas a refletir sobre a sociedade de maneira inteiramente nova:

1. A **Revolução Científica** teve início por volta de 1550. Ela encorajou a visão de que conclusões plausíveis acerca do funcionamento da sociedade devem se basear em evidências sólidas e não apenas em especulações. As pessoas freqüentemente relacionam a Revolução Científica a idéias específicas, como as leis da gravitação universal de Newton e a teoria de Copérnico de que a Terra gira em torno do Sol. No entanto, a ciência é menos uma coleção de idéias do que um método de investigação. Por exemplo, em 1609, Galileu apontou sua nova invenção, o telescópio, para o céu, efetuou algumas observações cuidadosas e demonstrou que elas estavam de acordo com a teoria de Copérnico. Esse é o cerne do método científico: usar evidências para demonstrar um ponto de vista particular. Em meados do século XVII, alguns filósofos, como Descartes, na França, e Hobbes, na Inglaterra, chamaram atenção para a necessidade de uma ciência da sociedade. Quando a sociologia emergiu como uma disciplina autônoma no século XIX, o compromisso em relação ao método científico já era uma base sólida da imaginação sociológica.
2. A **Revolução Democrática** começou por volta de 1750. Por meio dela, foi sugerido que as pessoas são responsáveis pela organização da sociedade e que a intervenção humana pode, portanto, solucionar problemas sociais. Há 400 anos, a maioria dos europeus pensava de forma diferente: para eles, Deus ordenava a ordem social. A Revolução Americana (1775-1783) e a Revolução Francesa (1789-1799) ajudaram a derrubar essa idéia. Esses levantes políticos democráticos mostraram que a sociedade poderia sofrer mudanças maciças em curtos espaços de tempo e sugeriram que as *pessoas* poderiam controlar a sociedade.

As implicações disso para o pensamento social foram profundas: se era possível mudar a sociedade por meio da intervenção humana, então uma ciência da sociedade poderia desempenhar um papel importante. A nova ciência poderia ajudar as pessoas a encontrar maneiras de superar problemas sociais, melhorar o bem-estar dos cidadãos e alcançar determinados objetivos de maneira efetiva. Muito da justificativa da sociologia como ciência baseou-se nas revoluções democráticas que abalaram a Europa e a América do Norte.

3. A **Revolução Industrial** teve início por volta de 1780. Ela gerou uma nova gama de problemas sociais bastante sérios que atraíram a atenção dos pensadores sociais. Como resultado do crescimento da indústria, grandes massas populares migraram do campo para as cidades, enfrentaram jornadas de trabalho extremamente longas em fábricas e minas apertadas e perigosas, perderam a fé em suas religiões, confrontaram burocracias anônimas e reagiram à sujeira e à miséria de suas existências promovendo greves, crimes, revoluções e guerras. Os intelectuais nunca tiveram um laboratório como aquele. A Revolução Científica sugeriu que uma ciência da sociedade é possível; a Revolução Democrática mostrou que as pessoas podem intervir no sentido de melhorar a sociedade; a Revolução Industrial apresentou aos pensadores uma gama de novos problemas sociais que demandavam solução. Os intelectuais reagiram a tudo isso fazendo nascer a imaginação sociológica.

Teoria, Pesquisa e Valores

O pensador social francês Auguste Comte (1798-1857) cunhou o termo *sociologia* em 1838 (Comte, 1975). Comte tentou estabelecer o estudo da sociedade sobre bases científicas, enfatizando que deveríamos entender o mundo social como ele é, e não como ele ou qualquer outra pessoa imaginava que deveria ser. No entanto, havia uma tensão em sua obra: embora Comte estivesse ansioso por adotar o método científico no estudo da sociedade, ele era um pensador conservador, motivado por uma forte oposição à idéia de uma rápida mudança na sociedade francesa. Isso é evidente em seus escritos. Quando Comte se mudou de sua pequena e conservadora cidade natal para Paris, testemunhou as forças democráticas liberadas pela Revolução Francesa, os estágios iniciais da industrialização da sociedade e o rápido crescimento das cidades. O que ele viu o chocou e entristeceu. A mudança social acelerada estava destruindo muitas das coisas que ele valorizava, especialmente o respeito pela autoridade tradicional. Nesse sentido, Comte defendeu a idéia de mudanças lentas e a preservação de tudo o que era tradicional na vida social. Como o pensamento de Comte demonstra, métodos de pesquisa científicos *e* uma visão da sociedade ideal eram evidentes na sociologia em suas origens.

Embora louvasse o valor dos métodos científicos, Comte nunca conduziu uma pesquisa. Nem ele, nem o segundo fundador da sociologia, o teórico social britânico Herbert Spencer (1820-1903). Apesar disso, Spencer acreditava ter descoberto leis científicas que governavam o funcionamento da sociedade. Fortemente influenciado pela teoria da evolução de Charles Darwin, Spencer acreditava que as sociedades eram compostas de partes interdependentes, da mesma forma que os organismos biológicos. Essas partes interdependentes incluiriam as famílias, os governos e a economia. De acordo com ele, as sociedades evoluem da mesma forma que as espécies biológicas: os indivíduos lutam para sobreviver e o mais apto vence a luta. Os menos aptos morrem antes de produzir descendentes. De acordo com essa perspectiva, as sociedades evoluiriam da "barbárie" à "civilização". Spencer admitia que existem grandes desigualdades na sociedade, mas as coisas devem ser assim para que as sociedades evoluam (Spencer, 1975 [1897-1906]).

As idéias de Spencer, que vieram a ser conhecidas como "darwinismo social", foram populares por algum tempo em diversas partes do mundo, mas, hoje em dia, poucos sociólogos pensam que as sociedades são como sistemas biológicos. Temos uma compreensão mais apropriada das complexas forças econômicas, políticas, militares, religiosas etc., que geram a mudança social. Sabemos que as pessoas podem tomar as rédeas da situação e mudar seu ambiente social de uma maneira que nenhuma outra espécie pode. Spencer continua a nos interessar porque estava entre os primeiros a afirmar que a sociedade funcionava de acordo com leis científicas — e devido à visão de sociedade ideal que é possível inferir de seus escritos.

Em graus variáveis, é possível observar a mesma tensão entre a crença na importância da ciência e uma visão da sociedade ideal na obra dos três gigantes da sociologia clássica: Karl Marx (1818-1883), Émile Durkheim (1858-1917) e Max Weber (1864-1920). A vida desses três homens estende-se por pouco mais de um século, mas eles testemunharam várias fases da transição violenta que ocorreu na Europa rumo ao capitalismo industrial, tentaram explicar as grandes transformações européias e sugeriram maneiras de melhorar a vida das pessoas. Como Comte e Spencer, acreditavam no método de pesquisa científica e, de fato, o adotaram em suas pesquisas. No entanto, diferentemente deles, Marx, Durkheim e Weber tentaram estabelecer cursos alternativos para as sociedades em que viviam. As idéias que eles desenvolveram não foram apenas ferramentas de diagnóstico a partir das quais podemos aprender, mas, como muitas idéias sociológicas, prescrições para combater os males sociais.

A tensão entre análise e ideal, diagnóstico e prescrição, é evidente ao longo da produção sociológica. Isso se torna mais claro ao se distinguir três termos importantes: teoria, pesquisa e valores.

Teoria

As idéias sociológicas são normalmente expressas sob forma de teorias. **Teorias** são conjecturais de algum aspecto da vida social; elas nos dizem como e por que determinados fatos se relacionam. Por exemplo, em sua teoria sobre o suicídio, Durkheim relacionou fatos sobre taxas de suicídio e fatos sobre solidariedade social, o que fez com que ele pudesse explicar o suicídio tomando por base a solidariedade social. Em nossa definição ampla, até mesmo uma intuição pode ser considerada uma teoria, desde que ela sugira como e por que certos fatos se relacionam. Como Albert Einstein escreveu: "A essência da ciência não é nada mais do que um refinamento do pensamento cotidiano" (Einstein, 1954: 270).

Pesquisa

Depois que os sociólogos formulam teorias, eles podem conduzir pesquisas. **Pesquisa** é o processo por meio do qual se observa cuidadosamente a realidade social, no intuito de se "testar" uma teoria ou determinar sua validade. Por exemplo, Durkheim coletou estatísticas sobre suicídio de várias agências governamentais para verificar em que medida os dados confirmavam ou contradiziam sua teoria. Dado que a pesquisa pode colocar em xeque a validade de uma teoria, as teorias são somente explicações conjecturais ou hipotéticas. Discutiremos o processo de pesquisa em detalhe no Capítulo 2, "Como os Sociólogos Fazem Pesquisa".

Valores

Antes que os sociólogos possam formular teorias, no entanto, eles devem fazer certos julgamentos. Por exemplo, devem decidir quais problemas vale a pena estudar; devem ter certos pressupostos acerca de como as partes da sociedade se encaixam; se pretendem recomendar maneiras de melhorar o funcionamento de algum aspecto da sociedade, devem até ter uma opinião sobre como a sociedade ideal deveria ser. Como veremos em breve, essas questões são amplamente orientadas pelos valores dos sociólogos. **Valores** são idéias sobre o que é certo ou errado e, inevitavelmente, ajudam os sociólogos a formular e a favorecer uma teoria em detrimento de outra (Edel, 1965; Kuhn, 1970 [1962]). Enquanto tais, as teorias sociológicas devem ser modificadas e até rejeitadas devido à pesquisa, mas são freqüentemente motivadas pelos valores dos sociólogos.

Durkheim, Marx e Weber encontram-se próximos às origens das principais tradições teóricas da sociologia: o funcionalismo, a teoria do conflito e o interacionismo. Uma quarta tradição teórica, o feminismo, surgiu nas últimas décadas para corrigir algumas deficiências das três tradições mais antigas. Deverá ficar claro, à medida que você for lendo este livro, que existem muitas outras tradições teóricas, além dessas quatro. No entanto, dado que elas foram bastante influentes no desenvolvimento da sociologia, apresentaremos agora um pequeno resumo de cada uma.

Teorias e Teóricos da Sociologia

Funcionalismo

Durkheim

A teoria do suicídio de Durkheim é um exemplo clássico do que se conhece hoje por funcionalismo. As **teorias funcionalistas** têm quatro características principais:

1. Enfatizam que o comportamento humano é governado por padrões estáveis de relações sociais, ou estruturas sociais. Por exemplo, Durkheim chamou atenção para como os padrões de solidariedade social influenciam as taxas de suicídio. As estruturas normalmente analisadas pelos funcionalistas são macroestruturas.
2. As teorias funcionalistas mostram como as estruturas sociais mantêm ou enfraquecem o equilíbrio social. É por essa razão que os funcionalistas são, às vezes, chamados de "funcionalistas estruturais": eles analisam como as partes da sociedade (as estruturas) se encaixam umas nas outras e como cada parte contribui para a estabilidade do todo (sua função). Com base em tais pressupostos, Durkheim argumentou que um alto grau de solidariedade social contribui para a manutenção da ordem social, mas o crescimento da indústria e das cidades na Europa no século XIX fez com que a solidariedade social diminuísse, contribuindo para a instabilidade social. Um aspecto daquela instabilidade, Durkheim afirmou, podia ser demonstrado pela alta taxa de suicídio; um outro aspecto, pelas greves freqüentes dos trabalhadores.

3. As teorias funcionalistas enfatizam que as estruturas sociais baseiam-se, principalmente, em valores compartilhados. Quando Durkheim escreveu sobre solidariedade social, por exemplo, algumas vezes ele fazia referência à freqüência e à intensidade da interação social, mas, mais freqüentemente, pensava na solidariedade social como um tipo de cimento moral: valores e crenças compartilhados que mantêm as pessoas juntas.
4. O funcionalismo sugere que o restabelecimento do equilíbrio social é a melhor solução para os problemas da sociedade. Durkheim escreveu que a estabilidade social poderia ser restaurada na Europa do fim do século XIX por meio da criação de novas associações de patrões e empregados que poderiam, por sua vez, diminuir as expectativas dos trabalhadores em relação ao que podiam esperar da vida. Para Durkheim, se mais pessoas desejassem menos, então a solidariedade social aumentaria e haveria menos greves e taxas de suicídio menores. O funcionalismo representou, portanto, uma resposta conservadora para o mal-estar generalizado na França do fim do século XIX. Uma resposta mais liberal ou radical seria argumentar que, se as pessoas estavam expressando descontentamento porque conseguiam menos do que esperavam da vida, então o descontentamento poderia diminuir ao se encontrar formas por meio das quais pudessem extrair mais satisfação para suas vidas.

Parsons e Merton

O sociólogo norte-americano Talcott Parsons (1902-1979) foi um dos pensadores funcionalistas mais importantes, depois de Durkheim. Uma de suas principais contribuições foi a de identificar como as várias instituições sociais devem operar a fim de assegurar o funcionamento regular da sociedade. Para Parsons, a sociedade encontra-se bem integrada e em equilíbrio quando as famílias educam bem as novas gerações, quando os militares defendem satisfatoriamente a sociedade das ameaças externas, quando as escolas ensinam às crianças as habilidades e os valores de que elas precisam para funcionar como adultos produtivos e quando as religiões criam um código moral compartilhado entre as pessoas (Parsons, 1951).

▲ Robert Merton (1910-2003) transformou o funcionalismo em uma teoria mais flexível, dos anos de 1930 aos anos de 1950. Em sua obra *Social Theory and Social Structure* (1968 [1949]), ele argumentou que as estruturas sociais nem sempre são funcionais, mas podem ser disfuncionais para algumas pessoas. Além disso, nem todas as funções são manifestas; algumas são latentes. Merton também fez grandes contribuições na sociologia da ciência, notadamente em seu livro *Sobre os Ombros de Gigantes* (1956), um estudo sobre a criatividade, a tradição, o plágio, a transmissão de conhecimento e o conceito de progresso.

Parsons foi bastante criticado por exagerar o grau segundo o qual os membros da sociedade compartilham valores comuns e também segundo o qual as instituições sociais contribuem para a harmonia social. Tais críticas fizeram com que outro funcionalista de peso dos Estados Unidos, Robert Merton (1910-2003), propusesse que as estruturas sociais podem gerar diferentes conseqüências para diferentes grupos de pessoas. Merton notou que algumas dessas conseqüências podem ser perturbadoras ou **disfuncionais** (Merton, 1968 [1949]). Além disso, afirmava que enquanto algumas funções são **manifestas** (pretendidas e facilmente observáveis), outras são **latentes** (não pretendidas e menos óbvias). Por exemplo, uma função manifesta das escolas é transmitir determinadas habilidades de uma geração a outra; uma função latente é encorajar o desenvolvimento de uma cultura jovem separada que freqüentemente entra em conflito com os valores dos pais (Coleman, 1961; Hersch, 1998).

De maneira semelhante, para antecipar um argumento que desenvolveremos mais tarde, a função manifesta das roupas é manter as pessoas aquecidas no inverno e frescas no verão. No entanto, as roupas podem estar na moda ou fora de moda. O estilo particular de roupas que adotamos pode indicar com quem gostaríamos de nos associar e quem gostaríamos de excluir do nosso círculo social. Aquilo que vestimos pode, portanto, expressar a posição que ocupamos na sociedade, o que pensamos acerca de nós mesmos e como queremos nos apresentar diante de outros. Todas essas são funções latentes das roupas.

Teoria do Conflito

A segunda grande tradição teórica da sociologia enfatiza a centralidade do conflito na vida social. A **teoria do conflito** incorpora os seguintes elementos:

1. Geralmente se concentra nas estruturas grandes, macrossociais, tais como "relações de classe" ou padrões de dominação, submissão e luta entre indivíduos de posições sociais altas e baixas.
2. A teoria do conflito mostra como os principais padrões de desigualdade na sociedade produzem estabilidade social em certas circunstâncias e mudança social em outras.
3. A teoria do conflito enfatiza como os membros de grupos privilegiados tentam manter suas vantagens, enquanto grupos subordinados lutam para aumentar as suas. Desse ponto de vista, as condições sociais em um dado período de tempo são a expressão de uma luta de poder contínua entre grupos privilegiados e grupos subordinados.
4. A teoria do conflito tipicamente sugere que a eliminação dos privilégios diminuirá o grau de conflito e aumentará o bem-estar humano total.

▲ Karl Marx (1818-1883) foi um pensador revolucionário cujas idéias afetaram não apenas a sociologia, mas o curso da história mundial. Ele argumentava que as grandes mudanças histórico-sociais são resultado do conflito entre as principais classes de uma sociedade. Em sua obra mais importante, *O Capital* (1867-1894), Marx argumentou que o capitalismo produziria tal miséria e força coletiva entre os trabalhadores que, no final, eles tomariam o poder do Estado e criariam uma sociedade sem classes, na qual a produção seria baseada nas necessidades humanas e não na busca do lucro.

Marx

A teoria do conflito teve origem na obra do pensador social alemão Karl Marx. Membro da geração imediatamente anterior à de Durkheim, Marx observou a pobreza e o descontentamento produzidos pela Revolução Industrial e desenvolveu um argumento generalizado acerca da maneira como as sociedades se desenvolvem (Marx, 1904 [1859]; Marx e Engels, 1972 [1848]). A teoria de Marx era radicalmente diferente da de Durkheim: em vez de enfatizar o equilíbrio social, a **luta de classes**, isto é, o conflito entre as classes no sentido de resistir e superar a oposição de outras classes, constitui o cerne de suas idéias.

Marx argumentou que os proprietários da indústria estavam ansiosos por melhorar a maneira como o trabalho estava organizado e por adotar novas ferramentas, máquinas e métodos de produção. Tais inovações lhes possibilitariam produzir mais eficientemente, obter mais lucros e eliminar concorrentes ineficientes do mercado. No entanto, o impulso para o lucro também faz com que os capitalistas concentrem os trabalhadores em estabelecimentos cada vez maiores, mantenham os salários o mais baixo que puderem e invistam o mínimo possível na melhoria das condições de trabalho. Assim, Marx argumentou, uma classe de trabalhadores pobres cada vez maior se opõe a uma classe cada vez menor de proprietários dos meios de produção.

Marx acreditava que, em última instância, os trabalhadores tornar-se-iam conscientes de que pertenciam a uma mesma classe de explorados. Ele chamou tal consciência de "consciência de classe" e acreditava que ela encorajaria o crescimento dos sindicatos e partidos de trabalhadores. De acordo com Marx, em algum momento da história, essas organizações procurariam pôr fim à propriedade privada, substituindo-a por um sistema no qual todos dividiriam a propriedade e a riqueza: a sociedade "comunista".

▲ Max Weber (1864-1920) foi o mais importante sociólogo alemão. Influenciou profundamente o desenvolvimento da sociologia no mundo todo. Engajado por toda a vida em um debate com o "fantasma de Marx", argumentou que apenas as circunstâncias econômicas não poderiam explicar o surgimento do capitalismo. Conforme demonstrou em *A Ética Protestante e o Espírito do Capitalismo* (1904-1905), desenvolvimentos independentes na esfera religiosa tiveram conseqüências não pretendidas e benéficas para o desenvolvimento do capitalismo em determinadas partes da Europa. Ele também argumentou que o capitalismo não necessariamente desembocaria no socialismo. Ao contrário, Weber percebia a "racionalização" generalizada da vida como a característica mais central da modernidade. Esses temas foram também desenvolvidos em *Economia e Sociedade* (1922).

Weber

Embora algumas das idéias de Marx tenham sido adaptadas para o estudo da sociedade contemporânea, suas previsões sobre o colapso inevitável do capitalismo foram questionadas. Max Weber, sociólogo alemão que escreveu suas principais obras uma geração depois de Marx, foi um dos primeiros a encontrar falhas em sua argumentação (Weber, 1946 [1922]). Weber observou o rápido crescimento do "setor de serviços" da economia, com seus muitos trabalhadores intelectuais e profissionais. Ele argumentou que muitos membros desses grupos ocupacionais estabilizam a sociedade porque têm um *status* e uma renda mais alta do que os trabalhadores braçais empregados no setor manufatureiro. Além disso, Weber mostrou que a luta de classes não é a única força motriz da história: de acordo com ele, a política e a religião também são fontes importantes de mudança histórica. Outros autores enfatizaram que Marx não compreendeu como o investimento em tecnologia poderia tornar possível para os trabalhadores trabalhar menos horas sob condições opressoras, assim como não previu que salários mais altos, melhores condições de trabalho e benefícios do Estado poderiam apaziguar os trabalhadores da indústria. Assim, percebemos que muitos aspectos da teoria de Marx foram questionados por Weber e por outros sociólogos.

Interacionismo

Weber, Mead e Goffman

Como vimos anteriormente, Weber criticou a interpretação de Marx do desenvolvimento do capitalismo. Entre outras coisas, Weber argumentou que o desenvolvimento inicial do capitalismo não foi provocado apenas por circunstâncias econômicas favoráveis, mas a existência de certas crenças *religiosas* facilitou seu crescimento. Os protestantes dos séculos XVI e XVII, em particular, acreditavam que suas dúvidas religiosas poderiam ser reduzidas e um estado de graça alcançado se trabalhassem com diligência e vivessem modestamente. Weber chamou essa crença de **ética protestante** e argumentou que ela teve um efeito não pretendido: as pessoas que aderiram à ética protestante economizaram e investiram mais dinheiro do que as outras e, assim, o capitalismo se desenvolveu mais fortemente onde a ética protestante se estabeleceu. Em resumo, Weber concluiu que o capitalismo não se desenvolveu exclusivamente por causa de forças econômicas, como Marx havia afirmado; ele dependeu, ao menos em parte, do significado religioso que alguns indivíduos atribuíam ao seu trabalho (Weber, 1958 [1904-5]). Em muitas de suas obras, Weber enfatizou a importância de se compreender os motivos e significados que as pessoas atribuem às coisas para entender mais claramente o significado de suas ações. Ele denominou esse aspecto de sua abordagem relacionada à pesquisa sociológica de método Verstehen (que significa "compreensão", em alemão).

A idéia de que significados e motivos subjetivos devem ser levados em conta em qualquer análise sociológica que se pretenda completa foi uma das contribuições de Weber à teoria sociológica clássica. Weber também foi um importante teórico do conflito, como ficará claro em capítulos subseqüentes deste livro. É suficiente observar, por enquanto, que sua ênfase em significados subjetivos encontrou solo fértil nos Estados Unidos no final do século XIX e início do século XX porque suas idéias ressoaram no profundo individualismo da cultura norte-americana. Naquela época, os americanos acreditavam amplamente que o talento e a iniciativa individual tornavam possível que as pessoas conseguissem praticamente qualquer coisa naquela terra de oportunidades. Não foi, portanto, por acaso, que a sociologia clássica produzida nos Estados Unidos se concentrava nos indivíduos ou, mais precisamente, nas relações existentes entre o indivíduo e a sociedade. Este era certamente o foco dos sociólogos da Universidade de Chicago, o departamento de sociologia mais importante do país até a Segunda Guerra Mundial e que teve influência marcante no processo de institucionalização da sociologia no resto do mundo, inclusive no Brasil. Um dos principais pensadores da Escola de Chicago, George Herbert Mead (1863-1931), demonstrou, com base na ênfase no estudo das relações entre indivíduo e sociedade, como um sentido de *self* individual é formado no curso da interação com outras pessoas. Discutiremos sua contribuição no Capítulo 4, "Socialização". Aqui, notaremos apenas que o trabalho de Mead e de seus colegas originou o *interacionismo simbólico*, uma tradição teórica norte-americana que continua a representar um papel importante na sociologia atual.

As teorias funcionalistas e do conflito pressupõem que a "filiação" de grupo das pessoas — sejam elas pobres, ricas, homens, mulheres, brancas ou negras — determina seu comportamento. Tal visão pode, às vezes, fazer as pessoas parecerem bolas em uma mesa de bilhar: elas são jogadas de um lado para outro e não podem escolher seus próprios destinos. Mas sabemos, a partir de nossas experiências cotidianas, que as pessoas não são assim. Às vezes fazemos escolhas, algumas difíceis; às vezes mudamos de idéia. Além disso, duas pessoas pertencentes aos mesmos grupos podem reagir de forma diferente a situações sociais similares. Isso porque elas interpretam tais circunstâncias de maneira diferente.

Ao reconhecer essas questões, alguns sociólogos se concentram no aspecto subjetivo da vida social. Ao fazê-lo, estão trabalhando em uma perspectiva interacionista, *que inclui o interacionismo simbólico, mas não se restringe a ele* — caso da perspectiva dramatúrgica do sociólogo canadense Erving Gofmann (1922-1982), um dos interacionistas mais influentes. O **interacionismo** incorpora as seguintes características:

1. Concentra-se na comunicação interpessoal em ambientes microssociais, o que o distingue tanto do funcionalismo quanto das teorias do conflito.
2. Enfatiza que a vida social só é possível na medida em que as pessoas atribuem significado às coisas. Uma explicação adequada do comportamento social requer a compreensão dos significados subjetivos que as pessoas associam às suas circunstâncias sociais.
3. Insiste no fato de que as pessoas ajudam a criar suas circunstâncias sociais e não simplesmente reagem a elas. Goffman, por exemplo, analisou as diversas maneiras como as pessoas se apresentavam umas às outras na vida cotidiana de forma a aparecerem da melhor forma possível. Goffman comparava a interação social a uma peça cuidadosamente encenada, completa, com um palco, um cenário, papéis definidos e diversos adereços. Nessa peça, a idade, o gênero, a raça e as outras características de uma pessoa podem ajudar a determinar suas ações, mas também existe muito espaço para a criatividade individual (Goffman, 1959 [1956]).
4. Ao se concentrar nos significados subjetivos que as pessoas criam em pequenos ambientes sociais, os interacionistas às vezes acabam por validar pontos de vista não-oficiais ou impopulares, o que pode aumentar nossa compreensão e tolerância em relação a pessoas que podem ser diferentes de nós.

Para entender melhor o interacionismo, voltemos brevemente ao problema do suicídio. Se um policial descobre uma pessoa morta ao volante de um carro que bateu em uma árvore, pode ser difícil determinar se a morte foi um acidente ou suicídio. Entrevistar parentes e amigos a fim de descobrir o estado de espírito do motorista antes do acidente pode ajudar a eliminar a possibilidade de suicídio. Como o exemplo ilustra, compreender a intenção ou o motivo do ator social é fundamental para se compreender o significado de uma ação. Um estado mental deve ser interpretado antes que um corpo se torne uma estatística de suicídio (Douglas, 1967; Hamlin e Bryn, 2006).

Para os parentes e amigos, o suicídio é sempre doloroso e, algumas vezes, embaraçoso. Companhias de seguro freqüentemente negam pagamento aos beneficiários em casos de suicídio. Como resultado, os médicos legistas podem ver-se inclinados a classificar uma morte como acidental sempre que tal interpretação seja plausível. Sendo humanos, eles podem querer minimizar o sofrimento da família após um acontecimento tão terrível e, nesse sentido, alguns sociólogos acreditam que as taxas de suicídio baseadas em estatísticas oficiais tendem a ser cerca de um terço menores que as taxas verdadeiras.

O estudo do lado subjetivo da vida social esclarece muitas inconsistências como essas e nos ajuda a ir além da imagem oficial, aprofundando nossa compreensão acerca de como a sociedade opera e complementando intuições advindas de análises do nível macro. Além disso, ao enfatizar a importância e validade dos significados subjetivos, os interacionistas também aumentam a tolerância em relação a pontos de vista não-oficiais, minoritários e divergentes.

Construtivismo Social

Uma variante do interacionismo que tem se tornado particularmente popular nos últimos anos é o **construtivismo social**. Os construtivistas sociais argumentam que quando as pessoas interagem, elas quase sempre pressupõem que as coisas são, natural ou biologicamente, o que deveriam ser. No entanto, características aparentemente naturais ou inatas da vida são muitas vezes sustentadas por processos *sociais* que variam histórica e culturalmente. Por exemplo, muitas pessoas pressupõem que as diferenças nas maneiras como homens e mulheres se comportam são resultado de suas constituições biológicas distintas. Em comparação, os construtivistas sociais demonstram que muitas das diferenças tidas como naturais entre mulheres e homens dependem da maneira como o poder é distribuído entre eles e do grau segundo o qual certas idéias acerca de homens e mulheres são amplamente compartilhadas (ver Capítulo 8, "Sexualidade e Gênero") (Berger e Luckmann, 1966). As pessoas, de maneira geral, são tão bem-sucedidas em construir realidades sociais de aparência natural em suas interações na vida cotidiana que não notam os materiais utilizados no processo dessa construção. Os construtivistas sociais identificam esses materiais e analisam como eles se encaixam.

Em resumo, o estudo do lado subjetivo da vida social nos ajuda a ir além da imagem oficial, aprofundando nossa compreensão de como a sociedade funciona e complementando as intuições adquiridas a partir de análises macro. Ao enfatizar a importância e a validade de significados subjetivos, os interacionistas aumentam a tolerância em relação a pontos de vista minoritários e divergentes. Ao enfatizar como os significados subjetivos variam histórica e culturalmente, os construtivistas mostram como muitas das características aparentemente naturais da vida social envolvem atos de criação social bastante elaborados.

Teoria Feminista

Poucas mulheres tiveram destaque na história inicial da sociologia. As demandas colocadas sobre elas pela família do século XIX e a falta de oportunidades na sociedade como um todo impediram que a maioria das mulheres tivesse formação superior e contribuísse de maneira efetiva para a sociologia. As mulheres que deixaram sua marca na sociologia em seus primórdios normalmente tinham biografias pouco comuns. Algumas dessas mulheres excepcionais trouxeram à tona questões de gênero ignoradas por Marx, Durkheim, Weber, Mead e outros sociólogos clássicos. O reconhecimento das contribuições sociológicas de mulheres pioneiras tem aumentado nos últimos anos porque a preocupação com questões de gênero tem se tornado parte substancial da sociologia contemporânea.

Hulton Deutsch/Corbis/StockPhotos

▲ Harriet Martineau (1802-1876) foi a primeira socióloga do sexo feminino. Contrariamente à maioria das mulheres de sua época e lugar, ela pôde ter uma vida de intelectual porque veio de uma família rica; nunca casou nem teve filhos. Ela traduziu Comte para o inglês e conduziu estudos sobre métodos de pesquisa, escravidão, regulamentos das fábricas e desigualdade de gênero. Por defender o direito de voto e a educação superior das mulheres, assim como a igualdade entre os gêneros na família, Martineau foi uma das primeiras feministas.

Martineau

Harriet Martineau (1802-1876) é usualmente reconhecida como a primeira socióloga. Nascida na Inglaterra, no seio de uma família próspera, Martineau nunca se casou e conseguia se sustentar com seu trabalho como jornalista.

Ela traduziu a obra de Comte para o inglês e escreveu um dos primeiros livros sobre métodos de pesquisa; desenvolveu estudos críticos sobre a escravidão, as leis das fábricas e a desigualdade de gênero. Foi uma defensora importante dos direitos das mulheres de votar, de ter acesso à educação superior e da igualdade de gênero na família. Como tal, Martineau foi uma das primeiras feministas (Martineau, 1985).

Feminismo Moderno

Apesar da agitação inicial, o pensamento feminista teve relativamente pouco impacto sobre a sociologia até meados da década de 1960, quando o surgimento do movimento feminista moderno chamou a atenção para muitas das desigualdades que ainda existiam entre homens e mulheres. Em virtude da grande influência que a teoria feminista vem exercendo sobre a sociologia a partir daí, é possível considerá-la como a quarta grande tradição teórica na sociologia nos dias de hoje. O feminismo moderno tem muitas variantes (ver Capítulo 8, "Sexualidade e Gênero"). No entanto, as diversas correntes da **teoria feminista** tendem a compartilhar as seguintes características:

1. A teoria feminista se concentra nos diversos aspectos do patriarcalismo, isto é, o sistema de dominação masculina na sociedade. O patriarcalismo, conforme as feministas argumentam, é tão ou mais importante do que as desigualdades de classe na determinação das oportunidades que uma pessoa tem na vida.
2. A teoria feminista sustenta que a dominação masculina e a subordinação feminina não são determinadas biologicamente, mas decorrem de estruturas de poder e de convenções sociais. A partir desse ponto de vista, as mulheres são subordinadas aos homens apenas porque os homens desfrutam de mais direitos legais, econômicos, políticos e culturais.
3. A teoria feminista examina como o patriarcalismo funciona nos níveis micro e macrossociais.
4. A teoria feminista argumenta que os padrões existentes de desigualdade de gênero podem e devem ser mudados para o benefício de todos os membros da sociedade. As principais fontes de desigualdade de gênero incluem as maneiras como meninos e meninas são educados, barreiras em relação a oportunidades iguais de educação, trabalho remunerado e política, assim como uma divisão desigual de responsabilidades domésticas entre homens e mulheres.

As tradições teóricas esboçadas anteriormente são resumidas na Tabela 1.1. Como você poderá observar nas páginas seguintes, os sociólogos aplicaram tais tradições a todas as áreas da sociologia, elaborando e refinando cada uma delas. Alguns sociólogos trabalham exclusivamente a partir de uma tradição; outros desenvolvem pesquisas que se baseiam em mais de uma tradição, mas todos têm débitos profundos para com os fundadores da disciplina.

A fim de ilustrar o quão mais longe podemos enxergar com o auxílio da teoria, consideraremos como as quatro tradições esboçadas anteriormente podem melhorar nossa compreensão de um aspecto da vida social familiar a todos nós: o mundo da moda.

Antes disso, contudo, faremos uma breve incursão na influência dessas tradições teóricas na formação da sociologia brasileira.

● **Tabela 1.1** Quatro tradições teóricas na sociologia

Tradição teórica	Principal nível de análise	Foco principal	Questão principal
Funcionalismo	Macro	Valores	Como as instituições sociais contribuem para a estabilidade e para a instabilidade social?
Conflito	Macro	Desigualdade	Como os grupos privilegiados tentam manter suas vantagens, e os subordinados, aumentar as suas, muitas vezes causando mudança social durante o processo?
Interacionismo	Micro	Significado	Como os indivíduos se comunicam de forma a tornar seus ambientes sociais significativos?
Feminismo	Macro e micro	Patriarcalismo	Quais estruturas sociais e processos de interação mantêm a dominação masculina e a subordinação feminina?

A Sociologia no Brasil

O pensamento sociológico chega ao Brasil no fim do século XIX, por meio das faculdades de Direito do Recife e de São Paulo. Embora não existisse formalmente como disciplina, o termo sociologia era conhecido, e autores como Auguste Comte, Herbert Spencer e Émile Durkheim eram discutidos. O positivismo comteano, por muitos anos, encontrou adeptos entre os partidários da República e entre os militares. De fato, o lema da nossa bandeira, "Ordem e Progresso", reflete uma visão tipicamente comteana da sociedade ideal. O pensamento de Marx também começou a ser apresentado e discutido no Brasil nesse fim de século, sendo conhecido pelos juristas pensadores sociais e tendo encontrado guarida no pensamento dos anarquistas e socialistas, embora sem muita distinção do pensamento dos socialistas utópicos franceses a quem Marx se opôs.

No entanto, só a partir da década de 1920, principalmente com Gilberto Freyre, Fernando de Azevedo e Delgado de Carvalho, a sociologia toma a forma de disciplina ensinada nas Escolas Normais (Recife) e no Colégio Pedro II (Rio de Janeiro). A partir da década de 1930, com a Escola Livre de Sociologia e Política (1933), a Faculdade de Filosofia, Ciências e Letras da Universidade de São Paulo (1934) e a Faculdade de Filosofia da Universidade do Distrito Federal (1935), no Rio de Janeiro, a sociologia se constituiu como disciplina de cursos universitários. Ainda na mesma década, continuou nas escolas normais e em alguns cursos chamados "pré-universitários". Nessa época, o pensamento durkheimiano foi representado, sobretudo, por Fernando de Azevedo (apesar de suas idéias socialistas) e por professores franceses contratados para a Faculdade de Filosofia da Universidade de São Paulo. Já a Escola Livre de Sociologia e Política (também em São Paulo) introduziu no Brasil o pensamento sociológico norte-americano, representado pela Escola de Chicago.

A perspectiva weberiana também chega ao Brasil na década de 1930, em especial por meio da obra de Sérgio Buarque de Holanda (*Raízes do Brasil*); posteriormente, nos anos de 1950, com Raimundo Faoro (*Os Donos do Poder*). Com Caio Prado Júnior (*Formação do Brasil Contemporâneo*), o pensamento marxista começa a ser estudado de maneira mais sistemática e, no fim da década de 1940, se estabelece definitivamente na academia no Brasil com a chamada Escola Paulista de Sociologia.

▲ Florestan Fernandes (1920-1995), um dos mais importantes sociólogos brasileiros, foi responsável pela consolidação de um forte grupo de cientistas sociais na Universidade de São Paulo entre as décadas de 1950 e 1960. Sua obra é constituída por mais de 50 livros. Entre eles destacam-se *A Integração do Negro na Sociedade de Classes* (1965) e *A Revolução Burguesa no Brasil* (1975). Em sua trajetória, Florestan Fernandes buscou conciliar a posição política de militante socialista e a de acadêmico. Para ele, as correntes sociológicas não deveriam ser tomadas como excludentes, mas como complementares, uma vez que a complexidade da realidade social não poderia ser abarcada por nenhuma corrente teórica. Desse modo, o sociólogo paulista defendia a idéia de que diferentes correntes sociológicas tratavam de problemas sociológicos alternativos.

Embora seu líder, o sociólogo Florestan Fernandes (1920-1995), discorde da designação "Escola", pode-se atribuir certa unidade ao grupo de intelectuais reunidos em torno da Cadeira de Sociologia I da Faculdade de Filosofia da USP e do Cesit (Centro de Sociologia Industrial e do Trabalho). Esse grupo foi o principal responsável pela introdução e aplicação do pensamento sociológico de Marx à explicação da sociedade brasileira. Já em 1946, Florestan Fernandes traduziu a *Contribuição à Crítica da Economia Política*, de Marx. Em 1958, um grupo de jovens professores daquela faculdade, quase todos ex-alunos de Florestan Fernandes, formou o "Seminário de Marx" com a finalidade de estudar *O Capital*, sua obra máxima. Integravam o seminário os professores José Arthur Giannotti, Fernando Henrique Cardoso, Octávio Ianni, Fernando Novais, Paul Singer e Ruth Cardoso. Entre os estudantes, estavam presentes Bento Prado, Francisco Weffort, Michel Löwy, Gabriel Bolaffi e Roberto Schwarz. Todos eles foram, e ainda são, intelectuais de renome no cenário das ciências sociais e humanas brasileiras.

Nos anos de 1960 e de 1970, os integrantes da Cadeira de Sociologia I da USP e do Cesit dedicaram-se ao estudo do processo de modernização da sociedade brasileira sob a óptica marxista. Os principais temas abordados foram o capitalismo, a escravidão, o racismo, o subdesenvolvimento, a dependência, o Estado e a sociedade de classes. Os estudos de sociologia econômica realizados no Cesit coincidem com o período de implantação da Cepal (Comissão Econômica para a América Latina), que deu origem às teorias do desenvolvimento econômico nas nações capitalistas dependentes (ver Capítulo 14, "População, Urbanização e Desenvolvimento").

No que se refere à influência do pensamento feminista, assim como no resto do mundo, ele só vai aparecer com vigor na ciência social brasileira na década de 1960. Nísia Floresta (1810-1885), pseudônimo pelo qual ficou conhecida Dionísia de Faria Rocha, publicou livros e escreveu para revistas e jornais no Brasil e na Europa, onde chegou a ser apreciada por Auguste Comte. Nísia Floresta preocupava-se sobretudo com a educação das mulheres, pois acreditava que o ensino poderia ser capaz de mudar sua consciência e sua vida material (Telles, 1997). Embora idéias em favor da ascensão social da mulher tenham estado presentes em escritoras brasileiras durante o resto do século XIX e a primeira metade do seguinte, a presença feminina na sociologia brasileira só vai ocorrer a partir do fim da década de 1940 e início da década de 1950 com Gioconda Mussolini, em sua sociologia primitiva, e Lucila Hermann, em suas análises de estrutura social.

No decorrer deste livro, apresentaremos teóricos brasileiros clássicos e contemporâneos. Por ora, é suficiente esboçarmos como o pensamento sociológico foi introduzido no Brasil, ajudando a fornecer o contorno específico da sociologia brasileira. Como toda disciplina acadêmica, a sociologia tem caráter internacional, não podendo ser limitada à produção de um local específico. Embora as diferentes correntes teóricas tenham tido seus núcleos em sociedades nacionais particulares, as principais teorias sociológicas foram aplicadas por sociólogos de todo o mundo, ajudando a esclarecer problemas locais. A fim de percebermos como as diferentes tradições teóricas podem nos ajudar a esclarecer questões concretas, voltemo-nos agora para o problema da moda, utilizando como exemplo um caso norte-americano de influência global.

Aplicando as Quatro Perspectivas Teóricas: O Problema da Moda

Em dezembro de 2002, o *Wall Street Journal* anunciou que o estilo *grunge* poderia voltar (Tkacik, 2002). Desde 1998, uma das principais tendências da moda entre pré-adolescentes e adolescentes jovens do sexo feminino era o estilo Britney Spears: barriga de fora, cabelos clareados com luzes, cintos largos, bolsas brilhantes, sandálias do tipo plataforma. Porém, em 2002, Avril Lavigne, outra estrela pop, entrou para as paradas de sucesso. A skatista-punk de 17 anos, nascida na pequena cidade de Napanee, no Canadá, recebeu uma indicação para o Grammy na categoria "artista revelação". Avril Lavigne adotava um estilo cuidadosamente desgrenhado e relaxado (*Statistics Canada*, 2002), complementado por camisas xadrez da década de 1970, jeans de cintura baixa, calças folgadas, camisetinhas básicas, mochilas, chaveiros e carteiras penduradas por correntes. Até 2005, seu estilo era semelhante ao estilo *grunge* do início da década de 1990, quando grupos musicais como o Nirvana e o Pearl Jam eram as grandes estrelas da MTV e Kurt Cobain era o rei do mundo da música pop.

Por que, no final de 2002, as tendências glamorosas da era pop deram lugar, em um segmento do mercado, ao *neogrunge*? Afinal de contas, por que a moda muda? A teoria sociológica tem coisas interessantes a dizer sobre o assunto (Davis, 1992).

Até a década de 1960, a abordagem sociológica mais utilizada para explicar as mudanças no mundo da moda era o *funcionalismo*. De acordo com essa perspectiva, as tendências da moda tendem a operar da seguinte forma: a cada estação, *maisons* de moda exclusivas em Paris e, em menor escala, em Milão, Nova York e Londres, mostram seus novos estilos. Alguns dos novos estilos "pegariam" entre a clientela exclusiva da Chanel, Dior, Givenchy e outras grandes *maisons* e estilistas. O principal interesse em usar modas novas e caras é que os clientes ricos podem se diferenciar de pessoas não tão ricas e, nesse sentido, a moda desempenharia uma importante função: ao permitir que pessoas de diferentes níveis se distinguissem umas das outras, a moda ajudaria a preservar o ordenamento da sociedade em classes sociais. No século XX, graças aos avanços tecnológicos na fabricação de roupas, não demorou muito para que cópias mais baratas chegassem ao mercado e se difundissem entre as classes mais baixas. Novos estilos tiveram de ser introduzidos com freqüência para que a moda pudesse continuar a desempenhar sua função de manter um sistema de classes ordenado: daí o fluxo e refluxo da moda, segundo uma explicação funcionalista.

A teoria funcionalista pintava um quadro relativamente realista da maneira como as tendências da moda funcionavam até a década de 1960. Mas a moda tornou-se mais democrática a partir de então: Paris, Milão, Nova York e Londres ainda são centros extremamente importantes da moda hoje em dia; no entanto, novas tendências originam-se cada vez mais das classes mais baixas, das minorias raciais e dos grupos étnicos e das pessoas que desdenham a alta-costura de forma geral.

Napanee, a cidade de Avril Lavigne, fica, afinal de contas, bem longe de Paris e, atualmente, os grandes estilistas tendem a ser muito mais influenciados pelos estilos urbanos do *hip-hop* do que o contrário. Novos estilos não advêm apenas das classes mais altas e de poucos centros de moda. As classes mais altas estão também bastante sujeitas a adotar tendências de moda originadas nas classes mais baixas e em outros lugares. Como resultado, a teoria funcionalista não nos oferece mais uma explicação satisfatória dos ciclos da moda.

Alguns sociólogos voltaram-se para a teoria do conflito como alternativa para compreender esse fenômeno. Os teóricos do conflito normalmente percebem os ciclos da moda como um meio pelo qual os proprietários de indústrias obtêm lucros enormes: eles introduzem novos estilos e determinam que os estilos anteriores estão fora de moda porque podem ganhar mais dinheiro se as pessoas forem encorajadas a comprar roupas com mais freqüência. Ao mesmo tempo, os teóricos do conflito acreditam que a moda mantém as pessoas distraídas em relação a muitos problemas sociais, econômicos e políticos que poderiam incitá-las a expressar sua insatisfação com a ordem social vigente e, até mesmo, rebelar-se contra ela. Os teóricos do conflito, assim como os funcionalistas, acreditam, portanto, que a moda pode ajudar a manter a estabilidade social. Diferentemente dos funcionalistas, eles argumentam que a estabilidade social confere vantagens aos proprietários das indústrias, em detrimento dos não-proprietários.

Os teóricos do conflito têm razão: a moda *é* um negócio grande e lucrativo. Os proprietários *realmente* introduzem novos estilos para fazer mais dinheiro. Eles criaram, por exemplo, o Color Marketing Group (ou "Grupo de Marketing das Cores", uma associação internacional de profissionais do *design* e da cor, também conhecida como a "Máfia da Cor"), que se reúne regularmente para ajudar a definir as novas paletas de preferências de cor para bens de consumo. De acordo com um membro da associação, a Máfia da Cor assegura que "os meios de comunicação de massa, (...) as revistas e os catálogos de moda, os *showrooms* de decoração e as grandes cadeias de lojas de roupas ofereçam as mesmas opções" (Mundell, 1993).

Ainda assim, a Máfia da Cor e outros elementos influentes da indústria da moda não são todo-poderosos. De fato, algumas tendências da moda iniciadas assim podem naufragar; algumas tendências simplesmente não "pegam". Isso aponta para um dos principais problemas com a interpretação das teorias do conflito: elas pressupõem, incorretamente, que as decisões do mundo da moda vêm de cima para baixo. A realidade é um pouco mais complicada. As decisões em relação à moda são parcialmente tomadas pelos consumidores. Essa idéia pode ser mais bem compreendida ao pensar a maneira como nos vestimos como uma forma de *interação simbólica*, um tipo de "linguagem" sem palavras que nos possibilita dizer aos outros quem somos e aprender quem eles são.

Se as roupas falam, então o sociólogo Fred Davis (1992) fez mais que qualquer outro, nos últimos anos, para nos ajudar a decifrar o que elas dizem. De acordo com Davis, a identidade de uma pessoa é sempre um processo em curso. É verdade que desenvolvemos um sentido de identidade pessoal à medida que amadurecemos: passamos a pensar acerca de nós próprios como membros de uma ou mais famílias, ocupações, comunidades, classes, grupos étnicos e países. Desenvolvemos padrões de comportamento e crenças associados a cada uma dessas categorias sociais. Apesar disso, as categorias sociais mudam com o tempo, assim como nós mudamos quando nos movemos por meio delas e à medida que envelhecemos. Como resultado, nossas identidades estão em constante fluxo. Freqüentemente ficamos ansiosos ou inseguros sobre quem somos. As roupas podem nos ajudar a expressar nossas identidades em mudança. Por exemplo, as roupas podem insinuar se você é heterossexual, se está sexualmente disponível, se é esportivo, se é conservador e muito mais — expressando aos outros como você gostaria que eles o vissem e o tipo de pessoa com o qual você quer se associar. Em determinados momentos, você pode se tornar menos conservador, mais disponível sexualmente etc. É provável que seu estilo de roupa mude de acordo com tais mudanças. (Certamente, as mensagens que você envia estão sujeitas a interpretações e pode ser que você seja mal-interpretado.) Do seu lado, a indústria da moda se alimenta das nossas ambigüidades e investe grandes esforços na tentativa de definir quais novos estilos podem capturar necessidades correntes de auto-expressão.

Por exemplo, aproveitando-se da necessidade de auto-expressão de muitas pré-adolescentes no final da década de 1990, Britney Spears acertou o alvo. As interpretações feministas do significado de Britney Spears são especialmente interessantes porque se concentram nos aspectos de gênero da moda.

Tradicionalmente, as feministas pensavam na moda como uma forma de patriarcalismo, um meio pelo qual a dominância masculina é mantida. Elas argumentavam que a moda é uma preocupação feminina. Gasta-se muito tempo e dinheiro para escolher, comprar e cuidar das roupas. Roupas da moda podem ser pouco práticas, desconfortáveis e algumas delas até pouco saudáveis. O foco da moda moderna na juventude, na magreza e no erotismo diminui as mulheres, tornando-as objetos sexuais, afirmam algumas feministas. Britney Spears interessa às feministas tradicionais porque ela, presumivelmente, ajuda a diminuir a idade na qual as meninas tornam-se alvo da dominação masculina.

Em anos recentes, essa visão feminista tradicional vem sendo questionada por um tipo de feminismo mais compatível com a tradição interacionista ("Why Britney Spears Matters", 2001). Algumas feministas agora aplaudem o *girl power* (ou "poder das garotas"), movimento que se cristalizou em 1996 com o lançamento do sucesso *Wannabe*, da banda britânica Spice Girls. Elas incluem Britney Spears nesse movimento: para elas, a música, a coreografia e o guarda-roupa de Britney expressam uma auto-segurança e uma assertividade que encontra eco no papel menos submisso e mais independente que as meninas estabelecem para si. Com seus chutes, movimentos de boxe e canções como o sucesso de 2000, *Stronger* ("Mais Forte"), Britney expressa o *empoderamento* das mulheres jovens. Independentemente de seu talento musical e como dançarina, portanto, algumas feministas acreditam que muitas meninas adoram Britney Spears porque ela as ajuda a expressar seus próprios poderes sociais e sexuais. Certamente, nem todas as meninas concordam com isso: Avril Lavigne, por exemplo, acha Britney Spears um "embuste" e, em grande medida, uma "vedete". Tais jovens buscam maneiras "mais autênticas" de afirmar sua identidade por meio da moda (Pascual, 2002). Seja como for, as interpretações feministas e interacionistas da moda nos ajudam a perceber com mais clareza as ambigüidades de identidade que dão suporte ao surgimento de novas tendências.

Nossa análise da moda mostra que cada uma das quatro perspectivas teóricas — funcionalismo, teoria do conflito, interacionismo e feminismo — pode esclarecer diferentes aspectos de um problema sociológico. Isso não significa que as perspectivas sejam sempre igualmente válidas. Constantemente, as interpretações que derivam de cada uma delas são incompatíveis entre si, oferecendo interpretações *alternativas* da mesma realidade social. Faz-se, então, necessário desenvolver uma pesquisa e determinar que perspectiva se aplica melhor ao caso em questão. Apesar disso, as quatro perspectivas teóricas esclarecem determinados aspectos do mundo social. Nesse sentido, nas páginas que se seguem, faremos referências constantes a elas.

Uma Bússola Sociológica

Nosso resumo das principais perspectivas teóricas na sociologia sugere que os fundadores da disciplina desenvolveram suas idéias em uma tentativa de resolver o grande quebra-cabeça sociológico de sua época — as causas e as conseqüências da Revolução Industrial. Isso nos coloca duas questões interessantes: quais são os grandes quebra-cabeças do *nosso* tempo? Como os sociólogos de hoje respondem aos desafios colocados pela sociedade em que *nós* vivemos? Dedicaremos o restante do livro para tentar responder essas questões em profundidade. No restante deste capítulo, esboçaremos o que você pode esperar aprender com este livro.

Seria errado sugerir que as pesquisas de dezenas de milhares de sociólogos ao redor do mundo são inspiradas por apenas alguns problemas centrais. Vista de perto, a sociologia é hoje um empreendimento heterogêneo, orquestrado por centenas de debates teóricos, alguns se concentrando em questões pontuais, relevantes para pequenos campos do saber e pequenas áreas geográficas e outros, em grandes temas que procuram caracterizar todas as eras históricas para a humanidade.

Entre os grandes temas, dois se destacam. Talvez os maiores quebra-cabeças do nosso tempo sejam as causas e as conseqüências da Revolução Pós-Industrial e da globalização. A **Revolução Pós-Industrial** diz respeito à diminuição da indústria de manufatura em relação ao setor de serviços, gerada pela tecnologia — a passagem do emprego nas fábricas para o emprego nos escritórios — e as conseqüências dessa passagem para a maioria das atividades humanas (Bell, 1973; Toffler, 1990). Por exemplo, como resultado da Revolução Pós-Industrial, as ocupações não-manuais agora superam as ocupações manuais e as mulheres foram inseridas, em grande número, no sistema de educação superior e na força de trabalho remunerada. Essa mudança transformou a maneira como trabalhamos e estudamos, nossos padrões de vida, a maneira como constituímos família e muitas outras coisas. A **globalização** é o processo por meio do qual as economias, os Estados e as culturas previamente distintos estão se juntando e as pessoas estão se tornando cada vez mais conscientes de sua crescente interdependência (Giddens, 1990: 64; Guillén, 2001). Especialmente em décadas recentes, o rápido crescimento no volume do comércio, das viagens e da comunicação internacionais rompeu o isolamento e a independência da maioria dos países e povos. O crescimento de diversas instituições que ligam as corporações, companhias e culturas também contribui para a globalização. Esses processos têm feito com que indivíduos dependam cada vez mais de pessoas em outros países para conseguir produtos, serviços, idéias e até mesmo uma identidade.

Os sociólogos concordam que a globalização e o pós-industrialismo oferecem muitas promessas estimulantes para melhorar a qualidade de vida das pessoas e aumentar a liberdade humana. No entanto, eles também vêem muitas barreiras socioestruturais para a realização disso. Podemos resumir tanto as promessas quanto as barreiras por meio de uma representação gráfica que se assemelha a uma bússola — uma bússola sociológica (Figura 1.4). Cada eixo da bússola contrasta uma promessa com as barreiras para sua realização. O eixo vertical contrasta a promessa de igualdade de oportunidades com a barreira das desigualdades de oportunidades. O eixo horizontal contrasta a promessa de liberdade individual com a barreira de restrição daquela liberdade. Consideremos cada um desses eixos mais detalhadamente, já que muitas das nossas discussões nos capítulos seguintes farão referência a eles.

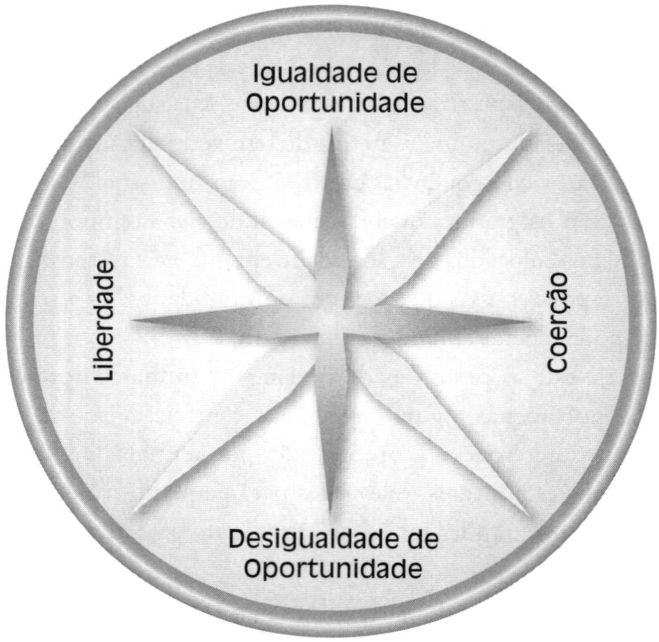

● **Figura 1.4** Uma bússola sociológica

Igualdade *versus* Desigualdade de Oportunidades

Os otimistas prevêem que o pós-industrialismo abrirá mais oportunidades para as pessoas, tendo em vista que possibilitará encontrar trabalhos criativos, interessantes, desafiadores e compensadores. Além disso, a era pós-industrial trará mais "igualdade de oportunidades", isto é, melhores chances de todas as pessoas adquirirem educação, influenciar as políticas governamentais e ter bons empregos.

Você encontrará evidências para dar suporte a essas afirmações nas próximas páginas. Por exemplo, mostraremos que a média de qualidade de vida e o número de bons empregos estão aumentando em sociedades pós-industriais como os Estados Unidos e alguns países da Europa. As mulheres estão progredindo a passos largos na economia, no sistema educacional e em outras instituições. Tais sociedades pós-industriais se caracterizam por uma diminuição na discriminação contra membros de minorias raciais e étnicas. A democracia tem se espalhado ao redor do mundo; os miseráveis formam uma porcentagem declinante da população mundial.

No entanto, à medida que você for lendo este livro, deverá ficar claro que essas histórias aparentemente felizes têm um lado escuro. Por exemplo, o número de empregos rotineiros com baixos salários e poucos benefícios tem aumentado mais do que o número de empregos criativos e com altos salários. A desigualdade entre ricos e pobres tem aumentado, seja no seio de diversos países, seja entre as nações mais ricas e as mais pobres. Enormes diferenças de oportunidades ainda separam os homens das mulheres. O racismo e a discriminação ainda fazem parte do nosso mundo. Os sistemas de saúde no mundo inteiro estão em crise, ao passo que as populações têm se tornado mais velhas e cada vez mais dependentes de sistemas de saúde eficientes e acessíveis. Muitas das democracias recentes são apenas superficialmente democráticas, e os cidadãos de países pós-industriais estão cada vez mais cínicos em relação à capacidade de seus sistemas políticos de responder a suas necessidades. Tais pessoas estão em busca de novas formas de expressão política. O número absoluto de miseráveis continua a crescer, assim como a distância entre as nações ricas e pobres. Muitas pessoas atribuem os problemas mais sérios do mundo à globalização. Elas formaram organizações e movimentos — alguns dos quais bastante violentos — como forma de oposição. Em resumo, a igualdade de oportunidades é um ideal inegavelmente atraente, mas não está claro se ela representa o resultado inevitável de uma sociedade pós-industrial e globalizada.

Liberdade Individual *versus* Coerção Individual

Podemos dizer o mesmo acerca do ideal de liberdade. Em tempos passados, a maioria das pessoas conservava suas identidades religiosas, étnicas, raciais e sexuais por toda a vida, mesmo que não se sentissem particularmente confortáveis com elas. As pessoas normalmente permaneciam em relações sociais que as tornavam infelizes. Um dos principais temas deste livro é que as pessoas têm agora mais liberdade para construir sua identidade e formar relações sociais da maneira que lhes seja mais conveniente. Em um grau maior do que jamais houve, é possível *escolher* quem queremos ser, com quem queremos nos associar e como queremos nos associar com as pessoas que escolhemos. A era global e pós-industrial libera as pessoas de coerções tradicionais ao encorajar a comunicação global quase instantânea, as migrações internacionais, a aceitação da diversidade sexual e de uma variedade de arranjos familiares, o crescimento de cidades diversificadas do ponto de vista racial e étnico etc. Por exemplo, no passado, era comum as pessoas permanecerem em casamentos com os quais estavam insatisfeitas. As famílias tendiam a se estruturar em torno de um pai que atuava no mercado de trabalho remunerado e de uma mãe que cuidava da casa e das crianças, sem receber nenhum salário por isso. Hoje as pessoas estão mais livres para terminar casamentos infelizes e criar estruturas familiares mais adequadas às suas necessidades individuais.

Mais uma vez, no entanto, devemos encarar o aspecto menos cor-de-rosa do pós-industrialismo e da globalização. Em muitos dos próximos capítulos, veremos como esse aumento da liberdade ocorre apenas dentro de certos limites e como a diversidade social é limitada por forças poderosas tendo em vista a conformidade em algumas esferas da vida. Por exemplo, podemos escolher a partir de uma maior variedade de bens de consumo do que antes, mas o próprio consumismo aparece como uma forma de vida coercitiva. Além disso, ameaça o meio ambiente. Enquanto isso, algumas novas tecnologias — como é o caso das câmeras de segurança colocadas em lojas, bancos e supermercados — nos levam a modificar nosso comportamento e a agir de maneira mais conformista. Burocracias grandes e impessoais, assim como produtos e serviços padronizados, desumanizam os empregados e os clientes. Os gostos e a motivação pelo lucro dos diversos conglomerados de mídia governam grande parte do nosso consumo cultural diverso e possivelmente ameaçam a sobrevivência de culturas nacionais distintas. Interesses poderosos tentam reforçar a família nuclear tradicional, muito embora esse modelo possa não ser adequado para muitas famílias. Como esses exemplos mostram, forças em direção à conformidade minimizam a tendência à diversidade social crescente. O pós-industrialismo e a globalização podem nos tornar mais livres em alguns aspectos, mas também colocam novas restrições sobre nós.

Onde Você se Encaixa?

A visão geral dos temas neste livro coloca em evidência uma questão levantada por Anthony Giddens, importante sociólogo britânico. De acordo com ele, vivemos em uma época "suspensa entre oportunidades extraordinárias (...) e a catástrofe global" (Giddens, 1987: 166). Uma grande gama de questões globais, as desigualdades profundas na riqueza das nações e das classes, a violência religiosa, racial e étnica, assim como problemas não solucionados nas relações entre homens e mulheres, continuam a nos encarar e a afetar profundamente a qualidade de nossa vida cotidiana.

Desespero e apatia seriam respostas possíveis para esses problemas complexos, mas não são respostas que os seres humanos normalmente favoreçam. Se estivesse em nós abandonar a esperança, ainda estaríamos andando por aí, seminus, em torno de nossas cavernas enlameadas.

As pessoas são mais propensas a procurar formas de melhorar suas vidas e esse período da história humana está cheio de oportunidades para fazê-lo. Em termos globais, por exemplo, chegamos a ponto de, pela primeira vez na história, dispor de recursos para alimentar e educar todas as pessoas do mundo. De maneira semelhante, parece-nos, agora, possível acabar com algumas das desigualdades que representam bases importantes de conflito humano.

Em um contexto local, refletir sobre as suas experiências e os seus valores pode ajudar a determinar como você pode melhorar a sua vida e a de sua comunidade.

Carreiras na Sociologia

A sociologia oferece dicas importantes sobre como alcançar esses objetivos porque é mais do que um simples exercício intelectual. Ela também pode ser uma ciência aplicada, com usos práticos e cotidianos, especialmente nas áreas de educação e de **políticas públicas** (ver Quadro 1.1), isto é, criação de leis e regulamentos por organizações e governos. Isso porque os sociólogos são treinados para ver não apenas o que existe mas também o que é possível.

No Brasil, os primeiros sociólogos formaram-se em 1937, pela Escola de Sociologia e Política de São Paulo. Entretanto, foi a partir da década de 1950, com a expansão das universidades, que os cursos de ciências sociais se expandiram por todo o país. Na segunda metade da década de 1960, por meio do estabelecimento dos cursos de pós-graduação no país, a sociologia completa sua institucionalização como disciplina universitária e, no início da década de 1980, a profissão de sociólogo é legalmente reconhecida, sendo de sua competência:

> *I- elaborar, supervisionar, coordenar, planejar, programar, implantar, controlar, dirigir, executar, analisar ou avaliar estudos, trabalhos, pesquisas, planos, programas e projetos atinentes à realidade social;*
>
> *II- ensinar sociologia geral ou especial nos estabelecimentos de ensino, desde que cumpridas as exigências legais;*
>
> *III- assessorar e prestar consultoria a empresas, órgãos da administração pública direta ou indireta, entidades e associações, relativamente à realidade social;*
>
> *IV- participar da elaboração, supervisão, orientação, coordenação, planejamento, programação, implantação, direção, controle, execução, análise ou avaliação de qualquer estudo, trabalho, pesquisa, plano, programa ou projeto global, regional ou setorial, atinente à realidade social".*
>
> (Lei n. 6.888, de 10 de dezembro de 1980)

Quadro 1.1: Política Social: O que Você Acha? Os Escândalos de Corrupção São um Problema de Ética Individual ou de Política Social?

Em 2002, o curso de administração da Sloan School of Management do Instituto de Tecnologia de Massachusetts (MIT — Massachusetts Institute of Technology), nos Estados Unidos, realizou uma pesquisa com 600 ex-alunos como parte da comemoração de seus 50 anos. Sessenta por cento dos entrevistados responderam que honestidade, integridade e ética são os principais ingredientes para se formar um bom líder corporativo (como, por exemplo, um diretor de empresa). A maioria dos formandos admitiu que uma vida profissional moralmente respeitável é mais importante do que obter altos salários e prêmios elevados.

Infelizmente, o comportamento dos executivos norte-americanos algumas vezes não reflete o alto padrão ético revelado por alguns dos executivos formados pelo MIT. Em 2002, por exemplo, foi descoberto o maior escândalo corporativo da história dos Estados Unidos. Corporações gigantescas como Enron, WorldCom, Tyco, Global Crossings e Adelphia Communications foram acusadas de fraude contábil, que fazia seus ganhos parecerem maiores do que realmente eram. Essa prática fazia os preços de suas ações subirem artificialmente. Quando os investigadores tornaram público o que estava acontecendo, o valor das ações despencou. Os investidores que possuíam ações comuns perderam centenas de bilhões de dólares. Muitos empregados dessas empresas perderam suas pensões (porque foram encorajados ou compelidos a aplicar seus fundos de pensão nas ações da empresa) e seus empregos (porque muitas dessas empresas decretaram falência). Em comparação, as fraudes contábeis beneficiaram de modo espetacular os executivos das próprias empresas. Como executivos, eles tinham o privilégio de comprar ações preferenciais por um preço fixo baixo mesmo quando as ações estivessem com o preço muito elevado. Desse modo, puderam ganhar muito vendendo as ações *antes* que os preços baixassem.

No Brasil, a corrupção tem sido considerada o principal problema nacional. Ao contrário dos Estados Unidos, a corrupção que tem tido maior destaque aqui é a Estatal. Escândalos de corrupção atingem todas as esferas do Estado brasileiro, do nível federal ao municipal, e todos os poderes públicos — legislativo, executivo e judiciário. Em 1991, as denúncias de corrupção foram responsáveis pelo *impeachment* do presidente da República, Fernando Collor. A "CPI do *impeachment*" revelou que a corrupção política começa na campanha eleitoral, com a promiscuidade dos partidos com as empreiteiras e as corporações. Após o *impeachment* do presidente Collor, setores políticos eticamente responsáveis defenderam a realização da "CPI das empreiteiras", que teria como missão investigar a ação corrupta das empresas em obras governamentais. A maioria parlamentar que apoiava o governo do presidente Fernando Henrique Cardoso (1995-2002) não aderiu à realização da Comissão Parlamentar de Inquérito, deixando incompleta a tarefa iniciada com o *impeachment* do presidente Fernando Collor.

Podemos confiar na moralidade ou na ética individual dos executivos (nas empresas) e dos políticos ou servidores públicos (no Estado) para agirem responsavelmente, isto é, visando ao interesse de suas empresas e da sociedade como um todo? Cursos de ética estão presentes nas escolas de administração. Mas, como observou recentemente um dos diretores da Haas School of Business da Universidade da Califórnia, em Berkeley, esses cursos não podem "transformar pecadores em santos" (citado em Goll, 2002).

Como a ética individual parece frágil diante da ganância, alguns observadores têm sugerido novas políticas públicas, isto é, leis e regulamentações feitas por organizações e governos com a finalidade de regular as "vantagens" dos executivos. Algumas pessoas sugerem que a prática de opção para compra de ações por preços fixos para executivos deva ser proibida (ações preferenciais), que penalidades legais mais duras devam ser impostas àqueles que praticam fraudes contábeis e que seja garantida ampla proteção legal às pessoas que denunciam fraudes e atos de corrupção.

A sociologia nos ajuda a ver muitas questões que parecem pessoais em um contexto mais amplo de políticas públicas. Mesmo nossa tendência para agir de maneira ética ou antiética é, em parte, moldada por políticas públicas e sociais — ou pela falta delas. Desse modo, analisamos um debate sobre política social em cada capítulo deste livro. É um bom exercício de imaginação sociológica e pode ajudar você a ter mais controle sobre as forças que conformam sua vida.

De acordo com a legislação vigente, consideram-se sociólogos no Brasil todos os que possuam o bacharelado em ciências sociais, embora muitos daqueles que têm pós-graduação em sociologia atuem como sociólogos. Segundo Lejeune de Carvalho (2001), existiam cerca de 40 mil profissionais graduados em ciências sociais no Brasil no ano de 2001. Um bom número de áreas, com importância diversa, tem oferecido oportunidades de trabalho para esses profissionais. Entre elas, destacamos: sindicatos, meio ambiente, planejamento urbano, reforma agrária, mercado editorial, pesquisa de opinião e de mercado, recursos humanos, poder legislativo, relações internacionais, docência, saúde, marketing político, comunicações e área jurídica e carcerária.

Embora a sociologia não ofereça soluções fáceis em relação a como a sociedade, seja no Brasil, seja no resto do mundo, pode ser melhorada, ela promete uma maneira útil de compreender nossos problemas atuais e de vislumbrar novas maneiras de lidar com eles. Você pôde testemunhar a capacidade que a sociologia nos oferece de relacionar problemas pessoais com as estruturas sociais quando discutimos sobre suicídio. Você também viu como as principais perspectivas teóricas da sociologia possibilitam os sociólogos a relacionar o individual com o socioestrutural. Quando esboçamos as promessas do pós-industrialismo e da globalização, você pôde perceber o poder da sociologia na promoção de uma compreensão de onde estamos e para onde podemos ir.

Admitimos abertamente que as questões levantadas neste livro são difíceis de serem respondidas. De fato, existem muitas controvérsias em torno delas. No entanto, estamos certos de que, se você mergulhar nelas de cabeça, isso aumentará sua compreensão das possibilidades abertas à sua sociedade e a você próprio. Em resumo, a sociologia pode ajudá-lo a perceber onde você se encaixa na sociedade e como pode fazer a sociedade se encaixar em você.

Resumo

1. **O que o estudo sociológico do suicídio pode nos dizer sobre a sociedade e sobre a sociologia?**
   Durkheim observou que o suicídio é um ato aparentemente anti-social e não-social que as pessoas com freqüência, mas sem sucesso, tentam explicar apenas em termos psicológicos. Em vez disso, ele mostrou que as taxas de suicídio são influenciadas pelo grau de solidariedade social dos grupos aos quais as pessoas pertencem. Essa teoria sugere que um domínio distintamente *social* influencia todo o comportamento humano.

2. **O que é a perspectiva sociológica?**
   A perspectiva sociológica analisa a conexão existente entre os problemas pessoais e os três níveis de estrutura social: as microestruturas, as macroestruturas e as estruturas globais.

3. **Como os valores, as teorias e a pesquisa se relacionam?**
   Valores são idéias sobre o que é certo ou errado, justo ou injusto. Os valores freqüentemente motivam os sociólogos a definir que problemas vale a pena estudar e a adotar pressupostos iniciais sobre como explicar os fenômenos sociais. Uma teoria é uma explicação

conjectural de algum aspecto da vida social. Ela nos diz como e por que determinados fatos se relacionam. Pesquisa é o processo de observação cuidadosa da realidade social para que se possa "testar" a validade de uma teoria. As teorias sociológicas podem ser modificadas e até mesmo rejeitadas a partir da pesquisa, mas a escolha de uma teoria em detrimento de outra é freqüentemente motivada pelos valores do sociólogo.

4. **Quais são as principais tradições teóricas na sociologia?**
A sociologia tem quatro tradições teóricas principais. O funcionalismo analisa como a ordem social é mantida por estruturas macrossociais. A teoria do conflito analisa como a desigualdade social é mantida e ameaçada. O interacionismo analisa como o significado é criado quando as pessoas se comunicam em ambientes microssociais. O feminismo se concentra nas fontes de patriarcalismo, tanto no nível macrossocial quanto no microssocial.

5. **Quais foram as principais influências para o surgimento da sociologia?**
O surgimento da sociologia foi estimulado pelas Revoluções Científica, Democrática e Industrial. A Revolução Científica encorajou a visão de que conclusões apropriadas acerca do funcionamento da sociedade devem se basear em evidências sólidas e não apenas em especulações. A Revolução Democrática sugeriu que as pessoas são responsáveis pela organização da sociedade e que a intervenção humana pode, portanto, solucionar problemas sociais. A Revolução Industrial gerou uma nova gama de problemas sociais bastante sérios que atraíram a atenção dos pensadores sociais.

6. **Quais são as principais influências na sociologia atualmente e quais são os principais interesses da sociologia?**
A Revolução Pós-Industrial é a mudança, tecnologicamente embasada, da indústria de manufatura o setor de serviços. A globalização é o processo por meio do qual as economias, os Estados e as culturas previamente distintos tornam-se cada vez mais conscientes de sua crescente interdependência. As causas e conseqüências do pós-industrialismo e da globalização formam as grandes questões sociológicas do nosso tempo. As tensões entre igualdade e desigualdade de oportunidade e entre liberdade e coerção estão entre os principais interesses da sociologia atual.

Questões para Reflexão

1. Você acha que as promessas de liberdade e igualdade serão cumpridas no século XXI? Por quê?
2. Neste capítulo, você aprendeu como as diferenças no nível de solidariedade social afetam as taxas de suicídio. De que outras formas você acha que as variações na solidariedade social podem afetar outras áreas da vida social, como o comportamento criminoso e o protesto político?
3. Uma ciência da sociedade é possível? Se você acha que sim, quais seriam suas vantagens em relação ao senso comum? Quais seriam suas limitações?

Glossário

Construtivistas sociais argumentam que características aparentemente naturais ou inatas da vida são muitas vezes sustentadas por processos *sociais* que variam histórica e culturalmente.

Disfunções são efeitos da estrutura social que geram instabilidade social.

Estruturas globais são padrões de relações sociais que se localizam fora e acima do nível nacional. Elas incluem organizações internacionais, padrões de viagens e comunicação internacionais e as relações econômicas entre os países.

Estruturas sociais são padrões estáveis de relações sociais.

Ética Protestante é a crença protestante dos séculos XVI e XVII segundo a qual as dúvidas religiosas podem ser reduzidas e um estado de graça alcançado se as pessoas trabalharem com diligência e viverem modestamente. De acordo com Weber, a ética protestante teve o efeito não pretendido de aumentar as economias e os investimentos, estimulando, assim, o crescimento do capitalismo.

Funções latentes são efeitos não observáveis e não pretendidos das estruturas sociais.

A **globalização** é o processo por meio do qual as economias, os Estados e as culturas, previamente distintos, estão se juntando e de cuja interdependência as pessoas estão se tornando cada vez mais conscientes.

Imaginação sociológica é a qualidade mental que nos possibilita perceber as relações entre problemas pessoais e estruturas sociais.

O **interacionismo** se concentra na comunicação interpessoal em ambientes microssociais. Ele estabelece que uma explicação adequada do comportamento social requer a compreensão dos significados subjetivos que as pessoas atribuem às suas circunstâncias. Enfatiza que as pessoas ajudam a criar suas circunstâncias sociais, e não simplesmente reagem a elas. Além disso, ao salientar os significados subjetivos que as pessoas criam em pequenos ambientes sociais, valida pontos de vista não-oficiais e impopulares. Isso aumenta nossa compreensão e tolerância em relação a pessoas que podem ser diferentes de nós.

Luta de classes é o conflito entre as classes no sentido de resistir e superar a oposição de outras classes.

Macroestruturas são padrões de relações sociais que se encontram fora e acima dos círculos de pessoas íntimas ou conhecidas. As macroestruturas incluem classes, burocracias e sistemas de poder, como o patriarcalismo.

Microestruturas são padrões de relações sociais relativamente íntimas formados durante interações face a face. Famílias, círculos de amizade e colegas de trabalho são exemplos de microestruturas.

Patriarcalismo é o sistema tradicional de desigualdade econômica e política entre mulheres e homens.

Pesquisa é o processo de observação cuidadosa da realidade a fim de estabelecer a validade de uma teoria.

As **políticas públicas** envolvem a criação de leis e regulamentos por governos e organizações.

A **Revolução Científica** teve início na Europa, por volta de 1550. Ela encorajou a visão segundo a qual conclusões plausíveis acerca do funcionamento da sociedade devem se basear em evidências sólidas e não apenas em especulações.

A **Revolução Democrática** teve início por volta de 1750, quando os cidadãos da França, dos Estados Unidos e de outros países aumentaram sua participação no governo. Essa revolução também sugeriu que as pessoas organizam a sociedade e, portanto, que a intervenção humana pode resolver problemas sociais.

A **Revolução Industrial** refere-se às rápidas transformações econômicas que tiveram início na Inglaterra, por volta de 1780. Ela envolveu a aplicação em larga escala da ciência e da tecnologia em processos industriais, a criação de fábricas e a formação da classe trabalhadora. Ela gerou uma nova gama de problemas sociais novos bastante sérios que atraíram a atenção de muitos pensadores sociais.

A **Revolução Pós-Industrial** refere-se à passagem do setor de produção industrial para o setor de serviços, gerada pela tecnologia, assim como as mudanças que decorrem dessa passagem em quase todas as atividades humanas.

Sociologia é o estudo sistemático do comportamento humano em seu contexto social.

Solidariedade social refere-se à combinação de: (1) regulação social, ou o grau segundo o qual os membros de um grupo compartilham normas, crenças e valores e (2) integração social, ou a intensidade e freqüência de suas interações.

Suicídio altruísta é o termo que Durkheim emprega para aquele tipo de suicídio que ocorre em ambientes com alto grau de integração social, ou seja, nos quais os indivíduos interagem intensa e freqüentemente. Altruísmo significa devoção ao interesse de outros. O suicídio altruísta é o suicídio pelo interesse do grupo.

Suicídio anômico é o termo que Durkheim emprega para o suicídio que ocorre em ambientes de baixa regulação social, isto é, nos quais as normas que governam o comportamento são definidas de maneira vaga. Anomia significa "ausência de lei".

Suicídio egoísta é o termo que Durkheim emprega para o tipo de suicídio que ocorre em ambientes com baixo grau de integração social, ou seja, nos quais os indivíduos são fracamente integrados à sociedade devido aos seus fracos laços sociais com outras pessoas.

Suicídio fatalista é o termo que Durkheim emprega para o suicídio que ocorre em ambientes de regulação social muito intensa, ou seja, nos quais o indivíduo tem pouca liberdade para expressar suas paixões e necessidades. Embora Durkheim só se refira a esse tipo de suicídio em uma pequena nota de rodapé, o suicídio fatalista vem adquirindo importância crescente nas pesquisas contemporâneas.

Uma **teoria** é uma explicação hipotética de alguns aspectos da vida social que estabelece como e por que certos fatos se relacionam.

A **teoria do conflito** normalmente se concentra nas estruturas macrossociais, como as relações de classe. Ela mostra como os principais padrões de desigualdade na sociedade produzem estabilidade social em algumas circunstâncias e mudança social em outras. Ela enfatiza como os membros de grupos privilegiados tentam manter suas vantagens, enquanto grupos subordinados lutam para aumentar as suas. Tipicamente, leva à sugestão de que a eliminação dos privilégios diminuirá o grau de conflito e aumentará o bem-estar humano total.

A **teoria feminista** argumenta que o patriarcalismo é tão importante quanto as desigualdades de classe na determinação das oportunidades que uma pessoa tem na vida. Afirma que a dominação masculina e a subordinação feminina não são determinadas biologicamente, mas decorrem de estruturas de poder e de convenções sociais. Examina o funcionamento do patriarcalismo tanto nos níveis micro quanto macrossociais e estabelece que os padrões existentes de desigualdade de gênero podem e devem ser mudados para o benefício de todos os membros da sociedade.

A **teoria funcionalista** enfatiza que o comportamento humano é governado por estruturas sociais relativamente estáveis. Ela sublinha como as estruturas sociais mantêm ou enfraquecem a estabilidade social. Enfatiza, ainda, como as estruturas sociais baseiam-se especialmente em preferências e valores compartilhados e sugere que o restabelecimento do equilíbrio social é a melhor maneira de se resolver a maioria dos problemas sociais.

Valores são idéias sobre o que é certo ou errado, bonito ou feio, justo ou injusto.

CAPÍTULO 2

Como os Sociólogos Fazem Pesquisa

Neste capítulo, você aprenderá que:

- As idéias científicas diferem do senso comum e de outras formas de conhecimento. Elas são avaliadas à luz de evidências sistematicamente coletadas e do escrutínio público.
- A pesquisa sociológica depende não apenas do teste rigoroso de nossas idéias mas também de intuições criativas. Assim, as fases objetiva e subjetiva da pesquisa são igualmente importantes em uma boa investigação.
- Os principais métodos sociológicos de coleta de dados incluem a observação sistemática de ambientes sociais e naturais, experimentos, enquetes e a análise de documentos e de estatísticas oficiais.
- Cada método de coleta de dados tem vantagens e desvantagens que lhe são característicos. Cada método é apropriado para diferentes tipos de problemas de pesquisa.

Ciência e Experiência

UDTQCSSOND — História Pessoal

"Muito bem, espertinho, veja se consegue resolver isto." Foi assim que Tália, a filha de 11 anos de Robert Brym, o cumprimentou um dia ao chegar da escola. "Escrevi algumas letras do alfabeto nesta folha de papel. Elas formam um padrão. Dê uma olhada e me diga qual é o padrão."

Robert pegou a folha de papel das mãos de Tália e sorriu, confiante. "Como a maioria dos norte-americanos, tive muito contato com este tipo de quebra-cabeças", disse Robert. "Por exemplo, a maioria dos testes de QI baseia-se na expectativa de que você encontre padrões em seqüências de letras, de forma que se pode aprender algumas maneiras de se resolver tais problemas. Um dos métodos mais comuns é observar se a 'distância' entre as letras na seqüência permanece a mesma, ou se varia de maneira previsível. Por exemplo, na seqüência ADGJ, faltam duas letras entre cada par e, ao se inserir as letras que faltam, chega-se às dez primeiras letras do alfabeto: A(BC)D(EF)G(HI)J. Desta vez, entretanto, fiquei estupefato. Tália havia escrito as letras UDTQCSSOND na folha de papel. Tentei o método da distância para resolver o problema. Nada funcionou. Depois de dez minutos coçando a cabeça, desisti."

"A resposta é fácil", disse Tália, claramente satisfeita com meu fracasso. "Soletre os números de um a dez: a primeira letra de cada palavra – um, dois, três, quatro etc. – gera o padrão UDTQCSSOND. Parece que você não é tão esperto quanto pensava. Te vejo mais tarde." E saiu saltitando para o quarto.

"Mais tarde, ocorreu-me que Tália havia me ensinado mais do que um simples quebra-cabeças. Ela me mostrou que a experiência pode, às vezes, impedir as pessoas de perceberem coisas novas. Minha experiência em resolução de quebra-cabeças a partir de certos métodos obviamente me impediu de resolver o problema UDTQCSSOND. Em outras palavras, a realidade (no caso, um padrão de letras) não é apenas uma coisa 'externa' que podemos aprender a perceber 'objetivamente'.

Como os cientistas sociais têm enfatizado por mais de um século, a experiência nos ajuda a determinar como percebemos a realidade, incluindo-se que padrões nós vemos, ou mesmo se somos capazes de perceber um padrão qualquer" (Hughes, 1967: 16).

O fato de a experiência filtrar a percepção da realidade é um dos maiores problemas para a pesquisa sociológica. Na pesquisa sociológica, o filtro ocorre em quatro estágios (Figura 2.1). Em primeiro lugar, como mostramos no Capítulo 1, as paixões e experiências dos sociólogos servem de motivação para muitas pesquisas — isto é, nossos *valores* freqüentemente nos ajudam a decidir que problemas valem a pena investigar e podem refletir a visão típica de nossa classe, raça, gênero, região, período histórico etc. Em segundo lugar, nossos valores nos levam a formular e adotar determinadas *teorias* para interpretar e explicar esses problemas. Em terceiro lugar, as interpretações dos sociólogos são influenciadas por pesquisas anteriores, as quais consultamos para descobrir o que já se sabe sobre um determinado assunto. Finalmente, os métodos que usamos para coletar nossos dados moldam nossa percepção. As ferramentas que usamos freqüentemente determinam os aspectos da realidade a que podemos ter acesso.

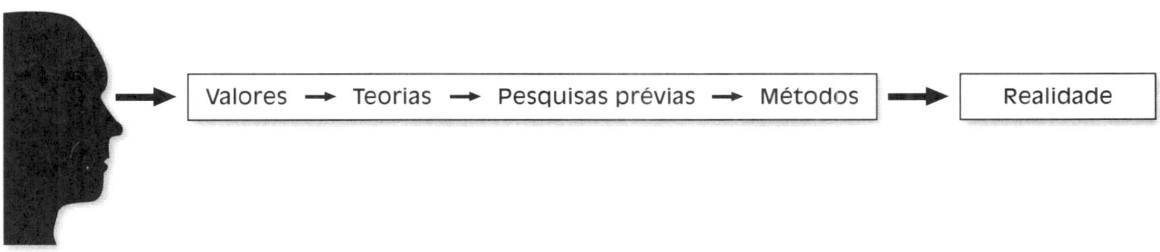

Figura 2.1 Como a pesquisa filtra a percepção

Dado que valores, teorias, pesquisas anteriores e métodos de pesquisa filtram nossas percepções, você teria razão ao concluir que nunca podemos perceber a sociedade de uma maneira objetiva ou pura[1]. O que podemos fazer é usar técnicas de coleta de dados que minimizem nosso viés ou tendenciosidade. Também podemos descrever pública e claramente os filtros que influenciam nossas percepções, o que nos ajuda a eliminar fontes óbvias de viés e possibilita que outros percebam vieses que nos passem despercebidos e, assim, tentar corrigi-los. O resultado final é uma percepção da realidade mais acurada do que seria possível se nos baseássemos apenas no senso comum ou em preconceitos cegos.

Torna-se claro, portanto, que uma tensão saudável perpassa todo o empreendimento sociológico. Por um lado, os pesquisadores geralmente tentam ser objetivos, de forma a perceber a realidade da maneira mais clara possível. Para tanto, seguem as regras do método científico e estabelecem técnicas de coleta de dados que minimizem os vieses. Por outro lado, os valores e as paixões que derivam das nossas experiências pessoais são fontes importantes de criatividade. Como Max Weber afirmou, escolhemos estudar "apenas aqueles segmentos da realidade que se tornaram significativos para nós devido ao seu valor-relevância" (Weber, 1964 [1949]: 76). Assim, objetividade e subjetivi-

[1] Alguns pesquisadores acreditam ser possível observar os dados sem nenhuma noção pré-concebida e depois formular teorias a partir de tais observações. No entanto, eles parecem formar uma pequena minoria (Medawar, 1996: 12-32).

dade desempenham um papel importante na ciência, inclusive na sociologia. Talvez simplificando em excesso, podemos dizer que, enquanto a objetividade é uma espécie de avaliação da realidade, a subjetividade nos ajuda a definir quais aspectos da realidade valem a pena ser avaliados.

A maior parte deste capítulo diz respeito à avaliação da realidade, explorando particularmente como os sociólogos tentam aderir às regras do método científico. Inicialmente, contrastamos o pensamento científico com o pensamento não-científico. Em seguida, discutimos os passos envolvidos no processo de pesquisa sociológica. Depois disso, descrevemos os principais métodos de coleta de dados sociológicos e as decisões que devem ser tomadas no processo de pesquisa. Na seção final, retornamos ao papel da subjetividade na pesquisa.

Pensamento Científico *versus* Pensamento Não-Científico

Na ciência, ver é crer; na vida cotidiana, crer é ver. Em outras palavras, na vida cotidiana, nossos vieses influenciam nossas observações, o que geralmente nos leva a tirar conclusões equivocadas sobre o que vemos. Em contraposição, os cientistas, incluindo-se os sociólogos, desenvolvem maneiras de coletar, observar e refletir sobre as evidências a fim de minimizar as chances de chegar a conclusões enviesadas ou tendenciosas.

Em sua vida cotidiana, com base em quais critérios você decide se determinadas afirmações são verdadeiras? Na lista que se segue, descrevemos dez tipos de pensamento não-científico (Babbie, 2000 [1973]). À medida que você ler sobre cada um deles, pergunte-se com que freqüência você pensa de maneira não-científica. Se você pensa de maneira não-científica com freqüência, este capítulo é para você.

1. "Canja de galinha ajuda a curar resfriado. *Funcionava para meus avós e funciona para mim.*" Essa afirmação representa um tipo de conhecimento baseado na *tradição*. Embora alguns tipos de conhecimentos tradicionais sejam válidos dentro de certas condições (açúcar estraga os dentes), outros não são (a masturbação leva à cegueira). A ciência é necessária para separar o conhecimento válido do conhecimento não-válido.
2. "Ímãs fracos podem ser utilizados para curar muitas doenças. *Eu li tudo sobre isso no jornal.*" Essa sentença representa um conhecimento baseado em *autoridade*. Freqüentemente pensamos que algo está correto porque lemos sobre o assunto em uma fonte com algum grau de autoridade ou ouvimos de um perito no assunto. Mas muitas fontes e peritos podem estar errados. Por exemplo, os médicos ocidentais do século XIX sangravam seus pacientes com sanguessugas para extrair "veneno" de seus corpos. Esse procedimento geralmente era mais nocivo do que benéfico e, como o exemplo sugere, os cientistas devem sempre questionar fontes de autoridade para chegar a um conhecimento mais válido.
3. "O carro que atropelou o ciclista era marrom-escuro. Eu estava dando um passeio ontem à noite quando *vi o acidente.*" Essa frase representa um conhecimento baseado em uma *observação casual.* Infelizmente, somos observadores bastante descuidados. É por essa razão que bons advogados podem, com freqüência, destruir os argumentos de testemunhas visuais nos tribunais. Testemunhas visuais raramente têm certeza do que viram. Em geral, a incerteza pode ser reduzida ao se observar de maneira consciente e deliberada e ao se registrar tais observações. É isso que os cientistas fazem.

4. "Se você trabalhar muito, pode se dar bem na vida. *Eu sei porque muitos amigos dos meus pais começaram pobres, mas agora fazem parte da classe média.*" Esse argumento representa um conhecimento baseado em *supergeneralização*. Por exemplo, se você conhece algumas pessoas que começaram a vida pobres, trabalharam arduamente e tornaram-se ricas, pode vir a pensar que qualquer pessoa pobre pode se tornar rica se trabalhar o suficiente. Pode ser que você não tenha conhecimento acerca do número muito maior de pessoas que trabalham muito e permanecem pobres. Os cientistas, no entanto, trabalham com amostras representativas de populações inteiras, o que faz com que evitem a supergeneralização. Os cientistas também evitam a supergeneralização repetindo a pesquisa, para garantir que não tirem suas conclusões tomando como base de conjuntos de resultados pouco usuais.
5. "Estou certo porque *não posso pensar em nenhum caso contrário.*" Essa afirmação representa um conhecimento baseado em *observação seletiva*. Algumas vezes, inconscientemente ignoramos evidências que desafiem nossas crenças mais profundas. Assim, você pode realmente conhecer algumas pessoas que trabalharam muito, mas que permaneceram pobres e, no entanto, a fim de manter sua crença de que o trabalho árduo resulta em riqueza, pode "escolher" ignorar tais evidências. O requisito científico de que a evidência deve ser extraída de amostras representativas da população minimiza o viés resultante da observação seletiva.
6. "Seu João é pobre, embora trabalhe muito. Mas isso ocorre porque ele tem uma deficiência física. Pessoas deficientes constituem *a única exceção para a regra* segundo a qual, se você trabalhar muito, pode subir na vida." Essa afirmação representa conhecimento baseado em *exceções à regra*. Exceções à regra são invocadas com freqüência na vida cotidiana, assim como na ciência. A diferença é que, na vida cotidiana, as exceções são facilmente aceitas como válidas; na pesquisa científica, elas são tratadas como sentenças que devem ser examinadas à luz de evidências.
7. "De 1914 a 2001, o Brasil venceu a Argentina no futebol em 14,99% das vezes em que os dois times jogaram em anos pares e em 13% das vezes em que jogaram em anos ímpares. Assim, *o Brasil tem mais chances de ganhar da Argentina se jogar em um ano par.*" Embora os números acima estejam corretos (Pelayes, 2001), o argumento baseia-se em um *raciocínio ilógico*, pois é ilógico supor que tal fenômeno se deva a algo além de acaso. Os cientistas evitam tais raciocínios ilógicos ao utilizar determinadas técnicas estatísticas para distinguir entre eventos que provavelmente se devem ao acaso e os que provavelmente resultam de uma relação causal (embora correlações estatísticas, por si só, não nos permitam estabelecer que dois eventos são causalmente relacionados. Tal correlação deve ser estabelecida por uma teoria).
8. "*Eu não posso estar errado.*" Essa sentença representa um conhecimento baseado em *defesa do ego*. Até os cientistas podem estar apaixonadamente envolvidos com as conclusões a que chegaram em suas pesquisas porque investiram muito tempo, energia e dinheiro nelas. São outros cientistas – mais especificamente a instituição científica, com seu compromisso com a publicação e crítica dos resultados das pesquisas – que colocam limites à defesa do ego na compreensão científica.

9. "*O assunto está definitivamente resolvido.*" Essa afirmação representa um conhecimento baseado no *fechamento prematuro da inquirição científica*, que envolve a decisão de que todas as evidências relevantes foram consideradas para um assunto específico. A ciência, no entanto, deve estar comprometida com a idéia de que todas as teorias são apenas temporariamente verdadeiras e que as questões nunca estão resolvidas por completo.
10. "*Deve haver forças sobrenaturais atuando aqui.*" Essa sentença representa um conhecimento baseado em *mistificação*. Quando não podemos encontrar nenhuma explicação racional para um fenômeno, podemos atribuí-lo a forças que não podem ser observadas (direta ou indiretamente) ou compreendidas. Embora tais forças possam existir, os cientistas permanecem céticos em relação a elas. Os cientistas estão comprometidos com a descoberta de causas as quais se possa atribuir realidade.

Conduzindo a Pesquisa

O Ciclo da Pesquisa

A pesquisa sociológica procura superar os pensamentos não-científicos descritos na lista anterior. Ela consiste em um processo cíclico que envolve seis passos (Figura 2.2).

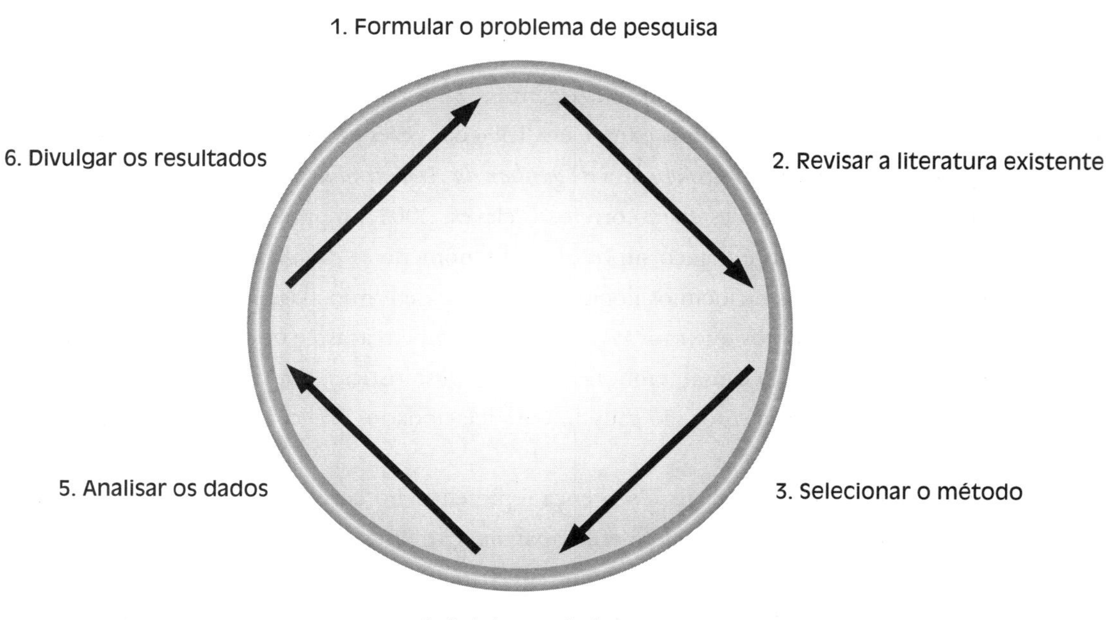

● **Figura 2.2** O ciclo da pesquisa

Em primeiro lugar, o sociólogo deve *formular um problema de pesquisa*. Um problema de pesquisa deve ser formulado de uma maneira que possa ser respondido por meio da coleta e análise sistemáticas de dados sociológicos. A pesquisa sociológica não pode determinar se Deus existe ou qual é o melhor sistema político: as respostas a tais questões envolvem mais a fé do que as evidências. A pesquisa sociológica pode determinar por que algumas pessoas são mais religiosas do que outras, e quais sistemas políticos geram maiores oportunidades para o ensino superior, por exemplo. Respostas a tais perguntas requerem evidências — não fé.

Em segundo lugar, o sociólogo deve *fazer uma revisão da literatura existente*. Os pesquisadores devem elaborar seus problemas de pesquisa à luz daquilo que outros sociólogos debateram e descobriram. Por quê? Porque a leitura da literatura sociológica relevante estimula a imaginação sociológica dos pesquisadores, fazendo com que refinem, ou melhor, delimitem seus problemas impedindo, conseqüentemente, a repetição de esforços.

O terceiro passo no ciclo da pesquisa refere-se à *seleção de um método de pesquisa*. Como você poderá perceber, cada método de coleta de dados apresenta vantagens e desvantagens. Cada método é, portanto, mais ou menos adequado para estudar um tipo diferente de problema. Ao escolher um método, deve-se ter em mente tais vantagens e desvantagens. O ideal seria que vários métodos fossem adotados de forma simultânea para estudar o mesmo problema, mas infelizmente isso não ocorre com muita freqüência. Essa abordagem pode superar as desvantagens de um único método e aumentar a confiança nos dados coletados.

O quarto passo do ciclo da pesquisa envolve *coletar os dados* por meio da observação das pessoas ou dos sujeitos da pesquisa, de entrevistas com os mesmos e da leitura de documentos produzidos por ou sobre eles. Muitos pesquisadores consideram essa fase a mais estimulante da pesquisa, porque os coloca frente a frente com o problema sociológico que tanto os fascina.

Outros pesquisadores consideram o quinto passo do ciclo de pesquisa, a *análise dos dados*, o mais animador. Durante a análise dos dados, pode-se descobrir coisas que ninguém jamais percebeu. Nesse estágio, os dados confirmam algumas das suas expectativas e negam outras, fazendo com que você tenha de pensar de forma criativa acerca de questões familiares, que tenha de reconsiderar a literatura teórica relevante e abandonar algumas das idéias iniciais.

Certamente que, se os pesquisadores não *tornarem públicos seus resultados* sob a forma de um relatório, um artigo em uma revista científica ou em um livro, a pesquisa não servirá muito para a comunidade sociológica, para os sujeitos da pesquisa, ou mesmo para a sociedade mais ampla. Esse é o sexto passo no ciclo da pesquisa. A publicação também serve a outro propósito importante: ela permite que outros sociólogos avaliem e critiquem a pesquisa e, assim, formulem problemas novos e mais sofisticados para o próximo ciclo.

Considerações Éticas

Ao longo do ciclo de pesquisa, os pesquisadores devem se preocupar em respeitar os *direitos dos seus sujeitos*. Isso significa, em primeiro lugar, que os pesquisadores não devem colocá-los em risco, pois os sujeitos têm direito à segurança. Segundo, os sujeitos da pesquisa devem decidir se suas atitudes e seus comportamentos podem ser revelados ao público e, em caso afirmativo, de que forma. Trata-se do direito do sujeito à privacidade. Terceiro, os pesquisadores não podem utilizar os dados de uma forma que possibilite a identificação dos sujeitos particulares. Trata-se do direito do sujeito à confidencialidade. Quarto, eles devem ser informados sobre como a informação oferecida será utilizada. Eles também devem ter o direito de decidir o grau de risco pessoal envolvido na resposta às questões. Trata-se do direito do sujeito ao consentimento informado.

Levando-se em conta esse resumo do ciclo da pesquisa, examinemos agora os principais métodos de pesquisa da sociologia. Tais métodos incluem o exame de documentos e estatísticas oficiais, experimentos, enquetes (ou *surveys*) e modos de observação. Começaremos descrevendo a observação participante e os métodos de pesquisa correlatos.

Principais Métodos da Sociologia

Métodos de Pesquisa de Campo: da Observação Distanciada ao "Tornar-se Nativo"

A revista *Eikoku News Digest* publicou uma coluna, no final dos anos 1990, escrita por um suposto especialista em observação da vida social inglesa. A coluna aconselhava os japoneses que residiam na Inglaterra a como agir "de forma inglesa". Em determinada passagem, a coluna informava aos leitores que, assim que ouvissem as palavras "apareça para o jantar", eles teriam sido aceitos na vida social inglesa e deveriam saber como se comportar apropriadamente. A coluna fornecia os seguintes conselhos:

1. Chegue 20 minutos atrasado porque, na Inglaterra, o jantar sempre demora 20 minutos a mais que o esperado para ficar pronto.
2. Não elogie a decoração porque, na Inglaterra, o gosto de todas as outras pessoas em termos de decoração é considerado horroroso.
3. Leve um vinho barato porque os ingleses não conseguem notar a diferença.
4. Elogie a comida dizendo "mmmm". Quanto mais "mmmms", maior o elogio.
5. Depois da refeição, não diga que estava bom. "Se alguém lhe perguntar como estava o jantar, não elogie com detalhes. Eles deduzirão que a conversa estava maçante... E não mencione a conversa interessante que teve. Eles presumirão que a comida estava particularmente ruim" ("Going Native: Dinner Parties", 2003).

Certamente que tais conselhos pretendiam ser uma piada. No entanto, o absurdo da situação serve para chamar a atenção dos estudantes da vida social sobre os perigos de se concluir coisas com base em observações casuais. Ao observar os outros de maneira casual, facilmente podemos fazer as coisas sairem erradas.

Alguns sociólogos fazem **pesquisa de campo**, ou seja, pesquisa baseada na observação das pessoas em seus ambientes naturais. O pesquisador de campo vai aonde quer que as pessoas estejam: de uma favela como a já famosa Cidade de Deus, à unidade de terapia intensiva de um hospital, ao *shopping center* da zona chique da cidade, à cena musical alternativa etc. Entretanto, quando vão a campo, os pesquisadores se preparam com determinadas estratégias para evitar que as coisas saiam erradas.

Uma das estratégias é a *observação distanciada*. Essa abordagem envolve a contagem e a classificação do comportamento que interessa de acordo com um esquema predeterminado. Por exemplo, um sociólogo queria saber mais sobre como a segregação sexual tem origem. Para tanto, observou crianças de diferentes idades brincando em colônias de férias e em creches no Canadá e na Polônia; anotou a composição sexual dos grupos de brincadeiras, as idades nas quais as crianças começavam a brincar em grupos sexualmente segregados e os tipos de brincadeiras que se tornavam sexualmente segregadas (Richer, 1990). De maneira semelhante, dois sociólogos queriam saber mais sobre o porquê de alguns estudantes de universidades americanas não participarem das discussões em sala de aula. Eles sentaram nas salas e anotaram o número de estudantes que participavam, o número de vezes que falavam e o sexo dos estudantes e dos professores que falavam (Karp e Yoels, 1976). Nos dois projetos de pesquisa, os sociólogos estavam interessados em saber como as pessoas jovens expressam o gênero em comportamentos cotidianos e sabiam o que procurar antes de ir campo.

Esse tipo de observação é distanciado uma vez que o pesquisador não interfere ou participa das atividades do grupo estudado. É também direto porque se observa os fenômenos "em primeira mão", isto é, à medida em que eles ocorrem.

Dois problemas principais podem atrapalhar a observação direta. Em primeiro lugar, a presença do pesquisador pode afetar o comportamento das pessoas que estão sendo observadas. Os sociólogos às vezes chamam isso de efeito Hawthorne porque pesquisadores de uma companhia elétrica americana chamada Hawthorne afirmaram, nos anos de 1930, ter descoberto que a produtividade dos trabalhadores aumentava à medida que os pesquisadores prestavam mais atenção a eles[2]. Da mesma forma, alguns estudantes podem participar menos nas discussões em sala de aula se pesquisadores entrarem e começarem a tomar notas: a presença deles pode ser intimidadora. Um segundo problema com a observação direta é que o significado do comportamento observado pode permanecer uma incógnita para o pesquisador: uma piscada pode ser uma contração muscular involuntária, uma indicação de que se está guardando um segredo, um sinal de paquera, uma paródia de outra pessoa piscando o olho etc. Não podemos saber o que ela significa simplesmente observando-a.

Para compreender o que uma piscada (ou qualquer outro comportamento) significa, devemos ser capazes de observá-la em seu contexto social e do ponto de vista das pessoas que estamos observando. Os antropólogos e um número crescente de sociólogos passam meses, ou mesmo anos, vivendo com um povo a fim de aprender sua língua, seus valores, seus maneirismos — sua cultura como um todo — e desenvolver uma compreensão profunda de seu comportamento. Esse tipo de pesquisa é chamado de **etnográfico** quando descreve a forma de vida completa de um povo (*ethnos* significa "povo" ou "nação", em grego) (Burawoy et al., 2000; Gille e Riain, 2002; Geertz, 1973).

Em alguns casos raros, os etnógrafos tornaram-se "nativos": abandonam seus papéis de pesquisadores e tornam-se membros do grupo que estavam estudando. "Tornar-se nativo" não tem valor algum para a comunidade sociológica porque não resulta na publicação de novas descobertas. No entanto, vale a pena mencionar tal fato por representar o oposto da observação distanciada. Usualmente, os pesquisadores de campo desenvolvem técnicas para coletar dados que se situam entre os dois extremos mencionados. O método de pesquisa de campo mais empregado é a observação participante.

[2] Pesquisas subseqüentes questionaram a existência de um efeito de produtividade no estudo da Hawthorne (Franke e Kaul, 1978). No entanto, o princípio geral originado a partir do estudo da Hawthorne — que os pesquisadores sociais podem influenciar seus sujeitos — é agora amplamente aceito (Webb et al., 1966).

Observação Participante

Os sociólogos tendem a se engajar na **observação participante** quando tentam observar um ambiente social objetivamente, assim como tomar parte nas atividades das pessoas que estão estudando (Lofland e Lofland, 1995 [1971]). Ao participar da vida dos seus sujeitos, os pesquisadores tornam-se capazes de ver o mundo a partir do ponto de vista deles. Esse método torna possível uma compreensão profunda dos valores, das crenças e dos motivos das pessoas. Além disso, a observação participante requer que os sociólogos dêem um passo para trás e observem o ambiente de seus sujeitos do ponto de vista de um estrangeiro. Isso ajuda a percebê-los mais objetivamente. Na observação participante, portanto, existe uma tensão entre subjetividade e objetividade e, como você poderá perceber, trata-se de uma tensão saudável que aumenta nossas chances de compreender diversos contextos sociais.

Compreendendo a Relação Entre "Bandidos" e Trabalhadores na Cidade de Deus

Em seu livro *A Máquina e a Revolta,* a antropóloga Alba Zaluar (1994 [1985]) mostra como, por meio de sua pesquisa de campo, desvendou as relações complexas e ambíguas existentes entre "bandidos" e trabalhadores na favela carioca Cidade de Deus: mais especificamente, por que se desenvolve uma relação de dependência entre eles. Zaluar argumenta que, embora o trabalho seja uma categoria importante para diferenciar os dois grupos, as relações entre eles são muito mais complexas e ambíguas do que uma simples oposição entre aqueles que trabalham, por um lado, e os "marginais, os imorais, a escória da sociedade", por outro. Por meio de entrevistas com "bandidos", conversas com moradores, participação nas festas locais etc., ela pôde fazer uma diferenciação entre o "bandido formado" e o "bandido sanguinário, perverso, covarde e ladrão". De acordo com a visão dos próprios sujeitos da pesquisa, o primeiro é relativamente respeitado pelos moradores da área em que atua, sendo considerado uma espécie de "vingador de seu povo, do seu 'pedaço', e defensor da inviolabilidade do território que ocupam" (Zaluar, 1994 [1985]: 138). Sua atuação é vista pelos trabalhadores como um meio de defesa, da proteção dos demais bandidos de seu grupo e da ocupação do espaço deixado pela ação policial. De acordo com seu código moral, não matam quem não está na guerra pela posse das bocas de fumo, não assaltam pessoas da área, "respeitam" os trabalhadores do local. Qualquer coisa em contrário seria considerada perversa. O "bandido sanguinário", por outro lado, é o bandido de outras áreas, o bandido do lado de lá: "não é gente", como os bandidos locais.

Apesar da relativa identificação e colaboração entre trabalhadores e bandidos, existem oposições claras entre eles: para os primeiros, os bandidos são atraídos pela vida fácil, pela recusa do trabalho; são percebidos como pessoas que têm vícios, quando comparados com eles próprios. Para os bandidos, os trabalhadores são "otários", semi-escravos, humilhados pelos patrões e condenados a privações materiais devido aos baixos salários. Existe, portanto, uma tensão entre o trabalho, considerado fonte de satisfação moral e material do trabalhador, e o trabalho que o escraviza, o que faz com que sua dimensão moral perca o sentido para alguns, que preferem ingressar na criminalidade. Essas pessoas são, portanto, colocadas na fronteira da criminalidade. No entanto, não falta a uns e outros a capacidade para julgar pela correção ou justiça de um ato, fazendo com que a violência e a criminalidade não sejam escolhas inevitáveis.

É a partir dessa tensão que Zaluar (1994 [1985]: 168) dá um passo para trás *ao se distanciar* momentaneamente da perspectiva subjetiva dos seus informantes, adotando a postura do "estrangeiro" para avaliar a identidade dos "bandidos formados":

> *Não são reformistas, nem revolucionários. Não lutam por relações mais justas entre ricos e pobres, fortes e fracos. Suas ações podem ser interpretadas como uma revolta individual contra as condições adversas sob a forma de recusa ao trabalho destinado à população pobre, assim como a participação num dos mais rendosos comércios de que se tem notícia no mundo capitalista [as drogas] (...) Por deterem meios de coerção física poderosos, ou seja, as armas de fogo, e por enriquecerem, os bandidos acabam virando uma força política e montando um sistema de poder no local (...) se ganham a aceitação dos moradores locais como protetores e justiçadores, suas relações com estes trazem a marca da ambivalência.*

Lições em Método

A pesquisa de Zaluar nos permite compreender melhor os códigos morais envolvidos nas relações entre bandidos e trabalhadores, a relação de simbiose que se estabelece entre eles, as ambivalências que permeiam suas identidades. Em particular, ela nos possibilita entender que as regras de convivência estabelecidas com os bandidos representam uma forma de escapar da situação caótica gerada pela guerra do tráfico de drogas na Cidade de Deus.

É possível compreender melhor esses aspectos porque Zaluar passou quase três anos em campo, tomando notas, tirando fotografias, gravando entrevistas, participando das festas locais, almoçando com as famílias que entrevistava e até prestando favores, como servir de motorista ocasional, quando isso lhe parecia inevitável. As descrições, as intuições, as citações de seus diários de campo foram cuidadosamente analisadas e submetidas ao escrutínio público.

Por que a observação *e* a participação são necessárias na observação participante? Porque as intuições sociológicas e antropológicas tornam-se mais aguçadas quando os pesquisadores são capazes de situar-se dentro e fora da vida dos seus informantes. Em outras palavras, podemos ver as coisas mais claramente quando nos movemos do "interior" para o "exterior" do nosso universo de pesquisa.

Ao mergulharem no mundo dos seus sujeitos de pesquisa e aprenderem sua linguagem e cultura em profundidade, os pesquisadores tornam-se aptos a perceber o mundo como seus sujeitos o percebem. No entanto, a subjetividade pode ir longe demais, afinal de contas, as pessoas raramente percebem seu próprio meio com muita objetividade e, em alguns casos, como ocorre com os presidiários e os pacientes de instituições psiquiátricas, elas nem mesmo têm acesso às informações oficiais sobre elas próprias. É apenas ao saírem do papel de nativo e observarem as pessoas do ponto de vista do estrangeiro que os pesquisadores podem levantar questões analíticas e perceber coisas que os sujeitos não podem.

A objetividade também pode ir longe demais. Observadores que buscam alcançar uma objetividade total, freqüentemente não conseguem fazer inferências corretas sobre o comportamento dos seus sujeitos. Isso porque tais observadores não poderão compreender a maneira como os sujeitos percebem o mundo e não podem questioná-los sobre suas experiências. Observadores que buscam objetividade total devem se basear inteiramente em suas próprias experiências para atribuir significado a determinados grupos e situações; no entanto, o significado que uma situação pode assumir para os observadores pode ser diferente do significado que ela assume para os sujeitos observados.

Em resumo, optar pela observação pura ou pela participação pura compromete a capacidade do pesquisador de perceber o mundo sociologicamente. Em vez disso, a observação participante requer do pesquisador que ele caminhe sobre uma corda bamba que liga os dois extremos da objetividade e da subjetividade.

É muito difícil para o observador participante ter acesso aos grupos que quer estudar. Primeiramente, ele deve ganhar a confiança dos sujeitos da pesquisa, que devem se sentir confortáveis com sua presença antes de começar a agir com naturalidade. A *reatividade* ocorre quando a presença do pesquisador influencia o comportamento do sujeito (Webb et al., 1996). Alcançar um estado de não-reatividade requer paciência e delicadeza por parte do pesquisador. Zaluar levou três meses, na fase inicial de sua pesquisa de campo, para começar a andar sozinha em áreas limitadas do conjunto habitacional que pesquisava. Constantemente confundida — ora como enviada do governo, ora como jornalista —, demorou muitos meses para ser "aceita" pela comunidade e ter a sensação de que podia se identificar com pessoas tão diferentes socialmente dela própria (Zaluar, 1994 [1985]). Além disso, ela teve de demonstrar um interesse genuíno pelas atividades dos sujeitos e convencê-los de que não representava uma ameaça. Muitas vezes o pesquisador pode minimizar a reatividade ao ganhar acesso a determinado grupo em estágios, como fez Zaluar. À medida que sua presença se torna mais familiar, o pesquisador pode começar a ter contato com alguns dos membros mais amigáveis dos grupos a serem estudados.

Algumas diferenças de classe, gênero e idade entre o pesquisador e os sujeitos da pesquisa podem tornar difícil ou até mesmo impossível o estudo de determinados grupos. Apesar das diferenças claras existentes entre Alba Zaluar e seus sujeitos de pesquisa, tais diferenças foram utilizadas em favor da pesquisadora, resultando em um excelente trabalho de pesquisa. Por outro lado, dificilmente se pode imaginar um sociólogo negro conduzindo uma pesquisa com base em observação participante entre os membros da Ku Klux Klan, nos Estados Unidos, ou uma socióloga utilizando esse método para estudar a maçonaria.

A maioria das observações participantes começa como um **estudo exploratório**, o que significa que os pesquisadores têm, a princípio, apenas uma vaga noção do que estão procurando e talvez nenhuma noção do que irão encontrar no decorrer de suas pesquisas. Eles contam somente com algumas intuições baseadas em suas próprias experiências e em suas leituras de parte da literatura disponível sobre o assunto. Os pesquisadores tentam, no entanto, tratar essas intuições como hipóteses. **Hipóteses** são afirmações não verificadas, mas testáveis, sobre os fenômenos que interessam aos pesquisadores. Quando mergulham na vida de seus sujeitos, as observações dos pesquisadores constituem dados sociológicos que lhes possibilitam rejeitar, aceitar ou modificar suas hipóteses iniciais. De fato, os pesquisadores buscam efetuar observações que lhes permitam determinar a validade e o alcance de suas hipóteses. ("Com base em pesquisas anteriores, sei que as pessoas mais velhas são geralmente mais religiosas do que as mais jovens e parece que isso se aplica a esta comunidade. Mas a religiosidade varia entre pessoas da mesma idade que são ricas, de classe média, ou pobres? Se sim, por quê? Se não, por que não?"). Escolher propositalmente o que observar resulta na criação da teoria fundamentada nos dados (também conhecida pelo termo original, em inglês, *grounded theory*). Uma *teoria fundamentada nos dados* é uma explicação de um fenômeno baseada no exame controlado do objeto, e não na mera especulação (Glaser e Straus, 1967).

Problemas Metodológicos

Mensuração

A grande vantagem da observação participante é que ela permite ao pesquisador "entrar nas mentes" dos seus sujeitos de pesquisa e descobrir sua visão de mundo em sua grande complexidade. A técnica é especialmente valiosa quando se conhece pouco sobre o grupo ou fenômeno sob investigação, e o sociólogo está interessado em construir uma teoria sobre eles. Mas a observação participante também tem suas desvantagens. Para compreendê-las, precisamos falar um pouco sobre a mensuração no campo da sociologia.

Quando os pesquisadores pensam sobre o mundo social, usam construtos mentais, ou conceitos, como "raça", "classe" e "gênero". Os conceitos que podem assumir mais de um valor ou atributo são chamados de **variáveis**. Peso e altura são variáveis. Talvez de forma menos óbvia, afeição e beleza percebida também são variáveis. Da mesma forma que alguém pode ter 1,80 m ou 1,70 m, ser rico ou pobre, também se pode ser indiferente ou estar profundamente apaixonado pela vizinha porque ela é considerada bonita ou sem-graça. Em cada um dos casos, sabemos que estamos lidando com uma variável porque altura, riqueza, afeição e beleza percebida podem assumir diferentes valores ou atributos.

Uma vez identificadas as variáveis que lhes interessam, os pesquisadores devem decidir quais observações do mundo real correspondem a cada variável. Deveria "classe", por exemplo, ser mensurada pela determinação da renda anual de uma pessoa? Ou essa variável deveria ser mensurada por meio da determinação de sua riqueza acumulada, anos de ensino formal, ou de alguma combinação desses e outros indicadores de posição? O processo de decisão sobre quais observações relacionar a quais variáveis é conhecido como **operacionalização**.

Variáveis sociológicas podem, às vezes, ser mensuradas por uma observação casual. É fácil dizer se alguém é do sexo masculino ou feminino e observadores participantes podem aprender muito mais coisas sobre seus sujeitos por meio de discussões e observações cuidadosas. Quando os pesquisadores descobrem quanto dinheiro as pessoas que constituem seus objetos de pesquisa ganham, o quão satisfeitos estão com seus casamentos, se foram vítimas de algum ato criminoso etc., estão mensurando os valores das variáveis sociológicas que fazem parte de suas hipóteses.

De maneira típica, os pesquisadores devem estabelecer critérios para atribuir valores às variáveis. Exatamente em que nível de renda anual alguém pode ser considerado como pertencente à "classe alta"? Quais são as características precisas de um ambiente que nos permite classificá-lo como "urbano"? Que características de uma pessoa nos possibilitam afirmar que ela é uma "líder"? As respostas para tais questões envolvem decisões sobre a mensuração.

Confiabilidade, Validade, Generalidade e Causalidade

Aí está o problema: em qualquer projeto de pesquisa, observadores participantes trabalham sozinhos e normalmente investigam apenas um grupo ou um tipo de grupo. Assim, quando lemos o resultado de suas pesquisas, devemos estar convencidos de três coisas para aceitarmos suas conclusões: (1) devemos estar confiantes que outro pesquisador interpretaria as coisas da mesma maneira; (2) devemos estar confiantes que suas interpretações são acuradas; (3) devemos estar confiantes que seus resultados podem ser estendidos para além do caso examinado. Examinemos cada um desses pontos com mais cuidado (Figura 2.3).

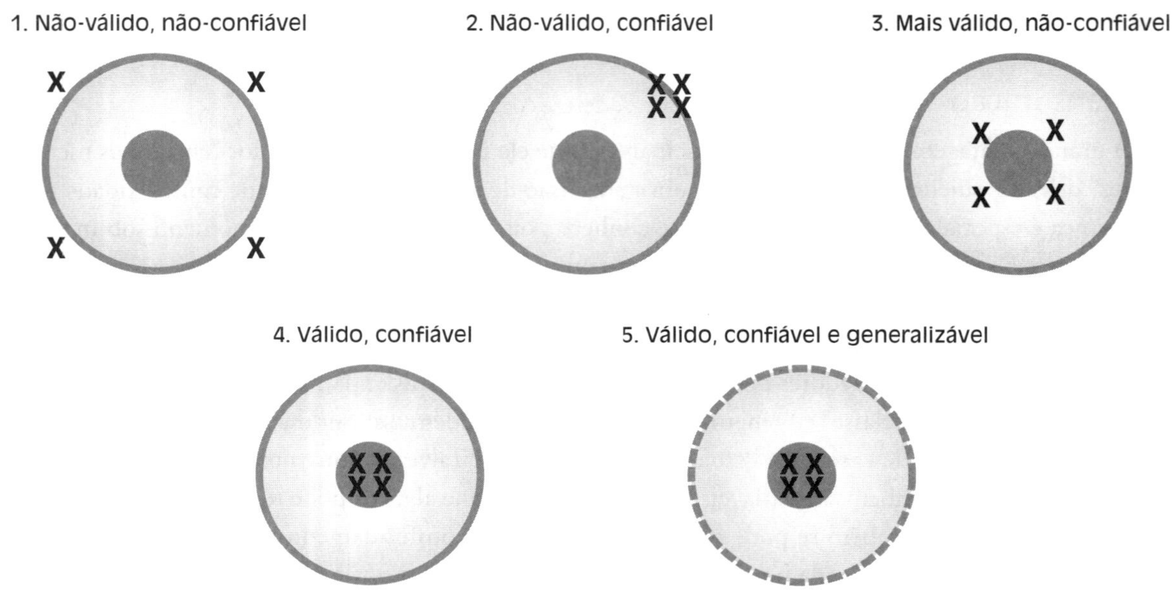

● **Figura 2.3** Mensuração como prática de tiro ao alvo: validade, confiabilidade e generalidade comparadas
Podemos explicar validade, confiabilidade e generalidade construindo uma analogia entre a mensuração de uma variável e atirar no centro de um alvo. No primeiro caso, os tiros (mensurações) estão longe um do outro (não-confiáveis) e longe do centro do alvo (não-válidas). No segundo caso, os tiros estão próximos uns dos outros (as mensurações são confiáveis), mas longe do centro do alvo (não-válidas). No terceiro caso, os tiros estão próximos ao centro do alvo (mais válidos), mas distantes uns dos outros (não-confiáveis). No quarto caso, os tiros estão próximos ao centro do alvo (válidos) e próximos uns dos outros (confiáveis). No quinto caso, usamos um alvo diferente. Nossos tiros estão, novamente, próximos uns dos outros (confiáveis) e próximos ao centro do alvo (válidos). Como nossas mensurações foram válidas e confiáveis para o primeiro e o segundo alvo nos casos 4 e 5, podemos concluir que nossos resultados são generalizáveis.

1. *Outro pesquisador interpretaria ou mensuraria as coisas da mesma maneira?* Esse é o problema da **confiabilidade**. Se uma mensuração repetidamente gera resultados consistentes, nós a consideramos confiável. No entanto, no caso da observação participante, normalmente apenas uma pessoa está efetuando a mensuração e em apenas um cenário e, assim, geralmente não temos como saber se a repetição dos procedimentos geraria resultados consistentes.
2. *As interpretações do pesquisador são acuradas?* Esse é o problema da **validade**. Um procedimento de mensuração é válido quando mede exatamente aquilo a que se propõe. Em certo sentido, a confiabilidade de uma mensuração não influencia sua validade. Por exemplo, medir o sapato de uma pessoa com uma régua pode fornecer um indicador confiável do tamanho do sapato de um indivíduo porque a régua forneceria os mesmos resultados. No entanto, independentemente da confiabilidade, o tamanho do sapado medido por uma régua é uma medida inválida da renda anual de uma pessoa. De maneira semelhante, você pode achar que está medindo a renda anual ao perguntar às pessoas o quanto elas ganham e outro entrevistador, em outro momento, pode conseguir o mesmo resultado ao colocar a mesma questão. Apesar da confiabilidade de uma medição como essa, os respondentes podem minimizar sua renda verdadeira e, nesse sentido, a medida de renda anual pode não ser acurada. Mensurações consistentes podem, em outras palavras, ter pouco valor de verdade. Nesse sentido específico, medidas não-confiáveis não podem ser consideradas válidas.

Observadores participantes têm todo o direito de pensar que estão pisando em solo firme quando se trata de questões de validade: se existe alguém que pode saber se os respondentes estão minimizando sua renda verdadeira, certamente é alguém que passou meses ou até anos tentando conhecer o máximo possível sobre o estilo de vida de seus sujeitos. Ainda assim, podem surgir dúvidas caso os critérios utilizados por observadores participantes para acessar a validade de suas mensurações sejam todos *internos* aos ambientes que estão observando. Nossa confiança na validade das mensurações dos pesquisadores aumenta quando podemos usar critérios de validação *externa*. Considere uma variável como "idade". Perguntar às pessoas sua idade é uma forma de determinar quantos anos elas têm, mas o problema com essa mensuração é que as pessoas tendem a exagerar a idade quando são jovens e a diminuí-la quando são velhas. Uma maneira mais válida de determinar a idade de uma pessoa é perguntar em que ano ela nasceu. O ano de nascimento é, em geral, informado mais corretamente do que respostas à questão "quantos anos você tem?". Nesse sentido, trata-se de uma medida de idade mais válida. Uma medida ainda mais válida poderia ser encontrada nas certidões de nascimento ou nas cédulas de identidade das pessoas. A questão é que a validade aumenta se tivermos algum critério externo para mensurar o que queremos.

3. *Os resultados da pesquisa se aplicam para outros casos, além do caso específico examinado?* Esse é o problema da **generalidade** e constitui um dos problemas mais sérios enfrentados pelos estudos efetuados com base na observação participante.

   Por exemplo, Zaluar estudou apenas a favela Cidade de Deus em sua pesquisa de campo. Será que podemos afirmar de maneira segura que suas conclusões se aplicam a todas as relações existentes entre bandidos e trabalhadores nas favelas brasileiras? Isso não fica claro na pesquisa de Zaluar e questões sobre generalidade não são claramente respondidas em muitas pesquisas baseadas em observação participante porque, em geral, elas se baseiam em estudos de caso. Isso não significa, entretanto, que não se possa fazer uso das descobertas geradas por tais pesquisas em profundidade. Alguns pesquisadores acreditam que questões de generalidade não são tão fundamentais para alguns tipos de problemas de pesquisa, em especial aqueles que acreditam que as ciências sociais não devem seguir os moldes das ciências da natureza. A idéia defendida por tais pesquisadores é que, nas ciências sociais, interessamo-nos por coisas únicas, singulares, e não por coisas gerais e que não variam.

   Relacionado ao problema da generalidade está o problema da **causalidade**, ou a análise das causas e seus efeitos[3]. Informações acerca de quão estreita ou quão amplamente os resultados de uma pesquisa se aplicam podem nos ajudar a estabelecer as causas de um fenômeno social. Por exemplo, podemos querer saber de que maneira gênero, raça, classe, supervisão dos pais, vigilância policial e outros fatores podem afetar o tipo e a taxa de delinqüência juvenil. Nesse caso, precisaríamos de informações sobre os tipos e as taxas de atividade criminal entre adolescentes com uma variedade de características sociais e em uma variedade de ambientes sociais. É pouco provável que um estudo a partir de obser-

[3] Com base em razões filosóficas, alguns pesquisadores evitam utilizar os termos "causa" e "efeito". Nós os usamos aqui porque são amplamente aceitos e fáceis de serem entendidos. Além do mais, não achamos prudente introduzir determinadas discussões filosóficas sobre, por exemplo, a natureza dos mecanismos causais em um tratamento elementar do assunto.

vação participante possa fornecer esse tipo de informação; é mais provável que tal estudo nos ajude a esclarecer o processo pelo qual um grupo particular em um ambiente único "aprende" a se tornar criminoso. De fato, os pesquisadores que conduzem observações participantes tendem a não pensar nos termos mecânicos das relações de causa e efeito, preferindo encarar seus sujeitos como engajados em um processo fluido de interação social. Como resultado, a observação participante não é o método preferido pelos pesquisadores para descobrir causas gerais de fenômenos sociais.

Em resumo, a observação participante tem vantagens e desvantagens. A técnica é especialmente útil em estudos exploratórios, na construção de teoria fundamentada nos dados, na criação de medidas de validade interna e na compreensão de como as pessoas vêem o mundo. Ela é deficiente quando se trata de estabelecer confiabilidade, generalidade e causalidade. Como você aprenderá, esses são os pontos fortes das enquetes e, com exceção da generalização, dos experimentos. Apenas uma pequena porcentagem de sociólogos conduz experimentos. No entanto, os experimentos são importantes porque podem estabelecer determinados padrões que outros métodos mais populares tentam alcançar. Podemos demonstrar isso ao discutir experimentos acerca dos efeitos da televisão sobre a violência no mundo real.

Experimentos

Em meados dos anos de 1960, cerca de 15 anos após a introdução da televisão comercial nos Estados Unidos, as taxas de crimes violentos começaram a aumentar dramaticamente. Algumas pessoas não se surpreenderam: a primeira geração de crianças americanas expostas a altos níveis de violência na televisão desde a mais tenra idade havia chegado à adolescência. A violência na televisão, alguns comentadores afirmaram, legitimava a violência no mundo real, fazendo-a parecer cada vez mais normal e aceitável. Como resultado, concluíram tais comentadores, os adolescentes americanos, a partir da década de 1960, estavam muito mais propensos a cometer atos violentos que os adolescentes das décadas anteriores.

Os cientistas sociais logo começaram a investigar a relação entre televisão e violência no mundo real, utilizando métodos experimentais. Um **experimento** é uma situação artificial, cuidadosamente controlada, que permite aos pesquisadores isolar as causas hipotéticas e medir seus efeitos com precisão (Campbell e Stanley, 1963). Os experimentos incluem um procedimento especial chamado **randomização** (ou aleatoriedade) para criar dois grupos semelhantes. A randomização envolve a atribuição de indivíduos a grupos por meio de processos aleatórios; a causa hipotética é então introduzida, mas em apenas um dos grupos. Ao comparar o estado dos dois grupos antes e depois de apenas um dos grupos ter sido exposto à causa hipotética, um experimento pode determinar se a causa presumida teve o efeito esperado.

Vejamos como um experimento sobre os efeitos da violência na televisão no comportamento agressivo pode funcionar:

1. *Seleção dos sujeitos.* Os pesquisadores colocam anúncios nos jornais locais, requisitando aos pais que concordam que suas crianças atuem como sujeitos da pesquisa que entrem em contato. Os pesquisadores selecionam 50 crianças para participar do experimento.

2. *Distribuição aleatória dos sujeitos entre grupos experimentais e grupos de controle.* Aleatoriamente, cada criança retira um número de 1 a 50 de uma caixa. Os pesquisadores estabelecem que as crianças que retiraram números ímpares farão parte do **grupo experimental**. Esse grupo será exposto a um programa de televisão violento durante o experimento. As crianças que retiraram números pares farão parte do **grupo de controle**. Esse grupo não será exposto a um programa de televisão violento durante o experimento.
   Observe que a randomização e a repetição tornam o grupo experimental e o de controle comparáveis. Isto é, ao designar os sujeitos aos grupos por meio de um processo aleatório e ao repetir o experimento diversas vezes, os pesquisadores garantirão que os grupos experimental e de controle provavelmente terão a mesma proporção de meninos e meninas, de membros de diferentes raças, de crianças altamente motivadas a participar do experimento etc. A aleatoriedade elimina o viés ao permitir que apenas um processo aleatório possibilite decidir a que grupo cada criança será designada.
3. *A mensuração da variável dependente no grupo experimental e no grupo de controle.* Os pesquisadores colocam pequenos grupos de crianças em uma sala e oferecem brinquedos. Eles observam as crianças através de um espelho falso, avaliando cada uma em termos do nível de agressividade da brincadeira. Essa avaliação diz respeito ao resultado do pré-teste da **variável dependente** — comportamento agressivo. A variável dependente é o efeito presumido em qualquer relação de causa e efeito.
4. *Introdução da variável independente no grupo experimental.* Os pesquisadores mostram às crianças do grupo experimental um programa de televisão, de uma hora de duração, no qual muitos atos violentos e agressivos ocorrem. Nesse experimento, o programa de televisão violento é a **variável independente**. A variável independente é a causa presumida em qualquer relação de causa e efeito.
5. *Re-mensuração da variável dependente nos grupos experimental e de controle.* Imediatamente após as crianças terem assistido ao programa de televisão, os pesquisadores observam novamente as crianças de ambos os grupos brincando. À brincadeira de cada criança é atribuída uma nova avaliação do nível de agressividade — o resultado pós-teste.
6. *Avaliação do efeito experimental.* Os resultados do pós-teste menos os resultados do pré-teste são calculados tanto para o grupo experimental quanto para o grupo de controle. Se o resultado do pós-teste menos o resultado do pré-teste para o grupo experimental for significativamente maior que o resultado do pós-teste menos o resultado do pré-teste para o grupo de controle, então os pesquisadores concluem que a variável independente (assistir a programas de televisão violentos) tem um efeito significativo na variável dependente (comportamento agressivo). Essa conclusão é garantida porque a introdução da variável independente é a única diferença entre o grupo experimental e o grupo de controle.

Como esse exemplo demonstra, um experimento é um instrumento de precisão para isolar a causa única de interesse teórico e medir seus efeitos de maneira exata e reprodutível. Mas a alta confiabilidade e a possibilidade de se estabelecer relações de causa e efeito têm um alto custo. Os mais cínicos afirmam que a sociologia experimental possibilita aos pesquisadores conhecer cada vez mais sobre cada vez menos. Muitos sociólogos argumentam que os experimentos são situações altamente artificiais e que retirar as pessoas de seus ambientes natural e social diminui a validade dos resultados da pesquisa. Tais desvantagens são evidentes em estudos experimentais sobre os efeitos da violência na televisão.

Experimentos Sobre Violência na Televisão

O autor de uma revisão recente da literatura de língua inglesa sobre violência na televisão chegou à conclusão de que 55% dos experimentos de laboratório conduzidos até o presente não permitem concluir que a violência na televisão causa comportamentos agressivos. Cerca de 16% dos experimentos possibilitam conclusões ambíguas e 28% permitem concluir o fato em questão. Mas os estudos mais conclusivos tendem a usar medidas de agressividade questionáveis; e os estudos conclusivos que focaram em crianças tinham apenas cerca de um quinto de sujeitos a mais do que aqueles que não permitiram concluir que a violência na televisão causa comportamentos agressivos (Freedman, 2002: 62, 67).

Apenas uma pequena minoria dos experimentos de laboratório mostra que assistir a programas violentos aumenta o comportamento violento no curto prazo. Além disso, no mundo real, comportamento violento normalmente significa tentar machucar alguém fisicamente. Gritar, bater em um boneco ou chutar um brinquedo simplesmente não é a mesma coisa. De fato, tais atos podem possibilitar às crianças liberarem suas frustrações em um mundo de fantasia, reduzindo assim suas chances de agir violentamente no mundo real. Além disso, em uma situação de laboratório, o comportamento agressivo pode ser encorajado porque é legitimado. O simples fato de se mostrar um programa de televisão violento pode sugerir aos sujeitos da pesquisa como os pesquisadores esperam que eles se comportem durante o experimento. Os sujeitos que são influenciados pelo prestígio do pesquisador e pela natureza científica do experimento podem piorar o problema. Eles tentam fazer o que se espera deles, de forma a não parecerem mal-ajustados. Finalmente, o comportamento agressivo não é punido ou controlado no laboratório, como seria no mundo real. Se uma criança que está assistindo ao programa *Power Rangers* levanta-se e dá um chute no irmão mais novo, é provável que o responsável pela criança tome alguma atitude no sentido de prevenir a reincidência de tal fato. Essa atitude ensina à criança que ela não deve ter um comportamento agressivo. Isso não ocorre no laboratório, onde a falta de controle disciplinar pode facilitar níveis não realistas de agressividade (Felson, 1996; Freedman, 2002).

Experimentos de Campo e Experimentos Naturais

Num esforço para superar o problema da validade, e ao mesmo tempo conservar os benefícios dos experimentos, pesquisadores têm conduzido experimentos em ambientes naturais. Em tais experimentos, os pesquisadores renunciam a uma randomização estrita dos sujeitos da pesquisa, comparando grupos já bastante semelhantes. Ou então os próprios pesquisadores introduzem a variável independente (o chamado *experimento de campo*), ou observam o que acontece quando a variável independente é introduzida em um dos grupos no curso normal da vida social (o chamado *experimento natural*).

Alguns experimentos de campo sobre os efeitos da mídia comparam meninos em ambientes institucionalizados. Os pesquisadores expõem metade dos meninos a programações violentas. Mensurações da agressividade, antes e depois da introdução da programação violenta, permitem aos pesquisadores calcular seus efeitos no comportamento dos meninos. Alguns experimentos naturais comparam as taxas de comportamento agressivo em cidades com e sem televisão. Uma reanálise recente dos dez experimentos de campo mais rigorosos concluiu que apenas três geraram resultados que apoiavam a tese de que a violência na televisão provoca agressão (Freedman, 2002: 106).

Em parte devido aos problemas de validade mencionados anteriormente, os pesquisadores não conseguiram demonstrar que a violência na televisão encoraja o comportamento violento. Alguns pesquisadores concluem que a violência na televisão deve ter um pequeno efeito em uma pequena porcentagem de telespectadores; outros concluem que os efeitos são muitos pequenos para serem detectados (Felson, 1996: 123; Freedman, 2002: 200-1).

A extensão do efeito não é clara — em parte porque o método experimental torna difícil generalizar a partir dos grupos específicos estudados para a população como um todo. Os sujeitos de um experimento sobre os efeitos da mídia podem ser pessoas brancas e de classe média de uma universidade, que lêem anúncios de jornal e podem dispor de um dia para participar do experimento. Tal grupo dificilmente é representativo da população de um país como o Brasil, por exemplo. Apesar disso, os pesquisadores que optam pela experimentação raramente estão preocupados se seus sujeitos são representativos de uma população inteira. Como veremos, um dos pontos fortes das enquetes é que elas nos permitem fazer generalizações mais seguras. É por esse método que aqueles que se preocupam com a generalização tendem a optar.

Enquetes

Amostragem

As **enquetes** (ou *surveys*) fazem parte de nossas vidas cotidianas. Você pode ver as enquetes em ação quando um canal de televisão conduz uma sondagem para descobrir quantos brasileiros aprovam o desempenho do presidente do país, quando alguém lhe telefona para saber que servidor de internet você utiliza e quando uma coluna de uma revista feminina pergunta se você acredita em amor à primeira vista. Em cada enquete, as pessoas são questionadas sobre seus conhecimentos, suas atitudes ou seus comportamentos, seja por meio de uma entrevista face a face, por telefone, seja por meio de um questionário.

Na edição de novembro de 2003, a revista *Marie Claire* divulgou os resultados de uma enquete eletrônica na qual perguntava: "Você usa alguma proteção durante o sexo oral?". Dos 1.552 respondentes, 55% responderam "não, se conhecer bem o (a) parceiro (a)"; 22% responderam "não, sei que é arriscado, mas vale a pena"; 12% afirmaram não praticar sexo oral e 11% disseram "sim, porque sei que é possível contrair doenças com essa prática" ("Enquete Eletrônica", 2004). Será que devemos confiar em tais resultados? Dificilmente. O simples fato de a pesquisa ter sido feita via internet significa que apenas aquelas pessoas que têm acesso a ela responderam à questão. Como em todas as enquetes ou *surveys*, a revista visava estudar parte de um grupo — uma amostra — para aprender sobre todo o grupo — a população (nesse caso, os leitores de *Marie Claire*). O problema é que a revista recebeu respostas de uma amostra voluntária, isto é, de um grupo de pessoas que se auto-elegeram para responder a um apelo geral.

Como os pesquisadores de uma enquete podem construir uma amostra representativa? Você pode pensar que seria suficiente ficar em um local público, como um *shopping center*, e perguntar aos transeuntes mais pacientes para responder algumas questões. No entanto, essa forma de *amostra por conveniência*, que escolhe as pessoas de mais fácil acesso, dificilmente será representativa. A maioria das pessoas que freqüenta os *shoppings* tem renda acima da média da população geral.

Além disso, uma maior proporção de adolescentes, donas de casa e aposentados tendem a freqüentar os *shoppings*. Amostras por conveniência são, quase sempre, não-representativas.

Para construir uma amostra representativa, os respondentes não podem se auto-selecionar, como no caso da enquete da *Marie Claire*. Os pesquisadores também não podem escolhê-los, como no caso do *shopping center*. Em vez disso, os respondentes devem ser selecionados ao acaso, e a probabilidade de um indivíduo ser escolhido deve ser maior que zero. Uma amostra com tais características é chamada de **amostra probabilística**.

Para construir uma amostra probabilística, primeiro você precisa de um quadro de amostragem, que é uma lista de todas as pessoas da população que lhe interessa. Você também precisa de um método de aleatoriedade, que é uma forma de garantir que cada pessoa do quadro de amostragem tenha uma chance maior que zero de ser escolhida e que, além disso, cada pessoa da população tenha a mesma chance especificável de ser incluída na amostra.

Listas atualizadas de membros de organizações são quadros de amostragem bastante úteis se você tem interesse em fazer uma enquete entre os membros de organizações. Mas se você quer investigar, por exemplo, as crenças religiosas dos brasileiros, então as listas de membros das igrejas ou associações religiosas não seriam adequadas, pois muitos brasileiros não pertencem a tais organizações. Em casos como esses, alguns pesquisadores utilizam a lista telefônica como quadro amostral. No entanto, mesmo quando as listas telefônicas costumavam relacionar assinantes residenciais no Brasil, tal método não era perfeito porque muitas pessoas não tinham telefone e outras não apareciam na lista.

Como o exemplo da lista telefônica demonstra, poucos quadros de amostragem são perfeitos. Mesmo as pesquisas mais completas, como as do Censo, deixam de incluir uma parcela da população, em especial grupos minoritários (ver Quadro 2.1). Apesar disso, os pesquisadores tentam maximizar a validade de suas generalizações ao utilizar os quadros de amostragem menos tendenciosos disponíveis e ao ajustar suas análises e conclusões de forma a levar tais problemas em questão.

Uma vez escolhido ou criado o quadro amostral, os indivíduos devem ser selecionados aleatoriamente. Uma forma de se fazer isso é, digamos, escolher a décima pessoa de sua lista e depois cada vigésima (ou trigésima, ou centésima) subseqüente. Outro método é designar o número um para a primeira pessoa no seu quadro amostral, o número dois para a segunda, e assim sucessivamente. Utilizando um computador ou consultando uma tabela de números aleatórios que existe em praticamente todos os livros de estatística, você poderá extrair números que possibilitem a criação de uma segunda lista que comporá sua amostra. A lista assim formada deve ter tantos números quantos forem o número de sujeitos que você quer em sua amostra e, por essa razão, esse segundo método só é utilizado para populações pequenas. Os indivíduos cujos números designados corresponderem à sua lista de números aleatórios serão os sujeitos de sua amostra.

Tamanho da Amostra e Significância Estatística

Quantos respondentes são necessários em uma amostra? Isso vai depender de quanta imprecisão você está disposto a tolerar. Amostras maiores geram resultados mais precisos do que amostras pequenas. Para a maioria dos propósitos sociológicos, no entanto, uma amostra aleatória de 1.500 indivíduos fornecerá resultados bastante precisos, mesmo que a população de seu interesse seja toda a população brasileira. Mais precisamente, se você construir 20 amostras aleatórias de 1.500 indivíduos cada, 19 delas terão uma margem de erro de cerca de 2,5%. Imagine, por exemplo, que

Quadro 2.1: Política Social: O que Você Acha? O Censo no Brasil

A contagem da população brasileira e de suas características não é uma tarefa simples nem barata, pois envolve milhões de indivíduos que se encontram em situações distintas e em constante movimento. Por exemplo, muitas pessoas podem residir em locais ermos, de difícil acesso, ou estar viajando no momento da contagem. Além disso, existe o problema do treinamento dos recenseadores para o preenchimento correto dos questionários, da disponibilidade dos entrevistados em responder as questões etc.

Pode-se perguntar o porquê do envolvimento de tantos recursos materiais e humanos nessa contagem. Por que necessitamos saber quantos brasileiros existem? O Censo é importante porque muitas decisões relevantes são tomadas baseadas em dados populacionais. Pense, por exemplo, no cálculo do número de deputados nas Câmaras de Deputados Federal e Estadual e o de vereadores nas Câmaras Municipais. Ou, ainda, a repartição dos recursos financeiros que cada estado e município recebe do governo federal. Os diferentes níveis da administração pública necessitam das informações do Censo. Dessa forma, se não se conta os números da população real de uma determinada área, isso pode se constituir em sério prejuízo na distribuição de recursos para as pessoas que vivem no local. O tamanho da população é crucial para a tomada de uma série de decisões relativas às políticas econômicas, administrativas e sociais.

Os Censos também são de enorme importância por fornecerem elementos para o enfrentamento de um sem-número de problemas sociais como, por exemplo, a questão da educação. Por não se tratar apenas da contagem das pessoas, mas, também, de suas características — sexo, idade, posição na família, educação, cor, situação ocupacional, entre outras —, o conhecimento e a análise dessas características e da relação entre elas orientam as decisões a serem tomadas. Podemos pensar, como exemplos, problemas de discriminação e de exclusão social, como é o caso dos ligados à população negra e às mulheres. Em ambas as situações, é fácil comprovar as desigualdades de renda e de acesso a melhores posições no mercado de trabalho por meio dos dados do Censo. O tamanho das populações-alvo de diversos programas sociais — tais como saúde educação e assistência social — pode ser estabelecido com mais segurança por meio dos dados censitários.

Desde 1960, o Censo brasileiro vem utilizando a amostragem probabilística. Isso permite a ampliação e o aprofundamento das informações a serem coletadas. Dois modelos de instrumentos de coleta são aplicados: um questionário básico, simplificado, e um questionário da amostra, mais extenso e complexo, sobre as condições de vida local, aplicado a amostras de 20% e 10% dos domicílios, dependendo do tamanho da população municipal estimada, abaixo ou acima de 15 mil habitantes, respectivamente. No Censo de 2000, foram recenseados cerca de 42 milhões de domicílios, localizados em 5.507 municípios. Os dados censitários, hoje, têm validade não apenas para a totalidade da população do país, mas podem ser desagregados até o nível de bairros.

Trata-se, como se vê, de uma operação complexa e de larga escala, envolvendo problemas de planejamento e execução. Nos últimos anos, o IBGE (Instituto Brasileiro de Geografia e Estatística) tem estimulado a participação da sociedade nas discussões, inclusive na reformulação do questionário. Também tem feito esforços no sentido de aumentar as possibilidades de comparação internacional dos dados. Os sociólogos têm muito a dizer sobre o assunto, que interessa à comunidade acadêmica e técnico-científica em seus projetos de estudo e ação prática. Organizações sociais e científicas têm participado das discussões, seja a respeito de questões técnicas, como a elaboração dos questionários, seja a respeito de questões de política social, como é o caso da inclusão da deficiência física na enumeração censitária.

Em sua opinião, que grupos de pessoas são mais suscetíveis a não serem atingidos pela contagem do Censo? Se você fosse o presidente do IBGE, que passos daria para garantir uma contagem mais exata da população? Você acha que as características dos recenseadores no campo, tais como classe social, raça e etnicidade, afetam a contagem do Censo? Se for o caso, como? O que você acha do uso dos dois tipos de questionários no Censo, combinando a contagem completa para certos dados básicos e a amostragem para o aprofundamento e a ampliação das informações coletadas? A amostragem introduz mais risco de manipulação política do que a contagem completa? Que outras questões você levantaria?

50% de uma amostra aleatória de indivíduos afirme que o presidente do Brasil está se saindo muito bem no seu governo. Nesse caso, podemos confiar que apenas 1 em 20 amostras daquele tamanho vai gerar resultados menores do que 47,5% ou maiores do que 52,5%. Isso significa que a porcentagem de pessoas na população que acreditam que o presidente está se saindo bem provavelmente encontra-se entre 47,5% e 52,5%. Quando ouvimos que um resultado é **estatisticamente significativo**, normalmente isso quer dizer que podemos esperar resultados semelhantes em 19 de cada 20 amostras do mesmo tamanho. Em outras palavras, as pesquisas em ciências sociais são geralmente projetadas para tolerar uma margem de erro de 5% ou apresentam uma chance de 5% de que as características de uma população sejam diferentes das características da amostra (1/20 = 5%).

Em resumo, amostragens probabilísticas nos permitem conduzir enquetes que possibilitam generalizar de uma parte (a amostra) para o todo (a população ou universo), com margens de erro conhecidas. Consideremos, agora, a validade dos dados das enquetes.

Questões das Enquetes e Validade

Pode-se conduzir uma enquete de três maneiras principais. Algumas vezes, um questionário autoadministrado é utilizado. Por exemplo, um formulário contendo questões e respostas preestabelecidas pode ser enviado para o respondente e depois enviado de volta para o pesquisador pelo correio. A principal vantagem desse método é o baixo custo. Por outro lado, sua desvantagem é que ele gera uma *taxa de respostas* muito baixa. (A taxa de resposta é o número de pessoas que respondem ao questionário, dividido pelo número de pessoas requisitadas a fazê-lo, expresso em termos de porcentagem.) Além disso, se você envia um questionário pelo correio, um entrevistador não estará presente para explicar possíveis questões e respostas que pareçam problemáticas ao respondente. Entrevistas face a face são, portanto, preferíveis a questionários enviados pelo correio. Nesse tipo de enquete, o entrevistador apresenta as perguntas e alternativas de resposta ao respondente durante um encontro. No entanto, treinar entrevistadores e enviá-los a campo custa caro. Por essa razão, alguns pesquisadores conduzem entrevistas por telefone, embora esse método não seja muito popular no Brasil porque, diferentemente de outros países, em que ligações locais não são cobradas, isso pode não minimizar muito os custos. Além disso, em nosso país em particular, tal método tende a excluir uma parcela significativa da população, que pode não ter telefone em casa.

Os questionários podem conter dois tipos de questões. Uma *questão fechada* oferece ao respondente uma lista de respostas possíveis. Um código numérico é atribuído a cada resposta, de forma que os dados podem ser facilmente digitados em um computador para a análise estatística. *Questões abertas* possibilitam que o respondente responda às perguntas com suas próprias palavras. Elas são particularmente úteis em pesquisas exploratórias, nas quais o pesquisador não tem conhecimento suficiente sobre o assunto para criar uma lista significativa e completa de respostas possíveis. Questões abertas demoram mais tempo para serem analisadas do que questões fechadas, embora novos programas de computador que analisam textos tenham tornado essa tarefa mais fácil.

Os pesquisadores querem que as respostas geradas pelas enquetes sejam válidas — ou seja, que elas de fato mensurem o que se espera que mensurem. A fim de maximizar a validade, os pesquisadores devem se precaver contra diversos perigos. Já consideramos uma ameaça à validade nas enquetes: a subcontagem de algumas categorias da população devido a quadros de amostragem imperfeitos. Mesmo que um indivíduo seja contatado, pode ser que ele se recuse a participar da pesquisa. Essa é a segunda ameaça à validade nas enquetes: *ausência de resposta.* Se os não-respondentes diferirem dos respondentes de maneiras que sejam relevantes para o tópico da pesquisa, então as conclusões que se pode tirar da pesquisa podem ser colocadas em risco. Por exemplo: alguns alcoólatras podem não querer participar de uma enquete sobre o consumo de álcool porque o tema é delicado para eles. Se for esse o caso, uma mensuração da taxa de consumo de álcool a partir da amostra não seria um reflexo preciso da taxa de consumo de álcool da população. O consumo *real* de álcool da população seria mais alto do que a taxa refletida na amostra.

Os pesquisadores que trabalham com enquetes prestam muita atenção à não-responsividade ou à ausência de respostas. Eles tentam descobrir se os não-respondentes diferem sistematicamente dos respondentes, de forma a levar tal fato em consideração antes de concluir algo de sua amostra. Eles também devem tomar algumas medidas para garantir que a taxa de respostas seja suficientemente alta — geralmente, 70% ou mais das pessoas contatadas. Algumas táticas garantem alta taxa de respostas: os pesquisadores podem avisar antecipadamente aos potenciais respondentes sobre a enquete; eles podem lembrá-los de completar e devolver os formulários; podem conseguir que universidades e outras instituições de prestígio os financiem; podem enfatizar a importância prática e científica da pesquisa e podem, ainda, pagar pequenas quantias para aqueles que participam da enquete, embora isso não seja comum no Brasil.

Se os respondentes não responderem às questões de forma completa e acurada, então uma terceira ameaça se coloca à validade dos dados: *o viés nas respostas.* A pesquisa pode versar sobre comportamentos não populares, ilegais ou mesmo delicados para algumas pessoas. Como resultado, alguns respondentes podem não querer responder às questões de forma honesta. A atitude, o gênero ou a raça do entrevistador podem sugerir que algumas respostas são preferíveis a outras. Isso também pode gerar respostas tendenciosas ou enviesadas. Alguns desses problemas podem ser superados por meio de uma seleção e treinamento cuidadoso dos entrevistadores e de uma supervisão adequada do seu trabalho. Por exemplo, nos Estados Unidos, a General Social Survey (Enquete Social Geral) é uma enquete de âmbito nacional que vem sendo conduzida pela Universidade de Chicago desde 1972. A GSS representa uma das mais importantes enquetes contínuas dos Estados Unidos e, quase todos os anos, mensura as opiniões, as características sociais e os comportamentos de uma amostra representativa de mais de 1.500 americanos adultos. As entrevistas são conduzidas pessoalmente nas residências das pessoas. Desde 1988, a GSS tem feito perguntas sobre quantos parceiros sexuais o respondente teve no último ano, a relação desses parceiros com o respondente e o gênero dos parceiros. Mas, em vez de fazer com que os entrevistadores façam essas perguntas, o que quase certamente geraria um viés nas respostas, entrega-se ao respondente um cartão contendo as perguntas. As questões são respondidas de forma privada, depois o respondente coloca suas respostas em um envelope entregue pelo entrevistador, que assegura que não lerá o cartão. Os pesquisadores acreditam que isso minimiza o viés das respostas (Smith, 1992). No entanto, algum viés permanece, em especial porque os homens aparentemente tendem a exagerar o número de parceiros quando questionados sobre o assunto (McConaghy, 1999: 311-14).

Em quarto lugar, a validade pode ser comprometida devido a *efeitos de linguagem.* Isto é, a maneira como as questões são formuladas ou ordenadas pode influenciar e invalidar as respostas (ver Capítulo 10, "Política"). Pesquisadores experientes podem fazer da construção de questionários uma arte. Cada vez mais, refinam as lições aprendidas com suas experiências e seus experimentos de campo. Esses experimentos dividem as amostras em duas ou mais subamostras aleatoriamente determinadas. Perguntas formuladas e ordenadas de forma diferente são administradas às pessoas de cada subamostra, de forma que os efeitos de linguagem podem ser avaliados. Os problemas assim detectados poderão ser resolvidos em pesquisas futuras.

Tanto a experiência quanto os experimentos de campo sugerem que as questões das enquetes devem ser específicas e simples. Elas devem ser expressas em linguagem simples e coloquial; devem ser lidas de maneira neutra, sem o uso de termos ou ênfases provocadoras ou inflamadas, de forma a evitar induzir o respondente a uma resposta particular. Como a memória das pessoas é sempre falha, é mais provável que as questões gerem respostas válidas se focarem em eventos importantes e singulares, em vez de eventos múltiplos e menos importantes do passado. Quebrar essas regras diminui a validade das conclusões das enquetes (Converse e Presser, 1986; Ornstein, 1998).

Causalidade

Uma enquete ou *survey* não é o instrumento ideal para se conduzir um estudo exploratório, pois não pode garantir o tipo de compreensão profunda que se alcança com a observação participante. Por outro lado, as enquetes produzem resultados que podemos generalizar. Se de forma correta projetadas e conduzidas, as enquetes podem produzir mensurações válidas de diversas variáveis sociológicas importantes. Como permitem que as mesmas questões sejam efetuadas repetidamente, as enquetes permitem aos pesquisadores estabelecer a confiabilidade das mensurações com relativa facilidade. Por fim, como veremos agora, os dados obtidos por meio das enquetes são úteis para se descobrir relações entre variáveis, inclusive relações de causa e efeito.

Lembre-se de como a causalidade é estabelecida nos experimentos. A alocação aleatória ou randômica de sujeitos a grupos experimentais e grupos de controle torna possível a construção de grupos semelhantes. A exposição do grupo experimental à variável independente permite ao pesquisador afirmar que é provável que apenas ela é responsável por qualquer efeito mensurado. Tal conclusão é possível porque os efeitos de variáveis irrelevantes foram removidos por meio do processo de randomização (ou aleatoriedade). Nas enquetes, os efeitos das variáveis independentes também podem ser mensurados. No entanto, os efeitos das variáveis irrelevantes (isto é, aquelas que não pensamos ter um efeito nos eventos que queremos explicar) não são removidos pelo processo de randomização, mas por meio da manipulação dos dados da enquete.

Lendo Tabelas

Um dos instrumentos mais úteis para manipular os dados da enquete é a **tabela de contingência**. Uma tabela de contingência é uma classificação cruzada, de casos com pelo menos duas variáveis, que permite que você veja como, se for o caso, as variáveis estão associadas. Isso pode parecer complexo, mas, na verdade, é bastante simples. Tão simples quanto pensar nos cantos de sua sala de aula.

Digamos que queremos testar a hipótese de que o número de horas semanais que alguém passa assistindo à TV (a variável independente) aumenta a freqüência de seu comportamento violento (a variável dependente). Podemos testar essa hipótese da seguinte forma: primeiramente, pedimos aos estudantes de sua sala de aula que assistem mais de 10 horas semanais de TV que sentem do lado direito da sala e, aos que assistem menos de 10 horas semanais, que sentem do lado esquerdo. Depois, podemos pedir aos estudantes que desempenharam ao menos um ato de violência física contra outra pessoa no ano que passou para moverem-se para a parte da frente da sala e, aos outros, que se movam para o fundo da sala. Esse procedimento geraria uma tabela de contingência nos quatro cantos da sua sala de aula. Os estudantes estariam classificados simultaneamente (ou classificados cruzadamente) em função de quantas horas passam diante da TV e de seu grau de agressividade física (Figura 2.4).

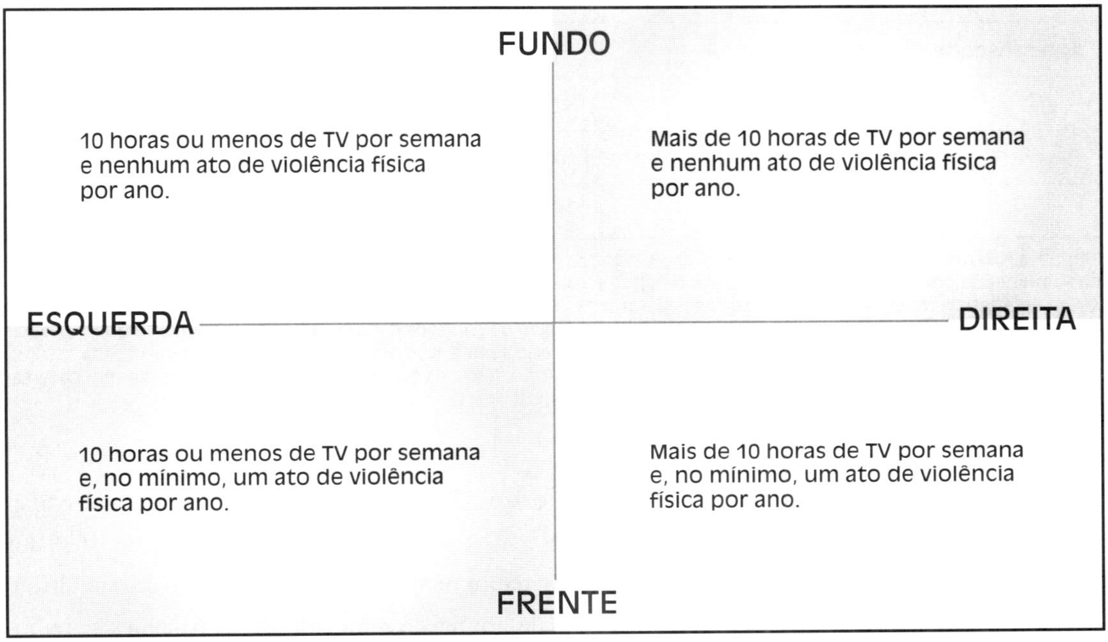

Figura 2.4 Transformando a sala de aula em uma tabela de contingência

Existe uma **associação** entre duas variáveis se o valor de uma das variáveis muda com o valor da outra. Por exemplo, se a porcentagem de estudantes que cometeram um ato de violência no ano que passou é maior entre aqueles que assistem mais à TV do que entre os que assistem menos à TV, então existe uma associação entre a variável dependente e a variável independente. Quanto maior a diferença percentual entre os que assistem a muita TV e os que assistem pouco à TV, mais forte a associação. Na Tabela 2.1, por exemplo, a diferença é de 6%.

A existência de tal associação, por si só, não prova que assistir à TV causa agressão física. A associação pode existir por outras razões. Por exemplo, pode ser que os homens sejam mais agressivos do que as mulheres pela maneira como foram educados. Pode ser também que eles assistam mais à TV do que as mulheres.

Podemos testar a hipótese de que assistir à TV aumenta a agressão física criando uma segunda tabela de contingência. Continuando com nosso exemplo da sala de aula, podemos pedir a todas as mulheres que saiam da sala. Com efeito, isso dividiria nossa tabela de contingência em duas, possibilitando que examinemos a associação entre assistir à TV e agressividade a partir de uma terceira variável: gênero. A terceira variável, gênero, atua como uma **variável de controle**, o que significa que manipulamos os dados de forma a remover o efeito que o gênero poderia ter na associação original.

● **Tabela 2.1** Tempo gasto diante da televisão e agressividade

		Total da amostra		
		Tempo gasto diante da TV		
	Atos violentos por ano	Menos de 10 horas por semana	10 horas ou mais por semana	Diferença
Agressividade	Nenhum	52%	46%	6%
	Um ou mais	48%	54%	6%
	Percentual total	100%	100%	
	Total de casos	130	70	

Tempo gasto diante da televisão e agressividade (porcentagem). Para interpretar uma tabela, você deve prestar atenção à maneira como as porcentagens aparecem, isto é, exatamente o que pode ser somado para perfazer um total de 100%. Essa tabela mostra que 52% de *todos os estudantes que assistem a menos de a 10 horas de televisão por semana* não cometem nenhum ato violento por ano, ao passo que 46% de *todos os estudantes que assistem a 10 ou mais horas de televisão por semana* não cometem nenhum ato de violência por ano. Você pode saber disso porque cada categoria da variável "tempo gasto diante da televisão" corresponde a 100%. (O número absoluto de estudantes em cada categoria da variável "tempo gasto diante da televisão" é dado na linha em que se lê "total de casos".)

A Tabela 2.2 mostra a relação existente entre assistir à TV e agressividade para os homens apenas. Ela nos diz que 40% dos homens que assistem a menos de 10 horas semanais de TV e 40% dos que assistem a mais de 10 horas semanais não cometeram nenhum ato de violência física no último ano. A diferença percentual entre os dois grupos de homens é zero. Em outras palavras, se removermos o efeito de gênero por meio de um controle estatístico, passa a não existir uma associação entre a variável independente e a variável dependente (assistir à TV e violência física, respectivamente). Essa descoberta nos obriga a concluir que a associação original encontrada na Tabela 2.1 é **espúria** ou acidental. Em nosso exemplo, portanto, a associação entre assistir à TV e cometer atos de violência física deve-se ao fato de que os homens costumam assistir mais à TV do que as mulheres e que são mais agressivos do que elas.

● **Tabela 2.2** Tempo gasto diante da televisão e agressividade para homens apenas

		Somente os homens		
		Tempo gasto diante da TV		
	Atos violentos por ano	Menos de 10 horas por semana	10 horas ou mais por semana	Diferença
Agressividade	Nenhum	40%	40%	0%
	Um ou mais	60%	60%	0%
	Percentual total	100%	100%	
	Total de casos	50	50	

De forma geral, para se concluir que a associação entre uma variável independente e uma variável dependente é causal ou não-espúria, três condições devem estar presentes:

1. Deve existir uma associação entre as duas variáveis.
2. A causa presumida deve ocorrer antes do efeito presumido.
3. Quando uma variável de controle é introduzida, a associação original não deve desaparecer.

Se uma associação inicial desaparece quando uma variável de controle é introduzida, a associação é espúria. Se uma associação inicial permanece a mesma depois de introduzirmos uma variável de controle, então podemos tentativamente concluir que a relação é causal. Dizemos "tentativamente" porque outras variáveis podem ser responsáveis pela associação. Se controlarmos essas outras variáveis e notarmos que a associação ainda persiste, então podemos dizer com um grau maior de confiança que a associação é causal. Em um experimento, todas as variáveis externas são eliminadas pela randomização. Na análise dos dados de uma enquete, o máximo que podemos esperar é a eliminação daquelas variáveis que poderiam, plausivelmente, explicar a associação original por meio do controle estatístico. Isso nos deixaria com uma relação causal possivelmente genuína.

Ilustraremos nosso argumento com a Figura 2.5. A metade superior da Figura 2.5 mostra a associação original entre assistir à TV e agressividade. A seta indica a existência de uma relação causal presumida. A metade inferior da figura mostra o que acontece quando controlamos pelo "gênero": a relação ou associação original desaparece, como sugerido pela linha pontilhada. As setas na metade inferior da Figura 2.5 mostram as relações reais entre as variáveis.

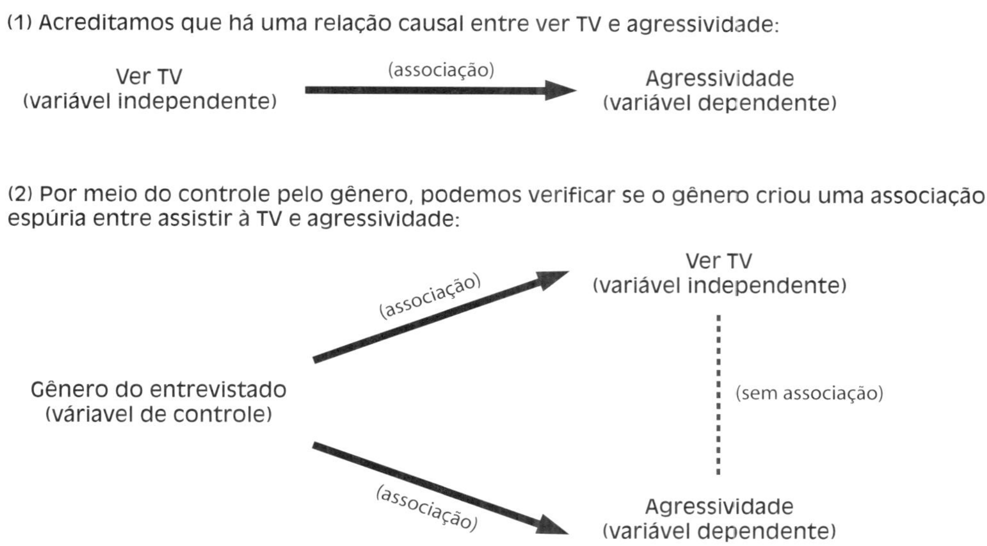

Figura 2.5 Testando uma associação para espuriedade

A análise de dados das enquetes envolve mais do que buscar relações causais. Muitas coisas interessantes e inesperadas podem acontecer quando uma associação entre duas variáveis é elaborada por meio do controle de uma terceira variável (Hirschi e Selvin, 1972). A associação original pode permanecer igual, pode se fortalecer, ou pode enfraquecer. Ela pode até desaparecer completamente. A análise de dados é, portanto, cheia de surpresas e atribuir um significado aos resultados do controle estatístico requer muito pensamento teórico criativo.

Análise de Documentos e de Estatísticas Oficiais

Além da observação participante, dos experimentos e das enquetes ou *surveys*, existe um quarto tipo de método de pesquisa sociológico: a análise de documentos e de estatísticas oficiais. O que os documentos existentes e as estatísticas oficiais têm em comum? Eles são criados por pessoas, que não o pesquisador, para propósitos diversos, não necessariamente para a pesquisa sociológica.

Os três tipos de documentos que os sociólogos exploram mais freqüente e profundamente são os diários pessoais, os jornais e as obras históricas publicadas. Por exemplo, um dos clássicos da pesquisa sociológica, o estudo de imigrantes poloneses em Chicago, baseou-se na leitura cuidadosa das cartas e diários dos imigrantes (Thomas e Znaniecki, 1958 [1918-1920]). Mais recentemente, os sociólogos têm dado grandes contribuições ao estudo de protestos políticos por meio da classificação sistemática das greves e demonstrações públicas relatadas nos jornais franceses, italianos e britânicos do fim do século XIX e início do século XX (Tilly, Tilly e Tilly, 1975). Possibilitam uma observação indireta.

Em décadas recentes, os sociólogos tentaram descobrir as condições que levaram alguns países à ditadura e outros à democracia; uns, ao desenvolvimento econômico, outros, ao subdesenvolvimento; alguns a se tornarem amplamente globalizados, outros, a permanecer menos ligados a processos sociais globais. Ao tentar responder questões de tal ordem de generalidade, os sociólogos tiveram de utilizar documentos históricos publicados como principais fontes de dados. Nenhum outro método garantiria a amplitude de dados e a profundidade de análise requerida em tais estudos históricos comparativos. Por exemplo, Barrington Moore passou uma década estudando a história da Inglaterra, França, Rússia, Alemanha, China, Índia e outros países para compreender as origens sociais da ditadura e da democracia no mundo moderno (Moore, 1967). Immanuel Wallerstein sondou a história de quase todo o mundo para compreender o porquê de alguns países terem se industrializado ao passo que outros permaneceram pouco desenvolvidos (Wallerstein, 1974-1989). O que distingue esse tipo de pesquisa de um trabalho puramente histórico é o tipo de questão colocada pelos pesquisadores. Moore e Wallerstein se colocaram os mesmos tipos de grandes questões teóricas (e usaram os mesmos métodos de pesquisa) que Karl Marx e Max Weber. Eles inspiraram uma geração de sociólogos mais jovens a utilizar uma abordagem semelhante. A pesquisa histórica comparativa (às vezes conhecida como sociologia histórica) é uma área que vem crescendo muito na sociologia.

Dados do Censo, boletins policiais e registros de eventos importantes (como os registros oficiais sobre a ocorrência de doenças infectocontagiosas) são provavelmente as fontes de estatísticas oficiais mais utilizadas. O primeiro Censo do Brasil ocorreu em 1872, mas foi apenas após a criação do Instituto Brasileiro de Geografia e Estatística (IBGE), em 1938, que adquiriu uma periodicidade decenal. Ao longo dos anos, foram sendo introduzidas questões relativas a emprego, desemprego, religião, rendimentos, fecundidade, mortalidade etc. Hoje em dia, existe uma infinidade de *sites* do governo e de organizações não-governamentais que fornecem, via internet, estatísticas sobre criminalidade, saúde e outras taxas de interesse para os sociólogos, classificadas por sexo, raça, idade etc.

Documentos existentes e estatísticas oficiais apresentam algumas vantagens em relação a outros tipos de dados. Em primeiro lugar, permitem uma economia de tempo e dinheiro porque, em geral, estão disponíveis em bibliotecas públicas e na internet. Em segundo lugar, as estatísticas oficiais cobrem populações inteiras e são coletadas de acordo com métodos rigorosos e uniformes, gerando dados de alta qualidade. Os documentos existentes e as estatísticas oficiais são especialmente úteis para análises históricas. A análise de dados dessas fontes faz parte do único método sociológico que não requer sujeitos vivos. Isso representa uma vantagem adicional: a diminuição do problema da reatividade, já que a presença do pesquisador não influencia o comportamento do sujeito da pesquisa.

Por outro lado, são bastante conhecidos os problemas com dados oficiais de países como o Brasil. A falta de recursos para treinar os entrevistadores adequadamente, o difícil acesso a determinados grupos e regiões do país, o preenchimento incorreto de documentos que alimentam as estatísticas oficiais — tudo isso tem um impacto negativo nos dados. Por exemplo, os dados sobre suicídio entre populações indígenas são bastante problemáticos. Sempre que ocorre uma morte violenta, em que há suspeita de suicídio ou assassinato, uma autópsia deve ser efetuada e seus resultados registrados no atestado de óbito. Ocorre que, entre muitas dessas populações, não há médicos patologistas disponíveis e, freqüentemente, os atestados de óbito são preenchidos por indivíduos não qualificados. Ainda para nos atermos ao exemplo das populações indígenas, veja as diferenças na contagem da mesma para a Amazônia Legal, de acordo com diferentes agências, para o ano de 2000: Funai: 175.571 indivíduos; IBGE: 156.833 indivíduos; Instituto Socioambiental: 154.004 indivíduos (Azevedo, 2000).

Existe ainda o problema da "invisibilidade" de determinados segmentos da população ou de algumas atividades, como é o caso do setor informal da economia, em que nem sempre existem registros confiáveis. Nesse sentido, os dados oficiais não refletem a realidade da população como um todo. Apesar disso, existem esforços importantes no sentido de se criar bases de dados mais confiáveis no Brasil, como é o caso do Sistema Nacional de Estatísticas de Segurança Pública e Justiça Criminal, da Secretaria Nacional de Segurança Pública (Senasp), criado em 2003 com o objetivo de uniformizar e integrar as informações de todos os estados da federação. Exemplos como esse têm se multiplicado no país.

Independentemente do local em que são construídos, documentos existentes e estatísticas oficiais apresentam uma grande desvantagem: esses dados não são criados com base nos objetivos do pesquisador. Assim, freqüentemente contêm vieses que refletem o interesse dos indivíduos e das organizações que os coletaram. Nesse sentido, podem não ser ideais para os propósitos da pesquisa e devem sempre ser tratados com cautela. Para ilustrar o potencial de viés das estatísticas oficiais, mesmo em países que não apresentam os problemas citados acima, consideremos alguns modelos estatísticos utilizados para mensurar o nível de "bem-estar" de cidadãos de países diferentes.

Durante muitos anos, a principal medida de bem-estar dos cidadãos de um país foi o Produto Interno Bruto *per capita* (PIBpc). O PIBpc é o valor total de bens e serviços produzidos em um país em um ano, dividido pelo número de pessoas daquele país (normalmente expresso em dólares). Durante muito tempo, foi considerado como uma medida conveniente porque todos os países publicam seus dados sobre o PIB. Mas os pesquisadores estavam cientes de um problema: o custo de vida varia de um país para outro. Um dólar americano pode comprar uma xícara de café em Buenos Aires, mas não em Tóquio. O PIBpc mede quantos dólares o cidadão médio tem, mas não o que ele pode comprar. Assim, os pesquisadores gostaram quando os governos começaram a publicar uma estatística oficial chamada Paridade de Poder de Compra (PPC), que leva em conta o custo dos bens e serviços em cada país.

Entretanto, o PPC e o PIBpc ignoram duas questões importantes: em primeiro lugar, tanto o PPC quanto o PIBpc podem aumentar e a maioria da população ficar mais pobre. Esse é um problema bem conhecido dos brasileiros, que diz respeito à distribuição de renda e, conseqüentemente, ao bem-estar na sociedade. Voltaremos ao tema no Capítulo 6, "Estratificação Social: Brasil e Perspectivas Globais". Na verdade, qualquer medida de bem-estar que ignore a *distribuição* do bem-estar na sociedade é tendenciosa no sentido de medir o bem-estar dos mais ricos. Em segundo lugar, em alguns países (caso do Brasil), a diferença de bem-estar entre homens e mulheres é maior que em outros. Um país como o Kwait tem uma posição relativamente alta no ranking mundial no que se refere ao PIBpc e ao PPC; no entanto, as mulheres se beneficiam muito menos da prosperidade do país do que os homens. Uma medida de bem-estar que ignora as diferenças de gênero é tendenciosa no sentido de medir o bem-estar dos homens.

A fim de minimizar esses vieses nas estatísticas oficiais, cientistas sociais das Nações Unidas criaram duas novas medidas de bem-estar em meados dos anos de 1990. Primeiramente, o Índice de Desenvolvimento Humano (IDH), que combina o PPC com uma medida da média de expectativa de vida, com a média no nível de educação de uma população. A justificativa por trás desse novo índice é que as pessoas que vivem em países que distribuem o bem-estar mais eqüitativamente viverão mais e serão mais escolarizadas. Outra medida importante introduzida recentemente foi a de "Empoderamento" de gênero, que combina a porcentagem de cadeiras no parlamento, de "bons" empregos e de renda controlados por mulheres.

A Tabela 2.3 relaciona os países nas cinco primeiras colocações, e o Brasil, para cada medida de bem-estar mencionada anteriormente. Como você pode ver, a lista dos cinco primeiros colocados, assim como a posição do Brasil, varia de acordo com a medida. Não existe "a melhor" medida. Cada uma tem seu próprio viés e os pesquisadores devem estar atentos a eles, da mesma forma que devem estar atentos quando utilizam qualquer tipo de estatística oficial.

• **Tabela 2.3** *Ranking* de países a partir de quatro medidas de bem-estar, 2000

Produto Interno Bruto	Paridade de Poder de Compra	Índice de Desenvolvimento Humano	Empoderamento de Gênero
1. Luxemburgo	1. Luxemburgo	1. Noruega	1. Noruega
2. Estados Unidos	2. Bermudas	2. Suécia	2. Suécia
3. Noruega	3. Estados Unidos	3. Austrália	3. Dinamarca
4. Bermudas	4. Noruega	4. Canadá	4. Finlândia
5. Ilhas Cayman	5. Liechtenstein	5. Holanda	5. Holanda
...	...	...	...
95. Brasil	86. Brasil	72. Brasil	Brasil (não consta)

Fonte: Adaptado de United Nations (2002a, 2002b, 2003).

A Importância da Subjetividade

Nos capítulos subseqüentes, mostraremos como a observação participante, os experimentos, as enquetes, a análise de documentos e estatísticas oficiais são utilizados na pesquisa sociológica. Você está bem equipado para a viagem: já deve ter uma boa idéia dos problemas metodológicos básicos que se apresentam em qualquer projeto de pesquisa sociológico e já conhece as principais vantagens e desvantagens de algumas das principais técnicas de coleta de dados (Tabela 2.4).

Tabela 2.4: Pontos fortes e fracos dos quatro métodos de pesquisa

Método	Vantagens	Desvantagens
Observação participante	Permite aos pesquisadores "entrar" na mente dos sujeitos e descobrir sua visão de mundo. Útil para pesquisa exploratória e para descoberta de teorias fundamentadas nos dados; alta validade interna	Baixa confiabilidade; baixa validade externa; baixa capacidade de generalização; não muito útil para estabelecer relações de causa e efeito
Experimento	Alta confiabilidade; útil para estabelecer relações de causa e efeito	Baixa validade para muitos problemas sociológicos (experimentos de campo e naturais são um pouco melhor); problemas com a generalidade
Enquete	Boa confiabilidade; útil para estabelecer relações de causa e efeito; boa para generalizações	Baixa validade em alguns problemas, mas existem técnicas para aumentá-la
Análise de documentos e estatísticas oficiais	Freqüentemente barata e fácil de se obter, consegue prover uma boa área de cobertura; útil para análises históricas; não-reativa	Freqüentemente contém vieses que refletem os interesses de seus criadores e não os interesses do pesquisador

Nosso resumo de como a sociologia lida com a realidade não deve obscurecer o fato de que os problemas de pesquisa freqüentemente surgem das experiências da vida cotidiana e das preocupações que estão na ordem do dia na sociedade como um todo. Mas antes da análise sociológica, raramente vemos as coisas como elas são. Nós as percebemos como *nós* somos. Então, uma espécie de valsa tem início: a subjetividade conduz a dança e a objetividade segue. Quando a dança chega ao fim, percebemos a realidade mais fielmente.

O feminismo nos fornece um exemplo importante desse tipo de processo. Temos aqui um *movimento político* baseado em idéias que ajudaram a delinear a agenda de pesquisa sociológica ao longo dos últimos 40 anos. A divisão do trabalho na esfera doméstica, a violência contra a mulher, os efeitos da maternidade nas carreiras profissionais das mulheres, as barreiras sociais à participação das mulheres na vida política e nas forças armadas e muitos outros temas correlatos não eram levados em consideração pela sociologia antes da ascensão do movimento feminista. Efetivamente, eles não existiam para a comunidade sociológica (embora, claro, existissem para as mulheres).

Mas a subjetividade tomou a dianteira. O feminismo, como um movimento político, chamou a atenção do público. A objetividade então seguiu. Uma grande parcela da comunidade sociológica começou a fazer pesquisas rigorosas sobre questões inspiradas pelo feminismo, ajudando a refinar nosso conhecimento sobre elas.

A perspectiva sociológica como um todo começou a mudar a partir do momento em que um grande número de pesquisadores abandonou a pesquisa com um viés de gênero (Eichler, 1988; Tavris, 1992). Assim, a *centralidade da masculinidade* (às vezes chamada de "falocentrismo"), ou a tendência a se abordar os problemas sociológicos tomando como base uma perspectiva exclusivamente masculina, é agora menos comum do que costumava ser. Por exemplo, é menos provável que, hoje, a sociologia estude o trabalho sem considerar o trabalho doméstico como um tipo de trabalho, ainda que não remunerado, como fazia anteriormente. De maneira semelhante, a *supergeneralização*, ou usar dados relativos a apenas um dos sexos para tirar conclusões sobre toda a sociedade, passou a ser vista com desconfiança. A *cegueira de gênero*, ou a exclusão de gênero como uma variável independente, também está se tornando menos comum. Trinta anos atrás, muitos pesquisadores não levavam em conta que as experiências de homens e mulheres idosos tendem a ser radicalmente diferentes porque, em geral, as mulheres vivem mais e são mais pobres do que os homens. Por fim, a aplicação de *padrões duplos*, ou o pressuposto de que homens e mulheres devem necessariamente ser avaliados a partir de critérios distintos, é agora percebida como problemática por muitos sociólogos. Por exemplo, hoje entendemos que não é inevitável que apenas os homens trabalhem fora e apenas as mulheres cuidem da casa e dos filhos.

Como essas mudanças no pensamento sociológico recente nos mostram, o conhecimento sociológico objetivo aumenta em decorrência de experiências subjetivas. Esse parece ter sido o caso durante toda a história da sociologia. E, assim, a valsa continua.

Resumo

1. **Qual é o objetivo da ciência e como ele pode ser alcançado?**
   O objetivo da ciência é chegar a um tipo de conhecimento menos subjetivo do que outros. Um determinado grau de objetividade é alcançado quando nossas idéias são testadas valendo-se de dados sistematicamente coletados e analisados, disponibilizados para o escrutínio público.

2. **A ciência tem um lado subjetivo?**
   Sim. O lado subjetivo do empreendimento de pesquisa não é menos importante do que o lado objetivo. A criatividade e a motivação para estudar novos problemas a partir de novas perspectivas emergem dos interesses e das paixões individuais.

3. **Quais questões metodológicas devem ser levadas em consideração em qualquer projeto de pesquisa?**
   Para maximizar o valor científico de um projeto de pesquisa, deve-se levar em conta questões relativas à confiabilidade (consistência na mensuração), à validade (precisão na mensuração), à generalidade (avaliação da aplicabilidade das conclusões da pesquisa

para além do caso estudado) e à causalidade (avaliação de relações de causa e efeito entre as variáveis).

4. **O que é observação participante?**
A observação participante é um dos principais métodos da sociologia. Envolve a observação cuidadosa das interações pessoais com as pessoas e a participação em suas vidas por um período de tempo. A observação participante é particularmente útil em pesquisas exploratórias, na construção da teoria fundamentada nos dados e para a validação de mensurações com base em critérios internos. Questões de validade externa, confiabilidade, generalidade e causalidade tornam a observação participante menos útil para outros propósitos.

5. **O que é um experimento?**
Um experimento é uma situação artificial, cuidadosamente controlada, que permite aos pesquisadores isolar as causas hipotéticas e medir seus efeitos por meio da atribuição aleatória de indivíduos a grupos experimentais e de controle e expor o grupo experimental a uma variável independente (a causa hipotética). Os experimentos são "fortes" em confiabilidade e análise causal, mas problemas relativos à generalidade e à validade tornam esse método menos útil para outros propósitos.

6. **O que é uma enquete?**
Em uma enquete, as pessoas são questionadas sobre seus conhecimentos, suas atitudes ou seus comportamentos, seja por meio de entrevistas face a face, por telefone ou por meio de um questionário. As vantagens das enquetes são a confiabilidade e a validade, desde que os pesquisadores treinem bem os entrevistadores, formulem as questões cuidadosamente e adotem medidas que garantam um alto índice de respostas. A generalização é alcançada por meio de amostras probabilísticas, por controle estatístico; a análise da causalidade, por meio da manipulação dos dados.

7. **Quais são vantagens e as desvantagens de se utilizar documentos e estatísticas oficiais como fontes de dados sociológicos?**
Documentos existentes e estatísticas oficiais são fontes de dados baratas e convenientes. No entanto, devem ser utilizados com cautela porque podem ter sido mal-construídos e refletir os vieses dos indivíduos e das organizações que os criaram, e não os interesses do pesquisador.

Questões para Reflexão

1. Qual é a relação existente entre objetividade e subjetividade na pesquisa sociológica?
2. Quais critérios os sociólogos utilizam para escolher entre os diversos métodos de coleta de dados?
3. Quais são as vantagens e desvantagens dos diversos métodos de coleta de dados?

Glossário

Uma **amostra** é a parte da população ou universo da pesquisa selecionada para análise segundo critérios previamente definidos pelo pesquisador.

Em uma **amostra probabilística**, as unidades de análise têm uma probabilidade conhecida e maior que zero de serem selecionadas.

Uma **associação** ou **correlação** existe entre duas ou mais variáveis se o valor de uma das variáveis muda com a mudança da outra.

Uma **associação (ou correlação) espúria** existe entre duas variáveis que, aparentemente, se relacionam causalmente, quando a relação entre elas se deve a uma terceira variável (antecedente). Por meio da introdução de uma variável de controle, pode-se demonstrar que a correlação inicial desaparece.

Causalidade é a relação existente entre as causas e seus efeitos.

Confiabilidade é o grau segundo o qual um procedimento de mensuração gera resultados consistentes.

Em uma **enquete** (ou ***survey***), as pessoas são interrogadas sobre seus conhecimentos, suas atitudes ou seus comportamentos, seja em entrevistas face a face, em entrevistas por telefone, ou por meio de questionários.

Estudo exploratório é uma tentativa inicial de se abordar cientificamente um fenômeno social sobre o qual não existem muitas pesquisas ou informações.

Um **experimento** é uma situação artificial, cuidadosamente controlada, que permite aos pesquisadores isolar as causas hipotéticas e medir seus efeitos com precisão.

A **generalidade** existe quando os resultados da pesquisa se aplicam para outros casos, além do caso específico examinado.

Grupo de controle é o grupo de um experimento que não é exposto à variável independente.

Grupo experimental é o grupo de um experimento que é exposto à variável independente.

Uma **hipótese** é uma afirmação não verificada, mas testável, sobre a relação entre duas ou mais variáveis.

A **observação participante** envolve a observação cuidadosa por meio da participação em determinadas atividades dos sujeitos de pesquisa que interessam ao pesquisador, o que possibilita uma compreensão aprofundada dos seus detalhes.

Operacionalização é o processo por meio do qual os pesquisadores estabelecem critérios para mensurar variáveis.

Pesquisa de campo é a pesquisa baseada na observação das pessoas em seus ambientes naturais.

A **pesquisa etnográfica** ocorre quando um pesquisador passa meses, ou mesmo anos, vivendo com um povo a fim de aprender sua língua, seus valores, seus maneirismos — sua cultura como um todo — e desenvolver uma compreensão profunda de seu comportamento a partir do referencial dos membros daquele povo.

População ou **universo da pesquisa** é o grupo sobre o qual o pesquisador tenta generalizar suas descobertas.

Randômico significa "aleatório" ou "ao acaso". A **randomização** envolve a atribuição de indivíduos a grupos por meio de processos aleatórios.

A **significância estatística** existe quando é improvável que uma descoberta se deva ao acaso, normalmente em 19 de cada 20 amostras do mesmo tamanho.

Uma **tabela de contingência** é uma classificação cruzada de casos, com pelo menos duas variáveis, que permite que você veja como, se for o caso, as variáveis se associam.

A **validade** diz respeito ao grau segundo o qual uma mensuração de fato mede o que pretende medir.

Uma **variável** é um conceito que pode assumir mais de um valor ou atributo.

Variável de controle é uma variável cuja influência é controlada para a verificação da existência de associação causal entre uma variável independente e uma variável dependente.

Variável dependente é o efeito presumido em uma relação de causa e efeito.

Variável independente é a causa presumida em uma relação de causa e efeito.

CAPÍTULO 3

Cultura

Neste capítulo, você aprenderá que:

- Cultura é a soma das idéias, das práticas e dos objetos materiais compartilhados que as pessoas usam para se adaptar aos seus ambientes.
- Os seres humanos tiveram sucesso na sua adaptação aos ambientes mais diversos devido à sua capacidade única de pensar de maneira abstrata, cooperar uns com os outros e construir ferramentas.
- Embora os sociólogos reconheçam que a biologia estabelece os limites e os potenciais humanos, a maioria não acredita que comportamentos e arranjos sociais específicos sejam biologicamente determinados.
- Em alguns aspectos, o desenvolvimento da cultura possibilita maior liberdade às pessoas. Por exemplo, a cultura tem se tornado mais diversificada e o consenso tem diminuído em muitas áreas, possibilitando às pessoas fazerem mais escolhas em relação a como devem viver suas vidas.
- Em outros aspectos, o desenvolvimento da cultura impõe limites em relação a quem queremos ser. Por exemplo, no mundo atual, a cultura de consumo tem se tornado quase um passatempo. Nesse sentido, as pessoas têm cada vez mais se autodefinido a partir daquilo que consomem.

A Cultura como Forma de se Resolver Problemas

Lavando Pratos — História Pessoal

Quando Cynthia Hamlin recebeu uma correspondência da universidade inglesa na qual foi fazer seu doutorado comunicando que se hospedaria em uma residência do *campus* com mais quatro estudantes estrangeiros, ela sabia que muitos dos hábitos e costumes de seus colegas seriam diferentes dos seus. De fato, todos os outros habitantes da casa, recém-chegados do Japão, do Canadá, de Botswana e da extinta Alemanha Oriental, também tinham consciência disso. Como ela, estavam todos ansiosos por compartilhar suas experiências de vida. Foi assim que decidiram que, a cada domingo, alguém seria responsável pela preparação de uma refeição de seu país de origem, o que, além da refeição supostamente exótica, garantiria longas horas de conversa ao redor da mesa.

No entanto, nada os havia preparado para a diversidade que encontrariam ao desempenhar as atividades mais corriqueiras, o que provocava sensações de estranhamento constante nos habitantes da casa. "Comprávamos os utensílios de cozinha que cada um de nós achava essencial e que, aos outros, pareciam absolutamente supérfluos", diz Cynthia. "Visitávamos mercados 'étnicos' nos quais era possível comprar desde frutas estranhas aos meus colegas, como jacas e pitombas, a temperos e misturas que até hoje não sei ao certo o que são. Preparávamos a comida seguindo verdadeiros rituais, que provavelmente testemunhamos nas cozinhas de nossas avós e que nossas mães se surpreenderiam se os vissem resgatados. Escolhíamos com cuidado a trilha sonora de nossas refeições e nos esforçávamos para ensinar uns aos outros como comer determinados pratos segundo as regras de etiqueta de nossos países."

"Nossas reuniões aos domingos nos faziam tomar consciência de que as receitas típicas de nossos países de origem envolviam um sem-número de objetos materiais, práticas e valores sobre os quais raramente pensávamos. Para cada um de nós, havia a 'maneira correta' de cortar o peixe e temperá-lo; o tipo apropriado de panela para cada receita; a bebida correta para acompanhá-la. E nada daquilo era seriamente questionado pelos outros — afinal de contas, a maioria das receitas era estranha para nós." Mas, como quase sempre ocorre quando as pessoas se deparam com costumes e hábitos diferentes dos seus, algumas situações geravam questionamentos mais profundos: "Era ao desempenhar tarefas corriqueiras, como lavar pratos, que questionávamos o procedimento dos outros. Uns enchiam duas pias com água quente, dissolviam detergente em uma delas, mergulhavam os pratos, esfregavam com um pano e, finalmente, enxaguavam na pia com água limpa. Outros, dissolviam o detergente em uma caneca com água que usavam para mergulhar um pano com o qual ensaboavam os pratos e os enxaguavam em água corrente. Outros, ainda, colocavam o detergente diretamente em uma esponja com a qual esfregavam os pratos e os enxaguavam em uma das pias cheias de água. As combinações eram tantas quantos os residentes da casa. Assim, as sessões de lavagem de pratos permitiram que percebêssemos o quanto de nossas vidas era regulado por maneiras de proceder que aprendemos em nossos países de origem e que nos pareciam muito 'naturais' porque eram compartilhadas pelos membros de nossa sociedade."

Quando algumas pessoas dizem "cultura", estão se referindo à opera, ao balé, às artes plásticas e à literatura. Para os sociólogos, entretanto, essa definição é muito limitada. Eles, às vezes, utilizam o termo **alta cultura** para se referir à opera, ao balé, à literatura etc. e distingui-las da **cultura popular** e da **cultura de massa**. Enquanto a alta cultura é consumida principalmente pelas classes mais altas, a cultura popular e a cultura de massa são consumidas por todas as classes. Os sociólogos definem **cultura** em geral no sentido muito amplo de todas as práticas, idéias, valores e objetos materiais que criamos para nos ajudar a lidar com questões concretas. Com base nessa definição, podemos afirmar que a principal distinção entre a cultura popular e a cultura de massas é que a primeira se baseia em concepções, valores, objetos etc., que podem ser considerados tradicionais, os elementos da cultura de massa são transmitidos e difundidos pelos meios de comunicação de massa. Seja como for, todas as formas de cultura representam formas de lidar com questões concretas. Assim, quando escolhiam os ingredientes de suas receitas, preparavam a comida e lavavam os pratos, Cynthia e seus colegas estavam utilizando práticas e objetos de suas culturas para lidar com o problema concreto de preparar alimentos.

Da mesma forma, as ferramentas possibilitam às pessoas resolver problemas relacionados à agricultura ou à construção de casas. A religião ajuda as pessoas a encarar o problema da morte e a como atribuir sentido às suas vidas. Ferramentas e religião também são elementos culturais porque ajudam as pessoas a resolver problemas concretos de suas vidas. O que há de comum entre todos os elementos culturais mencionados aqui é que são passados de uma geração a outra e são amplamente compartilhados pelos membros de uma sociedade. Como ocorre o compartilhamento da cultura? Por meio da comunicação e da aprendizagem. Assim, a cultura é *socialmente* transmitida. Ela requer uma sociedade para que persista. (Por sua vez, uma **sociedade** pode ser concebida como um número de pessoas que interagem, normalmente em um território definido, e compartilham uma cultura.) Pode-se então concluir que a cultura é composta das idéias, das práticas e dos objetos materiais socialmente transmitidos que possibilitam às pessoas se adaptar a seus ambientes.

As Origens da Cultura

Você pode ter uma idéia da importância da cultura para a sobrevivência humana ao considerar como nossos ancestrais viviam há cerca de 100 mil anos. Eles viviam em ambientes naturais extremamente severos. Tinham poucos dotes físicos, sendo mais lentos e mais fracos do que muitos outros animais. Ainda assim, apesar dessas desvantagens, eles sobreviveram. Mais do que isso: prosperaram e dominaram a natureza. Em grande medida, isso foi possível porque eram as criaturas mais inteligentes de seu ambiente. Seus cérebros sofisticados possibilitaram que criassem *kits* culturais de sobrevivência de enorme complexidade e flexibilidade. Estes *kits* culturais de sobrevivência continham três instrumentos principais. Cada instrumento representava um talento tipicamente humano e deu origem a um elemento cultural diferente.

O primeiro instrumento do *kit* cultural de sobrevivência humana é a **abstração**, a capacidade de criar idéias gerais ou formas de pensamento que não são relativos a exemplos particulares. Os **símbolos**, por exemplo, são um tipo importante de tais idéias. Os símbolos carregam significados particulares. Linguagens, notações matemáticas e signos são tipos de símbolos. Os símbolos nos permitem classificar nossas experiências e generalizar a partir delas. Por exemplo, reconhecemos que podemos sentar em vários objetos, mas apenas alguns deles têm quatro pernas, um encosto e um espaço para uma pessoa. Distinguimos esses objetos de outros ao nomeá-los "cadeiras". Mais ou menos quando as crianças atingem o primeiro ano de vida, elas ouviram essa palavra inúmeras vezes e compreendem que ela se refere a uma certa classe de objetos. É verdade que alguns chimpanzés foram ensinados a usar a linguagem dos sinais e aprenderam algumas dúzias de palavras e a formular frases simples. No entanto, eles não podem aprender regras de gramática, ensinar aos outros chimpanzés muito do que sabem ou superar o vocabulário de um ser humano extremamente jovem (Pinker, 1994). A abstração para além do nível mais rudimentar é uma capacidade unicamente humana. Nossa capacidade de abstração nos permite aprender e transmitir conhecimento de uma maneira que nenhum outro animal pode fazer.

A **cooperação** é o segundo principal instrumento do *kit* cultural de sobrevivência e refere-se à capacidade de criarmos uma vida social complexa por meio do estabelecimento de **normas**, ou maneiras geralmente aceitas de se fazer as coisas. Quando educamos crianças e construímos escolas, estamos cooperando para reproduzir e fazer prosperar a espécie humana. Quando criamos comunidades e indústrias, estamos cooperando ao reunir recursos e ao encorajar as pessoas a adquirir capacidades especializadas, ou seja, possibilitando a elas conseguir coisas que ninguém conseguiria sozinho. Uma variedade enorme de arranjos e instituições sociais — de sistemas de saúde e formas de adoração religiosa a partidos políticos — testemunham a capacidade humana de cooperar e seguir normas. Também é verdade que alguns animais, inclusive insetos, cooperam em graus variáveis. No entanto, essa cooperação ocorre como resultado do instinto, mais do que do aprendizado de normas. Também é verdade que muitos comportamentos aparentemente não-cooperativos ocorrem no mundo. Entretanto, quando as pessoas se engajam em guerras, crimes e revoluções, elas devem cooperar e respeitar determinadas normas, sob o risco de não alcançar seus objetivos. O ladrão de bancos que é abandonado pelo colega motorista no local do crime será apanhado; o capitão do navio cujos marinheiros decidem fazer um motim perderá a batalha.

A **produção** é a terceira principal ferramenta do *kit* cultural de sobrevivência humana. Ela envolve fazer e utilizar ferramentas e técnicas que melhoram nossa habilidade em extrair o que queremos da natureza. Tais ferramentas e técnicas são conhecidas como **cultura material**. Naturalmente, todos os animais extraem algo da natureza para sobreviver, e um macaco pode, às vezes, utilizar uma pedra para quebrar outro objeto. Mas apenas os seres humanos são suficientemente inteligentes e habilidosos para *fazer* ferramentas e utilizá-las para produzir todo o tipo de coisas: de comida a computadores. Entendida nesse sentido, a produção é uma atividade unicamente humana.

A Tabela 3.1 ilustra cada uma das capacidades humanas básicas e seus derivados culturais relativos a três tipos de atividade humana: medicina, direito e religião. Ela mostra, para cada um dos tipos de atividade, como a abstração, a cooperação e a produção originam tipos particulares de idéias, normas e elementos da cultura material. Na medicina, as idéias teóricas sobre como nosso corpo funciona são avaliadas a partir de normas sobre como testar teorias experimentalmente. A experimentação, por sua vez, resulta na produção de novos medicamentos e terapias que fazem parte da cultura material. No direito, valores, ou idéias compartilhadas sobre o que é certo ou errado, são incorporados em um código legal, ou normas que definem o que é o comportamento ilegal e quais são as punições para aqueles que infringem a lei. A aplicação da lei requer a criação de tribunais e prisões, que também fazem parte da cultura material. As cosmologias religiosas — idéias tradicionais acerca de como o universo foi criado, o significado da vida e assim por diante — são expressas em costumes religiosos relativos a como adorar os deuses e a como tratar outros seres humanos. As cosmologias e costumes religiosos podem dar origem a uma cultura material que inclui igrejas e sua arte e arquitetura. Como esses exemplos sugerem, a capacidade de abstração, cooperação e produção são evidentes em todas as esferas da cultura.

Tabela 3.1: Os elementos básicos da cultura

	Capacidades Humanas		
	Abstração	**Cooperação**	**Produção**
	↓	↓	↓
	Idéias	**Normas**	**Cultura material**
		Atividades Culturais	
Medicina	Teorias	Experimentos	Medicamentos
Direito	Valores	Leis	Tribunais, prisões
Religião	Crenças religiosas	Costumes religiosos	Arte sacra, arquitetura

Fonte: Adaptado de Bierstedt (1963).

Para concluir essa discussão sobre as origens da cultura, devemos observar que as pessoas são normalmente recompensadas quando seguem as diretrizes da cultura e punidas quando não as seguem. Essas recompensas e punições, que têm como objetivo assegurar a conformidade, são conhecidas como **sanções**. Tomadas em seu conjunto, são chamadas de **sistema de controle social**. As recompensas (ou sanções positivas) incluem desde elogios e encorajamentos até dinheiro e poder. As punições (ou sanções negativas) variam de atitudes de evitamento e desprezo até prisão, violência física e banimento. Os **tabus** estão entre as normas mais estritas. Quando alguém viola um tabu, provoca repulsa na sociedade e a punição é severa. O incesto é um dos tabus mais difundidos. Violar outras normas centrais não provoca repulsa, mas a maioria das pessoas acha que tais normas são essenciais para a sobrevivência de seu grupo ou de sua sociedade. O sociólogo William Graham Sumner (1940 [1907]) chamou tais normas centrais de ***mores*** (palavra latina que significa "costumes"). Sumner chamou as normas menos importantes de *folkways*. Os *folkways* geram as punições menos severas. Se um homem anda por uma rua nu da cintura para baixo, ele está violando um *more*. Se anda pela rua sem camisa, está violando um *folkway*.

Apesar dos esforços para controlá-las, as pessoas freqüentemente rejeitam elementos da cultura existente e criam novos elementos culturais. As razões para isso serão discutidas mais tarde, neste capítulo, no Capítulo 13, "Os Meios de Comunicação de Massa", e no Capítulo 15, "Ação Coletiva e Movimentos Sociais". Por ora, é suficiente dizer que, da mesma forma que o controle social é necessário para manter padrões estáveis de interação, a resistência ao controle social é necessária para garantir a inovação cultural e a renovação social. Sociedades estáveis, mas vibrantes, conseguem encontrar um equilíbrio entre o controle social e a inovação cultural.

Cultura e Biologia

A natureza, Sr. Allnut, é aquilo que somos colocados no mundo a fim de transcender.
Rose Sayer (Katharine Hepburn) em *Uma Aventura na África* (1951)

A Evolução do Comportamento Humano

Vimos como a capacidade humana para abstrair, para cooperar e para produzir nos habilita a criar cultura e nos torna humanos. Essas capacidades são edificadas em uma base biológica sólida. A biologia, como todo sociólogo reconhece, estabelece limites e potenciais humanos bastante amplos, inclusive o potencial para criar cultura.

No entanto, alguns estudiosos do comportamento humano vão um passo além. Praticantes da sociobiologia e da psicologia evolucionária afirmam que a estrutura do cérebro humano e os genes — unidades químicas que carregam características de pais para filhos — explicam não apenas características físicas mas também comportamentos e práticas sociais específicos (Wilson, 1975; Pinker, 2002; Tooby e Cosmides, 1992). Do seu ponto de vista, os genes, por exemplo, determinam não somente se nossos olhos são azuis ou castanhos mas também outros aspectos do nosso comportamento social. Esse tipo de argumento tem se tornado cada vez mais popular desde o início dos anos de 1970. Muitos sociólogos não concordam com eles. Vamos, então, dedicar alguns parágrafos para expor tais concepções equivocadas (ver também o Capítulo 8, "Sexualidade e Gênero").

O ponto de partida da psicologia evolucionária é a teoria da evolução de Charles Darwin. Darwin (1859) observou uma grande variação nas características físicas dos membros de cada espécie. Por exemplo, alguns veados podem correr muito rapidamente; outros são mais lentos. Devido a tais variações, os membros "mais aptos" de cada espécie — os veados mais rápidos, por exemplo — têm maiores chances de sobreviver o bastante para produzir descendentes. Assim, Darwin concluiu, as características mais duradouras de cada espécie são aquelas que aumentam suas chances de sobrevivência.

Promiscuidade Masculina, Fidelidade Feminina e Outros Mitos

Os psicólogos evolucionários contemporâneos desenvolvem argumentos semelhantes acerca do comportamento humano e dos arranjos sociais. Normalmente, *primeiro eles identificam uma característica comportamental humana presumivelmente universal.* Por exemplo: argumentam que os homens são mais predispostos que as mulheres a querer muitos parceiros sexuais.

Depois, eles oferecem uma explicação relativa ao porquê de tal comportamento aumentar as chances de sobrevivência. Assim, para continuar com nosso exemplo, explicam as supostas promiscuidade masculina e fidelidade feminina universais da seguinte maneira: toda vez que um homem ejacula, produz centenas de milhões de espermatozóides. As mulheres, em contraposição, normalmente produzem apenas um único óvulo por mês, entre a puberdade e a menopausa, durante os períodos em que não estão grávidas. Os psicólogos evolucionários argumentam que, devido a essas diferenças, homens e mulheres desenvolvem estratégias diferentes a fim de aumentar as chances de reproduzir seus genes. Como uma mulher produz poucos óvulos, ela aumentará as chances de reproduzir seus genes se tiver um companheiro que permaneça por perto para ajudá-la e protegê-la durante as poucas ocasiões em que estiver grávida, der à luz e amamentar uma criança. Porque os espermatozóides de um homem são tão abundantes, ele aumenta suas chances de reproduzir seus genes se tentar engravidar tantas mulheres quanto possível. Em resumo, o desejo das mulheres por um único parceiro e o desejo dos homens por várias parceiras decorre simplesmente da maneira como homens e mulheres jogam o jogo da sobrevivência do mais apto. Os psicólogos evolucionários escrevem que estupradores do sexo masculino, podem estar apenas "fazendo o que podem para maximizar sua aptidão reprodutiva" (Barash, 1981: 55).

A parte final do argumento dos psicólogos evolutivos é que o comportamento em questão não pode ser facilmente mudado. As características que maximizam as chances de sobrevivência de uma espécie supostamente estão codificadas em nossos genes. Portanto, o que existe é necessário.

A maioria dos sociólogos e muitos biólogos e psicólogos são bastante críticos em relação ao tipo de raciocínio dos psicólogos evolucionários (Gould e Lewontin, 1979; Lewontin, 1991; Schwartz, 1999). Em primeiro lugar, porque *alguns dos comportamentos discutidos por eles não são universais e outros, nem mesmo comuns.* Consideremos a promiscuidade masculina. É verdade que os homens são promíscuos e as mulheres não? Os dados contam uma história diferente. Vejamos se esse comportamento é mesmo universal. Um estudo comparativo entre Pernambuco, Rio de Janeiro e São Paulo demonstra que existem variações importantes no que se refere à adoção de valores sexuais masculinos: "A noção de uma sexualidade incontrolável como parte da natureza masculina e, como correlato, a atividade sexual diária como crucial para a afirmação da masculinidade" (Portella et al., 2003: 2) é mais freqüente em zonas rurais de Pernambuco do que em zonas urbanas ou em municípios como Rio de Janeiro e São Paulo. De acordo com a General Social Survey (Pesquisa Social Geral) desenvolvida nos Estados Unidos no ano 2000, apenas uma minoria de homens adultos (19%) afirmaram ter tido mais de um(a) parceiro(a) sexual no ano anterior (Tabela 3.2). Os números para mulheres americanas adultas eram significativamente menores (8%). No entanto, se considerarmos apenas adultos casados, os números caem para 4% para homens e 2% para mulheres, ou seja, uma diferença estatística não muito significativa (Tabela 3.3). Aparentemente, alguns arranjos sociais, como a instituição do casamento, podem explicar variações na promiscuidade masculina.

Segundo a General Social Survey, 11% das mulheres afirmaram ter tido mais de um parceiro sexual no ano anterior à pesquisa. Entre pessoas solteiras, a diferença entre homens e mulheres era de 16%. Os pesquisadores identificaram duas razões principais para tal diferença (McConaghy, 1999: 311-4). Em primeiro lugar, os homens são mais propensos a ter relações sexuais com membros do mesmo sexo do que as mulheres; além disso, os homens que o fazem tendem a ter mais

● **Tabela 3.2** Número de parceiros sexuais por sexo do respondente, EUA, 2000 (em porcentagem)

	SEXO DO RESPONDENTE	
	Cooperação	**Produção**
Número de parceiros sexuais	Homem	Mulher
0 ou 1	81	92
Mais de 1	19	8
Total	100	100
N	1028	1313

Fonte: National Opion Research (2002).

● **Tabela 3.3** Número de parceiros sexuais por sexo do respondente, EUA, 2000. Apenas respondentes casados (em porcentagem)

	SEXO DO RESPONDENTE	
	Cooperação	**Produção**
Número de parceiros sexuais	Homem	Mulher
0 ou 1	96	98
Mais de 1	4	2
Total	100	100
N	506	586

Fonte: National Opinion Research (2002).

parceiros do que as mulheres que também o fazem[1]. Esse fato contradiz o argumento dos psicólogos evolucionários que relaciona a promiscuidade sexual masculina a estratégias reprodutivas. Em segundo lugar, os homens aparentemente tendem a exagerar o número de parceiros sexuais quando indagados sobre o assunto em enquetes porque a cultura ocidental valoriza o desempenho sexual masculino. Esse fato também representa más notícias para os psicólogos evolucionários que querem nos fazer crer que os homens são real e naturalmente promíscuos, e não são influenciados por valores culturais para fazer tais afirmações.

De forma geral, portanto, a afirmação dos psicólogos evolucionários sobre promiscuidade masculina e fidelidade feminina é falsa. Também são falsas diversas outras afirmações sobre os chamados constantes ou universais comportamentais.

O segundo grande problema com a psicologia evolucionária é que ninguém jamais verificou que comportamentos e arranjos sociais específicos são associados a genes específicos (para uma possível exceção, veja a discussão seguinte sobre linguagem). Assim, quando se trata de sustentar seu argumento principal, os psicólogos evolucionários não têm nada além de uma frágil corrente de possibilidades e muito "talvez": " *Talvez* tenhamos de abrir nossas mentes e admitir a *possibilidade* de que nossa necessidade de maximizar nossa aptidão [reprodutiva] *pode estar* nos sussurrando de algum lugar dentro de nós e que, *quer saibamos, quer não,* na maioria das vezes estamos atendendo a esses sussurros" (Barash, 1981: 31; grifos nossos). Talvez. Mas talvez não.

Por fim, mesmo se os pesquisadores finalmente descobrirem uma associação entre genes particulares e comportamentos particulares, seria errado concluir que as variações entre as pessoas decorrem apenas de seus genes. Como um dos mais importantes biólogos do mundo escreveu, "as variações entre indivíduos em uma espécie são conseqüências singulares [da combinação] de genes *e do ambiente* em interação constante" (Lewontin, 1991: 26-7; grifos nossos). Os genes *nunca* se desenvolvem sem a influência do ambiente. Os genes de um embrião humano, por exemplo, são pro-

[1] A General Social Survey de 2000 não teve respondentes em número suficiente para chegar a essa conclusão com um grau de confiança satisfatório. Por isso, baseamos essa conclusão nos dados cumulativos de 1998-2000. Durante esse período, 9% dos homens com mais de um(a) parceiro(a) sexual teve relações sexuais com outros homens, ao passo que 5% das mulheres com mais de um parceiro sexual teve relações sexuais com outras mulheres.

fundamente afetados pelo consumo de cálcio, de doses diárias de crack ou de cocaína por parte da mãe. E o que a mãe consome, por sua vez, é determinado por muitos fatores sociais. Mesmo que alguém herde um gene mutante para um tipo de câncer, a probabilidade de desenvolver tal câncer é muito influenciada pela dieta, pela prática de exercícios, pelo consumo de tabaco e por outros fatores associados à poluição ocupacional ou ambiental[2]. Como tal, o padrão de sua vida não é inteiramente codificado em seus genes. Mudanças no ambiente social produzem mudanças físicas e, em maior medida, comportamentais. No entanto, para entender os efeitos do ambiente social no comportamento humano devemos abandonar as premissas da psicologia evolucionária e desenvolver habilidades especificamente sociológicas para analisar os efeitos da estrutura social e da cultura.

O Problema da Linguagem

A Linguagem É Inata ou Aprendida?

Um campo no qual o pensamento biológico tem tido influência nos últimos anos é o da linguagem. Uma **linguagem** é um sistema de símbolos que se relacionam para que possamos comunicar nossos pensamentos. Equipados com uma linguagem, podemos nos entender mutuamente, passar conhecimento e experiências de uma geração a outra e fazer planos para o futuro. Em resumo, a linguagem possibilita o desenvolvimento da cultura. Conseqüentemente, os sociólogos entendem a linguagem como uma invenção cultural que distingue os seres humanos de outros animais.

Apesar disso, o psicólogo cognitivo Steven Pinker, do MIT (Massachusetts Institute of Technology), um nome importante na perspectiva biológica, afirma que a cultura tem pouco que ver com a aquisição da linguagem. Para ele, "as pessoas sabem como falar mais ou menos da mesma forma que as aranhas sabem como tecer suas teias" (Pinker, 1994: 18). A linguagem, diz Pinker, é um "instinto".

Pinker baseia sua afirmação radical na observação de que a maioria das pessoas pode facilmente criar e compreender frases que nunca foram proferidas. Nós até inventamos um grande número de palavras novas. Normalmente desenvolvemos essa habilidade na mais tenra idade, com rapidez e sem qualquer instrução formal, o que sugere que as pessoas têm uma espécie de gramática ou receita inata para a combinação padronizada de palavras. Pinker defende tal perspectiva a partir da discussão de casos de crianças pequenas, de diferentes origens lingüísticas, que foram colocadas juntas em ambientes tão diversos quanto as plantações de açúcar do Havaí, na década de 1980, ou em escolas para deficientes auditivos da Nicarágua, nos anos de 1970. Aquelas crianças criaram, espontaneamente, seus próprios sistemas de linguagem e de regras gramaticais.

Além do fato de que as crianças pequenas são predispostas a criar sistemas de regras gramaticais espontaneamente, também se pode argumentar que existem partes do cérebro específicas para a linguagem; lesões em determinadas partes do cérebro prejudicam a habilidade da fala, muito embora a inteligência permaneça inalterada. Os cientistas identificaram um gene que pode ajudar a conectar os neurônios responsáveis pela fala. Algumas crianças, saudáveis sob outros aspectos, podem não desenvolver algumas habilidades ligadas à linguagem. Elas têm dificuldade de articular palavras e cometem uma variedade de erros gramaticais quando falam. Se tais desordens não puderem ser atribuídas

[2] Alguns tipos de câncer são mais hereditários que outros, mas mesmo os tipos de câncer mais hereditários parecem ser muito mais fortemente influenciados por fatores ambientais que genéticos (Fearon, 1997; Hoover, 2000; Kevles, 1999; Lichtenstein et al., 2000; Remennick, 1998).

a nenhuma outra causa, essas crianças recebem o diagnóstico de *Distúrbio Específico de Linguagem* (DEL). Recentemente, foi descoberto um gene mutante, conhecido como FOXP2, associado ao DEL (Pinker, 2001). Apenas quando esse gene é normal, as crianças podem adquirir habilidades lingüísticas complexas na primeira infância. A partir de observações como essas, Pinker concluiu que a linguagem é menos aprendida do que desenvolvida. Será que devemos acreditar nele?

As Raízes Sociais da Linguagem

Com base em uma perspectiva sociológica, o argumento de que somos biologicamente predispostos a adquirir uma linguagem e a criar padrões gramaticais de fala não apresenta nenhum problema. O que é interessante, do ponto de vista sociológico, no entanto, é como o ambiente social dá forma a tais predisposições. Sabemos, por exemplo, que as crianças pequenas passam por períodos de desenvolvimento muito intensos e se não interagirem simbolicamente com outras pessoas durante esses períodos críticos, sua destreza lingüística pode ficar comprometida para sempre (Sternberg, 1998 [1995]: 312). Essa descoberta sugere que nosso potencial biológico deve ser colocado em ação pelo ambiente social para que seja realizado em sua totalidade. A linguagem deve ser aprendida. O ambiente representa uma influência tão poderosa na aquisição da linguagem que nem mesmo o gene mutante FOXP2 pode selar o destino lingüístico de alguém. Cerca de 50% das crianças com DEL podem se recuperar por completo com terapias de linguagem intensivas (Shanker, 2002).

De uma maneira óbvia, toda linguagem é aprendida, muito embora nosso potencial para aprender e estruturar o que aprendemos tenha raízes na biologia. O uso que fazemos da linguagem depende da comunidade lingüística da qual fazemos parte. Mas qual é a relação entre o que pensamos e nosso ambiente social? Essa é a questão que examinaremos agora.

A Tese de Sapir-Whorf e Seus Críticos

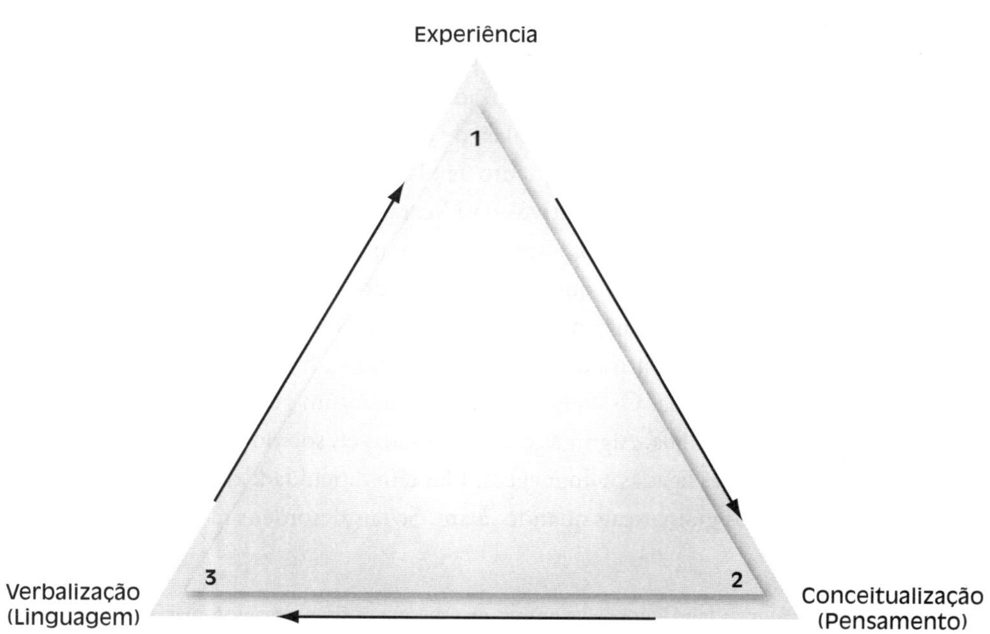

● **Figura 3.1** A tese de Sapir-Whorf

Na década de 1930, os lingüístas Edward Sapir e Benjamim Lee Whorf sugeriram pela primeira vez que a experiência, o pensamento e a linguagem interagem, o que ficou conhecido como a **tese de Sapir-Whorf**. A tese de Sapir-Whorf estabelece que experimentamos certas coisas em nosso ambiente e formamos conceitos acerca delas (direção 1 ⟶ 2 na Figura 3.1). Depois, desenvolvemos uma linguagem para expressar nossos conceitos (direção 2 ⟶ 3) Finalmente, a própria linguagem influencia a maneira como vemos o mundo (direção 3 ⟶ 1).

Whorf percebia os padrões de fala como "interpretações da experiência" (Whorf, 1956: 137), o que não parece controverso. Os garo de Burma, povo cuja atividade econômica principal consiste na plantação de arroz, distinguem muitos tipos de arroz. Os árabes nômades têm mais de 20 palavras diferentes para "camelo" (Sternberg, 1998 [1995]: 305). Distinções verbais entre tipos de arroz e de camelos são necessárias para alguns grupos de pessoas porque esses objetos são importantes em seus ambientes. Por causa da necessidade, eles efetuam muitas distinções entre coisas que podem nos parecer "a mesma coisa"[3]. Da mesma forma, termos que aparentemente se referem à mesma coisa ou pessoas podem mudar para refletir uma realidade em mudança. Por exemplo, "aeromoças" são agora chamadas "comissárias de bordo", em especial depois que os homens começaram a trabalhar no setor. Em tais casos, podemos perceber claramente como o ambiente ou a experiência influencia a linguagem.

É igualmente não controverso afirmar que as pessoas devem pensar antes de poder falar (direção 2 ⟶ 3). Qualquer pessoa que já tenha se esforçado para encontrar a palavra correta ou para escrever um pensamento de maneira mais precisa sabe disso.

A parte controversa da tese de Sapir-Whorf é a direção 3 ⟶ 1. Em que sentido a linguagem, *em si mesma*, influencia a maneira pela qual experienciamos o mundo? Na primeira onda de estudos baseados na tese de Sapir-Whorf, os pesquisadores concentraram-se em saber se pessoas que falam línguas diferentes percebem as cores de maneiras distintas. Na década de 1970, eles concluíram que não. As pessoas que falam línguas diferentes podem ter um número distinto de termos para cores básicas, mas qualquer pessoa com visão normal pode perceber o espectro visível completo. O russo tem duas palavras para a cor azul; o português só tem uma. Isso não significa que as pessoas que falam português não consigam distinguir os diversos tons de azul.

Nos anos de 1980 e 1990, os pesquisadores encontraram alguns efeitos da linguagem sobre a percepção. Por exemplo, a palavra para "chave", em alemão, é masculina; em espanhol, é feminina. Quando pessoas que falam alemão e pessoas que falam espanhol são requisitadas a descrever chaves, as primeiras usam termos como "dura", "pesada" e "dentada"; as segundas usam termos como "adorável", "brilhante" e "sinuosa". Aparentemente, o gênero do substantivo influencia a maneira como as pessoas percebem o objeto a que o substantivo se refere (Minkel, 2002). Ainda assim, o grau segundo o qual a linguagem influencia o pensamento é uma questão controversa. Alguns homens utilizam termos como "amor", "querida", "gatinha" e "minha filha" para se diri-

[3] Whorf escreveu que os inuit (como preferem ser chamados os "esquimós") têm sete palavras para diferentes tipos de neve, mas essa informação é equivocada. O inuktitut (a língua dos inuit) não tem uma só palavra para neve — ou para urso, ou povo, ou peixe — simplesmente porque essa língua combina adjetivos e substantivos em novos termos. Essa característica gramatical do inuktitut permite a formação de palavras distintas para *neve no chão, neve encharcada de água, banco de neve ao redor da casa* e até mesmo *neve sobre a qual se urinou*. Em línguas como o inglês, também existem muitas palavras para tipos de neve distintos: *sleet* (chuva misturada com neve), *hail* (granizo), *powder* (neve fina, como um pó), *slush* (neve parcialmente derretida), *hard pack* (neve comprimida), *flurry* (pequenos flocos de neve ou nevasca, dependendo do contexto) etc. (Crucefix, 2003; Minkel, 2002).

girem a mulheres. Tais termos são extremamente ofensivos para muitas pessoas. Eles certamente refletem algumas desigualdades entre homens e mulheres. Algumas pessoas afirmam que esses termos, por si só, influenciam o que as pessoas pensam acerca das mulheres em termos de objetos sexuais ou de subordinação, mas os cientistas sociais ainda precisam demonstrar em que medida isso se aplica.

Podemos concluir, então, que pensar sobre cultura em termos biológicos apresenta vantagens e riscos. Por um lado, a biologia nos ajuda a perceber mais claramente os limites e potenciais da criatividade humana. Por outro, alguns pensadores acabaram se amarrando em uma camisa-de-força biológica. Eles não conseguem perceber como o ambiente social coloca em ação nossos potenciais biológicos e como gera variações enormes na expressão cultural de tais potenciais. A análise da cultura em toda sua diversidade, e a demonstração de como essa diversidade se articula com as variações da estrutura social, é uma tarefa para os sociólogos. No restante deste capítulo, mostraremos como os sociólogos desempenham essa tarefa. Começaremos por considerar como é possível observar a cultura de maneira relativamente objetiva.

Cultura e Etnocentrismo

Apesar de sua importância central na vida humana, a cultura é freqüentemente "invisível". Isto é, as pessoas tendem a considerar sua própria cultura como um dado, pois ela nos parece tão "racional" e natural que raramente pensam sobre ela. Por outro lado, conforme vimos na introdução do capítulo, as pessoas muitas vezes estranham quando são confrontadas com outras culturas. Ou seja, as idéias, as normas e as técnicas de outras culturas nos parecem estranhas, irracionais e até mesmo inferiores.

Julgar outra cultura exclusivamente com base na nossa é uma visão conhecida como **etnocentrismo**. O etnocentrismo atrapalha a análise sociológica. Isso pode ser ilustrado por meio de uma prática que parece bizarra a muitos de nós, ocidentais: a adoração de vacas entre os camponeses hindus na Índia.

Eles recusam-se a matar vacas e comer sua carne porque, para eles, a vaca é um símbolo religioso da vida. Calendários de parede por toda a Índia rural exibem lindas mulheres com corpos de vacas brancas e gordas, com leite jorrando de suas tetas. As vacas podem andar pelas ruas, defecar nas calçadas, parar para ruminar em cruzamentos engarrafados ou em trilhos de trem, fazendo com que o trânsito pare completamente. Em Madras, as delegacias de polícia

Historical Picture Archive/Corbis/Latin Stock

● **Figura 3.2** Ritual hindu de adoração das vacas
Muitos ocidentais consideram bizarra a prática hindu de adoração das vacas. Entretanto, essa prática representa um número de funções econômicas úteis e é, nesse sentido, totalmente racional. Ao se perceber a adoração das vacas exclusivamente do ponto de vista de um estrangeiro (ou também de um ponto de vista exclusivamente interno), não se pode enxergar seu aspecto racional.

mantêm pastos nos quais as vacas perdidas que adoeceram podem ser cuidadas e alimentadas. O governo mantém até "asilos" para vacas idosas, nos quais elas podem permanecer gratuitamente. Todos esses cuidados parecem absurdos para a maioria dos ocidentais, em especial porque ocorrem em meio a muita fome e pobreza que poderiam ser aliviadas se os camponeses matassem suas vacas para comer, em vez de consumir seus parcos recursos alimentando-as e protegendo-as.

No entanto, de acordo com o antropólogo Marvin Harris, o etnocentrismo pode enganar muitos observadores ocidentais (Harris, 1974: 3-32). A adoração de vacas é uma prática racional, do ponto de vista econômico, na Índia rural. Em primeiro lugar, os camponeses não podem comprar tratores, então as vacas são necessárias para parir bois, altamente necessários nas lavouras. Em segundo lugar, as vacas produzem centenas de milhões de quilos de adubo orgânico, cerca de metade dos quais são utilizados como fertilizantes e como combustível para cozinhar. Com a escassez de petróleo, carvão e madeira, aliada ao fato de que os camponeses não conseguem comprar adubos químicos, o esterco das vacas é, pode-se dizer, um presente dos deuses. Além disso, a manutenção das vacas na Índia é muito barata, uma vez que se alimentam de coisas impróprias para o consumo humano. Elas também representam fonte importante de proteínas e de subsistência para os membros das castas mais baixas, que têm o direito de utilizar os corpos das vacas mortas. Esses "intocáveis" comem carne de vaca e constituem a mão-de-obra da indústria do couro da Índia. Assim, a proteção das vacas por meio de sua adoração é uma prática perfeitamente racional e altamente eficiente do ponto de vista econômico. De fato, ela só parece irracional quando avaliada tomando-se como base os padrões ocidentais do agronegócio.

As Duas Faces da Cultura

A cultura tem duas faces. Em primeiro lugar, ela nos dá a oportunidade de exercitar nossa *liberdade*. Criamos elementos de cultura em nossas vidas cotidianas para resolver problemas de ordem prática e expressar nossas necessidades, nossas esperanças, nossas alegrias e nossos medos.

Entretanto, a criação de cultura é como qualquer outro ato de construção, no sentido de que precisamos de matérias-primas para desempenharmos nossas tarefas. As matérias-primas para a cultura que criamos consistem de elementos culturais que ou existiam antes de nascermos ou outras pessoas os criaram a partir de então. Podemos combinar esses elementos para gerar algo genuinamente novo, mas não existe outra fonte da qual possamos beber, de forma que a cultura existente coloca limites no que podemos pensar e fazer. Nesse sentido, a cultura nos *limita*. Essa é a segunda face da cultura.

Uma vez que a cultura pode ser vista tanto como uma oportunidade de liberdade quanto como uma fonte de limitação, examinaremos essas duas faces na discussão que se segue. Começaremos pela visão de que a cultura é uma oportunidade para exercermos nossa liberdade. Estabeleceremos inicialmente que os indivíduos não são apenas recipientes passivos, mas produtores e intérpretes ativos da cultura. Em seguida, mostraremos que o leque de escolhas culturais disponíveis nunca foi tão amplo, porque vivemos em uma sociedade caracterizada por uma diversidade cultural sem paralelo. Mostraremos também como o processo de globalização contribui para a diversificação da cultura e para ampliar o leque de escolhas disponíveis. Argumentaremos que essa tendência fez emergir uma era cultural nova, "pós-modernista". Após desenvolvermos a idéia de que a cultura é uma fonte de liberdade, passaremos a considerar como a cultura pode ser uma fonte de coerção social.

Cultura como Liberdade

Produção Cultural

Até os anos de 1960, muitos sociólogos argumentavam que a cultura era um simples "reflexo" da sociedade. Usando a linguagem do Capítulo 2, podemos dizer que eles percebiam a cultura como uma variável dependente. A televisão, por exemplo, teria se tornado um item doméstico de primeira necessidade após a Segunda Guerra Mundial. Os sociólogos enfatizaram que sua difusão dependeu da existência de sociedades relativamente afluentes e tecnologicamente avançadas. Além disso, afirmavam, o conteúdo dos programas de televisão revelava muitas das preocupações e aspirações das pessoas nas sociedades do pós-guerra. Como parte tanto da cultura material quanto da cultura simbólica, portanto, a televisão era concebida como um reflexo da sociedade da qual emergia.

Mais recentemente, os sociólogos têm percebido a cultura como uma variável *independente*. É cada vez mais enfatizado que as pessoas não aceitam a cultura de forma passiva, isto é, não somos simples recipientes vazios nos quais a sociedade derrama uma mistura de crenças, símbolos e valores. Ao contrário, produzimos e interpretamos nossa cultura, adaptando-a de maneira criativa às nossas próprias necessidades.

O crítico literário britânico Richard Hoggart (1958) e o historiador social E. P. Thompson (1968) escreveram trabalhos pioneiros enfatizando como as pessoas produzem e interpretam cultura. Hoggart e Thompson mostraram como as pessoas pertencentes à classe operária moldam o ambiente social no qual vivem. Por exemplo, idéias religiosas e materiais de leitura seculares podem ser criados para as pessoas da classe operária por pessoas de classes mais altas — "de fora", por assim dizer. O que ocorre, de acordo com Hoggart e Thompson, é que os membros da classe operária interpretam aqueles elementos da cultura em seus próprios termos. De forma geral, as pessoas sempre mudam as idéias, de forma a torná-las significativas para si próprias. Essa linha de pensamento foi desenvolvida pelo sociólogo Stuart Hall (1980) e seus colegas, que mostraram como as pessoas moldam a cultura de forma a encaixar suas identidades ou seus sentidos de *self*. Esses estudos deram origem à área conhecida como "estudos culturais", que se sobrepõe à sociologia da cultura (Griswold, 1994; Long, 1997; Wolff, 1999). Mais tarde, neste capítulo e, novamente no Capítulo 13, "Os Meios de Comunicação de Massa", retornaremos a alguns dos temas desenvolvidos por Hoggart, Thompson e Hall.

Diversidade Cultural

As pessoas interpretam e produzem cultura, o que significa que, em certa medida, temos liberdade para escolher como a cultura nos influencia. Cada vez mais podemos exercer essa capacidade porque temos mais coisas entre as quais escolher. Grande parte das sociedades do mundo está passando por uma diversificação cultural intensa, parcialmente devido às altas taxas de imigração.

Países como Israel, Austrália, Canadá e Estados Unidos apresentam grande proporção de imigrantes, o que os tem tornado sociedades bastante heterogêneas, racial e etnicamente, em especial nas últimas décadas. Nos Estados Unidos, por exemplo, mais de 28% da população é composta de não-brancos e de hispânicos. Projeções para os próximos 50 anos indicam que os grupos asiáticos e hispânicos devem crescer mais de 200%. Os grupos indígenas e afro-americanos deverão crescer de 60 a 70%. Por outro lado, os grupos de brancos não-hispânicos crescerão menos de 6%, sendo que deverão começar a encolher após 2030. Por volta do ano de 2060, os brancos não-hispânicos serão a *minoria* da população dos Estados Unidos (U.S. Census Bureau, 2000g).

A diversificação cultural de uma sociedade como a americana é evidente em todos os aspectos da vida — desde a crescente popularidade da música latina, passando pela crescente influência do *design* asiático nas roupas e na arquitetura, até o cada vez maior suprimento de gêneros alimentícios internacionais hoje consumido pela maioria dos americanos. O casamento entre pessoas de diferentes grupos étnicos é bastante difundido e tem se tornado cada vez mais freqüente entre pessoas de diferentes raças. Por exemplo, cerca de metade dos americanos de origem asiática e um décimo dos afro-americanos agora se casam fora de seus grupos raciais (Stanfield, 1997).

No nível político, entretanto, a diversidade cultural tem se tornado fonte de conflito. Esse conflito é bastante evidente nos debates recentes sobre o sistema educacional americano.

Até recentemente, o sistema educacional americano enfatizava os elementos comuns da cultura, história e sociedade americanas. Os alunos aprendiam como os colonizadores europeus superaram grandes dificuldades, prosperaram e unificaram a nação com base em elementos raciais e étnicos distintos. Os currículos das escolas geralmente negligenciavam as contribuições dos não-brancos e não-europeus para o desenvolvimento histórico, literário, artístico e científico. Além disso, os alunos aprendiam muito pouco sobre os aspectos menos palatáveis da história americana, muitos dos quais envolvendo o uso da força para criar uma hierarquia racial estrita que permanece até os dias de hoje, embora de forma diferente. Os livros de história não negavam que os afro-americanos foram escravizados e que a força bruta foi utilizada para tomar territórios dos povos indígenas e dos mexicanos. No entanto, esses livros apresentavam os acontecimentos como se fizessem parte do passado americano e tivessem poucas implicações no presente. A história dos Estados Unidos era apresentada como uma história de progresso que envolvia a *eliminação* dos privilégios raciais.

Embora o Brasil não tenha apresentado taxas de imigração semelhantes às de países como Israel, Canadá, Austrália e Estados Unidos, tais questões têm se destacado no cenário nacional. No final do século XIX, uma das principais preocupações dos intelectuais e políticos brasileiros era a miscigenação. Naquele momento, acreditava-se que a miscigenação degenerava o povo, o que tornava impossível a construção de uma nação com identidade cultural definida. Essa concepção passará por uma transformação no decorrer do século XX, quando a miscigenação passará a ser vista como elemento distintivo e positivo de nossa identidade cultural e nacional. É por essa razão que se diz que as questões raciais constituíram o pano de fundo do desenvolvimento das ciências sociais no Brasil. Esse tema será tratado no Capítulo 7, "Raça e Etnicidade". O que queremos destacar aqui são as mudanças promovidas nos últimos anos com relação ao "lugar" e à visibilidade dos diferentes grupos raciais e étnicos na sociedade brasileira. Um exemplo concreto da mudança no discurso oficial e nas políticas públicas foi a provação da Lei n. 10.639, de 9 de janeiro de 2003, que incluiu no currículo da rede de ensino, pública e particular, a obrigatoriedade da temática "História e Cultura Afro-Brasileira". Assim como tem ocorrido em outras partes do mundo, uma nova versão da história nacional está sendo construída a fim de atender às demandas políticas de afirmação da diversidade cultural.

Multiculturalismo

Nas últimas décadas, os defensores do **multiculturalismo** têm argumentado que os currículos das escolas e das universidades deveriam apresentar uma visão mais equilibrada da história, da cultura e da sociedade de diversos países — uma visão que reflita melhor a diversidade étnica e racial do passado, assim como a diversidade crescente dos dias de hoje (Ball, Berkowitz e Mzamane, 1998). Uma abordagem multicultural para a educação enfatiza os empreendimentos de grupos minoritários em suas sociedades. Ela também enfatiza como se deu o domínio dos grupos majoritários sobre os minoritários. Além disso, ressalta o processo pelo qual a dominação racial gerou desigualdades sociais persistentes e encoraja o uso de línguas e dialetos locais nas escolas de populações minoritárias.

A maioria dos críticos do multiculturalismo não argumenta contra o ensino da diversidade cultural. O que eles receiam é que, em alguns países, o multiculturalismo possa estar sendo levado longe demais (Glazer, 1997; Schlesinger, 1991; Stotsky, 1999). Em especial, argumentam que o multiculturalismo apresenta três conseqüências negativas:

1. Os críticos acreditam que a educação multicultural prejudica os alunos de grupos minoritários à medida que os força a gastar muito tempo com assuntos não-centrais. Para se destacar no mundo, os críticos argumentam, os alunos precisam de habilidades em matérias como a língua oficial do país e matemática. Ao desviar dessas disciplinas, a educação multicultural impediria o sucesso de membros de grupos minoritátios no mercado de trabalho. (Os multiculturalistas argumentam que alunos de grupos minoritários desenvolvem orgulho e auto-estima se aplicados currículos que enfatizem a diversidade cultural. Isso ajudaria tais alunos a ter sucesso no mercado de trabalho.)
2. Os críticos também acreditam que a educação multicultural provoca desunião política, o que resulta em mais conflitos interétnicos e inter-raciais. Assim, eles desejam que as escolas e universidades enfatizem os elementos comuns das culturas nacionais. (Os multiculturalistas respondem a essa crítica afirmando que a unidade política e a harmonia interétnica e inter-racial simplesmente mantêm as desigualdades. Eles argumentam que o conflito, embora penoso, é necessário para se alcançar a igualdade entre grupos majoritários e minoritários.)
3. Finalmente, os críticos do multiculturalismo reclamam que ele encoraja o crescimento do **relativismo cultural**. O relativismo cultural é o oposto do etnocentrismo. Refere-se à crença de que todas as culturas e todas as práticas culturais têm o mesmo valor. O problema dessa visão é que uma cultura particular pode se opor aos valores de outra. E muitas culturas promovem práticas que a maioria de nós considera desumana. Será que deveríamos respeitar culturas racistas e antidemocráticas, como o regime do *apartheid* que existiu na África do Sul entre 1948 e 1992? E quanto à circuncisão feminina, ainda praticada em larga escala em países como a Somália, o Sudão e o Egito (ver Quadro 3.1)? O que dizer da prática aborígine australiana de espetar lanças nos membros de criminosos (Garkawe, 1995)? Os críticos argumentam que, ao promover o relativismo cultural, o multiculturalismo encoraja o respeito a práticas que parecem abomináveis para muitos povos. (Os multiculturalistas respondem que o relativismo cultural não precisa ser tomado de maneira tão extrema. Um relativismo cultural *moderado* encoraja a tolerância, e isso deveria ser promovido.)

O multiculturalismo é uma questão complexa e emocional que requer muito mais pesquisa e debates. Porém, acreditamos que vale a pena introduzi-lo aqui porque nos permite vislumbrar algumas questões importantes sobre o estado atual da cultura brasileira e, mais geralmente, como a cultura mundial se desenvolveu desde o tempo em que nossos ancestrais remotos viviam em tribos. Durante muito tempo, a partir do início do século XX, o ideal brasileiro era o de se criar uma nova cultura a partir de muitas — o chamado "cadinho cultural". Hoje, muitas pessoas e grupos sociais têm percebido a influência crescente de uma perspectiva, o multiculturalismo, que enfatiza justamente o oposto: a criação de muitas culturas a partir de uma. Essa é uma tendência mundial que tem ocorrido à medida que as culturas têm se tornado mais heterogêneas.

■ Quadro 3.1: Política Social: O que Você Acha? Mutilação Genital Feminina: Relativismo Cultural ou Etnocentrismo?

A Organização Mundial da Saúde (OMS) define mutilação genital feminina como "todos os procedimentos envolvendo a remoção total ou parcial da genitália externa feminina, ou outros ferimentos aos órgãos genitais femininos, por razões culturais ou outras razões não-terapêuticas" (World Health Organization, 2001). Tais procedimentos são geralmente realizados por mulheres idosas e sem treinamento médico.

A mutilação genital feminina resulta em dor, humilhação, trauma psicológico e perda do prazer sexual. Em curto prazo, está associada a infecções, choque, danos a órgãos vizinhos e sangramento intenso. Efeitos a longo prazo incluem infertilidade, infecções crônicas nos aparelhos urinário e reprodutivo e maior suscetibilidade a doenças como hepatite B e HIV/Aids.

Embora freqüentemente associada ao Islã (o conjunto dos países muçulmanos), a mutilação genital feminina é rara em muitos países de maioria muçulmana. Trata-se de um costume social, não de uma prática religiosa. É quase universal na Somália, no Djibuti e no Egito, e comum em outras partes da África. Mais de 132 milhões de meninas e mulheres no mundo inteiro submeteram-se à mutilação genital feminina. A cada ano, cerca de dois milhões de meninas encontram-se sob risco de submeter-se a ela (Ahmad, 2000; World Health Organization, 2001).

A mutilação genital feminina é geralmente desempenhada como um rito de passagem em meninas entre as idades de 4 e 14 anos. Em algumas culturas, as pessoas acreditam que ela aumenta a fertilidade feminina. Além disso, presumem que as mulheres são naturalmente "sujas" e "masculinas" quando possuem um vestígio do órgão sexual "masculino", o clitóris. A partir desse ponto de vista, as mulheres que não se submeteram à mutilação genital tendem a demonstrar níveis de interesse e atividade sexuais "masculinos". Elas seriam menos propensas a permanecer virgens antes do casamento e fiéis após ele. Sendo assim, algumas pessoas acreditam que a mutilação genital feminina diminui ou erradica a excitação sexual nas mulheres.

Uma reação possível à mutilação genital feminina é a "perspectiva dos direitos humanos". De acordo com essa perspectiva, a prática é apenas uma manifestação da opressão de gênero e da violência que as mulheres experimentam nas sociedades do mundo inteiro. As Nações Unidas, que adotaram tal perspectiva, definem a mutilação genital feminina como uma forma de violência contra as mulheres. A perspectiva dos direitos humanos também tem se refletido em um número crescente de acordos internacionais, regionais e nacionais para que os governos previnam as mutilações, forneçam assistência a mulheres que se encontram sob o risco de serem submetidas e estabeleçam punições para as pessoas que operem a mutilação genital feminina. Nos Estados Unidos, por exemplo, a punição para quem realiza a mutilação genital feminina pode chegar a cinco anos de prisão. A lei enfatiza que "a crença (...) de que a operação é necessária como uma questão de costume ou de ritual" é irrelevante para a determinação da sua ilegalidade (U.S. Code, 1998).

Uma outra perspectiva em relação à mutilação genital feminina é aquela defendida pelos relativistas culturais. Eles argumentam que a perspectiva dos direitos humanos é etnocêntrica. Os relativistas culturais percebem as intervenções que interferem nessa prática como pouco mais que ataques neo-imperialistas às culturas africanas. De acordo com a perspectiva defendida por eles, qualquer discurso sobre "direitos humanos universais" nega a soberania cultural de povos menos poderosos. Além disso, a oposição à mutilação genital feminina compromete a tolerância e o multiculturalismo e promove atitudes racistas. Sendo assim, os relativistas culturais argumentam que deveríamos defender o direito de outras culturas de praticar a mutilação genital feminina, mesmo que a percebamos como destrutiva, sem sentido, opressiva e repugnante. Deveríamos respeitar o fato de que outras culturas percebem a mutilação genital feminina como significativa e funcionalmente útil.

Qual dessas perspectivas você acha mais defensável? Você acredita que certos princípios de decência humana transcendem os contextos particulares de qualquer cultura específica? Se sim, quais são esses princípios? Se você não acredita na existência de qualquer princípio universal de decência humana, então qualquer coisa é aceitável? Você concordaria, por exemplo, que o genocídio é aceitável no caso de a maioria das pessoas de uma sociedade defendê-lo? Ou existem limites para nosso relativismo cultural? Em um mundo no qual princípios supostamente universais entram em choque com princípios de culturas particulares, onde você delimitaria as fronteiras?

A Revolução dos Direitos

Subjacente à diversificação cultural, temos a **revolução dos direitos**, processo pelo qual os grupos socialmente excluídos têm lutado para adquirir direitos iguais perante a lei e na prática. Após a explosão do nacionalismo, do racismo e dos comportamentos genocidas entre os combatentes da Segunda Guerra Mundial, as Nações Unidas proclamaram a Declaração Universal dos Direitos Humanos em 1948. Sua introdução afirma:

> *Considerando que o reconhecimento da dignidade inerente a todos os membros da família humana e dos seus direitos iguais e inalienáveis constitui o fundamento da liberdade, da justiça e da paz no mundo (...) A Assembléia Geral proclama a presente Declaração Universal dos Direitos Humanos como ideal comum a atingir por todos os povos e todas as nações, a fim de que todos os indivíduos e todos os órgãos da sociedade, tendo-a constantemente no espírito, se esforcem, pelo ensino e pela educação, por desenvolver o respeito desses direitos e liberdades e por promover, por medidas progressivas de ordem nacional e internacional o seu reconhecimento e a sua aplicação universais e efetivos (...).* (Nações Unidas, 2004)

Inflamada por tal sentimento, a revolução dos direitos já estava a todo vapor nos anos de 1960. Hoje em dia, os direitos da mulher, das minorias, de gays e lésbicas, de pessoas com necessidades especiais, direitos constitucionais, direitos de linguagem etc., são parte integrante de nossos discursos políticos. Devido à revolução dos direitos, a democracia foi expandida e aprofundada (ver Capítulo 10, "Política"). A revolução dos direitos não terminou. Muitas categorias de pessoas ainda são social, política e economicamente discriminadas. No entanto, em muitas partes do mundo, todas as categorias de pessoas agora, mais do que nunca, participam mais efetivamente da vida de suas sociedades (Ignatieff, 2000).

A revolução dos direitos coloca algumas questões difíceis de serem respondidas. Por exemplo, alguns membros de determinados grupos que sofreram, historicamente, alto grau de discriminação — tal como os povos indígenas brasileiros e os afro-descendentes — têm demandado reparações sob a forma de sistemas de cotas, gestos simbólicos e terras (ver o Capítulo 7, "Raça e Etnicidade"). Existe muita controvérsia em torno da questão de saber em que medida os cidadãos de hoje são obrigados a compensar injustiças do passado.

Apesar desses problemas, a revolução dos direitos chegou para ficar e afeta muito nossa cultura. Especificamente, a revolução dos direitos tem fragmentado as culturas nacionais por meio (1) da legitimação das queixas de grupos que foram excluídos de uma participação efetiva na vida social e (2) da renovação do orgulho de sua identidade e de suas heranças culturais. Nossos livros de história, nossa literatura, nossa música, o uso de nossas línguas, assim como o próprio sentido do que significa ser brasileiro, têm se diversificado culturalmente. Homens brancos de origem européia, heterossexuais e donos dos meios de produção ainda influenciam a vida no Brasil de maneira desproporcional em relação ao outros grupos, mas nossa cultura não é mais dominada por eles da mesma forma que o era há apenas 30 anos.

Da Diversidade à Globalização

Nas sociedades tribais pré-letradas, as crenças e práticas culturais são quase as mesmas para todos os membros. Por exemplo, muitas sociedades tribais organizam **ritos de passagem**. Essas cerimônias culturais marcam a transição de um estágio da vida para outro (batizado, primeira comunhão, casamento etc.) ou da vida para a morte (funerais etc.). Elas envolvem procedimentos elaborados, como a pintura corporal e movimentos e cantos cuidadosamente observados. São conduzidas em público e não são permitidas variações em relação à prática prescrita. A cultura é homogênea (Durkheim, 1976 [1915]).

Em contraste, a Europa Ocidental e a América do Norte pré-industriais foram abaladas por forças artísticas, científicas, religiosas e políticas que fragmentaram a cultura. Movimentos como o Renascimento, a Reforma Protestante, a Revolução Científica e as Revoluções Francesa e Americana — entre os séculos XIV e XVIII — envolveram o questionamento de formas tradicionais de se fazer e de se perceber as coisas. A ciência trouxe o ceticismo em relação às formas de autoridade estabelecidas como a própria essência de seu método. A revolução política provou que não havia nada predeterminado sobre quem ou como governar. A dissidência religiosa assegurou que a Igreja Católica não mais seria o intérprete supremo de Deus para os cristãos. A autoridade e a verdade ficaram divididas como jamais o foram.

A fragmentação cultural ganhou força durante a industrialização, à medida que aumentou o número de ocupações profissionais e se cristalizaram os novos movimentos políticos e intelectuais. O ritmo dessa fragmentação está aumentando na era pós-industrial como resultado da globalização. Globalização é o processo por meio do qual economias, estados e culturas previamente separados estão se relacionando, e as pessoas estão ficando cada vez mais conscientes de sua interdependência.

A globalização tem muitas raízes. O comércio e os investimentos internacionais estão se expandindo. Hoje é possível comprar melões do Rio Grande do Norte em cidades como Londres, Paris, Toronto e Nova York. Empresas "americanas" como o McDonald's agora geram mais de 60% de seus lucros fora dos Estados Unidos, e espera-se que suas operações internacionais aumentem cerca de quatro vezes mais do que as operações internas (Commins, 1997). Ao mesmo tempo, membros de grupos raciais e étnicos distintos estão emigrando e estabelecendo contatos freqüentes entre si. Um número crescente de pessoas namora e se casa com pessoas de outras denominações raciais, étnicas e religiosas. O número de organizações "transnacionais", como o Fundo Monetário Internacional, o Banco Mundial, a União Européia, o Mercosul, o Greenpeace e a Anistia Internacional, tem se multiplicado. Meios de comunicação e de transportes relativamente baratos tornam rotineiros os contatos entre pessoas de culturas distintas. Os meios de comunicação de massa tornam programas como *Big Brother* ou *No Limite* tão conhecidos em Varsóvia quanto em Manaus. A MTV difunde o rock pelo mundo via MTV Latino, MTV Brasil, MTV Europa, MTV Ásia, MTV Japão, MTV Mandarim e MTV Índia (Hanke, 1998). Em resumo, a globalização tem colocado um fim ao isolamento político, econômico e cultural, reunindo as pessoas naquilo que o analista de mídia canadense Marshall McLuhan (1964) chamou de "aldeia global". Como resultado da globalização, as pessoas têm se tornado menos coagidas a aceitar a cultura na qual nasceram e mais livres para combinar elementos culturais de uma variedade de períodos históricos e de localizações geográficas. Globalização é um menino em Bombaim, na Índia, ouvindo Bob Marley em seu aparelho de MP3, enquanto se apressa para vestir sua calça Levi's, engolir uma tigela de cornflakes da Kellogg's e se despedir dos pais em hindi porque está atrasado para a escola na qual tem aulas em inglês.

A Ascensão do Inglês e o Declínio das Línguas Indígenas

Um bom indicador da influência e do alcance da globalização é a difusão da língua inglesa desde 1600. Em 1600, o inglês era a língua materna de 4 a 7 milhões de pessoas. Nem mesmo todos os habitantes da Inglaterra falavam inglês. Hoje, entre 750 milhões a 1 bilhão de pessoas fala inglês no mundo todo — mais da metade delas como uma segunda língua (Figura 3.3). Com exceção das diversas variedades de chinês, o inglês é a língua mais difundida da Terra. Mais de metade dos periódicos científicos e técnicos do mundo é escrita na língua inglesa, assim como cerca de três quartos das cartas, fax, telegramas e dados não-numéricos das memórias dos computadores no mundo inteiro. O inglês é a língua oficial dos Jogos Olímpicos, do concurso de Miss Universo, da navegação marítima e aérea e do Conselho Mundial das Igrejas.

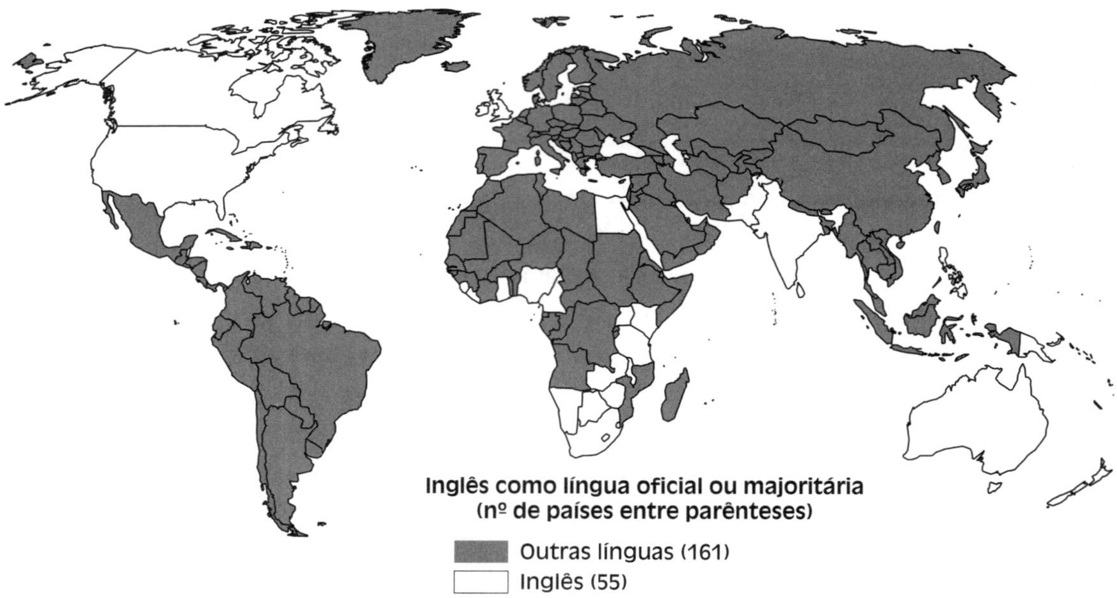

● **Figura 3.3** O inglês como língua oficial ou majoritária

O inglês é dominante porque o Reino Unido e os Estados Unidos têm sido os países mais poderosos e influentes nos últimos 200 anos — seja do ponto de vista econômico e militar, seja do ponto de vista cultural. (Alguém já definiu "língua" como um dialeto sustentado por um exército.) Em décadas recentes, a expansão mundial do capitalismo, a popularidade dos filmes de Hollywood e dos programas de TV americanos, assim como a comunicação instantânea via telefone e internet, aumentaram o alcance da língua inglesa (Figura 3.4.). Mais pessoas falam um inglês impecável na Índia do que no Reino Unido e, quando uma construtora de capital alemão, francês e italiano desenvolve um projeto de construção na Espanha, a língua da negociação é o inglês (McCrum, Cran e MacNeil, 1992).

Mesmo no Brasil, onde relativamente poucas pessoas falam inglês, palavras desse idioma são usadas com freqüência. Palavras em português traduzidas de maneira duvidosa para o inglês (e vice-versa) tornam-se populares. Termos tirados da informática são particularmente abundantes:

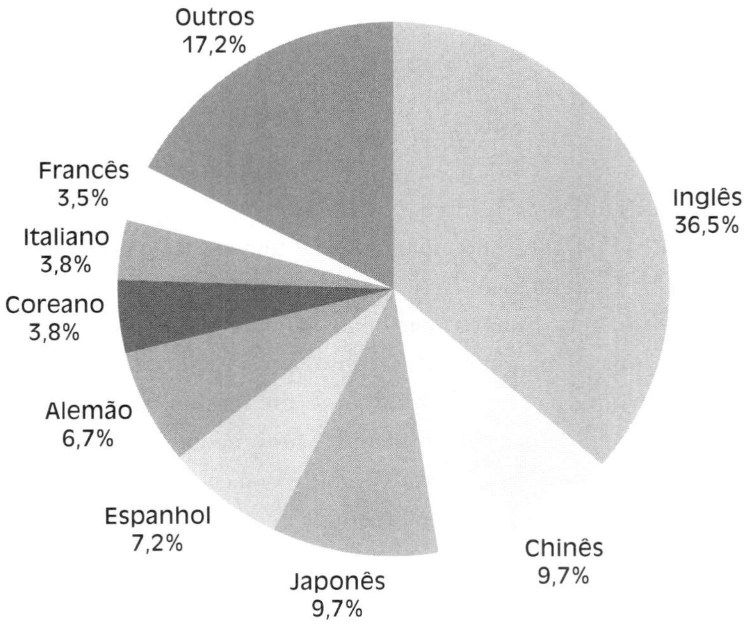

Figura 3.4 Uso da internet por grupo lingüístico, setembro de 2004

deletar, *fazer um download* etc. Outros termos são comuns entre grupos de adolescentes e adultos jovens: *craudear* (de *crowd*, multidão), *fashion* (de moda), *realizar* (usado no sentido de *realize*, dar-se conta), *hype* (termo usado para pessoas viciadas em drogas, mas utilizado no sentido figurado, significando algo irresistível ou fora do normal, uma "febre").

Devido ao uso extensivo do inglês no mundo todo, alguns grupos e organizações têm buscado resistir às pressões da globalização — como é o caso do governo francês que, em 1994, regulamentou o uso de palavras estrangeiras no país, ou dos Ministérios da Saúde e da Educação do Japão, que baniram o uso excessivo do inglês em documentos oficiais. Em 1999, o então deputado federal, Aldo Rebelo, apresentou ao Congresso Nacional um projeto de lei que visava regulamentar o uso de palavras estrangeiras no Brasil. A proposta, que tramita na Câmara dos Deputados, propõe a melhoria do ensino do português nas escolas públicas, o uso obrigatório do português em locais de trabalho, nos meios de comunicação de massa e na publicidade. A proposta enfatiza ainda o uso de traduções ou versões em português para termos de outros idiomas e o estabelecimento de multas para quem descumprir as resoluções, com base em atentado contra o patrimônio cultural nacional. Também foi criado, em 2000, o Movimento Nacional de Defesa da Língua Portuguesa, que propõe, entre outras coisas, divulgar e debater o projeto de lei do deputado Aldo Rebelo e reclamar da abolição dos acentos em endereços da internet nas páginas brasileiras (Movimento Nacional em Defesa da Língua Portuguesa, 2000).

Para o dramaturgo, romancista e professor de estética Ariano Suassuna, que usa muitos de seus textos, "aulas-espetáculo" e entrevistas para fazer uma defesa inflamada e divertida da cultura nacional, a principal questão por trás da luta em defesa do português refere-se justamente à nossa identidade cultural. Para Suassuna, não se trata de "isolar o português, que, como acontece com qualquer outra língua, se enriquece com as palavras e expressões das outras. Mas elas devem ser adaptadas à forma e ao espírito do idioma que as acolhe. Somente assim é que deixam de ser mostrengos que nos desfiguram e se transformam em incorporações que nos enriquecem" (Suassuna, 2000). Grande parte dos críticos dessas iniciativas tende a concordar que é necessário evitar "exageros", mas questionam a constitucionalidade de projetos como o apresentado pelo ex-deputado Aldo Rebelo. Como afirma o lingüista John Robert Schmitz (2000), não é possível impedir os exageros por decretos legais.

Enquanto isso, alguns milhares de línguas e dialetos estão desaparecendo da face da Terra devido à influência do inglês, do francês, do espanhol e das línguas de algumas outras nações colonizadoras. As línguas em extinção incluem aquelas faladas pelas tribos de Papua Nova Guiné, pelos povos nativos das Américas, pelas minorias nacionais e tribais da Ásia, da África e da Oceania, assim como pelos povos europeus marginalizados, como os irlandeses e os bascos. A Sociedade Lingüística da América estima que as cerca de 5 mil ou 6 mil línguas faladas hoje no mundo serão reduzidas para 1 mil ou 3 mil dentro de um século. Muito da cultura de um povo — suas preces, seu humor, seus estilos de conversação, seu vocabulário técnico e seus mitos — é expressa por meio da linguagem. Sendo assim, o desaparecimento da linguagem resulta no desaparecimento da tradição e talvez até da identidade. Essas coisas são freqüentemente substituídas pelas tradições e pela identidade da potência colonial, sendo que a televisão desempenha um papel importante nessa transformação (Woodbury, 2003).

Pós-Modernismo

Alguns sociólogos argumentam que houve tanta fragmentação e reconfiguração cultural nas últimas décadas que um novo termo é necessário para caracterizar a cultura do nosso tempo: **pós-modernismo**. Os acadêmicos caracterizam a segunda metade do século XIX e a primeira metade do século XX como a era da modernidade. Durante esse período, muito da cultura ocidental se caracterizou pela crença na inevitabilidade do progresso, pelo respeito à autoridade e pelo consenso em relação a valores centrais. Contrastando com isso, a cultura pós-moderna envolve uma mistura eclética de elementos de diferentes épocas e lugares, a erosão da autoridade e o declínio do consenso em relação a valores centrais. Consideremos cada um desses aspectos.

Uma mistura eclética de elementos de diferentes épocas e lugares. Na era pós-moderna, é mais fácil criar sistemas de crenças e de práticas individuais ao se misturar aspectos de diferentes culturas e períodos históricos. Consideremos a religião. Nos Estados Unidos, nos dias de hoje, as pessoas dispõem de muitas outras maneiras de cultuar do que no passado. A última edição da *Encyclopedia of American Religions* (Enciclopédia das Religiões Americanas) relaciona mais de 2.100 grupos religiosos e se pode construir uma religião personalizada envolvendo, por exemplo, a crença na divindade de Jesus *e* a ioga (Melton, 1996 [1978]). Nas palavras de um jornalista: "em uma era na qual nos sentimos confiantes para combinar nossos próprios investimentos e terapias de câncer, por que não nossas crenças religiosas?" (Creedon, 1998). Além disso, as crenças e práticas religiosas não derivam apenas de fontes tradicionais. Mesmo aqueles cristãos que acreditam que a Bíblia é a palavra literal de Deus freqüentemente suplementam crenças e práticas judaico-cristãs com idéias menos convencionais da astrologia, poderes psíquicos e comunicação com os mortos.

Esse parece ser o caso de algumas igrejas neopentecostais no Brasil, que acreditam na possessão de espíritos oriundos da umbanda e na eficácia de determinados elementos mágicos, como a cura pelas mãos, exorcismos etc. (Novaes, 2004). Também é interessante refletir sobre as igrejas virtuais que têm proliferado na internet, como é o caso da Igreja Virtual Presbiteriana e da IgrejaVirtual Evangélica Brasileira, que oferecem a *conversão on-line* (Igreja Virtual Evangélica, 2004). De maneira geral, tais iniciativas apontam para a presença crescente do marketing nas diversas instituições religiosas, que reconhecem a necessidade de atender desejos e necessidades dos consumidores potenciais da religião (Patriota, 2003). Dessa forma, os indivíduos podem escolher suas religiões de maneira muito semelhante à que escolhem mercadorias em uma loja: "O consumidor religioso escolhe uma e até mais de uma experiência mística, ou solução espiritual, ou serviço religioso dentre uma grande variedade de propostas provocantemente expostas no 'supermercado espiritual'" (Pierucci 1997: 112). Pratica-se, hoje, a religião *à la carte*, já que as igrejas, sinagogas e outras instituições religiosas têm diversificados seus *menus* para ter maior apelo às necessidades espirituais, sociais e de lazer dos consumidores religiosos. Isso também possibilita que elas mantenham a lealdade de seus fiéis em um mercado religioso cada vez mais competitivo (Finke e Stark, 1992).

A mistura de padrões que podemos perceber em relação à religião difere do simples sincretismo, tradicional no Brasil, na medida em que o ecletismo contemporâneo se vale de elementos novos, como os meios de comunicação de massa, a música pop etc. Além disso, o ecletismo é evidente em todas as esferas da cultura e não apenas na religião. Os puristas podem franzir o cenho para essas misturas culturais. No entanto, elas podem ter uma conseqüência positiva importante: embora esse não seja necessariamente o caso, as pessoas que se engajam no ecletismo cultural tendem a ser mais tolerantes e abertas em relação a diferenças étnicas, raciais e religiosas.

A erosão da autoridade. Há cerca de 50 anos, as pessoas conferiam muito mais autoridade do que hoje a instituições como a família, as escolas, os governos e a medicina. À medida que as bases sociais da autoridade e do que pode ser considerado como verdade se multiplicaram, ficamos mais sujeitos a desafiá-la. Figuras de autoridade antes amplamente respeitadas, incluindo-se pais, políticos e médicos, passaram a ser menos consideradas por muitas pessoas. Consideremos o caso da medicina no Brasil. A chamada medicina oficial ou tradicional (alopática) teve muito de sua autoridade contestada na medida em que sua "fragilidade" tornou-se mais visível. Em primeiro lugar, as pessoas têm cada vez mais consciência de que a inovação tecnológica envolvida na medicina moderna não se realiza apenas em nome da verdade científica mas também em nome dos grandes interesses, como os da indústria farmacêutica, dos grandes laboratórios de análise etc. (Martins, 2003). Também tem sido considerado que "a extrema especialização médica contribui para aumentar as incertezas do diagnóstico e, por conseguinte, do erros médicos, ampliando, igualmente, os custos do tratamento (pois se necessita com frequência recorrer a diferentes especialistas para se chegar a um diagnóstico que o antigo clínico geral realizava em um bater de pestanas" (Martins, 2003: 32). Essas questões contribuem para aumentar a insatisfação, a frustração e o medo, o que certamente tem influência na autoridade deferida aos médicos e na busca por terapias "alternativas". A ascensão dos tratamentos "alternativos" e o declínio da confiança depositada nos médicos refletem a erosão generalizada da autoridade tradicional.

O declínio do consenso em relação a valores centrais. O declínio do consenso pode ser ilustrado ao se considerar o destino dos Grandes Projetos Históricos (às vezes chamados de Grandes Narrativas). Durante boa parte dos últimos 200 anos, o consenso ao redor do mundo era construído a partir de Grandes Projetos Históricos. Diversos movimentos políticos e sociais convenceram as pessoas de que elas poderiam tomar a história em suas próprias mãos e criar um futuro glorioso por meio da simples adesão a eles. O nazismo alemão foi um Grande Projeto Histórico. Seus seguidores tinham expectativas de que o Reich desfrutaria mil anos de poder. O comunismo foi um

Grande Projeto Histórico ainda maior, tendo mobilizado centenas de milhões de pessoas em busca de um futuro que prometia acabar com as desigualdades e a injustiça para sempre. No entanto, o maior e mais bem-sucedido Grande Projeto Histórico não foi tanto um movimento social, mas uma idéia poderosa — a crença de que o progresso é inevitável e de que a vida sempre melhorará, principalmente como resultado da expansão da democracia e da inovação científica.

O século XX foi cruel com os Grandes Projetos Históricos. O comunismo russo durou 74 anos. O nazismo alemão, meros 12 anos. A idéia de progresso foi desacreditada devido à morte de cem milhões de civis e de soldados em diversas guerras, ao fato de que a marcha em direção à democracia seguiu por desvios em direção ao facismo, ao comunismo e a regimes baseados no fanatismo religioso e à poluição advinda da urbanização e da industrialização, que tem colocado o planeta em risco. Na era pós-moderna, mais pessoas se dão conta de que um aparente progresso, incluindo avanços científicos, freqüentemente tem conseqüências negativas (Scott, 1998). Como o poeta e. e. cummings escreveu: "Nada retrocede como o progresso".

O pós-modernismo tem deixado muitos pais, professores, políticos e líderes religiosos preocupados. Tendo em vista a mistura eclética de elementos culturais de diferentes épocas e lugares, a erosão da autoridade e o declínio do consenso em relação a valores centrais, como podemos tomar decisões? Como podemos governar? Como podemos ensinar a crianças e adolescentes a diferença entre o certo e o errado? Como podemos transmitir gostos literários aceitos e padrões artísticos de uma geração a outra? Tais questões têm incomodado as pessoas em posição de autoridade nos dias de hoje.

Embora suas preocupações sejam legítimas, muitas figuras de autoridade não parecem ter considerado o outro lado da moeda. A condição pós-moderna, conforme descrita aqui, "empodera" pessoas comuns e as torna mais responsáveis em relação aos seus próprios destinos. Ela libera as pessoas para adotar identidades religiosas, étnicas e outras, com as quais se sentem mais confortáveis do que as que lhes são impostas por outras pessoas. Ela torna as pessoas mais tolerantes em relação às diferenças, o que não é pouca coisa em um mundo dividido por conflitos de grupos. E a atitude pós-moderna encoraja um ceticismo saudável em relação a promessas políticas e científicas cor-de-rosa e ingênuas.

Cultura como Coerção

Afirmamos anteriormente que a cultura tem duas faces: uma que chamamos de "liberdade", outra, de "coerção". A diversidade, a globalização, a revolução dos direitos e o pós-modernismo são aspectos das novas formas de liberdade que a cultura nos possibilita nos dias de hoje. Agora examinaremos dois aspectos da cultura que atuam como forças coercitivas em nossas vidas: a racionalização e o consumismo.

Racionalização e Tempo

A valorização positiva da ciência, tecnologia, eficiência e praticicidade levou ao que Max Weber chamou de **racionalização**. A racionalização, no sentido weberiano, significa (1) o uso dos meios mais eficientes para se conseguir determinados objetivos e (2) as conseqüências não pretendidas ou não intentadas que decorrem desse uso. A racionalização é evidente na maneira como o uso do tempo se desenvolveu desde o século XIV.

No século XIV, o aumento da demanda por produtos têxteis na Europa fez com que os donos de teares buscassem formas de aumentar sua produtividade. Para esse fim, eles impuseram jornadas de trabalho mais longas aos empregados. Também adotaram uma nova tecnologia para auxiliá-los na tarefa: os relógios mecânicos. Eles instalaram relógios públicos nas praças das cidades. Os relógios, conhecidos como *Werkglocken* ("relógios de trabalho") em alemão, sinalizavam o início da jornada de trabalho, o horário das refeições e o fim da jornada.

O relógio mecânico fora usado anteriormente para impor horários rígidos nos mosteiros beneditinos (Zerubavel, 1981: 31-40). Os monges adotaram um ritmo diário preciso para as preces. Em contraposição aos monges, no entanto, os trabalhadores alemães resistiram à regimentação de suas vidas. Eles estavam acostumados com muitos feriados e com um horário de trabalho relativamente flexível, regulado apenas de maneira aproximada pelo nascer e pôr-do-sol e pelas estações do ano. O regime estrito imposto pelos relógios de trabalho tornou a vida mais dura. Os trabalhadores organizaram levantes para silenciar os relógios – mas não adiantou. As autoridades se colocaram ao lado dos patrões e impuseram multas para aqueles que ignorassem os *Werkglocken*. Penas mais severas, incluindo a morte, foram impostas para qualquer pessoa que tentasse usar as campainhas dos relógios para sinalizar uma revolta (Thompson, 1967).

Agora, quase 700 anos depois, muitas pessoas ainda são escravas do *Werkglock*. Isso é especialmente verdadeiro para os casais de grandes centros urbanos que trabalham em horário integral no mercado de trabalho, que têm crianças pré-adolescentes e que não dispõem de mão-de-obra para tomar conta delas. Para esses casais, a vida freqüentemente parece uma rotina sem fim: acordar às 6h30 da manhã, fazer que as crianças se arrumem para sair, levá-los à escola em tempo hábil, dirigir para o trabalho no horário do *rush*, enfrentar o aumento da carga de trabalho no emprego em decorrência das demissões em massa recentes, pegar outro longo engarrafamento na volta para casa, levar as crianças para a aula de língua estrangeira, voltar para casa, fazer o jantar e lavar a louça, buscar as crianças, alimentá-las, ajudá-las nas tarefas de casa, colocá-las na cama e (caso não tenham trazido algum trabalho para fazer em casa), "vegetar" por uma hora na frente da televisão antes de "desabar" na cama por seis horas e meia e recomeçar tudo no dia seguinte. A vida pode ser menos agitada para pessoas que vivem em cidades pequenas, pessoas solteiras, casais sem filhos pequenos, pessoas aposentadas ou desempregadas. Mas a vida de muitas pessoas é tão atarefada que o tempo deve ser cuidadosamente regulado e cada momento calculado, de forma que elas possam riscar item por item de suas listas crescentes que precisam ser completadas em tempo hábil (Schor, 1992).

Depois de mais de 600 anos de condicionamento, não é mais comum que as pessoas se rebelem contra o relógio na praça da cidade. Na verdade, hoje usamos um relógio em nossos pulsos sem nem pensar sobre o assunto. Isso significa que aceitamos e internalizamos o regime do *Werkglock*. Permitir que os relógios regulem de maneira precisa nossas atividades parece a coisa mais natural do mundo — o que é um bom indicador de que o *Werkglock* internalizado é, de fato, um produto da cultura.

A regulação precisa do tempo é racional? Ela é certamente racional como forma de assegurar a eficiência. Prestar atenção ao relógio maximiza a quantidade de trabalho que você pode desempenhar em um dia. A regulação do tempo torna possível fazer com que os trens do metrô partam e cheguem no horário, que as aulas na universidade comecem pontualmente e que as reuniões de negócios comecem na hora. Um restaurante no Japão chegou até a instalar um relógio de ponto para os fregueses. O restaurante funciona como um bufê, a 35 ienes por minuto. Como resultado, "os fregueses correm para dentro, marcam seus cartões no relógio, enchem seus pratos no balcão do bufê e se concentram em mastigar e engolir, tentando não desperdiçar nem um minuto falando com os colegas, antes de correr de volta para o relógio e perfurar seus cartões. Essa versão de *fast-food* é tão popular que, enquanto o restaurante se prepara para abrir na hora do almoço, os moradores de Tóquio *fazem fila do lado de fora*" (Gleik, 2000 [1999]: 244; ênfases no original). Ao mesmo tempo, em Nova York e Los Angeles, alguns restaurantes elegantes começaram a entrar no esquema. Um número cada vez maior de empresários encontra-se sob tamanha pressão de tempo que marcam *dois* almoços de meia hora com clientes sucessivos. E os restaurantes favorecem esse arranjo, fazendo com que a arrumação das mesas pareça com "as atividades dos *pit stop* nas pistas de corrida das 500 Milhas de Indianápolis" (Gleick, 2000 [1999]: 155).

Prestar atenção ao relógio é racional em um sentido: assegura o objetivo de se fazer uso da tecnologia para garantir a eficiência e a praticidade. Mas isso é racional como um fim em si mesmo? Para muitas pessoas não é. Elas reclamam que a regulação precisa do tempo tornou-se exagerada. A vida simplesmente tornou-se agitada demais para que muitas das pessoas possam aproveitá-la. Nesse sentido, um *meio racional* (o *Werkglock*) foi aplicado a um *dado fim* (maximização do trabalho), mas levou a um *fim irracional* (uma vida muito agitada).

Essa é, em resumo, a tese de Max Weber sobre o processo de racionalização. Weber argumentou que a racionalidade dos meios invadiu todas as esferas da vida, até mesmo a linguagem, trazendo conseqüências não pretendidas que nos desumanizam e nos coagem (Figura 3.5). Como nosso uso do tempo mostra, a racionalização nos permite fazer quase tudo de maneira mais eficiente, mas a um custo altíssimo. Na visão de Weber, a racionalização é um dos aspectos mais restritivos ou coercitivos da cultura. De acordo com ele, a racionalização torna a vida no mundo moderno semelhante à vida dentro de uma "jaula de ferro".

Outro aspecto coercitivo da cultura que examinaremos é o consumismo. **Consumismo** é a tendência de nos autodefinirmos em termos dos bens e serviços que compramos. Trata-se da forma contemporânea de valorização do progresso material que torna a vida mais fácil.

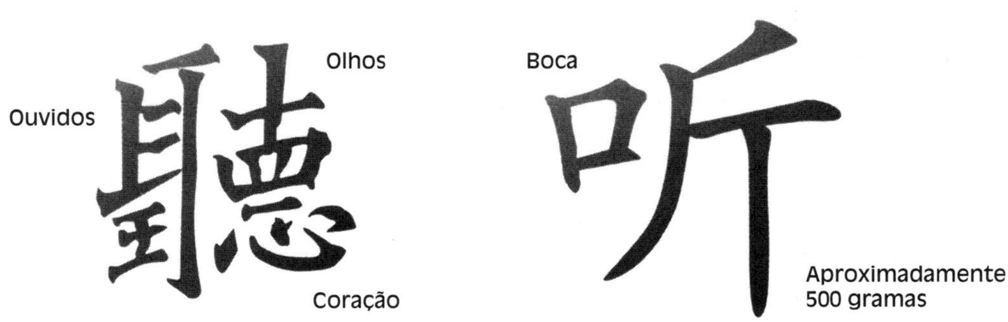

● **Figura 3.5** A racionalização da escrita chinesa
Esta é uma reprodução dos caracteres chineses para "ouvir" (*t'ing*), na escrita chinesa tradicional (esquerda) e na moderna, simplificada (direita). Cada caractere é composto de vários símbolos-palavras. Na escrita clássica, o ato de ouvir é representado como um processo que envolve os olhos, os ouvidos e o coração. Essa representação implica que ouvir requer uma grande empatia e envolve totalmente a pessoa. Já a escrita moderna representa "ouvir" como algo que envolve apenas uma pessoa falando e outra "pesando" a fala. A escrita chinesa moderna foi racionalizada. Será que a empatia se perdeu no processo?

Consumismo

A cadeia de lojas holandesa C&A atua no Brasil há pouco mais de 25 anos e, desde o início dos anos de 1990, tem se destacado na propaganda de varejo. A idéia diretriz das campanhas publicitárias da C&A dos anos de 1990 foi a de combinar moda (antes restrita ao universo das butiques), variedade e preço, destacando-se, assim, de outras concorrentes do ramo. Para isso, a C&A reestruturou suas lojas, suas marcas e, principalmente, suas propagandas.

Suas principais estratégias de marketing consistiram na "reciclagem" de antigos sucessos musicais, que foram transformados em trilhas sonoras de suas propagandas, na criação de cenários sofisticados e arrojados e na inserção de "personagens" que são hoje associados à marca — como é o caso do ator e bailarino mineiro Sebastian, da supermodelo Gisele Bündchen e do cantor Ricky Martin. A grande inovação das campanhas dos anos de 1990 foi introduzir um elemento até então impensável no mundo da propaganda de varejo: um homem negro, ator e bailarino — uma estratégia semelhante foi utilizada pela indústria de cosméticos americana Mac, que contratou um *drag queen* negro para servir de garoto-propaganda da marca, já que ninguém usa mais maquiagem do que os transformistas. Mas foi essa "ousadia" que ajudou a criar um símbolo único e original para a marca, especialmente porque aquela figura "exótica" para os padrões da propaganda de então no Brasil era sustentada por imagens inovadoras e de uma estética muito diferenciada.

Dez anos depois da primeira campanha estrelada por Sebastian, uma empresa de consultoria de marcas foi contratada para desenvolver um estudo de "benefício emocional" para as novas campanhas da C&A (Troiano, 2000), — isto é, desenvolver uma nova imagem com a qual os consumidores se identificassem e que não se resumiria aos estilos de confecção e aos preços. De acordo com o relatório da empresa,

> *O problema enfrentado pela C&A nos últimos anos era como potencializar a presença do seu "quase eterno" porta-voz/garoto-propaganda Sebastian, com uma companhia feminina que agregasse* ***muito valor*** *aos trabalhos de comunicação e, com isto, fortalecesse esse vetor emocional, como vantagem competitiva (...). Por uma série de razões, os estudos apontaram para a superioridade indiscutível de Gisele Bündchen e sua capacidade de fortalecer em muito o poder de atração da marca C&A, incentivando padrões de lealdade dos atuais consumidores e atraindo novos. O impacto desta mudança na comunicação de marketing da C&A foi muito grande. Os resultados de vendas foram surpreendentes e a marca C&A deu um salto em relação à sua concorrência.* (Troiano, 2000; ênfases no original)

Uma característica das propagandas da C&A é que os produtos e seus preços aparecem rapidamente, numa sucessão de imagens que enfatiza muito mais o estilo de vida e o comportamento dos personagens do que os produtos. Em outras palavras, o desequilíbrio entre as informações sobre os produtos e os valores veiculados a partir dos personagens sugere que os criadores das propagandas da C&A compreenderam que são realmente tais valores, resumidos na idéia de "benefícios emocionais", que vendem os produtos. Tanto Sebastian quanto Gisele Bündchen e Rick Martin simbolizam ideais como sucesso, conquista, juventude, simpatia, sensualidade e beleza. Copiar seus padrões de conduta traz para os consumidores a percepção de reconhecimento e de valor social que, de outra forma, eles precisariam se esforçar muito para conquistar.

Dado que a propaganda estimula as vendas, as empresas gastam cada vez mais tempo e dinheiro com ela. Porque a propaganda é muito difundida e a maioria das pessoas a aceitam como parte de suas vidas. De fato, muitas pessoas parecem ter se transformado em propagandas ambulantes. Elas desfilam orgulhosamente as etiquetas de suas roupas e acessórios como símbolos de *status* e de identidade. Os publicitários nos ensinam a associar as palavras Gucci e Nike com tipos diferentes de pessoas e, quando elas mostram essas marcas em suas roupas, estão nos dizendo algo acerca do tipo de pessoas que são. A propaganda torna-se, assim, parte de quem somos.

O processo de racionalização, quando aplicado à produção de bens e serviços, nos permite produzir com maior eficiência e ter mais coisas do que nossos pais tiveram. Mas é o consumismo, a tendência a nos definirmos em termos dos produtos que compramos, que assegura que todos os bens que produzimos serão comprados. Claro que temos muitas escolhas. Podemos escolher a partir de dúzias de modelos diferentes de tênis, carros, pasta de dentes e tudo o mais. Também podemos escolher comprar aqueles produtos que ajudam a nos identificar como membros de uma **subcultura** particular, ou seja, como adeptos de um conjunto de valores, normas e práticas distintos dentro de uma cultura mais ampla. Mas, independentemente dos gostos e das inclinações individuais, praticamente todos nós temos uma coisa em comum: tendemos a ser bons consumidores. Somos motivados pela publicidade, que se baseia na intuição bastante acurada de que as pessoas se considerarão párias culturais se não seguirem os padrões da moda. Ao criar tais padrões, os publicitários nos induzem a comprar, mesmo que tenhamos de contrair grandes dívidas para isso (Schor, 1999). É por essa razão que, ao se referir ao estilo de vida consumista dos americanos, o sociólogo francês Jean Baudrillard afirmou que mesmo o que há de melhor na América é compulsório (Baudrillard, 1988 [1986]).

Onde Você se Encaixa?

Se você não gosta de usar roupas cujas etiquetas ou marcas estejam visíveis, o que sua relutância em fazê-lo informa as outras pessoas sobre quem você é? Seus amigos usam as mesmas marcas que você? E as pessoas de quem você não gosta? Você acha razoável concluir que as marcas de roupas são artefatos culturais que aumentam a solidariedade dos grupos sociais, separando-os de outros grupos?

Domando a Revolta Subcultural

Assim como ocorre com a racionalização, o consumismo tem conseqüências não pretendidas negativas (Klein, 2000). Por exemplo, nossa cultura de consumo excessivo gera a degradação do meio ambiente. Além disso, o consumismo é extremamente eficaz em domar expressões de liberdade e individualismo, inclusive atos de dissensão e rebeldia. Isto é, sob o impacto do consumismo, desvios da cultura dominante ou hegemônica freqüentemente perdem seu poder de gerar mudanças. Eles se transformam em meios de se ganhar dinheiro. Um exemplo tirado de uma subcultura do mundo musical ajudará a ilustrar esse ponto.

O Movimento Mangue Beat: *maracatu goes global*

Em 1991, o movimento mangue beat inaugurou um novo cenário musical em Recife quando Chico Science e Jorge Du Peixe criaram uma nova "batida", um novo *beat*: o mangue beat. Trata-se de uma fusão da musicalidade local, o maracatu, o baião, o coco, com a música *pop* européia-americana como o *dub*, o *funk* e o *hip-hop*. O conceito mangue beat, como a própria formação etimológica denota, procura estabelecer um diálogo entre a cultura local e a cultura global difundida pela mídia. Mangue, para dar ênfase à paisagem ambiental e local marginalizada, associada à imagem da pobreza representada pela noção de homem-caranguejo. Essa noção aponta para a semelhança, sugerida pelo pensador Josué de Castro, entre os caranguejos e os habitantes dos mangues nordestinos que se afundam na lama para dela extrair sua subsistência. O outro termo da expressão mangue beat, *beat*, vem do inglês — batida, ritmo —, enfatizando a música como a linguagem que interliga os dois mundos. Esses dois elementos selavam a comunhão entre o local e o global.

A poética mangue beat refletia sobre os problemas urbanos e a miséria popular, sobre o isolamento cultural local face às transformações frenéticas do cenário global evidenciado pelos meios de comunicação de massa. Enfim, criticava a inércia cultural vigente na sociedade pernambucana. A confrontação entre a cultura local e o universo globalizado do ciberespaço tinha como objetivo "expandir os limites da consciência e levar a cultura local para várias partes", para o mundo (Silva, 2004). Em 1992, os líderes do movimento assinaram contrato com a gravadora Sony e lançaram seu primeiro CD: *Da Lama ao Caos*. A partir daí, o grupo periférico, marginal, crítico e irreverente, enraizado na cultura local e antenado com o mundo, perdeu seu *status* de subcultura e tornou-se febre de consumo. Hoje, se formos a um ensaio de um dos grupos de percussão no centro do Recife antigo ou visitarmos um maracatu tradicional dos bairros periféricos, vamos encontrar grupos de japoneses, alemães, franceses e dinamarqueses ávidos por aprender a batida, o *beat* do maracatu, globalizado pela "afrociberdélia" da cena mangue. A estética mangue também pode ser observada na moda, como mostra o filme *Lisbela e o Prisioneiro*, de 2003. Enquanto isso, o questionamento original em relação à marginalização do homem caranguejo ficou relegado a segundo plano. O mangue beat abriu espaço para a inserção das bandas de Recife no mercado nacional, descentralizando-o e possibilitando o surgimento de novos grupos que se distinguem pela forte influência da estética das classes populares. Mas, ao fazê-lo, perdeu parte de seu potencial de crítica social, que se torna sempre secundária quando uma subcultura qualquer se insere na busca pelo lucro que caracteriza a sociedade capitalista e economicamente globalizada.

Resumo

1. **Quais são os principais componentes da cultura e qual é a principal função da cultura?**
   A cultura é composta de vários tipos de idéias (como símbolos, linguagem, valores e crenças), normas de comportamento e objetos materiais feitos pelos seres humanos. A habilidade de criar símbolos, cooperar e fazer ferramentas capacitou os seres humanos a prosperar em seus ambientes.

2. **Que papel a biologia, em oposição à cultura, desempenha na configuração de comportamentos humanos específicos e de arranjos sociais?**
   A biologia estabelece os limites e potenciais amplos do comportamento humano e dos arranjos sociais. No entanto, a maioria dessas variações decorre das forças sociais. Os papéis da biologia e da cultura são ilustrados pelo desenvolvimento das habilidades de linguagem. Somos biologicamente predispostos a desenvolver uma linguagem e a criar padrões

gramáticos de fala. No entanto, o ambiente social dá forma a essas predisposições. Sabemos, por exemplo, que as pessoas nunca podem desenvolver competência lingüística a menos que sejam expostas à linguagem nos primeiros anos de vida. Além disso, nosso uso da linguagem é moldado pela comunidade ou comunidades lingüísticas das quais fazemos parte.

3. **Qual é a perspectiva ideal para se analisar a cultura?**
Podemos perceber melhor os contornos de uma cultura se não estivermos nem muito profundamente imersos nem muito distantes dela. Compreender uma cultura requer evitar tomarmos nossa própria cultura como a única que faz sentido e julgar outras culturas a partir dos padrões da nossa.

4. **O que significa afirmar que a cultura tem "duas faces"?**
Em primeiro lugar, que, sob alguns aspectos, a cultura nos dá oportunidades crescentes de exercitar nossa liberdade. A revolução dos direitos, o multiculturalismo, a globalização e o pós-modernismo refletem essa tendência. Segundo, que, sob outros aspectos, a cultura nos impõe restrições, colocando limites ao que podemos nos tornar. A mudança de valores nas dimensões tradicional/moderna e, a racionalização e a expansão do consumismo refletem essa tendência.

5. **No que consiste o debate sobre multiculturalismo?**
Os defensores do multiculturalismo desejam que os currículos das escolas e das universidades reflitam a diversidade racial e étnica. Também querem que tais currículos enfatizem que todas as culturas têm valor igual. Acreditam que uma educação multicultural promoverá a auto-estima e o sucesso profissional entre os membros de minorias raciais. Os críticos do multiculturalismo receiam que o mesmo resulte em um declínio nos padrões educacionais. Acreditam que uma educação multicultural provocaria a desunião política e conflitos interétnicos e inter-raciais. Também acreditam que o multiculturalismo promove uma forma extrema de relativismo cultural.

6. **O que é a "revolução dos direitos"?**
A revolução dos direitos é o processo pelo qual os grupos socialmente excluídos têm lutado para adquirir direitos iguais perante a lei e na prática. A todo vapor já nos anos de 1960, a revolução dos direitos envolve a promoção dos direitos da mulher, direitos das minorias, direitos de gays e lésbicas, direitos constitucionais e direitos de uso de línguas nativas. A revolução dos direitos fragmenta as culturas nacionais por meio da legitimação das queixas de grupos excluídos de uma participação efetiva na vida social e da renovação do orgulho de sua identidade e herança cultural.

7. **O que a "globalização" da cultura envolve?**
A globalização da cultura resultou do crescimento do comércio e dos investimentos internacionais, das migrações raciais e étnicas, de organizações "transnacionais" influentes e de meios de comunicação e de transportes mais baratos.

8. O que é pós-modernismo?
O pós-modernismo envolve a mistura eclética de elementos de diferentes lugares e épocas, a erosão da autoridade e o declínio do consenso em relação a valores centrais.

9. O que é racionalização?
A racionalização envolve a aplicação dos meios mais eficientes para se alcançar um determinado objetivo, assim como suas conseqüências não pretendidas e negativas. Ela é evidente na regulação crescente do tempo e em muitas outras áreas da vida social.

10. O que é consumismo?
Consumismo é a tendência de nos auto definirmos em termos dos produtos que compramos. O consumo excessivo impõe limites em quem nos tornamos, restringe nossa capacidade de divergir da cultura hegemônica ou dominante e degrada o meio ambiente.

Questões para Reflexão

1. Nós absorvemos cultura, mas também a criamos. Que elementos de cultura você já criou? Que circunstâncias levaram você a fazê-lo? Sua contribuição cultural à sociedade foi estritamente pessoal ou foi compartilhada com outras pessoas? Por quê?
2. Selecione uma prática subcultural que lhe pareça estranha, inexplicável ou irracional. Por meio de entrevistas com membros desse grupo subcultural e da leitura de textos sobre eles, explique como a prática subcultural que você escolheu faz sentido para os membros do grupo.
3. Você acha que as liberdades proporcionadas pela cultura pós-moderna superam as restrições que ela nos impõe? Por quê?

Glossário

Abstração é a capacidade humana de criar idéias gerais ou formas de pensar que não são relativas a exemplos particulares.

Alta cultura é a cultura consumida principalmente pelas classes mais altas.

Consumismo é a tendência de nos autodefinirmos em termos dos bens e serviços que compramos.

Cooperação é a capacidade humana de criar uma vida social complexa por meio do compartilhamento de normas.

Cultura é a soma das práticas, das línguas, dos símbolos, das crenças, dos valores, das ideologias e dos objetos materiais que as pessoas usam para lidar com os problemas da vida real. As culturas possibilitam às pessoas se adaptar e prosperar em seus ambientes.

A **cultura de massas** é transmitida e difundida pelos meios de comunicação de massa e é normalmente associada às sociedades modernas. Tende a ser consumida por todas as classes.

A **cultura material** é composta de ferramentas e técnicas que possibilitam às pessoas desempenharem suas tarefas.

A **cultura não-material** é composta de símbolos, normas e outros elementos não-tangíveis da cultura.

A **cultura popular** é composta de objetos, práticas, valores, concepções etc. normalmente considerados tradicionais. Tende a ser consumida por todas as classes.

Etnocentrismo é a tendência de julgar outras culturas exclusivamente com base nos padrões de nossa própria cultura.

Os ***folkways*** são as normas menos importantes e geram as punições menos severas.

Uma **linguagem** é um sistema de símbolos que se relacionam para que possamos comunicar nossos pensamentos.

Os ***mores*** são normas centrais que a maioria das pessoas acredita serem essenciais para a sobrevivência de seu grupo ou de sua sociedade.

Os defensores do **multiculturalismo** argumentam que os currículos das escolas e universidades deveriam refletir melhor a diversidade étnica e cultural do país e reconhecer a igualdade de todas as culturas.

Normas são maneiras geralmente aceitas de se fazer as coisas.

O **pós-modernismo** caracteriza-se por uma mistura eclética de elementos de diferentes épocas e lugares e pela erosão do consenso e da autoridade.

Produção baseia-se na capacidade humana de fazer e utilizar ferramentas. Ela aumenta nossa capacidade de extrair o que queremos da natureza.

Racionalização é a aplicação dos meios mais eficientes para se conseguir determinados objetivos, assim como as conseqüências não pretendidas e negativas de tal aplicação.

Relativismo cultural é a crença de que todas as culturas têm um valor igual.

A **revolução dos direitos** é o processo pelo qual os grupos socialmente excluídos têm lutado para adquirir direitos iguais perante a lei e na prática desde os anos de 1960.

Ritos de passagem são cerimônias culturais que marcam a transição de um estágio da vida para outro (batizados, primeira comunhão, casamentos) ou da vida para a morte (funerais).

Sanções são recompensas e punições utilizadas para assegurar a conformidade em relação a diretrizes culturais.

Símbolo é qualquer coisa que carregue um sentido particular, incluindo-se os componentes da linguagem, as notações matemáticas e os signos. Os símbolos nos permitem classificar experiências e generalizar a partir delas.

O **sistema de controle social** é a soma das sanções de uma sociedade por meio do qual se assegura a conformidade a diretrizes culturais.

Uma **sociedade** é composta de pessoas que interagem, normalmente em um território definido, e compartilham uma cultura.

Subcultura é um conjunto de valores, normas e práticas distintos, dentro de uma cultura mais ampla.

Os **tabus** estão entre as normas mais estritas. Quando alguém viola um tabu, provoca repulsa na sociedade e a punição é severa.

A **tese de Sapir-Whorf** estabelece que experimentamos certas coisas em nosso ambiente e formamos conceitos acerca delas. Depois, desenvolvemos a linguagem para expressar nossos conceitos. Finalmente, a própria linguagem influencia a maneira como vemos o mundo.

CAPÍTULO 4

Socialização

Neste capítulo, você aprenderá que:

- A visão de que a interação social libera capacidades humanas é apoiada por estudos mostrando que crianças criadas em isolamento não desenvolvem linguagem normal e outras habilidades sociais.
- Ao passo que a influência socializadora da família diminuiu no século XX, cresceu a influência das escolas, dos grupos de colegas e dos meios de comunicação de massa.
- A identidade das pessoas muda mais rápido, com mais freqüência e mais completamente do que há algumas décadas; o *self* tornou-se mais flexível.
- As principais instituições socializadoras freqüentemente ensinam lições contraditórias a crianças e adolescentes, tornando a socialização um processo mais confuso e estressante do que costumava ser.
- A diminuição da supervisão e da orientação dos pais, o aumento da adoção de responsabilidades de adulto por parte dos jovens e o declínio da participação em atividades extracurriculares estão transformando a natureza da infância e da adolescência nos dias de hoje.

O Isolamento Social e a Cristalização da Identidade de *Self*

Em 1800, um menino aparentando 10 ou 11 anos surgiu do meio de um bosque no Sul da França. Ele estava sujo, nu, era incapaz de falar e não aprendera a usar o sanitário. Levado pela polícia para um orfanato local, o menino tentou fugir várias vezes e se recusava a usar roupas. Nenhum pai ou mãe jamais o procurou. Tornou-se conhecido como "o menino selvagem de Aveyron". Um exame médico completo não encontrou quaisquer anormalidades físicas ou mentais importantes. Por que, então, o menino parecia mais animal que humano? Porque, até sair do bosque, ele crescera isolado de outros seres humanos (Shattuck, 1980).

Outros relatos dramáticos levaram à mesma conclusão. Ocasionalmente, uma criança é encontrada presa em um sótão ou em um porão, no qual tinha contato com outras pessoas por apenas pequenos períodos diários, para receber alimento. À semelhança do menino de Aveyron, tais crianças raramente se desenvolvem de maneira normal. Em geral, não se interessam por brincadeiras, não podem construir relações sociais íntimas com outras pessoas e desenvolvem apenas as habilidades mais básicas da linguagem.

Algumas dessas crianças podem sofrer de inteligência subnormal congênita. Não se sabe ao certo quanto e que tipo de contato social tiveram antes de serem descobertas. Algumas podem ter sido maltratadas; portanto, sua situação pode não ser, de fato, resultante do isolamento social. Entretanto, esses exemplos sugerem que nossa capacidade de aprender cultura e de nos tornarmos humanos é apenas potencial. Para que ocorra, a **socialização** deve liberar esse potencial humano. Socialização é o processo pelo qual as pessoas aprendem a sua cultura. Elas o fazem (1) adotando e abandonando uma série de papéis e (2) tornando-se conscientes de si próprias enquanto interagem com outros. Um **papel** é o comportamento esperado de uma pessoa que ocupa uma determinada posição na sociedade.

Evidências convincentes da importância da socialização em liberar as potencialidades humanas foram apresentadas por um estudo conduzido por René Spitz (Spitz, 1945; 1962). Spitz comparou crianças que estavam sendo criadas em um orfanato com outras que, por razões médicas, estavam sendo criadas em uma enfermaria. As duas instituições eram higiênicas e forneciam boa alimentação e cuidados médicos. Entretanto, as mães das crianças cuidavam delas na enfermaria, ao passo que apenas seis enfermeiras tomavam conta dos 45 órfãos na outra instituição. Os órfãos, portanto, tinham muito menos contato com outras pessoas. Além disso, as crianças da enfermaria podiam apreciar parte da sociedade de seus berços: elas viam outras crianças brincando e recebendo atenção, viam mães, médicos e enfermeiras conversando, limpando, servindo alimentos e prestando atendimento médico. Em contraste, as enfermeiras no orfanato colocavam cortinas nos berços das crianças para evitar que elas vissem as atividades da instituição. Ao privar as crianças de estímulos sociais pela maior parte do dia, elas aparentemente ficaram menos exigentes.

A privação social também teve outros efeitos. Devido aos dois padrões de cuidados previamente descritos, em torno de 9 a 12 meses de idade, os órfãos eram mais suscetíveis a doenças infecciosas e apresentavam uma taxa de mortalidade maior do que a das crianças da enfermaria. Quando chegavam à idade de dois a três anos, todas as crianças da enfermaria estavam andando e falando, comparados com menos de 8% dos órfãos. Crianças normais começam a explorar a genitália ao fim do primeiro ano de idade. Spitz descobriu que os órfãos se dedicavam a esse tipo de atividade apenas no quarto ano de vida. Ele tomou esse comportamento como um sinal de que poderiam ter a vida sexual prejudicada quando chegassem à maturidade. Esse resultado também foi observado entre macacos-resos criados em isolamento. O experimento natural de Spitz conduz, portanto, a evidências bastante convincentes acerca da importância da socialização na infância no processo de nos tornarmos completamente humanos. Sem a socialização infantil, muito de nosso potencial humano permanece subdesenvolvido.

A formação de um sentido de *self* prossegue na adolescência — um período particularmente turbulento e intenso de desenvolvimento da personalidade. Conseqüentemente, muitas pessoas conseguem se lembrar de experiências da juventude que ajudaram a cristalizar sua identidade. Você consegue? Remo Mutzenberg relembra um desses momentos.

(Des)Construindo Remo — História Pessoal

"A passagem da infância para a adolescência foi um período bastante marcante em minha vida", lembra Remo. "Foi mais ou menos nessa época que eu e minha família nos mudamos da pequena propriedade rural, na qual vivíamos cercados por outras famílias de colonos alemães, para um pequeno centro urbano fundado por imigrantes italianos." A passagem do meio rural para o urbano, juntamente com a mudança da língua utilizada na vida cotidiana, colocou diversos desafios ao jovem Remo.

Nas palavras dele próprio, "aquela era uma época de grande desprestígio do mundo rural". "Devido ao meu *status* de camponês — aliado ao meu pouco conhecimento do português, utilizado na escola, e do italiano, falado entre meus colegas —, fui sutilmente condenado ao ostracismo, o que gerou em mim um grande retraimento. Em alguns aspectos da minha vida, era como se eu fosse invisível."

Entretanto, um evento particular alterou esse estado de coisas. Diante de suas dificuldades com o uso da língua portuguesa, uma professora atribuiu-lhe uma tarefa: ler e apresentar na sala de aula um livro chamado *Prisioneiro dos Bugres*. "Qual não foi minha surpresa ao descobrir que o livro contava a história do rapto do meu bisavô, junto com sua mãe e uma irmã, por um grupo de índios kaingang. Foi então que pude compreender melhor as histórias contadas pela minha avó sobre a separação do meu bisavô da mãe e da irmã, sua convivência com os índios e sua fuga espetacular para a casa de seu pai, meu tataravô. Instantaneamente, tornei-me a sensação entre os colegas."

"Um sociólogo escreveu que 'o processo central de crescimento na adolescência é a definição do *self* por meio do esclarecimento da experiência e do estabelecimento da auto-estima' (Friedenberg, 1959: 190). A partir dessa perspectiva, a leitura e apresentação de *Prisioneiro dos Bugres* acabaram por representar o alicerce da ponte que me levaria da infância e adolescência para a vida adulta. Ganhei a admiração dos meus colegas na medida em que meu *status* aumentou a seus olhos. Isso me tornou mais confiante. Além disso, despertou em mim grande interesse pela literatura. A partir de então, comecei a desenvolver um sentido mais claro de quem eu sou e a vislumbrar um novo mundo. Munido da minha recém-adquirida confiança e dos meus novos interesses, comecei a me relacionar com colegas de fora do meu círculo familiar e a criar laços pessoais para além da sala de aula. Foi com esse grupo de colegas e amigos que, posteriormente, expandi ainda mais meus horizontes e curti a explosão do *rock* e os demais acontecimentos que marcaram a segunda metade dos anos de 1960."

A cristalização da identidade de *self* ou auto-identidade durante a adolescência é apenas um episódio no processo de socialização. Para ilustrar o processo de socialização em sua totalidade, devemos primeiro examinar as principais teorias sobre como nosso sentido de *self* se desenvolve durante a primeira infância. Discutiremos, então, o funcionamento e a relativa influência das principais instituições socializantes da sociedade ou "agentes de socialização": famílias, escolas, grupos de colegas e meios de comunicação de massa. Nesses cenários, aprendemos, entre outras coisas, a controlar nossos impulsos, a pensar sobre nós mesmos como membros de diferentes grupos, a valorizar certos ideais e a desempenhar vários papéis. Você verá que essas instituições nem sempre trabalham coerentemente no sentido de produzir adultos felizes e bem ajustados. Freqüentemente enviam mensagens confusas e se contradizem entre si. Isto é, ensinam a crianças e adolescentes lições diferentes e, às vezes, contraditórias. Você também verá que, embora alguns desenvolvimentos recentes desses agentes de socialização nos dêem mais liberdade do que jamais deram para decidirmos quem somos, eles podem tornar a socialização mais confusa do que nunca. Finalmente, na parte final deste capítulo, examinaremos como a diminuição da supervisão e da orientação pelos membros adultos da família, o aumento da adoção de responsabilidades de adulto por parte dos jovens e o declínio da participação em atividades extracurriculares estão transformando a natureza da infância e da adolescência nos dias de hoje. Alguns analistas afirmam que a infância e a adolescência estão sumindo diante de nossos olhos. Assim, o principal tema deste capítulo é que o desenvolvimento de uma identidade de *self* é, muitas vezes, um processo difícil e estressante — e essa tendência tem se intensificado.

É durante a infância que os contornos do *self* de cada um de nós se forma. Começaremos, portanto, discutindo as teorias sobre como o *self* se origina nos primeiros anos de nossa vida.

Teorias da Socialização Infantil

Freud

A socialização começa logo após o nascimento. As crianças choram, movidas por necessidades básicas, e são gratificadas com alimento, consolo ou afeição. Porque suas necessidades são satisfeitas de imediato, a princípio os bebês não parecem capazes de distinguir eles mesmos de seus principais protetores, em geral, suas mães. Entretanto, a interação social logo capacita as crianças a começar a desenvolver uma auto-imagem ou sentido de ***self*** — um conjunto de atitudes e de idéias acerca de quem são como seres independentes.

Sigmund Freud propôs a primeira interpretação científico-social da emergência do *self* (Freud, 1962 [1930]; 1973 [1915-1917]). Freud foi o austríaco que fundou a psicanálise. Ele se referiu à parte do *self* que exige gratificação imediata como o ***id***. De acordo com ele, a auto-identidade começa a emergir tão logo as demandas do *id* sejam negadas. Por exemplo, em um determinado momento, os pais decidem não alimentar ou consolar o bebê cada vez que ele acorda no meio da noite. No início, a recusa dos pais provoca gritos de protesto. Por fim, no entanto, o bebê aprende certas lições práticas da experiência: comer mais antes de ir para a cama, dormir por períodos mais longos e voltar a dormir se acordar. Igualmente importante, o bebê começa a sentir que suas necessidades são diferentes das necessidades de seus pais, que ele tem uma existência independente de outros e deve, de algum modo, equilibrar suas necessidades com as realidades da vida.

Devido a muitas dessas lições de autocontrole, incluindo-se o controle dos esfíncteres (o treinamento para usar o banheiro), a criança acaba desenvolvendo um sentido do que constitui comportamentos apropriados e um sentido moral do certo e do errado. Assim, uma consciência moral ou, para usar o termo de Freud, um **superego**, se cristaliza. O superego é um repositório de padrões culturais. Além disso, a criança desenvolve um terceiro componente do *self*, o **ego**. De acordo com Freud, o ego é um mecanismo psicológico que, em indivíduos bem ajustados, equilibra as necessidades conflitantes representadas pela busca do prazer do ***id*** e pelas restrições do superego.

▲ Sigmund Freud (1856-1930) foi o fundador da psicanálise. Muitos pontos específicos de suas teorias foram questionados. No entanto, sua principal contribuição sociológica foi sua insistência no fato de que o *self* emerge a partir das interações sociais na primeira infância e que esse período exerce um impacto duradouro no desenvolvimento da personalidade.

De acordo com Freud, a emergência do superego é um processo difícil e frustrante. De fato, disse ele, para que possamos viver o dia-a-dia, temos de reprimir aquelas lembranças da negação de gratificações imediatas do *id*. A repressão envolve o acúmulo traumático de recordações em uma parte do *self* da qual não temos consciência: o **inconsciente**. Lembranças reprimidas influenciam emoções e ações. Casos de repressão na infância que sejam particularmente dolorosos podem provocar diversos tipos de problemas psicológicos mais tarde e só poderão ser resolvidos com terapia. Entretanto, alguma repressão é o custo da civilização. Como Freud disse, não podemos viver em uma sociedade ordenada a menos que neguemos o *id* (Freud, 1962 [1930]).

Os pesquisadores têm questionado muitos aspectos do raciocínio de Freud. Três críticas se destacam:

1. *A conexão entre o desenvolvimento infantil e a personalidade adulta é mais complexa que Freud supôs.* Freud escreveu que, quando o ego falha em equilibrar as demandas do *id* e do superego, as pessoas desenvolvem distúrbios de personalidade. Ele afirmou que essa situação ocorre se a criança é criada em uma atmosfera muito repressora. Para evitar futuros problemas psicológicos, Freud e seus seguidores recomendaram educar as crianças em um ambiente relaxado e permissivo. Tal ambiente se caracterizaria pela amamentação prolongada e oferecida quando solicitada; pelo desmame gradual; pelo treinamento dos esfíncteres responsáveis pela urina e pela defecação de modo tolerante e tardio; pela maternação freqüente; e pela ausência de repressão e de punição. Entretanto, a pesquisa sociológica não revela qualquer conexão entre esses aspectos do treinamento na primeira infância e o desenvolvimento de adultos bem ajustados (Sewell, 1958). Um grupo de pesquisadores influenciados pelas teorias de Freud acompanhou pessoas desde a infância até 32 anos e fez previsões *incorretas* sobre o desenvolvimento da personalidade dessas pessoas em dois terços dos casos. Eles "falharam em antecipar que a profundidade, complexidade e habilidade na solução de problemas, assim como a maturidade, podem se originar de experiências infantis dolorosas" (Coontz, 1992: 228).
2. *Muitos sociólogos criticam Freud por adotar um viés sexista em sua análise da sexualidade masculina e feminina.* Freud argumentou que mulheres psicologicamente normais são imaturas e dependentes dos homens porque têm inveja do órgão sexual masculino. Quanto às mulheres amadurecidas e independentes, ele as classificava como "anormais". Discutiremos essa falácia em detalhe no Capítulo 8, "Sexualidade e Gênero".
3. *Sociólogos freqüentemente criticam Freud por negligenciar a socialização após a infância.* Freud acreditava que a personalidade humana está formada em torno dos cinco anos de idade. Entretanto, os psicólogos e sociólogos mostraram que a socialização continua por toda a vida. Dedicaremos boa parte deste capítulo à investigação da socialização após a primeira infância.

Apesar das falhas aqui relacionadas, as implicações sociológicas da teoria de Freud são profundas. Sua principal contribuição sociológica foi a insistência no fato de que o *self* emerge a partir das interações sociais na primeira infância e que as experiências da primeira infância exercem um impacto duradouro no desenvolvimento da personalidade. Como veremos agora, alguns sociólogos e psicólogos sociais norte-americanos levaram essas idéias a uma direção ainda mais sociológica.

Cooley

Há cerca de um século, o sociólogo americano Charles Horton Cooley introduziu a noção de "*self* refletido". Cooley observou que, quando interagimos com outras pessoas, elas gesticulam e reagem a nós. Isso nos permite imaginar como essas pessoas nos percebem. Nós, então, julgamos como os outros nos avaliam. Finalmente, a partir desses julgamentos, desenvolvemos um sentido de *self*, ou um conjunto de sentimentos e idéias acerca de quem somos, uma auto-imagem. Em outras palavras, nossos sentimentos acerca de quem somos dependem, em grande medida, de como nós nos vemos avaliados pelos outros. Assim como vemos nosso corpo refletido em um espelho, do mesmo modo vemos nosso "eu" social refletido nas gesticulações e reações que os outros nos dirigem (Cooley, 1902).

As implicações do argumento de Cooley são intrigantes. Considere, por exemplo, que a maneira como as pessoas nos julgam nos ajuda a determinar se desenvolvemos uma auto-imagem positiva ou negativa. Entre outras coisas, uma auto-imagem negativa está associada a um baixo desempenho na escola e na faculdade (Hamachek, 1995). O fraco desempenho de alguns alunos na escola pode resultar, em parte, de avaliações negativas por parte dos professores, talvez em função da classe social ou da cor do estudante. De modo semelhante, o modo como os outros nos avaliam determina o grau de discrepância entre a nossa auto-imagem e a pessoa que gostaríamos de ser. Para compensar grandes discrepâncias entre a auto-imagem real e a auto-imagem ideal, algumas pessoas podem entregar-se ao consumismo excessivo, a colecionar coisas compulsivamente ou a distribuir presentes de maneira descontrolada. Mulheres jovens parecem mais propensas a esse tipo de comportamento que outras categorias da população. Esses comportamentos podem refletir a dificuldade que muitas jovens têm de alcançar os ideais de peso e tipo de corpo que são promovidos pelos meios de comunicação de massa (Benson, 2000). A noção de *self* refletido de Cooley foi apresentada há mais de um século, mas esses exemplos ressaltam sua relevância contemporânea.

Mead

George Herbert Mead (1934) retomou e aprofundou a idéia do *self* refletido. Como Freud, Mead observou que um aspecto subjetivo e impulsivo do *self* está presente desde o nascimento. Mead o chamou de **eu**. Novamente como Freud, Mead argumentou que um repositório de padrões culturalmente aprovados emerge como parte do *self* durante a interação social. Ele chamou esse componente social objetivo do *self* de **mim**. No entanto, ao passo que Freud focalizou a negação dos impulsos do *id* como o mecanismo que gera o lado objetivo do *self*, Mead chamou a atenção para a capacidade humana única de "assumir o papel do outro" como sendo a fonte do "mim".

▲ George Herbert Mead (1864-1931) foi um dos principais expoentes da Escola de Chicago. Psicólogo social, Mead influenciou grandemente a sociologia. Para ele, a comunicação, a consciência e o *self* não seriam possíveis sem a sociedade. A sociedade, por sua vez, consistiria em uma estrutura formada pelo processo de comunicação contínuo entre pessoas.

Mead considerou que a comunicação humana implica ver a si próprio do ponto de vista dos outros. Como, por exemplo, você interpreta o sorriso de sua mãe? Significa "eu te amo", "eu te acho engraçado", ou algo diferente? De acordo com Mead, você encontra a resposta usando a imaginação para se colocar no lugar de sua mãe por um momento e ver a si próprio como ela o está vendo. Em outras palavras, para entender o ato comunicativo de sua mãe, você deve ver-se objetivamente, como um "mim". Toda comunicação humana depende da capacidade de assumir o papel do outro, escreveu Mead. O *self* emerge, pois, com as pessoas usando símbolos, como palavras e gestos, para se comunicar. Segue-se que o "mim" não está presente desde o nascimento, mas emerge gradualmente durante a interação social.

Diferentemente de Freud, Mead não achava que a emergência do *self* era traumática. Ao contrário, acreditava que esse era um processo divertido. Mead achava que o *self* se desenvolvia em quatro etapas de adoção de papéis. Primeiro, as crianças aprendem a usar a linguagem e outros símbolos *imitando* pessoas importantes em suas vidas, como a mãe ou o pai. Mead chamou essas pessoas de **outros significantes**. Em segundo lugar, as crianças fingem *ser* outras pessoas, isto é, usam a imaginação adotando papéis em brincadeiras tais como "casa", "escola" e "médico". Em terceiro lugar, quando chegam mais ou menos aos sete anos, as crianças aprendem jogos mais complexos, que requerem que elas assumam, simultaneamente, o papel de *várias* outras pessoas. Em um jogo de vôlei, por exemplo, os jogadores devem estar atentos às expectativas de todos os outros. Se alguém quer dar uma cortada, deve prestar atenção ao jogador que levanta a bola, assim como aos que estão em posição de defendê-la, para que possa cortar na direção mais apropriada. Uma vez que a criança possa pensar dessa forma complexa, pode começar o quarto estágio no desenvolvimento do *self*, que envolve a adoção do papel daquilo que Mead chamou de **outro generalizado**. Anos de experiência podem ensinar um indivíduo que outras pessoas, usando os padrões culturais de sua sociedade, podem percebê-lo como engraçado, ou temperamental, ou inteligente. A imagem que uma pessoa tem desses padrões culturais e da maneira como esses padrões são a ela aplicados é o que Mead quis dizer com a noção de outro generalizado.

Piaget

Desde Mead, os psicólogos têm estudado a socialização na infância. Eles identificaram os estágios por meio dos quais o pensamento e a experiência moral se desenvolvem da infância até os últimos anos da adolescência. Consideremos rapidamente algumas das suas contribuições mais importantes.

O psicólogo suíço Jean Piaget defendeu a idéia de que o desenvolvimento da capacidade de pensar ("ou desenvolvimento cognitivo") durante a infância se realiza em quatro estágios (Piaget e Inhelder, 1969). Nos primeiros dois anos de vida, ele escreveu, as crianças exploram o mundo apenas por intermédio de seus cinco sentidos. Piaget chamou essa fase de estágio "sensório-motor" do desenvolvimento cognitivo. Nesse momento de suas vidas, o conhecimento que as crianças têm do mundo está limitado pelo que seus sentidos lhes dizem. Elas não podem pensar por meio de símbolos.

De acordo com Piaget, as crianças começam a pensar simbolicamente entre as idades de 2 e 7 anos, fase que ele chamou de estágio "pré-operacional" do desenvolvimento cognitivo. A linguagem e a imaginação florescem durante esses anos. Entretanto, crianças nessa idade ainda são incapazes de pensar abstratamente. Piaget ilustrou isso pedindo a diversas crianças entre 5 e 6 anos para observarem dois copos idênticos, cheios de água colorida. Ele então perguntou se os copos continham a mesma quantidade de água. Todas as crianças responderam que sim. Em seguida, as crianças viram Piaget despejar a água de um dos copos em um vasilhame largo e baixo e a água do segundo copo em outro vasilhame, estreito e alto. Obviamente, o nível da água era mais alto no segundo vasilhame, embora o volume fosse o mesmo em ambos os recipientes. Piaget perguntou, então, a cada criança se as duas vasilhas continham a mesma quantidade de água. Quase todas disseram que o segundo recipiente continha mais água.

Em contraposição a isso, a maioria das crianças de 7 ou 8 anos compreendeu que o volume de água era o mesmo em ambos os recipientes, apesar da diferença dos níveis. Isso sugere que o pensamento abstrato ocorre em torno dos 7 anos de idade. Além disso, entre os 7 e 11 anos, as crianças são capazes de perceber as conexões existentes entre causas e efeitos em seu ambiente. Piaget chamou essa fase de estágio "operacional concreto" do desenvolvimento cognitivo. Por fim, por volta dos 12 anos, as crianças desenvolvem a capacidade de pensar mais abstrata e criticamente. Esse comportamento marca o início do que Piaget chamou de estágio "operacional formal" do desenvolvimento cognitivo.

Kohlberg

Lawrence Kohlberg, um psicólogo social americano, desenvolveu as idéias de Piaget em uma direção um pouco diferente. Ele mostrou como o raciocínio *moral* das crianças — sua capacidade de distinguir o certo do errado — também passa por estágios de desenvolvimento (Kohlberg, 1981). Kohlberg sustentou que crianças pequenas distinguem o certo do errado com base somente em se algo gratifica suas necessidades imediatas. Nesse estágio do crescimento moral, que Kohlberg chamou de estágio "pré-convencional", o que é "certo" é simplesmente o que dá satisfação à criancinha. Por exemplo, do ponto de vista de uma criança de 2 anos, é inteiramente correto tomar um biscoito de seu companheiro e comê-lo. Um conceito moral abstrato como "furto" não tem qualquer significado para a criança pequena.

Adolescentes, por outro lado, começam a pensar em certo e errado em termos de se ações específicas agradam seus pais e professores e se são consistentes com as normas culturais. Essa fase é o estágio "convencional" do crescimento moral, segundo a terminologia de Kohlberg. Nesse estágio, uma criança ou um adolescente entende que o furto é uma ação proibida e que ser apanhado roubando resultará em punição.

Algumas pessoas nunca ultrapassam a moralidade convencional. Outras, entretanto, desenvolvem a capacidade de pensar abstrata e criticamente acerca dos princípios morais. Essa fase corresponde ao estágio "pós-convencional" do desenvolvimento moral de Kohlberg. Nesse estágio, as pessoas podem refletir sobre o significado de termos abstratos como liberdade, justiça e igualdade. Podem questionar se as leis de sua sociedade ou as ações de seus pais, professores ou outras autoridades se ajustam a importantes princípios morais. Por exemplo, um jovem de 19 anos que acredita que o povoamento do Brasil por europeus envolveu o roubo de terra dos povos nativos está pensando em termos morais pós-convencionais. Esse adolescente está aplicando princípios morais de forma independente e não os aceitando como foram interpretados por figuras de autoridade.

Vygotsky

A psicologia moderna tem feito muito para revelar as dimensões cognitivas e morais do desenvolvimento infantil. Entretanto, do ponto de vista sociológico, o principal problema com esse conjunto de pesquisas é que ele minimiza a proporção em que a sociedade molda a maneira como pensamos. Dessa forma, a maioria dos psicólogos supõe que as pessoas passam pelos mesmos estágios de desenvolvimento mental e que pensam do mesmo modo, independentemente da estrutura de sua sociedade e da posição que nela ocupam. Muitos sociólogos discordam desses pressupostos.

Alguns psicólogos também discordam. O psicólogo bielo-russo Lev Vygotsky e a psicóloga americana Carol Gilligan oferecem as perspectivas mais sociológicas para se pensar sobre desenvolvimento cognitivo e moral, respectivamente. Para Vygotsky, os modos de pensar são determinados menos por fatores inatos do que pela natureza das instituições sociais nas quais os indivíduos crescem.

No Brasil, pesquisas desenvolvidas por psicólogos cognitivos contemporâneos também têm enfatizado o papel da cultura no desenvolvimento do pensamento, reforçando posições como as expostas. Embora não tenham partido diretamente das teorias de Vygotsky, psicólogos da Universidade Federal de Pernambuco desenvolveram um estudo importante mostrando como contextos socioculturais diferentes influenciam o desenvolvimento do pensamento e, em particular, do raciocínio matemático (Carraher, Carraher e Schliemann, 1988). Os pesquisadores observaram que crianças oriundas de classes mais baixas que trabalhavam com seus pais em atividades como feiras, barracas de ambulantes etc. tinham um desempenho escolar bastante medíocre em matemática, no entanto, eram capazes de efetuar cálculos matemáticos relativamente complexos em suas atividades — sem o auxílio de lápis e papel. A fim de compreender o fenômeno, os pesquisadores desenvolveram um estudo exploratório no qual aplicaram dois testes a um grupo de cinco crianças e adolescentes de 9 a 15 anos que se encontrava entre a terceira e a oitava série. No primeiro teste (chamado Teste Informal), as crianças eram avaliadas no contexto em que resolviam seus problemas de matemática, isto é, nas feiras, junto aos carrinhos de pipoca, nas barracas de coco etc. No segundo teste (o Teste Formal), as crianças resolviam problemas de matemática semelhantes, isto é, com os mesmos números que elas haviam operado na situação informal, mas sob a forma de operações aritméticas sem qualquer referência a um contexto específico e a partir de sua representação no papel.

Os resultados encontrados mostraram a influência marcante do contexto social na solução de problemas de matemática: "Dos 63 problemas apresentados no Teste Informal, 98,2% foram resolvidos corretamente, enquanto que, no Teste Formal, apenas 36,8% das operações aritméticas e 73,7% dos problemas foram resolvidos corretamente" (Carraher, Carraher e Schliemann, 1988: 34). Para os autores, essa discrepância decorre do fato de que a solução de um problema que está inserido em um sistema de significados bem compreendido pelo indivíduo facilita a realização das operações matemáticas, mas essas operações não são efetuadas da mesma forma como o são na escola: são, mais propriamente, "inventadas" pelos próprios indivíduos. Assim, as pessoas desenvolvem modos de pensar distintos a partir de contextos socioculturais diferentes.

Gilligan

De maneira semelhante, Gilligan enfatizou os fundamentos sociológicos do desenvolvimento moral em seus estudos sobre meninos e meninas americanos. Ela atribuiu as diferenças no desenvolvimento moral de meninos e meninas aos diferentes padrões culturais transmitidos por pais e professores (Gilligan, 1982; Gilligan, Lyons e Hanmer, 1990; Brown e Gilligan, 1992). Por exemplo, Gilligan descobriu que, ao contrário dos meninos, as meninas sofrem uma diminuição na autoestima entre as idades de 5 e 18 anos. Segundo Gilligan, essa diminuição se deve à aprendizagem dos padrões culturais de sua sociedade à medida que crescem. Especificamente, a sociedade americana, em particular, tende a definir a mulher ideal como ansiosa para agradar e, portanto, como não-assertiva. A maioria das meninas aprende essa lição à medida que amadurece, o que apresenta conseqüências negativas para sua auto-estima. O fato de que as meninas encontram mais professores e menos professoras e outras figuras de autoridade feminina reforça esse ensinamento, de acordo com Gilligan. Uma pesquisa posterior não identificou uma diminuição na auto-estima de adolescentes do sexo feminino, embora tenha demonstrado que os meninos têm mais auto-estima do que as meninas (Kling et al., 1999).

Mais influenciados pelas perspectivas de Vygotsky e de Gilligan que pelas de Piaget e Kohlberg, avaliaremos agora a contribuição de vários agentes de socialização para o desenvolvimento do *self*. Esses agentes de socialização incluem famílias, escolas, grupos de colegas e os meios de comunicação de massa. Enfatizaremos diferenças de socialização entre sociedades, grupos sociais e períodos históricos. Nossa abordagem da socialização é, portanto, rigorosamente sociológica.

Agentes de Socialização

Famílias

Freud e Mead entenderam bem que a família é o agente mais importante da **socialização primária**, o processo de aquisição das habilidades básicas necessárias para agir na sociedade durante a infância. Eles argumentaram que, para a maioria dos bebês, a família representa o mundo. Isso é tão verdade hoje como era há cem anos. A família é adequada para fornecer o tipo de atenção íntima e cuidadosa necessária para a socialização primária: é um grupo pequeno e seus membros estão em contatos face a face. Negligência e maus-tratos de crianças existem, mas a maioria dos pais ama os filhos e são, portanto, motivados a cuidar deles. Essas características fazem da maioria das famílias agentes de socialização ideais para ensinar às crianças pequenas coisas que vão desde a linguagem até seus lugares no mundo.

A família em que a pessoa nasce também exerce uma influência relativamente *duradoura* ao longo da vida. Por exemplo, considere o efeito de longo prazo da atmosfera religiosa da família brasileira. Embora desde a década de 1980 tenha havido uma forte tendência de mudança religiosa da juventude no Brasil, apenas uma em cada quatro pessoas mudou de religião (Prandi, 1996; Almeida e Montero, 2001; Almeida, 2003). Esses números são considerados altos pelos especialistas e tendem a ocorrer de forma mais significativa nos centros urbanos e em contextos de vulnerabilidade social, como a pobreza (Almeida, 2003). Isso sugere que, em tais contextos, a influência da família na religiosidade tende a decrescer, mas não a desaparecer completamente.

Isso também mostra que, a despeito da importância continuada da família na socialização, as coisas mudaram desde que Freud e Mead escreveram suas importantes obras no começo do século XX. Eles não previram que a influência relativa de vários agentes socializadores se alteraria ao longo do século seguinte. A influência de alguns agentes de socialização aumentou, ao passo que a influência de outros, especialmente da família, diminuiu.

A função socializadora da família era mais pronunciada há um século, em parte porque os membros adultos da família estavam mais disponíveis para cuidar das crianças do que hoje. Na medida em que a indústria cresceu em diversos países, as famílias deixaram a agricultura em favor de trabalhos urbanos nas fábricas e nos escritórios. Especialmente depois dos anos de 1950, muitas mulheres tiveram de trabalhar fora por um salário, para manter um padrão de vida adequado para as famílias. Os pais, na maioria das vezes, não compensavam passando mais tempo com os filhos. Na verdade, porque as taxas de divórcio cresceram e muitos pais têm menos contato com os filhos depois do divórcio, as crianças, em média, vêem menos os pais do que há um século. Como resultado dessas mudanças, o cuidado com as crianças — e, portanto, sua socialização — tornou-se um grande problema no século XX.

Escolas

Para crianças com mais de 7 anos, o problema da supervisão foi parcialmente resolvido pelo crescimento do sistema escolar, que tem sido cada vez mais responsável pela **socialização secundária**, ou socialização fora da família após a infância. No Brasil, a escola é obrigatória dos 7 aos 14 anos de idade. Segundo os dados do IBGE, em 2002, 96,4% das crianças de 7 a 14 anos freqüentavam a escola. Além disso, 7.836.081 jovens entre 18 e 24 anos de idade freqüentavam o sistema de ensino. Desse total, 40,7% estavam matriculados no ensino médio, 5,3% em cursos pré-vestibular, 29% em cursos de graduação e 0,3% em cursos de pós-graduação (IBGE, 2004). O crescimento da escolarização no Brasil e, portanto, a influência crescente da escola na socialização secundária, pode ser percebido quando comparamos os dados sobre alfabetização do início do século XX com os dados mais recentes: em 1920, menos de 25% da população era alfabetizada (Ministério da Agricultura, Industria e Commercio, 1922); em 2002, o índice de analfabetismo da população brasileira era de 11,8% (IBGE, 2004).

Um dos papéis das escolas é ajudar a preparar os estudantes para o mercado de trabalho. Apesar disso, elas não conseguem fornecer um retrato exato do que esse mercado quer, o que pode ser verificado quando comparamos, por exemplo, os cursos mais procurados no vestibular com as vagas disponíveis no mercado de trabalho. Isso significa que nem sempre as expectativas profissionais dos estudantes correspondem à necessidade do mercado ou mesmo à capacidade de absorção da mão-de-obra especializada. Um exemplo que ilustra essa questão é o debate sobre a inserção de recém-doutores no mercado de trabalho. Anualmente, as universidades brasileiras têm formado cerca de seis mil novos doutores, mas nem todos conseguem empregos compatíveis com seu grau de especialização e formação (Almeida, 2004).

Instruir os estudantes acerca de assuntos acadêmicos e vocacionais é apenas uma parte do trabalho da escola. Além disso, um **currículo oculto** ensina aos estudantes o que será esperado deles pela sociedade em geral quando se graduarem. O currículo oculto os ensina como serem "bons cidadãos", em um sentido convencional. A maioria dos pais apóia esse tipo de ensinamento. De acordo com uma pesquisa realizada nos Estados Unidos e nos países industrializados da Europa em 1998, a capacidade das escolas de socializar os estudantes é considerada mais importante pelo público do que todas as disciplinas acadêmicas, exceto a matemática (Galper, 1998).

Qual é o conteúdo do currículo oculto? Na família, as crianças tendem a ser avaliadas por critérios pessoais e emocionais. No entanto, como estudantes, são levadas a acreditar que são avaliadas exclusivamente por seu desempenho em testes impessoais e padronizados. São ensinadas que critérios semelhantes serão usados para avaliá-las no mercado de trabalho. O ensinamento é, na realidade, apenas em parte verdadeiro. Como você verá no Capítulo 7, "Raça e Etnicidade", no Capítulo 8, "Sexualidade e Gênero" e no Capítulo 12, "Religião e Educação", não apenas o desempenho mas também critérios de classe, de gênero e de raça ajudam na determinação do sucesso escolar e no mercado de trabalho. Mas a exatidão do ensinamento não é a questão aqui. O ponto importante é que o currículo oculto desempenha sua tarefa se consegue convencer os estudantes de que eles são julgados apenas com base no desempenho. Igualmente importante, um currículo oculto eficaz ensina aos estudantes pontualidade, respeito pela autoridade, a importância da competição para o bom desempenho e outras crenças e comportamentos conformistas que se esperam de bons cidadãos, convencionalmente definidos.

Muitos estudantes oriundos de famílias pobres e de minorias raciais rejeitam o currículo oculto no todo ou em parte. Sua experiência e a experiência de amigos, companheiros e familiares os tornam céticos acerca da possibilidade de a escola abrir oportunidades de trabalho para eles. Em conseqüência, rebelam-se contra a autoridade da escola. Esperando-se que sejam educados e estudiosos, esses estudantes violam as regras e negligenciam seu trabalho.

A crença de que a escola não conduz ao sucesso econômico pode resultar em uma **profecia auto-realizadora**, uma expectativa que faz com que a previsão ocorra. W. I. Thomas e Dorothy Swaine Thomas tiveram idéia semelhante quando estabeleceram o que se tornou conhecido como o **teorema de Thomas**: "Situações que definimos como reais tornam-se reais em suas conseqüências" (Thomas, 1966 [1931]: 301). Por exemplo, acreditar que a escola não o ajudará a melhorar de vida pode fazer com que você tenha um desempenho escolar medíocre e é mais provável que, em conseqüência, você acabe fazendo parte da base da estrutura de classes (Willis, 1984 [1977]).

Os professores, por sua vez, também podem criar expectativas que se tornam profecias auto-realizadoras. Em um estudo famoso, dois pesquisadores informaram os professores de uma escola primária que iriam administrar um teste especial aos alunos para prever seu "desenvolvimento intelectual". Na verdade, o teste era justamente um teste-padrão de inteligência (QI). Após o teste, informaram aos professores que alunos eles poderiam esperar que se tornariam grandes empreendedores e quais teriam um desempenho medíocre em suas vidas profissionais. De fato, os pesquisadores distribuíram os estudantes aleatoriamente nos dois grupos. No fim do ano, os pesquisadores repetiram o teste de QI. Verificaram que os estudantes escolhidos como empreendedores obtiveram pontos significativamente mais altos que os considerados medíocres. Uma vez que a única diferença entre os dois grupos de estudantes era a de que os professores esperavam que um grupo se saísse bem e o outro saísse mal, os pesquisadores concluíram que a mera expectativa dos professores influenciara o desempenho dos alunos (Rosenthal e Jacobson, 1968). A clara implicação dessa pesquisa é a de que, se um professor acredita que crianças pobres ou de minorias terão fraco desempenho na escola, as chances de que isso ocorra são muito grandes.

Grupos de Colegas

Um segundo agente de socialização cuja importância aumentou no século XX são os **grupos de colegas**. Os grupos de colegas consistem em indivíduos que não são necessariamente amigos, mas têm mais ou menos a mesma idade e um *status* semelhante. (***Status*** diz respeito a uma posição social reconhecida que um indivíduo pode ocupar.) Grupos de colegas ajudam crianças e adolescentes a desligar-se de suas famílias e a desenvolver fontes independentes de identidade. São influentes em relação a questões de estilo de vida como aparência, atividades sociais e namoros. De fato, do meio da infância até a adolescência, os grupos de colegas representam, com freqüência, um dos principais agentes de socialização.

Como você provavelmente aprendeu por experiência própria, muitas vezes existem conflitos entre os valores estimulados pela família e os estimulados pelos grupos de colegas dos adolescentes. Grupos de colegas de adolescentes são controlados por jovens. Por intermédio desses grupos, os jovens começam a desenvolver sua própria identidade, rejeitando os valores dos pais, experimentando novos elementos da cultura e envolvendo-se com várias formas de comportamento rebelde — incluindo o consumo de álcool, drogas e tabaco (Figura 4.1). Em contraposição a isso, os pais controlam as famílias, representam os valores da infância. Nessas circunstâncias, questões como o fumo, o uso de drogas e o consumo de bebidas alcoólicas, cortes de cabelo e estilos de roupas, posições políticas, música e hora de dormir, tornam-se pontos de conflito entre as gerações.

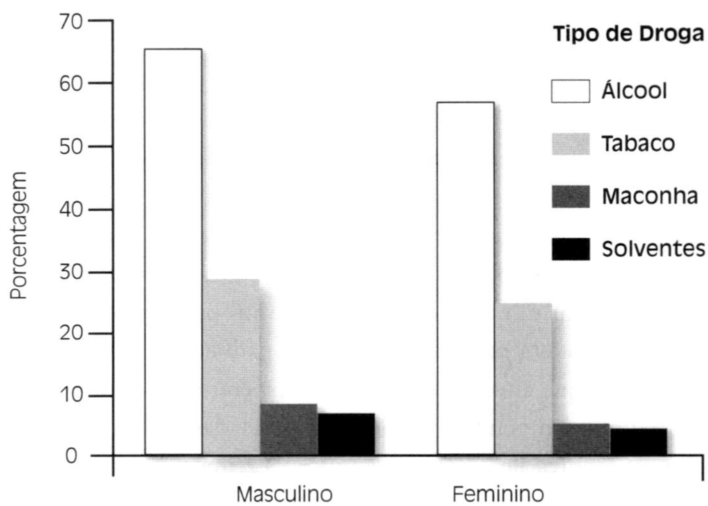

● **Figura 4.1** **Drogas preferidas pelos jovens brasileiros**
Uso das drogas mais consumidas por jovens entre 12 e 24 anos nas 107 cidades brasileiras com mais de 200 mil habitantes.
Fonte: Carlini et al. (2001).

Não devemos, contudo, exagerar o significado do conflito entre pais e adolescentes. Em primeiro lugar, em geral, o conflito é temporário. Quando os adolescentes amadurecem, a família exerce uma influência mais duradoura com relação a muitas questões importantes. Pesquisas mostram que as famílias têm mais influência que os grupos de colegas nas aspirações educacionais e nas preferências políticas, sociais e religiosas de adolescentes e estudantes de curso superior (Davies e Kandel, 1981; Milem, 1998; Sherkat, 1998).

Uma segunda razão para não exagerarmos a extensão do conflito entre adolescentes e seus pais é que os grupos de colegas não representam apenas fontes de conflito. Eles também ajudam a *integrar* os jovens na sociedade mais ampla, conforme ilustrado pela história de Remo Mutzenberg, no início deste capítulo. A função dos grupos de colegas não é apenas a de ajudar os adolescentes a formar uma identidade independente, separando-os de suas famílias. Além disso, os grupos de colegas ensinam aos jovens como se adaptar aos modos da sociedade em geral.

Meios de Comunicação de Massa

Assim como a escola e o grupo de colegas, os meios de comunicação de massa têm se tornado agentes de socialização cada vez mais importantes a partir do século XX. Os meios de comunicação de massa incluem a TV, o rádio, o cinema, CDs, videocassetes, a internet, jornais, revistas e livros.

O meio de comunicação de massa que tem crescido mais rapidamente é a internet. No mundo inteiro, o número de internautas passou de 40 milhões, em 1996, para 110 milhões, em 1997, 215 milhões em 1999, 275 milhões, em 2000 e 817 milhões e espera-se que chegue a 1 bilhão em 2005 (Figura 4.2). No Brasil, estima-se que o número de internautas em 2004 tenha sido de quase 20 milhões (Nielsen Netratings, 2004). Contudo, assistir à TV ainda consome mais tempo das pessoas, inclusive do brasileiro médio, do que qualquer outro meio de comunicação. Pesquisas apontam que o número de horas médio gasto pelo brasileiro diante da televisão é de cerca de 18,4 horas semanais, ao passo que o tempo gasto com a internet é de cerca de 10,5 horas semanais (excluído seu uso no trabalho) ("NoP World", 2005).

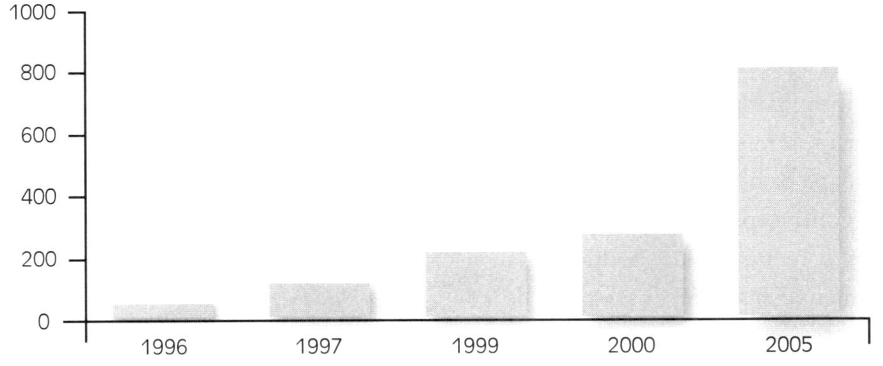

Figura 4.2 Número de usuários de internet no mundo
Fonte: "Face of the Web..."(2000); "Internet Growth"(1999); "Internet Usage Statistics,"(2005).

Crianças e adolescentes usam os meios de comunicação de massa para diversão e estímulo. Os meios de comunicação de massa também ajudam os jovens a lidar com a raiva, a ansiedade e a infelicidade. Por fim, os materiais culturais provenientes desses meios de comunicação ajudam os jovens a construir suas identidades — por exemplo, copiando a aparência e o comportamento de astros e estrelas do cinema, ídolos do rock e heróis dos esportes. Ao desempenhar essas funções, os meios de comunicação de massa oferecem muitas alternativas aos jovens. Muitas pessoas têm acesso a dezenas de estações de rádio e TV, centenas de revistas, milhares de lançamentos de CDs, centenas de milhares de livros e milhões de *sites* da Web. Muitos de nós podemos ter acesso ao *hip-hop*, ao *heavy metal* ou a Haydn com a mesma facilidade. Dessa forma, ao passo que os adolescentes têm poucas escolhas em relação a como são socializados por suas famílias e escolas, a proliferação dos meios de comunicação de massa lhes oferece mais liberdade em relação a que tipo de mensagens da mídia os influenciará. Até certo ponto, os meios de comunicação de massa possibilitam que os adolescentes se envolvam naquilo que

Jeffrey Jensen Arnett (1995) chama de **auto-socialização**, ou seja, a escolha de influências de socialização baseando-se na grande variedade de opções disponíveis nos meios de comunicação de massa.

Embora as pessoas sejam livres para escolher as influências de socialização dos meios de comunicação de massa, elas selecionam algumas delas mais vezes do que outras. Elas tendem a escolher influências que são mais difundidas, que se adaptam aos padrões culturais existentes e que são mostradas de forma particularmente atraente por aqueles que controlam os meios de comunicação de massa. Podemos ilustrar esse ponto considerando como aprendemos os papéis de gênero por meio da mídia. **Papéis de gênero** são expectativas amplamente compartilhadas de como homens e mulheres devem agir.

A construção social dos papéis de gênero pela mídia começa quando as meninas aprendem que somente um beijo do príncipe as salvará do sono eterno. Continua nas revistas, nos romances, nas telenovelas, nos anúncios, na música e na internet. Trata-se de um grande negócio. Por exemplo, a Harlequin Enterprises, de Toronto, domina a produção e a venda dos chamados "romances cor-de-rosa". A companhia vende mais de 160 milhões de livros por ano, em 23 línguas, abrangendo mais de 100 mercados nacionais. No Brasil, a principal compradora de seus romances é a Editora Nova Cultural, que publica os títulos *Júlia, Sabrina* e *Bianca* (Figura 4.3). O tema central desses romances é a transformação do corpo das mulheres em objeto para o prazer dos homens. No romance típico da Harlequin, a expectativa é que os homens sejam sexualmente agressivos. Eles são mais experientes e promíscuos que as mulheres. Das mulheres, espera-se que desejem amor antes de desejarem intimidade. Supõe-se que elas sejam sexualmente passivas, dando apenas dicas sutis para indicar seu interesse pelas investidas masculinas. Faltando-lhes, supostamente, o impulso sexual que preocupa os homens, as mulheres são, muitas vezes, tidas como responsáveis por padrões morais e pela contracepção (e.Harlequin.com, 2000; Jensen, 1984; Grescoe, 1996).

Meninos e meninas não aceitam passivamente essas mensagens sobre os papéis de gênero considerados apropriados. Muitas vezes os interpretam de maneira singular; outras, resistem a eles. Na maioria das vezes, porém, tentam desenvolver habilidades que os ajudarão a desempenhar papéis de gênero de uma forma convencional (Eagley e Wood, 1999: 412-13). É certo que as convenções mudam. O que meninos aprendem hoje em dia sobre feminilidade e masculinidade é menos sexista do que aprenderam apenas algumas gerações atrás. Por exemplo, comparando *Cinderela* e *Branca de Neve* com *Mulan,* vemos que crianças que assistem aos desenhos da Disney hoje freqüentemente se deparam com modelos de papéis femininos mais assertivos e heróicos que os das heroínas passivas dos anos de 1930 e de 1940. Entretanto, não devemos exagerar a quantidade de mudança na socialização de gênero. *Cinderela* e *Branca de Neve* ainda são fil-

● **Figura 4.3** Capa de romance *Sabrina*

mes populares. Além disso, para cada *Mulan* existe um *Pequena Sereia*, um filme que moderniza velhos temas sobre passividade feminina e conquista masculina. No fim, a salvação da Pequena Sereia ocorre por meio do casamento. Os personagens principais — heróicos, corajosos, espertos e empreendedores — de quase todos os filmes infantis ainda são meninos (Douglas, 1994: 296-7).

Como a aprendizagem dos papéis de gênero por meio dos meios de comunicação de massa sugere, nem todas as influências da mídia são criadas igualmente. Podemos ser livres para escolher quais mensagens da mídia nos influenciarão, mas a maioria das pessoas está inclinada a escolher as mensagens que são mais difundidas, que estão mais próximas dos padrões culturais existentes e aquelas que os meios de comunicação de massa tornaram mais atraentes. No caso dos papéis de gênero, essas mensagens reforçam as expectativas convencionais de como homens e mulheres devem agir.

Ressocialização e Instituições Totais

Para concluir nossa discussão sobre os agentes de socialização, devemos ressaltar a importância que a **ressocialização** assume no processo de aprendizagem social que ocorre ao longo da vida. A ressocialização acontece quando agentes de socialização poderosos provocam mudanças, nos valores, nos papéis e na autoconcepção das pessoas, às vezes, contra sua vontade.

Você pode ver a ressocialização em ação em cerimônias encenadas quando alguém ingressa no exército ou em uma ordem religiosa. Essas cerimônias, ou **ritos de iniciação**, significam a passagem do indivíduo de um grupo para outro e assegura sua lealdade ao novo grupo. Ritos de iniciação requerem que os novos membros abandonem velhas autoconcepções e assumam novas identidades. Quando os ritos de iniciação ocorrem durante a ressocialização, normalmente envolvem uma cerimônia em três etapas: (1) negação do antigo *status* e identidade da pessoa (rejeição ritual), (2) degradação, desorientação e estresse (morte ritual) e (3) aceitação do *status* e da cultura do novo grupo (renascimento ritual).

Muitos processos de ressocialização ocorrem no que o sociólogo Erving Goffman (1961) chamou de **instituições totais**. Instituições totais são ambientes em que as pessoas são isoladas da sociedade mais ampla e submetidas ao controle estrito e à supervisão constante de um quadro especializado de funcionários. Asilos e prisões são exemplos de instituições totais. Devido à atmosfera de "panela de pressão" em tais instituições, a ressocialização que ocorre nelas é muitas vezes rápida e completa, mesmo sem a ocorrência de ritos de iniciação.

Um famoso experimento fracassado, dramatizado no filme alemão de 2000, *Das Experiment* (traduzido no Brasil como O Experimento), ilustra a imensa capacidade de ressocialização das instituições totais (Haney, Banks e Zimbardo, 1973; Zimbardo, 1972). No início dos anos de 1970, um grupo de pesquisadores de Palo Alto, Califórnia, criou uma prisão simulada. Duas dúzias de voluntários masculinos receberam pagamento para atuar como guardas e presos. Esses voluntários eram estudantes universitários maduros, emocionalmente estáveis, oriundos de famílias de classe média dos Estados Unidos e do Canadá. Nenhum deles tinha ficha criminal. Sorteados com uma moeda, uma parte seria tratada como "presos" e a outra, como "guardas". Os guardas elaboraram suas próprias regras para manter a lei e a ordem na prisão simulada. Os presos foram apanhados por funcionários da polícia da cidade em radiopatrulhas, revistados, algemados, tiveram suas impressões digitais tiradas, foram autuados na delegacia de Palo Alto e levados de olhos vendados para a prisão simulada. Ali, cada preso foi despido e espiolhado. Um uniforme específico foi fornecido, um número foi atribuído e cada um foi colocado em uma cela com dois outros detentos.

Para entender melhor o que significa ser um preso ou um guarda de prisão, os pesquisadores queriam observar e anotar a interação social na prisão simulada por duas semanas. Entretanto, foram forçados a abortar o experimento depois de apenas seis dias porque o que observaram os assustou. Em menos de uma semana, os detentos e guardas já não conseguiam diferenciar os papéis que estavam desempenhando de seus *selves* "reais". Grande parte da socialização pela qual aqueles jovens tinham passado durante um período de cerca de 20 anos fora rapidamente interrompida.

Cerca de um terço dos guardas começou a tratar os presos como animais desprezíveis, obtendo grande satisfação com atos de crueldade. Mesmo os guardas que eram vistos pelos presos como exigentes, mas justos, logo pararam de interferir com relação ao uso tirânico e arbitrário do poder por parte dos mais sádicos.

Todos os presos tornaram-se servis e desumanizados, pensando apenas em sua sobrevivência, em fuga e no ódio crescente pelos guardas. Se estivessem pensando como estudantes universitários, poderiam ter deixado o experimento a qualquer instante. Alguns dos presos de fato pediram para serem liberados. Entretanto, no quinto dia do experimento, estavam tão programados para pensar em si mesmos como presos que voltaram obedientemente para as celas quando o pedido de liberação foi negado.

O experimento de Palo Alto sugere que seu sentido de *self* e os papéis que você desempenha não são tão fixos quanto pode parecer. Mude radicalmente seu ambiente social e, assim como ocorreu com os universitários do experimento, sua autoconcepção e seus padrões de comportamento provavelmente também mudarão. Essa mudança é muito mais evidente em pessoas que se submetem à ressocialização em instituições totais. No entanto, o olhar sociológico é capaz de observar a flexibilidade do *self* em todos os ambientes sociais, inclusive naqueles em que os indivíduos ingressam na vida adulta.

A Socialização do Adulto ao Longo da Vida

Embora formemos nossa personalidade básica e nosso sentido de identidade nos primeiros anos de nossas vidas, a socialização continua na vida adulta. A socialização dos adultos é necessária por quatro razões principais (Mortimer e Simmons, 1978: 425-27):

1. *Papéis adultos são freqüentemente descontínuos.* Isto é, expectativas contraditórias estão associadas aos primeiros papéis que assumimos em nossas vidas e aos que assumimos mais tarde. Por exemplo, socializamos as crianças para serem não-responsáveis, submissas e não terem vida sexual, por outro lado, esperamos que os adultos sejam responsáveis, assertivos e sexualmente ativos. Da mesma forma, esperamos que os adultos sejam independentes e produtivos, ao passo que esperamos idosos aposentados mais dependentes e menos produtivos. Necessitamos da socialização na idade adulta para superar essas descontinuidades de papéis. As pessoas devem aprender o que os outros esperam delas em seus novos papéis adultos.
2. *Muitos papéis adultos são, em grande medida, invisíveis.* Papéis adultos são muitas vezes invisíveis para as pessoas que são muito jovens para desempenhá-los. Por exemplo, crianças têm um conhecimento limitado do que significa ser casado e somente uma vaga noção dos papéis envolvidos em uma ocupação específica. A socialização dos adultos é necessária para superar tal invisibilidade.

3. *Alguns papéis adultos são imprevisíveis.* As pessoas sabem das mudanças nos papéis previamente mencionadas antes que elas ocorram. Para nos ajudar a aprender um novo papel que sabemos que teremos de desempenhar, muitas vezes nos engajamos na **socialização antecipatória**. Isso que envolve começarmos a apreender as normas e os comportamentos do papel a que aspiramos. Por exemplo, crianças de 10 anos que são fãs do seriado de TV *Friends* dedicam-se à socialização antecipatória à medida que o programa as ensina como é ser solteiro aos 20 anos de idade. Entretanto, na vida adulta, muitos acontecimentos geram mudanças de papel *imprevisíveis.* Essas mudanças incluem apaixonar-se e casar-se com alguém de algum grupo étnico, racial ou religioso diferente; separação e divórcio; a morte súbita do cônjuge; perda de emprego e desemprego prolongado; migração internacional forçada e a transição da paz para a guerra. Mudanças de papel imprevisíveis provocadas por esses acontecimentos requerem socialização na vida adulta.
4. *Papéis adultos mudam à medida que amadurecemos.* Forças externas ao indivíduo moldam os três tipos de mudança de papel mencionados. A quarta e última mudança de papel que exige socialização do adulto resulta, principalmente, de processos de desenvolvimento interiores. Por exemplo, à medida que crianças e pais amadurecem, os papéis familiares mudam. Quando as pessoas atingem a meia-idade, podem se tornar mais conscientes da morte e começar a questionar seu modo de vida. Daí a chamada crise da "meia-idade". Esse tipo de mudança de papéis também implica socialização na vida adulta.

No processo de aprendizagem do papel final de nossas vidas — o papel de doente terminal —, pode-se perceber em operação todas as quatro razões para a socialização do adulto. O papel do doente terminal é caracterizado por *descontinuidade,* no sentido de que esperamos de pessoas idosas que se aposentaram que encontrem novas formas de gozar a vida e, ainda assim, a partir de certo momento, esperamos que elas se preparem para a morte iminente. Aprender a aceitar a morte requer socialização. A *invisibilidade* caracteriza o papel do doente terminal porque nossa cultura faz um grande esforço para negar a morte e nos manter distantes dela. Celebramos a juventude em filmes e na publicidade. Fazemos uso da tecnologia para prolongar a vida, mesmo quando sabemos que a morte está próxima. Não celebramos o Dia dos Mortos da mesma maneira que os mexicanos, cujas festividades ajudam a ensinar os jovens a aceitar a morte. Normalmente, condenamos os doentes terminais a morrerem longe de nós, em um hospital, e não em casa, como é comum em áreas rurais ou em sociedades mais tradicionais. O fato de o papel do doente terminal ser em larga medida invisível torna necessária a socialização para morrer. Por fim, embora se possa pensar a morte como algo inevitável em nossas vidas, descobrir que se está na iminência de morrer é sempre uma surpresa. Aprender o papel do doente terminal requer, portanto, socialização, porque esse papel combina *amadurecimento* e *imprevisibilidade.*

A operação simultânea de descontinuidade, invisibilidade, amadurecimento e imprevisibilidade torna o papel de doente terminal muito difícil de ser aprendido. As pesquisas mostram, contudo, que as pessoas são mais propensas a aceitar o papel se receberem um prognóstico sem ambigüidades. Além disso, a aceitação é maior quando os atendentes primários (família, amigos, médicos) encorajam o doente terminal a aceitar que o tratamento não mais ajudará e que se deve concentrar no alívio da dor e do sofrimento. Por fim, é mais provável que as pessoas aprendam o papel de doente terminal se seus médicos não estiverem ligados a um hospital universitário ou de pesquisa. Médicos filiados a hospitais universitários estarão mais provavelmente envolvidos em pesquisas sobre como prolongar a vida e, portanto, mais relutantes em encorajar a morte (Prigerson, 1992). Em suma, a clareza do papel, o encorajamento da aceitação por outros significantes e a distância social de pessoas que se opõem à aprendizagem do papel estão associados à aceitação do papel de doente terminal. Certamente, esses fatores estão associados à aprendizagem bem-sucedida de todos os papéis de adultos. Eles ajudam a superar todas as quatro dificuldades dos papéis relacionados à vida adulta discutidas anteriormente.

O *Self* Flexível

Os manuais de sociologia mais antigos reconhecem que o desenvolvimento do *self* é um processo que dura toda a vida. Eles enfatizam que quando adultos jovens ingressam em uma profissão e se casam, devem aprender novos papéis ocupacionais e familiares. Casando-se com alguém de um grupo étnico, racial ou religioso diferente do seu, é provável que adotem novos valores culturais ou pelo menos que modifiquem os antigos. A aposentadoria e a terceira idade apresentam todo um novo conjunto de desafios. Desistir de um trabalho, ver filhos deixarem a casa e começarem suas próprias famílias, perder um cônjuge e amigos íntimos — todas essas mudanças nos estágios mais tardios da vida requerem que as pessoas pensem em si mesmas de uma nova maneira e que redefinam quem são.

Em nosso modo de ver, no entanto, as antigas abordagens acerca da socialização de adultos subestimam a plasticidade e a flexibilidade do *self*. Acreditamos que hoje em dia a identidade das pessoas muda mais rapidamente, mais vezes e de maneira mais completa do que acontecia há apenas duas décadas.

Um fator importante para a crescente flexibilidade do *self* é a globalização. Como vimos no Capítulo 3, as pessoas agora não têm a mesma obrigatoriedade de aceitar a cultura em que nasceram. Devido à globalização, elas estão mais livres para combinar elementos culturais de uma ampla variedade de períodos históricos e ambientes geográficos.

Um segundo fator que contribui para o aumento da nossa liberdade, no sentido de podermos projetar nossos próprios *selves*, é nossa crescente possibilidade de modelarmos novos corpos a partir de nossos corpos anteriores. As pessoas sempre têm se definido parcialmente em termos de seus corpos. Sua autoconcepção é influenciada pelo fato de você ser homem ou mulher, alto ou baixo, saudável ou doente, de boa aparência ou de aparência comum. Mas nossos corpos são estabelecidos pela natureza. As pessoas não podem mudar o fato de que nasceram com certas características e envelhecerão em um certo ritmo.

Hoje em dia, entretanto, você pode mudar seu corpo e, portanto, sua auto-imagem praticamente à vontade — isto é, se você pagar por isso. Alguns exemplos:

- Musculação, exercícios aeróbicos e regimes de redução de peso estão mais populares do que nunca.
- Cirurgias para mudança de sexo, embora pouco freqüentes, não são mais uma raridade.
- A cirurgia plástica permite às pessoas comprar novos seios, narizes, lábios, pálpebras e cabelo — e remover gordura, pele e cabelos indesejados de várias partes do corpo. Aproximadamente 523.774 cirurgias estéticas ocorreram no mundo inteiro no ano de 2003, cerca

de 88% em mulheres, embora a participação masculina venha aumentando paulatinamente. Os países campeões de procedimentos em números absolutos são Estados Unidos, México, Brasil, Canadá e Argentina, nessa ordem. No entanto, a taxa de procedimentos, isto é, a relação entre número de cirurgias e a população de um país, altera um pouco a hierarquia citada (Figura 4.4). Dentre os procedimentos cirúrgicos no Brasil, os mais populares são a lipoplastia (lipoaspiração e lipoescultura), a blefaroplastia (plástica nas pálpebras) e o implante de mamas (International Society of Aesthetic Plastic Surgery, 2004).

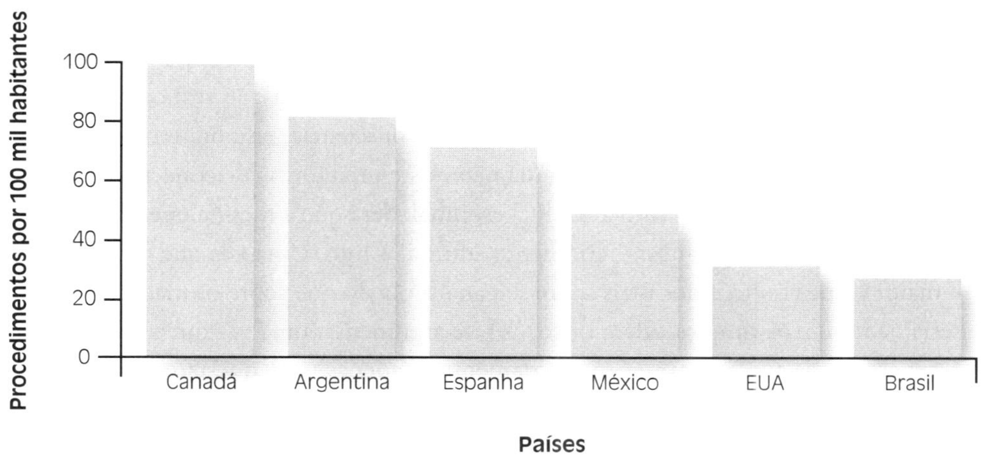

● **Figura 4.4** Taxa de procedimentos de cirurgia plástica estética em seis países por 100 mil habitantes
Fonte: Toledo (2003); International Society of Aesthetic Plastic Surgery (2004).

- O uso de colágeno, Botox e outros procedimentos não-cirúrgicos para minimizar rugas é cada vez mais freqüente. De fato, um número crescente de cirurgiões plásticos, dermatologistas e às vezes pessoas sem treinamento médico têm organizado as chamadas "festas do Botox". Essas festas parecem ter se originado na Europa e nos Estados Unidos, mas já existem ocorrências delas no Brasil. A idéia é reunir um grupo de pessoas que, entre um gole e outro de champanhe, recebe injeções de uma toxina (a toxina botulínica) que paralisa a musculatura local, atenuando as rugas. De acordo com o *Wall Street Journal*, alguns advogados americanos do sexo masculino têm se submetido a injeções de Botox "antes de um julgamento importante, para parecerem menos agressivos e mais simpáticos aos jurados" (Zimmerman, 2002:B3).
- Os transplantes de órgãos são hoje procedimentos de rotina. Em 2004, quase 60 mil brasileiros esperavam pela doação de um órgão. No ano de 2003, foram realizados 8.544 transplantes de órgãos e tecidos no Brasil, sendo os mais freqüentes: córnea, rim, medula óssea e fígado, respectivamente (Ministério da Saúde, 2004b). Além disso, o comércio internacional ilegal de corações, rins, pulmões e córneas tem permitido que algumas pessoas abastadas melhorem e prolonguem suas vidas (Rothman, 1998).
- Em 2002, Kevin Warwick, professor de cibernética da Universidade de Reading, no Reino Unido, tornou-se o primeiro ciborgue (parte humano, parte computador) quando teve

um chip de computador implantado no pulso e conectado a cerca de cem neurônios. Um fio corre sob a pele de seu braço até a altura do cotovelo, onde uma caixa de ligação permite que os dados de seus neurônios sejam transmitidos para um computador. Ele planeja implantar um aparelho semelhante em sua mulher e, por meio de uma conexão via internet, cada um poderá sentir o que o outro sente no próprio braço. Warwick prevê que antes do ano 2020, implantes mais sofisticados possibilitarão uma forma primitiva de telepatia (Akin, 2002; Kurzweil, 1999).

- Como se tudo isso não fosse suficiente para mudar a maneira como as pessoas pensam sobre si mesmas, o dr. Robert J. White, do Hospital Universitário de Cleverland, Estados Unidos, começou a realizar transplantes de corpo inteiro. Em 1998, ele removeu a cabeça de um macaco-reso e a conectou, por meio de tubos e suturas, ao tronco de outro macaco-reso. Esse novo ser sobreviveu e recuperou a consciência, embora tenha ficado paralítico do pescoço para baixo porque ainda não existe uma forma de conectar os milhões de neurônios que ligam o cérebro à medula espinhal. Será que a mesma operação poderia ser realizada em seres humanos? Certamente, afirma White. Uma vez que o corpo humano é maior e que conhecemos mais sobre sua anatomia do que sobre os macacos, a operação seria de fato mais simples. Além disso, White argumenta, uma vez que as pesquisas sobre regeneração da medula avançam rapidamente, é apenas uma questão de tempo até que seja possível criar um ser humano totalmente funcional a partir da cabeça de uma pessoa e do corpo de outra (Browne, 1998; ABC Evening News, 30.04.1998). Costumávamos pensar sobre nossos *selves* como congruentes com nossos corpos, mas agora as duas coisas têm se tornado distintas. Como resultado, a pergunta antes simples — "quem é você?" — tem se tornado bastante complexa.

Para complicar ainda mais o processo de formação de identidade nos dias de hoje, ainda há que se considerar o crescimento da internet e de seu componente audiovisual, a *World Wide Web*. Nos anos de 1980 e início dos anos de 1990, a maioria dos observadores acreditava que a interação via computador envolveria apenas a troca de informação entre indivíduos. Mas estavam errados. A interação social via computador pode afetar profundamente a maneira como as pessoas pensam sobre si mesmas (Brym e Lenton, 2001; Dibbell, 1993; Wellman et al., 1996, Haythornwaite e Wellman, 2002).

Os usuários da internet interagem socialmente ao trocar textos, imagens e sons via *e-mail*, serviços de mensagens (como o ICQ ou o MSN Messenger), chamadas telefônicas via internet, videoconferências, grupos de trabalho assistidos por computador e serviços de namoro *on-line*. No processo, formam **comunidades virtuais**. Comunidades virtuais são associações de pessoas, espalhadas pelo país ou pelo planeta, que se comunicam via *modem* e computador sobre temas de interesse comum.

Algumas comunidades virtuais têm vida curta e são pouco estruturadas, ou seja, têm poucas regras formais e delas as pessoas entram e saem rapidamente. Grupos de *chat* ou bate-papo são exemplos típicos desse gênero. Outras comunidades virtuais são mais duradouras e estruturadas. Por exemplo, grupos de discussão que proporcionam informações especializadas sobre temas variados, como times de futebol, paquera ou música. Existem ainda comunidades muito bem estruturadas, com regras formais e membros estáveis. Por exemplo, os MUDs (*multiple user dimensions*) são programas de computador que permitem que as pessoas assumam papéis e se engajem em um tipo de fantasia coletiva. Esses programas definem os objetivos e regras da comunidade virtual, assim como os objetos e o espaço que englobam. Usuários no mundo inteiro conectam-se ao MUD a partir de seus computadores e definem seus personagens — suas identidades — da maneira que desejarem. Eles interagem com outros usuários trocando mensagens de texto ou fazendo seus "avatares" (representações gráficas) agirem e falarem por eles.

Independentemente do grau segundo o qual as comunidades virtuais são estruturadas, seus membros formam relações sociais. Eles trocam confidências, dão conselhos, compartilham recursos, envolvem-se emocionalmente e falam sobre sexo. Embora suas identidades reais sejam normalmente ocultadas ou dissimuladas, algumas pessoas que se conhecem *on-line* decidem se encontrar e interagir na vida real.

Um número crescente de pessoas tem descoberto que as comunidades virtuais afetam suas identidades de maneira profunda. Uma vez que as comunidades virtuais permitem a interação por meio de identidades que se podem ocultar, as pessoas tornam-se mais livres para assumir novas identidades e são encorajadas a descobrir aspectos sobre si mesmas dos quais podiam não ter conhecimento. Nas comunidades virtuais, pessoas tímidas podem se tornar extrovertidas, pessoas assertivas podem se tornar meros observadores, pessoas idosas podem se tornar jovens, heterossexuais podem se tornar homossexuais e mulheres podem se tornar homens.

Veja o que diz Doug, um estudante universitário norte-americano entrevistado pela socióloga Sherry Turkle. Doug interpreta quatro personagens, distribuídos por três MUDs diferentes: uma mulher sedutora, um tipo machão, um coelho que vagueia por um MUD apresentando as pessoas umas às outras e um quarto personagem "que eu prefiro nem falar porque meu anonimato lá é muito importante para mim. Digamos apenas que eu me sinto como um turista sexual". Doug divide a tela do seu computador em janelas distintas, separando algumas janelas para os MUDs e outras para outros aplicativos. Esse arranjo permite, em suas próprias palavras:

> *Cindir minha mente (...) Posso me ver como dois, três ou mais. E eu simplesmente ligo uma parte da minha mente e depois outra, à medida que passo de uma janela a outra. Estou tendo um tipo de discussão em uma janela e tentando abordar uma menina num MUD, em outra, e outra janela pode estar processando uma tabela ou outra coisa técnica para a universidade (...) depois eu recebo uma mensagem em tempo real (...) isso é a VR [vida real](...) a VR é apenas mais uma janela (...) e não é nem mesmo minha melhor janela* (citado em Turkle, 1995: 13).

Turkle (1995: 14) comenta:

> *Na prática diária de muitos usuários de computador, as janelas se tornaram uma metáfora poderosa para se pensar acerca do* self *como um sistema múltiplo e fragmentado. O* self *não está mais desempenhando papéis diferentes em cenários diferentes em tempos diferentes, algo que uma pessoa pode experimentar quando, por exemplo, acorda como companheira, faz o café da manhã como mãe e dirige até o trabalho como advogada. A prática de vida das janelas é aquela de um* self *descentrado que existe em muitos mundos e desempenha muitos papéis ao mesmo tempo (...). Os MUDs (...) possibilitam identidades paralelas, vidas paralelas.*

A experiência da internet reforça nosso ponto principal: em décadas recentes, o *self* tem se tornado cada vez mais flexível e as pessoas são cada vez mais livres para moldar seus *selves* da maneira que desejarem.

Entretanto, essa liberdade tem um preço, em particular para as pessoas mais jovens. Para concluir o capítulo, consideraremos alguns dos desafios de socialização que os jovens enfrentam nos dias de hoje. A fim de preparar o terreno para essa discussão, examinaremos inicialmente a emergência da "infância" e da "adolescência" como categorias sociais há cerca de 400 anos.

Dilemas da Socialização na Infância e na Adolescência

A Emergência da Infância e da Adolescência

Em sociedades pré-industriais, pensava-se nas crianças como adultos em miniatura. Esperava-se que, desde a mais tenra idade, elas se ajustassem tanto quanto possível às normas do mundo adulto, em parte porque as crianças eram colocadas para trabalhar tão logo pudessem contribuir para o bem-estar de sua família. Com freqüência, isso significava desempenhar algumas tarefas a partir dos 5 anos e trabalhar em tempo integral a partir de 10 ou 12 anos. O casamento — e, portanto, a chegada ao mundo adulto — era normal por volta de 15 ou 16 anos.

Até o final do século XVII, a maioria das crianças enquadrava-se nesse perfil. Foi apenas a partir daí que emergiu uma noção de infância como um estágio distinto da vida. Nessa época, começou a preponderar o sentimento, entre as famílias abastadas da Europa, de que os meninos deveriam poder brincar e receber uma educação que possibilitasse o desenvolvimento emocional, físico e intelectual de que precisariam na vida adulta. As meninas continuaram a ser tratadas como "mulherzinhas" até o século XIX. A maioria dos meninos das classes operárias não aproveitou muito da infância até o século XX. Foi apenas no último século que a idéia de infância como um período distinto e prolongado tornou-se uma idéia universal no Ocidente (Ariès, 1962 [1960]).

A idéia de infância emergiu quando e onde emergiu devido a necessidades e possibilidades sociais. Uma infância prolongada era *necessária* em sociedades que requeriam adultos mais bem educados para desempenhar trabalhos complexos, na medida em que possibilitava que as pessoas se preparassem melhor para a vida adulta. Uma infância prolongada tornou-se *possível* em sociedades nas quais as condições de higiene e nutrição possibilitavam à maioria das pessoas viver além de 35 anos, que era a idade média na Europa do século XVII. Em outras palavras, antes do final do século XVII, a maioria das pessoas não vivia o suficiente para que se permitisse o luxo da infância. Além do mais, não havia necessidade social de um período de treinamento e desenvolvimento extensivo antes que as demandas mais simples da vida adulta fossem estendidas às pessoas jovens.

Deve-se levar em consideração, ainda, fatores de ordem econômica. No Brasil contemporâneo, a infância tende a ser negada quando existe pobreza, violência, crises econômicas, desemprego e problemas familiares decorrentes desses fatores (Alvim, 2002). Ao se referir a colonos e posseiros do Mato Grosso e do Maranhão, o sociólogo José de Souza Martins nos dá uma noção exata do fenômeno:

> *A alegria da brincadeira como exceção circunstancial é que define para as crianças desses lugares a infância como um intervalo no dia e não como um período peculiar da vida, de fantasia, jogo e brinquedo, de amadurecimento. Primeiro trabalham, depois vão à escola e depois brincam, no fim do dia, na boca da noite. A infância é resíduo de um tempo que está acabando.* (Martins, 1993: 67)

De maneira geral, sociedades mais ricas e mais complexas, cujas populações têm uma expectativa de vida maior, tendem a estender o período pré-adulto da vida. Por exemplo, na Europa do século XVII, a maioria das pessoas chegava à idade adulta por volta dos 16 anos. Em sociedades como os Estados Unidos, ou mesmo entre os grupos mais abastados de sociedades como o Brasil, considera-se que a maioria das pessoas atinge a maturidade em torno dos 30 anos, quando completam sua educação formal, conseguem empregos, casam e se "estabelecem". Uma vez que os adolescentes foram liberados de responsabilidades adultas, um novo termo teve de ser cunhado para descrever o período que se encontra entre a infância e a vida adulta: "adolescência". Subseqüentemente, o termo "adultos jovens" entrou em uso popular à medida que um número cada vez maior de pessoas entre o fim da adolescência e o início de seus 20 anos adiava o casamento para terminar a universidade.

Embora esses novos termos que descrevem os estágios da vida já estivessem estabelecidos a partir dos anos de 1950 e de 1960, algumas categorias de pessoas, em especial em sociedades mais abastadas, começaram a mudar e a não mais se enquadrar naquelas categorias. Por razões diversas das mencionadas por José de Souza Martins, alguns pensadores começaram a escrever sobre o "desaparecimento" da infância e da adolescência (Friedenberg, 1959; Postman, 1982). Ainda que pareçam exagerar o ponto em questão, esses cientistas sociais identificaram algumas das forças sociais responsáveis pela mudança no caráter da infância e da adolescência em décadas recentes. Examinaremos essas forças sociais na seção final deste capítulo.

Problemas da Socialização na Infância e na Adolescência nos Dias de Hoje

Onde Você se Encaixa?

Quando você tinha entre 10 e 17 anos, com que freqüência ficava em casa ou com amigos, mas sem supervisão de um adulto? Com que freqüência você teve de preparar suas próprias refeições ou tomar conta de um irmão ou irmã mais jovem enquanto seu pai, sua mãe ou ambos estavam no trabalho? Quantas horas por semana você passava limpando a casa? Você já teve de trabalhar em um emprego qualquer para economizar para pagar a faculdade ou se sustentar enquanto estivesse estudando? Quantas horas semanais você gastava em atividades extracurriculares associadas à sua escola? Quanto tempo assistindo à TV ou utilizando outros meios de comunicação de massa? Um número crescente de adolescentes tem assumido grande quantidade de atividades adultas, como as citadas. No entanto, é provável que, diferentemente de adolescentes de países europeus e norte-americanos, você tenha tido supervisão por parte de uma babá, de uma empregada doméstica ou de um membro da família, como os seus avós, por exemplo. Vejamos em que medida você esteve sujeito às mesmas forças sociais que têm afetado o caráter da infância e da adolescência em países como os Estados Unidos.

O declínio da supervisão e orientação por parte de adultos, o aumento da influência dos meios de comunicação de massa e dos grupos de colegas e o aumento substancial de responsabilidades da vida adulta em detrimento de atividades extracurriculares têm afetado os padrões de socialização dos jovens americanos nos últimos 30 ou 40 anos. Consideremos cada um desses elementos.

- *Declínio da supervisão e orientação por parte de adultos.* Patrícia Hersch, que realizou um estudo de seis anos sobre a adolescência dos americanos, escreveu que "em todas as sociedades, desde o início dos tempos, os adolescentes aprenderam a se tornar adultos observando, imitando e interagindo com os adultos em volta deles" (Hersch, 1998: 20). No entanto, nos Estados Unidos dos dias de hoje, Hersch aponta que os adultos estão cada vez mais ausentes da vida dos adolescentes. Por quê? De acordo com ela, "a sociedade americana tem deixado suas crianças para trás em função do progresso no mundo do trabalho" (Hersch, 1998: 19). O que ela quer dizer é que mais americanos adultos trabalham mais horas do que no passado. Conseqüentemente, eles têm menos tempo para passar com os filhos. Examinaremos algumas das razões para as demandas crescentes do mundo do trabalho no Capítulo 9, "Economia e Trabalho". Aqui, enfatizaremos uma conseqüência importante para a juventude americana: os jovens estão cada vez mais sozinhos para se socializar e construir sua própria comunidade. Essa comunidade algumas vezes envolve comportamentos de alto risco, embora mais coisas estejam envolvidas em comportamentos de alto risco do que a socialização. Entretanto, não coincidentemente, a maioria das delinqüências juvenis ocorre entre 5h e 18h da tarde, em dias de semana — isto é, depois da escola e antes que a maioria dos pais retorne do trabalho para casa (Hersch, 1998: 362). Também é significativo que as meninas sejam menos propensas à delinqüência juvenil do que os meninos, em parte porque os pais tendem a supervisionar e socializar filhas e filhos de maneiras diferentes (Hagan, Simpson e Gillis, 1987). Os pais exercem maior controle sobre as meninas, supervisionando-as mais de perto e socializando-as de maneira que elas evitem assumir riscos. Os resultados da pesquisa sugerem que muitos dos comportamentos adolescentes percebidos como problemáticos resultam da diminuição de orientação e supervisão adulta.
- *Influência crescente da mídia.* O declínio da supervisão e orientação por parte dos adultos também deixa a juventude americana mais suscetível à influência dos meios de comunicação de massa e dos grupos de colegas. Como um pai colocou a questão, "quando eles chegam aos 12 ou 13 anos, é como se não pudessem mais ser crianças. O mundo exterior invadiu o ambiente da escola" (citado em Hersch, 1998: 111). Em épocas anteriores, a família, a escola, a igreja e a comunidade ensinavam aos jovens crenças e valores mais ou menos consistentes. Agora, os meios de comunicação de massa oferecem uma grande variedade de mensagens culturais, muitas das quais diferem umas das outras e daquelas ensinadas em casa e na escola. O resultado disso, para muitos adolescentes, é um estado de grande confusão (Arnett, 1995). A menina de 10 anos de idade deveria se vestir recatadamente ou de maneira sexualmente provocante? O menino de 14 anos deveria dedicar mais tempo freqüentando a igreja, a sinagoga, o templo — ou tocando guitarra na garagem? Deve-se simplesmente dizer não às drogas? Os meios de comuni-

Quadro 4.1: Política Social: O que Você Acha? Socialização *versus* Controle de Armas

No dia 3 de setembro de 1999, um jovem de 24 anos foi assistir ao filme *Clube da Luta* em um dos cinemas do Shopping Morumbi, em São Paulo. Assim que chegou, o jovem de classe média, aluno do último ano do curso de Medicina, dirigiu-se ao banheiro e retirou da bolsa uma submetralhadora da marca Cobray, modelo M11 de 9 mm, uma arma potente, capaz de disparar 1.200 balas por minuto. Apontando para sua imagem refletida no espelho, apertou o gatilho. Em seguida, dirigiu-se à sala de projeção e, posicionando-se diante da platéia, disparou a arma até descarregá-la. O atirador tentou ainda recarregar a arma, mas foi dominado por alguns dos espectadores que estavam mais próximos. Fora da tela, três mortos e cinco feridos.

Embora relativamente raro no Brasil, esse tipo de massacre tem aumentado em diferentes partes do mundo. Na mesma semana do massacre no Shopping Morumbi, um técnico de 40 anos, da Xerox, foi ao escritório da empresa no Havaí e matou sete colegas com uma pistola 9 mm. Naquele mesmo ano, os Estados Unidos foram vítimas de um dos piores massacres desse tipo. Na cidade de Littleton, no Colorado, dois alunos do Colégio Columbine mataram 12 de seus colegas e um professor antes de cometerem suicídio.

O caráter insensato e gratuito de atos como esses gera uma grande comoção e um desnorteamento na sociedade como um todo. O ataque no Shopping Morumbi reavivou o debate sobre a violência no Brasil, enfatizando o crescimento de mortes violentas entre jovens provocadas por armas de fogo. Segundo levantamento feito por Jacobo Waiselfisz para a Unesco, a taxa global de mortalidade da população brasileira para os anos de 1980 a 2000 declinou de 633 para 573 pessoas por cem mil habitantes. No entanto, a taxa de mortalidade entre pessoas jovens cresceu de 128 para 133 por cem mil habitantes no mesmo período (Waiselfisz, 2002). Além disso, o crescimento da taxa de mortalidade entre jovens foi acompanhado de novos padrões de mortalidade juvenil. Ao passo que nas décadas anteriores os jovens morriam, sobretudo, vítimas de epidemias e doenças, a partir da década de 1980, as chamadas "causas externas" de mortalidade — homicídio, acidentes de trânsito e suicídio — passaram a predominar. Do total de mortes entre pessoas jovens, 39,2% decorrem de homicídio, 14,2% de acidentes de trânsito e 3% de suicídio. No ano de 1998, 66,1% dos homicídios entre pessoas jovens foram provocados por armas de fogo. Em 2000, esse percentual subiu para 74,2%.

Em um estudo comparativo entre 49 países, o Brasil está entre os que lideram a taxa de mortes por arma de fogo. É interessante notar que a taxa desse tipo de morte no Brasil chega a ser maior do que a de alguns países conhecidos por uma regulamentação que facilita o acesso a armas de fogo, como é o caso dos Estados Unidos (United Nations, 1998).

O debate sobre violência no Brasil tem destacado três aspectos principais nos últimos anos: o primeiro refere-se ao aperfeiçoamento de mecanismos de controle e repressão por parte do Estado. Isso poderia incluir a proibição do uso de armas, o aumento do número de policiais, a redução da idade penal, o aumento do número de presídios, a censura a filmes, videogames etc. O segundo aspecto enfatiza o desenvolvimento de programas de socialização por meio de parcerias entre o setor público, o privado e as organizações não-governamentais, que se contraponham à disseminação da violência. Exemplos desse tipo de iniciativa seriam o *Programa de Escolas Associadas* ou o *Programa Abrindo Espaços: Educação e Cultura para a Paz*. Esses programas oferecem aos jovens espaços para o desenvolvimento de suas potencialidades artísticas, culturais e desportivas, afastando-os da violência, e promovem debates sobre drogas, direitos humanos e meio ambiente. O terceiro e último aspecto foca a influência da situação econômica e social na violência. As principais temáticas envolvidas dizem respeito a trabalho, distribuição de renda, criação de cursos profissionalizantes etc.

O que você pensa sobre esse debate? No exemplo do atirador do Shopping Morumbi, seria o caso de um problema de socialização ou de falta de controle sobre o porte e a comercialização de armas de fogo? Com relação ao problema mais amplo da violência e da segurança, como você se posiciona em relação aos três temas apontados?

cação de massa e os grupos de colegas empurram os jovens em direções diferentes daquelas defendidas pela escola e pela família, deixando-os confusos sobre o que constitui um comportamento apropriado e tornando o crescimento mais estressante do que costumava ser.

- *O declínio das atividades extracurriculares e o aumento das responsabilidades características da vida adulta.* O envolvimento em atividades extracurriculares, como cursos de línguas, esportes, teatro, música etc., é importante para o desenvolvimento da personalidade do adolescente. Essas atividades representam oportunidades para que os estudantes desenvolvam habilidades concretas e, assim, compreendam o mundo e assumam seu lugar dentro dele. Nas escolas, nos dias de hoje, as disciplinas acadêmicas são apresentadas como informações desconexas que não parecem ter relevância para a vida do estudante. Cursos de teatro, artes plásticas e esportes são, na maioria dos casos, mais adequados quando se trata de oferecer aos estudantes um quadro no qual eles possam desenvolver um forte sentido de *self* porque dizem respeito a atividades concretas e com regras definidas. Ao treinar em um time de futebol, aprender a tocar guitarra, atuar em peças de teatro ou participar de grupos de literatura, você pode aprender algo sobre suas capacidades e limitações físicas, emocionais e sociais, sobre o que você pode e não pode fazer. Os adolescentes precisam desses tipos de atividades para um desenvolvimento saudável do *self*.

Muitos adolescentes americanos e europeus, e provavelmente muitos brasileiros também, dedicam menos horas a atividades extracurriculares associadas à escola do que seus pais o fizeram. Os educadores estimam que apenas cerca de um quarto dos adolescentes americanos participa de atividades extracurriculares como esportes, música e teatro (Hersch, 1998). Muitos deles estão extremamente ocupados com tarefas domésticas, cuidando dos irmãos menores e trabalhando meio-período para aproveitar os benefícios das atividades extracurriculares. A necessidade de trabalho de meio-período ou de tempo integral aumenta quando esses adolescentes ingressam na universidade, muitas vezes com conseqüências negativas para suas notas.

Alguns analistas questionam se o fato da adoção das responsabilidades de adultos, da falta de atividades extracurriculares, da diminuição de orientação e supervisão por parte dos adultos e da influência crescente dos meios de comunicação de massa e dos grupos de colegas está provocando o desaparecimento da infância e da adolescência. Por outro lado, ao se pensar em países como o Brasil, é necessário fazer uma distinção no sentido de saber quais classes sociais estão sujeitas a que influências: é certo que crianças e adolescentes de classe média dos meios urbanos estão sujeitos à influência dos meios de comunicação de massa e dos grupos de colegas, embora não seja provável que desempenhem muitas tarefas domésticas ou que tenham de trabalhar fora. Já crianças e adolescentes de classes mais baixas estão menos sujeitos à influência dos meios de comunicação de massa (particularmente da internet e dos canais de TV a cabo) e a participar de atividades extracurriculares e tendem a trabalhar mais a fim de contribuir para o orçamento familiar (Figura 4.5). Seja como for, as forças sociais mencionadas acima têm alterado a experiência e o significado da infância e da adolescência no Brasil e em grande parte do mundo.

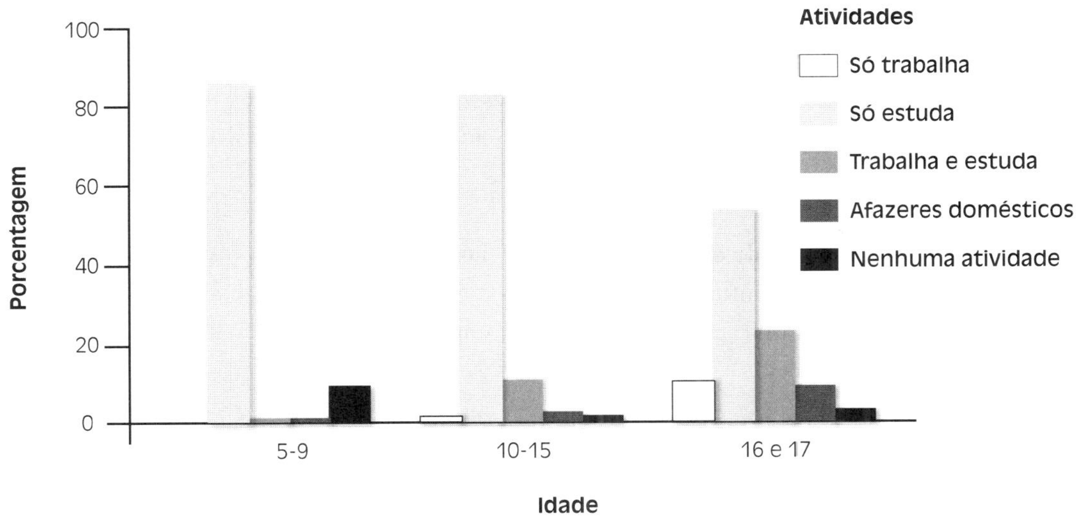

Figura 4.5 Atividades desempenhadas por crianças e jovens no Brasil, 2001
Fonte: IBGE, PNAD (2001).

Resumo

1. **Por que a interação social é necessária?**
Estudos mostram que crianças criadas em isolamento não se desenvolvem normalmente. Essa descoberta corrobora a idéia segundo a qual a interação social libera os potenciais humanos.

2. **Quais são as principais teorias da socialização infantil?**
Freud denominou a parte do *self* que exige gratificação imediata de *id*. Ele argumentou que uma auto-imagem começa a emergir assim que as demandas do *id* são negadas. Devido às muitas lições de autocontrole, a criança acaba desenvolvendo um sentido do que constitui comportamentos apropriados, um sentido moral do certo e do errado ou superego. O superego é um repositório de padrões culturais. Um terceiro componente do *self*, o ego, desenvolve-se para equilibrar as demandas do *id* e do superego.
Como Freud, Mead observou que um aspecto impulsivo do *self* está presente desde o nascimento. Ele chamou esse aspecto de "eu". A partir do desenvolvimento da idéia de Cooley sobre o "*self* refletido", Mead também argumentou que um repositório de padrões culturalmente aprovados emerge como parte do *self* durante a interação social. Mead chamou essa parte do *self* de "mim". No entanto, Mead chamou a atenção para a capacidade humana única de "assumir o papel do outro" como sendo a fonte do "mim". As pessoas se desenvolvem, ele escreveu, primeiramente imitando e fingindo ser seus outros significantes; depois, aprendendo a atuar em jogos complexos que requerem a compreensão de diversos papéis, simultaneamente; por fim, desenvolvendo um sentido dos padrões culturais e de como eles se aplicam.

Desde o início do século XX, Piaget e Kohlberg contribuíram para nossa compreensão da socialização cognitiva e moral, mas Vygotsky e Gilligan fizeram bem mais no sentido de enfatizar as condições sociais que explicam as variações no desenvolvimento moral e cognitivo. Especificamente, seus trabalhos sugerem que o gênero e as estruturas econômicas e políticas moldam os padrões de socialização.

3. **Como a influência de diversos agentes sociais tem mudado no último século?**
No último século, a influência socializadora crescente das escolas, dos grupos de colegas e dos meios de comunicação de massa tem acompanhado a influência socializadora decrescente da família.

4. **Por que a socialização adulta é necessária?**
A socialização adulta é necessária porque os papéis mudam. Os papéis "amadurecem" e são, muitas vezes descontínuos, invisíveis e imprevisíveis.

5. **Em que sentido o *self* é hoje mais flexível do que costumava ser?**
As autoconcepções das pessoas estão agora sujeitas a um maior fluxo do que há apenas algumas décadas. A globalização da cultura, os avanços na medicina e a comunicação via computador encontram-se entre os fatores que ajudaram a tornar o *self* mais plástico.

6. **Que forças sociais provocaram mudanças no caráter e na experiência da infância e da adolescência?**
A infância, como um estágio distinto da vida, emergiu entre meninos abastados no final do século XVII, quando a expectativa de vida começou a aumentar e os meninos tiveram de ser treinados para tarefas mais complexas. As meninas continuaram a ser tratadas como "mulherzinhas" até o século XIX, e a maioria dos meninos das classes operárias só veio a experimentar a infância no século XX; em países como o Brasil, no qual algumas crianças ainda trabalham, a infância é uma espécie de artigo de luxo. À medida que os adolescentes foram liberados de responsabilidades adultas, o termo "adolescência" foi designado para descrever o período entre a infância e a vida adulta. Subseqüentemente, o termo "adultos jovens" entrou no vocabulário quando um número cada vez maior de pessoas de 20 e poucos anos começou a adiar o casamento para terminar os estudos universitários.
Hoje em dia, o declínio da supervisão e da orientação por parte dos adultos, a adoção crescente de responsabilidades adultas por parte de crianças e adolescentes, a diminuição da participação em atividades extracurriculares e a influência cada vez maior dos meios de comunicação de massa e dos grupos de colegas têm provocado mudanças na experiência da infância e da adolescência. De acordo com alguns pesquisadores, a infância e a adolescência, conforme concebidas na primeira metade do século XX, estão desaparecendo.

Questões para Reflexão

1. Você acha que pensa sobre si mesmo de uma maneira diferente daquela que seus pais (ou outros parentes ou amigos próximos, pelo menos 20 anos mais velhos do que você) pensavam sobre eles mesmos quando tinham a sua idade? Converse com seus pais, parentes ou amigos para descobrir. Preste particular atenção à maneira pela qual as forças da globalização podem ter alterado os sentidos de *self* ao longo do tempo.

2. Você já participou de algum rito de iniciação em sua universidade ou em organizações militares ou religiosas? Em caso afirmativo, descreva a rejeição ritual, a morte ritual e o renascimento ritual que faziam parte do rito. Você acha que o rito aumentou sua identificação com o grupo ao qual estava se afiliando? Ele aumentou o sentido de solidariedade — o "espírito de corpo" — dos membros do grupo?

3. Faça uma lista das lições contraditórias que diferentes agentes de socialização lhe ensinaram em sua adolescência. Como você resolveu essas lições contraditórias? Se não as resolveu, como pretende fazê-lo?

Glossário

A **auto-socialização** envolve a escolha de influências de socialização a partir grande variedade de opções disponíveis nos meios de comunicação.

Uma **comunidade virtual** é uma associação de pessoas, espalhada por um país, continente ou no planeta, que se comunica via *modem* e computador sobre temas de interesse comum.

Um **currículo oculto** ensina aos estudantes o que é esperado deles como "bons cidadãos" após deixarem a escola.

O **ego**, segundo Freud, é o mecanismo psicológico que equilibra as necessidades conflitantes representadas pela busca do prazer do *id* e pelas restrições do superego.

O **eu**, de acordo com Mead, é o aspecto subjetivo e impulsivo do *self* que se encontra presente desde o nascimento.

Um **grupo de colegas** de um indivíduo é composto de pessoas que têm mais ou menos a mesma idade e *status* semelhante ao dessa pessoa. O grupo de colegas atua como um agente de socialização.

O ***id***, de acordo com Freud, é a parte do *self* que exige gratificação imediata.

O **inconsciente**, de acordo com Freud, é a parte do *self* que contém as lembranças reprimidas de que normalmente não estamos conscientes.

Instituições totais são ambientes em que as pessoas são isoladas da sociedade e submetidas ao controle estrito e à supervisão constante de um quadro especializado de funcionários.

O **mim**, segundo Mead, é o componente social objetivo do *self* que emerge quando as pessoas se comunicam simbolicamente e aprendem a assumir o papel do outro.

O **outro generalizado**, para Mead, é a imagem que uma pessoa tem dos padrões culturais e como eles se aplicam a ela.

Outros significantes são pessoas que desempenham papéis importantes nas primeiras experiências de socialização das crianças.

Um **papel** é o comportamento esperado de uma pessoa que ocupa uma determinada posição na sociedade.

Papéis de gênero são expectativas amplamente compartilhadas de como homens e mulheres devem agir.

Uma **profecia auto-realizadora** é uma expectativa que faz com que uma previsão ocorra.

A **ressocialização** ocorre quando agentes de socialização poderosos provocam mudanças nos valores, nos papéis e na autoconcepção das pessoas, às vezes contra sua vontade.

Rito de iniciação é um ritual que significa a passagem do indivíduo de um grupo para outro e assegura sua lealdade ao novo grupo.

O ***self*** consiste em idéias e atitudes de uma pessoa a respeito de quem ela é.

Socialização é o processo pelo qual as pessoas aprendem a sua cultura. Elas o fazem adotando e abandonando de uma série de papéis e tornando-se conscientes de si próprias enquanto interagem com outros.

A **socialização antecipatória** envolve o uso de normas e comportamentos de um papel a que a pessoa aspira, mas que ainda não ocupa.

Socialização primária é o processo de aquisição das habilidades básicas necessárias para agir na sociedade durante a infância. A socialização primária ocorre em uma família.

Socialização secundária é a socialização fora da família, após a infância.

Status diz respeito a uma posição social reconhecida que um indivíduo ocupa.

O **superego**, segundo Freud, é a parte do *self* que age como o repositório dos padrões culturais.

O **teorema de Thomas** afirma que "situações que definimos como reais tornam-se reais em suas conseqüências".

CAPÍTULO 5

Interação Social e Organizações

Neste capítulo, você aprenderá que:

- A interação social envolve a comunicação face a face e a ação orientada para o comportamento de outras pessoas. O caráter de toda interação social depende das posições que as pessoas ocupam no sistema de interação (seus *status*), seus padrões de conduta (normas) e seus conjuntos de comportamentos esperados (papéis).
- Diversas emoções estão envolvidas nas interações sociais. No entanto, as emoções não são tão naturais, espontâneas, autênticas e incontroláveis quanto se acredita. Diversos aspectos da estrutura social influenciam a constituição de nossa vida emocional.
- As pessoas interagem, principalmente, baseadas no medo, na inveja ou na confiança. A dominação, a competição e a cooperação fazem surgir essas três emoções.
- Em geral, explicamos as ações das pessoas em termos de seus interesses e de suas emoções. No entanto, as pessoas às vezes agem contra seus interesses e suprimem suas emoções porque diversas coletividades sociais (grupos, redes e burocracias) exercem forte influência sobre seu comportamento.
- Os padrões de laços sociais por meio dos quais fluem recursos materiais e emocionais formam redes sociais. Informação, doenças infecciosas e ajuda mútua, entre outras coisas, se espalham por meio das redes sociais.
- As pessoas que se mantêm juntas pela interação e por uma identidade comum formam grupos sociais.
- Burocracias são organizações grandes e impessoais que operam com graus variáveis de eficiência. Burocracias eficientes mantêm a hierarquização em um nível mínimo, distribuem os processos decisórios entre todos os seus níveis e mantêm abertos os canais de comunicação entre suas diferentes unidades.

A Estrutura da Interação Social

O Holocausto — História Pessoal

Em 1941, a grande estação de trem feita de pedra e vidro era o maior orgulho da pequena cidade de Smolensk, capital de uma província na fronteira ocidental da Rússia. Sempre borbulhante, a estação estava cheia de gente na manhã de 28 de junho. Além dos passageiros e acompanhantes usuais, estava lotada de soldados do Exército Vermelho soviético que conversavam nervosamente, fumavam, escreviam cartas para seus entes queridos e dormiam no chão da estação enquanto aguardavam a chegada de seus trens. Tropas nazistas haviam invadido a cidade vizinha de Minsk, na Bielo-Rússia, alguns dias antes. Os soldados soviéticos estavam sendo mobilizados para defender a Rússia do inevitável ataque alemão.

O pai de Robert Brym, então com aproximadamente 20 anos, estava em uma fila para comprar comida há cerca de duas horas quando notou os fachos de luz que traçaram um arco no céu, sobre a estação. Em poucos segundos, bombardeiros Stuka, o orgulho da força aérea alemã, mergulharam no ar e soltaram suas bombas. Dentro da estação, estilhaços de vidro, blocos de pedra e montes de terra caíram indiscriminadamente sobre soldados adormecidos e mães que amamentavam. Instaurou-se o pânico. As pessoas atropelavam-se umas às outras para tentar sair. Em questão de minutos, a estação de trem havia se transformado em um monte de pedregulhos.

Quase dois anos antes, o pai de Robert conseguira escapar da Polônia quando os nazistas invadiram sua cidade natal, perto de Varsóvia. Agora ele estava fugindo mais uma vez. Quando os nazistas ocuparam Smolensk, algumas semanas após o bombardeio da estação de trem, o pai de Robert estava no interior da Rússia, servindo em um batalhão de trabalhadores ligados ao Exército Vermelho.

"Meu pai foi um dos 300 mil judeus poloneses que fugiram para a Rússia antes que a máquina de genocídio nazista pudesse alcançá-los", diz Robert. "O restante dos mais de três milhões de judeus poloneses foram mortos de diversas maneiras. Alguns morreram em combate; outros tantos, como a mãe e os irmãos de meu pai, foram reunidos como gado infectado e mortos com tiros.

Entretanto, a maioria dos judeus poloneses acabou indo para os campos de concentração. Aqueles considerados incapazes foram enviados para as câmaras de gás. Aqueles declarados em condições de trabalhar foram transformados em escravos até não mais poderem trabalhar. Esses também encontraram seu destino. Meros 9% dos 3,3 milhões de judeus poloneses sobreviveram à Segunda Guerra Mundial. O regime nazista foi responsável pela morte de 6 milhões de judeus na Europa" (Burleigh, 2000).

"Uma questão que sempre deixou meu pai atônito em relação à guerra foi a seguinte: como foi possível que milhares de cidadãos alemães comuns — produto daquilo que ele considerava a civilização mais avançada da Terra — puderam assassinar sistematicamente milhões de judeus, ciganos, homossexuais e deficientes mentais inocentes e indefesos nos campos de concentração?" Para responder adequadamente a essa questão, é necessário tomar emprestado algumas idéias do estudo sociológico das interações e das organizações sociais.

As Origens Sociais do Mal

Como cidadãos alemães comuns podem ter cometido o crime do século? A resposta convencional, não sociológica, é que muitos nazistas eram maus, sádicos ou loucos o bastante para pensar que judeus e outros grupos indesejados ameaçavam a existência do povo alemão. Assim, na mente dos nazistas, os inocentes deveriam ser mortos. Essa é a resposta dada pelo filme *A Lista de Schindler*, de 1993, e por muitos outros.

No entanto, essa resposta está longe de explicar toda a história. Os sociólogos enfatizam três outros fatores.

1. *Normas de solidariedade exigem conformidade.* Quando estabelecemos relações com amigos, namorados ou namoradas, esposos ou esposas, colegas etc., desenvolvemos idéias compartilhadas ou "normas de solidariedade" sobre como devemos nos comportar em relação a essas pessoas para que possamos manter essas relações. Dado que essas relações são importantes para nós do ponto de vista emocional, algumas vezes podemos prestar mais atenção às normas de solidariedade do que à moralidade de nossas ações. Por exemplo, um estudo sobre os nazistas que levavam os judeus poloneses e outros "inimigos" da Alemanha nazista para as áreas rurais a fim de atirar neles e matá-los deixou claro que muitas vezes os soldados não odiavam aquelas pessoas e nem mesmo tinham quaisquer sentimentos de repulsa em relação às suas ações (Browning, 1992). Eles simplesmente desenvolveram uma lealdade profunda para com os outros. Sentiram que deveriam desempenhar as tarefas que lhes foram designadas, sob o risco de desapontar colegas e superiores. Assim, cometeram determinadas atrocidades em parte porque queriam manter o moral, a solidariedade e a lealdade do grupo; cometeram atos maus não porque fossem extraordinariamente maus, mas porque eram bastante comuns — comuns no sentido de que agiam para sustentar seus laços de amizade e servir seu grupo, como faz a maioria das pessoas. É o poder das normas de solidariedade que nos ajuda a compreender como os soldados são capazes de desempenhar muitas ações difíceis de se aceitar.

O caso do regime nazista pode parecer extremado, mas outros casos de participação em comportamentos criminosos revelam uma dinâmica semelhante. Por que as pessoas raramente denunciam crimes cometidos por corporações? Os empregados podem sentir medo de reprimendas ou de demissões caso denunciem seus superiores, mas também se preocupam em não decepcionar os colegas de trabalho. Por que os membros de gangues se envolvem em ações criminosas? Eles podem buscar ganhos financeiros, mas também percebem o crime como uma forma de manter laços sociais fortes com os colegas de seu grupo.

Um estudo sobre o pequeno número de cristãos poloneses que ajudou a salvar judeus durante a Segunda Guerra Mundial tenta esclarecer por que algumas pessoas violam determinadas normas de grupo (Tec, 1986). O heroísmo desses cristãos poloneses não tinha correlação com seu grau de escolaridade, com sua orientação política, com sua formação religiosa ou mesmo com suas atitudes específicas relativas aos judeus. De fato, alguns cristãos poloneses que ajudaram a salvar judeus eram bastante anti-semitas. Esses heróis cristãos eram, por uma razão ou outra, marginalizados ou excluídos em relação às normas dominantes. Como eram fracamente socializados dentro das normas de sua sociedade, estavam mais livres para não se conformar e para agir de acordo com o que acreditavam ser correto. Podemos afirmar o mesmo em relação aos funcionários que denunciam seus superiores ou às pessoas que entregam seus colegas de gangues. Eles são desleais considerando a perspectiva interna do grupo, mas heróicos segundo uma perspectiva externa porque, freqüentemente, foram fracamente socializados segundo as normas do grupo.

2. *Estruturas de autoridade tendem a tornar as pessoas obedientes.* A maioria das pessoas acha difícil desobedecer figuras de autoridade porque teme a ridicularização, o ostracismo e as punições de forma geral. Isso foi demonstrado em um experimento conduzido pelo psicólogo social Stanley Milgram (1974). Milgram disse aos sujeitos de seu experimento que eles estavam participando de um estudo sobre punição e aprendizagem. Ele levou cada um até uma sala na qual um homem estava amarrado a uma cadeira, com um eletrodo conectado ao pulso. O sujeito experimental sentava-se em frente a um balcão contendo 30 interruptores marcados com etiquetas que indicavam de "15 volts" a "450 volts", em intervalos de 15 volts. Outro conjunto de etiquetas, colado abaixo dos interruptores, indicava de "choque leve" a "perigo: choque severo". Os sujeitos experimentais eram instruídos a administrar um choque de 15 volts para a primeira resposta errada do homem e depois aumentar a voltagem cada vez que ele cometesse um erro. O homem amarrado à cadeira era um ator e não recebia um choque de verdade. No entanto, à medida que o sujeito experimental aumentava a corrente elétrica, o ator começava a se retorcer, gritando por piedade e implorando para ser liberado. Se o sujeito experimental tornava-se relutante em aumentar a corrente, Milgram o assegurava de que o homem amarrado à cadeira ficaria bem e insistia dizendo que o sucesso do experimento dependia de sua obediência. Os sujeitos tinham, entretanto, a liberdade de abortar o experimento a qualquer momento. Surpreendentemente, 71% dos sujeitos experimentais se mostraram prontos a administrar choques de 285 volts ou mais, muito embora os interruptores daqueles níveis estivessem marcados com as etiquetas "choque intenso", "choque extremamente intenso" e "perigo: choque severo" e apesar do fato de o ator parecer sofrer muito com aqueles níveis de corrente elétrica (Figura 5.1).

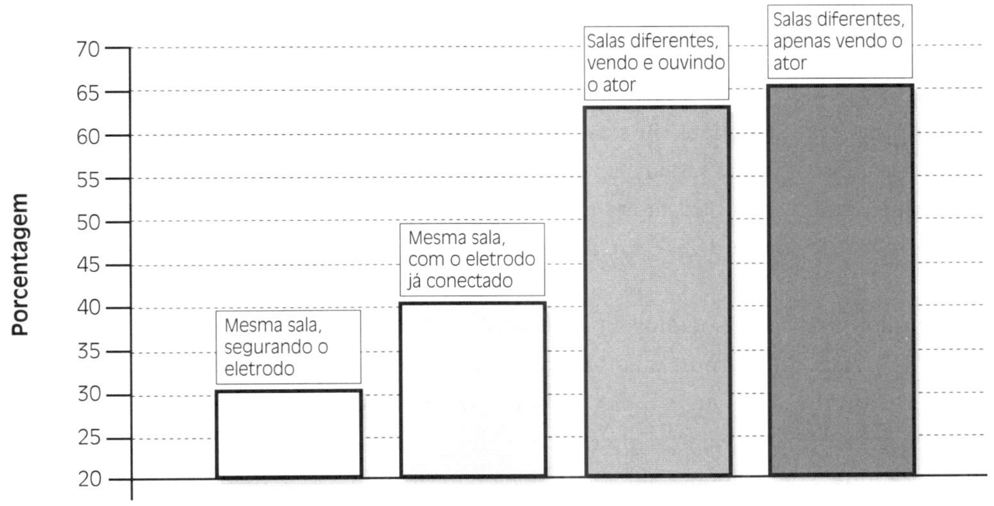

Figura 5.1 A obediência à autoridade aumenta com a separação dos efeitos negativos das ações de um indivíduo

O experimento de Milgram corrobora a visão segundo a qual separar as pessoas dos efeitos negativos de suas ações aumenta a probabilidade de aquiescência. Quando o sujeito e o ator estavam na mesma sala e pedia-se ao sujeito que forçasse o pulso do ator no eletrodo, 30% dos sujeitos administraram o choque máximo de 450 volts. Quando o sujeito e o ator estavam na mesma sala, mas o eletrodo já estava amarrado ao pulso do ator, 40% das pessoas administraram o choque máximo. Quando sujeito e ator estavam em salas diferentes, mas o sujeito podia ver e escutar o ator, 62,5% dos sujeitos administraram o choque máximo. Quando o sujeito e o ator estavam em salas diferentes e o ator podia ser visto, mas não ouvido, 65% dos sujeitos administraram o choque máximo.

Fonte: Gráfico baseado no Capítulo 4, "Closeness of the Victim from Obedience to Authority", de Stanley Milgram. Reproduzido com permissão da HaperCollins Publishers, Inc.

O experimento de Milgram nos ensina que, tão logo sejamos colocados em uma estrutura de autoridade, tendemos a obedecer aqueles que detêm o poder. Acontece dessa forma mesmo que a estrutura de autoridade seja nova e artificial, mesmo que sejamos livres para deixarmos essa estrutura sem penalidade alguma e mesmo que pensemos que, permanecendo nela, estaremos provocando um sofrimento enorme a outro ser humano. Nesse contexto, as ações e omissões dos cidadãos alemães na Segunda Guerra Mundial tornam-se mais compreensíveis — ainda que não mais perdoáveis.

3. *Burocracias são estruturas de autoridade altamente eficientes.* A máquina de genocídio nazista também foi eficaz porque era organizada burocraticamente. Como Max Weber (1978) definiu o termo, uma **burocracia** é uma organização grande e impessoal, composta de muitas posições definidas e distribuídas em uma hierarquia. Uma burocracia tem funcionários qualificados e assalariados e possui regras, objetivos e procedimentos claros e por escrito. Os funcionários estão sempre em busca de maneiras de administrar a organização de forma mais eficiente. "Eficiência" significa alcançar os objetivos da burocracia com o menor custo possível. O objetivo da máquina de genocídio nazista era o de matar judeus e outros grupos indesejados. Para alcançar esse fim com o máximo de eficiência, o trabalho era dividido em várias pequenas tarefas. A maioria dos oficiais desempenhava apenas uma função, como verificar o horário dos trens, organizar atividades de entretenimento para os guardas dos campos, manter o suprimento de gás Zyklon B ou remover as cinzas dos crematórios. O horror dos acontecimentos escapava a muitos oficiais, ou pelo menos podia ser convenientemente ignorado, à medida que eles se concentravam em suas tarefas, a

maioria delas distante das câmaras de gás e dos campos de extermínio da Polônia ocupada. Muitos fatores explicam a variação das taxas de vitimização dos judeus na Europa durante a Segunda Guerra Mundial. Um fator é a organização burocrática. Não coincidentemente, a proporção de judeus mortos não era mais alta naqueles países controlados pelos nazistas onde o ódio aos judeus era mais intenso (por exemplo, a Romênia), mas em países em que a burocracia nazista era melhor organizada (por exemplo, a Holanda) (Bauman, 1991 [1989]; Sofsky, 1997; Arendt, 2003 [1963]).

Em resumo, a resposta sociológica à pergunta colocada pelo pai de Robert é que não foi apenas um ódio cego que tornou possível aos nazistas matar pessoas inocentes de maneira tão brutal, mas a natureza dos grupos e das burocracias. E por que os inocentes apenas raramente resistiam aos opressores, em vez de lutar contra eles com todas as forças? A resposta sociológica mais curta é que eles tinham poucos recursos para fazê-lo. Não apenas lhes faltavam as armas mais rudimentares, mas foram sistematicamente alijados de sua força, de sua saúde, de sua dignidade e de sua coragem à medida que eram depilados, espiolhados, subjugados pela fome, intimidados, escravizados e surrados pelos guardas dos campos de concentração. Judeus com algum recurso de fato lutaram contra os nazistas. Eles constituíram o segundo grupo étnico mais condecorado no Exército Vermelho (junto aos próprios russos); lutaram heroicamente no movimento de resistência; organizaram levantes contra os nazistas em Varsóvia e em outros locais (Dawidowicz, 1975). Apenas nos campos de concentração, onde lhes faltavam praticamente todos os meios de resistência, sua interação com os nazistas assumiu a forma de uma aquiescência aterrorizada.

As questões levantadas anteriormente constituem o cerne do estudo sociológico das interações sociais e organizações. Como a interação social é mantida? Quais são as formas mais eficientes de organização social? São essas as principais questões que trabalharemos neste capítulo. Vejamos, inicialmente, o que a interação social envolve e como ela pode ser mantida. Na seqüência, ao analisarmos a natureza das redes, dos grupos e das organizações burocráticas, tentaremos responder à segunda questão proposta aqui.

O que É Interação Social? O Caso das Comissárias de Bordo e Sua Clientela

Nas primeiras décadas do século XX, os funcionários das companhias de trens e de navios eram majoritariamente homens. Quando as primeiras companhias aéreas comerciais começaram a operar na Alemanha, nos anos de 1910, e nos Estados Unidos, nos anos de 1920, a contratação de comissários de bordo do sexo masculino pareceu a coisa mais natural a ser feita.

As coisas começaram a mudar um pouco na década de 1930 e ainda mais na década de 1950. Os governos começaram a regulamentar a indústria aérea, decidindo para onde e quando os aviões poderiam voar e quanto as companhias poderiam cobrar dos passageiros. Em vôos transatlânticos, alguns governos regulamentavam até o espaço alocado para as pernas dos passageiros entre uma poltrona e outra, assim como a quantidade e o tipo de alimento que constituía uma refeição. Essa regulamentação fez com que as companhias aéreas ficassem praticamente idênticas. Como, então, uma companhia poderia se destacar das outras e assim conseguir mais clientes? As companhias forneceram uma resposta criativa a essa pergunta. Nos anos de 1950, começaram a contratar um grande número de mulheres como aeromoças (hoje conhecidas como "comissárias de bordo", termo mais neutro quanto ao gênero). Elas se destacaram umas das outras ao treinar e anunciar as aeromoças como objetos sexuais glamorosos e fazendo uso delas para atrair os clientes que eram, naquela época, em sua maioria, do sexo masculino.

O plano exigiu o estabelecimento de uma nova forma de **interação social**, a criação de uma nova maneira por meio da qual as pessoas se comunicam face a face, agem e reagem em relação umas às outras. Como é geralmente o caso, essa nova forma de interação foi estruturada em torno de *status*, papéis e normas específicos:

1. Na linguagem cotidiana, *status* significa prestígio; porém, quando os sociólogos usam o termo *status*, normalmente estão se referindo a posições reconhecidas ocupadas por pessoas em uma interação. Comissárias de bordo e passageiros ocupam *status* diferentes. Observe que cada pessoa ocupa muitos *status*. Assim, uma pessoa pode ser comissária de bordo, mãe e esposa ao mesmo tempo. Os sociólogos denominam o conjunto total de *status* ocupado por um indivíduo de ***status* geral**. Se o *status* independe das capacidades, do esforço e das realizações do indivíduo, é chamado de ***status* atribuído**; se for decorrente das capacidades, do esforço e das realizações do indivíduo, é chamado de ***status* adquirido**. "Filha" é um *status* atribuído; "comissária de bordo", um *status* adquirido. Alguns *status* são mais importantes que outros para a identidade de uma pessoa. O ***status* principal** é o *status* mais influente na vida de uma pessoa em um determinado período de tempo.
2. A interação social também requer *papéis* ou um conjunto de comportamentos esperados. À medida que as pessoas *ocupam status*, elas *desempenham* papéis. Um **conjunto de papéis** refere-se a todos os papéis relacionados a um único *status*. Por exemplo, uma mulher que ocupe o *status* de comissária de bordo pode desempenhar os papéis de especialista em segurança de vôo e de copeira.
3. Por fim, uma interação social requer *normas*, ou maneiras geralmente aceitas de se fazer as coisas. Algumas normas são *prescritivas*, isto é, sugerem o que se espera que uma pessoa faça enquanto desempenha um papel particular. Outras normas são *proscritivas*, ou seja, sugerem o que uma pessoa *não* deve fazer ao desempenhar um papel particular. As normas geralmente mudam com o tempo. Em qualquer período dado, algumas normas são universais, ao passo que outras variam de acordo com a situação e com o papel.

Consideremos agora esses três elementos de interação social no contexto da evolução da profissão das aeromoças.

A mudança nos papéis das aeromoças. Em 1930, a companhia americana Boeing Air Transport contratou Ellen Church, a primeira aeromoça do mundo (United Airlines, 2003). Treinada como enfermeira, ela vestia seu uniforme branco em todos os vôos, o que nos diz algo acerca da natureza de seu papel. Na época, voar era muito mais perigoso do que hoje em dia. Embora Ellen servisse café e sanduíches, seu papel principal era acalmar passageiros apreensivos ao assegurar que estavam em boas mãos no caso de uma emergência que exigisse cuidados médicos (embora se possa imaginar que ver uma enfermeira andando pela cabine do avião vestida com um uniforme pudesse gerar o efeito contrário em alguns passageiros). Com a introdução das cabines pressurizadas e outros itens de segurança, os uniformes brancos de enfermeira foram substituídos por terninhos. No entanto, a verdadeira revolução no papel das aeromoças foi sinalizada pela primeira de uma série de

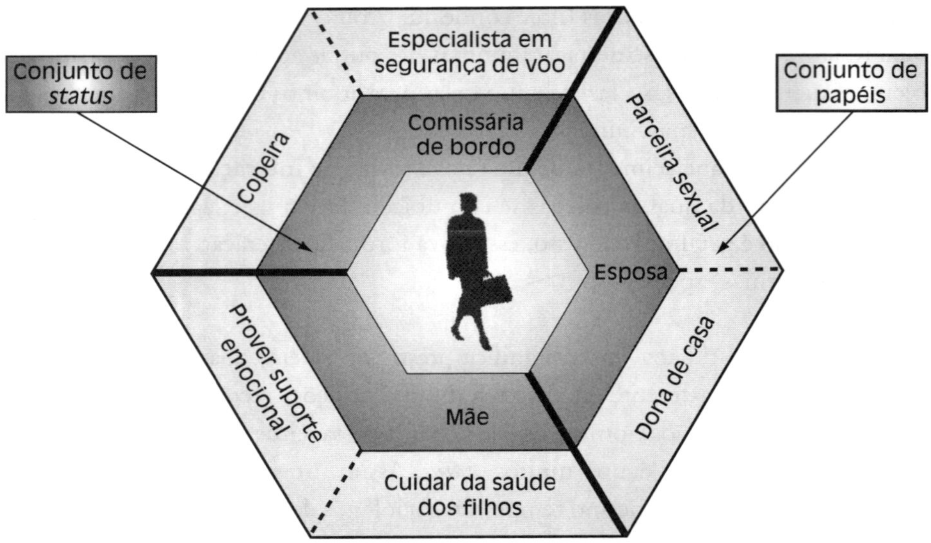

● **Figura 5.2** Conjunto de papéis e conjunto de *status*

mudanças radicais nos uniformes, em 1965. Um executivo de marketing convenceu a agora extinta Braniff International Airways a contratar um estilista de moda famoso para redesenhar os uniformes das aeromoças. Os padrões têxteis de efeitos óticos em cores pastel e as saias 15 cm acima dos joelhos causaram sensação. Todos queriam viajar pela Braniff. O valor das ações da empresa aumentou de 24 para 120 dólares. Logo, todas as companhias aéreas seguiram o exemplo em todo o mundo. Foi assim, por exemplo, que a Varig introduziu a minissaia e as cores berrantes nos uniformes das aeromoças no início dos anos de 1970. As campanhas publicitárias, por sua vez, refletiam as novas expectativas associadas ao papel das aeromoças: da malícia disfarçada das propagandas no final dos anos de 1950, as companhias aéreas passaram a retratar suas aeromoças como objetos sexuais de modo explícito. A Continental Airlines, que pintava a cauda dos aviões com manchas douradas e cujas aeromoças vestiam uniformes dourados, criou o bordão "O pássaro orgulhoso de rabo dourado" e, mais tarde, enfatizava: "Nós realmente balançamos nosso rabo para você". Uma campanha da National Airlines utilizava o convite bastante direto: "Eu sou Linda. Venha me pilotar". A Braniff provocava: "Sua esposa sabe que você está viajando conosco?". Filmes e livros do final dos anos de 1960 também ajudavam a solidificar o novo papel das aeromoças como objetos sexuais, como foi o caso do livro (mais tarde transformado em filme) *Coffee, Tea or Me* (*Café, Chá ou Eu*), escrito pelas ex-aeromoças Trudy Baker e Rachel Jones, em 1967. O livro, de acordo com seu subtítulo, retratava "as memórias desinibidas de duas aeromoças", foi traduzido para 12 línguas e vendeu três milhões de cópias (Handy, 2002).

O reforço das normas. As companhias especificaram e reforçaram muitas normas relativas ao papel das aeromoças e as expectativas dos passageiros ajudaram a reforçar essas normas. Por exemplo, até 1968, as aeromoças tinham de ser solteiras. Até 1970, não podiam engravidar. Tinham de ser atraentes, ter um sorriso bonito e deveriam alcançar um padrão mínimo em testes psicológicos e de QI. Em 1954, a American Airlines impôs uma idade de aposentadoria compulsória de 32 anos, o que se tornou o padrão das companhias aéreas. As aeromoças tinham de ter uma certa aparência:

magras, saudáveis e não muito "cheias". Atribuía-se a elas um peso ideal, baseado em sua altura, e pesagens regulares asseguravam que elas não se desviassem desse ideal. Nos Estados Unidos, todas as aeromoças tinham de usar cintas modeladoras e os supervisores das companhias aéreas desempenhavam checagens de rotina, dando pequenos piparotes em suas nádegas. Os padrões de peso e altura só foram abolidos nos Estados Unidos em 1982 (Lehoczky, 2003) e, no Brasil, os cursos para comissárias de bordo ainda "recomendam" uma altura entre 1,60 m e 1,80 m, peso compatível com a altura, boa dentição, nenhuma tatuagem visível e idade ideal entre 18 e 28 anos. Também havia a questão da "personalidade". Esperava-se das aeromoças que elas se mostrassem solícitas e agradáveis em todos os momentos. Elas também tinham de parecer "disponíveis" para a clientela.

Um **conflito de papéis** ocorre quando dois ou mais *status* ocupados ao mesmo tempo estabelecem papéis com demandas contraditórias. As comissárias de bordo dos dias de hoje experienciam conflito de papéis na medida em que o trabalho nas companhias aéreas requer que se passe longos períodos fora de casa, ao passo que ser mãe e esposa requer que se passe longos períodos em casa. Em contraposição a isso, nos anos de 1950 e 1960, o conflito de papéis era mínimo. Naquela época, crianças doentes e maridos exigentes não podiam interferir na performance de seus papéis de aeromoças porque as companhias aéreas não permitiam que elas fossem mães ou esposas. Por outro lado, as demandas e expectativas relativas aos papéis de aeromoça maximizavam o conflito-papel. Um **conflito-papel** ocorre quando demandas de papéis incompatíveis são colocadas em uma pessoa ao ocupar um único *status*. Por exemplo, os passageiros podem esperar que as aeromoças devam se comportar de maneira sugestiva, por outro lado, as aeromoças podem definir seu papel como ter de tratar os passageiros de maneira educada. Essa falta de acordo em relação ao comportamento esperado para o *status* ocupado pelas aeromoças tornava o desempenho do seu papel muito mais estressante do que parecia nos anúncios (Figura 5.3).

Mudança no status. Dos anos de 1950 até o fim dos anos de 1970, ou mesmo no início dos anos 1980, o papel das aeromoças era glamoroso. Namorar uma aeromoça não era muito dife-

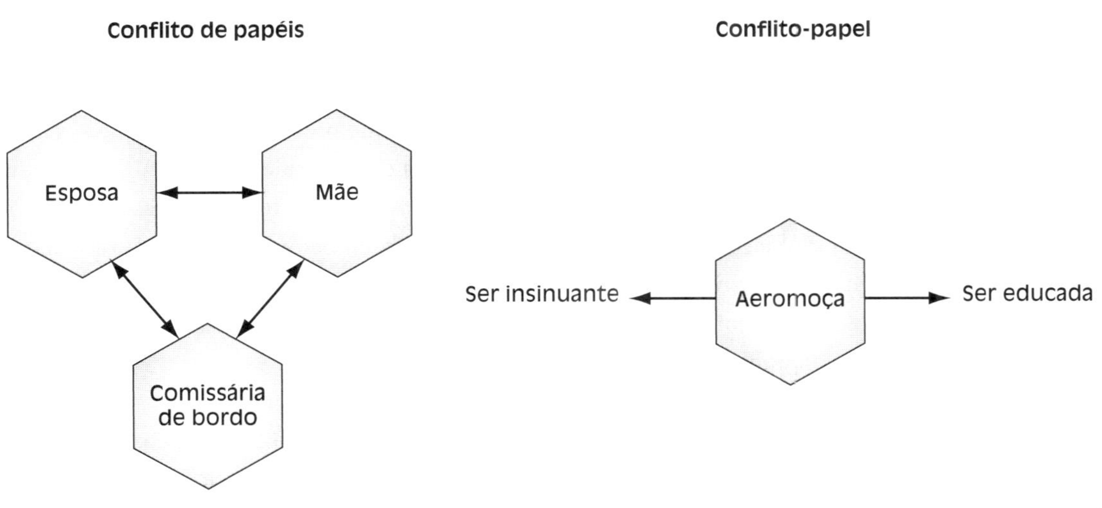

● **Figura 5.3** Conflito de papéis e conflito-papel
O conflito de papéis ocorre quando demandas de papéis relativas a dois ou mais *status* ocupados simultaneamente são impostas a uma pessoa. Como uma comissária de bordo pode experimentar um conflito de papéis devido às demandas contraditórias dos *status* que aparecem no diagrama? O conflito-papel ocorre quando existe uma incompatibilidade nas demandas de papéis relativas a um mesmo *status*. Por que o *status* de comissária de bordo nos anos de 1960 e 1970 gerava muito conflito-papel?

rente de namorar uma atriz famosa e as pessoas olhavam com inveja para grupos de aeromoças que marchavam orgulhosas por um terminal de aeroporto, presumivelmente a caminho de um lugar exótico no qual desfilariam a última moda em roupas e penteado. Em compensação, os salários não tinham nada de glamoroso e as condições de trabalho estavam longe de serem ideais. Em 1968, uma aeromoça concedeu uma entrevista à revista *Newsweek*, na qual descreveu seu trabalho como "comida embaixo das unhas, pés doloridos, reclamações e insultos" (citado em Handy, 2002: 220).

Nas duas últimas décadas, o *status* das aeromoças (a posição que elas ocupam em relação a outras pessoas) mudou. Na era dos vôos com desconto, das barras de cereais e dos saquinhos de amendoim, restou muito pouco do *glamour* inicial. No entanto, os sindicatos e as associações de comissários de bordo e aeroviários do mundo inteiro conseguiram implementar mudanças importantes no que se refere a casamento, gravidez, aposentadoria e contratação de comissários do sexo masculino. A lei que regulamenta o exercício da profissão de aeronauta no Brasil, em vigor desde 1984, garante benefícios às mulheres, como licença-maternidade e férias no mesmo período que o cônjuge, caso os dois trabalhem na mesma companhia (Sindicato Nacional dos Aeronautas, 2004). Embora ainda se enfatize a aparência física e a juventude, os homens são hoje contratados em proporções semelhantes às mulheres. Também é mais freqüente encontrar, nos aviões brasileiros, comissárias de bordo com mais de 40 anos de idade, assim como mulheres e homens negros. Em outros termos, o que antes parecia ser um emprego de curta duração para as mulheres, tem, cada vez mais, se tornado uma carreira como qualquer outra.

Normas, papéis e *status* como os ilustrados anteriormente são os tijolos de toda comunicação face a face. Sempre que as pessoas se comunicam dessa forma, esses tijolos estruturam sua interação. Esse argumento pode ser difícil de ser aceito porque vai contra o senso comum, afinal de contas, pensamos acerca de nossas interações como resultado de nossos estados emocionais. Por exemplo, interagimos com as pessoas de forma diferente dependendo de se elas gostam de nós, se nos suscitam raiva ou se nos fazem rir. Mais especificamente, pensamos sobre emoções como estados mentais individuais que surgem de forma involuntária e que resultam em ações que não podemos controlar. Todos sabemos que ninguém ama, sente raiva ou ri da mesma maneira que outra pessoa, e os filmes e a literatura estão cheios de histórias sobre como o amor, a raiva e o riso acontecem por acaso e fogem ao nosso controle. Sendo assim, será que podemos afirmar que normas, papéis e *status* estruturam nossas interações? Responderemos a essa questão de forma afirmativa na próxima seção. Como você verá, nossas emoções não são tão singulares, involuntárias e incontroláveis quanto pensamos. Subjacente à turbulência de nossa vida emocional existe uma medida de ordem e predição regulada por princípios sociológicos.

Assim como tijolos precisam de cimento para formar uma parede, normas, papéis e *status* requerem uma espécie de "cimento social" para que não se desintegrem e possam se transformar em estruturas sociais duráveis. Qual é a natureza do cimento que une os tijolos da vida social? Colocado de outra forma: como a interação social é mantida? Essa é a questão sociológica mais fundamental que alguém pode perguntar, pois se trata de saber como as estruturas sociais, e a sociedade como um todo, são possíveis. Existem três formas principais de cimentar as estruturas sociais e a sociedade: por meio da dominação, da competição e da cooperação. Porém, antes de investigarmos essas formas mais detalhadamente, examinaremos o problema das emoções, iniciando com o riso e o humor.

A Sociologia das Emoções

Riso e Humor

Toda piada é uma pequena revolução.
George Orwell

Robert Provine (2000) e seus assistentes de pesquisa espreitaram 1.200 conversas de pessoas que riam em lugares públicos, como *shopping centers*. Quando ouviam alguém rindo, gravavam a pessoa que estava rindo (que podia ser a pessoa que falava, a que ouvia, ou ambas) e anotavam o sexo das duas. Para simplificar as coisas, espreitavam apenas a conversa de grupos de duas pessoas, ou "díades". A Tabela 5.1 resume as descobertas de Provine.

● **Tabela 5.1**: Riso e gênero em 1.200 díades

	Percentual dos que riem			
	Episódios	**Falantes**	**Ouvintes**	**Diferença percentual**
Homem fala, homem ouve	275	75,6	60,0	15,6
Mulher fala, mulher ouve	502	86,0	49,8	36,2
Homem fala, mulher ouve	238	66,0	71,0	-5,0
Mulher fala, homem ouve	185	88,1	38,9	49,2
Total	1200	79,8	54,7	25,1

Fonte: Adaptado de Provine (2000).

Provine constatou que, em geral, as pessoas que falam riem mais do que as que ouvem (79,8% e 54,7%, respectivamente; as porcentagens não somam 100% porque a pessoa que falava, a audiência ou ambos poderiam estar rindo durante o incidente). Além disso, emergiram padrões interessantes quando ele levou em consideração o sexo da pessoa que falava e da que ria. Ocorre que as mulheres riem mais que os homens em conversas cotidianas. A maior discrepância em termos de riso ocorre quando a pessoa que fala é mulher e o ouvinte é homem. Nesse caso, as mulheres riem mais que o dobro de vezes que os homens (88,1% e 38,9%, respectivamente). No entanto, mesmo quando um homem fala e uma mulher ouve, a mulher está mais propensa a rir que o homem (71% para as mulheres e 66% para os homens). Também se ri mais do que é dito pelos homens do que pelas mulheres.

Algumas pessoas podem achar que as descobertas de Provine confirmam o estereótipo da mulher risonha e abobalhada. Outros podem interpretar seus dados como uma confirmação da visão segundo a qual as mulheres têm mais do que rir quando falam com homens do que o contrário.

Um sociólogo, por sua vez, notaria que a distribuição do riso por sexo faz parte de um padrão mais amplo. Em situações sociais nas quais pessoas de *status* diferentes interagem, o riso é desigualmente distribuído no seio da hierarquia de *status*. Pessoas de *status* mais altos "recebem" os risos e pessoas de *status* mais baixos riem mais, o que talvez explique por que os "palhaços" das salas de aula normalmente são meninos. O riso, na vida cotidiana, não é, portanto, tão espontâneo como pensamos: é muitas vezes um sinal de dominação ou de subserviência.

Muitas interações sociais ocorrem entre pessoas de *status* semelhantes — entre membros do mesmo grupo nacional ou racial, por exemplo. Se essas pessoas do mesmo *status* pertencem a um grupo privilegiado da sociedade mais ampla, elas dirigem seu humor àqueles que consideram seus inferiores na hierarquia social. Brasileiros fazem piadas sobre portugueses (e vice-versa!); os ingleses riem dos irlandeses e dos gauleses; os franceses se contorcem de rir dos belgas e os russos inventam piadas sobre o povo chukchi, residentes pobres e oprimidos do norte da Sibéria. Da mesma forma, quando as pessoas fazem piadas sobre portadores do Mal de Alzheimer, afirmando que a única coisa boa da doença é que se pode esconder seus próprios ovos de Páscoa, estão rindo de um grupo socialmente marginalizado e com pouco poder. Esses tipos de piada têm como efeito a exclusão de membros externos ao grupo, o sentimento de superioridade desse grupo e o reforço de suas normas e da própria hierarquia de *status*.

Às vezes as pessoas dirigem seu humor contra os governos. Alguns autores afirmam que quanto mais repressivo um governo, e portanto menos liberdade tiver sua imprensa, mais generalizadas são as piadas antigoverno (Davies, 1998). Talvez seja esse o motivo da profusão de humoristas — como Millôr Fernandes, Ziraldo, Henfil, Jaguar, dentre outros — que faziam do governo militar e da censura seus alvos prediletos. Outras vezes, o humor tem apenas um conteúdo político difuso; "político", nesse caso, frouxamente definido como relacionado à distribuição de poder e privilégios na sociedade (como é o caso das piadas sobre grupos minoritários). Outras vezes, o humor parece não ter nenhum conteúdo político: seria difícil identificar o conteúdo político de uma piada como "Por que a galinha atravessou a rua? Porque queria chegar ao outro lado". Ainda assim, em um sentido importante, todas as piadas, mesmo aquelas sobre galinhas atravessando a rua, são "pequenas revoluções", como disse Orwell. Isso porque as piadas invertem ou subvertem a realidade. Elas nos possibilitam, ainda que momentaneamente, ver além daqueles aspectos do mundo que, por sua seriedade, são pouco questionados. Analisadas sociologicamente, as piadas nos possibilitam perceber a estrutura da sociedade por trás do nosso riso.

Emoções

Alguns autores acreditam que as emoções são como uma gripe: em ambos os casos, uma perturbação externa provoca uma reação que experimentamos involuntariamente. A perturbação externa pode envolver a exposição a um vírus particular que nos leva a adoecer de gripe, ou a exposição ao ataque de um urso cinzento que nos leva a sentir medo. Em ambos os casos, não podemos controlar a resposta-padrão do nosso corpo. Emoções, assim como as gripes, simplesmente acontecem (Thoits, 1989: 319).

O problema com esse argumento é que podemos *controlar* nossas emoções e, de fato, o fazemos com freqüência. As emoções não apenas "acontecem"; nós podemos "administrá-las". Se um urso cinzento o atacar no meio de uma floresta, você pode correr tão rápido quanto suas pernas puderem, ou pode se acalmar, deitar no chão, fingir-se de morto e rezar para que tudo dê certo. É mais provável que você sobreviva ao ataque de um urso cinzento se controlar suas emoções e seguir a segunda estratégia. Você também estará misturando seu medo com uma nova emoção: a esperança (Figura 5.4).

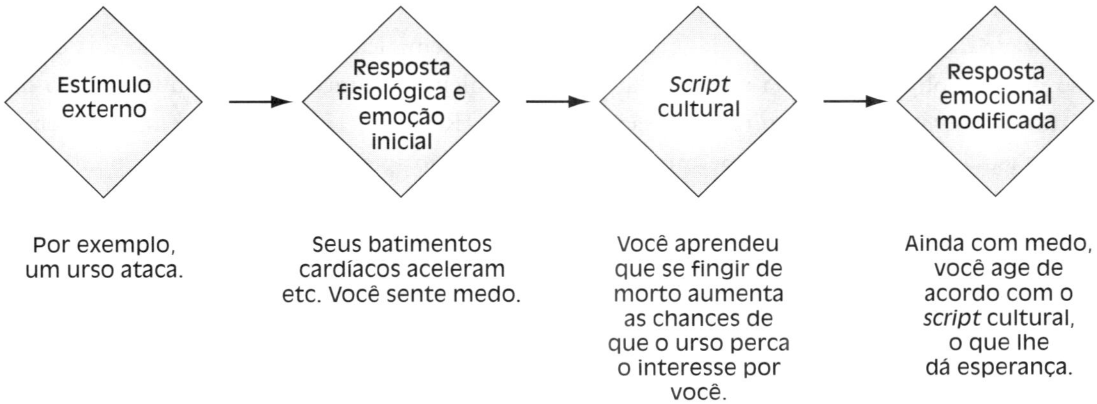

Figura 5.4 Como nos emocionamos

Quando controlamos nossas emoções, tendemos a seguir determinados "*scripts*" culturais, como o conhecimento socialmente transmitido segundo o qual se deitar e se fingir de morto aumenta as chances de sobreviver a um ataque de urso cinzento. Isto é, conhecemos a resposta emocional culturalmente estabelecida para um estímulo externo particular e tentamos agir de acordo com ela. Se não conseguimos nos comportar de acordo com a resposta emocional apropriada, é provável que sintamos culpa, decepção ou (no caso de um ataque de urso) algo muito pior.

A socióloga Arlie Russell Hochschild argumenta que o controle das emoções envolve a obediência a "regras de sentimentos" e a resposta adequada às situações nas quais nos encontramos (Hochschild, 1979; 1983). Assim, por exemplo, as pessoas falam sobre "o direito" de sentirem raiva e reconhecem que "deveriam" ter tido um luto mais longo pela morte de um parente. Temos expectativas convencionais não apenas sobre o que devemos sentir mas também sobre quão profundamente e por quanto tempo devemos sentir, assim como com quem devemos dividir nossos sentimentos. Nesse sentido, as emoções adquirem significado apenas no contexto social em que foram produzidas e experienciadas (Koury, 2004: 10).

É com base em pressupostos como esse que a antropóloga Cláudia Barcellos Rezende investiga os significados da amizade e suas conseqüências nas interações sociais de cariocas e londrinos (Rezende, 1995; 2002). Rezende descobriu que a amizade tem significados distintos nessas duas sociedades. Observe que a amizade pode ser tanto um sentimento quanto um tipo de relação social. Para os ingleses, a amizade implica gostar da companhia de uma pessoa, se divertir e rir com ela, compartilhar gostos e senso de humor, o respeito à privacidade, a confiança e a possibilidade de ser autêntico (Rezende, 1995: 87-88; 2002). Para os cariocas, a amizade envolve "afeto e carinho, afinidades de gostos e visões de mundo e, principalmente, 'intimidade' e 'abertura'" (Rezende, 1995: 90). Os *scripts* culturais relativos ao Rio de Janeiro e a Londres indicam os sentimentos "apropriados" para as relações de amizade que se estabelecem nesses contextos: embora haja elementos comuns, os cariocas tendem a enfatizar emoções como a afeição, o carinho e a estima, ao passo que os londrinos tendem a enfatizar a confiança e a espontaneidade (que só podem ser alcançadas à medida que a relação se desenvolve, tendo como base gostos em comum e de um senso de humor semelhante). Além disso, os ingleses enfatizam a exclusão de emoções como a ofensa e a mágoa nas relações de amizade. Isso porque, de maneira geral, a amizade é tida como um tipo de interação social problemática, difícil de ser alcançada e, por isso mesmo, objeto de muita reflexão. Já para os brasileiros, a amizade parece uma relação tão "natural" que não suscita muita discussão ou reflexão (Rezende, 1995). Nesse sentido, as emoções veiculadas na amizade nos permitem compreender não apenas aspectos de um tipo de interação social específica (a relação de amizade) mas também o contexto sociocultural mais amplo no seio do qual essas relações ocorrem.

As Emoções em uma Perspectiva Histórica

A estrutura social influencia as experiências emocionais de muitas maneiras. Como vimos, as hierarquias influenciam os padrões de riso. Os *scripts* culturais e as expectativas de outros influenciam o que e como devemos sentir em nossa vida pessoal. Amigos são aqueles por quem sentimos carinho e afeição, ou especialmente aqueles em quem confiamos e que nos permitem "sermos nós mesmos"? Dessas e de outras formas, podemos argumentar que a visão segundo a qual as emoções são singulares, espontâneas, autênticas, naturais e talvez enraizadas em nossa biologia é equivocada.

Podemos acrescentar outras evidências para mostrar o impacto da sociedade em nossa vida emocional a partir de estudos históricos. Ocorre que as regras de sentimentos assumem formas diferentes sob condições sociais diferentes, que variam historicamente. Dois exemplos tirados da história social das emoções podem nos ajudar a ilustrar esse ponto:

- *Luto.* Dentre outros fatores, a "taxa bruta de mortalidade" (o número anual de mortes por mil pessoas em uma população) ajuda a determinar nossa experiência do luto (Lofland, 1985). Até o século XVII, a expectativa de vida na Europa era de apenas 35 anos. Muitas crianças morriam durante o parto ou no primeiro ano de vida. Doenças infecciosas dizimavam populações inteiras. A Medicina estava engatinhando. O risco de se perder membros da família, em especial bebês, era muito mais alto do que hoje. O resultado dessa situação era que as pessoas investiam emocionalmente em suas crianças menos do que fazemos hoje. O luto pela morte de uma criança era mais curto e menos intenso que o nosso; as pessoas ficavam menos abaladas. À medida que as condições de saúde melhoraram e a taxa de mortalidade infantil foi diminuindo, o investimento emocional nas crianças foi aumentando. Ele se intensificou especialmente no século XIX, quando, como resultado da industrialização, as mulheres passaram a ter, em média, menos filhos (ver o Capítulo 14, "População, Urbanização e Desenvolvimento"). À medida que o investimento emocional em crianças aumentou, o luto em resposta à morte infantil se intensificou e passou a ter maior duração.

- *Nojo.* Os costumes na Europa medieval eram absolutamente nojentos para nossos padrões. Mesmo os aristocratas mais refinados costumavam cuspir em público e arrotar durante os banquetes (até na presença de um rei). Os membros da alta sociedade não hesitavam em se coçar ou soltar gases à mesa, comiam com as mãos e usavam as facas para espetar a comida. O que era aceitável à época nos causa repugnância agora porque as regras de sentimentos mudaram. As maneiras à mesa começaram a se modificar com o surgimento do Estado político moderno, em especial depois de 1700. O Estado político moderno criou exércitos e coletou impostos, impôs línguas e exigiu lealdade. Toda essa coordenação de esforços necessitou de mais autocontrole por parte dos cidadãos. Mudanças nos padrões de comportamento público — sinalizadas pela introdução do garfo, do pijama e da camisola, do lenço, da escarradeira e do penico — acompanharam o surgimento do Estado moderno. As regras de etiqueta também serviram para definir quem tinha e quem não tinha poder. Por exemplo, não existe nada de inerentemente bem-educado no fato de um pai se sentar à cabeceira de uma mesa de jantar e as crianças esperarem para falar apenas quando se dirigem a elas. Essas regras acerca da diferença entre boas maneiras e comportamentos não apropriados ou nojentos foram criadas para sinalizar a distribuição de poder na família em termos de idade e gênero (Elias, 1994 [1939]; Scott, 1998).

No Capítulo 11, "Famílias", contaremos uma história semelhante sobre o amor romântico, que se tornou um critério fundamental para a decisão de se casar apenas nas sociedades industrializadas (Swidler, 1980). Essa história nos levará a uma conclusão semelhante à que chegamos neste capítulo: embora as emoções formem uma parte importante de todas as interações sociais, elas não são universais ou constantes, mas têm uma história e raízes profundas em *status*, papéis e normas sociais. Com essas lições em mente, passaremos agora para outro elemento importante deste capítulo: a análise do "cimento social" que mantém os tijolos da vida social unidos, transformando-os em estruturas sociais duráveis.

Três Formas de Interação Social

Interação como Competição e como Troca

Você já esteve no meio de uma conversa em que era impossível dizer alguma coisa? Se você é como a maioria das pessoas, é possível que isso ocorra de vez em quando. Quanto mais uma conversa unilateral como essa persiste, mais excluído você se sente. Pode ser que você tente de formas cada vez menos sutis trazer a conversa para seu lado, mas se não consegue, pode resolver terminar a interação. Se essa experiência se repete — se a pessoa com quem você está falando constantemente monopoliza a conversa —, é provável que você evite conversar com ela no futuro. Manter uma interação (e uma relação) requer que a necessidade de atenção de ambas as partes sejam satisfeitas.

A maioria das pessoas não tenta, consistentemente, monopolizar as conversas. Se elas fizessem isso, não haveria muitas conversas no mundo. De fato, o revezamento é uma das normas básicas que governam as conversas; as pessoas literalmente se revezam ao falar, para tornar a conversação possível. Apesar disso, uma parte considerável de toda conversação envolve uma competição sutil por atenção. Considere o seguinte trecho de uma conversa em um jantar:

John: "Estou morrendo de fome".
Mary: "Ah, eu acabei de comer".
John: "Nossa, estou morrendo de fome".
Mary: "Quando foi a última vez que você comeu?"

Charles Derber (1974: 24) gravou essa conversa. John começa dizendo como ele está com fome. Ele é o foco da atenção. Mary responde que não está com nenhuma fome e o foco da atenção muda para ela. John insiste que está com fome, mudando o foco da atenção de volta para si. Mary, por fim, permite que John seja o foco da conversa ao perguntar quando foi a última vez que ele comeu. Assim, John "vence" a competição por atenção.

Derber gravou 1.500 conversas em residências, empresas, restaurantes, salas de aula, dormitórios e grupos de terapia. Ele concluiu que a maioria dos americanos tenta direcionar as conversas para si e o fazem de maneiras que não se pode notar facilmente. Apesar disso, Derber afirma, a conversação típica consiste em uma competição dissimulada por atenção. No entanto, a menos que ambas as pessoas em uma conversa de dois indivíduos recebam atenção, é provável que a interação cesse. Como tal, uma conversação normalmente envolve a *troca* de atenção.

Teoria das Trocas e Teoria da Escolha Racional

A intuição central da **teoria das trocas** é que a interação social envolve a troca de atenção e de outros recursos valorizados (Blau, 1964; Homans, 1961). Os teóricos das trocas acreditam que quando as pessoas e os grupos interagem, trocam coisas que têm valor simbólico, social ou material e tentam se beneficiar de tais trocas. George Homans, o principal expoente dessa teoria, acreditava, além disso, que a interação social ocorria a partir de "leis" gerais do comportamento humano. Os princípios e as leis mais importantes da teoria das trocas são os seguintes:

- O comportamento social consiste em uma troca de bens (tanto bens materiais quanto não-materiais como prestígio).
- Pessoas que dão muito a outras pessoas tentam receber muito delas; pessoas que recebem muito encontram-se sob pressão para dar muito às pessoas de quem receberam.
- Quando as pessoas se encontram em uma situação de troca (isto é, em uma interação social), as coisas que elas dão podem representar um custo, assim como o que elas recebem pode representar uma recompensa.
- De todas as ações desempenhadas por uma pessoa, quanto mais recompensada for uma ação, mais freqüentemente ela tenderá a ser desempenhada (Homans, 1961: 16).
- Quanto mais uma ação se repetir em uma interação social, mais essa ação tende a gerar um equilíbrio na troca, criando, assim, as estruturas sociais (Homans, 1965: 183).

Há muitos problemas com a teoria das trocas. Em primeiro lugar, as "leis" de Homans não especificam quanto custo e quanta recompensa levam as pessoas a agir e, nesse sentido, não são verdadeiramente leis. Por exemplo, quanta atenção uma pessoa acha que deve receber antes de decidir continuar ou terminar uma conversa? De fato, a partir dos anos de 1960, a maioria dos sociólogos questionava a possibilidade de se estabelecer leis sociais: ou elas eram triviais, ou seja, afirmavam o óbvio, ou não correspondiam à realidade social, geralmente muito variável para ser expressa em forma de leis (Halfpenny, 1982). Outro problema com a perspectiva de

Homans é que ele não acreditava ser possível conhecer o significado que as pessoas atribuíam às suas escolhas e ações, já que não se pode observar o que se passa na mente das pessoas. Uma vez que Homans era um empirista, isto é, acreditava que qualquer conhecimento, para ser válido, deveria ser obtido por meio da observação empírica, a impossibilidade de se observar empiricamente o conteúdo das mentes dos indivíduos tornava impossível saber o porquê de determinados comportamentos: em vez disso, presumia-se apenas que as pessoas buscavam obter mais das coisas que desejavam ao menor custo possível. Como veremos adiante, o significado que as coisas assumem para as pessoas é um elemento importante para compreender a razão das ações e das interações humanas.

Uma variante da teoria das trocas é a **teoria da escolha racional**. A teoria da escolha racional, popular na sociologia nas décadas de 1980 e 1990, foca menos os recursos que estão sendo trocados e mais a maneira por meio da qual as pessoas avaliam os custos e os benefícios da interação. Para Jon Elster (1992), a teoria da escolha racional é mais apropriada para dizer o que as pessoas *devem* fazer a fim de alcançar seus objetivos do que para explicar o que elas de fato *fazem*. Isso porque se baseia em uma concepção de agente humano conhecida como *homo economicus* — isto é, um agente racional que tem consciência dos seus objetivos e dos melhores meios para alcançá-los. Para muitos teóricos da escolha racional, o comportamento do *homo economicus* deve ser explicado como uma série de tentativas para conseguir o que ele quer (Hollis, 1976). Essa concepção de agente humano pode ser apropriada para alguns tipos de situação, como o mercado econômico, por exemplo, mas torna-se problemática para muitos tipos de interações sociais.

Grande parte dos sociólogos que trabalhou com a teoria da escolha racional, como é o caso de Jon Elster e de Raymond Boudon, acabou dedicando suas obras mais recentes ao estudo dos limites da racionalidade humana, do papel, das normas, dos valores, dos sentimentos etc. nas ações e interações humanas (Hamlin, 2002). Esses autores reconheceram que as pessoas nem sempre agem racionalmente, muitas vezes agem com base em normas sociais que nem sempre são claras para elas. Muitas vezes não podemos saber o que as pessoas querem porque as normas, os *status* e os papéis sociais não lhes são apresentados de maneira clara ou definida. Além disso, as pessoas não aceitam passivamente as normas sociais que lhes são apresentadas. Nós negociamos e modificamos normas — e também *status* e papéis — à medida que interagimos com outros. Exploraremos esse tema na próxima seção, ao considerar as maneiras engenhosas por meio das quais as pessoas "administram" as impressões que tentam passar para os outros durante as interações sociais.

Interação Simbólica

Análise Dramatúrgica

> *A melhor maneira de impressionar [professores] com a sua competência é perguntar coisas que você sabe a resposta. Isso porque se eles lhe devolverem a pergunta, "O que você acha?", então você pode lhes dizer o que pensa e terá dado uma resposta muito inteligente porque já sabia qual era. Você não perguntou para se informar. Você pergunta para impressionar as pessoas.*
>
> Estudante de terceiro ano de um curso de medicina

Logo após ingressar no curso de medicina, os estudantes se tornam especialistas em controlar as impressões que transmitem a outras pessoas. Como Jack Haas e William Shaffir (1987) mostram em seu estudo sobre socialização profissional, os estudantes adotam um vocabulário médico novo e vestem um jaleco branco para se diferenciar dos pacientes; tentam se comportar como os médicos que têm autoridade sobre eles; podem perguntar coisas cujas respostas já conhecem, para impressionar os professores; ao lidar com pacientes, podem esconder sua ignorância por trás de um jargão médico a fim de manter a autoridade. Ao desempenharem práticas como essas, os estudantes do curso de medicina reduzem a distância entre seus *selves* anteriores ao curso e o papel de médico. Ao fim do curso, terão reduzido essa distância a tal ponto que não perceberão mais nenhuma diferença entre quem são e o papel de médico. Passarão a ver naturalmente uma coisa que tiveram de construir socialmente em um momento anterior – o fato de que são médicos (Haas e Shaffir, 1987: 53-83).

O estudo de Haas e Schaffir é uma aplicação do interacionismo simbólico, abordagem teórica introduzida no Capítulo 1. Os interacionistas simbólicos concebem as pessoas como ativas, criativas e auto-reflexivas. Enquanto os teóricos das trocas *pressupõem* o que as pessoas querem, os interacionistas argumentam que as pessoas *criam* significados e desejos *no curso da interação social*.

Embora existam diversas abordagens interacionistas (Denzin, 1992), provavelmente a mais utilizada é a **análise dramatúrgica**. Conforme desenvolvida pelo sociólogo Erving Goffman (1959 [1956]), a análise dramatúrgica interpreta literalmente a frase de Shakespeare em sua peça *Como Gostais*: "O mundo todo é um palco, e todos, homens e mulheres, meros atores".

Segundo a perspectiva de Goffman, estamos constantemente engajados em uma representação de papéis. Isso é evidente quando nos encontramos "no palco" em ambientes públicos. Assim como em um teatro, em que se necessita de cenários, gestos ensaiados e falas decoradas, a representação nos espaços públicos também requer esses elementos. Um garçom em um restaurante, por exemplo, deve vestir um uniforme, sorrir e dizer frases fixas ("Boa tarde. Gostaria de beber alguma coisa antes de pedir o almoço?"). Quando o garçom vai para "os bastidores", ele pode relaxar um pouco da performance que desempenhou no palco e discuti-la com os colegas de profissão ("Aquelas crianças na mesa seis estão me enlouquecendo!"). Assim, freqüentemente distinguimos entre nossos papéis públicos e nossos *selves* "verdadeiros". Observe, entretanto, que mesmo nos bastidores nos engajamos em representações de papéis e no controle de impressões. Apenas estamos menos conscientes disso. Por exemplo, na cozinha, o garçom pode tentar se apresentar da melhor maneira possível para uma garçonete a fim de convidá-la para sair. Assim, a implicação da análise dramatúrgica é que não existe um *self* singular, apenas o conjunto de papéis que desempenhamos em diversos contextos sociais. Os garçons desempenham muitos papéis fora do ambiente de trabalho. Eles jogam em times de futebol, cantam em corais de igreja e passeiam com os amigos em *shopping centers*. Cada papel é dirigido por normas acerca do tipo de roupa, de conversa, de maneirismos adequados. Representamos em muitos palcos diferentes em nossa vida cotidiana.

Nem sempre representamos entusiasticamente. Se um papel é estressante, pode ser que nos engajemos em um distanciamento de papel. O **distanciamento de papel** envolve transmitir a impressão de que estamos "fingindo" representá-lo quando não nos sentimos compromissados com o papel. Assim, quando as pessoas acreditam que um papel é embaraçoso ou que está aquém delas próprias, elas tentam passar para os colegas a impressão de que aquele não é o seu *self* "verdadeiro". "Meus pais me obrigam a cantar no coral da igreja"; "Estou trabalhando no McDonald's para ganhar uns trocados a mais, mas voltarei para a universidade no próximo semestre"; "Esse carro velho que estou dirigindo é apenas emprestado" — são racionalizações como essas que as pessoas desenvolvem quando estão se distanciando de um papel.

Etnometodologia

A visão de Goffman da interação social pode parecer um tanto cínica. Ele retrata as pessoas como pouco autênticas, sempre desempenhando papéis, tentando parecer algo que não são, mas nunca como sendo elas mesmas. Independentemente de quão desconfortável o cinismo de Goffman possa ser para nós, não devemos ignorar uma questão sociológica importante: a estabilidade da vida social depende de nossa adesão a normas, papéis e status. Se essa adesão falhasse, a vida social ficaria caótica. Considere algo simples como andar em uma rua movimentada. As colisões são evitadas devido a uma norma que ninguém nos ensina, da qual raramente temos consciência, mas que quase todo mundo segue: quando você se move para a direita, a pessoa que caminha em sua direção move-se para a direita (que é a sua esquerda) e assim vocês evitam a colisão. Consideremos agora a norma da "desatenção civil": quando cruzamos com as pessoas nos espaços públicos, podemos estabelecer um contato visual momentâneo para expressar simpatia, mas normalmente desviamos o olhar rapidamente. De acordo com Goffman, tal gesto é um "ritual" de respeito, uma ação padronizada e esperada que reafirma nosso respeito em relação a estranhos. Imagine o que aconteceria se você fixasse o olhar em uma pessoa desconhecida por alguns segundos a mais do que a norma estabelece. Em vez de parecer respeitosa, sua ação pode ser considerada rude, intrusiva ou ostensiva. Essas e dezenas de outras normas — algumas explícitas, outras não — tornam a vida social ordenada possível (Goffman, 1963; 1971).

Ao enfatizar como construímos a realidade social no decorrer da interação, os teóricos da abordagem dramatúrgica minimizam a importância das normas e dos acordos que *precedem* qualquer interação dada. A **etnometodologia** tenta corrigir essa limitação. Etnometodologia é o estudo dos métodos que as pessoas comuns usam, freqüentemente de maneira inconsciente, a fim de compreender o que as outras pessoas fazem e dizem. Os etnometodólogos enfatizam que as interações cotidianas não poderiam ocorrer sem acordos tácitos e normas compartilhadas preexistentes. A norma que nos leva a nos movermos para a direita a fim de evitar colidirmos com um pedestre que se move em nossa direção e a norma da desatenção civil são exemplos de acordos e normas compartilhadas preexistentes.

A fim de ilustrar melhor a importância desses elementos, Harold Garfinkel conduziu uma série de experimentos (conhecidos como "quase-experimentos", pois não se adequam à noção de experimento científico, conforme definido no Capítulo 2, "Como os Sociólogos Fazem Pesquisa"). Em um de seus quase-experimentos, ele pediu a um de seus alunos para interpretar um cumprimento casual de maneira inesperada (Garfinkel, 1967: 44):

> *Conhecido [acenando alegremente]: Como vai você?*
> *Aluno: Como eu vou em relação a quê? Minha saúde, minhas finanças, meus estudos, minha paz de espírito, minha....?*
> *Conhecido [ruborizado e repentinamente descontrolado]: Olha, eu estava apenas tentando ser educado. Na verdade, não dou a mínima para como você está.*

Como o exemplo demonstra, a interação social requer um acordo tácito entre os atores sociais acerca do que é normal e esperado. Sem normas e acordos compartilhados, nenhuma interação social pode se sustentar. As pessoas provavelmente ficarão incomodadas e terminarão uma interação se alguém violar os pressupostos subjacentes à estabilidade e aos significados da vida cotidiana.

Com base no pressuposto de que acordos e normas compartilhadas realmente existem, vejamos agora como as pessoas se comunicam nas interações face a face. Esse assunto pode parecer trivial; no entanto, como você verá, estabelecer uma conversa é algo admirável por sua complexidade. Mesmo os supercomputadores mais avançados não são capazes de conduzir uma conversação com uma pessoa que pareça natural (Kurzweil, 1999: 61, 91).

Comunicação Verbal e Não-Verbal

Há 50 anos, foi publicado um artigo no jornal britânico *News Chronicle* alardeando a invenção de um aparelho de tradução eletrônica na Universidade de Londres. De acordo com o artigo, "tão rapidamente quanto uma pessoa poderia digitar as palavras em, por exemplo, francês, o equivalente em húngaro ou russo apareceria na fita" (citado em Silberman, 2000: 225). O artigo era, no mínimo, um exagero.

O principal problema com os sistemas de tradução de computadores é que os computadores não conseguem compreender o *contexto social* e *cultural* no qual a língua é utilizada. As mesmas palavras podem significar coisas diferentes em contextos diferentes; assim, como eles não podem interpretar as dicas contextuais, as traduções tendem a ser grosseiras. As metáforas em particular são notadamente problemáticas para os computadores. Veja como fica a tradução da frase retirada de *Bíblia do Caos*, de Millôr Fernandes, efetuada pelo programa de tradução Babel Fish (http://world.altavista.com/tr):

> *Original em português: "Vai ficar muito rico o cara que inventar remédio para matar a saudade".*
> *Tradução de computador do português para o inglês: "The face goes to be very rich that to invent remedy to kill the homesickness".*
> *Tradução de computador do inglês de volta para o português: "A cara vai ser muito rica isso para inventar o remédio para matar o homesickness".*

Apesar da complexidade envolvida nas traduções, os seres humanos são muito melhores nisso do que os computadores. Por quê? Uma pista vem dos próprios computadores: as traduções eletrônicas funcionam melhor quando os textos se restringem a um único contexto social — por exemplo, previsão do tempo ou exploração petrolífera. Nesses casos, o vocabulário especializado e os significados específicos aos contextos que interessam podem ser incluídos no programa. A ambigüidade é, assim, reduzida e os computadores podem "compreender" suficientemente bem os significados das palavras para traduzi-las com uma precisão razoável. De maneira semelhante, os seres humanos devem estar aptos a reduzir a ambigüidade e compreender as palavras para se tornarem bons tradutores. Eles o fazem ao aprender as nuances de significado em contextos sociais e culturais diferentes ao longo do tempo.

O domínio da nossa língua materna ocorre da mesma maneira. As pessoas tornam-se aptas a se compreenderem mutuamente, não apenas porque podem aprender palavras — os computadores podem fazer isso de maneira bastante satisfatória —, mas também porque podem apreender os contextos social e cultural que dão significado às palavras. Na apreensão desses contextos, as pessoas são muito auxiliadas por dicas *não-verbais*.

Detenhamo-nos por um momento na questão de como as dicas não-verbais realçam o significado. Sociólogos, antropólogos e psicólogos identificaram numerosas formas de comunicação não-verbal que estabelecem contexto e significado. Os tipos mais importantes de comunicação não-verbal envolvem o uso de expressões faciais, gestos, linguagem corporal e sinais de *status*.

Expressões Faciais, Gestos e Linguagem Corporal

A interação social normalmente envolve uma mistura complexa de mensagens verbais e não-verbais. A face humana, isoladamente, é capaz de mais de mil expressões que refletem a gama completa das emoções humanas. Movimento dos braços, gestos manuais, postura e outros aspectos da linguagem corporal enviam outras tantas mensagens à audiência de uma pessoa particular (Wood, 1999 [1996]) (Figura 5.5).

Figura 5.5 Linguagem corporal
Dentre outras coisas, a linguagem corporal pode comunicar o grau segundo o qual as pessoas se conformam aos papéis de gênero, ou a expectativas amplamente compartilhadas sobre como homens e mulheres devem agir. Nestas fotos, que posturas sugerem poder e agressividade? Que posturas sugerem aquiescência? Quais são "apropriadas" para o sexo da pessoa?

Apesar da ampla variedade de expressões faciais no repertório humano, a maioria dos pesquisadores acreditava, até recentemente, que as expressões faciais de seis emoções específicas seriam semelhantes em todas as culturas: felicidade, tristeza, raiva, nojo, medo e surpresa (Ekman, 1978). Um sorriso, acreditava-se, tem o mesmo significado e a mesma aparência para os executivos de publicidade de Manhattan e para os membros de uma tribo isolada em Papua Nova Guiné. Os pesquisadores concluíram que as expressões faciais que denotam essas emoções básicas são reflexos e não respostas aprendidas.

A partir de meados dos anos de 1990, alguns pesquisadores começaram a questionar em que medida um conjunto universalmente reconhecido de expressões faciais reflete emoções humanas básicas. Dentre outras coisas, os críticos argumentaram que "as expressões faciais não são 'mostradores' de emoções, mas *displays* que servem aos motivos sociais e que são determinados pela presença de uma audiência" (Fernandez-Dols et al., 1997: 163). Nessa perspectiva, um sorriso refletirá prazer se estiver a serviço do interesse de alguém em apresentar um rosto sorridente para as pessoas. Por outro lado, uma pessoa pode sorrir porque quer esconder a ansiedade, ou pode suprimir um sorriso para esconder que está sentindo prazer.

Algumas pessoas são melhores do que outras quando se trata da arte de enganar. A maioria delas acha difícil iludir outras porque expressões faciais são difíceis de serem controladas. Se você já tentou evitar corar, sabe do que estamos falando. Analistas sensíveis das ações humanas — não apenas sociólogos treinados nos detalhes da interação simbólica, mas detetives, advogados e outros especialistas na arte de enganar — podem detectar performances "falsas". Eles sabem que um sorriso torto, um sorriso que dura muito tempo ou um sorriso que desaparece muito rapidamente podem sugerir que algo suspeito está ocorrendo sob a superfície do controle de impressões. No entanto, algumas pessoas podem enganar os especialistas. Além disso, os próprios especialistas podem se enganar. Sorrisos tortos e outras coisas do tipo podem ser resultado de um nervosismo inocente, e não de tentativas de enganar ou iludir.

Nenhum gesto ou postura corporal significa a mesma coisa em todas as sociedades e culturas. Em nossa sociedade, as pessoas apontam para um objeto com o dedo indicador de uma das mãos estendido ou com um movimento do queixo. Indivíduos socializados em outras culturas podem inclinar a cabeça ou usar os olhos para apontar para algo. Nós balançamos a cabeça de cima para baixo para dizer "sim" e de um lado para o outro para dizer "não"; outros fazem o inverso.

Por fim, devemos observar que em todas as sociedades as pessoas se comunicam manipulando o espaço que as separam umas das outras (Hall, 1959; 1966). Os sociólogos distinguem quatro zonas que nos circundam. O tamanho dessas zonas varia de uma sociedade para outra. Na América do Norte, a zona "íntima" dos indivíduos, ou o espaço que mantemos em relação a outra pessoa, estende-se por cerca de 30 cm de seus corpos e é restrita a pessoas com as quais se quer manter um contato físico íntimo. A zona "pessoal" varia de mais ou menos 30 cm a 1,20 m e é reservada para amigos e conhecidos. Os norte-americanos toleram apenas um pouco de intimidade física com essas pessoas. A zona "social" situa-se entre aproximadamente 1,20 m a 3,5 m de seus corpos. Fora um aperto de mão, nenhum contato físico é permitido às pessoas restringidas a essa zona. A zona "pública" tem início a partir de mais ou menos 3,5 m dos corpos. Essa zona é usada para distinguir um ator ou orador de uma audiência. Será que o tamanho dessas zonas é o mesmo para os brasileiros? O que você acha? Quando é que você começa a sentir um certo desconforto com a proximidade física de diferentes tipos de pessoas com os quais se relaciona?

Sinais de *Status*

Além de expressões faciais, gestos e linguagem corporal, a comunicação não-verbal ocorre por meio de **sinais de *status***, ou indicadores visuais da posição social de outras pessoas. Goffman (1959 [1956]) observou que quando os indivíduos entram em contato com outros, eles tentam extrair informações que os ajudará a definir a situação e tornar a interação mais fácil. Esse objetivo é alcançado em parte ao se prestar atenção aos sinais de *status*. A fim de compreender melhor essa idéia, pense na maneira como você inspeciona pessoas estranhas antes de concluir, por exemplo, se elas podem representar algum risco à sua segurança. É possível que você leve em consideração coisas como idade, sexo, tipo de roupas, cor da pele etc. e, quanto mais você interpretar esses sinais como indicadores de que a pessoa em questão não representa riscos à sua segurança, menos provavelmente você evitará a interação verbal com ela.

Embora os sinais de *status* possam ser úteis para ajudar as pessoas a definir a situação e, portanto, lubrificar as engrenagens da interação social, eles também podem representar um problema social. Isso porque os sinais de *status* podem, muito rapidamente, transformar-se em **estereótipos**, ou visões rígidas acerca de como os membros de diversos grupos se comportam, independentemente de como se comportam de fato. Os estereótipos criam barreiras sociais que podem dificultar ou até impedir que a interação ocorra. Por exemplo, os policiais tendem a parar motoristas negros com maior freqüência a fim de checar documentos, posse de armas, drogas ilegais etc. Os estereótipos raciais podem, portanto, ajudar a perpetuar relações conflituosas entre a polícia e as pessoas negras.

Como esses exemplos mostram, a interação face a face pode, a princípio, parecer direta e não-problemática. De fato, na maioria das vezes ela é. Contudo, o caráter não-problemático da comunicação humana envolve uma ampla gama de pressupostos culturais, entendimentos pré-conscientes e sinais não-verbais que tornam a interação possível.

Poder e Interação Social

Em nossa discussão sobre o cimento social que "cola" os *status*, os papéis e as normas, consideramos quatro pontos principais:

1. Uma das principais forças que cimentam a interação social é a troca competitiva de recursos valorizados. As pessoas se comunicam à medida que extraem algo de valioso da interação. Ao mesmo tempo, entretanto, devem se engajar em ações equilibradas: se competirem muito avidamente e impedirem que outros consigam o que querem da interação social, a comunicação cessará. Isso é, em resumo, o que as teorias das trocas e as teorias da escolha racional nos dizem.
2. Ninguém nos passa valores, normas, papéis e *status* completamente formados, nem nós aceitamos o que nos é passado mecanicamente. Nós os moldamos para que eles se adaptem a nós à medida que interagimos com outros. Por exemplo, desempenhamos um tipo de controle de impressões de forma a fazer com que os outros percebam os papéis que desempenhamos sob uma luz bastante favorável. Esse é um dos principais argumentos do interacionismo e de sua variante mais popular, a análise dramatúrgica.

3. As normas também não surgem de maneira espontânea durante a interação. Em geral, elas já existem antes que qualquer interação ocorra. De fato, a continuidade da interação não é possível sem normas compartilhadas preexistentes. Esse é o argumento central da etnometodologia.
4. Mecanismos de comunicação não-verbais facilitam muito a interação social. Esses mecanismos incluem expressões faciais, gestos manuais, linguagem corporal e sinais de *status*.

Agora, abordaremos um quinto ponto que esteve ausente de nossa discussão até o momento. As **teorias da interação social do conflito** enfatizam que, quando as pessoas interagem, seus *status* estão, distribuídos em um sistema hierárquico. As pessoas no topo da hierarquia detêm mais poder do que aquelas que estão na base da hierarquia, e o grau de desigualdade entre elas afeta o caráter da interação social (Bourdieu, 1977 [1972]; Collins, 1982; Kemper, 1978; 1987; Molm, 1997).

Max Weber (1991: 33) definiu **poder** como "a probabilidade de impor a própria vontade em uma relação social, mesmo contra resistências". Podemos perceber claramente como a distribuição de poder afeta a interação ao examinar a interação entre homens e mulheres. As mulheres são, normalmente, socializadas para assumir posições subordinadas na vida, ao passo que os homens assumem posições superiores. Como vimos no Capítulo 4, "Socialização", a distribuição do poder é evidente na maneira como os homens aprendem a ser agressivos e competitivos e, as mulheres, cooperativas e protetoras (ver o Capítulo 8, "Sexualidade e Gênero"). Devido a esse aprendizado, os homens normalmente dominam as conversas e, como mostram as análises conversacionais desenvolvidas por Deborah Tannen, os homens são mais propensos do que as mulheres a se engajar em longos monólogos e a interromper quando outras pessoas estão falando (Tannen, 1994a; 1994b). Eles também são menos propensos a pedir ajuda ou informações, uma vez que fazê-lo implicaria na diminuição de sua autoridade. Muito dos conflitos entre homens e mulheres decorre dessas diferenças. Um caso estereotípico é o do motorista perdido e da passageira solícita. A passageira, ao perceber que o motorista está perdido, sugere que parem e peçam informações. O motorista não quer parar para pedir informações porque pensa que isso o faria parecer incompetente. Se ambas as partes permanecerem firmes em suas posições, é provável que surja uma briga.

Dominação, Competição e Cooperação

Para que você compreenda melhor o papel do poder na interação social, consideremos agora dois casos extremos e um caso intermediário. A **dominação** representa um tipo extremo de interação. Na interação social baseada na dominação, praticamente todo o poder está concentrado nas mãos de pessoas de *status* semelhantes, ao passo que pessoas de outros *status* não possuem quase nenhum poder. Guardas *versus* prisioneiros em um campo de concentração e senhores de engenho *versus* escravos em uma plantação de cana-de-açúcar do nordeste do Brasil estavam envolvidos em interações sociais baseadas na dominação. Nos casos extremos de dominação, as pessoas subordinadas vivem em um estado de medo praticamente constante.

O outro extremo envolve a interação com base na **cooperação**. Aqui, o poder é mais ou menos eqüitativamente distribuído entre pessoas de diferentes *status*. A interação cooperativa baseia-se na confiança. Como veremos no Capítulo 11, "Famílias", os casamentos tendem a ser mais felizes quando os cônjuges dividem as tarefas domésticas igualmente. Desigualdades percebidas tendem a alimentar ressentimento e falta de satisfação, prejudicam a intimidade, aumentam as chances de que as pessoas tenham casos extraconjugais e que se divorciem. Em contraste com isso, um alto grau de confiança entre os cônjuges é associado à estabilidade matrimonial e a um amor duradouro (Wood, 1999 [1996]).

Entre esses dois extremos de interação baseada em dominação e em cooperação, encontra-se a interação baseada na **competição**. Nessa forma de interação, o poder é desigualmente distribuído, mas o grau de desigualdade é menor do que em sistemas de dominação. A maioria das interações sociais analisadas pelos teóricos das trocas e pelos teóricos da escolha racional são desse tipo. Se a confiança é a emoção prototípica das relações baseadas na cooperação e o medo é a emoção característica dos indivíduos subordinados nas relações de dominação, a inveja é uma emoção importante na interação competitiva.

Redes, Grupos e Burocracias

Em diversas partes deste capítulo, referimo-nos a normas, papéis e *status* como os "tijolos" da vida social. Esses "tijolos" formam as microestruturas nas quais as interações face a face ocorrem. O que consideramos até agora foi a primeira questão colocada no início deste capítulo — ou seja, como as interações sociais se mantêm. No entanto, a continuidade das interações que ocorrem no nível microssocial freqüentemente dá origem a estruturas mais amplas, como redes, grupos e organizações. Examinaremos agora essas estruturas de nível intermediário e, mais adiante neste livro, mostraremos como essas estruturas intermediárias podem originar estruturas macrossociais conhecidas como "instituições".

Em geral, pensamos que motivos *individuais* impelem nossas ações e temos boas razões para acreditar nisso: como vimos anteriormente, às vezes fazemos cálculos racionais a fim de maximizar nossos ganhos e minimizar nossas perdas; também sabemos que nossas emoções governam parcialmente nosso comportamento. Entretanto, pediremos a você que efetue um salto mental para além dos motivos individuais que nos impelem a agir de determinadas maneiras. Gostaríamos que você considerasse agora a forma como três tipos de *coletividade* conformam nossas ações: as redes, os grupos e as organizações burocráticas. As limitações de uma análise baseada exclusivamente em motivos individuais ficará mais clara se você considerar a discussão do início deste capítulo sobre as origens sociais do mal e pensar em como os grupos e as burocracias tornaram possível que os nazistas matassem pessoas inocentes de maneira tão brutal. Isso nos possibilitará responder a segunda pergunta colocada no início deste capítulo: quais são as formas mais eficientes de organização social?

Redes

Todos nós estamos enredados em conjuntos sobrepostos de relações sociais, isto é, participamos de redes sociais. Embora qualquer indivíduo conheça um número relativamente pequeno de pessoas, seus familiares, amigos, colegas etc. conhecem um número muito maior delas, que se estende para além de sua rede pessoal. Assim, pode ser, por exemplo, que os autores deste livro sejam estranhos para você, mas pode ser que seu professor conheça um de nós, ou que conheça alguém que nos conheça. É provável que não mais do que três ligações sociais nos separem de você. Em outras palavras, embora nossas redes pessoais sejam pequenas, elas rapidamente levam a redes muito mais amplas. É porque nossas redes sociais nos ligam ao mundo que muitas vezes nos surpreendemos como ele é pequeno.

O que é uma rede social? Uma **rede social** é um conjunto limitado de indivíduos, ligados entre si pela troca de recursos materiais ou emocionais que podem variar de dinheiro a amizade. Os padrões de troca determinam as fronteiras da rede. Os membros trocam recursos entre si mais freqüentemente do que com não-membros e, além disso, percebem-se como membros de uma rede. As redes sociais podem ser formais (definidas por escrito) ou informais (definidas apenas na prática). As pessoas que você conhece pessoalmente determinam as fronteiras de sua rede pessoal; porém, cada um dos membros de sua rede pessoal está ligado a outras pessoas. É isso que faz que você esteja conectado a pessoas que nunca conheceu, criando um mundo que se estende para muito além de sua rede pessoal.

A expressão "rede social" pode ser compreendida como uma ferramenta das ciências sociais que "permite a reconstrução dos processos interativos dos indivíduos e suas afiliações a grupos, a partir das conexões interpessoais construídas cotidianamente" (Fontes e Eichner, 2004: 230). Entretanto, o estudo das redes sociais não se restringe aos laços entre indivíduos (Berkowitz, 1982; Wasserman e Faust, 1994; Wellman e Berkowitz, 1997 [1988]). As unidades de análise de uma rede, ou nódulos, podem ser indivíduos, grupos, organizações ou países. Assim, os analistas das redes sociais têm examinado desde relações íntimas entre casais até relações diplomáticas entre nações.

Contrariamente às organizações burocráticas, as redes não têm um nome ou um escritório que coordene suas atividades. Em certo sentido, as redes encontram-se "por trás" das coletividades mais visíveis da vida social, mas isso não as torna menos reais ou menos importantes. Alguns analistas argumentam que, se focarmos apenas aquelas coletividades visíveis, teremos uma compreensão muito parcial do porquê de certas coisas ocorrerem no mundo social. Nessa perspectiva, uma compreensão mais completa do mundo social requer a investigação para além do que é visível — ou seja, requer a consideração do nível das redes. O estudo das redes sociais esclarece uma série de fenômenos sociais, incluindo como as pessoas arrumam emprego (ver o Capítulo 1, "Uma Bússola Sociológica"), como as informações, as inovações e as doenças se espalham e como algumas pessoas exercem influência sobre outras. A fim de ilustrar a importância da análise das redes, vejamos como algumas dessas análises são efetuadas.

Redes Urbanas, Inovação Científica e a Difusão da Aids

Considere a vida cotidiana nas grandes cidades: pensamos nos grandes centros urbanos como lugares "frios" e alienantes, onde poucas pessoas se conhecem. Desse ponto de vista, as relações pessoais nos centros urbanos tendem a ser poucas e funcionalmente específicas; conhecemos as pessoas superficialmente, como o caixa de um banco ou alguém que trabalha em um restaurante, mas não como pessoas "inteiras". Mesmo os namoros freqüentemente envolvem uma longa série de encontros breves, o que se conhece hoje como "ficar". Em contraste com isso, as pessoas pensam nas cidades pequenas como lugares amigáveis e confortáveis nos quais todos se conhecem (e todos conhecem a vida de todos!). De fato, alguns dos fundadores da Sociologia enfatizaram essa distinção: o sociólogo alemão Ferdinand Tönnies (1988 [1887]), em especial, opôs "comunidade" à "sociedade". De acordo com Tönnies, uma comunidade se caracteriza por laços sociais íntimos e emocionalmente intensos; a sociedade, por sua vez, caracteriza-se por relações impessoais que se mantêm, em grande medida, devido aos interesses dos indivíduos. A cidade grande é o principal exemplo de sociedade, nos termos de Tönnies.

A perspectiva de Tönnies prevaleceu até que os analistas das redes começaram a estudar a vida nas grandes cidades, nos anos de 1970. Onde Tönnies viu apenas laços esparsos e funcionalmente específicos, os analistas das redes encontraram redes sociais elaboradas, algumas funcionalmente específicas, outras não. Assim, por exemplo, Barry Wellman e seus colegas estudaram diversas redes pessoais em Toronto, no Canadá (Wellman, Carrington e Hall, 1997 [1988]). Eles descobriram que cada residente de Toronto tem, em média, cerca de 400 laços sociais, incluindo laços de parentesco, vizinhos, amigos e colegas de trabalho. Esses laços provêem os recursos mais diversos: de suporte emocional (como visitas após uma tragédia pessoal) e financeiro (pequenos empréstimos) a pequenos serviços (o conserto de um carro) e informações. Laços fortes que duram muito tempo são, normalmente, restritos a membros mais próximos da família, do círculo de amizade e de um ou outro colega de trabalho mais chegado. Para além disso, entretanto, as pessoas contam com um amplo arranjo de laços com propósitos diversos e em épocas distintas. Observar os residentes do centro da cidade sentados em suas varandas, bebericando e conversando com os vizinhos enquanto as crianças jogam hóquei pode ser menos comum em Toronto do que o era há 50 anos; contudo, o automóvel, os transportes públicos, o telefone e a internet ajudam as pessoas a permanecer em contato com uma variedade de pessoas e para uma variedade de propósitos (Haythornwaite e Wellman, 2002). Longe de viverem em um mundo isolado e alienante, os moradores de Toronto participam de muitas redes sociais.

Uma das vantagens da análise de redes é o foco nas relações reais entre as pessoas, e não simplesmente em seus atributos abstratos, como idade, gênero ou ocupação, por exemplo. Esse foco é útil para nos ajudar a entender muitos aspectos da vida social, como a disseminação de informações. Você pode pensar que as pessoas com um conjunto específico de atributos profissionais, como os cientistas de uma área específica, primeiro adquirem e depois distribuem a informação para outros cientistas de sua área. Em um nível muito superficial, isso é verdadeiro. No entanto, informações novas não se difundem de maneira homogênea no seio de uma comunidade científica; ao contrário, elas fluem por meio de redes de amigos, colegas e pessoas que estudam e trabalham juntas, e só depois se espalham para a comunidade mais ampla (Rogers, 1995). As redes também conformam a influência da ciência porque os cientistas em uma rede social particular tendem a compartilhar crenças científicas semelhantes estando, portanto, mais receptivos a algumas influências do que a outras (Friedkin, 1998).

Outro exemplo da utilidade de se focar laços sociais concretos, em vez de atributos abstratos, vem do estudo de como doenças infecciosas se disseminam. A Aids, por exemplo, era considerada uma doença de homossexuais masculinos durante os anos de 1980, uma vez que se espalhou rapidamente nas comunidades homossexuais naquela década. Mas a análise de redes ajudou a demonstrar que a caracterização da Aids como uma doença de homossexuais era uma simplificação excessiva (Watts, 2003), já que ela não se espalhou uniformemente pela comunidade gay, mas no seio das redes de amigos e conhecidos das pessoas inicialmente expostas ao vírus. Enquanto isso, na Índia e em partes da África, o vírus HIV não se disseminou inicialmente entre homens gay, mas por meio de uma rede de longa distância de motoristas de caminhão e de prostitutas que os atendiam. Mais uma vez, redes sociais concretas — e não categorias abstratas, como "homens gay" ou "motoristas de caminhão" — permitem rastrear a difusão do vírus.

Onde Você se Encaixa?

De forma geral, as redes sociais exercem uma influência poderosa na saúde. Indivíduos bem integrados em redes sociais coesas, como a família e os grupos de amigos, têm menor propensão para sofrer ataques cardíacos, complicações durante a gravidez etc. As redes sociais podem aliviar o estresse que contribui para essas doenças na medida em que permitem a troca de recursos emocionais e materiais. Além disso, embora mais contatos sociais possam deixá-lo exposto a uma maior quantidade e variedade de germes, as pesquisas também mostram que você está menos suscetível a doenças infecciosas quando tem mais contatos sociais (Jones, Gallagher III e McFalls, 1995: 109-11). Isso porque o isolamento social pode gerar tristeza, depressão, irritabilidade e outros estados psicológicos que baixam a capacidade imunológica do indivíduo. Sabe-se que indivíduos deprimidos tendem a contrair mais doenças orgânicas, inclusive as infecto-contagiosas. Se você tem dúvidas em relação a isso, tente o seguinte exercício para perceber como as redes sociais afetam sua saúde e a de seus colegas de classe. Peça a todas as pessoas de sua aula de sociologia que respondam duas questões: (1) Quantas vezes você pegou um resfriado ou uma gripe durante os últimos três meses? (2) Com quantos parentes você teve interações face a face nos últimos três meses? Depois de coletar as respostas, tabule as mesmas (se sua classe for grande, você pode fazer esse exercício com um grupo de estudantes dela). Crie uma tabela 2×2 mostrando como, se for o caso, a freqüência de interações face a face com parentes influencia a possibilidade de se pegar uma gripe. Nossa hipótese é que, quanto mais contatos, menores as chances de se contrair uma gripe ou um resfriado. Se você quiser se aprofundar ainda mais no assunto, também poderá perguntar (3) com quantos parentes você entrou em contato por telefone ou via internet pelo menos três vezes nos últimos três meses? Pode ser que você descubra que a freqüência de interações a distância (não face a face) também influencia a probabilidade de se pegar uma gripe.

Grupos

Os **grupos sociais** são compostos de uma ou mais redes de pessoas que se identificam umas com as outras e aderem a normas, *status* e papéis definidos. Normalmente distinguimos grupos sociais de **categorias sociais**, que são pessoas que compartilham um *status* semelhante, mas não se identificam umas com as outras. As pessoas que bebem café formam uma categoria social, mas elas não compartilham regras nem se identificam umas com as outras. Em oposição a isso, os membros de um grupo, como a família ou um time de futebol, têm consciência de que fazem parte do mesmo grupo, identificam-se com essa coletividade e pensam sobre si mesmos como fazendo parte do grupo.

Existem muitos tipos de grupos sociais, mas os sociólogos estabelecem uma distinção fundamental entre dois tipos: os primários e os secundários. Nos **grupos primários**, as normas, os papéis e os *status* são conhecidos e aceitos por todos, mas não são especificados por escrito. Neles, a interação social gera laços emocionais fortes e esses grupos se estendem por longos períodos de tempo, envolvendo uma ampla gama de atividades. Isso faz com que os membros do grupo se conheçam bem. O grupo primário mais importante é a família.

Os grupos secundários, por sua vez, são maiores e mais impessoais do que os grupos primários. Comparados com os grupos primários, os grupos secundários geram laços emocionais mais fracos, têm uma duração menos longa e envolvem uma gama menor de atividades. Como resultado, os membros do grupo se conhecem de maneira relativamente superficial. Sua turma de sociologia é um exemplo de grupo secundário.

A conformidade é uma parte integrante da vida dos grupos e os grupos primários exercem mais pressão para a conformidade do que os secundários. Ocorre que laços sociais fortes geram intimidade e asseguram que os membros dos grupos primários compartilhem atitudes, crenças e informações semelhantes. Os membros de um mesmo grupo tendem a se vestir e a agir de forma parecida, usam as mesmas gírias, compartilham gostos e demandam lealdade, em especial diante de ameaças externas à sua coesão. Em outras palavras, a conformidade assegura a coesão do grupo.

Muitos grupos secundários são **organizações formais**, isto é, grupos secundários estabelecidos para alcançar objetivos claramente definidos. Em sociedades complexas como a nossa, as formas mais comuns e influentes de organizações formais são as burocracias. Concentremo-nos, agora, nessas formas de organização freqüentemente frustrantes, mas necessárias.

Burocracias

No início deste capítulo, sugerimos que Weber concebia as burocracias como o tipo mais eficiente de grupo secundário, no sentido de garantir a conformidade e alcançar objetivos compartilhados. Isso vai de encontro ao senso comum, pois, em nossa vida cotidiana, quando alguém diz "burocracia", normalmente pensamos em funcionários públicos entediados, sentados em cubículos, escrevendo memorandos e protocolos sem fim que geram lixo desnecessário e que frustram os objetivos dos clientes. A idéia de que as burocracias são eficientes pode parecer muito estranha.

Eventos reais reforçam a visão do senso comum. Considere, por exemplo, a burocracia envolvida na abertura de uma microempresa no Brasil. De acordo com relatório do Banco Mundial (World Bank, 2004: 145), deve-se passar por 15 procedimentos diferentes, que vão desde uma vistoria do corpo de bombeiros até o preenchimento de formulários e pagamentos de taxas em várias repartições públicas dos níveis federal, estadual e municipal. O número de procedimentos envolvidos representa a quantidade de agentes externos que o futuro microempresário encontra em seu caminho. Pode-se pensar nisso como espécies de postos de pedágio em que, a cada parada, o processo pode ser abortado. Todo esse procedimento consome, em média, 152 dias e custa o equivalente a cerca de 11,6% da renda per capita do Brasil para cada pessoa que queira abrir uma microempresa. Sabe-se que países mais ricos têm menos regulamentos, pois os efeitos das falências são mais severos para países mais pobres, que tentam minimizar tais problemas por meio de uma regulamentação mais estrita (ver a Tabela 5.2). Devido ao número de procedimentos e de funcionários públicos e às vezes de despachantes envolvidos, esse arranjo pode facilitar o suborno de funcionários. O número de dias e os custos oficiais envolvidos também têm conseqüências bastante diretas: quanto mais tempo e dinheiro se gasta, menor o número de empresários que registrará seus negócios, o que pode facilitar o comércio informal.

Como se pode perceber, a burocracia pode ser bastante ineficiente no sentido de alcançar seus objetivos. Como conciliar a realidade de ineficiência burocrática com a visão de Weber segundo a qual as burocracias representam o tipo mais eficiente de grupo secundário? A resposta envolve dois aspectos. Em primeiro lugar, temos de considerar que, quando Weber escreveu sobre a eficiência da burocracia, ele a estava comparando com formas de organização mais antigas, que funcionavam com base em práticas tradicionais ("fazemos as coisas dessa forma porque sempre fizemos assim") ou no carisma de seus líderes ("fazemos isso porque nosso chefe nos inspira a fazê-lo dessa forma"). Comparadas com essas organizações "tradicionais" e "carismáticas", as burocracias geralmente são

● **Tabela 5.2** Quantidade de procedimentos para abrir uma microempresa em dez países

	Procedimentos	Dias	Custos[a]
Alemanha	9	45	5,90
Argentina	15	68	8,00
Brasil	15	152	11,60
Canadá	2	4	,60
Colômbia	19	60	27,20
Congo	13	215	871,90
Dinamarca	4	4	,00
Estados Unidos	5	4	,60
Haiti	12	203	18,40
Japão	11	31	6,40

Fonte: World Bank (2004).

[a] Porcentagem sobre a renda per capita

mais eficientes. Em segundo lugar, devemos reconhecer que Weber achava que as burocracias só poderiam funcionar de forma eficiente em casos ideais. Na verdade, ele escreveu muito acerca de alguns dos aspectos menos admiráveis da burocracia no mundo real. Em outras palavras, compreendeu bem que a realidade é sempre mais complexa do que o tipo ideal — e nós também devemos ter consciência disso. No mundo real, as burocracias variam no que diz respeito à eficiência e, assim, em vez de proclamarmos as burocracias como eficientes ou ineficientes, devemos conhecer o que faz com que elas funcionem bem ou mal. Esse conhecimento pode, depois, ser aplicado para melhorar a operação das burocracias.

Tradicionalmente, os sociólogos desenvolveram quatro críticas principais às burocracias. Em primeiro lugar, existe o problema da **desumanização**, pois, em vez de tratar os clientes e os funcionários como pessoas, com necessidades e habilidades únicas, as burocracias tratam os clientes como casos-padrão e seus funcionários como engrenagens em uma máquina gigante. Esse tipo de tratamento frustra os clientes e diminui o moral dos funcionários. A segunda crítica diz respeito ao **ritualismo burocrático** (Merton, 1968 [1949]): algumas vezes, os burocratas se tornam tão preocupados com as normas e os regulamentos que dificultam que a organização alcance seus objetivos. Em terceiro lugar, existe o problema da **oligarquia**, ou "governo de poucos" (Michels, 1949 [1911]). Alguns sociólogos têm argumentado que, em todas as burocracias, o poder tende a se concentrar cada vez mais nas mãos de poucos indivíduos que se encontram no topo da pirâmide organizacional (ver Capítulo 10, "Política"). Essa tendência é especialmente problemática em organizações políticas porque dificulta ou impede a democracia e torna os líderes não-responsáveis perante o público. Em quarto lugar, existe o problema da **inércia burocrática**. Algumas vezes, as burocracias são tão grandes e rígidas que se desconectam da realidade e continuam a seguir seus programas de ação mesmo quando as necessidades dos clientes mudam. Assim como o transatlântico Titanic, elas são tão grandes que têm dificuldade em alterar seu curso e evitar obstáculos perigosos.

Dois outros fatores podem ser relacionados à ineficiência burocrática: o tamanho da organização e a estrutura social. Consideremos, primeiramente, o tamanho. Pode-se argumentar que, de forma geral, quanto maior a organização, mais problemática ela tende a ser. Alguns dos problemas relacionados ao tamanho podem ser ilustrados quando saímos do nível das organizações e retornamos para as redes sociais formadas pelas díades e tríades. Uma **díade** é uma relação social entre dois nódulos ou unidades sociais (por exemplo: pessoas, empresas, organizações, países etc.). Uma **tríade** é uma relação social entre três nódulos. A dinâmica entre essas duas formas de redes é diferente, como mostrou o sociólogo alemão Georg Simmel no início do século XX (Simmel, 1950). Quando apenas duas pessoas estão envolvidas em uma relação social, elas podem formar um laço social forte (como ocorre em uma relação como o casamento, por exemplo). Se isso ocorre, a comunicação é direta e, muitas vezes, não problemática. Assim que uma terceira pessoa é introduzida na relação, pode-se criar um segredo entre duas pessoas, pode ocorrer uma coalizão de dois contra um, e é provável que o ciúme ocorra. Assim, as tríades são normalmente mais instáveis e baseadas no conflito do que as díades.

Os problemas podem se multiplicar em grupos com mais de três pessoas. Por exemplo, apenas uma relação diádica pode ocorrer entre duas pessoas, ao passo que três relações diádicas podem ocorrer entre três pessoas e seis relações diádicas entre quatro pessoas. O número de relações diádicas potencial aumenta exponencialmente com o número de pessoas. Assim, são possíveis 300 relações diádicas entre 25 pessoas e 1.225 relações diádicas entre 50 pessoas. A possibilidade de rivalidades, conflitos e má comunicação aumenta com o número de relações diádicas possíveis em uma organização.

Um segundo fator relacionado à ineficiência burocrática é a estrutura social. A Figura 5.6 ilustra uma estrutura burocrática típica. Observe que ela envolve uma hierarquia: nossa estrutura burocrática tem uma direção; abaixo dela, existem três divisões e, mais abaixo, seis departamentos. À medida que você se move para cima na hierarquia, o poder dos funcionários aumenta. Agora preste atenção nas linhas de comunicação entre as diversas unidades da nossa organização burocrática: os departamentos prestam contas apenas às suas divisões e as divisões, apenas à direção.

Normalmente, quanto mais níveis existem em uma estrutura burocrática, mais difícil se torna a comunicação. Isso ocorre porque as pessoas devem se comunicar de forma indireta, por meio de departamentos e direções das divisões, e não diretamente entre si. A informação pode se perder, ser bloqueada ou distorcida à medida que se move para cima na hierarquia. Também pode ocorrer que um excesso de informações afogue os níveis mais altos em uma pa-

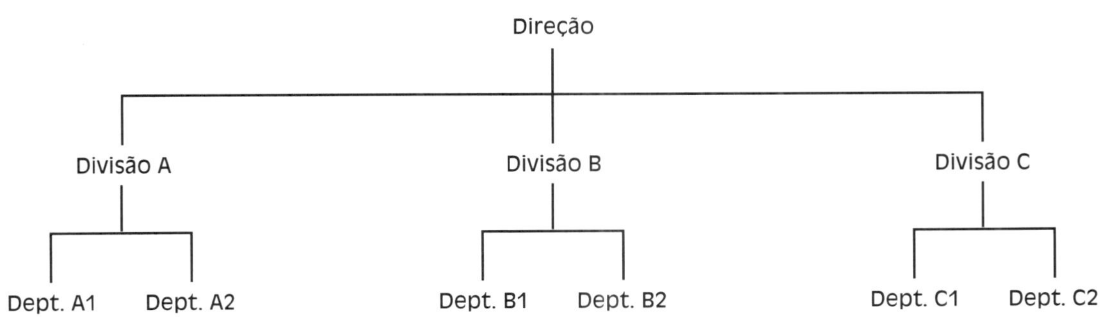

Figura 5.6 Estrutura burocrática

pelada que os impeça de perceber as necessidades da organização e de seus clientes. Assim, os chefes das burocracias podem ter apenas uma idéia vaga e imprecisa sobre o que ocorre na base (Wilensky, 1967).

Problemas como esses foram constantes nas ditaduras militares da América Latina. Havia falta de transparência e de informação pública, o que fazia com que as pessoas não soubessem quais requisitos cumprir para cada procedimento específico, sendo enviadas de departamento em departamento que, por sua vez, geravam uma quantidade infernal de papéis. Hoje em dia, muitos governos latino-americanos buscam solucionar a ineficiência burocrática que herdaram das ditaduras militares com o aumento da transparência das organizações, da informação pública e da aprovação de leis que as tornem menos rígidas e "pesadas". Vejamos agora como a ineficiência burocrática vem sendo combatida no mundo dos negócios.

Superando a Ineficiência Burocrática

No mundo dos negócios, as grandes organizações burocráticas muitas vezes não conseguem competir com empresas menores, mais inovadoras, em especial entre indústrias que têm mudado rapidamente (Burns e Stalker, 1961). Essa situação ocorre, em parte, porque as empresas mais inovadoras tendem a ter estruturas burocráticas mais "achatadas" ou enxutas e mais democráticas, tal como a rede na Figura 5.7 ilustra. Compare a estrutura de rede da Figura 5.7 com a estrutura burocrática tradicional da Figura 5.6. Observe que a estrutura de rede tem menos níveis do que a estrutura burocrática tradicional e que, além disso, as linhas de comunicação ligam todas as suas unidades. Na estrutura burocrática tradicional, a informação só circula para cima.

Existem muitas evidências que sugerem que burocracias mais achatadas, enxutas e descentralizadas do ponto de vista das decisões e com múltiplas linhas de comunicação produzem empregados mais satisfeitos, clientes mais felizes e lucros mais altos (Kanter, 1989). Algumas dessas evidências vêm da Suécia e do Japão. No início dos anos de 1970, corporações como a Volvo e a Toyota encontravam-se na linha de frente da inovação burocrática naqueles países. Elas começaram pela eliminação de posições de gerência intermediárias; aumentaram a participação dos funcionários em uma variedade de tarefas ligadas às suas principais funções; delegaram autoridade para equipes autônomas de dez ou 12 funcionários que podiam decidir muitas coisas por si mes-

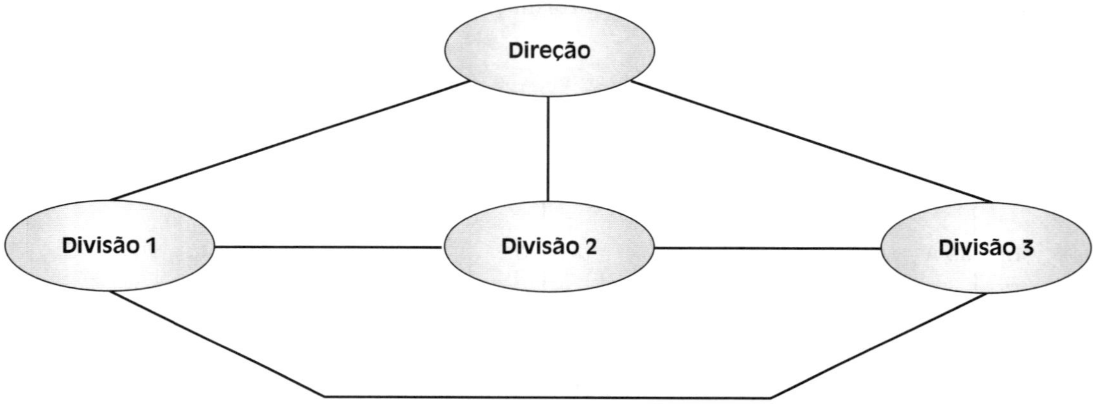

Figura 5.7 Estrutura de rede

mos; formaram "círculos de qualidade" de funcionários a fim de monitorar e corrigir defeitos em produtos e serviços. O resultado dessas mudanças foi que a qualidade de produtos e serviços, o moral dos funcionários e o lucro aumentaram. Hoje em dia, essas idéias se espalharam muito além da indústria automobilística da Suécia e do Japão e são evidentes em gigantes corporativos como a General Motors, a Ford, a Boeing, a Catterpillar e, no Brasil, a Volskwagen, em sua fábrica de ônibus e caminhões em Resende, no Rio de Janeiro.

A Volskswagen Caminhões e Ônibus baseia-se em um modelo de organização conhecido como "consórcio modular". De acordo com esse modelo, sete fornecedores distribuem-se por sete minifábricas que, juntas, formam a fábrica da Volkswagen e são responsáveis por diferentes aspectos da produção — que inclui a montagem das cabines, a pintura, a preparação e a montagem dos eixos e suspensões, a preparação e a montagem dos motores etc. Cada um dos fornecedores investe seu próprio capital para equipar suas minifábricas e a Volkswagen é responsável pela inspeção final de cada parte e pelo pagamento de cada produto final entregue. Quando um defeito é identificado, a parte defeituosa é devolvida diretamente para a minifábrica responsável. O papel da Volkswagen é, portanto, principalmente o de supervisionar a qualidade dos produtos e promover uma conexão com o mercado (*Automotive Intelligence,* 2004). É importante enfatizar ainda que, ao compartilhar os riscos da produção, os fornecedores de serviços e produtos que formam a fábrica da Volkswagen devem participar das estruturas de informação da empresa, sob o risco de não atenderem às necessidades do mercado. Nesse sentido, a fábrica de Resende assume uma estrutura em forma de rede, na qual as partes têm um grau de autonomia relativamente alto quando comparado com estruturas burocráticas tradicionais, mas que depende de um fluxo de informações eficiente para que funcione.

Ambientes Organizacionais

Se organizações mais enxutas são mais eficientes, por que todas as burocracias não são mais enxutas? Os sociólogos argumentam que isso ocorre devido ao ambiente em que elas funcionam. Um **ambiente organizacional** é composto de um conjunto de fatores econômicos, políticos e culturais que se encontram fora da organização e afetam a maneira como ela funciona (Aldrich, 1979; Meyer e Scott, 1983). Alguns ambientes são mais propícios do que outros para a formação de burocracias mais enxutas, com estruturas em forma de rede. Podemos ilustrar os efeitos dos ambientes organizacionais a partir da discussão de dois casos que atraíram a atenção mundial em anos recentes: os Estados Unidos e o Japão.

Na década de 1970, as organizações burocráticas de negócios nos Estados Unidos tendiam a ser mais hierárquicas que suas concorrentes japonesas. Essa era uma das razões pelas quais o grau de satisfação dos funcionários e a produtividade eram baixos nos Estados Unidos. No Japão, onde as decisões corporativas eram mais descentralizadas, o moral dos funcionários e a produtividade eram altos (Dore, 1983). Diversos aspectos do ambiente organizacional ajudam a explicar as diferenças entre americanos e japoneses nos anos de 1970. Especificamente:

- *Os trabalhadores japoneses encontravam-se em uma posição em que podiam demandar e obter mais autoridade nos processos decisórios do que os americanos.* Depois da Segunda Guerra Mundial, a proporção de trabalhadores japoneses filiados a sindicatos aumentou, ao passo que a proporção de trabalhadores americanos sindicalizados diminuiu. Os sindicatos conferiram mais poder aos trabalhadores japoneses do que tinham seus concorrentes americanos.

- *A concorrência internacional facilitou a eficiência burocrática no Japão.* Muitas grandes corporações japonesas amadureceram no ambiente internacional competitivo do pós-guerra. Muitas das grandes corporações americanas se originaram antes desse período, em um ambiente internacional pouco competitivo. Assim, as corporações japonesas tiveram mais motivos para desenvolver estruturas organizacionais mais eficientes (Harrison, 1994).
- *A disponibilidade de fornecedores externos permitiu que as empresas japonesas permanecessem enxutas.* Muitas das grandes companhias americanas amadureceram em um período no qual fontes externas de fornecimento eram raras. Por exemplo, quando a IBM entrou no mercado de computadores, em 1950, ela teve de produzir todos os componentes internamente porque ninguém mais os fabricava. Essa situação levou a IBM a desenvolver uma burocracia grande e hierárquica. Em contraposição a isso, os fabricantes de computadores japoneses puderam dispor de muitos fornecedores externos nos anos de 1970 e, assim, desenvolver estruturas organizacionais mais enxutas (Podolny e Page, 1998).

Hoje em dia, as diferenças entre japoneses e americanos diminuíram substancialmente porque as grandes corporações americanas introduziram diversas reformas burocráticas baseadas no modelo japonês (Tsutsui, 1998). Por exemplo, o Vale do Silício, centro da indústria americana de computadores, está cheio de companhias que seguem o padrão organizacional japonês. Essas companhias se originaram nos anos de 1980 e de 1990, quando os fornecedores externos eram abundantes e a concorrência internacional, intensa. Além disso, as companhias americanas começaram a copiar as estruturas organizacionais japonesas porque perceberam que elas eram eficientes (DiMaggio e Powell, 1983).

É, portanto, a partir de uma análise do ambiente organizacional que podemos compreender as convergências atuais entre as formas burocráticas japonesas e americanas nos dias de hoje.

A Estrutura da Interação e das Organizações

Podemos resumir as questões discutidas neste capítulo afirmando que a interação e a organização social se encaixam como um conjunto de bonecas russas, montadas uma dentro da outra (Figura 5.8).

Figura 5.8 A estrutura da interação e da organização social

No nível microestrutural, as interações face a face ocorrem por meio de comunicação verbal e não-verbal. Normalmente, a interação social envolve a negociação e o controle das impressões e pode ser sustentada a partir da dominação, da competição ou da cooperação. A interação sustentada ao longo do tempo por meio de redes sociais pode, por sua vez, dar origem a grupos sociais — sejam eles primários (como a família), sejam secundários (como as burocracias). As burocracias são organizações macroestruturais, cujo funcionamento é afetado por fatores como o tamanho e o grau segundo o qual são hierarquizadas ou "enxutas". Em um nível macroestrutural mais amplo, forças presentes no ambiente organizacional também influenciam as burocracias. Ilustramos, neste capítulo, o funcionamento de algumas dessas forças econômicas, políticas e culturais, mas elas serão discutidas em mais detalhes em capítulos subseqüentes (ver especialmente o Capítulo 9, "Economia e Trabalho", e o Capítulo 10, "Política").

Resumo

1. **O que é interação social?**
A interação social envolve comunicação verbal e não-verbal entre pessoas que agem e reagem orientadas umas para as outras. É ordenada por normas, papéis e *status*.

2. **As emoções governam todas as interações sociais? Elas seriam naturais, espontâneas e, em grande medida, incontroláveis?**
As emoções formam uma parte importante de toda interação social. Entretanto, elas são menos espontâneas e incontroláveis do que acreditamos. Por exemplo, seu *status* em uma interação e na sociedade mais ampla afeta o quanto você ri e do que você ri. De maneira semelhante, as pessoas controlam suas emoções em sua vida pessoal e no trabalho de acordo com "regras de sentimentos" que refletem padrões culturais historicamente variáveis e as demandas das organizações nas quais o indivíduo se insere.

3. **Em que sentido a interação social baseia-se na competição?**
Quando interagimos socialmente, trocamos recursos valorizados que podem incluir coisas como atenção e prazer ou prestígio e dinheiro. No entanto, uma vez que as pessoas freqüentemente tentam maximizar suas recompensas e minimizar seus custos, a interação social pode ser percebida como uma competição por recursos escassos.

4. **A competição é a única base da interação social?**
Não. As pessoas podem interagir de maneira cooperativa porque foram socializadas para fazê-lo. Elas também podem manter interações com base na dominação. Assim, as três principais formas de interação social — dominação, competição e cooperação — baseiam-se, respectivamente, no medo, na inveja e na confiança.

5. **Como os interacionistas analisam a interação social?**
Os interacionistas focam a maneira como as pessoas criam significados no curso da interação social e como negociam no sentido de modificar papéis, *status* e normas. O in-

teracionismo tem diversas variantes como, por exemplo, a análise dramatúrgica, que se baseia na idéia de que as pessoas desempenham papéis em sua vida cotidiana de forma semelhante a atores em um palco. Quando estamos no palco, agimos publicamente, às vezes, a partir de *scripts* predeterminados. Nos bastidores, relaxamos de nossas performances públicas e permitimos que aquilo que consideramos como nossos "*selves* verdadeiros" venham à tona (muito embora também desempenhemos papéis nos bastidores). Podemos nos distanciar de nossos papéis quando nos envergonhamos deles, mas o desempenho de papéis permeia toda interação social. Juntamente com diversas normas de interação, o desempenho de papéis possibilita o funcionamento da sociedade. A etnometodologia é outra abordagem interacionista para a análise da interação social. Ela analisa os métodos que as pessoas usam para compreender o que outras pessoas fazem e dizem. Ela insiste na importância de entendimentos e normas compartilhadas preexistentes na interação da vida cotidiana.

6. **Toda interação social baseia-se na linguagem verbal?**
Não. A comunicação não-verbal — incluindo expressões faciais socialmente definidas, gestos, linguagem corporal e sinais de *status* — é tão importante quanto a comunicação verbal para a atribuição de significados.

7. **As pessoas agem apenas com base em emoções e interesses?**
Os motivos e razões individuais são elementos importantes das ações, mas as coletividades sociais também influenciam a maneira como nos comportamos. Devido ao poder das coletividades sociais, as pessoas algumas vezes podem agir contra seus interesses, valores e emoções.

8. **Em que consiste a análise de redes sociais?**
A análise de redes consiste no estudo de relações sociais concretas que ligam as pessoas umas às outras. Ao focar laços sociais concretos, os analistas de redes chegam a resultados supreendentes. Por exemplo, a análise de redes permite explicar padrões no fluxo de informações e de doenças infecto-contagiosas e demonstrar que uma rede muito extensa de sociabilidade está presente na vida urbana.

9. **O que são grupos sociais?**
Grupos são conjuntos de pessoas que se identificam umas com as outras. Grupos primários envolvem relações intensas, íntimas e duradouras; grupos secundários envolvem laços menos íntimos e intensos. Os grupos impõem a conformidade de seus membros e procuram excluir não-membros.

10. **É possível superar a ineficiência burocrática?**
Embora as burocracias sofram diversas formas de ineficiência, elas são, normalmente, mais eficientes se comparadas a outras formas de organização social. A ineficiência buro-

crática aumenta com o tamanho e o grau de hierarquia das organizações. A eficiência pode ser aumentada tornando as estruturas burocráticas mais enxutas, descentralizando a autoridade relativa aos processos decisórios e abrindo linhas de comunicação entre as unidades da organização burocrática.

11. **Qual é o impacto do ambiente organizacional nas burocracias?**
O ambiente organizacional influencia o grau segundo o qual a eficiência burocrática pode ser alcançada. Por exemplo, as burocracias tendem a ser menos hierarquizadas onde os trabalhadores têm mais poder, onde a competição com outras burocracias é alta e onde existem fontes externas de fornecimento de matéria-prima.

Questões para Reflexão

1. Você teria agido de maneira diferente dos cidadãos alemães comuns se estivesse vivendo na Alemanha nazista? Por quê? E se você fosse um membro da polícia nazista? Você trairia o grupo? Por quê?

2. Faça uma lista dos seus namorados ou das suas namoradas atuais e anteriores. Indique a cor, a religião, a idade e a altura de cada uma das pessoas de sua lista. O quão semelhante ou diferente você é das pessoas com quem escolheu estabelecer relações íntimas? O que essa lista pode lhe dizer acerca da distribuição social da intimidade? O amor é cego? Que outros critérios — fora cor, religião, idade e altura — podem afetar a distribuição social da intimidade?

3. Se você fosse abrir seu próprio negócio, como o organizaria? Baseie sua resposta nas teorias e pesquisas apresentadas neste capítulo.

Glossário

Um **ambiente organizacional** é composto de um conjunto de fatores econômicos, políticos e culturais que se encontram fora da organização e afetam a maneira como ela funciona.

A **análise dramatúrgica** percebe a interação social como uma espécie de peça teatral na qual as pessoas se apresentam de maneira a aparecerem sob a luz mais favorável possível.

Burocracia é uma organização grande e impessoal, composta de muitas posições definidas e distribuídas em uma hierarquia. Uma burocracia tem um quadro permanente de funcionários assalariados e qualificados e possui objetivos, regras e procedimentos for mais definidos com o objetivo de aumentar sua eficiência.

As **categorias sociais** referem-se a pessoas que compartilham um *status* semelhante, mas não se identificam umas com as outras.

A **competição** é um tipo de interação social na qual o poder é desigualmente distribuído entre pessoas de *status* diferentes, mas o grau de desigualdade é menor do que em sistemas de dominação. A inveja é uma das principais emoções envolvidas nas interações competitivas.

Um **conflito de papéis** ocorre quando dois ou mais *status* ocupados ao mesmo tempo estabelecem papéis com demandas contraditórias.

Um **conflito-papel** ocorre quando as demandas de papéis incompatíveis são colocadas em uma pessoa ao ocupar um único *status*.

Um **conjunto de papéis** refere-se a todos os papéis relacionados a um único *status*.

A **cooperação** é uma forma de interação social na qual o poder é mais ou menos eqüitativamente distribuído entre pessoas de diferentes *status*. A interação cooperativa baseia-se na confiança.

A **desumanização** ocorre quando as burocracias tratam seus clientes como casos-padrão e seus funcionários como engrenagens em uma máquina gigante. Esse tipo de tratamento frustra os clientes e diminui o moral dos funcionários.

Uma **díade** é uma relação social entre dois nódulos ou unidades sociais (pessoas, empresas, organizações, países etc.).

O **distanciamento de papel** envolve transmitir a impressão de que estamos "fingindo" representar um papel com o qual não nos sentimos compromissados.

A **dominação** é um tipo de interação social na qual praticamente todo o poder está concentrado nas mãos de pessoas de *status* semelhantes, ao passo que pessoas de outros *status* não possuem quase nenhum poder. O medo é a emoção predominante nos sistemas de interação baseados na dominação.

Estereótipos são visões rígidas acerca de como os membros de diversos grupos se comportam, independentemente de como se comportam de fato.

Etnometodologia é o estudo dos métodos que as pessoas comuns usam, freqüentemente de maneira inconsciente, a fim de compreender o que as outras pessoas fazem e dizem.

Nos **grupos primários**, as normas, os papéis e os *status* são conhecidos e aceitos por todos, mas não são especificados por escrito. Neles, a interação social gera laços emocionais fortes e esses grupos se estendem por longos períodos de tempo, envolvendo uma ampla gama de atividades. Isso faz com que os membros do grupo se conheçam bem.

Grupos secundários são maiores e mais impessoais do que os grupos primários. Comparados com os grupos primários, os grupos secundários geram laços emocionais mais fracos, têm uma duração menos longa e envolvem uma gama menor de atividades. Como resultado, os membros do grupo se conhecem de maneira relativamente superficial.

Os **grupos sociais** são compostos de uma ou mais redes de pessoas que se identificam umas com as outras e aderem a normas, *status* e papéis definidos.

A **inércia burocrática** refere-se à tendência de burocracias grandes e rígidas se desconectarem da realidade e continuarem a seguir seus programas de ação mesmo quando as necessidades dos clientes mudam.

A **interação social** envolve a comunicação face a face, assim como ações e reações mutuamente orientadas. Ela é estruturada em torno de normas, papéis e *status*.

Oligarquia significa "governo de poucos". Todas as burocracias apresentam uma tendência para o poder se concentrar cada vez mais nas mãos de poucos indivíduos que se encontram no topo da pirâmide organizacional.

Organizações formais são grupos secundários estabelecidos para alcançar objetivos claramente definidos.

Poder é a probabilidade de impor a própria vontade em uma relação social, mesmo contra resistências.

Uma **rede social** é um conjunto limitado de indivíduos, ligados entre si pela troca de recursos materiais ou emocionais. Os padrões de troca determinam as fronteiras da rede. Os membros trocam recursos entre si mais freqüentemente do que com não-membros e, além disso, percebem-se como membros de uma rede. As redes sociais podem ser formais (definidas por escrito), mas são, mais freqüentemente, informais (definidas apenas na prática).

O **ritualismo burocrático** ocorre quando os burocratas se tornam tão preocupados com as normas e os regulamentos da organização que tornam difícil para ela alcançar seus objetivos.

Sinais de *status* são indicadores visuais da posição social de outras pessoas.

***Status* adquirido** é um *status* decorrente das capacidades, do esforço e das realizações do indivíduo.

***Status* atribuído** é um *status* que independe das capacidades, do esforço e das realizações do indivíduo.

***Status* geral** é o conjunto total de *status* ocupado por um indivíduo.

O ***status* principal** é o *status* mais influente na vida de uma pessoa em um determinado período de tempo.

A **teoria da escolha racional** foca a maneira como as pessoas avaliam os benefícios e os custos de uma interação. De acordo com a teoria da escolha racional, as interações humanas devem ser explicadas a partir do modelo do *homo economicus* — isto é, um agente racional que tem consciência dos seus objetivos e dos melhores meios para alcançá-los.

As **teorias da interação social do conflito** enfatizam que, quando as pessoas interagem, seus *status* estão distribuídos em um sistema hierárquico. As pessoas no topo da hierarquia detêm mais poder do que aquelas que estão na base da hierarquia, e o grau de desigualdade entre elas afeta o caráter da interação social.

A **teoria das trocas** defende que a interação social envolve a troca de atenção e de outros recursos valorizados.

Uma **tríade** é uma relação social entre três nódulos.

CAPÍTULO 6

Estratificação Social: Brasil e Perspectivas Globais

Neste capítulo, você aprenderá que:

- A desigualdade de renda no Brasil aumentou nos últimos 40 anos.
- A desigualdade de renda no Brasil é uma das maiores do mundo.
- De maneira geral, à medida que as sociedades se desenvolvem, as desigualdades aumentam. Depois de passar pelo estágio inicial de industrialização, as desigualdades diminuem. No estágio pós-industrial de desenvolvimento, as desigualdades parecem aumentar em alguns países.
- A maioria das teorias de desigualdade social se concentra em suas raízes econômicas.
- Prestígio e poder são importantes fontes não-econômicas de desigualdade.
- Alguns sociólogos costumavam pensar que apenas o talento e o trabalho árduo determinam a posição de uma pessoa na hierarquia socioeconômica. Hoje, os sociólogos acreditam que pertencer a certas categorias sociais limita as oportunidades de sucesso. Nesse sentido, a estrutura social conforma a distribuição de desigualdades.

Padrões de Estratificação

Naufrágios e Desigualdade

Escritores e cineastas às vezes contam histórias sobre naufrágios e seus sobreviventes para falar sobre desigualdade social. Usam o naufrágio como um artifício literário que permite abolir todos os sinais de privilégio e convenção social, restando apenas seres humanos despojados de seus elementos essenciais, cobaias em um laboratório imaginário para o estudo da riqueza e da pobreza, do poder e da impotência, da consideração e do desrespeito.

A tradição começou com *Robinson Crusoé*, de Daniel Defoe, publicado em 1719. Defoe conta a história de um inglês abandonado em uma ilha deserta. Sua vontade férrea, trabalho árduo e inventividade transformaram a ilha pobre em uma colônia próspera. Defoe foi um dos primeiros escritores a retratar favoravelmente o capitalismo, sugerindo que as pessoas enriquecem se possuem as virtudes de bons homens de negócio e permanecem pobres se não as têm.

O filme italiano de 1975, *Por um Destino Insólito,* cuja versão americana de 2002 (*Destino Insólito*) é estrelada por Madonna, conta uma história praticamente oposta. Na versão original, uma bela mulher, rica e ociosa, embarca em seu iate para um cruzeiro pelo Mediterrâneo. Ela trata a tripulação de forma áspera e paternalista, o que faz com que as tarefas sejam desempenhadas com um alto grau de ressentimento. Vem então a tempestade e o iate naufraga. Somente a mulher e um belo tripulante sobrevivem, jogados em uma ilha deserta. Agora iguais, os dois sobreviventes se empenham em uma sessão ardente de sexo e se apaixonam.

Tudo vai bem até o dia do resgate. Logo que retornam ao continente, a mulher retoma seus modos arrogantes e dá as costas ao tripulante, que fica novamente reduzido à sua condição de trabalhador comum. O filme transmite ao espectador três duras mensagens: em primeiro lugar, é possível ser rico sem trabalho árduo porque a riqueza pode ser herdada; em segundo, pode-se trabalhar arduamente sem se tornar rico; e, por fim, o filme sugere a existência de algo na estrutura da sociedade que provoca desigualdade, que desaparece apenas na ilha deserta, sem a presença da estrutura social tal como a conhecemos.

Figura 6.1 O transatlântico Titanic representa um mundo social altamente estratificado. Salões de bailes suntuosos, cabines confortáveis e pequenos luxos, como o sabonete da propaganda do início do século XX, são reservados ao ricos

Um dos filmes mais recentes sobre o tema naufrágio e desigualdade é *Titanic*, de 1997. Em um dado momento, o filme sugere que diferenças de classe são importantes. Por exemplo, na primeira classe, as condições de vida são luxuosas, na terceira classe, são difíceis. Certamente, no *Titanic*, diferenças de classe significam diferenças entre a vida e a morte. Depois que o navio colide com o *iceberg* na costa da Ilha de Terra Nova, no Canadá, a tripulação impede os passageiros da segunda e da terceira classes de embarcar nos poucos barcos salva-vidas, dando prioridade ao salvamento dos passageiros da primeira classe.

No entanto, à medida que a tragédia do Titanic se desenrola, um outro tema, contraditório, emerge: sob certas circunstâncias, as diferenças de classe podem ser insignificantes. O naufrágio do Titanic é o cenário para uma história de amor fictícia entre uma jovem rica da primeira classe e um jovem da classe trabalhadora nos conveses inferiores. O naufrágio do navio e o colapso da estrutura de classe oferecem aos jovens amantes uma oportunidade de atravessar as fronteiras de classe e mostrar sua devoção um pelo outro. Em certo nível, então, *Titanic* é uma história otimista, que mostra a esperança de uma sociedade em que as diferenças de classe pouco importam — uma sociedade que, aliás, se parece muito com a Sociedade do Sonho Americano.

Robinson Crusoé, *Por um Destino Insólito* e *Titanic* levantam muitas das questões que trataremos neste capítulo: quais são as fontes da desigualdade social? Determinação, esforço e engenhosidade dão forma à distribuição de vantagens e desvantagens na sociedade, como *Robinson Crusoé* sugere, ou *Por um Destino Insólito* é mais realista? Existem determinados padrões sociais que constituem a base e dão forma a essa distribuição de vantagens e desvantagens? A primeira mensagem de *Titanic* ainda é válida? A desigualdade social tem conseqüências importantes para o modo como vivemos? E o que dizer acerca da segunda mensagem de *Titanic*: as pessoas podem agir no sentido de diminuir o nível de desigualdade na sociedade? Em caso afirmativo, como?

Para responder a essas perguntas, faremos um esboço do padrão de desigualdade social no Brasil e globalmente, dando atenção especial à mudança ao longo do tempo. Em seguida, revisaremos criticamente as principais teorias da **estratificação social**, o modo como a sociedade está organizada em camadas ou estratos. Avaliaremos essas teorias à luz da lógica e de evidências empíricas. Ocasionalmente, daremos um passo para trás a fim de identificar questões que necessitam ser resolvidas antes que possamos ter um entendimento mais adequado da estratificação social, um dos aspectos mais fundamentais da vida social.

Desigualdade Econômica no Brasil

Riqueza e Renda

Quanto tempo você levaria para gastar um milhão de dólares? Se gastasse mil dólares por dia, levaria quase três anos. Quanto tempo você levaria para gastar um bilhão de dólares? Gastando mil dólares por dia, não poderia gastar essa quantia nem mesmo ao longo de toda a vida. Na verdade, você precisaria de quase três mil anos para gastar um bilhão de dólares a uma taxa de mil dólares por dia (e isso pressupondo que você não investisse dinheiro algum). A pessoa que obteve o maior rendimento no Brasil no ano de 2003 ganhou 4,7 bilhões de dólares (ver a Tabela 6.1). Em contraste com isso, o custo anual de um trabalhador brasileiro que recebia um salário mínimo era, para o mesmo ano, de aproximadamente US$ 1.500, ou seja, quase três milhões de vezes menor que o rendimento mais alto do Brasil. Embora um rendimento de 4,7 bilhões de dólares seja praticamente inimaginável, ele corresponde a cerca de apenas 10% daquilo que o americano Bill Gates ganhou em 2003. Gates não apenas obteve os maiores rendimentos do mundo nesse ano, como é também a pessoa mais rica do planeta.

Renda e riqueza não são a mesma coisa. Sua renda refere-se ao montante que você recebe em um dado período de tempo; sua riqueza é o que você possui, seu patrimônio. Para parte das pessoas adultas, a riqueza inclui uma casa (menos a hipoteca); um carro (menos o financiamento feito para sua compra); aplicações, mobiliários e economias (menos o saldo do cartão de crédito). Possuir uma casa agradável, um bom carro e uma soma substancial de dinheiro investido com segurança aumentam a sensação de bem-estar das pessoas. Ter uma fonte de renda lhes dá segurança e a possibilidade de manter e até aumentar sua riqueza. Elas sabem que terão algo em que se apoiar em tempos difíceis e que não terão de se preocupar com o pagamento do colégio dos filhos, ou com a aposentadoria. Riqueza e renda também podem proporcionar às pessoas maior influência política na medida em que contribuições para partidos políticos e doações para determinadas causas podem aumentar as chances de que as políticas que elas defendem tornem-se lei. A riqueza pode até afetar a qualidade da saúde das pessoas: a possibilidade de gastar dinheiro em lazer, diminuir o estresse, consumir alimentos de boa qualidade e utilizar bons serviços de saúde significa que pessoas que dispõem de tais vantagens podem ter uma vida mais longa e mais saudável do que aquelas que não as têm.

● **Tabela 6.1** Posição no *ranking* mundial das pessoas que obtiveram os maiores rendimentos em 2003

Posição	Nacionalidade	Ganhos em bilhões de dólares
1	Estados Unidos	46,60
2	Estados Unidos	42,90
3	Alemanha	23,00
4	Arábia Saudita	21,50
5	Estados Unidos	21,00
6	Estados Unidos	20,00
91	Brasil	4,70
170	Brasil	2,90
377	Brasil	1,50
437	Brasil	1,30
514	Brasil	1,10
552	Brasil	1,00

Fonte: Forbes (2004).

Infelizmente, os sociólogos e outros cientistas sociais têm negligenciado o estudo da riqueza, em parte porque dados confiáveis sobre o tema são difíceis de serem obtidos: embora os brasileiros sejam obrigados a declarar não apenas sua renda, mas também seu patrimônio à Receita Federal, tais dados não são disponibilizados para os pesquisadores. Além disso, é bem conhecido o fato de que algumas pessoas omitem parte do patrimônio ao colocar seus bens em nome de outros.

A situação é um pouco diferente em relação à renda. As fontes mais utilizadas pelos pesquisadores incluem os censos, a PNAD (Pesquisa Nacional por Amostra de Domicílios), e a POF (Pesquisa de Orçamentos Familiares), mas mesmo eles apresentam algumas dificuldades. Em primeiro lugar, existe o problema da confiabilidade dos dados fornecidos pelos entrevistados: nem sempre as pessoas declaram seu rendimento real, seja pela vontade deliberada de não fazê-lo, seja pela falta de um sistema de contabilidade que lhes permita conhecer sua renda exata. Por exemplo, é comum que pequenos e médios agricultores brasileiros não registrem adequadamente os custos envolvidos em suas atividades que lhes permita calcular seus rendimentos líquidos (ou a diferença entre o que ganharam e o que gastaram nas atividades produtivas). O mesmo ocorre no mercado informal da economia, assumindo proporções ainda maiores quando se trata de atividades ilegais.

Em segundo lugar, existem diferenças substanciais nos métodos de coleta de dados empregados nas diferentes pesquisas e também variações nesses métodos ao longo do tempo para uma mesma fonte. Detenhamo-nos nos dados do Censo por um momento: para o Censo de 1970, existia apenas uma única pergunta no questionário para aferir a renda média mensal de uma família; já na década de 1980, o questionário do Censo continha sete perguntas diferentes para aferir a mesma coisa e, em 2000, as questões relativas à renda somavam um total de 14 (Rocha, 2004; Pochmann et al., 2004). Isso significa que os dados do Censo foram se tornando progressivamente mais precisos, o que gera a dificuldade de se comparar a renda medida pelo Censo brasileiro em décadas distintas. Se pensarmos nas diferenças metodológicas das diferentes fontes, as dificuldades aumentam ainda mais: ao passo que o último Censo teve 14 perguntas relativas à renda, o instrumento de coleta de dados da PNAD de 2001 teve 48 questões para o mesmo tema. Todos esses problemas fazem com que os pesquisadores escolham e combinem os dados disponíveis de maneira bastante heterogênea e cheguem a conclusões distintas entre si. Veja, por exemplo, como diferentes instituições ou autores chegam a diferentes estimativas do percentual de pobres no Brasil baseados no mesmos dados brutos retirados do IBGE (Tabela 6.2).

Tabela 6.2 Estimativa do número de pobres no Brasil de acordo com diferentes instituições ou autores

	Número de pobres em milhões
Fome Zero	46,0
IPEA	56,9
Sonia Rocha	34,8

Para o cálculo do número de pobres são estabelecidas linhas de pobreza que obedecem a critérios distintos. O Ipea define 24 linhas de pobreza segundo a região. A linha de pobreza que assume o valor mais alto refere-se a Porto Alegre: são considerados pobres aqueles que têm renda familiar per capita inferior a R$ 149,50. O valor mais baixo, relativo à zona rural de Minas Gerais, corresponde a R$ 79,00 — isto é, são pobres os habitantes daquela região que têm uma renda familiar per capita inferior àquele valor. Já no programa Fome Zero são definidas 19 linhas que variam entre R$ 71,53 (correspondente à zona rural do Nordeste) e R$ 94,77 (correspondente a Salvador). A socióloga Sônia Rocha (2004), por sua vez, define 24 linhas que variam de R$ 142,54 (cidade de São Paulo) a R$ 35,13 (zona rural do Nordeste).

Seja como for, todas as estimativas em relação à distribuição de renda no Brasil apontam para uma desigualdade alarmante na sociedade brasileira. No ano de 2000, 68,06% de toda a renda gerada no Brasil foi apropriada por apenas 20% dos brasileiros mais ricos. Em contraste com isso, os 20% mais pobres do país receberam apenas o equivalente a 1,5% da renda nacional total (*Atlas de Desenvolvimento Humano no Brasil*, 2004). Essa diferença nos rendimentos de ricos e pobres faz do Brasil um dos países mais desiguais do mundo.

Nos últimos 40 anos, a distribuição de renda no Brasil tem se tornado cada vez mais desigual. Apesar disso, durante esse período, o Brasil tornou-se mais rico, isto é, seu Produto Interno Bruto, ou a riqueza produzida no país, aumentou. Além disso, também houve um aumento na renda média dos brasileiros, o que significa que as pessoas hoje ganham, em média, mais dinheiro do que ganhavam há 40 anos. Em outras palavras, o Brasil tornou-se mais rico, porém mais desigual porque a distribuição dessa riqueza não foi feita de forma eqüitativa (Rocha, 2004).

No Brasil, como em muitas outras sociedades, existe menos desigualdade de renda do que desigualdade na distribuição da riqueza. Entretanto, a desigualdade de renda em nosso país é muito grande. Os estudiosos da estratificação social dividem as populações em um certo número de categorias estatísticas que se conhecem como "estratos de renda". Normalmente, divide-se a população em cinco estratos (os chamados quintos): os 20% que recebem a menor renda, os 20% que recebem a segunda menor renda e assim por diante, até chegar aos vinte por cento de maior renda. Com base nos diferentes estratos, podemos perceber como a renda nacional era dividida entre a população. A Figura 6.2 mostra a distribuição de renda no Brasil em 1960 e em 2000.

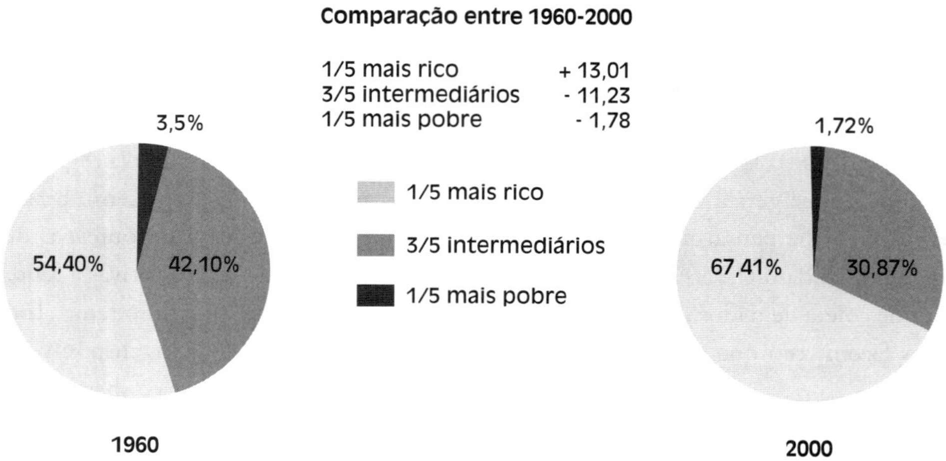

• **Figura 6.2** Distribuição da renda nacional total por domicílio — Brasil, 1960 e 2000
Fonte: IBGE, Censos de 1960 e 2000.

A Figura 6.2 ilustra três fatos importantes. Em primeiro lugar, a desigualdade de renda aumentou: em 1960, os 20% mais pobres (o primeiro quintil[1]) se apropriavam de 3,5% da renda nacional; em 2000, o mesmo quintil recebia apenas 1,7% da renda. Para utilizarmos uma terminologia popular nos anos de 1970, embora o bolo tenha aumentado, isto é, embora tenha ocorrido um aumento na renda para todas as parcelas da população brasileira, a fatia correspondente aos

[1] Uma escala de postos percentis consiste em 100 unidades, sendo que certos postos localizados ao longo dessa escala têm nomes específicos, como é o caso dos decis, quintis e quartis. Se um escore estiver localizado no primeiro quintil (posto percentil = 20), sabemos que 20% dos casos localizam-se abaixo desse escore; se um escore estiver localizado no segundo quintil (posto percentil = 40), então 40% dos casos estão abaixo dele e assim por diante (Levin, 1987: 31). Por outro lado, se quisermos dividir a população em estratos iguais e nos referirmos a cada um deles separadamente, como fizemos anteriormente, falamos de décimos, quintos, quartos etc. Assim, por exemplo, ao passo que o *segundo quintil* do nosso caso acima se refere aos 40% mais pobres da população, o *segundo quinto* refere-se aos 20% da população que têm a segunda menor renda.

mais pobres foi se tornando proporcionalmente menor. Em segundo lugar, observa-se que os estratos médios (do segundo ao quarto quinto) absorviam 42,1% e 30,87% da renda nacional em 1960 e em 2000, respectivamente. Isso significa que houve um "achatamento" das classes médias brasileiras durante o período. Finalmente, os 20% mais ricos (o quinto quinto) se apropriavam de 54,4% da renda nacional em 1960 e, em 2000, essa proporção subiu para 67,41%. Em outras palavras, a fatia correspondente aos mais ricos tornou-se proporcionalmente maior, à medida que a dos quintos restantes tornou-se menor.

O aumento da riqueza no Brasil explica-se, em parte, pelo processo de industrialização que ocorreu a partir da metade do século passado (isso será descrito de maneira mais detalhada no Capítulo 9, "Economia e Trabalho"). No momento, podemos visualizar como se dá a relação entre o aumento da riqueza e a concentração de renda a partir de um caso concreto: o agronegócio ligado à soja. Embora esse não seja um caso típico, no sentido de representar a industrialização do Brasil como um todo, ele nos interessa porque representa um exemplo extremo do processo.

Quão Verde É o Vale?

O Brasil sempre se caracterizou no cenário internacional como um grande produtor agrícola e, desde os anos de 1970, a soja tem se expandido como uma produção tipicamente agroindustrial. A produção de monoculturas agroindustriais, como a soja, tomou impulso no Brasil e em outras partes do mundo com a chamada Revolução Verde — processo que teve início na década de 1970, graças aos avanços tecnológicos do setor industrial agrícola e das pesquisas na área de química, mecânica e genética. Acreditava-se que, com a Revolução Verde, um aumento expressivo na produção e na produtividade agrícola mundial solucionaria o problema da fome no mundo. Nesse sentido, o governo brasileiro investiu pesadamente na monocultura da soja e de outros produtos por meio de políticas de crédito às empresas e aos agricultores, em especial com o chamado Sistema Nacional de Crédito Rural.

Em 2003, o Brasil tornou-se o segundo maior produtor mundial de soja, tendo o produto respondido por uma receita cambial superior a 11% do total das receitas cambiais brasileiras, isto é, do valor em dólares recebidos em função de produtos e serviços exportados (Embrapa, 2004). A sojicultura representou, de fato, uma revolução socioeconômica e tecnológica no Brasil, mas está longe de ser o que se esperava. Em vez de diminuir as desigualdades, ela as têm acirrado, particularmente na região Centro-Oeste, que responde por cerca de 60% da produção nacional.

Esse fenômeno de acirramento de desigualdades faz parte de um processo conhecido como "modernização conservadora". No setor agrícola, a modernização conservadora assume as seguintes características: intensificação da concentração de terra, agravamento da questão migratória nacional com a expulsão da população rural para os centros urbanos, crescimento do subemprego (representado, sobretudo, pelo trabalho assalariado temporário ou sazonal) e do desemprego, enfraquecimento da pequena propriedade e retração da produção de alimentos e outros produtos para o mercado interno com a conseqüente elevação do custo de vida (Silva, 1981).

Vejamos como a sojicultura ilustra as mudanças socioeconômicas ocorridas nas regiões de cerrado no Brasil, particularmente no Mato Grosso. Durante os anos de 1980, o governo brasileiro investiu na transição e na adaptação da soja para o Centro-Oeste, visando, dentre outras coisas, promover a interiorização da população brasileira e desenvolver uma região relativamente despovoada e desvalorizada. Como resultado, o Mato Grosso é hoje o maior produtor de soja do Brasil e tem apresentado a maior taxa de crescimento do PIB *per capita* no país. Segundo dados do IBGE, esse crescimento foi de 27,83% no período de 1997 a 2000. Em contraste com isso, o crescimento do PIB *per capita* do Brasil como um todo nesse período foi de 17,7% (IBGE, 2000). Por outro lado, os dados dos dois últimos Censos mostram que a concentração de renda naquele estado aumentou: os 10% mais ricos se apropriavam de 48,24% da renda em 1991 e, em 2000, esse percentual aumentou para 51,14%. Já os 40% mais pobres do estado se apropriaram de respectivamente 9,4% e 8,5% da renda no mesmo período (*Atlas de Desenvolvimento Humano no Brasil*, 2004).

Em resumo, a agroindústria da soja tem proporcionado uma **mobilidade social ascendente ou vertical** — ou seja, tem possibilitado que alguns indivíduos se movam para cima no sistema de estratificação e tem aumentado a renda média nacional. Entretanto, ela também tem aumentado o abismo entre ricos e pobres e gerado novas formas de exploração e de conflitos sociais. O caso ilustrado nesta seção nos ajuda a perceber como o aumento da riqueza pode gerar uma maior concentração de renda e, nesse sentido, também pode sugerir o que nos espera caso o agronegócio venha a dominar a economia brasileira.

Diferenças Internacionais

Desigualdade Global

Do mesmo modo que renda e riqueza variam imensamente *dentro* de um mesmo país, também variam *entre* países distintos. Consideremos dois casos extremos: os Estados Unidos, um dos países mais ricos do mundo, e Angola, um dos mais pobres. Com uma população de cerca de 288,4 milhões de habitantes em 2003 (World Bank, 2003), os Estados Unidos têm renda média de cerca de US$ 34.142.

Angola tem cerca de 11 milhões de pessoas e aproximadamente 650 mil de seus cidadãos foram mortos em uma guerra civil que perdura desde 1975, quando o país ficou independente de Portugal. A maioria dos angolanos vive em casas feitas de papelão, lata e blocos de cimento, sendo que a maioria delas não tem água encanada. A renda média é de mil dólares por ano; há um telefone para cada 140 pessoas e uma TV para cada 220. A inflação chega a cerca de 90% ao ano. Além da miséria, os habitantes de Angola enfrentam milhões de minas terrestres espalhadas pelo interior do país, mutilando e matando regularmente transeuntes inocentes. Aproximadamente 85% da população sobrevive da agricultura de subsistência.

Angola é, entretanto, uma sociedade altamente estratificada. De fato, a distância entre ricos e pobres é muito maior que nos Estados Unidos. A exportação de petróleo contribui para aproximadamente metade da riqueza do país, sendo que a perfuração de poços é feita por empresas multinacionais como a Exxon e a Chevron. Na capital litorânea, Luanda, existe um enclave de norte-americanos que trabalham para a Exxon e a Chevron e que vivem em condomínios fechados e fortemente vigiados contendo casas luxuosas, quadras de tênis, empregados e veículos utilitários esportivos. Vivendo lado a lado na cidade de Luanda, ricos e pobres formam um abismo tão grande como o que separa Angola dos Estados Unidos.

Alguns países, como os Estados Unidos, são ricos. Outros, como Angola, são pobres. Quando os sociólogos estudam essas diferenças *entre* países, estão estudando a **desigualdade global**. Entretanto, é possível um país A e um país B serem igualmente ricos, mas a distância entre ricos e pobres ser maior no país A que no país B. Quando os sociólogos estudam tais diferenças *dentro* de países, estão estudando as **variações transnacionais de estratificação interna**.

Consideremos a desigualdade global por um momento. Estados Unidos, Canadá, Japão, Austrália e cerca de uma dúzia de países da Europa Ocidental, incluindo Alemanha, França e Reino Unido, são as sociedades pós-industriais mais ricas do mundo. Os países mais pobres do mundo abrangem grande parte da África, da América Latina, do Caribe e da Ásia. A desigualdade entre os países ricos e pobres é inacreditável. Aproximadamente um quinto da população mundial não tem abrigo adequado e mais de um quinto não tem água potável. Cerca de um terço das pessoas no mundo não têm eletricidade e mais de dois quintos não têm saneamento adequado. Nos Estados Unidos, existem 626 linhas telefônicas para cada mil pessoas; no Camboja, no Congo e no Afeganistão há somente uma linha para cada mil pessoas. O gasto anual com saúde nos Estados Unidos é de US$ 2.765,00 por pessoa; o número para a Tanzânia e Serra Leoa é de US$ 4,00 por pessoa e, no Vietnã, de US$ 3,00. O gasto médio anual com a educação de uma criança americana é de US$ 11.329,00, comparado com US$ 57,00 na China, US$ 46,00 em Moçambique e US$ 38,00 no Sri Lanka (United Nations, 1998; ver Tabela 6.3). As pessoas que vivem em países pobres também têm maiores chances de passar por sofrimento em massa extremo do que as de países ricos. Por exemplo, devido a distúrbios políticos em muitos países pobres, estima-se que de 20 a 22 milhões de pessoas têm sido obrigadas a emigrar de seus países em anos recentes (Hampton, 1998). Existem ainda cerca de 27 milhões de escravos em Moçambique, no Sudão e em outros países africanos (Bales, 1999; 2002) e, no ano de 2004, o governo brasileiro reconheceu perante as Nações

● **Tabela 6.3** Indicadores de Desenvolvimento Humano das Nações Unidas (países selecionados) – 2004

Posição	País	Expectativa de vida (anos)	Adultos alfabetizados (%)	Renda per capita em US$
1	Noruega	78,9	100,00	36,600
2	Suécia	80,0	100,00	26,050
3	Austrália	79,1	100,00	28,260
4	Canadá	79,3	100,00	29,480
5	Holanda	78,3	100,00	29,100
72	**Brasil**	**68,0**	**86,40**	**7,770**
173	Burundi	40,8	50,40	,630
174	Mali	48,5	19,00	,930
175	Burkina Faso	45,8	12,80	1,110
176	Niger	46,0	17,10	,800
177	Serra Leoa	34,3	36,00	,520
Mundo		66,9	–	7,804

Fonte: Nações Unidas (2004).

Unidas a existência de pelo menos 25 mil pessoas reduzidas à condição de escravos no Brasil (Conatrae, 2004).

No Capítulo 14, "População, Urbanização e Desenvolvimento", veremos que grande parte da riqueza dos países ricos foi obtida com a exploração dos países mais pobres. Esse processo teve início há alguns séculos, quando os países mais ricos da Europa transformaram grande parte do mundo em colônias que representavam mercados cativos para suas mercadorias e fontes baratas de trabalho e de matérias-primas. Mesmo depois de obter a independência política, ao longo dos séculos XVIII, XIX e XX, a maioria das ex-colônias permaneceu dependente dos países ricos, o que tem contribuído para a mantê-las pobres. No momento, entretanto, vamos nos concentrar em um outro tipo de diferença internacional: as variações transnacionais de estratificação interna.

Estratificação Interna

Colocando de lado os níveis de desigualdade global, como a estratificação interna difere de um país para outro? Podemos responder essa questão examinando primeiramente o **Índice de Gini**, assim chamado em homenagem ao economista italiano que o inventou. O Índice de Gini é uma medida de desigualdade de renda e seu valor varia de zero a 1. Um Índice de Gini de valor zero indica que cada unidade familiar de um país ganha exatamente a mesma quantidade de dinheiro. No pólo oposto, o Índice de Gini com valor igual a 1 indica que uma só família ganha a renda nacional inteira. Esses são extremos teóricos: no mundo real, a maioria dos países tem Índices de Gini entre 0,2 e 0,5 (embora, como poderemos perceber, o índice do Brasil seja mais alto do que isso).

A Figura 6.3 mostra o Índice de Gini para nove países selecionados, usando o mais recente dado de renda internacional disponível. Dos nove países, a Suécia e a Bélgica têm o mais baixo Índice de Gini (0,250), ao passo que Lesoto tem o mais alto (0,632). Por outro lado, quando comparamos o Índice de Gini de alguns países da América Latina com o de alguns países da Europa Ocidental, verificamos que nos primeiros a desigualdade de renda é bem maior. O Brasil ocupa a pior posição entre os países da América Latina, o que significa dizer que a desigualdade de renda

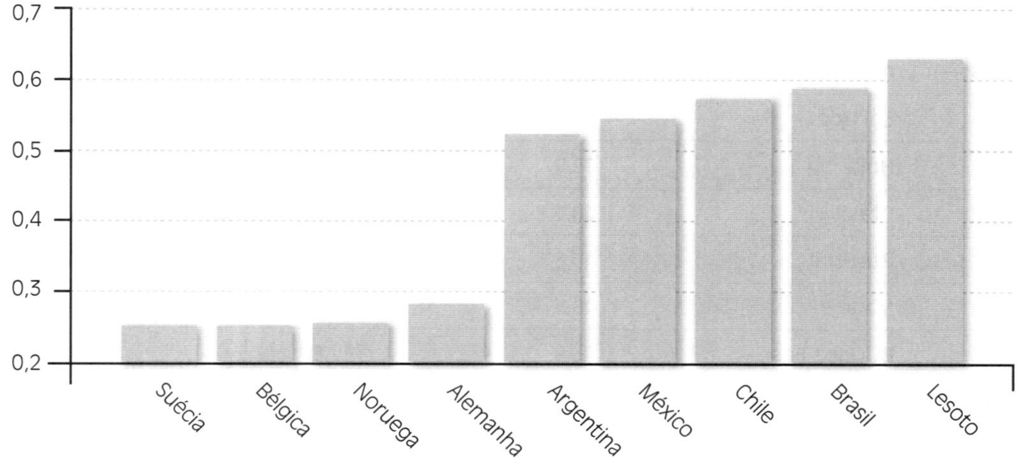

● **Figura 6.3** Índice de Gini em países selecionados — 1995-2001
Fonte: Nações Unidas (2004).

no Brasil é a maior da região e uma das maiores do mundo. Se verificarmos a evolução do Índice de Gini no Brasil nos últimos anos, constataremos que da década de 1950 para a década de 1960 houve um aumento significativo de 0,497 para 0,565. O aumento da desigualdade chegou ao ápice em 1976, quando o Índice de Gini atingiu 0,623. Apenas na década de 1990 presenciamos uma redução gradativa e bastante lenta da desigualdade de renda no Brasil, o que gerou um Índice de Gini de 0,566 no ano de 2003 (Albuquerque, 2004).

Desenvolvimento e Estratificação Interna

O que explica as diferenças transnacionais de estratificação interna como as descritas acima? Mais tarde, neste capítulo, você vai aprender que fatores políticos explicam algumas das diferenças. Agora, entretanto, vamos observar como o desenvolvimento socioeconômico afeta a estratificação interna.

No curso da história humana, à medida que as sociedades se tornaram mais ricas e mais complexas, o nível de desigualdade social primeiro aumentou, depois desacelerou e, finalmente, começou a declinar (Lenski, 1966; Lenski, Nolan e Lenski, 1995). No período mais recente, o pós-industrial, a desigualdade social permaneceu estável em alguns países, mas começou a diminuir em outros. A Figura 6.4 ilustra a relação existente entre desenvolvimento econômico e estratificação interna. Para explicar esse padrão, os sociólogos analisaram como a tecnologia produz riqueza e como as pessoas controlam essa riqueza em cinco tipos de sociedade.

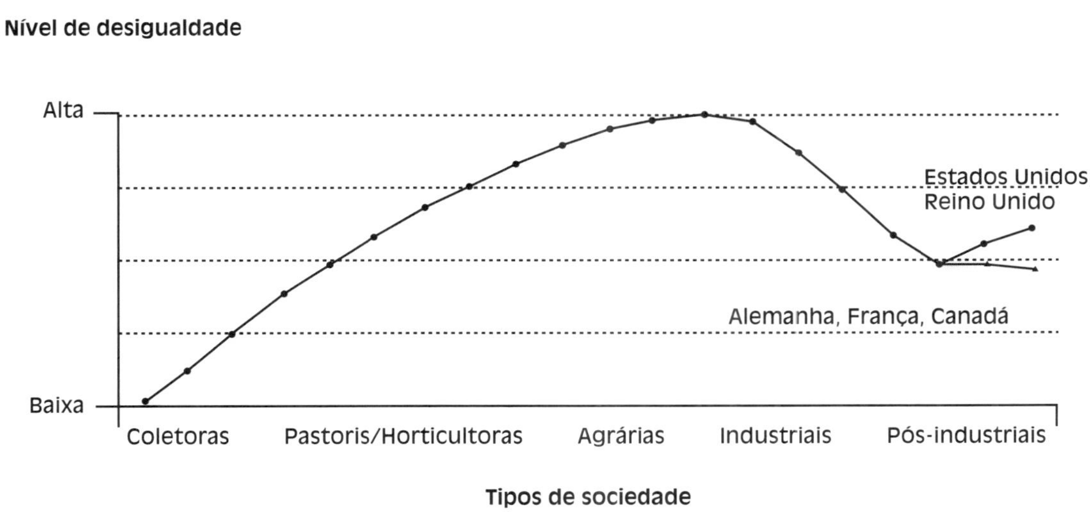

Figura 6.4 Desigualdade e desenvolvimento

Sociedades Coletoras

Durante os primeiros 90 mil anos de existência humana, as mulheres e os homens viviam em grupos nômades constituídos de mais ou menos cem pessoas. Para sobreviver, caçavam animais selvagens e coletavam plantas silvestres. A vida era precária. Alguns coletores e caçadores eram, sem dúvida, mais habilidosos que outros, mas ainda não estocavam alimentos: em vez disso, dividiam a comida para garantir a sobrevivência de todos os membros do bando. Esses grupos produziam pouco ou nada mais que o necessário à sua subsistência. Não havia ricos ou pobres.

Sociedades Pastoris e Horticultoras

Há cerca de 12 mil anos, estabeleceram-se os primeiros assentamentos agrícolas baseados na horticultura (uso de pequenas ferramentas manuais para cultivar plantas) e no pastoreio (domesticação de animais). Essas inovações tecnológicas habilitaram as pessoas a produzir riqueza, um excedente em relação àquilo de que precisavam para a subsistência. Um pequeno número de pessoas controlava o excedente e, assim, surgiu uma estratificação social significativa.

Sociedades Agrárias

Cerca de cinco mil anos atrás, desenvolveu-se a agricultura de arado. Ao colocar um boi ou um grande animal no arado, os agricultores ampliaram a produção. Mais uma vez, graças à inovação tecnológica, o excedente aumentou e, com mais riqueza, intensificou-se a estratificação social.

As sociedades agrárias desenvolveram crenças religiosas justificando o aumento da desigualdade. As pessoas começaram a acreditar que os reis e as rainhas governavam por "direito divino" e percebiam os grandes proprietários de terra como "senhores". Além disso, se você tivesse nascido como camponês, você e seus filhos provavelmente permaneceriam camponeses; se tivesse nascido proprietário, você e seus filhos provavelmente permaneceriam proprietários. No vocabulário da sociologia moderna, dizemos que a estratificação nas sociedades agrárias está baseada mais na **atribuição** que na **realização ou no mérito**, isto é, a posição de uma pessoa em um sistema de estratificação é determinada mais pelas condições nas quais ela nasceu do que por seu desempenho. Em outras palavras, ocorria pouca mobilidade social.

Na Índia agrária existiu uma sociedade quase que puramente baseada na atribuição. A sociedade era dividida em **castas**, quatro grupos principais e muitos subgrupos dispostos em uma hierarquia rígida. Nascer em uma casta particular significava que você tinha de trabalhar nas ocupações reservadas àquela casta e casar-se com alguém da mesma ou de uma casta próxima. A religião hindu reforçava esse sistema (Srinivas, 1952). Por exemplo, o hinduísmo explicava a posição das pessoas no sistema de castas pelo seu comportamento em uma vida anterior: se você foi bom, será contemplado nascendo em uma casta mais elevada em sua próxima vida; se foi mau, será punido nascendo em uma casta mais baixa. A crença no caráter sagrado da casta regulava até os aspectos mais mundanos da vida: um indivíduo pertencente à casta dos *dalit*, isto é, pertencente ao grupo das pessoas consideradas "intocáveis" em virtude de sua "impureza coletiva" (Venkatraman, 2000: 120), podia, por exemplo, cavar um poço para um membro de uma casta mais alta. Contudo, uma vez feito o trabalho, o trabalhador *dalit* não poderia sequer projetar sua sombra no poço. Se ele o fizesse, o poço seria considerado poluído e as pessoas da casta superior ficariam proibidas de beber sua água.

O sistema de castas tem persistido no período industrial, como ocorreu na África do Sul de 1948 até 1992 com o ***apartheid***. Nesse sistema, a minoria branca gozava dos melhores empregos e de outros privilégios e consignava à grande maioria negra o trabalho pesado. O *apartheid* também proibia o casamento entre negros e brancos e designava espaços públicos separados para os membros das duas raças. Asiáticos e mestiços gozavam de privilégios entre os dois extremos. Entretanto, o *apartheid* foi uma exceção: na maioria dos casos, a industrialização provocou um *declínio* na desigualdade.

Sociedades Industriais

A Revolução Industrial começou na Inglaterra nos anos de 1780. Um século mais tarde, espalhou-se por toda a Europa Ocidental, pela América do Norte, pelo Japão e pela Rússia.

A tendência à redução da estratificação social com a industrialização não era visível nos primeiros estágios de crescimento industrial. Se você leu algum livro de Charles Dickens, como *Oliver Twist*, sabe como eram infernais as condições de trabalho e as desigualdades sociais que caracterizaram o período inicial da industrialização.

Entretanto, melhorias na tecnologia e na organização social da manufatura tornaram possível produzir mais bens a um menor custo por unidade, o que elevou o padrão de vida de toda a população. Além disso, o nascimento não era mais determinante da posição dos indivíduos nas sociedades industriais. A indústria requeria uma força de trabalho altamente treinada, alfabetizada e com domínio do cálculo. Para aumentar os lucros, os capitalistas precisavam identificar e contratar as pessoas mais talentosas e, nesse sentido, encorajavam todos a desenvolver seus talentos, recompensando-os ao pagar maiores salários. A pressão política vinda de baixo também desempenhou um importante papel na redução das desigualdades: os trabalhadores lutaram pelo direito de formar e filiar-se a sindicatos e de expandir o voto para todos os cidadãos adultos, usando o poder dos sindicatos e sua crescente influência política para conquistar melhorias em suas condições de existência. Embora existissem barreiras à mobilidade social, ela tornou-se mais freqüente do que nunca (como você verá adiante neste capítulo). Mesmo a tradicional desigualdade entre homens e mulheres começou a diminuir devido à demanda de talentos e à luta das mulheres para ingressar na força de trabalho nas mesmas condições que os homens. Por que contratar um homem incompetente em vez de uma mulher competente quando você pode lucrar mais com os serviços de uma trabalhadora capaz? Colocadas desse modo, as demandas das mulheres por igualdade faziam sentido para o bom andamento dos negócios. Por todas essas razões, podemos afirmar que, de maneira geral, a estratificação declinou à medida que as sociedades industriais se desenvolveram.

Sociedades Pós-Industriais

Seria imprudente fazer afirmações definitivas sobre as tendências de longo prazo de desigualdade social nas sociedades pós-industriais porque a era pós-industrial existe há apenas algumas décadas. Entretanto, em países como os Estados Unidos e o Reino Unido, a desigualdade social tem crescido nos últimos 25 anos. A concentração de riqueza na mão de 1% dos americanos mais ricos é maior hoje do que jamais o foi nos últimos cem anos. O fosso entre ricos e pobres é maior hoje do que o foi nos últimos 50 anos. Por outro lado, em certas sociedades pós-industriais — como Alemanha, França e Canadá —, a desigualdade social tem permanecido estável desde meados dos anos de 1970.

Fatores tecnológicos parecem ter sido em parte responsáveis pela crescente desigualdade nos Estados Unidos e no Reino Unido. Muitos empregos em setores de alta tecnologia foram criados no topo do sistema de estratificação nas últimas décadas. Esses empregos são extremamente bem remunerados. Ao mesmo tempo, as novas tecnologias fizeram com que muitos empregos se tornassem rotineiros, exigindo pouco treinamento e pagando baixos salários. Em decorrência do número de empregos pouco qualificados estar crescendo mais rapidamente que os empregos no topo do sistema de estratificação, o efeito geral da tecnologia hoje é aumentar o nível de desigualdade na sociedade. Em algumas sociedades pós-industriais, entretanto, os governos parecem ter contido o crescimento da desigualdade. Na Alemanha, na França e no Canadá, por exemplo, os governos impediram uma grande transferência de renda para os ricos por meio de taxações e outras políticas (Centre for Economic Policy Research, 2002).

Esses são os padrões e as tendências básicas na história da estratificação social mundial. Mantendo essas tendências em mente, investigaremos agora os modos como os sociólogos têm explicado a estratificação social. Começaremos com Karl Marx, que formulou uma teoria bastante ampla sobre o desenvolvimento histórico e social há 150 anos. O "motor" da teoria de Marx — a força diretiva da história — é a interação da estrutura de classe da sociedade com sua base tecnológica. O trabalho de Marx representa a primeira grande teoria sociológica da estratificação social e por isso ela merece ser considerada em detalhe.

Teorias da Estratificação

Perspectivas Clássicas

Marx

Na Europa Ocidental medieval, os camponeses cultivavam pequenos lotes de terra pertencentes aos senhores. Eram obrigados legalmente a dar a seus senhores uma determinada parte da colheita e continuar a trabalhar para eles em qualquer circunstância. Em contrapartida, exigia-se que os senhores os protegessem dos saqueadores. Além disso, eram obrigados a abrir seus celeiros e alimentar os camponeses se as colheitas fossem insuficientes. Esse arranjo era conhecido como **feudalismo** ou servidão. Os camponeses eram chamados de servos.

De acordo com Marx, no final do século XV inúmeras forças começaram a minar o feudalismo. A mais importante foi o crescimento de uma economia extrativista e comercial, que aumentou a procura por muitos bens e serviços no comércio, na navegação e na indústria. Nos séculos XVII e XVIII, alguns artesãos urbanos e mercadores já haviam estabelecido pequenas manufaturas e economizado capital suficiente para expandir a produção. No entanto, enfrentavam um grande problema: para aumentar os lucros, necessitavam de mais trabalhadores que pudessem empregar nos períodos de grande demanda e dispensar em épocas de recessão. Contudo, a maior fonte potencial de trabalhadores — o campesinato — estava legalmente presa à terra. Assim, o feudalismo teve de ser destruído para que os camponeses se transformassem em operários. Na Escócia, por exemplo, proprietários de terra mais empreendedores reconheceram que podiam ganhar mais dinheiro criando carneiros e vendendo a lã do que fazendo seus camponeses cultivar a terra. Dessa forma, transformaram suas terras cultiváveis em pastagens, forçando os camponeses a ir para as cidades. Os antigos camponeses não tiveram escolha senão se empregar como operários urbanos.

Na visão de Marx, inicialmente as relações entre operários e capitalistas encorajaram mudanças tecnológicas rápidas e crescimento econômico. Afinal, os capitalistas precisavam adotar novas ferramentas, máquinas e métodos de produção para que pudessem produzir mais eficientemente e obter mais lucros. Isso, porém, teve conseqüências não previstas. Em primeiro lugar, alguns capitalistas foram eliminados por concorrentes mais eficientes e forçados a se tornar membros da classe operária o que, juntamente com os antigos camponeses que migravam do campo inchando as cidades, levou a um aumento da classe operária. Em segundo lugar, a busca por maiores lucros levou os capitalistas a concentrar os operários em fábricas cada vez maiores, a manter os salários baixos e a investir o menos possível na melhoria das condições de trabalho. Dessa forma, escreveu Marx, à medida que a classe dos capitalistas se tornava mais rica e menor, a classe operária aumentava e empobrecia.

Marx acreditava que os operários, acabariam por se tornar conscientes de que pertenciam a uma mesma classe explorada. Sua **consciência de classe** encorajaria o crescimento de sindicatos e partidos políticos de trabalhadores, e essas organizações tentariam, por fim, criar um sistema comunista em que não haveria riqueza privada. Em vez disso, sob o comunismo cada um compartilharia da riqueza, disse Marx (Marx, 1904 [1859]; Marx e Engels, 1972 [1848]).

Devemos observar diversos aspectos da teoria de Marx. Primeiro, a classe de uma pessoa é determinada pela *fonte* de sua renda ou, para usar os termos de Marx, pela sua "relação com os meios de produção". Por exemplo, os membros da classe dos capitalistas (ou **burguesia**) possuem os meios de produção — incluindo fábricas, ferramentas e terra —, mas não executam qualquer trabalho físico. Eles estão, portanto, em uma posição de obter lucros. Em contraste, os membros da classe operária (ou **proletariado**) desempenham o trabalho físico, mas não possuem os meios de produção. Eles estão, portanto, em uma posição de receber salário. A origem — e não a quantidade da renda distingue as classes, de acordo com Marx.

Um segundo ponto importante sobre a teoria de Marx é que ela reconhece a existência de mais de duas classes em qualquer sociedade. Por exemplo, Marx examinou a **pequena burguesia**, uma classe de capitalistas de pequena escala que possui os meios de produção, mas emprega somente alguns trabalhadores ou mesmo nenhum. Essa situação faz com que eles próprios tenham de desempenhar algum trabalho físico. Na perspectiva de Marx, entretanto, os membros da pequena burguesia estão fadados a desaparecer à medida que o capitalismo se desenvolve porque são economicamente ineficientes. Apenas duas grandes classes caracterizariam cada era econômica, conforme Marx: senhores e servos durante o feudalismo e burguesia e proletariado durante o capitalismo.

Por fim algumas previsões de Marx sobre o desenvolvimento do capitalismo se mostraram erradas. Apesar disso, as idéias dele a respeito da estratificação têm estimulado o pensamento e a pesquisa sobre estratificação social até hoje, como veremos a seguir.

Uma Crítica a Marx

As idéias de Marx influenciaram fortemente o desenvolvimento da teoria do conflito (ver o Capítulo 1, "Uma Bússola Sociológica"). Hoje, entretanto, mais de 120 anos depois de sua morte, os sociólogos concordam que Marx não anteviu de maneira acurada alguns aspectos específicos do desenvolvimento do capitalismo:

- As sociedades industriais não se polarizaram em duas classes opostas que se digladiavam em um conflito agudo. Em vez disso, surgiu uma classe média grande e heterogênea, os trabalhadores de "colarinho branco", que inclui empregados não-braçais e profissionais especializados. Muitos deles gozam de renda, riqueza e *status* mais altos que os trabalhadores manuais e, uma vez que têm mais a perder no capitalismo do que esses últimos, têm geralmente atuado como uma força estabilizadora na sociedade.

- Marx argumentou corretamente que o investimento em tecnologia torna possível para os capitalistas obterem lucros altos. Entretanto, ele não esperava que esse investimento também tornasse possível aos operários ganhar salários mais altos e trabalhar menos horas sob condições menos opressivas. E foi justamente isso que aconteceu: um padrão de vida melhor tendeu a pacificar os trabalhadores. O mesmo ocorreu devido a algumas vantagens do estado de bem-estar social, como o seguro-desemprego.
- O comunismo não criou raízes onde a indústria estava mais desenvolvida, como Marx previu, mas em países semi-industrializados como a Rússia, em 1917, e a China, em 1948. Além disso, em vez de evoluir em direção a uma sociedade sem classes, essas sociedades possibilitaram o surgimento de novas formas de privilégios. Por exemplo, a renda na Rússia comunista era mais igualitária que no Ocidente; entretanto, pertencer ao Partido Comunista e, particularmente, à chamada *nomenklatura*, um seleto grupo de administradores profissionais estatais, proporcionava privilégios especiais. Esses incluíam casas de campo luxuosas, viagens gratuitas ao exterior, acesso exclusivo a lojas nas quais podiam comprar produtos ocidentais raros a preço nominal e assim por diante. De acordo com uma piada russa dos anos de 1970, "sob o capitalismo, uma classe explora a outra; sob o comunismo, ocorre o contrário".

Weber

Escrevendo no começo do século XX, Max Weber antecipou a maioria desses desenvolvimentos: ele não achava que o comunismo criaria uma sociedade sem classes e compreendeu o significado profundo do crescimento da classe média. Como resultado, Weber desenvolveu uma perspectiva da estratificação muito diferente da de Marx.

Assim como Marx, Weber percebia as classes como categorias econômicas (Weber, 1946 [1922]: 180-95). Entretanto, ele não achava que um critério único — posse ou falta de propriedade — determinasse a posição de classe. A posição de classe, escreveu, é determinada pela "situação de mercado" da pessoa, o que inclui a posse de bens, o nível de educação e o grau de habilidade técnica. Nessa perspectiva, Weber definiu quatro classes principais: grandes proprietários; pequenos proprietários; empregados sem propriedade, mas altamente educados e bem pagos; e trabalhadores manuais não-proprietários. Dessa forma, empregados de colarinho branco e profissionais especializados surgem como uma grande classe no esquema de Weber.

Weber não apenas ampliou a idéia de classe de Marx como também reconheceu que dois outros tipos de grupos, que não classe, têm relação com a maneira como a sociedade é estratificada: grupos de *status* e partidos. **Grupos de *status*** diferem entre si no prestígio ou na honra social de que gozam e em seu estilo de vida. Considere os membros de uma comunidade étnica minoritária que imigrou recentemente: pode ser que eles tenham uma renda relativamente alta, mas gozem de um prestígio relativamente baixo; os membros mais antigos da comunidade étnica majoritária podem olhá-los de cima, taxando-os de "novos-ricos"; se suas práticas culturais diferem das do grupo étnico majoritário, seu estilo de vida também pode tornar-se objeto de desdém. Assim, a posição do grupo étnico minoritário na hierarquia social não deriva somente de sua posição econômica mas também da estima em que é tido.

Na terminologia de Weber, **partidos** não são apenas grupos políticos, mas, mais propriamente, organizações que procuram impor sua vontade aos outros. O controle de partidos, em especial

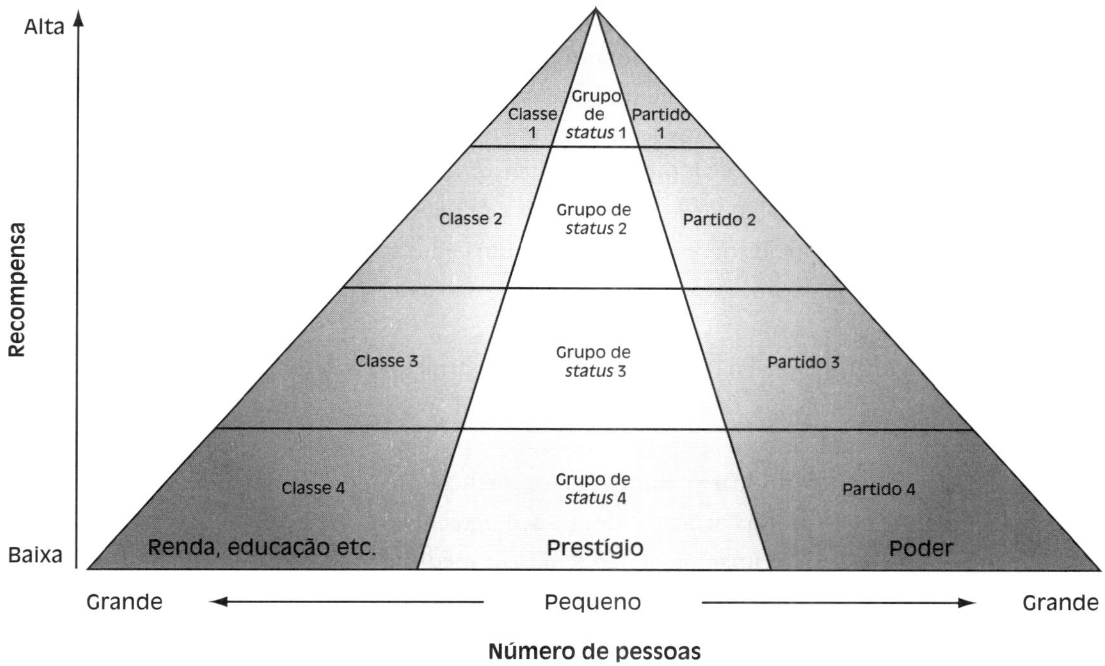

Figura 6.5 O esquema de estratificação de Weber

grandes organizações burocráticas, não depende apenas de riqueza ou de outro critério de classe: alguém pode dirigir uma burocracia militar, científica ou de outro tipo sem ser rico, da mesma maneira que se pode ser rico e ter pouco prestígio.

Dessa forma, vemos por que Weber argumentou que, para termos um retrato preciso do sistema de estratificação de uma sociedade, devemos analisar classes, grupos de *status* e partidos como fontes de desigualdade relativamente independentes (Figura 6.5). Mas até que ponto classe, *status* e partidos são independentes um do outro? Weber afirmou que a importância dos grupos de *status* é maior nas sociedades pré-capitalistas ao passo que, no capitalismo, as classes e os partidos (em especial as burocracias) tornam-se as principais bases da estratificação.

Funcionalismo

Marx e Weber eram alemães e escreveram suas obras principais entre os anos de 1840 e 1910. Inevitavelmente, suas teorias têm a marca do tempo em que foram escritas. Os principais desenvolvimentos das teorias de estratificação ocorreram na América do Norte, em meados do século XX e, também de maneira inevitável, essas inovações foram matizadas pelo otimismo, dinamismo e preconceitos daquela época e lugar.

Consideremos, em primeiro lugar, a **teoria funcional da estratificação** proposta por Kingsley Davis e Wilbert E. Moore no fim da Segunda Guerra Mundial (Davis e Moore, 1945). Davis e Moore observaram que algumas ocupações são mais importantes do que outras. O trabalho de um juiz, por exemplo, é mais importante do que o de um porteiro e isso colocaria um grande problema para a sociedade: como motivar as pessoas a enfrentar o longo treinamento necessário para atuar como juízes, médicos, engenheiros e outras profissões importantes? Afinal, a educação superior é cara, não se pode ganhar muito dinheiro durante o período de treinamento e deve-se optar pelo estudo árduo em detrimento do divertimento. Claramente, precisa-se de um incentivo que sirva de motivação para que os mais talentosos se preparem para as profissões mais importantes. Esse "incentivo", de acordo com Davis e Moore, é o dinheiro. Mais especificamente, a estratificação social é necessária (ou "funcional") porque a perspectiva de maiores recompensas materiais motiva as pessoas a enfrentar os sacrifícios necessários para ter uma educação superior: sem uma desigualdade substancial, eles concluíram, as pessoas mais talentosas não teriam qualquer incentivo para se tornar juízes e assim por diante.

Embora a teoria funcional da estratificação possa a princípio parecer plausível, podemos conduzir o que Max Weber chamou de "experimento mental" para revelar uma de suas principais falhas. Imagine uma sociedade com apenas duas classes de pessoas – médicos e pequenos agricultores familiares. Os agricultores produzem alimento e os médicos atendem os doentes. Um dia, um vírus raro e mortal, com a estranha característica de acometer apenas médicos, ataca. Ao fim de algumas semanas, nossa sociedade imaginária não tem mais médicos e, como resultado, os agricultores estão em uma situação pior do que estavam antes, pois não recebem tratamento para seus males físicos. Em pouco tempo, o agricultor médio passa a viver menos tempo que seus predecessores. A sociedade piora, mas sobrevive.

Agora imagine o contrário: temos uma sociedade composta de médicos e agricultores; novamente, um vírus raro e letal ataca. Desta vez, no entanto, o vírus tem a estranha característica de atacar apenas os agricultores. Dentro de algumas semanas, o estoque de alimentos dos médicos está esgotado; algumas semanas mais e os médicos começam a morrer de fome. Os médicos que tentam se tornar agricultores contraem o vírus e morrem. Dentro de alguns meses, a sociedade desaparece. Quem, então, tem o trabalho mais importante: médicos ou agricultores? Nosso experimento mental sugere que os agricultores, pois sem eles a sociedade não pode existir.

De um ponto de vista histórico, podemos dizer que *nenhuma* das ocupações percebidas por Davis e Moore como "importantes" existiria sem o trabalho físico das pessoas nas ocupações "sem importância" ao longo do tempo. Para sustentar o curandeiro em uma sociedade tribal, caçadores e coletores têm de produzir o suficiente para sua própria subsistência e mais um excedente para alimentar, vestir e abrigar o curandeiro. Para manter a corte real em uma sociedade agrária, os servos têm de produzir o suficiente para sua própria subsistência e mais um excedente para manter o estilo de vida da família real. Autoridades governamentais e religiosas têm se apropriado de excedentes de trabalhadores comuns por milhares de anos por meio de impostos, dízimos e pela força. Entre outras coisas, esses excedentes foram usados para o estabelecimento das primeiras instituições superiores de ensino no século XIII. Deles se originaram as universidades modernas.

Dessa forma, vemos que a questão de determinar quais ocupações são mais importantes não é tão clara como Davis e Moore fazem parecer. Na verdade, médicos hoje ganham bem mais dinheiro do que pequenos agricultores familiares e também gozam de muito mais prestígio. Mas isso não é porque seu trabalho seja mais importante em qualquer sentido objetivo da palavra.

Outros problemas com a teoria funcional da estratificação foram observados logo depois que Davis e Moore publicaram seu artigo (Tumin, 1953). Mencionamos aqui duas das críticas mais importantes. Primeiro, a teoria funcional da estratificação enfatiza como a desigualdade ajuda a sociedade a descobrir talentos. No entanto, ela ignora a quantidade de talentos que permanece desconhecida por causa da desigualdade. Adolescentes brilhantes e cheios de energia podem ser forçados a abandonar o colégio para ajudar a manter a si próprios e suas famílias; alunos capazes e diligentes do ensino médio podem ser forçados a desistir do ensino superior porque não podem financiá-lo. A desigualdade pode encorajar a descoberta de talentos, mas somente entre os que têm condições de aproveitar as oportunidades disponíves. Para o resto das pessoas, a desigualdade impede a descoberta dos talentos.

Um outro problema com a teoria funcional da estratificação é o seu fracasso em examinar como as pessoas transmitem vantagens de uma geração a outra. Como *Robinson Crusoé*, a teoria funcional enfatiza corretamente que talento, trabalho árduo e sacrifícios freqüentemente resultam na obtenção de um alto nível ocupacional e de grandes recompensas materiais. Entretanto, uma vez obtida uma alta posição de classe, as pessoas podem usar seu poder para manter sua posição e promover os interesses de suas famílias, independentemente do talento dos filhos. Por exemplo, a herança permite aos pais transferirem riqueza para os filhos seja direta, seja indiretamente, não importando o talento deles. Consideremos, mais uma vez, o exemplo de Bill Gates. Embora não tenha herdado sua fortuna, seu pai era sócio de um dos escritórios de advocacia mais bem-sucedidos de Seattle, nos Estados Unidos, e o próprio Gates freqüentou os colégios particulares mais caros e exclusivos da cidade, seguidos por um período na prestigiosa Universidade de Harvard. No fim da década de 1960, seu colégio foi o primeiro no país a ostentar um terminal de computador ligado ao computador central de uma universidade próxima. A fascinação inicial de Gates por computadores data desse período. Gates é, sem dúvida, um homem muito talentoso, mas certamente as vantagens com que nasceu, e não somente seus talentos, o ajudaram a chegar aonde chegou (Wallace e Erickson, 1992). Pesquisas recentes mostram que a importância da herança da riqueza na determinação da posição de classe cresceu nos Estados Unidos nas décadas recentes, é bem maior do que se pensava anteriormente e é mais alta nos Estados Unidos que em outros países pós-industriais (Björklund e Jäntti, 2000; Bowles e Gintis, 2002; Levine e Mazumder, 2002).

No Brasil, a importância da herança direta é certamente menor para a determinação da posição de classe do que nos Estados Unidos — estima-se que apenas cerca de 18% dos executivos de negócios mais bem-sucedidos do Brasil devam seu sucesso à herança (Dweck, 2004). Entretanto, diversos estudos sugerem que a desigualdade econômica no Brasil está muito associada à desigualdade de oportunidades, ou seja, a diferenças nas circunstâncias que afetam o sucesso das pessoas e que não dependem de seus esforços ou de suas decisões pessoais. Essas circunstâncias incluem o grau de escolaridade e a ocupação dos pais, a qualidade da(s) escola(s) em que a criança foi socializada, as redes sociais das quais o indivíduo faz parte, a raça, o gênero e os anos de escolaridade do próprio indivíduo (World Bank, 2003). De certa forma, muitas dessas vantagens são herdadas, no sentido específico de que o indivíduo nasce em uma família e em um ambiente social em que se pode dispor delas, mas o que se herda não é a riqueza, e sim as vantagens relacionadas à sua posição de classe. Dessa forma, uma teoria adequada da estratificação deve evitar fazer pressuposições insustentáveis sobre quais ocupações são ou não importantes, levar em consideração fatores como a herança e também tentar estabelecer como a desigualdade de oportunidades pode impedir a descoberta de talentos.

Mobilidade Social: Teoria e Pesquisa

Quando o presidente Luís Inácio Lula da Silva foi eleito, em 2002, as manchetes do mundo inteiro enfatizaram o fato como algo inédito: o primeiro presidente oriundo da classe operária em um país marcado por pouca mobilidade social ascendente e detentor de um dos piores índices de distribuição de renda e riqueza do mundo. Em contraposição a isso, qualquer criança de escola aprende que, nos Estados Unidos, qualquer um pode se tornar presidente, pouco importando suas origens. De fato, o aspecto mais crucial do Sonho Americano é a possibilidade de se chegar ao topo do sistema de estratificação (Pessen, 1984). Para muitos observadores, essa seria a principal diferença entre os Estados Unidos e o resto do mundo.

Há 200 anos, muitos observadores viam a Inglaterra e outras sociedades européias como sendo baseadas em privilégios de classe. Nessa perspectiva, se você nascia em determinada classe, você estava destinado a ir para determinadas escolas, falar com determinado sotaque e obter um certo tipo de ocupação. Algumas pessoas tentavam elevar-se acima de sua classe de origem, mas não muitas. Em contraste, os Estados Unidos eram vistos amplamente como a terra das oportunidades de ouro. Com poucas pessoas e recursos naturais abundantes, já gozava do mais alto padrão de vida do mundo. Sua fronteira oeste atraía migrantes aventureiros com corridas do ouro e vastas extensões de terra fértil. Os Estados Unidos passaram a ser vistos como a terra em que o trabalho árduo e o talento poderiam superar as origens humildes. Parecia que quase qualquer um poderia ficar rico. Ao passo que as sociedades européias e de boa parte do mundo eram baseadas em privilégios de classe, os Estados Unidos eram vistos como sem classes.

Em 1967, essa idéia foi incorporada em *The American Occupational Structure* (*A Estrutura Ocupacional Americana*), uma das obras mais influentes na sociologia americana. Blau e Duncan se propuseram a tarefa de calcular a importância da herança *versus* o mérito individual na determinação do lugar de uma pessoa no sistema de estratificação. Até que ponto a posição de uma pessoa é baseada na atribuição — isto é, herança, riqueza e outras vantagens advindas de sua família? Até que ponto a posição de uma pessoa está baseada em desempenho — isto é, aplicação dos próprios talentos às tarefas da vida? A resposta de Blau e Duncan foi clara: a estratificação nos Estados Unidos está baseada principalmente na realização individual.

Blau e Duncan abandonaram a tradição européia de ver o sistema de estratificação como um conjunto de grupos distintos. Marx, você deve se lembrar, distinguiu duas classes principais segundo a fonte de sua renda. Ele estava seguro de que a burguesia e o proletariado se tornariam conscientes de sua classe e agiriam para assegurar seus interesses. De modo semelhante, Weber distinguiu quatro classes principais de acordo com sua situação de mercado. Ele percebeu consciência de classe e ação como potenciais que cada uma dessas classes poderia concretizar em determinadas circunstâncias. Em contraste com isso, Blau e Duncan viram pouco ou nenhum potencial para consciência de classe e ação nos Estados Unidos, razão pela qual abandonaram a terminologia de classe. Para eles, o sistema de estratificação não é de modo algum um sistema de classes, mas uma hierarquia ou "escada" de ocupações com centenas de degraus. Cada ocupação — cada degrau na escada — requer diferentes níveis de educação e gera diferentes quantias de renda.

Para refletir essas variações em educação e renda, Blau e Duncan criaram um **índice socioeconômico de *status* ocupacional (ISE)**. Usando dados de levantamentos sociais, obtiveram o ganho médio e a média dos anos de educação de homens empregados em tempo integral em várias ocupações. Combinaram essas duas médias para chegar a um escore ISE para cada ocupação. (De modo semelhante, outros pesquisadores combinaram dados de renda, educação e prestígio ocupacional para criar um índice de ***status* socioeconômico** [SSE].)

Em seguida, Blau e Duncan usaram dados de levantamentos sociais para achar o ISE da atual ocupação de cada informante, da sua primeira ocupação e da ocupação do pai, como também os anos de educação formal concluídos pelo informante e por seu pai. Mostraram como todas essas cinco variáveis estavam associadas. Sua principal descoberta foi que a realização dos próprios informantes (anos de educação e ISE da primeira ocupação) tinha muito mais influência em seus atuais *status* ocupacionais do que as características atribuídas (educação e anos de educação do pai). Blau e Duncan concluíram que os Estados Unidos são uma sociedade aberta em que méritos individuais valem mais que a origem familiar. Essa descoberta apoiava os funcionalistas e confirmava a idéia central do Sonho Americano. Essa abordagem ficou conhecida como "modelo de aquisição de *status*".

Uma Crítica a Blau e Duncan

A abordagem de Blau e Duncan para o estudo da estratificação social estimulou muitas pesquisas e levou a importantes *insights* sociológicos nos Estados Unidos e em outros países (Boyd et al., 1985; Erikson e Goldthorpe, 1992; Featherman e Hauser, 1978; Featherman, Jones e Hauser, 1975; Grusky e Hauser, 1984). No Brasil, esse modelo foi adotado por José Pastore (1979). Entretanto, a partir dos anos de 1970, seu modelo de estratificação foi criticado sob muitos ângulos. A maioria das críticas convergiu para um único ponto: a teoria de Blau e Duncan ignorava muito do que era interessante e importante no estudo da estratificação social.

Vejamos: Blau e Duncan incluíram em sua amostra somente homens empregados em tempo integral. As mulheres foram excluídas sob a alegação de que a maioria delas era dona de casa e não participava da força de trabalho remunerada. Quaisquer que sejam os méritos dessa exclusão em 1962, o ano da pesquisa de Blau e Duncan, ela fez pouco sentido mesmo dez anos mais tarde. Faz ainda menos sentido hoje, quando a grande maioria das mulheres adultas está na força de trabalho remunerada (England, 1992b).

Da mesma forma, Blau e Duncan não incluíram em sua amostra trabalhadores em tempo parcial e desempregados. Um número expressivo de desempregados e trabalhadores em tempo parcial são afro-americanos ou hispano-americanos. Essas pessoas pensam acerca de si mesmas como membros da classe trabalhadora. Portanto, esses grupos estavam sub-representados no estudo de Blau e Duncan. Dizer que Blau e Duncan selecionaram apenas homens brancos de classe média seria um exagero, mas a porcentagem de mulheres, pessoas da classe trabalhadora, afro-americanos e hispano-americanos em sua amostra era menor do que a porcentagem desses grupos na população americana (Miller, 1998; Sorenson, 1992).

Esse fato levanta uma questão: como se pode defender a relativa importância de atribuição *versus* realização na sociedade americana quando muitas das pessoas sem oportunidade são excluídas da análise? Uma resposta simples é que não se pode. Como Blau e Duncan argumentaram, o mérito pode ser mais importante que a herança na determinação da posição social de homens brancos de classe média e com ocupações em tempo integral. Entretanto, seu estudo diz pouco a respeito dos determinantes de estratificação da maioria dos americanos adultos que não são homens brancos de classe média empregados em tempo integral.

Pesquisas subseqüentes trouxeram tanto boas quanto más notícias para o modelo de aquisição de *status* de Blau e Duncan. As boas notícias: pesquisas confirmaram que o processo de aquisição de *status* é praticamente o mesmo para mulheres e minorias e para homens brancos. Anos de estudo influenciam mais a aquisição de *status* do que a ocupação do pai, quer se examine homens brancos, mulheres, afro-americanos ou hispano-americanos. A má notícia para o modelo de aquisição de *status* de Blau e Duncan é que se você compara pessoas *com o mesmo nível de educação e origem familiar semelhante*, mulheres e membros de minorias tendem a atingir *status* mais baixos que homens brancos (Featherman e Hauser, 1976; Hout, 1988; Hout e Morgan, 1975; McClendon, 1976; Stolzenberg, 1990; Tienda e Lii, 1987). Essas descobertas sugerem que não se pode explicar adequadamente a aquisição de *status* examinando características de *indivíduos* — tais como anos de estudo e ocupação dos pais —, também se deve examinar as características de *grupos*, como investigar se alguns grupos enfrentam barreiras para mobilidade, independentemente das características individuais de seus membros (Horan, 1978). Essas barreiras de grupo incluem discriminação racial e de gênero e nascimento em áreas residenciais que tornam a mobilidade ascendente particularmente difícil em face das condições de pobreza. Por exemplo, mulheres e afro-americanos que trabalham em tempo integral ganham em média menos do que homens brancos com o mesmo nível de educação. A existência dessas desvantagens grupais sugere não apenas que a sociedade americana não é tão aberta ou "meritocrática" como Blau e Duncan fizeram parecer, mas que, seja qual for o país estudado, existem barreiras à mobilidade de alguns grupos em função de elementos como gênero e raça.

Poderia a classe, no sentido marxista ou weberiano do termo, atuar como raça e gênero, conferindo vantagens e desvantagens a grupos inteiros de pessoas e talvez ajudando a formar suas convicções políticas? Alguns sociólogos pensam que sim. Suas pesquisas mostram que a riqueza dos pais, a educação e a ocupação são mais importantes na determinação da ocupação de um indivíduo do que a pesquisa de Blau e Duncan sugere (Jencks et al., 1972; Rytina, 1992). Outros sociólogos, insatisfeitos com o modelo de Blau e Duncan, revisitaram e atualizaram os conceitos marxista e weberiano de classe para torná-los mais relevantes para as sociedades contemporâneas. Examinaremos rapidamente o trabalho de alguns desses teóricos.

O Renascimento da Análise de Classes

Uma teoria adequada das classes sociais deve fazer duas coisas. Primeiro, deve especificar critérios que distingam um *número pequeno* de diferentes classes. Por que pequeno? Porque quanto maior o número de classes especificadas pela teoria, mais o seu retrato do sistema de estratificação se parecerá com a escada ocupacional de Blau e Duncan, com suas centenas de degraus, e menos ela apreenderá diferenças de *classe* relativas a oportunidades econômicas, perspectivas políticas e estilos culturais. Em segundo lugar, uma teoria adequada de classes deve servir de inspiração a pesquisas que demonstrem *disparidades substanciais* entre classes no que se refere às suas oportunidades econômicas, às suas perspectivas políticas e aos seus estilos culturais. Em outras palavras, a pesquisa deve mostrar que as diferenças são maiores entre as classes do que dentro delas.

Nos anos de 1980 e início dos anos de 1990, sociólogos de ambos os lados do Atlântico desenvolveram teorias que satisfaziam o primeiro requisito citado anteriormente. Nos Estados Unidos, Erik Olin Wright atualizou Marx e, na Inglaterra, John Goldthorpe atualizou Weber. Ambos criaram novos "mapas de classes" que especificavam critérios para distinguir um número pequeno de classes.

Quanto ao segundo requisito, o trabalho de Goldthorpe e especialmente o de Wright foram menos bem-sucedidos. Não existem pesquisas suficientes no sentido de demonstrar que as classes propostas por eles diferem em termos de oportunidades econômicas, perspectivas políticas e estilos culturais. Especialmente esparsa é a pesquisa que nos permita julgar qual das duas teorias é superior nesse aspecto. Apesar disso, como veremos, a literatura de pesquisa oferece algumas dicas valorosas. Wright e Goldthorpe parecem estar no caminho certo e a perspectiva weberiana de Goldthorpe parece ser a mais promissora das duas, no que se refere ao o segundo requisito citado.

Wright

A atualização da teoria de Marx efetuada por Wright é ilustrada na Tabela 6.4. Assim como Marx, a distinção básica de Wright se dá entre proprietários e não proprietários dos meios de produção. Os primeiros obtêm lucros; os segundos, salários. Wright também distingue grandes, médios e pequenos proprietários, que diferem entre si em termos do número de propriedades que possuem e se têm muitos, poucos ou nenhum empregado: burguesia, pequenos empregadores e pequena burguesia, respectivamente (Wright 1985; 1997).

Tabela 6.4 A tipologia de classes de Erik Wright aplicada à sociedade brasileira — 1996

Proprietários dos meios de produção	Não proprietários dos meios de produção (trabalhadores assalariados) Níveis de qualificação e credenciais)			Ativos de controle organizacional
	(+)	(>0)	(-)	
Burguesia (possuem capital suficiente para empregar trabalhadores e não trabalhar) 5,74%	Gerentes especialistas *	Gerentes qualificados *	Gerentes não qualificados *	(+)
Pequenos empregadores (possuem capital suficiente para empregar trabalhadores, mas precisam trabalhar) 21,46%	Supervisores especialistas *	Supervisores qualificados *	Supervisores não qualificados *	(>0)
Pequena burguesia (possuem capital suficiente para trabalhar par si mesmos, mas não empregar trabalhadores) 9,70%	Não-gerentes especialistas 2,05%	Trabalhadores qualificados 4,15%	Trabalhadores não qualificados (proletariado) 52,55%	(-)

Fonte: Adaptado de Wright (1985) e de Santos (1998; 2001).
* As classes marcadas com asterisco perfazem um total de 4,35%.

Se há três classes proprietárias na teoria de Wright, nove não têm propriedade. Os trabalhadores assalariados diferem entre si de duas maneiras. Primeiro, têm "diferentes níveis de qualificação e credenciais": alguns trabalhadores assalariados têm mais treinamento e educação do que outros. Segundo, diferem uns dos outros em termos de "ativos de controle organizacional": alguns deles gozam de mais poder de decisão do que outros. Os dois extremos entre os não-proprietários são "administradores profissionais" — que têm altos níveis de qualificação e especialização combinados com altos ativos organizacionais, e proletários, que têm baixos níveis de qualificação e especialização combinados com nenhum ativo organizacional. As porcentagens na Tabela 6.4 mostram a tentativa de construção de um mapa de classes da sociedade brasileira com base no modelo de Wright e nos dados da PNAD de 1996 (Santos, 2001). Deve-se salientar que, devido à natureza dos dados disponíveis, os seis segmentos representados por gerentes e supervisores (especialistas, qualificados e não-qualificados) foram agrupados em uma única categoria, perfazendo 4,35% do total da amostra.

Goldthorpe

Para Goldthorpe, as diferentes classes são caracterizadas por "relações de emprego" distintas (Goldthorpe, Llewellyn e Payne, 1987 [1980]; Erikson e Goldthorpe, 1992). A distinção básica de Goldthorpe nas relações de emprego se dá entre empregadores, autônomos e empregados. Baseado nisso, ele faz distinções mais refinadas dentro de cada um desses amplos agrupamentos. Por exemplo, ele distingue grandes de pequenos empregadores e os autônomos na agricultura e os que estão fora da agricultura. Empregados envolvidos nas relações de serviço, como é o caso dos profissionais qualificados, e os que têm contrato de trabalho, como trabalhadores na indústria, são vistos como classes diferentes por Goldthorpe. Ele faz distinções ainda mais elaboradas baseadas em critérios educacionais e de supervisão. O resultado é um modelo de sistema de estratificação de 11 classes (Tabela 6.5).

● Tabela 6.5 A tipologia de classes de Goldthorpe

Classes de serviços	
I	Profissionais de alto nível, administradores oficiais; gerentes em grandes corporações industriais; grandes proprietários
II	Profissionais de baixo nível, administradores e oficiais; técnicos de alto nível; gerentes em pequenos estabelecimentos industriais; supervisores de empregados não-manuais
Classes intermediárias	
IIIa	Empregados de rotinas não-manuais de alto nível (administração e comércio)
IIIb	Empregados de rotinas não-manuais de baixo nível (vendas e serviços)
IVa	Pequenos proprietários, artesãos etc. com empregados
IVc	Fazendeiros e pequenos proprietários rurais; outros trabalhadores autônomos da produção primária
V	Técnicos de baixo nível; supervisores de trabalhadores manuais
Classes trabalhadoras	
VI	Trabalhadores manuais qualificados
VIIa	Trabalhadores manuais semiqualificados e não qualificados fora da produção primária
VIIb	Agricultores e outros trabalhadores na produção primária

Fonte: Goldthorpe, Llewellyn e Payne (1987 [1980]).

O esquema de classes de Goldthorpe difere do de Wright em vários aspectos importantes, dois dos quais mencionaremos aqui. Primeiro, o proletariado é uma massa grande e indiferenciada no modelo de Wright, chegando a 40% da força de trabalho dos Estados Unidos e 52,55% no Brasil. Em contraste com isso, Goldthorpe define três classes de trabalhadores classificadas segundo a qualificação e o setor no qual atuam. Em segundo lugar, coerente com a teoria de Marx, Wright afirma que os grandes empregadores formam uma classe separada. Goldthorpe, entretanto, agrupa grandes empregadores com gerentes seniores, profissionais qualificados, administradores e funcionários públicos. Ele acredita que as características comuns desses grupos ocupacionais — nível de renda e autoridade, interesses políticos e estilo de vida — transcendem a divisão marxista existente entre proprietários e não-proprietários.

Pesquisas poderiam, por fim, decidir entre os méritos da teoria de Wright *versus* a de Goldthorpe, mas o julgamento dessa questão ainda não está decidido. Até o momento, apenas algumas tentativas foram feitas para determinar empiricamente quão bem essas teorias se saem quando comparadas uma com a outra. Sociólogos ingleses publicaram a análise mais compreensiva dessa questão até agora (Marshall et al., 1988). Eles determinaram estatisticamente se os modelos de classe de Wright ou o Goldthorpe desempenham melhor a tarefa de explicar a mobilidade social das pessoas, as intenções de voto, a consciência de classe e assim por diante. Para todas essas variáveis, eles consideraram o modelo de Goldthorpe superior.

As Dimensões Não-Econômicas das Classes

Prestígio e Gosto

As teorias que acabamos de rever focalizam ocupações, relações de produção e de emprego. Em resumo, todas enfatizam as fontes *econômicas* da desigualdade. Entretanto, como Weber assinalou corretamente, a desigualdade não está baseada apenas no dinheiro mas também no prestígio e no poder. Essas importantes dimensões da desigualdade têm sido, de certo modo, negligenciadas em estudos recentes sobre estratificação e, por essa razão, discutiremos agora o prestígio ou a honra e, na seção seguinte, o lado político da estratificação social.

Weber, você deve se lembrar, afirmou que os grupos de *status* diferem uns dos outros em termos de seu estilo de vida e do prestígio associado a eles. Podemos acrescentar a isso que os membros de grupos de *status* sinalizam sua posição por meio da cultura material e simbólica, buscando distinguir-se de outras pessoas ao exibir seus "gostos" em termos de moda, alimentação, música, literatura, regras de etiqueta e viagens.

Para muitos autores, a diferença entre "bom gosto", "gosto mediano" e "mau gosto" não é inerente aos objetos culturais em si: ao contrário, os objetos culturais considerados de bom gosto são geralmente aqueles menos acessíveis.

Para explicar a conexão existente entre gosto e acessibilidade, comparemos *O Cravo Bem Temperado*, de Bach com a *Rhapsody in Blue*, do compositor americano George Gershwin. Uma pesquisa conduzida pelo sociólogo francês Pierre Bourdieu mostrou que diferentes grupos sociais preferem uma dessas duas obras musicais (Bourdieu, 1984 [1979]: 17). Profissionais franceses com uma educação formal mais elevada, professores e artistas preferem *O Cravo Bem Temperado*; já profissionais com menos educação formal como escriturários, secretários, executivos comerciais e administradores juniores preferem a *Rhapsody in Blue*. Por quê? As duas obras são, certamente, tipos de música muito diferentes. Gershwin faz referência ao *jazz* e ao dinamismo animado da grande cidade nos Estados Unidos do século XX; Bach evoca a vida quase matematicamente ordenada da corte alemã do início do século XVIII. Mas, para autores como Bourdieu, seria demais argumentar que *O Cravo Bem Temperado* é um tipo intrinsecamente *superior* de música. Ambos representam a grande arte. Por que as pessoas de nível educacional mais alto preferem *O Cravo Bem Temperado* à *Rhapsody in Blue*? De acordo com Bourdieu, durante sua educação, as pessoas adquirem gostos culturais específicos associados à sua posição social. Esses gostos ajudam a distingui-las de pessoas de outras posições sociais. Muitas delas chegam a olhar os apreciadores de Gershwin com superioridade, assim como os apreciadores de Gershwin chegam a considerar esnobes os entusiastas de Bach. Essas duas atitudes diferentes fazem com que os dois grupos de *status* permaneçam distintos.

Bach é conhecido por características musicais como o contraponto (tocar duas ou mais melodias simultaneamente) e a fuga (em que os instrumentos repetem a mesma melodia com pequenas variações). Sua música é complexa e, para apreciá-la, pode-se precisar de alguma instrução formal. Muitos outros elementos da "alta cultura", como ópera e arte abstrata, são igualmente inacessíveis para a maioria das pessoas porque, para entendê-los, é necessária uma educação especial.

Entretanto, a educação não é o único fator que torna certos objetos culturais menos acessíveis que outros: considerações financeiras também devem ser levadas em conta. Uma Mercedes pode custar dezenas de vezes mais que um Fiat, e uma semana de hospedagem em um *resort* de esqui em Bariloche pode custar muito mais que uma semana em um hotel modesto em Campos do Jordão. Certamente, pode-se ir com conforto do ponto A ao ponto B em um Fiat e passar férias de inverno agradáveis no interior de São Paulo. Todavia, a maioria das pessoas preferiria a Mercedes e a ida a Bariloche, pelo menos em parte, porque tais coisas sinalizam um *status* elevado. Dessa forma, o acesso a objetos culturais de bom gosto é tanto uma questão de custo quanto de educação.

Muitas pessoas ricas se envolvem em exibições de consumo ostentatório, desperdício e ócio não porque essas coisas sejam necessárias, úteis ou agradáveis, mas simplesmente para impressionar seus iguais e inferiores (Veblen, 1899). Isso é evidente se consideramos que a roupa age como uma espécie de linguagem que indica o *status* de alguém aos outros (Lurie, 1981).

Por milhares de anos, certos estilos de vestir têm indicado hierarquia. No Egito antigo, só pessoas em altas posições tinham permissão para usar sandálias. Os antigos gregos e romanos criaram leis que controlavam o tipo, o número e a cor das peças de vestuário que podiam usar e o tipo de bordados que podiam ter. Na Europa medieval, vários aspectos do vestuário também eram regulamentados para garantir que certos estilos fossem específicos de certos grupos.

As leis européias que regulamentavam os estilos de vestir de diferentes grupos caíram em desuso porque, por volta de 1700, um novo método de controle emergiu na medida em que a Europa ficou mais rica. A partir do século XVIII, o *custo* da roupa passou a designar a posição de uma pessoa. Materiais caros, estilos difíceis de serem conservados, joalheria pesada e ornamentos supérfluos viraram moda. Pessoas ricas usavam perucas empoadas elaboradas, cetins adamascados pesados, peles de animais raros, tiaras de diamantes e brocados e veludos não por conforto ou utilidade. Esse vestuário era quente, apertado, pesado, desconfortável e a pessoa mal podia mover-se dentro dele. E esse era exatamente, o seu objetivo — provar não somente que o usuário podia pagar somas enormes por artigos de luxo feitos à mão mas também que não tinha de trabalhar para pagar por eles.

Hoje, temos diferentes maneiras de usar roupas para assinalar *status*. Por exemplo, roupas e acessórios desenhados por estilistas famosos parecem gritar seu valor em dólares. Além disso, uma enorme quantidade de roupas é necessária para manter a aparência e, assim, o tipo atlético abastado tem muitas roupas diferentes e caras que são "necessárias" para correr, caminhar, andar de bicicleta, praticar aeróbica, golfe e tênis. De fato, muitas pessoas que não podem pagar para obedecer às regras do consumo ostentatório, do desperdício e do ócio sentem-se compelidas a fazê-lo de qualquer forma e, como resultado, endividam-se para manter o guarda-roupa. Isso as ajuda a conservar seu prestígio aos olhos de companheiros e de estranhos, mesmo que sua situação econômica não seja lá muito boa.

O Papel da Política e a Condição dos Pobres

A política é uma outra dimensão não-econômica da estratificação que tem recebido pouca atenção em trabalhos recentes sobre desigualdade. Entretanto, a vida política tem um impacto profundo na distribuição das recompensas e oportunidades em uma sociedade: a política pode reestruturar a estrutura de classes ao mudar as leis de propriedade ou, de maneira menos radical, pode alterar a estrutura de classes ao assegurar diversos benefícios e redistribuir a renda por meio de impostos. Discutiremos as bases sociais da política no Capítulo 10, "Política". Aqui, ilustraremos o efeito da política na desigualdade ao considerar como as políticas governamentais afetaram (ou buscam afetar) a situação dos pobres do Brasil nos últimos anos.

No Brasil, o processo de industrialização e modernização econômica ganhou impulso nos anos de 1950 com o Plano de Metas do governo Juscelino Kubitschek, que abriu as portas para o capital e a indústria internacional. Em 1964, com a implantação da ditadura militar, essa política de abertura ao capital estrangeiro foi aprofundada. Ao mesmo tempo, o Estado passou a investir na economia, utilizando empréstimos que resultaram, posteriormente, em uma enorme dívida externa. Essa política gerou um forte crescimento econômico. Entre 1950 e 1980 o PIB (Produto Interno Bruto) cresceu 8,4 vezes e o PIB *per capita* passou de R$ 1.917,00 para R$ 6.510,00. Todavia, ao lado desse crescimento econômico, ocorreu o aumento da desigualdade social. Em 1981, 43,2% da população estava abaixo da linha de pobreza e 19% abaixo da linha de indigência (aqueles que vivem com metade do valor que define a linha de pobreza). Esse quadro de crescimento econômico, acompanhado do aumento das desigualdades, foi um dos principais alvos das críticas do movimento democrático de oposição ao regime militar (ver o Capítulo 15, "Ação Coletiva e Movimentos Sociais"). Os defensores da democracia tinham como lema "democracia com justiça social". Responsabilizavam os governos militares pelo aprofundamento da chamada "dívida social" provocado (a) no plano da economia pela política salarial implantada, (b) no plano das políticas sociais por sua ineficiência. Essas políticas sociais eram consideradas atrasadas e perversas na medida em que perpetuavam as desigualdades sociais em vez de atenuá-las. As principais causas dessa perversão encontravam-se na centralização das decisões e dos recursos em nível federal, na ineficiência do gasto social, na superposição e fragmentação dos programas e sua apropriação por grupos médios e na má qualidade dos serviços oferecidos aos mais pobres (Almeida, 2004).

A Constituição de 1988 adotou uma série de princípios que deveriam ser observados para se promover uma reforma social eficaz. Entre eles destacam-se: a universalização dos serviços sociais básicos (direito à cidadania), a descentralização, a garantia de fluxos contínuos de recursos por meio de programas sociais, a criação de ações de emergência para grupos em situações vulneráveis e o controle social sobre as ações governamentais. A agenda da reforma social passou a incluir novas reflexões nos anos de 1990, tendo como pontos centrais a reforma da Previdência, do sistema de saúde, do sistema educacional, do sistema habitacional e a luta contra a pobreza (Draibe, 1999).

Durante o governo de Fernando Henrique Cardoso (1995-2002), ocorreu uma ampla reforma no sistema de proteção social. Foram privilegiadas as políticas públicas universais (dirigidas para todos os cidadão) nas áreas de saúde e educação. Também foram criados mecanismos de transferência direta dos recursos do nível federal para os níveis estadual e municipal, o que possibilitou a redução das fraudes e do clientelismo. Ao mesmo tempo, foram implantados mecanismos de avaliação e acompanhamento das políticas sociais com a finalidade de garantir a aplicação eficiente dos recursos públicos. Por outro lado, não se formulou uma política de saneamento básico nem de habitação popular. Para a socióloga Maria Hermínia Tavares de Almeida (2003), o ponto fraco da política de redução das desigualdades do governo Fernando Henrique Cardoso está no fracasso da reforma da Previdência, que manteve a distribuição injusta de benefícios entre servidores públicos e empregados do setor privado.

Quanto às políticas sociais focalizadas nos segmentos mais pobres e vulneráveis da população, a análise de Almeida é bem mais otimista. Nela, destaca-se o processo de descentralização da assistência social para os municípios, o aumento dos benefícios assistenciais, principalmente na zona rural, e a criação de novos programas de proteção social: o Bolsa-Escola, o Programa de Erradicação do Trabalho Infantil (Peti), o Auxílio-Gás, o Programa Saúde da Família, o Programa de Apoio à Agricultura Familiar. Mesmo com os avanços na formulação das políticas sociais focalizadas como os programas de transferência de renda, no governo Fernando Henrique Cardoso não foram estabelecidos os mecanismos de acompanhamento e avaliação capazes de verificar seu impacto na luta pela redução da pobreza.

Entretanto, pode-se constatar que o resultado desse conjunto de políticas sociais foi uma melhoria nos indicadores sociais. Entre 1990 e 2000, a mortalidade infantil foi reduzida em 38%, os serviços de saúde foram ampliados, houve um aumento da assistência escolar, a rede de ensino fundamental foi municipalizada e o índice de crianças de 7 a 14 anos de idade na escola chegou a 94,52%. De acordo com a PNAD realizada pelo IBGE na década de 1990, o percentual de pobres e indigentes diminuiu, bem como a taxa de analfabetismo adulto e infantil. Todavia, essa melhoria nos indicadores sociais não foi acompanhada de uma redução da desigualdade social. Além disso, nesse mesmo período, tivemos um crescimento econômico medíocre, um aumento da taxa de desemprego e uma limitação às possibilidades de aumento de renda por parte da população mais pobre. A autora conclui que os êxitos obtidos pelas políticas sociais nos anos de 1990 caminharam de mãos dadas com a persistência da pobreza e das desigualdades (Almeida, 2003) (ver a Figura 6.1).

Em linhas gerais, podemos afirmar que as políticas sociais focalizadas para os pobres tiveram pouca ou nenhuma eficácia de 1960 a 1980. Nesse período, essas políticas tinham um caráter meramente assistencialista, funcionando, na maioria das vezes, como instrumento eleitoreiro nas mãos de políticos inescrupulosos que se beneficiavam da manutenção da indústria da miséria. A partir dos anos de 1990, com o estabelecimento de novos ares democráticos no cenário político, desenvolveu-se uma nova concepção de políticas sociais baseada na exigência de uma contrapartida por parte dos beneficiados. Assim, por exemplo, as famílias beneficiadas com a Bolsa Escola deveriam garantir a presença dos filhos na escola. Essa era uma condição necessária para o recebimento do benefício, as chamadas "condicionalidades". Em 2002, com a posse do presidente Luís Inácio Lula da Silva, as políticas sociais dirigidas para os pobres tornaram-se a marca do novo governo. O Projeto Fome Zero, que articula todas essas políticas, foi anunciado no discurso de posse do presidente. Em 2005, o volume de recursos destinado ao Programa Bolsa-Família (R$ 6,7 bilhões), que englobou os programas de transferência de renda do governo anterior, estava bem próximo ao total dos recursos destinados à educação básica em todo o país (R$ 7,6 bilhões).

Qual é a diferença entre esse tipo de política social de transferência de renda e as políticas sociais assistencialistas e clientelistas dos anos de 1960 a 1980? Uma das principais diferenças é a dimensão estruturante presente nessas políticas. Isto é, ao mesmo tempo que o Estado transfere renda (geralmente oriunda dos impostos pagos por todos) para a população mais pobre, ele também é forçado a oferecer os serviços públicos básicos como saúde, educação e saneamento, que correspondem às condicões impostas aos cidadãos (condicionalidades) para que continuem recebendo os benefícios sociais. Desse modo, se todos fizerem sua parte, em especial o poder público, espera-se desencadear um processo de redução da pobreza com melhoria da qualidade de vida, a partir da universalizaçao da oferta de serviços públicos essenciais tais como saúde e educação. No Quadro 6.1 você encontrará mais subsídios para o debate atual sobre políticas sociais e redução da pobreza no Brasil. A questão que se coloca, mais uma vez, é saber se teremos sucesso em atacar a pobreza e, ao mesmo tempo, reduzir as desigualdades.

Onde Você se Encaixa?

É possível que você tenha tido alguma reação negativa em relação à nossa revisão das teorias e pesquisas sobre estratificação social. Nesse sentido, pode valer a pena refletir de maneira mais sistemática sobre suas próprias crenças e atitudes relativas à desigualdade social. Para começar, como você percebe sua posição no sistema de estratificação social? Você acha que as diferenças de renda no Brasil são muito grandes? Acha que a renda no país deve ser distribuída de maneira mais eqüitativa ou que precisamos de mais diferenças na renda a fim de promover o esforço individual? No Brasil, as pessoas são recompensadas pelo esforço, inteligência, qualificação etc., ou é preciso sorte para subir na vida? Você acha que o fim das desigualdades no país depende da vontade do governo ou das próprias pessoas? Responder essas perguntas ajudará a esclarecer a maneira como você percebe e avalia a estrutura de classes no nosso país e seu lugar dentro dela. Se você tomar nota de suas respostas, poderá compará-las com as respostas de amostragens representativas dos brasileiros que resumimos a seguir.

Com base nos dados do *survey* sobre percepções de desigualdades, "O Estado Social da Nação, Brasil e Rio de Janeiro: Fatos e Percepções", a socióloga Maria Celi Scalon mostra que, se dividirmos a sociedade brasileira em sete estratos, 78% dos brasileiros percebem seu lugar entre os três estratos mais baixos (Scalon, 2004). Já o *survey* desenvolvido pela *World Value Survey* (WVS) de 1997 demonstra que apenas 0,3% dos brasileiros não soube se localizar no sistema de estratificação social (*World Value Survey*, 2000). Isso significa que nós percebemos a sociedade brasileira como dividida em classes e que a grande maioria de nós consegue se localizar em sua estrutura (independentemente do fato de essa localização ser "correta" ou não).

■ Quadro 6.1: Política Social: O que Você Acha? Reduzindo a Pobreza e a Desigualdade no Brasil

Em janeiro de 2004, o Governo Federal implantou o maior e mais importante programa de transferência de renda da história do Brasil, o Bolsa-Família, com a finalidade de "combater a fome e a miséria e promover a emancipação das famílias mais pobres do país", isto é, reduzir a pobreza e a desigualdade. O Bolsa-Família unificou programas anteriormente existentes (Bolsa-Escola, Bolsa-Alimentação, Cartão-Alimentação e o Auxílio-Gás). Por meio desse programa, o Governo Federal concede mensalmente benefícios em dinheiro para famílias em situação de pobreza com renda *per capita* de até R$ 100,00. Em 2004, o benefício básico era de R$ 50,00 e podia ser acrescido de R$ 15,00 para cada filha ou filho matriculado na escola, para um máximo de três filhos. Para receber os benefícios, as famílias devem cumprir algumas condições básicas, como: realização de consultas pré-natal (para as mães gestantes), acompanhamento médico das crianças, comprovação mensal de freqüência à escola (para as crianças cujas famílias são beneficiadas). Essas condições básicas são denominadas "condicionalidades". Isso significa que, para alcançar o objetivo almejado, não basta ao Estado garantir que o benefício chegue corretamente às mãos dos verdadeiros necessitados, é preciso também que o Estado seja capaz de oferecer saúde, educação e assistência social compatível com a demanda que ele mesmo está induzindo ao estabelecer aquelas condições. Para o Governo Federal, esse programa de transferência condicional de renda é a principal arma contra a pobreza e a desigualdade, pois, além de melhorar a renda da parcela mais pobre da população, ele a insere entre os usuários dos serviços sociais básicos (Soares, 2004).

Esse tipo de política social, denominada "política focalizada", é direcionado a um grupo social específico — no caso, os pobres abaixo de uma determinada linha de pobreza. Os defensores desse tipo de intervenção afirmam que se o objetivo das políticas sociais for reduzir as desigualdades na distribuição da renda e da pobreza, então os programas sociais deveriam ser criados para atender aos grupos mais pobres da população. Outros objetivos podem ainda ser considerados pelo Estado e, desse modo, outras políticas devem ser elaboradas. Uma vez definidas as prioridades da política social, é preciso levar em consideração o volume de recursos disponível. Quanto mais universal for o sistema de políticas públicas (isto é, dirigido para todos os cidadãos), menor será a parcela de recursos destinada aos grupos mais pobres da população. Do mesmo modo, quanto mais focalizados forem os gastos sociais do governo, quanto mais direcionados para os grupos de renda mais baixa, maior será o efeito desses gastos na redução do grau de desigualdade na distribuição de renda e na diminuição da pobreza no país (Camargo, 2003).

Os críticos das políticas focalizadas, defensores das chamadas "políticas sociais universalistas", argumentam que, para enfrentar o problema da pobreza e da desigualdade no Brasil, é preciso considerar a complexidade dos fatores que levam à reprodução das desigualdades, mesmo nos períodos de crescimento econômico continuado (décadas de 1950 a 1970). Nesse sentido, eles enfatizam que o combate à pobreza não pode ser o único objetivo da política social, pois combater a pobreza e reduzir a desigualdade pressupõe um projeto de inclusão social para toda a sociedade por meio de uma combinação de políticas de transferência de renda com políticas de caráter estrutural.

Como realizar essa tarefa? Para que a política social possa atuar como parte de uma efetiva estratégia de combate à pobreza e à desigualdade social, alguns autores e técnicos governamentais defendem que as políticas inclusivas (Previdência básica, Sistema Único de Saúde – SUS, seguro-desemprego) e as políticas estruturantes ou estruturais (Programa de Reforma Agrária, Ensino Fundamental – Fundef, Programa de Merenda Escolar etc.) não podem ser simplesmente substituídas por programas de caráter emergencial que visam atender às situações de vulnerabilidade acarretadas pela pobreza. Essa substituição colocaria em risco o Estado de segurança social em construção no país. Para dar conta de uma política social que articule todas essas dimensões, faz-se necessário aumentar os recursos do Estado por meio de arrecadação de impostos (incluindo o combate à sonegação). Isso exige a organização de um novo regime fiscal e tributário suficientemente eficaz para sustentar um projeto distributivo de renda e de desenvolvimento econômico e social (Theodoro e Delgado, 2003).

Diante dos argumentos aqui apresentados (a) a favor da adoção de políticas públicas focalizadas e (b) favoráveis a políticas públicas universalistas no combate à pobreza e à redução das desigualdades, qual é a sua escolha?

Se os brasileiros percebem o sistema de estratificação como sendo dividido em classes ou camadas, eles também sabem que as diferenças de renda entre as classes são muito grandes: de todos os respondentes do primeiro *survey*, citado anteriormente, 96% dos entrevistados concordam, totalmente ou em parte, com essa idéia (Scalon, 2004).

Acreditamos que devem existir mais diferenças de renda a fim de promover o esforço individual? Segundo os dados da WVS, 52,3% dos brasileiros concordam com essa afirmação (*World Value Survey*, 2000) e, conseqüentemente, com a tese funcionalista segundo a qual as desigualdades são necessárias para motivar as pessoas a se qualificar para as profissões mais bem-remuneradas. Por outro lado, de acordo com Scalon (2004), 39,8% dos respondentes do *survey* sobre percepção de desigualdades concordam com a afirmação segundo a qual, no Brasil, as pessoas são recompensadas por seus esforços, 56% que elas são recompensadas por sua inteligência e qualificações e 76% que "é preciso ter sorte para subir na vida" (essas porcentagens não são iguais a 100% porque se pode concordar com ambas as afirmações). Em outras palavras, por um lado, acreditamos que as desigualdades devem aumentar para estimular o esforço individual e, por outro, não acreditamos que o esforço individual seja uma condição suficiente para subirmos na vida — também é necessária uma dose de sorte.

Por fim, 74% dos brasileiros acham que o fim das desigualdades depende da vontade do Estado; entretanto, 67% acreditam que as desigualdades persistem porque as pessoas não se unem para acabar com ela. Como afirma Scalon (2004: 30), isso sugere que "os brasileiros acreditam que a ação coletiva tem um papel importante na diminuição e no combate às desigualdades; no entanto, não se vêem como atores capazes de operar essa mudança". Retomaremos esse tema no Capítulo 15, "Ação Coletiva e Movimentos Sociais".

Resumo

1. **Qual é a diferença entre riqueza e renda? Como elas são distribuídas no Brasil?**
   Riqueza refere-se àqueles elementos que se possui, como bens, ativos, propriedades etc., menos as dívidas. Renda refere-se ao montante que se recebe em um dado período de tempo. Nos últimos 40 anos, houve um aumento da riqueza e da renda média no Brasil. Apesar disso, a sociedade brasileira tornou-se mais desigual porque nem a riqueza nem a renda foram distribuídas eqüitativamente entre a população. As desigualdades de riqueza e de renda no Brasil fazem de nós um dos países mais desiguais do mundo.

2. **Como o desenvolvimento das sociedades afeta as desigualdades?**
   Existe uma tendência à diminuição das desigualdades à medida que as sociedades evoluem do estágio de coleta para o estágio pós-industrial. Com o aumento da industrialização, inicialmente há um aumento das desigualdades, depois uma diminuição delas. Já nas sociedades pós-industriais, existe uma tendência para o aumento das desigualdades em países como os Estados Unidos e o Reino Unido, mas não naqueles em que os governos assumem um papel mais ativo na distribuição da renda, como é o caso da Alemanha, da França e do Canadá.

3. **Quais são as principais diferenças entre as teorias de estratificação de Marx e de Weber?**
   A teoria da estratificação de Marx distingue as classes com base em sua relação com os

meios de produção. Ela prevê um conflito inevitável entre a burguesia e o proletariado e o nascimento de um sistema comunista. Weber distinguiu as classes com base em sua "situação de mercado". Seu modelo de estratificação inclui quatro classes principais. Weber argumentou ainda que uma consciência de classe poderia se desenvolver sob determinadas circunstâncias, embora isso não fosse inevitável, e enfatizou o prestígio e o poder como fontes não-econômicas importantes de desigualdade.

4. **Em que consiste a teoria funcional da estratificação?**
   A teoria funcional da estratificação de Davis e Moore afirma que (1) alguns tipos de trabalho são mais importantes do que outros, (2) as pessoas devem fazer determinados sacrifícios a fim de treinar para os trabalhos importantes e (3) a desigualdade é necessária para motivar as pessoas a se submeter a tais sacrifícios. Nesse sentido, o sistema de estratificação social seria "funcional".

5. **O que a teoria da estratificação de Blau e Duncan afirma?**
   Blau e Duncan perceberam a estratificação como uma escada com centenas de posições ocupacionais. A posição é determinada pela renda e pelo prestígio associado a cada ocupação. Com base em seus estudos, eles concluíram que os Estados Unidos têm um sistema de estratificação meritocrático. No entanto, muitos sociólogos concluíram subseqüentemente que pertencer a determinadas categorias sociais limita as oportunidades de sucesso de um indivíduo. Nesse sentido, a estrutura social conforma a distribuição das desigualdades.

6. **Como Wright e Goldthorpe atualizaram as idéias de Marx e Weber respectivamente?**
   Wright atualizou o esquema de classes de Marx ao distinguir três classes de proprietários dos meios de produção (com base em capitalização e número de empregados) e nove classes de não-proprietários (com base em níveis de qualificação e de ativos organizacionais). Goldthorpe revisou o esquema weberiano ao distinguir as classes com base em suas "relações de emprego" e, depois, ao efetuar distinções mais refinadas relativas ao setor econômico, à qualificação etc.

7. **A estratificação baseia-se apenas em critérios econômicos?**
   Não. As pessoas freqüentemente se dedicam ao consumo ostentatório, ao desperdício e ao ócio para sinalizar sua posição na hierarquia social. Além disso, a política influencia a forma dos sistemas de estratificação ao mudar a distribuição de renda, os benefícios de segurança social e os direitos de propriedade.

8. **Como os brasileiros percebem o sistema de classes?**
   A maioria dos brasileiros tem consciência de que o Brasil é uma sociedade estratificada e de que a desigualdade de renda entre as classes ou estratos é muito grande. A maioria acredita ainda que tal desigualdade deveria aumentar a fim de promover o esforço individual, embora os brasileiros, de forma geral, não achem que o esforço individual seja suficiente para subir na vida. Por fim, a maioria acredita que acabar com as desigualdades depende da vontade do Estado; entretanto, atribuem tal estado de coisas ao fato de as pessoas não se unirem para mudá-lo.

Questões para Reflexão

1. Como você acha que o sistema de estratificação brasileiro e global mudará nos próximos dez anos? E nos próximos 25 anos? Por que você acredita que essas mudanças ocorrerão?

2. Compare o número e a qualidade de áreas e prédios públicos como parques, bibliotecas etc. em diversas áreas de sua cidade. Como se dá a distribuição desses elementos em relação ao *status* socioeconômico dos diversos bairros? Existe uma relação entre as duas coisas?

Glossário

Apartheid é um sistema de casta baseado em raça que existiu na África do Sul de 1948 até 1992. Destinava os trabalhos servis para a grande maioria negra, proibia casamentos entre brancos e negros e designava espaços públicos separados para membros de cada uma das duas raças. Asiáticos e pessoas mestiças gozavam de privilégios entre os dois extremos.

A **burguesia** possui os meios de produção — incluindo fábricas, ferramentas e terra. Porém, não executa qualquer trabalho físico. Sua renda vem de lucros.

Um sistema de **casta** é um sistema de estratificação baseado quase inteiramente na atribuição, no qual a ocupação e os parceiros no casamento são designados de acordo com sua respectiva casta.

A **classe**, no sentido marxista do termo, é determinada pela relação da pessoa com os meios de produção. No sentido de Weber, a classe é determinada pela "situação de mercado" da pessoa. Wright distingue as classes com base na relação com os meios de produção, propriedades que se possui, ativos organizacionais e qualificação. Para Goldthorpe, as classes são determinadas principalmente pelas "relações de emprego" das pessoas.

A **consciência de classe** diz respeito à consciência de pertencer a uma classe.

A **desigualdade global** se refere à diferença na ordenação econômica dos países.

A **estratificação social** se refere ao modo como a sociedade está organizada em camadas ou estratos.

O **feudalismo** foi um arranjo legal existente na Europa pré-industrial que prendia os camponeses à terra e os obrigava a dar a seus senhores uma determinada parte da colheita. Em troca, exigia-se que os senhores os protegessem dos saqueadores e abrissem seus celeiros para alimentá-los caso as colheitas fossem insuficientes.

Grupos de *status* diferem entre si no prestígio ou na honra social de que gozam e em seu estilo de vida.

O **Índice de Gini** ou **Coeficiente de Gini** é uma medida de desigualdade de renda. Seu valor vai de zero (que significa que cada domicílio ganha exatamente a mesma quantia de dinheiro) a 1 (que significa que toda renda é ganha por um único domicílio).

O **índice socioeconômico de *status* ocupacional (ISE)** de Blau e Duncan combina para cada ocupação a média da renda e dos anos de educação dos homens empregados em tempo integral na ocupação.

A **mobilidade social vertical** se refere ao movimento para cima ou para baixo no sistema de estratificação.

Partidos, na terminologia de Weber, são organizações que procuram impor sua vontade aos outros.

A **pequena burguesia**, segundo Marx, é a classe de capitalistas de pequena escala que possui os meios de produção, mas emprega somente alguns trabalhadores ou mesmo nenhum, forçando-os a executar trabalho físico eles próprios.

O **proletariado**, na terminologia de Marx, é a classe operária. Os membros do proletariado fazem o trabalho físico, mas não possuem os meios de produção. Estão, portanto, em uma posição de receber salário.

Um **sistema de estratificação baseado em atribuição** é aquele em que a alocação de posição social depende das características de nascimento da pessoa.

Um **sistema de estratificação baseado em realização ou mérito** é aquele em que a alocação de posição social depende do desempenho da pessoa.

Os ***status* socioeconômico (SSE)** combina dados de renda, educação e prestígio ocupacional em um índice único da posição da pessoa na hierarquia socioeconômica.

A **teoria funcional da estratificação** argumenta que (a) algumas ocupações são mais importantes do que outras, (b) as pessoas têm de fazer sacrifícios para serem treinadas para as ocupações mais importantes e (c) a desigualdade é necessária para motivar as pessoas a enfrentar esses sacrifícios.

As **variações transnacionais de estratificação interna** são diferenças entre países nos seus sistemas de estratificação.

CAPÍTULO 7

Raça e Etnicidade

Neste capítulo, você aprenderá que:

- Raça e etnicidade são idéias socialmente construídas. Nós as utilizamos para distinguir pessoas com base em diferenças físicas ou culturais percebidas, o que traz conseqüências profundas para suas vidas.
- Marcas e identidades raciais e étnicas mudam de acordo com a época e o lugar. Relações entre grupos raciais e étnicos ajudam a modelar essas marcas e identidades.
- Identificar-se como parte de um grupo racial ou étnico pode trazer vantagens econômicas, políticas e emocionais para algumas pessoas.
- Um alto nível de imigração dá nova vida a comunidades raciais e étnicas mais antigas.
- Altos níveis de desigualdade racial e étnica ainda persistem no Brasil.

Definindo Raça e Etnicidade

Sacerdotes do Racismo

Há cerca de 150 anos, o Dr. Samuel George Morton era um dos mais renomados cientistas norte-americanos. Quando ele morreu, em 1851, um jornal de Nova York escreveu que "provavelmente nenhum outro homem de ciência na América desfrutou de maior reputação entre os acadêmicos do mundo inteiro do que o Dr. Morton" (citado em Gould, 1996 [1981]: 81).

Entre outras coisas, Morton colecionou e mensurou crânios humanos vindos de diversos lugares e épocas, pertencentes a membros de diferentes raças. Ele acreditava que quanto maior o cérebro, mais inteligente o indivíduo. Em uma de suas experiências, encheu os crânios de pequenas esferas metálicas que depois transferiu para um cilindro a fim de medir a quantidade de esferas de cada um deles. Ele achava que esse procedimento possibilitaria tirar conclusões sobre o tamanho médio do cérebro de diferentes raças.

Conforme imaginava, Morton chegou à conclusão de que as raças que se encontravam no topo da hierarquia social tinham os maiores cérebros, enquanto as que se encontravam na base tinham os menores. Seu argumento foi o de que os maiores cérebros pertenciam aos membros de indivíduos brancos de origem européia. Depois vinham os asiáticos, os índios do continente americano e, por fim, os negros.

Existem diversos problemas com as pesquisas de Morton. Em um de seus principais estudos, ele mensurou o volume de crânios roubados de tumbas egípcias e concluiu que o volume médio era cerca de $10cm^3$ menor do que o volume médio dos crânios de indivíduos brancos. Três questões principais comprometem suas conclusões. Em primeiro lugar, Morton afirmou ser capaz de distinguir os crânios dos indivíduos brancos e negros com base no formato. No entanto, mesmo hoje em dia, os arqueólogos não conseguem determinar precisamente a raça de um indivíduo com base no formato do crânio. Outro problema refere-se à representatividade da amostra de Morton, que se resumia a 72 espécimes. Não se pode fazer generalizações como as que ele pretendia com base em um

▲
Cesare Lombroso: considerado o pai da antropologia criminal, teve influência marcante nas primeiras faculdades de Direito e de Medicina do Brasil.

número tão pequeno de casos. Finalmente, 71% dos crânios que Morton identificou como supostamente pertencentes a indivíduos negros eram de mulheres, comparados com apenas 48% de crânios femininos pertencentes a indivíduos "caucasianos". Ele não considerou que as mulheres são, em média, menores do que os homens. Para tornar a comparação válida, ele deveria ter se assegurado de que a composição por sexo dos crânios de brancos e de negros era idêntica (Gould, 1996 [1981]: 84, 91-92).

Assim como Morton, diversos pensadores do século XIX, dentre eles o médico italiano Cesare Lombroso e o conde francês Arthur de Gobineau, tentaram estabelecer correlações bastante rígidas entre biologia, aptidões intelectuais e inclinações morais.

Lombroso, conhecido como o pai da antropologia criminal, interessou-se pelo fenômeno da delinqüência ao observar as frases obscenas tatuadas nos corpos dos soldados da Calábria, no sul da Itália. Ele acreditava que essas tatuagens permitiam distinguir o soldado desonesto do honesto. Entretanto, a simples presença da tatuagem não era suficiente para captar a natureza do delinqüente: era necessário, ainda, definir o caráter dos "anormais", dos delinqüentes e dos loucos utilizando os métodos experimentais da ciência positivista (Museo Criminologico, 2004). Isso seria possível porque a criminalidade era concebida como um fenômeno físico e hereditário, objetivamente perceptível nas diferentes sociedades e passível de classificação.

Com base nesse pressuposto, Lombroso construiu uma tabela de classificação do criminoso que incluía:

> *"elementos anathomicos" (assimetria cranial e facial, região occipital predominante sobre a frontal, fortes arcadas superciliares e mandíbulas além do prognatismo); "elementos physiologicos" (insensibilidade, invulnerabilidade, mancinismo e ambidestria); "elementos psycologicos" (tato embotado, olfato e paladar obtusos, visão e audição ora fracas ora fortes, falta de atividade e de inibição; e "elementos sociológicos" (existência de tatuagens sobre o corpo).* (Revista Acadêmica da Faculdade de Direito do Recife, citada em Schwarcz, 2000 [1993]: 166)

A relação entre o comportamento delinqüente e as características físicas de um povo não tardou a ser estabelecida. Durante uma visita a uma instituição penitenciária, em 1872, Lombroso foi requisitado a fazer uma autópsia no corpo de um certo Giuseppe Villella, condenado por furto e por arsenismo. Ao examinar o crânio do cadáver, Lombroso pensou ter descoberto uma anomalia anatômica (a "fosseta occipital mediana") ausente nos indivíduos "civilizados". Anos depois, refletindo sobre sua "descoberta", afirmou que "aquela fosseta... iluminou o problema da natureza do delinqüente, que deveria reproduzir em nosso tempo as características do homem primitivo até os carnívoros" (Lombroso, citado em Museo Criminologico, 2004).

Já as idéias de Gobineau, expostas em seu *Ensaio Sobre a Desigualdade das Raças Humanas*, de 1853, representam uma simplificação excessiva e um tanto ingênua do senso comum de sua época. Nessa obra, ele tenta estabelecer uma hierarquia das raças tomando por base capacidades intelectuais, físicas e até de beleza, em ordem descendente: no topo da hierarquia, estaria a raça branca, seguida pela amarela e depois pela negra. Segundo Gobineau, "as grandes civilizações da humanidade somam não mais que dez e todas elas foram produzidas sob a iniciativa da raça branca" (citado em Callinicos, 1999: 75). Isso o levou a concluir que a raça branca ou ariana, originária da Ásia Central, era a única que possuía as virtudes necessárias para o desenvolvimento da civilização. Essas virtudes incluiriam a honra, o amor pela liberdade etc., mas só poderiam ser perpetuadas caso a raça permanecesse pura.

Gobineau acreditava que a miscigenação era uma tendência inevitável e levaria ao colapso da civilização. Seu argumento era o de que as civilizações são fundadas a partir da conquista ou colonização de raças inferiores ou "femininas" por raças superiores ou "masculinas". Entretanto, durante esse processo, a raça superior era numericamente menor do que as raças inferiores, o que levaria a uniões inter-raciais. Inicialmente, a miscigenação levaria a um progresso da sociedade em questão, mas, com o passar do tempo, ocorreria uma degeneração da vitalidade original dos conquistadores. Isso teria ocorrido com os povos latinos e semitas, que se haviam degenerado ao longo da história ao se miscigenar com outros povos. Ele acreditava que apenas os alemães tinham preservado sua pureza ariana, embora considerasse que seria apenas uma questão de tempo para que eles também se degenerassem e perdessem suas virtudes intrínsecas. Ao contrário das idéias de progresso professadas pelos pensadores iluministas, Gobineau percebia a história em termos do colapso progressivo das civilizações (Arendt, 1979 [1973]). Essa visão pessimista e profética levou a antropóloga Lília Schwarcz (2000 [1993]: 64) a afirmar que "Gobineau mais se parece com um sacerdote do racismo".

O caráter pouco científico das predições de Gobineau pode ser ilustrado com o prognóstico de que a população brasileira desapareceria em 270 anos. Após ter servido como ministro francês no Brasil, de 1868 a 1869, ele escreveu um artigo sobre a imigração no Brasil, a pedido de D. Pedro II. Nesse artigo, questionava as estatísticas oficiais brasileiras sobre a população, de quase 12 milhões de habitantes, alegando que "alguns observadores que me pareciam competentes (...) não indicavam mais do que nove milhões de almas" (Gobineau, citado em Readers, 1997: 85). Esse questionamento visava justificar uma suposta redução de um milhão de habitantes em um período de apenas 30 anos, o que ele explicava em termos da degeneração racial:

> *Todos os países da América, seja no norte ou no sul, hoje mostram, incontestavelmente, que os mulatos de distintos matizes não se reproduzem além de um número limitado de gerações. A esterilidade nem sempre existe nos casamentos; mas os produtos da raça gradualmente chegam a ser tão malsãos e inviáveis que desaparecem antes de darem à luz, ou então deixam rebentos que não sobrevivem (...) Se tomarmos essa observação como base fixa para um cálculo de probabilidades (...) podemos concluir que (...) os nove milhões nos quais acredito terão desaparecido completamente, até o último homem, no final de um período de 270 anos.* (Gobineau, citado em Readers, 1997: 85-6)

Todas essas idéias tiveram implicações sociológicas profundas: ao irem ao encontro do pressuposto iluminista da igualdade dos seres humanos, acabaram por possibilitar a justificação das desigualdades sociais em termos de supostas raízes naturais e biológicas. Escravidão, colonização, programas de imigração que restringiam ou excluíam determinados grupos raciais e étnicos, programas médicos de "depuração racial" e até mesmo o genocídio acabaram por ser justificados a partir dessas idéias. Certamente muitas das interpretações e aplicações práticas dessas idéias não foram desejadas ou previstas por seus autores. No entanto, como afirma Alex Callinicos ao se referir à utilização das idéias de Gobineau pela Alemanha nazista, o pessimismo dos mesmos "ajudaria a encubar horrores que estavam muito além da imaginação dos pensadores mais sombrios do século dezenove" (Callinicos, 1999: 77). De maneira geral, entretanto, o racismo foi uma ideologia poderosa das políticas imperialistas desde a virada do século XIX (Arendt, 1979 [1973]: 158).

Raça, Biologia e Sociedade

Os argumentos biológicos acerca de diferenças raciais tornaram-se mais sofisticados com o tempo; entretanto, sua base científica é tão frágil hoje quanto outrora. Antes de examinarmos como esses argumentos continuam a permear algumas interpretações contemporâneas, faremos uma breve incursão nas origens do pensamento social brasileiro a fim de percebermos a força dos argumentos biológicos na origem da nossa ciência social.

A ciência social do século XIX estava impregnada por uma concepção naturalista de ciência. Por essa razão, disseminavam-se idéias a respeito das raças, suas diferenças e presumível hierarquização, que vieram a encontrar nos modelos evolucionistas e neodarwinistas produzidos na Europa e nos Estados Unidos o fundamento "científico" para sua legitimação. Entre os anos de 1870 e 1930, aproximadamente, muitos intelectuais brasileiros, influenciados por essas idéias ou "teorias", expressavam a crença de que diferenças raciais baseavam-se na biologia.

O desenvolvimento do pensamento social no Brasil acompanhou o surgimento das primeiras instituições de ensino superior, fundadas no século XIX. As Faculdades de Direito de Recife e de São Paulo e as Faculdades de Medicina de Salvador e do Rio de Janeiro buscaram introduzir o Brasil na modernidade por meio das noções de progresso e cientificidade (Schwarcz, 2000 [1993]). A principal questão para os intelectuais brasileiros da chamada "geração de 1870" era a construção de uma identidade nacional. Alcançada a independência política em 1822, até o final do século XIX o país ainda não havia consolidado uma imagem de si próprio. A ex-colônia precisava firmar-se como uma nação independente, o que requeria, na dimensão simbólica, a criação de uma identidade nacional. O problema que os cientistas sociais se colocavam, pois, era o da existência e características da *brasilidade*. A heterogeneidade cultural existente no Brasil, conseqüência direta da heterogeneidade racial, era percebida como um empecilho à idéia de nacionalidade. Como mostra Maria Isaura Pereira de Queiroz (1989: 30), para aqueles intelectuais, a persistência de costumes "bárbaros", relativos aos povos aborígines e africanos, constituía uma barreira a uma identidade nacional homogênea. Essa identidade nacional, concebida segundo os moldes da civilização européia, deveria abarcar as noções de desenvolvimento econômico, de modernidade, de progresso, o que era impossível mediante a persistência dos complexos culturais aborígines e africanos. Dessa forma, estabelecia-se, nos primórdios do pensamento social brasileiro, uma relação mais ou menos direta entre raça, cultura, nacionalidade e modernidade.

Um exemplo desse pensamento encontra-se na obra de Raymundo Nina Rodrigues (1862-1906). Médico, formado pela Faculdade de Medicina da Bahia, Nina Rodrigues dedicou-se ao estudo das culturas afro-brasileiras. Para ele, a razão do atraso e dos desequilíbrios da sociedade brasileira encontrava-se nas misturas raciais e culturais aqui existentes. Ao contrário do que teria ocorrido nos Estados Unidos, onde a "direção suprema da Raça Branca" foi uma garantia de civilização, nossa inferioridade persistiria por um longo tempo. Para ele, a raça negra no Brasil seria sempre "um dos fatos da nossa inferioridade" e a intensidade da mestiçagem existente no país "acabará privando-o, por longo prazo pelo menos, da direção suprema da Raça Branca" (Rodrigues, 1935: 23-4). Desse modo, ele deixava claro que o fator biológico era o principal responsável pela nossa inferioridade. Além disso, como médico, Nina Rodrigues preocupava-se em compreender a "instabilidade emocional do mestiço". Não seria exagero afirmar que, para ele, a intensa miscigenação explicaria a criminalidade, a loucura e a degeneração. Podemos observar um "ar familiar" entre o modo como Lombroso associava características físicas e comportamento criminoso e a forma como Nina Rodrigues estabelecia uma relação entre mestiçagem e criminalidade.

Sylvio Romero (1851-1914) e Euclides da Cunha (1866-1909) também compartilhavam das preocupações expressas por Nina Rodrigues. Como poderiam elementos culturais de origens tão distintas coexistir sem se destruírem? Poderiam um dia chegar a constituir um conjunto harmonioso? Em caso afirmativo, qual seria o processo para se alcançar esse resultado? O que isso representava para o progresso tão necessário do nosso país? (Queiroz, 1989).

A questão que se colocava era como conciliar as visões pessimistas das teorias européias e norte-americanas sobre miscigenação com um projeto de modernidade e de progresso. Os pensadores brasileiros não se limitaram a reproduzir os prognósticos negativos sobre o futuro do Brasil oferecidos por estrangeiros defensores da superioridade da raça branca e da inferioridade dos negros, índios e mestiços. Para salvar a situação, nossos cientistas promoveram o surgimento da **tese do branqueamento** e a noção de mestiços superiores. O branqueamento da raça era um processo de miscigenação gradativo que, após três gerações, produziria uma população de características brancas (Seyferth, 1996). Essa posição mostra que, para a geração de 1870, a inferioridade da raça não era uma fatalidade irreversível, mas uma situação transitória e remediável. Para Nina Rodrigues, o problema fundamental era a "inexistência de uniformidade étnica" decorrente do excesso de cruzamento que caracterizava a população brasileira (Schwarcz, 2000 [1993]) e não uma inferioridade racial intrínseca, inalterável ou progressiva, como era o caso para Gobineau.

Foto de César Barreto, acervo da Coleção Nacional de Belas Artes / Iphan / Minc

• **Figura 7.1** *Redenção de Can*, de Modesto Brocos y Gomes, 1895. A obra mostra o branqueamento progressivo de uma família mestiça, cuja avó, negra, parece dar graças a Deus pela cor branca da criança

A avaliação pessimista dos pensadores da virada do século XIX só será superada a partir do Movimento Modernista, na década de 1920, e da interpretação inovadora de Gilberto Freyre, em *Casa Grande & Senzala.* Mário de Andrade, um dos mais importantes representantes do Movimento Modernista e pesquisador da cultura brasileira, criou o personagem Macunaíma, herói que reúne ao mesmo tempo as qualidades das culturas africana, européia e indígena, atribuindo a todas igual valor. Macunaíma é a expressão da brasilidade, compreendida como algo original que aflora de raízes culturais distintas. Oswald de Andrade, escritor e ensaísta, líder do Movimento Modernista ao lado de Mário de Andrade, formulou a noção de antropofagia para explicar a fusão dos elementos culturais diversos e a criação de uma nova cultura, a brasileira, distinta da européia. Essa geração de intelectuais transformou a visão pessimista da mestiçagem em uma nova interpretação na qual ela surge como o símbolo redentor da cultura brasileira e da identidade nacional. A mestiçagem era concebida por esses intelectuais e artistas como elemento central da especificidade da cultura brasileira e não mais como seu principal obstáculo. Gilberto Freyre (2003 [1933]) irá traduzir essa noção no plano mais específico da explicação sociológica. Voltaremos a esse ponto mais adiante.

Nos dias de hoje ainda prevalecem, no senso comum, idéias que associam raça, características biológicas e habilidades ou comportamentos. Os negros são considerados melhores e mais habilidosos no futebol e em determinados nichos artísticos, como o da música popular. Também são socialmente percebidos como mais próximos da criminalidade, dada a maior proporção de negros em relação a brancos no sistema carcerário. É como se comportamentos esportivos, artísticos e criminosos fossem determinados pela raça.

A explicação para a existência de um grande número de jogadores de futebol, músicos e presidiários negros não se encontra na raça ou em predisposições de caráter biológico. Nos Estados Unidos, onde as pesquisas sobre esse tema são freqüentes, os sociólogos identificaram certas condições sociais que levam a maiores níveis de participação em esportes (assim como na música e no crime). Essas condições operam em todos os grupos de pessoas, independentemente da raça. De maneira mais específica, pessoas que se deparam com preconceito e discriminação generalizados, muitas vezes encontram nos esportes, na indústria do entretenimento e na criminalidade formas de ascensão social que lhes são negadas em outras áreas e, por essa razão, aparecem aí em números desproporcionalmente altos. (**Preconceito** é a atitude de se julgar uma pessoa com base nas características reais ou imaginárias de seu grupo. **Discriminação** é o tratamento injusto de pessoas devido ao fato de pertencerem a um determinado grupo.) Assim, nos Estados Unidos, irlandeses, judeus, italianos, porto-riquenhos e afro-americanos formaram ondas sucessivas de grupos com altos índices de criminalidade durante o final do século XIX e todo o século XX. Suas taxas de criminalidade só diminuíram à medida que sua condição econômica e social melhorou (Bell, 1960). De maneira semelhante, o preconceito e a discriminação contra judeus americanos não diminuíram de forma expressiva antes dos anos de 1950. Até então, os judeus desempenharam um papel preponderante nos esportes profissionais. Hoje em dia, os coreanos são alvo de muito preconceito e discriminação no Japão e freqüentemente se profissionalizam nos esportes e na indústria do entretenimento. Em contraste com isso, nos Estados Unidos os coreanos sofrem menos preconceito e discriminação. Poucos se tornam atletas ou artistas: ao contrário, são percebidos como talentosos em áreas como engenharia e ciência. No Brasil, até o final dos anos de 1950, os negros chegaram a ser responsabilizados por derrotas dos times de futebol em que jogavam — resultado da entrada mais tardia, mas imponente, das classes populares nesse esporte, desde os anos de 1920 e de 1930. Na Copa do Mundo de 1950, por exemplo, quando a seleção brasileira perdeu o jogo final para a seleção uruguaia, os jornais insinuaram a culpa de jogadores negros, como o goleiro Barbosa e o lateral Bigode. A situação se inverteu com os campeonatos mundiais em 1958 e 1962, quando a seleção foi campeã do mundo com Pelé, Garrincha, Didi, Djalma Santos e Zózimo. A partir daí — retomando comentários pioneiros de jornalistas, escritores e sociólogos do final dos anos de 1930 —, os jogadores negros passaram a ser apontados como dotados de uma "ginga", uma esperteza, uma malandragem e uma malícia que supostamente os tornariam superiores aos outros no futebol (Lopes, 2004; Pimenta, 2002). De fato, o futebol brasileiro passou a ser identificado com essas características. Como esses exemplos demonstram, as circunstâncias sociais têm um grande impacto no crime, no esporte e em outras formas de comportamento.

A representação que se faz dos negros como bons de samba e de futebol acaba por complementar a idéia de que eles são geneticamente inferiores a outros grupos em sua capacidade intelectual. Embora no Brasil o estereótipo do malandro, comumente associado à figura do negro ou do mestiço, possa ser socialmente valorizado, ele reforça a desigualdade entre brancos e negros ao desviar nossa atenção de uma forma muito mais segura de mobilidade social ascendente: a excelência acadêmica. Além disso, como afirma Roberto DaMatta (1997: 269), "o malandro recobre um espaço social (...) complexo, onde encontramos desde o simples gesto de sagacidade, que, afinal, pode ser feito por qualquer pessoa, até o profissional dos pequenos golpes", podendo virar um "autêntico marginal ou bandido". Dessa forma, o malandro está não apenas excluído daquelas atividades que dependem mais diretamente de elementos como o intelecto e a disciplina, mas associado ao comportamento desonesto e, no limite, criminoso.

Um problema adicional em relação ao argumento de que os genes determinam comportamentos específicos de grupos raciais distintos é que não se pode distinguir raças com base em diferenças genéticas. Um alto grau de miscigenação genética ocorreu entre os povos de diferentes raças em todo o mundo.

Muitos estudiosos acreditam que todos pertencemos a uma única raça humana que se originou na África (Cavalli-Sforza, Menozzi e Piazza, 1994). Eles argumentam que migrações subseqüentes, separações geográficas e relações consangüíneas levaram à formação de raças mais ou menos distintas. Entretanto, em particular na era moderna, a humanidade experimentou tanta miscigenação que o termo "raça", como uma categoria biológica, perdeu praticamente todo o seu significado. Alguns biólogos e cientistas sociais sugerem, portanto, que abandonemos o termo "raça" do vocabulário da ciência (Angier, 2000).

A maioria dos sociólogos continua, apesar disso, a usar o termo "raça" porque as *percepções* de raça afetam profundamente a vida da maioria das pessoas. Muitos elementos, de sua riqueza à sua saúde, são influenciados pelo fato de as pessoas perceberem você como negro, branco, indígena ou alguma outra coisa. Raça, como um conceito *sociológico*, é, portanto, uma ferramenta analítica valiosa — desde que a pessoa que o utilize se lembre de que ele se refere a diferenças físicas socialmente significativas, tal como a cor da pele, e não a diferenças biológicas que determinam traços de comportamento.

A importância do uso de raça como uma ferramenta analítica pode ser ilustrada com o caso do escritor e editor de obras revisionistas Sigfried Ellwanger Castan, do Rio Grande do Sul. O revisionismo ou negacionismo consiste na negação da ocorrência do genocídio dos judeus pela Alemanha nazista. Em 1997, Ellwanger foi condenado a dois anos de prisão pelo crime de racismo, que a Constituição brasileira considera inafiançável e imprescritível. Sendo réu primário, foi concedido a Ellwanger o benefício da suspensão da pena e, em 2001, ele recorreu da sentença com um pedido de *habeas corpus* no Superior Tribunal de Justiça. Seu recurso foi negado e, por meio de um novo pedido, o *habeas corpus* foi submetido ao Supremo Tribunal Federal. Ellwanger e seus advogados alegaram que o crime de racismo não era aplicável, já que seus ataques se dirigiam aos judeus e estes não constituíam uma raça.

O problema é que não apenas judeus, mas brancos, negros e amarelos também não constituem raças no sentido biológico. Sendo assim, como é possível o crime de racismo? Apenas se considerarmos que existe uma diferença entre a existência objetiva das raças e a percepção ou representação de raças na vida social. Foi assim, por exemplo, que o ministro do Supremo, Carlos Velloso, argumentou: nos livros publicados por Ellwanger, os judeus são, de fato, percebidos como raça, existindo passagens em que aparecem expressões como "inclinação racial e parasitária dos judeus", "tendências do sangue judeu", "judeus como culpados e beneficiários da Segunda Grande Guerra" (Associação Brasileira de Antropologia, 2003). Com base em argumentos como esse, em 2003, o STF negou o pedido de *habeas corpus* a Ellwanger, por oito votos contra três.

Do ponto de vista sociológico, não é relevante afirmar ou negar aos judeus o *status* de raça. O que interessa é compreender as razões e as conseqüências de serem reconhecidos como tal. Isso porque as percepções de diferenças raciais são socialmente construídas e muitas vezes arbitrárias (Ferrante e Brown, 2001 [1998]). Os irlandeses e os judeus, que a nós brasileiros parecem "brancos", eram considerados "pretos" para a maioria dos americanos há cerca de cem anos e, ainda hoje, muitos italianos do norte do país percebem seus compatriotas da Sicília e da Calábria como "pretos" (Gilman, 1991; Ignatiev, 1995; Roediger, 1991). Negro e branco existem como conceitos relacionais, um por causa do outro. As diferenças entre eles variam conforme o contexto e precisam ser redefinidas cotidianamente (Sansone, 1995: 52).

Sendo assim, podemos definir **raça** como um construto social utilizado para distinguir pessoas em termos de uma ou mais marcas físicas, o que normalmente tem conseqüências profundas para suas vidas. No entanto, essa definição levanta uma questão interessante: se raça é meramente um construto social e não um termo biológico útil, por que as percepções de diferenças físicas são usadas para distinguir grupos de pessoas? Por que, em outros termos, raça é importante? A maioria dos sociólogos acredita que a raça é importante porque possibilita a criação e a manutenção de desigualdades sociais. Os ingleses que colonizaram a Irlanda, os portugueses que foram até a África para capturar escravos e os alemães que usaram os judeus para explicar seus problemas econômicos e políticos após a Primeira Guerra Mundial — todos eles estabeleceram sistemas de dominação racial. Uma vez que o colonialismo, a escravidão e os campos de concentração foram estabelecidos, diferenças comportamentais se desenvolveram entre dominadores e subordinados. Por exemplo, escravos africanos e prisioneiros dos campos de concentração, com pouca motivação para trabalhar a não ser pela ameaça dos chicotes de seus senhores, tendiam a realizar apenas o mínimo necessário para se manterem vivos. Seus senhores notaram isso e caracterizaram seus subordinados como preguiçosos e vagarosos. É assim que os estereótipos raciais têm origem. Os estereótipos criam raízes profundas a partir de sua inclusão na literatura, nas canções populares, no jornalismo e no debate político. Isso reforça as desigualdades raciais (Figura 7.2). Então, podemos perceber que a raça é importante, do ponto de vista da análise sociológica, na medida em que é uma categoria que ajuda a criar e a manter sistemas de desigualdade social.

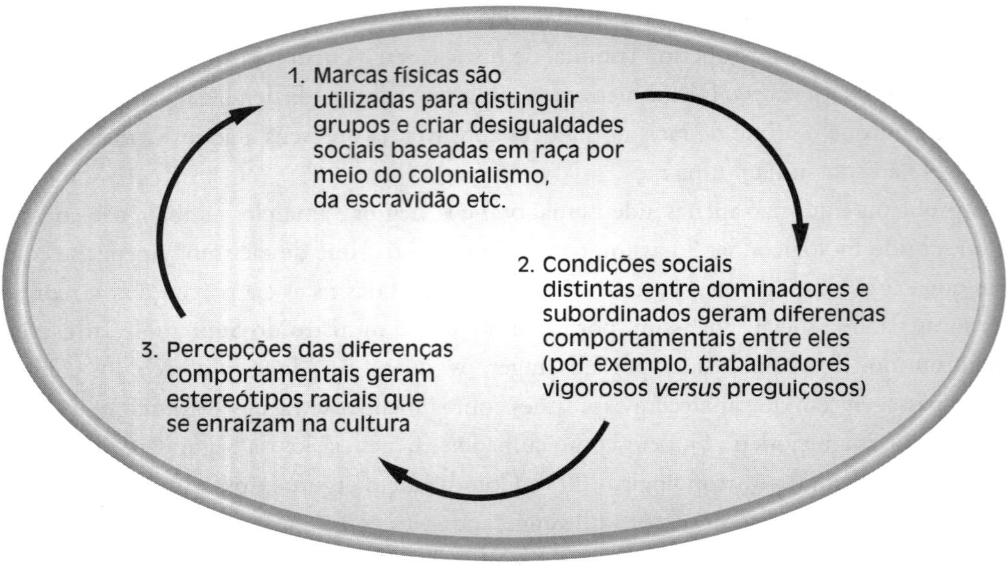

• **Figura 7.2** O círculo vicioso do racismo

Etnicidade, Cultura e Estrutura Social

A raça está para a biologia assim como a etnicidade está para a cultura. Uma raça é uma categoria de pessoas cujas marcas *físicas* são consideradas socialmente significativas. Um **grupo étnico** é composto de pessoas cujas marcas *culturais* percebidas são consideradas significativas socialmente. Os grupos étnicos diferem entre si em termos de língua, religião, costumes, valores e ancestralidade. No entanto, assim como as distinções físicas não *causam* as diferenças no comportamento das diversas raças, as distinções culturais não constituem, em si mesmas, a principal causa das diferenças comportamentais entre os diversos grupos étnicos. Em outras palavras, valores étnicos e outros elementos étnicos da cultura têm menos influência na maneira como as pessoas se comportam do que normalmente acreditamos porque diferenças socioestruturais geralmente se encontram subjacentes às diferenças culturais.

A ênfase nos elementos culturais na análise do comportamento dos diferentes grupos raciais e étnicos foi introduzida no Brasil a partir da obra de Gilberto Freyre. *Casa Grande & Senzala*, sua obra principal, representou uma ruptura importante com relação ao pensamento social anterior na medida em que a explicação biológica das diferenças raciais foi substituída por uma interpretação cultural. As análises que enfatizavam as conseqüências maléficas da miscigenação foram duramente criticadas pelo autor, que destacou o escravo negro como civilizador, valorizando a incorporação de aspectos de sua cultura ao modo de vida dos senhores brancos. Ao impor sua cultura, o escravo passa da condição de dominado à de dominador, no sentido específico de que o negro passa a ter um papel civilizador na sociedade brasileira (Bastos, 2004 [2001]: 228). A democracia social brasileira teria como fundamento original essa dialética entre senhor e escravo, brancos e negros, que possibilitaria a alteração da ordem social e a mudança de papéis, pelo menos no plano cultural.

Para Elide Rugai Bastos (2001), as principais críticas dirigidas a Gilberto Freyre estão relacionadas à sua concepção revolucionária do papel da miscigenação e da relação especial estabeleci-

▲ Gilberto Freyre foi um dos primeiros pensadores brasileiros a negar a determinação do comportamento social pela biologia. Em sua obra principal, *Casa Grande & Senzala*, Freyre destaca a importância dos elementos culturais do português, do negro e do índio na formação social brasileira.

da entre senhor e escravo na sociedade brasileira. A maior crítica refere-se à noção de democracia racial (muito embora essa expressão só tenha sido utilizada pelo autor nos anos de 1960) subjacente à sua análise. Para seus críticos, essa visão positiva da posição do negro em nossa sociedade produziria uma falsa consciência da realidade. Voltaremos à crítica da noção de democracia racial quando falarmos de Florestan Fernandes e de Carlos Hasenbalg, mais adiante.

A análise culturalista de Gilberto Freyre foi fundamental para a construção de uma interpretação positiva da interpenetração de etnias e culturas na formação da sociedade brasileira. A valorização de todos os grupos étnicos, em especial das culturas trazidas do continente africano, constitui um grande mérito do sociólogo pernambucano. Mas a compreensão da sociedade em termos democráticos a partir do processo de miscigenação biológica e cultural se revelou limitada devido à sua pouca ênfase nas condições socioestruturais.

Um exemplo de como diferenças socioestruturais podem se sobrepor às diferenças culturais é apresentado no estudo de Giralda Seyferth (2003) sobre reelaboração e segmentação da identidade étnica dos imigrantes alemães no Brasil. O fluxo migratório de alemães para o Brasil teve início em 1824 e, até o final do século XIX, manteve-se pequeno, porém constante. Esse fluxo intensificou-se entre 1910 e 1939, com a crise econômica da República de Weimar. Surge, nesse momento, uma nova categoria de identificação dentro da comunidade étnica original — os chamados *Neudeutscher* (novos alemães). A pesquisa de Seyferth, tomando o caso do Vale do Itajaí, em Santa Catarina, constata que a categoria "novos alemães" não abarca todos os imigrantes daquele segundo período e nem faz uma distinção entre os nascidos na Alemanha e os teuto-brasileiros. Na realidade, a categoria passou a designar os grupos que não tinham experiência agrícola e que se estabeleceram em áreas urbanas, indicando também uma distinção de classe: os "novos alemães" tinham melhor qualificação profissional e ocupavam espaços privilegiados no mercado de trabalho industrial. Em outras palavras, *apesar da origem germânica comum, a identidade étnica dos diferentes grupos de imigrantes decorre da posição que eles ocupam na estrutura social*, e não simplesmente de elementos culturais comuns. A maioria dos sociólogos enfatiza como as condições socioestruturais, e menos os valores, determinam o sucesso ou o fracasso econômico de grupos étnicos e raciais (Abelmann e Lie, 1995; Brym e Fox, 1989; Lieberson, 1980; Portes e Rumbaut, 1990; Steinberg, 1989 [1981]).

Assim, concluímos que é equivocado afirmar que "raça e etnicidade (...) são muito diferentes, dado que uma é biológica e a outra é cultural" (Macionis, 1997 [1987]: 321). Como vimos, tanto raça quanto etnicidade têm raízes na estrutura social, e não simplesmente na biologia ou na cultura. Os aspectos biológicos e culturais da etnicidade são secundários em relação ao seu caráter sociológico. Além disso, a distinção entre raça e etnicidade não é tão simples quanto a diferença entre biologia e cultura. Ocorre que muitos grupos socialmente definidos em termos de raça são, posteriormente, redefinidos como étnicos, muito embora não tenham mudado biologicamente. A biologia e a cultura não determinam se um grupo é percebido como um grupo racial ou um grupo étnico, mas as definições sociais, sim. A questão relevante, do ponto de vista sociológico, é saber por que as definições sociais de raça e etnicidade mudam. Consideraremos essa questão a seguir.

Relações Raciais e Étnicas

Marcas e Identidade — História Pessoal

Quando ainda era bebê, John Lie mudou-se com a família da Coréia do Sul para o Japão. Aos dez anos de idade, mudou-se do Japão para o Havaí e daí para os Estados Unidos continental, quando ingressou na universidade. A mudança para o Havaí e depois para o continente afetou a maneira como John pensava sobre si mesmo em termos étnicos.

No Japão, os coreanos formam um grupo minoritário. (Um **grupo minoritário** é um grupo de pessoas socialmente em desvantagem, embora possam constituir uma maioria do ponto de vista numérico, como é o caso dos negros na África do Sul.) Antes de 1945, quando a Coréia era uma colônia japonesa, alguns coreanos foram levados para o Japão para trabalhar em minas e executar outros trabalhos pouco qualificados. Os japoneses acreditavam que os coreanos que moravam lá eram inferiores e estranhos à sociedade japonesa (Lie, 2001). Não é de se surpreender, portanto, que as crianças coreanas no Japão, inclusive John, fossem alvo de piadas e até de agressão física por parte dos colegas japoneses. "As surras machucavam", diz John, "mas o trauma psicológico resultante da exclusão social por parte de meus colegas machucava muito mais. Na verdade, embora inicialmente eu achasse que fosse igual aos meus colegas japoneses, minha identidade coreana foi, literalmente, socada em mim".

"Quando minha família emigrou para o Havaí, eu tinha certeza de que as coisas piorariam. Esperava que os americanos fossem ainda mais mesquinhos do que os japoneses (quando eu pensava em americanos, pensava apenas nas pessoas brancas de origem européia). Qual não foi minha surpresa quando descobri que a maioria dos meus colegas de escola não era branca de origem européia, mas descendente de asiáticos e de outros grupos miscigenados! De repente, eu fazia parte de uma maioria numérica e não era mais humilhado e surrado. De fato, descobri que os alunos de origem asiática e não-européia freqüentemente escolhiam os americanos de origem européia (chamados *haole,* em havaiano) como alvo de seus abusos. Nós tínhamos até o 'dia da surra dos *haole*' na escola. Devido às minhas experiências no Japão, eu sentia certa compaixão pelos americanos, mas devo confessar que também sentia certo alívio em relação ao trauma psicológico associado à minha condição de coreano no Japão."

"Com o passar dos anos, terminei o ensino médio no Havaí, fui para uma universidade em Massachusetts e consegui um emprego como professor universitário em Illinois. Fiz amizade e me aproximei de pessoas de diversos grupos raciais e étnicos. Minha origem coreana tornou-se cada vez menos importante na determinação da maneira como as pessoas me tratavam. Havia menos preconceito e discriminação contra coreanos durante minha fase adulta nos Estados Unidos do que durante minha infância no Japão. Hoje, penso em mim mesmo menos como coreano ou japonês do que como americano. Quando morava em Illinois, às vezes pensava acerca de mim mesmo como alguém do centro-oeste. Hoje, que troquei de emprego e mudei para a Califórnia, minha autoconcepção mudou novamente; minha identidade como americano de origem asiática foi fortalecida, devido ao grande número de asiáticos que vivem na Califórnia. Claramente, minha identidade étnica mudou ao longo do tempo em resposta ao significado que outros atribuíram à minha origem coreana. Agora entendo o que o filósofo francês Jean-Paul Sartre queria dizer quando escreveu que 'o anti-semita cria o judeu'" (Sartre, 1965 [1948]: 43).

Os detalhes da vida de John são singulares, mas experimentar uma mudança na identidade racial ou étnica é comum. Contextos sociais, em particular a natureza das relações de uma pessoa com membros de outros grupos raciais e étnicos, modelam e modificam continuamente sua identidade racial e étnica. Mude seu contexto social e sua concepção racial e étnica também mudará (Miles, 1989; Omi e Winant, 1986).

Considere os imigrantes italianos que vieram para as Américas no início do século XX. Por volta de 1900, os imigrantes italianos pensavam sobre si mesmos como oriundos de cidades ou províncias específicas, como a Sicília ou a Calábria, mas não como italianos. A Itália tornou-se um país unificado apenas em 1861 e, quando se deu a imigração em massa para países como o Brasil ou os Estados Unidos, nem todos os cidadãos se identificavam com sua nova nacionalidade. Chegaram aqui lombardos, piemonteses e venezianos, que se destacaram na agricultura; apulvos, calabreses e campônios, que se fixaram, em sua maioria, nas áreas urbanas. Essa diversidade de regiões de origem correspondia também a identidades étnicas distintas (Diegues, 1972). Apesar disso, ao chegarem ao Brasil, passaram a ser identificados como italianos, constituindo uma nova identidade que se sobrepôs às identidades regionais e étnicas de origem. Foi a partir dessa nova identidade que esses grupos foram reconhecidos pelo Estado e passaram a constituir o alvo de políticas específicas de imigração. Além disso, essa nova identidade tornou-se uma nova referência para a solidariedade de grupo. Assim, surgiram áreas ou regiões "italianas", como o bairro do Bixiga, em São Paulo, ou a serra gaúcha. Um processo semelhante ocorreu nos Estados Unidos, que também os identificavam como "italianos" e, o que pode a princípio ter parecido estranho para muitos deles, acabou "pegando" com o tempo. Assim, uma nova identidade étnica nasceu (Yancey, Ericksen e Leon, 1976).

Como os interacionistas simbólicos enfatizam, o desenvolvimento de marcas raciais e étnicas envolve um processo de negociação. Como vimos, os membros de um grupo podem ter uma identidade racial ou étnica, mas outros podem impor uma nova marca sobre eles. Isso é muito freqüente entre brasileiros que vivem na América do Norte e na Europa, por exemplo, onde assumem uma identidade de "latinos" ou mesmo "hispânicos", embora a maioria de nós não pense nesses termos. A negociação entre os de dentro e os de fora de um grupo resulta na cristalização de uma nova identidade étnica mais ou menos estável. Se o contexto social muda, o processo de negociação tem início outra vez.

Marcas Étnicas e Raciais: Escolha *versus* Imposição

A idéia segundo a qual a raça e a etnicidade são socialmente construídas não significa que todos possam sempre escolher sua identidade racial ou étnica. O grau segundo o qual as pessoas podem exercer essa liberdade de escolha varia muito de uma sociedade para outra. Além disso, em uma dada sociedade, em um dado período, existem variações no grau de liberdade de escolha dos diferentes grupos. Para ilustrar essas variações, examinaremos agora a maneira como o governo da extinta União Soviética impôs a etnicidade aos seus cidadãos.

Imposição Estatal da Etnicidade na União Soviética

Até sua dissolução formal em 1991, a União Soviética era o maior e um dos mais poderosos países do mundo. Espalhando-se por dois continentes e com 11 fusos horários, era composta de 15 repúblicas — Rússia, Ucrânia, Cazaquistão etc. — e tinha uma das maiores populações do mundo. Em cada república, o grupo étnico numericamente majoritário era considerado o grupo étnico "titular": os russos na Rússia, os ucranianos na Ucrânia, os cazaques no Cazaquistão etc. (Na terminologia russa, esses grupos eram chamados de "nacionalidades".) Mais de cem grupos étnicos minoritários viviam nas repúblicas. Em algumas delas, o número dos membros de grupos minoritários combinados chegava a ser maior do que o dos membros do grupo titular.

A grande extensão e a heterogeneidade étnica da União Soviética requeriam de seus governantes o desenvolvimento de estratégias para impedir que o país se desintegrasse. Uma dessas estratégias envolvia o enfraquecimento das fronteiras entre as repúblicas, de forma que uma "comunidade histórica nova, o povo soviético", pudesse emergir (Bromley, 1982 [1977]: 270). A criação de um sistema educacional e de um currículo nacional, a difusão da língua russa e o estabelecimento de propagandas políticas alardeando os feitos nacionais ajudaram a criar um sentido de unidade entre muitos cidadãos soviéticos.

Uma segunda estratégia de promoção da unidade nacional envolveu a criação de um sistema que possibilitasse a distribuição do poder e dos privilégios entre os grupos étnicos. Isso foi alcançado administrativamente por meio do sistema de "passaporte interno". Com início em 1930, os governos soviéticos emitiam carteiras de identidade ou passaportes internos para todos os cidadãos que completavam 16 anos. O quinto item constante do passaporte registrava a etnicidade do seu portador. Adolescentes eram obrigados a adotar a etnicidade de seus pais e apenas no caso de os pais pertencerem a grupos étnicos distintos a pessoa podia escolher entre a etnicidade do pai ou da mãe.

O sistema de passaporte interno permitiu que os burocratas aplicassem cotas étnicas estritamente definidas para o recrutamento de estudantes para as universidades, de profissionais e de pessoal para cargos administrativos e políticos. As cotas étnicas eram usadas até para definir onde as pessoas podiam residir e, assim, a etnicidade tornou-se de fundamental importância para a determinação dos aspectos mais básicos da vida de uma pessoa. A fim de assegurar a lealdade das repúblicas distintas e territorialmente extensas ao governo central, os funcionários do governo atribuíam vantagens aos membros dos grupos étnicos titulares que viviam em suas próprias repúblicas. Assim, havia mais oportunidades educacionais, profissionais e políticas caso se fosse um russo vivendo na Rússia, um ucraniano vivendo na Ucrânia etc. Membros de um grupo étnico titular que vivessem fora de sua república estavam em desvantagem, mas os membros de grupos étnicos não-titulares eram os que tinham menos vantagens ainda (Brym e Ryvkina, 1994: 6-16; Karklins, 1986; Zaslavsky e Brym, 1983).

Ao organizar em termos étnicos muitos processos sociais básicos, o governo impôs marcas étnicas aos seus cidadãos. Apesar do esforço para se criar um novo "povo soviético", as identidades étnicas tradicionais permaneceram fortes. Em 1991, quando a União Soviética deixou de existir, os russos sabiam que eram russos e os judeus, que eram judeus, principalmente porque o item "etnicidade" constante em seus passaportes circunscreveu suas oportunidades na vida durante mais de 60 anos. Apenas em 1997 o governo russo finalmente introduziu novos passaportes internos sem o famoso quinto item, colocando um fim à era da etnicidade administrativamente imposta naquele país.

Nos últimos anos, algumas das antigas repúblicas soviéticas têm lutado para criar novos estados-nação por meio de movimentos separatistas. Muitos desses movimentos têm sido impulsionados por uma renovação das idéias de pureza racial e de etnicidade baseada em ortodoxias religiosas (Hall, 2004 [1992]). Um exemplo importante é o da Chechênia, onde grupos radicais têm se engajado em uma guerra sangrenta a fim de se separar da Rússia e formar uma república islâmica.

Assim como ocorreu no final do século XIX em diversas regiões do mundo, a formação dos estados nacionais apóia-se, de maneira mais ou menos radical, em idéias de raça e de etnicidade que possibilitam especificar a singularidade dessas nações.

Escolha Étnica e Racial no Brasil

A situação no Brasil é muito diferente da que caracterizava a União Soviética antes de 1991. Os brasileiros têm mais liberdade para escolher sua identidade étnica ou racial do que os cidadãos da União Soviética. Entretanto, alguns grupos têm mais liberdade do que outros para escolher sua identidade.

Nas últimas décadas, tem proliferado uma renovação simbólica de diferentes tradições na busca de suas "raízes" e que se expressa por meio do folclore, especialmente por meio da música, da dança e de outras manifestações culturais. Esse fenômeno se insere em um contexto mais amplo de valorização da pluralidade cultural, no qual existe espaço para redefinições e segmentações das etnicidades. Recorrendo mais uma vez à análise de Seyferth (2003), a autora observa que nas regiões de imigração alemã, nas últimas décadas, multiplicaram-se festas que retomam uma tradição germânica. É inegável o apelo turístico e econômico de muitos desses eventos, cujo exemplo mais conhecido é a *Oktoberfest* de Blumenau. No entanto, a autora também observa que grande parte dos grupos folclóricos aí presentes não existe apenas em função dos referidos eventos, mas se propõe a transmitir uma tradição como forma de reforçar a identidade teuto-brasileira. No interior desse interesse pela tradição e suas raízes tem ocorrido uma revalorização e reapropriação de identidades regionais originárias da Alemanha. O que se observa, nesse caso, é um fenômeno inverso ao que ocorreu com os italianos que chegaram ao Brasil e aos Estados Unidos no final do século XIX e início do século XX. Essa segmentação da identidade étnica pode ser observada, por exemplo, na *Oktoberfest*, em que são exibidas bandeiras indicando a diversidade interna da Alemanha, seus diferentes dialetos e costumes. Com base nessas diferenças, as pessoas passam a se identificar não apenas em termos da categoria "alemã", mas também como pomeranos, badenses, hunstrücken, suábios etc. Para essas pessoas, a etnicidade é, em grande medida, uma questão *simbólica*, como o é para outros grupos brancos de origem européia que passaram por processos sociais semelhantes. Herbert Gans define **etnicidade simbólica** como uma "lealdade nostálgica à cultura da geração imigrante, ou àquela do antigo país; um amor e um orgulho relativos a uma tradição que podem ser sentidos independentemente de sua incorporação ao comportamento cotidiano" (Gans, 1979b: 436).

No outro extremo, a maioria dos negros não tem liberdade para desfrutar da etnicidade simbólica. Pode ser que eles se orgulhem de sua herança cultural; entretanto, sua identidade como negros não é opcional porque o racismo se impõe sobre eles cotidianamente. **Racismo** é a crença segundo a qual uma característica visível de um grupo — como, por exemplo, a cor da pele — indica sua inferioridade e justifica sua discriminação. **Racismo institucional** é o viés inerente a instituições sociais e que raramente é percebido pelos membros do grupo majoritário. Vemos o racismo institucional em ação quando a polícia seleciona pessoas negras em batidas policiais ou quando as lojas instruem seus empregados a prestar mais atenção nos consumidores negros. Sérgio Adorno foi o primeiro pesquisador brasileiro a investigar o significado da discriminação racial no sistema de justiça criminal. Suas análises dos registros criminais para casos de furto, tráfico de drogas, estupro e roubo armado em São Paulo, em 1990, revelaram que 58% dos negros acusados foram presos em flagrante delito contra 46% dos brancos. Entre aqueles que aguardaram o julgamento em liberdade condicional, o percentual dos brancos (27%) foi maior do que o percentual dos negros (15,5%). No ato do julgamento, 62% dos negros dependem da ação dos advogados da Defensoria Pública, comparado a 39,5% dos acusados brancos. Apenas 25,3% dos acusados negros pedem testemunha, contra 42,3% dos brancos. Ao final do julgamento, 68,8% dos negros são condenados contra 59,4% dos brancos. Por fim, conforme observa o autor:

> *A proporção dos negros condenados é mais alta do que a sua proporção na distribuição racial da população do município de São Paulo (...). Negros tendem a ser mais perseguidos pela vigilância policial, confrontam maiores obstáculos para ter acesso à justiça criminal e têm mais dificuldade em utilizar o direito deles a uma ampla defesa, assegurada pelas normas constitucionais (1988). Como resultado, tendem a receber tratamento penal mais rigoroso, dado que são mais passíveis de serem punidos do que os brancos (...). Tudo parece indicar (...) que a cor é um poderoso instrumento de discriminação na distribuição da justiça. O princípio da igualdade de todos perante as leis, independente de diferenças sociais e desigualdades, parece estar comprometido pelo funcionamento preconceituoso do sistema de justiça criminal.* (Adorno, 1995: 63)

Esse exemplo ilustra o fato de que, onde o racismo é comum, as identidades raciais são compulsórias e assumem o primeiro plano da auto-identidade das pessoas. Processos políticos e sociais estruturam o grau segundo o qual as pessoas têm liberdade para escolher suas identidades étnicas e raciais. Os brasileiros têm hoje mais liberdade para escolher sua identidade étnica do que os cidadãos da União Soviética jamais tiveram. Entretanto, membros de *minorias étnicas* no Brasil têm hoje mais liberdade para escolher sua identidade do que membros de *minorias raciais.*

O contraste entre os teuto-brasileiros e os afro-brasileiros também sugere que as relações entre grupos raciais e étnicos podem assumir diversas formas. Por exemplo, grupos raciais e étnicos podem se misturar como resultado de integração residencial, amizade, casamento inter-racial, ou podem permanecer separados devido a hostilidades. Discutiremos agora algumas teorias que explicam por que as relações étnicas e raciais variam no tempo e no espaço.

Teorias de Relações Raciais e Étnicas

Teoria Ecológica

Há quase um século, Robert Park propôs uma teoria geral influente sobre como as relações raciais e étnicas mudam com o tempo (Park, 1914; 1950). Sua **teoria ecológica** se concentra na luta por território e distingue cinco estágios no processo pelo qual os conflitos entre grupos raciais e étnicos surgem e se resolvem:

1. *Invasão.* Um grupo racial ou étnico tenta se mudar para o território de outro. O território pode ser grande como um país ou pequeno como um bairro.
2. *Resistência.* O grupo estabelecido tenta defender seu território e suas instituições contra os intrusos. Para tanto, pode usar meios legais, a violência, ou ambos.
3. *Competição.* Se o grupo estabelecido não expulsa os recém-chegados, os dois grupos começam a competir pelos recursos escassos. Esses recursos incluem moradia, empregos, uso de áreas públicas e posições políticas.
4. *Acomodação* e *Cooperação.* Com o passar do tempo, os dois grupos elaboram um acordo relativo ao que devem segregar, dividir e compartilhar. A **segregação** envolve a separação espacial e institucional de grupos raciais e étnicos. Por exemplo, os dois grupos podem segregar igrejas, dividir posições políticas proporcionalmente ao tamanho dos mesmos e compartilhar espaços públicos (como parques) igualmente.
5. *Assimilação.* É o processo pelo qual um grupo minoritário mistura-se com a população majoritária e, por fim, desaparece como grupo distinto. Park argumentou que a **assimilação** tende a ocorrer à medida que a acomodação e a cooperação possibilitam o desenvolvimento da confiança e da compreensão. Ao final, a benevolência possibilita que os grupos étnicos se fundam social e culturalmente. Assim, onde havia dois ou mais grupos, restará apenas um.

A teoria de Park teve uma influência particularmente marcante no Brasil. Donald Pierson, orientando de Park na Universidade de Chicago, desenvolveu sua pesquisa de doutoramento — *Brancos e Pretos na Bahia* — entre 1935 e 1937. Pierson é considerado pioneiro nos estudos sobre relações raciais. Para autores como Arthur Ramos (1971 [1945]), a importância do trabalho de Pierson é que ele representa a primeira tentativa de um estudo "sistemático e objetivo" das relações raciais no Brasil, e não uma história social nos moldes que vinham sendo desenvolvidos a partir de autores como Nina Rodrigues ou mesmo Gilberto Freyre.

De modo geral, a principal conclusão de Donald Pierson no estudo realizado na Bahia pode ser sintetizada no provérbio popular: "Um negro rico é um branco e um branco pobre é um negro". Esse provérbio guarda dois significados importantes: o primeiro afirma que no Brasil, mesmo que os negros ocupem os estratos econômicos mais pobres da população, verifica-se o fenômeno da mobilidade social ascendente para esse grupo racial. O segundo nega a existência do preconceito de raça à moda norte-americana e afirma a preponderância do preconceito de classe, isto é, a sociedade brasileira não se configuraria como uma sociedade de castas, mas como uma *sociedade multirracial de classes.* Nesse estudo, o conceito de assimilação desenvolvido por Park é aplicado para explicar a situação racial brasileira: "no Brasil (...) o negro, como unidade racial, parece estar gradual, mas inevitavelmente, desaparecendo, assim como tem desaparecido, na Bahia, e em vários outros lugares do Brasil o índio, antes dele. Em toda a história brasileira, parece que a tendência foi a absorção gradual pela população predominantemente de origem européia, de todos os outros elementos" (Pierson, 1971 [1945]: 346). Como veremos mais adiante, o ressurgimento das noções de raça e etnicidade não poderia ser mais contrário à posição de Pierson. Além disso, a tendência a reduzir questões raciais a questões de classe social será criticada nos estudos sobre relações raciais desenvolvidos posteriormente por Florestan Fernandes.

O Dilema Racial Brasileiro

No início dos anos de 1950, Florestan Fernandes realizou, com Roger Bastide, uma importante pesquisa sobre as relações raciais entre negros e brancos na cidade de São Paulo (Bastide e Fernandes, 1955). Essa pesquisa integrava um projeto maior da Unesco que visava compreender o caráter positivo das relações raciais na sociedade brasileira quando comparado a países como os Estados Unidos, no qual prevalecia um sistema oficial de segregação racial. O horror provocado pelo holocausto durante a Segunda Guerra Mundial colocou na ordem do dia a reflexão sobre as possibilidades de convivência pacífica entre diferentes grupos étnicos e raciais. A visão idealizada do Brasil como um "laboratório de civilização"— em que as relações entre diferentes grupos raciais e étnicos eram concebidas como harmoniosas ou, para usar a expressão de Gilberto Freyre, um exemplo de "equilíbrio de antagonismos"— havia ultrapassado nossas fronteiras e favoreceu a escolha do Brasil, pela Unesco, como campo de análise das relações raciais (Maio, 1997).

A pesquisa realizada em São Paulo forneceu subsídios para que Florestan Fernandes redigisse, em 1964, sua obra maior, intitulada *A Integração do Negro na Sociedade de Classes*. Assim como Gilberto Freyre, Florestan Fernandes não desenvolve uma teoria geral para explicar relações raciais e étnicas, mas utiliza diversas teorias tomadas de outras áreas das ciências sociais para compreender a emergência do povo brasileiro, tomando o negro como ponto de partida. Essa análise só foi possível mediante o cruzamento permanente da trajetória dos ex-escravos com o processo de formação da sociedade de classes no Brasil. Fernandes traça o perfil do regime de classes a partir da posição do negro na sociedade brasileira, revelando como sua integração na sociedade de classes ainda não havia se efetivado plenamente. A sociedade pós-escravocrata, urbana e industrial, que Florestan Fernandes denomina "sociedade de classes" ou "ordem social competitiva", emergiu e se desenvolveu, na cidade de São Paulo, como um "autêntico e fechado *mundo dos brancos*" (Fernandes, 1978 [1965]: 457). Isso quer dizer que a liberdade conquistada com a abolição da escravatura e o surgimento do regime de classes não produziram vantagens econômicas, sociais e culturais para os negros. Ao contrário, a *situação de raça* da ordem escravocrata manteve-se inalterada, pois os negros permaneceram como plebe rural e urbana. Isso equivale a afirmar, por um lado, que a sociedade de classes não absorveu nem neutralizou o padrão de relações raciais vigente na sociedade escravocrata e, por outro, ao contrário do que acreditava Pierson, *que as relações raciais sobrepõem-se às relações de classe.*

A não-integração dos negros na sociedade de classes colocava a sociedade brasileira diante de um *dilema*: para abrir espaços e incluir-se na nova ordem social, os ex-escravos e seus descendentes precisariam "afirmar-se coletivamente como *raça* para então, assegurada sua presença ativa na sociedade, poderem afirmar-se como integrantes das *classes* que a constituem" (Cohn,

2002: 388). O problema é que nesse esforço de integração, o negro depara-se com um conjunto de barreiras e limitações. Um exemplo disso é a idéia de *duplo vínculo*, um conceito emprestado da psiquiatria e aplicável a situações em que os indivíduos são submetidos a exigências simultâneas e contraditórias que os paralisam: "Aprenda a agir como branco. Aprenda que você não é branco" (Fernandes, 1978 [1965]).

O dilema racial brasileiro é um fenômeno estrutural e dinâmico que se concretiza em diversos níveis das relações raciais. Grosso modo, ele consiste na desqualificação do negro (preconceito) em razão de sua condição social (desigualdade) e, ao mesmo tempo, na sua impossibilidade de superá-la por deparar-se com barreiras diversas (discriminação) que levam à reprodução do ciclo de desigualdades raciais. Em outras palavras, o dilema racial se exprime na necessidade do negro em afirmar-se coletivamente como raça para poder participar de forma igualitária da ordem social competitiva. Ao mesmo tempo, as condições de tal afirmação coletiva são solapadas e neutralizadas, o que gera um círculo vicioso perverso que aprisiona a população negra nos porões da sociedade brasileira e nas camadas sociais inferiores. Para Florestan Fernandes, o único caminho para romper esse círculo estaria na capacidade de organização, sensibilização, conscientização e reivindicação dos movimentos sociais no meio negro (Soares et al., 2004).

A obra de Florestan Fernandes também nos interessa porque ele foi o primeiro sociólogo a chamar atenção para a articulação, os efeitos e a função do **mito da democracia racial** na sociedade brasileira. No plano da articulação do mito, isto é, nas condições que permitiram sua emergência, o autor destaca dois fatos: primeiro, a manutenção de padrões de relações raciais vigentes no período escravocrata não foi resultante do temor do branco em relação às conseqüências econômicas, políticas e sociais decorrentes da livre competição com os negros. Para Florestan Fernandes, como para Carlos Hasenbalg depois dele, não há intolerância ou ódio racial na origem da manutenção dos padrões racistas de relações raciais. O "homem de cor" nunca chegou a ameaçar a posição do "homem branco" na estrutura de poder. Em segundo lugar, e como conseqüência dessa situação, não se formaram barreiras nem se estabeleceram medidas que tivessem a finalidade de evitar a competição do negro em relação ao branco. Por essa razão, não foi organizada "nenhuma modalidade de uma resistência aberta, consciente ou organizada, que colocasse negros, brancos e mulatos em posições antagônicas e de luta" (Fernandes, 1965: 196). O fato a ser destacado é que as técnicas, as instituições e os valores inerentes a uma ordem social competitiva só foram colocados em prática de maneira muito reduzida. O efeito disso é que os padrões sociais arcaicos e pouco competitivos característicos da ordem escravocrata acabaram sendo reforçados. Um exemplo desse padrão são as relações clientelistas existentes entre brancos e negros.

Com relação à função ou à utilidade do mito da democracia racial, Fernandes destaca sua atuação em três planos distintos: primeiro, o mito atribuía ao negro a responsabilidade por suas condições de vida (se o negro não ascendia socialmente é porque era incapaz ou irresponsável); segundo, isentou o branco de qualquer responsabilidade pela situação; terceiro, deu novo impulso ao modo de analisar as relações raciais a partir de elementos exteriores e com base em aparências. Com isso criaram-se as condições para se generalizar o que ele denominou de *consciência falsa* da realidade racial, que inclui idéias como: o negro não tem problemas no Brasil; pela índole do brasileiro, não existem distinções raciais no Brasil; não existem desigualdades de oportunidades para os diferentes grupos raciais; o negro está satisfeito com sua condição social, entre outras (Fernandes, 1965: 199).

Em resumo, a importância da obra de Florestan Fernandes é que ela nos mostra como a relação íntima entre o dilema racial brasileiro e o mito da democracia racial acaba por impedir a realização de uma verdadeira democracia no Brasil (Soares, 1997).

O Colonialismo Interno e o Mercado de Trabalho Segmentado

Como deve ter ficado claro a partir de nossa exposição sobre Florestan Fernandes, a principal fraqueza da teoria de Park e das interpretações elaboradas por Donald Pierson é que elas não prestam atenção suficiente às condições socioestruturais que impedem a assimilação de alguns grupos. Robert Blauner examinou uma dessas condições, que ele chamou de **colonialismo interno** (Blauner, 1972; Hechter, 1974). O *colonialismo* envolve a invasão de um país por pessoas de outro país. No processo, os invasores mudam ou destroem a cultura nativa, adquirindo um controle quase que completo sobre a população local. Eles desenvolvem a crença racista de que os nativos são naturalmente inferiores e os condenam a trabalhos que consideram degradantes. O *colonialismo interno* envolve o mesmo processo, mas dentro das fronteiras de um mesmo país. Ele impede a assimilação ao segregar os colonizados em termos de empregos, residências e contatos sociais que podem variar de amizades a casamentos. Em vários graus, o colonialismo interno esteve presente em países como Rússia, China, França, Canadá, Austrália, Estados Unidos, no Reino Unido e em diversos países da América Latina.

A teoria do colonialismo interno foi muito influente na América Latina, em especial no México, durante os anos de 1960 e 1970. Seus principais defensores foram os sociólogos mexicanos Pablo González Casanova e Rodolfo Stavenhagen e, no Brasil, Roberto Cardoso de Oliveira e Yves Chaloult. Nem sempre esses autores utilizaram a nomenclatura "colonialismo interno": algumas vezes, o termo foi substituído por "dependência interna" ou "fricção interétnica" (Chaloult, 1978; Oliveira, 1978 [1972]). Para Casanova, a dominação e a exploração são os tipos de interação que caracterizam o colonialismo interno. Segundo ele:

> *o colonialismo interno corresponde a uma estrutura de relações sociais baseada na dominação e na exploração entre grupos distintos, culturalmente heterogêneos. Se ele tem uma diferença específica com respeito a outras relações baseada na superioridade, ele é inerente à heterogeneidade cultural que a conquista de alguns povos por outros historicamente produz (...) (O colonialismo interno) é o resultado de um encontro entre duas raças, culturas ou civilizações, cuja gênesis e evolução ocorreram sem qualquer contato mútuo até um momento específico.* (Casanova, citado em Chaloult, 1978: 39)

A ênfase na heterogeneidade cultural, aliada à de exploração uma população por outra, tornaria o conceito de colonialismo interno equivalente ao conceito de conflito interétnico utilizado por antropólogos brasileiros. De acordo com Roberto Cardoso de Oliveira (1978), o principal defensor dessa equivalência, as condições de vida das populações indígenas brasileiras só podem ser adequadamente compreendidas quando se leva em conta as diferentes situações de contato interétnico existentes e suas reações distintas em relação ao domínio pela sociedade nacional. Para ele, com exceção dos grupos indígenas isolados, isto é, aqueles que mantêm sua autonomia tribal, independência econômica absoluta em relação à sociedade nacional e controle razoável de seu território, a grande maioria dos grupos indígenas do Brasil tem se caracterizado por algum grau de contato interétnico. Não é raro que o tipo de contato existente se dê sob a forma de conflito. Isso ocorre, por exemplo, entre índios e seringalistas na região amazônica. No processo de expansão da sociedade brasileira sobre os territórios indígenas, os seringalistas podem ser, contra sua vontade, expostos ao contato com grupos tribais hostis, sendo obrigados a enfrentá-los para sobreviver. De maneira geral, conflitos entre grupos indígenas e outros grupos da sociedade nacional levam às seguintes características por parte dos primeiros: "perda de autonomia tribal, relativa dependência econômica (especificamente no que se refere ao suprimento de suas necessidades de utensílios industrializados), redução no mais das vezes drásticas de seu território e diferentes formas de processos sociopáticos emergentes" (Oliveira, 1978: 133). Certamente essas características se dão de forma desigual em termos de intensidade e geram respostas distintas por parte dos diferentes grupos étnicos envolvidos. Isso porque a sociedade nacional não pode ser considerada um todo unívoco, mas um todo composto por diferentes segmentos socioculturais, condicionada por diferentes tipos de atividade econômica e de relações de poder.

Muitas críticas foram feitas ao conceito de colonialismo interno com relação à forma como ele foi aplicado para analisar a situação da América Latina. Dentre essas críticas, destaca-se a de que o colonizador e o colonizado nem sempre são de origem racial ou cultural distintas. Nesse sentido, não se poderia concluir, como o fez Casanova, que o conceito de colonialismo interno poderia substituir adequadamente uma análise de classes, mas apenas complementá-la. Por fim, alguns autores enfatizam que a teoria do colonialismo interno pode ser enganadora, caso não se dê atenção suficiente à dependência externa entre as nações (Chaloult, 1978).

Edna Bonacich desenvolveu uma segunda teoria importante no sentido de focar as condições socioestruturais que impedem a assimilação de alguns grupos. De acordo com Bonacich (1972), as identidades raciais são reforçadas em **mercados de trabalho segmentados**. Onde trabalhadores mal remunerados de uma raça competem pelos mesmos empregos com trabalhadores mais bem remunerados de outra raça, os segundos podem se ressentir da presença dos competidores mal remunerados. É provável que nasçam conflitos e, como conseqüência, atitudes racistas surgem ou são reforçadas. Os efeitos dos mercados de trabalho segmentados e do colonialismo interno na identidade racial e étnica persistem por algum tempo mesmo após o desaparecimento dessas condições socioestruturais.

No Brasil, Carlos Hasenbalg (1979) utilizou a teoria dos mercados de trabalho segmentados para explicar por que não se desenvolveu aqui uma situação de antagonismo racial como a que se verificou nos Estados Unidos e na África do Sul. Para Hasenbalg, alguns fatores históricos inibiram a segmentação do mercado de trabalho nos moldes norte-americano e sul-africano. Em primeiro lugar, nosso sistema de produção agrícola estava voltado para a exportação e não para o mercado interno; em segundo lugar, havia uma predominância do trabalho escravo e um bloqueio ao mercado de trabalho livre; finalmente, até 1880, o fluxo da migração brasileira caracterizava-se pela existência de duas categorias: os economicamente privilegiados, que se estabeleceram nas atividades de comércio exterior, e os colonos, que se fixaram em Santa Catarina e no Rio Grande do Sul sem sofrer a pressão direta da mão-de-obra negra. Nesse sentido, não havia competição entre trabalhadores brancos e negros.

Após a abolição da escravidão, verificaram-se duas situações regionalmente distintas. No Nordeste, durante muito tempo persistiram as relações tradicionais entre senhores de terra e trabalhadores rurais baseadas no clientelismo. Isso gerava uma relação de dependência entre patrões e empregados que minimizava as críticas ao poder dos primeiros pelos segundos e, conseqüentemente, as lutas por melhores condições de trabalho. Além disso, houve uma demora na formação da classe trabalhadora urbana associada à pouca competitividade econômica. Na região Sudeste, especialmente em São Paulo, houve um deslocamento da força de trabalho negra, já que os trabalhadores brancos imigrantes eram preferidos pelos empregadores rurais e urbanos. Embora ali tenha se estabelecido uma estratificação ocupacional a partir de linhas raciais, não houve a formação de um mercado de trabalho racialmente segmentado. A classe trabalhadora branca não chegou a se sentir ameaçada de deslocamento pela força de trabalho negra, mais barata. Isso porque os ex-escravos e seus descendentes ocuparam as piores posições no mercado de trabalho e práticas discriminatórias eficientes controlaram seu ingresso na classe média assalariada.

Apesar de não ter havido, no Brasil, uma segmentação do mercado de trabalho com base em uma competição entre grupos raciais bem e mal remunerados, alguns mecanismos favoreceram a persistência das desigualdades raciais e da fraca ação política dos negros. O primeiro diz respeito à fragmentação da identidade racial porque, em vez de um sistema polarizado entre brancos e negros, existe aqui um sistema classificatório multirracial denominado "contínuo de cor". Esse sistema classificatório possibilita a cooptação das lideranças negras e impede a solidariedade racial. Voltaremos a esse tema mais adiante. O segundo mecanismo refere-se às armas ideológicas produzidas por parte da intelectualidade nacional. Entre elas destacam-se a ideologia do branqueamento — remanescente do pessimismo racial e que tem como conseqüência a noção de que a ascensão social é inversa à solidariedade étnica — e a ideologia ou o mito da democracia racial, crença na ausência de preconceito e discriminação e na existência de oportunidades econômicas e sociais iguais para os diferentes grupos raciais ou étnicos.

Para Hasenbalg, portanto, a combinação de todos esses fatores explica a ausência de um sistema de segregação racial no Brasil, ao mesmo tempo em que dá conta da perpetuação das desigualdades sociais com a concentração de negros e mulatos na base da hierarquia social. Em um sentido importante, o uso que Hasenbalg faz da teoria dos mercados de trabalho segmentados corrobora as idéias de Florestan Fernandes segundo as quais a ausência de conflitos acirrados entre brancos e negros não era garantia de uma sociedade racialmente democrática, mas *um modo específico de dominação racial*. Como você verá a seguir, o mesmo não aconteceu com os imigrantes japoneses, que conseguiram ascender na hierarquia de classes.

Em um estudo comparativo entre Brasil e Canadá sobre os isseis, ou imigrantes da primeira geração, Tomoko Makabe (1981) argumenta que, diferentemente do que ocorreu no Brasil, os imigrantes japoneses no Canadá sofreram um alto grau de rejeição e segregação. As diferenças entre os dois grupos são explicadas a partir da teoria dos mercados de trabalho segmentados. Tanto no Brasil quanto no Canadá, os isseis entraram na base do sistema econômico como mão-de-obra barata. Em ambos os países, os imigrantes eram alfabetizados em sua língua-mãe e tinham como objetivo acumular capital e retornar para o Japão. Isso fazia com que eles se dedicassem a longas horas de trabalho e vivessem tão modestamente quanto possível.

O baixo padrão de vida auto-imposto pelos imigrantes japoneses, percebido por eles como uma situação temporária, gerou, no Canadá, um medo irracional do chamado "perigo amarelo". Acreditava-se que sua presença levaria a uma diminuição no padrão de vida local, o que contribuiu para o surgimento de um forte sentimento antioriental. Apesar da discriminação sofrida, os japoneses passaram a fazer parte da força de trabalho e a competir com os trabalhadores locais, em especial na indústria da pesca. Sua disponibilidade para longas horas de trabalho, sua grande experiência anterior no setor e o fato de que aceitavam menores salários geraram grande competitividade com outros grupos de trabalhadores, aumentando, assim, a tensão e a segregação racial (Makabe, 1981).

No Brasil, por outro lado, os isseis não competiram com a mão-de-obra local. Assim como os imigrantes europeus, os japoneses vieram substituir a mão-de-obra escrava recém-libertada. Os isseis encontraram aqui condições bastante diferentes das anunciadas pelo governo brasileiro: os salários eram extremamente baixos e as dívidas assumidas com a viagem eram praticamente impagáveis. Em pouco tempo, conscientizaram-se de que não conseguiriam acumular capital e retornar para o Japão, o que levou muitos deles a romper seus contratos com os fazendeiros de café e a investir o pouco que conseguiam poupar na aquisição de terras para desenvolver suas próprias lavouras de algodão, batata, arroz e outros produtos. Nessas lavouras, substituíram métodos obsoletos por técnicas familiares com base em pequenas propriedades e contrataram outros trabalhadores. Por volta dos anos de 1940, os japoneses haviam se estabelecido economicamente, *ascendendo a uma espécie de classe intermediária entre os grandes barões do café e os trabalhadores rurais negros e mestiços*, que não chegavam a competir com os japoneses ou com os imigrantes europeus.

Algumas Vantagens da Etnicidade

As teorias expostas até agora tendem a se concentrar nas desvantagens da raça e da etnicidade. Além disso, tendem a lidar apenas com as minorias que têm menos vantagens sociais. Essas teorias têm menos coisas a dizer sobre as condições internas que promovem a coesão de grupo e, em particular, sobre o valor de se pertencer a um grupo. Além disso, elas também não nos ajudam a compreender por que alguns grupos continuam a participar da vida de suas comunidades étnicas, mesmo quando suas famílias já estão no país há mais de duas gerações.

Uma revisão da literatura sociológica sugere que três fatores principais aumentam o valor da afiliação a grupos étnicos para alguns brasileiros – mesmo brasileiros brancos de origem européia — que estão no país há mais de duas gerações. Esses fatores incluem o seguinte:

1. *A afiliação a grupos étnicos pode apresentar vantagens econômicas.* Com freqüência, imigrantes não têm contatos sociais extensos e fluência na língua do país em que residem. Nesse sentido, tendem a depender de membros de seu grupo étnico para conseguir encontrar trabalho e residência. Dessa forma, as comunidades de imigrantes tornam-se bastante coesas. A solidariedade comunitária também é um recurso importante para "empreendedores étnicos". Essas pessoas de negócios operam, em larga medida, dentro das fronteiras de sua comunidade étnica, como é o caso de muitos nipo-brasileiros que residem em São Paulo e cujo mercado tende a se restringir à Liberdade, bairro japonês daquela cidade. Elas podem passar seus negócios para os filhos que, por sua vez, os passam para a próxima geração. Assim, grandes incentivos econômicos encorajam algumas pessoas a permanecer membros de grupos étnicos, mesmo além da geração imigrante (Bonacich, 1973; Light, 1991; Portes e Manning, 1991).
2. *A afiliação a grupos étnicos pode ser politicamente útil.* No Brasil, a possibilidade do exercício de cidadania plena por parte de determinados grupos étnicos, como é o caso dos po-

vos indígenas e de comunidades quilombolas, depende da constituição e da delimitação de seus territórios (Athias, 2004; Oliveira Filho, 2003). A reconquista territorial, ou territorialização, depende do reconhecimento oficial desses grupos étnicos, já que os territórios são negociados a partir de parâmetros definidos pelo Estado, que identifica e demarca as terras demandadas pelos grupos específicos. Dessa maneira, o estabelecimento de uma identidade étnica diferenciada é um elemento fundamental para as lutas políticas desses povos. Alguns antropólogos denominam esse processo de **etnogênese**. A etnogênese envolve a emergência de novas identidades étnicas ou a reinvenção de etnias já conhecidas (Athias, 2004). De fato, muitos sociólogos acreditam que o renascimento étnico de muitos grupos foi uma reação aos confrontos políticos ocorridos entre os diversos grupos étnicos que compõem o Estado nacional. Esses conflitos ajudaram a fortalecer a solidariedade dentro desses grupos.

3. *A afiliação a grupos étnicos pode persistir devido ao apoio emocional que ela promove.* Assim como os benefícios econômicos, as vantagens emocionais da etnicidade são mais aparentes em comunidades de imigrantes, mas podem perdurar por diversas gerações. Falar a língua étnica e compartilhar de outros elementos da cultura nativa com outras pessoas podem ser fontes valiosas de bem-estar em um ambiente estranho. No entanto, mesmo para além da segunda geração, o fato de se pertencer a um grupo étnico pode ter funções emocionais importantes. Por exemplo, alguns grupos étnicos, como os judeus, experimentaram níveis muito altos de preconceito e discriminação, envolvendo expulsão e tentativa de genocídio. Para as pessoas que pertencem a grupos como esses, o trauma resultante é tão severo que pode ser transmitido por diversas gerações. Nesses casos, a afiliação a um grupo étnico oferece segurança em um mundo ainda percebido como hostil muito tempo depois do desaparecimento da ameaça de perda territorial e de aniquilação (Bar-On, 1999). Outra maneira pela qual o fato de se pertencer a um grupo étnico pode oferecer apoio emocional para além da segunda geração é ao prover um sentido de enraizamento. Em especial em sociedades altamente burocratizadas, urbanizadas, tecnológicas e caracterizadas por muita mobilidade, os laços que ligam as pessoas a grupos étnicos podem representar uma fonte importante de estabilidade e de segurança (Isajiw, 1978).

Comunidades Transnacionais

Todos os três fatores relacionados anteriormente fazem com que a afiliação étnica seja vantajosa para alguns grupos. Também é importante notar que reter laços étnicos para além da segunda geração nunca foi tão fácil. Comunicação e viagens internacionais mais baratas possibilitam que os membros do grupo mantenham laços bastante fortes com seu país de origem de uma maneira que não era possível em tempos mais remotos.

A imigração costumava envolver o corte de todos ou da maior parte dos laços com o país de origem. Viagens aéreas ou marítimas eram caras, os custos das ligações telefônicas internacionais eram proibitivos, o que fazia da carta ocasional a única forma de comunicação da maioria dos imigrantes com os parentes e amigos do país de origem. Essa falta de comunicação encorajava a assimilação. Hoje, no entanto, os laços com a pátria-mãe são freqüentemente mantidos por meio de contatos que ajudam a promover a cultura étnica.

Um exemplo desse fenômeno é a comunidade brasileira da cidade de Framingham, nos Estados Unidos, que forma o que se conhece como **enclave étnico**. Um enclave étnico é uma concentração geográfica de membros de um grupo étnico que estabelecem negócios que empregam e servem especialmente aos membros daquele grupo. Essas pessoas investem seus lucros nos negócios e nas organizações de suas comunidades (Portes e Manning, 1991). A cidade de Framingham, no estado de Massachusetts, tem uma população de brasileiros de cerca de 2.400 pessoas, ou 4% da população do município. Segundo Teresa Sales (1998: 44), "é notório o predomínio das casas de negócios brasileiras no centro de Framingham, onde se destacam as lojas de produtos brasileiros, de roupas, de remessa de numerário, de aluguel e vendas de vídeos com programação da TV brasileira, os restaurantes, as lojas de eletrodomésticos".

Esse tipo de conexão íntima e contínua com o país de origem é típico das comunidades de imigrantes mais recentes nos Estados Unidos, não apenas as brasileiras. Graças a conexões como essa, ao redor do mundo, alguns grupos étnicos tornam-se **comunidades transnacionais** cujas fronteiras se estendem entre países distintos. Obviamente que nem todas as comunidades transnacionais constituem enclaves étnicos. Seja como for, a etnicidade permanece uma força vibrante em muitas sociedades por uma variedade de razões. Mesmo grupos de imigrantes que já se encontram há muitas gerações em seus novos países têm uma razão ou outra para se identificar com seus grupos étnicos.

O Futuro da Raça e da Etnicidade

A Imigração e a Renovação das Comunidades Raciais e Étnicas

O barateamento das viagens e dos sistemas de comunicação, a criação e a disseminação de organizações transnacionais, do comércio internacional, de comunidades transnacionais e o processo de globalização, de forma geral, têm facilitado as migrações étnicas e raciais em todo o mundo. Essas novas ondas migratórias, em grande medida não planejadas, têm sido intensas em direção aos países pós-industriais. Pobreza, instabilidade política, guerra civil, conflitos étnicos etc. têm impulsionado as pessoas das áreas mais pobres do mundo em direção ao "centro" da sociedade global, onde as chances de sobrevivência são, aparentemente, melhores. Os Estados Unidos têm recebido, legal e ilegalmente, uma gama de pessoas da América Latina, do Caribe, do sudoeste asiático e do extremo Oriente. Nos últimos 20 ou 30 anos, tem havido uma

> *migração paralela de árabes do Maghreb (Marrocos, Argélia, Tunísia) para a Europa, e de africanos do Senegal e do Zaire para a França e para a Bélgica; de turcos e norte-africanos para a Alemanha; de asiáticos das Índias Ocidentais e Orientais (ex-colônias holandesas) e do Suriname para a Holanda; de norte-africanos para a Itália (...) de pessoas do Caribe e da Índia, Paquistão, Bangladesh, Quênia, Uganda e Sri Lanka para o Reino Unido. Há refugiados políticos da Somália, Etiópia, Sudão e Sri Lanka e de outros lugares, em pequenos números, em toda parte.* (Hall, 2004 [1992]: 83)

A intensificação das migrações internacionais aumentou a diversidade étnica dos diversos países do mundo. Existem hoje mais de cinco mil grupos étnicos no mundo inteiro. Nenhum país é etnicamente homogêneo e, em muitos países, o grupo étnico mais numeroso equivale a menos da metade da população. O mapa a seguir (Figura 7.3) ilustra a diversidade étnica no mundo ao mostrar a porcentagem do grupo étnico majoritário referente à população de cada país. Observe que, dos 175 países considerados (entre parênteses), apenas 67 deles têm uma porcentagem de mais de 80% da população constituída por um único grupo étnico. Por outro lado, 71 países (incluindo o Brasil) apresentam percentuais que variam de 17% a 60% de um grupo étnico numericamente superior ao restante da população.

Porcentagens das etnias majoritárias em relação à população (nº de casos entre parênteses)

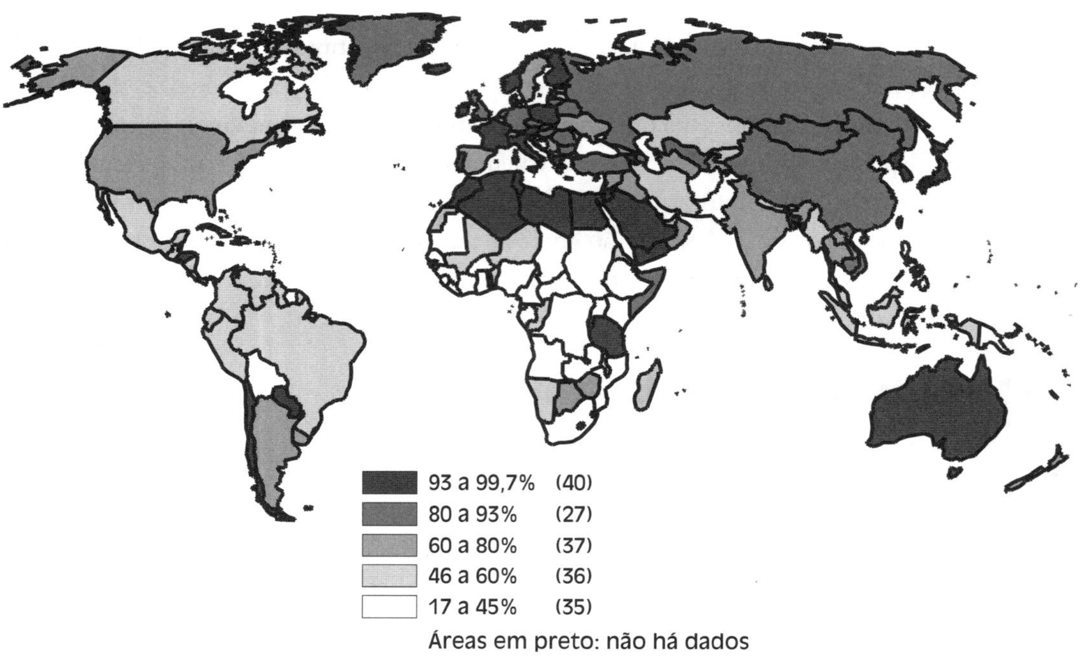

● **Figura 7.3** Porcentagem da população segundo grupo étnico majoritário
Fonte: Ethnic Groups in the World, Scientific American, em http://www.sciam.com/1998/0998issue/0998numbers.html (consultado em 04/12/2001); CIA World Factbook 2001, em http://cia.gov./cia/publications/factbook (consultado em 10/01/2002).

O fluxo constante de novos imigrantes dá nova vida aos grupos étnicos e raciais. Os imigrantes trazem consigo sua língua, sua cultura e um sentido de comunidade que poderia desaparecer se um grupo étnico ou racial fosse cortado de suas raízes. Visto dessa perspectiva, pode-se esperar que essas comunidades étnicas e raciais dêem um vigor renovado aos países para os quais se deslocam. Mas o que dizer do Brasil, que se encontra na periferia da sociedade global e, portanto, tem enviado mais pessoas para fora do país do que recebido imigrantes? Qual é o futuro das relações raciais e étnicas no Brasil? Concluiremos este capítulo oferecendo algumas tentativas de resposta para essa questão.

Uma Estrutura Vertical

Em comparação com outros países, o Brasil é uma sociedade relativamente tolerante. Nos anos de 1990, tensões étnicas e raciais em algumas partes do mundo degeneraram em guerras de secessão e tentativas de genocídio. O conflito entre sérvios, croatas e outros grupos étnicos levou à dissolução da Iugoslávia. A Rússia tem lutado uma guerra sangrenta contra a minoria étnica da Chechênia. Em Ruanda, em 1991, a milícia e os soldados do grupo hutu massacraram milhares de civis da etnia tutsi. Três anos mais tarde, soldados tutsi massacraram muitos milhares de civis hutu.

Apesar disso, o grau de tolerância em nossa sociedade só pode ser avaliado com base em uma análise de nossa estrutura socioeconômica. Povos indígenas e afrodescendentes continuam na base dessa estrutura, o que os caracteriza como os grupos que possuem menos riqueza, menor renda, menor escolaridade, menor acesso a serviços de saúde de qualidade e a outros recursos sociais. Os povos indígenas e os negros têm sido as principais vítimas das diversas formas de racismo e preconceito racial no Brasil. Como veremos a seguir, algumas mudanças importantes estão em curso; porém, ainda há muito para ser feito.

No que se refere aos povos indígenas, as palavras que melhor descrevem o tratamento recebido por eles são expulsão e genocídio. **Expulsão** é a remoção forçada da população de um território reclamado por outra população. **Genocídio** é o extermínio intencional de toda uma população definida como uma raça ou um povo. Estima-se que, à época da chegada dos portugueses, a população indígena no território brasileiro contasse com cerca de mil povos, perfazendo um total de três ou quatro milhões de pessoas. Em 2000, existiam cerca de 220 povos, totalizando perto de 370 mil pessoas (Instituto Socioambiental, 2004). Desde a chegada dos portugueses, os povos indígenas constituem as minorias étnicas que receberam o pior tratamento por parte dos diferentes governos (Athias, 2004). Redução, ou concentração forçada em espaços específicos, cristianização, epidemias e escravização marcaram o início das relações entre os povos indígenas e os colonizadores europeus no Brasil. A partir dos anos de 1980, tem se verificado um crescimento demográfico constante e regular entre a população indígena no Brasil, especialmente se comparado com outros grupos étnicos (Figura 7.5). Apesar disso, alguns povos específicos têm experimentado um declínio populacional e outros se encontram sob o risco de extinção. De acordo com dados do Instituto Socioambiental (2004), 12 povos têm hoje uma população que varia entre dois e 38 indivíduos.

● **Figura 7.4** Para alguns antropólogos, os povos indígenas constituem as minorias étnicas que têm recebido o pior tratamento por parte dos diferentes governos desde seu contato inicial com os colonizadores europeus

Com a Constituição de 1988, algumas mudanças importantes foram introduzidas em relação aos direitos dos povos indígenas. Talvez a mais importante delas diga respeito ao abandono de uma perspectiva assimilacionista. De acordo com essa perspectiva, os povos indígenas eram percebidos como uma categoria social transitória, fadada ao desaparecimento (Instituto Socioambiental, 2004). Esse projeto assimilacionista estava, sem sombra de dúvida, associado à idéia de uma unidade étnica nacional (Athias,

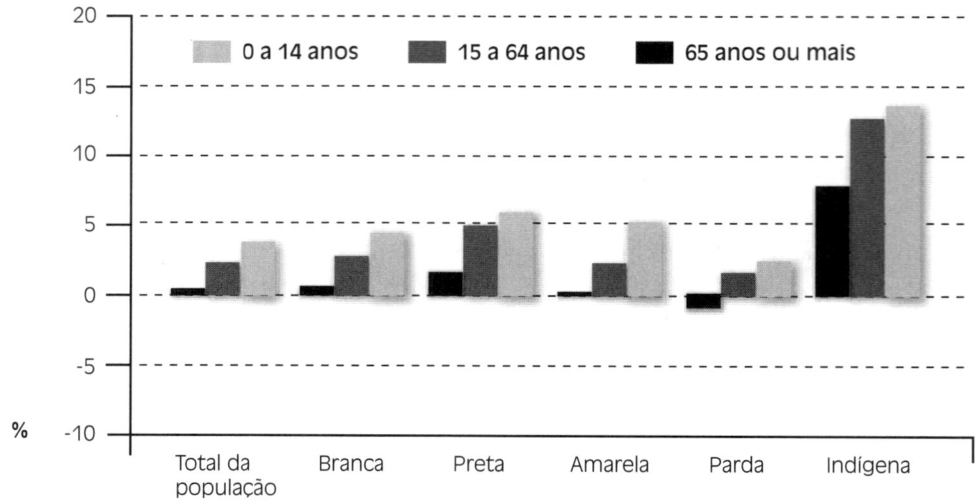

● **Figura 7.5** **Taxa média geométrica de crescimento anual da população, por grupos de idade, segundo a cor ou a raça – Brasil (1991-2000)**
Fonte: IBGE, Censos 1991-2000.

2004) e seu abandono representa um passo importante na direção de uma sociedade pluriétnica, baseada no direito à diferença. O respeito à diferença implica, segundo a Constituição, a possibilidade de utilização de suas línguas e seus processos próprios de aprendizagem, o que tem inaugurado novas ações relativas à educação escolar indígena. Além disso, fica garantido o direito à defesa dos interesses e direitos das comunidades e organizações indígenas, como é garantido a qualquer pessoa física ou jurídica no Brasil. Outra mudança importante na Constituição de 1988 diz respeito ao reconhecimento dos direitos dos índios sobre suas terras como direitos originários, isto é, como algo que antecede a criação do Estado Nacional. Apesar disso, as terras indígenas no Brasil ainda não estão demarcadas, embora o prazo estipulado pela Constituição de 1988 fosse de cinco anos a partir de sua promulgação (Instituto Socioambiental, 2004).

Não obstante os avanços, ainda há muito a se fazer para garantir os direitos das populações indígenas no Brasil. A redução da pobreza entre esses povos deve estar intimamente ligada a um projeto de **etnodesenvolvimento**, isto é, de políticas e estratégias que promovam o desenvolvimento de determinados grupos étnicos de acordo com suas identidades, tradições culturais, valores e metas para alcançar melhor qualidade de vida. O antropólogo Renato Athias (2004) elenca alguns elementos que deveriam estar presentes em uma política do Estado no sentido de assegurar o etnodesenvolvimento dos povos indígenas do Brasil e que transcrevemos a seguir:

1. *A clareza nos direitos de propriedade da terra. Aqui se verifica tudo que diz respeito aos territórios indígenas: as questões sobre a utilização do solo e do subsolo e a plena utilização das terras, tendo já a Constituição de 1988 avançado nessas questões, porém sem uma legislação complementar.*
2. *O reconhecimento e a garantia da voz política dos povos indígenas, não só como cidadãos individuais, mas sobretudo como povo, como grupo, como culturas distintas (...).*

3. *O respeito à identidade cultural indígena, tendo em conta que qualquer modelo de desenvolvimento econômico deveria fortalecer as diversas identidades.*
4. *O reconhecimento formal das organizações existentes entre os povos indígenas, assegurando as suas formas próprias de gestão e representação política em projetos apoiados pelos governos.*
5. *Apoios a iniciativas indígenas que visem à ampliação dos recursos naturais existentes nas áreas indígenas, buscando fortalecer seus modelos de gestão dos recursos naturais em suas terras.*
6. *Apoios concretos à manutenção da segurança alimentar nos territórios indígenas, respeitando as práticas tradicionais de exploração dos recursos naturais.*
7. *A responsabilidade social do Estado em apoiar serviços de saúde dignos e de qualidade nas áreas indígenas; uma educação intercultural bilíngüe e atividades que possam promover a geração de renda, respeitando as tradições culturais dos povos indígenas.*

Em relação à população negra, estima-se que foram trazidos cerca de três milhões de negros para o Brasil como escravos. Depois da Nigéria, o Brasil é o país que tem o maior número de habitantes negros do mundo. Segundo o Censo de 2000, os brasileiros afrodescendentes somam 76,4 milhões de pessoas, o que corresponde a 45% da população do Brasil (Jaccoud e Beghin, 2002: 25).

Assim como ocorreu com as populações indígenas, a população negra no Brasil é marcada por uma história de políticas discriminatórias por parte dos diferentes governos. Como demonstra Lívio Sansone (1998), durante o período colonial e antes da abolição da escravidão, o Estado brasileiro estabeleceu diversas medidas que favoreciam a mestiçagem do branco com o índio e não com o negro. De fato, a maior parte dos nascimentos de mestiços durante esse período se deu fora do vínculo conjugal. Depois da abolição, com as políticas de imigração dirigidas especialmente aos países europeus, a imigração de negros foi interditada. Entre os anos de 1930 e 1980, o Estado inverteu sua posição e contribuiu para alimentar o mito da democracia racial. Nesse processo, ocorreu a promoção de diversos símbolos da cultura negra ao *status* de emblema nacional, como é o caso do samba, da feijoada etc. Para Sansone, ao apregoar o Brasil como uma espécie de paraíso em termos de relações raciais, o Estado acabou ficando aquém da realidade, muito menos "cor-de-rosa" do que se poderia supor. A realidade envolve racismo, discriminação e desigualdade raciais, mas também "muita mestiçagem e pouca identidade étnica organizada ou organizável" (Sansone, 1998: 12).

O racismo no Brasil está presente no ideal estético de valorização da beleza branca em todas as esferas da vida social, em especial nos meios de comunicação de massa, abrange a violência policial contra negros e chega ao extremo da esterilizarão seletiva de mulheres negras (Sansone, 1998; Hasenbalg, 1979; Bastide e Fernandes, 1955; Fernandes, 1965; 1972; 1989). Podemos dizer que a **desigualdade racial** é uma das principais conseqüências do racismo e da discriminação racial. Os estudos empíricos sobre essa temática revelam que os negros ocupam as piores posições nos indicadores econômicos e sociais do país (Hasenbalg e Valle e Silva, 1988; 2003; Henriques, 2000; 2001; Soares, 2000). Na Tabela 7.1 você poderá observar a desigualdade entre negros e brancos, muito embora tenha havido uma melhoria nos indicadores de desenvolvimento humano da população brasileira como um todo nas duas últimas décadas. Esses dados levam a crer que as políticas públicas universalistas, isto é, dirigidas a todos indistintamente, parecem não alcançar, com a intensidade necessária, aqueles que estão no limite inferior da hierarquia social.

Por essa razão, a partir dos anos de 1980, o Estado brasileiro, pressionado pelo Movimento Negro e mediante a adesão a convenções internacionais antidiscriminatórias, deu início à im-

● **Tabela 7.1** Indicadores de desenvolvimento humano no Brasil segundo a raça – 1980-2000

	Ano de escolaridade		Expectativa de vida		Renda média mensal[1]	
	1980	2000	1980	2000	1980	2000
Negro	2,8	6,3	56,90	66,10	445,26	537,08
Branco	4,9	8,1	60,90	71,50	741,48	902,50

[1] Média do rendimento em R$ dos trabalhadores por conta própria em 2002.
Fonte: Programa das Nações Unidas para o Desenvolvimento (PNUD) – Atlas Racial Brasileiro (2004).

plantação das primeiras políticas públicas voltadas para o enfrentamento das desigualdades raciais. A primeira medida foi a criação, em 1984, no estado de São Paulo, do Conselho de Participação e Desenvolvimento da Comunidade Negra. Essa entidade tinha por finalidade implementar políticas de valorização que facilitassem a inserção da população negra qualificada no mercado de trabalho. Além disso, como mencionamos anteriormente, a Constituição Federal de 1988 reconheceu as contribuições culturais dos diferentes segmentos étnicos, qualificou o racismo como crime e reconheceu o direito de propriedade das terras às comunidades remanescentes de quilombos. Em 1995, realizou-se em Brasília a "Marcha Zumbi dos Palmares Contra o Racismo, pela Cidadania e pela Vida", que culminou com a entrega ao presidente Fernando Henrique Cardoso de um documento que abordava a situação do negro e apresentava um programa de ações para a superação do racismo e das desigualdades raciais no país. O presidente Fernando Henrique Cardoso, que nos anos de 1960 havia obtido o título de doutor em Sociologia com a tese "Escravidão no Brasil Meridional", sob orientação de Florestan Fernandes, já mencionara em seu discurso de posse a gravidade do problema racial brasileiro e a necessidade de se estabelecer uma interlocução política com o Movimento Negro. Nesse contexto, foi criado, em nível federal, o Grupo de Trabalho Interministerial de Valorização da População Negra (GTI População Negra), dando-se início a um conjunto de políticas públicas de combate à discriminação e às desigualdades raciais. A partir de então, o Estado brasileiro tem implementado diferentes políticas para atingir esse fim. Para combater os estereótipos racistas e o preconceito racial, são difundidas medidas persuasivas de valorização positiva da pluralidade étnico-cultural, principalmente por meio de políticas de educação, comunicação, cultura e promoção de justiça. No que tange ao combate à discriminação, combinam-se políticas repressivas, dirigidas àqueles que praticam o ato racista (a discriminação direta), e políticas compensatórias, mais conhecidas sob o termo "ações afirmativas" (Quadro 7.1) (Jaccoud e Beghin, 2002: 40-4). Em 1996, o ministro da Justiça, José Gregori, definiu de modo amplo o que o Estado brasileiro compreende por **ação afirmativa**: "Todo e qualquer esforço no sentido de promover e garantir a igualdade de oportunidades aos grupos vulneráveis à discriminação" (Gregori, citado em Jaccoud e Beghin, 2002: 43).

Como você deve ter percebido, no decorrer do capítulo foram utilizados termos como raça e cor. Mas até o momento não esclarecemos a relação existente entre esses dois termos na sociedade brasileira. Segundo Oracy Nogueira, no Brasil o termo "cor" é freqüentemente usado para expressar uma combinação de características físicas, inclusive cor da pele, tipo de cabelo, forma do nariz e dos lábios, sendo que os traços físicos das categorias não-brancas possuem, geralmente, conotação negativa — cabelo "ruim", lábios e nariz "grosseiros" etc. (Nogueira, 1955). Para o autor, os brasileiros usam o termo "cor" como sinônimo do termo inglês *race* (raça). Por outro lado, conforme

■ Quadro 7.1: Política Social: O que Você Acha? Cotas Raciais nas Universidades Brasileiras: Promoção de Justiça ou Racismo às Avessas?

Entre os dias 31 de agosto e 8 de setembro de 2001, realizou-se na cidade de Durban, África do Sul, a III Conferência Mundial contra o Racismo, a Discriminação Racial, a Xenofobia e Formas Correlatas de Intolerância. O Estado brasileiro apresentou um conjunto de compromissos para a eliminação do racismo em suas diversas formas: preconceito, discriminação e desigualdade raciais. Dentre esses compromissos está a adoção de políticas de ações afirmativas. Ainda que essas políticas não se resumam ao sistema de cotas para homens e mulheres negros nas universidades públicas, assim como em outras partes do mundo, esse sistema gera grandes controvérsias na opinião pública, mesmo entre aqueles que simpatizam com o Movimento Negro. O sistema de cotas no Brasil consiste na reserva de um conjunto de vagas em cursos universitários para homens e mulheres negros que concorrem no vestibular. Apresentamos a seguir alguns dos argumentos utilizados pelos que defendem e pelos que condenam o sistema de cotas como medida legítima ou mesmo eficiente de eliminação do racismo[1]. Comecemos pelos argumentos contrários:

a. Não existe comprovação científica da existência biológica de "raça". Logo, é cientificamente absurdo estabelecer uma política baseada em "critérios raciais". Essa afirmação tem duas versões diferentes: 1) segundo a ciência genética, não existe senão a raça humana; 2) devido à intensa miscigenação, ninguém é "branco" ou "negro" *puro* no Brasil, apenas mestiço; em decorrência disso, não é possível estabelecer quem é negro no Brasil.
b. Não há racismo no Brasil. Essa afirmação também pode ser apresentada em duas formas: 1) o Brasil é uma democracia racial; 2) a discriminação no Brasil não é de cor, mas de classe.
c. O vestibular não discrimina, pois se baseia no mérito ou no desempenho dos concorrentes sem discriminação de cor ou de raça.
d. As cotas para negros são uma forma de discriminação racial; portanto, são ilegais e injustas.
e. As cotas vão gerar mais discriminação em relação aos alunos cotistas.
f. Em vez da adoção de cotas, é preciso melhorar a qualidade do ensino público, isto é, garantir, sem discriminação, acesso às políticas públicas de forma universal.
g. Em vez de cotas para negros, devemos adotar cotas para pobres ou alunos de escolas públicas, pois os negros são a maioria dos pobres e dos alunos de escolas públicas.
h. A entrada de alunos cotistas vai diminuir a qualidade da universidade pública.
i. Não é justo ingressar na universidade com média inferior a alguém que não passou no vestibular por não ser negro.
j. As cotas criariam ou beneficiariam uma elite negra e não os negros mais pobres.
k. As cotas reforçariam a crença na incapacidade intelectual do negro.

Vejamos agora alguns argumentos favoráveis à adoção das cotas:

a. A adoção das ações afirmativas não depende da existência biológica das categorias raciais, pois visa combater os efeitos do preconceito racial: a discriminação e a desigualdade raciais. As ações afirmativas não servem para confirmar ou identificar definitivamente quem é negro, mas as vítimas de racismo.
b. Não apenas os estereótipos e os preconceitos raciais ou os episódios de discriminação direta a pessoas negras, mas também a situação estável e duradoura de desigualdade racial em que homens e mulheres negros vivem mostram que há racismo no Brasil e que ele reproduz formas de hierarquia racial que reforçam outras formas de estratificação social.
c. O vestibular é uma forma de discriminação indireta das pessoas negras, pois, ao não levar em consideração as desigualdades de oportunidades para negros e brancos, promove uma concorrência desigual entre grupos socialmente desiguais, sob a aparência de uma disputa meritocrática. As cotas para negros visam, então, à correção dessa desigualdade.
d. Toda cota, como toda política orientada para um grupo social determinado, discrimina o

[1] Agradecemos a Ronaldo Sales pela sistematização dos argumentos presentes no debate sobre cotas raciais. Para um aprofundamento da questão veja Sales (2004); Fry e Maggie (2004a; 2004b); Maio e Ventura (2005); e o Quadro 12.1 no Capítulo 12, "Religião e Educação".

grupo a ser atingido pela política. Porém, as cotas para negros, no contexto das relações raciais brasileiras, constituem uma discriminação positiva; têm por objetivo incluir, não excluir; promover a igualdade de condições, e não ampliar as desigualdades.

e. Os negros já são discriminados independentemente de serem beneficiados pelas cotas e recorrem a elas exatamente por isso. Os negros não deixarão de ser discriminados se não entrarem na universidade pelo sistema de cotas. A escolha é entre ser discriminado com ou sem diploma.

f. As políticas de cotas são uma modalidade de política afirmativa que, por sua vez, é um tipo de política pública. A adoção das cotas não implica, necessariamente, restrição a outras políticas públicas. Não há, por exemplo, nenhum dilema ou oposição entre o sistema de cotas e uma política universal como a melhoria do sistema público de educação.

g. A diferença entre as médias das notas dos alunos cotistas e não-cotistas não é um efeito do sistema de cotas, mas seu próprio pressuposto. Adotam-se cotas porque um grupo social, devido a desvantagens sociais sistematicamente acumuladas, obtém notas inferiores a outros grupos sociais.

h. A adoção de cotas não diminuirá a qualidade da universidade pública; ao contrário, ela a elevará com o aumento da diversidade e do intercâmbio de valores, histórias, experiências, saberes etc., componentes importantes do processo pedagógico e de produção de conhecimento.

O que você acha? Você consegue pensar em outros argumentos contra ou a favor do sistema de cotas para estudantes negros nas universidades públicas brasileiras? Quais? Você acha que o sistema de cotas reforça ou diminui o racismo, o preconceito e a discriminação racial? Você consegue pensar em medidas mais justas ou mais eficientes para reverter a situação atual? Quais?

argumenta Telles (2003: 105), existem no Brasil atualmente três grandes sistemas de classificação racial com base em um *continuum* de cores que vai do branco ao negro. O primeiro desses sistemas é o adotado pelo IBGE (Instituto Brasileiro de Geografia e Estatística) para realizar o Censo da população brasileira, com as categorias branco, pardo, preto e amarelo (Osório, 2003). O segundo é o do discurso popular, que utiliza diversas categorias, inclusive o ambíguo "moreno". Finalmente existe o sistema de classificação do Movimento Negro, que geralmente usa os termos negro e branco. Esse último sistema vem sendo cada vez mais adotado entre nós. (A fim de perceber as diferenças na composição da população brasileira segundo o critério utilizado, ver a Figura 7.6). Isso nos

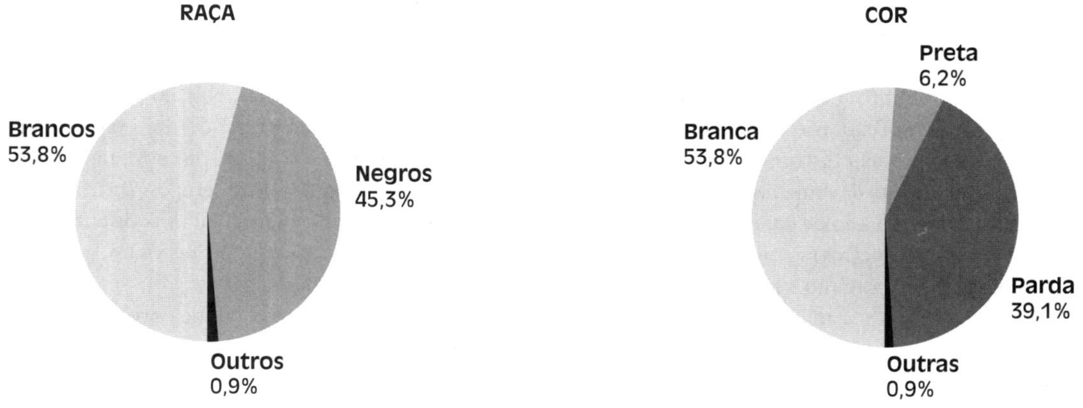

● **Figura 7.6** Distribuição da população brasileira segundo raça ou cor
Fonte: IBGE, Censo de 2000.

mostra que a classificação racial dos indivíduos e dos grupos varia de acordo com o sistema utilizado. Para os órgãos que elaboram as políticas públicas, por exemplo, são considerados negros aqueles que se definem no censo como pretos e pardos.

Independentemente da existência de uma classificação racial única no Brasil, já ficou demonstrado que alguns grupos são vítimas de racismo, preconceito e discriminação, cujos efeitos são percebidos nas desigualdades raciais de nossa sociedade. Algumas iniciativas poderiam diminuir as desigualdades raciais da sociedade brasileira e, assim, acelerar o processo em direção a uma sociedade mais plural. (O **pluralismo** é a retenção de uma cultura racial e étnica combinada com o acesso igualitário a recursos sociais básicos.) Além dos programas de ação afirmativa e de etnodesenvolvimento, a melhoria dos sistemas de ensino público e de saúde, os cursos profissionalizantes e o aumento do número de creches, dentre outros, poderiam promover a igualdade entre os diversos grupos raciais e étnicos. No entanto, devido à complexidade envolvida nessas mudanças, é provável que o Brasil permaneça uma sociedade racial e etnicamente desigual por um bom tempo.

Resumo

1. **O termo raça faz algum sentido?**
   Alguns biólogos sugerem que raça não é um termo útil ou que faça sentido porque as diferenças biológicas que distinguem as raças não nos permitem predizer diferenças no comportamento social. Apesar disso, os sociólogos retêm o termo porque as *percepções* acerca de diferenças raciais têm conseqüências importantes para a vida das pessoas. A saúde, a riqueza e muitos outros aspectos da vida de uma pessoa são influenciados por essas percepções.

2. **Qual é a diferença entre raça e etnicidade?**
   Raça é uma categoria de pessoas cujas *marcas físicas* percebidas são consideradas socialmente significativas. Um grupo étnico é uma categoria de pessoas cujas *marcas culturais* percebidas são consideradas socialmente significativas. Assim como as diferenças físicas não geram diferenças comportamentais entre as raças, as distinções culturais não são, por si só, as principais causas das diferenças no comportamento dos diversos grupos étnicos. Diferenças socioestruturais são, normalmente, as principais causas de diferenças no comportamento social.

3. **O que significa a "construção social de raça e etnicidade"?**
   Quando os sociólogos falam sobre a construção social de raça e etnicidade, querem dizer que a raça e a etnicidade não são fixas, não são inerentes à herança biológica ou cultural de um povo. Em vez disso, as formas como raça e etnicidade são percebidas e expressadas dependem da história e do caráter das relações étnicas e raciais em contextos sociais específicos. Esses contextos sociais modelam a maneira pela qual as pessoas formulam (ou "constroem") suas percepções e expressões de raça e etnicidade. Assim, marcas e identidades étnicas e raciais mudam no tempo e no espaço.

4. No que consiste a teoria das relações étnicas e raciais de Robert Park?
A teoria ecológica de Park sobre relações étnicas e raciais se concentra na maneira como os grupos raciais e étnicos lutam por território e, por fim, misturam-se entre si. Ele divide essa luta em cinco fases: invasão, resistência, competição, acomodação / cooperação e assimilação. O principal problema com essa teoria é que alguns grupos "emperram" nos estágios três e quatro, e Park não oferece nenhuma explicação para esse fenômeno.

5. No que consiste o dilema racial brasileiro tal como formulado por Florestan Fernandes?
O dilema racial brasileiro é um fenômeno estrutural e dinâmico que se concretiza em diversos níveis das relações raciais. Grosso modo, ele consiste na desqualificação do negro (preconceito) em razão de sua condição social (desigualdade) e, ao mesmo tempo, na sua impossibilidade de superá-la por deparar-se com barreiras diversas (discriminação) que levam à reprodução do ciclo de desigualdades raciais.

6. Quais são as principais teorias socioestruturais que podem complementar a teoria de Park?
A teoria do colonialismo interno e a teoria dos mercados de trabalho segmentados complementam a teoria de Park. A teoria do colonialismo interno enfatiza a maneira pela qual os invasores mudam ou destroem as culturas nativas, exercendo um controle quase que absoluto sobre a população nativa, desenvolvendo a crença racista de que os nativos são inferiores e confinando-os a desempenhar trabalhos considerados degradantes. O colonialismo interno impede a assimilação ao segregar os colonizados em termos de residência, emprego e contatos sociais que podem incluir desde amizades a casamentos. A teoria dos mercados de trabalho segmentados enfatiza a maneira pela qual os trabalhadores mal remunerados de uma raça e os trabalhadores bem-remunerados de outra raça competem pelos mesmos empregos. Nessas circunstâncias, os trabalhadores mais bem remunerados se ressentem da presença dos trabalhadores mal remunerados. Como resultado, é provável que conflitos e atitudes racistas surjam ou sejam reforçados.

7. Quais são as principais vantagens da identidade étnica?
Identificar-se com um grupo racial ou étnico pode trazer vantagens econômicas, políticas e emocionais. Essas vantagens podem explicar a persistência da identidade étnica de alguns grupos de pessoas mesmo no caso de elas estarem no país há mais de duas gerações. Além disso, um alto grau de imigração em algumas partes do mundo tem renovado as comunidades étnicas e raciais, trazendo novos membros que têm familiaridade com a língua, com os costumes etc. daquele grupo.

8. Qual é o futuro da raça e da etnicidade no Brasil?
Além de programas de ação afirmativa, a expansão de cursos profissionalizantes, a melhoria nos sistemas de ensino e saúde públicos e a criação de um sistema eficiente de creches podem ajudar a promover a igualdade. Entretanto, devido à complexidade envolvida nessas mudanças, é provável que a desigualdade racial e étnica persista no Brasil por um bom tempo.

Questões para Reflexão

1. Como você se identifica em termos de raça ou de etnicidade? Você acha que as categorias convencionais de cor se adaptam à sua autopercepção? Por quê?

2. Você acha que o racismo tem aumentado ou diminuído no Brasil e no mundo? Por quê? Como as tendências em relação ao racismo podem ser comparadas a outras formas de preconceito, como o sexismo? O que explicaria as semelhanças e diferenças nessas tendências?

3. Quais são as vantagens e desvantagens da diversidade em sua universidade? Você acha que seria útil adotar uma política de ação afirmativa a fim de tornar o corpo docente e o discente mais diversificado em termos raciais e étnicos? Por quê?

Glossário

Ação afirmativa é todo e qualquer esforço no sentido de promover e garantir a igualdade de oportunidades aos grupos vulneráveis à discriminação.

Assimilação é o processo pelo qual um grupo minoritário mistura-se com a população majoritária e por fim desaparece como um povo distinto na sociedade mais ampla.

Comunidades transnacionais são comunidades cujas fronteiras se estendem entre países distintos.

O **colonialismo interno** envolve o domínio de uma raça ou de um grupo étnico por outro dentro de um mesmo país. Ele impede a assimilação ao segregar os colonizados em termos de empregos, residências e contatos sociais.

Desigualdade racial é a diferença nas condições socioeconômicas entre raças dentro de uma mesma sociedade.

Discriminação é o tratamento injusto de pessoas devido ao fato de pertencerem a um determinado grupo.

Um **enclave étnico** é uma concentração geográfica de membros de um grupo étnico que estabelecem negócios que empregam e servem especialmente aos membros daquele grupo étnico. Essas pessoas investem seus lucros nos negócios e nas organizações de suas comunidades.

A **etnicidade simbólica** é uma lealdade nostálgica à cultura da geração imigrante, ou àquela do antigo país, e que normalmente não é incorporada ao comportamento cotidiano.

Um projeto de **etnodesenvovimento** requer políticas e estratégias que promovam o desenvolvimento de determinados grupos étnicos de acordo com suas identidades, tradições culturais, valores e metas para alcançar melhor qualidade de vida.

Etnogênese é o nome que alguns antropólogos dão à emergência de novas identidades étnicas ou à reinvenção de etnias já conhecidas.

Expulsão é a remoção forçada da população de um território reclamado por outra população.

Genocídio é o extermínio intencional de toda uma população definida como uma raça ou um povo.

Um **grupo étnico** é composto de pessoas cujas marcas culturais percebidas são consideradas significativas socialmente. Os grupos étnicos diferem entre si em termos de língua, religião, costumes, valores, ancestralidade e outras coisas do gênero.

Um **grupo minoritário** ou uma minoria é um grupo de pessoas socialmente em desvantagem, embora possam constituir uma maioria do ponto de vista numérico.

Em **mercados de trabalho segmentados**, trabalhadores mal remunerados de uma raça competem com trabalhadores bem remunerados de uma outra raça pelos mesmos empregos. Os segundos podem se ressentir da presença dos competidores mal remunerados e é provável que surjam conflitos. Como conseqüência, atitudes racistas surgem ou são reforçadas.

O **mito da democracia racial** consiste na crença na ausência de preconceito e discriminação e na existência de oportunidades econômicas e sociais iguais para os diferentes grupos raciais ou étnicos.

Pluralismo é a retenção de uma cultura racial e étnica combinada com o acesso igualitário a recursos sociais básicos.

Preconceito é a atitude de se julgar uma pessoa com base nas características reais ou imaginárias de seu grupo.

Raça é um construto social utilizado para distinguir pessoas em termos de uma ou mais marcas físicas, o que normalmente tem conseqüências profundas para suas vidas.

Racismo é a crença segundo a qual uma característica visível de um grupo — como, por exemplo, a cor da pele — indica sua inferioridade e justifica sua discriminação.

Racismo institucional é o viés inerente a instituições sociais e que raramente é percebido pelos membros do grupo majoritário.

A **segregação** envolve a separação espacial e institucional de grupos raciais e étnicos.

A **teoria ecológica** se concentra na luta por território e distingue cinco estágios no processo pelo qual os conflitos entre grupos raciais e étnicos surgem e se resolvem: invasão, resistência, competição, acomodação e cooperação e assimilação.

A **tese do branqueamento** consiste na idéia de que se poderia embranquecer a nação brasileira a partir de um processo de miscigenação gradativo que, após três gerações, produziria uma população de características brancas.

CAPÍTULO 8

Sexualidade e Gênero

Neste capítulo, você aprenderá que:

- Enquanto a biologia determina o sexo, a estrutura social e a cultura determinam, em grande medida, o gênero — ou a expressão dos papéis masculinos e femininos culturalmente apropriados.
- A construção social do gênero faz-se evidente na maneira como os pais tratam os filhos, como professores tratam os alunos e como os meios de comunicação de massa retratam imagens ideais do corpo.
- Influências sociais poderosas impelem as pessoas no sentido de assumirem papéis sociais convencionalmente definidos como femininos ou masculinos.
- Essas influências sociais impelem as pessoas em direção à heterossexualidade com uma força ainda maior.
- A distinção social existente entre mulheres e homens fornece uma base importante de desigualdade na família e no trabalho.
- A violência masculina em relação às mulheres tem sua raiz na desigualdade de gênero.

Sexo *versus* Gênero

Menino ou Menina?

Em 27 de abril de 1966, gêmeos idênticos foram levados a um hospital em Winnipeg, Canadá, para serem circuncidados. Um eletrocautério — aparelho utilizado para cauterizar os vasos sangüíneos à medida que o tecido é cortado — foi utilizado no procedimento. No entanto, devido a um problema no aparelho ou a um erro médico, o pênis de um dos bebês foi decepado. Os pais, desesperados, procuraram ajuda médica. Não importava quem eles consultassem, o prognóstico era sempre o mesmo. Um psiquiatra resumiu o futuro do bebê John da seguinte maneira: "Ele não será capaz de consumar o casamento ou de desempenhar relações heterossexuais normais; terá de reconhecer que é incompleto, fisicamente deficiente, e que terá de levar uma vida à parte" (citado em Colapinto, 1997: 58).

Certa noite, sete meses após o acidente, os pais de John, profundamente deprimidos, assistiam à televisão. Foi quando ouviram um certo Dr. John Money, psicólogo do renomado centro médico Johns Hopkins na cidade de Baltimore, Estados Unidos, afirmar que ele podia atribuir uma identidade masculina ou feminina a qualquer bebê. Money testara suas idéias em bebês **hermafroditas**, nascidos com órgãos genitais ambíguos devido a desequilíbrios hormonais ocorridos no útero de suas mães. Cerca de 18 em cada grupo de cem mil bebês nasce dessa forma (Sax, 2002). Ele argumentou, por exemplo, que um menino nascido com o pênis menor que dois centímetros deveria se submeter a uma cirurgia a fim de ter os órgãos genitais masculinos removidos e para que uma vagina fosse construída no lugar. Imediatamente após a cirurgia, os pais deveriam começar a tratar o bebê como menina e jamais revelar seu *status* sexual inicial. Eles também deveriam se organizar para, a partir da puberdade, levá-la para tomar doses regulares do hormônio feminino estrogênio. Dessa forma, cresceria pensando sobre si mesmo como uma menina.

Até o bebê John surgir, Money nunca havia testado sua idéia em uma criança nascida de maneira não-ambígua, fosse menino ou menina. Assim, quando a mãe do bebê escreveu para o médico, ele pediu a ela que levasse o menino a Baltimore. Após diversas consultas e muitas deliberações, os pais permitiram o início do tratamento. Em 3 de julho de 1967, o bebê John, então com 22 meses de idade, foi submetido a uma castração cirúrgica e a uma cirurgia reconstrutiva, passando a se chamar Joan. No decorrer dos anos, os pais da criança tentaram seguir rigorosamente as instruções do Dr. Money. Joan usava vestidos e laços no cabelo, recebia bonecas e pula-corda como presentes, tornou-se bandeirante e, na puberdade, passou a tomar doses regulares de estrogênio.

Em 1972, o Dr. Money tornou público o caso de John/Joan em um congresso da Sociedade Americana para o Progresso da Ciência, em Washington. O experimento, conforme afirmou em sua conferência, fora sucesso absoluto: Joan tinha modos e aparência femininos. De acordo com a revista *Time*, o caso provava que "os padrões convencionais de masculinidade e de feminilidade podem ser alterados". Além disso, o trabalho de Money passou a gerar "desconfianças em relação à teoria de que grandes diferenças sexuais, psicológicas e anatômicas são imutavelmente determinadas pelos genes durante a concepção" (citado em Colapinto, 1997: 66). Em 1978 e 1985, o Dr. Money relatou o progresso positivo de Joan.

Em março de 1997, veio a bomba: o Dr. Money havia "fabricado" seus relatórios. Um biólogo da Universidade do Havaí e um psiquiatra do Ministério da Saúde do Canadá detonaram um escândalo científico quando publicaram um artigo nos *Archives of Adolescent and Pediatric Medicine* (Arquivos de Medicina Adolescente e Pediátrica). Eles mostraram que John/Joan lutou contra sua feminilidade imposta desde o início. Em dezembro do mesmo ano, um artigo na revista *Rolling Stone* expôs os detalhes do caso.

Os autores desses artigos basearam seu julgamento em uma revisão dos prontuários médicos e em longas entrevistas realizadas com os pais de John/Joan, com o irmão gêmeo e com o(a) próprio(a) John/Joan. Eles documentaram que John/Joan rasgava suas roupas de menina, queria um barbeador de brinquedo, como o irmão, recusava-se a brincar com maquiagem e com sua máquina de costura de brinquedo, insistia em brincar com os carrinhos do irmão e preferia urinar de pé, apesar da sujeira que aquilo provocava. John/Joan era uma menina masculinizada. Aos 7 anos, disse que queria ser menino. Ela andava, falava e se comportava como um menino e tinha interesses estereotípicos de meninos. Ela detestava as bandeirantes e, aos 5 ou 6 anos de idade, decidiu que gostaria de ser lixeiro quando crescesse. Recusava-se a brincar com as meninas no jardim-de-infância. Aos 12 anos, começou a tomar estrogênio, mas sob protesto.

Finalmente, em 1980, incapaz de se reconhecer na identidade sexual que lhe foi imposta, Joan parou de tomar estrogênio e fez uma cirurgia para remover os seios. Mais tarde, fez uma cirurgia de reconstrução peniana e tornou-se John mais uma vez. Cirurgias subseqüentes possibilitaram que ele tivesse sua primeira relação sexual com uma mulher aos 23 anos de idade. Ele se casou com essa mulher dois anos mais tarde e adotou os três filhos do casamento anterior dela. John passou a ser um pai dedicado. Em 2000, ele permitiu que sua biografia fosse publicada; seu nome verdadeiro era David Reimer e ele viveu em Winnipeg até 2004, quando cometeu suicídio, provavelmente devido à enorme pressão social e psicológica sofrida.

A história de John/Joan levanta a primeira questão importante deste capítulo: o que nos torna homem ou mulher? Naturalmente, parte da resposta a essa pergunta é biológica. Seu **sexo** depende basicamente de se você nasce com genitais masculinos ou femininos e com um programa genético que te faz produzir hormônios masculinos ou femininos para estimular o desenvolvimento de seu sistema reprodutor.

No entanto, o caso de John/Joan também mostra que existem mais coisas envolvidas no tornar-se homem ou mulher do que diferenças sexuais biológicas. Relembrando sua vida como Joan, John afirmou que "todos lhe dizem que você é uma menina, mas você diz a si mesmo 'eu não me *sinto* menina'. Você pensa que meninas devem ser delicadas e *gostar* de coisas de meninas — brincar de casinha e coisas assim. Mas eu gosto de *fazer* coisas de meninos. Não combina" (citado em Colapinto, 1997: 66; grifos nossos). Como a citação sugere, ser homem ou mulher envolve não apenas a biologia mas também sentimentos, atitudes e comportamentos "masculinos" ou "femininos". Com base nisso, os sociólogos distinguem o sexo, biológico, do **gênero**, sociológico. Seu gênero é composto dos sentimentos, das atitudes e dos comportamentos geralmente associados a homens e mulheres. Sua **identidade de gênero** é sua identificação com um sexo particular, ou o sentimento de pertencer a esse sexo — tanto do ponto de vista biológico quanto dos pontos de vista psicológico e sociológico. Quando você se comporta de acordo com as expectativas amplamente compartilhadas acerca de como homens e mulheres devem agir, você está adotando um **papel de gênero**.

Contrariando as primeiras impressões, o caso de John/Joan sugere que, diferentemente do sexo, o gênero não é determinado apenas pela biologia. Pesquisas mostram que os bebês primeiro desenvolvem um sentido vago quanto ao fato de serem meninos ou meninas por volta de um ano de idade; mais tarde, entre dois e três anos, desenvolvem um sentido mais completo de sua identidade de gênero (Blum, 1997). Podemos, portanto, afirmar com alto grau de confiança que John já sabia que era menino quando lhe foi atribuída uma identidade de gênero feminina aos 22 meses. Ele fora, afinal de contas, criado como menino pelos pais e tratado como menino pelo irmão durante quase dois anos. Ele já vira meninos agirem diferentemente de meninas na televisão e nos livrinhos de histórias. Já havia brincado com brinquedos definidos como sendo masculinos. Após sua atribuição de gênero, a presença constante do irmão gêmeo reforçava constantemente aquelas lições iniciais sobre como os meninos devem se comportar. Em resumo, a aprendizagem social do bebê John acerca de sua identidade de gênero já estava muito avançada na época em que ele se submeteu à cirurgia para mudança de sexo. Assim, o experimento do Dr. Money já estava fadado ao fracasso.

Se a atribuição de gênero ocorre antes dos 18 meses, normalmente ela é bem-sucedida[1]. Entretanto, uma vez que o aprendizado social de gênero ocorre, como foi o caso do bebê John, ele é aparentemente difícil de ser desfeito, mesmo por meio de cirurgias reconstrutoras, hormônios e pressão profissional e parental. A principal lição que podemos extrair desse caso não é que a biologia sela nosso destino, mas que a aprendizagem social de gênero tem início nos primeiros estágios de nossa vida.

A primeira metade deste capítulo o ajudará a compreender melhor o que nos torna homens ou mulheres. Inicialmente, esboçaremos duas teorias antagônicas sobre diferenças de gênero. A primeira teoria argumenta que o gênero é inerente à nossa constituição biológica, sendo simplesmente reforçado pela sociedade. A segunda, que o gênero é construído principalmente por meio de influências sociais. Por razões que forneceremos mais adiante, endossamos o segundo ponto de vista.

Após estabelecermos nossa abordagem teórica, examinaremos como as pessoas aprendem seus papéis de gênero durante a socialização na família e na escola. A seguir, mostraremos como as interações sociais da vida cotidiana e a mídia reforçam os papéis de gênero.

Em seguida, discutiremos como os membros da sociedade reforçam a **heterossexualidade** — a preferência por membros do sexo oposto como parceiros sexuais. Por razões ainda pouco compreendidas, algumas pessoas resistem ou mesmo rejeitam os papéis de gênero que lhe são atri-

[1] Apesar disso, nos últimos anos tem havido a tendência de se permitir que hermafroditas escolham seu sexo quando atingem a puberdade ou continuem a viver com seus genitais ambíguos se assim desejarem.

buídos com base em seu sexo biológico. Quando isso ocorre, sanções negativas são freqüentemente aplicadas a fim de punir essas pessoas pelo desvio ou conformá-las aos papéis preestabelecidos. Os membros da sociedade são, em geral, propensos a utilizar violência emocional ou física para reforçar papéis de gênero convencionais.

A segunda metade deste capítulo examina uma das principais conseqüências da aprendizagem dos papéis de gênero convencionais. O gênero, conforme construído nos dias de hoje, gera e ajuda a manter desigualdades sociais. Ilustraremos esse ponto de duas maneiras: primeiro, investigaremos por que o gênero está associado à desigualdade de renda entre homens e mulheres no mercado de trabalho; em seguida, demonstraremos como a desigualdade de gênero acaba encorajando o assédio sexual e o estupro. Para concluir nossa discussão sobre sexualidade e gênero, mostraremos algumas políticas sociais que os sociólogos têm recomendado a fim de diminuir a desigualdade de gênero e melhorar a segurança das mulheres.

Teorias de Gênero

Essencialismo

Como acabamos de observar, a maioria dos argumentos acerca da origem das diferenças de gênero no comportamento humano adota uma de duas perspectivas. Alguns analistas percebem as diferenças de gênero sendo um reflexo da evolução de disposições naturais. Muitos sociólogos chamam essa perspectiva de **essencialismo** (Weeks, 1986: 15), pois ela envolve a percepção de gênero como parte da natureza ou da "essência" de nossa constituição biológica. Outros analistas percebem as diferenças de gênero como reflexo das diferentes posições sociais ocupadas por homens e mulheres. Os sociólogos chamam essa perspectiva de **construtivismo social** porque ela percebe o gênero "construído" pela cultura e pela estrutura social. Nos parágrafos seguintes, resumiremos e criticaremos o essencialismo[2] para, em seguida, nos dedicarmos ao construtivismo social.

Freud

Sigmund Freud (1977 [1905]) ofereceu uma das primeiras explicações essencialistas influentes acerca das diferenças entre homens e mulheres. Ele acreditava que diferenças na anatomia masculina e feminina explicariam, em grande parte, o desenvolvimento de papéis de gênero masculinos e femininos distintos.

De acordo com Freud, por volta dos três anos de idade as crianças começam a prestar atenção aos órgãos genitais. À medida que um menino começa a se preocupar com seu pênis, inconscientemente desenvolve a fantasia de possuir sexualmente a mulher mais importante em sua vida: a mãe. Logo, o menino começa a se ressentir de seu pai porque apenas a ele é permitido possuir sexualmente a mãe. Porque ele viu sua mãe, ou qualquer outra mulher nua, o menino também desenvolve um

[2] Agradecemos a Rhonda Lenton (2004) por suas idéias sobre o essencialismo e as críticas a ele.

sentimento de medo e ansiedade de que o pai irá castrá-lo por desejar a mãe[3]. A fim de resolver esse medo, o menino reprime seus sentimentos em relação à mãe, isto é, ele os "guarda" na parte inconsciente de sua personalidade. Com o tempo, essa repressão possibilita que ele se identifique com o pai, o que levaria ao desenvolvimento de uma personalidade masculina forte e independente.

Em contraste com isso, a menina começa a desenvolver uma personalidade feminina quando se dá conta de que lhe falta um pênis. De acordo com Freud:

> *[As meninas] notam o pênis de um irmão ou de um coleguinha, notadamente visível e de grandes proporções, imediatamente o reconhecem como uma contrapartida superior ao seu próprio órgão, pequeno e imperceptível e, a partir de então, tornam-se vítimas da inveja do pênis.(...) Ela o viu e sabe que não o possui, mas quer possuí-lo.* (citado em Steinem, 1994: 50)

Devido à "inveja do pênis", a menina desenvolve um sentimento de inferioridade. Ela também passa a ter raiva da mãe que, conforme acredita ingenuamente, é responsável por ter cortado o pênis que ela um dia deve ter possuído. Ela rejeita a mãe e desenvolve um desejo sexual inconsciente pelo pai. Segundo a perspectiva de Freud, essa seria uma forma substitutiva de adquirir o pênis do pai. Freud argumenta que no desenvolvimento "normal" de uma mulher madura, o desejo da menina de possuir um pênis transforma-se no desejo de ter filhos. Entretanto, ainda segundo ele, as mulheres nunca conseguem superar por completo sua inveja do pênis e por isso são normalmente imaturas e dependentes dos homens. Assim, diferenças de gênero na personalidade e no comportamento decorreriam das diferenças anatômicas que as crianças observam por volta dos três anos de idade.

É importante ressaltar que, para Freud, nos primeiros anos de vida, não se verifica diferença entre o desenvolvimento dos meninos e das meninas. Ele não compartilhava da opinião, corrente em sua época, segundo a qual meninos são agressivos e meninas são submissas. Ao contrário, chamava a atenção para os casos de meninos passivos e meninas agressivas em suas aventuras eróticas infantis. Segundo Peter Gay, "tais histórias sexuais dão uma sólida base à tese de Freud sobre a bissexualidade — isto é, a idéia de que *cada gênero apresenta algumas características do outro*" (Gay, 1989: 468-9; grifo nosso). Ora, essa posição nos leva a supor que, para Freud, não só a anatomia, mas também *o processo de reconhecimento dessa anatomia* que se dá durante a socialização primária, seriam os responsáveis pela diferenciação de gênero. Por essa razão, alguns intérpretes de Freud acreditam que seu essencialismo deve ser relativizado.

Sociobiologia e Psicologia Evolucionária

Nos últimos 25 anos, sociobiologistas e psicólogos evolucionários têm oferecido uma segunda teoria essencialista. Apresentamos essa teoria no Capítulo 3, "Cultura". De acordo com os sociobiologistas e os psicólogos evolucionários, todos os seres humanos tentam instintivamente garantir que seus genes sejam passados para gerações futuras. Entretanto, homens e mulheres desenvolvem estratégias diferentes a fim de alcançar esse objetivo. Uma mulher tem de fazer um investimento muito maior do que um homem para garantir a sobrevivência de sua prole, uma vez que tem ape-

[3] Freud chamou esse conjunto de emoções de "Complexo de Édipo" devido ao mito grego de Édipo. Édipo foi abandonado quando criança; adulto, acidentalmente mata o pai e inadvertidamente casa com a mãe. Ao descobrir sua relação verdadeira com ela, ele fura os próprios olhos e morre no exílio.

nas um número relativamente pequeno de óvulos e que, durante sua vida reprodutiva, ela pode gerar apenas cerca de 20 crianças. Nesse sentido, é do interesse da mulher assumir a maior parte da responsabilidade pelos filhos biológicos e procurar o melhor parceiro possível com o qual misturar seus genes. Esse parceiro seria o homem que pode oferecer o melhor apoio possível para as crianças nascidas. Em contraste com isso, a maior parte dos homens pode produzir centenas de milhões de espermatozóides em um período de 24 a 48 horas. Assim, o homem aumenta as chances de que os seus — e apenas os seus — genes sejam transmitidos para as gerações futuras se ele for, ao mesmo tempo, promíscuo e ciumento em relação às suas parceiras. Além disso, pelo fato de os homens competirem entre si pelo acesso sexual às mulheres, eles desenvolvem disposições competitivas e agressivas que incluem a violência sexual. As mulheres, segundo afirma um psicólogo evolucionário, são gananciosas em relação a dinheiro, enquanto os homens buscam o sexo casual com as mulheres, tratam seus corpos como sua propriedade e reagem violentamente quando elas incitam o ciúme sexual masculino. Essas seriam "características universais da evolução de nossas personalidades" que contribuem para a sobrevivência da espécie humana (Buss, 1994: 211; 1998). Assim, segundo a perspectiva da sociobiologia e da psicologia evolucionária, as diferenças de comportamento de gênero baseiam-se nas diferenças biológicas existentes entre mulheres e homens.

Críticas ao Essencialismo

A sociologia tem feito quatro críticas principais aos argumentos essencialistas, tais como os desenvolvidos por Freud, pela sociobiologia e pela psicologia evolucionária.

Em primeiro lugar, *as teorias essencialistas ignoram as variações históricas e culturais de gênero e sexualidade.* Existem grandes variações entre as sociedades no que se refere à desigualdade de gênero, às taxas de agressão masculina contra as mulheres, aos critérios de seleção dos parceiros sexuais e a outras diferenças de gênero que parecem universais aos essencialistas. Essa variabilidade coloca em xeque a idéia segundo a qual as constantes biológicas explicam as diferenças comportamentais inatas existentes entre homens e mulheres. Três exemplos ajudam a esclarecer esse ponto.

1. A tendência das mulheres de enfatizar o papel do "bom provedor" na seleção de seus parceiros — assim como a tendência dos homens de enfatizar as habilidades domésticas das mulheres — tem diminuído em sociedades com baixos níveis de desigualdade de gênero (Eagley e Wood, 1999). Isso significa que, quando o nível de desigualdade de gênero em uma sociedade é alterado, também se pode mudar os critérios de seleção de parceiros de mulheres e homens.
2. Situações sociais que envolvem competição e ameaça estimulam a produção do hormônio testosterona nas mulheres, fazendo com que elas se comportem de maneira mais agressiva. Isso ocorre, por exemplo, com mulheres que se tornam advogadas e policiais (Blum, 1997: 158-88). Assim, ao se permitir que as mulheres assumam carreiras que enfatizam a competitividade e a ameaça, pode-se afetar seu nível de agressividade[4].

[4] Mulheres que produzem maiores quantidades de testosterona podem gravitar em torno de carreiras consideradas mais "masculinas". Mas dado que sabemos que carreiras estressantes aumentam os níveis de testosterona, também parece provável que tendências biológicas são acentuadas ou minimizadas em função de demandas ocupacionais. Esse argumento é reforçado por pesquisas acerca de meninas que nascem com níveis anormalmente altos de testosterona. Elas parecem preferir brincadeiras agressivas e violentas, mas essa preferência é quase sempre diminuída quando passam a brincar com outras meninas, que as direcionam no sentido de brincadeiras femininas convencionais. A natureza provê; a sociedade ajuda a decidir (Blum, 1997: 158-88).

3. As diferenças de gênero estão diminuindo rapidamente. Centenas de pesquisas conduzidas sobretudo nos Estados Unidos mostram que as mulheres estão desenvolvendo características consideradas tradicionalmente masculinas. As mulheres têm se tornado mais assertivas, competitivas, independentes e analíticas nos últimos 30 anos (Twenge, 1997). Elas têm participado de esportes mais radicais, escolhido mais cursos ligados à matemática e às ciências, têm se saído melhor em testes padronizados, escolhido carreiras não-tradicionais e ganhado mais dinheiro do que nunca. Um estudo recente descobriu que, se as tendências observadas nos Estados Unidos continuarem, as diferenças entre homens e mulheres nos resultados dos testes de matemática e ciências desaparecerão por completo em 30 ou 40 anos (Nowell e Hedges, 1998: 210; Shea, 1994; ver também Duffy, Gunther e Walters, 1997; Tavris, 1992: 51-2). Isso sugere que, quando os currículos escolares e os métodos de ensino se tornarem menos sexistas, e quando mais oportunidades forem proporcionadas às mulheres nas universidades e no mercado de trabalho, uma gama de diferenças de gênero começará a desaparecer. Como os exemplos mostram, as diferenças de gênero não são inerentes a homens e mulheres, mas variam de acordo com as condições sociais.

O segundo problema com o essencialismo é que ele *tende a generalizar a partir da média, ignorando variações no seio de grupos de gênero.* Em média, mulheres e homens diferem em diversos aspectos. Por exemplo, uma das mais bem documentadas diferenças de gênero é que os homens são, em média, mais agressivos, verbal e fisicamente, do que as mulheres. No entanto, quando os sociobiologistas e os psicólogos evolucionários afirmam que os homens são inerentemente mais agressivos do que as mulheres, fazem com que isso pareça verdadeiro para todos os homens e todas as mulheres. Como a Figura 8.1 mostra, isso não é verdade. Quando pesquisadores qualificados mensuram a agressividade física ou verbal, os resultados variam muito no seio dos grupos de gênero. A agressividade é distribuída de tal maneira que existe uma sobreposição considerável entre homens e mulheres. Assim, muitas mulheres são mais agressivas do que a média masculina e muitos homens são menos agressivos do que a média feminina.

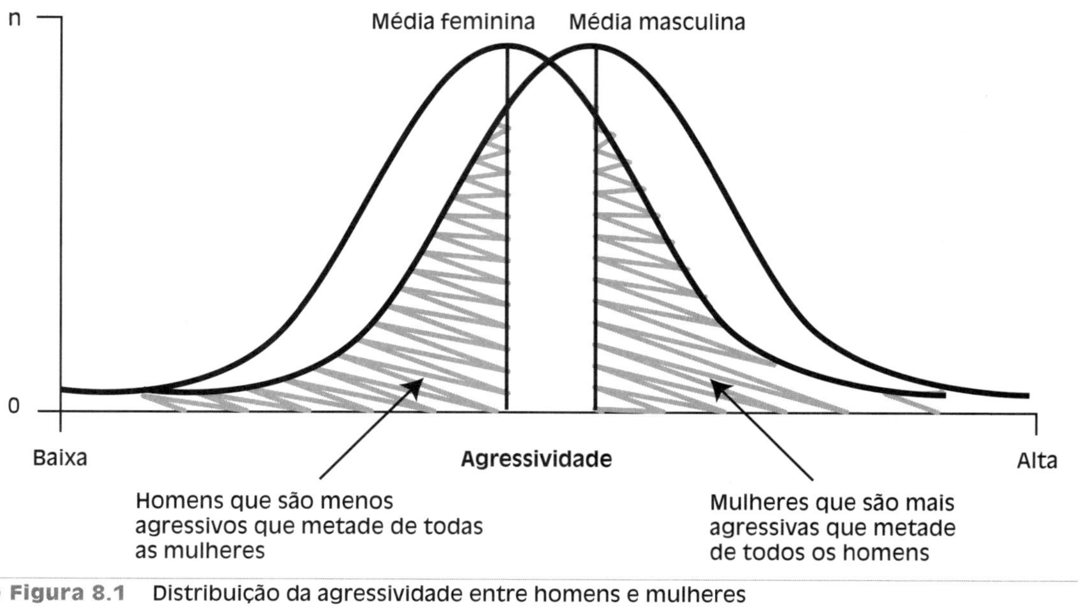

● **Figura 8.1** Distribuição da agressividade entre homens e mulheres

Em terceiro lugar, *nenhuma evidência confirma diretamente os principais argumentos essencialistas.* A sociobiologia e a psicologia evolucionária não identificaram nenhum dos genes que, segundo suas teorias, causam o ciúme masculino, o chamado "instinto materno", a divisão de trabalho desigual entre homens e mulheres etc. A teoria freudiana também não foi testada com base em experimentos ou dados empíricos que permitam mostrar definitivamente que meninos são mais independentes do que meninas devido às suas reações emocionais em relação à descoberta de seus órgãos sexuais.

Finalmente, *as explicações essencialistas para as diferenças de gênero ignoram o papel do poder.* A sociobiologia e a psicologia evolucionária simplesmente pressupõem que os padrões de comportamento existentes ajudam a assegurar a sobrevivência da espécie. No entanto, esse pressuposto ignora o fato de que os homens normalmente ocupam posições de maior poder e autoridade do que as mulheres. Diferenças comportamentais entre homens e mulheres podem resultar, portanto, não de imperativos biológicos, mas do fato de os homens estarem em uma posição que lhes possibilita estabelecer suas preferências em detrimento dos interesses das mulheres. De fato, a partir dessa perspectiva, a sociobiologia e a psicologia evolucionária podem ser vistas como exemplos do exercício do poder masculino, isto é, como uma racionalização da dominação e da violência sexual masculinas. Coisas semelhantes podem ser ditas sobre a interpretação de Freud. Será que meninas têm de se autodefinir em relação a meninos focando a ausência de um pênis? Não há razão alguma para que a autodefinição sexual de meninas não possa focar positivamente em seus próprios órgãos reprodutivos, incluindo sua capacidade única de gerar filhos.

Construtivismo Social

O construtivismo social é a principal alternativa ao essencialismo. Primeiramente, ilustraremos o construtivismo social, considerando como meninas e meninos aprendem papéis femininos e masculinos na família e na escola. Depois, mostraremos como os papéis de gênero são mantidos no decorrer das interações da vida cotidiana e por intermédio da propaganda nos meios de comunicação de massa. Começaremos nossa discussão sobre o construtivismo social examinando o efeito das chamadas *fashion dolls* nos papéis de gênero de meninas do mundo inteiro.

Socialização de Gênero

A primeira boneca moderna a apresentar o corpo de uma mulher adulta foi Lilli, baseada em um personagem de desenho animado alemão. Lançada em 1955, Lilli tornou-se, pouco depois, uma boneca pornográfica para homens. Em 1959, a americana Ruth Hendler criou a boneca Barbie, inspirada na primeira Lilli. Naquela época, alguns especialistas da indústria de brinquedos argumentaram que as mães jamais comprariam bonecas com seios para suas filhas. Não poderiam ter se enganado mais! Hoje em dia, estima-se que, no mundo inteiro, sejam vendidas duas bonecas Barbie a cada segundo.

Em 1962, aparecia no mercado brasileiro a primeira boneca com corpo de mulher — a Susi. Fabricada até 1985, ela foi retirada do mercado quando seu fabricante passou a representar a Barbie no Brasil. Em 1996, a boneca voltou à cena. Mais adaptada aos padrões de beleza femininos do Brasil (em comparação com sua concorrente americana, a Susi tem seios menores, quadris mais largos e cintura mais acentuada), a boneca brasileira passou a ser a *fashion doll* mais vendida no país.

O que as meninas aprendem quando brincam com bonecas como a Barbie e a Susi? A autora de uma página na internet dedicada à Barbie sem dúvida fala por milhões de pessoas quando escreve: "Barbie era mais que uma boneca para mim. Ela era um modo de vida: a Mulher Ideal" (Elliott, 1995).

● **Figura 8.2** As chamadas *fashion dolls*, cuja representante mais famosa no mundo inteiro é a boneca Barbie, ajudam a reproduzir papéis de gênero tradicionais ao relacionar a idéia de feminilidade a atividades domésticas e cuidados com o corpo

Os sonhos que as *fashion dolls* estimulam têm se tornado cada vez mais amplos. Pode-se escolher entre centenas de estilos de roupas, dezenas de profissões e até mesmo cor da pele. É inegável que, nos últimos anos, os fabricantes de brinquedos têm diversificado os papéis associados às bonecas, mas, a julgar pelos acessórios disponíveis, não resta dúvida de que elas dividem a maior parte de seu tempo entre atividades domésticas, higiene e cuidados com o corpo e a beleza, pensando em agradar um marido em potencial. A página da Estrela, na internet, resume muito bem esses ideais:

> *Como toda garota, Susi pensa em ser noiva. Na versão Susi Linda Noiva, ela traduz toda a fantasia das meninas com a tradição do casamento. Seguindo a mesma linha, Susi Sonho de Princesa resgata o ideal da deslumbrante menina pelos salões do castelo em seu lindo vestido rosa. (...) Na linha de acessórios a* fashion doll *traz ainda (...) sua casa. (...) E sua Super Cozinha é moderna e tecnológica.(...) Quando quer colocar seu visual e as compras em dia, a* fashion doll *vai ao seu* Shopping *e seu Salão de Beleza. O* Shopping Center *da Susi é o sonho de toda garota [com] lojas de bijuterias e bolsas, cosméticos, roupas (...) tudo que Susi precisa para seu dia-a-dia. Depois de passear e fazer compras ela vai ao seu Salão de Beleza (...) para cuidar de seu cabelo, corpo e pele.* (Estrela, 2004)

Uma história comparável, mas com o tema agressividade e competitividade, pode ser encontrada na maneira como os brinquedos para meninos ensinam papéis masculinos estereotipados. A grande maioria dos bonecos dirigidos a meninos — os chamados bonecos de ação — enfatiza a força física, a agressividade e, por vezes, a inteligência. Cavaleiros do Zodíaco, Max Steel, Homem-Aranha — a lista é praticamente infinita.

Ainda assim, os brinquedos são apenas uma pequena parte da socialização de gênero e dificilmente podem ser considerados seus elementos principais. Pesquisas conduzidas no início dos anos de 1970 mostraram que, desde o nascimento, meninos e meninas que se assemelham em peso, tamanho e condições de saúde são tratados de forma diferente pelos pais — especialmente pelo pai. As meninas tendem a ser identificadas como delicadas, frágeis, bonitas e fofinhas, enquanto os meninos são considerados fortes, ativos e com boa coordenação motora (Rubin, Provenzano e Lurra,

1974). Tentativas mais recentes de desenvolver e atualizar essas pesquisas mostram que, embora as percepções estereotipadas de bebês em termos de gênero tenham diminuído, especialmente por parte dos homens, elas não desapareceram (Fagot, Rodgers e Leinbach, 2000; Gauvain et al., 2002; Karraker, Vogel e Lake, 1995). Ao assistir a um vídeo de um bebê de nove meses, identificado pelos pesquisadores como menino antes da exibição, os sujeitos experimentais tendem a qualificar como "raiva" a reação de surpresa do bebê em relação a um estímulo; caso a criança tenha sido identificada como menina antes da exibição, os sujeitos qualificam a reação do bebê como "medo", *independentemente do sexo real da criança* (Condry e Condry, 1976). Pais e mães, em especial os homens, tendem a encorajar os filhos a se envolver em brincadeiras violentas e competitivas e a desencorajar as filhas de fazer o mesmo. Já as meninas são encorajadas pelos pais a se envolver em jogos cooperativos e ligados à interpretação de papéis (como teatrinho, escolinha, casinha etc.) (MacDonald e Parke, 1986). Esses padrões distintos de brincadeiras e jogos levam a um desenvolvimento maior de habilidades verbais e emocionais entre as meninas e a uma maior preocupação com o sucesso e com o estabelecimento de sistemas de hierarquia entre os meninos (Tannen, 1990). Meninos estão mais sujeitos a ser recompensados por comportamentos que sugiram assertividade; meninas tendem a ser mais recompensadas do que meninos por comportamentos que sugiram aquiescência ou conformidade (Kerig, Cowan e Cowan, 1993). Devido a esse padrão geral no processo de socialização, parece perfeitamente "natural" que as brincadeiras "de meninos" enfatizem a agressão, a competição, a manipulação espacial e as atividades ao ar livre, enquanto as brincadeiras "de meninas" enfatizem o cuidar de outras pessoas, a aparência física e as atividades em espaços fechados (Hughes, 1995 [1991]). Apesar disso, o que parece natural deve ser socialmente reforçado de maneira contínua. Meninos em idade pré-escolar tendem a escolher igualmente um jogo de ferramentas ou um conjunto de panelas que lhes sejam apresentados — a menos que o conjunto de panelas seja apresentado como um "brinquedo de menina" e eles acreditem que seus pais interpretariam a brincadeira com as panelas como algo "mau". Apenas nesse caso os meninos escolherão o jogo de ferramentas (Raag e Rackliff, 1998).

Seria necessário alguém que tenha passado muito pouco tempo na companhia de crianças para considerar que elas são objetos passivos de socialização. Elas não o são. Pais, professores e outras figuras de autoridade normalmente tentam impor suas idéias acerca de comportamentos de gênero apropriados às crianças, mas elas as interpretam, negociam, resistem e impõem suas próprias idéias o tempo todo. Podemos afirmar então que o gênero, é algo construído e não apenas dado (West e Zimmerman, 1987). Isso é particularmente evidente na maneira como as crianças brincam.

Considere a pesquisa desenvolvida pela socióloga Barrie Thorne (1993) com crianças americanas da quarta e da quinta séries. O professor periodicamente pedia às crianças que escolhessem suas próprias carteiras escolares. Com exceção de uma menina, elas sempre se *auto-segregavam* por gênero. O professor então se aproveitou dessa segregação para opor meninos e meninas em competições de leitura e de matemática. Essas competições eram marcadas por antagonismos de gênero e por expressões de solidariedade entre membros de um mesmo grupo de gênero. Da mesma forma, quando as crianças brincavam de pega-pega no pátio da escola, freqüentemente os grupos se cristalizavam espontaneamente em torno de divisões por gênero. Esses jogos tinham nomes específicos e alguns deles, como o chamado "persiga e beije", tinham significados sexuais explícitos. Provocação, contato físico e evitação eram elementos sexualmente carregados dos jogos.

Embora Thorne tenha chegado à conclusão de que as competições, os jogos e as outras atividades freqüentemente envolvessem a auto-segregação, ela observou muitos casos de meninas e meninos brincando juntos. Ela também observou muitos casos de "cruzamento de fronteiras". O cruzamento de fronteiras envolvia meninos brincando com brinquedos estereotipados "de meninas" e meninas brincando com brinquedos estereotipados "de meninos". A forma mais comum de cruzamento de fronteiras envolvia meninas com habilidades em esportes considerados centrais ao universo dos meninos — como futebol, beisebol e basquete. Se as meninas demonstrassem habilidade nesses esportes, os meninos freqüentemente as aceitavam no jogo. Finalmente, Thorne observou algumas situações nas quais meninos e meninas interagiam sem pressão externa e sem a presença de identidades de gênero pronunciadas. Por exemplo, atividades que requeriam cooperação, como a encenação de um programa de rádio ou um projeto artístico, diminuíam a atenção das crianças para o gênero. Outra situação que minimizou a tensão entre meninos e meninas, fazendo com que o gênero perdesse importância, foi quando os adultos organizaram atividades de gênero mistas na sala de aula e nas aulas de educação física. Nessas ocasiões, os adultos legitimavam o contato entre gêneros. As interações eram mais freqüentes em ambientes menos públicos e com menos pessoas. Assim, meninos e meninas tornavam-se mais propensos a brincar juntos e de maneira relaxada na privacidade relativa desses ambientes. Em contraste com isso, no pátio da escola, sob o olhar vigilante de outras crianças, o antagonismo e a segregação de gênero mostravam-se mais evidentes.

Em resumo, a pesquisa de Thorne contribui para nossa compreensão da socialização de gênero de duas formas importantes. Em primeiro lugar, as crianças estão ativamente engajadas no processo de construção de papéis de gênero. Elas não são simples recipientes passivos das demandas dos adultos. Em segundo lugar, embora as crianças em idade escolar tendam a se auto-segregar por gênero, as fronteiras entre meninos e meninas mostram-se às vezes fluidas, às vezes rígidas, dependendo das circunstâncias sociais. Em outras palavras, o conteúdo das atividades de gênero das crianças não é, de maneira alguma, fixo.

Isso não significa que os adultos não tenham expectativas e demandas de gênero. Eles não só as têm como também suas demandas e expectativas representam contribuições importantes para a socialização de gênero. Por exemplo, na maioria das escolas, professores e orientadores educacionais esperam que os meninos se saiam melhor em matemática e ciências. Eles também esperam que as meninas tirem notas melhores em línguas. Pais e mães, por sua vez, tendem a reforçar esses estereótipos em suas avaliações das diferentes atividades (Eccles, Jacobs e Harold, 1990).

Por volta dos 14 ou 15 anos de idade, a **ideologia de gênero** já está bem formada. Ideologias de gênero são conjuntos de idéias inter-relacionadas acerca do que constitui papéis e comportamentos femininos e masculinos apropriados. Em alguns países da América do Norte e da Europa, um aspecto importante da ideologia de gênero torna-se decisivo nos anos que antecedem a escolha dos cursos universitários: é nessa fase que muitos alunos desenvolvem suas idéias sobre se, quando adultos, focarão especialmente o trabalho doméstico, o mercado de trabalho pago, ou uma combinação das duas coisas. Essas escolhas são feitas normalmente com uma ideologia de gênero em mente. Meninos são muito propensos a considerar apenas suas carreiras quando fazem as escolhas. Muitas meninas são propensas a considerar tanto responsabilidades domésticas quanto suas carreiras, embora uma minoria considere apenas responsabilidades domésticas e outra minoria, apenas suas carreiras. Conseqüentemente, não é pouco comum observar uma grande desproporção entre meninos e meninas nos cursos de Humanas e de Exatas do ensino médio, em que eles tendem para os segundos e elas para os primeiros. Nas universidades, esse padrão é acentuado. As jovens tendem a escolher cursos que levam a empregos com remuneração mais baixa porque esperam ter de dedicar grande parte da vida ao cuidado dos filhos e da casa (Hochschild e Machung, 1989: 15-8; Machung, 1989). Os efeitos dessas escolhas são: uma grande restrição das oportunidades de carreira e de salários das mulheres em áreas ligadas às ciências e aos negócios; e a formação de guetos sexuais nas carreiras acadêmicas (Reskin e Padavic, 2002 [1994]). Embora no sistema educacional brasileiro não seja comum a escolha da definição da área profissional no ensino médio, é possível encontrar semelhanças no que se refere ao processo de escolha das carreiras universitárias descrito. Tanto no Brasil quanto nos países anteriormente mencionados, o perfil de opção profissional entre os sexos é acentuado. Todavia, nossa situação é ainda mais dramática, pois o acesso de homens e mulheres à educação formal apresenta oportunidades e barreiras relacionadas à origem econômica e à pertença racial. De acordo com Fúlvia Rosemberg (2000), as hierarquias de gênero interagem com as hierarquias de raça e de classe de tal modo que mulheres e homens brancos com bom nível de renda familiar são aqueles que dispõem de melhores oportunidades educacionais e, uma vez na universidade, reproduzem o mesmo padrão de formação de guetos sexuais das carreiras acadêmicas verificado nos países mais ricos (ver o Capítulo 12, "Religião e Educação"). A participação minoritária das mulheres nas áreas relacionadas às ciências físicas e matemáticas pode ser observada na Figura 8.3, que mostra os egressos da pós-graduação por sexo e área acadêmica.

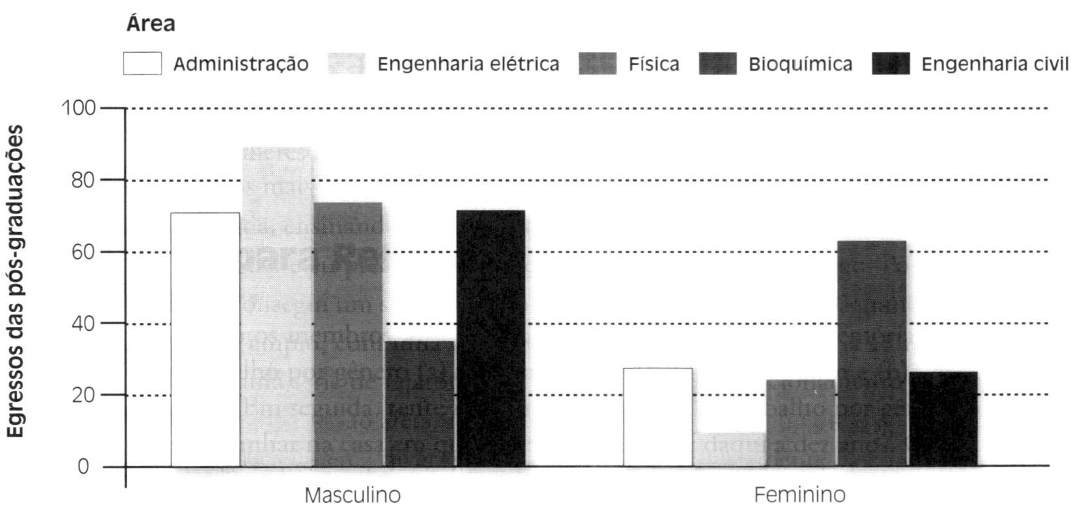

Figura 8.3 Egressos de cursos de pós-graduação por sexo e área acadêmica
Fonte: Velloso (2002).

Verificamos a mesma tendência de formação de guetos sexuais nas opções profissionais quando analisamos os cursos superiores com maiores percentuais de matrícula do sexo feminino e os cursos com maiores percentuais de matrícula do sexo masculino (Tabelas 8.1 e 8.2). A preferência feminina se dá por ciências humanas e saúde, enquanto a masculina se concentra nas ciências exatas. Examinaremos a questão da qualificação e do valor do trabalho feminino em maior profundidade na segunda metade deste capítulo.

● **Tabela 8.1** Cursos com os dez maiores percentuais de matrículas do sexo feminino – Brasil, 2003

Classe	Total	Feminino	%
Brasil	3.887.771	2.193.763	56,4
Serviço social e orientação	31.986	30.001	93,8
Fonoaudiologia	13.963	12.969	92,9
Nutrição	32.556	30.221	92,8
Secretariado	16.937	15.681	92,6
Ciências domésticas	1.351	1.231	91,1
Serviços de beleza	277	252	91,0
Pedagogia	373.945	339.832	90,9
Psicologia	90.332	76.990	85,2
Enfermagem	92.134	77.997	84,7
Terapia e reabilitação	7.225	6.051	83,8

Fonte: Informativo Inep nº 79 – 09/03/2005.

● **Tabela 8.2** Cursos com os dez maiores percentuais de matrículas do sexo masculino – Brasil, 2003

Classe	Total	Masculino	%
Brasil	3.887.771	1.694.008	43,6
Mecânica	9.172	8.445	92,1
Construção e manutenção de veículos a motor	73	67	91,8
Transportes e serviços (cursos gerais)	3.434	3.027	88,1
Eletrônica	9.214	8.121	88,1
Eletricidade e energia	1.798	1.577	87,7
Profissões industriais	3.287	2.856	86,9
Serviços de segurança e proteção de pessoas e propriedades	556	466	83,6
Básicos / Programas especiais	1.858	1.553	83,6
Tecnologia química e de processos	1.448	1.167	80,6
Engenharia	234.722	187.426	79,9

Fonte: Informativo Inep nº 79 – 09/03/2005.

Os Meios de Comunicação de Massa e a Imagem Corporal

A construção social do gênero não pára na escola. Fora dela, crianças, adolescentes e adultos continuam a negociar papéis de gênero à medida que interagem com os meios de comunicação de massa. Se você observar de forma sistemática os papéis desempenhados pelas mulheres e pelos homens nos programas de televisão e nos comerciais durante uma noite qualquer, provavelmente descobrirá um padrão que os sociólogos já vêm notando desde os anos de 1970. As mulheres serão mais vistas limpando a casa, tomando conta de crianças, experimentando roupas e agindo como objeto do desejo masculino. Os homens serão mais vistos em papéis agressivos, orientados para a ação e em posições de autoridade. O efeito dessas mensagens nos telespectadores é muito semelhante ao dos desenhos da Disney e dos "romances cor-de-rosa" discutidos no Capítulo 4, "Socialização". Elas reforçam a normalidade dos papéis de gênero tradicionais. Como veremos agora, muitas pessoas chegam a tentar "moldar" seus corpos de acordo com as imagens corporais mostradas nos meios de comunicação de massa.

O corpo humano sempre serviu como uma espécie de propaganda pessoal que anuncia o gênero da pessoa. No entanto, como sugere a historiadora Joan Jacobs Brumberg (1997), a importância da imagem corporal para nossa identidade tem aumentado no último século. Um bom exemplo desse processo no Brasil refere-se às alterações feitas nas revistas femininas no início do século XX, que passaram a enfatizar mais a aparência física das mulheres. De acordo com a historiadora Ana Luiza Martins (2001: 371-87), entre as publicações femininas pioneiras no Brasil, no século XIX, a tônica era o papel dependente da mulher e sua representação como a *rainha do lar*. Na virada do século XX, começaram a surgir outros periódicos femininos que, ainda que mantivessem a ênfase na dimensão doméstica da vida das mulheres, trouxeram à tona as reivindicações de gênero — como a defesa do divórcio, o sufrágio feminino e o movimento feminista. Juntamente com a representação da mulher fora da esfera doméstica, muitas das novas publicações passaram a identificar a mulher como consumidora e não apenas como leitora, sendo que essas revistas se caracterizavam por uma grande quantidade de imagens publicitárias. O resultado dessa mudança foi a veiculação de duas imagens da mulher: a do texto, ainda construído para a mãe-esposa; e a das imagens publicitárias, que enfatizavam a mulher esportiva, liberada, moderna, que fumava e dirigia automóveis, engendrando a figura da melindrosa: "a mulher fútil que vive para *coquetterie* e cuja preocupação fundamental é a aparência e o flerte, sem demais interesses" (Marson, citada em Martins, 2001: 385).

À medida que a imagem corporal tornou-se mais importante para o sentido de identidade das pessoas durante o século XX, a imagem do corpo ideal tornou-se mais esguia, especialmente para as mulheres.

Por que a imagem corporal tornou-se mais importante para a auto-identidade das pessoas durante o século XX? Por que a magreza foi enfatizada? Parte da resposta a ambas as perguntas é que a obesidade e o sobrepeso aumentaram em muitas sociedades à medida que o estilo de vida moderno tornou-se mais sedentário. Com a melhoria do nível de educação, muitas pessoas se conscientizaram dos problemas de saúde associados ao excesso de peso. O desejo de emagrecer foi, portanto, em parte, uma reação ao sobrepeso gerado pelo sedentarismo. Mas isso não dá conta de toda a história. As modelos magérrimas que povoam os anúncios modernos não estão promovendo a saúde, mas um ideal de corpo quase impossível de ser alcançado pela maioria das pessoas. E o fazem porque é bom para os negócios. Segundo dados da Associação Brasileira da Indústria de Alimentos Dietéticos (Abiad), os produtos da linha *diet/ light* movimentaram cerca de US$ 1 bilhão no Brasil em 1998 com projeção de US$ 7 bilhões para 2005. Ainda segundo a Abiad, na última década, a média de lançamentos passou de 40 para 180 produtos por ano. Em fevereiro de 2005, já eram 750 versões de alimentos com essas características (Rodrigues, 2005). Sustentada por essas indústrias, a propaganda nos meios de comunicação de massa nos inunda com imagens de corpos magérrimos, tornando-os atraentes. Uma vez que as pessoas se convencem de que precisam ter corpos como os que vêem nos anúncios, muitas delas começam a ter problemas seríssimos porque essas imagens são muito difíceis de serem copiadas.

Em pesquisa realizada por uma equipe do Hospital das Clínicas da Universidade de São Paulo junto a 700 universitários (de ambos os sexos) da área de saúde em São Paulo, Minas Gerais, no Rio de Janeiro e em Goiás, constatou-se que três em cada quatro deles não aprovavam sua aparência física e se sentiam incomodados com excesso de gordura na cintura, celulite, nariz encurvado etc. A pesquisa revelou também que 80% desses jovens estavam dispostos a mudar as características do corpo para melhorar a aparência, apesar do peso de 65% dos entrevistados ser considerado saudável e outros 22% poderem ser classificados como magros. Segundo o mesmo relatório, 13% dos entrevistados afirmaram provocar vômitos, tomar laxante ou usar diurético após as refeições com o objetivo de não engordar (Ribeiro e Zorzetto, 2004). A insatisfação com o corpo, embora seja mais elevada entre os adolescentes e os jovens, também é comum entre adultos. Isso foi constatado por outra pesquisa realizada pelo Projeto de Distúrbios Alimentares e Obesidade do Hospital das Clínicas, coordenada pela psicóloga Mara Cristina Souza de Lucia. Segundo os dados colhidos com 346 pessoas — metade homens e metade mulheres, entre 18 e 74 anos, de diferentes regiões do estado de São Paulo —, 80% das mulheres afirmaram estar incomodadas com alguma parte do corpo e 57% dos homens compartilhavam esse sentimento. O objetivo de atingir padrões ideais para o corpo é, também, acreditar que seremos aceitos se atendermos aos padrões sociais de beleza física do momento (Ribeiro e Zorzetto, 2004).

Todos esses fatores têm levado pessoas no mundo inteiro a lançar mão de dietas sem orientação profissional, o que tem gerado sérios distúrbios alimentares — como a anorexia nervosa e a bulimia. No Reino Unido, onde os transtornos alimentares também são bastante comuns, a Associação Médica Britânica alertou que determinadas celebridades dos meios de comunicação de massa estão contribuindo para o aumento da anorexia nervosa e da bulimia. Entretanto, os editores das revistas britânicas estão começando a assumir sua parcela da responsabilidade no problema. Eles têm reconhecido que modelos muito magras influenciam mulheres jovens a se sentirem ansiosas em relação ao seu peso e à sua imagem corporal. Como resultado, esses editores têm formulado uma espécie de código de ética voluntário a partir do qual monitoram as imagens corporais que mostram nas revistas, impõem um peso mínimo para as modelos e usam modelos de diversos tamanhos e formas ("British Magazines...", 2000). Se medidas semelhantes serão adotadas no Brasil, só o futuro dirá.

Interação Homem-Mulher

Os papéis de gênero que as crianças aprendem em suas famílias, na escola e com os meios de comunicação de massa formam a base para suas interações sociais quando adultas. Por exemplo, ao participar de esportes coletivos, os meninos tendem a aprender que a interação social envolve mais freqüentemente competição, auto-suficiência e relações hierárquicas (líderes *versus* liderados). Eles compreendem a importância de sobressair e de se vangloriar de seus talentos (Messner, 1995 [1989]). Uma vez que muitos dos *videogames* mais populares excluem personagens femininos, mostram as mulheres como objetos sexuais ou sugerem violência contra elas, eles reforçam algumas das lições mais amargas da socialização de gênero tradicional (Dietz, 1998). Por outro lado, ao brincar com bonecas e utensílios de cozinha, as meninas tendem a aprender que a interação social envolve mais freqüentemente a manutenção de relações cordiais, a fuga dos conflitos e a resolução de pontos de vista diferentes por meio da negociação. Elas compreendem a importância dos conselhos e de não se autopromoverem ou parecerem autoritárias.

Tipos de interação específicos de gênero também têm sérias implicações em relação a quem será ouvido e a quem levará o crédito por um trabalho desempenhado. Relacionamos aqui alguns exemplos tirados da pesquisa de Deborah Tannen (1994a: 132-59):

- Uma gerente de uma empresa não quer parecer autoritária ou arrogante e se preocupa em manter o consenso entre os colegas de trabalho. Assim, passa boa parte do tempo pedindo opiniões antes de tomar uma decisão importante. Ela faz perguntas, ouve atentamente e oferece sugestões. Depois, decide. Entretanto, seu patrão percebe essa abordagem como sendo a de uma pessoa insegura e incompetente. Ele quer recrutar líderes para posições mais altas na gerência na hierarquia da empresa; assim ignora a mulher e seleciona um homem assertivo para a posição importante que acabou de surgir.
- Gerentes do sexo masculino estão mais propensos a dizer "eu" em muitas situações nas quais gerentes do sexo feminino se inclinam a dizer "nós" — como em "eu estou contratando um novo gerente e vou colocá-lo na chefia do meu departamento de marketing" ou "isso foi o que eu consegui em relação ao acordo". Esse tipo de formulação chama atenção para as realizações pessoais de alguém. Em contraste com isso, Tannen ouviu uma gerente falar sobre o que "nós fizemos" quando, de fato, ela havia feito todo o trabalho sozinha. Esse tipo de formulação camufla as realizações empreendidas pelas mulheres.

Os estilos de interação contrastantes ilustrados aqui freqüentemente resultam em gerentes do sexo feminino que não recebem o crédito por seus desempenhos competentes. É por essa razão que às vezes elas reclamam de não conseguir alcançar os níveis mais elevados dentro da hierarquia das empresas. Como veremos adiante, outros fatores, além dos estilos de interação — como a discriminação simples e direta ou uma maior responsabilidade no que diz respeito a questões domésticas —, também contribuem para que as mulheres não cheguem ao topo em suas profissões. Ainda assim, diferenças de gênero relativas aos estilos de interação desempenham papel independente na restrição ao progresso profissional das mulheres.

Homossexualidade

A discussão precedente sublinha algumas influências sociais poderosas que nos impelem a nos definirmos como convencionalmente masculinos ou femininas no comportamento e na aparência. Para a maioria das pessoas, a socialização de gênero pela família, pela escola e pelos meios de comunicação de massa, tem um poder coercitivo suficientemente forte para conformá-las aos papéis de gênero convencionais, e essa socialização de gênero é sustentada nas interações da vida cotidiana. Uma minoria de pessoas, entretanto, resiste aos papéis de gênero convencionais. Por exemplo, indivíduos **transgêneros** são pessoas que rompem com as normas de gênero sociais ao desafiar as distinções rígidas existentes entre homens e mulheres. Algumas das pessoas transgênero são **transexuais**. Os transexuais acreditam que nasceram com o corpo "errado" e se identificam com as pessoas do sexo oposto, desejando viver plenamente como elas. Essas pessoas freqüentemente se engajam em um processo longo e doloroso para mudança de sexo, recorrendo a intervenções cirúrgicas e tratamentos hormonais. **Homossexuais** são pessoas que têm as orientações sexual e afetiva dirigidas a pessoas do mesmo sexo e **bissexuais** são as pessoas com orientações sexual e afetiva a pessoas de ambos os sexos (Ministério da Saúde, 2004a). É comum se chamar homossexuais masculinos de **gays** e homossexuais femininas de **lésbicas**. No Brasil, estima-se que, gays, lésbicas e transgêneros representem 10% da população, ou cerca de 16 milhões de pessoas (Mott, 2002).

A homossexualidade existiu em todas as sociedades e, em algumas, como a Grécia Antiga, ela era encorajada. Mais freqüentemente, no entanto, atos homossexuais foram proibidos. Segundo Luiz Mott, em culturas judaico-cristãs, em especial depois do século XIV, a homossexualidade foi considerada o maior e mais horroroso de todos os tabus sexuais, punida como crime hediondo e considerada mais grave do que o matricídio, a violência sexual contra crianças, o canibalismo, o genocídio e o deicídio (Mott, 2000: 1). Apesar disso, os homossexuais não foram identificados como uma categoria distinta de pessoas até os anos de 1860, quando o termo "homossexualismo" foi cunhado. O termo "lésbica" tem origem ainda mais recente.

Ainda não compreendemos por que alguns indivíduos desenvolvem orientações homossexuais. Alguns cientistas acreditam que as causas são sobretudo genéticas; outros, que são hormonais; e outros, ainda, que essas orientações decorrem de experiências vividas na primeira infância. O que sabemos é que a orientação sexual não parece ser uma escolha. De acordo com a Associação Americana de Psicologia, a homossexualidade "emerge, para a maioria das pessoas, na adolescência, sem nenhuma experiência sexual prévia (...) [e] não é mutável" (American Psychological Association, 1998).

De qualquer forma, os sociólogos estão menos interessados nas origens da homossexualidade do que na maneira como ela é socialmente construída — isto é, na grande variedade de formas como ela é expressa e reprimida (Foucault, 1990 [1978]; Weeks, 1986). É importante observar, em relação a isso, que a homossexualidade tornou-se menos estigmatizada no último século. Dois fatores principais são responsáveis por esse fato — um de ordem científica e outro de ordem política. No século XX, os sexólogos — psicólogos e médicos que estudam cientificamente as práticas sexuais — reconheceram e enfatizaram a grande diversidade de práticas sexuais existentes. Um dos pioneiros nessa área foi o sexólogo americano Alfred Kinsey. Ele e seus colaboradores entrevistaram milhares de mulheres e homens e, nos anos de 1940, concluíram que as práticas homossexuais eram tão difundidas que a homossexualidade dificilmente poderia ser considerada uma doença que afetava uma pequena minoria (Kinsey, Pomeroy e Martin, 1948).

Assim, os sexólogos forneceram uma base científica para a crença na normalidade da diversidade sexual. Entretanto, foram as próprias minorias sexuais que forneceram a energia social e política necessária para legitimar a diversidade sexual entre parcelas cada vez mais amplas da população. Especialmente a partir da metade do século XX, gays e lésbicas construíram grandes comunidades e subculturas, particularmente em grandes áreas urbanas como Nova York, San Francisco e outras grandes cidades do mundo. Na América Latina, a Argentina foi o primeiro país a organizar, em 1971, o um grupo de defesa dos direitos de gays e lésbicas, a Frente de Liberación Homosexual, responsável pelo primeiro boletim homossexual da região. Em 1972, duas entidades semelhantes foram fundadas no México, seguido pelo Brasil, em 1978, e pelo Peru, no início dos anos de 1980 (Mott, 2000: 9). Com a criação de comunidades, subculturas e organizações em de-

● **Figura 8.4** Manifestações de ordem política, como as paradas gay (acima), vêm atraindo um número crescente de participantes e têm ajudado a legitimar a homossexualidade e a diversidade sexual em geral

fesa dos direitos dos homossexuais, essas pessoas assumiram publicamente seu modo de vida, organizaram passeatas, paradas e grupos de pressão política para expressar sua autoconfiança e exigir direitos iguais aos da maioria heterossexual. Isso foi muito importante para legitimar a homossexualidade e a diversidade sexual em geral.

Onde Você se Encaixa?

Apesar de todos esses fatores, a oposição a pessoas que não se conformam a papéis de gênero convencionais permanece forte em todas as fases da vida. Quando era criança, você já riu de uma menina que, digamos, gostava de subir em árvores ou de brincar com carrinhos? Já chamou uma menina como essa de "sapatão"? Já chamou um menino que gostava de cozinhar de "bicha" ou de algum termo pejorativo equivalente? Se sua resposta a alguma dessas perguntas foi afirmativa, então seu comportamento não é diferente do comportamento de muitas pessoas. As crianças são geralmente muito rígidas ao reforçar papéis de gênero convencionais e aplicam sanções a colegas que se desviam das convenções. De acordo com uma pesquisa da Unesco, realizada com alunos de 10 a 24 anos de escolas brasileiras em 14 cidades, "a discriminação contra alunos que são ou que são considerados homossexuais por parte dos colegas ocorre principalmente de forma velada, por meio de referências preconceituosas. A recorrência à linguagem pejorativa é comum nas violências contra homossexuais, com o intuito de humilhar, discriminar, ofender, ignorar, isolar, tiranizar e ameaçar" (Abramovay, Castro e Silva, 2004: 303). Além do uso de uma linguagem pejorativa, o preconceito e a discriminação ficam evidentes em outras formas, menos veladas, por meio das quais os jovens rechaçam a homossexualidade. Por exemplo, ao serem indagados sobre quais pessoas não gostariam de ter como colegas de classe, cerca de 25% dos estudantes afirmaram que não gostariam de ter um colega de classe homossexual. Esse percentual varia de acordo com a região bem como entre meninos e meninas. Assim, o percentual mais elevado é de 45% (em Vitória) e 34% (em Belém) entre os meninos e o mais baixo é de 22% (em Recife) e 10% (no Rio de Janeiro) entre as meninas. Além disso, quando indagados sobre as cinco formas mais graves de violência, "bater em homossexuais" foi considerado pelas meninas o terceiro tipo mais grave de violência, atrás de "atirar em alguém" e "cometer estupro". Para os meninos, essa forma de violência aparece em sétimo lugar, perdendo para "usar drogas" e "andar armado" (Abramovay, Castro e Silva, 2004; Castro e Abramovay, 2003).

Entre os adultos, a oposição é igualmente forte. Qual é a sua atitude hoje em relação a transgêneros, transexuais e homossexuais? Você acha, por exemplo, que a homossexualidade é uma doença, um desvio sexual, uma deficiência? Em caso afirmativo, mais uma vez, você pensa como algumas pessoas. De acordo com a pesquisa da Unesco citada anteriormente, 18,3% dos estudantes brasileiros do ensino fundamental e médio na faixa entre 20 e 24 anos consideram a homossexualidade uma doença. Essas porcentagens chegam a 25,6% em Cuiabá e 24,1% em Vitória e Fortaleza e caem para 8,9% e 11,5% no Distrito Federal e em Florianópolis, respectivamente. Esses números são ligeiramente menores entre crianças de 10 a 14 anos (14,8%) e entre adolescentes de 15 a 19 anos (14,4%). Entre os professores dos níveis fundamental e médio, cerca de 14,5% deles acreditam que a homossexualidade é uma doença, sendo que esse percentual sobe para 21,8% em Manaus e para 18,1% em Fortaleza. Outro indicador de preconceito e discriminação entre pessoas adultas diz respeito a pais de alunos que não gostariam que pessoas homossexuais fossem colegas de escola dos seus filhos: 34,6% deles selecionaram a categoria "homossexuais" quando indagados sobre quais pessoas não gostariam que fossem colegas de classe de seus filhos (Abramovay, Castro e Silva, 2004).

A antipatia em relação a homossexuais é tão forte entre algumas pessoas que elas estão dispostas a defender suas crenças com base no uso da força. De acordo com dados do Grupo Gay da Bahia, entre 1991 e 2004, mais de 1.600 homossexuais foram assassinados no Brasil (Figura 8.5).

Isso torna o Brasil um dos países mais intolerantes do mundo no que diz respeito à opção sexual, embora de forma alguma represente um caso isolado de violência contra homossexuais (Tabela 8.3).

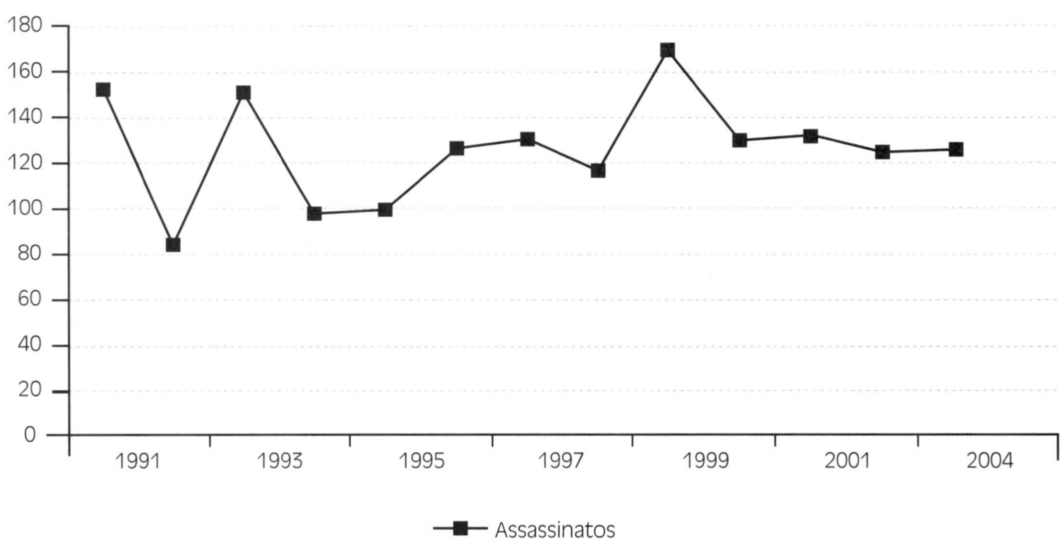

● **Figura 8.5** **Número de assassinatos de homossexuais no Brasil entre 1991 e 2004**
Fonte: Grupo Gay da Bahia (2002; 2004).

Tabela 8.3 Países com a maior média de crimes contra homossexuais

País	Ano	População (2001)	Homossexuais mortos	Mortes por ano (média)
Brasil	2000/2001	170.000.000	262	131
México	1995/2000	98.900.000	213	35,5
Estados Unidos	1998/2000	278.400.000	77	25,6
Peru	1998/1999	25.700.000	30	15
Canadá	1990/2000	31.100.000	100	10
Colômbia	1999	42.300.000	9	9
El Salvador	1997/2001	6.200.000	21	5,2
Argentina	1982/2000	37.000.000	80	4,4
Afeganistão	1998/1999	22.700.000	8	4
Reino Unido	1999	58.800.0000	3	3

Fonte: Grupo Gay da Bahia (2002).

Mesmo regiões tradicionalmente consideradas tolerantes podem revelar dados surpreendentes sobre violência contra homossexuais. Por exemplo, um estudo americano de 1998, envolvendo cerca de 500 residentes adultos da região metropolitana de San Francisco (provavelmente a área mais sexualmente tolerante nos Estados Unidos), mostra que uma em cada dez pessoas admitiu ter ameaçado ou agredido fisicamente pessoas que elas acreditavam ser homossexuais. Um total de 24% dos sujeitos da pesquisa afirmou já ter feito uso de xingamentos anti-homossexuais. Dentre os respondentes do sexo masculino, 18% já agiram de forma ameaçadora ou violenta e 32% já usaram xingamentos anti-homossexuais. Além disso, um terço das pessoas que nunca se envolveram em violência contra homossexuais disse que o faria, caso uma pessoa homossexual "passasse uma cantada" ou flertasse com elas (Franklin, 1998).

Devido à animosidade generalizada em relação a homossexuais, muitas pessoas que gostariam de ter tido experiências sexuais com pessoas do mesmo sexo, ou que já o fizeram, não se identificam como gays, lésbicas ou bissexuais. Isso é evidente quando se leva em consideração a distribuição geográfica de pessoas que se identificam como homossexuais ou bissexuais. Mais uma vez, estudos americanos podem ser úteis, considerando-se a ausência de dados brasileiros semelhantes. Mais de 9% dos residentes das 12 maiores cidades americanas (excluindo os subúrbios) se autoidentificam como homossexuais ou bissexuais. Essa porcentagem cai para pouco mais de 4% nas cidades que ocupam do décimo terceiro ao centésimo lugar no ranking por tamanho das cidades americanas (também excluídos os subúrbios) e reduz-se para cerca de 1% em áreas rurais. Por quê? Porque centros com menor população tendem a ser menos tolerantes em relação à homossexualidade e à bissexualidade. Pessoas que manifestam desejo por pessoas do mesmo sexo são, portanto, menos propensas a expressar e a desenvolver identidades homossexuais e bissexuais em comunidades menores. Essas pessoas tendem a migrar para cidades maiores e mais liberais nas quais existem comunidades gays bem-estabelecidas e que possam oferecer apoio emocional (Michael et al., 1994: 178, 182).

Pesquisas recentes também sugerem que alguns crimes contra gays podem resultar de tendências homossexuais reprimidas por parte dos agressores (Adams, Wright e Lohr, 1998). De acordo com essa perspectiva, os agressores são **homofóbicos** — sentem rejeição ou têm aversão a homossexuais porque não podem lidar com seus próprios impulsos homossexuais, provavelmente inconscientes. A agressão seria então uma forma de atuar a negação de tais impulsos. No Brasil, de forma geral, o termo homofobia é utilizado para qualificar todo tipo de violência contra homossexuais. Entretanto, alguns autores argumentam que não se pode atribuir a violência contra homossexuais unicamente a distúrbios psicológicos por parte dos agressores. A psicóloga Karen Franklin, por exemplo, que desenvolveu um estudo sobre as motivações psicológicas de criminosos responsáveis pelos chamados *hate crimes* (crimes de ódio, ou crimes motivados pela suposta raça, etnicidade, religião ou orientação sexual da vítima), concluiu que a homofobia é responsável por parte, mas não pela totalidade da violência praticada contra homossexuais. Isto porque, quando se confrontam os dados da pesquisa mencionada anteriormente e segundo os quais metade de todos os homens adultos da região metropolitana de San Francisco admitiu alguma forma de agressão contra gays, o fenômeno parece incluir muitas fontes diversas. A análise das motivações desses moradores de San Francisco mostrou que alguns deles cometeram as agressões para provar sua heterossexualidade e sua virilidade. Outros agrediram homossexuais apenas para aliviar o tédio e "se divertir". Outros, ainda, acreditavam estar se defendendo de proposições sexuais agressivas. Um quarto grupo agiu com violência porque queria punir os homossexuais pelo que consideravam transgressões morais (Franklin, 1998). A autora argumenta, então, que a violência contra gays não decorre apenas de uma psicologia anormal, mas diz respeito a um fenômeno cultural amplo, com origens múltiplas. A forma como o termo homofobia é utilizado no Brasil, entretanto, sugere que ele se refere a uma patologia sociopsicológica e não apenas psicológica.

Para resumir os principais argumentos apresentados nesta seção, influências sociais e culturais marcantes nos levam a distinguir homens de mulheres e heterossexuais de homossexuais. Aprendemos essas distinções por meio do processo de socialização e as reconstruímos constantemente em nossas interações cotidianas. A maioria das pessoas recorre a sanções positivas e negativas a fim de assegurar que os outros se conformem aos papéis de gênero heterossexuais convencionais. Algumas pessoas usam a violência para reforçar essa conformidade e punir os desvios.

Nossa apresentação também sugere que a construção social dos papéis de gênero convencionais ajuda a criar e a manter as desigualdades sociais existentes entre mulheres e homens. No restante deste capítulo, examinaremos as origens históricas e algumas das conseqüências atuais da desigualdade de gênero.

Desigualdade de Gênero

As Origens da Desigualdade de Gênero

Ao contrário do que afirmam os essencialistas, os homens nem sempre gozaram de mais poder e autoridade do que as mulheres. Uma desigualdade substancial entre mulheres e homens existe apenas há cerca de 6 mil anos e foi socialmente construída. Três grandes processos sócio-históricos dão conta do crescimento da desigualdade de gênero. Consideremos brevemente cada um deles.

Guerras e Conquistas de Longa Distância

Dados antropológicos sugerem que homens e mulheres eram mais ou menos iguais em termos de *status* nas sociedades nômades de caça e coleta — a forma de sociedade dominante em 90% da história humana. A desigualdade de gênero estava baseada no fato de que as mulheres produziam uma quantidade substancial dos alimentos do bando, até 80% em alguns casos (ver o Capítulo 11, "Famílias"). Os dados arqueológicos da Velha Europa contam uma história semelhante. A Velha Europa é uma região que vai mais ou menos da Polônia, no norte, à ilha mediterrânea de Creta, no sul, e da Suécia, no oeste, à Bulgária, no leste. Entre 7000 e 3500 a.C., homens e mulheres gozavam de *status* aproximadamente iguais por toda a região. De fato, as religiões da região davam primazia às deusas da fertilidade e da criação. O parentesco era traçado pelo lado da família da mãe. Então, em algum momento entre 4300 e 4200 a.C., tudo começou a mudar. A Velha Europa foi invadida por sucessivas ondas de povos guerreiros do nordeste da Europa e da Ásia (os kurgan) e dos desertos do sul (os semitas). Ambas as civilizações, kurgan e semita, eram baseadas em uma estrutura social extremamente hierárquica em que os homens eram dominantes. Suas religiões davam primazia aos deuses guerreiros masculinos. Elas adquiriam propriedades e escravos, conquistando outros povos e impondo suas religiões aos dominados. Eliminaram, ou pelo menos rebaixaram, as deusas como forças divinas. Deus tornou-se masculino e sua vontade passou a incluir a dominação das mulheres pelos homens. Leis reforçaram a submissão sexual, econômica e política das mulheres aos homens. O judaísmo tradicional, o cristianismo e o islamismo incorporam idéias de dominância masculina e todos se originam das tribos que conquistaram a Velha Europa no quinto milênio a.C. (Eisler, 1995 [1987]; ver também Lerner, 1986).

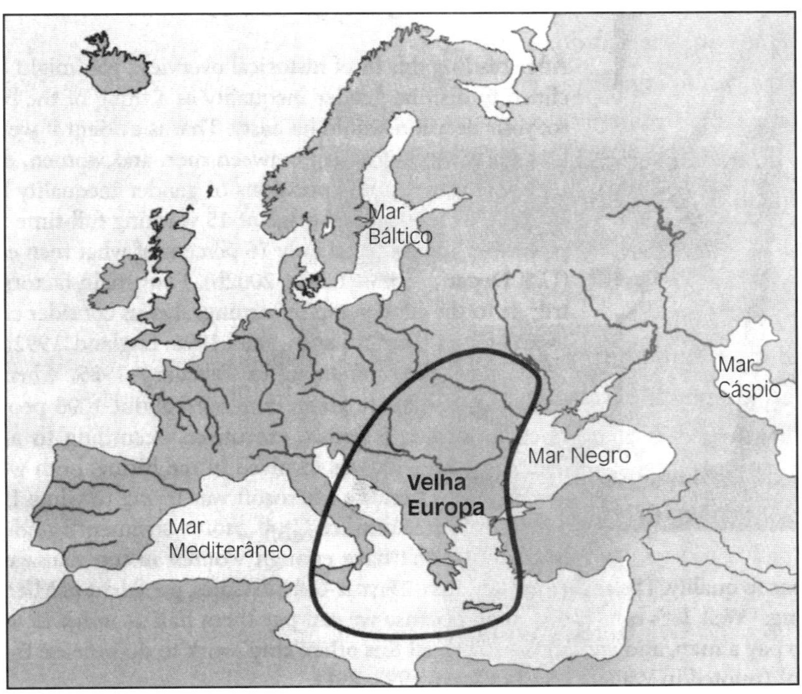

Figura 8.6 A Velha Europa
Fonte: Gimbutas (1982: 16).

Agricultura de Arado

As guerras e conquistas de longa distância fortaleceram a posição dos homens e, assim, aumentaram a autoridade e o poder masculinos. A agricultura extensiva utilizando animais puxados por arado teve efeito semelhante. A agricultura de arado se originou no Oriente Médio há mais ou menos 5 mil anos. Ela exigia que adultos fortes permanecessem nos campos o dia todo, durante grande parte do ano, o que também reforçou o princípio da propriedade privada da terra. Porque os homens eram em média mais fortes do que as mulheres e porque as mulheres ficavam limitadas em suas atividades devido à gravidez, ao parto e à amamentação, a agricultura de arado tornou os homens socialmente mais poderosos. Dessa forma, a terra era possuída pelos homens, e a propriedade era normalmente passada do pai para o filho mais velho (Coontz e Henderson, 1986).

A Separação entre as Esferas Pública e Privada

Na era agrícola, a produção econômica era organizada em torno do domicílio. Os homens podiam trabalhar separados das mulheres nos campos, mas os campos ainda faziam parte da *propriedade familiar*. Em contraste com isso, durante a primeira fase da industrialização, o trabalho dos homens transferiu-se do domicílio para a fábrica e para o escritório. A maioria dos homens se tornou trabalhadores assalariados e alguns deles assumiram papéis de poder em instituições econômicas e políticas. Entretanto, enquanto os homens se voltaram para a esfera pública, a maioria das mulheres permaneceu na esfera doméstica ou privada. Não demorou para que surgisse a idéia de que aquela era uma divisão natural do trabalho e ela persistiu até a segunda metade do século XX, quando uma variedade de circunstâncias sociais indo da introdução da pílula anticoncepcional até as exigências das mulheres para ingressar na universidade finalmente permitiu que elas ingressassem na esfera pública em grande número.

Assim, vemos que, de acordo com os construtivistas sociais, a desigualdade de gênero deriva não de características biológicas inerentes a homens e mulheres, mas de três circunstâncias histórico-sociais principais: o surgimento de guerras e conquistas de longa distância, o desenvolvimento da agricultura de arado e a atribuição das mulheres à esfera doméstica e dos homens à esfera pública durante o início da era industrial.

Diferenças nos Rendimentos Hoje

Após ler esse breve resumo histórico, você pode estar inclinado a descartar a desigualdade de gênero como coisa do passado. Caso seja assim, sua decisão seria precipitada. Isso é evidente se focalizarmos primeiro a defasagem de salário entre homens e mulheres, uma das mais importantes expressões da desigualdade de gênero hoje em dia. Segundo a PNAD (Pesquisa Nacional por Amostra de Domicílios) de 2002, uma comparação entre os rendimentos mensais de homens e mulheres ocupados mostrou que elas ganham apenas 70% do rendimento dos homens (IBGE; Síntese dos Indicadores Sociais, 2003). Quatro fatores principais contribuem para a diferença de salários entre homens e mulheres. Consideremos cada um deles separadamente (Bianchi e Spain, 1996; England, 1992b).

Discriminação de gênero. Em fevereiro de 1985, quando a Microsoft, a gigante dos softwares de computadores, empregou cerca de mil pessoas, ela contratou suas duas primeiras mulheres executivas. Segundo um informante que participou do processo de seleção, ambas as mulheres só conseguiram o emprego porque a Microsoft estava tentando fechar um contrato com a força aérea americana. De acordo com as diretrizes do governo americano, a empresa não tinha mulheres em número suficiente nos altos cargos executivos para concorrer ao processo de licitação. O informante citou o presidente da empresa, Bill Gates, na época com 29 anos: "Bem, vamos contratar duas mulheres porque podemos pagar a elas metade do que pagaríamos a um homem e depois podemos designá-las para que façam todo esse outro trabalho porcaria porque elas são mulheres" (citado em Wallace e Erickson, 1992: 291). Essa é uma ilustração clara de **discriminação de gênero** envolvendo a recompensa desigual de homens e mulheres pelo mesmo trabalho. Embora a discriminação de gênero seja ilegal em muitos países, inclusive no Brasil, ela ainda não desapareceu, como ilustra o caso precedente.

Responsabilidades domésticas desiguais reduzem os rendimentos das mulheres. A partir de uma perspectiva emocional, criar filhos pode ser uma das experiências mais gratificantes na vida. Entretanto, trata-se de uma atividade que consome tanto tempo, é tão exaustiva e requer tantas interrupções na carreira devido a gestações e doenças, que diminui substancialmente o tempo que se pode usar para se profissionalizar e desempenhar atividades no mercado de trabalho remunerado. Uma vez que as mulheres estão desproporcionalmente envolvidas na criação de filhos, elas sofrem na pele a violência dessa realidade econômica. As mulheres também desempenham mais trabalho doméstico e cuidam mais de pessoas idosas do que os homens. Em muitos países, as mulheres desempenham entre dois terços e três quartos de todas as atividades não remuneradas com crianças, com idosos e tarefas domésticas (Boyd, 1997: 55). Como resultado, elas dedicam menos horas ao trabalho remunerado do que os homens, experimentam mais interrupções na carreira e são mais propensas do que os homens a assumir empregos em tempo parcial. Empregos em tempo parcial pagam proporcionalmente menos do que empregos em tempo integral e oferecem menos benefícios que esses últimos. Mesmo quando trabalham em tempo integral no mercado de trabalho remunerado, as mulheres continuam a desempenhar uma quantidade desproporcional de tarefas domésticas, desempenhando, de fato, uma jornada dupla (Hochschild e Machung, 1989) (ver o Capítulo 11, "Famílias"). Isso afeta a quantidade de tempo que as mulheres podem dedicar aos seus empregos e a suas carreiras, o que tem conseqüências negativas para seus rendimentos (Mahony, 1995; Waldfogel, 1997).

As mulheres tendem a se concentrar em empregos e ocupações mal remunerados. O terceiro fator que influencia o menor rendimento das mulheres refere-se ao fato de que os cursos superiores e profissionalizantes que elas escolhem tendem a limitá-las a ocupações e a empregos mal remunerados. *O trabalho desempenhado por mulheres é comumente menos valorizado do que o trabalho desempenhado por homens* porque é percebido como envolvendo menos qualificação. As mulheres tendem a ganhar menos do que os homens porque as qualificações requeridas para seus trabalhos são freqüentemente subvalorizadas (Figart e Lapidus, 1996; Sorenson, 1994). Para a socióloga catalã Maria de Jesus Izquierdo (citada em Rosemberg, 2000: 131-2), a dominação do gênero masculino sobre o feminino serve de base para o preconceito existente com relação a diferentes capacidades atribuídas a homens e mulheres. As capacidades associadas ao gênero feminino são consideradas de segunda ordem para o funcionamento e o desenvolvimento da sociedade e tendem a ser associadas à produção da vida humana. Por outro lado, as atividades comumente associadas ao gênero masculino dizem respeito à produção e à administração das coisas e são consideradas fundamentais e de primeira ordem. Um exemplo dessa divisão sexista do trabalho encontra-se na vinculação dos profissionais da educação infantil ao gênero feminino. A suposta capacidade inata das mulheres para o amor e o cuidado em relação à sua prole constituiria requisito natural e necessário à educação infantil, levando a uma baixa qualificação profissional nesse setor e contribuindo para a manutenção das desigualdades existentes entre homens e mulheres (Rosemberg, 2000: 131-2).

Dessa forma, podemos perceber que as diferenças de rendimentos com base em gênero baseiam-se em diversas circunstâncias *sociais* e não em supostas diferenças genéticas entre homens e mulheres. Isso significa que as pessoas podem reduzir essa desigualdade se quiserem. Mais adiante, discutiremos políticas sociais que poderiam ajudar a criar mais igualdade entre homens e mulheres. Antes disso, porém, explicaremos como a persistência da desigualdade de gênero encoraja o assédio sexual e o estupro.

Violência Masculina contra a Mulher

A agressão entre homens e mulheres é comum, mas a grande maioria é cometida por homens contra mulheres. De acordo com uma pesquisa realizada pela Fundação Perseu Abramo, a cada 15 segundos uma mulher é agredida no Brasil. Estima-se que mais de dois milhões de mulheres são espancadas a cada ano por maridos ou namorados, atuais e antigos (citado em Instituto Patrícia Galvão, 2000).

Por que os homens agridem mais (e com maior violência) as mulheres do que o oposto? Não é porque os homens são, em média, *fisicamente* mais fortes do que as mulheres. É mais provável que se utilize uma maior força física para cometer agressões quando as normas justificam a dominação masculina e quando os homens têm muito mais poder *social* do que as mulheres. Quando homens e mulheres são socialmente mais iguais e as normas justificam a igualdade de gênero, a proporção de agressão masculina é mais baixa. Isso é evidente se considerarmos os vários tipos de interação agressiva, incluindo o estupro e o assédio sexual (ver também a discussão sobre o abuso de esposas no Capítulo 11, "Famílias").

Estupro

De acordo com o Código Penal brasileiro, o estupro é considerado crime contra os costumes, e não contra a pessoa[5]. Ele é restrito à relação sexual entre um homem e uma mulher e limitado à penetração vaginal, contra a vontade dela e com recurso à violência (física ou psicológica) ou à grave ameaça por parte do homem. Isso exclui da definição legal de estupro práticas como o sexo oral ou anal ou, ainda, outra forma de contato sexual forçado mediante o uso da violência. Essas últimas seriam enquadradas na categoria de atentado violento ao pudor. A definição sociológica do termo tende a ser mais ampla, estando mais de acordo com a acepção corriqueira do termo. Na definição de Rita Segato, o **estupro** envolve "o uso e o abuso do corpo do outro, sem que o outro participe com intenção ou envolvimento compatível" (Segato, 1999: 388).

[5] Para Rita Segato (1999: 396), a lei brasileira prolonga uma noção pré-moderna de agressão segundo a qual a mulher não é concebida como cidadã: ela não é a vítima, em sua individualidade, mas seu corpo é percebido como sendo um mero instrumento por meio do qual os costumes e a ordem social em geral são ameaçados ao colocar em risco os direitos e as prerrogativas do pai ou do marido.

Algumas pessoas acreditam que os estupradores sofrem de uma desordem psicológica que os compele a buscar gratificação sexual imediata, mesmo que para isso a violência seja necessária. Outras acham que o estupro ocorre por falhas na comunicação, que algumas vítimas de estupro dão sinais dúbios a seus atacantes, por exemplo, ao beber muito e flertar com eles.

Essas explicações não são completamente inválidas. Entrevistas com vítimas e criminosos mostram que alguns estupradores sofrem de desordens psicológicas. Outros estupradores interpretam mal alguns sinais em situações que consideram sexualmente ambíguas (Hannon et al., 1995). Contudo, esses casos dão conta de apenas uma pequena proporção do total. Homens que estupram mulheres raramente são mentalmente desequilibrados e é evidente, para a maioria dos estupradores, que suas vítimas se opõem fortemente ao que eles estão fazendo. Além disso, como afirma a socióloga Lourdes Bandeira (1999: 362), "ao praticar um estupro, o agressor, em alguma medida, tem consciência de romper, de transgredir as regras sociais, embora, para si próprio, possa admitir que não está cometendo qualquer anormalidade". Em outros termos, ainda que o estupro possa ser um comportamento emocional, impulsivo e descontrolado, isso não exclui a decisão e, portanto, a presença da razão no planejamento e na execução do ato. Ao se pressupor que o estuprador é sempre possuído por um estado emocional desequilibrado, por um instinto animal irracional e incontrolável, acaba-se por "naturalizar" o agressor como um indivíduo patológico, banalizando e minimizando a violência sexual (Bandeira, 1999: 369-75).

O que faz com que o estupro seja tão comum? Uma resposta sociológica é sugerida pelo fato de que o estupro não é, de modo algum, algo que se refere à gratificação sexual. Alguns estupradores não podem ejacular; alguns não conseguem sequer uma ereção. Para muitos estupradores, os corpos de suas vítimas são considerados abomináveis ou, pelo menos, não-desejáveis (Segato, 1999: 419). De maneira significativa, entretanto, todo estupro envolve a dominação e a humilhação como motivos principais. Não surpreende, portanto, que alguns estupradores sejam homens que sofreram abuso físico ou sexual na juventude. Eles desenvolvem uma profunda necessidade de se sentirem poderosos como compensação psicológica pela antiga impotência. Outros estupradores são homens que, quando crianças, viam suas mães como figuras potencialmente hostis e que necessitavam ser controladas, ou como meros objetos disponíveis para a gratificação masculina. Por outro lado, seus pais eram percebidos como emocionalmente frios e distantes. Criados nessa atmosfera, os estupradores aprendem a não sentir empatia em relação às mulheres. Ao contrário, aprendem a querer dominá-las (Lisak, 1992). O estupro, como uma forma específica de dominação das mulheres por parte dos homens é, portanto, socialmente aprendido.

Esse processo de aprendizagem diz respeito à própria idéia de masculinidade presente nas sociedades patriarcais. Para Rita Segato (1999), nessas sociedades, a masculinidade diz respeito a um *status* que envolve e confunde poder sexual, poder social e até poder de morte. Por exemplo, autores do século XIX, como Gobineau, usavam os termos "subordinados", "inferiores" e "femininos" como sinônimos (ver o Capítulo 7, "Raça e Etnicidade") e o próprio "pai" da sociologia, Auguste Comte, identificava o ápice do desenvolvimento humano, o estágio positivo ou científico, com a idéia de virilidade (Comte, 1988). A feminização e a infantilização dos povos que se queria subjugar — isto é, o processo pelo qual se atribuía signos de feminilidade a outros povos — também foram comuns durante a colonização da América, particularmente em relação aos povos indígenas (Segato, 1999). Ao mesmo tempo em que se atribuíam signos de femininidade a indígenas e negros, desenvolvia-se um código de "hipervirilidade" dos homens brancos, o machismo à brasileira, "filho bastardo da escravidão", segundo o qual qualquer conduta ou sentimento feminino ameaça a ordem colonial (Mott, 1994: 7-8).

De maneira geral, as conquistas territoriais e a guerra podem ser consideradas tipos de situação social que contribuem para aumentar a proporção de estupros. Na guerra, os soldados conquistadores do sexo masculino se sentem justificados em querer humilhar os vencidos, que se vêem impotentes para impedi-los. O estupro é freqüentemente usado para esse propósito, como foi bem documentado nas guerras étnicas que acompanharam a dissolução da Iugoslávia nos anos de 1990 (Human Rights Watch, 1995).

No entanto, o estupro não deve ser percebido como a conseqüência direta e espontânea do exercício do poder do homem sobre a mulher. O homem não estupra a mulher "porque *tem* poder ou para provar que o tem, mas porque deve *obtê-lo*" (Segato, 1999: 414; ênfases no original). Essa idéia é reforçada pelo fato de que os estupros de mulheres desconhecidas representam uma minoria. Pode-se pensar que o estupro é, sobretudo, um crime de rua que ocorre em becos, ruelas, terrenos baldios e lugares ermos e com mulheres desconhecidas. Entretanto, uma análise das estatísticas do estupro no Distrito Federal para o ano de 1994 mostrou que quase 60% deles ocorreram dentro de uma residência (do agressor, da vítima, de ambos ou de outra pessoa). Dados semelhantes existem para a cidade de Nova York, em que 55% dos estupros comprovados pela polícia ocorreram em residências privadas. Isso significa que as vítimas preferenciais são mulheres que mantêm algum vínculo de parentesco, de amizade ou de relação profissional com seus agressores (Bandeira, 1999: 453-8) — isto é, justamente aquelas que "precisam" ser subjugadas ou por meio das quais se mostraria dominância em relação a outros homens.

Podemos concluir então que o estupro envolve o uso do sexo para estabelecer dominação. A incidência de estupro é mais alta em situações em que experiências da primeira socialização predispõem os homens a quererem controlar as mulheres, em que normas justificam a dominação das mulheres e em que existe um grande desequilíbrio de poder entre homens e mulheres.

Assédio Sexual

Assim como ocorre com a definição legal de estupro, a definição de assédio sexual do Código Penal brasileiro é excessivamente restritiva. De acordo com o artigo 216, o assédio sexual envolve "constranger alguém com o intuito de obter vantagem ou favorecimento sexual, prevalecendo-se o agente da sua condição de superior hierárquico ou ascendência inerentes ao exercício de emprego, cargo ou função". Um dos problemas com essa definição de assédio é que o agressor deve ser um superior da vítima dentro da hierarquia da empresa. Assim, por exemplo, não haveria assédio entre pessoas do mesmo nível hierárquico ou por parte de um empregado de nível hierárquico inferior[6]. Uma definição sociológica mais ampla consideraria **assédio sexual** todos os casos em que ameaças sexuais ou suborno se tornam uma condição para determinadas decisões de emprego — por exemplo, demitir, promover ou contratar alguém — ou quando ocorrem piadas sexuais, comentários e toques que interferem no trabalho ou criam um ambiente de trabalho não-amigável.

As pesquisas mostram que as mulheres com pouco poder são as que têm mais probabilidade de serem sexualmente assediadas. Além disso, o assédio sexual é mais comum em ambientes de

[6] A obtenção de vantagens ou favorecimento sexual em relações como médico-paciente, professor-aluno, gerentes de banco-clientes e outras nas quais não existem vínculos trabalhistas constitui abuso sexual profissional e não assédio sexual.

trabalho que exibem um alto nível de desigualdade de gênero e uma cultura que possibilite a justificação da dominação masculina sobre as mulheres. De maneira específica, mulheres jovens, não casadas e menos qualificadas profissionalmente têm mais probabilidade de se tornarem objeto de assédio sexual, particularmente se têm contrato de trabalho temporário, se a proporção de mulheres para homens no trabalho é baixa e se a cultura organizacional do local de trabalho tolera o assédio sexual (Rogers e Henson, 1997; Welsh, 1999).

No final das contas, a violência masculina contra as mulheres — inclusive o assédio sexual e o estupro — é encorajada por uma lição que a maioria de nós ainda aprende em casa, na escola, no trabalho e, em grande medida, por meio da religião organizada e dos meios de comunicação de massa — que é natural e correto que os homens dominem as mulheres. É fato que, nas últimas décadas, temos testemunhado importantes mudanças na maneira como são definidos os papéis de homens e mulheres. Entretanto, no mercado de trabalho remunerado, em casa, nos cargos governamentais e em todas as outras esferas da vida, os homens tendem a possuir mais poder e autoridade do que as mulheres. Padrões cotidianos de dominação de gênero, vistos como legítimos pela maioria das pessoas, estão embutidos em nossas normas de namoro, sexo, família e trabalho. A partir desse ponto de vista, a agressão masculina contra as mulheres é simplesmente a expressão da autoridade masculina por outros meios.

Isso não significa que todos os homens apóiam o princípio da dominação masculina ou que todos os homens estão propensos ao estupro ou a se envolver em outros atos de violência contra a mulher. Muitos homens são a favor da igualdade de gênero e a maioria deles nunca estuprará ou abusará de uma mulher. Entretanto, permanece o fato de que muitos aspectos de nossa cultura legitimam a dominação masculina, fazendo-a parecer válida ou apropriada. Por exemplo, pornografia, piadas sobre mulheres, assobios e olhares maliciosos podem parecer simples exemplos de jogos inofensivos. Em um nível sociológico mais sutil, entretanto, são sinais da adequação da submissão das mulheres aos homens. Esses reforços freqüentes e rotineiros da autoridade masculina aumentam a probabilidade de que alguns homens considerarão a violência física ou sexual contra mulheres como um direito seu, caso a oportunidade exista ou possa ser criada. A famosa frase "estou brincando" tem um custo. Por exemplo, pesquisadores descobriram que os estudantes universitários que gostam de piadas sexistas apresentam mais probabilidade que os outros de se envolver em atos de violência contra mulheres (Ryan e Kanjorski, 1998).

Vemos, portanto, que a agressão masculina contra as mulheres e a desigualdade de gênero não são coisas separadas. A desigualdade de gênero é o fundamento da agressão contra as mulheres. Para concluir este capítulo, veremos como a desigualdade de gênero pode ser diminuída nas próximas décadas. Ao continuarmos, você deve ter em mente que a desigualdade de gênero não é apenas uma questão de justiça: é também uma questão de segurança.

Rumo ao Futuro

O século XX testemunhou uma igualdade crescente entre mulheres e homens em muitos países. O declínio da agricultura familiar e a migração para as grandes cidades tornou as crianças menos úteis do ponto de vista econômico e sua criação, mais dispendiosa. Como resultado, as mulheres passaram a ter menos filhos, em especial entre as classes médias. O processo de industrialização e o crescimento do setor de serviços aumentaram a demanda pelo trabalho de mulheres na força de trabalho remunerada. Isso ofereceu às mulheres um poder econômico substancial e as encorajou a ter menos filhos. A legalização e a disseminação de métodos contraceptivos também possibilitaram que as mulheres exercessem um controle sem precedentes sobre seus corpos. O movimento de mulheres lutou por — e conseguiu — mais direitos nas dimensões econômica, política e jurídica. Todas essas forças sociais levaram a grandes mudanças culturais no que se refere a uma reorientação na forma de pensar acerca do que as mulheres podem e devem fazer na sociedade.

Um indicador do progresso das mulheres é a Medida de Empoderamento de Gênero (GEM). A Medida de Empoderamento de Gênero é computada pelas Nações Unidas e leva em consideração a distribuição de posições entre mulheres e homens no governo, a proporção de mulheres nos cargos de nível superior, técnico, gerencial e administrativo, bem como o poder de renda das mulheres. Um escore de 1,0 indica a igualdade em relação aos homens nessas três dimensões.

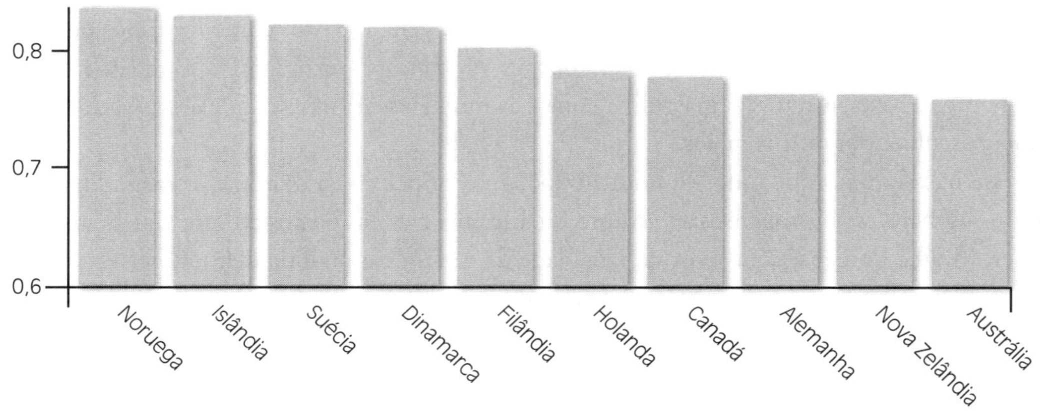

• **Figura 8.7** **Países com os maiores e menores escores na Medida de Empoderamento de Gênero (GEM) 2002**
Fonte: United Nations (2002a).

Como a Figura 8.7 mostra, os países escandinavos (Noruega, Islândia, Suécia, Dinamarca e Finlândia) eram os mais igualitários do mundo em termos de gênero em 1998. Seus escores para o GEM variavam de 0,837 a 0,803. Isso significa que as mulheres escandinavas estão mais de 80% em direção à igualdade em relação aos homens nas três dimensões avaliadas pelo GEM. Até o ano de 2002, referente ao último cálculo do GEM feito pelas Nações Unidas disponível no momento da redação deste texto, o Brasil não tinha esse índice calculado porque o governo brasileiro não informou o quantitativo de mulheres que ocupam cargos de direção nas três esferas do governo (executivo, legislativo e judiciário), um dos indicadores que compõe o GEM.

Em geral, existe maior igualdade de gênero em países ricos do que em países pobres. Assim, os 11 países que lideram o ranking da Medida de Empoderamento de Gênero são ricos. Em contraste, os níveis mais baixos de GEM encontram-se entre os países da África subsaariana. Isso sugere que a igualdade de gênero é uma função do desenvolvimento econômico.

Entretanto, nossa análise dos dados do GEM indica que existem algumas exceções ao padrão geral. Ela mostra que a igualdade de gênero também é uma função das políticas governamentais. Assim, em alguns países da ex-cortina de ferro da Europa Oriental (como a Polônia, a República

Tcheca e a Letônia), a igualdade de gênero é maior do que se poderia esperar, tendo em vista seus níveis de desenvolvimento econômico. Por outro lado, em alguns países do mundo islâmico (como os Emirados Árabes, a Arábia Saudita e a Argélia), a igualdade de gênero é menor do que se poderia esperar de acordo com seu nível de desenvolvimento econômico. Essas anomalias existem porque os ex-países soviéticos transformaram a igualdade de gênero em uma política do governo, enquanto alguns países islâmicos fazem justamente o oposto. Para citarmos apenas um caso extremo, em 1996, as autoridades do país islâmico Afeganistão tornaram ilegais a presença de meninas nas escolas e a presença das mulheres na força de trabalho remunerada (ainda que a situação tenha melhorado desde o fim do regime Taliban, em 2001).

Os dados da Medida de Empoderamento de Gênero disponíveis para o mundo mostram que ainda temos um longo caminho a percorrer em direção à igualdade entre mulheres e homens. Como vimos, elementos como a desigualdade nos salários de mulheres e homens têm diminuído no Brasil, mas a diferença ainda é muito grande.

Socializar as crianças, em casa e na escola, para compreenderem que mulheres e homens são igualmente aptos em todos os tipos de emprego é importante para motivar as meninas a se engajar em áreas não tradicionalmente femininas. A ação afirmativa nesse setor, que envolve a contratação de mais mulheres qualificadas a fim de diversificar as organizações, é um elemento importante para ajudar a compensar as discriminações sofridas no passado. Entretanto, sem minimizar a necessidade dessas iniciativas, devemos reconhecer que seu impacto será nulo se as mulheres continuarem a desempenhar uma quantidade desproporcional de trabalho não-remunerado na esfera doméstica e se as ocupações que contêm grande número de mulheres continuarem a ser desvalorizadas em termos monetários.

Duas iniciativas principais serão exigidas nas próximas décadas a fim de que se possa diminuir as diferenças salariais existentes entre mulheres e homens. Uma diz respeito ao desenvolvimento de um sistema de creches eficiente. Outra, ao desenvolvimento de uma política de valor comparável. Consideremos cada uma delas.

Creches

Um sistema de creches de boa qualidade e subsidiado pelo governo está disponível em muitos países, especialmente nos da Europa Ocidental. Isso não ocorre no Brasil. Segundo dados do Inep (Instituto Nacional de Estudos e Pesquisas Educacionais Anísio Teixeira), no ano de 2003 havia apenas 756 mil crianças de zero a três anos em creches públicas no Brasil — isto é, de cada grupo de mil crianças brasileiras nessa faixa etária, apenas 58 estavam matriculadas em creches públicas (Inep, 2004). Uma conseqüência importante disso é que muitas mulheres brasileiras só podem trabalhar fora se contratarem os serviços de empregadas domésticas, o que significa que as mulheres que se encontram na base do sistema econômico e que não podem pagar por esses serviços são também as que mais sofrem a desigualdade de gênero. Em outras palavras, a desigualdade de gênero apóia-se em desigualdades econômicas e raciais, além de reforçá-las.

Algumas empresas brasileiras estão começando a reconhecer a importância de oferecer serviços de creche de boa qualidade aos empregados. No entanto, esses benefícios ainda são raros (grande parte das universidades brasileiras, por exemplo, não dispõe de creches para filhos de professores, funcionários e alunos) e tendem a ocorrer nos empregos que oferecem um maior número de benefícios. Muitas mulheres que trabalham na força de trabalho remunerada são obrigadas a deixar os filhos em creches de condições precárias, com poucos recursos e mão-de-obra desqualificada.

Valor Comparável

Pesquisas como a de Fúlvia Rosemberg, mencionadas anteriormente, mostraram que as mulheres recebem salários menores do que os homens porque, em larga medida, os trabalhos tradicionalmente desempenhados por mulheres são menos valorizados e requerem menor capacitação do que os trabalhos desempenhados por homens. Por essa razão, alguns pesquisadores têm tentado estabelecer critérios neutros em termos de gênero a partir dos quais se pode avaliar o valor monetário do trabalho. Esses critérios incluem o grau de educação e de experiência exigido para o desempenho de um trabalho em particular, assim como o grau de responsabilidade, o nível de estresse e as condições de trabalho associadas a ele. Os pesquisadores acreditam que, ao utilizar esses critérios para comparar os empregos em que os homens e as mulheres tendem a se concentrar, poder-se-ia identificar os elementos que dão conta das desigualdades salariais. Dessa forma, as pessoas que recebem menores salários seriam recompensadas de acordo. Em outras palavras, homens e mulheres receberiam pagamentos compatíveis para trabalhos de **valor comparável**, mesmo desempenhando trabalhos distintos. Um primeiro passo nesse sentido seria fazer com que o governo brasileiro e as empresas reconhecessem que a desvalorização dos empregos nos quais as mulheres tendem a se concentrar representa uma forma de discriminação. Um segundo passo consistiria em mudanças nas leis federais a fim de alterar essa situação. Entretanto, não há nenhuma legislação desse tipo em curso no momento e, assim como tem ocorrido em países como os Estados Unidos, é provável que as empresas se opusessem fortemente a iniciativas como essa uma vez que sua implementação representaria um custo inicial muito alto (England, 1992a).

O Movimento Feminista e de Mulheres

As melhorias na situação social das mulheres não dependem apenas da simpatia do governo e dos líderes do mundo dos negócios. O progresso nessa área sempre dependeu, em parte, da força do movimento organizado de mulheres. É provável que isso continue a ser verdade no futuro também. Para concluir o capítulo, consideraremos o estado do movimento de mulheres no Brasil e no mundo.

A história do movimento feminista no mundo é geralmente analisada a partir de três momentos distintos. A primeira onda do movimento feminista emergiu entre os anos de 1840 e 1850. As preocupações principais das feministas de primeira onda referem-se a questões ligadas à educação, ao emprego e às leis relativas ao casamento. Pode-se afirmar que as mulheres hoje associadas à primeira onda do feminismo eram principalmente de classe média, não estavam preocupadas com questões relativas às mulheres das classes trabalhadoras e nem se identificavam necessariamente como feministas (o termo feminismo só foi cunhado em 1895) (Gamble, 1999: 233).

A primeira onda do feminismo no Brasil estendeu-se por todo o período entre 1850 e 1940 (Hahner, 2003). Durante esse longo período, as mulheres da elite lutaram pelo direito à educação (a alfabetização era vista como prejudicial ao desempenho dos papéis de esposa e mãe destinados à mulher na sociedade do século XIX), ao emprego e ao voto. Este último resultou de um processo de luta iniciado antes da proclamação da República. Embora a primeira constituição republicana, de 1891, vetasse o voto aos analfabetos, mendigos, soldados e religiosos, sem excluir o voto feminino, as mulheres só vieram a conquistar efetivamente o direito ao voto em 1932, graças à ação política do Partido Republicano Feminino, criado em 1910. O Código Eleitoral Provisório de 1932 restringia o direito de voto às mulheres casadas que tivessem autorização dos maridos e a algumas solteiras ou viúvas com renda própria. Em 1934, a Assembléia Nacional Constituinte eliminou as restrições existentes ao voto das mulheres, limitando o voto obrigatório apenas àquelas que exercessem funções remuneradas em cargos públicos. No entanto, a obrigatoriedade plena do voto feminino, isto é, a igualdade em relação aos homens nesse domínio, só foi instituída com a Constituição de 1946 (Conferência Nacional de Mulheres Brasileiras, 2002).

A segunda onda do movimento feminista teve origem no final dos anos de 1960. Essa onda coincide com o aumento das atividades feministas nos Estados Unidos e em diversos países europeus. Nos Estados Unidos, as feministas de segunda onda buscaram parte de sua inspiração no sucesso do movimento pelos direitos civis. Elas achavam que as preocupações das mulheres vinham sendo ignoradas, apesar da desigualdade de gênero persistente e generalizada. Assim como suas companheiras de quase um século antes, elas organizaram passeatas, demonstrações públicas, pressionaram políticos e formaram organizações de mulheres para disseminar sua causa. Elas defenderam direitos iguais aos dos homens na educação e no emprego, a eliminação da violência sexual e o direito ao controle reprodutivo. Entretanto, era óbvio que o movimento não era unificado, existindo diferenças marcantes entre o movimento de mulheres negras, o movimento lésbico, o feminismo liberal, o feminismo socialista e o feminismo da classe trabalhadora (na Inglaterra) (Gamble, 1999: 310).

A chegada da segunda onda do movimento feminista ao Brasil coincidiu com a ditadura militar instaurada no país entre 1964 e 1985. A ausência de liberdade política e o forte controle do Estado sobre os movimentos sociais levaram o feminismo de segunda onda a assumir no Brasil características bem diversificadas com relação ao movimento feminista internacional. As mulheres que inauguraram essa nova onda eram de classe média, tinham grau de escolaridade elevado e algumas estavam inseridas profissionalmente nas universidades e nos cursos de pós-graduação. Muitas delas eram ou foram militantes de organizações políticas de esquerda e haviam sido perseguidas pelo regime político ditatorial, por essa razão, haviam se exilado. No início dos anos de 1980, o movimento feminista participou intensamente do processo de reconstrução democrática do país, o que levou ao surgimento da principal característica dessa fase: "Um feminismo muito mais sensível às desigualdades sociais do que em outros países da América do Norte e da Europa" (Sorj, 2004: 122). Enquanto nesses países o termo "feminista" era identificado com um movimento de mulheres de classe média e a expressão "movimento de mulheres" era relacionada a mulheres de camadas populares, no Brasil ocorreu a autodenominação "movimento feminista e de mulheres". A partir de então, o movimento feminista tem atuado em diferentes frentes como podemos verificar a partir dos temas levantados na "Plataforma Política Feminista". Dentre eles, destacamos a democracia política, a democracia social (aqui abrangendo as desigualdades socioeconômicas, a questão agrária, a questão urbana, a questão ambiental, a questão racial/étnica, o trabalho das mulheres e o trabalho doméstico) e a liberdade sexual e reprodutiva. Estas últimas incluem a defesa dos direitos civis, sociais, sexuais e reprodutivos de lésbicas, gays, travestis, transexuais, bissexuais e transgêneros; a garantia de atendimento público às mulheres que desejam interromper a gestação nos casos de aborto previsto pelo Código Penal e nos casos de má-formação fetal incompatível com a vida, entre outros (Conferência Nacional de Mulheres Brasileiras, 2002) (ver o Quadro 8.1).

Alguns autores mencionam ainda uma terceira onda do feminismo, caracterizada pela preocupação com desigualdades sociais e raciais e com as chamadas "questões de mulheres". Essa denominação, cunhada nos anos de 1990 para se referir às questões deixadas de lado no feminismo de segunda onda, em especial nos Estados Unidos e na Europa, tem sido recebida com certo grau de ceticismo. Para os críticos da noção de terceira onda, essas preocupações são percebidas como um modismo passageiro e não como um sinal de um novo estágio da luta feminista. Algumas vezes, o feminismo de terceira onda é também chamado de pós-feminismo (Gamble, 1999: 298, 327).

■ Quadro 8.1: Política Social: O que Você Acha? Aborto — Uma Questão de Saúde Pública ou um Caso de Polícia?

O aborto representa um dos temas mais polêmicos no que se refere aos direitos reprodutivos. Estima-se que a cada ano ocorram de 750 mil a 1 milhão de abortos clandestinos no Brasil. Sua prática é considerada crime, exceto nas situações de risco de vida da gestante e gravidez resultante de estupro (art. 128 do Código Penal). Em média, anualmente, 250 mil mulheres são internadas no Sistema Único de Saúde (SUS) vítimas de abortos inseguros. Dessas, 10% morrem e 20% ficam com seqüelas. O aborto inseguro é praticado principalmente por mulheres negras e pobres, que não podem pagar uma clínica particular clandestina. Recentemente, o Ministério da Saúde regulamentou e implementou normas técnicas que garantem à mulher o aborto nos hospitais da rede pública para os casos previstos em lei. Iniciativas como essa e como a campanha promovida pelo movimento de mulheres, que procura garantir a interrupção da gravidez nos casos de má-formação fetal incompatível com a vida (tal como a anencefalia), têm provocado fortes embates no Congresso Nacional e, em menor escala, no Supremo Tribunal Federal. Veja, a seguir, os principais argumentos defendidos pelos dois lados do debate.

O movimento feminista e de mulheres argumenta que, apesar de a Constituição atribuir ao Estado o dever de assegurar os recursos educacionais e científicos para o exercício do direito ao planejamento familiar (art. 226), o que se verifica na prática é que as mulheres que decidem não ter filhos encontram dificuldades de acesso à informação e a métodos contraceptivos, cuja oferta nos serviços públicos fica muito aquém da demanda. A ausência de uma política pública eficiente para o planejamento familiar é considerada, pelo movimento de mulheres, a grande responsável pelo alto número de gravidez indesejada que freqüentemente resulta em aborto. A prática é comum no Brasil e em quase todo o mundo. A diferença é que, em muitos países, o aborto está legalizado e as mulheres têm atendimento público e seguro para a interrupção da gravidez. No Brasil, exceto nas situações de risco de vida da gestante e gravidez resultante de estupro, a prática do aborto é criminalizada, o que obriga as brasileiras a recorrerem a serviços clandestinos, responsáveis por inúmeras seqüelas ou morte das mulheres. Na prática, portanto, a descriminalização do aborto representaria a garantia de um atendimento de saúde de qualidade para aquelas que optam por fazê-lo. Nessa perspectiva, o aborto é concebido como uma questão de saúde pública e de cumprimento dos direitos das mulheres. "A mulher tem condições éticas e morais de decidir sobre seu próprio corpo e de controlar sua capacidade reprodutiva", argumentam as integrantes da ONG feminista Católicas pelo Direito de Decidir: "sem essa liberdade de escolha, não é possível a justiça social".

Entre os setores sociais organizados contra o aborto, que lutam tenazmente contra sua legalização e pela eliminação de sua autorização nos casos previstos na legislação, destaca-se a Igreja Católica, representada oficialmente no Brasil pela CNBB (Conferência Nacional dos Bispos do Brasil). No documento Valores Básicos da Vida e da Família, a CNBB faz um apelo às autoridades, aos médicos e aos enfermeiros, aos responsáveis pelos meios de comunicação de massa e "a todos os católicos e homens de boa vontade" no sentido de promoverem ações que restaurem a dignidade humana "frente à escalada da permissividade moral, ao planejamento familiar mal orientado e à lastimável campanha para a legalização do aborto". Para a CNBB, entre os principais problemas da sociedade contemporânea estão a permissividade e a injustiça social. A permissividade é caracterizada, entre outros aspectos, pela busca desenfreada do prazer sexual, que coloca de lado os valores fundamentais da família. A injustiça social leva ao controle da natalidade, percebido como inadequado aos princípios cristãos. Desse modo, critica-se o planejamento familiar seja também por estar fundamentado na busca de prazer e comodismo, seja por imposição econômica decorrente de uma sociedade injusta. A partir desse ponto de vista, o aborto é condenado não apenas por constituir uma forma de planejamento familiar, mas também porque é considerado uma das formas mais cruéis de violência contra a vida humana, "um crime que brada aos céus". Argumentando contra o direito exclusivo da mulher sobre seu corpo e chamando atenção para a situação alarmante dos abortos clandestinos, a CNBB proclama "a inviolabilidade da vida, desde o primeiro instante da concepção no seio materno. O direito à vida é o direito fundamental do nascituro". Por fim, o documento da CNBB lembra que "a lei humana não pode permitir o que a Lei de Deus proíbe: 'não matarás'". Os argumentos em defesa da vida desde o primeiro momento da concepção são adotados não apenas pelos cristãos de diferentes denominações, encontrando amplo alcance na sociedade.

E você, como se posiciona diante desse debate? Você concorda com o argumento segundo o qual as mulheres têm o direito de decidir sobre seu próprio corpo e controlar sua capacidade reprodutiva? A vida do nascituro está acima de tudo? O aborto é uma questão de saúde pública ou um "caso de polícia"? Qual é o papel do Estado na regulamentação dessa questão? Como enfrentar um tema tão polêmico e que tem afetado diretamente milhares de mulheres no Brasil e no mundo?

Mudança de Hábito — História Pessoal

As relações de gênero apresentam-se de forma distinta em diferentes grupos humanos e se alteram, de forma mais ou menos rápida, entre as gerações. Apesar disso, nossa própria experiência sugere que os padrões ocidentais tradicionais de socialização de gênero afetam profundamente os homens. Por exemplo, Remo Mutzenberg cresceu em uma família de imigrantes de cultura patriarcal, mas isso não o impediu de perceber diferenças importantes na divisão do trabalho doméstico entre homens e mulheres e a refletir sobre sua própria socialização de gênero. "Quando migrei do Sul para o Nordeste", Remo nos conta, "chamou minha atenção o fato de os homens sentarem-se à mesa e serem servidos pelas mulheres que, além de preparar as refeições, faziam questão de 'fazer o prato' dos homens. Isso me lembrava um pouco a casa de meus avós maternos, no interior do Rio Grande do Sul, onde havia um espaço muito demarcado entre homens e mulheres. A casa deles era grande para os padrões da localidade e seu espaço estava bem dividido. Não lembro de meu avô na cozinha. Os homens ocupavam o espaço da sala e a copa era o lugar comum no momento das refeições. Apesar disso, não havia aquele costume segundo o qual as mulheres 'faziam o prato' para os homens, o que me levou a pensar nos meus próprios costumes".

A sensação de estranhamento de Remo deriva, em parte, de suas experiências na casa dos pais. Remo lembra que, na casa dos pais, ainda que na mesma localidade, a situação era bastante diferente. "Nossa casa era pequena e a cozinha era um local de reunião familiar. Diferentemente da casa dos meus avós, a cozinha não era um local só de mulheres. Houve também um tempo em que eu e minha mãe moramos sozinhos no sítio, pois meu pai e minha irmã foram morar na cidade para trabalhar. Com esse novo arranjo familiar, meu pai teve de aprender a fazer sua própria comida na cidade e, com a ausência de minha irmã, tive de ajudar minha mãe nos afazeres de casa. Quando a família finalmente se reuniu na cidade de Farroupilha, a divisão do trabalho doméstico por gênero já estava bastante alterada e pouco ou nada lembrava a situação vivida na casa dos meus avós."

As coisas se alteraram ainda mais quando Remo mudou-se mais uma vez a fim de dar continuidade aos estudos. "Quando deixei a casa de meus pais, fui morar em uma república de rapazes em São Leopoldo. Lá, todos eram obrigados a dividir as tarefas domésticas. Graças a essa experiência, anos depois, já em Recife, minha companheira e eu pudemos estabelecer um novo arranjo na divisão do trabalho doméstico, arranjo esse fora dos padrões dominantes em que cabe aos homens o exercício das atividades do domínio público e às mulheres as atividades domésticas. A participação de minha companheira em alguns movimentos sociais, incluindo o movimento feminista, também teve papel decisivo na maneira como tentamos educar nossos filhos. Certamente, a experiência deles tem sido diferente da minha e das gerações anteriores. Sei que isso não significa uma superação de todos os traços culturais que sinalizam para a desigualdade de gênero, mas já avançamos muito em relação às circunstâncias vivenciadas pelos meus pais, avós e, de maneira geral, pelos homens que ainda esperam ser servidos pelas mulheres da casa."

Resumo

1. **Sexo e gênero estão enraizados na natureza?**
   Enquanto o sexo se refere a certas características anatômicas e hormonais de um indivíduo, o gênero refere-se à expressão culturalmente apropriada de masculinidade e feminilidade. O sexo está, em grande parte, fundamentado na natureza, embora as pessoas possam trocar seu sexo cirurgicamente ou por meio de terapias hormonais. Em contraste com isso, não apenas as forças biológicas mas também as sociais influenciam o gênero. Os sociólogos estudam o modo como as condições sociais afetam a expressão da masculinidade e da feminilidade.

2. **Quais são as principais forças sociais que orientam as pessoas no sentido de desempenharem papéis de gênero culturalmente apropriados?**
   Diversos agentes de socialização orientam as pessoas a desempenhar papéis de gênero culturalmente aprovados. A família, a escola e os meios de comunicação de massa são os principais. Uma vez que o sexo da criança seja conhecido (ou presumido), pais e professores tendem a tratar meninos e meninas de forma diferente no que se refere ao tipo de brincadeiras, vestimentas e aprendizagem. Os meios de comunicação de massa reforçam a aprendizagem dos papéis masculinos e femininos ao fazerem diferentes características parecerem atraentes em meninos e meninas, em homens e mulheres.

3. **Além dos agentes de socialização, existem outras forças sociais que influenciam a expressão da masculinidade e da feminilidade?**
   Sim. Uma das principais forças que influenciam a expressão de masculinidade e feminilidade refere-se ao nível de desigualdade existente entre homens e mulheres. Níveis altos de desigualdade de gênero encorajam a adoção de papéis de gênero mais tradicionais ou convencionais. Existem menores diferenças entre os papéis de gênero em locais onde prevalecem níveis mais baixos de desigualdade de gênero. Historicamente, altos níveis de desigualdade de gênero foram encorajados por guerras e conquistas, pela agricultura de arado e pela separação feita entre as esferas pública e privada. Cada uma dessas mudanças enfatizou o poder masculino e adicionou uma nova camada ao que hoje consideramos tradição nos papéis de gênero. Hoje em dia, podemos perceber a influência da desigualdade nos papéis de gênero ao examinarmos a violência masculina contra a mulher, que tende a ser alta quando os homens são socialmente muito mais poderosos do que as mulheres e baixa quando existe maior igualdade de gênero.

4. **O que é homossexualidade e por que ela existe?**
Homossexuais são pessoas que preferem parceiros sexuais e afetivos do mesmo sexo. Ainda não entendemos as causas da homossexualidade — se ela é genética, hormonal, psicológica, ou alguma combinação desses três fatores. Entretanto, sabemos que a homossexualidade não é uma escolha e que ela surge, para a maioria das pessoas, no início da adolescência sem que tenham ocorrido experiências sexuais prévias. De qualquer forma, os sociólogos estão mais interessados na forma como a homossexualidade é expressa e reprimida. Por exemplo, tem se estudado como, no século XX, as pesquisas científicas e os movimentos políticos tornaram a expressão da homossexualidade mais aceita. A sociologia também tem estudado as maneiras pelas quais os diversos aspectos da sociedade reforçam a heterossexualidade e tratam a homossexualidade como uma forma de desvio sujeita a um controle social estrito.

5. **Como a existência de papéis de gênero estritamente definidos influencia a renda de homens e mulheres?**
Uma conseqüência importante de uma diferenciação de gênero estrita é a existência de uma grande desigualdade de renda entre mulheres e homens. A desigualdade de renda deriva da discriminação direta contra as mulheres, das responsabilidades desproporcionais assumidas por elas na esfera doméstica, da concentração das mesmas em ocupações com baixa remuneração e da desvalorização do trabalho desempenhado por elas.

6. **Como a desigualdade de renda entre homens e mulheres poderia ser reduzida ou eliminada?**
Dentre as principais reformas que poderiam auxiliar na eliminação da desigualdade de renda e na redução do nível geral de desigualdade de gênero encontram-se: (a) o desenvolvimento de um sistema de creches acessível e de boa qualidade e (b) uma remuneração de homens e mulheres com base no valor real do seu trabalho.

Questões para Reflexão

1. Entrevistando os membros de sua família e usando sua própria memória, compare a divisão de trabalho por gênero (a) na casa em que seus pais cresceram e (b) na casa na qual você cresceu. Em seguida, tente imaginar que divisão do trabalho por gênero você gostaria de testemunhar na casa em que você pretende estar daqui a dez anos. O que explicaria as mudanças na divisão do trabalho em todas essas casas? Você acha que suas expectativas para o futuro são realistas? Por quê?

2. Estabeleça a importância relativa de sua família, de sua escola e dos meios de comunicação de massa em sua socialização de gênero.

3. Em uma noite qualquer, anote de modo sistemático os papéis desempenhados por mulheres e homens nos programas e comerciais de TV naquele período. Será que existe uma divisão do trabalho por gênero na televisão? Caso afirmativo, descreva-a.

4. Você é feminista? Por quê? Em sua opinião, qual é a forma ideal de interação entre os gêneros? Por quê?

Glossário

O **assédio sexual** ocorre quando ameaças sexuais ou suborno se tornam uma condição para determinadas decisões de emprego ou quando piadas sexuais, comentários e toques interferem no trabalho ou criam um ambiente de trabalho não amigável.

Bissexuais são pessoas com orientações sexual e afetiva dirigidas a pessoas de ambos os sexos.

Construtivismo social é uma abordagem que percebe as diferenças de gênero como um reflexo das diferentes posições sociais ocupadas por homens e mulheres.

A **discriminação de gênero** envolve, entre outros aspectos, a recompensa desigual de homens e mulheres pelo mesmo trabalho.

Essencialismo é uma abordagem que percebe as diferenças de gênero como um reflexo direto das diferenças biológicas existentes entre homens e mulheres.

Estupro, na acepção sociológica do termo, significa o abuso do corpo de outra pessoa sem que ela participe com intenções ou envolvimento compatíveis.

Seu **gênero** é sua auto-identificação como homem ou mulher e seu desempenho dos papéis masculinos e femininos considerados apropriados por sua cultura e sociedade.

Hermafroditas são pessoas que nascem com genitais ambíguos devido a desequilíbrios hormonais no útero de suas mães.

Heterossexualidade refere-se à preferência por membros do sexo oposto como parceiros sexuais.

Indivíduos **homofóbicos** são pessoas que sentem rejeição ou têm aversão a homossexuais.

Homossexuais são pessoas que têm as orientações sexual e afetiva dirigidas a pessoas do mesmo sexo. Homens homossexuais são freqüentemente denominados gays e mulheres homossexuais, lésbicas.

Identidade de gênero é a identificação com um sexo particular ou o sentimento de pertencer a esse sexo — biológica, psicológica e socialmente.

Ideologia de gênero é um conjunto de idéias inter-relacionadas acerca do que constituem papéis e comportamentos masculinos e femininos apropriados.

Papel de gênero é o conjunto de comportamentos associado às expectativas amplamente compartilhadas acerca de como homens e mulheres devem se comportar.

Seu **sexo** depende basicamente de se você nasce com genitais masculinos ou femininos e com um programa genético que faz com que produza hormônios masculinos ou femininos para estimular o desenvolvimento de seu sistema reprodutor.

Transexuais acreditam que nasceram com o corpo "errado" e se identificam com as pessoas do sexo oposto, desejando viver plenamente como elas. A fim de poder fazer isso, essas pessoas freqüentemente mudam a aparência ou recorrem a intervenções cirúrgicas e tratamentos hormonais.

Transgêneros são pessoas que rompem com as normas de gênero sociais ao desafiar as distinções rígidas existentes entre homens e mulheres.

Valor comparável refere-se ao pagamento monetário de igual valor para trabalhos diferentes. Esse valor é estabelecido sobre uma base neutra em termos de gênero ao se comparar os trabalhos com base na educação e experiência requeridas para desempenhá-los, assim como em função do estresse, das condições de trabalho e das responsabilidades associadas a ele.

CAPÍTULO 9

Economia e Trabalho

Neste capítulo, você aprenderá que:

- Três revoluções ligadas ao trabalho — uma na agricultura, uma na indústria e outra na prestação de serviços — alteraram profundamente a vida das pessoas e a maneira como elas produzem.
- Nas últimas décadas, a quantidade de "bons" empregos aumentou, mas os "maus" empregos aumentaram em proporção maior.
- Obtendo graus variados de sucesso, as pessoas tentam adquirir controle sobre o trabalho por meio de sindicatos, organizações profissionais, corporações e mercados.
- O crescimento de grandes corporações e de mercados globais moldou as transformações no mundo do trabalho nas últimas décadas e determinará as escolhas com as quais você se depara como membro da força de trabalho e como cidadão.

A Promessa e a História do Trabalho

Salvação ou Danação?

A informatização dos escritórios ocorreu de forma generalizada há cerca de 20 anos e, em pouco tempo, a imagem do novo escritório começou a fazer parte do imaginário popular: uma grande sala composta de inúmeros cubículos formados por três divisórias da altura de uma pessoa. Em cada um dos cubículos, uma pessoa digita diante de um computador, aparentemente hipnotizada pelo brilho da tela.

A socióloga Shoshana Zuboff visitou muitos escritórios desse tipo assim que eles foram informatizados. Em diversas ocasiões, ela pediu aos funcionários que desenhassem figuras que resumissem sua experiência no trabalho antes e depois da informatização. Os desenhos eram muito semelhantes uns aos outros. Sorrisos foram substituídos por cenhos franzidos; a mobilidade transformou-se em imobilidade; a sociabilidade, em isolamento; a liberdade, em controle. Reproduzimos dois dos desenhos dos funcionários na Figura 9.1. A automação e a padronização emergem desses desenhos como um processo profundamente degradante e desumanizador (Zuboff, 1988).

A imagem retratada nesses desenhos é apenas uma visão da transformação do mundo do trabalho na era da informática. Existe outra, bastante diferente. Bill Gates argumenta que os computadores reduzem a jornada de trabalho. Eles tornam os bens e os serviços mais baratos ao excluir muitos custos de distribuição do capitalismo (pense nas lojas virtuais que hoje proliferam na internet e que reduzem a necessidade de lojas "físicas"). Os computadores também permitem que tenhamos mais tempo livre (Gates, Myhrvold e Rinearson, 1996). Eles nos libertam, possibilitando mais mobilidade e mais criatividade, fazem com que nossa imaginação e nosso espírito possam alçar vôo.

Essas imagens contrastantes estão no cerne das questões relativas à sociologia do trabalho e constituirão o foco deste capítulo. O trabalho é salvação ou danação? Talvez as duas coisas ao mesmo tempo? É mais correto afirmar que o trabalho tornou-se mais salvação que danação ao longo do tempo? Ou o trabalho é salvação para uns e danação para outros?

Figura 9.1 Uma visão dos efeitos dos computadores no trabalho: Shoshana Zuboff pediu a funcionários de um escritório que desenhassem figuras representando a maneira como se sentiam antes e depois de um novo sistema de informática ter sido introduzido. Aqui estão os desenhos do "antes" e do "depois", feitos por dois empregados. Observe como até a flor na mesa de um dos funcionários murchou depois que o sistema de informática foi introduzido
Fonte: Zuboff (1988: 146-7).

Para responder essas questões, traçaremos inicialmente a evolução do trabalho desde a era pré-agrícola até a pós-industrial. Como você verá, passamos por três revoluções ligadas ao mundo do trabalho nos últimos 10 mil anos. Cada revolução alterou profundamente a maneira como produzimos nossa subsistência e como vivemos nossa vida. Em seguida, examinaremos como a qualificação para o trabalho mudou ao longo do último século. Também investigaremos as mudanças na quantidade e na distribuição dos "bons" e dos "maus" empregos ao longo do tempo. Depois disso, analisaremos como as pessoas tentaram adquirir controle sobre o trabalho por meio de sindicatos, organizações profissionais, corporações e mercados. Por fim, ampliaremos o foco de nossa discussão. O crescimento de grandes corporações e de mercados em uma escala global moldou as transformações no mundo do trabalho nos últimos 25 anos. A análise dessas transformações o ajudará a compreender as escolhas com as quais você se depara como membro da força de trabalho e como cidadão.

Três Revoluções

A **economia** é a instituição social que organiza a produção, a distribuição e a circulação de bens e serviços. Normalmente, os analistas dividem a economia em três setores. O *setor primário* inclui a agricultura, a pesca, a extração vegetal e a mineração; no *setor secundário*, as matérias-primas são transformadas em bens por meio da manufatura; finalmente, no *setor terciário*, bens e serviços são comprados e vendidos. Esses serviços incluem o trabalho de enfermeiros, professores, advogados, cabeleireiros, programadores de informática etc. Freqüentemente, os três setores da economia são chamados de setor agrícola, setor da indústria e setor de serviços. Adotaremos essa classificação neste livro.

Três eventos revolucionários ocorreram na história do trabalho humano. Em cada uma dessas revoluções, um setor diferente da economia tornou-se preponderante. Primeiro ocorreu a revolução agrícola, depois a revolução industrial e, por fim, a revolução no setor de serviços (Gellner, 1988; Lenski, 1966).

O Desenvolvimento da Agricultura

Praticamente todos os seres humanos viviam em tribos nômades até cerca de 10 mil anos atrás. Depois, habitantes dos vales férteis do Oriente Médio, do sudeste Asiático e da América do Sul começaram a criar animais e a cultivar plantas com o uso de ferramentas manuais simples e assentamentos humanos estáveis se espalharam nessas áreas. Há cerca de 5 mil anos, agricultores inventaram o arado e, ao atrelá-lo a grandes animais, aumentaram substancialmente as áreas cultivadas. A **produtividade** — ou a quantidade produzida por hora de trabalho — disparou.

O Desenvolvimento da Indústria Moderna

A exploração interna e o comércio ajudaram a estimular o crescimento dos mercados a partir do século XV. **Mercados** são relações sociais que regulam a troca de bens e serviços. Em um mercado, os preços são estabelecidos com base na abundância dos bens e serviços (oferta) e em quanto eles são requeridos (demanda). Cerca de 225 anos atrás, a máquina a vapor, as estradas de ferro e outras inovações tecnológicas aumentaram muito a capacidade de os produtores abastecerem os mercados. Tinha início a era da Revolução Industrial. Partindo da Inglaterra, em um século a Revolução Industrial espalhou-se pela Europa Ocidental, pela América do Norte, pela Rússia e pelo Japão. No Brasil, de maneira geral, a industrialização ocorreu efetivamente nas primeiras décadas do século XX. Foi a partir dos anos de 1940 que o Brasil passou de um país predominantemente agrícola para a uma "economia urbana organizada por uma base industrial extensa e complexa" (Dedecca, 2003: 112).

O Desenvolvimento do Setor de Serviços

Mesmo nas sociedades pré-agrícolas, poucos indivíduos se especializaram em oferecer serviços em vez de produzir bens. Por exemplo, uma pessoa considerada capaz de tomar conta de pessoas doentes, de prever o tempo ou de predizer o movimento migratório dos animais podia ser poupada de caçar para se concentrar nessas atividades. Entretanto, esses trabalhos eram raros porque a produtividade era baixa. Praticamente todas as pessoas tinham de desempenhar trabalho braçal para que a tribo pudesse sobreviver. Mesmo nas sociedades agrícolas mais antigas, eram necessários de 80 a 100 agricultores para sustentar um não-agricultor (Hodson e Sullivan, 1995 [1990]: 10). Apenas no início do século XIX a produtividade na Europa e na América do Norte aumentou o suficiente para que o equivalente a um quarto da força de trabalho pudesse se empregar no setor de serviços. Pouco depois da Segunda Guerra Mundial, os Estados Unidos tornaram-se o primeiro país do mundo em que mais da metade dos empregados de setores não-militares trabalhava no setor de serviços. Nos anos de 1960, todos os países industrializados ricos haviam atingido esse patamar. A mudança acentuada na composição da força de trabalho nas últimas décadas do século XX foi possibilitada pela informática. Os computadores automatizaram grande parte da produção nas fábricas e nos escritórios e geraram empregos no setor de serviços tão rapidamente quanto os eliminaram no setor da indústria. Dessa forma, o computador representa, para o setor de serviços, aquilo que a máquina a vapor representou para a indústria e o arado para a agricultura.

Embora a sociedade brasileira apresente características distintivas em relação às sociedades pós-industriais, principalmente no que se refere ao impacto da informática na composição da força de trabalho, é inegável que a informatização também tem nos afetado de maneira substancial e que a participação dos trabalhadores no setor de serviços tem aumentado. Em 2002, 59,52% dos trabalhadores brasileiros trabalhavam no setor de serviços (Figura 9.2).

Além de aumentar a produtividade e gerar mudanças na distribuição dos empregos, as revoluções agrícola, industrial e no setor de serviços alteraram a forma como o trabalho é socialmente organizado. Para começar, a **divisão do trabalho** intensificou-se, isto é, as tarefas tornaram-se mais especializadas no seio das sucessivas revoluções. Nas sociedades pré-agrícolas, existiam quatro tipos principais de trabalho: a caça de animais selvagens, a coleta de plantas silvestres comestíveis, o cuidado com as crianças e a satisfação das necessidades espirituais da tribo. Em contraste com isso, as

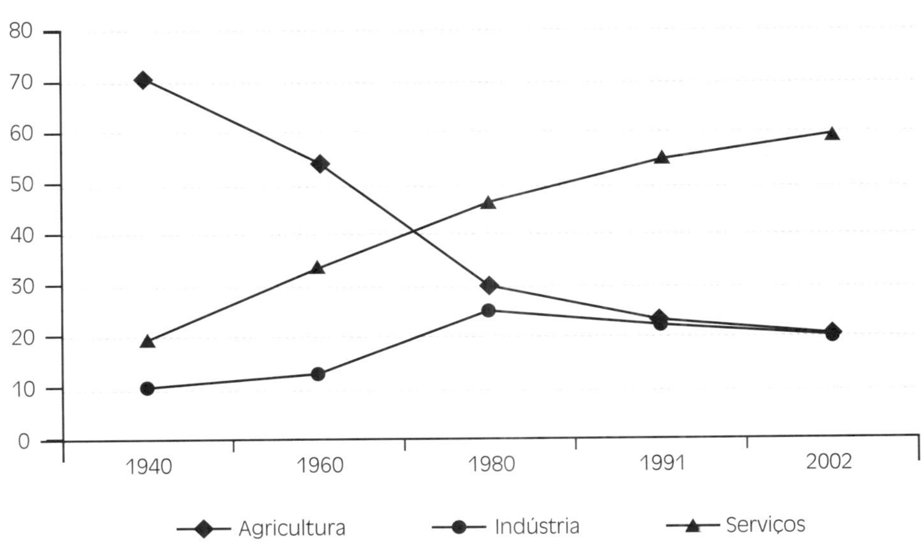

Figura 9.2 Emprego por setor da economia, em porcentagem — Brasil, 1940-2002
Fonte: IBGE; Anuário Estatístico; PNAD (2002).

sociedades pós-industriais, como diversos países da América do Norte, da Europa Ocidental e da Ásia, oferecem dezenas de milhares de tipos de trabalho.

Em alguns casos, o aumento na divisão do trabalho envolve a criação de novas habilidades. Algumas novas ocupações requerem formação mais longa, especialmente nas carreiras profissionais. Em outros casos, o aumento na divisão do trabalho envolve a segmentação de uma série de habilidades complexas em uma série de rotinas simples. Por exemplo, não faz muito tempo, o trabalho de um açougueiro envolvia o conhecimento de como talhar um boi inteiro. Hoje em dia, nas grandes fábricas de processamento de carne, existem especialistas em esfolar o gado, em pendurá-lo pelas patas, eviscerá-lo, remover a cabeça, escalpelá-lo, cortá-lo ao meio, lavar a cavidade abdominal, remover unhas, tetas (no caso das fêmeas) etc. Um trabalhador diferente desempenha cada tarefa, que é extremamente repetitiva e requer apenas um número bastante limitado de habilidades.

Se a divisão do trabalho aumentou à medida que as revoluções no mundo do trabalho se sucederam, as relações sociais entre os trabalhadores também mudaram. As relações no trabalho tornaram-se mais hierarquizadas. Embora o trabalho costumasse envolver a cooperação entre iguais, hoje em dia ele envolve chefes exercendo autoridade e subordinados obedecendo. Proprietários supervisionam administradores, administradores supervisionam gerentes e gerentes supervisionam trabalhadores. Cada vez mais, a hierarquia no mundo do trabalho tem se organizado por meio de burocracias — ou seja, posições claramente definidas, regras, objetivos e procedimentos estabelecidos por escrito governam a organização do trabalho.

É importante notar que as revoluções descritas não ocorreram de forma homogênea, nem representaram uma ruptura brusca entre os diferentes setores da economia. Em primeiro lugar, o setor de serviços inclui uma série de atividades que podem ainda fazer parte do setor da agricultura e da indústria. Em segundo lugar, as novas tecnologias da informação acabam possibilitando uma conexão direta entre as diversas atividades de produção, administração e distribuição de um produto. Por fim, há que se considerar a diversidade cultural, histórica e institucional das sociedades, assim como sua interdependência na economia global (Castells, 1999a: 250). Isso significa dizer que existe uma diversidade e uma fragmentação muito maior na forma como o trabalho se organiza mundialmente do que o modelo — que descreve a passagem da agricultura para a indústria e depois para serviços — pode sugerir.

Por exemplo, a modernização do setor agrícola tem dependido cada vez mais de serviços especializados de diversas áreas da ciência, como "química, biologia, física, mecânica (...) além da informática e das modernas formas de administração e de recursos humanos" (Moraes Silva, 2002-2003: 27). Nesse sentido, ela tem gerado o que se denomina "empregos indiretos", contribuindo para o crescimento do setor de serviços. Essa dependência tem sido tanto maior quanto mais a produção agrícola esteja sujeita a normas de controle de qualidade estabelecidas em um plano global. Pense, por exemplo, nas frutas produzidas para exportação: esses produtos devem passar por um rígido controle de qualidade que garanta não apenas a procedência do produto e o tipo de agrotóxico utilizado, mas também outros elementos, como forma e peso ideais, ausência de sementes etc. Isso significa que a capacidade do setor agrícola de competir em um mercado global está profundamente atrelada ao uso de tecnologias de ponta e de serviços altamente especializados.

Apesar da grande fragmentação e da heterogeneidade existentes na organização do trabalho nos dias de hoje, não se pode negar que a crescente divisão do trabalho mudou fundamentalmente sua natureza. Mas será que a qualidade do trabalho melhorou ou piorou à medida que os empregos tornaram-se mais especializados? É essa questão que investigaremos agora.

"Bons" *versus* "Maus" Empregos

Do Chão de Fábrica ao Escritório — História Pessoal

Certa vez, John Lie conseguiu um emprego em uma fábrica, em Honolulu. "Foi no verão seguinte à minha conclusão do ensino médio", ele relembra. "Eu decidira que estava na hora de ganhar algum dinheiro; afinal de contas, tinha despesas, mas apenas uma maneira de conseguir dinheiro de vez em quando: implorando aos meus pais. Ao dar uma olhada na seção de empregos de um jornal local, logo concluí que não era suficientemente qualificado para nenhum trabalho em particular. Foi assim que alguns amigos sugeriram que eu me inscrevesse para trabalhar em uma fábrica de abacaxis em conserva. Foi o que eu fiz."

"Na fábrica, um senhor fez algumas perguntas e depois me contratou. Eu me senti nas nuvens — mas apenas por um breve momento. Um passeio pelo chão de fábrica acabou com meu bom humor. Fileira após fileira, as esteiras rolantes carregavam abacaxis que se encontravam em diversos estágios de desintegração. Os supervisores do chão de fábrica forçavam os operários a trabalhar mais rápido e a cometer menos erros. O cheiro doce e enjoativo, o barulho e o calor eram insuportáveis. Após o passeio, o entrevistador informou que eu trabalharia no chamado 'turno de cemitério' (das 11 da noite às 7 da manhã), recebendo um salário-mínimo."

"O passeio e a perspectiva de trabalhar no turno da noite acabaram comigo. Detestando a idéia de trabalhar na fábrica, resolvi tentar algo em um *shopping center*. Chegando lá, encontrei um amigo que me informou que uma livraria estava precisando de um vendedor (trabalho das 9 da manhã às 5 da tarde, nenhum cheiro de abacaxi no ambiente, ar-condicionado, mas ainda recebendo salário-mínimo). Agarrei a oportunidade com unhas e dentes e, assim, minha experiência como operário de fábrica acabou antes de começar."

"Cerca de 10 anos mais tarde, logo após terminar meu doutorado, consegui um dos melhores empregos da minha vida, ensinando na Coréia do Sul durante um ano. No entanto, o salário mal dava para pagar o aluguel e eu precisava desesperadamente de outro emprego. Por intermédio do amigo de um amigo, consegui um segundo emprego como consultor de uma grande empresa. Deram-me um escritório amplo, com uma ótima vista de Seul, e uma secretária educada e eficiente. Naquele ano, escrevi uma série de relatórios sociológicos sobre o funcionamento das burocracias, sobre como as políticas do Estado afetam os trabalhadores, sobre as mudanças na economia mundial nas duas últimas décadas etc.; diversas vezes, acompanhei o presidente da empresa em viagens internacionais; passava a maior parte dos meus dias lendo livros, costumava sair para longos almoços com os colegas e ficava livre para dar aulas em diversas tardes da semana."

Qual é a diferença entre um bom e um mau emprego, no sentido usual dessas expressões? Como a história de John ilustra, maus empregos não pagam muito e exigem o desempenho de tarefas repetitivas sob supervisão estrita. Maus empregos também não exigem muita educação formal. Bons empregos, por outro lado, freqüentemente requerem educação superior, pagam bem, não têm supervisão estrita e encorajam os funcionários a serem criativos em ambientes de trabalho agradáveis. Outras características distintivas entre bons e maus empregos não aparecem na história de John: bons empregos oferecem segurança, oportunidade de promoção, seguro-saúde e outros benefícios. Nos maus empregos, pode-se facilmente ser despedido, recebem-se poucos benefícios e existem poucas possibilidades de ascensão profissional.

Muitos empregos encontram-se entre esses dois extremos, apresentando uma mistura de boas e más qualidades. Mas o que podemos dizer sobre a média dos empregos no Brasil e no mundo? Existem mais empregos bons ou mais empregos maus? E o que o futuro nos reserva? Essas são questões difíceis de serem respondidas, em especial porque algumas condições que influenciam a proliferação de bons ou de maus empregos são imprevisíveis. Apesar disso, as pesquisas sociológicas podem esclarecer algumas dessas questões.

A Tese da Desqualificação

Uma visão acerca de como o mercado de trabalho provavelmente se desenvolverá foi proposta há pouco mais de 30 anos por Harry Braverman (1974). Braverman argumentou que os capitalistas sempre procuram organizar o trabalho de forma a maximizar seus lucros e, por essa razão, eles dividem tarefas complexas em rotinas simples e repetitivas, substituem os trabalhadores por máquinas sempre que possível e exercem controle crescente sobre os trabalhadores a fim de garantir que eles desempenhem seu trabalho de forma mais eficiente. Como resultado, o trabalho tende à **desqualificação** com o passar do tempo. Por exemplo, nos anos de 1910, Henry Ford introduziu a linha de montagem justamente com esse propósito. A linha de montagem possibilitou que Ford produzisse carros em massa para o mercado. Ela também forçou os trabalhadores a desempenhar tarefas repetitivas, altamente especializadas, que requeriam pouca qualificação e em um ritmo determinado pelos supervisores. A esse sistema produtivo deu-se o nome de **fordismo**. Mais ou menos na mesma época, Frederick W. Taylor desenvolveu os princípios da administração científica. Depois de analisar os movimentos dos trabalhadores à medida que eles desempenhavam suas tarefas, Taylor os treinou para eliminar as ações desnecessárias e assim aumentar a eficiência. Os trabalhadores tornaram-se peças de uma grande engrenagem conhecida como a fábrica moderna. Esse sistema produtivo é geralmente chamado de **taylorismo** e, diferentemente do fordismo, que se refere à produção em massa, o taylorismo pode ser aplicado à produção de lotes pequenos e médios (Kumar, 1997: 71). De maneira geral, no entanto, o fordismo e o taylorismo estão associados.

Muitas críticas foram feitas à tese da desqualificação de Braverman nos anos de 1970 e 1980, mas talvez a principal delas tenha sido a de que a tese não era propriamente equivocada, mas irrelevante. O argumento era o de que, mesmo que sua caracterização do trabalho nas fábricas fosse correta (e, como veremos mais adiante, sob alguns aspectos ela não era), os operários de fábricas representavam apenas uma pequena proporção da força de trabalho, e essa proporção diminuía à medida que o tempo passava. Em países como os Estados Unidos, no ano de 1974, quando a tese de Braverman foi publicada, menos de um terço da força de trabalho estava empregada em fábricas. Em 2002, esse número havia caído para pouco mais de um quinto. O escritor de ficção científica Isaac Asimov escreveu que a fábrica do futuro só vai precisar empregar um homem e um cachorro: o homem será necessário para alimentar o cachorro, e o cachorro, para manter o homem longe das máquinas. Isso obviamente é um exagero. Parafraseando o sociólogo Ricardo Antunes (1998: 51), máquinas não recebem salários, não consomem e, por isso mesmo, não participam do mercado. Sendo assim, a utopia de Asimov levaria ao colapso do sistema de produção. A questão principal para alguns dos críticos de Braverman não é a de saber se os empregos têm piorado na indústria, mas se os bons ou os maus empregos têm proliferado no setor de serviços, responsável por mais de três quartos dos empregos nos Estados Unidos, e por quase dois terços no Brasil, nos dias de hoje (ver a Figura 9.2.)

A análise dos empregados de escritórios, efetuada por Shoshana Zuboff e mencionada no início deste capítulo, sugere que as idéias de Braverman também se aplicam para além dos muros das fábricas (Zuboff, 1988). Ela argumentou que a informatização dos escritórios na década de 1980 envolveu um aumento na supervisão do trabalho desqualificado. E ela estava correta, ao menos em parte. A informatização eliminou muitos empregos e fez com que outros se tornassem repetitivos. Além disso, possibilitou que os supervisores monitorassem cada aperto de tecla, levando o controle sobre o trabalhador para um outro nível. Hoje em dia, empregados que consistentemente descumprem os prazos ou que usam seus computadores para e-mails pessoais, para navegar na internet ou para outros passatempos, podem ser facilmente identificados, retreinados, disciplinados ou demitidos. Durante os anos de 1980 e 1990, alguns analistas temiam que bons empregos no setor da indústria estivessem sendo substituídos por maus empregos no setor de serviços. Sob esse ponto de vista, o mercado de trabalho como um todo estaria se degradando ou precarizando (Bluestone e Harrison, 1982; Rifkin, 1995).

Trabalho em Tempo Parcial e Mercado Informal

O temor de que o trabalho esteja sofrendo uma degradação é sustentado pelo crescimento do trabalho em tempo parcial, temporário, subcontratado, terceirizado e vinculado à economia informal, mesmo nos países industrializados ricos (Antunes, 1998; Ramalho e Santana, 2003). Por exemplo, nos Estados Unidos, houve um aumento da proporção de trabalhadores em tempo parcial da ordem de 46% entre 1957 e 1996. Em 1996, cerca de um quinto da força de trabalho americana era de trabalhadores em tempo parcial que trabalhavam menos de 35 horas semanais (Tilly, 1996: 1-4). Na França, entre 1982 e 1986, o número de trabalhadores em tempo parcial aumentou em 21,35% e, na Comunidade Européia, como um todo, 23,2% da mão-de-obra trabalhava em tempo parcial ou em empregos temporários no ano de 1988 (Antunes, 1998: 44). No Brasil, a partir da década de 1980, ocorreu um aumento substancial da mão-de-obra que trabalhava até 39 horas semanais. Mais especificamente, esse número correspondia a 13,5% em 1970, passando para 20,4% em 1984 e chegando a 28% em 2003 — isto é, um aumento da ordem de quase 15% (Figura 9.3).

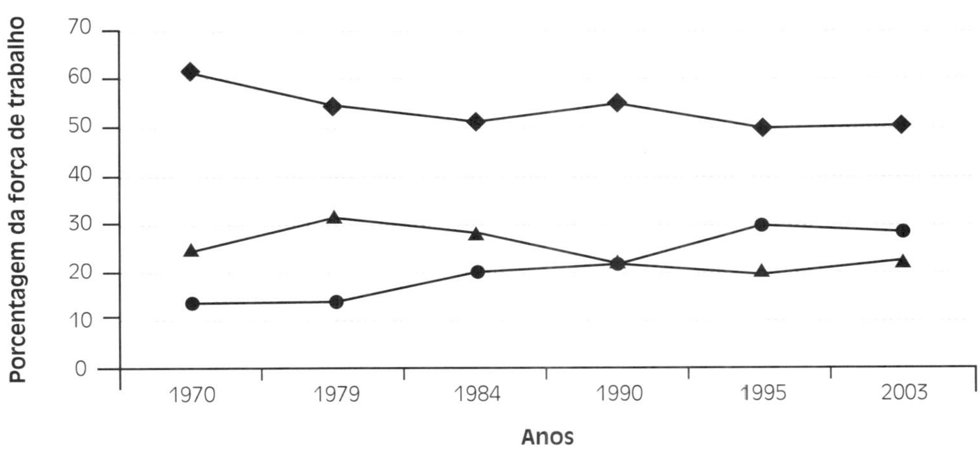

Figura 9.3 Porcentagem da força de trabalho segundo número de horas trabalhadas por semana — Brasil, 1970-2003

Fonte: IBGE, estatísticas do século XX (2005).

No que se refere especificamente ao trabalho em tempo parcial, isso não é um problema em si mesmo por duas razões. Em primeiro lugar, alguns empregos em tempo parcial podem ser bons empregos, no sentido anteriormente definido. Em segundo lugar, algumas pessoas optam por trabalhar em tempo parcial e podem se dar ao luxo de fazê-lo. Embora o crescimento desse tipo de trabalho não seja problemático para aqueles que querem e para aqueles que têm bons empregos, um número cada vez maior de pessoas depende desses empregos em tempo parcial para satisfazer suas necessidades. E o fato puro e simples é que a maioria dos empregos em tempo parcial é de maus empregos: a remuneração é baixa, há uma desregulamentação das condições de trabalho em relação às normas vigentes ou acordadas e tende a existir ausência de proteção e expressão sindicais (Antunes, 1998: 44). Além disso, nos países em que as pesquisas consideram as preferências dos indivíduos no que se refere ao tempo que gostariam de trabalhar, a categoria de trabalhadores em tempo parcial que mais tem crescido é aquela que se compõe de trabalhadores *involuntários*. Assim, por exemplo, algumas pesquisas mostram que, nos Estados Unidos, cerca de um terço das mulheres oficialmente classificadas como trabalhando voluntariamente em tempo parcial gostariam de trabalhar mais horas, caso pudesse dispor de serviços de creches e de cuidados com os idosos (Henson, 1996; Tilly, 1996: 1-4).

Essa mudança está intimamente ligada ao aumento do setor informal da economia. O termo mercado informal foi criado para retratar sociedades que não eram tipicamente urbanas e industriais, como era o caso de diversos países da África e da América Latina. Até os anos de 1980, os especialistas acreditavam que a informalidade — entendida como um mercado de trabalho marginal, ilegal ou sem carteira assinada, relativo àqueles trabalhadores que não conseguiam se inserir na indústria — era conseqüência direta de uma economia semi-industrializada e teria fim com a modernização e o desenvolvimento (Noronha, 2003). Em contraposição a essa velha noção de informalidade, a nova informalidade engloba em especial aqueles trabalhadores que substituíram a especialização por uma polivalência que os torna mais habilitados a desempenhar diversas ocupações. No novo mercado informal, existe também uma defesa da autonomia profissional e da independência pessoal. Em outros termos, muitos trabalhadores têm substituído a carreira em um emprego assalariado pela venda de sua força de trabalho em uma série de ocupações nas quais eles são "empresários de si mesmos" (Machado da Silva, 2003: 166). Esse fenômeno que, pensava-se, atingia apenas os países em desenvolvimento, tem ocorrido também em países industrializados ricos e engloba não apenas os trabalhadores desqualificados mas também os qualificados (como técnicos em informática, consultores, administradores etc.) (Castells, 1999a; Machado da Silva, 2003). Nesse sentido, essa nova noção é especialmente apropriada para explicar a informalidade da classe média, e não a informalidade dos menos abastados, como os vendedores ambulantes, por exemplo (Noronha, 2003).

Nos países industrializados ricos, a porcentagem de empregos autônomos em relação ao total de empregos para o ano de 1990 variava de 9,4% no Canadá, 29,1% na Itália, 15% na França e 10,8% nos Estados Unidos (Castells, 1999a: 286). Acredita-se que esse fenômeno decorra do fato de que novos processos de trabalho e tecnologias tenham afetado as formas de contrato de trabalho. No Brasil, a proporção de empregados sem carteira assinada e por conta própria aumentou nos anos de 1990, mas a combinação de novas e velhas formas de trabalho informal faz que seja difícil determinar as causas desse processo: se, por um lado, esse aumento pode refletir o processo de internacionalização da economia, favorecendo o novo trabalho informal, por outro, pode ser que o desempenho econômico ruim dos países da América Latina durante aquele período tenha aumentado a participação da velha informalidade no Brasil (Noronha, 2003). Essa idéia parece corroborada ao considerarmos que o melhor desempenho econômico do Brasil nos últimos anos coincide com uma ligeira queda na participação do trabalho informal a partir do ano 2000 (ver a Figura 9.4). Infelizmente, o tipo de dados de que dispomos não nos autoriza a fazer afirmações categóricas nesse sentido: seria necessário conhecer a participação relativa do velho e do novo trabalho informal e os dados do IBGE não fazem essa diferenciação.

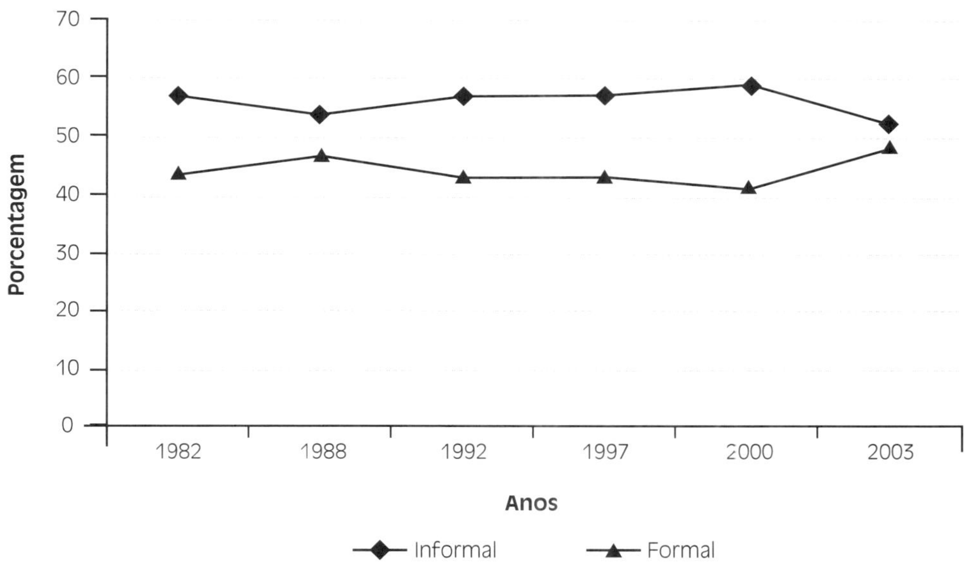

Figura 9.4 Trabalho formal e informal, Brasil — 1982-2003
Fonte: Atlas Racial Brasileiro (2004).

Para os seguidores de Braverman, o aumento do trabalho em tempo parcial e do trabalho informal que vem sendo observado em diversos países do mundo é interpretado como uma prova da "inexorável tendência à degradação do trabalho sob o capitalismo" (Larangeira, 1997: 192) para todos os tipos de trabalho, indistintamente. Como veremos agora, essa não é a única interpretação possível.

Uma Crítica à Tese da Desqualificação

Sem dúvida, a tese da desqualificação identifica uma tendência importante no desenvolvimento do trabalho. Entretanto, ela não nos dá uma idéia do quadro geral. Isso porque análises como as de Braverman e a de Zuboff têm um foco muito específico. Elas analisam apenas algumas categorias de trabalho específicas que se encontram na base da hierarquia profissional e, como resultado, não nos possibilitam formar uma impressão clara do que está ocorrendo na estrutura ocupacional como um todo. Por exemplo, Zuboff analisou os trabalhadores que se encontram na base do setor de serviços, como digitadores de dados e pessoas que trabalham no setor de atendimento ao cliente em companhias de seguro. Não é claro, a partir de sua pesquisa, o que está ocorrendo no ápice da estrutura do setor de serviços — se, por exemplo, bons empregos e cargos administrativos estão se tornando mais numerosos em relação a escriturários, secretários, digitadores etc.

Análises subseqüentes, comparando os setores da indústria e de serviços como um todo, colocam em dúvida a possibilidade de generalização do argumento de Zuboff. Por exemplo, um relatório preparado para a U.S. Bureau of Labor Statistics (agência americana de estatísticas do trabalho) mostrou que existe um amplo espectro na distribuição de salários no setor de serviços nos Estados Unidos. Assim, embora existam muitos empregos que pagam mal, também existem muitos empregos que pagam bem no setor de serviços. Além disso, naquele país, a distribuição de renda no setor de serviços é praticamente a mesma do setor da indústria. De acordo com alguns indicadores de qualidade do trabalho — como, por exemplo, a segurança no emprego —, os empregos no setor de serviços são, em média, melhores do que os empregos no setor da indústria. Assim, o declínio do setor da indústria e o aumento do setor de serviços não implicam necessariamente um agravamento nas condições de trabalho de todas as categorias de trabalhadores. De fato, existem maus empregos no setor de serviços, mas também existem bons empregos no setor e deve-se evitar generalizações a partir de estudos de caso acerca de algumas poucas categorias de emprego (Meisenheimer II, 1998).

Braverman e Zuboff exageraram o declínio nas condições da força de trabalho porque subestimaram a importância continuada do trabalho qualificado na economia. Linhas de montagem e computadores podem contribuir para a desqualificação de muitos empregos em fábricas e em escritórios. Entretanto, se por um lado a desqualificação ocorre, por outro, alguns membros da força de trabalho ainda têm de inventar, projetar, fazer propaganda, comercializar, instalar, consertar e fazer manutenção de máquinas complexas, incluindo sistemas de informática e de robótica. A maioria dessas pessoas tem melhores empregos do que os trabalhadores de fábrica e de escritório estudados por Braverman e Zuboff. Além disso, embora as inovações tecnológicas acabem com categorias de emprego inteiras, elas também criam novas indústrias com um grande número de bons empregos. O que parece ocorrer, portanto, é que alguns grupos de trabalhadores têm se beneficiado, enquanto outros têm sido prejudicados em função das mudanças que vêm ocorrendo no mundo do trabalho. Por exemplo, há apenas 30 anos, a região de Santa Clara, na Califórnia, era conhecida por sua produção de ameixas. Hoje, ela se transformou no Vale do Silício, lar de dezenas de milhares de engenheiros eletrônicos, programadores de informática, *designers* gráficos, investidores de risco etc. A introdução de novas técnicas de produção pode aumentar a competitividade de um país no mercado mundial, o que pode levar a um aumento dos níveis de emprego nos dois extremos da hierarquia à medida que os consumidores externos correm para adquirir mercadorias a preços relativamente baixos.

Em vez de se falar em uma degradação *de todas as categorias* da força de trabalho, parece mais apropriado se pensar nas mudanças recentes ocorridas no mundo do trabalho em termos de um declínio das posições intermediárias ou (dizendo a mesma coisa de maneira diferente) em termos de uma polarização entre os bons e os maus empregos. Muitos bons empregos estão se tornando disponíveis no topo da hierarquia socioeconômica, mas um número ainda maior de empregos maus e medíocres está se tornando disponível na base. Existem menos empregos entre os dois extremos (Myles, 1988).

Em nenhum outro local a polarização dos empregos é tão evidente quanto no Vale do Silício, nos Estados Unidos. Alguns altos executivos do Vale do Silício chegaram a ganhar 121 milhões de dólares com salários em 1999. Mesmo que consideremos níveis menos "estratosféricos", existem muitos milhares de bons empregos no Vale que pagam bem e envolvem criatividade, mais da metade deles ligados à tecnologia de ponta (Bjorhus, 2000). No entanto, em meio a toda essa riqueza, as fábricas de montagem de produtos eletrônicos do Vale do Silício são pouco melhores do que fábricas de roupas de alta tecnologia, no que se refere a salários e a condições de trabalho. A maioria dos trabalhadores nas fábricas de produtos eletrônicos recebe menos de 60% da média dos salários do Vale — são mulheres de origem hispânica e asiática que trabalham longas jornadas e são expostas a solventes, ácidos e gases tóxicos, tendendo a sofrer doenças industriais em uma taxa três vezes maior do que a média relativa a outros empregos no setor da indústria. Não existem sindicatos nas fábricas de montagem de produtos eletrônicos do Vale e o setor tem resistido a todos os esforços no sentido de introduzir salários e condições de trabalho compatíveis com os estabelecidos pelos sindicatos (Corporate Watch, 2000). Embora o estilo de vida opulento dos milionários do Vale seja freqüentemente alardeado pela mídia, deve-se ter em mente que um retrato mais acurado envolve o reconhecimento de uma hierarquia cada vez mais polarizada do trabalho.

A Segmentação do Mercado de Trabalho

A polarização dos empregos mencionada aqui está ocorrendo no último dos três estágios do desenvolvimento do mercado de trabalho, conforme identificados por David Gordon e seus colaboradores (Gordon, Edwards e Reich, 1982). O primeiro período corresponderia à *proletarização inicial* dos trabalhadores, quando os trabalhadores da manufatura foram substituídos por uma grande classe trabalhadora industrial. No segundo período, o mercado de trabalho entra na fase da *homogeneização do trabalho*. Durante esse estágio, ocorre uma mecanização extensiva e uma desqualificação do trabalho. Finalmente, a terceira fase corresponde à **segmentação do mercado de trabalho**. Nessa fase, que, nos países industrializados ricos, teve início após a Segunda Guerra Mundial e continua até os dias de hoje, o mercado foi dividido em dois cenários distintos chamados de mercado de trabalho primário e mercado de trabalho secundário. Nessas situações distintas, os trabalhadores apresentam diferentes características. Mais especificamente:

- O **mercado de trabalho primário** é composto de um número desproporcionalmente grande de homens brancos altamente qualificados ou com alto nível de educação formal. São empregados em grandes corporações com alto nível de investimento de capital. No mercado de trabalho primário, os empregos são relativamente estáveis, os salários são altos e os benefícios, generosos.
- O **mercado de trabalho secundário** é composto de um grande número de mulheres, jovens e membros de minorias raciais. Os empregados desse mercado de trabalho tendem a ser desqualificados e a não ter formação de nível superior. Eles trabalham em pequenas firmas com baixos níveis de investimento de capital. O emprego é instável, os salários são baixos e os benefícios são poucos.

Essa caracterização parece diferir pouco da nossa distinção anterior entre bons e maus empregos. No entanto, os defensores da teoria do mercado de trabalho segmentado oferecem dicas importantes sobre duas questões principais. Em primeiro lugar, eles argumentam que existem maneiras diferentes de obter emprego nos dois tipos de mercado. Em segundo lugar, mostram que algumas barreiras sociais dificultam a mobilidade de um tipo de mercado para o outro. Para se compreender esses argumentos de maneira apropriada, deve-se observar que os trabalhadores fazem mais coisas do que simplesmente trabalhar. Eles também tentam controlar seu trabalho e impedir que outras pessoas tenham acesso a seus empregos. Alguns trabalhadores são mais bem-sucedidos a esse respeito do que outros. Compreender as raízes sociais do sucesso ou do fracasso nos possibilita perceber por que os mercados de trabalho primário e secundário permanecem distintos. Por essa razão, investigaremos agora algumas das maneiras por meio das quais os trabalhadores controlam o trabalho.

Resistência dos Trabalhadores e Resposta da Gerência

Uma crítica feita à análise de Braverman sobre o trabalho nas fábricas é a de que ele retrata os trabalhadores como vítimas passivas do controle por parte da gerência. Na realidade, os trabalhadores freqüentemente resistem à imposição de mecanização e de especialização de tarefas. Eles fazem greves, mudam de emprego, faltam ao trabalho, sabotam linhas de produção etc. (Burawoy, 1979; Clawson, 1980; Gouldner, 1954).

A resistência por parte dos trabalhadores fez com que os patrões e a administração das fábricas modificassem seus planos organizacionais. Por exemplo, Henry Ford teve de dobrar os salários a fim de convencer seus funcionários a aceitar a monotonia, o estresse e a falta de autonomia associados ao trabalho na linha de produção. Ainda assim, foi difícil conseguir que eles cooperassem. Por essa razão, a partir dos anos de 1920, alguns patrões começaram a tratar seus empregados mais como seres humanos do que como peças em uma engrenagem gigante. Eles esperavam melhorar o ambiente de trabalho e, assim, tornar os empregados mais leais e produtivos.

Nos anos de 1930, a **escola de administração das relações humanas** emergiu como alternativa à abordagem da administração científica de Frederick W. Taylor. Originando-se em estudos conduzidos na indústria Hawthorne, pertencente a uma companhia elétrica da Western Electric Company, perto de Chicago, a escola de administração das relações humanas defendia lideranças menos autoritárias no chão de fábrica, a seleção e o treinamento criteriosos dos empregados e maior atenção às necessidades humanas e à satisfação dos empregados no ambiente de trabalho.

Nos 70 anos seguintes, proprietários e gerentes de grandes empresas em todos os países ricos industrializados deram-se conta de que teriam de fazer mais concessões aos trabalhadores se quisessem manter uma força de trabalho produtiva e leal. Essas concessões incluíam não apenas maiores salários mas também mais poder de decisão na avaliação da qualidade dos produtos, das políticas de promoção no emprego, especificação das tarefas, inovação dos produtos, investimentos da empresa etc. As maiores concessões no trabalho foram obtidas em países com os sindicatos mais poderosos, como a Suécia (ver o Capítulo 10, "Política"). Nesses países, uma grande proporção de trabalhadores é membro de sindicatos — mais de 80% na Suécia. No Brasil, esse número é da ordem de 36,12% (IBGE, Pesquisa Sindical, 2001). Além disso, os sindicatos são filiados a "organizações guarda-chuva", como as centrais sindicais nacionais que negociam diretamente com empresas e governos questões salariais e trabalhistas de forma geral. No outro extremo dos países ricos industrializados estão os Estados Unidos. Lá, menos de 14% dos trabalhadores são filiados a sindicatos e não existe uma central nacional que negocie entre os diversos sindicatos, as empresas e os governos. Dois indicadores da relativa inabilidade dos trabalhadores americanos, em comparação com outros países industrializados ricos, para lutar em busca de concessões trabalhistas são colocados nas Figuras 9.5 e 9.6. Em média, os americanos (juntamente com os japoneses) trabalham mais horas por semana do que as pessoas de outros países ricos industrializados. Eles também têm menos férias remuneradas por ano do que os trabalhadores de todos os países ricos industrializados e mesmo do que alguns países em desenvolvimento, como é o caso do Brasil[1].

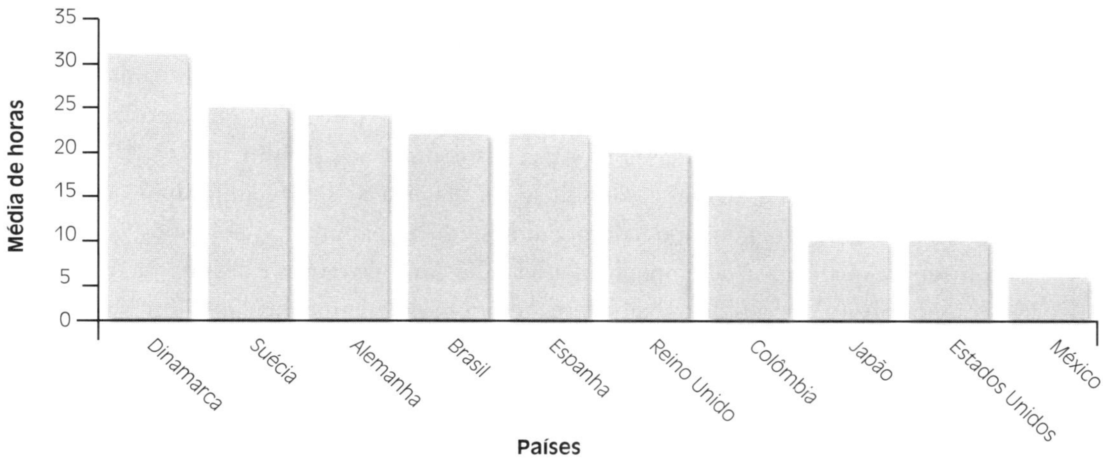

Figura 9.5 Média de horas trabalhadas por semana — países selecionados, 2001
Fonte: OECD (2002: 320); IBGE, PNAD (2001).

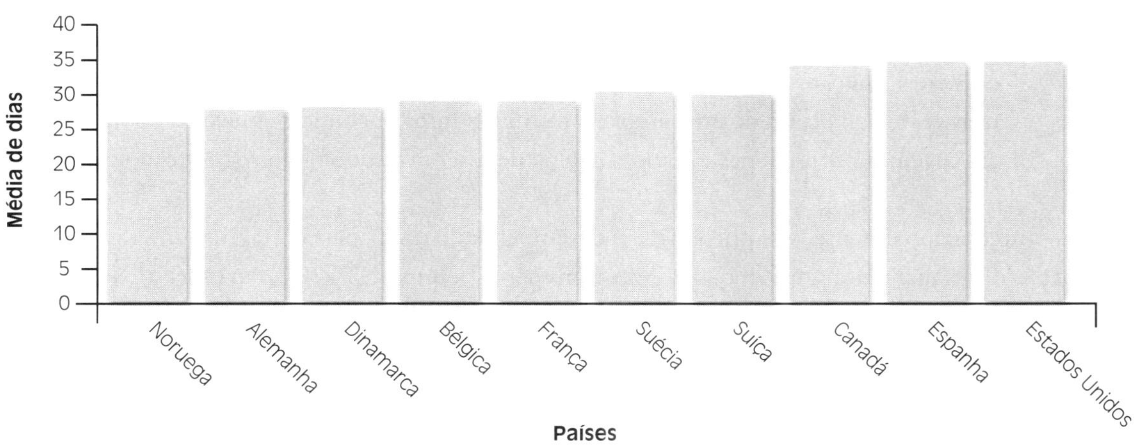

Figura 9.6 Média de dias de férias remuneradas por ano para o primeiro ano de trabalho — países selecionados, 1999
Fonte: Hewitt Associates (2000).

[1] É importante observar que não é apenas a proporção de trabalhadores sindicalizados que determina o poder dos sindicatos em um país. Outros fatores — como a existência de uma democracia estável e o nível de desenvolvimento econômico, entre outros — afetam o poder de negociação dos sindicatos. Isso explica, em parte, por que as vantagens obtidas pelos trabalhadores de diversos países em desenvolvimento podem ser menores do que as dos países industrializados ricos, mesmo em casos em que a proporção de trabalhadores sindicalizados seja maior nos primeiros do que nos segundos.

No que se refere ao poder de decisão nas indústrias, a participação dos trabalhadores também está ligada à possibilidade de se introduzir algumas inovações decisórias. Consideremos dois tipos de inovações implementadas em diversos países industrializados ricos a partir dos anos de 1970 e que vêm se espalhando pelo mundo.

1. *Reformas que dão mais autoridade aos trabalhadores no chão de fábrica* incluem aquelas alcançadas pelo movimento de qualidade de vida. Os **Círculos de Qualidade Total** (CQT) tiveram origem na Suécia e no Japão e envolvem a criação de pequenos grupos de cerca de uma dúzia de trabalhadores e gerentes que colaboram no sentido de melhorar tanto a qualidade dos bens produzidos quanto a comunicação entre trabalhadores e gerentes. Em alguns casos, essa abordagem evoluiu para um sistema que resulta em altos ganhos de produtividade e de satisfação dos trabalhadores. Por exemplo, na fábrica automotiva da Saab, em Trolhattan, Suécia, a linha de montagem foi eliminada (Krahn e Lowe, 1998: 239). Robôs assumiram a árdua tarefa de soldagem. Na área de soldagem, grupos de cerca de 12 trabalhadores programam os computadores, fazem manutenção nos robôs, garantem o controle de qualidade e desempenham atividades administrativas e de limpeza. Em outros locais da fábrica, grupos de trabalhadores autônomos desempenham conjuntos semelhantes de tarefas integradas. Os trabalhadores fazem inventários de zonas de armazenamento intermediário e decidem como utilizar essas zonas, introduzindo, assim, uma flexibilidade considerável nos horários de trabalho. Todos os trabalhadores são encorajados a aproveitar as oportunidades oferecidas pelas fábricas para aumentar sua qualificação.
2. *Reformas que permitem aos trabalhadores formular estratégias gerais de negócio* proporcionam a eles mais autoridade que os Círculos de Qualidade Total. Por exemplo, em algumas partes da Europa Ocidental, os trabalhadores são consultados não apenas no chão de fábrica mas também nas salas de reuniões da diretoria. Na Alemanha, esse sistema é conhecido como **co-determinação**. As associações de trabalhadores alemães examinam e influenciam as políticas gerenciais acerca de uma ampla gama de assuntos, incluindo onde e como novas fábricas devem ser construídas e como o capital deve ser investido na inovação tecnológica.

Internacionalmente, os sindicatos têm desempenhado um papel central no aumento da participação dos trabalhadores nas decisões industriais desde os anos de 1920 e, em especial, a partir dos anos de 1970. Em graus variáveis, proprietários e gerentes de grandes corporações têm delegado autoridade aos trabalhadores com o intuito de criar uma força de trabalho mais estável, leal e produtiva. Compreensivelmente, trabalhadores que detêm maior autoridade no trabalho — sejam eles sindicalizados ou não — tentaram proteger seus ganhos. Como veremos agora, eles acabaram contribuindo para a separação dos mercados de trabalho primário e secundário.

Sindicatos e Organizações Profissionais

Sindicatos são organizações de trabalhadores que buscam defender e promover os interesses de seus membros. Ao barganhar com os empregadores, os sindicatos têm tido sucesso em alcançar melhores condições de trabalho, maiores salários e uma maior participação nos processos decisórios das indústrias por parte de seus membros.

O sindicalismo pode ser considerado o mais antigo dos movimentos sociais brasileiros (ver o Capítulo 15, "Ação Coletiva e Movimentos Sociais"). Aqui, como em todo o mundo, a história do sindicalismo está ligada à história do movimento operário. A existência formal de sindicatos data do início do século XX e, a partir de então, o movimento sindicalista brasileiro tem passado por diferentes fases. O primeiro período foi marcado pela luta dos trabalhadores pelo reconhecimento de seus direitos básicos e melhorias salariais. A segunda fase do movimento sindical teve início em 1930, com as mudanças promovidas pelo governo de Getúlio Vargas, que regulamentou os direitos trabalhistas e colocou os sindicatos sob a tutela do Estado. Em 1964, com a instauração da ditadura militar, o movimento sindical vivenciou um duplo processo: de um lado houve forte repressão às lideranças e às reivindicações dos trabalhadores; de outro, uma ampliação da sindicalização, principalmente entre os trabalhadores rurais, que tiveram esse direito assegurado em 1963. Um terceiro momento teve início em 1978, na região industrial do ABC paulista, com o chamado "novo sindicalismo". O novo sindicalismo representou uma ruptura contra as limitações impostas pela estrutura sindical oficial, transformando o quadro geral das relações dos trabalhadores com os patrões e atuando como importante agente político no processo de redemocratização que marcou a sociedade brasileira nos anos de 1980 (Lopes, 2002). Após as conquistas alcançadas pelos sindicatos na década de 1980 — em especial aquelas relativas ao espaço de negociação coletiva, à defesa do poder aquisitivo dos salários e à ampliação dos direitos trabalhistas —, novos desafios surgiram nos anos de 1990. A recessão econômica e as diversas mudanças ocorridas no mundo do trabalho levaram os sindicatos a adotar novos papéis e estratégias. Assim como tem ocorrido em diversas partes do mundo, reduziram-se as greves, e os sindicatos, junto aos empregadores, têm ajudado a desenvolver sistemas de recrutamento, treinamento e promoção da mão-de-obra.

Esses sistemas de recrutamento são por vezes chamados de **mercados de trabalho internos** porque controlam os níveis salariais, as contratações e as promoções no seio das corporações. Ao mesmo tempo, eles reduzem a competição entre os trabalhadores de uma empresa e a oferta de trabalho externa.

Em um mercado de trabalho interno, a promoção na hierarquia é regulamentada por programas de treinamento que especificam as credenciais exigidas para ela. Regras de antiguidade no emprego especificam o período de tempo que se deve trabalhar em uma posição antes que uma promoção seja possível. Essas regras também protegem os trabalhadores mais antigos de demissões devido ao princípio que afirma que "o último a ser contratado, é o primeiro a ser demitido". Por fim, nos mercados de trabalho internos, a contratação de novos trabalhadores normalmente é limitada às posições inferiores na hierarquia da empresa. Dessa forma, o influxo de novos trabalhadores é controlado. Trabalhadores seniores têm garantias de promoção e de proteção contra a competição externa. Por essa razão, os mercados de trabalho internos são às vezes chamados de "abrigos do mercado de trabalho".

Os abrigos do mercado de trabalho não operam apenas entre os trabalhadores de fábricas sindicalizados. Profissionais como médicos, advogados e engenheiros também criaram abrigos do mercado de trabalho muito eficientes. Esses profissionais, com formação superior e altamente especializada, gozam de grande autonomia e geralmente são regulados por associações profissionais que acabam reforçando os padrões de trabalho estabelecidos. A Associação Médica Brasileira é uma dessas organizações. Com base em seu regulamento, os médicos exercem autoridade sobre seus clientes e subordinados e devem agir de acordo com um código de ética que enfatiza a natureza altruísta de seu trabalho. Finalmente, essas associações especificam as credenciais necessárias para exercer as diversas especialidades e assim colocar um freio na oferta de novos profissionais. Isso reduz a competição, assegura um alto grau de demanda por seus serviços e mantém seus rendimentos em um patamar elevado. Dessa forma, as associações profissionais atuam como abrigos do mercado de trabalho de maneira muito semelhante aos sindicatos. (Para uma discussão mais detalhada sobre a profissionalização, ver o Capítulo 12, "Religião e Educação".)

Barreiras entre os Mercados de Trabalho Primário e Secundário

Como acabamos de demonstrar, os trabalhadores do mercado de trabalho secundário não gozam de salários, segurança no emprego e benefícios nos mesmos moldes que os trabalhadores do mercado de trabalho primário, muitos dos quais são membros de sindicatos, de associações profissionais ou de ambos. Agora podemos acrescentar que os trabalhadores têm dificuldade em sair dos "guetos de empregos" do mercado de trabalho secundário. Isso ocorre porque três barreiras sociais tornam difícil o ingresso no mercado de trabalho primário.

1. *Freqüentemente, existem poucas posições para iniciantes no mercado de trabalho primário.* Um conjunto de circunstâncias que contribui para a pouca oferta de posições para iniciantes no mercado de trabalho primário é o *downsizing* (ou redução) e o fechamento das fábricas. Tanto o *downsizing* quanto o fechamento ocorreram em diversas empresas brasileiras durante os anos de 1990. A ausência de postos para iniciantes é especialmente aguda durante períodos de recessão econômica e quando é preciso demitir funcionários (ver o Quadro 9.1). Uma recessão é normalmente definida como um período de seis meses ou mais durante os quais a economia encolhe e o desemprego aumenta. Grandes forças econômicas, como as recessões e o fechamento de fábricas, impedem a mobilidade ascendente e, com freqüência, resultam em mobilidade descendente à medida que as pessoas, em especial as mais jovens, perdem os empregos.
2. *Uma segunda barreira que impede o ingresso dos trabalhadores do mercado de trabalho secundário no mercado de trabalho primário é a falta de redes informais que os liguem a boas oportunidades de emprego.* As pessoas freqüentemente tomam conhecimento de ofertas de emprego por meio de redes informais de amigos e conhecidos (Granovetter, 1995 [1974]). Essas redes consistem de pessoas com as mesmas origens raciais e étnicas. Assim, por exemplo, pessoas negras, que compõem uma parcela desproporcionalmente grande de trabalhadores no mercado de trabalho primário, têm menos probabilidade de ouvir falar de ofertas no mercado de trabalho primário, no qual a força de trabalho é desproporcionalmente branca. Mesmo no seio de um mesmo grupo racial e étnico, a diferença entre se conseguir um bom emprego e ficar desempregado é, às vezes, uma questão de conhecer as pessoas certas.
3. *Finalmente, a mobilidade para fora do mercado de trabalho secundário é difícil porque os trabalhadores freqüentemente não têm o treinamento e o credenciamento exigidos pelas posições disponíveis no mercado de trabalho primário.* O que é ainda mais grave, devido aos baixos salários e ao pouco tempo livre esses trabalhadores não podem investir em sua qualificação profissional.

A "Compressão do Tempo" e seus Efeitos

Embora a qualidade de vida no trabalho seja melhor para as pessoas que ocupam posições no mercado de trabalho primário do que para os empregados do mercado secundário, deve-se tomar cuidado para não exagerar as diferenças. Trabalho em excesso e falta de lazer têm se tornado características de nossa cultura e isso ocorre nos dois mercados. No ano de 2003, cerca de 50% dos trabalhadores brasileiros dedicavam entre 40 e 48 horas semanais ao trabalho e 22,5% trabalhavam mais de 49 horas semanais (ver a Figura 9.3). Some-se a isso o trabalho doméstico, não remunerado, e não será difícil compreender o porquê do estresse, das agressões, do alcoolismo e da depressão, seja no mercado de trabalho primário, seja no secundário.

O estresse é freqüentemente definido como a sensação de incapacidade de lidar com as demandas da vida dados os recursos de que se dispõe. O trabalho é a principal fonte de estresse no mundo inteiro. Em uma pesquisa com trabalhadores de escritórios em 16 países (não incluindo o Brasil), 54% dos respondentes referiram-se ao trabalho como causa de estresse no momento da pesquisa e 29% fizeram referência a problemas com dinheiro — o que também está relacionado ao trabalho, uma vez que o emprego é a principal fonte de renda para a maioria das pessoas ("Work-Related Stress...", 1995). Uma outra pesquisa, envolvendo nove países (também não incluindo o Brasil), revelou que a ocorrência de depressões severas tem aumentado a cada geração sucessiva desde 1915. Em alguns países, pessoas nascidas após 1955 eram três vezes mais propensas a sofrer de depressão do que seus avós ("The Changing Rate...", 1992). De acordo com um estudo da Organização Mundial da Saúde, a depressão severa é a segunda maior causa do que se conhece como "carga de doença" (anos vividos com uma deficiência) nos países industrializados ricos. Estima-se que, por volta de 2020, a depressão alcançará a primeira posição no *ranking* (Vernarec, 2000).

Pelo menos dois outros fatores podem explicar o declínio do lazer e o aumento do ritmo de trabalho dentre aqueles empregados na força de trabalho remunerada (Schor, 1992). Em primeiro lugar, as grandes corporações estão hoje em uma posição na qual podem investir cada vez mais em propaganda. Como vimos no Capítulo 3, "Cultura", a propaganda leva as pessoas a consumir mais bens e serviços de níveis cada vez mais elevados. O consumo tornou-se um fim em si mesmo para muitas pessoas, uma forma de lazer e, em alguns casos, uma "necessidade" de primeira ordem. Mas o consumismo requer dinheiro e, assim, as pessoas devem trabalhar mais para comprar mais. Em segundo lugar, em países como o Brasil, a erosão real dos salários levou muitas pessoas a trabalhar horas extras para conseguir pagar suas contas no fim do mês. Por exemplo, no período de 1991 a 1999, o peso dos salários na renda nacional foi reduzido de 32% para 26,5%, o que revela uma diminuição do poder de compra por parte daqueles que vivem do trabalho (Dedecca, 2003: 115).

O Problema dos Mercados

Uma conclusão que se pode tirar da discussão precedente é que o mercado de trabalho secundário é um mercado relativamente livre. Em um **mercado livre**, a oferta de e a demanda por trabalho regula os níveis de salário e outros benefícios. Se a oferta de trabalho é alta e a demanda é baixa, os

■ Quadro 9.1: Política Social: O que Você Acha? Programa Primeiro Emprego: Uma Política Social Eficaz?

Na década de 1990, a taxa de desemprego aumentou acentuadamente e a redução da oferta de postos de trabalho não acompanhou o crescimento da população economicamente ativa (PEA). Além disso, elevaram-se as exigências para contratação, o que dificultou a inserção no mercado de trabalho daqueles que não tinham escolaridade média e, mais ainda, para quem não tinha completado o ensino fundamental. Os jovens parecem ter sido os mais atingidos nesse processo. Entre 1995 e 2001, a taxa de desemprego geral subiu de 6,1% para 9,3%. Nesse mesmo período, para jovens entre 16 e 24 anos, a taxa passou de 11,3% para 17,8%. O contingente de jovens desocupados em 2001 totalizou 3,4 milhões de pessoas, o que representava 44% da PEA desocupada nacional. Uma das principais dificuldades enfrentadas pelos jovens dizia respeito à exigência de experiência prévia, criando um círculo vicioso no qual a falta de experiência dificultava a obtenção de trabalho, o que, por sua vez, dificultava o acúmulo de experiência.

Diante desse quadro, o governo do presidente Luiz Inácio Lula da Silva lançou em 2003 o Programa Primeiro Emprego com a meta de gerar três milhões de novos empregos e combater o desemprego juvenil (jovens entre 16 e 24 anos). Para tanto, o projeto incentiva as empresas a contratar jovens, sem experiência profissional, recebendo em troca incentivos, tais como isenção fiscal. Por outro lado, para evitar que as empresas adotem o critério de substituição de mão-de-obra, contratando jovens e demitindo trabalhadores adultos, os incentivos devem ser destinados apenas às empresas que não tenham reduzido postos de trabalho nos meses anteriores à habilitação e que assumam o compromisso de manter o mesmo número de empregados existente quando da habilitação do programa.

Os defensores do Programa Primeiro Emprego argumentam que, sem uma política dirigida ao trabalho juvenil, uma grande parcela da população jovem permaneceria sendo absorvida pelo mercado de trabalho informal precarizado, com grande prejuízo para sua inserção posterior no mercado de trabalho formal, pois, trabalhando sem carteira assinada, o jovem não tem como comprovar a experiência anterior. A inserção no mercado de trabalho informal e precário, aliada à probabilidade crescente de desemprego, tende a afetar de modo perverso e permanente a capacidade produtiva dos jovens. Esses fatores combinados colocam a maioria dos jovens brasileiros em uma situação de vulnerabilidade social, sujeitos ao ingresso na criminalidade, na prostituição e em outros processos de degradação social e humana. No médio prazo, o agravamento dessa situação colocaria em risco a estabilidade social e o progresso econômico do país. Daí a necessidade imediata de intervenção direta do Estado, compondo um quadro mais amplo de políticas sociais que integrem educação, formação profissional, geração de emprego e renda (Todeschini, 2003).

Para os críticos do Programa Primeiro Emprego, o sucesso do programa dependeria da adoção de políticas diferenciadas para os diferentes segmentos que formam a juventude brasileira. Assim, para investir no segmento de jovens que não trabalham, não estudam e não procuram emprego, seria necessário elaborar uma política complexa de inclusão social que exigiria altos investimentos por parte do governo e, provavelmente, recursos internacionais. Uma solução diferenciada deveria ser dada àqueles que procuram emprego e estudam: para esse grupo, alguns estudiosos propõem o estágio em lugar do Primeiro Emprego. Há ainda o segmento dos jovens que não estudam e procuram emprego, para os quais deveria ser viabilizado um programa de formação profissional visando à integração com o mercado de trabalho. Trata-se de um grande desafio para o Estado organizar e colocar em prática tais políticas (Rios-Neto, 2003). Finalmente, uma das críticas mais graves formuladas ao Programa Primeiro Emprego está na base de sua formulação: se, para se habilitar, as empresas devem se comprometer a não demitir, elas provavelmente não irão correr esse risco. Isso explicaria, em parte, o fracasso do plano em relação ao não-cumprimento da meta programada.

Diante dessas posições contraditórias, permanece a questão de como incentivar a contratação de jovens sem experiência sem a criação de novos postos de trabalho. Como você se posiciona nesse debate? É válida a elaboração de uma política de primeiro emprego para os jovens? Como incluir de modo responsável no mercado de trabalho essa população sujeita ao trabalho precário, mal remunerado, bem como aos riscos de marginalização social?

salários diminuem. Se a demanda por trabalho é alta e a oferta é baixa, os salários aumentam. Grande parte das pessoas que trabalham no mercado de trabalho secundário não tem poder suficiente para interferir na operação das forças de oferta e demanda.

Em contraste com isso, o mercado de trabalho primário é um mercado mais regulado. Em um **mercado regulado**, os níveis de salário e outros benefícios são estabelecidos não apenas pelo poder de oferta e demanda mas também pelo poder dos trabalhadores. Como vimos, esses trabalhadores estão em uma posição que lhes permite influenciar a operação do mercado de trabalho primário em seu favor.

Isso sugere que, quanto mais livre o mercado, maior o nível de desigualdade social. Foi com essa questão em vista que, em 1947, o governo brasileiro instituiu o salário-mínimo, a fim de impedir que o preço do trabalho não-qualificado caia abaixo de um nível mínimo de subsistência. De fato, nos mercados mais livres, muitas pessoas que detêm menos poder são incapazes de ganhar o suficiente para garantir sua sobrevivência, enquanto uma pequena parcela dos que detêm mais poder podem acumular pequenas fortunas. É por essa razão que o mercado de trabalho secundário não pode ser completamente livre. De fato, no período histórico que mais se aproximou de um mercado de trabalho completamente livre — a Inglaterra do século XVIII —, a fome tornou-se tão comum e a ameaça de instabilidade social tão severa, que o governo foi obrigado a estabelecer um sistema de "residências pobres" controladas pelo Estado e que ofereciam um mínimo de alimentação e de abrigo para as pessoas sem recursos (Polanyi, 1957 [1944]).

A questão de saber se o mercado livre ou o regulado é o melhor para a sociedade constitui o cerne de muitos debates na economia e na ciência política (Kuttner, 1997). Para muitos sociólogos, entretanto, essa questão é muito abstrata. Em primeiro lugar, não se pode optar pela regulação ou pela ausência dela, mas por quanta regulação deve existir. Um mercado pode ser mais ou menos regulado. Em segundo lugar, os mercados podem ser regulados por diversos grupos de pessoas com graus variáveis de poder e diferentes normas e valores. Assim, os custos e benefícios da regulação podem ser socialmente distribuídos de muitas maneiras. Apenas a análise sociológica pode avaliar os custos e benefícios dos diferentes níveis de regulação do mercado para as diferentes categorias da população de um país. Estas, portanto, são as principais intuições da sociologia econômica aplicada ao estudo dos mercados: (1) a estrutura dos mercados varia grandemente entre culturas e períodos históricos e (2) o grau e o tipo de regulação dependem de como o poder, as normas e os valores são distribuídos pelos diversos grupos sociais (Lie, 1992).

A abordagem da sociologia econômica para o estudo dos mercados é diferente de uma das tradições dominantes na economia contemporânea, conhecida como "escola neoclássica" de economia (Becker, 1976; Mankiw, 1998). Em vez de se concentrar em como o poder, as normas e os valores moldam os mercados, os economistas neoclássicos argumentam que os mercados livres maximizam o crescimento econômico. Podemos usar o salário-mínimo como ilustração para esse argumento. De acordo com os economistas neoclássicos, se o salário-mínimo for eliminado, todos lucrarão com isso. Por exemplo, em uma situação em que a demanda por trabalho estiver baixa e a oferta alta, os salários diminuirão e assim os lucros aumentarão. Lucros mais altos farão com que os empregadores invistam mais na expansão de seus negócios. Esses novos investimentos criarão mais postos de trabalho e, assim, a demanda maior por trabalho elevará os salários. A desigualdade social poderá aumentar, mas, no longo prazo, *todos* estarão em melhor posição graças à operação de um mercado livre.

Um problema com a teoria neoclássica é que, no mundo real, a resistência à operação dos mercados livres aumenta à medida que nos movemos para baixo na hierarquia de riqueza e de poder de uma sociedade. As pessoas nos níveis inferiores da hierarquia social normalmente lutam contra o declínio dos salários e a instabilidade social decorrente disso pode perturbar a produção e os investimentos esperados pelos economistas neoclássicos. Um ambiente social com muitas greves, arruaças e sabotagem industrial não é favorável a uma alta produtividade e a novos investimentos de capital. É por essa razão que o sistema econômico de uma sociedade em um dado período de tempo consiste em um sistema mais ou menos estável de compromissos entre os defensores e os opositores de um mercado livre. Os mercados são livres apenas na medida em que as pessoas estejam preparadas para tolerar menores níveis de regulação, e seu grau de tolerância varia historicamente e entre culturas distintas (Berger e Dore, 1996; Doremus et al., 1998).

No restante deste capítulo, mostraremos diversas maneiras como os sociólogos analisam os mercados. Primeiro, compararemos o capitalismo, o comunismo e a socialdemocracia, os três principais sistemas socioeconômicos do século XX. Depois, examinaremos o poder das grandes corporações de influenciar o mercado globalizado.

Capitalismo, Comunismo e Socialdemocracia

Capitalismo

O sistema econômico dominante no mundo hoje é o **capitalismo**. As economias capitalistas têm duas características distintivas:

1. *Propriedade privada dos meios de produção.* Nas economias capitalistas, os indivíduos e as corporações detêm quase todos os meios de produção de bens e serviços. Indivíduos e corporações são, assim, livres para comprar e vender terra, recursos naturais, prédios, bens manufaturados, serviços médicos e quase tudo mais. Assim como os indivíduos (pessoas físicas), as **corporações** são entidades legais (pessoas jurídicas) e, por essa razão, podem firmar contratos e possuir propriedades. Entretanto, a propriedade corporativa apresenta duas vantagens sobre a propriedade individual: em primeiro lugar, as corporações pagam menos impostos do que os indivíduos. Em segundo lugar, os proprietários das corporações normalmente não são responsabilizados se a corporação lesa os consumidores ou vai à falência. Em lugar disso, a própria corporação é legalmente responsável por danos e débitos.
2. *Competição visando ao lucro.* A segunda característica do capitalismo é que aqueles que produzem, motivados pela perspectiva de lucros, competem a fim de oferecer aos consumidores bens e serviços ao menor preço possível. Uma economia capitalista pura é chamada de sistema *laissez-faire*, termo francês que significa, literalmente, "deixar fazer". Em um sistema *laissez-faire* o governo não interfere na operação da economia, mas permite aos produtores e aos consumidores que eles façam o que quiserem. Adam Smith, economista escocês do século XVIII, foi o primeiro a esboçar a operação da economia capitalista ideal. De acordo com ele, todos se beneficiam do *laissez-faire*: os produtores mais eficientes obteriam lucros, enquanto os consumidores se beneficiariam dos menores preços. Se todos buscassem realizar seus interesses egoístas, desimpedidos pelos governos, a economia realizaria "o maior bem para o maior número de pessoas", afirmou Adam Smith (1981 [1776]).

Na realidade, nenhuma economia é puramente *laissez-faire*. Em primeiro lugar, o Estado teve de interceder fortemente a fim de criar mercados. Por exemplo, há 500 anos, a idéia de que a terra era uma mercadoria que pode ser comprada, vendida e alugada no mercado era totalmente estranha aos povos autóctones no território que hoje corresponde ao Brasil. A fim de transformar a terra em uma mercadoria, os colonizadores europeus tiveram de expulsá-los da terra e, eventualmente, reduzi-los em missões ou aldeamentos. Os governos tiveram de aprovar leis para regulamentar a posse, a venda e o aluguel da terra. Sem as intervenções militares e jurídicas dos governos (auxiliados pela Igreja Católica), não existiria um mercado para a terra.

Hoje em dia, os governos também têm de intervir na economia a fim de garantir o funcionamento do mercado. Por exemplo, os governos constroem e mantêm uma infra-estrutura econômica (estradas, portos etc.) a fim de tornar o comércio possível. Para proteger os trabalhadores e os consumidores dos excessos das corporações, os governos aprovam leis que definem o salário-mínimo, que regulam a segurança e a saúde no trabalho, que proíbem o trabalho infantil e a poluição industrial. Se grandes corporações tiverem problemas financeiros, elas esperam que os governos as socorram utilizando o argumento de que sua falência poderia ter efeitos devastadores na economia. Por exemplo, em 1995, o Governo Federal instituiu o Proer (Programa de Estímulo à Reestruturação e ao Fortalecimento do Sistema Financeiro Nacional), destinando um total de 20,6 bilhões de dólares a bancos privados que se encontravam em dificuldade, com base nesse argumento (Sindicato dos Bancários da CUT — Paraná, 2005).

Os governos também desempenham um papel importante no estabelecimento e na promoção de diversas indústrias de grande porte, em especial aquelas que requerem grandes gastos com pesquisa e desenvolvimento. Por exemplo, nos anos de 1990, houve uma grande disputa por investimentos estrangeiros no setor automotivo brasileiro. Os diversos estados e municípios, patrocinados pelo governo central, pelas agências federais e pelos bancos oficiais, ofereceram diversas vantagens às empresas automotivas a fim de atrair esses novos investimentos. Dentre as vantagens oferecidas, estavam a terraplenagem dos terrenos para a construção de novas fábricas, vias de acesso, terminais portuários, ferroviários e rodoviários, malhas de comunicação, a diminuição das tarifas de energia elétrica e a isenção ou a diminuição de diversas taxas e impostos por longos períodos de tempo (Arbix, 2002: 109).

Como esses exemplos de intervenção governamental sugerem, podemos perceber o ideal de uma economia *laissez-faire* como apenas isso: um ideal. No mundo real, os mercados são livres em graus variáveis, mas nenhum mercado pode ser totalmente livre. Quais são as economias capitalistas mais reguladas e quais são as menos reguladas? O Instituto Internacional para o Desenvolvimento Gerencial, com sede na Suíça, publica um índice anual de competitividade dos países capitalistas amplamente respeitado. O índice baseia-se na quantidade de indústrias de propriedade estatal e outros indicadores de liberdade do mercado. A Tabela 9.1 mostra os resultados de 2003 para os 27 países de população maior do que 20 milhões de habitantes cujos dados estão disponíveis. O Brasil está em 18º lugar com um índice correspondente a 40,7 pontos (em um total de cem pontos possíveis).

Comunismo

Assim como o capitalismo *laissez-faire*, o comunismo é um ideal. **Comunismo** é o nome que Karl Marx aplicou à sociedade sem classes que, conforme ele afirmou, poderia emergir do capitalismo. Como um ideal, o comunismo é um sistema socioeconômico com as seguintes características distintivas: abolição da propriedade privada, abolição da sociedade de classes e da divisão do trabalho

— enfim, a sociedade comunista seria aquela em que cada pessoa contribui de acordo com sua capacidade e dela retira conforme suas necessidades (Bottomore, 1988: 73).

Socialismo é o nome que Marx deu à fase de transição entre o capitalismo e o comunismo. Nenhum país do mundo é comunista no sentido puro do termo. Cerca de uma dúzia de países na Ásia, na América Central e na África se consideram socialistas, incluindo a China, a Coréia do Norte, o Vietnã e Cuba. De maneira geral, essas sociedades têm as seguintes características:

1. *Propriedade pública dos meios de produção.* O Estado detém praticamente todos os meios de produção de bens e serviços. As corporações privadas não existem, e os indivíduos não são livres para comprar e vender bens e serviços. O objetivo da propriedade pública ou coletiva é garantir que os indivíduos tenham igualdade de riqueza e de acesso a bens e serviços.
2. *Planejamento estatal.* Planos estatais com cinco anos de duração estabelecem quotas de produção, preços e a maioria dos outros aspectos da atividade econômica. Membros do corpo político — e não as forças de oferta e demanda — constroem esses planos e determinam o que deve ser produzido, em que quantidade e sob quais preços. Um alto grau de controle da população é exigido na implementação desses planos estatais e, como resultado, não é permitido que uma política democrática interfira nas atividades do Estado. Existe apenas um partido político — o Partido Comunista. As eleições ocorrem regularmente, mas apenas o Partido Comunista pode se candidatar a elas (Zaslavsky e Brym, 1978).

• Tabela 9.1 Competitividade econômica dos países com uma população maior do que 20 milhões de habitantes, 2003 (n = 27)

País	Índice de competitividade econômica
1. Estados Unidos	100,0
2. Austrália	86,5
3. Canadá	84,1
4. Malásia	72,9
5. Alemanha	69,8
6. Taiwan	69,3
7. Reino Unido	66,5
8. França	66,4
9. Espanha	59,8
10. Tailândia	58,4
11. Japão	56,3
12. China	50,8
13. Coréia do Sul	46,5
14. Colômbia	44,5
15. Itália	44,3
16. África do Sul	43,9
17. Índia	42,2
18. Brasil	**40,7**
19. Filipinas	37,9
20. Romênia	33,6
21. México	33,3
22. Turquia	29,8
23. Rússia	24,6
24. Polônia	21,5
25. Indonésia	13,2
26. Argentina	12,5
27. Venezuela	9,8

Fonte: IMD International (2003).

Até recentemente, os países da Europa Central e do leste eram sociedades socialistas, de partido único. O mais poderoso desses países era a União Soviética, que compreendia a Rússia e outras 14 repúblicas socialistas. No que foi talvez a mudança mais súbita e surpreendente na história moderna, no final dos anos de 1980 e início da década de 1990, os países da região começaram a introduzir o capitalismo e a realizar eleições multipartidárias.

O colapso do socialismo na Europa Central e do Leste deveu-se a diversos fatores. Em primeiro lugar, os cidadãos da região gozavam de poucos direitos de cidadania. Em segundo lugar, seu padrão de vida correspondia a cerca de metade do padrão das pessoas dos países ricos industrializados do Ocidente. A diferença entre Oriente e Ocidente aumentou quando a Guerra Fria entre a União Soviética e os Estados Unidos se intensificou nos anos de 1980. O padrão de vida declinou ainda mais à medida que a União Soviética mobilizava seus recursos econômicos para tentar se equiparar ao poderio militar dos Estados Unidos. A insatisfação tornou-se generalizada e se expressava de muitas formas, inclusive por meio de greves e passeatas. Essa insatisfação aumentou à medida que os sinais de rádio e televisão vindos do Ocidente tornavam a diferença entre o capitalismo e o socialismo mais aparente para os cidadãos. Assim, os partidos comunistas da região sentiram que não podiam mais governar eficazmente e começaram a introduzir algumas reformas.

Nos anos de 1990, alguns países da Europa Central e do Leste se saíram melhor do que outros no sentido de introduzir elementos do capitalismo e aumentar o padrão de vida de seus cidadãos. A República Tcheca foi o país mais bem-sucedido, enquanto a Rússia e a maior parte da extinta União Soviética tiveram mais problemas. Muitos fatores explicam a diferença no grau de sucesso desses países, mas talvez o mais importante diga respeito à maneira pela qual os diversos países introduziram as reformas. Os tchecos introduziram os dois elementos-chave do capitalismo — a propriedade privada e a competição pelo lucro. Os russos, no entanto, introduziram a propriedade privada sem que se estabelecesse muita competição. Mais especificamente, o governo russo primeiro permitiu que os preços subissem até os níveis de mercado, o que fez com que muitos dos bens de primeira necessidade ficassem muito caros para grande parte da população, aumentando a pobreza dessas pessoas. Depois, o governo vendeu as propriedades estatais para indivíduos e corporações. Entretanto, as únicas pessoas que podiam pagar pelas fábricas, empresas de mineração, refinarias de petróleo, companhias aéreas e outras empresas econômicas eram membros do crime organizado e ex-membros do Partido Comunista. Apenas eles tinham acesso a um capital suficiente e a informações privilegiadas sobre como efetuar as compras (Handelman, 1995). O resultado foi que a desigualdade socioeconômica da Rússia tornou-se uma das maiores do mundo. Um elemento crucial que faltou nas reformas russas foi a competição. Poucas corporações gigantescas controlam praticamente a totalidade da economia russa e elas tendem a não competir umas com as outras. A competição teria diminuído os preços e aumentado a eficiência. Entretanto, essas corporações são tão grandes que podem entrar em um acordo entre si para estabelecer os preços em patamares que visem ao maior lucro possível. Elas acabam tendo poucos incentivos para introduzir inovações. Além disso, as corporações são tão grandes e ricas que têm muita influência sobre o governo. Quando algumas poucas corporações tornam-se tão grandes que podem se comportar dessa forma, elas são chamadas de **oligopólios**[2]. Na Rússia, eles proliferam. A falta de competição impediu o país de experimentar um crescimento econômico significativo desde que as reformas foram introduzidas há mais de uma década (Brym, 1996a; 1996b; 1996c).

[2] Um monopólio existe quando uma única empresa domina completamente o mercado.

Socialdemocracia

Diversos países prósperos e altamente industrializados do noroeste da Europa — como a Suécia, a Dinamarca e a Noruega — são sociedades socialdemocráticas. A França e a Alemanha também o são, embora em menor grau. A **socialdemocracia** tem duas características distintivas (Olsen, 2002):

1. *Propriedade pública de certas indústrias básicas.* Em países socialdemocratas, o Estado detém certas indústrias básicas em sua totalidade ou em parte. Essas indústrias podem incluir telecomunicações, eletricidade, companhias de trens e de aviação, aço etc. Ainda assim, considerando-se a totalidade da economia, a proporção de propriedade estatal não é muito alta — de fato, é bem menor do que nas sociedades socialistas. A grande massa da propriedade é privada e a competição e a busca pelo lucro é, assim como nas sociedades capitalistas, o grande motor que propulsiona a atividade econômica.
2. *Intervenção estatal no mercado.* Como o termo socialdemocracia sugere, esses países efetuam eleições livres e multipartidárias regularmente. Entretanto, diferentemente de muitas sociedades capitalistas, os partidos políticos são apoiados por um movimento sindical forte que ajudou a formar os governos nos países socialdemocratas durante a maior parte do período pós-Segunda Guerra Mundial. Um total de cerca de 90% de trabalhadores de fora do setor agrícola, incluindo trabalhadores de colarinho-branco, são sindicalizados nesses países. Os governos que esses sindicatos apóiam intervêm incisivamente na operação dos mercados a fim de beneficiar os trabalhadores comuns. Os impostos são mais altos do que nos países capitalistas, mas os serviços prestados pelo Estado são também muito mais generosos. Se analisarmos os gastos do governo em termos de percentual do Produto Interno Bruto (PIB), perceberemos que o governo sueco gasta mais que o dobro dos Estados Unidos com bem-estar, seguro-desemprego, saúde, creches, profissionalização de trabalhadores e outros serviços sociais. Devido ao papel vigoroso do Estado na distribuição da renda, o fosso existente entre ricos e pobres é muito menor do que nas sociedades capitalistas. Além disso, em média, os trabalhadores ganham mais, trabalham menos horas e gozam de mais férias remuneradas.

Desde os anos de 1980, os países socialdemocratas têm se aproximado mais do capitalismo. De maneira mais específica, eles privatizaram muitas indústrias e serviços estatais. Apesar disso, eles ainda retêm sua abordagem distintiva de governo e de mercado e é por essa razão que a socialdemocracia é por vezes chamada de "Terceira Via" entre o capitalismo e o socialismo.

A Corporação

Após essa breve exposição dos principais tipos de sistema econômico, investigaremos o papel da organização econômica dominante na maioria dos países nos dias de hoje: a corporação.

Como pudemos perceber em nossa discussão sobre a economia russa, os oligopólios forçam os consumidores a pagar preços mais altos por bens e serviços e exercem influência excessiva nos governos. Em muitos países do Ocidente, inclusive no Brasil, leis antitruste limitam o crescimento dos oligopólios. Entretanto, a legislação é apenas parcialmente eficaz na estabilização do crescimento dos oligopólios. Isso porque algumas vezes os objetivos da regulação antitruste podem ser contraditórios. Por exemplo, um de seus objetivos é o de proteger os consumidores de preços excessivos; outro, o de elevar a eficiência econômica do país. No Brasil, a legislação antitruste obriga as empresas a notificar o governo sobre suas operações de fusão ou aquisição de outras empresas a partir de um certo limite para que as concentrações consideradas "excessivas" sejam coibidas. Um caso particularmente polêmico no Brasil foi a criação da Ambev (Companhia de Bebidas das Américas). Em 1999, a fusão entre a Companhia Antarctica Paulista e a Companhia Cervejaria Brahma foi submetida aos órgãos de defesa da concorrência, o Conselho Administrativo de Defesa Econômica (Cade), a Secretaria de Direito Econômico (SDE) e a Secretaria de Acompanhamento Econômico (Seae). Cada um desses órgãos sugeriu medidas diferentes para aprovar a criação da Ambev. A SDE e a Seae sugeriram restrições bastante pesadas à sua aprovação (dentre elas, a venda de uma das três cervejarias mais lucrativas controladas pelas requerentes: a Antarctica, a Brahma ou a Skol). Essas medidas, acreditava-se, facilitariam a entrada de um novo concorrente no mercado, o que sugere uma ênfase na proteção dos consumidores. Já o Cade, que representa a instância decisória final no processo, aprovou a operação com restrições bastante leves: vender a marca Bavária, cuja participação no mercado era bem menor do que as três marcas anteriormente mencionadas, vender cinco fábricas e compartilhar com elas seu sistema de distribuição durante um período de quatro anos. A decisão do Cade teve o aval do poder executivo, em especial da presidência da República, que enfatizava a eficiência econômica do país (Gheventer, 2004: 24-8).

Outros países que adotam leis antitruste, como é o caso dos Estados Unidos, também só têm obtido um controle parcial dos oligopólios. Por exemplo, o governo americano conseguiu diminuir a influência da companhia AT&T no mercado de telecomunicações nos anos de 1980, mas todas as suas tentativas de dividir a Microsoft em duas empresas menores falharam.

Um outro efeito importante das leis antitruste é o de encorajar a diversificação nas grandes empresas — ou seja, em lugar de aumentar o grau de controle sobre sua própria empresa, as corporações freqüentemente se movem em direção a outros negócios. Grandes empresas que operam em diversos negócios ao mesmo tempo são chamadas de **conglomerados**. As Organizações Globo são um exemplo de conglomerado na área de entretenimento e informação. Seus tentáculos englobam televisão, rádio, jornais, revistas, TV a cabo e novas tecnologias, como informática e telefonia celular.

Obviamente que os pequenos negócios continuam a existir (Granovetter, 1984). No Brasil, 96,8% das empresas têm menos de 20 empregados (IBGE, Cadastro Central de Empresas, 2002). Mesmo em países capitalistas avançados, como os Estados Unidos, 85% das empresas têm menos de 20 empregados. Cerca de 35,2% da força de trabalho brasileira estão locados em pequenas empresas; nos Estados Unidos esse número é de 40%. As pequenas empresas do mundo inteiro são particularmente importantes no setor de serviços. No entanto, comparadas às grandes empresas, seus lucros são baixos, as falências são comuns e suas técnicas de marketing e de produção são em geral ultrapassadas. Além disso, os empregos nas pequenas empresas oferecem menores salários e menos benefícios.

Globalização

Especialmente a partir dos anos de 1980, os trabalhadores, os governos e as corporações tornaram-se participantes com poder desigual na globalização da economia mundial. O Japão e a Alemanha estavam plenamente recuperados da devastação provocada pela Segunda Guerra Mundial e, com essas economias industriais grandes e robustas funcionando a todo vapor, muitas empresas multinacionais com sede em outros países, em especial nos Estados Unidos, tiveram de reduzir custos e aumentar sua eficiência para permanecerem competitivas. Em uma escala nunca vista, essas empresas tiveram de construir suas fábricas em diversos países, principalmente naqueles em desenvolvimento, a fim de tirar vantagem da mão-de-obra mais barata e dos impostos mais baixos. Isso gerou um movimento em cadeia, e todos os países industrializados ricos fizeram o mesmo.

Embora as corporações multinacionais pudessem transferir capital de um país para outro, os trabalhadores estavam presos a seus países e, os governos, ligados a seus Estados. Por essa razão, as multinacionais tinham grande vantagem em relação aos outros participantes da globalização. Elas poderiam ameaçar fechar suas fábricas a menos que os governos e os trabalhadores fizessem determinadas concessões, poderiam jogar um país contra o outro na guerra pela instalação de novas fábricas e poderiam se retirar sempre que ficasse claro que a mudança para um outro país traria mais vantagens.

Hoje, mais de 20 anos depois do início da globalização propriamente dita, é mais fácil identificar os ganhadores do que os perdedores desse jogo. Os ganhadores óbvios são os acionistas das multinacionais cujos lucros dispararam no mercado internacional. Os perdedores, ao que tudo indica, são os trabalhadores — seja os dos países ricos industrializados, seja os dos países em desenvolvimento.

A Globalização e os Países em Desenvolvimento

Ainda é cedo para conhecer todos os efeitos da globalização nos países em desenvolvimento e as conseqüências para seus cidadãos. Apesar disso, é difícil não se preocupar diante de avaliações como a que uma mulher da zona rural na Indonésia fez em uma entrevista concedida a Diane Wolf. Essa mulher prefere o regime de trabalho da fábrica ao tédio existente em sua comunidade rural. Na comunidade, ela trabalhava de sol a sol realizando tarefas domésticas como tomar conta dos irmãos e alimentar o bode da família. Na fábrica, ela recebe menos de um dólar por dia para costurar bolsos em camisas masculinas. Apesar disso, porque o trabalho na fábrica é menos árduo, paga alguma coisa e traz consigo a esperança de trabalho melhor para as gerações vindouras, a mulher encara seu emprego como uma libertação (Wolf, 1992). Muitos trabalhadores de outras regiões do mundo nas quais filiais de indústrias multinacionais têm proliferado nos últimos anos se sentem da mesma maneira.

Apesar disso, o quadro parece sombrio. Os governos dos países em desenvolvimento têm atraído fábricas para seu território oferecendo isenção de impostos, pouco ou nenhum controle sobre a emissão de poluentes e outras vantagens. Isso tem conseqüências desastrosas para o meio ambiente e para os trabalhadores de forma geral. Normalmente, o número de empregos oferecidos nessas indústrias é menor do que o número de pessoas que migram das áreas rurais na esperança de conseguir um emprego nessas indústrias. O resultado é a proliferação das favelas, o aumento do desemprego e a precarização das condições de saneamento das grandes cidades dos países em desenvolvimento. Peças e equipamentos sofisticados são geralmente importados de outros países e, assim, as indústrias criam apenas poucos bons empregos que exigem alto grau de qualificação. Por fim, algumas indústrias — como é o caso da indústria de roupas e calçados na Ásia — exploram o trabalho de mulheres e crianças, em longas jornadas por salários irrisórios e em condições insalubres.

Empresas como a Nike têm sido duramente criticadas pelas condições de trabalho impostas em suas fábricas nos países em desenvolvimento. A Nike é a empresa líder no mercado americano de calçados esportivos. Ela foi pioneira na transferência da produção de suas mercadorias para países em desenvolvimento como o Vietnã e a Indonésia. Na Indonésia, os trabalhadores das fábricas da Nike recebem um salário de cerca de 10 centavos de dólar por hora (o salário-mínimo americano é de cerca de US$ 5,00 por hora). É por essa razão que o custo da mão-de-obra da produção de um tênis da Nike representa cerca de apenas 4% do seu preço. A jornada de trabalho em suas fábricas chega a 16 horas diárias e a exposição a poluentes químicos no ar, como o tolueno, é normal. Uma campanha internacional visando à modificação das práticas trabalhistas da Nike teve apenas um pequeno impacto na situação. Por exemplo, em 1999, os salários nas fábricas da Indonésia aumentaram cerca de um centavo por hora ("The Nike Campaign", 2000). Naquele mesmo ano, um dos vice-presidentes da Nike criticou grupos americanos de direitos humanos que trabalhavam no sentido de melhorar as condições de trabalho nas fábricas da Nike fora dos Estados Unidos. Em uma carta que acabou vazando para o funcionário do governo mais graduado do setor trabalhista do Vietnã, ele escreveu que "os grupos de direitos humanos dos Estados Unidos (...) não são amigos do Vietnã". A carta também afirmava que o objetivo último desses grupos era transformar o país em uma "suposta democracia, segundo os moldes dos Estados Unidos" (Press, 1999). No Vietnã, afirmar isso era o mesmo que acusar os grupos de direitos humanos de subversão.

O Futuro do Trabalho e da Economia

Embora o trabalho e a economia tenham mudado muito ao longo dos anos, uma coisa tem permanecido constante por séculos: as empresas sempre buscam formas de diminuir custos e aumentar lucros. Dois dos meios utilizados por elas para alcançar esses objetivos são a introdução de novas tecnologias e a organização do trabalho de forma mais eficiente. Há muita incerteza no que diz respeito ao futuro do trabalho e da economia, mas é provável que as empresas continuem a seguir essas práticas estabelecidas.

Como essas práticas serão implementadas é algo menos previsível. Por exemplo, é possível usar a tecnologia e uma melhor organização do trabalho para aumentar a produtividade ao se complementar a capacitação dos trabalhadores qualificados. No mundo inteiro, as indústrias automotivas, aeroespaciais e de informática têm adotado justamente essa abordagem. Elas introduziram a automação e os robôs em larga escala e constantemente atualizam a formação de seus funcionários. Essas empresas mostraram que a formação de pequenos grupos de trabalho autônomos — ligados ao controle de qualidade, à satisfação dos clientes etc. — pode ser benéfica. Por outro lado, as novas tecnologias e uma organização do trabalho mais eficiente podem ser usadas para substituir trabalhadores, desqualificá-los e empregar mão-de-obra barata em larga escala — em especial mulheres e membros de grupos minoritários. Como afirma Helena Hirata (1998: 13), "a difusão das inovações organizacionais e tecnológicas nos anos [de] [19]80 e [19]90 deu-se de forma desigual, afetando principalmente as grandes empresas do setor dinâmico e, no âmbito destas, o contingente de trabalhadores qualificados do sexo masculino". Não parece ser por acaso, portanto, que as mulheres têm entrado no mercado de trabalho em maiores proporções. Além disso, a competição de indústrias estrangeiras que produzem a um baixo custo permanece intensa. Nesse sentido, a segunda opção é tentadora para algumas indústrias.

Nossa análise sugere que cada um dos cenários esboçados previamente tenderá a predominar em indústrias distintas e, como resultado, é provável que a polarização da força de trabalho entre bons empregos no setor primário e maus empregos no setor secundário continue em um futuro próximo. Entretanto, nós também sugerimos que as lutas trabalhistas têm grande influência na maneira como novas tecnologias são implementadas e como o trabalho é organizado. Em certa medida, portanto, o futuro do trabalho e da economia depende de nós.

Resumo

1. **Quais foram as principais revoluções da história relativas ao mundo do trabalho e suas conseqüências?**
   A primeira revolução no mundo do trabalho teve início há cerca de 10 mil anos, quando as pessoas se fixaram territorialmente e começaram a cultivar plantas e a criar animais. A segunda revolução no mundo do trabalho começou há cerca de 225 anos, quando vários instrumentos mecânicos, como a máquina a vapor, aumentaram significativamente a capacidade dos produtores de abastecer os mercados. A terceira revolução no trabalho foi marcada pelo crescimento na oferta de diversos serviços. Ela se acelerou nas últimas décadas do século XX, com o uso generalizado dos computadores. Cada revolução gerou um aumento na produtividade e na divisão do trabalho, assim como uma mudança nos tipos de emprego predominantes, tornando as relações no trabalho mais hierárquicas. Entretanto, nos últimos 30 anos, o grau de hierarquização diminuiu em algumas empresas, o que resultou em ganhos de produtividade e aumentou a satisfação no trabalho.

2. **O que são "bons" e "maus" empregos e que tipo de emprego está se tornando mais comum?**
   "Maus" empregos pagam pouco e exigem o desempenho de tarefas repetitivas sob supervisão estrita. As condições de trabalho são ruins e, por vezes, insalubres. Por fim, os maus empregos requerem pouca educação formal. Em contraste com isso, os bons empregos geralmente requerem educação superior, pagam bem, não são submetidos a uma supervisão muito estrita e encorajam os funcionários a serem criativos em seus ambientes agradáveis. Os bons empregos são seguros, no sentido de terem maior estabilidade, oferecem diversas oportunidades de promoção, seguro-saúde e outros benefícios. Em um mau emprego, as

pessoas podem ser facilmente demitidas, recebem poucos benefícios e as possibilidades de promoção são poucas. Uma tendência importante do trabalho no século XX é a desqualificação dos trabalhadores. Entretanto, a importância do trabalho qualificado na economia permaneceu. Os bons empregos têm se expandido, embora o número de maus empregos tenha aumentado em maior proporção. Como resultado, tem havido uma polarização ou segmentação da força de trabalho entre um mercado de trabalho primário e um mercado de trabalho secundário. Diversas barreiras sociais limitam a mobilidade do mercado de trabalho secundário para o primário.

3. **Quais são os principais tipos de mercado?**
Os mercados são livres ou regulados em diversos graus. Nenhum mercado totalmente livre ou totalmente regulado poderia funcionar por muito tempo. O primeiro geraria desigualdades insuportáveis; o segundo estagnaria.

4. **Como os trabalhadores têm reagido às condições do mercado e às mudanças econômicas?**
Os trabalhadores têm resistido às tentativas de desqualificar e controlar os empregos. Conseqüentemente, as empresas tiveram de fazer concessões no sentido de conferir mais autoridade no chão de fábrica e de formular novas estratégias de negócios. Essas concessões têm sido maiores em países nos quais os trabalhadores são mais organizados e poderosos. Sindicatos e organizações profissionais têm estabelecido mercados de trabalho internos a fim de controlar os salários, as contratações e as promoções nas organizações, assim como reduzir a competição com fornecedores externos de mão-de-obra.

5. **O que são corporações?**
Corporações são entidades legais (pessoas jurídicas) que podem firmar contratos e possuir propriedades. Elas pagam menos impostos do que os indivíduos (pessoas físicas) e seus proprietários normalmente não são responsabilizados pelos débitos das corporações e por quaisquer danos que elas possam causar ao público. As corporações são os atores econômicos dominantes nos dias de hoje. Elas exercem uma influência econômica e política muito grande ao formar oligopólios e conglomerados.

6. **Como o crescimento das corporações multinacionais afeta os diversos estratos sociais?**
A competição crescente entre as corporações multinacionais levou as grandes corporações a reduzir seus custos por meio da construção de fábricas em países em desenvolvimento, nos quais os impostos são menores e o preço da mão-de-obra é baixo. Os acionistas dessas corporações foram os mais beneficiados com a estratégia. Entretanto, as vantagens para os trabalhadores tanto dos países industrializados ricos quanto dos países em desenvolvimento têm sido questionáveis.

Questões para Reflexão

1. Proporcionalmente, as mulheres estão ingressando no mercado de trabalho a uma taxa maior do que os homens. Que tipos de políticas as empresas poderiam adotar a fim de garantir a elas igualdade de condições no trabalho em relação aos homens?

2. O computador é geralmente percebido como um instrumento que reduz a quantidade de trabalho necessário e tem sido adotado em larga escala. Apesar disso, as pessoas têm trabalhado mais horas por semana do que faziam há 20 ou 30 anos. Como explicar esse paradoxo?

3. A maioria dos países em desenvolvimento tem lutado para que as corporações internacionais estabeleçam suas fábricas em seus territórios. Que tipos de políticas os países em desenvolvimento poderiam adotar no sentido de garantir, por parte dessas fábricas, a maior quantidade possível de benefícios para suas populações? Será que uma saída possível poderia envolver o desenvolvimento de um acordo ou uma estratégia comum entre esses países, em lugar da simples competição pelo estabelecimento das fábricas em seus territórios?

Glossário

O **capitalismo** é o sistema econômico dominante no mundo nos dias de hoje. As economias capitalistas caracterizam-se pela propriedade privada e pela competição na busca de lucro.

Os **Círculos de Qualidade Total (CQT)** tiveram origem na Suécia e no Japão e envolvem a criação de pequenos grupos de cerca de uma dúzia de trabalhadores e gerentes que colaboram no sentido de melhorar tanto a qualidade dos bens produzidos quanto a comunicação entre trabalhadores e gerentes.

A **co-determinação** é um sistema alemão de participação dos trabalhadores que permite que eles ajudem na formulação de estratégias gerais de negócios. As associações de trabalhadores alemães examinam e influenciam as políticas gerenciais acerca de uma ampla gama de assuntos, incluindo onde e como novas fábricas devem ser construídas e como o capital deve ser investido na inovação tecnológica.

O **comunismo** é um sistema socioeconômico caracterizado pela abolição da propriedade privada, abolição da sociedade de classes e da divisão do trabalho — enfim, a sociedade comunista seria aquela em que cada pessoa contribui de acordo com sua capacidade e dela retira conforme suas necessidades.

Conglomerados são grandes corporações que operam em diversas indústrias ao mesmo tempo.

As **corporações** são entidades legais (pessoas jurídicas) que podem firmar contratos e ter propriedades. Elas pagam menos impostos que os indivíduos e seus proprietários normalmente não são responsabilizados se a corporação lesa os consumidores ou vai à falência. Em lugar disso, a própria corporação é legalmente responsável por danos e débitos.

Desqualificação refere-se ao processo por meio do qual as tarefas no trabalho são divididas em outras, mais simples e repetitivas, exigindo pouco treinamento para serem desempenhadas. A desqualificação é geralmente acompanhada pelo uso de máquinas em substituição ao trabalho humano sempre que possível e por um aumento do controle da gerência sobre os trabalhadores.

A **divisão do trabalho** refere-se à especialização das tarefas no mesmo. Quanto mais especializadas as tarefas em uma sociedade, maior a divisão do trabalho.

A **economia** é a instituição social que organiza a produção, a distribuição e a circulação de bens e serviços.

A **escola de administração das relações humanas** emergiu como alternativa à abordagem da administração científica de Frederick W. Taylor nos anos de 1930. Essa abordagem defende lideranças menos autoritárias no chão de fábrica, a seleção e o treinamento criteriosos dos empregados e uma maior atenção às necessidades humanas e à satisfação dos empregados no trabalho.

Fordismo é um sistema de produção em massa desenvolvido nos anos de 1910 por Henry Ford, cujo símbolo principal é a linha de montagem das fábricas. A linha de montagem forçou os trabalhadores a desempenhar tarefas repetitivas, altamente especializadas, que requeriam pouca qualificação e em um ritmo determinado pelos supervisores. Freqüentemente, foi associado ao taylorismo ou à administração científica.

O **mercado de trabalho primário** é composto de um número desproporcionalmente grande de homens brancos altamente qualificados ou com um alto nível de educação formal. Eles são empregados em grandes corporações com um alto nível de investimento de capital. No mercado de trabalho primário, os empregos são relativamente estáveis, os salários são altos e os benefícios, generosos.

O **mercado de trabalho secundário** é composto de um grande número de mulheres, jovens e membros de minorias raciais. Os empregados desse mercado de trabalho tendem a ser desqualificados e a não ter formação de nível superior. Eles trabalham em pequenas firmas com baixos níveis de investimento de capital. O emprego é instável, os salários são baixos e os benefícios são poucos.

Em um **mercado livre**, os preços são determinados apenas pela oferta e pela demanda.

Em um **mercado regulado**, diversas forças sociais limitam a capacidade de a oferta e a demanda determinarem os preços.

Mercados são relações sociais que regulam a troca de bens e serviços. Em um mercado, os preços são estabelecidos com base na abundância dos bens e serviços (oferta) e em quanto eles são requeridos (demanda).

Mercados de trabalho internos são mecanismos sociais que controlam os níveis salariais, as contratações e as promoções no seio das corporações. Ao mesmo tempo, eles reduzem a competição entre os trabalhadores de uma empresa e a oferta de trabalho externa.

Oligopólios são corporações gigantescas que controlam parte de uma economia. Elas existem em número reduzido e tendem a não competir umas com as outras, mas podem entrar em um acordo mútuo e estabelecer os preços em patamares que visem ao maior lucro possível.

A **produtividade** refere-se à quantidade de bens ou serviços produzidos por hora de trabalho.

Segmentação do mercado de trabalho é a divisão do mercado de trabalho em cenários distintos. Nesses cenários, o trabalho é desempenhado de maneira distinta e os trabalhadores têm características diferenciadas. Existe apenas uma pequena chance de mobilidade de um cenário para o outro.

Sindicatos são organizações de trabalhadores que buscam defender e promover os interesses de seus membros.

Na **socialdemocracia**, os governos democraticamente eleitos detêm certas indústrias básicas no todo ou em parte e intervêm no mercado de maneira vigorosa a fim de garantir a distribuição de renda.

Administração científica ou **taylorismo** é um sistema que visa a melhorar a produtividade e que foi desenvolvido nos anos de 1910 por Frederick W. Taylor. Depois de analisar os movimentos dos trabalhadores à medida que eles desempenhavam suas tarefas, Taylor os treinou para eliminar as ações desnecessárias e assim aumentar sua eficiência. O taylorismo pode ser aplicado não apenas à produção em massa, mas também à produção de lotes pequenos e médios.

CAPÍTULO 10

Política

Neste capítulo, você aprenderá que:

- A sociologia política procura analisar a distribuição do poder na sociedade e suas conseqüências no comportamento político e nas políticas públicas.
- As disputas sociológicas acerca da distribuição do poder freqüentemente se concentram na maneira pela qual as estruturas sociais, em especial as estruturas de classe, influenciam a vida política.
- Algumas vertentes da sociologia política analisam como as instituições do Estado e as leis afetam o comportamento político e as políticas públicas.
- Três ondas de democratização varreram o mundo nos últimos 175 anos.
- As sociedades só se tornam verdadeiramente democráticas à medida que seus cidadãos passam a gozar de proteções legais para seus direitos e suas liberdades. Isso ocorre quando suas classes média e trabalhadora tornam-se grandes, organizadas e prósperas.
- A persistência de desigualdades sociais impõe limites à democracia mesmo nos países mais ricos.
- As guerras, o terrorismo e a violência urbana são formas alternativas de condução da política.

Introdução

Ascensão e Queda de um Presidente

Em 1989, o Brasil realizou eleições presidenciais livres depois de 38 anos sem fazê-lo. As últimas eleições livres para presidente haviam sido realizadas em 1961. Entre 1964, quando teve início o golpe militar, e 1988, quando foi promulgada a Constituição atualmente em vigor, o Brasil passou por um longo período de restrição de liberdades políticas e centralização do poder em torno de uma elite civil-militar. Esse período ficou conhecido na historiografia como "ditadura militar". Na eleição presidencial de 1989, duas forças políticas tomaram a frente. De um lado, o candidato do Partido dos Trabalhadores (PT), criado em 1980, representando as forças políticas de esquerda, o sindicalista Luiz Inácio Lula da Silva. De outro, o candidato Fernando Collor de Mello, do Partido da Renovação Nacional (PRN), recém-criado, representando as forças políticas de direita. A vitória de Fernando Collor ocorreu, em grande parte, com o apoio da mídia, em especial de uma das mais influentes corporações do país: as Organizações Globo (ver o Capítulo 9, "Economia e Trabalho"). A imagem produzida pela assessoria de Fernando Collor foi a do homem jovem, bonito, esportivo, refinado, disposto a combater a corrupção. Como governador do estado de Alagoas, Collor determinou o não-pagamento dos altos salários de membros do executivo, legislativo e judiciário daquele estado, assim, ficou conhecido como "o caçador de marajás". A imagem de "salvador da pátria" foi determinante no sucesso da campanha eleitoral. Ironicamente, o primeiro presidente eleito após um longo período de ditadura teve como mote central de sua campanha a corrupção e foi derrotado por ela. A mesma mídia que apoiou Collor durante a campanha, valorizando suas qualidades administrativas, morais e até seus dotes físicos e suas habilidades esportivas, foi também um dos principais agentes de mobilização pela queda de seu governo, ocorrida no final de 1992, com sua renúncia, na iminência de aprovação do *impeachment* pelo Congresso Nacional. Vejamos agora como se processou a ascensão e a queda de Fernando Collor de Mello.

Um personagem central desses eventos foi o tesoureiro de campanha de Collor, Paulo César Farias, conhecido como PC. Durante o período eleitoral, PC angariou elevadas somas de contribuição de empresários a fim de garantir a vitória de Collor e evitar a eleição do candidato do Partido dos Trabalhadores. Após a posse de Collor, PC foi o responsável pela organização do esquema de corrupção que atuou como uma espécie de "governo paralelo". A lógica do governo paralelo estava fundamentada no tráfico de influências, na cobrança de propina e no superfaturamento de orçamento e licitações públicas. O esquema começou a ruir quando, em maio de 1992, a revista *Veja* publicou uma reportagem baseada no dossiê de denúncia elaborado por Pedro Collor de Mello, irmão do então presidente Collor. No mês seguinte, o Congresso Nacional instaurou uma Comissão Parlamentar de Inquérito (CPI) para averiguar a atuação de PC Farias. A CPI concluiu que Fernando Collor havia recebido "vantagens econômicas indevidas". A Ordem dos Advogados do Brasil (OAB) e a Associação Brasileira de Imprensa (ABI) protocolaram pedido de *impeachment* do presidente. A abertura do processo de *impeachment* foi aprovada pela Câmara Federal em setembro e, em novembro, o presidente foi denunciado, pela Procuradoria da República, por crime comum junto ao Supremo Tribunal Federal. Em 29 de dezembro de 1992, o Senado Federal julgou e condenou à inelegibilidade, por oito anos, o presidente Fernando Collor de Mello. Após o início da sessão de julgamento, o presidente renunciou a fim de evitar o *impeachment*.

Todo esse processo se desenrolou em um clima de efervescência política crescente, com intensa participação popular. Grandes manifestações ocorreram nas principais cidades do Brasil. Os jovens, ocuparam o espaço público, foram às ruas com os rostos pintados em protesto contra a corrupção e conclamaram a população a participar de um movimento que ficou conhecido como "ética na política". A indignação dos "caras-pintadas" contagiou a sociedade brasileira (Figura 10.1). Todavia, a mídia novamente teve papel determinante no processo. Da mesma maneira que se encantou pelo jovem candidato na campanha presidencial, produzindo e veiculando uma imagem de "salvador da pátria", a mídia atuou de modo decisivo na formação da opinião pública anti-Collor. Isso é particularmente verdadeiro no caso das Organizações Globo. O que teria determinado a mudança de posição desse influente grupo econômico? Que interesses estavam em jogo quando apoiou de modo decisivo o jovem e pouco conhecido candidato do PRN? Por que razão, a partir de um determinado momento — depois de ter cooperado para a divulgação da imagem do herói, do super-homem e do "salvador da pátria", colaborando inclusive para manter elevada a popularidade do presidente em momentos dramáticos do Governo Collor, como o do confisco bancário — as Organizações Globo passaram a influir de modo eficiente na formação de uma opinião pública anti-Collor?

Figura 10.1 Os caras-pintadas e as manifestações pelo *impeachment* de Collor

Venício Lima levanta a hipótese de que a adesão da Globo à candidatura de Fernando Collor deu-se desde 1988. A mobilização política que havia ameaçado interesses empresariais na Constituinte dava sinais de poder levar não um, mais dois candidatos de esquerda ao segundo turno: Lula e Brizola. Para evitar essa escolha indigesta do seu ponto de vista, os setores mais organizados da direita, com destaque especial para as Organizações Globo, trataram de promover um candidato identificado com o que o próprio Roberto Marinho, então presidente da corporação, chamou de "idéias privatistas" (citado em Lima, 2004). Mesmo setores que, no primeiro turno ainda apoiavam o candidato Mário Covas, no segundo tiveram de escolher Collor para evitar Lula.

Collor despontou, então, como a solução segura para a direita brasileira. Mais difícil é explicar como essa solução se transformou em um problema. A política econômica pode ser um começo da explicação. Por sua ênfase na estabilidade da moeda e suas propostas de reforma administrativa e de abertura comercial, o governo Collor teve uma orientação claramente neoliberal. As medidas previam demissões, privatizações, cortes nos incentivos fiscais e nos gastos públicos como um todo. Mas o controle da inflação, objetivo primeiro do Plano Collor I, deu-se por meio de uma forte intervenção do Estado na economia, só antes vista em situações de pós-guerra. O congelamento de preços e o bloqueio dos ativos financeiros (popularmente conhecido como "confisco da poupança") foram os principais instrumentos utilizados para conter a inflação. Essa foi uma grande decepção para os que votaram em Collor por suas "idéias privatistas". Por uma série de fatores que não cabe aqui explicitar, a partir de setembro de 1990, o Plano Collor I ruiu e, com ele, boa parte do apoio do empresariado ao presidente.

Mas talvez seja possível sustentar também a hipótese de que a Globo abandonou Collor no calor das denúncias de corrupção para ser simpática à "opinião pública". Antes mesmo do fim da ditadura, o espaço público brasileiro começou a mudar, ganhando ares mais pluraristas e contestatórios (ver o Capítulo 15, "Ação Coletiva e Movimentos Sociais"). Nesse sentido, era crucial evitar a repetição do erro cometido com o comício em prol das Diretas na Praça da Sé, em 1984, noticiado como parte da comemoração do aniversário da cidade de São Paulo. Além disso, muito se falava da edição do debate que precedeu o segundo turno das eleições entre Lula e Collor, em matéria do *Jornal Nacional*. Essa matéria mostrava um Lula nervoso, acuado por um Collor seguro e identificado com um projeto de modernização "sem baderna". Antecipando-se e acompanhando a mobilização pró-*impeachment*, a Globo projetava-se como aliada da democracia e da parcela mais expressiva da "opinião pública", e lavava as mãos perante a aventura desastrosa que foi Fernando Collor de Mello na história política do Brasil.

Assim como ocorre em diversas partes do mundo, esse episódio ilustra a estreita relação entre poder econômico, meios de comunicação de massa e decisões políticas. A influência das grandes empresas e corporações nas questões políticas pode nos fazer duvidar da célebre frase de Abraham Lincoln, segundo a qual a democracia é "o governo do povo, pelo povo e para o povo". Poucos grupos conseguem reunir os milhões de reais necessários para pagar lobistas, financiar campanhas políticas, pagar relações públicas de candidatos e outras coisas envolvidas no convencimento do povo e dos políticos responsáveis pela formulação de leis. Será que devemos concluir então que alguns grupos, em especial os grandes empresários e as grandes corporações, são "mais iguais" do que os outros?

O papel desempenhado pelos grandes empresários e pelos meios de comunicação de massa na eleição e renúncia do presidente Fernando Collor de Mello levanta a questão central da sociologia política: o que explica o grau segundo o qual um sistema político responde às demandas de seus cidadãos? Como você verá, os sociólogos têm respondido a essa questão a partir do exame da influência das estruturas sociais, em especial das estruturas de classe, na política. Muito embora essa abordagem contribua bastante para nossa compreensão da vida política, ela é insuficiente quando considerada por si só. Uma teoria da democracia plenamente adequada requer também o exame de como as instituições e as leis afetam os processos políticos.

De meados da década de 1970 até o início dos anos de 1990, uma onda de eleições competitivas varreu muitos países anteriormente não-democráticos. Talvez a mais surpreendente delas tenha ocorrido na ex-União Soviética no final daquele período. Muitos analistas ocidentais ficaram extasiados. Apesar disso, nos últimos anos da década, tornou-se claro que o otimismo era ingênuo, pois os novos regimes revelaram-se democracias frágeis e limitadas. Assim, os sociólogos começaram a reconsiderar as pré-condições da democracia. Exporemos alguns desses trabalhos na terceira seção deste capítulo, quando concluímos que democracias genuínas não se baseiam apenas em eleições. Além das eleições, é necessário que a maioria das pessoas tenha garantias legais de seus direitos e suas liberdades para que a democracia crie raízes e se desenvolva, e isso ainda não ocorreu em grande parte do mundo.

Concluiremos este capítulo argumentando que a persistência das desigualdades sociais é a maior barreira ao progresso da democracia, não apenas em países como o Brasil mas também nos países ricos.

O que É Política? Conceitos Centrais

A política é uma máquina que determina "quem obtém o que, quando e como" (Lasswell, 1936) e o **poder** é o combustível dessa máquina. Poder é a capacidade de impor a própria vontade em uma relação social, mesmo contra resistências (Weber, 1991: 33). Ter mais poder que outros significa conseguir mais coisas que são valorizadas e mais rapidamente, enquanto ter menos poder que outros significa conseguir menos coisas valorizadas e mais tardiamente. A tarefa principal da sociologia política é mostrar como o poder impulsiona diferentes tipos de máquinas políticas.

Algumas vezes, o uso do poder envolve a força. Por exemplo, uma forma de se operar um sistema de distribuição de empregos, dinheiro, educação e outras coisas valorizadas é mandando para a prisão as pessoas que não concordam com o sistema. Nesse caso, elas obedecem às regras políticas porque têm medo de desobedecer. Com mais freqüência, contudo, as pessoas concordam com esses sistemas de distribuição, ou pelo menos os aceitam, nem que seja de má vontade. Assim, a maioria das pessoas paga seus impostos sem muita pressão da Receita Federal e seus tíquetes de estacionamento sem ter de passar um tempo na prisão. Isso significa que elas reconhecem o direito de seus governantes de controlar a máquina política. Quando a maioria das pessoas concorda, de maneira geral, com a forma como a máquina política é dirigida, o poder se transforma em **autoridade**. Autoridade é o poder legítimo e institucionalizado. O poder é **legítimo** quando as pessoas percebem sua aplicação como válida ou justificada. O poder é *institucionalizado* quando as normas e os *status* das organizações sociais governam sua aplicação. Essas normas e *status* definem como a autoridade deve ser usada, como os indivíduos podem obter autoridade e quanta autoridade é atribuída a cada *status* em uma organização.

Max Weber (1991) escreveu que a autoridade pode ter um de três fundamentos:

1. *Autoridade tradicional*. Em sociedades tribais e feudais, as pessoas herdam o poder por meio de laços de família ou de clã. Existe a crença generalizada de que o direito de uma família ou de um clã de monopolizar a liderança se origina da vontade de um deus.

2. *Autoridade racional-legal.* Nas sociedades modernas, a autoridade deriva do respeito pela lei. As pessoas geralmente acreditam que essas leis são racionais e, se alguém obtém o poder seguindo tais leis, sua autoridade é respeitada.
3. *Autoridade carismática.* Algumas vezes, indivíduos carismáticos, com características percebidas como fora do comum, desafiam a autoridade tradicional ou legal. Esses indivíduos alegam estarem inspirados por um deus ou por algum princípio superior que transcende outras formas de autoridade, conseguindo, por vezes, muitos adeptos. Um exemplo desse princípio superior é o de que todas as pessoas são criadas iguais. Algumas vezes, tipos carismáticos emergem em uma **revolução política**, isto é, em uma tentativa de um grupo numeroso de pessoas de derrubar as instituições existentes e estabelecer outras. Revoluções políticas ocorrem quando movimentos de oposição amplos e bem-sucedidos se chocam com uma autoridade tradicional ou racional-legal que se encontra em processo de desagregação.

A política ocorre em todos os contextos sociais, inclusive nas relações pessoais íntimas, no seio das famílias e no interior das universidades. No entanto, a sociologia política se concentra principalmente nas instituições *especializadas* no exercício do poder e da autoridade. Tomadas em seu conjunto, essas instituições formam o **Estado**. O Estado é constituído por instituições responsáveis pela formulação e execução das leis e das políticas públicas de um país e, ao realizar essas funções, regula os cidadãos na **sociedade civil**, a esfera privada da vida social (Figura 10.2).

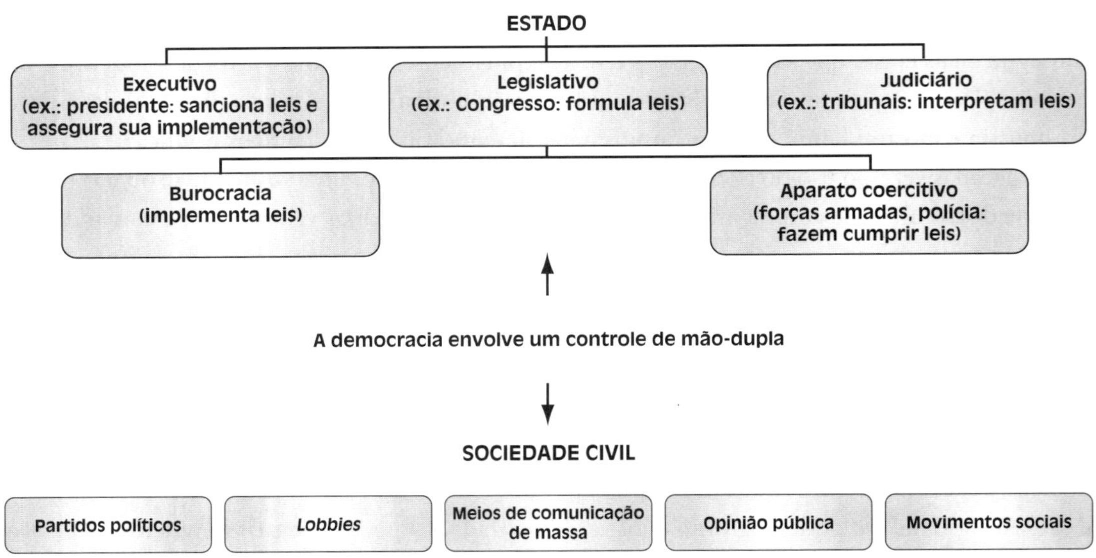

• **Figura 10.2** As instituições do Estado e da sociedade civil

Os cidadãos, na sociedade civil, controlam o Estado em graus variáveis. Em uma **autocracia**, o poder absoluto fica na mão de uma única pessoa ou de um partido. Em um Estado **autoritário**, o poder é, de certa forma, mais amplamente distribuído, mas o controle por parte dos cidadãos ainda é grandemente restringido. Em uma **democracia**, os cidadãos exercem um grau relativamente elevado de controle sobre o Estado. Eles fazem isso por meio da escolha de representantes em eleições regulares e competitivas.

Nas democracias modernas, os cidadãos não controlam o Estado diretamente, mas por meio de diversas organizações. Os **partidos políticos** propõem políticas alternativas e convocam os cidadãos adultos para votar, competindo, assim, pelo controle do governo em eleições regulares. Grupos de interesses especiais — tais como sindicatos de trabalhadores e associações de empresas — formam ***lobbies***. Os *lobbies* informam e pressionam os políticos quanto aos desejos de seus membros, além de adverti-los sobre a importância dos votos, da capacidade de organização e das contribuições de campanha de seus membros. Os **meios de comunicação de massa** mantêm um olhar vigilante e crítico sobre o Estado e informam a população sobre a qualidade do governo. A **opinião pública** diz respeito aos valores e às atitudes da população adulta como um todo, expressando-se principalmente nas pesquisas de opinião e em cartas enviadas aos legisladores. A opinião pública fornece aos políticos uma visão das preferências dos cidadãos. Por fim, quando a insatisfação com a política vigente torna-se relativamente generalizada em algum grupo, algumas vezes o protesto assume a forma de **movimentos sociais**. Um movimento social é um esforço coletivo para mudar, no todo ou em parte, a ordem política ou social, abandonando as regras usuais da política. Como Thomas Jefferson escreveu em 1787, "uma pequena rebelião de vez em quando é uma boa coisa" para a democracia, pois ajuda o governo a ficar atento aos desejos dos cidadãos.

Com base nessas definições, consideremos agora os méritos e as limitações das principais teorias sociológicas da democracia.

Teorias da Democracia

Teoria das Elites

A **teoria das elites** teve origem no final do século XIX e início do século XX com os italianos Gaetano Mosca e Vilfredo Pareto e o alemão Robert Michels. Para esses teóricos, toda sociedade é governada por uma minoria, uma elite que, na acepção de Pareto, compreende "os mais fortes, os mais energéticos e os mais capazes — para o bem ou para o mal" (Pareto, 1968: 36). De acordo com o autor, a história da humanidade é a história da substituição de uma elite por outra e, por essa razão, não poderia existir um governo das massas. Mesmo que houvesse uma revolução socialista capaz de derrubar a elite capitalista burguesa, esta seria simplesmente substituída por outra, uma elite socialista. Existe, portanto, uma grande tensão entre a idéia de democracia, baseada nos pressupostos de uma igualdade fundamental entre os seres humanos e o governo da maioria, e a idéia de elite, cujos pressupostos são a desigualdade das capacidades e qualidades dos seres humanos e a noção de uma minoria que governa. Para Pareto, e também para Mosca, a democracia nunca poderia ter uma base real, mas poderia servir como uma espécie de credo que evoca sentimentos, insufla esperança e, em última análise, poderia levar à ação. Uma sociedade democrática seria, então, um tipo de sociedade em que as elites econômicas, culturais e políticas estariam "abertas" em princípio, isto é, cujos membros poderiam ser recrutados de diversos estratos sociais com base no mérito individual ou mesmo na incorporação dos interesses e reivindicações dos eleitores, mas nunca uma sociedade governada por uma maioria (Grynszpan, 1996; Bottomore, 1965; Miguel, 2003).

Robert Michels também tinha uma visão essencialmente pessimista acerca da possibilidade de democracia como o governo da maioria. Um governo democrático seria impraticável porque, com o crescimento e a diferenciação das sociedades, era cada vez mais necessário que os interesses e as necessidades da população fossem representados indiretamente, por meio de organizações políticas. Embora essas organizações fossem criadas com base na igualdade de participação de seus membros, assim como ocorre com outras organizações sociais, as organizações políticas estão sujeitas a uma crescente diferenciação decorrente da divisão do trabalho. Dessa forma, surgem os especialistas e se estabelece uma estratificação inevitável em termos de conhecimento, habilidades e objetivos entre os líderes das organizações políticas, como os partidos, e seus membros comuns. A organização política foge, assim, ao controle da massa e passa a ser direcionada para os interesses da elite governante ou, na terminologia de Michels, da oligarquia (Santos, 1985; Grynszpan, 1996). Contrariamente ao que ocorre com a noção de elite de Pareto, identificada com a noção de aristocracia, a elite, para Michels, passa a ser identificada com *oligarquia*, ou governo de poucos, adquirindo uma conotação negativa de valor à medida que aponta para a degeneração inevitável da organização política (Bobbio, Matteucci e Pasquino, 1998: 386, 836). A noção de oligarquia foi muito utilizada após a Segunda Guerra Mundial para explicar a organização social e política dos países em desenvolvimento, o que levou o cientista político Wanderley Guilherme dos Santos a se referir ao século XX na América Latina como "o século de Michels" (Santos, 1985).

É, no entanto, nos Estados Unidos que a teoria das elites vai ser reformulada e passa a constituir uma das principais teorias da democracia no século XX. Contrapondo-se à visão de uma América como "paraíso do homem comum", Charles Wright Mills procura mostrar que os Estados Unidos são, de fato, governados por um grupo restrito de pessoas, a "elite no poder" (Bobbio, Matteucci e Pasquino, 1998: 388). De acordo com Mills, **elites** são pequenos grupos que ocupam postos de comando nas instituições mais influentes dos Estados Unidos. Entre elas estão as 200 ou 300 maiores corporações, o poder executivo do governo e os militares. Mills escreveu que as pessoas que controlam essas instituições tomam decisões que afetam profundamente todos os membros da sociedade. Além disso, eles o fazem sem se preocupar com as eleições ou a opinião pública.

Mills mostrou como as elites corporativas, governamentais e militares estão conectadas, compondo um grupo unificado psicologicamente. As pessoas se movem de uma elite para outra durante suas carreiras, seus filhos se casam entre si, seus membros mantêm estreitos contatos sociais e tendem a serem recrutados nas classes altas e médias altas. Isso significa que os critérios de ingresso e de promoção no seio dessa elite são os mesmos para todos, uniformizando, dessa maneira, seus novos membros. Ainda assim, Mills negava que essas conexões transformassem as três elites em uma **classe dominante**, no sentido marxista do termo. Uma classe dominante é um grupo autoconsciente e coeso de pessoas, liderado pelos proprietários das grandes empresas, que agem para a melhoria de seus interesses. Mills insistia que as três elites são relativamente independentes entre si. Elas podem ter o mesmo ponto de vista em muitas questões, mas cada uma tem sua própria esfera de influência. Conflitos entre grupos de elite são freqüentes (Mills, 1956: 277; Alford e Friedland, 1985: 199; Grynszpan, 1996: 49). Apesar disso, a idéia de uma elite no poder ainda pressupõe uma certa unidade, o que, como veremos mais adiante, constitui um dos pontos mais criticados da teoria das elites.

Teoria Pluralista

No início dos anos de 1950, a cidade americana de New Haven, em Connecticut, tinha cerca de 150 mil habitantes e estava passando por uma crise. Como ocorreu com muitas cidades americanas, a prosperidade pós-Segunda Guerra Mundial e a construção de novas estradas permitiram à maioria da classe média branca morar nos subúrbios, o que alterou, para menos, o recolhimento de impostos da cidade. Isso fez com que a maior parte do centro da cidade, no qual agora residiam as pessoas mais pobres e os grupos minoritários, fosse transformada em cortiços.

A partir de 1954, o prefeito da cidade decidiu fazer algo para melhorar a situação. Sua idéia era atrair novos investimentos, eliminar os cortiços do centro e impedir a fuga da classe média branca. Esse processo de renovação urbana era uma questão controversa; entretanto, de acordo com pesquisas realizadas naquela época, muitas decisões importantes foram tomadas de maneira bastante democrática. O governo da cidade ouviu atentamente todos os grupos principais e adotou políticas que refletiam os diversos desejos e interesses dos habitantes da cidade.

Os cientistas sociais que estudaram a política de New Haven nos anos de 1950 são conhecidos como **pluralistas** (Polsby, 1959; Dahl, 1961). Os pluralistas, em particular Robert Dahl, não procuraram estabelecer uma definição teórica e abstrata do que é democracia, mas tentaram, a partir da própria experiência de sistemas políticos normalmente concebidos como democráticos, estabelecer um conjunto de requisitos mínimos para que uma democracia pudesse operar (Lessa, 2003). Nesse sentido, a cidade de New Haven serviu como uma espécie de campo de observação privilegiado. Os pluralistas argumentaram que a cidade era democrática porque o poder estava amplamente distribuído. Em sua argumentação, mostraram que poucas famílias de prestígio, constantes do Registro Social[1], eram líderes econômicos na comunidade e que, além do mais, nem os líderes econômicos nem a elite social monopolizavam a tomada de decisões políticas, mas diferentes grupos de pessoas decidiam várias questões nesse âmbito. Algumas dessas pessoas gozavam de baixo *status* na comunidade. Finalmente, o poder estava mais distribuído do que em décadas anteriores. Com base nisso, os pluralistas concluíram que nenhum grupo específico exercia poder desproporcional em New Haven.

De acordo com a teoria pluralista, em sociedades heterogêneas com muitos interesses e centros de poder rivais, nenhum deles pode dominar de forma consistente. Os donos de uma indústria de aço, por exemplo, podem querer impor tarifas aos importadores de aço a fim de proteger seu mercado interno. Por sua vez, os donos de uma indústria automobilística podem se opor a essas tarifas porque querem manter baixos os custos de produção de sua empresa. Assim, a idéia de que a "indústria" tem uma única voz seria um mito. Para os pluralistas, interesses conflitantes existem até no seio de um mesmo grupo. Por exemplo, uma fábrica de automóveis que lidere o mercado de carros a álcool pode defender a aplicação imediata de uma política de regulamentação da extração de recursos naturais não-renováveis. Uma indústria que lidere o mercado de carros a gasolina pode favorecer o oposto. Uma vez que existe tanta heterogeneidade entre os grupos e no seio deles, nenhum grupo singular pode controlar a vida política. Algumas vezes uma categoria de eleitores ou um conjunto de grupos de interesse ganha uma batalha política; outras vezes, outros é que saem ganhando. Com mais freqüência, entretanto, a política envolve negociação e compromisso entre grupos rivais. Dado que nenhum grupo de pessoas é sempre capaz de controlar a agenda política ou o resultado de conflitos políticos, a democracia estaria garantida em sociedades heterogêneas.

[1] O Registro Social (*Social Register*) nos Estados Unidos é uma relação das famílias de maior *status* do país. Sua primeira publicação data de 1887 e, atualmente, tem cerca de 40 mil famílias relacionadas.

Uma Crítica ao Pluralismo e à Teoria das Elites

Hoje, a maioria dos sociólogos questiona a teoria pluralista porque existem dados abundantes que mostram a existência de grandes desigualdades na participação e na influência política com base na riqueza. Como veremos, a teoria das elites também tem sofrido diversas críticas.

A fim de compreendermos o conteúdo mais profundo das críticas feitas à teoria pluralista, vejamos algumas de suas limitações referentes à explicação da própria sociedade americana, considerada um sistema democrático por excelência e servindo, portanto, como ponto de partida. Consideremos, por exemplo, alguns resultados do "Estudo de Participação dos Cidadãos" (*Citizen Participation Study*). Dois elementos principais deverão ser levados em conta em nossa exposição sobre esse estudo. Em primeiro lugar, diferentemente do que ocorre no Brasil, o voto não é obrigatório nos Estados Unidos. Em segundo lugar, o sistema político americano é um sistema bipartidário, composto de dois partidos principais: o partido democrático e o partido republicano. Com essas informações em mente, consideremos agora as principais características da pesquisa em questão. No início dos anos de 1990, um grupo de pesquisadores estudou uma amostra representativa de mais de 15 mil americanos adultos. Perguntaram aos informantes se eles haviam votado na campanha presidencial de 1988, quantos contatos tinham com funcionários públicos, quantas horas tinham trabalhado na campanha eleitoral e com quantos dólares tinham contribuído. Depois, calcularam a porcentagem de cada atividade política que era levada a cabo pelas pessoas de cada grupo de renda. Os pesquisadores verificaram que as pessoas com renda mais alta eram politicamente mais ativas, em especial naquelas formas de atividade políticas mais influentes.

A Figura 10.3 compara a participação política de americanos ricos e pobres. Os ricos foram definidos como aqueles indivíduos que possuíam renda familiar igual ou superior a 125 mil dólares por ano. Os pobres, como os que tinham renda familiar menor que 15 mil dólares anuais. Com base nessa definição, os ricos constituíam 3% dos cidadãos americanos, enquanto os pobres, 18%

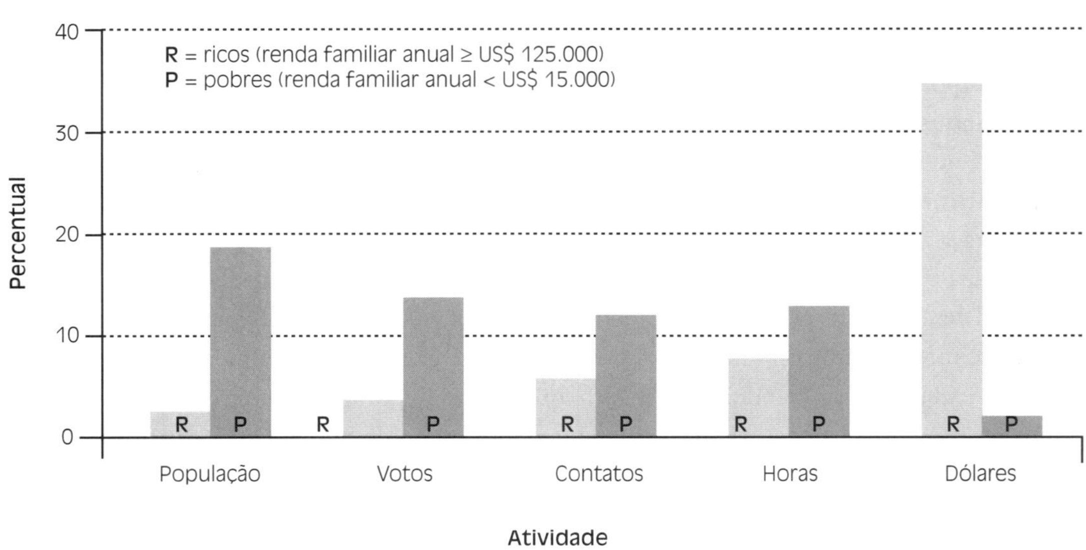

● **Figura 10.3** **Percentual de atividade política realizada por americanos ricos e pobres**
Fonte: Verba, Schlozman e Brady (1997).
Nota: Dados para 1998.

dos cidadãos. A razão de ricos para pobres era de 0,17:1 (3/18 = 0,17), isto é, para cada cidadão pobre existiam 0,17 ricos. Observe como a razão de ricos para pobres é mais alta para atividades políticas mais influentes: no que se refere ao voto, a razão de ricos para pobres é de 0,29/1, ou seja, para cada voto de um cidadão pobre, correspondia 0,29 votos de cidadãos ricos. No que se refere a contatos com funcionários públicos, a razão é de 0,5/1. Por fim, no que diz respeito à quantidade de dólares doados para campanhas políticas, a razão é de 17,5/1. Em outras palavras, os ricos doam 17,5 vezes mais dinheiro para campanhas políticas do que os pobres, muito embora os pobres sejam seis vezes mais numerosos do que os ricos.

Esse estudo mostra que o dinheiro fala, e isso nem sempre é levado em conta pelas teorias pluralistas. Mas será que ele fala com uma única voz, constituindo, portanto, um grupo relativamente homogêneo que possa ser considerado uma "elite no poder", nos moldes definidos por Wright Mills? Em princípio, todos os americanos ricos podem contribuir com a mesma quantidade de dinheiro para todos os candidatos em uma campanha eleitoral. Dessa forma, seria equivocado partir do princípio de que todas as pessoas ricas compartilham dos mesmos interesses políticos e agem em bloco. Um estudo acerca dos comitês de ação política americanos, conduzido pelo sociólogo Dan Clawson e seus colegas, ajuda a esclarecer esse ponto (Clawson, Neustadtl e Scott, 1992). Os comitês de ação política são organizações responsáveis pelo levantamento de fundos para políticos que defendem determinadas causas.

Em 1988, os políticos eleitos para a Câmara dos Deputados gastaram uma média de 388 mil dólares em suas campanhas. Os membros eleitos para o Senado gastaram quase dez vezes mais — US$ 3.745.000. Assim, a cada semana de seu mandato, um membro da Câmara tinha de levantar cerca de US$ 3.700 e um membro do Senado, US$ 12.000, para conseguir financiar uma campanha vencedora média. Os Comitês de Ação Política ajudam a levantar esses fundos coletando dinheiro de muitos contribuintes e depois fazendo doações aos candidatos. O que os contribuintes dos Comitês esperam conseguir em retribuição às suas doações? Um senador do Partido Republicano e ex-candidato à presidência dos Estados Unidos, Bob Dole, respondeu de forma delicada ao afirmar que "eles esperam algo além de um bom governo". Um grande empresário colocou a questão de forma mais direta: "Uma pergunta (...) levantada nas últimas semanas questiona se minhas contribuições financeiras influenciaram diversos políticos a abraçar minha causa. Eu gostaria de responder, da maneira mais enfática possível, que certamente espero que sim" (citado em Clawson, Neustadtl e Scott, 1992: 9).

Uma análise das contribuições de campanha mostra que as grandes empresas americanas tendem a reter opiniões políticas semelhantes, favorecendo os candidatos republicanos em suas doações. Quando Clawson e seus colegas analisaram as contribuições de todos os grandes Comitês de Ação Política dos Estados Unidos, chegaram à conclusão de que existe uma grande divisão entre um grupo de empresários republicanos, de um lado, e um grupo de trabalhadores, mulheres e ambientalistas democráticos, de outro.

Esse fato levanta uma questão interessante. De acordo com os teóricos das elites, a distribuição do poder nos Estados Unidos pende bastante para o lado dos ricos. Mas sabemos agora que os americanos ricos tendem a favorecer os republicanos, o que deixaria sem resposta a questão do porquê de os candidatos democratas freqüentemente serem eleitos para o Congresso e para a presidência dos Estados Unidos. Como veremos, essa questão aponta para uma limitação importante da teoria das elites.

Quadro 10.1: Política Social: O que Você Acha? Financiamento Público das Campanhas Eleitorais: Garantia ou Abuso da Democracia?

Uma das questões centrais nas democracias contemporâneas é o aperfeiçoamento dos mecanismos eleitorais. Em geral, busca-se desenvolver mecanismos que minimizem a influência do poder econômico na definição dos resultados eleitorais. O atual projeto de reforma política que está tramitando no Congresso Nacional propõe, entre outras medidas, o financiamento público das campanhas eleitorais. A idéia básica é garantir que os gastos das campanhas sejam cobertos com verba pública; em outras palavras, que sejam pagos pelos contribuintes. Para tanto, seria criado um fundo eleitoral a ser distribuído entre os partidos, considerando-se sua representatividade.

O pesquisador David Samuels comparou os gastos das campanhas para governador e presidente, realizadas no Brasil, em 1994, com gastos declarados na eleição para presidente dos Estados Unidos em 1996. Aqui, foram declarados oficialmente US$ 3,5 bilhões; lá, US$ 3 bilhões. O pesquisador estima que no Brasil o gasto real seja muito mais elevado que o gasto declarado, enquanto nos Estados Unidos, em razão dos mecanismos de controle, o valor declarado estaria mais próximo do valor realmente gasto. Além disso, considerando-se que a população dos Estados Unidos é mais numerosa e que o PIB daquele país é 17 vezes maior que o nosso, podemos considerar que nosso gasto eleitoral é extremamente elevado.

Os defensores da proposta de financiamento público das campanhas eleitorais argumentam que essa medida reduziria o peso da intervenção das grandes empresas privadas e dos interesses particulares na disputa eleitoral, minimizando a influência do poder econômico na política e tornando mais democrático o processo eleitoral. O financiamento público da campanha garantiria maior eqüidade ao processo eleitoral e funcionaria como um mecanismo de garantia da liberdade de escolha do eleitor.

De outro lado, estão os críticos contumazes da proposta. Seus argumentos estão fundamentados na idéia de que não cabe ao Estado garantir o pagamento das campanhas eleitorais, investindo dinheiro público para financiar a eleição de políticos. Eles argumentam que o dinheiro público deve ser usado para satisfazer às necessidades básicas da população, tais como saúde e educação. Em lugar de patrocinar campanhas eleitorais, deveria haver um aumento do investimento público em saneamento, prevenção e assistência médica, educação, segurança pública, além do incremento do nível de emprego.

O que você acha? Você consegue pensar em outras medidas para evitar ou minimizar a influência do poder econômico e do grande capital na política? Que mecanismos poderiam garantir maior eqüidade no processo eleitoral? Você concorda com a idéia de que o financiamento público das campanhas não é uma prioridade para o sistema político brasileiro? Ou você acha que a democracia requer mecanismos como esse e que é necessário pagar algum preço para garantir mais legitimidade e maior representatividade?

Teoria dos Recursos de Poder

De modo geral, os teóricos das elites acreditam que não há muita diferença no fato de republicanos ou democratas estarem no poder. Para eles, as elites sempre controlam a sociedade e as eleições não passam de simples espetáculos. Nesse sentido, a vitória de um partido sobre o outro não mereceria muita atenção por parte da sociologia.

Assim como ocorre com a maioria dos sociólogos políticos nos dias de hoje, discordamos dessa idéia. Para a maioria dos cidadãos, faz muita diferença se o partido que está no poder apóia ou não mais despesas militares, padrões ambientais mais rígidos, o financiamento público do sistema de saúde, mais subsídios para a educação infantil, leis contra o aborto, maior controle na venda de armas de fogo etc. Os teóricos das elites estão corretos ao afirmar que a maior parte do poder concentra-se nas mãos dos mais ricos, mas ainda necessitamos de uma teoria que dê conta dos sucessos e fracassos de diferentes partidos e de diferentes políticas em lugares e tempos diferentes.

A **teoria dos recursos de poder** pode ser útil aqui. Essa teoria focaliza como *variações* na distribuição de poder afetam o destino de partidos e de determinadas políticas. Para compreender a teoria dos recursos de poder, considere suas próprias preferências político-partidárias. Você pode ter muitas razões para apoiar um partido em vez de outro. Por exemplo, sua família pode ter uma longa tradição de voto em um partido e pode ser que você nunca tenha realmente questionado essa tradição familiar. Talvez você apóie um partido porque admira a energia, a integridade ou o currículo de seu líder. Ou você pode apoiar um partido porque concorda com seu programa político em relação a uma série de questões que considera relevantes. Que fatores te levam a preferir um partido em vez de outro?

Se as políticas de um partido influenciam seu voto, você é como muitas pessoas. Na linguagem política do Brasil, a fronteira entre grupos políticos é estabelecida normalmente entre dois pólos: a direita e a esquerda. Partidos de esquerda tendem a defender o envolvimento do governo na economia. Entre outras coisas, isso significa que favorecem uma forte "rede de seguridade social" de saúde e benefícios de assistência para ajudar os membros menos favorecidos da sociedade. As políticas de esquerda tendem a ser vistas como aquelas que buscam diminuir a desigualdade econômica. Em contraste, as políticas de direita defendem um papel reduzido do governo na economia. Favorecem um estado de bem-estar menor e enfatizam a importância da iniciativa individual na promoção do crescimento econômico. Colocando de lado as questões econômicas, políticas de direita e de esquerda também tendem a discordar sobre questões sociais e morais. Os políticos de esquerda tendem a apoiar direitos iguais para mulheres e minorias raciais e sexuais. Políticos de direita, valores sociais e morais tradicionais. É importante notar, no entanto, que não se trata de pólos estáveis, mas de extremos de um *continuum* com várias posições intermediárias. Daí a ocorrência de termos como centro-esquerda, centro-direita, "centrão" etc. Esse *continuum*, à medida que se amplia a participação política, torna-se mais elástico, assumindo diferentes composições que, por sua vez, podem adquirir uma maior ou menor visibilidade.

É importante considerar que, até 1945, a democracia no Brasil não passava de um esboço. Em primeiro lugar, do início da República (1889) até o início do Estado Novo (1930) o colégio eleitoral brasileiro, ou as pessoas aptas a exercerem o direito ao voto, restringia-se a 3% da população. Estavam excluídos, portanto, a esmagadora maioria da população, a começar pelas mulheres e pelos analfabetos. Em segundo lugar, houve a suspensão dos direitos políticos dos cidadãos com o estabelecimento da ditadura durante o Estado Novo (1937-1945). Como podemos perceber na Figura 10.4, é a partir de 1945 que passa a haver um crescimento contínuo de eleitores, que chega ao seu ponto mais alto nas eleições de 2002, com o reconhecimento do direito do voto aos analfabetos a partir da Constituição Federal de 1988. Esse processo político, inaugurado em 1945, tornou a política no Brasil mais complexa e significou também a ampliação do número de partidos políticos. Consagra-se, assim, uma tradição pluripartidarista, interrompida com o golpe militar de 1964, mas retomada com a redemocratização ocorrida na década de 1980. É a partir desse processo de democratização (extensão e intensificação da participação política) e do pluripartidarismo que o significado de direita e esquerda passa a delimitar grupos, tendências e programas políticos.

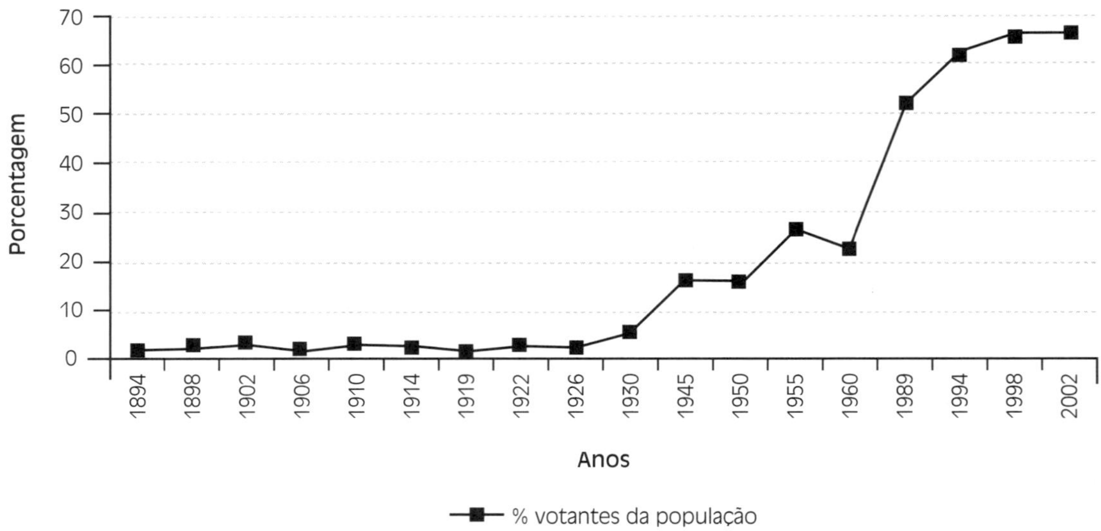

● **Figura 10.4** **Evolução dos eleitores nas eleições presidenciais no Brasil segundo o percentual da população, 1894-2002**
Fonte: Pereira (2004); Tribunal Superior Eleitoral (2002).

A classificação que a população faz dos partidos nesse *continuum* entre esquerda e direita não é rígida, mas pode se alterar de acordo com a conjuntura política e o nível de participação dos partidos no governo. Um exemplo dessa variação pode ser percebido nos dados levantados em uma pesquisa realizada em 2002, cuja finalidade era traçar o perfil e as tendências do eleitorado brasileiro. Se tomarmos como exemplo duas maneiras de perguntar sobre a visão que os eleitores têm dos partidos, constata-se alteração no modo de classificá-los. Em uma amostra de 2.514 eleitores, foi perguntado a eles como classificariam os partidos entre esquerda e direita, em uma escala de 0 a 10, em que a maior pontuação corresponde à esquerda e a menor, à direita. Como podemos observar na Figura 10.5, o PT aparece como o partido mais à esquerda, com 7,01, e o PFL mais à direita, com 3,63 pontos.

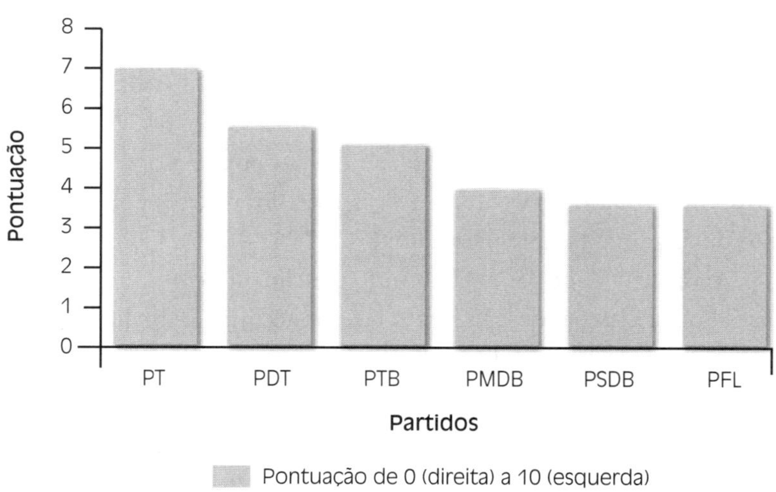

● **Figura 10.5** **Classificação dos partidos políticos no Brasil, quando o valor mais alto da escala corresponde ao partido mais de esquerda**
Fonte: Consórcio de Informações Sociais (2004).

Quando a mesma questão era formulada em sentido inverso, isto é, no ponto em que se requisitava que os valores mais altos fossem atribuídos ao partido mais à direita do sistema político e os valores mais baixos ao partido mais à esquerda, percebemos uma alteração da classificação no *continuum* entre direita e esquerda (Figura 10.6). Nesse caso, o partido identificado pela maioria dos respondentes como mais à esquerda foi o PDT, com 3,82 pontos, enquanto o PMDB passa a figurar como o mais à direita, com 6,36 pontos.

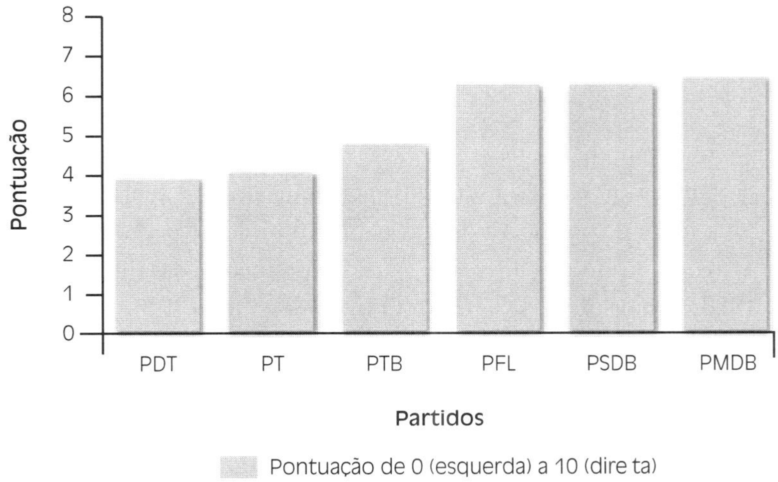

Figura 10.6 **Classificação dos partidos políticos no Brasil, quando o valor mais baixo da escala corresponde ao partido mais de esquerda**
Fonte: Consórcio de Informações Sociais (2004).

Onde Você se Encaixa?

Embora seja um fenômeno conhecido que a maneira como se formula uma pergunta afeta as respostas dos sujeitos da pesquisa, nosso exemplo parece revelar que a distinção entre esquerda e direita na sociedade brasileira não é tão nítida como pode parecer à primeira vista. Apesar disso, ainda se pode perceber certa consistência na identificação dos partidos de esquerda (PT, PDT e PTB) e de direita (PFL, PSDB, PMDB). Sendo assim, faz sentido supor que os brasileiros percebem que os diferentes partidos apóiam diferentes políticas, que essas políticas se localizam mais à esquerda ou mais à direita no sistema de classificação brasileiro e que, portanto, as políticas apoiadas por diferentes partidos têm efeitos distintos nos diferentes grupos de pessoas. Em outras palavras, em conformidade com a teoria dos recursos de poder, diferentes partidos tendem a ser apoiados por diferentes classes, grupos religiosos, raças e outros grupos. Você acha que seu partido preferido favorece a classe, o grupo religioso ou a raça aos quais você pertence? Se sim, como? Se não, por quê?

Classe e Outras Clivagens Políticas

Na maioria das democracias ocidentais, um fator importante que distingue os partidos são as diferenças no apoio de *classe* (Korpi, 1983: 35; Lipset e Rokkan, 1967; Manza, Hout e Brooks, 1995).

A tendência das pessoas de classes diferentes de votar em partidos distintos varia de um país para outro. A força dessa tendência depende de muitos fatores, sendo que um dos mais importantes refere-se a quão coesas e socialmente organizadas são as classes (Brym e Fox, 1989: 57-91; Brym, Gillespie e Lenton, 1989). Por exemplo, uma classe no topo da hierarquia que seja capaz de criar organizações para apoiar candidatos conservadores e *lobbies* para apoiar leis conservadoras é mais poderosa que uma classe superior que não é capaz de realizar essas ações. Se uma classe superior realiza esses esforços, enquanto a classe trabalhadora não consegue se organizar, candidatos de direita têm mais possibilidade de serem eleitos e políticas conservadoras têm mais probabilidade de se transformar em lei. Da mesma forma, uma classe trabalhadora que seja capaz de sindicalizar muitos trabalhadores é mais poderosa de que uma classe com poucos trabalhadores sindicalizados. Isso ocorre porque os sindicatos freqüentemente arrecadam mais dinheiro para o partido que se mostra mais simpático aos seus interesses. Além disso, eles estabelecem *lobbies* para defender os interesses dos membros e tentam convencê-los a votar no partido pró-sindicato. Se os trabalhadores se tornam mais sindicalizados e as classes superiores não conseguem se organizar, então os candidatos esquerdistas têm maior chance de serem eleitos. Assim, as políticas de esquerda têm mais probabilidade de se transformar em lei. Essa é a principal intuição da teoria dos recursos de poder: a organização é uma fonte de poder. Mudanças na distribuição de poder entre as principais classes explicam, em parte, o destino dos diferentes partidos políticos e das diferentes leis e políticas públicas (Korpi, 1983; Esping-Andersen, 1990; O'Connor e Olsen, 1998; Shalev, 1983).

Podemos perceber como a teoria dos recursos de poder funciona ao examinar a Tabela 10.1. Essa tabela compara 18 países industrializados de democracia forte nas três décadas que se seguiram à Segunda Guerra Mundial. Aqui, dividimos os países em três grupos. No primeiro grupo, incluímos países como a Suécia, em que os partidos socialistas estão no poder. No segundo grupo, encontramos países como a Austrália, no qual partidos socialistas *às vezes* controlam o governo ou dividem o controle dos mesmos. No terceiro grupo estão países como os Estados Unidos, em que os partidos socialistas nunca — ou raramente — dividem o controle dos governos. As médias dos grupos, na coluna dois, mostram que os partidos socialistas são geralmente mais bem-sucedidos nos países em que os trabalhadores são mais sindicalizados. As médias dos grupos nas colunas três

● Tabela 10.1 Algumas conseqüências do poder das classes trabalhadoras em 18 países industrializados ricos, 1946-1976

	Porcentagem da força de trabalho não-agrícola sindicalizada	Participação socialista no governo	Porcentagem da renda nacional total em relação aos 10% de maior renda	Porcentagem de pobres
Países majoritariamente socialistas	68,5	Alta	21,8	4,3
Países parcialmente socialistas	46,6	Média	23,6	7,8
Países majoritariamente não-socialistas	28	Baixa	28,3	10,8

Fonte: adaptado de Korpi (1983: 40,196).

Nota: "Países majoritariamente socialistas" incluem a Suécia e a Noruega. "Países parcialmente socialistas", a Áustria, a Austrália, a Dinamarca, a Bélgica, o Reino Unido, a Nova Zelândia e a Finlândia. "Países majoritariamente não-socialistas" incluem a Irlanda, a Alemanha Ocidental, a Holanda, os Estados Unidos, o Japão, o Canadá, a França, a Itália e a Suíça. "Participação socialista no governo" refere-se à proporção de cadeiras, em cada ministério, ocupada por partidos socialistas com base na proporção de cadeiras no parlamento e na duração do ministério. "Porcentagem de pobres" refere-se à porcentagem média da população vivendo em pobreza relativa de acordo com os padrões estabelecidos pela OECD e cuja linha de pobreza é padronizada de acordo com o tamanho das famílias.

e quatro mostram que existem mais desigualdades econômicas nos países fracamente socializados e que não possuem governos socialistas. Em outras palavras, por meio de impostos e políticas sociais, os governos socialistas asseguram que os ricos ganhem uma porcentagem menor da renda nacional e que os pobres formem uma parcela menor da população. Estudos sobre aposentadoria, sistemas de saúde e outros benefícios nos países industrializados ricos levam a conclusões semelhantes: de maneira geral, onde as classes trabalhadoras são mais organizadas e poderosas, as pessoas com menos vantagens estão em melhor situação do que em países onde isso não ocorre (Myles, 1989 [1984]; O'Connor e Brym, 1988; Olsen e Brym, 1996; Korpi e Palme, 2003).

A classe não é o único fator que distingue os partidos. Historicamente, a *religião* também tem sido uma base importante para diferenças partidárias. Por exemplo, nos países europeus ocidentais com grandes populações de católicos — como a Suíça e a Bélgica —, os partidos se diferenciam parcialmente pela filiação religiosa de seus eleitores.

A influência religiosa sempre esteve presente na política brasileira. Na Colônia e no Império, não havia uma separação entre Igreja Católica e Estado, um sistema que se tornou conhecido como *padroado*. Somente na Constituição da República de 1890 formalizou-se a separação entre o Estado e a Igreja. No entanto, ao longo da República, a Igreja Católica manteve uma aliança tácita com o Estado brasileiro, rompida no período do regime militar. Nesse novo contexto, a Igreja Católica se afastou do Estado e se aproximou da sociedade civil, tendo papel significativo no processo de redemocratização e no fim do regime militar, como já mencionamos. Foi também nesse período que houve um crescimento significativo da presença de igrejas evangélicas, em particular pentecostais, assim como de outras religiões não ligadas à tradição cristã. Na atualidade, constata-se a presença de diferentes tendências religiosas nas discussões do Congresso Nacional, particularmente em torno de temas como aborto, pesquisa com células-tronco, entre outros, o que se tem evidenciado também nas eleições das últimas duas décadas. Como ilustração desse fato, em uma pesquisa de intenção de voto para o primeiro turno das eleições de 2002, comparando apenas as preferências em relação a dois candidatos à presidência da República, evidenciou-se que entre os eleitores do candidato do PSB, Garotinho, a presença de evangélicos pentecostais era maior que entre os eleitores do candidato do PT, Lula (Figura 10.7).

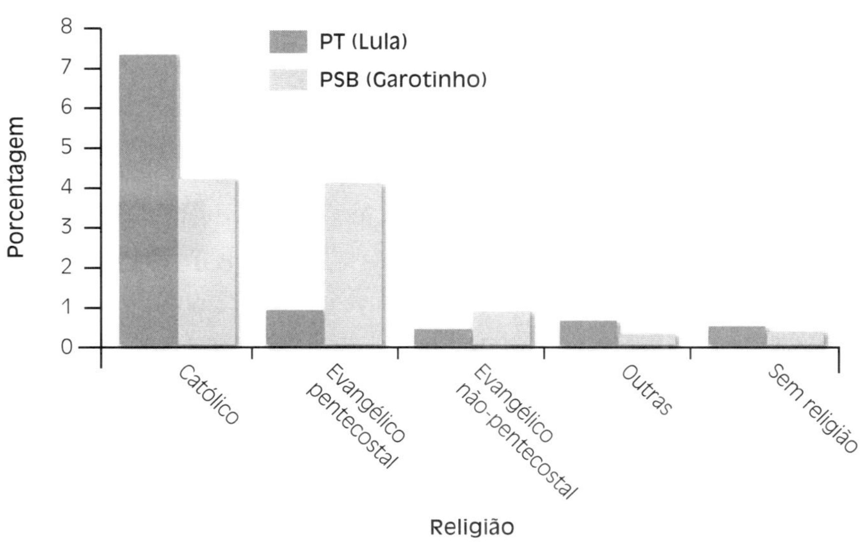

● **Figura 10.7** Influência da religião na preferência dos eleitores de Lula e Garotinho no primeiro turno da eleição para presidente da República, em 2002
Fonte: Consórcio de Informações Sociais (2004).

Em décadas recentes, a *raça* tem se tornado um fator de clivagem cada vez mais importante em alguns países. Nos Estados Unidos em particular, afro-americanos têm apoiado predominantemente o partido democrata desde os anos de 1960 (Brooks e Manza, 1997). A raça também tem desempenhado um papel cada vez maior na divisão da política francesa devido à grande imigração árabe da Argélia, do Marrocos e da Tunísia, desde os anos de 1950, acompanhada de um crescente sentimento antiimigração por parte de uma minoria substancial de brancos (Veugelers, 1997).

Por fim, uma fissura de *gênero* tem aumentado em alguns países, em especial nos Estados Unidos. Dessa forma, eleitores masculinos escolheram George W. Bush por uma margem de 11% na eleição presidencial de 2000, enquanto as eleitoras preferiram Al Gore com o mesmo percentual ("Gore-Bush Race...", 2000). A teoria dos recursos de poder se concentra principalmente nas mudanças na distribuição de poder entre as classes altas e as classes trabalhadoras e como essas mudanças afetam as eleições. Entretanto, pode-se também usar essa teoria para analisar o sucesso eleitoral de partidos que atraem diferentes grupos religiosos, de gênero, de raça e assim por diante.

Teoria Centrada no Estado

A política democrática é uma disputa entre várias classes, grupos religiosos, raças e outras coletividades para controlar o Estado e, assim, obter determinadas vantagens. Quando o poder é substancialmente redistribuído devido a fatores como mudanças na coesão dos grupos sociais, os partidos dominantes antigos caem e novos partidos assumem o poder.

Observe, entretanto, que uma estratégia que só beneficiasse os vencedores seria uma insensatez. Se os partidos vencedores votassem leis que beneficiassem apenas seus partidários, poderiam gerar a indignação pública e até uma oposição violenta. Ainda assim, seria má idéia permitir que os opositores ao governo ficassem irados, determinados e se organizassem — afinal de contas, os vencedores querem mais do que apenas um momento de glória: querem ser capazes de usufruir as vantagens do poder por longo período. Para conseguir estabilidade, eles devem dar aos que perderam as eleições uma voz no governo. Dessa maneira, mesmo os oponentes mais decididos provavelmente reconhecerão a legitimidade do governo. Os pluralistas, portanto, estão certos quando dizem que a política democrática diz respeito à colaboração e aos acordos. O que eles parecem não conseguir enxergar corretamente é a maneira pela qual a colaboração e os acordos propiciam mais vantagens a uns do que a outros, tal como os teóricos da elite e os das teorias dos recursos de poder enfatizam.

Existe, contudo, mais elementos envolvidos na política do que conflitos entre classes, grupos religiosos, raças etc. Theda Skocpol e outros defensores da **teoria centrada no Estado** mostram como o próprio Estado pode estruturar a vida política, não importa como o poder esteja distribuído em um dado momento (Block, 1979; Skocpol, 1979; Evans, Rueschemeyer e Skocpol, 1985). Seus argumentos representam um complemento valioso para a teoria dos recursos de poder.

A fim de ilustrar como as estruturas do Estado se moldam à política, consideremos um elemento da política brasileira: a obrigatoriedade do voto. Sabemos que, segundo a legislação eleitoral brasileira, o voto é obrigatório para todos os cidadãos de 18 a 65 anos, sendo facultativo para jovens de 16 e 17 anos e idosos com mais de 65. A obrigatoriedade do voto confere determinadas características à ação política. O relativo baixo índice de abstenção nas eleições brasileiras é resultado da estrutura política brasileira, e não da distribuição de poder em um dado momento. Por exemplo, no primeiro turno das eleições de 2002, 17,7% dos eleitores não compareceram às urnas. Caso a legislação não previsse o voto obrigatório, o percentual de abstenções seria certamente outro. Em uma pesquisa por amostragem sobre diversos aspectos da política no Brasil, ao serem perguntados se votariam se o voto não fosse obrigatório, 45,2% dos entrevistados responderam que não votariam (Consórcio de Informações Sociais, 2004). Esse percentual também se diferencia se considerarmos as faixas de renda. Conforme mostra a Figura 10.8, entre os entrevistados de baixa renda o percentual daqueles que afirmaram que não votariam, se o voto não fosse obrigatório, seria maior do que nas faixas de maior renda.

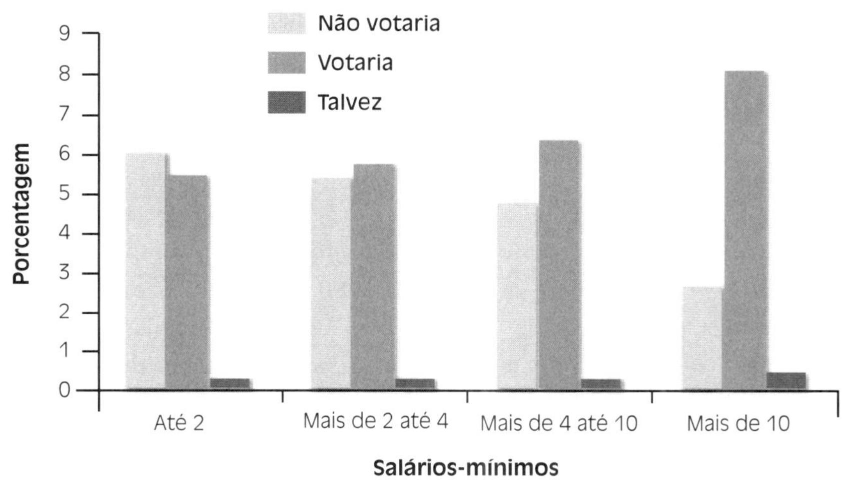

● **Figura 10.8** Votantes e não-votantes se o voto não fosse obrigatório no Brasil, de acordo com a renda
Fonte: Consórcio de Informações Sociais (2004).

Como afirma o sociólogo político americano Seymour Martin Lipset:

> *Quando o índice de votos é baixo, isso quase sempre significa que os grupos social e economicamente menos favorecidos são sub-representados no governo. A combinação de um baixo índice de votos e de uma relativa falta de organização entre os grupos de menor* status *significa que tais grupos serão negligenciados por parte dos políticos que serão receptivos aos desejos dos estratos mais privilegiados, participativos e organizados.* (Lipset, 1981 [1960]: 226-7)

Resumindo, caso o voto no Brasil não fosse obrigatório, o sistema político brasileiro seria provavelmente menos sensível às necessidades das classes menos abastadas.

Em toda democracia, existem leis especificando os procedimentos eleitorais. Em muitos países, os cidadãos são automaticamente habilitados a votar quando recebem suas carteiras de identidade, aos 16 ou 18 anos de idade. Em outros países, funcionários públicos vão de porta em porta antes de cada eleição e registram os eleitores. Nos Estados Unidos, os cidadãos devem tomar a iniciativa de se registrarem em centros de registro de eleitores, o que faz com que muitos não votem ou não se registrem. Como resultado, os Estados Unidos têm uma proporção de eleitores muito menor que outros países democráticos. Como sugere a teoria centrada no Estado, um efeito disso é que o voto acaba sendo negado a muitas pessoas que se encontram na base da estrutura econômica.

Alterando as Estruturas do Estado

Em geral, as estruturas do Estado resistem à mudança. A *Constituição* estabelece seus fundamentos e apenas uma grande maioria de deputados federais e de legisladores estaduais consegue alterá-la. As *leis* dão sustentação às estruturas do Estado, sendo que algumas delas ajudam a manter ao largo forças sociais potencialmente destrutivas. Como vimos a obrigatoriedade do voto é um desses casos. A *ideologia* reforça toda a estrutura: todos os Estados criam hinos, bandeiras, cerimônias, celebrações, eventos esportivos e currículos escolares para estimular o patriotismo e justificar, ao menos em parte, os arranjos políticos existentes.

A despeito desses fundamentos, sustentáculos e reforços, algumas vezes, grandes choques reorientam as políticas públicas e provocam grandes mudanças nos padrões de votação. Isso pode ser percebido na evolução dos eleitores na sociedade brasileira, em que determinados eventos marcaram esse desenvolvimento. Observando mais uma vez a Figura 10.4, podemos identificar certos momentos em que houve um crescimento efetivo do eleitorado. Por exemplo, na década de 1930, depois na década de 1940 e finalmente na década de 1980, momentos esses relacionados a processos de mudança política, à Revolução de 1930, à redemocratização do pós-Segunda Guerra Mundial, interrompida com o golpe de 1964, e à redemocratização iniciada na década de 1980, quando se reconheceu o direito do voto também dos analfabetos.

Resumindo

Sintetizando nossos principais pontos, a sociologia política evoluiu muito desde os anos de 1950. Cada uma das principais teorias trouxe contribuições importantes para a análise da vida política (Tabela 10.2). Os pluralistas nos ensinam que a democracia diz respeito a acordos e à colaboração

● **Tabela 10.2** Quatro teorias da democracia comparadas

	Pluralismo	Elites	Recursos de poder	Centrada no Estado
Como o poder é distribuído?	Disperso	Concentrado	Concentrado	Concentrado
Quem são os principais detentores do poder?	Diversos grupos	Elites	Classes altas	Funcionários públicos
Qual é a base do seu poder?	Cargo político	Controle das principais instituições	Propriedade substancial de capital	Cargo político
Qual é a principal base das políticas públicas?	Vontade de todos os cidadãos	Interesses das principais elites	Equilíbrio de poder entre classes, grupos religiosos etc.	Influência das estruturas do Estado
As classes mais baixas têm muita influência política?	Sim	Não	Às vezes	Às vezes

em prol dos interesses de todos os grupos. A teoria das elites ensina que o poder se concentra nos grupos de maior *status* e cujos interesses tendem a determinar o sistema político. A teoria dos recursos de poder mostra que, a despeito da concentração de poder na sociedade, ocorrem mudanças substanciais na distribuição do poder e essas mudanças têm grande influência nos padrões de voto e nas políticas públicas. Por fim, a teoria centrada no Estado ensina que, a despeito da influência da distribuição do poder na vida política, as estruturas do Estado também exercem um importante papel na política.

Agora, passaremos a um exame do desenvolvimento histórico da democracia, suas bases sociológicas e seu futuro.

O Futuro da Democracia

Viva a Democracia Russa — História Pessoal

Em 1989, o Instituto de Sociologia da Academia Russa de Ciências convidou Robert Brym e outros nove sociólogos para participar de uma série de seminários em Moscou. Os seminários foram planejados de forma a familiarizar alguns dos principais sociólogos da ex-União Soviética com a sociologia ocidental, pois o país se encontrava em meio a grandes mudanças: o totalitarismo estava se desintegrando e abrindo espaço para a democracia. Os sociólogos soviéticos nunca tinham tido liberdade para ler e pesquisar o que queriam e agora estavam ansiosos para aprender algo com os sociólogos de outras partes do mundo (Brym, 1990).

Pelo menos, era isso o que parecia. Certa noite, cerca de uma dúzia de sociólogos estavam sentados em torno de uma mesa, comparando os méritos do uísque canadense e da vodca russa. Em pouco tempo, o rumo da conversa mudou para a política russa. "Vocês devem estar muito excitados com as mudanças que estão ocorrendo por aqui, não é?", Robert disse para seus anfitriões. "Quanto tempo acham que vai demorar até que a Rússia tenha eleições multipartidárias? Vocês acham que a Rússia vai se tornar uma democracia liberal, como os Estados Unidos, ou uma democracia social, como a Suécia?"

Um sociólogo russo de cabelos brancos levantou-se vagarosamente. Seus colegas o chamavam de "dinossauro" pelas costas. Logo ficou claro o porquê. "*Nikogda*", ele disse, de maneira calma, mas enfática — "nunca". "*Nikogda*", ele repetiu, com a voz se elevando no tom, no volume e na ênfase. Depois, por cerca de um minuto, ele explicou que o capitalismo e a democracia nunca fizeram parte da história da Rússia. "O povo russo", afirmou, "não quer uma sociedade capitalista livre. Nós sabemos que 'livre' significa que os poderosos são livres para competir de maneira injusta com os oprimidos, explorá-los e criar desigualdades sociais".

Todos os outros discordaram do "dinossauro", no todo ou em parte. Como não tínhamos a intenção de acirrar ainda mais os ânimos, mudamos de assunto e voltamos a falar sobre temas mais amenos. Depois de 15 minutos, alguém nos lembrou que teríamos de acordar cedo para os seminários do dia seguinte. Assim, a noite terminou e suas grandes questões ficaram sem resposta.

Hoje, mais de 15 anos depois, as grandes questões da política russa continuam sem resposta. No entanto, parece que havia algo de verdadeiro no discurso do sociólogo russo. A Rússia teve suas primeiras eleições multipartidárias em 1991. As pesquisas mostraram que os russos preferiam a democracia a todos os outros tipos de governo; entretanto, o apoio à democracia diminuiu muito quando a economia entrou em colapso.

Antigamente, os preços eram tabelados pelo governo. Depois da abertura política, o governo permitiu que os preços flutuassem em níveis estabelecidos pelo mercado, o que fez com que se elevassem de 10 a 12 vezes em um período de apenas um ano. Muitas empresas fecharam porque eram muito ineficientes para permanecer no mundo dos negócios sob as condições do mercado, o que levou a uma taxa de desemprego de cerca de 20%. Mesmo quando o governo possibilitava a sobrevivência de certas empresas por meio de subsídios, o pagamento dos salários era irregular. Algumas vezes, os trabalhadores passavam meses sem receber o salário. Muitos russos mal conseguiam sobreviver: de acordo com estimativas do governo, 39% da população vivia abaixo da linha de pobreza em 1999.

No outro extremo, negócios lucrativos e propriedades imobiliárias valiosas, antes pertencentes ao Estado, foram vendidos para indivíduos e companhias privadas. O grosso dos privilégios ficou reservado aos membros mais antigos do Partido Comunista e dos sindicatos do crime organizado. Esses foram os únicos dois grupos com dinheiro e informações suficientes para obter vantagens das vendas. Diz-se que Moscou tem mais automóveis da Mercedes-Benz *per capita* do que qualquer outra cidade do mundo. No ano de 1994, os 10% mais ricos da população russa ganharam mais de 15 vezes mais do que os 10% mais pobres. O nível de desigualdade na Rússia é hoje um dos maiores do mundo (Brym, 1996a; 1996b; 1996c; Gerber e Hout, 1998; Handelman, 1995; Remnick, 1998).

O sentimento democrático enfraqueceu à medida que as condições econômicas foram piorando (Whitefield e Evans, 1994). Nas eleições de 1995 e 1996, o apoio aos partidos democráticos foi praticamente nulo, enquanto o apoio aos partidos comunistas e nacionalistas de extrema direita foi muito expressivo (Brym, 1995; 1996d). Pesquisas conduzidas em nível nacional em 38 países, entre 1995 e 1997, mostraram que até 97% dos cidadãos de alguns países consideravam a democracia como a forma ideal de governo. Nessas pesquisas, a Rússia aparecia em último lugar, com meros 51% (Klingemann, 1999). A democracia possibilitou que algumas pessoas enriquecessem em detrimento da maioria dos russos. Assim, muitos cidadãos associavam a democracia não com a liberdade, mas com o sofrimento.

As instituições políticas da Rússia refletem a fragilidade de sua democracia. O poder é quase que totalmente concentrado nas mãos do presidente e os poderes Legislativo e Judiciário não atuam como freios para o Poder Executivo. Apenas um pequeno número de cidadãos russos é filiado a partidos políticos e os níveis de votação são baixos. Grupos étnicos minoritários são às vezes tratados de maneira cruel e arbitrária. Assim como ocorreu com a maioria dos países cuja história recente é marcada pelo autoritarismo ou pelo totalitarismo, inclusive o Brasil, a democracia russa ainda tem um longo caminho a percorrer antes de poder ser comparada a muitas democracias dos países industrializados ricos.

A despeito das características particulares do caso russo, o sucesso limitado da democracia naquele país levanta uma questão importante e que pode ajudar a iluminar alguns problemas existentes na política brasileira: quais condições sociais devem existir para que um país possa se tornar plenamente democrático? É essa a questão que tentaremos responder mais adiante. A fim de obtermos uma visão em perspectiva, consideremos inicialmente as três ondas democráticas que varreram o mundo nos últimos 175 anos (Huntington, 1991: 13-26) (Figura 10.9).

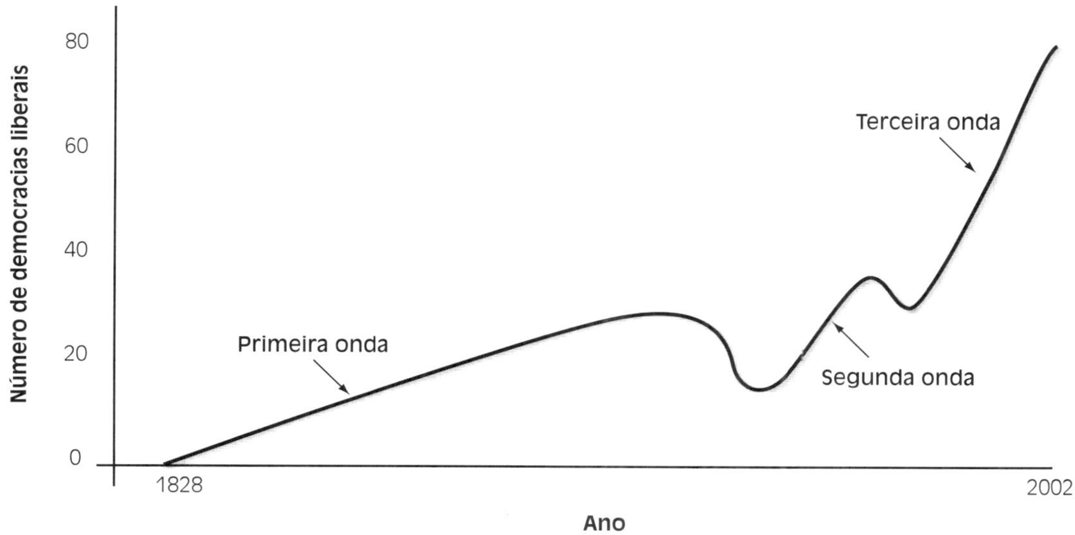

● **Figura 10.9** As três ondas de democratização, 1828-2002
Fonte: Diamond (1996: 28); Huntington (1991: 26); Marshall e Gurr (2003: 17).

As Três Ondas de Democratização

A primeira onda de democratização começou quando mais da metade dos homens brancos adultos dos Estados Unidos foi considerada apta a votar na eleição presidencial de 1828. Em 1926, 33 países dispunham de instituições minimamente democráticas. Esses países incluíam a maior parte da Europa Ocidental, os domínios ingleses (Austrália, Canadá e Nova Zelândia), o Japão e quatro países latino-americanos (Argentina, Colômbia, Chile e Uruguai). Entretanto, exatamente como uma ressaca começa quando uma onda oceânica retrocede, um retrocesso democrático ocorreu entre 1922 e 1942, quando movimentos fascistas, comunistas e militaristas fizeram com que dois terços das democracias do mundo caíssem sob o jugo de regimes autoritários ou totalitários.

No Brasil, a formação do Estado republicano teve início com a Proclamação da República (1889) e a promulgação da primeira Constituição republicana em 1891. Todavia, esse marco político não representou a efetiva introdução do país na via democrática. Entre 1889 e 1930, as oligarquias políticas que detinham o poder durante o Período Imperial (1822-1889) permaneceram no comando, não deixando espaço para uma participação mais ativa de outros setores da sociedade na vida política. Esse período de dominação oligárquica ficou conhecido como "República Velha". Em 1930, Getúlio Vargas tomou o poder por meio de um golpe de Estado e nele permaneceu durante 15 anos, oito dos quais sob um regime ditatorial denominado "Estado Novo". Durante o Estado Novo, ocorreu um processo de burocratização e racionalização do Estado, foram aprovadas as leis que regulamentavam a vida do trabalhador, mas a participação política permaneceu limitada, a capacidade de organização dos partidos e dos sindicatos ficou restrita, os partidos de esquerda foram considerados ilegais, houve perseguição, prisões etc. No lugar da velha política oligárquica, instaurou-se uma política tão centralizada quanto aquela e fundamentada no populismo representado pelo carisma de Getúlio Vargas, o "pai dos pobres". Podemos dizer que mesmo existindo instituições democráticas, como eleições parlamentares, o poder das oligarquias manteve-se hegemônico durante os primeiros 50 anos da República, controlando e limitando a participação de outros atores, em especial os trabalhadores, na vida política nacional. Isso excluiu o Brasil da primeira onda de democratização.

A segunda onda de democratização ocorreu entre 1943 e 1962. A vitória dos aliados na Segunda Guerra Mundial fez a democracia retornar a muitos dos governos derrotados, incluindo a Alemanha Ocidental e o Japão. O começo do fim do domínio colonial levou a democracia a algumas nações da África e de outros lugares. Alguns países latino-americanos, inclusive o Brasil, com o fim da era Vargas, constituíram democracias limitadas e instáveis. Nessa segunda onda democrática, o Brasil passou por um período de grandes transformações. Embora não se possa falar de uma liberdade plena, houve intensa efervescência política entre 1946 e 1964. Multiplicaram-se os movimentos sociais e a participação organizada de diferentes setores da sociedade passou a ecoar na atividade política. São exemplos dessa participação: a Campanha Nacional em Defesa da Escola Pública, a campanha em defesa da nacionalização do petróleo ("O Petróleo é Nosso"), os movimentos pela reforma agrária, entre eles as Ligas Camponesas no Nordeste e o Movimento dos Agricultores Sem Terra, no sul do Brasil, e o movimento pelas Reformas de Base. Entretanto, já no final dos anos de 1950, a segunda onda se exauriu e o mundo se viu no meio de uma segunda reversão democrática. Ditaduras militares substituíram muitas democracias na América Latina, na Ásia e na África. Um terço das democracias de 1958 era de regimes autoritários em meados dos anos de 1970. No Brasil e na América Latina, os regimes militares encontraram apoio por parte dos governos dos Estados Unidos. O regime ditatorial que se instaurou no Brasil de 1964 a 1988 foi marcado por desestruturação das organizações políticas dos setores sociais independentes, dissolução dos partidos políticos e instauração do bipartidarismo, da censura, da repressão e da tortura.

A terceira e maior onda de democratização começou em 1974, com a queda das ditaduras militares em Portugal e na Grécia, e atingiu seu ápice no início dos anos de 1990. No sul e no leste da Europa, na América Latina, na Ásia e na África, uma série de regimes autoritários caiu. Em 1991, o comunismo soviético desmoronou. Em 1995, 117 dos 191 países do mundo eram democracias, no sentido de que seus cidadãos podiam escolher seus representantes em eleições competitivas e regulares. Isso totaliza 61% dos países do mundo, compreendendo 55% da população mundial (Diamond, 1996: 26).

A década de 1980, no Brasil, foi considerada a década da redemocratização. O processo de abertura política ("abertura lenta, gradual e segura", como costumava dizer o general Figueiredo, último presidente militar do período) teve início em 1979, com a volta dos exilados políticos (Luiz Carlos Prestes, Leonel Brizola, Miguel Arraes, Fernando Gabeira, entre outros). Nesse mesmo ano, ocorreram as importantes greves dos metalúrgicos na região industrial do ABC paulista. Em 1980, foi criado o Partido dos Trabalhadores, aglutinando diversas forças de esquerda. O ano de 1984 foi memorável pela campanha das "Diretas Já", que mobilizou a população em favor da realização de eleições diretas para presidente da República. Embora a campanha não tenha sido vitoriosa — pois o primeiro presidente civil pós-1964, Tancredo Neves, foi eleito pelo Colégio Eleitoral —, ela representou um importante marco nas conquistas democráticas que se seguiram, com a realização da Assembléia Nacional Constituinte, instaurada em 1987. A participação popular, com a apresentação de "emendas populares", foi uma das características mais importantes do processo de elaboração da nova Constituição. A promulgação da Constituição em outubro de 1988 deu início a uma nova fase da democracia no Brasil.

Entretanto, a terceira onda parece menos dramática se levarmos em conta que esses números se referem a **democracias formais** — países com eleições competitivas regulares. Muitos desses países não são **democracias liberais**, isto é, assim como a Rússia, eles não têm liberdade e proteções constitucionais que tornem significativas a participação e a competição política. Por exemplo, em democracias formais, mas não liberais, pode ocorrer de um grau substancial de poder político estar nas mãos de um militar que não é particularmente afetado pelo partido no poder. Pode ser que determinados grupos culturais, étnicos, religiosos ou regionais não possam participar das eleições. Pode ser que os poderes Legislativo e Judiciário não imponham limites suficientes para o Poder Executivo. Os cidadãos podem não gozar de liberdade de expressão, de reunião e de organização, mas, ao contrário, podem estar sujeitos a prisões ilegais, ao exílio, ao terror e à tortura. No fim de 1995, 40% dos países do mundo eram democracias liberais, 21% eram democracias formais ou não-liberais e 39% não eram democracias (Diamond, 1996: 28). O número de democracias liberais no mundo diminuiu cerca de 2% entre 1991 e 1995. Algumas democracias recentes, incluindo países grandes e regionalmente influentes como a Rússia, a Nigéria, a Turquia e o Paquistão, sofreram declínio nas liberdades e nas proteções. A terceira onda, parece, estava diminuindo (U.S. Information Agency, 1998-1999).

No Brasil, podemos dizer que o estatuto da democracia tem variado entre os tipos aqui mencionados, de uma democracia mais liberal ou mais formal, de acordo com as transformações sofridas na conjuntura político-nacional anteriormente mencionadas.

As Pré-Condições Sociais da Democracia

Democracias liberais emergem e perduram quando os países gozam de um considerável crescimento econômico, de industrialização, de urbanização, do aumento da alfabetização e de um decréscimo na desigualdade econômica (Huntington, 1991: 39-108; Lipset, 1981 [1960]: 27-63, 469-76; Moore, 1967; Rueschmeyer, Stephens e Stephens, 1992; Zakaria, 1997). O desenvolvimento econômico possibilita o surgimento de classes trabalhadoras e médias grandes e bem organizadas, alfabetizadas e com boa condição social. Quando essas classes se tornam suficientemente poderosas, suas reivindicações por direitos civis e pelo direito de votar e ser votado têm de ser reconhecidas. Se as classes trabalhadoras e médias não têm seus direitos políticos garantidos, derrubam reis, rainhas, aristocracias fundiárias, generais e políticos autoritários por meio de revoluções. Em contraste com isso, as democracias não surgem onde aquelas classes são fracas demais para obter grandes concessões políticas por parte de autoridades pré-democráticas. Em casos intermediários — em que, por exemplo, os militares de um país são quase tão poderosos quanto as classes operárias e médias —, a democracia é precária e, freqüentemente, apenas formal. A história das democracias instáveis é, em grande medida, a história de golpes militares internos (Germani e Silvert, 1961).

Independentemente das condições socioeconômicas já referidas, circunstâncias políticas e militares externas ajudam as democracias liberais a perdurar. Democracias liberais, mesmo as fortes, como é o caso da França, desmoronam quando são derrotadas por regimes e impérios fascistas, comunistas e militares e renascem quando alianças democráticas vencem guerras mundiais e impérios autoritários se desfazem. Formas menos coercitivas de intervenção política externa algumas vezes também são efetivas. Por exemplo, nos anos de 1970 e 1980, a União Européia ajudou a democracia liberal na Espanha, em Portugal e na Grécia, integrando esses países na economia da Europa Ocidental e proporcionando-lhes sólida ajuda econômica.

Em resumo, Estados nacionais estrangeiros poderosos e pró-democráticos, assim como a existência interna de classes trabalhadoras e médias prósperas, são as melhores garantias de democracias liberais. Isso significa que a democracia liberal se espalhará por países em desenvolvimento apenas se eles prosperarem economicamente e puderem obter o apoio de grandes potências mundiais que funcionem como o centro da democracia liberal.

Parte do problema é que, freqüentemente, essas condições são contraditórias. Nesse sentido, embora se deva reconhecer a importância das comunidades transnacionais, como a União Européia, ou mesmo de países como os Estados Unidos, na promoção da democracia em muitas partes do mundo, não se deve perder de vista dois fatos importantes. Em primeiro lugar, países como os Estados Unidos nem sempre são amigos da democracia. Por exemplo, entre o fim da Segunda Guerra Mundial e o colapso da União Soviética em 1991, os regimes democráticos simpáticos à União Soviética eram freqüentemente desestabilizados pelos Estados Unidos e substituídos por governos antidemocráticos. Não se pode esquecer o papel de líderes americanos que promoveram a exportação de armas e outras formas de apoio a regimes antidemocráticos, incluindo o treinamento de torturadores, no Irã, no Chile, no Brasil, na Argentina, na Guatemala, na Nicarágua e em outros países, apenas porque esses líderes acreditavam que era de interesse político e econômico que os Estados Unidos apoiassem tais regimes.

Em segundo lugar, o fato de que países como os Estados Unidos ou o Reino Unido tentem promover a democracia em algumas partes do mundo não significa que a democracia liberal tenha atingido seu potencial pleno nesses países. Desigualdades sociais substanciais ainda impedem uma participação e uma influência política plena por parte dos grupos em desvantagem. Além disso, a falta de informação e o papel dos meios de comunicação de massa na disseminação de ideologias que escondem os verdadeiros interesses econômicos que movem as grandes intervenções militares em países supostamente antidemocráticos muitas vezes impedem uma participação política consciente por parte dos cidadãos daqueles países. Um exemplo recente desse fenômeno refere-se à Guerra do Iraque. A intervenção militar americana naquele país (2003) foi baseada na suposta existência de armas de destruição em massa que não se confirmou. O ataque foi realizado com o apoio da maior parte da população americana, fortemente influenciada pelos meios de comunicação de massa e por uma política de controle e censura às opiniões críticas às ações bélicas do Estado americano.

Alguns estudiosos acreditam que o envolvimento político dos cidadãos americanos tende a aumentar com a tecnologia da informação. Computadores domésticos conectados à internet poderiam possibilitar que determinados assuntos fossem debatidos e votados pelos cidadãos, e isso poderia fornecer aos políticos uma idéia bastante clara sobre como as políticas públicas deveriam ser conduzidas. Algumas pessoas acreditam que, em uma era em que a participação política americana diminui cada vez mais, os computadores poderiam reavivar a democracia americana. A opinião pública poderia, então, se transformar em lei (Westen, 1998).

Trata-se de uma visão grandiosa, mas fundamentalmente equivocada. Cientistas sociais conduziram mais de uma dúzia de experimentos naquele país com espécies de reuniões eletrônicas públicas. Eles mostraram que, mesmo que a tecnologia necessária para esses encontros estivesse disponível a todos os cidadãos, o interesse popular é tão limitado que não mais do que um terço da população participaria (Arterton, 1987).

Experiências subseqüentes apóiam essa conclusão. As pessoas que têm maior probabilidade de se envolver na democracia eletrônica são aquelas que têm acesso a computadores pessoais e à internet. Essas pessoas tendem a formar um grupo privilegiado e politicamente envolvido e não são representativas de nenhuma população, nem mesmo da população americana.

Apesar disso, a tecnologia da informação tem atuado como uma arma poderosa no sentido de garantir alguns procedimentos minimamente democráticos, em especial no Brasil, onde as fraudes eleitorais eram freqüentes. No final da década de 1980, ocorreram tentativas isoladas de voto utilizando-se máquinas. Os resultados das primeiras experiências determinaram que, além da possibilidade de eliminação de algumas vulnerabilidades, existia a vantagem do tempo necessário à apuração e à contagem dos votos. No primeiro turno das eleições de 2002, apenas em 0,2% das seções a votação foi manual (Tribunal Superior Eleitoral, 2002). Os avanços provocados pela modernização das eleições brasileiras foram importantes para a eliminação de algumas fraudes provocadas pelo sistema de votação e apuração manual. Isso não significa que não seja um sistema vulnerável — o que implica transparência e que o sistema esteja sujeito à fiscalização e à auditoria para que o resultado computado expresse o desejo do eleitorado. Isso, no entanto, não resolve o problema da participação política no Brasil, principalmente no que se refere aos grupos que se encontram na base da hierarquia social.

Talvez a solução para esse problema deva partir de fora dos processos eleitorais, isto é, dos movimentos sociais, uma vez que os movimentos sociais contemporâneos ampliam as possibilidades de participação dos grupos para além do processo eleitoral, propiciando o desenvolvimento de uma cultura democrática (ver o Capítulo 15, "Ação Coletiva e Movimentos Sociais"). O desenvolvimento de uma democracia liberal plenamente operante no Brasil requer não apenas uma diminuição substancial das desigualdades sociais mas também algumas daquelas "pequenas rebeliões" mencionadas por Thomas Jefferson a que nos referimos no início deste capítulo. A fim de refletir melhor sobre essa possibilidade, você pode começar tentando responder a algumas questões correlatas: quais são os grupos mais prováveis para liderar essas rebeliões? Sob que circunstâncias essas rebeliões podem surgir? Em que medida você apoiaria ou se oporia a elas? Por quê?

Formas Alternativas de Condução da Política

Guerras

A participação em movimentos sociais não é a única maneira de se afastar das normas da política eleitoral a fim de mudar a sociedade. Concluiremos nossa discussão considerando formas alternativas de condução da política: a guerra, o terrorismo e a violência urbana.

Uma **guerra** é um conflito armado violento entre grupos políticos distintos que lutam para proteger ou para aumentar seu controle sobre um território. A humanidade passou muito de sua história se preparando para a guerra, lutando em uma ou se recuperando dela. Assim, de acordo com a historiografia, a guerra ocorreu cerca de 14 mil vezes entre aproximadamente 3600 a.C. e a atualidade. As guerras mataram cerca de um bilhão de soldados e dois bilhões de civis — aproximadamente 3% da população nascida nos últimos 5.600 anos. (Trata-se de uma subestimativa, uma vez que necessariamente ignora os conflitos armados entre os povos de tradição histórica oral.) As guerras se tornaram mais destrutivas com o tempo, devido ao desenvolvimento da tecnologia de destruição humana. Assim, o século XX representa apenas 1,7% do tempo desde o início da história documentada da guerra, mas a ele diz respeito cerca de 3,3% das mortes civis e militares devido a guerras. Cerca de cem milhões de pessoas morreram nas guerras do século XX (Beer, 1974; Brzezinski, 1993; Haub, 2000).

A guerra é dispendiosa e o país que lidera o *ranking* com gastos militares é os Estados Unidos. Com cerca de 4,5% da população mundial, os gastos militares desse país representam cerca de um terço dos gastos militares do mundo. Os Estados Unidos também são o país que lideram a exportação de armas no mundo, com cerca de 60% do mercado mundial de armamentos. Em seguida estão o Reino Unido (12% da exportação de armas no mundo), a França (11%) e a Rússia (4%) (U.S. Census Bureau, 2001: 327; 2002c: 860).

As guerras podem ocorrer entre países (guerras internacionais) ou no seio deles (guerras civis). Um tipo especial de guerra internacional é a guerra colonial, que envolve uma colônia se engajando em um conflito armado contra uma potência imperial a fim de conquistar sua independência. No entanto, desde os anos de 1950, a maioria dos conflitos armados no mundo diz respeito a guerras civis e não a guerras internacionais. Hoje em dia os países raramente entram em guerra uns com os outros. É mais comum eles se engajarem em guerras internas à medida que grupos políticos rivais lutam pelo controle do Estado ou tentam se libertar e formar Estados independentes. Não deixe que os meios de comunicação de massa distorçam sua percepção das guerras globais. Guerras como a que ocorreu entre os Estados Unidos e o Iraque em 2003 representam um percentual insignificante no total dos conflitos armados que ocorrem no mundo, embora recebam grande atenção da mídia. Guerras como a que ocorre na República Democrática do Congo dão conta da quase totalidade dos conflitos armados no mundo, embora essas guerras recebam pouca atenção por parte da mídia. A fim de que você possa ter uma idéia mais clara, enquanto a guerra entre os Estados Unidos e o Iraque registrou cerca de 7 mil mortes civis e militares em um conflito que durou seis semanas, a guerra civil na República Democrática do Congo vem se arrastando desde 1998 e, em 2003, contabilizava cerca de 3,5 milhões de mortes ("Iraq Body Count", 2003; "Three Million Dead...", 2003).

O risco de guerra varia de país para país (Figura 10.10), mas quais fatores determinam o risco de guerra no território de um dado país? A Figura 10.11 ajuda a responder essa questão. Ela classifica os países do mundo por tipo de governo e nível de prosperidade. Os tipos de governo incluem democracia, autocracia (governo absoluto imposto por uma única pessoa ou partido) e "formas intermediárias". As formas intermediárias de governo incluem alguns elementos da democracia (por exemplo, ocorrência de eleições regulares) e alguns elementos da autocracia (por exemplo, pouco controle institucional sobre o poder presidencial). Nesse gráfico, o Produto Interno Bruto *per capita* (PIB *per capita*) serve como indicador do nível de prosperidade. O gráfico divide os países do mundo em quartis por PIB *per capita.*

De acordo com nossa discussão prévia sobre as pré-condições sociais da democracia, a democracia é mais comum e a autocracia é menos comum em países prósperos. Particularmente interes-

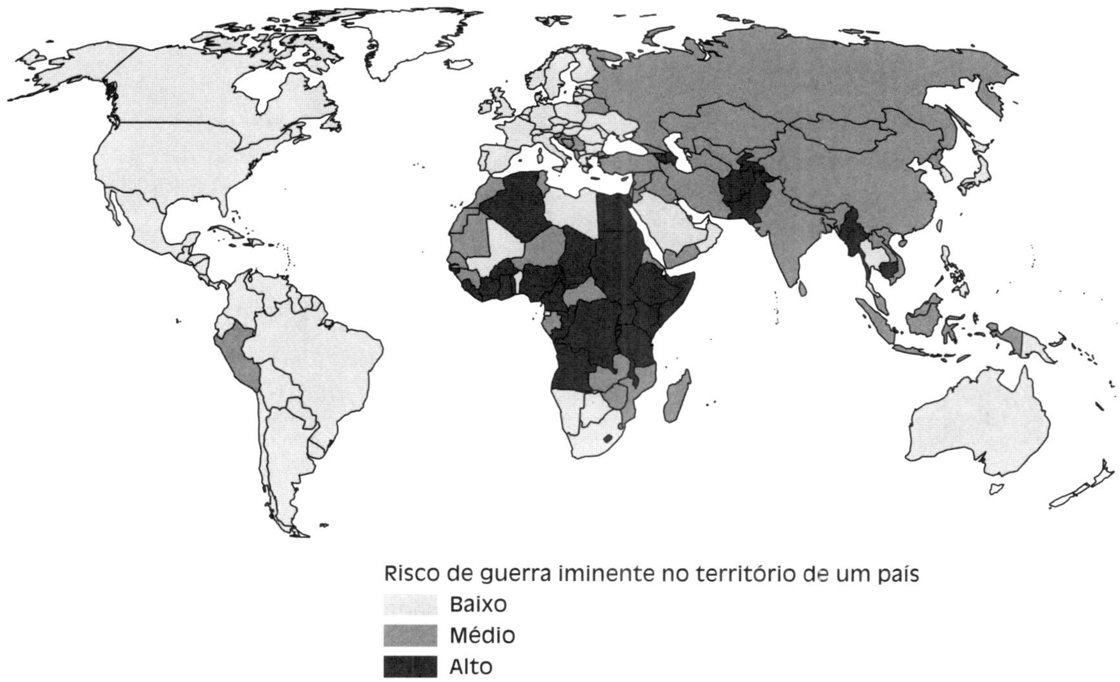

● **Figura 10.10** Risco de guerra iminente no território de um país, 2002

Fonte: Marshall e Gurr (2003). Usado com permissão da editora.

Nota: os dados neste mapa referem-se a 158 países com população mínima de 500 mil habitantes e com pelo menos 500 mortes diretamente relacionadas a guerras entre 1946 e 2002. As chances de um país evitar uma guerra em seu próprio território são altas se ele não tem uma história recente de conflito armado, se tem o controle sobre grupos internos que visam se separar e formar seu próprio país, se mantém instituições democráticas, se goza de estabilidade econômica e se está livre de ameaças externas sérias. Ao se atribuir um valor a cada um desses fatores e somá-los para cada um dos países, obtém-se um número que sugere o risco de guerra em seu próprio território. Ao se dividir os escores em três categorias (baixo, médio e alto risco) e ao se atribuir diferentes tons de cinza para cada categoria, podemos criar esse mapa-múndi. Os 34 países em tons mais escuros, a maioria deles na África, encontram-se sob sério risco de guerra. Alguns exemplos incluem o Paquistão, a Argélia e a Nigéria. Os 50 países assinalados em tons mais claros de cinza, dentre eles a Índia, a China e a Rússia, encontram-se em risco moderado. Os 74 países marcados com o tom de cinza intermediário, incluindo a maior parte da Europa e das Américas, apresentam baixo risco de guerra. Certamente os países que conseguem evitar a ocorrência de guerra em seus próprios territórios podem se engajar em guerras em países estrangeiros, sendo os Estados Unidos o exemplo principal. Desde 1850, os Estados Unidos efetuaram intervenções militares em outros países em uma média superior a uma vez por ano (Kohn, 1988).

sante na Figura 10.11 é a distribuição de países com tipos intermediários de governo. Países com tipos intermediários de governo apresentam um risco mais elevado de guerra, em especial guerras civis. Um governo democrático tende a ser estável porque goza de legitimidade aos olhos dos cidadãos; um governo autocrático tende a ser estável porque governa com mão de ferro. Governos de tipo intermediário, no entanto, não se caracterizam nem pela legitimidade, nem pelo autoritarismo, estando, portanto, mais propensos a se engajar em guerras civis nas quais grupos políticos armados lutam entre si pelo controle do Estado.

Concluímos então que o desenvolvimento econômico e a democratização são dois fatores fundamentais para a diminuição das guerras no mundo nos dias de hoje. Em certo sentido, essa é uma conclusão perturbadora, uma vez que a maioria dos países ricos prefere investir em gastos militares e conflitos armados do que na promoção de melhores condições econômicas entre os países mais pobres.

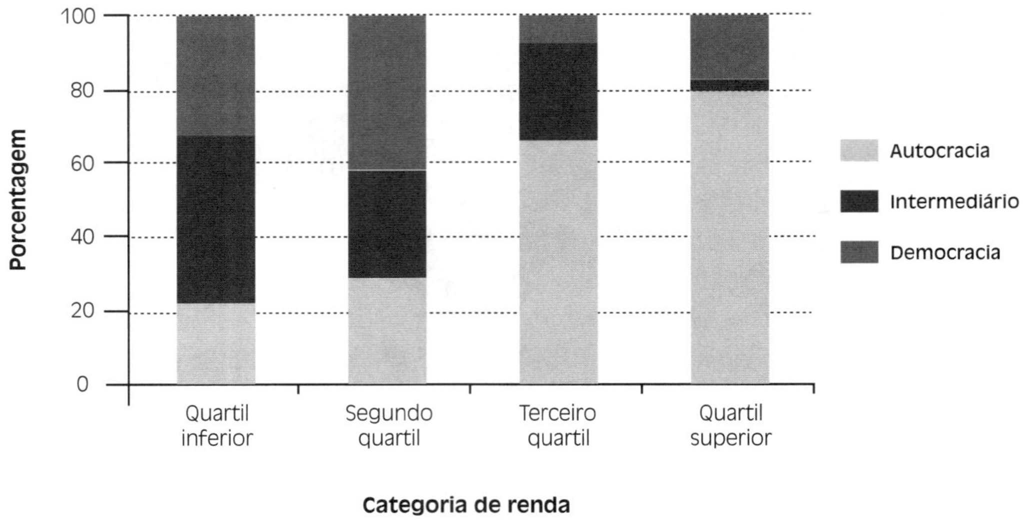

● **Figura 10.11** Tipo de governo por categoria de renda (anos de 1990)
Fonte: Marshall e Gurr (2003: 21).

Terrorismo e Formas Correlatas de Violência

Podemos aprender muita coisa sobre a situação mundial contemporânea ao nos estendermos um pouco mais sobre a questão do porquê de as guerras civis terem substituído as guerras entre as nações desde a Segunda Guerra Mundial. Como é normalmente o caso, uma perspectiva histórica se faz bastante útil (Tilly, 2002).

Desde o surgimento do Estado moderno no século XVII até a Segunda Guerra Mundial, os Estados têm monopolizado cada vez mais as formas de coerção na sociedade e isso teve três conseqüências importantes. Em primeiro lugar, à medida que os diversos grupos regionais, étnicos e religiosos ficaram sob o controle de Estados nacionais poderosos, as guerras regionais, étnicas e religiosas começaram a diminuir e as guerras entre os diferentes Estados tornaram-se mais comuns. Em segundo lugar, porque os Estados eram poderosos e monopolizavam os meios de coerção, os conflitos se tornaram mais fatais. Em terceiro lugar, a vida civil tornou-se mais pacífica porque a tarefa de matar por razões políticas foi, em grande parte, restringida a forças armadas controladas pelo Estado. Assim, ainda que o número de mortes tenha aumentado devido ao incremento das guerras, a população civil era em grande medida segregada das mortes em massa. Até a Primeira Guerra Mundial (1914-1918), a morte de civis correspondia a apenas 5% das mortes por guerra.

Esse cenário foi alterado depois da Segunda Guerra Mundial (1939-1945). A partir de então, tem havido menos guerras entre nações e mais guerras civis, guerrilhas, massacres, ataques terroristas e exemplos de tentativas de faxina étnica e genocídio perpetrados por milícias, mercenários, grupos paramilitares etc. Além disso, a violência em larga escala tem ocorrido cada vez mais entre a população civil, e não entre os militares. No início dos anos de 1990, a população civil representou 90% das mortes de guerra.

Essa mudança na forma de violência coletiva ocorreu devido a três motivos principais (Tilly, 2002). Em primeiro lugar, a descolonização e os movimentos separatistas praticamente duplicaram o número de Estados independentes no mundo e muitos desses Estados, sobretudo na África e na Ásia, eram muito frágeis para controlar seus territórios de maneira efetiva. Em segundo lugar, em especial durante o período da Guerra Fria (1946-1991), Estados Unidos, União Soviética, Cuba e China freqüentemente subsidiavam e enviavam armas para os opositores domésticos de regimes que se opunham aos seus. Em terceiro lugar, a expansão do comércio internacional de contrabando forneceu aos grupos rebeldes novas formas de apoio. Esses grupos tiraram vantagem das comunicações e viagens internacionais mais baratas a fim de estabelecer comunidades em países estrangeiros e exportar heroína, cocaína, diamantes, dinheiro ilegal etc. Em resumo, a estrutura de oportunidades para o engajamento na violência coletiva mudou radicalmente após a Segunda Guerra Mundial. Como resultado, a forma dominante de violência coletiva mudou da guerra entre nações para a guerra civil, o terrorismo e outras formas correlatas.

Dessa perspectiva, independentemente de suas particularidades, a organização terrorista al-Qaeda é uma criatura típica da arte da guerra contemporânea. A al-Qaeda originou-se no Afeganistão, um Estado notadamente pobre e dependente. Os Estados Unidos apoiaram os fundadores da organização em sua luta contra a ocupação soviética do Afeganistão nos anos de 1980. Após esse período, a al-Qaeda organizou operações internacionais de tráfico de diamantes, de heroína e de lavagem de dinheiro, estabelecendo uma rede de "aparelhos"ao redor do mundo. Tudo isso foi possível por causa das mudanças na estrutura de oportunidades para a violência coletiva ocorridas após a Segunda Guerra Mundial. Em um sentido importante, porque a estrutura de poder existente exclui outras possibilidades de se alcançar determinados objetivos políticos, o terror acaba emergindo como uma alternativa viável para alguns grupos mais desesperados.

Violência Urbana no Brasil

Embora o Brasil não viva uma situação de guerra civil ou de atentados terroristas, a violência tem sido um dos temas mais freqüentes no noticiário nacional, uma preocupação política e um tormento para o brasileiro comum, independente de sua classe social, de seu nível de instrução, de sua religião ou de sua inclinação política. Vive-se atualmente um clima de medo e insegurança generalizado. Essa sensação é confirmada pelas estatísticas que revelam o aumento crescente da criminalidade e, ao lado dela, da mortalidade por violência em nosso país, sendo o jovem a vítima preferencial.

Segundo pesquisa realizada pelo Instituto de Estudos da Religião (Iser), no Rio de Janeiro morrem mais jovens do que em sociedades que estão em guerra civil como Israel, Colômbia, Afeganistão e Serra Leoa (Freitas, 2005: 246). Segundo alguns especialistas, o aumento da violência, da criminalidade e do número de assassinatos não pode ser explicado apenas em razão da crise econômica, do desemprego e da exclusão social. Ao contrário, essa onda recente de violência deve ser compreendida "dentro do panorama do crime organizado internacionalmente, do crime também globalizado, com características econômicas, políticas e culturais *sui generis*" (Zaluar, 1997: 44) como as mencionadas anteriormente. Além disso, essa forma específica de violência traz consigo uma forma de poder que se impõe aos indivíduos e à sociedade, destruindo antigas formas de sociabilidade e solidariedade social e criando novos valores.

Ainda que nem todo crime cometido esteja diretamente ligado ao tráfico de drogas, Alba Zaluar (1997) argumenta que a rede do tráfico se apresenta como um novo poder e tornou-se um padrão de comportamento, um modelo, que no plano imaginário guia as aspirações e motiva as ações criminosas mais diversas. Nesse processo de "empoderamento", por exemplo, as quadrilhas organizadas transformaram-se em um poder central nas favelas, expulsando moradores que não compactuam com suas leis, executando seus rivais e interferindo de modo direto nas organizações comunitárias — tais como as associações de moradores, as escolas de samba, as igrejas e os terreiros. Pelo terror, pelo medo, pelo banditismo, elas retiram o poder das instituições que organizavam as demandas políticas e impõem seu próprio código de leis, seus impostos, sua justiça, sua segurança pública. Muitas vezes esse poder se estende da favela para os bairros de classe média, intimidando comerciantes, moradores e a força repressora do Estado.

É importante lembrar que a existência de um poder paralelo, ligado ao crime organizado internacional, não é prerrogativa do Brasil. Países ricos, como a Itália, já experimentaram a força do poder corrupto dos grandes grupos criminosos infiltrados em todos os níveis da organização jurídica e política, e não apenas no "submundo do crime". O que preocupa os cientistas sociais de hoje é que o entendimento desse fenômeno de produção de poder pela violência e pelo crime organizado não pode ocorrer a partir de explicações que reduzam a causa do fenômeno aos índices de desigualdade e pobreza. Sua explicação requer a análise de diferentes aspectos, tais como: compreender por que alguns jovens passam a exercer um tipo de poder militar nas comunidades nas quais as instituições responsáveis pela manutenção da lei estão ausentes ou são coniventes com a ilegalidade; como os grupos de vizinhança se desagregaram pela competição política entre partidos e grupos religiosos; de que modo a "revolução nas aspirações", a rapidez na transformação da organização familiar, na substituição dos valores relacionados à noção de trabalho para os valores vinculados ao consumo provocaram o que os sociólogos contemporâneos chamam de "anomia social difusa"; a análise da corrupção de instituições pelo crime organizado etc. Os desafios teóricos são acompanhados de desafios práticos no campo das políticas públicas que devem ser implementadas pelo Estado a fim de enfrentar os problemas dessa "nova ordem" (Zaluar, 1997).

Resumo

1. **O que explica o grau de democracia em uma sociedade?**
   O grau de democracia em uma sociedade depende da distribuição do poder. Quando o poder é concentrado em poucas pessoas, a sociedade é menos democrática.

2. **Quais são as principais teorias da democracia?**
   Os *pluralistas* enfatizam corretamente que a política democrática diz respeito à negociação e ao compromisso. Entretanto, não parecem notar que os grupos que se encontram no topo da hierarquia econômica de uma sociedade têm mais poder que os que

se encontram na base. Os *teóricos das elites* também afirmam com propriedade que o poder se concentra nas mãos dos grupos privilegiados de uma sociedade. No entanto, eles não parecem prestar atenção suficiente em como as variações na distribuição do poder influenciam o comportamento político e as políticas públicas. A *teoria dos recursos de poder* se concentra nas mudanças na distribuição de poder em uma sociedade e seus efeitos. Mas ela não percebe aquilo que a *teoria centrada no Estado* enfatiza — que as instituições do Estado e as leis também afetam o comportamento político e as políticas públicas.

3. **Quais são as pré-condições sociais da democracia?**
Os cidadãos conseguem proteção legal de seus direitos e de sua liberdade quando as classes operárias e médias tornam-se grandes, organizadas e prósperas. O apoio de Estados estrangeiros pró-democráticos poderosos também é um elemento importante.

4. **O que significa dizer que a democracia se desenvolveu em ondas?**
Durante três períodos, a democracia se espalhou rapidamente pelo mundo. Em seguida, esse movimento em direção à democratização desacelerou-se ou reverteu-se. Podemos ver cada um desses períodos como uma "onda" de democratização. A primeira onda teve início com as eleições norte-americanas de 1828, embora só os homens brancos adultos pudessem votar. Por volta de 1926, 33 países gozavam de instituições democráticas mínimas. No entanto, entre 1922 e 1942, movimentos fascistas, comunistas e militaristas fizeram com que dois terços das democracias do mundo se tornassem governos totalitários. A segunda onda de democratização teve início após a Segunda Guerra Mundial, quando a vitória das Forças Aliadas levou à restauração da democracia em muitos Estados fascistas, e as guerras de independência colonial levaram à formação de novas democracias. Ditaduras militares acabaram substituindo algumas daquelas novas democracias, fazendo que um terço dos países que eram democráticos em 1958 se transformassem em regimes autoritários em meados dos anos de 1970. A terceira onda de democratização teve início em Portugal, em 1974. Ela diminuiu e, em alguns casos, chegou a retroceder, no fim do século XX.

5. **Qual é a diferença entre uma democracia formal e uma democracia liberal e por que essa distinção é importante para se compreender a terceira onda da democratização?**
Muitas democracias novas que emergiram da onda mais recente de democratização são formais, mas não liberais. Seus cidadãos podem participar de eleições regulares e competitivas (o lado formal da democracia), mas não possuem a proteção legal de seus direitos e de sua liberdade (o lado liberal da democracia).

6. **Quais são as principais causas da guerra?**
O risco de guerra diminui com o nível de prosperidade e o grau de democracia de uma sociedade.

7. **Como a natureza do Estado afetou os padrões de guerra?**
O surgimento do Estado moderno no século XVII levou à monopolização da violência na sociedade. Uma vez que as forças armadas do Estado centralizado se transformaram na principal força militar na sociedade, a guerra civil se tornou norma, as guerras se tornaram mais mortais, e poucos civis morreram por essas razões. Entretanto, a emergência de muitos Estados frágeis após a Segunda Guerra Mundial possibilitou o surgimento de guerras civis, agora mais freqüentes do que as guerras entre países. A partir de então, a proporção de civis mortos em guerras é maior do que a de militares. As guerras civis e as organizações terroristas ganham maior ímpeto quando poderes hostis externos se envolvem nelas e os rebeldes tiram vantagens das crescentes oportunidades de se engajar no comércio ilegal, estabelecendo comunidades de apoio em outros países.

8. **Qual é o impacto da violência urbana na democracia?**
Em grandes cidades brasileiras e também em outros lugares do mundo, quadrilhas organizadas transformaram-se em um poder central nas favelas, expulsando moradores que não compactuam com suas leis, executando seus rivais e interferindo de modo direto nas organizações comunitárias, como as associações de moradores, as escolas de samba, as igrejas e os terreiros. Pelo terror, pelo medo, pelo banditismo, elas retiram o poder das instituições que organizavam as demandas políticas e impõem seu próprio código de leis, seus impostos, sua justiça, sua segurança pública. Muitas vezes esse poder se estende da favela para os bairros de classe média, intimidando comerciantes, moradores e a força repressora do Estado. Nesse sentido, a violência urbana representa uma forma essencialmente não-democrática de condução da política.

Questões para Reflexão

1. Analise uma eleição recente qualquer. Que questões distinguem os diferentes partidos ou candidatos? Que categorias de eleitores se sentem atraídas por cada partido ou candidato? Por quê?

2. Você acha que o Brasil vai se tornar uma sociedade mais democrática nos próximos 25 anos? Você acha que as políticas públicas refletirão melhor os interesses da população como um todo? Por quê?

Glossário

Em uma **autocracia**, o poder está nas mãos de uma única pessoa ou de um partido.

Autoridade é o poder legítimo e institucionalizado.

A **autoridade carismática** é baseada na crença nas reivindicações de indivíduos extraordinários que alegam estarem inspirados por um deus ou por algum princípio superior.

A **autoridade racional-legal** é típica das sociedades modernas. Deriva do respeito pela lei. As leis especificam como alguém pode chegar ao poder. As pessoas geralmente acreditam que essas leis são racionais. Se alguém chega ao poder as seguindo, sua autoridade é respeitada.

Autoridade tradicional, em sociedades tribais e feudais, envolve governantes que herdam a autoridade de laços de família ou de clã. Acredita-se, em grande medida, que o direito de uma família ou de um clã de monopolizar a liderança se origina da vontade de um deus.

Os Estados **autoritários** restringem vigorosamente o controle por parte dos cidadãos.

Uma **classe dominante** é um grupo de pessoas autoconsciente e coeso em posições de elite. Age para melhorar seus interesses comuns e é liderada por executivos de corporações.

Em uma **democracia**, os cidadãos exercem um grau relativamente elevado de controle sobre o Estado. Fazem isso por meio da escolha de representantes em eleições regulares e competitivas.

A **democracia formal** envolve eleições competitivas regulares.

Uma **democracia liberal** é um país cujos cidadãos gozam de eleições competitivas regulares e liberdades e proteções constitucionais que tornam significativas a participação e a competição políticas.

Uma **elite** é um grupo que controla os postos de comando de uma instituição.

O **Estado** é constituído por instituições responsáveis pela formulação e execução das leis e das políticas públicas de um país.

Uma **guerra** é um conflito armado violento entre grupos políticos distintos que lutam para proteger ou para aumentar seu controle sobre um território.

Governo **legítimo** é aquele que goza direito de governar aceito.

Lobbies são organizações de grupos especiais de interesse para informar e influenciar os políticos.

Os **meios de comunicação de massa** em uma democracia ajudam a manter a população informada acerca da qualidade do governo.

Movimentos sociais são esforços coletivos para mudar, no todo ou em parte, a ordem política ou social, abandonando as regras usuais da política.

A **opinião pública** é composta pelos valores e atitudes da população adulta como um todo. Expressa-se principalmente nas pesquisas de opinião e em cartas aos legisladores. Ela fornece aos políticos uma visão das preferências dos cidadãos.

Partidos políticos são organizações que competem pelo controle do governo em eleições regulares e competitivas. No processo, propõem políticas alternativas e convocam os cidadãos adultos para votar.

Os **pluralistas**, ou defensores da teoria pluralista, sustentam que o poder está em grande parte disperso. Como resultado, nenhum grupo goza de influência desproporcional e as decisões são alcançadas usualmente por meio de negociação e de compromisso.

Poder é a capacidade de controlar outros, mesmo contra a sua vontade.

Uma **revolução política** é a derrubada das instituições políticas existentes por um movimento de oposição, e a substituição por novas.

A **sociedade civil** é a esfera privada da vida social (em relação ao Estado).

A **teoria centrada no Estado** sustenta que o próprio Estado pode estruturar a vida política, independentemente de como o poder está distribuído entre classes e outros grupos em um determinado momento.

A **teoria das elites** sustenta que pequenos grupos ocupando postos de comando nas instituições mais influentes tomam as decisões importantes que afetam todos os membros da sociedade. Além disso, eles o fazem sem ligar muito para eleições ou para a opinião pública.

A **teoria dos recursos de poder** se concentra em como as variações na distribuição de poder afetam o destino de partidos e de determinadas políticas.

CAPÍTULO 11

Famílias

Neste capítulo, você aprenderá que:

- A família nuclear tradicional é menos comum do que costumava ser. Muitas novas formas de família estão se tornando mais populares. A freqüência de uma forma ou outra varia de acordo com a classe social, a raça e a etnicidade, a orientação sexual e a cultura.
- Uma das principais forças responsáveis pelas mudanças em relação à família nuclear tradicional é o ingresso da maior parte das mulheres no mercado de trabalho remunerado. O trabalho remunerado aumenta a capacidade das mulheres de abandonar casamentos infelizes e controlar se e quando querem ter filhos.
- A satisfação conjugal aumenta à medida que se ascende na estrutura de classe, à medida que existem leis mais liberais sobre o divórcio, que os filhos adolescentes saem de casa, em famílias nas quais os trabalhos domésticos são divididos de forma mais igualitária e entre casais que se relacionam bem sexualmente.
- Os efeitos mais nocivos do divórcio nos filhos podem ser eliminados se não existir conflito parental e se o nível econômico das crianças não diminuir após o ocorrido.
- O declínio da família nuclear tradicional é às vezes associado a uma gama de problemas sociais — como a pobreza e o crime. Em alguns países, têm sido adotadas políticas públicas que ajudam a reduzir esses problemas.

Introdução

Pais e Filhos — História Pessoal

Eliane Veras lembra de sua infância em Teresina (PI), em meados dos anos de 1960, em uma família típica de classe média baixa. "Eu era a filha mais velha. Minha mãe era professora, meu pai era bancário e, antes do meu aniversário de 7 anos, nasceu meu irmão. Durante toda minha infância a presença de minha mãe foi muito marcante. Ela trabalhava fora de casa pela manhã e à tarde dava aulas de reforço para crianças em nossa casa. Minha mãe gostava de me presentear com livros de histórias infantis e contos de fadas, revistas recreativas e educativas. Era uma mãe muito dedicada. Meus cadernos eram sempre os mais bonitos da turma graças ao capricho com que ela os encapava e enfeitava no início de cada ano letivo."

Mas a relação da pequena Eliane com o pai era bastante diversa. "Meu pai, ao contrário de minha mãe, trabalhava o dia todo fora de casa. Ele acordava muito cedo e, geralmente, saía de casa quando eu ainda estava dormindo. À noite, quando meu pai voltava do trabalho, eu já estava na cama, de modo que nosso contato era muito reduzido."

Eliane conta que aos 13 anos de idade saiu da casa dos pais em Teresina para continuar os estudos em Brasília, já visando à formação universitária: "Fui morar com uma tia e duas vezes por ano, nas férias, retornava à casa dos meus pais. O interessante é que sempre voltava para minha cidade natal cheia de expectativas, queria reencontrar meus pais, tias e tios, primos e primas, rever os amigos, contar as novidades, comer minhas comidas preferidas, especialidades da minha mãe, enfim, sentir os sabores e os afetos que marcaram minha infância. Eu sabia que meus pais também ficavam ansiosos, contando os dias para minha chegada. Minha mãe preparava a casa, meu pai providenciava tudo o que ela solicitava para me agradar: creme de bacuri, castanha de caju, paçoca, frutas da estação, vatapá. Minha chegada era um grande acontecimento!".

"Mesmo assim, meu pai e eu sempre nos desentendíamos nos primeiros minutos que se seguiam ao nosso encontro marcado por longos abraços e beijos. O motivo geralmente era o mesmo: meu estilo. Meu pai ficava muito irritado porque eu não adotava um padrão 'feminino', não me depilava, não fazia as unhas, não cuidava dos cabelos, não usava nenhum tipo de maquiagem, não calçava sandálias de salto alto, nem me comportava como uma jovem debutante. Ele considerava meu estilo — calça jeans e camiseta, colares indígenas, sandálias de couro cru, saias e vestidos soltos e coloridos de algodão — demasiadamente 'hippie'. E a cada reencontro, cheio de saudades e ternura, um novo desentendimento surgia, transformando uma perna não depilada, uma sandália de dedo ou um colar de sementes em um verdadeiro drama familiar."

A história contada por Eliane sugere que nossas experiências emocionais mais intensas estão relacionadas às nossas famílias. Nós não amamos, odiamos, protegemos, machucamos, expressamos generosidade ou inveja em relação a ninguém com a mesma intensidade com que o fazemos em relação aos nossos pais, irmãos, irmãs, filhos, filhas e cônjuges. Não causa surpresa, portanto, que a maioria das pessoas tenha idéias passionais em relação a quase tudo o que diz respeito à vida familiar. É também pouco surpreendente que as questões familiares estejam no cerne de muitos dos debates políticos na maioria dos países. Por fim, também não surpreende que palavras, gestos e ações que possam parecer triviais a pessoas estranhas assumam significados profundos para os membros de uma família. Como afirmam Ulrich Beck e Elisabeth Beck-Gernsheim (1994), embora a família não seja a causa de todos os nossos conflitos, ela é o cenário em que eles se mostram.

Pelo fato de as famílias serem verdadeiros campos minados do ponto de vista emocional, poucas áreas da sociologia geram tanta controvérsia. Muito do debate concentra-se em torno de uma única questão: será que a família está desaparecendo e, em caso afirmativo, o que pode ser feito em relação a isso? Essa questão não é nova. Um correspondente da revista americana *Boston Quarterly Review* de outubro de 1859 escreveu: "A família, em seu sentido tradicional, está desaparecendo de nosso país e não apenas nossas instituições livres estão em perigo, mas a própria existência da nossa sociedade" (citado em Lantz, Schultz e O'Hara, 1977: 413). O mesmo sentimento foi expresso inúmeras vezes na sociedade brasileira, em especial a partir da década de 1950, quando aumentou substancialmente a participação feminina no mercado de trabalho. A vida profissional das mulheres era vista como uma séria ameaça à organização doméstica, à estabilidade do casamento e à vida familiar como um todo (Bassanezi, 1997). Nas palavras de uma revista feminina de 1954, "(...) a tentativa da mulher moderna de viver como um homem durante o dia, e como uma mulher durante a noite, é a causa de muitos lares infelizes e destroçados (...) O resultado é geralmente a confusão e a tensão reinantes no lar, em prejuízo dos filhos e da família" (*Querida*, novembro de 1954, citado em Bassanezi, 1997: 624). No mundo inteiro, crises familiares ocorridas entre personalidades públicas também podem ter repercussões políticas. Durante a campanha para a prefeitura de São Paulo, em 2004, a candidata Marta Suplicy teve de responder a inúmeras questões relativas à sua separação do senador Eduardo Suplicy, em 2001, e seu casamento com seu novo companheiro, o argentino Luiz Favre. Em 1998, comentando o caso entre o então presidente dos Estados Unidos, Bill Clinton, com a estagiária Monica Lewinsky, um senador do Partido Democrata afirmou que "o declínio da família é um dos principais problemas com o qual nos deparamos" (citado em McKenna, 1998). Questões como essas vêm à tona sempre que a estrutura da família muda em ritmo acelerado e, particularmente, quando as taxas de divórcio aumentam.

Hoje em dia, quando algumas pessoas se referem ao declínio da família, estão se referindo à **família nuclear**. A família nuclear é composta de um homem e uma mulher que coabitam e mantêm um relacionamento sexual socialmente aprovado, tendo pelo menos um filho. Outros, podem estar se referindo ao que pode ser chamado, de maneira mais estrita, de **família nuclear tradicional**. A família nuclear tradicional é uma família nuclear na qual a esposa trabalha em casa sem ser remunerada, enquanto o marido trabalha fora de casa por um salário. Esse arranjo torna o homem "o provedor primário e a autoridade última" (Popenoe, 1988: 1).

Durante os anos de 1940 e 1950, muitos sociólogos e a maioria das pessoas dos países ocidentais consideravam a família nuclear tradicional a forma de família mais difundida e também o modelo ideal. Entretanto, por razões que examinaremos mais adiante, a porcentagem de famílias compostas de um marido, uma esposa e um ou mais filhos que vivem em casa declinou de 57,6%, em 1970, para 49,6% em 2000 (Tabela 11.1).

● **Tabela 11.1** Arranjos domésticos — Brasil, 1970-2000 (em porcentagem)

Arranjos domésticos	1970	1980	1991	2000	Mudança (em porcentagem)
Monoparental	7,8	10,7	12,5	14,1	+6,3
Casal sem filhos	9,2	10,6	11,1	12,0	+2,8
Unipessoal	5,8	6,5	6,4	8,5	+2,7
Monoparental + parentes	2,5	2,7	3,1	3,6	+1,1
Casal sem filhos + parentes	2,2	1,8	1,8	1,8	-0,4
Outros	5,1	4,8	4,1	4,2	-0,9
Casal com filhos + parentes	9,8	8,1	7,7	6,2	-3,6
Casal com filhos	57,6	54,8	53,3	49,6	-8,0
Total	100	100	100	100	

Fonte: IBGE, Censos de 1970, 1980, 1991, 2000.

No mesmo período, a porcentagem de mulheres acima de 15 anos trabalhando fora de casa aumentou de 38,02% em 1970 para 50,07% em 2003 (IBGE, Censo de 1970 e PNAD de 2003). Conseqüentemente, apenas uma minoria dentre as pessoas adultas no Brasil vive em famílias nucleares tradicionais nos dias de hoje. Recorrendo mais uma vez a Beck e Beck-Gernsheim (1994: 25-6): "Já não é claro se nos casaremos, nem quando nos casaremos, se coabitaremos sem nos casarmos ou se nos casaremos sem coabitarmos, se teremos ou criaremos filhos antes, durante ou depois de havermos estabelecido uma carreira, dentro ou fora da família, com a pessoa com quem vivemos ou com aquela que amamos, ainda que aquela pessoa viva com outra".

Seja como for, muitos outros arranjos familiares têm se tornado freqüentes nas últimas décadas (Tabela 11.2).

Tabela 11.2 A família nuclear tradicional e as novas alternativas

Família nuclear tradicional	Novas alternativas
União legal	Solteiros, união consensual
Com filhos	Voluntariamente sem filhos
Pai e mãe	Pai ou mãe solteiros (nunca casados ou separados)
Permanente	Divórcio, novo casamento (incluindo família binuclear que envolve custódia dividida, família adotiva)
Homem como provedor primário e autoridade última	Casamento igualitário (incluindo carreira de ambos os cônjuges e casais que residem em lugares diferentes)
Exclusividade sexual	Relações extramaritais (incluindo casamentos sexualmente abertos, prática de troca de casais e amizades íntimas)
Heterossexualidade	Relações íntimas entre pessoas do mesmo sexo
Domicílio com dois adultos	Domicílios com mais de dois adultos (incluindo múltiplos cônjuges, habitação comunal, famílias extensas, famílias multigeracionais, famílias conviventes)

Fonte: adaptado de Macklin (1980: 906).

Alguns sociólogos, muitos deles funcionalistas, percebem a prevalência decrescente da família com base em uniões formais entre homens e mulheres e o aumento da incidência da "mãe que trabalha fora" como um desastre total (por exemplo, Popenoe, 1988; 1996). Na visão desses sociólogos, o aumento da criminalidade, do uso de drogas ilegais e da pobreza (dentre outras patologias sociais) tem como origem o fato de que muitas crianças nos dias de hoje não vivem em domicílios biparentais com mães que só trabalham em casa. Eles defendem uma série de reformas legais e culturais a fim de fortalecer a família nuclear tradicional, por exemplo, tornando mais difícil o divórcio ou incentivando as pessoas a enfatizar menos a felicidade individual em detrimento da responsabilidade para com a família.

Outros sociólogos, influenciados pelas teorias do conflito e pelas teorias feministas, discordam da avaliação dos funcionalistas (por exemplo, Baca Zinn e Eitzen, 1993 [1988]; Collins e Coltrane, 1991 [1985]; Coontz, 1992; Skolnick, 1991). Em primeiro lugar, eles argumentam que não é exato falar sobre *a* família (no singular), como se essa importante instituição social assumisse, ou devesse assumir, uma única forma. Esses autores enfatizam que as famílias se estruturaram de diversas maneiras e que a diversidade dos arranjos familiares aumenta à medida que as pessoas se acomodam às demandas de novas pressões sociais. Em segundo lugar, argumentam que a mudança nos padrões familiares não necessariamente representa uma deterioração na qualidade de vida das pessoas. De fato, essas mudanças muitas vezes representam uma melhora na vida das pessoas. Eles acreditam que a prevalência decrescente da família nuclear tradicional e a proliferação de arranjos familiares distintos têm beneficiado muitos homens, mulheres e crianças e não têm provocado tantos danos a outras crianças quanto os funcionalistas pensam. Eles também acreditam que diversas reformas políticas e econômicas — como a criação de um sistema nacional de creches com preços acessíveis à maioria da população — poderiam eliminar muitos dos efeitos negativos dos domicílios monoparentais.

Neste capítulo, examinaremos questões como divórcio, escolha reprodutiva, famílias monoparentais, cuidados infantis e outras questões relativas à sociologia da família. No entanto, ele também foi estruturado em torno do debate sobre o assim chamado declínio da família. Primeiramente, resumiremos a teoria funcionalista da família porque as questões levantadas pelo funcionalismo ainda constituem um foco de controvérsia sociológica (Mann et al., 1997). Tomando emprestadas algumas idéias das teorias feministas e das teorias do conflito, apresentaremos, em seguida, uma crítica ao funcionalismo. Em particular, mostraremos que a família nuclear tornou-se a forma ideal e dominante de família apenas sob condições sociais e históricas muito específicas. Com a mudança dessas condições, a família nuclear tornou-se menos prevalente e houve a proliferação de uma gama de novas formas de família. Você aprenderá como essas novas formas de família são estruturadas e como sua freqüência varia de acordo com classe social, raça e orientação sexual. Você também aprenderá que, enquanto algumas dessas formas resolvem alguns problemas, elas acabam por gerar outros. A seção que conclui o capítulo considerará, portanto, alguns tipos de política social que podem ajudar a aliviar algumas das dificuldades mais sérias que se apresentam às famílias nos dias de hoje. Comecemos, então, com a teoria funcionalista.

O Funcionalismo e o Ideal da Família Nuclear

Teoria Funcionalista

A fim de que qualquer sociedade possa sobreviver, seus membros devem cooperar economicamente, devem se reproduzir e devem educar seus filhos em ambientes que proporcionem apoio emocional para que eles possam aprender as regras do grupo e, assim, transformar-se em adultos produtivos. Desde os anos de 1940, os funcionalistas têm argumentado que a família nuclear é particularmente apropriada para alcançar esses objetivos. De acordo com eles, a família nuclear desempenha cinco funções principais: ela fornece a base para a regulação da atividade sexual, a cooperação econômica, a reprodução, a socialização e o apoio emocional (Murdock, 1949: 1-22; Parsons, 1955).

Os funcionalistas citam a difusão ou a universalidade da família nuclear como evidência de sua capacidade de desempenhar as funções relacionadas anteriormente. Eles certamente reconhecem a existência de outras formas de família. A **poligamia**, por exemplo, expande a unidade nuclear "horizontalmente" ao acrescentar um ou mais cônjuges (quase sempre uma ou mais esposas) à família. A poligamia ainda é legalmente permitida em muitos países da África e da Ásia. A Constituição brasileira de 1988 também confere legitimidade à poligamia entre grupos indígenas à medida que reconhece a autonomia de suas regras de parentesco. No entanto, assim como ocorre em países da África e da Ásia, a poligamia entre alguns povos indígenas brasileiros constitui um privilégio restrito a determinados indivíduos que se encontram no topo da hierarquia social. Dentre os tupinambás, por exemplo, a maioria dos homens tinha apenas uma mulher, mas a poligamia "era amplamente difundida entre os grandes guerreiros e caciques. Os chefes podiam viver com catorze mulheres sem causar estranhamento. (...) A poligamia, entre os bravos guerreiros, era símbolo de prestígio. Enumerar as esposas era uma forma de homenagear a sua virtude" (Raminelli, 1997: 19). De fato, nas partes do mundo em que ocorre a poligamia, a grande maioria das famílias é monogâmica porque os homens não podem sustentar muitas mulheres e crianças. A **família extensa** expande "verticalmente" a família nuclear ao acrescentar membros de outras gerações — geralmente, os pais ou um dos pais da esposa — ao seu núcleo. A família extensa costumava ser muito comum em diversas partes do mundo e ainda o é no Brasil. Entretanto, de acordo com os funcionalistas, a unidade básica da família extensa (assim como da família poligâmica) é a unidade nuclear.

George Murdock foi um teórico funcionalista que desenvolveu um estudo famoso sobre 250 sociedades, a maioria pré-letrada, durante os anos de 1940. Murdock escreveu que: "Seja como a única forma dominante de família, seja como a unidade básica sobre a qual formas familiares mais complexas se constituem, [a família nuclear] existe como um grupo distinto e fortemente funcional em toda sociedade conhecida" (Murdock, 1949: 2). Além disso, segundo Murdock, em todas as sociedades, a família nuclear baseia-se no **casamento**. Ele definiu o casamento como uma união sexual e econômica, socialmente sancionada e presumivelmente de longa duração, entre um homem e uma mulher. Essa união envolveria direitos e obrigações entre os cônjuges e entre pais e filhos.

Consideremos, em mais detalhes, as cinco principais funções do casamento e da família nuclear:

1. *Regulação sexual.* Imagine um mundo sem uma instituição que define as fronteiras dentro das quais a atividade sexual legítima é permitida. Nesse mundo muitas pessoas poderiam manter atividade sexual com quem, quando e onde quisessem, o que tornaria muito difícil a organização da vida social. Murdock afirma que, uma vez que o casamento provê um foro legítimo para se expressar a necessidade humana intensa de atividade sexual, ele torna a ordem social possível.

   Para Murdock, no entanto, o sexo não é o motivo principal para o casamento, afinal de contas, ele é plenamente disponível fora dele. Apenas 54 das 250 sociedades estudadas por ele proibiam ou desaprovavam o sexo pré-marital entre pessoas não aparentadas e, na maioria delas, um homem casado poderia, legitimamente, ter casos extramaritais com uma ou mais mulheres aparentadas (Murdock, 1949: 5-6).
2. *Cooperação econômica.* Por que, então, fora o sexo, as pessoas se casam? A resposta de Murdock é a seguinte: "Em virtude de sua diferença sexual primária, um homem e uma mulher podem compor uma unidade cooperativa muito eficiente" (Murdock, 1949: 7). Em média, as mulheres são fisicamente mais fracas do que os homens. Historicamente, a gravidez e a amamentação restringiram as atividades das mulheres e, por essa razão, elas estão mais aptas a desempenhar tarefas mais leves e próximas à residência. Essas tarefas incluem coletar e cultivar de alimentos, transportar água, cozinhar, confeccionar e costurar roupas, confeccionar objetos de barro e cerâmica e cuidar das crianças. A maioria dos homens possui força física superior à das mulheres e pode, portanto, se especializar em cortar madeira e preparar o terreno para o plantio, extrair minérios, escavar pedreiras e construir casas. Eles também podem se afastar mais da residência para caçar, pescar, pastorear rebanhos e comercializar (Murdock, 1937). De acordo com o autor, essa divisão do trabalho possibilita que mais bens e serviços sejam produzidos e, assim, em parte, as pessoas se casam em função desse fato econômico. Em suas palavras, "o casamento existe apenas quando o eco-

nômico e o sexual se unem em uma relação, e essa combinação ocorre apenas no casamento" (Murdock, 1949: 8).

3. *Reprodução.* Antes da invenção dos métodos contraceptivos modernos, o sexo geralmente resultava no nascimento de uma criança. De acordo com Murdock, crianças representam um investimento no futuro. Na maioria das sociedades, já em torno de seis ou sete anos, as crianças desempenham algumas tarefas. Seu valor econômico para a família aumenta à medida que elas crescem e, quando se tornam adultas, ajudam a sustentar os pais idosos. Sendo assim, na maioria das sociedades, existe grande incentivo econômico para a reprodução.
4. *Socialização.* O investimento nos filhos só pode trazer frutos se os adultos os educarem para a maturidade. Isso envolve não apenas cuidar do seu desenvolvimento físico mas também, como você viu no Capítulo 4, "Socialização", ensiná-los uma linguagem, valores, crenças, determinadas habilidades, religião e muitas outras coisas. Talcott Parsons (1955: 16) percebia a socialização como a função "básica e irredutível" da família.
5. *Apoio emocional.* Parsons também observou que a família nuclear universalmente provê amor, afeto e companheirismo aos seus membros. Ele enfatizou que, na família nuclear, a mãe é a principal responsável por assegurar o bem-estar emocional da família. De acordo com Parsons, ela desenvolve o que ele chama de papel "expressivo" primário porque é ela que carrega, dá à luz e amamenta as crianças. Recai sobre o marido o papel mais "instrumental" de ganhar o sustento da família fora de casa (Parsons, 1955: 23). O fato de ele ser o "provedor primário" faz dele a autoridade última.

Sociedades Coletoras e Caçadoras

Será que o funcionalismo oferece uma representação precisa das relações familiares em qualquer ponto da história humana? Para avaliar a adequação da teoria, consideremos os padrões familiares nos dois cenários que aparentemente estavam em evidência nas mentes dos funcionalistas. Comecemos pelas sociedades coletoras e caçadoras. Nessas sociedades, as pessoas sobrevivem por meio da caça e da coleta de animais e plantas selvagens. A maioria dos casos da amostra de Murdock se referia a sociedades como essas. Em seguida, discutiremos as famílias em centros urbanos a partir dos anos de 1950, dando ênfase especial ao surgimento da família nuclear tradicional no Brasil.

As sociedades coletoras e caçadoras são grupos nômades de cerca de cem ou menos indivíduos. Como seria de se esperar das análises de Murdock e Parsons, eles observaram que existe uma divisão sexual do trabalho nessas sociedades: a maioria dos homens se dedica à caça e a maioria das mulheres, à coleta. As mulheres também desempenham a maior parte dos cuidados com as crianças. No entanto, pesquisas realizadas sobre esses grupos, conduzidas desde os anos de 1950 e nas quais baseamos nossa análise, mostram que os homens freqüentemente cuidam dos bebês e das crianças (Leacock, 1981; Lee, 1979; Turnbull, 1961). Com freqüência, eles também se dedicam à coleta, após uma caçada malsucedida. Em resumo, a divisão sexual do trabalho é menos estrita do que Murdock e Parsons acreditavam. Além disso, ela não está associada a grandes diferenças em termos de poder e de autoridade: de maneira geral, os homens gozam de pouco ou nenhum privilégio que as mulheres também não tenham. Uma relativa igualdade de gênero baseia-se no fato de que as mulheres produzem até 80% da comida.

As sociedades nômades se movimentam em pequenos grupos ou bandos. O bando determina consensualmente quando deve enviar grupos de caçadores para as caçadas. Quando retornam, distribuem a caça entre todos os membros. Cada caçador individual não decide sair à caça para satisfazer as necessidades de sua própria família nuclear, nem distribui a caça apenas entre seus membros. Contrariamente ao que Murdock escreveu, é o bando, e não a família nuclear que constitui a forma mais eficiente de organização social no sentido de garantir a todos uma fonte valiosa de proteína.

Nessas sociedades, as crianças são consideradas um investimento no futuro. No entanto, não é verdade que as pessoas sempre desejam crianças a fim de obter segurança econômica, pois ter muitos filhos pode significar uma desvantagem. Nessas sociedades, a subsistência é incerta e, quando os membros de um bando esgotam uma área de caça ou de plantas comestíveis, eles têm de se mudar para outro local. Como resultado, os membros dos bandos tentam manter baixa a relação entre crianças e adultos produtivos. Em alguns casos, como por exemplo, entre os yanomami da Amazônia, os recém-nascidos são abandonados para morrer, caso a tribo sinta que sua subsistência esteja ameaçada pela presença de muitas bocas para alimentar.

A vida nas sociedades pré-agrícolas é altamente cooperativa. Por exemplo, mulheres e homens tomam conta dos filhos uns dos outros — as mulheres até amamentam os filhos de outras mulheres. Apesar da afirmação de Parsons de que a socialização é a função "básica e irredutível" da família nuclear, é o bando, e não a família nuclear, que assume a responsabilidade pela socialização infantil. De fato, a socialização é muito mais uma questão pública do que privada. Como um homem do povo inuit ("esquimó") do norte de Quebec, no Canadá, disse a um padre jesuíta que tentava convencê-lo a adotar um modelo europeu de educação das crianças no século XVII: "Vós não tendes juízo. Vós, franceses, amais apenas vossas próprias crianças, mas nós amamos todas as crianças de nossa tribo" (citado em Leacock, 1981: 50).

Em resumo, pesquisas recentes sobre sociedades caçadoras e coletoras levam ao questionamento de muitas das generalizações feitas pelos funcionalistas. Nessas sociedades, as relações entre os sexos são relativamente igualitárias, as crianças não são vistas apenas como um investimento no futuro e cada unidade nuclear não executa as importantes funções econômicas e de socialização privadamente; ao contrário, os membros do bando cooperam no sentido de desempenhar a maioria das funções econômicas e de socialização de maneira coletiva.

Examinemos agora a teoria funcionalista da família mediante evidências relativas às famílias de classe média em sociedades urbanas do pós-guerra.

As Classes Médias nos Anos de 1950

Os funcionalistas reconheceram que a função produtiva da família era menos importante nos Estados Unidos pós-Segunda Guerra Mundial do que jamais o fora. De acordo com sua visão, a socialização e as funções emocionais da família eram agora mais importantes (Parsons, 1955). Assim, na família americana do século XIX, que vivia em rancho ou fazenda, a esposa desempenhava um papel produtivo indispensável enquanto o marido ficava no campo: ela era responsável pelo jardim, pela ordenha, pelo cuidado com as aves e pelo controle da casa. As crianças também desempenhavam tarefas de considerável valor econômico. Mas os funcionalistas argumentavam que na família urbana ou suburbana típica do final dos anos de 1940 e dos anos de 1950 apenas uma pessoa desempenhava o papel do provedor: normalmente, o marido. As crianças tinham mais tempo disponível para o lazer, agora considerado necessário para um desenvolvimento saudável. A maioria das mulheres, por sua vez, casava-se, tinha filhos e ficava em casa para criá-los. Pressões normativas intensas ajudavam a manter as mulheres em casa. Assim, nos anos de 1950, o sociólogo David Riesman denominou "quase-perversão" o fato de algumas mulheres não obedecerem à estrita divisão sexual do trabalho. A revista americana *Esquire* chamou as mulheres que trabalhavam na força de trabalho remunerada de "ameaça" e a revista *Life*, de "doença" (citado em Coontz, 1992: 32).

Se considerado como uma descrição dos padrões familiares das classes médias nos 15 anos que se seguiram à Segunda Guerra Mundial, o funcionalismo tem lá seus méritos. Durante a Grande Depressão americana (1929-1939) e a guerra (1939-1945), milhões de americanos foram forçados a adiar o casamento devido à pobreza generalizada, à austeridade imposta pelo governo e à distância física. Depois desse período longo e difícil, muitos americanos só queriam se estabelecer, ter filhos e gozar a paz, a segurança e o prazer que a vida familiar parecia oferecer. As condições não podiam ser melhores: o período imediatamente pós-guerra foi uma época de otimismo e oportunidades sem paralelo. A renda *per capita* real aumentou 35% entre 1945 e 1960. A porcentagem de americanos que possuía casa própria subiu de 43% em 1940 para 62% em 1960. A assistência governamental ajudou a transformar o final dos anos de 1940 e o início dos anos de 1950 no auge da família nuclear. Essa assistência assumiu a forma de empréstimos para aquisição da casa própria dedutíveis do imposto de renda, educação superior subsidiada, assistência médica para veteranos de guerra, grande deduções de impostos para dependentes e projetos massivos de construção de estradas que possibilitaram o transporte diário dos subúrbios para o centro das cidades. As pessoas passaram a se casar mais cedo, a ter mais filhos e a se divorciar menos. As famílias compostas de casais legalmente casados aumentaram. As mulheres de classe média passaram a se engajar no que se convencionou chamar de "orgia da domesticidade" nos anos do pós-guerra, dedicando atenção crescente ao cuidado com as crianças e ao trabalho doméstico. Elas também se tornaram mais preocupadas com a qualidade emocional da vida familiar à medida que o amor e o companheirismo se transformaram na motivação principal para o casamento (Coontz, 1992: 23-41; Skolnick, 1991: 49-74).

No entanto, como o sociólogo Andrew J. Cherlin cuidadosamente argumenta, o período imediatamente pós-guerra foi, em muitos aspectos, uma aberração histórica (Cherlin, 1992 [1981]: 6-30). Tendências em relação ao divórcio, ao casamento e à gravidez mostram um *enfraquecimento* gradual da família nuclear desde a segunda metade do século XIX até os anos de 1940, uma tendência que continuou após os anos de 1950. De maneira mais específica, durante todo o século XIX, a **taxa de divórcio** aumentou. A taxa de divórcio refere-se ao número de divórcios que ocorrem por ano em cada grupo de mil pessoas na população. Enquanto isso, a **taxa de casamento** caiu. A taxa de casamento é o número de casamentos que ocorrem em um período de um ano para cada grupo de mil pessoas em uma população. A **taxa de fecundidade total** também caiu. A taxa de fecundidade total refere-se ao número de crianças que poderiam nascer de uma mulher ao longo de sua vida, se ela tivesse o mesmo número de filhos que as mulheres de cada faixa etária em um determinado ano. Em contraste com isso, a taxa de divórcio caiu apenas entre 1946 e 1958 e a taxa de casamentos aumentou substancialmente apenas nos dois anos que se seguiram ao fim da Segunda Guerra Mundial. A taxa de fecundidade aumentou apenas entre aquelas mulheres que alcançaram a idade reprodutiva entre 1930 e meados da década de 1950. Ao final dos anos de 1950 e início da década de 1960, as tendências anteriores voltaram a operar. Foi apenas sob as circunstâncias históricas peculiares do período pós-guerra mencionadas, que essas taxas foram temporariamente invertidas.

Pode-se concluir, portanto, que os funcionalistas generalizaram muito rapidamente a partir do período e da sociedade que conheciam melhor — o período de sua vida adulta nos Estados Unidos. Ao contrário do que achavam, uma perspectiva mais ampla, que leve em consideração desde o século XIX até os dias de hoje, mostra que tem ocorrido um enfraquecimento gradual da família nuclear, mesmo naquele país.

No Brasil, a família nuclear tradicional só se tornou dominante a partir das primeiras décadas do século XX e entre as classes médias. Até então, o sistema familiar dominante consistiu naquilo que se conhece como patriarcalismo, amplamente estudado por autores como Gilberto Freyre, Sérgio Buarque de Hollanda e Antônio Cândido.

Na obra de Gilberto Freyre, em particular, pode-se perceber uma clara associação entre diferentes formas de organização familiar (patriarcal, semipatriarcal e conjugal) e o processo de urbanização e modernização da sociedade brasileira (Scott, 2003). Para Freyre, a família patriarcal foi de "inegável importância" como "unidade colonizadora" no Brasil. Baseada no sistema latifundiário, escravista e monocultor, a família patriarcal constituía-se como padrão da minoria dominante, tornando-se modelo para os demais elementos da população quando eles ascendiam socialmente. O modelo patriarcal agrário pode ser caracterizado, em linhas gerais, por uma extrema especialização ou diferenciação de gênero (ou, na linguagem freyriana, "dos sexos") que justificava um "padrão duplo de moralidade". De acordo com esse duplo padrão, os homens teriam todas as liberdades e oportunidades de iniciativa, enquanto às mulheres cabia a obrigação de "conceber, parir, ter filho e criar menino (...) limitando as oportunidades da mulher ao serviço e às artes domésticas, ao contato com os filhos, a parentela, as amas, as velhas e os escravos" (Freyre, 1951: 253-4). Nesse sistema, a escolha do cônjuge, consangüíneo ou não, estava estreitamente ligada à preservação do patrimônio e ao estabelecimento de alianças que mantivessem e/ou aumentassem esse patrimônio, bem como o poder político.

Embora o modelo patriarcal fosse dominante, Freyre advertia para o fato de que, mesmo no período colonial, existiam formas de família não-patriarcais, como, por exemplo, as uniões consensuais entre escravos e membros das classes menos abastadas, muito provavelmente desenvolvidas como resultado da influência africana e "de sistemas morais e religiosos diversos do lusitano-católico, mas de modo nenhum imorais para grande parte de seus praticantes" (Freyre, 2004: 129-31). Alguns autores consideram que a prevalência do sistema patriarcal estudado por Freyre, que contrapunha de maneira radical o recato da mulher branca à promiscuidade das mulheres negras, é uma simplificação grosseira da realidade colonial brasileira. De acordo com Renato Venâncio (1997), o mundo colonial tinha índices bastante altos de bastardia entre as pessoas livres — de 30 a 60% —, e a mãe solteira ou a concubina era um personagem relativamente comum e aceito nas cidades e vilas brasileiras do século XVIII. Segundo o autor, "os censos do século XIX indicam que de cada três mães brancas uma havia tido filho fora das fronteiras matrimoniais. O levantamento da população carioca de 1799 arrolou cerca de oitocentas mulheres brancas chefiando domicílios" (Venâncio, 1997: 199; ver também Machado, 2001).

Em *Sobrados e Mocambos* (1939) e, mais tarde, em *Ordem e Progresso* (1959), Freyre identifica o declínio do patriarcalismo sobretudo com a ascensão do bacharel, do mulato e das mulheres que se destacam na administração de suas propriedades. Mulheres que se comportam "como se fossem homens", filhos e genros, às vezes mulatos, bacharéis, adquirem projeção em um mundo que se urbaniza e industrializa, possibilitando o questionamento da autoridade da geração anterior (Scott, 2003). Dessa forma, vai-se corroendo, lentamente, o poder do patriarca, abrindo espaço para uma outra estrutura familiar, de cunho mais individualista: a família nuclear tradicional, cujo estudo passa a se inserir na discussão internacional lançada pelos autores funcionalistas, mas com um sabor bastante brasileiro.

O Código Civil de 1916 pode ser visto como a institucionalização legal da idéia dessa família conjugal. Contudo, à semelhança do que acontecia com a família patriarcal, esse ideal se realiza apenas nas classes mais abastadas. Mesmo nelas, a importação desse ideal proveniente de sociedades com outra realidade socioeconômica vai encontrar, ainda, fortes influências da ideologia da sociedade patriarcal (Almeida, 1987: 56-7). Ou seja, aquela família constituída pelo marido provedor e pela mulher responsável pelo cuidado dos filhos e a administração e a execução das atividades domésticas coexiste com outras formas e outros tipos de comportamento. Persistem as uniões consensuais entre os membros das classes menos abastadas e sistemas de moral familiar diferentes dos das classes superiores. Não são raras as famílias conviventes, sobretudo de parentes, que formam uma unidade doméstica mais ampla que a família nuclear.

Mas há muito mais. As mulheres das classes inferiores, em especial as negras, continuaram a trabalhar para prover ou ajudar a prover as necessidades econômicas da família, mesmo que o ideal pudesse ser o da família nuclear tradicional. Para usar a linguagem dos funcionalistas, poder-se-ia dizer que esse modelo era disfuncional, pelo menos para as classes menos favorecidas da sociedade. Poderia ser funcional para as mais abastadas, que podiam contar com a presença das empregadas domésticas, facilitando a vida da dona de casa e, posteriormente, possibilitando sua inserção no mercado de trabalho. Funcionais, para sua situação de cor ou de classe inferior, seriam formas alternativas de organização familiar de adaptação à pobreza que ainda hoje persistem, e não a família nuclear tradicional.

Pode-se dizer que, em face do sistema de estratificação prevalecente, o ideal da família nuclear tradicional também não se realiza universalmente na sociedade brasileira. Apesar disso, já nas primeiras décadas do século XX e no período pós-Segunda Guerra, a família nuclear tradicional passa a se constituir como valor dominante, embora nem sempre realizável. Alguns aspectos ideológicos da família patriarcal ainda permanecem, porém suavizados pela vida urbana e também pelo modelo exportado pelo cinema americano. Eram os ecos da guerra e da crescente influência americana no mundo. Esse período — que coincide com o início de uma nova época de desenvolvimento, representado por um processo acelerado de urbanização, pelo aparecimento de grandes regiões metropolitanas e pelo crescimento das classes médias — traz consigo o predomínio dos valores da família nuclear tradicional: o lar continuava sendo o *locus* ideal da mulher, considerada agora a rainha do lar, feminina, maternal, doce, companheira e virtuosa. Passa a prevalecer a idéia de que os cuidados e a supervisão dos filhos devem ser desempenhados pela própria mãe, não mais por amas, negras ou estranhos (D'Incao, 1997). A divisão tradicional dos papéis de gênero não se altera significantemente, já que o homem continua a ser o provedor e o responsável pela manutenção da família. Entretanto, nos anos de 1950, os "anos dourados", o desempenho das tarefas domésticas passa a ser visto como "uma garantia de conquista do esposo e da manutenção do casamento" (Bassanezi, 1997: 627), transferindo para a mulher as tarefas antes consagradas às negras. A moralidade familiar ainda impõe sérias restrições ao comportamento feminino, sobretudo nas atividades fora de casa. A nova "esposa companheira" não compartilhava, de fato, suas experiências ou idéias com o marido e se comunicava pouco com ele. Apesar disso, o ideal a ser seguido era claro:

> *A boa companheira seria capaz de adivinhar os pensamentos do marido; amar sem medir sacrifícios, visando única e exclusivamente a felicidade do amado; receber o marido com atenção todo dia quando ele chegasse em casa; manter o bom humor e a integridade da família, interessar-se por vários assuntos para poder conversar com o marido e ser uma boa anfitriã — e não envergonhá-lo na frente dos amigos — saber falar e calar nas horas certas, quando o marido está cansado ou aborrecido, por exemplo.* (Bassanezi, 1997: 628)

O casamento continua a ser um objetivo importante na vida das mulheres, mas o ideal do amor romântico substitui o modelo patriarcal, abrindo outras possibilidades para a escolha do cônjuge. As casas passam a significar o espaço da individualidade e do segredo, fornecendo a privacidade necessária para a explosão dos sentimentos (D'Incao, 1997: 227).

Nas décadas seguintes, a situação começa a mudar. Ao fim do século XX, já predominavam novos valores e novas maneiras de se perceber o mundo familiar. Assim, o ideal da família nuclear tradicional defendido pelos funcionalistas também teve existência bastante limitada no Brasil. Vejamos, agora, as condições que tornaram outras formas de família mais comuns.

Teorias do Conflito e Teorias Feministas

> *Realmente, eu não desejava me casar de forma alguma. Eu queria me tornar alguém, e não simplesmente me doar a alguém. Mas eu sabia que se não me casasse eu me arrependeria. Só as pessoas muito estranhas não casavam. Eu também sabia que teria de fazê-lo rapidamente, enquanto ainda havia uma seleção decente de homens para escolher (...) eu tinha 20 anos (...)*
>
> *Embora quisesse ser uma boa esposa, desde o início achei impossível subjugar meus desejos. Competia com meu marido, embora Frank, absorto em seus estudos, provavelmente não tivesse consciência disso. Ele achava que tinha casado com uma moça impulsiva, ou mesmo com uma supermoça, mas não com uma mulher independente, que tinha seus próprios sentimentos (...) Embora tivéssemos concordado em estudar como loucos até que nosso dinheiro acabasse e depois nos revezar no trabalho, no fundo sabíamos que ele conseguiria os diplomas e eu, os empregos.* (Shulman, 1997 [1969]: 163, 173)

Os trechos acima foram extraídos do livro *Memórias de uma Ex-Rainha do Baile de Formatura* (*Memoirs of an Ex-Prom Queen*), um relato da condição típica da moça americana dos anos de 1950. O livro mostra um lado da família completamente obscurecido pelos funcionalistas. Como a passagem mencionada sugere, e como o livro às vezes mostra em detalhes cortantes e por vezes deprimentes, as famílias do pós-guerra nem sempre operaram à moda apresentada nos programas de televisão da época, isto é, como a família funcional, sem problemas, branca, de classe média, cuja mãe trabalhava em casa e cujo pai era o provedor.

Muitos homens e mulheres se sentiam coagidos ao casamento, presos em suas famílias, incapacitados de alcançar a harmonia, a segurança e a satisfação emocional prometidas. Como resultado, a família nuclear era um espaço de conflitos e de frustração. As pesquisas mostram que apenas cerca de um terço dos casais americanos da classe trabalhadora e cerca de dois terços dos casais da classe média eram felizes no casamento (Barnard, 1972). As esposas obtinham menos satisfação no casamento que os maridos. Elas reportavam taxas mais altas de depressão, sofrimento e sentimentos de inadequação. A insatisfação no casamento parece ter sido alta entre os milhões de mulheres que, durante a Segunda Guerra Mundial, operavam guindastes em fábricas de aço, lubrificavam locomotivas, colocavam rebites em cascos de navios, trabalhavam em linhas de montagem em fábricas de munição, plantavam e colhiam e operavam máquinas de remoção de galhos de grandes árvores. Essas mulheres eram elogiadas por sua dedicação e esforço durante a guerra. Muitas delas não queriam deixar esses trabalhos bem-remunerados e que lhes dava uma sensação de gratificação e independência, mas foram as primeiras a serem demitidas ou a terem seus trabalhos degradados para "empregos de mulheres" à medida que novos postos de trabalho precisavam ser criados para os soldados que retornavam da guerra. O tédio resultante do trabalho doméstico deve ter sido difícil de aceitar para muitas dessas mulheres (Coontz, 1992: 23-41; Skolnick, 1991: 49-74).

Além disso, assim como ocorreu no Brasil, muitas famílias eram muito pobres para participar da celebração funcionalista da família nuclear. Por exemplo, a fim de sustentar suas famílias, cerca de 40% das mulheres afro-americanas com filhos pequenos tinham de trabalhar fora de casa nos anos de 1950, normalmente como empregadas domésticas em residências de classe média-alta e alta. Cerca de um quarto dessas mulheres negras era chefe de família em suas próprias casas. Assim, em um grau não reconhecido pelos funcionalistas, a existência da família nuclear tradicional entre as pessoas brancas de classe média dependia, em parte, de muitas famílias negras *não* assumirem a forma nuclear tradicional.

Diferentemente dos funcionalistas, autores marxistas há muito percebiam a família nuclear tradicional como *locus* de conflito de gênero e como uma base para a perpetuação de desigualdades sociais. No século XIX, o amigo e colaborador de Marx, Friedrich Engels, argumentou que a família nuclear tradicional emergiu com as desigualdades econômicas, pois, uma vez que a riqueza estava concentrada nas mãos de um homem, Engels afirmou, ele começou a se preocupar em como transmiti-la para os filhos, em particular, filhos do sexo masculino. "Como um homem poderia transmitir sua herança com segurança?", ele perguntou. Apenas por meio do controle sexual e econômico da esposa. O controle econômico assegurava que a propriedade do homem não seria esbanjada e permaneceria apenas sua. O controle sexual, na forma de uma monogamia feminina forçada, assegurava que sua propriedade seria transmitida apenas para *seus* filhos. A conseqüência da análise de Engels é que apenas a abolição da propriedade privada e a criação da igualdade econômica — em uma palavra, o comunismo — poderiam colocar um fim à família nuclear tradicional e evitar as desigualdades de gênero (Engels, 1970 [1884]: 138-9).

Engels estava certo ao observar a longa tradição histórica de dominação sexual e econômica por parte dos homens na família nuclear tradicional. Pensemos, a esse respeito, nas Ordenações Filipinas, compiladas em Portugal em 1603 e que serviram de base para o sistema de direito civil que permaneceu em vigor no Brasil até a promulgação do Código Civil de 1916. De acordo com esse sistema, as mulheres eram perpetuamente menores e era vedado às mulheres casadas "direito de envolverem-se no comércio, de alienar bens imóveis por venda ou doação e, ainda, de administrar a propriedade sem o consentimento de seus maridos" (Hahner, 2003: 44-5). O Código Civil de 1916 alterou muito pouco a situação: o homem ainda era considerado o chefe da sociedade conjugal, o representante legal da família, o administrador dos bens comuns do casal (e, dependendo do regime matrimonial adotado, podia dispor dos bens particulares da esposa). Embora a manutenção da família tenha passado a ser responsabilidade dos cônjuges e não mais apenas do homem, a submissão da esposa ao marido ainda era garantida por meio de mecanismos como o direito de trabalho da mulher casada, que ainda dependia de sua autorização ou, em certos casos, do arbítrio de um juiz (Maluf e Mott, 1998: 374-6). O uso da violência considerada "legítima" no seio da família também era prerrogativa fundamentalmente masculina e não é pouco freqüente que, ainda hoje, assassinos confessos de esposas recebam penas simbólicas sob a alegação de "defesa da honra". É ainda importante observar que foi apenas em 2005 que o termo "mulher honesta" foi excluído do Código Penal brasileiro.

Apesar de tudo, Engels estava equivocado quando afirmava que o comunismo eliminaria as desigualdades de gênero na família. A desigualdade de gênero é tão comum em sociedades que se autodenominam comunistas quanto em sociedades que se autodenominam capitalistas. Por exemplo, como um pesquisador concluiu, a União Soviética deixou "intactas as estruturas familiares fundamentais, as relações de autoridade e os padrões de socialização cruciais à formação da personalidade e à diferenciação dos papéis de gênero. Apenas uma genuína revolução sexual [ou, como preferimos dizer, uma revolução de gênero] poderia ter destruído esses padrões e tornado possível uma emancipação verdadeira das mulheres" (Lapidus, 1978: 7).

Uma vez que a desigualdade de gênero existe em sociedades não-capitalistas (inclusive em sociedades pré-capitalistas), grande parte das feministas acredita que algo, além do capitalismo, ou mesmo em vez dele, explica a desigualdade de gênero. Em sua visão, o *patriarcalismo* — a dominação masculina e as regras que justificam essa dominação — tem raízes mais profundas na história econômica, militar e cultural da humanidade do que o marxismo clássico permite enxergar (ver o Capítulo 8, "Sexualidade e Gênero"). Para essas autoras, apenas uma "revolução de gênero genuína" pode alterar esse estado de coisas.

Essa revolução nas estruturas familiares, nas relações de autoridade e nos padrões de socialização parece estar tomando forma em muitos países ocidentais nos últimos 45 ou 50 anos, embora suas raízes se estendam até o século XVIII. Como você verá, essa tal revolução é evidente na ascendência do amor romântico e da felicidade individual como bases para o casamento, no controle feminino crescente da reprodução devido ao uso de métodos contraceptivos e na participação crescente na educação superior e na força de trabalho remunerada, entre outros fatores. A partir de agora, consideraremos algumas conseqüências da revolução de gênero para a seleção de parceiros, satisfação conjugal, divórcio, escolhas reprodutivas, trabalho doméstico e cuidado infantil. Começaremos considerando a sociologia da seleção de parceiros.

Poder e Famílias

Amor e Seleção de Parceiros

Para a maioria das pessoas dos países ocidentais, trata-se de um fato inquestionável que o casamento deve se basear no amor. Se você prestar atenção em filmes, letras de música e novelas de televisão, poderá perceber como celebramos o amor como a base mais importante para o estabelecimento da intimidade a longo prazo e para o casamento. De fato, a maioria de nós encara o casamento sem amor como algo trágico.

De acordo com o psicólogo Robert Sternberg, o amor pode ser construído a partir de três elementos: paixão (atração erótica), intimidade (confiar no outro e compartilhar sentimentos) e compromisso (intenção de permanecer na relação). Nas relações da vida real, esses componentes podem ser combinados de várias maneiras e produzir diferentes tipos de amor. O amor mais pleno requer os três componentes. As pesquisas mostram que, em relações de longo prazo, a paixão chega ao auge relativamente rápido e depois diminui consideravelmente. A intimidade aumenta aos poucos, mas tende a permanecer em um nível mais alto. O compromisso se desenvolve de forma mais lenta, mas também permanece em um nível relativamente alto (Figura 11.1).

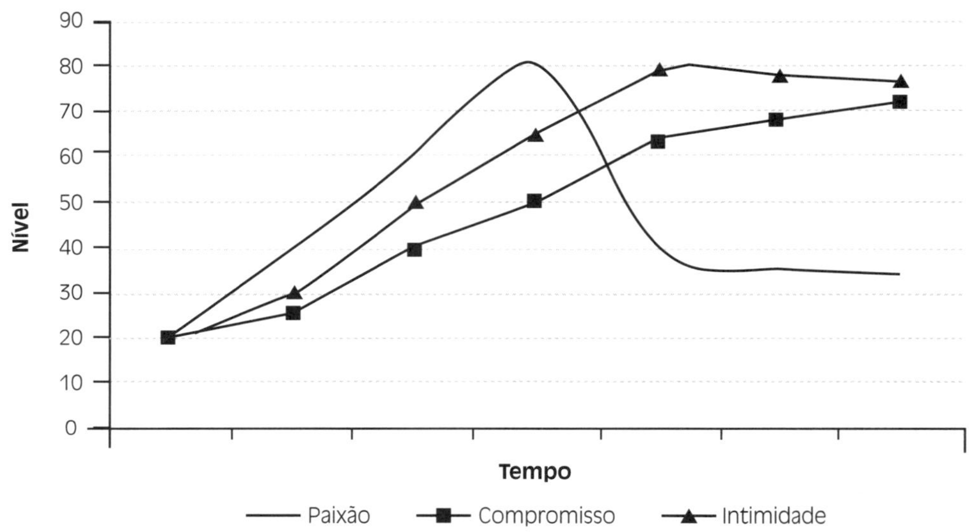

• Figura 11.1 **Os componentes do amor**
Fonte: Sternberg (1986).
Copyright © 1986, American Psychological Association. Adaptado com permissão.

Apesar disso, na maioria das sociedades existentes ao longo da história humana, o amor tem pouca relação com o casamento. Algumas línguas, como o dialeto chinês falado em Xangai, não têm sequer uma palavra que corresponda a "amor". Historicamente e em culturas diversas, o casamento era arranjado por uma terceira pessoa, e não pelos próprios nubentes. A seleção dos parceiros para o casamento baseava-se, principalmente, em regras de reciprocidade ou no cálculo de vantagens como prestígio, benefícios econômicos e políticos que poderiam advir das famílias de origem do noivo ou da noiva. Dentre as famílias menos abastadas, um pequeno dote poderia representar o principal benefício para se permitir que os filhos se casassem com certas mulheres. Dentre as famílias mais abastadas, os benefícios eram normalmente mais amplos, mas nem por isso menos estratégicos. Nos primeiros anos da industrialização, por exemplo, diversas famílias da aristocracia decadente esforçaram-se para arranjar casamentos entre seus filhos e filhas e membros de famílias da burguesia ascendente. *O Leopardo*, de Giuseppe di Lampedusa, provavelmente o maior romance italiano do século XX, retrata um casamento estratégico entre famílias como aquelas de maneira particularmente comovente (Di Lampedusa, 1991 [1958]).

A idéia segundo a qual o amor deveria ser importante na escolha de um parceiro conjugal disseminou-se, inicialmente, na Inglaterra do século XVIII, com a ascensão do liberalismo e do individualismo, filosofias que enfatizavam a liberdade individual em lugar do bem-estar da comunidade (Stone, 1977). Entretanto, a relação íntima entre amor e casamento, tal como a conhecemos hoje, só emergiu com toda a força no início do século XX, quando a indústria cinematográfica americana e a indústria de propaganda começaram a promover a autogratificação em grande escala. Para esses novos tecelões da fantasia e do desejo, um dos aspectos mais importantes da autogratificação era o romance heterossexual que levava ao casamento (Rapp e Ross, 1986).

Ainda assim, seria um grande equívoco pensar que apenas o amor determina a seleção dos parceiros conjugais em nossa sociedade — longe disso! As pessoas por quem nos apaixonamos e com quem casamos são em parte determinadas por três conjuntos de forças sociais (Kalmijn, 1998: 398-404).

1. *Recursos matrimoniais.* Cônjuges potenciais trazem consigo certos recursos para o "mercado matrimonial" e usam esses recursos para atrair parceiros e competir com rivais. Esses recursos incluem posses materiais, *status*, valores, gostos e conhecimento. Muitas pessoas procuram maximizar os recursos materiais e o *status* que podem obter com o casamento e procuram parceiros que tenham valores, gostos e conhecimento semelhantes. Como resultado, os recursos trazidos para o mercado matrimonial determinam, em parte, as pessoas por quem tendemos a nos apaixonar e a escolher como cônjuges.
2. *Terceiros.* Um casamento entre pessoas de dois grupos diferentes pode ameaçar a coesão interna de um ou de ambos os grupos. Nesse sentido, em graus variáveis, famílias, vizinhanças, comunidades e instituições religiosas treinam os jovens para que se identifiquem com os grupos dos quais fazem parte e para que se vejam como diferentes dos membros de outros grupos. Esses grupos podem, ainda, aplicar sanções às pessoas que ameaçam se casar com gente de fora. Nesse sentido, por quem você se apaixona e com quem escolhe se casar é, em parte, algo determinado por terceiros.
3. *Fatores demográficos e de composição.* A probabilidade de se casar no seio de um grupo aumenta em função do tamanho do grupo e de sua concentração geográfica. Entretanto, se você faz parte de um grupo pequeno ou geograficamente disperso, é provável que busque seu parceiro fora do seu grupo porque pode ser que simplesmente existam muito poucas "possibilidades" de escolha dentro do mesmo (Brym, 1984; Brym, Gillespie e Gillis, 1985). Além disso, a proporção de homens e mulheres em um grupo influencia o grau segundo o qual membros de cada um dos sexos se casam dentro ou fora dele. Por exemplo, guerras e encarceramentos podem eliminar muitos membros do sexo masculino como parceiros conjugais em potencial. Isso pode encorajar os membros femininos a se casarem fora do grupo, ou até a preferirem não casar. Por fim, dado que as pessoas normalmente conhecem seus cônjuges em potencial em grupos locais — escolas, universidades, ambientes de trabalho, vizinhanças, bares e danceterias —, o grau segundo o qual esses ambientes são socialmente segregados também influencia a seleção de parceiros. É mais provável que você se case com alguém de fora de seu grupo se freqüenta lugares socialmente heterogêneos. Assim, as pessoas por quem você se apaixona e a escolha dos seus parceiros conjugais é em parte determinada pelo tamanho, pela dispersão geográfica e pela proporção entre os sexos dos grupos a que você pertence e pela composição social dos locais que você freqüenta.

Como resultado da operação desses três conjuntos de forças sociais, o processo de se apaixonar e escolher um parceiro envolve mais do que o acaso. De maneira geral, hoje somos mais livres do que nunca para nos apaixonarmos e casarmos com as pessoas que escolhemos. Apesar disso, forças sociais importantes ainda restringem nossas escolhas em graus variáveis.

Satisfação Conjugal

Da mesma forma que a seleção de parceiros tornou-se mais dependente do amor romântico ao longo dos anos, a estabilidade conjugal também passou a depender mais do sentimento de satisfação do que de simples utilidade ou conveniência. Essa mudança ocorreu porque as mulheres, em diversas sociedades, têm se tornado mais autônomas, em especial nos últimos 40 ou 50 anos. Isso significa que um aspecto da revolução de gênero é que as mulheres têm mais liberdade do que nunca para abandonar casamentos nos quais se consideram infelizes.

Um dos fatores que contribuiu para a autonomia das mulheres foi a introdução da pílula anticoncepcional nos anos de 1960. A pílula tornou mais fácil para as mulheres adiar a gravidez e ter menos filhos. Um segundo fator que contribuiu para sua autonomia foi o ingresso de milhões de mulheres no sistema de educação superior e no mercado de trabalho remunerado (Cherlin, 1992 [1981]: 51-2, 56; Collins e Coltrane, 1991 [1985]: xxv). Uma vez que as mulheres adquiriram uma fonte de renda independentemente de seus maridos, elas também obtiveram os meios para decidir o curso de sua própria vida em um grau muito maior do que antes. Uma mulher casada que tenha um emprego fora de casa está menos ligada ao casamento por razões econômicas do que outra que trabalhe exclusivamente em casa e, assim, se ela estiver muito frustrada com casamento, pode se separar com mais facilidade. Foi refletindo essa nova realidade que o divórcio foi legalizado no Brasil nos anos de 1970, substituindo o desquite. Essa substituição tornou a divisão da propriedade entre os ex-cônjuges mais igualitária e possibilitou que as pessoas se casassem novamente, o que não era permitido com o desquite. Conforme ilustrado na Figura 11.2, a taxa de divórcio no Brasil passou de 0,22 em 1980 para 0,79 em 2003 por mil habitantes maiores de 15 anos, enquanto a de casamentos tem diminuído. Normalmente, são as mulheres quem dão início ao processo de separação.

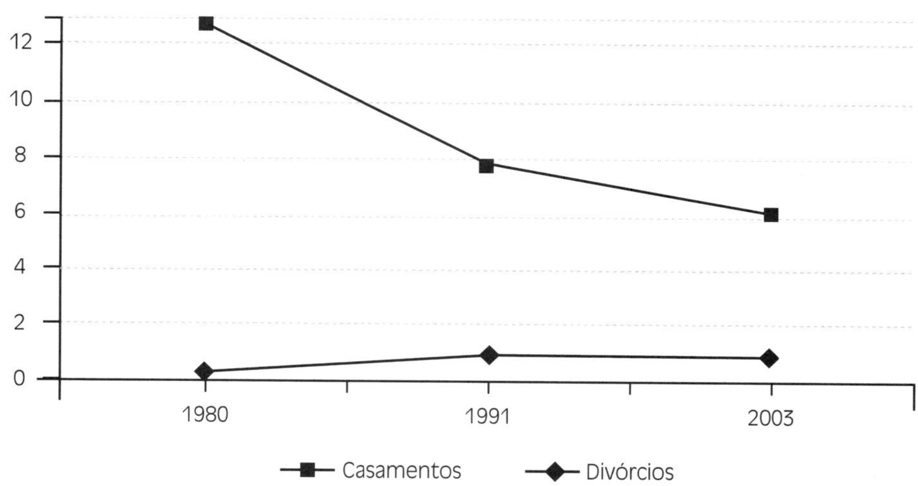

● **Figura 11.2** Taxas de casamento e de divórcio — Brasil, 1980-2003 (por 1.000)
Fonte: IBGE, Censos de 1980 e 1991; PNAD de 2003.

Se a vida conjugal nos dias de hoje depende em grande parte da satisfação conjugal, quais são os principais fatores subjacentes a essa satisfação? A literatura sociológica enfatiza cinco conjuntos de fatores (Collins e Coltrane, 1991 [1985]: 394-406, 454-64).

1. *Forças econômicas.* Questões ligadas ao dinheiro são freqüentes nas brigas familiares e tendem a adquirir mais peso quando ele não está disponível em quantidade suficiente para satisfazer as necessidades e os desejos de uma família. Dessa forma, a satisfação conjugal tende a diminuir e a taxa de divórcio tende a aumentar à medida que se move para baixo na hierarquia socioeconômica. Quanto mais baixa a classe social e quanto mais baixo o grau de escolaridade dos cônjuges, mais provável que pressões financeiras tornem o casal infeliz e o casamento, mais instável. A insatisfação conjugal e o divórcio também são comuns entre grupos com maiores taxas de pobreza. Em contraste com isso, a satisfação conjugal de homens e mulheres normalmente *aumenta* à medida que as mulheres entram no mercado de trabalho remunerado porque isso acaba tendo efeitos financeiros benéficos. No entanto, se um dos cônjuges trabalha demasiadamente e passa a negligenciar a família, a satisfação conjugal diminui.
2. *Leis acerca do divórcio.* Muitas pesquisas mostram que, em média, as pessoas casadas são mais felizes do que pessoas não-casadas. Além disso, quando as pessoas têm liberdade para terminar casamentos infelizes e casarem-se novamente, o nível médio de felicidade aumenta entre as pessoas casadas. De maneira geral, em países nos quais é mais fácil obter o divórcio (por exemplo, nos Estados Unidos e no Canadá), o nível de felicidade conjugal, principalmente para as mulheres, tende a ser mais alto. Pela mesma razão, em países nos quais é mais difícil de obter o divórcio (por exemplo, na Espanha e na Itália), homens e mulheres tendem a ser menos felizes no casamento do que em países em que a legislação facilita o processo (Stack e Eshleman, 1998).
3. *O ciclo de vida familiar.* No Brasil, cerca de metade dos casamentos se desfaz antes de 15 anos (IBGE, Estatísticas do Registro Civil, 2003). De maneira geral, no entanto, para casamentos que duram mais do que isso, a satisfação conjugal tende a atingir seu ponto mais baixo depois de cerca de 15 ou 20 anos. A satisfação conjugal geralmente começa alta, decresce quando nascem os filhos, atinge seu ponto mais baixo quando os filhos chegam à adolescência e volta a subir quando eles atingem a idade adulta (Rollins e Cannon, 1974). Casais sem filhos ou cujos filhos saíram de casa gozam dos níveis mais altos de satisfação conjugal. Pais e mães com crianças pequenas ou com filhos adultos residindo em casa gozam de níveis intermediários de satisfação conjugal. A satisfação conjugal é menor durante os anos "formadores", isto é, quando as crianças estão em idade escolar. Embora a maioria das pessoas se case, ao menos em parte, para ter filhos, ocorre que eles, em especial os adolescentes, normalmente aplicam grandes tensões emocionais e financeiras sobre os casais, o que resulta em uma satisfação conjugal relativamente baixa.
4. *Trabalho doméstico e cuidado com as crianças.* A satisfação ou felicidade conjugal é maior entre os casais que dividem os trabalhos domésticos e o cuidado com as crianças. Quanto mais distantes os membros do casal estão de uma divisão eqüitativa das responsabilidades domésticas, maior a tensão entre todos os membros da família (Hochschild e Machung, 1989).

5. *Sexo.* Uma boa vida sexual é geralmente associada à satisfação conjugal. Contrariamente à crença popular, pesquisas demonstram que a qualidade do sexo geralmente melhora durante o casamento. As relações sexuais também são mais freqüentes e mais prazerosas entre os casais mais felizes. A partir desses dados, alguns especialistas concluem que a satisfação conjugal geral leva à compatibilidade sexual (Collins e Coltrane, 1991 [1985]: 344). No entanto, o inverso também pode ser verdadeiro: sexo de boa qualidade pode levar a um casamento feliz. Afinal de contas, nossas preferências sexuais estão profundamente enraizadas em nossa psique e em nossas experiências mais remotas. Essas preferências não podem ser facilmente alteradas a fim de se adequar aos desejos dos nossos parceiros. Se os cônjuges forem sexualmente incompatíveis, eles podem ter dificuldade em mudar, mesmo que tenham um bom nível de comunicação, briguem pouco e sejam felizes em outros aspectos. Por outro lado, se forem sexualmente compatíveis, eles podem se esforçar mais no sentido de resolver outros problemas no casamento a fim de preservar sua vida sexual satisfatória. Assim, a relação entre satisfação marital e compatibilidade sexual é provavelmente de reciprocidade: os fatores se influenciam mutuamente.

A religião, ao que tudo indica, influencia pouco o nível de satisfação conjugal. Apesar disso, a religião afeta a taxa de divórcio. Grupos com alto grau de religiosidade tendem a apresentar menores taxas de divórcio do que grupos cujos indivíduos apresentem um baixo grau de religiosidade (Sweezy e Tienfenthaler, 1996).

Vejamos agora o que ocorre quando o baixo grau de satisfação conjugal leva ao divórcio.

Divórcio

Efeitos Econômicos

Após o divórcio, o padrão mais comum que se vê é um aumento na renda do homem e um declínio na renda da mulher. Isso ocorre porque os homens tendem a ganhar mais, as crianças geralmente permanecem sob a guarda da mãe e as pensões em geral são inadequadas. Um estudo americano mostra que, nos Estados Unidos, nos três meses seguintes à separação, 38% das mães que detinham a guarda dos filhos, mas apenas 10,5% dos pais que não detinham a guarda deles, descenderam na hierarquia social para abaixo da linha de pobreza (Bartfeld, 2000: 209). Já no Canadá, as pesquisas mostram que, no primeiro ano após a separação, a renda das mulheres declina cerca de 50%, enquanto a dos homens declina cerca de 25%. Assim como ocorre em outras partes do mundo, a maioria das crianças permanece com a mãe após a separação e, por essa razão, quando esses números são ajustados para o tamanho da família, a renda das mulheres declina 40%, enquanto a dos homens aumenta ligeiramente (Finnie, 1993). Infelizmente, não dispomos de dados semelhantes para o Brasil.

Efeitos Emocionais

Enquanto o divórcio possibilita aos cônjuges sair de casamentos infelizes, muitas questões importantes foram levantadas em relação às conseqüências emocionais sobre os filhos, particularmente no longo prazo. Algumas pessoas, entre elas alguns sociólogos, afirmam que pais que se divorciam estão trocando o bem-estar dos filhos pelo seu próprio. O que as pesquisas nos ajudam a concluir sobre essa questão?

As pesquisas revelam que os filhos de pais divorciados tendem a desenvolver problemas comportamentais e a ter um desempenho escolar pior que o das crianças oriundas de famílias intactas. Eles também estão mais sujeitos a comportamentos delinqüentes e a fazer uso de drogas e álcool. Freqüentemente, essas crianças passam por uma crise emocional, particularmente nos dois anos que se seguem ao divórcio. Além disso, quando os filhos de pais divorciados se tornam adultos, têm menor probabilidade de serem felizes do que os filhos de pais que vivem juntos. Eles têm mais probabilidades de apresentar problemas de saúde, ganhar salários baixos e se divorciar. Em um estudo desenvolvido na Califórnia, quase metade dos filhos de pais divorciados chegou à idade adulta como homens e mulheres preocupados, com baixo desempenho em relação às suas capacidades, autodepreciativos e, por vezes, agressivos (Wallerstein e Blakeslee, 1989; Wallerstein, Lewis e Blakeslee, 2000). Fica claro, então, que o divórcio pode ter conseqüências negativas sérias e de longo prazo para os filhos.

Entretanto, muitas das pesquisas que parecem estabelecer uma correlação forte entre divórcio e conseqüências negativas de longo prazo para as crianças baseiam-se em famílias que procuram apoio psicológico. Essas famílias constituem uma minoria pequena e não-representativa da população. Por definição, têm problemas emocionais mais sérios do que a maioria da população, que não busca apoio psicológico após o divórcio, pelo menos nos países em que o apoio psicológico é amplamente acessível à maioria da população. Nesse sentido, deve-se ter cuidado para não generalizar a partir desses estudos. Outro problema com grande parte dessas pesquisas é que alguns pesquisadores não investigam se outros fatores — afora o divórcio — podem ser responsáveis pela angústia sentida por muitos filhos de pais divorciados.

Pesquisadores que se baseiam em amostras representativas e que examinam os efeitos separados dos diversos fatores que afetam o bem-estar das crianças oferecem as melhores evidências acerca das conseqüências do divórcio para elas. Por exemplo, Amato e Keith (1991) analisaram novamente os dados de 92 grandes pesquisas realizadas e concluíram que, em média, o efeito global do divórcio no bem-estar das crianças não é forte e tende a diminuir com o tempo. Eles também identificaram três fatores que explicam muito da angústia sentida pelos filhos de pais divorciados.

1. *Um alto nível de conflito parental.* Um alto nível de conflito parental gera uma angústia de longo prazo nas crianças. O divórcio sem conflito parental oferece muito menos sofrimento para as crianças. De fato, crianças em famílias divorciadas têm, em média, níveis mais altos de bem-estar do que aquelas crianças que vivem em famílias intactas, mas com alto nível de conflito. O efeito do conflito parental no bem-estar das crianças, no longo prazo, é substancialmente maior do que o efeito dos dois fatores a seguir.
2. *Um declínio no padrão de vida.* Consideradas isoladamente, as desvantagens econômicas sofridas pela maioria dos filhos de pais divorciados exercem um impacto bastante pequeno em seu bem-estar. Apesar disso, é óbvio que filhos de pais divorciados que não experimentam uma diminuição no padrão de vida sofrem menos.
3. *Ausência do pai ou da mãe.* Filhos de pais divorciados normalmente perdem o pai ou a mãe como modelo, como fonte de apoio emocional, de ajuda em problemas de ordem prática e de supervisão. Por si só, esse fator também tem um pequeno efeito negativo no bem-estar da criança, mesmo quando ela tem contato contínuo com aquele que não detém sua custódia.

Estudos subseqüentes confirmam essas generalizações e acrescentam uma observação importante: muitos dos problemas de comportamento e de adaptação experimentados por filhos de pais divorciados já existiam antes do divórcio. Nesse sentido, não podemos atribuí-los isoladamente ao divórcio (Cherlin et al., 1991; Entwisle e Alexander, 1995; Furstenberg e Cherlin, 1991; Stewart et al., 1997).

Em resumo, afirmar que pais que se divorciam estão trocando o bem-estar dos filhos por sua própria felicidade é um exagero. Altos níveis de conflito parental apresentam conseqüências negativas sérias para as crianças, mesmo quando elas chegam à idade adulta. Nessas situações de alto grau de conflito, o divórcio pode beneficiar as crianças. Algumas iniciativas do governo — como uma educação infantil pública de qualidade, um sistema de saúde pública adequado etc. — podem minimizar o declínio no padrão de vida das crianças que, freqüentemente, tem conseqüências negativas de longo prazo em seu bem-estar. Por si só, a ausência de um dos pais tem um efeito negativo no bem-estar das crianças, mas esse efeito tem, em parte, diminuído à medida que o divórcio tem se tornado tão comum que não mais representa um estigma.

Escolha Reprodutiva

Vimos que o poder que as mulheres adquiriram ao ingressar na força de trabalho remunerada as colocou em uma posição em que podem sair de um casamento no qual estão infelizes. Um outro aspecto da revolução de gênero é que as mulheres estão cada vez mais aptas a decidir o que ocorre com o casamento, caso escolham permanecer casadas. Por exemplo, as mulheres agora têm mais voz ativa em relação a se terão filhos e, em caso afirmativo, quantos serão e quando os terão.

Está se tornando cada vez mais caro criar filhos. As crianças não oferecem mais benefícios econômicos às famílias como o faziam, por exemplo, nas zonas rurais. A maioria das mulheres nos dias de hoje quer ingressar na força de trabalho remunerada e muitas delas querem seguir carreira. Como resultado, as mulheres têm decidido ter menos filhos, tê-los em intervalos mais longos e mais tardiamente. De fato, cerca de 14% dos casais brasileiros não tem filhos (IBGE, Censo Demográfico 2000).

No Brasil, a escolha reprodutiva das mulheres no sentido de evitar filhos é efetuada por meio dos métodos contraceptivos e do aborto ilegal, salvo nos casos previstos pela lei — estupro e risco de vida para a mãe (ver o Capítulo 8, "Sexualidade e Gênero").

Tecnologias Reprodutivas

Para a maioria das mulheres, exercer o direito de escolha reprodutiva significa ser capaz de evitar uma gravidez ou um nascimento por meio de contraceptivos ou do aborto. Para algumas mulheres, no entanto, isso implica facilitar a gravidez e o nascimento por meio de tecnologias reprodutivas. De acordo com dados do Censo de 2000, existem, no Brasil, cerca de 2,1 milhões de casais em idade fértil com problemas de infertilidade. A infertilidade é definida como "a incapacidade de um casal engravidar após 12 meses de relações sexuais regulares sem uso de contracepção" (Ministério da Saúde, 2005). As dificuldades de ordem jurídica e os preconceitos envolvidos em processos de adoção no Brasil, aliados ao forte desejo da maioria das pessoas de ter filhos, geram uma demanda cada vez maior por técnicas que ajudem casais inférteis, casais homossexuais e mulheres solteiras a terem filhos.

Existem quatro tecnologias ou técnicas reprodutivas principais. Na *inseminação artificial*, o esperma de um doador é inserido no útero ou no canal vaginal de uma mulher durante a ovulação. Na *fertilização in vitro*, os óvulos de uma mulher são retirados dos ovários, colocados em contato com espermatozóides previamente selecionados em um meio de cultura em uma incubadora e, após a fertilização, os embriões de melhor qualidade são transferidos para o útero. Na *injeção intracitoplasmática de espermatozóide*, os óvulos são extraídos dos ovários e um espermatozóide é injetado dentro de cada um deles com o auxílio de um microscópico especial. Por fim, diversas técnicas de *seleção ou triagem* são utilizadas para avaliar a qualidade do esperma, dos óvulos e dos embriões a fim de se aumentar as chances de se dar à luz um bebê saudável, ou mesmo do sexo desejado, ou de se efetuar um aborto devido a uma gravidez de risco. Quando a mulher não pode, por razões médicas, levar a própria gravidez a termo, existe ainda a possibilidade de se aplicar algumas dessas técnicas em uma "mãe de aluguel", que assina um contrato para entregar a criança após o nascimento, muitas vezes em troca de pagamento. No Brasil, embora se use o termo "mãe de aluguel" ou "barriga de aluguel", o mais adequado seria falar de "mãe sub-rogada" ou de "mãe substituta", pois esse método só é permitido por lei quando a mulher que empresta seu útero tem um parentesco de primeiro ou de segundo grau com a "mãe" da criança, não podendo existir contrato comercial entre as partes envolvidas.

Esses procedimentos levantam diversas questões sociológicas, éticas, legais e filosóficas. Mencionaremos algumas delas aqui (Achilles, 1993). O primeiro problema é a discriminação. A maioria das tecnologias reprodutivas custa caro e, obviamente, pessoas das classes mais baixas com problemas de infertilidade não podem arcar com esses custos. No ano de 2005, o Ministério da Saúde lançou o documento "Direitos Sexuais e Direitos Reprodutivos: uma Prioridade de Governo", que prevê ações voltadas ao planejamento familiar para o período de 2005 a 2007, dentre as quais a introdução de reprodução assistida no Sistema Único de Saúde, o SUS (Ministério da Saúde, 2005). Em tese, isso daria acesso a casais de baixa renda à inseminação artificial e à reprodução *in vitro*. Houve muito debate na imprensa, sob a alegação de que o Brasil deve enfatizar as políticas de métodos anticoncepcionais, cirúrgicos e não-cirúrgicos. Vale salientar que essas políticas estão dirigidas para a infertilidade conjugal, reforçando a tendência por parte dos médicos de negar o acesso a essas tecnologias a mulheres solteiras e a casais de lésbicas. Em outros termos, há uma discriminação, direta ou indireta, por classe social e contra famílias não-nucleares, apesar dos esforços do governo brasileiro de minimizar a primeira.

Um segundo problema introduzido pelas novas tecnologias reprodutivas é que elas tendem a tornar os termos "mãe" e "pai" obsoletos ou, pelo menos, um tanto vagos. A mãe é aquela que doa os óvulos, que carrega a criança no útero ou a que a educa? O pai é aquele que doa os espermatozóides ou aquele que educa a criança? Como essas questões sugerem, uma criança concebida a partir de uma combinação de técnicas reprodutivas poderia chegar a ter três mães e dois pais! E não se trata apenas de uma questão terminológica — afinal de contas, se fosse esse o caso, bastaria introduzir distinções como "mãe genética", "mãe uterina" e "mãe social" a fim de refletir a nova realidade. O verdadeiro problema é social, legal, ético e filosófico. A questão de quem tem direitos e obrigações em relação à criança, assim como que direitos e obrigações a criança tem em relação a cada um dos seus pais, é incerta. Essa falta de clareza tem gerado batalhas legais bastante sérias sobre direitos de custódia. Como afirma o sociólogo Jonatas Ferreira (2002), estamos passando de um paradigma de reprodução da vida para o da sua própria produção, o que, entre outras coisas, revela a impossibilidade de uma distinção rígida entre natureza e cultura e coloca novas questões à humanidade. A título de ilustração, consideremos o debate ético sobre a possibilidade de desenvolvermos uma "fábrica de órgãos" a partir de óvulos fecundados que permanecem congelados nas clínicas de fertilização humana, sobretudo aqueles que não foram aproveitados nos processos de fertilização *in vitro* (Ferreira, 2002: 17). O que está envolvido nesse debate não diz respeito apenas a questões legais, mas à própria definição do que é a vida, em geral, e a vida humana, em particular .

Como as questões anteriores deixam claro, será necessário o estabelecimento de um debate público bastante amplo para que se possa decidir quem controlará as tecnologias reprodutivas e com que finalidade. Por um lado, as tecnologias reprodutivas poderão propiciar grandes alegrias a pessoas inférteis. Elas também poderão ajudar a prevenir o nascimento de crianças com doenças como a distrofia muscular e a esclerose múltipla. Embriões não utilizados poderão aliviar o sofrimento de muitas pessoas, por exemplo, ao serem usados em pesquisas sobre células-tronco, conforme aprovado pelo Congresso brasileiro em 2005. Como se sabe, as células-tronco têm a capacidade de formar diferentes células e, assim, substituir tecidos doentes, trazendo esperança para portadores de doenças como o mal de Parkinson, o mal de Alzheimer, o diabetes, entre outras. Por outro lado, tecnologias reprodutivas podem continuar a beneficiar as pessoas de maior poder aquisitivo, a reforçar formas familiares tradicionais não mais apropriadas para muitas pessoas e, ainda, gerar batalhas legais infinitas e muito sofrimento para as diversas partes envolvidas.

Trabalho Doméstico e Cuidado Infantil

Como vimos, a participação feminina crescente na força de trabalho remunerada e no sistema de educação superior, assim como seu controle crescente sobre a reprodução, transformaram diversas áreas da vida familiar. Apesar dessa revolução de gênero relativamente ampla, um domínio permanece resistente a mudanças: o trabalho doméstico, os cuidados infantis e com as pessoas idosas.

Na verdade, tem havido *algumas* mudanças à medida que os homens começam a assumir um papel mais ativo na administração doméstica cotidiana. Mas elas ainda são modestas. Por exemplo, um estudo norte-americano conduzido nos anos de 1980 comparou donas de casa em tempo integral que estavam em seu primeiro casamento com donas de casa, também em seu primeiro casamento, que trabalhavam 30 ou mais horas por semana no mercado de trabalho remunerado. As mulheres que trabalhavam em tempo integral no mercado de trabalho remunerado executavam apenas cerca de 1 hora e 10 minutos menos trabalho doméstico por dia do que as donas de casa em tempo integral. Os maridos de mulheres que trabalhavam fora de casa em tempo integral, por sua vez, executavam meros 37 minutos a mais de trabalho doméstico por dia do que os maridos de donas de casa em tempo integral (calculado a partir de Demo e Acock, 1993). Alguns estudos estimam que, em média, os homens americanos executam de 20 a 35% do trabalho doméstico e dos cuidados com as crianças (Shelton e John, 1996: 299).

No entanto, esses números não revelam a situação como um todo. Os homens tendem a desempenhar tarefas menos estressantes e que podem esperar para serem resolvidas. Essas tarefas incluem cuidar do jardim, do carro e preparar a declaração do imposto de renda. Eles também brincam mais com as crianças do que costumavam fazer. Em contraste com isso, as mulheres tendem a desempenhar tarefas mais estressantes e que não podem ser adiadas. Essas tarefas incluem vestir as crianças para a escola, preparar o jantar, lavar roupa uma ou duas vezes por semana e outras coisas semelhantes. Em resumo, no que se refere à divisão do trabalho doméstico, a situação dificilmente pode ser considerada como uma revolução (Harvey, Marshall e Frederick, 1991).

Dois fatores contribuem para a diminuição da desigualdade de gênero no que se refere ao trabalho doméstico e aos cuidados com as crianças e com os idosos. Em primeiro lugar, quanto menor a diferença nos rendimentos do homem e da mulher, mais igualitária tende a ser a divisão do trabalho doméstico. Aparentemente, as mulheres estão aptas a transformar poder econômico em influência doméstica, ou, colocando a questão de maneira mais direta, o aumento do *status* das mulheres faz com que elas consigam que os maridos desempenhem mais tarefas domésticas. Além disso, as mulheres que têm renda relativamente alta podem utilizar parte de seu dinheiro para contratar outras pessoas para fazer parte do trabalho doméstico.

A atitude é o segundo fator que pode contribuir para a diminuição da desigualdade de gênero em relação ao trabalho doméstico. Quanto mais homens e mulheres concordam que *devem* dividir as tarefas domésticas, mais igualdade há entre os gêneros. Freqüentemente, a possibilidade de negociação nessa área está relacionada à educação superior de ambos os cônjuges (Greenstein, 1996). Assim, para que possa existir maior igualdade entre homens e mulheres no desempenho de tarefas domésticas, duas condições devem ser satisfeitas: deve haver maior igualdade de renda entre homens e mulheres e maior aceitação cultural da necessidade de igualdade entre os gêneros.

Violência Doméstica contra Mulheres e Igualdade

Afirmamos anteriormente que, de maneira geral, quanto mais igualitários os casais, mais feliz o casamento. Em outras palavras, a satisfação conjugal aumenta à medida que o *status* do homem e da mulher se aproxima da igualdade. Será que isso implica que maiores níveis de igualdade de gênero também resultam em menores taxas de violência contra esposas e companheiras? Como veremos agora, a resposta é afirmativa.

De acordo com o Ministério da Saúde, a violência doméstica é definida como "as variadas formas de violência interpessoal (agressão física, abuso sexual, abuso psicológico e negligência) ocorridas dentro da família, sendo perpetradas por um agressor (que possui laços de parentesco, familiares ou conjugais) em condições de superioridade (física, etária, social, psíquica e/ou hierárquica)" (Ministério da Saúde, citado em Deslandes, Gomes e Silva, 2000: 130). Pode-se, ainda, dividir a violência doméstica em conflitos entre gerações, isto é, violência contra crianças e adolescentes; e violência de gênero, isto é, violência entre cônjuges, sendo a mais freqüente a violência contra esposas, amantes ou companheiras. O abuso ou a violência contra esposas e companheiras ainda é um fenômeno comum em muitas sociedades, constituindo um grave problema de saúde pública e violação de direitos humanos. Para se ter idéia da extensão do problema, uma pesquisa nacional realizada pelo IBGE em 1986 indagou a homens e mulheres se já haviam sofrido alguma forma de agressão e onde ela havia ocorrido. Mais de 70% das mulheres afirmaram que haviam sido agredidas no espaço doméstico e por pessoas conhecidas, enquanto a maioria significativa dos homens afirmou ter sido vítima de violência no espaço da rua e por pessoas desconhecidas (Pitanguy, 2003: 326). Por outro lado, com base em dados da PNAD de 1990, Heleieth Saffioti observou que 63% de todas as vítimas de violência doméstica foram mulheres (Deslandes, Gomes e Silva, 2000: 130).

O sociólogo Murray A. Straus, uma das autoridades mundiais sobre violência contra esposas e companheiras, mostrou que formas severas de abuso de esposas ocorrem em todas as categorias da população. Entretanto, ele e outros pesquisadores também demonstraram que formas severas de violência contra esposas são mais freqüentes em famílias de baixa renda e de baixo nível de educação, nas quais os homens tendem a acreditar que a dominação masculina é justificada. A violência contra esposas também é mais comum entre casais que viram suas mães serem vítimas de violência e que sofreram, eles próprios, violência quando crianças (Gelles, 1997 [1985]; Smith, 1990). Assim, a dominação masculina que ocorre tanto na socialização infantil quanto na organização familiar atual aumenta a possibilidade de violência contra esposas e companheiras.

Além disso, Straus (1994) também mostrou que um alto grau de violência física contra esposas está associado à desigualdade de gênero na sociedade como um todo. Resumindo as principais conclusões de sua pesquisa, a incidência de violência física contra esposas é mais alta nos grupos em que as experiências da socialização primária predispõem os homens a agir de maneira agressiva em relação às mulheres e onde existem grandes diferenças de poder entre homens e mulheres.

Podemos afirmar que as teorias do conflito e as feministas prestaram um serviço sociológico valioso ao enfatizar a importância das relações de poder na estruturação da vida familiar. Diversas pesquisas mostram que a revolução de gênero ocorrida nos últimos 40 ou 50 anos tem influenciado a forma como selecionamos nossos parceiros, nossas razões para estarmos satisfeitos ou insatisfeitos com nossa vida conjugal, nossa propensão para o divórcio, nossas escolhas reprodutivas, a distribuição do trabalho doméstico e dos cuidados com as crianças e o nível de violência doméstica contra mulheres — em resumo, todos os aspectos da vida familiar. Como veremos em seguida, a revolução de gênero também tem resultado em uma diversidade de formas familiares bastante grande.

Diversidade Familiar

Uniões Consensuais

Nas últimas três décadas, o número de casais não casados que coabitam, isto é, que vivem juntos em uniões consensuais, passou de 6,9% em 1970 para 28,6% em 2000 (Tabela 11.3). De acordo com o Censo de 2000, o estado civil das pessoas que se encontravam em uniões consensuais variava enormemente: 10,6% eram casadas legalmente com outros parceiros, 4,2% eram desquitadas ou separadas judicialmente, 4,5% eram divorciadas, 3,2% eram viúvas e 77,5% eram solteiras (Tabela 11.4). Segundo a terminologia do Código Civil, as pessoas casadas (10,6%) viviam em regime de *concubinato*, isto é, estavam, pelo menos temporariamente, impedidas de casar civilmente. As restantes 89,4% formavam o que, na linguagem jurídica brasileira vigente, se denomina união estável. Adotaremos neste livro a terminologia do Censo — ou seja, quando falarmos de uniões consensuais, estaremos falando de uniões estáveis e concubinato.

Tabela 11.3 Uniões consensuais no Brasil, 1970-2000

Tipos de união	1970	2000
Civil e religioso	64,6%	49,5%
Civil apenas	14,1%	17,5%
Religioso apenas	14,4%	4,4%
Consensual e outros	6,9%	28,6%
Total	100%	100%

Fonte: IBGE, Censos de 1970 e 2000.

Tabela 11.4 Estado civil em uniões consensuais no Brasil, 2000

Estado civil	%
Casadas legalmente	10,6
Desquitadas	4,2
Divorciadas	4,5
Viúvas	3,2
Solteiras	77,5
Total	100

Fonte: IBGE, Censo de 2000.

Muitas das pessoas que desaprovam a coabitação freqüentemente o fazem porque se opõem ao sexo pré-marital. Em muitos casos, essa oposição se baseia em princípios religiosos. Em décadas recentes, no entanto, a força das sanções religiosas tem diminuído. A revolução sexual e um individualismo crescente têm possibilitado que as pessoas busquem relações íntimas antes do casamento, se assim o desejarem. Ao mesmo tempo, porque as mulheres têm cada vez mais ingressado no mercado de trabalho remunerado e nos cursos de ensino superior, seus papéis de gênero não estão mais tão fortemente ligados ao casamento quanto no passado. Esses fatores econômicos e culturais têm contribuído para o aumento nas taxas de coabitação.

No Brasil, a coabitação é um fenômeno particularmente associado aos grupos de baixa renda, embora ele tenha aumentado em outras parcelas da população devido aos fatores mencionados. Nas classes pobres, existe uma série de outros fatores que explicam uma incidência relativamente alta de uniões consensuais, dentre as quais podemos destacar a instabilidade econômica, que gera uma sucessão de tentativas de casamento fracassadas (Scott, 1990) e um maior predomínio de religiões afro-brasileiras, cujos valores em relação à coabitação são menos rígidos do que no cristianismo. Nas classes médias urbanas, mais intelectualizadas e individualistas, a mudança de valores, inclusive com a desvalorização do casamento formal, também tem contribuído para o aumento desse tipo de união. É importante observar que a legislação brasileira tem contribuído para a cristalização desses valores com a institucionalização jurídica da chamada "união estável", garantindo as obrigações e os direitos pertinentes ao casamento, pelo menos no que se refere a heterossexuais. Como veremos mais adiante, o mesmo não tem ocorrido com as uniões entre homossexuais.

Diversos estudos têm sugerido que as uniões consensuais são menos estáveis do que os casamentos formais. Dados americanos mostram que nos cinco primeiros anos de coabitação, cerca de 55% dos casais se casam e 40% se separam. Além disso, de acordo com esses dados, os casamentos precedidos pela coabitação são associados com uma taxa mais alta de divórcio do que os casamentos que têm início sem coabitação anterior. Isso é particularmente verdadeiro nos Estados Unidos, mesmo quando os pesquisadores comparam casais com o mesmo nível de educação e da mesma faixa etária.

A explicação mais comum e mais consistente para a associação entre coabitação e instabilidade marital é que as pessoas que coabitam antes do casamento diferem daquelas que não o fazem e são essas diferenças que aumentam a probabilidade do divórcio. Assim, as pessoas que coabitam antes do casamento tendem a ser menos religiosas do que as que não coabitam antes de casar, e pessoas religiosas são menos propensas ao divórcio porque tendem a acreditar que o divórcio é uma solução injustificável para os problemas maritais. De maneira semelhante, se comparados a casais que não coabitam, aqueles que coabitam são mais provavelmente afro-americanos, ocupam uma posição de classe mais baixa, têm valores políticos e sexuais mais liberais e são filhos de pais divorciados. Todos esses fatores também estão associados a taxas mais altas de divórcio (Starbuck, 2002: 239).

Esses últimos fatores estão bem evidenciados no Brasil, assim como em diversos outros países. De acordo com Parry Scott (1990: 39):

> *Sob condições de pobreza urbana (...) nem os maridos conseguem contribuir adequadamente para a casa, nem as relações afetivas conseguem manter-se suficientemente satisfatórias para garantir a duração da maioria das uniões. [Assim], o ciclo de desenvolvimento doméstico torna-se*

um ciclo repetitivo constituído, freqüentemente, de relações quase efêmeras entre homem e mulher. (...) As separações são constantes, embora nem sempre fique claro se o homem abandona a mulher ou se a mulher expulsa o homem de casa.

Onde Você se Encaixa?

Sociólogos de diversas partes do mundo vêm debatendo acerca do significado das uniões consensuais. Alguns deles as percebem como uma espécie de prelúdio ao casamento; outros acreditam que as uniões consensuais são mais propriamente uma forma de se permanecer solteiro. Estes últimos tendem a interpretá-las como uma ameaça à vida familiar, uma relação temporária sem comprometimento ou responsabilidade. Da mesma forma, o debate em torno de outras formas de arranjos familiares e sobre o próprio futuro da instituição da família é controverso. As opiniões da população a esse respeito também são controvertidas. Por exemplo, de acordo com a Enquete Mundial sobre Valores (*World Values Survey*), realizada no Brasil entre 1995-1997, diante da pergunta "se uma mulher deseja ter um filho, mas não deseja ter uma relação estável com um homem", 52% dos entrevistados aprovaram, 44,2% responderam que dependia e apenas 3,8% desaprovavam essa possibilidade. Por outro lado, ao serem perguntados se o casamento é uma instituição antiquada, 29,5% concordaram e 70,5% discordaram dessa afirmação.

Diante das diversas opiniões e dos diferentes arranjos domiciliares tratados neste capítulo, qual é a sua opinião sobre o padrão tradicional da instituição familiar? Você acha que o casamento é uma instituição antiquada? Você consideraria a possibilidade de ter filhos sem estabelecer uma união estável com um homem ou uma mulher? Por quê?

Orientação Sexual

Em 2001, a Holanda tornou-se o primeiro país do mundo a legalizar o casamento entre pessoas do mesmo sexo. Em 2003, foi a vez da Bélgica e do Canadá. Atualmente, oito países permitem que homossexuais registrem legalmente suas uniões, reconhecendo-as como tendo alguns ou todos os direitos de um casamento legal entre pessoas de sexos diferentes. Entre esses países estão a Dinamarca (e seu domínio, a Groelândia), a Hungria, a Noruega, a Suécia, a França, a Islândia, a Espanha e a Alemanha. A Eslovênia encontra-se em processo de aprovação de legislação semelhante. No Brasil, a ex-deputada Marta Suplicy submeteu ao Congresso Nacional um projeto de lei para o reconhecimento de uniões civis entre homossexuais, o Projeto Parceria Civil Registrada, que tramita na Câmara dos Deputados desde 1995 e, dez anos mais tarde, até o momento da redação deste livro, ainda não havia sido votado. De acordo com o projeto, deveria ser garantida a companheiros do mesmo sexo uma série de direitos como herança, benefícios previdenciários, plano de saúde conjunto, declaração conjunta de imposto de renda, direito à nacionalidade para o caso de um dos parceiros ser estrangeiro etc. Vale salientar, no entanto, que isso ainda não tem o mesmo *status* que um casamento, pois, mesmo que a lei fosse aprovada, faltaria a garantia de certos direitos como a adoção de crianças pelo casal — que agora só é permitida se for em nome de apenas um dos parceiros — uso do sobrenome do outro, o uso de tecnologias de reprodução assistida etc. (Mello, 2005; *GLS Planet*, 2000).

O projeto de lei apresentado pela ex-deputada tem gerado inúmeras controvérsias e, infelizmente para a democracia brasileira, existem evidências de que uma parcela de nossos parlamentares não tem sido capaz de atribuir ao problema a atenção e o respeito que ele merece. Apesar de forte oposição à aprovação da lei e das controvérsias que ela tem causado, é fato que, no Brasil, a definição legal e social de família vem sendo expandida no sentido de incluir não apenas uniões consensuais ou a coabitação, mas está se encaminhando para o reconhecimento de uniões estáveis entre pessoas do mesmo sexo. Assim, por exemplo, desde 2000 o Instituto Nacional de Seguridade Social, o INSS, regulamentou os benefícios previdenciários — como a pensão por morte — para parceiros homossexuais. Isso indica um avanço no reconhecimento, ainda que um tanto incipiente, da união homossexual como união estável.

Algumas pesquisas mostram que a maioria dos homossexuais, assim como a maioria dos heterossexuais, deseja ter relações íntimas estáveis com outra pessoa adulta (Baca Zinn e Eitzen, 1993 [1988]: 423). De fato, na Dinamarca, país em que os casais homossexuais podem registrar formalmente sua união, as taxas de divórcio para casais homossexuais casados são menores do que entre casais heterossexuais casados ("Homosexual (same-sex) marriages", 2000).

Muitas pessoas acreditam que as crianças socializadas em famílias homossexuais desenvolverão uma identidade sexual confusa, demonstrarão uma tendência maior para se tornar homossexuais e sofrerão discriminação de crianças e adultos na comunidade heterossexual. Infelizmente, existem poucas pesquisas a esse respeito, principalmente no Brasil. Muitas das pesquisas sobre o tema, desenvolvidas em outras partes do mundo, baseiam-se em amostras pequenas e não-representativas da população como um todo. Apesar disso, as descobertas dessas pesquisas são consistentes. Elas sugerem que crianças socializadas em famílias homossexuais são basicamente semelhantes às crianças socializadas em famílias heterossexuais. Por exemplo, uma pesquisa de 14 anos de duração avaliou 25 adultos filhos de famílias lésbicas e 21 adultos filhos de famílias heterossexuais (Tasker e Golombok, 1997). Os pesquisadores concluíram que os dois grupos eram igualmente bem-ajustados e demonstravam pouca diferença em termos de orientação sexual. Duas respondentes das famílias lésbicas se consideravam lésbicas, enquanto todos os respondentes das famílias heterossexuais se consideravam heterossexuais.

● **Figura 11.3** As pesquisas sugerem que crianças socializadas em famíias homossexuais são semelhantes às socializadas em famílias heterossexuais. O fato de que casais do mesmo sexo tendem a dividir mais igualmente responsabilidades, decisões e tarefas domésticas pode trazer benefícios a todos os membros da família, inclusive para as crianças. Por outro lado, o preconceito e a discriminação em relação à homossexualidade podem ter conseqüências negativas para a auto-estima das crianças socializadas por casais do mesmo sexo

Famílias homossexuais e heterossexuais diferem em alguns aspectos. Casais de lésbicas com filhos reportam maior grau de satisfação conjugal do que casais de lésbicas sem filhos. Em contraste com isso, entre os casais heterossexuais, os que não têm filhos reportam maior nível de satisfação conjugal (Koepke, Hare e Moran, 1992). Em média, as parceiras de mães lésbicas passam mais tempo cuidando dos filhos do que os parceiros de mães heterossexuais. Uma vez que as crianças se beneficiam da atenção de pessoas adultas, isso deve ser considerado como um dado positivo relevante. Por fim, casais homossexuais tendem a ser mais igualitários do que casais heterossexuais, compartilhando a maior parte das decisões e dividindo mais igualmente as tarefas domésticas. Isso ocorre porque, conscientemente, essas pessoas rejeitam os padrões de casamento tradicionais. O fato de essas pessoas terem a mesma socialização de gênero e tenderem a ter a mesma renda também propicia maior igualdade (Baca Zinn e Eitzen, 1993 [1988]: 424). Em resumo, as pesquisas disponíveis sugerem que educar crianças em famílias lésbicas não apresenta conseqüências negativas aparentes para as crianças; ao contrário, parece existir mais benefícios para todos os membros da família.

Por outro lado, é bastante provável que a discriminação às famílias homossexuais por parte do Estado e da população como um todo tenha conseqüências negativas para as crianças ou para os adolescentes adotados por homossexuais, que podem ter sua auto-estima diminuída e começar a perceber o preconceito como uma coisa normal, e não como algo que deve ser combatido.

Raça e Adaptações à Pobreza

Famílias Chefiadas por Mulheres, Famílias Monoparentais e Matrifocalidade

Como pudemos perceber, as famílias diferem umas das outras devido a variações na orientação sexual dos chefes de família adultos. Vejamos agora algumas variações em função da composição racial, de classe e de gênero. No Brasil, o número de domicílios chefiados por mulheres aumenta consideravelmente. A Figura 11.4 mostra que existe uma diferença significativa entre os domicílios chefiados por mulheres brancas e negras e que se manteve relativamente constante ao longo dos últimos anos. O que explicaria essa diferença? Por que as famílias chefiadas por mulheres tendem a ser mais comuns entre mulheres negras do que entre mulheres brancas? Uma explicação para esse fenômeno é que, uma vez que a renda das mulheres é mais baixa do que a dos homens, as famílias chefiadas por mulheres tendem a ser mais pobres do que as famílias chefiadas por homens ou por um homem e uma mulher. Além disso, sabe-se que a pobreza, no Brasil, está fortemente associada à raça ou à cor, o que significa que mulheres negras tendem a ser mais pobres do que mulheres brancas.

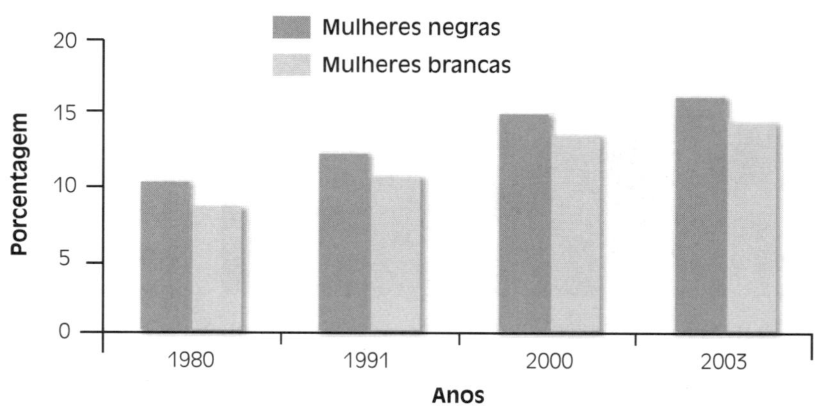

● Figura 11.4 Percentual de famílias chefiadas por mulheres, segundo a cor ou a raça — Brasil, 1980-2003

Fonte: Atlas Racial Brasileiro (2004).

As famílias chefiadas por mulheres — além de serem, em geral, mais pobres do que as famílias chefiadas por homens ou por um casal — tendem a ser monoparentais, isto é, compostas pela mãe e seus filhos. Estima-se que, do total de famílias chefiadas por mulheres, 66% delas são monoparentais. Considerando-se apenas as famílias chefiadas por mulheres negras ou pardas, a chance é de que 80% delas sejam monoparentais (PNUD/Ipea, 1996).

Algumas famílias monoparentais resultam do divórcio, da separação ou da morte do cônjuge. Outras resultam simplesmente do fato de que as pessoas nunca se casaram. Conforme ilustrado na Tabela 11.5, pode-se perceber que, enquanto a porcentagem de famílias monoparentais chefiadas por homens declinou de 17,7% para 10,4% no período de 1970 a 1995, a porcentagem de famílias monoparentais chefiadas por mulheres aumentou 7,3% no mesmo período. Por que isso ocorreu? Durante a década de 1970, as famílias monoparentais em geral eram compostas de muitas pessoas viúvas, homens e mulheres. Ao se levar em consideração o estado conjugal das mulheres chefes das famílias monoparentais para o ano de 1995, percebe-se que a maioria delas era separada ou divorciada, tendo aumentado também a quantidade de mães solteiras e diminuído a proporção de viúvas (Berquó, 1998: 429).

● **Tabela 11.5** Famílias monoparentais segundo o sexo do chefe (em porcentagem) — Brasil, 1970, 1980, 1987, 1991, 1995

Chefe	1970	1980	1987	1991	1995
Homens	17,7	19,1	11,7	10,9	10,4
Mulheres	82,3	80,9	88,3	89,1	89,6
Total	100	100	100	100	100

Fonte: adaptado de Berquó (1998: 429).

Enquanto nas classes médias urbanas a família monoparental feminina pode resultar de maior independência econômica e de novos valores nas relações de gênero, nas classes pobres o padrão é um tanto diferente, representando, sobretudo, uma forma de adaptação à pobreza. Concentremo-nos um pouco mais detidamente nesse aspecto. Com freqüência, a chefia feminina está associada a um padrão de práticas femininas específico e que muitos antropólogos têm caracterizado como matrifocalidade (Scott, 1990; Woortmann, 1987). Segundo Parry Scott (1990: 39):

> *(...) o termo matrifocalidade identifica uma complexa teia de relações montadas a partir do grupo doméstico onde, mesmo na presença do homem na casa, é favorecido o lado feminino do grupo. Isto se traduz em: relações mãe-filho mais solidárias que relações pai-filho, escolha de residência, identificação de parentes conhecidos, trocas de favores e bens, visitas etc. todos mais fortes pelo lado feminino; e também na provável existência de manifestações culturais e religiosas que destacam o papel feminino.*

Embora a matrifocalidade possa ocorrer em todas as classes sociais, ela tende a ser associada à pobreza, à incerteza do ganho e do desemprego, estando ainda intimamente ligada a papéis de gênero patriarcais segundo os quais a identidade feminina estaria associada à esfera doméstica e a masculina, ao espaço da rua. As famílias matrifocais tendem a obedecer a um ciclo de desenvolvimento que assume a seguinte forma:

> *Durante o período inicial de coabitação (que pode ser ou não um casamento legalizado), a mulher ocupa-se completamente com a criação dos filhos e é dependente, ao máximo, de seu marido. Mas, embora os homens contribuam para sustentar a casa, não participam muito no cuidado das crianças, nem passam muito tempo em casa. À medida que vão crescendo, as crianças começam a abandonar a escola para ajudar nas tarefas domésticas, no trabalho no sítio, ou fazendo mandados. Gradativamente, a mulher se livra do trabalho constante de cuidar das crianças e, ao mesmo tempo, começa a trabalhar contribuindo para as despesas da casa. É neste estágio que se pode ver, com mais clareza, o padrão subjacente de relacionamentos dentro do grupo doméstico: enquanto anteriormente a mulher tinha sido o foco de coalizão afetiva, ela agora torna-se o centro de uma coalizão econômica e de tomada de decisões, junto com seus filhos.* (Smith, citado em Scott, 1990: 39)

Conforme já mencionamos anteriormente, sob condições de pobreza urbana, as separações são constantes e a participação masculina tende a adquirir a forma de "uniões visitantes". É pouco surpreendente que, impossibilitado de realizar adequadamente seu papel de provedor, o homem transfira o papel de "marginalidade" a que está submetido na esfera pública para o espaço doméstico, o que acaba por minar seu poder, transferindo-o para as mulheres (Scott, 1990). A "família das mulheres", seja ela matrifocal, seja de chefia feminina, acaba, assim, se constituindo em uma negação à ordem patriarcal culturalmente estabelecida como uma importante estratégia de sobrevivência para as parcelas mais pobres da população. Mas isso acaba reproduzindo o ciclo de pobreza, especialmente ao se considerar que, sob essas circunstâncias, as crianças são freqüentemente instadas a abandonar a escola e ingressar em atividades do setor informal da economia.

Políticas Familiares

Após nossa discussão acerca dos diversos aspectos do declínio da família nuclear tradicional e da proliferação de diferentes formas de família, podemos agora retornar à principal questão colocada no início deste capítulo: o declínio da família nuclear é bom ou ruim para a sociedade? Colocado de outra forma, será que as famílias heterossexuais biparentais — particularmente aquelas nas quais a mulher não trabalha fora — fornecem o tipo de disciplina, de modelos de papéis, de ajuda e de estilo de vida que as crianças precisam para que se tornem adultos bem-ajustados e membros produtivos da sociedade? De maneira inversa, será que outras formas de família poderiam ser consideradas como a principal fonte de delinqüência juvenil, pobreza e outros males sociais?

A resposta sugerida pelas pesquisas é clara: sim e não (Houseknecht e Sastry, 1996; Popenoe, 1988; 1991; 1992; 1993; 1996; Sandqvist e Anderson, 1992). Sim, o declínio da família nuclear tradicional pode ser fonte de muitos problemas sociais. E não, as coisas não têm de ser assim.

Países como os Estados Unidos são um bom exemplo de como problemas sociais podem emergir do declínio da família nuclear; países como a Suécia, um bom exemplo de como esses problemas podem ser evitados. A Tabela 11.6 ilustra esse ponto. A parte superior da tabela mostra que, *para a maioria dos indicadores de declínio da família nuclear, a Suécia "ganha" dos Estados Unidos.* Na Suécia, uma porcentagem menor de pessoas se casa. Normalmente, as pessoas também se casam mais tarde, a proporção de nascimentos fora do casamento é duas vezes maior e uma proporção muito maior de mulheres suecas com crianças abaixo de três anos trabalha na força de trabalho remunerada em relação aos Estados Unidos.

● **Tabela 11.6** Declínio da família nuclear e bem-estar dos filhos: comparação entre Estados Unidos e Suécia

Indicadores de "declínio" da família nuclear	EUA	Suécia	Maior "declínio"
Média de idade no primeiro casamento			
Homens	26,5	29,4	Suécia
Mulheres	24,4	27,1	Suécia
Porcentagem da população entre 45-49 anos que nunca casou			
Homens	5,7	15,4	Suécia
Mulheres	5,1	9,1	Suécia
Taxa de natalidade não-marital	25,7	50,9	Suécia
Percentual de domicílios monoparentais com filhos < 15 anos em relação ao total de todos os domicílios com filhos < 15 anos	25,0	18,0	EUA
Percentual de mães com filhos < 3 anos no mercado de trabalho remunerado	51,0	84,0	Suécia
Taxa de fecundidade total	2,0	2,0	Empate
Tamanho médio do domicílio	2,7	2,2	
Indicadores de bem-estar dos filhos	**EUA**	**Suécia**	**Maior bem-estar**
Desempenho médio em leitura aos 14 anos	5,14	5,29	Suécia
Percentual de crianças vivendo na pobreza			
Domicílios monoparentais femininos	59,5	5,2	Suécia
Domicílios biparentais	11,1	2,2	Suécia
Taxa de mortes infantis por abuso (por 100.000)	9,8	0,9	Suécia
Taxa de suicídio 15-19 anos (por 100.000)	11,1	6,2	Suécia
Taxa de delinqüência juvenil (por 100.000)	11,6	12,0	EUA
Prisão por uso de drogas (por 100.000)	558	241	Suécia

Fonte: adaptado de Houseknecht e Sastry (1996).

A parte inferior da Tabela 11.6 mostra que, para a maioria das medidas de bem-estar infantil, a Suécia também "ganha" dos Estados Unidos. Assim, na Suécia, em média, as crianças se saem melhor em testes de compreensão de texto do que as crianças americanas. A taxa de pobreza para famílias biparentais é dez vezes menor do que nos Estados Unidos, enquanto a taxa de pobreza para famílias monoparentais é cerca de 12 vezes menor. A taxa de violência contra crianças é 11 vezes menor que nos Estados Unidos e a de uso de drogas entre adolescentes, cerca de menos da metade. Por outro lado, a Suécia tem uma taxa maior de delinqüência juvenil do que os Estados Unidos; no entanto, é pouco maior e diz respeito a crimes menos graves. De maneira geral, o declínio da família nuclear tradicional foi maior na Suécia do que nos Estados Unidos, mas, em média, as crianças suecas estão em melhor situação. Como isso é possível?

Uma explicação a ser considerada é que a Suécia tem algo que os Estados Unidos não têm: uma política substancial de apoio familiar. Quando uma criança sueca nasce, um dos pais tem direito a 360 dias de licença, retendo 80% de seu salário e um adicional de 90 dias sem salário. Caso tenha sido a mãe a tirar a licença, o pai tem direito a 10 dias de licença remunerada quando a criança nasce. Os pais têm direito a consultas gratuitas em clínicas pediátricas e, como todos os cidadãos suecos, recebem tratamento de saúde do Estado. Existem ainda benefícios parentais temporários para aqueles com filhos menores de 12 anos com problemas de saúde. Um dos pais tem direito a até 60 dias de licença por filho doente por ano, recebendo 80% do salário. Todos os pais podem enviar os filhos para creches de boa qualidade subsidiadas pelo governo. Por fim, a Suécia oferece a seus cidadãos somas substanciais em dinheiro com base no número de filhos em cada família[1].

Dentre os países industrializados ricos, os Estados Unidos se encontram no outro extremo em relação à Suécia. Desde 1993, um dos pais tem direito a 12 semanas de licença não remunerada. Mais de 40 milhões de cidadãos americanos não têm direito ao sistema de saúde pública e muitos milhões mais têm acesso a um sistema de saúde de baixíssima qualidade. Não existe um sistema estatal de creches e nenhum salário-família com base no número de filhos. O valor da dedução no imposto de renda por dependente diminuiu quase 50% em valores atuais desde 1940. Assim, quando uma mulher sueca não-casada tem um filho, ela sabe que pode contar com instituições do Estado para manter seu padrão de vida e garantir à criança um ambiente social e pedagógico de qualidade. Por outro lado, quando uma mulher americana não-casada tem um filho, ela está sozinha. São grandes as chances de que ela mergulhe na pobreza, com todas as conseqüências negativas que isso acarretará para ela e o filho.

No Brasil, como vimos, diversos arranjos familiares alternativos à família nuclear continuam a proporcionar bens, serviços e outros mecanismos de bem-estar que não são oferecidos pelo Estado — como é o caso das famílias extensas e conviventes. No entanto, algumas formas de organização familiar, como é o caso das famílias monoparentais ou das chefiadas por mulheres, possuem menos capacidade de atuar nas lacunas do Estado, compondo, assim, os grupos mais vulneráveis à pobreza na sociedade brasileira (Souza, 2000). Essas famílias merecem uma atenção especial por parte do Estado e das políticas públicas (ver o Quadro 11.1).

[1] Agradecemos a Gregg Olsen por essa informação.

Quadro 11.1: Política Social: O que Você Acha? Família e Política de Renda Mínima

O debate sobre o Programa de Garantia de Renda Mínima como forma de combate à pobreza e à desigualdade no Brasil data de meados dos anos de 1970. A idéia de renda mínima pode ser traduzida como uma complementação da renda mensal àqueles *indivíduos* que têm uma renda inferior ao salário-mínimo. Na década de 1990, esse debate tomou novo fôlego a partir de um projeto de lei apresentado pelo então senador Eduardo Suplicy. O debate dos anos de 1990 deslocou a discussão da renda mínima *per capita* para a renda familiar. Como isso aconteceu? Qual é a relação entre a família e as políticas públicas de renda mínima? A principal razão desse deslocamento encontra-se no fato de que a marioria das famílias com baixa renda é chefiada por homens ou mulheres que trabalham 40 horas semanais, possuem baixa qualificação e tendem a complementar a renda familiar com o trabalho dos filhos, tirando-os da escola (ou nem sequer os matriculando) para que possam desde cedo colaborar no orçamento familiar. Essas crianças, uma vez adultas, permanecerão desqualificadas para o mundo do trabalho, reproduzindo, desse modo, o ciclo de pobreza. Para romper esse ciclo, seria necessário garantir o complemento de renda à família e, ao mesmo tempo, exigir que os filhos em idade escolar freqüentassem a escola. Desse modo, uma fonte de recursos extra seria garantida para as famílias e as crianças teriam acesso à educação, o que possibilitaria melhor formação dos recursos humanos e incremento da produtividade futura para a economia (Fonseca, 2001: 105-6).

A lei aprovada no Congresso Nacional, em 1997, autorizou o apoio financeiro do Poder Executivo a programas de garantia de renda mínima associados a ações socioeducativas instituídas por municípios que não disponham de recursos financeiros suficientes para financiar integralmente sua implementação. A lei aprovada restringiu de modo drástico a idéia originalmente prevista pelo senador Eduardo Suplicy. Enquanto o projeto de lei inicial previa o auxílio para todos os *indivíduos*, o novo projeto atinge apenas *famílias* com renda *per capita* inferior a meio salário-mínimo, com filhos ou dependentes menores de 14 anos, freqüentando a escola pública ou programas de educação especial. Mas nem todas as famílias brasileiras nessas condições são contempladas, pois o auxílio federal é destinado apenas para os municípios que se enquadram em um dado "padrão de pobreza" e que desejam aderir ao programa. O valor da renda mínima, por família, foi inicialmente calculado multiplicando-se R$ 15,00 pelo número de filhos ou dependentes menores de 14 anos menos a metade da renda familiar *per capita*. Esse tipo de cálculo beneficia as famílias com maior número de filhos e deixa fora do programa, por exemplo, famílias monoparentais, com uma mãe e um filho, com renda *per capita* igual ou inferior a R$ 34,00.

Diante dessa distorção, os que defendem as políticas de renda mínima como forma de combate à pobreza apontam a contradição básica existente entre a definição de família e o cálculo estabelecido para o benefício: "Família é um grupo ligado por laços e parentesco (consangüinidade e afetividade) vivendo sob o mesmo teto e se mantendo pela contribuição de seus membros (...) no momento de calcular a renda familiar *per capita*, a fórmula considera o total de componentes da família (...) no cálculo do benefício, porém, considera exclusivamente o número de menores de 14 anos, e os demais membros deixam de existir" (Fonseca, 2001: 117). Para aqueles contrários a qualquer tipo de política de garantia de renda mínima, o programa do governo federal revela todas as fragilidades desse tipo de política que levaria os indivíduos a uma acomodação frente aos benefícios garantidos pelo Estado e as famílias ao incremento da natalidade como forma de garantir a manutenção de benefícios.

E você, como se posiciona diante desse debate? As políticas de renda mínima são importantes para garantir condições de vida mais dignas às famílias pobres, em especial àquelas que vivem em situação de risco como as famílias monoparentais? O Estado deve assegurar a essas famílias os meios para que seus filhos possam se qualificar profissionalmente e romper o ciclo da pobreza? Ou você considera que esse tipo de política torna os indivíduos dependentes da ajuda estatal, não possibilitando a superação da pobreza?

Resumo

1. **O que é a família nuclear tradicional e quão prevalente ela é em relação a outras formas de família?**
   A família nuclear tradicional consiste de um pai provedor, uma mãe dona de casa e pelo menos um filho. Hoje em dia, 49,6% dos domicílios brasileiros consistem de famílias nucleares sendo que, desse total, muitas mulheres trabalham fora de casa. Muitas formas diferentes de família têm existido no Brasil desde o período colonial e, em décadas recentes, essas formas têm proliferado, incluindo-se uniões consensuais (com ou sem filhos), casais do mesmo sexo (com ou sem filhos) e famílias monoparentais. A freqüência dessas formas tende a variar por classe, raça e orientação sexual.

2. **O que é a teoria funcionalista da família e quão adequada ela é para explicar a organização familiar?**
   A teoria funcionalista defende que a família nuclear é uma forma distinta e universal de família porque desempenha cinco funções importantes na sociedade: regulação sexual, cooperação econômica, reprodução, socialização e apoio emocional. A teoria é mais adequada para explicar a organização familiar em sociedades ocidentais do século XX, em especial após a Primeira Guerra Mundial e entre as classes médias. As famílias nos dias de hoje, em outros períodos históricos e em outras classes sociais desviam-se do modelo funcional em diversos aspectos importantes.

3. **O que as teorias marxistas e feministas enfatizam em relação à família?**
   As teorias marxistas enfatizam como as famílias estão relacionadas ao sistema de propriedade capitalista. Os marxistas argumentam que apenas a eliminação do capitalismo pode pôr fim às desigualdades de gênero na família. As feministas afirmam que a desigualdade de gênero existia em sociedades não-capitalistas, inclusive as comunistas. Elas mostram que a divisão patriarcal do poder e as normas patriarcais reproduzem as desigualdades de gênero.

4. **Quais são as principais conseqüências do ingresso das mulheres no mercado de trabalho remunerado?**
   O ingresso das mulheres no mercado de trabalho aumenta suas possibilidades de sair de casamentos infelizes e controlar se e quando querem ter filhos. Apesar disso, esse fato não parece ter um efeito particularmente marcante na divisão do trabalho doméstico.

5. **Quais fatores podem explicar as variações na satisfação conjugal?**
   A satisfação conjugal é menor na base da estrutura de classes, em países nos quais as leis de divórcio são muito rígidas, quando os filhos atingem a adolescência, entre famílias com grande desigualdade na divisão do trabalho doméstico e entre casais que não têm um bom relacionamento sexual.

6. **Sob que circunstâncias o divórcio pode ter seus piores efeitos sobre os filhos?**
   Os efeitos do divórcio sobre os filhos tendem a ser piores quando existe um alto grau de conflito parental e quando o nível econômico das crianças declina.

7. **O declínio da família nuclear tradicional resulta em problemas sociais?**
Algumas pessoas atribuem ao declínio da família nuclear tradicional problemas como o aumento da pobreza e da violência. No entanto, alguns países adotaram políticas que têm, em grande medida, impedido esses problemas.

Questões para Reflexão

1. Você concorda com a visão funcionalista segundo a qual a família nuclear tradicional seria a forma ideal de família para o Brasil nos dias de hoje? Por quê?

2. Pergunte a seus pais e avós quantas pessoas viviam em seus domicílios quando eles tinham a idade que você tem hoje. Peça-lhes que identifiquem o papel de cada membro do domicílio (mãe, irmão, irmã, avô, empregados, parentes etc.) e que descrevam o trabalho desempenhado pelos membros dentro e fora do domicílio. Compare o tamanho, a composição e a divisão do trabalho de sua casa com a dos seus pais e avós. Como esses elementos mudaram ao longo de três gerações? Por que você acha que essas mudanças ocorreram?

Glossário

Casamento é uma união sexual e econômica socialmente aprovada entre um homem e uma mulher, presumivelmente de longa duração. Envolve direitos e obrigações recíprocas entre os cônjuges e entre pais e filhos.

A **família extensa** expande "verticalmente" a família nuclear ao acrescentar membros de outras gerações — geralmente, os pais ou um dos pais da esposa — ao domicílio núcleo.

A **família nuclear** consiste de um homem e uma mulher que coabitam e mantêm um relacionamento sexual socialmente sancionado, tendo pelo menos um filho.

A **família nuclear tradicional** é uma família nuclear na qual o marido trabalha fora de casa por um salário e a esposa trabalha em casa sem receber.

A **poligamia** expande "horizontalmente" a unidade nuclear ao acrescentar um ou mais cônjuges (normalmente mulheres) à família.

A **taxa de casamento** é o número de casamentos que ocorrem em um período de um ano para cada grupo de 1.000 pessoas em uma população.

A **taxa de divórcio** refere-se ao número de divórcios que ocorrem por ano em cada grupo de 1.000 pessoas na população.

A **taxa de fecundidade total** refere-se ao número de crianças que poderiam nascer de uma mulher ao longo de sua vida, se ela tivesse o mesmo número de filhos que as mulheres de cada faixa etária em um dado ano.

CAPÍTULO 12

Religião e Educação

Neste capítulo, você aprenderá que:

- A estrutura da sociedade e o lugar que as pessoas ocupam nela influenciam suas crenças e práticas religiosas.
- Em algumas circunstâncias, a religião gera coesão social; em outras, promove o conflito. Quando a religião gera coesão social, ela pode reforçar as desigualdades sociais.
- A religião regula menos aspectos da vida das pessoas hoje do que no passado. Entretanto, está em curso um novo impulso da religião em diversas partes do mundo nas últimas décadas e muitas pessoas ainda aderem a práticas e crenças religiosas.
- Escolas seculares substituíram em grande medida a igreja e as escolas religiosas como instituições educacionais. Nos dias de hoje, o sistema educacional só perde para a família como agente de socialização.
- A educação de massa, compulsória, tem suas raízes na Reforma Protestante, nas revoluções democráticas, na emergência do Estado moderno e na globalização.
- As escolas exercem funções importantes na sociedade, incluindo o treinamento e a socialização dos jovens, a transmissão de cultura de uma geração a outra e a seleção de estudantes, presumivelmente por mérito, para mais treinamento e para o mercado de trabalho.
- As escolas estão longe da perfeição no que se refere à seleção dos estudantes por seus talentos e méritos. Em grande medida, elas simplesmente reproduzem as desigualdades raciais, étnicas e de classe ao afunilar os estudantes pobres e de grupos minoritários em direção a empregos que requerem pouca habilidade e os mais afluentes em direção a empregos que requerem mais habilidade.

Introdução

Em 1902, o psicólogo americano William James escreveu que a religião é a resposta humana comum para o fato de que todos vivemos à beira de um abismo. A religião nos ajuda a lidar com o fato amedrontador de que morreremos (James, 1976 [1902]: 123-9). Ela nos oferece a imortalidade, a promessa de tempos melhores e a segurança de espíritos benevolentes que velam por nós; provê significado e propósito em um mundo que, de outra forma, pode parecer cruel e sem sentido.

A motivação para a religião pode ser psicológica, como James argumentou; no entanto, o conteúdo e a intensidade de nossas crenças, assim como a forma e a freqüência de nossas práticas religiosas, são influenciados pela estrutura da sociedade e pelo lugar que ocupamos nela. É tarefa da sociologia da religião explicar essas variações. Por que uma religião predomina aqui e outra ali? Por que as crenças religiosas são mais fortes em uma época do que em outra? Sob quais circunstâncias a religião atua como fonte de estabilidade social e sob quais circunstâncias ela atua como força de mudança social? Estamos nos tornando mais ou menos religiosos? Essas questões têm ocupado os sociólogos da religião e abordaremos todas neste capítulo. Como você verá, não enveredaremos para a discussão sobre a verdade da religião em geral ou sobre o valor de qualquer crença ou prática religiosa particular: essas são questões de fé, não de ciência, e encontram-se fora do domínio da sociologia.

No final do século XIX, o grande filósofo Friedrich Nietzsche afirmou que Deus estava morto (Nietzsche, 2000 [1883]). Como observação sociológica, essa afirmação não faz sentido: estima-se que 95,3% da população brasileira acredite em Deus, 2,6% acredite em uma força suprema qualquer e apenas 0,9% não acredite em Deus (International Social Survey Programme, 1998). A Tabela 12.1 ilustra a distribuição da população brasileira segundo a opção religiosa.

Pelos padrões citados, podemos afirmar que Deus está vivo e, aparentemente, gozando de boa saúde. Entretanto, como argumentaremos aqui, o alcance da autoridade religiosa tem diminuído no Brasil e em muitas outras partes do mundo. Isso significa que hoje a religião regula menos

Tabela 12.1 As religiões no Brasil, 2000

Religiões	%	%
Católicos romanos	73,60	
Evangélicos	15,41	
Protestantes históricos		*27,36*
Pentecostais		*67,60*
Outros evangélicos		*5,04*
		100,00
Espíritas	1,38	
Espiritualistas	0,02	
Afro-brasileiros	0,34	
Umbanda		*75,61*
Candomblé		*24,39*
		100,00
Judeus	0,06	
Budistas	0,14	
Outras religiões orientais	0,11	
Muçulmanos	0,01	
Hinduístas	0,00	
Esotéricos	0,04	
De tradição indígena	0,01	
Outras religiosidades	1,17	
Sem religião	7,26	
Declaração múltipla	0,23	
Sem declaração	0,23	
	100,00	

Fonte: IBGE, Censo de 2000.

Nota: segundo a classificação do IBGE, o termo "evangélico" designa as igrejas protestantes históricas (Luterana, Presbiteriana, Anglicana, Batista, Metodista, Adventista), as pentecostais (Congregação Cristã do Brasil, Assembléia de Deus, Igreja do Evangelho Quadrangular, Brasil para Cristo, Deus é Amor, Casa da Bênção, entre outras) e neopentecostais (Universal do Reino de Deus, Internacional da Graça de Deus, Renascer em Cristo, Sara Nossa Terra, entre outras). São consideradas religiões afro-brasileiras o Candomblé e a Umbanda e, embora todas as religiões afro-brasileiras estejam incluídas nessa terminologia, ela não corresponde à diversidade de suas manifestações (Xangô, Batuque, Jurema, entre outras) (Prandi, 2005; Bastide,1971).

aspectos da vida das pessoas do que no passado. Muitas pessoas ainda se voltam para a religião para lidar com todos os problemas da vida, mas um número cada vez maior acredita que ela pode ajudar a lidar com apenas um número limitado de questões espirituais. Outras instituições — como a psiquiatria e a medicina, o sistema de justiça, a educação etc. — cresceram em importância à medida que o escopo da autoridade religiosa diminuiu.

Abordagens Clássicas na Sociologia da Religião

Durkheim e o Problema da Ordem

De quatro em quatro anos, durante a realização da Copa do Mundo de Futebol, o Brasil praticamente pára diante da televisão, quando são batidos recordes de audiência. Além de gerar grande audiência televisiva, a Copa do Mundo gera um sentido daquilo que Durkheim chamou de "efervescência coletiva" — isto é, ela nos faz sentir parte integrante de algo maior do que nós mesmos: a Seleção Brasileira, a Confederação Brasileira de Futebol, a própria sociedade brasileira. Por alguns dias, torcedores entusiastas transcendem suas preocupações cotidianas e experimentam grande prazer ao compartilhar os sentimentos e os valores de uma coletividade mais ampla. Em seu fervor, acabam banindo sentimentos acerca de sua própria finitude e têm um pequeno vislumbre da eternidade à medida que imergem em instituições que sobreviverão a eles e em feitos atléticos que serão lembrados por gerações futuras.

Você acha que a Copa do Mundo é um evento religioso? Não existem deuses na Copa do Mundo (embora algumas pessoas atribuam o *status* de verdadeiros deuses a alguns jogadores). Apesar disso, ela satisfaz os critérios durkheimianos de experiência religiosa. Durkheim afirmou que, quando as pessoas vivem juntas, passam a compartilhar valores e sentimentos comuns. Esses sentimentos e valores constituem uma **consciência coletiva** que não pode ser reduzida às consciências individuais dos membros de uma sociedade. Isso porque a vida social é feita essencialmente de **representações coletivas**, isto é, estados da consciência coletiva diferentes da consciência individual e que expressam, por meio de conceitos, imagens, símbolos etc. a maneira como os grupos concebem a si mesmos em suas relações com os objetos que os afetam[1]. Durkheim acreditava que "entre os povos, assim como entre os indivíduos, as representações têm como função, antes de tudo, exprimir uma realidade que não são elas que fazem; pelo contrário, derivam dessa realidade" (Durkheim, 2000 [1897]: 282). De acordo com ele, é preciso atingir a realidade que o símbolo representa e da qual deriva sua significação verdadeira (Durkheim, 2003 [1915]).

A religião era concebida como um "sistema de símbolos" (ou representações coletivas) e, por essa razão, também derivava de uma realidade que não é feita pelos indivíduos e que precisava ser descoberta. Que realidade era essa? A própria sociedade. Para Durkheim, a forma mais segura de se chegar à realidade social por trás das representações religiosas era recorrer às sociedades mais simples. Nessas sociedades, os fatos e as relações entre os fatos são também mais evidentes, pois as razões pelas quais as pessoas explicam seus atos ainda não foram elaboradas e desnaturadas por reflexões eruditas. Isso possibilitava que se chegasse ao indispensável, ou seja, àquilo sem o qual não poderia haver religião e que seria, portanto, comum a todas elas (Durkheim, 2003 [1915]: XII). Essa abordagem permitiu que Durkheim chegasse a uma distinção fundamental, operada por todas as sociedades: entre o secular, ou o mundo cotidiano do **profano**, e o religioso, ou o mundo transcendente do **sagrado**. Segundo ele, as sociedades simples designavam determinados objetos como símbolos do sagrado, os chamados **totens**. Ao mesmo tempo, certas práticas coletivas foram inventadas para nos conectarmos com o sagrado. Durkheim chamou essas práticas de rituais. A função dos **rituais** — e da religião como um todo — era reforçar a solidariedade social.

De acordo com as definições anteriores, a Copa do Mundo poderia ser considerada um evento religioso. A taça da Copa e os uniformes dos times seriam equivalentes aos totens. Os times representam os grupos com os quais nos identificamos; o troféu ou a taça representa as qualidades que o futebol profissional simboliza: competitividade, espírito esportivo, excelência e o valor do trabalho em equipe. O jogo de futebol é, em si, um ritual público, desempenhado de acordo com normas e convenções estritas. "Suspendemos" nossa vida cotidiana para assistir à encenação do ritual, que reforça nosso sentido de pertencer a determinados grupos, aumenta nosso respeito em relação a certas instituições e fortalece nossas crenças em determinados ideais. Esses grupos, instituições e idéias transcendem nossa existência individual. Assim, o jogo é um evento sagrado, segundo os termos de Durkheim: ele cimenta a sociedade da mesma maneira que os rituais religiosos o fazem. Você concorda com essa interpretação durkheimiana da Copa do Mundo? Por quê?

Religião, Conflito e Desigualdade

A teoria da religião de Durkheim deriva de uma abordagem funcionalista. Ela certamente nos oferece muitas intuições importantes acerca do papel da religião na sociedade; entretanto, duas críti-

[1] Durkheim abandona progressivamente, ao longo de sua obra, o conceito de consciência coletiva, substituindo-o pelo de representações coletivas.

cas principais podem ser feitas à sua teoria. Em primeiro lugar, ela exagera o papel da religião na manutenção da coesão social. Na realidade, a religião freqüentemente incita o conflito. Em segundo lugar, quando a religião aumenta a coesão social, ela geralmente reforça as desigualdades sociais. Durkheim também ignorou esse aspecto.

Consideremos, primeiro, o papel da religião na manutenção de desigualdades. Marx foi um dos primeiros a perceber como ela tranqüiliza os menos privilegiados, fazendo-os aceitar seu quinhão de miséria. Ele referiu-se à religião como "o ópio do povo" (Marx, 1970 [1843]: 131). Antes de Durkheim, Marx já compreendera que o homem faz a religião, e não o contrário. Assim como Durkheim, Marx acreditava que a religião consiste em uma espécie de teoria geral do mundo social, mas, ao contrário de Durkheim, essa teoria representaria "uma consciência de mundo invertida", uma forma de consolação e justificação do estado de coisas existente, em geral, da dominação de alguns poucos sobre a maioria. Desse modo, para Marx, a superação da religião deve se dar pela superação da forma de sociedade que a produziu como justificativa ideológica. Um dos problemas com a concepção de religião de Marx é que ela é considerada simplesmente um erro, uma "mentira" criada com o intuito de se justificar as desigualdades, deixando em segundo plano a intuição poderosa de Durkheim segundo a qual os sentimentos unânimes dos crentes de todos os tempos não podem ser meramente ilusórios, mas todos são verdadeiros no sentido específico de que expressam, de maneira simbólica ou metafórica, uma realidade subjacente que lhes confere significado (Durkheim, 2003 [1915]).

Apesar disso, podemos encontrar evidências para a interpretação de Marx em muitos períodos, lugares e instituições. Por exemplo, todas as grandes religiões do mundo têm tradicionalmente colocado a mulher em uma posição de subordinação. Considere os seguintes exemplos extraídos de escrituras sagradas:

- A carta de Paulo aos Coríntios, no Novo Testamento, enfatiza que "as mulheres devem guardar silêncio nas igrejas. Não lhes é permitido falar, mas elas devem permanecer submissas como a própria lei estabelece. Se houver algo que desejem saber, que perguntem a seus maridos em casa, pois é vergonhoso para uma mulher falar na igreja".
- O Sidur, o livro de preces judaico, inclui a seguinte prece matinal: "Abençoado sejas, Senhor nosso Deus, Rei do Universo, por não me haver feito mulher".
- O Alcorão, o livro sagrado do Islã, contém um Livro de Mulheres em que está escrito: "as mulheres virtuosas são devotadamente obedientes (...) Quanto àquelas mulheres das quais você teme deslealdade ou má conduta, repreenda-as, recuse-se a compartilhar de suas camas, bata nelas".

Sacerdotes católicos, mulás muçulmanos, assim como rabinos judeus de orientação mais conservadora e ortodoxa, devem ser homens. Permitiu-se que as mulheres atuassem como ministras protestantes apenas a partir da metade do século XIX e como rabinas, nas vertentes mais liberais do judaísmo, bem mais tarde, nos anos de 1970. Deus é normalmente percebido como homem pelos grandes sistemas religiosos do mundo.

Além de tradicionalmente ter apoiado desigualdades de gênero, a religião também tem apoiado desigualdades de classe. Na Europa medieval e da baixa modernidade, o cristianismo promoveu a visão de que o Todo-Poderoso ordena a desigualdade de classes. Nas palavras de um verso anglicano:

O homem rico em seu castelo,
O homem pobre em seu portão.
Deus os fez nobres ou humildes
E ordenou seu estatuto[2].

Os cristãos ocidentais não estavam sozinhos ao justificar a hierarquia de classes em termos religiosos. Em russo e em outras línguas eslavas, as palavras para rico (*bogati*) e Deus (*bog*) têm a mesma raiz. Isso sugere que a riqueza é dada por Deus e talvez até que ela torna os ricos semelhantes a Ele. As escrituras hindus afirmam que a casta mais elevada surgiu dos lábios do criador supremo; a segunda mais alta, de seus ombros; a terceira, de suas coxas; e a mais baixa, a casta dos *dalit*, ou dos "poluídos", de seus pés. O Alcorão, por sua vez, afirma que a desigualdade social decorre da vontade de Alá (Ossowski, 1936: 19-20).

Também é possível encontrar diversos exemplos que ilustram como a religião pode facilitar e promover conflitos. Um caso que imediatamente nos vem à mente é o dos grupos indígenas brasileiros. Desde os primórdios da colonização portuguesa, a religião desempenhou importante papel no processo de descaracterização e enfraquecimento das culturas e das instituições sociais dos povos indígenas. Mesmo os jesuítas, que tiveram papel importante na defesa dos povos indígenas, lutando contra a escravização e o tratamento desumano dado pelos portugueses, acabaram tendo uma atuação cujo resultado foi quase tão perverso quanto a escravização. Os jesuítas, preocupados em salvar as almas daqueles povos considerados "sem fé, sem lei e sem rei", retiravam as crianças do núcleo familiar e as catequizavam. Esse tipo de intervenção impossibilitava a transmissão dos vínculos e valores tradicionais que davam forma e força àquelas sociedades. Destituídos de seus filhos, em corpo e principalmente em alma, os povos indígenas não tinham como dar continuidade aos modos próprios de organização da vida social (Fernandes, 1989 [1948]; 1970 [1952]; 1975a). Os conflitos foram freqüentes à medida que alguns povos se rebelavam.

Em resumo, a religião pode manter a ordem social sob algumas circunstâncias, como Durkheim afirmou, mas, ao fazê-lo, freqüentemente as desigualdades sociais são reforçadas. Por outro lado, em algumas circunstâncias, a religião pode promover o conflito social.

Weber e a Questão da Mudança Social

Enquanto Durkheim enfatizou a maneira como a religião contribui para a ordem social, Max Weber enfatizou como ela contribui para a mudança social. Weber resumiu o cerne de seu argumento em uma imagem memorável: se a história é como um trem, puxada ao longo de seus trilhos por interesses econômicos e políticos, então as idéias religiosas são como os mecanismos de desvio, determinando exatamente que trilhos o trem seguirá (Weber, 1946 [1922]: 280).

A ilustração mais famosa dessa tese encontra-se no livro de Weber *A Ética Protestante e o Espírito do Capitalismo*. Assim como Marx, Weber estava interessado na explicação do surgimento do capitalismo moderno e também estava pronto para reconhecer a "importância fundamental dos fatores econômicos" em sua explicação (Weber, 1994 [1904]). Mas, ao contrário de Marx, Weber estava preocupado em demonstrar as limitações da unilateralidade de uma interpretação *exclusivamente* econômica.

[2] *The rich man at his castle/ The poor man at his gate./ God made them high or lowly/ And ordered their estate.*

Primeiramente, Weber desenvolveu seu argumento ao estabelecer que as condições econômicas que Marx afirmou serem necessárias para o desenvolvimento do capitalismo estavam presentes na França católica durante o reinado de Luís XIV. Apesar disso, a riqueza gerada na França pelo comércio internacional foi consumida pela guerra e pelo estilo de vida luxuoso da aristocracia, e não investida no crescimento dos empreendimentos capitalistas. Para Weber, o que induziu um desenvolvimento capitalista vigoroso na Europa não-católica e na América do Norte foi uma combinação de (a) condições econômicas favoráveis, como as discutidas por Marx, e (b) a difusão de certos valores morais pelos reformadores protestantes do século XVI e seus seguidores.

Weber escreveu que a influência do protestantismo sobre o capitalismo moderno decorre da ênfase na dedicação à atividade lucrativa e da não utilização dos rendimentos obtidos na realização de prazeres pessoais. A combinação desses dois elementos tem sua origem no conceito de **vocação**, isto é, na busca pela eficiência no desempenho de uma atividade profissional livremente escolhida. Esse conceito, típico da Reforma Protestante, acaba estabelecendo uma integração entre os aspectos profanos da vida cotidiana e os preceitos religiosos — isto é, ele introduz uma preocupação, por parte da religião, em relação a aspectos mundanos ou cotidianos da vida. Entretanto, a Reforma Protestante e a introdução do conceito de vocação pelo luteranismo não são ainda compatíveis com o espírito do capitalismo. Foram outras seitas protestantes que tornaram a noção de vocação mais compatível com o racionalismo econômico do capitalismo moderno. Entre elas estavam o calvinismo, o metodismo, o pietismo e as seitas batistas.

O calvinismo, que constitui alvo especial de atenção por parte de Weber, compartilha com as seitas mencionadas (diferindo do catolicismo e do luteranismo) a chamada **doutrina da predestinação**, isto é, a idéia de que cada indivíduo já está predestinado à salvação ou à danação e, nesse sentido, não há intercedência possível por parte da Igreja junto a Deus, pois o juízo divino não pode ser influenciado pelas ações dos seres humanos. Essa doutrina acabava gerando nos fiéis um sentimento de isolamento e solidão só aliviado mediante a possibilidade de se interpretar determinados sinais da vida terrena como prova da graça, ou seja, de que se era um dos eleitos de Deus. Que sinais eram esses? Segundo Weber, eles incluíam todas aquelas coisas que representassem sucesso nas atividades profanas desenvolvidas como boas obras para a glorificação de Deus. A riqueza material tornou-se, assim, um sinal de graça, embora apenas na medida em que fosse alcançada por meio do cumprimento ascético do dever designado pela vocação. Alguns desses deveres eram a laboriosidade, a pontualidade, a frugalidade, o investimento, a não-ostentação, a ênfase na vocação e até mesmo a obtenção de crédito. Esses deveres, que eram também valores morais, apresentavam aquilo que Weber denominou "afinidade eletiva" com o capitalismo moderno e constituíam o que ele chamou de ética protestante (Weber, 1994 [1904]).

A idéia central de Weber é, portanto, a de que a ética protestante teve conseqüências econômicas não esperadas ou não previstas. Onde ela se enraizou, e onde as condições econômicas eram favoráveis, as primeiras empresas capitalistas cresceram muito. Weber tornou seu argumento mais persuasivo ao comparar a Europa ocidental protestante e a América do Norte com a Índia e a China. Em sua visão, o protestantismo foi construído a partir de duas religiões relativamente racionais: o judaísmo e o catolicismo. Essas religiões eram racionais em dois sentidos: primeiro, seus seguidores se abstinham de práticas mágicas; segundo, eles se engajavam em interpretações legalistas das escrituras sagradas. Em contraste com isso, Weber argumentou, o budismo, na Índia, e o confucionismo, na China, tinham fortes componentes mágicos e sobrenaturais. Isso deteve o sucesso na competição e no acúmulo de capital e, como resultado, o capitalismo se desenvolveu mais vagarosamente na Ásia (Weber, 1963; 1994 [1904]).

Dois problemas principais se apresentam ao argumento weberiano. Em primeiro lugar, a correlação existente entre a ética do trabalho protestante e a força do desenvolvimento capitalista é mais fraca do que ele achava. Em alguns lugares, o catolicismo coexistiu com um crescimento capitalista vigoroso e o protestantismo, com uma estagnação econômica relativa (Samuelsson, 1961 [1957]). Em segundo lugar, os seguidores de Weber nem sempre aplicaram as teses da ética protestante tão cuidadosamente quanto ele o fez. Por exemplo, desde os anos de 1960, as economias de Taiwan, da Coréia do Sul, de Hong Kong e de Cingapura têm crescido rapidamente. Alguns estudiosos argumentam que o confucionismo no leste da Ásia atuou de maneira muito semelhante ao protestantismo na Europa do século XIX, promovendo um rápido crescimento econômico em virtude de sua forte ética de trabalho (Lie, 1998). Isso não apenas ignora o fato de que o próprio Weber percebia o confucionismo como um freio ao crescimento econômico na Ásia como também minimiza a influência das forças políticas e econômicas que estimularam o crescimento econômico na região. Assim, essa explicação constitui justamente o tipo de explicação unilateral da qual Weber advertiu.

Apesar desses problemas, o tratamento weberiano dos fatores religiosos que subjazem à mudança social é um corretivo poderoso da ênfase durkheimiana que é dada à religião como fonte de estabilidade social. Juntamente com o trabalho de Durkheim, a contribuição de Weber permanece como uma das mais importantes acerca da influência da religião na sociedade.

Ascensão, Declínio e Renascimento Parcial da Religião

Secularização

Em 1651, o filósofo político britânico Thomas Hobbes descreveu a vida como "pobre, vil, bruta e curta" (Hobbes, 1968 [1651]: 150). Sua descrição se aplica ao passado recente. O padrão de vida na Europa medieval e da baixa modernidade era extremamente baixo. Em média, uma pessoa vivia cerca de apenas 35 anos. As forças da natureza e das coisas humanas pareciam totalmente imprevisíveis e, nesse contexto, a magia era bastante popular, pois oferecia respostas fáceis para eventos misteriosos, dolorosos e excêntricos.

À medida que as condições materiais melhoraram, as crenças populares em magia, astrologia e feitiçaria foram gradualmente perdendo terreno (Thomas, 1971). O cristianismo as substituiu consideravelmente. Tempos melhores e mais previsíveis tornaram os europeus mais abertos aos ensinamentos da religião organizada. Além disso, a Igreja Católica fez campanhas vigorosas para dizimar práticas e sistemas de crenças diferentes dos seus. A perseguição às bruxas, naquele período, constituiu parte do esforço para eliminar a competição e estabelecer o monopólio do cristianismo na vida espiritual.

A Igreja foi bem-sucedida em seus esforços. Na Europa medieval e da baixa modernidade, o cristianismo tornou-se presença poderosa nos assuntos religiosos, na música, nas artes, na arquitetura, na literatura e na filosofia. Papas e santos eram os cantores de *rock* e as estrelas de cinema da época. A Igreja era o centro da vida, tanto em sua dimensão espiritual como em sua dimensão mundana. Sua autoridade era suprema em relação ao casamento, à educação, à moral, à economia, à política etc. Os Estados europeus proclamaram religiões oficiais de Estado e perseguiram membros de minorias religiosas.

Em contraste com isso, algumas centenas de anos mais tarde, Max Weber chamou atenção para como o mundo se tornara totalmente "desencantado". Ele afirmou que na virada do século XX, a ciência e outras formas de racionalismo estavam substituindo a autoridade religiosa. Suas observações formaram a base do que se tornou conhecido como a **tese da secularização**, sem dúvida um dos argumentos mais amplamente aceitos da sociologia da religião até a década de 1990. De acordo com a tese da secularização, as consciências, as ações e as instituições religiosas provavelmente não desaparecerão, mas estão em declínio no mundo inteiro (Tschannen, 1991).

Renascimento Religioso

Apesar do consenso sobre a secularização que ainda era evidente nos anos de 1980, muitos sociólogos mudaram seu ponto de vista a partir da década seguinte. Duas razões explicam essa mudança. Em primeiro lugar, evidências empíricas mostraram que a religião não se encontrava em um estado avançado de decadência. De fato, em muitos lugares, tal como ocorre no Brasil, a religião estava em boa forma.

Considere a Figura 12.1, que se baseia em dados de uma grande enquete que compara 31 países. Essa enquete divide os países em três grandes grupos: (1) aqueles relacionados nas Nações Unidas como tendo um alto "índice de desenvolvimento humano", (2) países ex-comunistas e (3) países em desenvolvimento que nunca estiveram sob regime comunista. O gráfico mostra que os

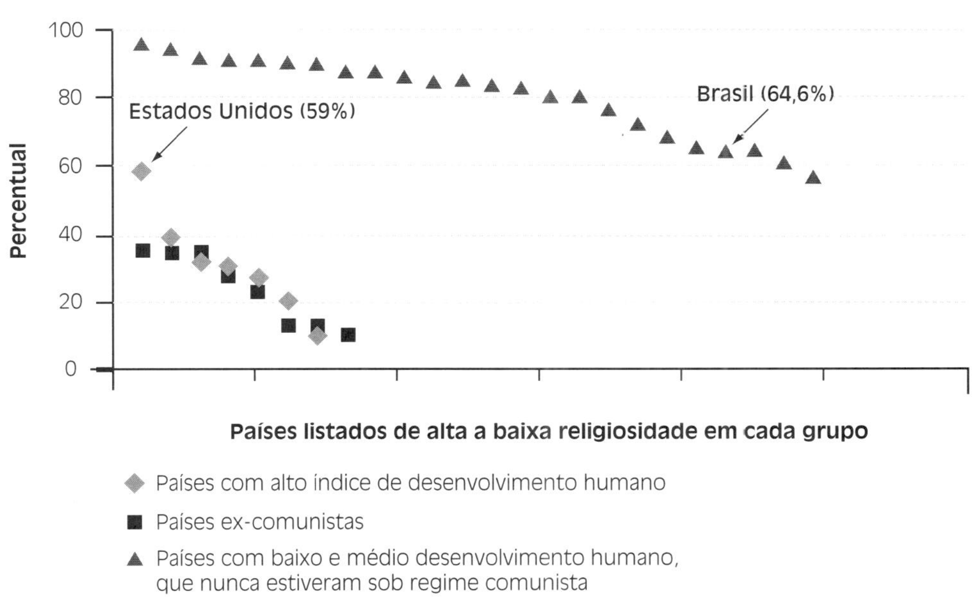

Figura 12.1 Porcentagem de pessoas que consideram a religião muito importante, 31 países (N=39.140)

Fonte: Pew Research Center (2002); United Nations (2002); Brasil WVS (1995-1997).

países em desenvolvimento que nunca estiveram sob um regime comunista apresentam uma porcentagem relativamente alta de cidadãos que consideram a religião importante em sua vida (entre 57% e 97%). O Brasil está incluído nesse grupo: 64,6% dos adultos brasileiros consideram a religião pessoalmente importante. Para os países com um alto índice de desenvolvimento humano, as porcentagens são consideravelmente mais baixas (entre 11% e 59%). Isso sugere que a religiosidade está negativamente associada ao nível de desenvolvimento econômico. Os dados também sugerem que os governos comunistas, que promoviam o ateísmo como política de Estado, não conseguiram diminuir muito o nível de religiosidade em seus países. Existe apenas uma anomalia que salta aos olhos entre os 30 países: os Estados Unidos, que apresentam um nível anormalmente alto de religiosidade para um país desenvolvido. Um total de 59% dos americanos adultos considerava a religião importante em suas vidas em 2002, comparativamente com 33% dos britânicos e 30% dos canadenses, os dois países seguintes no grupo daqueles com "alto índice de desenvolvimento humano".

No Brasil, o fenômeno mais expressivo no campo religioso nas últimas décadas tem sido a ascensão das denominações religiosas pentecostais e neopentecostais. Por outro lado, tem havido um declínio das religiões tradicionais: catolicismo, protestantismo histórico (em especial o luteranismo) e umbanda (Pierucci, 2004). Esse processo pode ser visualizado na Figura 12.2. No período que vai de 1940 a 2000, a adesão ao catolicismo declinou de 95,2% para 73,8%, enquanto os evangélicos passaram de 2,6% para 15,4% no mesmo período. Além disso, houve o crescimento de outras religiões, que passaram de 1,9% para 3,5%, e dos sem religião, que abrangiam 0,2% e passaram para 7,3% no período considerado. Isso sugere que, contrariamente ao que sugeriam os defensores da tese da secularização, não tem ocorrido um declínio religioso expressivo no país. A título de ilustração, considere que, a cada semana, são inauguradas cinco novas igrejas na região metropolitana do Rio de Janeiro, o estado da federação com a maior porcentagem de pessoas que se declaram sem religião — mais de 15%, segundo dados do Censo.

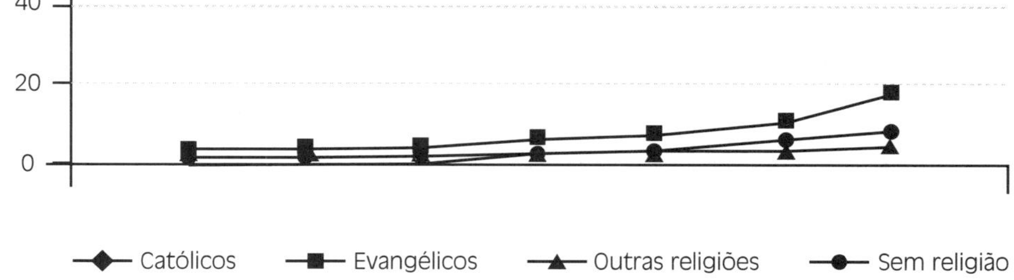

● **Figura 12.2** **Religiões no Brasil de 1940 a 2000, em porcentagem**
Fonte: IBGE, Censos de 1940, 1950, 1960, 1970, 1980, 1991 e 2000.

Fundamentalismo

A segunda razão pela qual muitos sociólogos modificaram sua visão sobre a secularização é que houve uma intensificação das crenças e práticas religiosas entre alguns povos nas últimas décadas. Os **fundamentalistas** interpretam as escrituras literalmente, tentam estabelecer uma relação direta e pessoal com o(s) ser(es) superior(es) no(s) qual(is) acredita(m), são relativamente intolerantes em relação aos não-fundamentalistas e, com freqüência, apóiam pontos de vista sociais conservadores (Hunter, 1991).

Historicamente, o fundamentalismo surgiu nos Estados Unidos, nas primeiras décadas do século XX, como um movimento cristão de reação às tendências liberais dentro do campo religioso, em especial contra o relativismo interpretativo e moral. A partir de 1970, a expressão fundamentalismo passou a ser estendida às demais religiões sendo caracterizada, normalmente, como "movimentos motivados por questões políticas". Por exemplo, os nacionalistas hindus compõem agora o governo da Índia. Os fundamentalistas judaicos sempre foram atores importantes na vida política de Israel, freqüentemente mantendo o equilíbrio do poder nos governos israelenses, mas têm se tornado ainda mais influentes nos últimos anos (Kimmerling, 2001: 173-207). Um renascimento do fundamentalismo muçulmano teve início no Irã nos anos de 1970. Liderado pelo clero muçulmano do aiatolá Khomeini, o fundamentalismo iraniano foi um movimento de oposição e repressão ao regime do xá Reza Pahlavi, apoiado pelos Estados Unidos e derrubado em 1979. O fundamentalismo muçulmano tem varrido muitos países do Oriente Médio, da África e de parte da Ásia. No Irã, no Afeganistão e no Sudão, os fundamentalistas tomaram o poder. Outros países predominantemente muçulmanos começaram a introduzir elementos das leis religiosas islâmicas (as *shari'a*), seja por convicção, seja como precaução contra populações rebeldes ou inquietas (Lewis, 2002: 106). O fundamentalismo religioso tem se tornado um fenômeno político mundial e, em diversos casos, tem assumido formas extremas e envolvido o uso da violência como meio para estabelecer instituições e idéias fundamentalistas (Juergensmeyer, 2000).

Muitas pessoas não percebem as bases políticas do fundamentalismo religioso. Elas enxergam o fundamentalismo religioso como uma variável independente e a política extremista como uma variável dependente. De acordo com essa visão, alguns indivíduos se tornariam fanáticos religiosos e depois seu fanatismo os levaria a sair e destruir seus oponentes. Essa parece ser a visão por trás do discurso do presidente americano George W. Bush quando ele se dirigiu ao Congresso em 20 de setembro de 2001, nove dias após os ataques da al-Qaeda ao pentágono e ao World Trade Center. A al-Qaeda, disse Bush, está "impondo suas crenças radicais às pessoas em todos os lugares. Os terroristas praticam uma forma marginal de extremismo islâmico (...) Os comandos terroristas ordenam que matem cristãos e judeus, que matem todos os americanos e que não façam nenhuma distinção entre militares e civis, incluindo mulheres e crianças" (Bush, 2001). É como se o extremismo islâmico aparecesse de repente e os assassinatos inevitavelmente se seguissem.

O que o presidente Bush ignora são as fontes políticas dessa forma marginal de extremismo islâmico. A al-Qaeda opõe-se fortemente à política externa americana no Oriente Médio. Ela rejeita o apoio americano aos governos árabes repressores e não-democráticos, como os do Kuait e da Arábia Saudita, que não distribuem a riqueza e os benefícios decorrentes da exploração petrolífera às massas de cidadãos árabes. A al-Qaeda também se opõe violentamente à posição americana em relação ao conflito israelense-palestino, a qual percebe como excessivamente pró-israelense e cega aos interesses dos palestinos (para colocar a questão de forma leve). Essas questões políticas são verdadeiras incubadoras de apoio a organizações terroristas como a al-Qaeda.

Podemos dizer que, nas últimas décadas, a noção de fundamentalismo foi deslocada de uma acepção religiosa baseada no literalismo (interpretação literal das escrituras sagradas) para uma noção de violência, justificada por razões religiosas, vinculada ao campo político. Essa segunda acepção tornou o termo fundamentalismo pouco utilizado pelos sociólogos da religião no Brasil. Certamente, há uma forte relação entre a filiação no campo religioso e a adoção de posições e valores políticos (Mariano e Pierrucci, 1992; Camurça e Tavares, 2004; Burity, 1997), mas não podemos considerar que exista um movimento fundamentalista no Brasil com as mesmas características e importância dos mencionados anteriormente.

A Tese da Secularização Revisada

A resistência e o aumento relativo da importância da religião em muitas partes do mundo levaram alguns sociólogos a rejeitar a tese da secularização nos anos de 1990 e outros a revisá-la. Os revisionistas reconhecem que a religião tem se tornado cada vez mais influente na vida de alguns indivíduos e grupos nos últimos 30 anos. Eles insistem, entretanto, que o escopo da autoridade religiosa vem diminuindo na vida da maioria das pessoas — isto é, para a maioria delas, a religião tem cada vez menos a dizer sobre educação, questões familiares, política e economia, embora continue a ser fonte importante de crenças e práticas espirituais para muitos. Nesse sentido, a secularização continua (Chaves, 1994; Yamane, 1997). Para autores como Peter Berger (1985; 1996), por exemplo, embora a secularização possa ser vista como um fenômeno global das sociedades modernas, nem sua distribuição é uniforme, nem ela pode ser vista como algo unilinear e inexorável. Cada grupo social tem sido atingido de modo diferente: o impacto da secularização tende a ser mais forte nos homens do que nas mulheres, em pessoas de meia-idade do que nos muito jovens ou idosos, nas cidades do que no campo, em classes diretamente vinculadas à moderna produção industrial (Berger, 1985: 119-20; Camurça e Tavares, 2004).

De acordo com a **tese da secularização revisada**, na maioria dos países, as instituições seculares se separaram (ou se diferenciaram) das instituições religiosas ao longo do tempo. Uma dessas instituições seculares é a educação. Discorreremos acerca da educação na segunda parte deste capítulo. Por ora, basta notarmos que o efeito da diferenciação das instituições seculares foi o de tornar a religião aplicável apenas à dimensão espiritual da vida da maioria das pessoas. A Tabela 12.2 ilustra esse processo. Dado que o escopo da autoridade religiosa foi restringido, as pessoas têm buscado a religião como forma de guia moral para seus problemas da vida cotidiana em menor grau do que o faziam no passado. Além disso, a maioria das pessoas transformou a religião em um elemento privado e não algo imposto por uma instituição poderosa e autoritária. Em outras palavras as pessoas se sentem cada vez mais livres para combinar crenças e práticas de várias fontes e tradições a fim de moldá-las de acordo com seus próprios gostos e necessidades. Como a supermodelo Cindy Crawford afirmou em uma entrevista em 1992: "Eu sou religiosa, mas de uma maneira muito pessoal. Eu sempre digo que sigo a religião da Cindy Crawford — é a minha própria religião" (citado em Yamane, 1997: 116). Essa afirmação resume muito bem o declínio da religião como instituição de autoridade que permeia todos os aspectos da vida de um indivíduo.

Tabela 12.2 A adequação percebida da Igreja em 12 países pós-industriais (em porcentagem)

	A igreja oferece resposta adequada aos problemas morais (entre parênteses a mudança em relação a 1981)	**A igreja oferece resposta adequada aos problemas da vida familiar** (entre parênteses a mudança em relação a 1981)
Estados Unidos	67 (-5)	70 (-5)
Irlanda	42 (-13)	36 (-15)
Irlanda do Norte	55 (1)	59 (4)
Canadá	55 (-8)	55 (-8)
Itália	52 (3)	45 (-3)
Espanha	43 (-3)	43 (3)
Bélgica	42 (-6)	37 (-5)
Inglaterra	36 (-2)	38 (-2)
Alemanha Ocidental	40 (-1)	34 (-4)
Países Baixos	36 (-2)	33 (-4)
França	38 (-7)	28 (-8)
Dinamarca	20 (-2)	13 (-1)

Nota: Todos os números foram arredondados. A questão da enquete é a seguinte: "De maneira geral, você acha que sua igreja está oferecendo, em seu país, respostas adequadas a: (a) problemas morais e necessidades do indivíduo?; (b) problemas da vida familiar?". Os dados são de 1990.

Fonte: *World Values Survey*, citada em Nevitte (1996: 215).

A Religião no Brasil e no Mundo

Igreja, Seita e Culto

Segundo dados do Iser (Instituto de Estudos da Religião), existem atualmente perto de 30 mil denominações religiosas no Brasil, o que aponta para uma enorme diversidade de grupos religiosos. Embora cada um desses grupos seja, sem dúvida, único sob diversos aspectos, alguns sociólogos, inspirados na sociologia clássica, dividem os grupos religiosos em apenas três tipos: igrejas, seitas e cultos (Troeltsch, 1931 [1923]; Stark e Bainbridge, 1979).

No sentido sociológico do termo, uma **igreja** diz respeito a qualquer organização burocrática religiosa que se acomodou à sociedade e à cultura dominantes. Devido a essa acomodação ou adaptação, ela pode perdurar por centenas, senão milhares, de anos. A natureza burocrática de uma igreja mostra-se patente no treinamento formal de seus líderes, em sua hierarquia evidente de papéis e em suas regras e seus regulamentos claramente definidos. Sua integração à sociedade dominante é clara em seus ensinamentos, geralmente abstratos e que não desafiam a autoridade secular. Além disso, as igrejas se integram à sociedade ao recrutar membros de todas as classes.

As igrejas assumem duas formas principais. Em primeiro lugar, existem as **eclésias**, ou igrejas apoiadas pelo Estado. Por exemplo, o cristianismo tornou-se a religião de Estado do Impéri

Romano no século IV, atualmente e o islamismo é a religião de Estado do Irã e do Sudão. Religiões de Estado impõem vantagens a seus membros e desvantagens a não-membros, e a tolerância a outras religiões tende a ser baixa em sociedades com a presença da eclésia. Em oposição à eclésia, a separação entre Estado e religião constitui-se condição mínima para a existência do pluralismo religioso. No Brasil, o catolicismo foi a religião oficial da Coroa Portuguesa e do Império até a Constituição republicana de 1891, que tornou laico o Estado brasileiro.

A história do cristianismo, em certa medida generalizável para as demais religiões, sempre foi palco de disputas de poder, que se expressaram por meio de movimentos que contestaram os cânones da ortodoxia eclesiástica. Isso explica, por exemplo, a existência da Igreja Ortodoxa e da Igreja Anglicana, que se separaram da Igreja Católica Apostólica Romana. Até a Reforma Protestante, esses movimentos foram reprimidos ou integrados de forma que mantivessem sua relação com a Igreja Católica Apostólica Romana, mas com relativa autonomia, originando, em grande medida, as congregações e as ordens religiosas existentes na Igreja Católica. Na modernidade, com a perda do poder da Igreja, a tendência foi a de que muitos movimentos, tidos como heréticos, se constituíssem como igrejas autônomas, como ocorreu com o protestantismo. Atualmente, o surgimento de novas igrejas tende a ser cada vez mais freqüente.

As **seitas** são normalmente formadas quando uma igreja se divide como resultado de discordâncias acerca de sua doutrina. Elas são menos integradas à sociedade e menos burocratizadas do que as igrejas; são normalmente dirigidas por líderes carismáticos, homens e mulheres que afirmam estarem inspirados por poderes sobrenaturais e cujos seguidores acreditam nessa inspiração. Esses líderes tendem a ser relativamente intolerantes em relação a opiniões religiosas que diferem das suas, tendem a recrutar membros que pensam como eles, das classes mais baixas e de grupos marginais. Nas seitas, a adoração tende a ser muito emocional e baseia-se menos em princípios abstratos do que em experiências imediatas e pessoais (Stark, 1985: 314). Muitas seitas têm vida curta, mas aquelas que persistem tendem a se burocratizar e a transformar-se em igrejas. Isso ocorre porque, para que as organizações religiosas possam persistir por longos períodos de tempo, elas devem ter normas, regulamentos e uma hierarquia de papéis claramente definida.

Cultos são pequenos grupos de pessoas profundamente comprometidas com uma visão religiosa que rejeita a sociedade e a cultura dominantes. São geralmente liderados por indivíduos carismáticos e tendem a ser grupos segregados por classe, isto é, tendem a recrutar seus membros de apenas um segmento do sistema de estratificação, alto, médio ou baixo. Porque propõem um modo de vida radicalmente diferente, os cultos tendem a recrutar poucos membros e a desaparecer relativamente rápido. Existem, no entanto, exceções — algumas delas extremamente importantes. Jesus Cristo e Maomé foram líderes carismáticos de cultos, mas foram tão convincentes em seus ensinamentos que foram capazes de inspirar um grande número de seguidores, incluindo chefes de Estado. Seus cultos foram, assim, transformados em igrejas. Na seqüência, examinaremos como isso ocorreu no caso das principais religiões mundiais.

As Grandes Religiões Mundiais

Existem cinco grandes religiões no mundo: o judaísmo, o cristianismo, o islamismo, o hinduísmo e o budismo (Tabela 12.3). Elas são *grandes* no sentido de que tiveram um grande impacto na história mundial e, à exceção do judaísmo, continuam a ter centenas de milhões de adeptos no mundo inteiro. São religiões *mundiais* no sentido de que seus adeptos vivem em muitos países distintos.

Tabela 12.3 As cinco grandes religiões mundiais: origens, crenças e divisões

	Origens	Crenças	Divisões
Judaísmo	O judaísmo surgiu por volta de 4.000 a.C., no atual Iraque, quando Abraão inicialmente defendeu a existência de apenas um deus. Cerca de 800 anos mais tarde, Moisés libertou os judeus do cativeiro egípcio. A emancipação dos judeus da escravidão foi um momento central na história do judaísmo.	Seus principais ensinamentos têm como base a crença em um deus único (Jeová) que sanciona a liberdade e a igualdade. Cerca de 613 mandamentos divinos (*mitzvoth*), presentes nos Cinco Livros de Moisés (Torá), formam o cerne da prática judaica ortodoxa. Os mandamentos incluem prescrições acerca da verdade, da justiça, da retidão e de determinados ritos: descansar e orar no Sabá, honrar aos mais velhos e aos mais sábios, não enganar estranhos em transações de compra e venda, não procurar a vingança ou guardar rancor etc. A Torá (ou Pentateuco) é parte do Antigo Testamento Cristão.	Na Europa Oriental do século XVII, seitas hassídicas se separaram do judaísmo da época. Na Alemanha, no século XIX, o movimento de Reforma permitiu as orações em alemão, a integração das mulheres nas cerimônias etc. O judaísmo ortodoxo surgiu como uma reação às tendências da Reforma e pregou um retorno às práticas tradicionais. O judaísmo conservador cristalizou-se na Inglaterra e nos Estados Unidos no século XIX a fim de reconciliar o que seus praticantes percebiam como os elementos positivos da ortodoxia e o dinamismo da Reforma. O Reconstrucionismo é um movimento do século XX, de origem americana, conhecido, sobretudo, por seu liberalismo, seu ativismo social e seu igualitarismo de gênero.
Cristianismo	O cristianismo surgiu por volta de 35 d.C. no que é hoje Israel. Jesus, um judeu pobre, criticava o judaísmo de seu tempo por sua conformidade extrema à tradição e ao ritual, em detrimento do desenvolvimento de uma verdadeira relação com Deus, conforme pregado pelos profetas.	Creia em Deus e ame-o, assim como a seu semelhante — esses são os dois principais ensinamentos de Jesus. Esses ensinamentos eram originais porque demandavam que as pessoas equilibrassem seu desempenho externo com suas convicções internas. Não era suficiente não matar: não se deveria sequer odiar. Não era suficiente não cometer adultério: não se poderia sequer desejar a mulher do próximo (Mateus 5: 21-30). Esses ensinamentos fizeram de Jesus um indivíduo antiautoritário e mesmo revolucionário. Exortar as pessoas a amar seus semelhantes gerava nelas a necessidade de emancipar escravos e mulheres. Os cristãos retiveram a Bíblia judaica como o Antigo Testamento, adicionando os Evangelhos e as Cartas dos Apóstolos como o Novo Testamento.	Em 312 d C., o imperador Romano Constantino converteu-se ao cristianismo, transformando-o em uma religião de Estado e tornando a Igreja a instituição dominante na Europa. No século XVI, Martinho Lutero, um padre alemão, desafiou a instituição cristã ao tentar estabelecer uma relação mais pessoal entre Deus e os fiéis. Suas idéias se espalharam por metade da Europa e levaram à cisão entre o catolicismo e o protestantismo. Na Idade Média, o cristianismo havia se dividido em uma metade oriental e outra ocidental, a primeira com centro em Roma e a segunda em Constantinopla (atual Istambul, Turquia). Diversas igrejas ortodoxas de hoje derivam da tradição oriental. O protestantismo tem sido especialmente propenso a subdivisões uma vez que enfatiza a relação entre o indivíduo e Deus em detrimento de uma autoridade central.
Islamismo	O islamismo surgiu por volta de 600 d.C., no que é hoje a Arábia Saudita. Os comerciantes poderosos de Meca haviam se tornado gananciosos e corruptos, empobrecendo e escravizando muita gente. Também havia o medo de que os impérios persa e romano cairiam em breve, levando ao fim do mundo. Foi em meio a essa crise que surgiu Maomé, afirmando ter visões de Deus.	Os muçulmanos têm cinco obrigações. Ao menos uma vez na vida devem recitar o credo muçulmano em voz alta, corretamente, com plena compreensão e crença profunda. (O credo é: "Não há outro Deus que não Alá, e Maomé é seu profeta".) Devem orar cinco vezes por dia. Devem jejuar do nascer ao pôr-do-sol todos os dias do nono mês do calendário lunar (Ramadã). Devem fazer caridade para com os pobres. Ao menos uma vez na vida, devem fazer uma peregrinação à cidade sagrada de Meca. Os ensinamentos de Maomé foram escritos no Alcorão.	Após a morte de Maomé, ocorreu uma disputa acerca de como seus seguidores poderiam identificar seu sucessor. Os sunitas afirmavam que seu sucessor deveria ser um membro eleito de determinada tribo de Meca. Os xiitas afirmavam que o sucessor deveria ser um descendente direto de Maomé. Hoje, a maioria dos muçulmanos é sunita. Os xiitas, concentrados no Irã e ao sul do Iraque, geralmente são mais conservadores e fundamentalistas. O islamismo se espalhou rapidamente no Oriente Médio, na África e em parte da Europa, dando origem a um grande florescimento cultural e a uma considerável tolerância religiosa. Um movimento fundamentalista extremo teve origem na Arábia do século XVIII, quando o waabismo tornou-se a religião de Estado do que hoje corresponde à Arábia Saudita e onde ele continua a crescer.

(continua)

	Origens	Crenças	Divisões
Hinduísmo	O hinduísmo surgiu por volta de 2.000 a.C., na Índia, sob circunstâncias desconhecidas. Não teve um único fundador.	O hinduísmo tem muitos deuses, todos considerados dimensões ou aspectos do Deus verdadeiro. Seus principais textos são poemas épicos, como o *Bhagavad Gita*. De acordo com a crença hindu, apenas o corpo morre, a alma retorna sob outra forma em outra vida. Essa forma depende de como se viveu: aqueles que vivem de acordo com o que é apropriado à sua posição social terão vidas futuras melhores. Pode-se atingir um estado de perfeição espiritual (nirvana) que permite à alma escapar ao ciclo de nascimento e renascimento e reunir-se a Deus. As pessoas que não vivem de acordo com o que é apropriado à sua posição na sociedade reencarnarão em uma forma inferior. Essas idéias tornaram a mobilidade social vertical praticamente impossível porque, de acordo com a crença hindu, tentar mudar sua posição social na vida assegura a reencarnação sob uma forma inferior.	Ao contrário das religiões ocidentais, o hinduísmo assimila, em vez de excluir, outras crenças e práticas religiosas. Tradicionalmente, as religiões ocidentais rejeitavam os infiéis, a menos que eles se convertessem. Deus disse a Moisés no Monte Sinai: "Não tereis outros deuses além de mim". Em contraste com isso, no *Bhagavad Gita*, Krishna diz que "qualquer que seja o deus que um homem adore, sou eu quem responde à prece". Tal atitude de aceitação ajudou o hinduísmo a absorver muitas das antigas religiões dos povos do subcontinente indiano. Ela também explica por que existem tantas variações regionais e de classe nas crenças e práticas hindus.
Budismo	Por volta de 600 a.C., Siddarta Gautama, o Buda, objetou ao ritualismo do hinduísmo e buscou uma relação direta com Deus. Ele rejeitou as idéias hindus de casta e reencarnação e ofereceu uma nova maneira de se alcançar iluminação espiritual, prometendo a salvação a todos.	Buda pregou as "Quatro Nobres Verdades": (1) A vida é sofrimento. Os momentos de alegria são obscurecidos pelo sofrimento. (2) Todo sofrimento deriva do desejo. Sofremos quando não conseguimos o que desejamos. (3) O sofrimento cessa ao se treinar a eliminação do desejo. (4) Podemos eliminar o desejo ao nos comportarmos moralmente, focarmos intensamente em nossos sentimentos e pensamentos, meditarmos e alcançarmos a sabedoria. O budismo não presume a existência de um deus verdadeiro, apenas oferece a possibilidade de todos se tornarem uma espécie de deus. O budismo também não possui uma igreja ou texto central, como a Bíblia.	O budismo possui uma grande diversidade de crenças e práticas, tendo se espalhado rapidamente pela Ásia depois que um governante indiano o adotou como sua religião no século III a.C. Ele enviou missionários para converter pessoas no Tibete, Camboja (Kampuchea), Nepal, Sri Lanka (antigo Ceilão), Miamar (antiga Burma), China, Coréia e Japão. Ironicamente, a influência do budismo começou a enfraquecer em sua terra natal após o século V d.C., sendo mínima na Índia hoje em dia. Uma das razões para a popularidade do budismo no leste e sudeste da Ásia é que ele pode coexistir com práticas religiosas locais. Ao contrário das religiões ocidentais, o budismo não insiste no monopólio da verdade religiosa.

Outras religiões também têm muitos adeptos. Por exemplo, alguns pesquisadores consideram o confucionismo uma religião mundial. O confucionismo certamente teve um impacto enorme nas sociedades do leste asiático, e algumas pessoas dessa região ainda se consideram confucionistas, em especial em Cingapura. Além disso, alguns de seus rituais — como é o caso da adoração de ancestrais — assemelham-se a práticas religiosas. Apesar disso, acreditamos que o confucionismo pode ser mais bem caracterizado como uma visão de mundo ou uma filosofia de vida (Ivanhoe, 2000 [1993]). Poucos asiáticos o consideram uma religião.

As cinco grandes religiões que mencionamos anteriormente são semelhantes em três aspectos. Em primeiro lugar, à exceção do hinduísmo, líderes carismáticos ajudaram a torná-las religiões mundiais. Em segundo lugar, e mais uma vez à exceção do hinduísmo, todas elas pregavam ideais de igualdade e emancipação em suas origens. Em terceiro lugar, ao longo do tempo, a liderança carismática das religiões mundiais tornou-se rotinizada. **Rotinização do carisma** é o termo weberiano utilizado para a transformação da iluminação divina em uma característica permanente da vida cotidiana. Ela envolve a transformação da inspiração religiosa em uma instituição social com papéis definidos — como intérpretes da palavra divina, professores, pessoas leigas pagadoras de tributos etc. A rotinização do carisma freqüentemente envolve o despertar dos ideais de igualdade e liberdade, mas, sob determinadas circunstâncias, pode degenerar em seu oposto: repressão e desigualdade.

Existem poucas evidências históricas para nos ajudar a compreender as condições sociais que deram origem às primeiras religiões mundiais — o judaísmo e o hinduísmo. É mais fácil compreender a origem do budismo, do cristianismo e do islamismo. Se é que podemos nos aventurar a fazer generalizações sociológicas sobre milhares de anos de desenvolvimento religioso complexo ao longo de diversas culturas relativas a praticamente todo o planeta, oferecemos aqui quatro tentativas de conclusão. Em primeiro lugar, novas religiões mundiais foram criadas por personalidades carismáticas em épocas de grande insatisfação. O impulso para se encontrar um mundo melhor é encorajado pelas adversidades que encontramos neste mundo. Em segundo lugar, a fundação de novas religiões mundiais é normalmente motivada pelo desejo de liberdade e igualdade, sempre em uma outra vida e, freqüentemente, nesta vida. Em terceiro lugar, a rotinização do carisma torna a religião menos receptiva às necessidades das pessoas comuns e, normalmente, acaba apoiando injustiças. Por essa razão, e também porque continuam a existir adversidades no mundo, movimentos de reforma e renascimento religioso sempre estão em evidência, freqüentemente com conseqüências políticas. Por exemplo, a Igreja Católica desempenhou um papel determinante no fim do comunismo na Polônia, nos anos de 1970 e, nos anos de 1980, a Teologia da Libertação apoiou uma luta bem-sucedida contra diversos governos de direita em toda a América Latina (Kepel, 1994 [1991]; Segundo, 1976 [1975]; Smith, 1991). No Brasil, a Teologia da Libertação representou uma concepção teológica inovadora ao unir cristianismo e marxismo. Esse movimento de reflexão sobre a fé cristã levou um grande número de católicos, leigos e não-leigos, a tomar uma posição política nas décadas de 1970 e 1980 com a criação das CEBs (Comunidades Eclesiais de Base). As CEBs espalharam-se pelo campo e pelas cidades, organizando um grande contingente da população pobre. Nas palavras de um dos seus principais pensadores, Frei Betto (1987: 108), "o ato primeiro da Teologia não é ela própria. É a vida dos cristãos em comunidade. Então, o primeiro ato da Teologia da Libertação (...) é o que se passa com os cristãos hoje, nesse continente chamado América Latina, que abriga uma população de 300 milhões de pessoas em extrema pobreza, sendo que quase um terço habita esse país chamado Brasil".

É porque movimentos de resposta religiosa à rotinização do carisma, como exemplificado anteriormente, podem sempre surgir que nos aventuramos a uma quarta conclusão: a de que novas religiões mundiais podem despontar no futuro.

Religiosidade

Vimos, até o momento, as principais teorias clássicas sobre religião, o debate moderno sobre a secularização, os principais tipos de organizações religiosas e o desenvolvimento das religiões mundiais. Agora é hora de considerarmos alguns fatores sociais que condicionam as opções religiosas e as práticas que conformam a **religiosidade** das pessoas — isto é, o grau de importância da religião em suas vidas. As opções religiosas, entre outros fatores, podem estar associadas à escolaridade, à renda e à cor. Essa relação pode ser observada na Tabela 12.4.

Podemos mensurar a religiosidade de diversas maneiras: pela força das crenças, pela ligação emocional com uma religião, pelo conhecimento a respeito de uma religião, pela freqüência aos ri-

Tabela 12.4 Opções religiosas no Brasil conforme escolaridade, renda e cor, 2000

		RELIGIÕES*				
		Pentecostais %	Católica %	Afro-brasileiras %	Protestantes históricas %	Espíritas %
Anos de estudo	Até três anos	31	30	18	18	7
	Mais de três a dez	54	48	51	50	34
	Mais de dez	15	22	31	31	59
Renda	Até dois salários-mínimos	50	44	43	37	22
	Mais de dois até cinco	34	32	31	33	28
	Mais de cinco a dez	12	15	16	18	26
	Mais de dez	4	10	10	12	24
Cor	Branca	53	54	46	61	75
	Parda	39	38	32	32	18
	Preta	6	6	20	5	5

* Os casos sem declaração não estão visualizados na tabela, daí a soma não ser 100%.
Fonte: IBGE, Censo de 2000.

tuais e pela freqüência na aplicação de princípios religiosos na vida cotidiana (Glock, 1962). Idealmente, deve-se examinar muitas medidas a fim de se conseguir uma representação adequada da distribuição social da religiosidade. Essas medidas podem revelar diferentes níveis de adesão a uma religião, assim como diferentes práticas e prioridades na vivência religiosa. Na Tabela 12.5, você pode observar distinções, por exemplo, entre as opiniões sobre Deus e também na vivência das práticas religiosas.

Uma característica marcante da religiosidade brasileira contemporânea é o que os sociólogos denominam **trânsito religioso**, isto é, a intensa circulação de pessoas por diferentes religiões. Uma pesquisa realizada em 1998 com 3.600 indivíduos entre 16 e 65 anos de idade, moradores de áreas urbanas de 169 microrregiões do país, revelou que 26% da população havia mudado de religião (Almeida e Montero, 2001: 92). Para os estudiosos, o principal paradoxo desse novo quadro religioso nacional é que, embora os cultos e as práticas religiosas tenham características distintas, a intensa circulação revela que o comportamento dos adeptos e freqüentadores desses cultos não parece ser tão diferenciado. Além disso, poderia estar ocorrendo uma certa "interpenetração entre as crenças".

Com base nos dados da pesquisa anteriormente mencionada, os autores observaram que os católicos constituem o grupo religioso que mais perdeu fiéis em números absolutos, embora ainda permaneçam como o maior grupo religioso do país (67,4% da população, segundo os dados da pesquisa). Esse grande contingente de fiéis católicos está distribuído eqüitativamente entre homens e mulheres e predominam pessoas de mais de 41 anos e jovens com menos de 25. Esse dado revela que boa parte das pessoas herda a religião dos pais e só muda de religião na fase adulta (26-40 anos).

Tabela 12.5 Opinião sobre Deus e freqüência ao culto e reza, segundo os membros de diferentes religiões — Brasil, 1998

		RELIGIÕES				
		Pentecostais %	Católica %	Afro-brasileiras %	Protestantes históricas %	Espíritas %
Opinião sobre Deus	Não acredita	0,7	0,8	0	0	0
	Não sabe se existe	1,1	0,9	0	0,8	12,5
	Acredita em uma força suprema	1,5	2,5	12,5	0,8	5,0
	Acredita	96,7	95,9	87,5	98,4	82,5
FREQÜÊNCIA – Culto	Semanalmente	72,9	27,9	37,5	70,0	47,5
	Menos	16,7	38,3	37,5	14,5	30,0
	Nunca	10,4	33,8	25,0	6,5	22,5
FREQÜÊNCIA – Reza	Diariamente	79,6	74,0	81,3	85,5	77,5
	Menos	15,6	18,6	18,8	12,1	22,5
	Nunca	4,8	7,4	0	2,4	0

Fonte: ISSP-1998 Brasil, N=2000.

Ao mesmo tempo em que perdem o maior número de fiéis, os católicos também recebem fiéis de outras religiões ou promovem a "readesão" ao catolicismo por meio do movimento carismático. Ainda em relação ao catolicismo brasileiro, os autores chamam a atenção para dois elementos característicos dessa forma de religiosidade: há um grande numero de "católicos não-praticantes", pessoas que se definem desse modo, que aceitam a igreja e a religião, mas não freqüentam os cultos nem têm qualquer tipo de devoção religiosa. Essas pessoas podem definir-se, em algumas situações, como "sem-religião" e, em outras, como católicos. Além disso, quando questionadas a respeito de sua religião, as pessoas tendem a declarar sua "religião pública ou oficial", em geral, a católica. De fato, boa parte dessas pessoas pratica ou freqüenta outras religiões.

Para Almeida e Montero (2001), os católicos podem ser considerados uma espécie de "doadores universais" de fiéis, em especial para o grupo dos pentecostais e dos sem-religião. Em contrapartida, entre os que aderiram ao catolicismo, quase 50% declararam não ter religião anterior ou terem sido pentecostais. Entre os kardecistas, 95,4% dos fiéis declararam ter vindo do catolicismo. Os "receptores universais" de fiéis seriam os sem-religião. Nesse grupo encontram-se tanto pessoas que não acreditam em Deus quanto pessoas que constituem algo como uma religião particular, sem filiação a nenhuma religiosidade específica. Grande parte dos ex-protestantes históricos (cerca de 79,5% deles) torna-se sem-religião. No que se refere aos pentecostais, esse grupo arregimenta seus novos fiéis prioritariamente entre os católicos, os afro-brasileiros e os sem-religião.

Os pesquisadores são praticamente unânimes em compreender a expansão do movimento da Renovação Carismática como uma reação ao processo de transferência religiosa do catolicismo para o pentecostalismo, integrando elementos do catolicismo, do protestantismo histórico (a noção de conversão pessoal) e do pentecostalismo (dons espirituais e carismas). Da mesma forma, o crescimento estrondoso da Igreja Universal do Reino de Deus, fundada em 1977, tem sido compreendido em termos de uma interação dos universos evangélico e umbandista, efetuando uma espécie de "sincretismo às avessas" ao associar as entidades da umbanda e os orixás do candomblé à figura do diabo do cristianismo (Almeida e Montero, 2001: 99).

No que se refere à distribuição da população no campo religioso a partir da faixa etária, os autores apontam que, entre os pentecostais, predominam jovens e adultos, enquanto entre os católicos e protestantes históricos predominam as pessoas mais velhas. Na população mais jovem, as preferências dividem-se entre católicos, pentecostais e pessoas que declaram não ter filiação religiosa. Isso significa dizer quer nesse segmento duas tendências antagônicas se manifestam: o crescimento em direção a uma religiosidade exclusivista e espiritualizada (próprias da Renovação Carismática e do pentecostalismo, caracterizados por pouca ênfase na liturgia, muita música, gestos, conversão, dons e cura), de um lado, e a tendência à não-filiação ou não-identificação com nenhuma instituição religiosa, por outro (Almeida e Montero, 2001).

O Futuro da Religião

A secularização, entendida como o declínio da influência religiosa na maior parte das esferas da vida, é uma das duas tendências dominantes na religião no mundo inteiro. Podemos detectar a secularização em pesquisas que mostram as atitudes e práticas religiosas ao longo do tempo. Como mostra Antônio Flávio Pierucci (2004), as análises dos últimos censos demográficos brasileiros apontam para a trajetória declinante das religiões tradicionais (catolicismo, luteranismo e umbandismo), bem como o crescimento do percentual daqueles que se declaram "sem-religião".

Por outro lado, como enfatiza Franz Höllinger (no prelo), no caso do Brasil, não tem havido uma secularização, no sentido específico de um desencantamento do mundo. Ao mesmo tempo em que vem ocorrendo uma diversificação e uma reestruturação do campo religioso, formas arcaicas de religiosidade (crenças em espíritos, curas espirituais etc.) combinaram-se e adaptaram-se às necessidades da vida contemporânea. Esse processo de adaptação é enfatizado por Roberto Motta (2005), que destaca como as religiões afro-brasileiras, entre elas o Candomblé, passaram a representar uma certa afinidade com as características da pós-modernidade: liberação sexual e política, expressão corporal e paixão, em que o caráter "festivo" e "encantado" desse tipo de religiosidade se opõe à racionalidade presente nas outras religiões.

A título de conclusão, poderíamos afirmar que, ao mesmo tempo em que a autoridade religiosa tem diminuído, muitos países do mundo têm experimentado um renascimento religioso de grandes proporções. Crenças e práticas religiosas têm se intensificado, em parte, porque a religião pode ser percebida como um veículo importante de expressão política. O fato de esse renascimento ter sido bastante inesperado há apenas algumas décadas deve nos alertar para sermos cautelosos em relação a quaisquer previsões. Parece-nos, no entanto, que os processos sociais de diminuição da autoridade religiosa, por um lado, e de renascimento religioso, por outro, deverão persistir por algum tempo, resultando em um mundo que não será nem mais religioso, nem mais secular, mas certamente será mais polarizado. Seja como for, parece claro que muitas das funções anteriormente desempenhadas pela religião vêm sendo desempenhadas por outras instituições sociais. Nesse contexto, é importante compreender como se deu a influência crescente da educação na vida social. Essa é nossa próxima tarefa.

A Ascensão da Educação em Massa

Ao terminar o ensino médio, você deve ter passado cerca de 8.800 horas em sala de aula. Isoladamente, esse fato sugere que o sistema educacional substituiu a religião organizada como o principal agente de educação formal. Além disso, mostra que a educação só perde para a família como agente de socialização (ver o Capítulo 4, "Socialização").

Na Europa de 300 anos atrás, a nobreza e a aristocracia normalmente contratavam tutores para ensinar seus filhos a ler, a escrever, a adquirir conhecimentos básicos de história, geografia e línguas estrangeiras e a aprender a como se vestir adequadamente, se comportar em público, dirigir-se a pessoas de *status* superior etc. Apenas algumas ocupações, como a teologia e o direito, exigiam uma educação mais extensa. A grande maioria dos europeus era analfabeta. Mesmo em 1860, mais de 80% dos espanhóis e de 30% dos franceses não podiam ler (Vincent, 2000). Há cerca de apenas cem anos, a maior parte da população mundial não havia freqüentado uma escola e, mesmo em um período tão recente quanto os anos de 1950, apenas cerca de 10% dos países do mundo possuíam um sistema de educação em massa compulsório (Meyer, Ramirez e Soysal, 1992).

Hoje, a situação é bem diferente: a educação em massa compulsória tornou-se uma característica universal da vida na Europa no início do século XX e uma taxa de alfabetização de praticamente 100% foi alcançada em meados do século (Vincent, 2000). Hoje em dia, todo país do mundo tem um sistema de educação em massa e, mesmo no Brasil, segundo o último Censo, 54,7% das pessoas com 19 anos ou mais tem cinco anos ou mais anos de estudo (IBGE, Censo de 2000). Entre nós, a taxa de atendimento escolar no ensino fundamental cresceu significativamente entre 1980 e 2003, tornando a educação infantil praticamente universal (Tabela 12.6).

Tabela 12.6 Taxa de atendimento escolar no Brasil, 1980 e 2003

Nível de ensino	1980	2003
Pré-escola	15,2	68,4
Ensino fundamental	67,2	97,2
Ensino médio	48,6	82,3

Fonte: Atlas Racial Brasileiro (2004).

O que pode explicar a difusão da educação em massa? Os sociólogos normalmente enfatizam quatro fatores: a Reforma Protestante, as revoluções democráticas, o surgimento do Estado moderno e a globalização.

A Reforma Protestante

A Igreja Católica dominou a Europa pré-industrial. Não era do seu interesse a alfabetização em massa porque uma das fontes de seu poder era o monopólio que os padres detinham de ler e interpretar a Bíblia. A Igreja chegou até a prender e a executar pessoas que tentaram traduzir a Bíblia do latim para línguas como o francês, o alemão e o inglês, pois isso a tornaria mais acessível.

No início do século XVI, Martinho Lutero, um monge alemão, começou a criticar a Igreja Católica, dando origem ao protestantismo. Os protestantes acreditavam que apenas a Bíblia, e não a doutrina da Igreja, deveria guiar os cristãos. Eles argumentavam que os cristãos deveriam ter um contato mais direto com Deus do que a Igreja Católica permitia e, por essa razão, deveriam estar aptos a ler as escrituras eles próprios. O surgimento do protestantismo foi, portanto, um motor da alfabetização e do surgimento da educação em massa. Em Genebra, Calvino, um dos líderes da Reforma, foi responsável direto pela instituição da obrigatoriedade da instrução pública em 1536.

As Revoluções Democráticas

Ao final do século XVIII, as populações da França, dos Estados Unidos e de outras democracias recentes demandaram acesso a centros de educação anteriormente restritos aos ricos e lutaram pelo direito a uma educação pública. Em países como os Estados Unidos, as oportunidades de educação se expandiram gradualmente nos séculos XIX e XX (Katznelson e Weir, 1985; Fass, 1989). As mulheres começaram a ingressar nas universidades no final do século XIX, um movimento que se tornou generalizado a partir dos anos de 1960.

O Estado Moderno

O Estado moderno também impulsionou a educação em massa compulsória — em parte porque a educação ajudaria a promover lealdade e ordem social em uma época em que a autoridade da Igreja estava diminuindo, isto é, os governantes viram corretamente a educação como um instrumento de promoção de lealdade e como uma forma de ensinar aos jovens uma língua nacional, uma identidade e valores comuns. Outra força importante — atrelada ao Estado moderno, que o encorajou a promover de um sistema de educação de massa compulsório — foi a industrialização. Em sociedades pré-industriais, as pessoas não precisavam de uma educação formal para a maioria dos trabalhos (como a agricultura) e podiam aprender outras ocupações no próprio trabalho (por exemplo, a carpintaria). Em contraste com isso, as fábricas e os escritórios demandavam grande número de trabalhadores alfabetizados. Assim, os governantes, interessados no desenvolvimento econômico, passaram a defender a educação em massa.

A Globalização

Muitas das condições que contribuíram para a educação em massa nos países desenvolvidos ricos existem agora nos menos desenvolvidos. A autoridade religiosa tem diminuído, a democracia tem se expandido, os novos governos requerem a lealdade de seus cidadãos e percebem a educação como necessária ao desenvolvimento econômico (McMahon, 1999). Além disso, corporações transnacionais requerem uma população mundial com maior grau de escolaridade, para que possam expandir seus negócios. Algumas organizações transnacionais, como é o caso das Nações Unidas, promovem a alfabetização e a escolarização. Apesar disso, esse princípio moral ainda permanece um objetivo longínquo. Existem mais de 860 milhões de adultos analfabetos no mundo, sendo que dois terços desse montante são mulheres. Na África subsaariana, por exemplo, 40% das crianças em idade escolar não freqüentam a escola (Unesco, 2002).

Profissionalização e Inflação de Credenciais

Um dos principais desenvolvimentos recentes no campo da educação mundial é o que o sociólogo Randall Collins chamou de **inflação de credenciais** (Collins, 1979). No sentido que ele atribuiu ao termo, a inflação de credenciais refere-se ao fato de que são necessários cada vez mais certificados e diplomas para que um indivíduo seja considerado qualificado para um determinado trabalho. A título de ilustração, há cerca de 50 anos, a maioria dos professores, mesmo nas universidades mais prestigiosas, não tinha uma pós-graduação. Hoje, é praticamente impossível conseguir uma vaga em uma boa universidade sem o título de doutor.

Parte dessa inflação se deve às crescentes necessidades técnicas exigidas por muitos empregos. Por exemplo, uma vez que os motores de avião e outros sistemas de aviação são muito mais complexos hoje do que há 50 anos, trabalhar como mecânico de aviões requer muito mais conhecimento e habilidade técnica do que no passado. Os diplomas e certificados asseguram que o mecânico desempenhe e atenda as demandas técnicas do seu trabalho. No entanto, como Collins mostra, em muitos empregos existe pouca relação entre as credenciais de alguém e suas responsabilidades. Treinamentos realizados no próprio emprego, e não um diploma ou certificado, poderiam capacitar as pessoas para desempenhar suas atividades adequadamente. Apesar disso, de acordo com Collins, a inflação de credenciais ocorre, em parte, porque os empregadores as consideram mecanismos de seleção convenientes. Assim, um empregador pode acreditar que uma pessoa graduada por uma grande universidade tem determinados maneirismos, atitudes, gostos (como veremos mais adiante, um grande *capital cultural*) que poderão ser úteis em posições de gerência. Da mesma forma que a origem familiar costumava servir como um tipo de filtro para as ocupações de *status* mais elevado, as credenciais cada vez mais têm assumido esse papel.

A inflação de credenciais também é alimentada pela **profissionalização**, que ocorre quando os membros de uma ocupação estabelecem a necessidade de determinadas credenciais para que ela possa ser desempenhada. A profissionalização assegura que determinados padrões sejam mantidos, além de ajudar a manter os salários altos — afinal de contas, se "muita gente" ingressar em determinada profissão, o custo dos serviços associados a ela pode diminuir. Dessa forma, pode-se afirmar que a profissionalização atua como uma forma de monopólio sobre o saber e as habilidades (Derber, Schwartz e Magrass, 1990). Ela também ajuda a explicar por que professores universitários com doutorado ganham menos do que profissionais como médicos e advogados, muito embora os primeiros geralmente possuam mais anos de educação formal do que os últimos: o fato é que professores universitários nunca formaram organizações profissionais poderosas regulamentando e limitando de maneira efetiva o ingresso em seu mercado de trabalho, como ocorre com as associações médicas e jurídicas.

Uma vez que a profissionalização promove um alto padrão e também um elevado rendimento, ela tem se difundido pelas mais diversas áreas. Mesmo alguns palhaços agora se consideram profissionais com a criação da Associação Mundial dos Palhaços, organização que transformou narizes de borracha e sapatos enormes em um negócio bastante sério. Em sua 18ª Conferência Anual, em 2000, a Associação Mundial dos Palhaços apresentou seminários sobre uma grande variedade de temas, incluindo "desenvolvimento de personalidade", "mercadologia", "bolhas incríveis" e "balões simples, mas impressionantes" (Prittie, 2000). O sociólogo americano David K. Brown conta o caso de um amigo que fora um encanador bem-sucedido por mais de 20 anos, cansou-se da rotina e decidiu virar palhaço (Brown, 1995: XVII). O amigo logo descobriu que se tornar palhaço envolvia muito mais do que comprar uma fantasia e agir como um bufão. Primeiro, ele teve de ingressar no "Instituto de Treinamento Intensivo de Verão para Palhaços" em uma faculdade local. O instituto lhe forneceu um certificado que representava sua competência como palhaço. Depois, com base em seu desempenho no instituto, uma escola de palhaços de prestígio na Flórida, a *Ringling Brothers Clown School*, ofereceu-lhe uma vaga em seu curso. Ao que tudo indica, até os palhaços precisam de credenciais nos dias de hoje, e um palhaço realmente bom pode sonhar em conseguir um diploma de bacharel em "estudos de palhaços".

Teorias da Educação

Funções Manifestas e Latentes da Educação

Muitas pessoas acreditam que as escolas identificam e selecionam os alunos com base em seu mérito e esforço individual e que o sistema educacional é uma fonte segura de mobilidade social ascendente. De acordo com essa visão, os melhores e mais inteligentes tendem ao sucesso acadêmico, sejam quais forem suas origens econômicas, étnicas, raciais ou religiosas. O sucesso escolar seria, em grande medida, resultado direto do talento individual e do trabalho árduo.

A visão segundo a qual o sistema educacional é responsável pela *seleção* de estudantes com base no talento e no esforço individual é um componente central da teoria funcionalista da educação. Essa teoria também enfatiza o papel de *treinamento* das escolas, ou seja: nelas, a maioria das pessoas pode aprender a ler, escrever, contar, calcular e a desempenhar outras tarefas essenciais ao bom funcionamento da sociedade. Uma terceira função do sistema educacional envolveria a *socialização* dos mais jovens (Durkheim, 1956; 1961 [1925]), isto é, ensinar valores e crenças consideradas fundamentais ao desenvolvimento das sociedades, como pensar acerca da democracia como a melhor forma de governo e valorizar o capitalismo. Por fim, as escolas *transmitem cultura* de uma geração a outra, promovendo uma identidade comum e a coesão social.

A seleção, o treinamento, a socialização e a transmissão de cultura são funções *manifestas* — ou objetivos declarados e intencionais das escolas. Mas elas também desempenham funções *latentes* ou não pretendidas, como por exemplo, ao encorajar o desenvolvimento de uma cultura jovem separada que, freqüentemente, entra em conflito com os valores dos pais (Coleman et al., 1966). Especialmente no nível superior, as instituições de ensino também unem parceiros potenciais, servindo, portanto, como uma espécie de "mercado matrimonial". As escolas podem ainda desempenhar serviços de acompanhamento infantil ao manter as crianças sob supervisão durante parte do dia, liberando os pais para que trabalhem no mercado de trabalho remunerado. Além disso, ao manter milhões de jovens temporariamente fora do mercado de trabalho remunerado em tempo integral, as instituições de ensino superior acabam restringindo a competição por empregos e mantendo os níveis salariais (Bowles e Gintis, 1976). Por fim, uma vez que encorajam o pensamento crítico e independente, as instituições de ensino podem se tornar verdadeiras "escolas do dissenso", questionando regimes autoritários e promovendo a mudança social (Brower, 1975; Freire, 1972; Fernandes, 1975b; 1984).

Reproduzindo Desigualdades

A partir da perspectiva do conflito, o principal problema com as teorias funcionalistas é que elas exageram o grau segundo o qual a escola seleciona os estudantes por mérito e, assim, garante que os melhores alunos acabem conseguindo os melhores empregos. Os teóricos do conflito argumentam que, na verdade, as escolas distribuem os benefícios da educação de forma desigual, alocando a maioria dos benefícios às crianças das classes superiores e aos grupos raciais e étnicos de *status* mais elevado. Isso significa que, em vez de funcionar como um sistema meritocrático, as escolas tendem a reproduzir o sistema de estratificação geração após geração (Jencks et al., 1972; Lucas, 1999; Oakes, 1985). Como afirma o sociólogo francês Pierre Bourdieu:

[Dentre] todas as soluções apresentadas (...) para o problema da transmissão do poder e dos privilégios, provavelmente nenhuma foi melhor dissimulada e, conseqüentemente, melhor adaptada a sociedades que tendem a rejeitar as formas mais patentes de transmissão hereditária de poder e privilégios, do que a solução dada pelo sistema educacional para a reprodução da estrutura de relações de classe e para a dissimulação do fato de que ela preenche esta função sob a aparência de neutralidade. (Citado em Jenkins, 2002 [1992]: 110-1)

Em parte, as escolas reproduzem o sistema de estratificação porque há uma grande variação em termos de qualidade. Além disso, ainda que consideremos apenas o ensino público no Brasil, existem diferenças muito grandes em relação à riqueza dos municípios e um sistema de financiamento educacional baseado em impostos municipais, o que faz com que a maioria das crianças de regiões pobres freqüente escolas mal equipadas, enquanto aquelas de regiões mais ricas freqüentem escolas com mais recursos. As disparidades existentes na qualidade das escolas no Brasil não se limitam a recursos físicos. As escolas, públicas e privadas, de localidades mais desfavorecidos, inclusive em bairros mais pobres, tendem a ter diversos alunos oriundos de famílias em situação de pobreza, repetentes e com problemas disciplinares, além de um alto grau de violência. Podemos observar na Tabela 12.7 como as diferenças regionais — tipo de escola, entre outros fatores — interferem no desempenho escolar. Os dados mostram a diferença nos resultados obtidos pelos estudantes da 4º ano do ensino fundamental na prova de leitura aplicada pelo Sistema Nacional de Avaliação da Educação Básica (Saeb) em 2003. A escala de desempenho para essa prova varia de 0 a 375 pontos.

Tabela 12.7 Desempenho médio na prova de Leitura para a 4º ano do ensino fundamental, segundo dependência administrativa, 2003

	Estadual	Municipal	Privada
Brasil	169,9	160,7	214,7
Norte	158,0	154,8	200,6
Nordeste	155,0	143,8	202,7
Sudeste	175,7	175,7	223,3
Sul	183,3	170,9	219,1
Centro-Oeste	171,1	163,2	212,5

Fonte: Inep, Saeb, 2003.

Dependendo do município, essas escolas, públicas ou privadas, podem pagar menos que outras e ter professores menos qualificados. Sendo assim, elas são menos propícias à aprendizagem do que escolas que tenham menos alunos em situação de pobreza, expostos à violência, com problemas disciplinares e professores mais bem formados. Assim, além da distribuição de recursos educacionais, o tipo de estudante e a qualidade dos professores (ou a "composição social" das escolas) afetam a qualidade da educação.

Um outro fator que influencia o sucesso escolar dos indivíduos e explica o papel da escola na reprodução das desigualdades é o que Bourdieu chamou de *capital cultural*. Para o autor, o espaço social é construído de tal modo que os agentes ou os grupos são distribuídos em função de sua posição, de acordo com alguns princípios de diferenciação, sendo que os mais importantes são o capital econômico e o capital cultural (Bourdieu, 2001: 19). O capital econômico diz respeito a recursos materiais, como bens, dinheiro, renda etc. O **capital cultural**, por sua vez, refere-se a sinais de *status* (atitudes, preferências, conhecimento formal, comportamentos, objetivos e credenciais) amplamente compartilhados e que são usados para distinguir os grupos ou diferenciá-los. Assim, as pessoas que têm muito capital cultural, tendem a ter gostos "sofisticados" em literatura, arte, música e mesmo esportes (esgrima ou tênis, por exemplo). Essas pessoas também se comportam de acordo com as regras de etiqueta da cultura dominante, que tende a ser percebida como "superior". O capital cultural é transmitido por diferentes agentes de socialização — como a família, os grupos de colegas e a escola — e todos eles acabam reproduzindo as desigualdades ou o capital global (econômico e cultural) dos diversos grupos que ocupam um espaço social. E como a escola faz isso? Certamente elas não fazem discriminações diretas em favor das crianças dos grupos dominantes. Ao contrário, todos são avaliados de maneira "imparcial" em relação a suas habilidades e ao seu desempenho de acordo com os mesmos critérios de excelência. O ponto importante, no entanto, é que esses critérios de excelência derivarão da cultura das classes dominantes e, nesse sentido, as crianças que adquiriram maior grau de capital cultural, como informações e habilidades, na família, já ingressam na escola com diferentes níveis de competência (Edgar e Sedgwick, 2003: 50). Em outras palavras, o sucesso escolar de uma criança depende não apenas de características como QI ou qualidade da escola, mas também do grau de coincidência entre o que é positivamente valorizado em casa e na escola — isto é, entre o capital cultural da família de origem (que pode variar muito) e a cultura dominante valorizada na escola (Hamlin, 2002: 41). E tudo isso ocorre sob uma aparência de grande neutralidade.

Correndo-se o risco de simplificar excessivamente o pensamento de Bourdieu, pode-se resumir seus principais argumentos acerca do papel da educação na reprodução das desigualdades sociais da seguinte forma: 1) a possessão de um alto capital cultural está intimamente relacionada ao fato de se ter nascido em uma família de *status* elevado (Bourdieu e Passeron, 1990 [1977]): 2) um capital cultural elevado aumenta as chances de sucesso escolar e, conseqüentemente, de se obter um bom emprego no mercado de trabalho remunerado; 3) um bom emprego contribui para (embora não determine) um capital econômico mais elevado.

Algumas críticas foram endereçadas à teoria da educação de Bourdieu, mas a principal refere-se ao fato de que ele atribuiu um peso excessivo à herança cultural familiar. Diversos estudos mostram que o peso da herança familiar é maior nos primeiros anos escolares, mas tende a diminuir com o tempo, em especial quando se consegue chegar ao ensino superior (Halsey, Heath e Ridge, 1980; Boudon, 1981; DiMaggio, 1982). De fato, muitas pessoas adquirem capital cultural nas escolas e não simplesmente reproduzem o que herdaram da família. Os estudantes podem aprender e exibir certos gostos, estilos e formas de compreensão que facilitam a comunicação com os grupos de *status* elevados. Conseqüentemente, "[uma] participação ativa em culturas de status de alto prestígio pode ser uma estratégia prática e bastante útil para os estudantes de *status* mais baixo que aspiram a uma mobilidade ascendente" (DiMaggio, 1982: 190). Apesar disso, o conceito de capital cultural continua a ser uma ferramenta analítica valiosa para se compreender que os benefícios da educação não são distribuídos uniformemente por todas as classes e grupos sociais.

Processos Microssociológicos

A Profecia Auto-Realizadora — História Pessoal

A mãe de John Lie o levou para a escola alguns dias depois que a família Lie imigrou para o Havaí, vinda do Japão. "Eu tinha apenas 10 anos", John relembra. "Eu sabia apenas umas poucas palavras em inglês e não sabia quase nada sobre as escolas americanas. Assim, naturalmente, eu era muito quieto e as outras crianças me olhavam com um misto de pena e curiosidade. Meses mais tarde, descobri que elas pensavam que eu era mudo ou mentalmente retardado."

"Tive de ser matriculado em uma turma de alunos especiais. Foi a experiência mais humilhante da minha vida: alguns meses antes, eu estava estudando álgebra; agora a professora me dizia que duas canetas mais três canetas somavam cinco. Eu estava tão desestimulado que comecei a me rebelar. Chegava atrasado e me recusava a olhar nos olhos da professora. Por fim, a professora requisitou a presença dos meus pais e disse a eles que eu tinha uma deficiência mental e emocional. Fiquei ao mesmo tempo furioso e frustrado, desejando me vingar dela. Assim, da próxima vez que ela começou a desenvolver um de seus exercícios fúteis de aritmética, perguntando: 'De que três coisas você gostaria? De que quatro coisas você gostaria?', respondi que gostaria de três cervejas e quatro cigarros. Ela subiu pelas paredes, gritou, saiu da sala como um furacão e nunca mais a vi. Nem preciso dizer que fui reprovado na minha turma de alunos especiais."

"Esqueci desse episódio por muitos anos, até que, em uma aula de sociologia em que o professor estava falando sobre profecias auto-realizadoras, de repente dei-me conta de que fora vítima de uma. Profecias auto-realizadoras são expectativas que ajudam a causar o que elas predizem. No meu caso, a professora da classe de alunos especiais, e os meus colegas trataram-me como se eu fosse emocionalmente deficiente e eu comecei a me portar como tal: chegava atrasado, evitava olhar as pessoas nos olhos, permanecia amuado e dava respostas idiotas. Meu comportamento confirmou a avaliação que a professora fez a meu respeito. Trate alguém como um idiota e, na maior parte das vezes, aquela pessoa começará a se comportar como tal. Por outro lado, trate alguém com respeito e um processo de aprendizagem valioso pode ter início. Isso acabou servindo como uma lição muito útil para minha atuação como professor."

Já nos referimos a exemplos de profecias auto-realizadoras em ambientes educacionais no Capítulo 4, "Socialização". Por exemplo, discutimos um experimento famoso no qual, no início do ano escolar, os pesquisadores aleatoriamente classificaram os alunos como empreendedores ou medíocres para seus professores. Ao final do ano escolar, eles descobriram que os estudantes arbitrariamente escolhidos como empreendedores obtiveram uma maior pontuação em um teste de QI do que os arbitrariamente apontados como medíocres. Os pesquisadores concluíram que as expectativas dos professores, por si mesmas, influenciaram o desempenho dos alunos (Rosenthal e Jacobson, 1968; ver também Rist, 1970; Weinstein, 2002; Willis, 1984 [1977]).

Expectativas baixas freqüentemente encorajam um baixo desempenho. Uma pesquisa americana mostra que, quando crianças brancas e negras nos Estados Unidos começam a vida escolar, os resultados de seus testes de desempenho são semelhantes. Entretanto, quanto mais tempo permanecem na escola, mais os alunos negros ficam para trás. Por volta da sexta série, crianças negras de diversos distritos escolares encontram-se duas séries mais atrasadas do que as crianças brancas em seu desempenho. Fica claro, então, que alguma coisa acontece na escola para aumentar a distância entre crianças brancas e negras. Alguns autores têm sugerido que essa "coisa" é a profecia auto-realizadora: a expectativa de que estudantes de grupos minoritários são predispostos a ter um baixo desempenho. Em vez de serem tratados como pessoas com boas perspectivas, os estudantes de grupos minoritários estão constantemente sob a suspeita de inferioridade intelectual e freqüentemente se sentem rejeitados por professores, membros de grupos majoritários e até pelo currículo da escola. Essa **ameaça de estereótipo** tem um impacto negativo no desempenho escolar de grupos em desvantagem (Massey et al., 2002; Steele, 1997). Por essa razão, diversos pensadores brasileiros têm se posicionado contra as políticas de ação afirmativa que possam suscitar essa ameaça (Quadro 12.1).

■ Quadro 12.1: Política Social: O que Você Acha? A Inclusão da Autodeclaração de Cor/Raça no Censo Escolar

A inclusão do quesito cor/raça no Censo Escolar tem sido objeto de debate acalorado. A seguir você conhecerá os argumentos favoráveis a essa política social e os argumentos daqueles que questionam a validade ou a maneira como as políticas de ação afirmativa vêm sendo conduzidas.

A Portaria nº 156, de 20 de outubro de 2004, do Instituto Nacional de Pesquisas Educacionais Anísio Teixeira (Inep), órgão do Ministério da Educação, determinou que, a partir de 2005, fosse incluído o quesito cor/raça de cada estudante no Censo Escolar. Nesse sentido, as escolas foram orientadas a incluir em suas fichas de matrícula a cor/raça dos estudantes, seguindo os critérios de definição adotados pelo IBGE: branca, preta, parda, amarela e indígena. Esse dado deve ser obtido mediante documento comprobatório, por autodeclaração do aluno, quando maior de 16 anos, ou por declaração do responsável. A justificativa oferecida pelo governo federal é que a identificação da raça/cor dos alunos permitirá a criação de políticas afirmativas por parte das diferentes esferas de governo. Segundo o Inep, a inclusão desse item constitui uma demanda histórica dos movimentos sociais, assim como uma posição política defendida pela Secretaria de Educação Contínua, Alfabetização e Diversidade do Ministério da Educação (Secad).

De acordo com o presidente do Inep, Eliezer Pacheco (2005), dados do IBGE referentes ao ano de 2003 mostram que "a discriminação racial é um dos componentes para a produtividade escolar". Considerando-se o total de estudantes de 15 a 17 anos matriculados no sistema de ensino brasileiro, observa-se que pretos e pardos que não concluíram o ensino fundamental somam 63,6%. Por outro lado, brancos e amarelos na mesma situação representam 37,8%. Já na faixa etária de 18 a 24 anos, o percentual de pretos e pardos que não concluiu o ensino fundamental é de 44,3%, contra 23,1% de brancos e amarelos. Na concepção do governo Luiz Inácio Lula da Silva, a plena realização da democracia requereria a realização de políticas capazes de modificar o quadro de desigualdade racial existente. Nesse sentido, o Censo Escolar seria uma ferramenta básica para o desenho dessas políticas.

Dentre as principais críticas à inclusão do item cor/raça no Censo Escolar, encontra-se a ênfase dada ao conceito de raça no discurso governamental e no título dado ao Censo: "Mostre sua raça e declare sua cor". Salienta-se as conseqüências negativas da inclusão do conceito "raça" no ambiente educacional. Para Lília Schwarcz e Marcos Chor Maio (2005), utilizar o conceito de raça seria racializar as políticas públicas, o que, além de constituir um processo ineficiente para o combate à pobreza e à desigualdade, representaria um retrocesso na luta contra o racismo, dada a relação estreita existente entre este e o conceito de raça (ver o Capítulo 7, "Raça e Etnicidade"). O antropólogo Peter Fry radicaliza essa análise, acrescentando dois argumentos. Em primeiro lugar, a adoção de políticas afirmativas de caráter racializado representa a continuidade de uma política colonial, ou seja, a subserviência às exigências de organizações internacionais (Fry, 2005a). Em segundo lugar, a defesa da diversidade no discurso oficial é falaciosa porque, na prática, levaria a uma celebração das raças ou etnias. Para o autor, embora o Conselho Nacional de Educação reconheça que raça é uma construção social, acaba naturalizando o conceito na medida em que nega a miscigenação e a mistura cultural e percebe a sociedade brasileira como "composta de 'raças' e 'grupos étnicos' estanques, cada qual com sua cultura" (Fry, 2005b).

E você, o que pensa a respeito da inclusão do quesito cor/raça no Censo Escolar? O Censo Escolar, como instrumento básico para elaboração de políticas públicas, poderia abrir mão dessas informações? As políticas educacionais universalistas são capazes de enfrentar a desigualdade racial? A inclusão desse quesito revelaria uma política deliberada de racialização das políticas públicas e, em última análise, da sociedade? Você acha que essa medida poderia representar uma ameaça de estereótipo?

Estudantes de grupos minoritários com freqüência formam grupos separados porque se sentem rejeitados pelos grupos dominantes de sua instituição escolar ou mesmo pela própria instituição. Muitas vezes essa rejeição se transforma em ressentimento e desafio à autoridade. Muitos estudantes de grupos minoritários chegam a desprezar o desempenho acadêmico como um objetivo legítimo porque o percebem como um objetivo da cultura dominante. Podem ocorrer problemas disciplinares que variam da apatia ao comportamento criminoso. O resultado de se identificar uma determinada raça ou etnia com uma baixa performance acadêmica pode ser a idéia de que se buscar um bom desempenho acadêmico significa "se vender" para a cultura dominante.

Em contraste com isso, "desafiar" os estudantes de grupos minoritários, oferecer-lhes apoio emocional, atribuir maior reconhecimento ao seu desempenho no que diz respeito ao currículo e promover um ambiente no qual eles possam relaxar e aprender — todas essas estratégias podem acabar com as profecias auto-realizadoras e melhorar o desempenho acadêmico (Steele, 1992).

O Sistema Educacional Brasileiro

A democratização do ensino na sociedade brasileira ocorreu de modo lento no decorrer do século XX. A primeira fase desse processo teve início nos anos de 1930, impulsionada pela industrialização e pela urbanização desencadeadas na região sudeste do país. No plano das idéias educacionais, destaca-se, nos anos de 1930, o movimento da Escola Nova, liderado por grandes educadores como Fernando de Azevedo e Anísio Teixeira. O manifesto lançado pelo movimento chamava atenção para o atraso de nossas instituições educacionais e as conseqüências maléficas disso para a nação. Podemos afirmar que, no Brasil, desde a Constituição de 1834, sempre houve um descompasso entre a lei, atualizada em relação às demandas educacionais, e as ações efetivas para sua implementação. Nesse primeiro momento, a democratização do ensino ficou restrita às zonas urbanas das regiões sudeste e sul do país. Coincide também com esse período a criação das primeiras universidades brasileiras: a Universidade do Brasil, no Rio de Janeiro (1926), e a Universidade de São Paulo (1934).

Somente a partir da década de 1970 poderemos falar em democratização do acesso ao ensino nas demais regiões do país. A disparidade regional que se manifesta na economia acompanhou as diferenças de oferta e qualidade do sistema de ensino nas diversas regiões. A partir dos anos de 1990, quando foi alcançada a meta de universalização do ensino fundamental, a tônica das políticas públicas educacionais passou a ser não somente a expansão do ensino em seus diferentes níveis mas também a expansão aliada à qualidade do ensino. Nessa década foram instituídos sistemas de avaliação tais como o Saeb (Sistema de Avaliação da Educação Básica), realizado a cada dois anos com a finalidade de avaliar a aprendizagem pelos alunos dos conteúdos curriculares do ensino fundamental, e o Enem (Exame Nacional do Ensino Médio), aplicado anualmente aos estudantes egressos do ensino médio. Faremos agora um breve balanço dos diferentes níveis de educação no Brasil: educação infantil, ensino fundamental, ensino médio (que formam a educação básica) e educação superior (Figura 12.3).

Educação Infantil

No Brasil, atualmente, define-se como educação infantil aquela destinada a crianças entre 0 e 6 anos de idade. A educação infantil compreende a creche (de 0 a 3 anos) e a pré-escola (de 4 a 6 anos), correspondendo à primeira fase da educação básica. Nos anos de 1970, as políticas educacionais constituíam o que se conhece como compensatórias. Nessa concepção, a educação infantil era concebida como um mecanismo para compensar deficiências culturais, lingüísticas e defasagens afetivas de crianças provenientes das camadas populares (Kramer, 2004: 18). A prin-

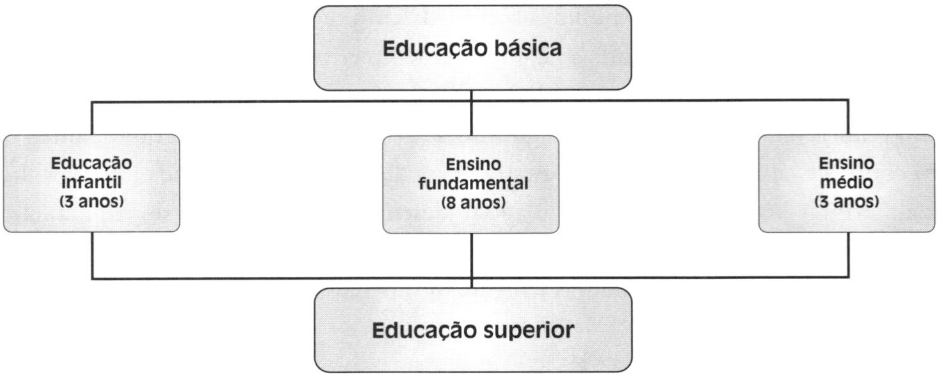

● **Figura 12.3** Os níveis educacionais no Brasil

cipal mudança ocorrida nos últimos 30 anos foi a superação da noção das crianças como carentes, deficientes, imaturas ou defasadas, por uma perspectiva democrática que enfatiza a noção de direitos sociais das crianças, baseada na compreensão de suas necessidades dentro de um contexto econômico, social e cultural diverso, dado a partir de suas pertenças de classe, grupo, cultura etc. As crianças passam a ser vistas não somente como produtos da cultura mas também como criadoras de cultura (Kramer, 2004: 19).

No que se refere ao atendimento das crianças em creches e pré-escolas, apesar de um aumento significativo do percentual de crianças atendidas entre 1975 e 2001 — de 3,51%, para 31,2% —, percebe-se que 68,9% das crianças nessa faixa etária (de 0 a 6 anos) ainda estão excluídas do atendimento escolar (Kramer, 2004: 23). Entre os desafios colocados para a ampliação da oferta com qualidade, Sônia Kramer destaca os seguintes fatores: a resolução de divergências entre as diversas concepções teóricas relativas à infância e à educação infantil; o desenho das políticas sociais, ou seja, se essas políticas podem superar os problemas sociais externos à escola; a formação dos profissionais de educação infantil, que deve ser voltada especificamente para aquela faixa etária; questões relativas à garantia de financiamento da educação infantil, entre outros.

Ensino Fundamental

Atualmente, o ensino fundamental compreende oitos anos de escolaridade, a partir dos 7 anos de idade. Esse é o nível de ensino considerado, por lei, de oferta obrigatória por parte do Estado. O ensino fundamental é considerado a base e o fundamento da democratização do acesso à escola e, por conseguinte, da própria sociedade. Uma das principais características das políticas públicas nesse nível de ensino, durante os últimos 30 anos, tem sido sua descontinuidade. Os principais desafios encontrados nessa área têm sido a universalização do acesso e do percurso da população em idade escolar ao sistema de ensino; a qualidade do ensino e a democratização da gestão escolar e educacional. Os sociólogos da educação destacam a *seletividade* como um dos problemas mais graves desse nível de ensino. A seletividade diz respeito aos "obstáculos de natureza socioeconômica, política, cultural e psicossocial à realização plena da escolaridade obrigatória" e é basicamente sobre a análise dos mecanismos que perpetuam esses obstáculos que vários sociólogos, psicólogos e antropólogos da educação realizaram suas pesquisas a partir dos anos de 1980 (Weber, 2004: 65). Ao mesmo tempo em que pesquisam, os especialistas também colaboram na elaboração de políticas públicas de caráter inclusivo, isto é, destinadas a superar a seletividade e a exclusão. Segundo Silke Weber, a seletividade vem sendo enfrentada, a partir dos anos de 1980, por alguns governos estaduais e municipais, que adotaram políticas educacionais capazes de "contemplar as características da população escolarizada e superar, na prática, a visão de uma escola ideal, calcada nos valores da classe média", um dos principais obstáculos à inclusão escolar com qualidade (Weber, 2004: 70). Isso significou levar em consideração os condicionantes socioeconômicos e culturais dos alunos em questão.

As pesquisas mais recentes tendem a mostrar como a escola, em especial a escola pública, ignora esses condicionantes na realização de seus projetos pedagógicos e mesmo na prática docente. Por exemplo, muitas das crianças que ingressam na escola jamais tiveram contato com materiais tão básicos à vida escolar como lápis, cadernos, livros etc. Nesse sentido, a experiência extra-escolar dessas crianças difere grandemente daquela vivenciada pelas crianças de classe média. Isso deve ser levado em consideração no cotidiano das escolas. Na visão de alguns pesquisadores, portanto, os problemas de dificuldade de aprendizagem deveriam ser combatidos levando-se em consideração esses fatores. Dentre outras coisas, isso significa encarar o problema da pobreza e suas conseqüências no processo de aprendizagem. Um dos reflexos da desconsideração desses fatores é a chamada distorção idade/série no sistema educacional brasileiro, ou seja, a distorção entre a idade do aluno e a série cursada. Essa distorção é apreendida pela *taxa de eficiência*, calculada a partir do total de matrículas de pessoas que estão cursando determinada série em idade considerada ideal, sobre o total de matrículas na série e o nível de ensino em questão. A importância da taxa de eficiência é que ela permite apreender o grau de repetência em determinada série ou nível de ensino, um dos principais desafios do sistema de ensino brasileiro. Como a Figura 12.4 demonstra, em 2003, praticamente 50% dos alunos do ensino fundamental estavam fora da faixa etária considerada ideal.

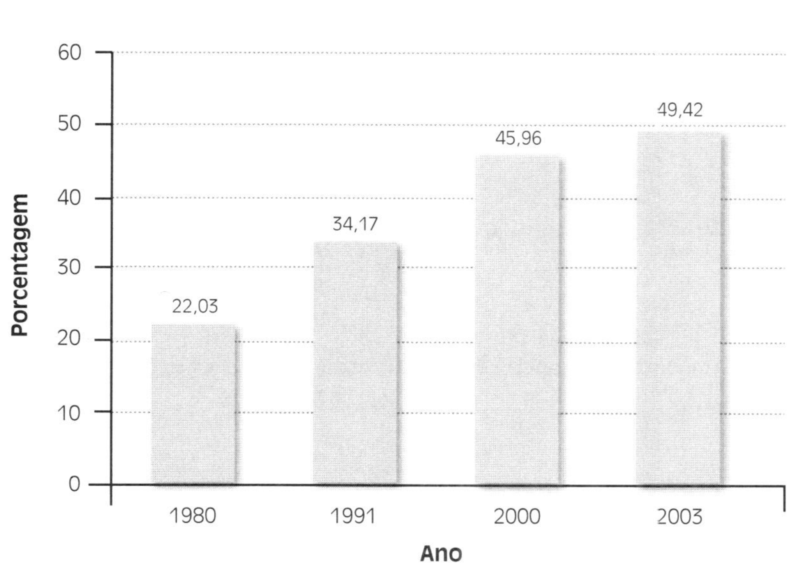

Figura 12.4 Taxa de eficiência do ensino fundamental no Brasil 1980-2003
Fonte: Atlas Racial Brasileiro (2004).

Ensino Médio

Enquanto o ensino fundamental sempre foi considerado um passo importante para a democratização da educação e da sociedade, o ensino médio foi, e ainda é, compreendido como uma simples preparação dos jovens para o ingresso no ensino superior, um privilégio para poucos. A partir dos anos de 1980, com a aceleração da difusão de novas tecnologias na indústria e no setor de serviços, consolidou-se uma outra perspectiva em relação ao ensino médio: um meio para a inserção no mercado de trabalho. Essa nova perspectiva diversificou a clientela do ensino médio em relação à faixa etária e à situação socioeconômica, aumentando a proporção de jovens e adultos provenientes de estratos sociais mais baixos. Nesse sentido, pode-se afirmar que o ensino médio tornou-se mais inclusivo. Por exemplo, entre 1985 e 1994, esse nível de ensino teve uma taxa de crescimento superior a 100% (Franco, 2004: 18). Apesar desse crescimento, no final dos anos de 1990, apenas 25% dos jovens de 15 a 18 anos de idade estavam cursando o ensino médio. A situação mostra-se ainda mais grave se consideramos que menos de 50% da população de 15 a 18 anos está na escola, o que faz com que o Brasil seja detentor de uma das mais baixas taxas de matrícula bruta nessa faixa etária. Além disso, a taxa de eficiência ainda permanece baixa (Figura 12.5).

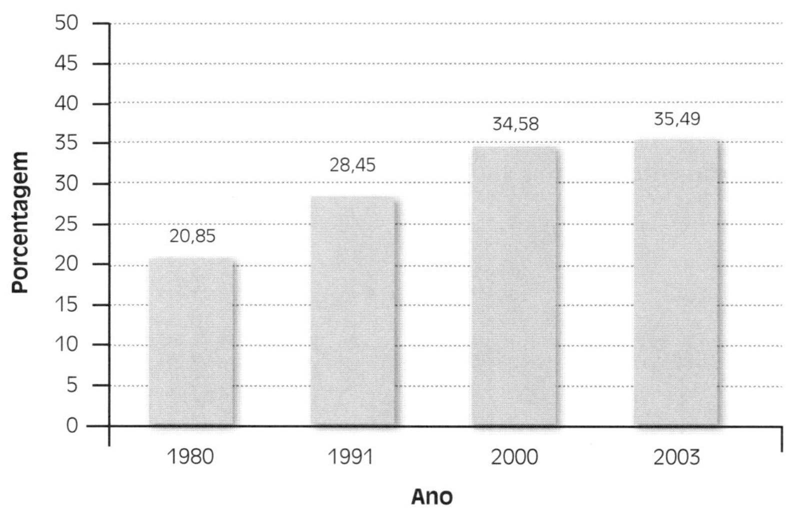

● **Figura 12.5** **Taxa de eficiência do ensino médio no Brasil 1980-2003**
Fonte: Atlas Racial Brasileiro (2004).

Para Maria Laura Barbosa Franco (2004: 20), essa situação crítica explica-se, embora não se justifique, em função de:

> *(...) décadas de crescimento econômico excludente, que aprofundou a fratura social e produziu a pior distribuição de renda do mundo. A esse padrão de crescimento associa-se uma desigualdade educacional que transformou em privilégio o acesso a um nível de ensino cuja universalização é hoje considerada estratégica para a competitividade econômica e o exercício da cidadania.*

É importante lembrar que o ensino médio constitui-se na última etapa da chamada educação básica. Assim, sua universalização pode ser considerada tanto uma demanda legal como uma demanda social efetiva. Em outras palavras, ao incluir o ensino médio na educação básica, pressupõe-se, ao contrário do que ocorre hoje, que ele deva ser universalizado. Os padrões anteriormente vinculados ao ensino médio (aprendizado necessário à aprovação no vestibular, percebido como etapa necessária à ascensão social) já não correspondem às necessidades e aos desafios da formação cidadã no presente. Um novo ensino médio, uma nova escola conclusiva da educação básica, deveria assegurar "a oportunidade de consolidar e aprofundar os conhecimentos adquiridos no ensino fundamental, aprimorar o educando como pessoa humana; possibilitar o prosseguimento de seus estudos; garantir a preparação básica para o trabalho e a cidadania; dotar o educando dos instrumentos que lhe permitam 'continuar aprendendo'" (Franco, 2004: 25).

Ensino Superior

Durante o governo Fernando Henrique Cardoso, entre 1995 e 2002, o ensino superior passou por profundas transformações. Do ponto de vista governamental, tratava-se de realizar uma "revolução administrativa" cujo objetivo seria racionalizar os recursos existentes, garantindo o aumento de matrículas nas universidades públicas, em especial nos cursos noturnos, sem o aumento de despesas. Por outro lado, a proposta de governo do então candidato Fernando Henrique Cardoso realçava a dimensão econômica da educação superior como "base de um novo estilo de desenvolvimento" (citado em Cunha, 2003: 39). De acordo com o documento, a universidade deveria prover a eficiência científica e tecnológica que garantisse o pleno desenvolvimento dos demais níveis de ensino. A receita para a efetivação dessa proposta estava calcada na parceria entre setor privado e público, isto é, entre indústria e universidade (Cunha, 2003). Em 1996, com a aprovação na nova Lei de Diretrizes e Bases da Educação Nacional e com o Decreto nº 2.306/97, o sistema de ensino superior ganhou um novo formato, passando a ser constituído por universidades, centros universitários, faculdades integradas, faculdades isoladas e centros de educação tecnológica.

Na Tabela 12.8, verificamos que a maioria das Instituições de Ensino Superior (IES) são faculdades isoladas (92%), mas o maior número de alunos está concentrado nas universidades (públicas e privadas) (64,5%). A maioria das universidades é privada. Além disso, em 2004, mais de 75% do total de matrículas nesse nível de ensino encontrava-se em instituições privadas. Um dado importante, a despeito de todo esse crescimento do ensino superior no Brasil, é que apenas 12% da população entre 18 e 24 anos de idade está matriculada nesse nível de ensino, contra taxas de 37 a 38% em outros países da América Latina, como o Chile e a Argentina (Lei nº 10.172, de 9 de janeiro de 2001).

Pós-Graduação

O sistema de ensino em nível de pós-graduação no Brasil é relativamente recente, a partir da década de 1970, e seu crescimento tem ocorrido de modo acelerado nos últimos anos. Em 1976, por exemplo, existiam 761 cursos de pós-graduação, dos quais 561 eram cursos de mestrado e 200 de doutorado. Dez anos mais tarde, o número de cursos chegou a 1.162, passando para 1.815, em 1996. Em 2005, o total de cursos alcançou o número de 2.972, sendo 1.803 de mestrado e 1.037 de doutorado, abrigando um total de 122.295 alunos matriculados. A pós-graduação está diretamente relacionada à realização da pesquisa científica e, desse modo, ao desenvolvimento científico e tecnológico do país em todos os campos ou áreas de conhecimento.

Tabela 12.8 Número de instituições e de estudantes no ensino superior no Brasil

Instituições	Total	Instituições públicas	Instituições privadas
Centros universitários	66	2	64
Faculdades integradas	99	2	97
Faculdades isoladas	1.036	82	954
Centros de educação tecnológica	34	26	8
Total	1.235	112	1.123
Estudantes (mil)	**Total**	**Instituições públicas**	**Instituições privadas**
Universidades	1.956,5	816,9	1.139,6
Centros universitários	338,3	5,8	332,5
Faculdades integradas	166,2	5,1	161,1
Faculdades isoladas	538,3	80,6	457,7
Centros de educação tecnológica	31,5	30,8	0,7
Total	3.030,8	939,2	2.091,6

Fonte: adaptado de Cunha (2003: 54).

Segundo balanço realizado no final dos anos de 1990 por Michelangelo Trigueiro e Fernanda Sobral, as instituições públicas de ensino superior eram responsáveis por 80% da produção acadêmica nacional (Weber, 2005). Pesquisas recentes mostram que, entre aqueles que concluem o mestrado, cerca de 75% conseguem se inserir no mercado de trabalho, a maioria no setor público. Se considerarmos a divisão clássica existente entre ciência básica (aquela que realiza a pesquisa como, por exemplo, a Física, a Química e a Sociologia) e ciência aplicada (aquela que se dedica a uma atividade prática imediata, tal como a Administração, a Clínica Médica, o Direito, as Engenharias, a Economia, entre outras), observa-se que, entre os mestres provenientes das ciências básicas, há uma tendência a dar continuidade aos estudos de pós-graduação em nível de doutoramento, enquanto nas ciências aplicadas, o mestrado significa, para a maioria dos egressos, o nível de conclusão dos estudos. Outro dado relevante é que, para o grupo constituído por egressos da Sociologia, da Física e da Química, por exemplo, o campo privilegiado é a atividade acadêmica. Já os egressos das ciências aplicadas desenvolvem, prioritariamente, atividades em empresas privadas.

A grande expansão do ensino superior tem sido, talvez, a principal responsável pelo crescimento acelerado da pós-graduação em todas as áreas do conhecimento. Como esse processo está em pleno desenvolvimento, acredita-se que a demanda por mestres e doutores permaneça ativa por algum tempo (Weber, 2005). Todavia, uma série de desafios se impõe no que diz respeito à formação acadêmica e profissional, à realização da pesquisa básica e aplicada e ao desenvolvimento científico e tecnológico. Dentre eles, podemos destacar a tensão entre a universidade pública e o setor privado: ocorre que as empresas tendem a ter interesses bastante específicos no que diz respeito aos temas relevantes para a pesquisa, enquanto nas universidades, onde prevalecem os princípios constituintes da ciência, as pesquisas não seguem a lógica do mercado. Nesse sentido, um dos papéis centrais do Estado, em suas políticas de ciência e tecnologia, seria o de mediar e articular esses interesses e valores conflitantes.

Resumo

1. **No que consiste a teoria da religião de Durkheim e quais são as principais críticas dirigidas a ela?**
   Durkheim argumentou que a principal função da religião é aumentar a coesão social ao promover oportunidades ritualizadas para que as pessoas possam experimentar a consciência coletiva. Seus críticos argumentam que ele ignorou as maneiras pelas quais a religião pode levar ao conflito social e reforçar as desigualdades.

2. **Quais são as principais idéias da teoria weberiana da religião?**
   Weber argumentou que a religião atua como os mecanismos de desvio nos trilhos de um trem, estabelecendo por quais trilhos a história será puxada pelos interesses econômicos e políticos. O protestantismo, por exemplo, serviu de elemento para o fortalecimento do desenvolvimento capitalista. Seus críticos enfatizaram que a correlação existente entre o desenvolvimento econômico e a predominância do protestantismo não foi tão forte quanto Weber acreditava.

3. **O que é a tese da secularização e quais são as principais críticas feitas a ela?**
   A tese da secularização afirma que as instituições, as práticas e a consciência religiosa estão em declínio no mundo inteiro. Seus críticos notam que tem havido um renascimento religioso no Brasil e em diversas outras partes do mundo nos últimos anos.

4. **No que consiste a tese da secularização revisada?**
   A tese da secularização revisada reconhece o renascimento e a resistência da religião, mas ainda sustenta que o escopo da autoridade religiosa tem diminuído ao longo do tempo. Os revisionistas argumentam que a religião tem se restringido cada vez mais ao domínio espiritual, regulando menos aspectos da vida das pessoas e constituindo-se como uma questão de escolha pessoal.

5. **Que fatores podem explicar a emergência da educação em massa compulsória?**
   A emergência de um sistema compulsório de educação em massa foi estimulada pela Reforma Protestante, pelas revoluções democráticas, pelo surgimento do Estado moderno e pela globalização. Nos dias de hoje, todos os países têm um sistema de educação em massa compulsório, embora o analfabetismo ainda seja disseminado, em especial nos países mais pobres.

6. **Quais são as funções manifestas e latentes das escolas?**
   As funções manifestas das escolas incluem o treinamento e a socialização dos alunos, a

coesão social, a transmissão de cultura de uma geração a outra e a seleção dos estudantes, presumivelmente por mérito, para o mercado de trabalho. Dentre suas funções latentes encontram-se a criação de uma cultura jovem, um mercado matrimonial, um sistema de supervisão e cuidados infantis, um mecanismo de regulação dos salários ao se manter os estudantes de nível superior temporariamente fora do "mercado de trabalho" e, ocasionalmente, uma "escola de dissenso" que serve de oposição à autoridade.

7. **Quais são as fontes e quais são os efeitos das desigualdades na educação?**
As escolas se diferenciam grandemente em termos de qualidade física, de recursos materiais e de seu corpo docente e discente. Além disso, existe grande desigualdade no que diz respeito ao acesso familiar das crianças a recursos materiais e emocionais. As crianças chegam à escola com diferentes níveis de preparação e disposição para aprender. Conseqüentemente, embora o sistema educacional ofereça muitas oportunidades para uma mobilidade social ascendente, ele também ajuda a reproduzir as desigualdades existentes.

8. **O que é inflação de credenciais e como ela se relaciona com a profissionalização?**
A inflação de credenciais (ou a necessidade de mais certificados e diplomas para se qualificar para um determinado trabalho) tem sido alimentada pelas exigências técnicas crescentes de muitos tipos de trabalho. Ela também tem sido estimulada pela habilidade das pessoas em certas ocupações ao controlar o ingresso e regulamentar suas ocupações (profissionalização). A inflação de credenciais pode, portanto, ser vista como uma forma de se excluir as pessoas de determinadas ocupações e profissões a fim de manter altos os níveis de salário.

9. **Quais são os principais desafios encontrados pelo sistema de educação brasileiro?**
Um dos principais desafios encontrados no ensino fundamental diz respeito à qualidade do ensino e à democratização da gestão escolar. Nesse nível de ensino, a seletividade (obstáculos de natureza econômica, política, cultural e psicossocial) vem sendo minimizada por alguns governos estaduais e municipais ao se levar esses fatores em consideração na elaboração dos projetos pedagógicos e na prática docente das escolas. No nível médio, o principal problema a ser enfrentado refere-se à sua universalização, já que, durante muito tempo, o ensino médio foi considerado uma mera preparação para o ingresso no ensino superior e não um meio para a inserção no mercado de trabalho e uma preparação para a cidadania. No que se refere ao ensino superior, em especial nas universidades públicas, onde se dá a grande maioria das pesquisas científicas e tecnológicas do país, vem sendo cada vez mais enfatizada uma parceria entre o público e o privado por parte dos governos. Assim, é fundamental que o Estado passe a atuar com mais força, no sentido de mediar os interesses e valores conflitantes desses dois setores.

Questões para Reflexão

1. O estudo sociológico da religião enfraquece, fortalece ou não tem implicações necessárias para a fé religiosa do pesquisador? Em que você baseia sua opinião? Quais as implicações de sua posição para a relação entre religião e conhecimento científico?
2. Em que medida os interesses de formação e de produção de conhecimento da comunidade científica podem ser compatíveis e em que medida podem ser incompatíveis com os interessees do mercado? Por quê? Como o Estado deveria mediar os interesses conflitantes dessas instâncias?

Glossário

A **ameaça de estereótipo** refere-se ao impacto negativo de estereótipos em relação ao desempenho de pessoas pertencentes a grupos minoritários.

Capital cultural refere-se a sinais de *status* (atitudes, preferências, conhecimento formal, comportamentos, objetivos e credenciais) amplamente compartilhados e que são usados para distinguir os grupos ou diferenciá-los.

A **consciência coletiva** é composta dos valores e sentimentos comuns que as pessoas compartilham como resultado de uma vida em comum.

Cultos são pequenos grupos de pessoas profundamente comprometidas com uma visão religiosa que rejeita a sociedade e a cultura dominantes.

A **doutrina da predestinação** é a idéia de que cada indivíduo já está predestinado à salvação ou à danação e, nesse sentido, não há intercedência possível parte da Igreja junto a Deus, pois o juízo divino não pode ser influenciado pelas ações dos seres humanos.

Eclésias são igrejas apoiadas pelo Estado.

Os **fundamentalistas** interpretam as escrituras literalmente, tentam estabelecer uma relação pessoal e direta com o(s) ser(es) superior(es) no(s) qual(is) acredita(m) e são relativamente intolerantes com relação aos não-fundamentalistas.

O termo **igreja** refere-se a qualquer organização burocrática religiosa que se acomodou à sociedade e à cultura dominantes.

A **inflação de credenciais** refere-se ao fato de que são necessários cada vez mais certificados e diplomas para que se seja considerado qualificado para um determinado trabalho.

O **profano** refere-se ao mundo secular, da vida cotidiana.

A **profissionalização** ocorre quando os membros de uma ocupação estabelecem a necessidade de determinadas credenciais para ela possa ser desempenhada. A profissionalização assegura que determinados padrões sejam mantidos, assim como ajuda a manter altos os salários.

A **religiosidade** refere-se ao quão importante a religião é para as pessoas.

As **representações coletivas** são estados da consciência coletiva diferentes da consciência individual e que expressam, por meio de conceitos, imagens, símbolos etc., a maneira como os grupos concebem a si mesmos em suas relações com os objetos que os afetam.

Rituais são práticas públicas destinadas a ligar as pessoas ao sagrado.

Rotinização do carisma é o termo weberiano utilizado para a transformação da iluminação divina em uma característica permanente da vida cotidiana. Ela envolve a transformação da inspiração religiosa em uma instituição social com papéis definidos como tais quais intérpretes da palavra divina, professores, pessoas leigas pagadoras de tributos etc.

O **sagrado** refere-se à religião, ao mundo transcendente.

As **seitas** são normalmente formadas quando uma igreja se divide como resultado de discordâncias acerca de sua doutrina. Elas são menos integradas à sociedade e menos burocratizadas do que as igrejas; são normalmente governadas por líderes carismáticos, homens e mulheres que afirmam estarem inspirados por poderes sobrenaturais e cujos seguidores acreditam nessa inspiração.

A **tese da secularização** afirma que as consciências, as ações e as instituições religiosas estão em declínio no mundo inteiro.

A **tese da secularização revisada** sustenta que as instituições seculares se separaram (ou se diferenciaram) das instituições religiosas ao longo do tempo. Como resultado, as religiões governam uma menor parte da vida das pessoas e têm se tornado uma opção pessoal.

Totens são objetos que simbolizam o sagrado.

O **trânsito religioso** é a intensa circulação de pessoas por diferentes religiões.

Vocação é a busca pela eficiência no desempenho de uma atividade profissional livremente escolhida.

CAPÍTULO 13

Os Meios de Comunicação de Massa

Neste capítulo, você aprenderá que:

- O cinema, a televisão e outros meios de comunicação de massa às vezes obscurecem a linha existente entre a realidade e a fantasia.
- Os meios de comunicação de massa são produtos do século XIX e especialmente do século XX.
- Historicamente, o crescimento dos meios de comunicação de massa tem origem na ascensão do protestantismo, da democracia e do capitalismo.
- Os meios de comunicação de massa tornam a sociedade mais coesa.
- Os meios de comunicação de massa também promovem a desigualdade.
- Embora a mídia seja muito influente, as audiências filtram, interpretam, resistem e até rejeitam suas mensagens caso elas sejam inconsistentes em relação a suas crenças e experiências.
- Os meios de comunicação de massa descrevem de maneira errônea as mulheres e as minorias raciais em muitos aspectos importantes.
- A interação entre produtores e consumidores de mensagens da mídia é mais evidente na internet.

O Significado dos Meios de Comunicação de Massa

Herói por Acidente — História Pessoal

No início dos anos de 1990, Cynthia Hamlin foi passar um final de semana em uma praia afastada da cidade com um grupo de amigos. Dentre eles, encontrava-se um estudante paulista, descendente de japoneses, que visitava o Nordeste pela primeira vez. Ao deixarem a zona urbana, passaram por antigos engenhos de cana-de-açúcar e por pequenos vilarejos. Em determinado trecho da viagem, um pneu furou, danificando o aro da roda do carro em que viajavam e fazendo que tivessem de procurar uma borracharia. Após certo esforço, encontraram uma pequena casa na qual morava um mecânico e, enquanto esperavam o conserto do carro, sentaram em uma grande pedra para conversar e beber água-de-coco.

"Nossa conversa foi momentaneamente interrompida pelo ar de mais absoluta surpresa de um menino de cerca de seis anos de idade, que olhou para nós como se fôssemos seres de outro planeta, correndo para longe em seguida", conta Cynthia. "Alguns minutos depois, notamos um pequeno grupo de crianças escondido atrás da casa, liderado pelo menino que apontava para nós com uma expressão de incredulidade, enquanto os outros cochichavam e davam risadinhas. De repente, um deles, mais atirado, correu em direção ao nosso colega paulista para olhá-lo mais de perto, voltando em seguida para perto dos outros que, a essa altura, gritavam excitados. As crianças se aproximaram com grande algazarra, escalaram uma pedra próxima e começaram a desempenhar algo que nos lembrava uma dança de capoeira. Foi então que um dos meninos, do alto da pedra, pediu ao nosso colega que voasse, enquanto outro soltou um grito de guerra: 'Jiraya'! Foi aí que compreendemos tudo: as crianças só haviam visto pessoas de traços orientais nos seriados de TV japoneses e estavam muito excitadas com a presença de um de seus heróis na oficina".

Cynthia e seus colegas tentaram argumentar que o colega paulista não era o Jiraya da TV e que, por mais que tentasse, não conseguiria voar do alto da pedra sem se esborrachar no chão. Convencidas de que pessoas de olhinhos puxados e cabelos pretos lisos têm, de fato, superpoderes, as crianças só os deixaram em paz quando o rapaz afirmou estar viajando com sua identidade secreta, mantendo intacto seu mundo de fantasia.

A Ilusão Torna-se Realidade

Na passagem para o século XXI, houve uma abundância de filmes abordando a linha tênue que separa a realidade da fantasia. *O Show de Truman* (1998) nos mostrou Jim Carrey como um corretor de seguros que descobre que todos em sua vida são atores. Ele é o sujeito involuntário de um programa de televisão que vai ao ar 24 horas por dia. Em *Matrix* (1999), Keanu Reeves descobre que sua identidade e sua vida são ilusões. Como todos os habitantes de seu mundo, Reeves está ligado a um computador gigante que usa seres humanos como fonte de energia e os alimenta com nutrientes para mantê-los vivos e com realidades simuladas para mantê-los felizes.

Um dos filmes mais perturbadores desse gênero é *Psicopata Americano* (2000). Baseado em um livro proibido em diversas partes do mundo quando foi publicado em 1991, o filme conta a história de Patrick Bateman, *yuppie* de Wall Street durante o dia e assassino em série, frio e meticuloso durante a noite. Infelizmente, os protestos do público em relação às cenas horripilantes de assassinato acabaram por desviar a atenção de uma questão sociológica importante retratada no livro. Na verdade, *Psicopata Americano* descreve como as pessoas se tornam vítimas da mídia e do consumismo. Bateman, o assassino em série, afirma estar "acostumado a imaginar que tudo acontece da maneira como ocorre nos filmes". Quando ele beija a namorada, experiencia "a imagem de 70 mm da separação de seus lábios e o murmúrio subseqüente do 'Eu quero você' em som Dolby" (Ellis, 1991: 265). Na mente de Bateman, suas 14 vítimas de assassinato são meros figurantes de um filme em que ele é o astro. Ele não sente mais empatia por elas do que um ator sentiria por qualquer objeto do palco. A mídia o esvaziou tão completamente de emoção genuína que ele tem dificuldade de recordar os nomes das vítimas. Ao mesmo tempo, entretanto, a mídia o impregnou tanto com valores de consumo, que ele pode descrever a roupa delas com riqueza de detalhes — estilos, marcas, lojas onde as roupas foram compradas, até preços. Assim, em *Psicopata Americano*, assassino e assassinado são ambos vítimas do consumismo e da mídia.

Onde Você se Encaixa?

De diferentes maneiras, a história contada por Cynthia e os filmes mencionados sugerem que os mundos de fantasia criados pela mídia vão se tornando as únicas realidades que conhecemos, tão difundidas e influentes como a religião há 500 ou 600 anos. Você acha que isso é um exagero sonhado pelos produtores de filmes e escritores? Em caso afirmativo, considere que das 168 horas da semana, o brasileiro médio gasta cerca de 51,3 delas interagindo com os meios de comunicação de massa. Isso representa 57,4% do tempo que ficamos acordados, tomando como base uma média de oito horas de sono por dia. Gastamos mais tempo vendo TV, ouvindo rádio, indo ao cinema, lendo jornais e revistas, ouvindo CDs, usando a internet e assim por diante, do que trabalhando ou indo à escola. A Tabela 13.1 mostra como as pessoas de diversos países gastaram seu tempo assistindo à televisão, ouvindo rádio, lendo e usando a internet no ano de 2005. Observe que as médias globais para o tempo gasto com a mídia são 16,6 horas semanais com a televisão, 8 horas semanais com o rádio, 6,5 com a leitura de livros, revistas e jornais e 8,9 horas semanais com a internet (excluído seu uso no ambiente de trabalho).

Se você fizer um registro de suas atividades por alguns dias, poderá descobrir em que medida você se encaixa nesse padrão. Questione-se sobre o que você tira de suas interações com a mídia. Onde você obtém suas idéias sobre como se vestir, sobre o estilo de seu penteado e sobre o tipo de

● **Tabela 13.1** Número médio de horas semanais gastas com os meios de comunicação de massa — países selecionados, 2005

Televisão		Rádio		Leitura		Internet*	
Tailândia	22,4	Argentina	20,8	Índia	10,7	Taiwan	12,6
Filipinas	21,0	**Brasil**	17,2	Tailândia	9,4	Tailândia	11,7
Egito	20,9	África do Sul	15,0	China	8,0	Espanha	11,5
Turquia	20,2	Rep. Tcheca	13,5	Filipinas	7,6	Hungria	10,9
Indonésia	19,7	Tailândia	13,3	Egito	7,5	China	10,8
Estados Unidos	19,0	Turquia	13,3	Rep. Tcheca	7,4	Hong Kong	10,7
Taiwan	18,9	Polônia	12,5	Rússia	7,1	Polônia	10,6
Brasil	18,4	Hungria	12,1	Suécia	6,9	Turquia	10,6
Reino Unido	18,0	Alemanha	11,5	França	6,9	**Brasil**	10,5
Japão	17,9	Austrália	11,3	Hungria	6,8	Egito	10,3
Arábia Saudita	17,7	México	11,1	Arábia Saudita	6,8	Filipinas	9,8
França	17,3	Suécia	10,9	Hong Kong	6,7	Coréia	9,6
Hong Kong	16,7	Reino Unido	10,5	Polônia	6,5	Arábia Saudita	9,3
Rep. Tcheca	16,2	Estados Unidos	10,2	Venezuela	6,5	África do Sul	9,0
Polônia	15,9	Espanha	9,9	África do Sul	6,3	Argentina	8,9
Espanha	15,9	Filipinas	9,5	Austrália	6,3	Rússia	8,9
China	15,7	Canadá	9,1	Indonésia	6,0	França	8,8
Coréia	15,4	Egito	9,0	Argentina	5,9	Reino Unido	8,8
Alemanha	15,2	França	9,0	Turquia	5,9	Estados Unidos	8,8
Hungria	15,1	Venezuela	7,6	Espanha	5,8	Canadá	8,3
Rússia	15,0	Itália	7,2	Canadá	5,8	Suécia	8,0
Itália	14,9	Rússia	6,6	Alemanha	5,7	Índia	7,9
África do Sul	14,8	Indonésia	5,8	Estados Unidos	5,7	Indonésia	7,7
Canadá	14,7	Hong Kong	5,1	Itália	5,6	Venezuela	7,5
Argentina	14,0	Taiwan	4,7	México	5,5	Austrália	7,0
Austrália	13,3	Japão	4,1	Reino Unido	5,3	Rep. Tcheca	7,0
Índia	13,3	Índia	4,1	**Brasil**	5,2	Japão	6,9

* Inclui apenas os que usam a internet para propósitos não-profissionais.
Fonte: NOP World Culture Score Index (2005),.

música que ouve? De onde vêm suas esperanças, suas aspirações e seus sonhos? Se você é como a maioria das pessoas, grande parte de sua realidade é gerada pela mídia. O guru da mídia Marshall McLuhan, que criou o termo "aldeia global" no começo dos anos de 1960, afirmava que a mídia era uma extensão do corpo e da mente humana (McLuhan, 1964). Quarenta anos depois, é provável que seja igualmente válido afirmar que o corpo e a mente humana são extensões da mídia (Baudrillard, 1983; 1988 [1986]; Bourdieu, 1998 [1996]).

O que São os Meios de Comunicação de Massa?

A expressão **meios de comunicação de massa** refere-se à imprensa escrita, ao rádio, à televisão e a outras tecnologias de comunicação. Freqüentemente, "mídia" e "meios de comunicação de massa" são termos usados de maneira intercambiável para nos referirmos à transmissão da informação de uma pessoa ou grupo para o outro. A palavra "massa" implica que o meio atinge muita gente. As palavras "meios" e "mídia" significam que a comunicação não se faz por meio da interação face a face; ao contrário, a tecnologia media ou intervém na transmissão de mensagens de emissores para receptores. Além disso, a comunicação por meio da mídia é geralmente de mão única ou, pelo menos, desequilibrada. Existem poucos emissores (ou produtores) e muitos receptores (ou membros da audiência). Assim, a maioria dos jornais imprime algumas cartas de leitores em cada edição, mas jornalistas e anunciantes escrevem praticamente todo o restante. Pessoas comuns podem aparecer nos programas de Jô Soares ou de Hebe Camargo, divertir-se em programas como o *Erótica*, da MTV e podem até gozar um momento de fama no *Big Brother*. Entretanto, os produtores escolhem os convidados e criam o conteúdo dos programas. De maneira semelhante, muitas pessoas podem visitar sua página pessoal na internet, mas isso não é nada quando comparado a uma média de 87,5 milhões de pessoas que visitaram a página do Yahoo! a cada mês do ano de 2002 ("Search Engines...", 2002).

Geralmente, portanto, os membros da audiência não podem exercer muita influência sobre a mídia, mas apenas escolhem se sintonizam, lêem ou se conectam-se. E mesmo manter-se afastado é difícil porque isso significa excluir-se da moda, das notícias, das fofocas e do divertimento de que muita gente depende para lubrificar as engrenagens da interação social. Poucas pessoas desejam ser "desajustados culturais". Mas isso não significa que sejamos consumidores passivos da comunicação de massa: como veremos adiante, filtramos, interpretamos e resistimos ao que vemos e ouvimos, caso essas coisas sejam inconsistentes com nossa experiência e crenças. Mesmo assim, na interação entre as audiências e os meios de comunicação de massa, normalmente estes últimos dominam.

Para avaliar adequadamente o impacto da mídia em nossa vida hoje, necessitamos traçar seu desenvolvimento histórico. Essa é a primeira tarefa a que nos propomos na discussão que se segue. Assim, faremos uma revisão crítica de algumas teorias que têm como base os efeitos da mídia na vida social. Como você verá, cada uma dessas teorias tem algo a contribuir em relação à nossa avaliação desses efeitos. Por fim, investigaremos os avanços da fronteira da mídia formada pela internet, pela televisão e por outros meios de comunicação de massa. Mostraremos que, em certa medida, a nova fronteira da mídia obscurece a distinção existente entre produtor e consumidor e tem potencial para tornar os meios de comunicação de massa um pouco mais democráticos para aqueles que podem pagar por seu acesso.

A Ascensão dos Meios de Comunicação de Massa

Pode ser difícil imaginar um mundo sem os meios de comunicação de massa. No entanto, como a Tabela 13.2 mostra, eles são invenções recentes. Os primeiros sistemas de escrita desenvolvidos surgiram há cerca de 5500 anos no Egito e na Mesopotâmia (atual sul do Iraque). A imprensa tornou-se um fenômeno verdadeiramente de massa apenas no século XIX. O primeiro jornal diário

Tabela 13.2 O desenvolvimento dos meios de comunicação de massa

Ano (Era Cristã)	Tipo de mídia
Por volta de 100	Desenvolvimento do papel, China
Por volta de 1000	Desenvolvimento dos tipos de argila móveis, China
Por volta de 1400	Desenvolvimento dos tipos de metal móveis, Coréia
1450	Uso dos tipos de metal móveis na Alemanha, levando à Bíblia de Gutenberg
1702	Primeiro jornal diário, o *Daily Courant*, de Londres
1833	Primeiro jornal de circulação de massa, o *New York Sun*, Estados Unidos
1837	Louis Daguerre inventa a fotografia (daguerreótipo), França
1844	Samuel Morse envia a primeira mensagem telegráfica entre Washington e Baltimore, Estados Unidos
1875	Alexander Graham Bell envia a primeira mensagem telefônica, Estados Unidos
1877	Thomas Edison desenvolve o primeiro fonógrafo, Estados Unidos
1895	Invenção do cinema pelos irmãos Lumiére, França
1901	O inventor italiano Guglielmo Marconi transmite a primeira messagem telegráfica transatlântica da Inglaterra para o Canadá
1906	Primeira transmissão de voz via rádio
1920	Primeira programação de rádio regular, Pittsburgh, Estados Unidos
1922	Introdução dos discos (LPs)
1925	Primeira emissão comercial do sinal de TV
1939	Início das redes de televisão, Estados Unidos
1952	Invenção dos aparelhos de videocassete
1961	Primeira televisão a cabo, San Diego, Estados Unidos
1969	Primeiros quatro pontos de rede do Departamento de Defesa dos Estados Unidos (precursor da internet)
1975	Comercialização do primeiro microcomputador
1983	Invenção do telefone celular
1989	Concepção da rede mundial de computadores (World Wide Web) por Tim Berners-Lee, no Laboratório Europeu de Física de Partículas, Suíça

Fonte: Berners-Lee (1999); Croteau e Hoynes (1997: 9-10); "The Silent Boom" (1998).

com um preço acessível a grande parte da população apareceu nos Estados Unidos, nos anos de 1830. Naquele tempo, a comunicação de longa distância dependia do transporte físico e, para divulgar notícias, era necessário o uso de transporte animal ou uma estrada de ferro. Entre nós, apenas com a chegada da família real em 1808 foi criada a Imprensa Régia Brasileira, sendo que o primeiro jornal a circular no Brasil, a *Gazeta do Rio de Janeiro*, era um órgão oficial da imprensa portuguesa. O telégrafo, por sua vez, foi instituído no Brasil em 1842, por determinação de D. Pedro II ("História dos Correios no Brasil", 2005).

O jornal foi o meio de comunicação de massa dominante no mundo inteiro até os anos de 1950 (Smith, 1980; Schudson, 1991). A maioria das mídias eletrônicas é criação do século XX. O primeiro sinal de televisão foi transmitido em 1925. Quatorze anos mais tarde surgiram as primeiras redes de TV, nos Estados Unidos. A internet surgiu em 1991, introduzindo o sistema de textos, imagens e sons conhecido como World Wide Web ou rede mundial de computadores. Por volta de 2002, cerca de 580 milhões de pessoas usavam a rede mundial no mundo todo com freqüência ao menos mensal ("Population Explosion!", 2003).

Causas do Crescimento da Mídia

A ascensão dos meios de comunicação de massa pode ser explicada por três fatores principais — um religioso, um político e um econômico.

1. *A Reforma Protestante.* Na Igreja Católica do século XVI, as pessoas confiavam nos padres para lhes dizer o que a Bíblia ensinava. No entanto, em 1517, Martinho Lutero protestou contra certas práticas da Igreja. Entre outras coisas, ele queria que as pessoas desenvolvessem um contato mais pessoal com a Bíblia. Em 40 anos, a nova forma de cristianismo de Lutero, conhecida como protestantismo, estava estabelecida em metade da Europa. Rapidamente, milhões de pessoas estavam sendo encorajadas a ler. A Bíblia tornou-se o primeiro produto da mídia no Ocidente e, de longe, o livro mais vendido.
   A difusão da Bíblia e de outros livros foi possível devido às melhorias tecnológicas na fabricação de papel e na impressão (Febvre e Martin, 1976 [1958]). O marco mais significativo foi a invenção da imprensa por Johannes Gutenberg. Foram publicados mais livros nos 50 anos que se seguiram à produção da Bíblia monumental de Gutenberg, em 1455, do que nos mil anos anteriores. O livro impresso permitiu a ampla difusão e a troca de idéias, contribuindo para o Renascimento (um florescimento humanístico e artístico que teve início na Itália por volta de 1300 e se espalhou por toda a Europa por volta de 1600) e para a ascensão da ciência moderna (Johns, 1998).
   Uma característica notável do livro é sua durabilidade. Muitos meios de armazenamento eletrônico de dados tornaram-se obsoletos poucos anos depois de introduzidos. Por exemplo, quem se lembra dos disquetes de $5^{1/4}$ polegadas, verdadeiros ícones do início dos anos de 1980? Em contraste com isso, os livros ainda hoje estão sendo publicados, 550 anos após Gutenberg ter impresso sua Bíblia. Segundo dados da Câmara Brasileira do Livro, no ano de 2003 foram publicados no país 35.590 novos livros e reedições, chegando a um total de quase 300 milhões de exemplares ("Produção e Vendas do Setor Editorial Brasileiro", 2005).
2. *Movimentos democráticos.* Uma segunda força que promoveu o crescimento dos meios de comunicação de massa foi a democracia política. A partir do século XVIII, o cidadão comum da França, dos Estados Unidos e de outros países exigiu e obteve representação no governo. Ao mesmo tempo, desejou ser alfabetizado e ter acesso a instituições escolares antes restritas a poucos. Os governos democráticos, por sua vez, dependiam de cidadãos instruídos e, em conseqüência, encorajaram a alfabetização em massa e o crescimento de uma imprensa livre (Habermas, 1989).

Hoje em dia, os meios de comunicação de massa, especialmente a TV, moldam inteiramente nossa visão política, o que pode, inclusive, ter *conseqüências* antidemocráticas. A mídia vem assumindo um papel cada vez maior na vida política, um fenômeno que o cientista político italiano Giovanni Sartori chamou de *videopolítica* e que pode ser definido em termos da introdução da cultura audiovisual nas relações sociais e, particularmente, nas de poder. Alguns autores chegam a estabelecer uma correlação entre a influência política crescente da televisão e os movimentos neopopulistas na América Latina (Boas, 2005: 27). A videopolítica tem sido marcante em democracias recentes, como é o caso das democracias latino-americanas da década de 1980: "Em vez de plataformas marcantes, vantagens percentuais nas pesquisas, em vez de posições ideológicas, rostos fotogênicos ou telegênicos, em vez de representação, simulação" (Muniz Sodré, citado em Negreiros, 2004: 4). Um caso exemplar foi o de Fernando Collor, um ilustre desconhecido que foi eleito presidente em função de seu brilhante desempenho na televisão (Castells, 1999). Isso não significa dizer que os meios de comunicação de massa determinam os resultados políticos por si só, mas que, seja no Brasil, seja no resto do mundo, "sem a presença ativa da mídia, as propostas políticas ou os candidatos não têm qualquer chance de obter uma ampla base de apoio" (Castells, 1999: 374) (ver o Capítulo 10, "Política").

3. *Industrialização capitalista.* A terceira grande força que estimulou o crescimento dos meios de comunicação de massa foi a industrialização capitalista. As indústrias modernas exigiam uma força de trabalho instruída e capaz de lidar com números. Também necessitavam de meios de comunicação rápidos para realizar seus negócios com eficiência. Além disso, a mídia transformou-se em uma fonte de lucro. Em 2004, um dos maiores conglomerados de mídia da América Latina, o Grupo Abril, teve uma receita líquida de R$ 2,4 bilhões ("Editora Abril Divulga Balanço", 2005). Apesar disso, esses números ainda são insignificantes se comparados, por exemplo, ao mercado de revistas americano que, sozinho, gerou mais de US$ 27 bilhões em 2002, 60% dos quais provenientes da propaganda. Já a indústria global de CDs teve renda líquida de US$ 32 bilhões naquele ano (Waters, 2003). Como esses exemplos ilustram, a comunicação de massa é um grande negócio.

Podemos concluir que as origens dos meios de comunicação de massa estão profundamente enraizadas nas necessidades religiosas, políticas e econômicas de nossa sociedade. Além disso, a mídia encontra-se, hoje, entre as instituições mais importantes de nossa sociedade. Como, então, os sociólogos explicam os efeitos dos meios de comunicação de massa em nossa sociedade? Para responder essa pergunta, resumiremos algumas das teorias sociológicas mais relevantes.

Teorias dos Efeitos da Mídia

Funcionalismo

À medida que as sociedades se desenvolvem, tornam-se maiores e mais complexas. O número de instituições e de papéis prolifera e, devido à mudança de escala da sociedade, a interação face a face torna-se menos viável como meio de comunicação. Como resultado, cresce a necessidade de novos meios de coordenação do funcionamento das várias partes da sociedade. Por exemplo, as pessoas no Rio Grande do Sul devem ter pelo menos uma percepção geral do que está acontecendo no Amazonas e necessitam compartilhar certos valores básicos com os amazonenses para sentirem que são cidadãos do mesmo país. A comunicação de massa desempenha uma importante tarefa nesse sentido. O filósofo alemão do século XIX, Georg Hegel, disse certa vez que o ritual diário de ler o jornal une o mundo secular da mesma forma que o ritual diário de reza já unira o mundo cristão. Interpretada de modo geral, sua observação ainda é válida. A distribuição em escala nacional de jornais, revistas, filmes e programas de televisão cimenta a grande massa, socialmente diversa e geograficamente dispersa, que constitui a população brasileira. Em um sentido fundamental, a nação é uma comunidade imaginada e os meios de comunicação de massa tornam possível para nós imaginá-la (Anderson, 1991).

Assim, a mídia desempenha uma importante função ao *coordenar* a operação das sociedades industriais e pós-industriais. Mas, de acordo com os teóricos funcionalistas, seu significado não termina aí (Wright, 1975). Fora isso, os meios de comunicação de massa são importantes agentes de *socialização*. As famílias têm cedido seu direito antigo e quase exclusivo de transmitir normas, valores e cultura. Os meios de comunicação de massa penetraram nessas brechas, reforçando ideais compartilhados de democracia (ou legitimando regimes não-democráticos), competição, justiça e assim por diante (ver o Capítulo 4, "Socialização").

Uma terceira função da mídia envolve o *controle social*, isto é, ela ajuda a assegurar o conformismo. Por exemplo, novos programas de rádio, séries de TV e documentários, como o *Linha Direta* da Rede Globo, dão muita atenção ao crime e elogiam regularmente os heróis que prendem e condenam criminosos. Ao expor os criminosos e exibir os funcionários ligados à defesa da lei e os cidadãos-modelo, a mídia reforça as idéias acerca do tipo de pessoa que merece punição e do tipo que merece recompensa. Dessa forma, reproduzem a ordem moral. Algumas pessoas acham que programas como o *Linha Direta*, o *Programa do Ratinho* ou alguns programas de rádio especializados em jornalismo criminal ou na exposição de problemas familiares são grotescos e, em certo sentido, são. De um ponto de vista sociológico, entretanto, são programas profundamente conservadores porque, quando os membros da audiência ficam indignados com infidelidades conjugais ou com crimes bárbaros, estão reforçando as normas mais tradicionais da sociedade, servindo, assim, como agentes de controle social. Como o escritor canadense Saul Bellow escreveu em *Herzog*, "um escândalo [é], afinal de contas, uma espécie de serviço à comunidade" (Bellow, 1964: 18).

A quarta e última função dos meios de comunicação de massa é proporcionar *entretenimento*. Televisão, filmes e revistas nos oferecem prazer, relaxamento e fuga momentânea da tensão e do tédio da vida diária. Quantas vezes você chegou em casa após um dia longo e frustrante na faculdade ou no trabalho, pegou o controle remoto, "passeou" pelos canais da TV, concluiu que não havia nada que valesse a pena assistir, mas escolheu um *reality show*, uma telenovela ou outra forma de diversão facilmente digerível? É porque alguns produtos da mídia requerem pouco esforço por parte da audiência que são importantes: eles aliviam o estresse. Além disso, o fazem de uma forma que não ameaça a ordem social. Sem esses escapes, quem sabe como nossas tensões e frustrações diárias se manifestariam?

Teoria do Conflito

Claramente, o funcionalismo oferece *insights* valiosos sobre o funcionamento dos meios de comunicação de massa. Contudo, a perspectiva funcional tem sido criticada pelos teóricos do conflito por dar atenção insuficiente à desigualdade social alimentada pela mídia. Especificamente, os teóricos do conflito dizem que o funcionalismo exagera o grau em que a mídia serve aos interesses da sociedade como um todo. Eles argumentam que algumas pessoas se beneficiam da mídia mais do que outras. Em particular, a mídia favorece os interesses das classes e dos grupos políticos dominantes (Gitlin, 1983; Herman e Chomsky, 1988; Iyengar, 1991; Horkheimer e Adorno, 1986 [1944]).

Os teóricos do conflito sustentam que há duas maneiras pelas quais as classes dominantes e os grupos políticos se beneficiam desproporcionalmente da mídia. Em primeiro lugar, a mídia transmite crenças, valores e idéias que geram ampla aceitação da estrutura básica da sociedade, incluindo as injustiças e as desigualdades. Em segundo lugar, a propriedade dos meios de comunicação de massa está concentrada nas mãos de um pequeno número de pessoas, sendo muito rentável para elas. Assim, os meios de comunicação de massa são uma fonte de desigualdade econômica.

A Propriedade da Mídia

A propriedade dos meios de comunicação de massa tem certamente se tornado muito concentrada com o tempo e, sem sombra de dúvida, os Estados Unidos dominam o mercado mundial. De acordo com um estudo sobre fusões e alianças efetuado por uma empresa de consultoria americana, a McKinsey, a competição mundial nos próximos anos tende a envolver apenas cinco grandes empresas por setor da economia. Isso ocorre porque o montante de recursos exigidos pela inovação tecnológica, pela diversificação produtiva, pelas pesquisas envolvidas, pelo marketing global e pela competição em mercados internacionais torna as fusões e as alianças necessárias a fim de minimizar os riscos e distribuir custos e perdas (Moraes, 1998: 60-1). Para se ter uma idéia mais clara desse processo, considere que cerca de 50 corporações controlavam metade de todas as organizações de comunicação de massa nos Estados Unidos em 1984. Em 1993, cerca de 20 corporações exerciam esse grau de controle da mídia (Bagdikian, 1997 [1983]). Entre 1992 e 1996, a proporção de emissoras de televisão que os 10 maiores proprietários possuíam quase duplicou; a proporção de estações de rádio dos 10 maiores proprietários mais que quadruplicou ("Media Mergers...", 2000). A produção de livros, filmes, publicação de jornais e TV a cabo está cada qual dominada por apenas seis empresas. Apenas cinco empresas dominam a indústria da música nos Estados Unidos (McChesney, 1999).

Não foi apenas o *grau* de concentração que mudou, mas a própria *forma* de concentração da mídia começou a mudar nos anos de 1990 (McChesney, 1999). Até os anos de 1990, a concentração da mídia envolveu principalmente a "integração horizontal", isto é, um pequeno número de empresas tentou controlar o quanto pôde a produção em seus campos específicos (filmes, jornais, rádio, televisão etc.). Nos anos de 1990, entretanto, a "integração vertical" se tornou muito mais difundida, ou seja, as empresas procuraram controlar a produção e a distribuição em muitas áreas, tornando-se conglomerados de mídias. Hoje em dia, um conglomerado pode possuir qualquer combinação de redes de televisão, estações, equipamentos e recursos de produção; revistas, jornais e editoras; canais a cabo e sistemas de cabo; estúdios de cinema, teatros e cadeias de locadoras de vídeo; times e estádios esportivos; portais da rede mundial e empresas de *software*. Um conglomerado de mídia pode criar um conteúdo e difundi-lo de várias formas. Por exemplo, pode produzir um filme, promovê-lo em suas redes de TV e rádio e, depois, uma série de TV, CD, livro e vendê-los — todos entregues ao consumidor em lojas pertencentes ao próprio conglomerado. Entre essas empresas estão America Online, Netscape, Amazon.com, Time-Life Books, Book-of-the-Month Club, Warner Books, HBO,

CNN, Warner Bros., Castle Rock Entertainment, *Time, Fortune, Life, Sports Illustrated, Money, People, Entertainment Weekly,* Warner Brothers Records, entre outras.

Além da AOL/Time Warner, os maiores participantes da mídia nos Estados Unidos incluem a Disney, a Viacom e a News Corporation. Outros conglomerados gigantes da mídia incluem a Bertelsmann (Alemanha), a Sony (Japão), a Vivendi (França e Canadá, embora a segunda maior corporação americana em valor de mercado, a General Electric, tenha concluído um acordo para adquirir as ações da Vivendi no fim de 2003). Vale salientar, no entanto, que apenas três das dez maiores companhias de mídia e entretenimento do mundo não estão sediadas nos Estados Unidos: a alemã Bertelsmann, a anglo-holandesa Polygram e a japonesa Sony (Moraes, 1998: 72). Ao fazer uma lista dos países em que os principais proprietários desses conglomerados da mídia residem, não estamos sugerindo que elas operam apenas dentro desses países. Ao contrário, hoje em dia, os conglomerados dos meios de comunicação de massa estão cada vez mais globais em sua operação. Por exemplo, a Viacom detém 50% das ações da MTV Brasil, enquanto o Grupo Abril detém os restantes 50%; na Sky Brasil, a Globo detém 28% das ações, enquanto Rupert Murdoch, proprietário da Fox, da Sky e da DirectTV, detém o restante.

De fato, muito da história da radiodifusão no Brasil está atrelada ao capital estrangeiro, em especial norte-americano. Embora fosse proibido pela legislação brasileira o uso de capital estrangeiro em empresas de radiodifusão, o crescimento da Rede Globo teve início com um suposto apoio de assistência técnica com o grupo americano Time-Life no início dos anos de 1960, mas que, na prática, significou uma grande injeção de cerca de seis milhões de dólares — quantia substancial na época ("Democratizar a Comunicação...", 2005). A abertura do setor ao capital estrangeiro só começou, pelo menos formalmente, em 1995, com o enquadramento da TV a cabo como "telecomunicações", em vez de "radiodifusão" (Moraes, 1998).

A Globo é hoje um dos maiores conglomerados do Brasil (ver o Capítulo 9, "Economia e Trabalho"). Atualmente, o grupo possui emissoras de TV, jornais, emissoras de rádio, uma participação substancial nos grupos de TV por assinatura Net e Sky, editora de livros e revistas, um portal eletrônico e gravadoras de música. Mas ela não é o único conglomerado de mídia brasileiro. Outros incluem o Grupo Abril (o principal rival da Globo nas áreas de TV por assinatura e mídia impressa), a Rede Brasil Sul de Comunicação e o SBT. De acordo com Dênis de Moraes (1998: 106-7), além de se constituírem em conglomerados, os meios de comunicação de massa brasileiros se revestem de uma característica especial: são os mais familiais, em que apenas nove famílias controlam mais de 90% do setor no Brasil. Dentre os principais proprietários destacam-se as famílias Marinho (Globo), Civita (Abril), Sirotsky (RBS), Saad (Bandeirantes), Abravanel (SBT), Bloch (Manchete), Mesquita (*O Estado de S. Paulo*), entre outras. Outra característica apontada pelo autor é a relação entre os meios de comunicação de massa e os políticos. Segundo levantamento efetuado pela revista *Veja*, em novembro de 1995, "das 302 emissoras comerciais de TV existentes no país, 94 pertenciam a políticos ou ex-políticos. Entre os 594 parlamentares eleitos em 3 de outubro de 1994, 130 [possuíam] concessão de rádio ou TV ou uma combinação das duas. Dos 27 governadores empossados em 1º de janeiro de 1995, 12 [possuíam] concessões de rádio ou TV" (Moraes, 1998: 108). De acordo com a Intervozes, uma associação civil que atua no sentido de transformar a comunicação social no Brasil, em 2002, de um total de 81 senadores, 36% estavam diretamente ligados aos meios de comunicação de massa ("40 Anos da Rede Globo...", 2004).

A Tendenciosidade da Mídia

Será que a concentração da mídia em menos e menos mãos priva o público de fontes independentes de informação, limita a diversidade de opinião e encoraja esse público a aceitar a sociedade como ela é? Os teóricos do conflito acreditam que sim. Eles consideram que, quando uns poucos conglomerados dominam a produção de notícias, eles excluem pontos de vista alternativos. Além disso, como Edward Herman e Noam Chomsky (1988) argumentam, vários mecanismos ajudam a distorcer as notícias no sentido de apoiar interesses de corporações e grupos políticos poderosos. Os mecanismos de distorção incluem a propaganda, as fontes de informação e o ataque hostil:

- *Propaganda.* A maior parte da renda adquirida pelas estações de televisão e de rádio, jornais e revistas vem da propaganda de grandes corporações. De acordo com Herman e Chomsky, essas corporações procuram influenciar as notícias para que reflitam favoravelmente sobre elas. Assim, em uma pesquisa americana, 93% dos editores de jornais disseram que seus anunciantes tentaram influenciar suas reportagens e 37% dos editores de jornais americanos admitiram ser, de fato, influenciados por anunciantes (Bagdikian, 1997 [1983]).
- *Fontes de informação.* Estudos sobre as fontes de notícia mostram que a maioria das agências busca suas informações em notas à imprensa, notícias de conferências e entrevistas organizadas por grandes corporações e agências governamentais. Essas fontes muitas vezes distorcem a informação a fim de refletir de forma favorável sobre suas políticas e preferências governamentais e corporativas. Certamente, como tem sido bem documentado, a indústria com freqüência manipula a ciência, paga por pareceres de apoio aparentemente objetivos de terceiros e usa especialistas em relações públicas para dar um "toque" favorável em assuntos desagradáveis — tudo com o objetivo de autopromoção (Rampton e Stauber, 2001). Fontes de informação não-oficiais não dispõem de recursos para se envolver nessas práticas e, de qualquer forma, são consultadas com menos freqüência e tendem a ser usadas apenas para fornecer reações e pontos de vista de minorias que são secundários em relação à história oficial.
- *Ataque hostil.* Os governos e as grandes corporações rotineiramente atacam jornalistas que se afastam dos seus pontos de vista. Por exemplo, a indústria do tabaco tem tentado desacreditar sistematicamente reportagens da mídia sobre a relação entre o cigarro e o câncer. Em um caso notório ocorrido nos Estados Unidos no final dos anos de 1990, um respeitado programa de televisão, o *60 Minutes*, recusou-se transmitir uma entrevista de resposta de um antigo executivo da Philip Morris sobre como a indústria do tabaco tinha os adolescentes como principal alvo de suas propagandas e manipulava os níveis de amônia do tabaco para maximizar a dependência porque a rede de televisão que produzia o programa foi ameaçada de ação legal pela companhia. (Esse incidente foi objeto do filme *O Informante*, indicado para o Oscar de 2000 e estrelado por Russell Crowe.)

De maneira geral, os argumentos dos teóricos do conflito são bastante convincentes; entretanto, como acontece com qualquer teoria, não dão conta da história toda (Gans, 1979a). Em primeiro lugar, ainda que muitos editores de jornais tenham sido influenciados por seus anunciantes, nem todos o foram. Além disso, as agências de notícias podem utilizar fontes governamentais e corporativas, mas isso não as impede de, com freqüência, morder a mão que as alimentou e fazer ataques hostis a essas fontes. Nos anos de 1990, repórteres investigativos da revista *Veja* divulgaram o escândalo do esquema PC, o que resultou no *impeachment* do então presidente Collor (ver o Capítulo 10, "Política"). Mais recentemente, a Rede Globo divulgou a crise política iniciada com a CPI dos Correios no governo Luiz Inácio Lula da Silva. Como esses exemplos mostram, mesmo as principais fontes de notícias, ainda que de propriedade de conglomerados da mídia, nem sempre agem como cães de guarda dos poderosos (Hall, 1980).

Mesmo assim, os teóricos do conflito estão certos no que diz respeito a como os meios de comunicação de massa apóiam os valores centrais da sociedade. Em sua defesa desses valores, os meios de comunicação *são* praticamente unânimes. Por exemplo, a mídia apóia entusiasticamente o capitalismo e a liberdade de imprensa. Não podemos pensar em um único exemplo de um canal brasileiro de notícias importante defendendo uma economia socialista ou a censura à imprensa para o país.

De modo semelhante, os meios de comunicação de massa, de maneira praticamente unânime, apóiam o consumismo como um modo de vida. Conforme foi discutido no Capítulo 3, "Cultura", o consumismo é a tendência de uma pessoa definir a si própria em termos dos bens e serviços que compra. O apoio ao consumismo é evidente no fato de que a propaganda alimenta os meios de comunicação de massa, constituindo sua base. Em sociedades notoriamente consumistas — como é o caso dos Estados Unidos, por exemplo —, as despesas com propaganda correspondem a quase um quarto das despesas com educação em todos os seus níveis (United Nations, 1998). O americano médio está exposto a um número inacreditável de anúncios a cada dia; algumas estimativas chegam aos milhares. No Brasil, a situação não é muito diferente. Pense, por exemplo, na influência crescente das empresas de produtos esportivos em campeonatos de futebol ou nas corridas de Fórmula 1. Além disso, empresas pagam aos produtores de filmes e de novelas para mostrar ostensivamente a marca de seus produtos aos espectadores. Em algumas revistas, como é o caso da *Vogue* e outras revistas de modas e variedades, os anúncios figuram com uma proeminência tal que temos de procurar os textos. O público responde à enxurrada de propagandas existentes participando de uma grande farra de compras, ainda que isso gere enormes dívidas com cartões de crédito.

Percebemos uma variedade de opiniões na mídia somente quando os meios de comunicação de massa lidam com notícias que dizem respeito a valores menos centrais. Por exemplo, políticas governamentais e corporativas específicas são freqüentemente objeto de debate apaixonado nos meios de comunicação de massa. Sendo assim, apesar da indiscutível concentração da propriedade da mídia, diversos autores sugerem que os meios de comunicação de massa são diversificados e freqüentemente controversos em temas específicos que não dizem respeito a valores centrais (Figura 13.1).

Apesar disso, existe um grande debate acerca da possibilidade de intervenção do Estado nos meios de comunicação de massa no Brasil a fim de garantir uma pluralidade de vozes e uma maior diversidade de opiniões, uma intervenção freqüentemente associada à idéia de censura. Isso sugere que a mídia brasileira é menos diversificada que as mídias de outros países (Quadro 13.1).

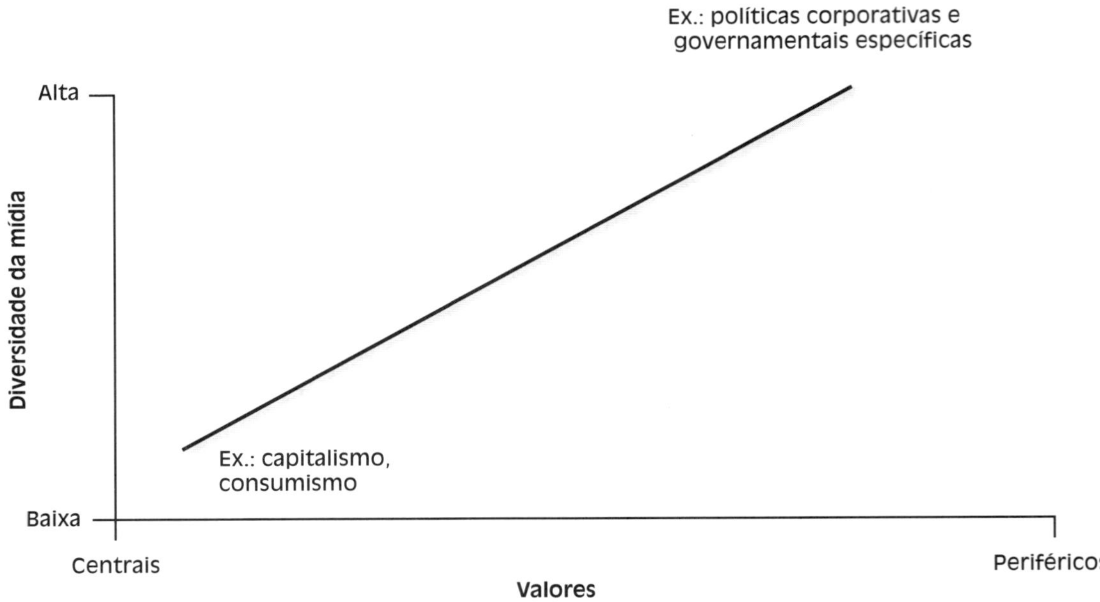

Figura 13.1 Relação entre a centralidade dos valores e a diversidade das opiniões da mídia

Abordagens Interpretativas

A idéia de que os meios de comunicação de massa influenciam um público passivo é comum. Muitas pessoas acreditam que a violência na TV gera violência na vida real, que a pornografia exposta nas bancas de revistas conduz a um comportamento sexual imoral e que adolescentes estão mais sujeitos a começar a fumar quando vêem astros populares do cinema e da televisão acendendo cigarros. Em uma pesquisa de 1995 da CBS/ *The New York Times,* por exemplo, os entrevistados disseram que consideravam a televisão a causa número um da violência cometida pelos adolescentes (Kolbert, 1995).

Funcionalistas e teóricos do conflito compartilham essa idéia de um determinismo de cima para baixo; membros de ambas tradições enfatizam como os meios de comunicação de massa cruzam as diferenças sociais e reforçam os valores centrais da sociedade. Claro que as duas escolas de pensamento diferem à medida que os funcionalistas enxergam esses valores centrais como atendendo aos interesses de todos, enquanto os teóricos do conflito os enxergam como favorecendo os ricos e poderosos. Entretanto, ao focalizar tão firmemente os valores centrais, ambas as perspectivas subestimam o grau segundo o qual os membros da audiência interpretam as mensagens de diferentes formas. A contribuição marcante do interacionismo simbólico e de abordagens semelhantes é que eles destacam a importância desses atos interpretativos.

Afinal qual é a influência que os meios de comunicação exercem de fato sobre suas audiências? A questão gera muita controvérsia, mas há uma boa razão para ver a perspectiva de um determinismo de cima para baixo como parcial. Por exemplo, relembre nossa discussão sobre violência e mídia no Capítulo 2, "Como os Sociólogos Fazem Pesquisa". Lá, verificamos que a maioria das pesquisas sobre o assunto está contaminada por um grande problema de validade. Dito de forma simples, experimentos sobre a relação entre violência e os meios de comunicação de massa podem

Quadro 13.1: Política Social: O que Você Acha? O Estado e os Meios de Comunicação de Massa: Censura ou Regulamentação?

Em agosto de 2004, veio à tona na grande imprensa brasileira a discussão sobre o projeto de criação da Ancinav — Agência Nacional do Cinema e do Audiovisual — proposto pelo governo Luiz Inácio Lula da Silva. O projeto continha pontos que contrariavam diretamente os interesses financeiros de veículos de comunicação e agências de publicidade, como a proposta de criação de uma taxa de 4% sobre o faturamento publicitário para financiamento do cinema nacional. Outros atingiam em cheio o bolso das grandes distribuidoras de filmes no mercado brasileiro, como aquele que sugeria a criação de uma taxa sobre o número de cópias dos filmes exibidos. Ambos os pontos tinham o objetivo declarado de estimular a diversificação da produção audiovisual consumida no Brasil, seja por meio de incentivo direto ao cinema nacional, seja por meio do aumento de custos para a presença maciça de filmes nas salas de exibição do Brasil.

O projeto foi massacrado na cobertura "jornalística" dos grandes veículos de comunicação, especialmente a das redes de televisão aberta. A estratégia deu certo — o projeto foi engavetado ainda no ano de 2004. Mas a discussão em torno da proposta de criação da Ancinav revelou as diferentes posições políticas quanto à relação entre o Estado e os veículos de comunicação no Brasil. De um lado, esses veículos costumam etiquetar de "censura" qualquer tentativa de regulação de seus negócios, e para isso recorrem ao aval de figuras respeitadas no campo cinematográfico, como Cacá Diegues e Arnaldo Jabor. De outro lado, o próprio ministro da Cultura do governo Lula, Gilberto Gil, parecia representar, pelo menos nesse quesito, as reivindicações de setores mais à esquerda da sociedade brasileira, que há muito pleiteavam a criação de mecanismos de regulação estatal dos veículos de comunicação, de maneira a promover a produção audiovisual independente (aquela que não é financiada, produzida ou veiculada pelos grandes grupos do setor).

A posição liberal defendida pelos veículos de comunicação de massa e seus porta-vozes sustenta que uma proposta como aquela ameaça a liberdade de expressão porque "submete a obra visual a diferentes valores éticos e sociais que ficam a cargo do governo definir e julgar", como disse Cacá Diegues em depoimento ao jornal *O Globo* (citado em Souza, 2004). O fio condutor desse discurso é a identificação de qualquer tentativa de regulação estatal à censura. Trata-se de uma forma de aproveitar toda a conotação negativa que o termo carrega em um país que viveu uma ditadura há pouco mais de 20 anos. Veja-se, por exemplo, a seguinte fala de Antonio Telles, então vice-presidente da Rede Bandeirantes: "O governo tenta impor uma estrutura reguladora muito firme, com um texto que fala em interferências no conteúdo das tevês que são inadmissíveis. Não podemos mais aceitar tentativas de censura" (citado em Souza, 2004). Ele se refere aos artigos que determinavam uma proporção mínima de programação nacional e regional na grade dos veículos. O caráter liberal dessa posição consiste na crença inabalável na capacidade de o mercado, por si só, garantir a diversidade desejada pelo consumidor, o que leva a entender como "dirigismo" qualquer tentativa de regulação do setor pelo Estado. A justificativa última dessa posição estaria na suposta "liberdade de escolha" do consumidor, que pode, em princípio, acatar ou rejeitar os produtos audiovisuais oferecidos e assim estimular a produção daqueles que lhe agradam. Diante disso, a regulação dos veículos de comunicação pelo Estado representaria pura e simplesmente uma censura à liberdade de expressão, não dos próprios veículos, mas dos consumidores que eles supostamente representam.

O que não está colocado nesse discurso é que o alarido pela regulação estatal dos meios de comunicação de massa parece partir justamente de setores que lutaram pela democratização — ou seja, aqueles que mais sentiram o peso da repressão. Senão vejamos: a proposta de criação da Ancinav é francamente baseada na Ancine — Agência Nacional de Cinema —, criada por sugestão dos participantes do III Congresso de Cinema realizado em 2000. Muitos cineastas pretendiam, naquele momento, estimular uma política cultural capaz de ampliar e diversificar o cinema nacional, entendido como um meio de expressão das questões nacionais e de estímulo para sua superação. Na mesma direção, Toni Venturi, cineasta paulista, afirmava em depoimento à *Carta Capital* (2004) que a Ancinav era uma "oportunidade histórica de o Estado retomar suas responsabilidades como regulador do mercado". A idéia básica defendida é a de que, deixado a seu livre curso, o mercado produz distorções que cabe ao Estado minimizar, regulando o negócio de maneira a produzir resultado socialmente satisfatório. No caso, essa regulação teria por objetivo minimizar o imperialismo cultural no campo do cinema e permitir maior diversidade nos conteúdos das televisões abertas.

A regulação dos meios de comunicação pelo Estado, para a revista *Veja* (2004), é apenas a revelação do "autoritarismo" do Partido dos Trabalhadores (PT). Para muitos membros do Fórum Nacional pela Democratização da Comunicação, é um instrumento necessário para assegurar que o audiovisual e o jornalismo não sejam reduzidos a um negócio como outro qualquer, sem que se considere sua relevância cultural e política. Afinal de contas, a grande censura sobre os conteúdos da mídia não parte mais do Estado, mas dos próprios veículos. Trata-se de uma censura econômica que seleciona o que vai ser veiculado em função dos interesses dos grupos que controlam os meios de comunicação, cuja propriedade altamente concentrada pode ameaçar os princípios democráticos da pluralidade de vozes e da diversidade de opiniões.

E você, o que pensa a respeito da regulação dos meios de comunicação por parte do Estado? Você considera que o mercado produz distorções indesejáveis como o imperialismo cultural? Caberia ao Estado agir para permitir maior diversidade nos conteúdos da mídia? Ou, ao contrário, você acredita no poder de decisão e na livre escolha do consumidor como o mecanismo mais adequado para lidar com as relações de poder entre grande capital, mídia e consumidor?

não medir o que dizem que medem e, conseqüentemente, não é tão simples saber em que medida a violência na TV encoraja o comportamento violento. O consenso entre sociólogos parece ser que, no máximo, a violência na TV tem um efeito modesto sobre uma pequena porcentagem de telespectadores (Felson, 1996; Freedman, 2002).

Porém existem outras razões para se questionar a força dos efeitos da mídia. Por exemplo, há meio século, pesquisadores mostraram que as pessoas não mudam suas atitudes e seus comportamentos apenas porque a mídia lhes diz para fazê-lo. Isso acontece porque a ligação entre as mensagens persuasivas da mídia e o comportamento efetivo é indireta: o que ocorre é um **fluxo da comunicação em dois estágios** (Katz, 1957; Schiller, 1989; Schudson, 1995). No estágio 1, pessoas "respeitáveis" de *status* elevado avaliam as mensagens da mídia. São os líderes de opinião de uma vizinhança ou comunidade, geralmente pessoas com maior grau de escolaridade, mais abastadas ou com maior poder político em seu círculo. Devido ao seu alto *status*, essas pessoas têm uma independência de julgamento considerável. No estágio 2, os líderes de opinião *podem* influenciar as atitudes e os comportamentos de outros. Dessa forma, líderes de opinião acabam filtrando as mensagens da mídia e o fluxo em dois estágios limita seus efeitos. Se as pessoas votam em certos candidatos, compram certos produtos ou fumam determinadas marcas de cigarros é menos porque a mídia lhes diz do que porque líderes de opinião sugerem que elas devem fazê-lo.

Outro argumento persuasivo que leva ao questionamento dos efeitos dos meios de comunicação de massa vem dos sociólogos interpretativos — como os interacionistas simbólicos e os especialistas em **estudos culturais** interdisciplinares. Eles usam entrevistas em profundidade e a observação participante para estudar como as pessoas interpretam as mensagens da mídia.

O sociólogo inglês Stuart Hall, um dos mais destacados expoentes dos estudos culturais, enfatiza que as pessoas não são recipientes vazios em que os meios de comunicação de massa despejam um conjunto de crenças, valores e idéias. Ao contrário, os membros da audiência têm um papel ativo no consumo dos produtos desses meios. Filtram e interpretam as mensagens da mídia no contexto de seus próprios interesses, experiências e valores. Dessa forma, na visão de Hall, qualquer análise adequada dos meios de comunicação de massa precisa levar em consideração tanto a produção como o consumo dos produtos da mídia. Ele afirma que primeiro necessitamos estudar os significados pretendidos pelos produtores. Em seguida, precisamos estudar como as audiências consomem e avaliam os produtos da mídia. Significados pretendidos e recebidos podem divergir: os membros da audiência freqüentemente interpretam as mensagens da mídia de formas distintas das pretendidas pelos produtores (Hall, 1980; Seiter, 1999).

Mesmo o ato de assistir televisão pelas crianças torna-se complexo quando visto a partir de uma abordagem interpretativa. Pesquisas mostram que crianças distinguem claramente entre a violência de "faz-de-conta" da mídia e a violência da vida real (Hodge e Tripp, 1986). Essa é uma das razões pelas quais assistir a vários episódios da série *South Park* não produziu uma nação de clones de *South Park*. De modo semelhante, as pesquisas mostram que existem diferenças na maneira como as mulheres das classes baixas e das classes médias se relacionam com a televisão. As mulheres das classes mais baixas tendem, mais do que as das classes médias, a avaliar os programas de TV em termos de seu "realismo". Essa atitude crítica reduz sua capacidade de se identificar com muitas personalidades, personagens e histórias. Por exemplo, mulheres de classe baixa sabem por experiência própria que as famílias não funcionam da maneira como é mostrado na TV e tendem a ver a família nuclear idealizada representada nos programas de televisão com uma mistura de nostalgia e ceticismo (Press, 1991). A idade também afeta o modo como uma pessoa se relaciona com a televisão. Telespectadores mais velhos tendem a ser mais seletivos em suas escolhas de programas e a prestar mais atenção ao que estão vendo. Em contraste com isso, as pessoas que cresceram com TV a cabo e com controle remoto freqüentemente "surfam" pelos canais enquanto conversam, comem e desempenham tarefas domésticas, "ligando-se" e "desligando-se" dos programas sem se deixar absorver pelo que estão vendo (Press, 1991). Um exemplo particularmente marcante do papel ativo das audiências é o das telenovelas brasileiras. As telenovelas constituem-se verdadeiras "obras abertas", escritas ao mesmo tempo em que são gravadas (Jambeiro, 2001: 116). Como afirma Dias Gomes: "A telenovela é totalmente aberta, porque nem o texto está pronto. Muita coisa vai ocorrer que não estava na sua previsão" (citado em Ortiz, Borelli e Ramos, 1991: 179). À medida que os capítulos vão sendo transmitidos, as redes de televisão realizam pesquisas que revelam sua repercussão nos diversos tipos de audiência, e reformulam a trama, caso necessário. Como todos esses exemplos sugerem, não é correta a idéia de que esses telespectadores são como esponjas que absorvem passivamente os valores contidos nos programas de TV e depois agem mecanicamente com base neles.

Abordagens Feministas

Finalmente, consideremos as abordagens feministas para o estudo dos efeitos da mídia. Nos anos de 1970, as feministas se concentraram nas representações — mais exatamente nas distorções — das mulheres nos meios de comunicação de massa. Concluíram que as mulheres eram retratadas como donas de casa, secretárias e outros papéis subordinados em novelas, filmes e programas de TV, enquanto os homens apareciam como profissionais e figuras de autoridade. Além disso, as mulheres normalmente apareciam em ambientes domésticos e, os homens, em ambientes públicos. A propaganda via as mulheres como consumidoras de produtos e utensílios domésticos e os noticiários raramente mencionavam questões importantes para muitas mulheres — como a discriminação salarial na força de trabalho remunerada, o assédio e o abuso sexual, problemas relativos a cuidados com as crianças etc. Algumas vezes as reportagens banalizavam ou censuravam o movimento de mulheres. Assuntos considerados dignos de virarem notícia (economia, política partidária, assuntos internacionais e crimes) estavam associados aos homens e estes tinham muito mais probabilidade de serem usados como fontes e emissores de notícias (Watkins e Emerson, 2000: 152-3).

A maior parte dessa pesquisa feminista inicial aceitou o pressuposto de que as audiências são passivas, de que os meios de comunicação de massa representam as mulheres de modo estereotipado, de que os membros da audiência aceitam os estereótipos como normais e mesmo naturais e, portanto, reforçam as desigualdades de gênero existentes. Entretanto, nos anos de 1980 e 1990, muitas pesquisadoras feministas criticaram essa fórmula simplista. Grandemente influenciadas pelos estudos culturais, elas reconheceram que os membros da audiência interpretam seletivamente as mensagens da mídia e, algumas vezes, chegam até a contestá-las.

Um bom exemplo dessa aproximação mais sutil e menos determinista é um estudo de Andrea Press e Elizabeth Cole (1999) sobre a reação da audiência ao aborto tal como mostrado nos programas de TV americanos. Por um período de quatro anos, Press e Cole conduziram 34 grupos de discussão envolvendo 108 mulheres. As mulheres assistiam a três programas de TV e depois discutiam suas próprias atitudes e suas reações aos programas. Como vem ocorrendo em alguns programas brasileiros em relação à realização de testes de DNA para aqueles que contam sua história na TV, esses programas defendiam a liberdade de escolha, mostravam mulheres que escolheram abortar para evitar ou minimizar a pobreza e financiavam os custos do aborto.

Press e Cole encontraram atitudes complexas, ambivalentes e às vezes contraditórias entre os membros da audiência; entretanto, quatro *conjuntos* distintos de opiniões emergiram.

1. *Mulheres pró-vida de todas as classes sociais* formam o grupo mais homogêneo. Elas acham que o aborto nunca é justificado e, em princípio, rejeitam as justificativas dos meios de comunicação de massa para o aborto.
2. *Mulheres pró-escolha das classes populares que pensam em si mesmas como membros dessas classes* concebem o aborto como uma estratégia de sobrevivência, e não como um princípio. Elas não defendem o aborto, mas temem que a aplicação de leis mais restritivas poderia prejudicar as mulheres de sua classe e, nesse sentido, opõem-se a quaisquer restrições à legalidade do aborto nos Estados Unidos. Apesar disso, rejeitam a mensagem da TV segundo a qual dificuldades financeiras justificam o aborto.
3. *Mulheres pró-escolha das classes populares que aspiram a um* status *de classe média* se afastam das "irresponsáveis" de sua classe que procuraram aborto em programas de TV. Elas toleram o aborto para essas pessoas, mas o rejeitam para si próprias e para outras mulheres "responsáveis".
4. *Mulheres pró-escolha da classe média* acreditam que somente os sentimentos individuais de uma mulher podem determinar se o aborto é certo ou errado em seu caso. Muitas mulheres pró-escolha da classe média tinham profundas reservas quanto ao aborto e muitas delas o rejeitam como uma opção para si mesmas. Entretanto, defendem firmemente o direito de todas as mulheres de escolherem o aborto, especialmente as do tipo retratadas nos programas de TV que viram.

Um dos aspectos mais impressionantes da pesquisa de Press e Cole é que, por diferentes razões, três das quatro categorias de audiência (categorias 1, 2 e 3) são altamente céticas a respeito das três representações da TV sobre o aborto. Suas posições de classe e atitudes agem como filtros, influenciando a maneira como reagem aos programas de TV e como percebem a questão. Além disso, três das quatro categorias das participantes da audiência (categorias 2, 3 e 4) rejeitam a dicotomia simplista, freqüentemente apresentada pelos meios de comunicação de massa, entre pró-escolha e pró-vida. Muitas defensoras da pró-escolha expressam ambivalência acerca do aborto e o rejeitam como uma opção para si mesmas. Devemos concluir que as mulheres reais são mais complexas que os estereótipos alardeados nos meios de comunicação de massa e que as mulheres da audiência sabem disso.

Nos últimos anos, algumas feministas começaram a prestar atenção à capacidade dos meios de comunicação de massa de reproduzir e mudar o sistema de desigualdade racial na sociedade americana. No trabalho dessas estudiosas, as questões gêmeas da distorção da imagem da mulher e da interpretação ativa da audiência reaparecem, mas, dessa vez, com uma perspectiva racial. Por um lado, descobriram que certas imagens estereotipadas da mulher negra são recorrentes nos meios de comunicação de massa. As mulheres afro-americanas, por exemplo, aparecem com freqüência no papel da mãe que depende do Estado de bem-estar social, a Jezabel altamente sexualizada e a aia preta. Por outro lado, reconhecem que alguns meios de comunicação de massa, especialmente o cinema independente e a música popular, possibilitam à mulher negra contestar esses estereótipos (Watkins e Emerson, 2000).

Pesquisas de opinião pública vêm corroborando a idéia de uma autonomia relativa das audiências e uma visão bastante crítica no que se refere aos conteúdos da programação de TV. Por exemplo, uma pesquisa intitulada *Fala Brasil*, realizada em 1998, mostrou que 80% dos entrevistados concordavam com a idéia de que "de uma maneira geral, a mulher é tratada como objeto sexual na televisão" ("A Mulher e os Meios de Comunicação", 2000). Isso não significa, no entanto, que a representação de mulheres, minorias raciais, pessoas pobres e com deficiências físicas não tenda a reforçar os estereótipos tradicionais, correntes e negativos, embora que, às vezes, de maneira sutil. Esse parecia ser o caso do programa *Erótica*, da MTV. Com um cenário em tons de vermelho, uma enorme cama redonda na qual se sentava uma apresentadora vestida em estilo casual e *sexy*, o programa contava com a presença do psiquiatra Jairo Bauer para responder as questões dos adolescentes, que enviavam suas perguntas por e-mail ou por telefone. Nas palavras de Rosa Maria Bueno Fischer, "naquele espaço, em que jovens encontram acolhida e esclarecimento, marcam-se claramente na figura dos dois apresentadores (...) os lugares do homem (o especialista, o médico, o lugar do saber científico) e da mulher (a sensualidade, a beleza, o desejo), reforçados a cada mensagem eletrônica respondida, a cada telefonema atendido ao vivo, sobre as mais diferentes dúvidas dos adolescentes" (Fischer, 2001: 594).

Apesar disso, tem havido algumas mudanças por parte dos próprios meios de comunicação de massa. Muitos jornais e telejornais influentes têm colocado mulheres em cargos executivos e em suas colunas políticas e econômicas — áreas antes predominantemente masculinas. As pesquisas sugerem que os meios de comunicação de massa ainda têm um longo caminho pela frente antes que cessem de reforçar os estereótipos femininos e de grupos minoritários. Entretanto, elas também sugerem que as audiências e os artistas dificilmente são veículos passivos desses estereótipos, mas lutam para diversificar a maneira como os meios de comunicação de massa os caracterizam.

Resumindo

Concluímos que cada uma das perspectivas teóricas revisadas até agora contribui para nossa compreensão de como os meios de comunicação de massa nos influenciam, embora elas possam se contradizer em certa medida (Tabela 13.3):

- O *funcionalismo* identifica os principais efeitos sociais dos meios de comunicação de massa: coordenação, socialização, controle social e entretenimento. Ao realizar essas funções, os meios de comunicação de massa ajudam a tornar possível a ordem social.
- As *teorias do conflito* nos possibilitam enxergar algo que o funcionalismo não nos permite perceber. Como uma vasta rede de máquinas de fazer dinheiro, controlada por um pequeno grupo de pessoas cada vez mais ricas, os meios de comunicação de massa contribuem para a desigualdade econômica e a manutenção dos valores centrais de uma ordem social estratificada.
- As *abordagens interpretativas* oferecem uma outra perspectiva ao nos lembrar que os membros da audiência são pessoas e não robôs programáveis. Filtramos, interpretamos, resistimos e algumas vezes rejeitamos as mensagens da mídia de acordo com nossos próprios interesses e valores. Uma apreciação sociológica ampla dos meios de comunicação de massa é obrigada a reconhecer a interação existente entre produtores e consumidores das mensagens da mídia.
- As *abordagens feministas* oferecem ainda uma perspectiva diferente ao salientar que há uma representação distorcida das mulheres e das minorias nos meios de comunicação de massa. Elas também enfatizam a maneira como as mulheres e as minorias raciais contestaram essas distorções e procuraram diversificar a caracterização de raça e de gênero pelos meios de comunicação de massa.

Tabela 13.3 Teorias dos efeitos da mídia

Teorias	Efeitos da mídia
Funcionalismo	Coordenação, socialização, controle social e entretenimento: todos esses elementos tornam a ordem social possível.
Conflito	Reforço da desigualdade econômica e reprodução dos valores centrais de sociedades estratificadas.
Abordagens interpretativas	Uma vez que as audiências filtram, interpretam, resistem e às vezes rejeitam as mensagens da mídia, seus efeitos são ambíguos e nunca podem ser determinados *a priori*.
Abordagens feministas	Os estereótipos de gênero e raça apresentados nos meios de comunicação de massa reproduzem essas desigualdades, embora a resistência e a inovação resultem em mudanças.

Dominação e Resistência na Internet

Enfatizamos a interação que normalmente ocorre entre os meios de comunicação de massa e suas audiências. A fim de tornar isso mais claro, faremos agora uma análise em profundidade da dominação e da resistência na internet. Como você verá, a internet provê uma nova oportunidade para os conglomerados da mídia restringirem o acesso a consumidores pagantes e acumular enorme riqueza. Ao mesmo tempo, entretanto, oferece aos seus consumidores novas habilidades criativas, obscurecendo a distinção entre produtor e consumidor. Concluímos, então, que a internet tem o potencial de fazer a comunicação de massa mais democrática — pelo menos para aqueles que podem pagar pelo acesso. Para desenvolver essa idéia, consideremos primeiro as forças que restringem o acesso à internet e aumentam o poder dos conglomerados da mídia. Em seguida, discutiremos alguns movimentos contrários.

Acesso

No ano de 2005, havia quase 500 milhões de pessoas com acesso à internet no mundo inteiro (Nielsen NetRatings, 2005). A internet requer uma estrutura cara de computadores pessoais e servidores, uma rede complexa de cabos de fibra ótica, trançados de cobre e coaxiais e muitos outros componentes. As pessoas devem pagar por essa infra-estrutura e, conseqüentemente, seu acesso não está aberto para todos. Além disso, elas devem ter um treinamento adequado para serem capazes de utilizar as novas tecnologias de informação. O acesso ao conjunto desse capital físico (computadores, internet etc.) e social (aulas de informática, educação básica etc.) relativo às tecnologias da informação constitui o que se conhece como **inclusão digital**.

A Tabela 13.4 mostra a distribuição dos domicílios brasileiros com acesso à internet para o ano de 2003, segundo dados da PNAD. De acordo com a tabela, podemos verificar que existe uma grande variação regional que segue o mesmo princípio da distribuição da renda nacional.

Tabela 13.4 Domicílios particulares com acesso à internet, por grande região — Brasil, 2003 (em porcentagem)

Brasil	11,4
Norte (urbana)	5,1
Nordeste	4,4
Sudeste	15,6
Sul	13,1
Centro-Oeste	10,8

Fonte: IBGE, PNAD (2003).

A exclusão digital representa hoje uma importante forma de desigualdade de oportunidades, já que o acesso à tecnologia de informação constitui a base estrutural da era do conhecimento. Uma das principais maneiras de começar a combater a exclusão digital é investir diretamente nas escolas, a fim de que os alunos possam começar, o quanto antes, a ter acesso e a se familiarizar com as novas tecnologias ("Mapa da Exclusão Digital", 2003). A Tabela 13.5 mostra a porcentagem de escolas com laboratórios de informática e acesso à internet, por ciclo de ensino para o ano de 2001. Observe que, do total de escolas de ensino fundamental no Brasil, apenas 10% tinham laboratórios de informática e 9,77% deles tinham acesso à internet. No que se refere ao ensino médio, a situação era um pouco melhor: 50% das escolas tinham laboratório de informática, das quais 43,5% tinham acesso à internet ("Mapa da Exclusão Digital", 2003). Um dos problemas com esses dados é que, para o cálculo da porcentagem de alunos em função da infra-estrutura disponível, não se considera o acesso real dos estudantes. Assim, por exemplo, pode ser que uma escola disponha de cinco computadores com acesso à internet, mas que esses computadores sejam acessados exclusivamente por funcionários. Isso significa que os números da tabela não nos dão um retrato muito fiel do acesso à tecnologia da informação por parte dos alunos.

● **Tabela 13.5** Acesso à tecnologia da informação nas escolas — Brasil, 2001

Ciclo de ensino	Porcentagem de escolas segundo a infra-estrutura disponível		Porcentagem de alunos segundo a infra-estrutura disponível	
	Laboratório de informática	Acesso à internet	Laboratório de informática	Acesso à internet
Fundamental				
Total	10,00	9,77	23,94	25,39
1º a 4º séries	8,16	8,24	14,66	19,81
5º a 8º séries	28,21	24,89	35,68	32,44
Médio	50,29	43,55	55,87	45,64

Fonte: "Mapa da Exclusão Digital" (2003).

Outra forma de se perceber a relação entre exclusão digital e outras formas de desigualdade se dá por meio da relação entre cor e acesso à internet, resumida na Figura 13.2. Observe que, segundo os dados do IBGE, para o período em questão, a cor "branca" correspondia a 53,74% da população brasileira, seguida de pardos (38,45%), pretos (6,21%), outras (0,71%), amarela (0,45%) e indígenas (0,43%). Como seria de se esperar, pretos, pardos e indígenas representam os principais grupos de excluídos digitais no país. A grande surpresa, entretanto, diz respeito à grande inclusão digital de "amarelos". Apesar disso, dado o tamanho reduzido da população amarela em relação ao conjunto da população brasileira, percebe-se que as chances de uma pessoa branca ter acesso à internet é 167% maior que a de uma não-branca ("Mapa da Exclusão Digital", 2003).

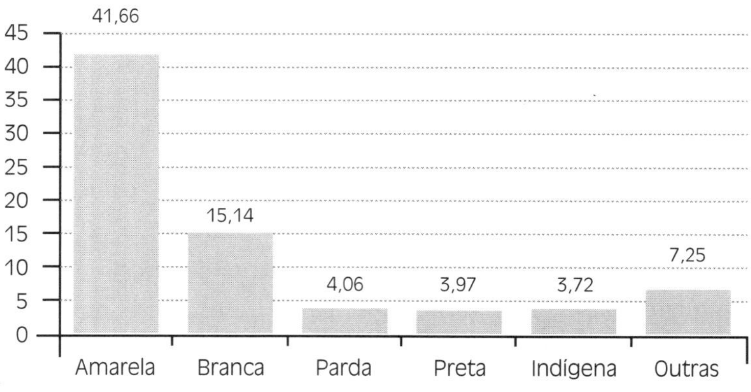

● **Figura 13.2** Acesso à internet por cor, em porcentagem — Brasil, 2001
Fonte: "Mapa da Exclusão Digital" (2003).

O acesso à internet também não está distribuído globalmente de maneira uniforme. Como a Figura 13.3 mostra, em 2003, os Estados Unidos eram o líder esmagador no *ranking* de população conectada. Em 2000, a *taxa* de conectividade da internet (usuários da internet por mil habitantes) da América do Norte era o dobro da taxa da Europa Ocidental, quase 15 vezes mais alta que a da Europa Oriental e cerca de 28 vezes mais alta que a da América do Sul e Central. Além disso, era mais do que 28 vezes maior que a taxa da Oceania e mais de 68 vezes mais alta que a do Oriente

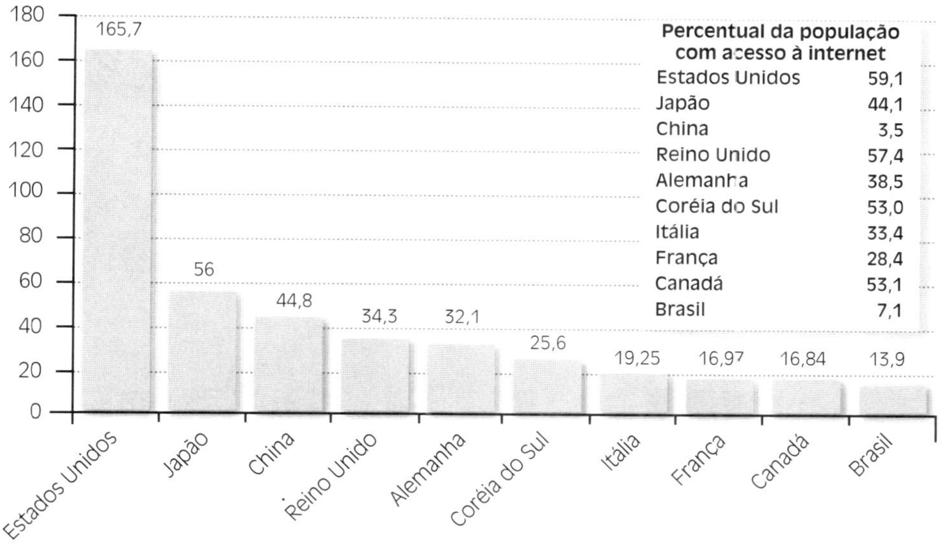

Figura 13.3 Dez maiores países na internet, em milhões de usuários, 2003

Médio e da África. Dessa forma, enquanto quase 60% de americanos usavam a internet em 2003, menos de 9% de pessoas fora dos Estados Unidos o faziam (Figura 13.4). Esses números mostram que as desigualdades internacionais da internet são o espelho das desigualdades globais em todos os lugares (ver o Capítulo 6, "Estratificação Social: Brasil e Perspectivas Globais").

Conteúdo

O domínio dos Estados Unidos em relação ao conteúdo da internet é igualmente impressionante. Em linhas gerais, talvez 60% dos servidores que provêem conteúdo na internet, assim como 15 dos 20 sistemas de busca mais populares, estão nos Estados Unidos ("Internet Software Consortium...", 2003; "Search Engines...", 2002). Alguns analistas dizem que a dominação americana da rede mundial é um exemplo de **imperialismo midiático**. Imperialismo midiático é o controle dos meios de comunicação de massa por uma única cultura nacional e o conseqüente solapamento de outras culturas nacionais. Estima-se que, em 1991, 77% da programação das TVs na América Latina era produzida nos Estados Unidos, assim como 105 das 130 mil horas de programas de televisão veiculados na Europa em 1988 (Moraes, 1998: 64-5). A França e o Canadá são os dois países que têm se manifestado mais fortemente contra a ameaça percebida à sua cultura e identidade nacional. Alguns analistas da mídia nesses países se ressentem profundamente do fato de que os Estados Unidos são o maior exportador e o menor importador de produtos dos meios de comunicação de massa, incluindo o conteúdo da rede. A Figura 13.5 mostra as exportações culturais em termos da porcentagem do comércio cultural de cada país. O número de países aparece, na legenda, entre parênteses.

De acordo com alguns analistas da mídia, a internet não apenas promove o conteúdo americano e restringe o acesso a ele como também aumenta o poder dos conglomerados da mídia. Isso é evidente, por exemplo, no campo da **convergência de mídia**. Convergência de mídia é a fusão da rede mundial, televisão, telefone e outros meios de comunicação de massa em novas formas híbridas de mídia. Muitos consumidores consideram o computador pessoal (PC) muito difícil de usar e a TV muito limitada em sua funcionalidade e capacidade de entretenimento. A convergência de

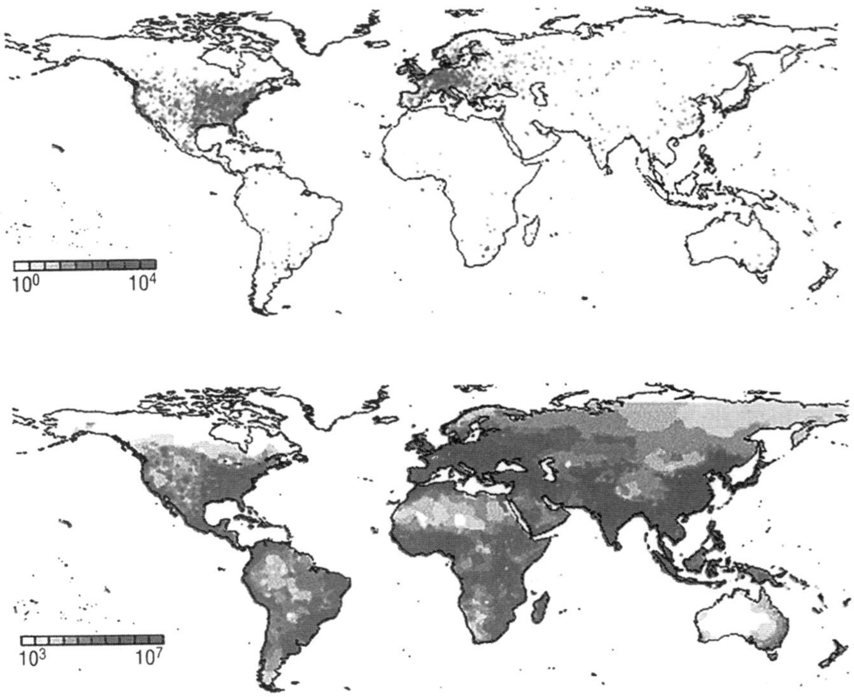

Figura 13.4 Acesso à internet e densidade populacional, 2001
Quase 250 mil roteadores no mundo inteiro conectavam redes de computadores locais (tais como a rede de uma empresa ou de uma universidade) à internet em 2001. O mapa acima mostra o número de roteadores por área geográfica (1° de latitude por 1° de longitude) no mundo. O mapa inferior mostra o número de pessoas por área geográfica (1° de latitude por 1° de longitude) no mundo. As áreas mais escuras indicam uma maior densidade. Com base nesses mapas, o que você pode concluir acerca da relação existente entre inclusão digital e densidade populacional nos países em desenvolvimento e no mundo, como um todo?
Fonte: Unesco (2001).

mídia busca atrair principalmente essas pessoas (Dowling, Lechner e Thielmann, 1998). A forma mais visível de convergência de mídia hoje é a TV interativa.

Ao contrário do que se pode pensar, "interagir" com essa nova forma de TV não significa simplesmente poder entrar em um site da internet e decidir, por meio do voto, entre dois finais possíveis para uma história, quem será eliminado de um programa, ou que filme será mostrado no sábado à noite. A TV interativa envolve a recepção de sinais digitais por meio de cabo, antena parabólica ou linha de telefone de fibra ótica. Uma TV interativa está conectada à rede por um computador integrado e contém um disco rígido com capacidade para gravar de 12 a 30 horas de programas de TV, tornando possível aos telespectadores montarem sua própria programação por meio da gravação de uma combinação de programas que se deseja assistir em um longo menu de canais especializados. Características existentes ou futuras incluem o pedido de longas-metragens, uso de *e-mail*, realização de videoconferências com pessoas em locais distantes, visita a sites da internet que oferecem informação sobre os programas ou filmes que você está vendo, compra de grande variedade de produtos, acesso ao banco e pagamento de faturas — tudo da comodidade de seu sofá. Em 2000-2001, pesquisadores de mercado previam que um quarto dos domicílios dos Estados Unidos teria TV interativa por volta de 2004 e cerca de metade deles por volta de 2005. Uma recessão econômica em 2001 e o lento crescimento econômico que se seguiu levaram a uma penetração do mercado muito menos robusta. No Brasil, a tecnologia envolvida na implementação da TV interativa ainda não está plenamente desenvolvida. Por exemplo, foi apenas em 2002 que

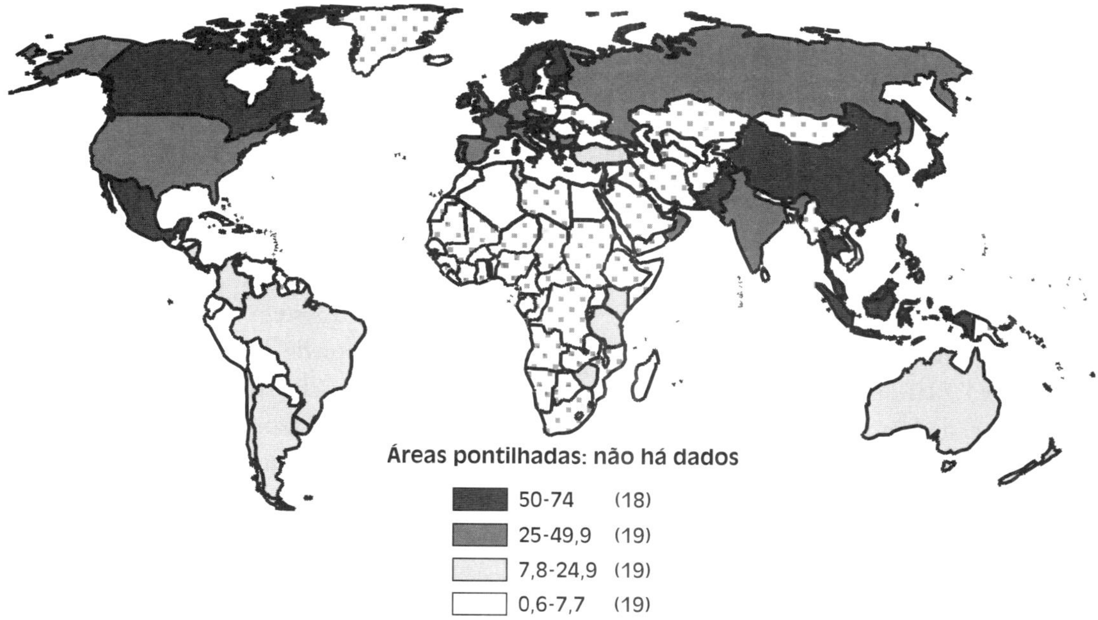

Figura 13.5 Imperialismo cultural?
A cultura de uma sociedade pode ser transmitida a outras sociedades por meio do comércio internacional. A exportação cultural inclui itens como livros, jornais, revistas, música, cinema e fotografia, assim como tecnologias de informação, por exemplo, computadores, televisões e videocassetes. Observe como os produtos culturais estão ligados aos meios de comunicação de massa. Muitos analistas argumentam que a cultura ocidental, a americana em particular, ameaça dominar e marginalizar outras culturas. Sob esse ponto de vista, os Estados Unidos se envolvem em um "imperialismo cultural". Uma maneira de avaliar esse argumento é prestar atenção ao fluxo de produtos culturais no mundo. O mapa mostra o valor em dólares das exportações culturais de cada país como uma porcentagem do comércio cultural (exportação mais importação) para 1997. Países na faixa superior exportam muito mais que importam. Países na faixa inferior exportam muito menos do que importam. O mapa pode trazer algumas surpresas sobre o "imperialismo cultural" americano. Entretanto, dado o que é tido como comércio cultural (ver anteriormente), o que poderia explicar a alta porcentagem de exportação cultural alguns países asiáticos como China, Japão, Taiwan, Malásia, Cingapura e Tailândia? Isso modifica nossa conclusão acerca do "imperialismo cultural" americano?

o tema TV digital, um dos pré-requisitos da TV interativa, entrou na pauta de discussões, quando o governo brasileiro assumiu a responsabilidade pela transição da TV analógica para a digital. No final de 2003, foi criado o Sistema Brasileiro de TV Digital, responsável pela centralização dos estudos sobre o tema e pela definição de se o país desenvolverá um sistema próprio de TV digital. Até o momento da redação deste livro, diversas propostas foram apresentadas, mas ainda não havia consenso entre governo, indústria e emissoras de TV (Ministério da Ciência e Tecnologia, 2004). Apesar disso, pesquisas de audiência do mundo inteiro mostram que os consumidores estão ansiosos para adotar a TV interativa e, em conseqüência, todos os gigantes da mídia estão brigando por uma fatia do mercado — afinal de contas, os conglomerados da mídia ganham bilhões de dólares estendendo cabos de fibra ótica, fabricando novos dispositivos de mídia, escrevendo programas de computador, criando programas de TV e vendendo bens e serviços pela internet (Cable and Telecommunications Association for Marketing, 2001; Davis, 2000, Jupiter Media Metrix, 2001).

O controle da TV interativa por imensos conglomerados da mídia pode parecer com uma velha história. A propriedade de cada meio de comunicação de massa tem se tornado mais concentrada ao longo do tempo e a TV interativa parece fadada a repetir esse padrão mais rapidamente do que qualquer outro meio, pois, uma vez que o investimento dessa nova forma de mídia custa tão caro, somente os gigantes da mídia podem se envolver.

Entretanto, existe algo de original nessa história. Os grandes conglomerados podem ser capazes de encontrar um nicho novo e lucrativo para si próprios fundindo a internet e a televisão, mas nunca dominarão a internet totalmente. Isso porque a internet é o primeiro meio de comunicação de massa que torna relativamente fácil aos consumidores se transformarem em produtores.

Os milhões de usuários da internet não são apenas seus usuários passivos; ao contrário, eles ajudam a criá-la. Por exemplo, a internet contém milhões de sites pessoais. Até maio de 2003, possuía aproximadamente duas mil comunidades de RPG (*Role Playing Games*) e de MUD (*Multiple Users Dimension*), com cerca um milhão de usuários ("The MUD Connector", 2003) (ver o Capítulo 4, "Socialização"). O site WebcamSearch.com oferece uma lista de mais de 42 mil *webcams* de acesso público conectadas à rede, abrindo uma janela para a vida cotidiana em escritórios, apartamentos e residências estudantis (WebcamSearch.com, 2003). Existem centenas de milhares de grupos de discussão na internet (Google Groups, 2003). Cada grupo de discussão é composto de dezenas, centenas ou milhares de indivíduos que discutem determinados assuntos por e-mail ou em tempo real. Alguns grupos de discussão se concentram em física de partículas, outros se dedicam a piadas de advogados, política russa, sadomasoquismo ou qualquer outra atividade humana imaginável. Os grupos são entidades autogovernadas, com suas próprias regras e normas de "netiqueta" (McLaughlin, Osborne e Smith, 1995; Sudweeks, McLaughlin e Rafaeli, 1999). Os custos de acesso são relativamente baixos: tudo o que você necessita é conectar-se a ou criar um site na internet, um MUD ou um grupo de discussão em seu próprio PC, alguns programas grátis ou baratos e uma conexão com a internet. Nenhum dos conglomerados de mídia tem qualquer controle sobre os milhares de comunidades que proliferam na rede.

Sendo assim, talvez devamos relativizar a imagem da internet como um meio que está sujeito à dominação crescente por parte dos grandes conglomerados: também existe uma tendência contrária. Os usuários individuais estão fazendo muitas contribuições independentes e criativas para o crescimento da internet. Da mesma forma, a idéia de que o crescimento da rede mundial é simplesmente um exemplo do imperialismo americano dos meios de comunicação tem sido contestada por alguns: onde alguns analistas da mídia vêem imperialismo, outros vêem globalização e pós-modernização, processos sociais que apresentamos no Capítulo 3, "Cultura", e que, embora não excluam a hegemonia ou a dominação de alguns países sobre outros, não excluem a influência mútua entre eles. Desse último ponto de vista, todas as culturas, inclusive a dos Estados Unidos, estariam ficando menos homogêneas e mais fragmentadas à medida que tomam emprestados elementos umas das outras. O barateamento das viagens internacionais e das telecomunicações torna possível essa mistura cultural. Assim, um olhar cuidadoso sobre a internet pode revelar que mesmo os sites dos Estados Unidos adotam em grande medida o conteúdo da América Latina, da Ásia e de outros lugares. Assim como influências internacionais podem ser vistas hoje em penteados, nas roupas, nas comidas e na música popular, a internet também pode ser vista como um espaço de globalização (Hall, 1992). Certamente isso não exclui o fato de que alguns centros mundiais são mais influentes do que outros, ditando modas e oferecendo mais conteúdo na internet.

Apesar disso, ninguém sabe ao certo como as forças sociais que resumimos se comportarão. Pense em um fenômeno como o Napster, que possibilitou a milhões de pessoas o acesso grátis a arquivos de música por meio de um servidor central. Alguns analistas vêem o Napster como uma evidência de democratização da internet. Por outro lado, os conglomerados da mídia levaram o Napster aos tribunais, forçando-o a parar com a "doação", sob a alegação de que ele estaria efetivamente roubando os direitos autorais dos músicos e os lucros das gravadoras. Alguns analistas vêem o caso dos tribunais como uma evidência da inevitável concentração da rede. Pouco depois, surgiram outros programas semelhantes ao Napster — como o Kazaa, o WinMX e o Gnutella (que teve seu nome inspirado em *Nutella*, a pasta de chocolate e avelãs, porque se espalha rapidamente). Diferentemente do que ocorria com o Napster, esses programas permitem às pessoas compartilhar suas músicas na internet *sem* o uso de um servidor central, tornando quase impossível seu fechamento. Em 2002, por exemplo, um grupo de gravadoras tentou fechar o Kazaa, levando-o a um tribunal americano por violação de direitos autorais. Foi então que descobriram que o distribuidor de seu programa está localizado na minúscula ilha de Vanuatu, no Pacífico Sul. Além disso, o Kazaa é administrado da Austrália, seus servidores estão na Dinamarca, a fonte de seu código está armazenada na Estônia, seus idealizadores vivem na Holanda e o programa tem 60 milhões de usuários em 150 países. Nesse sentido, é muito pouco provável que uma decisão em favor das grandes gravadoras possa ser executada ("Digital Dilemmas", 2003). E assim o cabo-de-guerra entre o processo de conglomeração e de democratização continua, sem que se possa vislumbrar um final previsível. Como mencionou um observador: "A demorada batalha da indústria fonográfica contra a pirataria da música na internet se tornou parecida com um desses jogos de parque de diversões onde se tenta martelar a cabeça de um roedor que emerge de um buraco apenas para ver outro surgir mais adiante" (Lohr, 2003). Uma coisa é clara, no entanto: a velocidade da inovação tecnológica e as muitas possibilidades de criatividade individual na internet constituem um momento excitante para se envolver com os meios de comunicação de massa e estudá-los do ponto de vista sociológico.

Resumo

1. **O que são os meios de comunicação de massa?**
Os meios de comunicação de massa são meios de transmissão de informação e entretenimento de uma pessoa ou um grupo para outro. A comunicação normalmente ocorre de uns poucos emissores para muitos receptores. Os meios de comunicação de massa às vezes obscurecem a linha existente entre a realidade e a fantasia.

2. **Que forças históricas estimularam o crescimento dos meios de comunicação de massa?**
Três forças principais estimularam o crescimento dos meios de comunicação de massa. A Reforma Protestante do século XVI encorajou as pessoas a lerem a Bíblia. O movimento democrático que começou no fim do século XVIII encorajou as pessoas a reivindicar a leitura e a escrita. Começando no final do século XIX, a industrialização capitalista necessitou de meios de comunicação rápidos e fomentou os meios de comunicação de massa como fontes importantes de lucro. No entanto, os meios de comunicação de massa só atingiram uma escala verdadeiramente grande quando jornais diários baratos foram publicados na primeira metade do século XIX. A mídia eletrônica é produto do século XX.

3. **Quais são as principais teorias dos efeitos dos meios da comunicação de massa?**
O funcionalismo enfatiza que os meios de comunicação de massa agem para coordenar a sociedade, exercer controle social e entreter as pessoas. A teoria do conflito enfatiza que os meios de comunicação de massa reforçam a desigualdade social. Fazem isso tanto agindo como fontes de lucro para os poucos que controlam os conglomerados da mídia como promovendo valores centrais que ajudam a legitimar a ordem existente. As abordagens interpretativas enfatizam que as audiências filtram, interpretam e algumas vezes resistem e rejeitam as mensagens da mídia de acordo com seus interesses e valores. As abordagens feministas enfatizam o grau em que os meios de comunicação de massa perpetuam estereótipos de raça e gênero.

Questões para Reflexão

1. Localize algumas *webcams* em sua região ou comunidade pesquisando em http://www.webcamsearch.com. Quem instalou essas *webcams*? Com que objetivos? Como essas câmeras poderiam ser usadas para fortalecer os laços familiares, as redes de amigos, os grupos especiais de interesse e assim por diante?

2. Telefonando para estações de TV e de rádio em sua comunidade, verifique quais são localmente controladas e quais são controladas por grandes empresas de mídia. Se não existe nenhuma controlada localmente, isso tem implicações para o tipo de cobertura de notícias e programação sobre coisas públicas que você está assistindo? Se existem estações controladas localmente em sua comunidade, elas diferem em termos de conteúdo de programação, tamanho e tipo de audiência das estações de propriedade das grandes empresas da mídia? Se você pode observar essas diferenças, por que elas existem?

3. Você acha que as novas tecnologias da mídia trazem benefícios irrestritos ou podem limitar nossa liberdade e privacidade? Se sim, como? Como a capacidade das novas tecnologias da mídia de limitar nossa liberdade e privacidade pode ser restringida?

Glossário

Convergência de mídia é a fusão da rede mundial, televisão, telefone e outros meios de comunicação de massa em novas formas híbridas de mídia.

Os **estudos culturais** são uma área cada vez mais popular de pesquisa interdisciplinar da mídia. Focalizam não apenas os significados culturais que os produtores tentam transmitir, mas também a maneira como as audiências filtram e interpretam as mensagens dos meios de comunicação de massa no contexto de seus próprios interesses, experiências e valores.

O **fluxo da comunicação em dois estágios** entre os meios de comunicação de massa e os membros da audiência envolve (1) a avaliação e o julgamento independente das mensagens da mídia por parte de pessoas "respeitáveis" de *status* elevado e (2) a influência em graus diversos de outros membros da comunidade por esses líderes de opinião. Devido a esse fluxo de comunicação em dois estágios, os líderes de opinião filtram as mensagens da mídia.

Imperialismo midiático é o controle dos meios de comunicação de massa por uma única cultura nacional e o conseqüente solapamento de outras culturas nacionais.

Inclusão digital refere-se ao acesso ao conjunto do capital físico (computadores, internet etc.) e social (aulas de informática, educação básica) relativo às tecnologias da informação.

Os **meios de comunicação de massa** são a imprensa escrita, o rádio, a televisão e outras tecnologias de comunicação. A palavra "massa" implica que o meio atinge muita gente. A palavra "meios" significa que a tecnologia media ou intervém na transmissão de mensagens de emissores para receptores. Além disso, a comunicação por meio da mídia é geralmente de mão única ou, pelo menos, desequilibrada. Existem poucos emissores (ou produtores) e muitos receptores (ou membros da audiência).

CAPÍTULO 14

População, Urbanização e Desenvolvimento

Neste capítulo, você aprenderá que:

- Muitas pessoas acreditam que só as condições naturais influenciam o crescimento da população humana. No entanto, as forças sociais também representam influências importantes.
- Os sociólogos têm dedicado especial atenção a dois dos maiores determinantes do crescimento populacional: a industrialização e a desigualdade social.
- A industrialização também desempenha um papel importante ao influenciar o movimento das pessoas do campo para a cidade.
- As cidades não são tão anônimas e alienantes quanto os sociólogos acreditavam até há algum tempo.
- As formas espaciais e culturais das cidades dependem, em grande medida, do nível de desenvolvimento das sociedades em que estão situadas.
- As desigualdades globais resultam menos de "deficiências" em sociedades pobres do que das relações entre países ricos e pobres.

População

Uma Lição nas Filipinas — História Pessoal

John Lie decidiu estudar sociologia porque estava preocupado com a pobreza e os regimes ditatoriais com os quais tivera contato em suas viagens pela Ásia e pela América Latina e sobre os quais havia lido. "Inicialmente", conta John, "pensei em me graduar em Economia. Em minhas aulas, aprendi sobre a importância dos programas de controle de natalidade para conter o crescimento populacional, os esforços de prevenção do crescimento descontrolado das cidades e medidas para disseminar mercados, tecnologia e conhecimento dos países ocidentais para os países em desenvolvimento. Meus livros e professores pressupunham que, se os países em desenvolvimento ficassem mais parecidos com os países ditos ocidentais, suas cidades, economias, sociedades e população experimentariam um crescimento estável. Caso contrário, estariam fadados a sofrer a tripla catástrofe da superpopulação, urbanização desenfreada e subdesenvolvimento econômico".

"Munido desse conhecimento, passei um verão nas Filipinas, trabalhando para uma organização que oferecia informações para fazendeiros sobre como promover crescimento econômico. Eu achava que, assim como na América do Norte, os fazendeiros que possuíam grandes propriedades e usavam tecnologia de ponta seriam mais eficientes e mais ricos. No entanto, descobri que os vilarejos mais produtivos eram aqueles nos quais a maior parte dos fazendeiros possuía pequenas propriedades. Nesses vilarejos, existia pouca desigualdade econômica, baixa taxa de natalidade e seus habitantes eram geralmente mais felizes do que os habitantes de vilarejos com maior desigualdade."

"À medida que conversava com as pessoas dessas localidades, percebi que os fazendeiros que possuíam pelo menos parte de suas terras se sentiam mais motivados a trabalhar duro. Quanto mais trabalhavam, mais ganhavam. Com um padrão de vida mais alto, não necessitavam de tantos filhos para ajudá-los na fazenda. Em contraste com isso, em vilarejos caracterizados por uma maior desigualdade, muitos fazendeiros não possuíam as terras em que trabalhavam, arrendando-as ou trabalhando como empregados para donos de terras abastados. Eles não ganhariam mais se trabalhassem mais arduamente; assim, sua produtividade e seu padrão de vida eram baixos. Também preferiam um número maior de filhos, a fim de ajudar na renda familiar."

"Poucas fazendas filipinas podiam se equiparar à produtividade das fazendas norte-americanas de alta tecnologia porque mesmo as grandes propriedades eram pequenas, se comparadas ao padrão norte-americano. Muitos equipamentos teriam sido inúteis lá. Imagine tentar usar uma colheitadeira mecânica em um lote de terra não muito maior do que alguns jardins residenciais dos Estados Unidos."

"Assim, meus pressupostos ocidentais se revelaram errados. Os fazendeiros filipinos que conheci eram bem informados e conscientes de suas necessidades e de seus desejos. Ao ouvi-los, comecei a compreender a realidade do desenvolvimento econômico. Foi uma das lições sociológicas mais importantes de minha vida."

Assim como a história contada por John, este capítulo lidará com os problemas interligados do crescimento populacional, da urbanização e do desenvolvimento econômico. Inicialmente, mostraremos que o crescimento populacional é um processo mais governado por forças sociais do que por leis naturais. Argumentaremos que essas forças sociais não estão ligadas exclusivamente à industrialização, como os cientistas sociais acreditavam há algumas décadas, mas a desigualdade social desempenha um importante papel ao moldar o crescimento populacional. Em seguida, passaremos ao problema da urbanização. Hoje, o crescimento populacional é normalmente acompanhado da concentração mundial crescente em centros urbanos. Há não mais que 40 anos, os sociólogos tendiam a acreditar que as cidades eram alienantes e anômicas (ou *sem normas*). Argumentaremos que essa perspectiva é muito simplista. Além disso, esboçaremos as raízes sociais da evolução física e cultural da cidade dos tempos pré-industriais aos pós-industriais. Por fim, discutiremos o problema do desenvolvimento e da desigualdade global entre as nações, apresentando as principais abordagens teóricas relativas a esse problema, assim como algumas evidências históricas e contemporâneas.

A "Explosão" Populacional

Dez mil anos antes do nascimento de Cristo havia apenas cerca de 6 milhões de pessoas no mundo. Na época em que Cristo nasceu, a população mundial havia chegado a 250 milhões e alcançou cerca de 760 milhões por volta de 1750. A partir daí, a população mundial disparou. O número de seres humanos atingiu 1 bilhão em 1804 e 5 bilhões em 1987. Em julho de 2005, estima-se que houvesse quase 6,5 bilhões de pessoas no mundo (U.S. Census Bureau, 2005) (Figura 14.1). Onde havia uma pessoa há 12.000 anos, existem agora 1.050; projeções estatísticas sugerem que, por volta de 2100, haverá cerca de 1.700 pessoas ocupando o mesmo espaço. Dessas 1.700, menos de 250 estarão nos países ricos do mundo e mais de 1.450 delas residirão nos países em desenvolvimento da América Latina e do Caribe, da Ásia e da África.

Muitos analistas prevêem que, por volta do ano 2100, após superar a marca de 10 bilhões de habitantes, a população mundial se estabilizará. No entanto, considerando os números citados previamente, é de admirar que alguns analistas afirmem que estamos no meio de uma "explosão" populacional? Explosões são acontecimentos horríveis: causam prejuízos graves e generalizados e são rápidos e inevitáveis. É justamente essa a imagem que alguns analistas da população, ou **demógrafos**, pretendem transmitir (Ehrlich, 1968; Ehrlich e Ehrlich, 1990). Muitos livros, artigos e programas de televisão dedicaram-se à explosão populacional. Imagens de multidões imensas

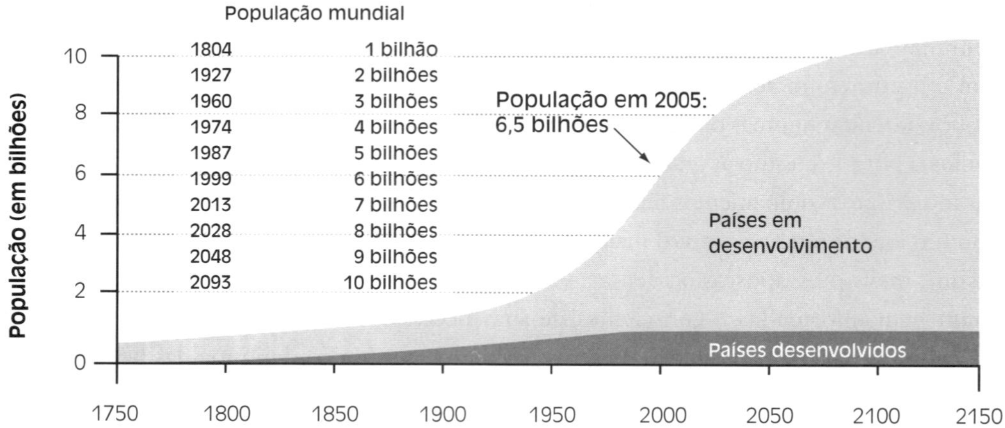

● **Figura 14.1** População mundial, 1750-2150 (projeção, em bilhões)
Fonte: Livi-Bacci (1992: 31); Population Reference Bureau (2003).

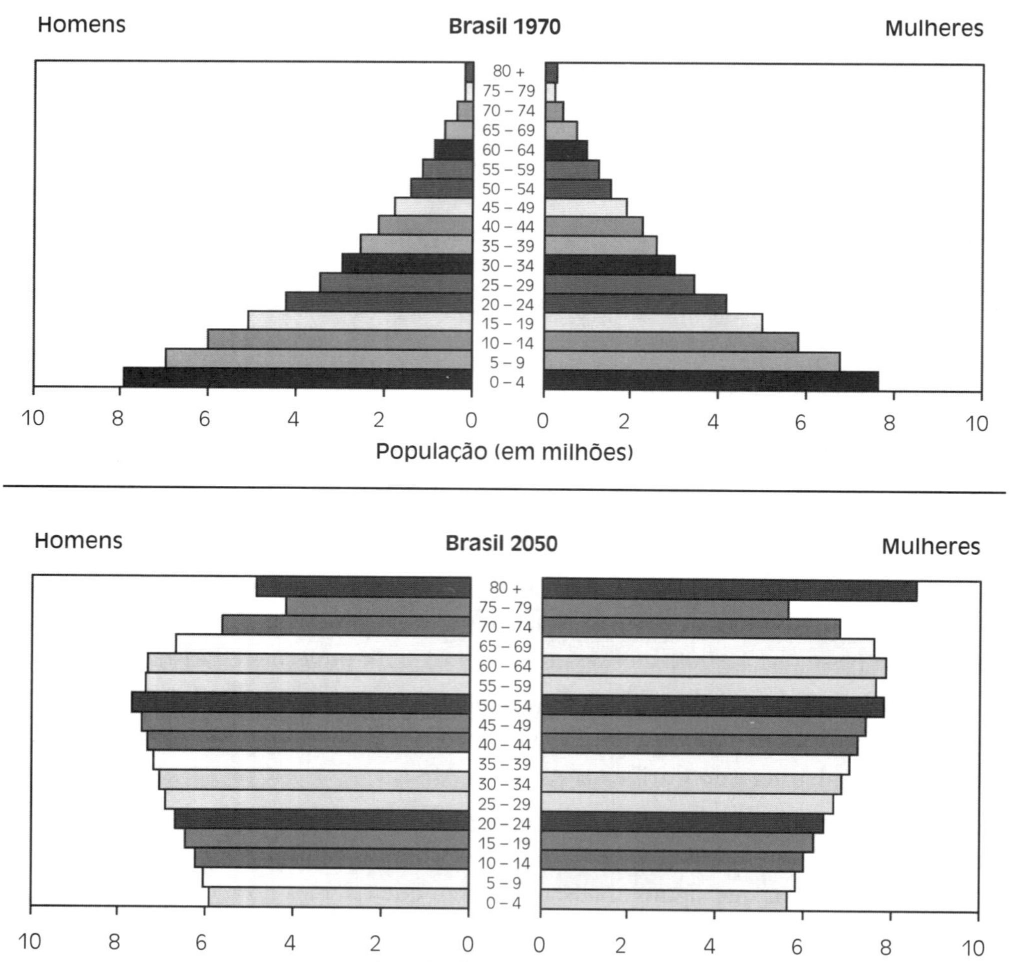

● **Figura 14.2** Como os demógrafos analisam as mudanças e a composição populacionais
Fonte: U.S. Census Bureau (2005).

em países como Bangladesh, Nigéria ou Brasil foram "impressas" em nossas mentes e algumas pessoas estão amedrontadas o bastante para se referirem à superpopulação como uma catástrofe, associando-a a períodos de fome periódicos, guerras étnicas brutais e outros problemas enormes e aparentemente insolúveis.

O principal propósito da demografia é analisar por que o tamanho, a distribuição geográfica e a composição das populações humanas mudam com o tempo. A equação básica para a análise da mudança populacional é P2 = P1 + N – M + I – E, em que P2 é o tamanho da população em um dado instante de tempo, P1 é o tamanho da população em um instante anterior, N é o número de nascimentos no intervalo de tempo, M é o número de mortes no intervalo, I é o número de imigrantes que chegaram no intervalo e E, o número de emigrantes que saíram no intervalo de tempo considerado. Uma ferramenta básica para se analisar a composição de uma população é a pirâmide por sexo e idade, que mostra o número de homens e mulheres em cada coorte da população em um dado instante. A pirâmide por sexo e idade para o Brasil em 1970 e a projeção para 2050 pode ser vista na Figura 14.2. Por que você acha que elas diferem tanto? Baseie sua resposta na teoria da transição demográfica que será discutida nesta seção.

Essa preocupação com a "bomba" populacional é tão antiga quanto as ciências sociais. Em 1798, Thomas Robert Malthus, um clérigo britânico de fé anglicana, propôs uma teoria da população humana altamente influente (Malthus, 1966 [1798]). Como você verá mais adiante, muitos sociólogos contemporâneos têm criticado, corrigido e rejeitado parcialmente sua teoria. Mas, uma vez que muito do estudo sociológico da população é, efetivamente, um debate com o fantasma de Malthus, devemos confrontar suas idéias.

A Armadilha Malthusiana

A teoria de Malthus se apóia em dois fatos inegáveis e em um pressuposto questionável. Os fatos: as pessoas devem comer e são impulsionadas por forte impulso sexual. O pressuposto: enquanto a oferta de alimentos cresce lenta e aritmeticamente (1, 2, 3, 4 etc.), o tamanho da população cresce geometricamente (1, 2, 4, 8 etc.). Com base nessas idéias, Malthus concluiu que a população "não pode ser controlada sem produzir miséria ou vício" (Malthus, 1966 [1798]: 217-8). Especificamente, somente duas forças podem manter o crescimento populacional sob controle. Em primeiro lugar, encontram-se as medidas "preventivas", tais como o aborto, o infanticídio e a prostituição. Malthus chamou essas medidas de "vícios" porque ele se opunha moralmente a elas e acreditava que todos deveriam fazê-lo. Em segundo lugar, estariam os "controles positivos", tais como as guerras, a peste e a fome. Ele reconhecia que controles positivos produziam muito sofrimento, mas, mesmo assim, acreditava que essas eram as únicas forças admissíveis para o controle do crescimento populacional. Eis, então, a **armadilha malthusiana**: um ciclo de crescimento populacional seguido pela deflagração de guerras, peste ou fome que manteria esse crescimento sob controle. O tamanho da população pode flutuar, disse Malthus, mas teria um limite superior natural que a Europa Ocidental já atingira.

Embora muitas pessoas tenham apoiado a teoria de Malthus, outras o acusaram de ser um equivocado profeta da ruína e das trevas (Winch, 1987). Por exemplo, as pessoas que desejavam ajudar os pobres discordaram de Malthus, que acreditava que essa ajuda era contraproducente. Segundo ele, o auxílio aos pobres faria com que pudessem comprar mais alimentos; com mais alimentos, teriam mais filhos e mais filhos apenas os tornariam mais pobres do que já eram. Melhor deixá-los à própria sorte, afirmava Malthus, pois isso reduziria a quantidade de sofrimento no mundo.

Uma Crítica a Malthus

Embora as idéias de Malthus fossem convincentes sob alguns aspectos, muitos eventos fizeram com que elas fossem colocadas em dúvida. Mais especificamente:

- Desde que Malthus propôs sua teoria, avanços tecnológicos permitiram um rápido crescimento na quantidade de alimento produzida por pessoa no planeta, o que é o oposto do crescimento lento previsto por ele. Por exemplo, no período de 1991-1993, a Índia produziu 23% mais alimento por pessoa do que em 1979-1981, e a China produziu 39% mais no mesmo período. Além disso, com exceção da África subsaariana, os maiores aumentos na oferta de alimentos estão acontecendo nos países em desenvolvimento (Sen, 1994).
- Se existe um limite superior natural para o crescimento da população, como Malthus defendeu, não está claro qual limite é esse. Ele achava que a população não poderia crescer muito mais na Europa Ocidental no fim do século XVII sem que "controles positivos" entrassem em ação. Mesmo assim, a população européia ocidental aumentou de 187 milhões de pessoas, em 1801, para 321 milhões, em 1900. Agora estabilizou em cerca de meio bilhão (McNeill, 1990). O caso da Europa Ocidental sugere que o crescimento populacional apresenta um limite superior muito mais alto que o previsto por Malthus.
- O crescimento populacional nem sempre produz miséria. Por exemplo, a despeito de seu rápido aumento populacional nos últimos 200 anos, a Europa Ocidental é uma das regiões mais prósperas do mundo.
- Políticas de bem-estar dirigidas aos mais pobres não necessariamente resultam no aumento do número de filhos. Por exemplo, na Europa Ocidental, as políticas de bem-estar social (seguro-desemprego, serviços de saúde pública, licença-maternidade, pensões etc.) estão entre as mais generosas do planeta; entretanto, o tamanho da população é relativamente estável. De fato, como você verá a seguir, algumas formas de bem-estar social produzem *decréscimos* rápidos e grandes no crescimento populacional, em especial nos países em desenvolvimento.
- Ainda que o impulso sexual humano seja tão forte quanto Malthus pensava, as pessoas desenvolveram métodos anticoncepcionais para controlar as conseqüências de sua atividade sexual (Szreter, 1996). Não existe mais uma conexão necessária entre atividade sexual e nascimentos.

Os eventos aqui relacionados apontam todos para uma conclusão: o pessimismo de Malthus era exagerado. A criatividade humana parece ter nos habilitado a escapar da armadilha malthusiana, pelo menos por enquanto.

Apesar disso, não estamos inteiramente seguros. Nos dias de hoje, há o temor renovado de que a industrialização e o crescimento populacional estão pressionando fortemente os recursos do planeta e, ao que tudo indica, devemos levar esses temores a sério. Por um lado, é encorajador saber que os limites do crescimento são tanto sociais como naturais e, portanto, evitáveis em vez de inevitáveis. Por outro, como veremos mais adiante, nossa capacidade de evitar a armadilha malthusiana no século XXI exigirá toda a criatividade e o auto-sacrifício que pudermos reunir. Por ora, consideremos a segunda grande teoria do crescimento populacional — a teoria da transição demográfica.

A Teoria da Transição Demográfica

De acordo com a **teoria da transição demográfica**, os principais fatores subjacentes à dinâmica populacional são a industrialização e o crescimento dos valores culturais modernos (Notestein, 1945; Coale, 1974; Chesnais, 1992 [1986]) (Figura 14.3). A teoria baseia-se na observação de que a população européia se desenvolveu em quatro estágios distintos, relacionados a seguir.

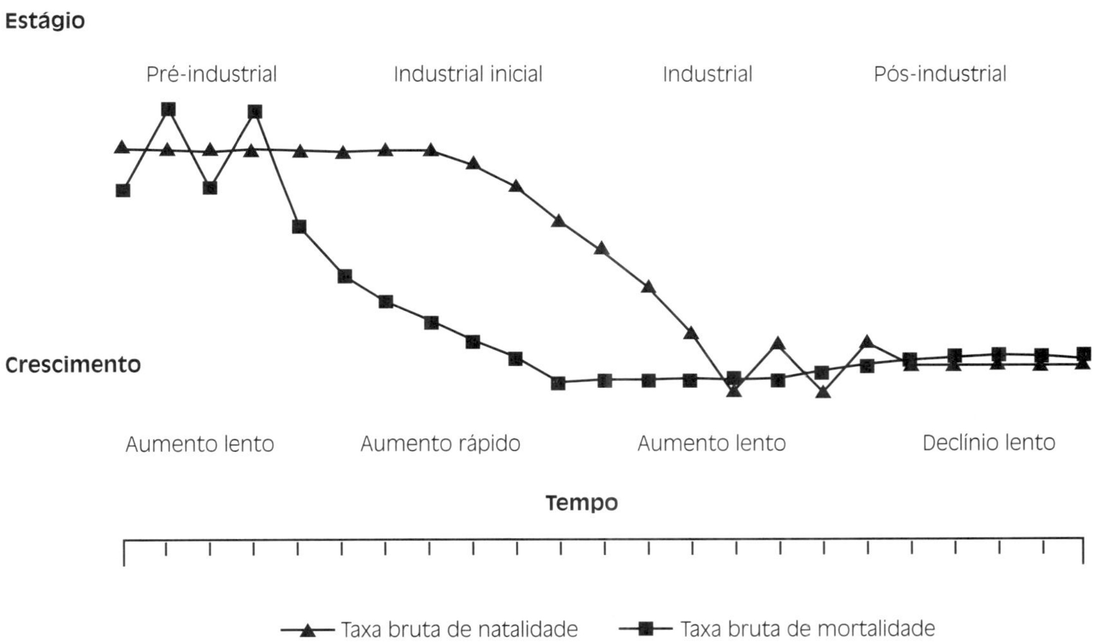

Figura 14.3 Teoria da transição demográfica

O Período Pré-Industrial

No primeiro estágio de crescimento, o período pré-industrial, uma grande proporção de pessoas morria a cada ano devido à nutrição inadequada, à falta de higiene e a doenças não-controláveis. Em outras palavras, a **taxa bruta de mortalidade** era alta. A taxa bruta de mortalidade é o número anual de mortes (ou "mortalidade") por mil pessoas em uma população. Durante esse período, a **taxa bruta de natalidade** também era alta. A taxa bruta de natalidade é o número anual de nascidos vivos por mil pessoas em uma população. Na era pré-industrial, a maioria das pessoas desejava ter tantos filhos quanto possível, em parte porque poucas crianças sobreviviam até a idade adulta.

Além disso, os filhos eram considerados uma fonte valiosa de mão-de-obra agrícola, assim como uma forma de seguridade para a velhice em uma sociedade amplamente constituída de camponeses, na qual não havia nada semelhante a um Estado de bem-estar moderno.

O Período Inicial da Industrialização

O segundo estágio do crescimento populacional europeu foi o período inicial da industrialização, ou o período de transição entre a fase pré-industrial e a industrial. Nesse estágio, a taxa bruta de mortalidade diminuiu e a expectativa de vida das pessoas, ou o tempo médio de vida, aumentou porque o crescimento econômico levou a uma melhor nutrição e higiene. Entretanto, a taxa bruta de natalidade permaneceu alta: com as pessoas vivendo mais e as mulheres tendo quase tantos filhos quanto na era pré-industrial, a população cresceu rapidamente. Malthus viveu nesse período de rápido crescimento populacional, o que explica, em parte, sua preocupação.

O Período Industrial

O terceiro estágio do crescimento populacional europeu foi o período industrial. Nesse estágio, a taxa bruta de mortalidade continuou a decrescer e a taxa bruta de natalidade diminuiu ainda mais dramaticamente, pois o crescimento econômico mudou as crenças tradicionais das pessoas acerca do valor de se ter muitos filhos. Uma grande quantidade de filhos fazia sentido em uma sociedade agrícola, em que, como vimos, os filhos representavam um recurso econômico valioso. Em contraste com isso, em sociedades industriais, os filhos tornaram-se mais propriamente um peso econômico. Isso porque os provedores trabalhavam fora por um ordenado ou um salário e os filhos contribuíam com pouco ou nada para o bem-estar da família. Observe, entretanto, que a taxa de natalidade levou mais tempo para diminuir que a taxa bruta de mortalidade. Isso ocorreu porque os valores das pessoas mudam mais devagar que suas tecnologias: as pessoas podem diminuir a taxa de mortalidade mais rapidamente ao introduzir um sistema de esgotos ou uma estação de tratamento de água do que mudando de idéia acerca de algo tão fundamental quanto o número de filhos que desejam ter. Por fim, entretanto, as tecnologias e os valores relativos à modernidade acabaram levando as pessoas a adiar o casamento e a usar anticoncepcionais e outras formas de controle da natalidade e, como resultado, a população se estabilizou durante o período industrial. Isso demonstra a validade de um dos ditados favoritos dos demógrafos que afirma que "o desenvolvimento econômico é o melhor contraceptivo".

O Período Pós-Industrial

Nas últimas décadas do século XX, a taxa de fecundidade total continuou a diminuir. (Definimos a taxa de fecundidade no Capítulo 11, "Famílias", como o número de crianças que poderiam nascer de uma mulher ao longo de sua vida, se ela tivesse o mesmo número de filhos que as mulheres de cada faixa etária em um dado ano.) De fato, ela diminuiu abaixo do **nível de substituição** em alguns países. O nível de substituição é o número de filhos que cada mulher deve ter em média para que o tamanho da população permaneça estável. Ignorando qualquer fluxo de migrantes de outros países (**imigração**) ou o fluxo para outros países (**emigração**), o nível de substituição é de 2.1. Isso significa que, em média, cada mulher deve dar à luz um pouco mais que os dois filhos necessários para substituir a ela e ao seu companheiro. Um pouco mais de dois filhos são necessários porque alguns morrem antes de crescer e atingir a idade reprodutiva.

Nos anos de 1990, alguns europeus estavam preocupados com o declínio da fecundidade e seus possíveis efeitos no tamanho da população. Como você pode ver na Tabela 14.1, 27 países — 23 deles na Europa — apresentam agora taxas de fecundidade abaixo de 1.4. No período de 1995-2000, 61 países ou áreas do mundo representando 44% da população mundial tinham uma taxa de fecundidade abaixo do nível de substituição. Isso significa 10 países a mais do que no período compreendido entre 1990 e 1995 (United Nations, 1998). Entre 1993 e 2003, a taxa de fecundidade total no Brasil diminuiu de 2,6 para 2,3, sendo que as maiores taxas se encontram nas regiões Norte e Nordeste (2,9 e 2,4, respectivamente) e as menores, de 2,1, nas regiões Sudeste, Centro-Oeste e Sul (IBGE, Síntese dos Indicadores Sociais, 2004).

Tendo em vista a proliferação de sociedades de baixa fecundidade, alguns estudiosos sugerem que entramos em um quarto estágio de desenvolvimento populacional — o estágio pós-industrial. Nesse quarto estágio da transição demográfica, o número de mortes por ano excede o de nascimentos (Van de Kaa, 1987).

● **Tabela 14.1** Países com as menores e maiores taxas totais de fecundidade, 2003

Taxa de fecundidade total < 1,4		**Taxa de fecundidade total > 5,9**	
País	**Taxa**	**País**	**Taxa**
Geórgia	1,1	Afeganistão	6,0
Ucrânia	1,1	Guiné	6,0
Grécia	1,2	Guiné-Bissau	6,0
Itália	1,2	Mauritânia	6,0
Letônia	1,2	São Tomé e Príncipe	6,1
Lituânia	1,2	Serra Leoa	6,2
Bulgária	1,2	Burundi	6,3
República Tcheca	1,2	Burkina Fasso	6,5
Romênia	1,2	Malávi	6,5
Eslováquia	1,2	Tchad	6,6
Eslovênia	1,2	Libéria	6,6
Espanha	1,2	Saara Ocidental	6,6
Andorra	1,3	Angola	6,8
Áustria	1,3	Comores	6,8
Bielo-Rússia	1,3	Congo	6,9
Bósnia-Herzegóvina	1,3	Uganda	6,9
Croácia	1,3	Mali	7,0
Estônia	1,3	Iêmen	7,0
Alemanha	1,3	Somália	7,2
Hungria	1,3	Nigéria	8,0
Japão	1,3	**Os três países mais populosos do mundo**	
Moldávia	1,3		
Polônia	1,3		
Rússia	1,3	Índia	3,1
San Marino	1,3	Estados Unidos	2,0
Coréia do Sul	1,3	China	1,7
Taiwan	1,3		

Fonte: Population Reference Bureau (2003).

Conforme demonstrado anteriormente, a teoria da transição demográfica oferece um esboço de como a industrialização afeta o crescimento da população. No entanto, pesquisas têm revelado algumas inconsistências presentes na teoria, a maioria delas relativas a uma ênfase excessiva na industrialização como a principal força subjacente ao crescimento populacional (Coale e Watkins, 1986). Por exemplo, os demógrafos verificaram que reduções na fecundidade às vezes ocorrem quando o padrão de vida estagna ou decresce, e não apenas quando há uma melhoria devido à industrialização. Assim, na Rússia e em alguns países em desenvolvimento, um declínio no padrão de vida levou à deterioração da saúde em geral e a um declínio subseqüente da fecundidade. Devido a essas descobertas, muitos estudiosos concluíram que uma teoria adequada do crescimento populacional deve prestar mais atenção a outros fatores sociais além da industrialização, e em particular, ao papel da desigualdade social.

População e Desigualdade Social

Karl Marx

Um dos maiores oponentes intelectuais de Malthus foi Karl Marx. Ele argumentou que o problema da superpopulação é específico do capitalismo (Meek, 1971). De acordo com essa perspectiva, a superpopulação não é um problema relativo ao excesso de pessoas, mas ao excesso de pobreza: acabe com a exploração dos trabalhadores por seus empregadores, disse Marx, e a pobreza desaparecerá. Se uma sociedade é suficientemente rica para eliminar a pobreza, então, por definição, sua população não é grande demais. Eliminando-se a pobreza, também se resolve o problema da superpopulação. A análise de Marx faz parecer que o capitalismo jamais pode gerar prosperidade suficiente para resolver o problema da superpopulação. Mas ele estava errado: a superpopulação não é um problema sério nos Estados Unidos, no Japão ou na Alemanha[1]. No entanto, ela é um problema em algumas partes da América Latina, da Ásia e da África, onde o capitalismo é pouco desenvolvido e o nível de desigualdade social é muito maior do que nas sociedades pós-industriais. Apesar disso, a idéia central da análise de Marx acerca da superpopulação soa verdadeira. Como alguns demógrafos contemporâneos defendem, a desigualdade social é a causa principal do excesso de população. A seguir, ilustraremos essa afirmativa considerando, em primeiro lugar, como a desigualdade de gênero influencia o crescimento populacional. Em seguida, discutiremos os efeitos das desigualdades de classe sobre o aumento da população.

Desigualdade de Gênero e Superpopulação

O efeito da desigualdade de gênero sobre o crescimento da população foi bem ilustrado pelo caso de Kerala, um estado da Índia com mais de 30 milhões de habitantes. Kerala apresentava uma taxa total de fecundidade de 1,8 em 1991, metade da taxa nacional da Índia e muito abaixo do nível de substituição de 2,1. Como Kerala conseguiu esse feito notável? Seria esse estado um oásis altamente industrializado no meio de um país semi-industrializado, como se poderia esperar de acordo com os argumentos da teoria da transição demográfica? Muito pelo contrário: Kerala não é altamente industrializado. Na verdade, está entre os estados mais pobres da Índia, com uma renda

[1] Apesar disso, uma vez que os americanos, em particular, consomem tanta energia e outros recursos, tem-se um impacto negativo substancial no ambiente global.

per capita menor que a média nacional. Será, então, que o governo de Kerala impôs uma política rigorosa de controle da natalidade semelhante ao que ocorreu na China? O governo chinês penaliza fortemente as famílias que têm mais de um filho e permite o aborto até os oito meses e meio. Como resultado, a China teve uma taxa de fecundidade de exatamente 2.0 em 1992 (Wordsworth, 2000). Em Kerala, entretanto, o governo se mantém distante das camas de seus cidadãos: a decisão de ter filhos permanece uma questão estritamente privada.

As mulheres de Kerala atingiram uma taxa de fecundidade baixa porque o governo local elevou o *status* delas de forma proposital e sistemática por um período de várias décadas (Franke e Chasin, 1992; Sen, 1994). O governo possibilitou a criação de uma alternativa realista a uma vida de gravidezes sucessivas e cuidado contínuo com as crianças, assim como ajudou as mulheres a compreender que poderiam efetivar aquela alternativa se quisessem. Em particular, o governo local organizou campanhas e programas bem-sucedidos de educação de mulheres, aumentou a participação delas no mercado de trabalho e tornou o planejamento familiar amplamente acessível. Essas campanhas e esses programas tiveram como resultado o fato de que as mulheres de Kerala gozam das taxas mais altas de alfabetização, participação no mercado na força de trabalho e na vida política da Índia. Devido ao seu desejo por educação, trabalho e envolvimento político, a maioria das mulheres de Kerala quer famílias pequenas e, portanto, usa a contracepção para prevenir nascimentos não desejados. Dessa forma, diminuindo o nível de desigualdade de gênero, o governo de Kerala resolveu seu problema de superpopulação. De maneira geral, onde

> *(...) as mulheres tendem a ter mais poder [a sociedade tem] fecundidade e mortalidade baixas em vez de altas. Educação e emprego, por exemplo, freqüentemente conferem às mulheres poder e influência mais amplos, o que eleva seu* status. *A freqüência à escola e o trabalho freqüentemente competem com a gravidez e o cuidado com os filhos. As mulheres podem escolher ter menos filhos para ter um emprego ou para aumentar sua educação.* (Riley, 1997) (ver o Quadro 14.1)

Desigualdade de Classe e Superpopulação

Desfazer o mistério de Kerala é um exercício instrutivo, pois ele nos permite perceber que o crescimento populacional não depende apenas do nível de industrialização de uma sociedade mas também do seu nível de desigualdade de gênero. A desigualdade de *classe* também influencia o crescimento populacional. Voltamo-nos para a Coréia do Sul para ilustrar esse ponto.

Em 1960, a Coréia do Sul apresentava uma taxa de fecundidade de 6.0. Isso levou um funcionário americano a comentar que "se esses coreanos não pararem de ter filhos demais, teremos de escolher entre sustentá-los para sempre, vê-los morrer de fome ou lavar nossas mãos em relação ao problema" (citado em Lie, 1998: 21). Contudo, em 1989, a taxa de fecundidade da Coréia do Sul diminuiu para meros 1,6. Em 2003, caiu para 1,3. Por quê? O primeiro capítulo nessa história envolve reforma agrária, não industrialização. O governo tomou terras dos grandes proprietários e as deu aos pequenos agricultores. Conseqüentemente, o padrão de vida dos pequenos agricultores melhorou. Isso eliminou um motivo importante para a alta fecundidade. Uma vez diminuída a incerteza econômica, também houve a diminuição da necessidade de trabalho infantil e da manutenção dos idosos pelos descendentes adultos. Logo, a taxa total de fecundidade começou a decrescer. Declínios subseqüentes na taxa total de fecundidade sul-coreana resultaram da industrialização, da

Quadro 14.1: Política Social: O que Você Acha? Como Podemos Encontrar 100 Milhões de Mulheres "Desaparecidas"?

A agência responsável pela confecção do Censo dos Estados Unidos estima que os quase 6,5 bilhões de habitantes de 2005 se multiplicarão para cerca de 9,1 bilhões em 2050 (U.S. Census Bureau, 2005a). Apesar disso, os demógrafos parecem relativamente confiantes de que a população mundial se estabilizará em algum momento entre 2070 e 2100, alcançando seu ápice em cerca de 10,2 bilhões de pessoas.

Dois fatores principais têm gerado a queda na taxa de crescimento da população mundial: o desenvolvimento econômico e a emancipação das mulheres. Sociedades agrícolas precisam de muitas crianças para ajudar na produção, mas sociedades industriais requerem menos crianças. Uma vez que muitos dos chamados países em desenvolvimento estão em processo de industrialização, a taxa de crescimento da população mundial tem diminuído rapidamente. O segundo principal fator responsável pelo declínio da taxa de crescimento da população é a melhora no *status* econômico e na educação das mulheres. Uma vez que as mulheres se alfabetizam e ingressam no mercado de trabalho remunerado não-agrícola, elas tendem a reconhecer as vantagens de ter menos filhos e as taxas de natalidade diminuem. Em muitos países em desenvolvimento, como é o caso do Brasil, é justamente isso que vem ocorrendo.

Em outros países em desenvolvimento, a posição das mulheres é menos satisfatória. Podemos perceber esse fato por meio do exame da **razão sexual**, ou a proporção de mulheres para homens em uma área geográfica (United Nations, 2000).

No Brasil, de acordo com o Censo de 2000, a razão sexual era de cerca de 1.03, isto é, havia 103 mulheres para cada 100 homens. A razão sexual do Brasil é igual à dos Estados Unidos e da Alemanha (1.03) e equivalente à média para os países desenvolvidos (a do Japão era de 1.04). O excedente de mulheres nos países desenvolvidos e no Brasil reflete o fato de que os homens têm maior probabilidade de estarem empregados em ocupações de risco, de consumirem mais álcool e cigarro, assim como de estarem mais sujeitos a formas de violência mais fatais.

Para o mundo, como um todo, a situação é inversa: havia apenas 98 mulheres para cada 100 homens no ano 2000. Na Índia e na China, existiam apenas 94 mulheres para cada 100 homens. Excetuando a Ásia, o norte da África é a região do mundo que apresenta o maior déficit de mulheres.

O que explica a variação da razão sexual? De acordo com Amartya Sen (1990; 2001), a razão sexual é baixa nos locais em que as mulheres têm menos acesso do que os homens a serviços de saúde, remédios e nutrição adequada. Esses fatores estão associados a uma alta mortalidade feminina. Outro fator — significativo em países como a China e, em menor grau, a Índia — é que os pais têm uma preferência tão forte por filhos que o aborto seletivo por sexo contribui para a baixa razão sexual[2]. Em contraste com isso, em países como o Brasil e na maioria dos países industrializados ricos, homens e mulheres têm acesso praticamente igual a serviços de saúde, remédios e nutrição, e o aborto seletivo por sexo é raro. Assim, existem, nesses países, mais mulheres do que homens. Mas de acordo com a razão sexual global, o mundo apresenta um déficit de cerca de cinco mulheres para cada 100 homens (porque 103 – 98 = 5). Isso significa cerca de 100 milhões de mulheres "faltando" em 2000 devido ao aborto seletivo e ao acesso desigual a recursos básicos.

Podemos encontrar muitas das 100 milhões de mulheres "desaparecidas" ao eliminarmos as desigualdades de gênero no acesso a serviços de saúde e nutrição adequada. Um aumento nas taxas de alfabetização e emprego é a forma mais eficaz de se eliminar essas desigualdades de gênero. Isso porque mulheres alfabetizadas atuando no mercado de trabalho remunerado encontram-se em melhor posição para exigir direitos iguais e estão mais propensas a se casar com homens imbuídos de valores semelhantes.

A questão de como eliminar o aborto seletivo por sexo é mais complicada. Amartya Sen mostrou que fatores econômicos não dão conta de explicar variações no aborto seletivo por sexo. Em algumas partes da Ásia com alto grau de educação e participação econômica feminina, o aborto seletivo por sexo é relativamente comum; em outras, onde ocorre o oposto, ele é relativamente raro. A melhor explicação para as variações no aborto seletivo por sexo

[2] Isso não é verdadeiro apenas para a China e alguns estados mais ricos da Índia, mas também é relativamente freqüente em regiões mais afluentes de Cingapura, de Taiwan e da Coréia do Sul.

parece ser a de que a preferência por filhos do sexo masculino é uma forte tradição *cultural* em algumas regiões da Ásia. Na Índia, por exemplo, não parece ser coincidência que essa prática seja mais difundida no norte e no oeste, onde o partido nacionalista e fundamentalista hindu, o BJP, seja o mais popular e esteja no governo. O nacionalismo hindu e o fundamentalismo religioso podem exercer forte influência na preferência de filhos em detrimento de filhas.

Isso deixa em aberto a questão de como, e em que medida, reformadores de dentro e de fora da região podem alterar esse estado de coisas. Tradições culturais e religiosas não morrem facilmente em função de forças econômicas. Enquanto isso, uma forte preferência por filhos do sexo masculino acrescenta milhões aos números de mulheres "desaparecidas" a cada ano.

urbanização e da educação da população. No entanto, de início, foi o declínio na desigualdade de classe no campo que desencadeou o processo.

O contrário também é verdadeiro. Uma desigualdade social crescente pode levar à superpopulação, à guerra e à fome. Por exemplo, nos anos de 1960, os governos de El Salvador e de Honduras encorajaram a expansão da agricultura comercial e a aquisição de grandes fazendas por proprietários de terra ricos. Os proprietários de terra expulsaram os camponeses, que migraram para as cidades. Lá, esperavam encontrar emprego e uma vida melhor, mas, na maioria das vezes, encontraram miséria, desemprego e doença. Subitamente, dois países com uma população conjunta de menos de 5 milhões de habitantes tinham um grande problema de "superpopulação". A competição por terras aumentou, contribuindo para mais tensões e finalmente levando à deflagração da guerra entre El Salvador e Honduras em 1969 (Durham, 1979).

De modo semelhante, a desigualdade econômica ajuda a criar a fome e a miséria. Como o economista Amartya Sen, ganhador do Prêmio Nobel, observa, "[a] fome é a característica de algumas pessoas não *terem* bastante alimento para comer. Não é a característica de não *existir* alimento bastante para comer" (Sen, 1981: 1; ênfases nossas). A distinção de Sen é crucial, como mostra sua análise de várias situações de fome. Sen verificou que, em alguns casos, embora a oferta de alimentos declinasse, havia bastante alimento para manter a população atingida alimentada. Entretanto, fornecedores e especuladores tiravam vantagem da pouca oferta, armazenando grãos e elevando os preços além dos recursos da maioria das pessoas. Em outros casos, não havia qualquer queda da oferta de alimentos, que eram simplesmente retidos por razões políticas, ou seja, para submeter a população ou porque muita gente não era considerada habilitada pelas autoridades para recebê-los. Sen termina concluindo que a fonte da fome não é a falta de produção ou o excesso de população, mas a desigualdade no acesso aos alimentos (Drèze e Sen, 1989). Na verdade, mesmo quando pessoas famintas têm acesso aos alimentos, outras formas de desigualdade podem matá-las. Por exemplo, quando agências humanitárias enviaram três milhões de sacos de grãos para prevenir a fome no Sudão Ocidental, em meados dos anos de 1980, ainda assim dezenas de pessoas morreram porque faltava água potável, saneamento decente e vacinação contra diversas doenças (De Waal, 1989). Os funcionários das agências humanitárias ocidentais não ouviram atentamente o povo sudanês no que diz respeito às suas necessidades médicas e sanitárias básicas, o que teve resultados desastrosos.

Resumindo

Uma nova geração de demógrafos começou a explorar como as desigualdades de classe e de gênero afetam o crescimento da população (Levine, 1987; Seccombe, 1992; Szreter, 1996). Seus estudos comprovam as hipóteses de que o crescimento da população e seus efeitos negativos não se originam de causas naturais (como Malthus sustentou), nem são um simples efeito da industrialização e da modernização (como a teoria da transição demográfica sugere). Ao contrário, o crescimento da população é influenciado por uma variedade de causas sociais, sendo que as desigualdades sociais são as principais.

Alguns analistas bem-intencionados continuam a insistir que as pessoas nos países em desenvolvimento devem ser forçadas, a todo custo, a parar de se multiplicar. Alguns chegam até a sugerir o desvio de recursos destinados a educação, saúde e industrialização para as várias formas de controle da natalidade, incluindo, se necessária, a esterilização forçada (Riedmann, 1993). Eles percebem as supostas alternativas — pobreza, fome, guerra, violência étnica e o crescimento de cidades enormes e sujas — como horríveis demais para serem contempladas. Entretanto, esses analistas não percebem que medidas que diminuem a desigualdade social ajudam a controlar a superpopulação e suas conseqüências. Ao lado da industrialização, níveis mais baixos de desigualdade social provocam um declínio nas taxas de fecundidade totais.

Urbanização

Vimos que a superpopulação permanece um problema preocupante devido à falta de industrialização e ao excesso de desigualdade de gênero e de classe existentes em grande parte do mundo. Devemos acrescentar agora que a superpopulação é, em grande medida, um problema *urbano*. Movidos pela falta de oportunidade econômica no campo, pela agitação política e por outros fatores, muitos milhões de pessoas dirigem-se a cada ano para as grandes cidades nos países pobres do mundo. Assim, a maioria das cidades que hoje cresce rapidamente no mundo encontra-se em países semi-industrializados em que a indústria não está grandemente desenvolvida. Como mostra a Tabela 14.2, em 1900, nove das dez maiores cidades do mundo estavam na Europa industrializada e nos Estados Unidos. Em contraste com isso, em 2015, seis das dez maiores cidades do mundo estarão na Ásia, duas estarão na África e duas na América Latina. Apenas uma das dez — Tóquio — estará em um país industrializado. Certamente que a urbanização também está ocorrendo nos países ricos do mundo. Por exemplo, na América do Norte, estima-se que a população urbana aumentará de 76% para 84% da população total entre 1996 e 2030. Por outro lado, estima-se que, na África e na Ásia, a população urbana aumentará muito mais rapidamente: de 35% para cerca de 55% da população total no mesmo período de tempo (United Nations, 1997b). No Brasil, chegou-se a estimar que o país seria 90% urbano em torno de 2010 e inteiramente urbano por volta de 2030 — embora, por razões que apresentaremos mais adiante, existam fortes razões para se desconfiar dessa previsão (Veiga, 2002: 44). Seja como for, o Brasil é, hoje, um país majoritariamente urbano e é provável que, nos próximos anos, as grandes cidades brasileiras continuem crescendo a taxas aceleradas, multiplicando seus problemas de infra-estrutura, a expansão de favelas e loteamentos clandestinos e continuem a ser um lugar de concentração "daqueles que não têm lugar" (Torres, 2004).

● Tabela 14.2 Maiores áreas metropolitanas do mundo (1900) e projeção para 2015 (em milhões de habitantes)

1900		2015	
Londres, Inglaterra	6,5	Tóquio, Japão	28,7
Nova York, Estados Unidos	4,2	Bombaim, Índia	27,4
Paris, França	3,3	Lagos, Nigéria	24,4
Berlim, Alemanha	2,4	Xangai, China	23,4
Chicago, Estados Unidos	1,7	Jacarta, Indonésia	21,2
Viena, Áustria	1,6	São Paulo, Brasil	20,8
Tóquio, Japão	1,5	Karachi, Paquistão	20,6
São Petersburgo, Rússia	1,4	Pequim, China	19,4
Filadélfia, Estados Unidos	1,4	Dhaka, Bangladesh	19,0
Manchester, Inglaterra	1,3	Cidade do México, México	18,8

Fonte: Department of Geography, Slippery Rock University (1997; 2003).

Da Cidade Pré-Industrial à Cidade Industrial

Até certo ponto, a urbanização resulta da industrialização. Como você verá na discussão que se segue, muitas das grandes cidades do mundo se expandiram com a fábrica moderna, que retirou centenas de milhões de pessoas do campo e as transformou em trabalhadores urbanos e industriais. A industrialização não é, no entanto, o único componente por trás do crescimento das cidades. Como acabamos de ver, a conexão existente entre industrialização e urbanização mostra-se fraca nos países menos desenvolvidos do mundo. De fato, na maioria dos países da América Latina, da Ásia e da África, a urbanização não decorre da industrialização, mas de grandes ondas migratórias em direção às cidades resultantes, sobretudo, da procura por melhores condições de vida. Por outro lado, a urbanização pós-industrial, característica de diversos países da Europa e da América do Norte, não mais depende da industrialização, mas de uma preferência pela residência em cidades de médio porte, nas quais se acredita existir uma melhor qualidade de vida. A mudança de parte substancial da população das grandes metrópoles para as cidades de médio porte foi possibilitada pelo aumento do setor de serviços e pelas novas tecnologias de informação, que não mais atrelam o trabalho a centros de negócios nas grandes cidades. Por fim, a relação entre urbanização e industrialização pode ser relativizada se partirmos de uma perspectiva histórica: as cidades surgiram primeiro na Síria, na Mesopotâmia e no Egito, 5 ou 6 mil anos atrás, muito antes do crescimento da fábrica moderna. Essas primeiras cidades serviam como centros de culto religioso e administração política. De modo semelhante, não foi a indústria, mas o comércio internacional de especiarias, ouro, tecidos e outros bem preciosos que estimulou o crescimento das cidades na Europa pré-industrial e no Oriente Médio. Dessa forma, a correlação existente entre urbanização e industrialização está longe de ser perfeita (Bairoch, 1988 [1985]; Jacobs, 1969; Mumford, 1961; Sjöberg, 1960).

As cidades pré-industriais diferiam das cidades da era industrial de várias maneiras: eram normalmente menores, menos povoadas, construídas com a proteção de grandes muralhas e organizadas em torno de uma praça central e de lugares de culto. As cidades industriais que começaram a surgir no fim do século XVIII eram sistemas sociais mais dinâmicos e complexos. Um conjunto de problemas sociais, incluindo a pobreza, a poluição e o crime, acompanharam seu crescimento. Ao visitar Chicago em 1904, em seu primeiro encontro direto com uma sociedade industrial avançada, Max Weber pôde ver o "espírito do capitalismo" em ação naquela que ele denominou a "mais capitalista de todas as cidades americanas" (Mommsen, 2000). A complexidade, o dinamismo e os problemas sociais da cidade industrial estavam todos evidentes naquela cidade na passagem do século XX. Não é de se surpreender, portanto, que a sociologia urbana tenha nascido na Universidade de Chicago.

A Escola de Chicago e a Cidade Industrial

Nos anos de 1910 a 1930, os membros da **Escola de Chicago** de sociologia se distinguiram por suas descrições e análises vívidas e pormenorizadas da vida urbana, amparadas por cuidadosas entrevistas em profundidade, levantamentos sociais e mapas mostrando a distribuição das várias características da paisagem social, tudo expresso em uma linguagem simples, mas imaginativa (Lindner, 1996 [1990]). Três de seus líderes, Robert Park, Ernest Burgess e Roderick McKenzie, propuseram a teoria da **ecologia humana** para esclarecer o processo de urbanização (Park, Burgess e McKenzie, 1967 [1925]). Tomando emprestados elementos da biologia e da ecologia, a teoria enfatiza as conexões existentes entre as dimensões físicas e sociais das cidades, identificando a dinâmica e os padrões do crescimento urbano.

A teoria da ecologia humana, como é aplicada em contextos urbanos, sustenta que as cidades crescem em círculos concêntricos que estão sempre em expansão. É chamada algumas vezes de "modelo das zonas concêntricas" da cidade. Quatro processos sociais estimulam esse crescimento (Hawley, 1950). A **diferenciação** se refere ao processo pelo qual a população urbana e suas atividades se tornam mais complexas e heterogêneas com o passar do tempo. Por exemplo, uma pequena cidade pode ter uma lanchonete, uma pizzaria e um restaurante chinês. Mas se aquela pequena cidade cresce, é provável que passe a ostentar uma variedade de restaurantes étnicos refletindo sua população mais heterogênea. Além disso, em uma cidade, membros de grupos étnicos e classes sociais diferentes podem competir uns com os outros pelo domínio em certas áreas. O comércio pode também tentar expulsar moradores de algumas áreas para estabelecer áreas comerciais. Quando isso acontece, as pessoas estão envolvidas em **competição**, uma luta contínua de diferentes grupos para se estabelecer nos melhores locais. A **sucessão ecológica** ocorre quando um determinado grupo de pessoas se muda de uma área para outra e um segundo grupo chega para substituir o primeiro. Por exemplo, um padrão recorrente de sucessão ecológica envolve membros da classe média mudando-se para os subúrbios, enquanto operários e imigrantes se mudam do campo, de outras regiões ou do estrangeiro para o centro da cidade. Por fim, a **segregação** ocorre quando há uma separação espacial de determinados grupos, por exemplo, em função de raça, etnicidade, classe social, tipos de atividade etc. (Pierson, 1970: 16).

Na Chicago dos anos de 1920, a diferenciação, a competição, a sucessão ecológica e a segregação resultaram em um padrão segundo o qual a cidade era dividida nas seguintes zonas:

1. A Zona 1 era o distrito central de comércio (conhecido em Chicago como "o Anel"). Continha lojas de varejo, edifícios de escritórios e centros de diversão. Os terrenos nessa zona eram os mais caros da cidade.
2. A Zona 2, a "zona de transição", era a área de competição mais intensa entre interesses residenciais e comerciais. O comércio geralmente levava a melhor, empurrando para fora os moradores da classe média, oferecendo altas somas pelos terrenos e fazendo os governos rezonearem a área para uso comercial. Assim, o valor das casas diminuiu e os aluguéis baratos acabaram predominando. Como conseqüência, as casas se transformaram em cortiços porque os especuladores gastaram pouco em sua conservação, mas mantiveram o controle dos prédios até que pudessem vendê-los pelo valor comercial do terreno em que estavam. Nos locais em que o desenvolvimento comercial deixou de se materializar, os cortiços permaneceram, atraindo novos imigrantes, pobres, pessoas com deficiência física e mental, desempregados e criminosos. Os sociólogos de Chicago viam essa zona como "socialmente desorganizada" devido ao alto nível de criminalidade e de comportamento divergente.
3. Quando membros de grupos étnicos da Zona 2 podiam pagar por melhores habitações, mudavam-se para a Zona 3, "a zona das residências da classe operária". Estas eram, na maioria das vezes, casas baratas e conjugadas.
4. Os descendentes em ascensão social das famílias da Zona 3 normalmente se mudavam para a Zona 4, que continha casas de classe média, pequenas e separadas umas das outras.
5. A Zona 5, a "zona dos comutadores", era onde as famílias das classes média, média alta e alta viviam em casas mais caras, separadas. Essas pessoas também possuíam carros e viajavam diariamente para trabalhar na cidade.

Para os membros da Escola de Chicago, a cidade, mais do que uma simples coleção de prédios isolados, lugares e pessoas, envolvia um modo de vida que chamaram de **urbanismo**. Eles definiram urbanismo como "um estado de espírito, um conjunto de costumes (...) tradições, (...) atitudes e sentimentos" ligados especificamente à residência na cidade (Park, Burgess e McKenzie, 1967 [1925]: 1). Louis Wirth (1938) desenvolveu esse tema. De acordo com Wirth, a vida rural envolve interação face a face freqüente entre poucas pessoas. A maioria dessas pessoas compartilha valores e uma identidade coletiva comuns, mostra intimidade mútua e respeita fortemente as maneiras tradicionais de fazer as coisas. A vida urbana, por outro lado, envolve a ausência de comunidade e de relações pessoais estreitas. Uma grande exposição a pessoas socialmente diferentes leva os habitantes da cidade a se tornar mais tolerantes que os ruralitas, disse Wirth. No entanto, os urbanitas também se retraem emocionalmente e reduzem a intensidade de sua interação social com outros. Na perspectiva de Wirth, a interação nas cidades é, portanto, superficial, impessoal e concentrada em fins específicos. As pessoas se tornam mais individualistas e um controle social fraco leva a uma alta incidência de comportamento desviante e de criminalidade.

Depois de Chicago: Uma Crítica

A Escola de Chicago dominou a sociologia urbana americana e internacional durante décadas e ainda inspira pesquisas muito interessantes (por exemplo, Anderson, 1991). No Brasil, especialmente a partir dos trabalhos de Donald Pierson, ela deu origem aos estudos de comunidade, nos quais era enfatizada a distinção entre o modo de vida rural e o urbano. Nesse sentido, a cidade de Chicago era considerada o modelo típico de cidade à qual deveriam ser contrapostos os povoados, as vilas e as pequenas cidades que proliferavam no Brasil. No entanto, três críticas importantes a esse modo de entender o crescimento das cidades ganharam credibilidade com o passar dos anos.

Uma das críticas se concentra na caracterização de Wirth do "modo de vida urbano". Pesquisas mostram que o isolamento social, o retraimento emocional, o estresse e outros problemas podem ser tão comuns nas áreas rurais quanto nas urbanas (Webb e Collette, 1977; 1979; Crothers, 1979). Afinal, em uma pequena comunidade, uma pessoa pode não ser capaz de encontrar alguém com quem compartilhar um interesse particular ou uma paixão. Mesmo alguns autores que se dedicaram ao estudo de comunidades no Brasil já haviam chegado à conclusão de que o modo de vida urbano não era algo que pudesse ser inequivocamente contraposto ao modo de vida rural. Em um estudo clássico do antropólogo Marvin Harris sobre o vilarejo de Minas Velha, nos anos de 1940, o autor afirma que, embora Minas Velha seja "mais isolada do que certas comunidades caracterizadas como sendo de cultura *folk* (...) [ela] tem talvez mais coisas em comum com Salvador do que com a subcultura dos povoados rurais vizinhos" (Harris, citado em Wanderley, 2001: 36). Além disso, o trabalho rural pode ser tão estressante quanto o trabalho em uma linha de montagem. Pesquisas também mostram que a vida urbana é menos impessoal, anômica e destituída de comunidade do que os sociólogos de Chicago fizeram parecer. Realmente, os recém-chegados (e havia muitos deles na Chicago dos anos de 1920) podem achar a cidade desorientadora e amedrontadora e relações de vizinhança e de amizade com estranhos são menos comuns nas cidades do que nas pequenas comunidades (Fischer, 1981). No entanto, mesmo nas maiores cidades, a maioria dos habitantes cria redes sociais e subculturas que têm funções semelhantes àquelas desempenhadas pelas pequenas comunidades. Amizade, parentesco, laços étnicos e raciais, assim como relações de trabalho e de lazer, formam as bases dessas redes urbanas e subculturas (Fischer, 1984 [1976]; Jacobs, 1961; Wellman, 1979). Nesse sentido, as cidades consistem em agrupamentos de diferentes comunidades.

Uma segunda crítica importante à perspectiva da sociologia urbana da Escola de Chicago diz respeito ao modelo das zonas concêntricas. Os padrões específicos descobertos pelos sociólogos de Chicago são aplicáveis, na maioria das vezes, às cidades industriais americanas do primeiro quarto do século XX. Assim, nas cidades pré-industriais, as favelas são mais fáceis de serem encontradas nas cercanias e os distritos ricos no núcleo da cidade, e edifícios comerciais e residenciais são freqüentemente não segregados (Sjöberg, 1960). Além disso, em muitas partes do mundo, inclusive no Brasil, as áreas mais centrais das cidades estão reservadas para as pessoas abastadas, enquanto os pobres vivem nos subúrbios (Torres, 2004; Najar e Marques, 2003). De fato, segundo Lucia Bógus e Suzana Pasternak (2004), se aplicarmos o modelo das zonas concêntricas à cidade de São Paulo, podemos dividi-la em cinco anéis (central, interior, intermediário, exterior e periférico). O anel interior apresenta, historicamente, a maior concentração de riqueza da cidade, que cai à medida que se move em direção à periferia. Para as autoras, isso constituiria o padrão clássico para as cidades latino-americanas até a última década do século XX. Pode-se, ainda, questionar a própria aplicabilidade do modelo. Para Alberto Najar e Eduardo Marques (2003), por exemplo, não apenas as cidades brasileiras se estruturariam de forma oposta às cidades americanas, isto é, com os mais ricos habitando próximos da infra-estrutura do centro da metrópole e os pobres nas cidades-dormitório, distantes e carentes, mas o próprio modelo das zonas concêntricas não daria conta de explicar a estruturação interna dessas cidades: em vez de uma simples estrutura núcleo-periferia, as cidades brasileiras se assemelhariam mais a um mosaico, uma estrutura não-concêntrica e não-contígua entre espaços com conteúdos sociais similares, com bairros e favelas dentro de uma mesma favela, ricos e pobres habitando lado a lado etc. Em outras palavras, as cidades latino-americanas não são tão segmentadas e fragmentadas quanto as cidades americanas do início do século XX e o modelo das zonas concêntricas não permitiria apreender seus arranjos internos.

A terceira crítica principal à perspectiva da ecologia humana é que ela apresenta o crescimento urbano quase como um processo natural, negligenciando seus fundamentos históricos, políticos e econômicos na industrialização capitalista. A análise dos sociólogos de Chicago acerca da competição na zona de transição é a que menos apresenta esse problema. Entretanto, suas discussões sobre diferenciação e sucessão ecológica fizeram com que o crescimento das cidades se assemelhasse a uma força da natureza, em vez de um processo enraizado em relações de poder e no desejo de obter lucro.

A chamada **nova sociologia urbana**, grandemente influenciada pela teoria do conflito, tentou corrigir esse problema (Gottdiener e Hutchison, 2000 [1994]; Zukin, 1980; Castells, 1983; Lojkine, 1983). Para os novos sociólogos urbanos, o espaço urbano não é apenas uma arena para o desdobramento de processos sociais como a diferenciação, a competição e a sucessão ecológica. Ao contrário, eles o percebem como um conjunto de relações sociais mercantilizadas, isto é, o espaço urbano, como todas as mercadorias, pode ser comprado e vendido visando ao lucro. Castells e Lojkine, da vertente francesa da nova sociologia urbana — uma vertente que teve influência marcante sobre o desenvolvimento da sociologia urbana brasileira —, enfatizam que o Estado desempenha papel central na urbanização capitalista, pois o território é estruturado de acordo com diversos processos políticos e lutas sociais. Como resultado, interesses e conflitos políticos configuram o padrão de crescimento das cidades. John Logan e Harvey Molotch (1987), por exemplo, retratam as cidades como máquinas abastecidas por uma "coalizão de crescimento". Essa coalizão de crescimento compreende investidores, políticos, homens de negócio, proprietários, incorporadores, planejadores urbanos, meios de comunicação de massa, times esportivos profissionais, instituições culturais, sindicatos e universidades. Todos esses parceiros tentam conseguir subsídios governamentais e liberação de impostos para atrair investimentos. Invertendo o padrão identificado pelos sociólogos de Chicago, esse investimento tem sido usado para a renovação ou revitalização de áreas decadentes do centro em muitas cidades americanas e européias desde os anos de 1950. Um padrão semelhante vem ocorrendo em muitas cidades brasileiras, impulsionado pelo que o sociólogo Rogério Proença Leite (2004: 18) chama de "*city marketing* e suas políticas contemporâneas de patrimônio cultural": uma revitalização dos centros históricos degradados, transformando-os em áreas de entretenimento urbano e de consumo cultural.

De acordo com Logan e Molotch, os membros da coalizão de crescimento apresentam a revitalização como um bem público que beneficia a todos. Isso tende a silenciar os críticos, a evitar a discussão de idéias e planos alternativos e a ocultar a questão de quem se beneficia de fato. Na realidade, na maioria das vezes, os benefícios da renovação são distribuídos desigualmente. Muitas renovações são "bolsões de revitalização cercados por áreas de extrema pobreza" (Hannigan, 1998a: 53). Isso significa que os moradores locais gozam de poucos — ou nenhum — benefícios e podem sofrer à medida que o orçamento de escolas, transportes e outros serviços públicos é cortado para ajudar no pagamento dos subsídios e dos impostos liberados para o processo de revitalização.

A Cidade Corporativa

Devido aos esforços da coalizão de crescimento, a cidade industrial americana, tipificada por Chicago nos anos de 1920, deu lugar, depois da Segunda Guerra Mundial, à **cidade corporativa**. John Hannigan define a cidade corporativa como um "veículo de acúmulo de capital — isto é, (...) uma máquina de fazer dinheiro" (Hannigan, 1998b [1995]: 345).

Nos subúrbios, áreas urbanizadas fora das fronteiras políticas das cidades, incorporadores construíram milhões de casas, que ostentam grandes quintais e um ou dois carros na garagem, para a classe média corporativa. Um novo modo de vida que os sociólogos chamaram de **suburbanismo** se desenvolveu. Com características próprias, o suburbanismo organizou a vida principalmente em torno das necessidades das crianças e envolve níveis mais altos de conformismo e sociabilidade que a vida no centro da cidade (Fava, 1956). O suburbanismo tornou-se completamente auto-suficiente na medida em que os incorporadores construíram *shopping centers* para atender as necessidades dos seus habitantes, reduzindo a necessidade de deslocamento até a cidade para adquirir bens de consumo.

Os subúrbios eram inicialmente restritos aos mais abastados. No entanto, logo após a Segunda Guerra Mundial, o rápido crescimento econômico e a grande assistência governamental oferecida aos veteranos de guerra colocaram o estilo de vida suburbano ao alcance dos americanos de classe média. A falta de moradia no centro das cidades, os vastos programas de construção de estradas, a queda dos preços dos automóveis e o *baby boom* iniciado em 1946 também estimularam o rápido crescimento suburbano. Por volta de 1970, mais americanos viviam em subúrbios do que em áreas urbanas centrais, situação essa que permanece ainda hoje.

Devido à expansão dos subúrbios e das periferias, hoje os sociólogos urbanos freqüentemente concentram sua atenção não nas cidades, mas nas áreas metropolitanas. As **áreas metropolitanas** incluem o núcleo das cidades e suas áreas periféricas, que podem ser municípios circunvizinhos, assim como três desenvolvimentos recentes que indicam a descentralização crescente de diversos centros urbanos na Europa e na América do Norte: o crescimento dos **condomínios fechados**, nos quais a classe média paga altas taxas para manter a comunidade vigiada por seguranças e protegida do mundo exterior; a difusão de **exúrbios**, ou áreas residenciais rurais localizadas dentro do perímetro de transporte da cidade; e a formação de **cidades marginais**, que são conjuntos exurbanos de *shoppings*, escritórios e complexos de diversão nos pontos de convergência das rodovias mais importantes (Garrau, 1991). A difusão de condomínios fechados é motivada, sobretudo, pelo medo da criminalidade urbana. O crescimento de áreas residenciais exurbanas e de cidades marginais a partir dos anos de 1970 é motivado, especialmente, pelos custos crescentes envolvidos na operação de negócios no centro das cidades e pelo crescimento de novas tecnologias de telecomunicação possibilitando que os negócios sejam operados nos exúrbios. Escritórios residenciais, empregados que trabalham fora dos escritórios e áreas de negócios descentralizadas são situações possíveis a partir desses desenvolvimentos. Alguns sociólogos, urbanistas e planejadores regionais, entre outros, reúnem todos esses desenvolvimentos como indicadores do **espraiamento urbano**, ou a expansão das cidades em áreas cada vez mais amplas das zonas rurais circunvizinhas.

Os centros das cidades continuaram a declinar à medida que a classe média se afastou, atraída pela promessa de formas de vida suburbanas e exurbanas e pressionadas pelos conflitos raciais e pela criminalidade.

Em uma torrente de renovação urbana ocorrida nos anos de 1950 e 1960, muitas residências de grupos minoritários e de baixa renda foram demolidas e substituídas por altos edifícios residenciais e torres de escritórios no centro das cidades. Nos anos de 1970 e 1980, algumas pessoas de classe média se mudaram para áreas deterioradas e as restauraram, em um processo conhecido como **gentrificação**. Vale salientar, entretanto, que a gentrificação não designa apenas uma espécie de reabilitação habitacional, mas diversas formas de "empreendimentos econômicos que elegem certos espaços da cidade como centralidades e os transformam em áreas de investimentos públicos e privados", podendo englobar também construções totalmente novas (Leite, 2004: 61-2). Entre nós, a gentrificação tem ocorrido, sobretudo, em função da recuperação dos centros históricos e do patrimônio cultural (Scocuglia, 2004a; 2004b; Leite, 2004).

Será que esses processos citados podem dar conta das áreas metropolitanas da América Latina, e do Brasil, em particular? Em parte, desde que consideremos algumas especificidades. Embora a expansão periférica ou o espraiamento urbano tenha sido um fenômeno característico de todas as regiões brasileiras até fins da década de 1980, em todas as áreas urbano-metropolitanas brasileiras ocorreu um padrão inverso ao americano: o crescimento dos municípios do entorno foi superior ao dos municípios-núcleo, gerando "regiões metropolitanas adensadas e com grandes contingentes de população pobre" (Bógus e Pasternak, 2004: 2; Torres, 2004). Como vimos anteriormente, isso não significa dizer que a área mais central das cidades seja altamente segregada, como parece ser o padrão mais geral das cidades americanas, pois se pode observar a presença de cortiços e favelas incrustados em bairros de elite (Bógus e Pasternak, 2004: 12). Por outro lado, o espraiamento urbano não ocorreu apenas em função do crescimento da população pobre nas áreas de fronteira urbana. O crescimento do número de migrantes em cidades como Buenos Aires e São Paulo, aliado ao aumento da insegurança, também tem levado ao entrincheiramento em condomínios fechados, monitorados por sistemas de segurança sofisticados, em áreas periféricas. Para o sociólogo mexicano Néstor García Canclini (2003: 154), isso "vem tornando o uso do solo e a fragmentação das interações cada vez mais semelhantes ao modelo norte-americano", isto é, um modelo urbano mais segmentado e fragmentado em termos de origem étnica e de classe.

Foi especialmente a partir da década de 1990 que os condomínios fechados de alto luxo começaram a se espalhar em áreas da periferia, constituindo verdadeiras ilhas de riqueza e gerando uma ruptura com o padrão centro-periferia característico dos países latino-americanos e uma relativa aproximação com o modelo americano (Taschner e Bógus, 2001; Bógus e Pasternak, 2004). O caso mais conhecido é o condomínio de Alphaville, em São Paulo. Construído nos anos de 1980 no município de Barueri, na periferia metropolitana, Alphaville vendia um novo estilo de vida, em meio a áreas verdes, longe do barulho e da poluição, mas próximo da cidade o suficiente para que seus moradores pudessem se locomover até seus locais de trabalho e estudo. Como mostram Bógus e Pasternak (2004: 13), no entanto, o

> *(...) fato de supor o uso cotidiano do automóvel e de uma movimentada rodovia de ligação com a cidade de São Paulo quase inviabilizou a venda dos terrenos, que demoraram a ser comercializados e quase levaram à falência a companhia construtora responsável pelo empreendimento. O grande impulso à ocupação e expansão de Alphaville foi dado a partir de meados dos anos 80, quando no entorno do condomínio passaram a instalar-se vários estabelecimentos de serviços essenciais, como escolas, bancos, comércio, supermercados etc.*

Na década seguinte, os condomínios fechados passaram a proliferar em áreas menos sofisticadas da cidade e da região metropolitana, com áreas comuns menos amplas, casas mais simples e com área construída menor. Assim como ocorreu em diversas cidades americanas, a preocupação com a segurança é um elemento central para a proliferação desses condomínios, mas ela não explica tudo: viver em condomínios fechados representa um estilo de vida distintivo, um sinal de *status* e de poder, uma vez que diz respeito à capacidade de consumo das pessoas (Bógus e Pasternak, 2004). Se a proliferação desses condomínios gerará áreas exurbanas nos moldes americanos, só o futuro dirá.

A Urbanização do Brasil Rural

A dinâmica das metrópoles brasileiras e a noção de periferia como uma espécie de fronteira urbana têm levado a um questionamento crescente sobre o que constitui o rural e, mais especificamente, sobre a distinção entre o rural e o urbano no Brasil. Para diversos autores, existe uma confusão entre o mundo rural e a atividade agropecuária, o que gera uma caracterização do Brasil como um país mais urbano do que o é de fato (Veiga, 2002; Wanderley, 2001).

De acordo com os dados do último Censo, no ano de 2000, 81,25% da população brasileira residia em zonas urbanas e apenas 18,75% em áreas rurais. O que explicaria uma taxa de urbanização tão alta em um país como o Brasil? Para diversos autores, essa taxa decorreria de um erro metodológico por parte de agências como o IBGE. De forma geral, considera-se urbana, no Brasil, "toda sede de município (cidade) e distrito (vila), sejam quais forem suas características". Isso gera algumas distorções sérias e, em um caso extremo, embora não isolado, temos uma "cidade" de apenas 18 habitantes, no Rio Grande do Sul (Veiga, 2002: 32). Parte do problema é que muitas dessas "cidades" têm uma população muito pequena, não têm uma densidade demográfica alta, ambas características do fenômeno urbano, nem se localizam perto de uma infra-estrutura de bens e serviços, públicos e privados, compatível com um estilo de vida urbano, como transportes, telecomunicações, saneamento, energia, educação, coleta de lixo e bens culturais. Ao contrário, o estilo de vida dessas localidades está mais ligado à oferta de bens naturais, como o silêncio, o ar puro, as paisagens naturais, o contato com os animais e a natureza, de forma geral. A medida do grau de urbanização de um território deve levar em consideração a diferença entre as áreas de natureza intocada, que caracteriza as áreas inequivocamente rurais, e os ecossistemas grandemente alterados pela ação humana, característicos das grandes metrópoles. Além disso, há que se considerar os territórios que se encontram entre esses dois extremos, em situação ambivalente, apenas relativamente rurais (Veiga, 2002).

Para José Eli da Veiga (2002: 32-4), uma combinação de tamanho da população, densidade demográfica e localização possibilitaria estabelecer uma distinção entre o urbano, o relativamente rural e o rural. De acordo com essa distinção, a taxa de urbanização do Brasil diminui dos quase 82% mensurados pelo IBGE para cerca de 57%. Isso porque de um total de 5.507 sedes de municípios existentes em 2000, apenas 455 estavam localizadas em aglomerações metropolitanas e demais centros urbanos do Brasil, tinham população superior a 100 mil habitantes e uma densidade populacional superior a 80 habitantes por quilômetro quadrado. Isso significa que o Brasil inequivocamente urbano é formado de 455 municípios, onde reside 57% da população brasileira. Por outro lado, os municípios de pequeno porte — que têm simultaneamente menos de 50 mil habitantes e menos de 80 habitantes por quilômetro quadrado — e de médio porte — que têm população entre 50 e 100 mil habitantes ou cuja densidade populacional seja superior a 80 habitantes por quilômetro quadrado, mesmo que tenham menos de 50 mil habitantes — não pertencem ao Brasil inequivocamente urbano, nem ao Brasil inequivocamente rural. Municípios de pequeno e médio porte perfazem cerca de 10% dos municípios brasileiros e abrigam 13% dos brasileiros. Por fim, o Brasil inequivocamente rural é formado por pouco mais de 80% dos municípios, onde residem 30% dos brasileiros (Tabela 14.3).

Tabela 14.3 Tipos de municípios e população, segundo residência, em porcentagem — Brasil, 2000

	Inequivocamente urbano	Relativamente rural (vilas do tipo "rurbano")	Inequivocamente rural
Municípios	8,26	10,2	81,44
População	57	13	30

Fonte: Veiga (2002).

Uma parte dos municípios caracterizados como relativamente rurais se transformará em novas cidades e, se considerarmos o período entre 1991 e 2000, o conjunto do que chamamos de inequivocamente urbano e relativamente rural teve um crescimento populacional de cerca de 20%. Será que isso significa que todos os municípios com características rurais sofreram evasão populacional? Ainda segundo Veiga (2002: 35), a resposta é negativa: apesar de metade desses municípios ter sofrido evasão populacional, em um quarto deles houve um aumento populacional da ordem de 31,3%, bem superior ao crescimento do Brasil urbano e do país, como um todo, que foi de 15,5% no período em questão. Embora, segundo o autor, pouco se saiba sobre os fatores que levaram a esse crescimento, os dados são suficientes para mostrar que o Brasil rural não é formado por municípios que estão se esvaziando. Uma hipótese plausível para explicar o crescimento dos municípios com características rurais é a de que o rural tem deixado de ser percebido como um "problema" a ser resolvido pela urbanização e apresentado suas próprias soluções para questões relativas ao desemprego, à posse da terra e à melhoria da qualidade de vida (Wanderley, 2001). Seja como for, dado que 30% da população brasileira é rural, é pouco provável que estejam corretas as previsões, colocadas no início desta seção, segundo as quais o Brasil seria totalmente urbano em torno de 2030 (Veiga, 2002).

A Cidade Pós-Moderna

Muitas das condições que assolavam a cidade industrial — pobreza, residências inadequadas, desemprego estrutural — ainda são evidentes em cidades dos chamados países pós-industriais hoje. Entretanto, desde cerca de 1970, um novo fenômeno urbano emergiu em alguns lugares do mundo, juntamente com a construção dos condomínios fechados nos subúrbios: a **cidade pós-moderna** (Hannigan, 1995a). A cidade pós-moderna tem três características principais:

1. É mais *privatizada* do que a cidade corporativa porque o acesso a espaços anteriormente públicos é cada vez mais limitado àqueles que podem pagar por ele. A privatização é evidente na construção dos condomínios fechados, nos subúrbios. Eles têm seguranças em

tempo integral em portões de entrada de acesso controlado, assim como patrulhas ambulantes em busca de intrusos. A privatização também é aparente nos centros das cidades, onde arranha-céus e áreas comerciais são construídos ao lado de favelas, ainda que os dois sejam separados pela organização do espaço e do acesso. Por exemplo, uma série de estruturas em forma de blocos a um custo de bilhões de dólares foi construída em torno de Bunker Hill, em Los Angeles. Praticamente todos os acessos para pedestres que ligam essa área aos bairros pobres de imigrantes foram removidos; bancos "à prova de mendigos" em forma de barril impedem que se durma neles; as latas de lixo foram concebidas para serem "à prova de catadores de lixo"; irrigadores de aspersão foram colocados em locais altos, em vez de na grama, a fim de desencorajar os sem-teto a dormir na área; sanitários públicos foram removidos das áreas freqüentadas por mendigos (Davis, 1990). De uma forma que não encontra equivalente absoluto entre nós, as áreas privadas do centro de Los Angeles são cada vez mais reservadas para uso exclusivo de visitantes de classe média e profissionais que trabalham no setor de informação, incluindo os serviços financeiros, a indústria de computação, de telecomunicações, entretenimento e assim por diante.

2. A cidade pós-moderna também é mais *fragmentada* do que a cidade corporativa, isto é, ela não tem um modo de vida único, tal como o urbanismo ou o suburbanismo, mas uma variedade de estilos de vida e de subculturas baseados em raça, etnicidade, *status* imigrante, classe, orientação sexual e assim por diante.
3. A terceira característica da cidade pós-moderna é que ela é mais *globalizada* do que a cidade corporativa. De acordo com Saskia Sassen (1991), Nova York, Londres e Tóquio são as **cidades globais** por excelência: são centros de decisão econômica e financeira e *locus* de inovações nos quais novos produtos e modas têm origem. Em resumo, essas cidades se tornaram os postos de comando da economia globalizada e de sua cultura. Embora cidades como Barcelona, São Paulo, Cidade do México, Chicago, Taipei e Moscou, entre outras, reúnam algumas características das cidades globais, existe nelas uma forte tensão entre a tradição e a modernização global: a formação de serviços globais "coexiste com setores tradicionais, atividades econômicas informais ou marginais, serviços urbanos deficientes, pobreza, desemprego e insegurança". Por essa razão, diversos autores diferenciam as cidades propriamente globais das "cidades emergentes", exemplificadas no segundo grupo (Canclini, 2003: 156; Castells, 1999).

O processo de privatização, fragmentação e globalização é evidente na maneira pela qual a cidade pós-moderna refletiu as prioridades da indústria global de entretenimento. Especialmente durante os anos de 1990, a cidade e seus distritos próximos tornaram-se muito parecidos com diversos "reinos encantados" da Disney. Esses reinos encantados baseiam-se em tecnologia e capital americanos, japoneses, canadenses e britânicos e de outros centros globais. Nesses locais, encontram-se as últimas tecnologias de entretenimento e emoções fantásticas adaptadas a praticamente qualquer gosto. A cidade pós-moderna adquire seu aspecto distintivo por meio de seus parques temáticos, restaurantes, casas de dança, parques aquáticos, cassinos, *shopping centers* gigantescos, cinemas *megaplex*, teatros, casas de fliperamas virtuais, simuladores, complexos desportivos, megalojas de livros e CDs, aquários e museus interativos. Na cidade pós-moderna, praticamente tudo se torna entretenimento ou, mais exatamente, combina entretenimento com atividades de consumo comuns. Isso produz atividades híbridas que poderiam ser caracterizadas como "comprenimento", "alimentimento" e "educanimento".

John Hannigan demonstrou como os novos locais de entretenimento urbano de alta tecnologia oferecem agitação, mas tudo em um ambiente altamente limpo, controlado, previsível e seguro (Hannigan, 1998a). Não apenas os novos reinos encantados são mantidos impecavelmente limpos, em excelente estado de conservação e controlados no que diz respeito à temperatura e à umidade, como também provêem um sentido de segurança ao oferecerem marcas conhecidas e ao excluírem tudo e todos que possam atrapalhar a diversão. Por exemplo, os administradores das empresas de entretenimento freqüentemente reforçam códigos de vestimenta, a hora de recolhimento dos adolescentes e regras que proíbem a greve de seus trabalhadores e a presença de grupos que representam causas sociais e políticas. Entretanto, as barreiras mais eficientes a elementos potencialmente destrutivos referem-se aos preços e ao acesso. Enquetes destinadas a conhecer o perfil dos usuários mostram que as novas formas de entretenimento urbano tendem a atrair clientes de classe média alta, em especial brancos, dado que são caras e muitas delas se localizam em áreas sem acesso via transporte público e muito distantes para que a maioria das pessoas possa se deslocar até lá de táxi.

Ao se referir ao principal papel desempenhado pelas corporações Disney no desenvolvimento dos novos complexos de entretenimento urbano, um arquiteto afirmou que os centros das cidades seriam "salvos por um rato" (citado em Hannigan, 1998a: 193). Mas será que as novas formas de entretenimento que salpicam a paisagem urbana aumentam o bem-estar das comunidades em que elas se localizam? Não muito, além de gerarem empregos de baixo padrão (seguranças, garçons, porteiros). Será que esses locais oferecem formas de se conhecer novas pessoas, de se encontrar velhos amigos e vizinhos — em outros termos, de aumentar a sociabilidade urbana? Dificilmente. Quando se visita um parque temático com a família ou os amigos, a tendência é permanecer junto daquele grupo e raramente se tem a chance de conhecer outros clientes ou de esbarrar em velhos conhecidos. Será que o mundo de alta tecnologia do entretenimento urbano globalizado possibilita às cidades e aos bairros reter e melhorar as tradições, os estilos arquitetônicos e urbanísticos locais? Seria difícil destruir o caráter distintivo de cidades como Nova York, San Francisco ou Londres, mas a maioria das cidades globais, especialmente na América do Norte, está se tornando mais homogênea à medida que provê os mesmos serviços de entretenimento — e as mesmas marcas globais de produtos — de Tóquio, Paris e Sidney. Se for verdade que o rato está salvando essas cidades, talvez ele também esteja roendo algo valioso no processo.

Desenvolvimento

Níveis e Tendências da Desigualdade Global

Vimos no Capítulo 6, "Estratificação Social: Brasil e Perspectivas Globais", que existe um abismo entre os ricos e os pobres do mundo. Em um restaurante de Manhattan, o centro comercial e financeiro de Nova York, os donos de animais de estimação podem mimar seus gatos com festas de aniversário a um custo de 100 dólares americanos por cabeça (de gato!). Por outro lado, assim como ocorre em diversas cidades brasileiras, no Cairo (Egito) e em Manila (Filipinas), lixões constituem o lar de famílias inteiras que retiram sua subsistência daquilo que outros jogam fora. Exceto nos cerca de 20 países altamente industrializados da Europa Ocidental, América do Norte, Japão e Austrália, essas cenas de miséria são freqüentes, o que levou as Nações Unidas a qualificar a desigualdade global como "grotesca" (United Nations, 2002b: 19).

A renda média dos habitantes dos países altamente industrializados supera de longe a dos cidadãos dos países em desenvolvimento. Apesar disso, uma vez que pessoas pobres vivem em países ricos e pessoas ricas em países pobres, essas médias não conseguem retratar com fidelidade o grau de desigualdade existente entre os ricos dos ricos e os pobres dos pobres. É talvez mais instrutivo levar em consideração que a riqueza total dos 358 bilionários do mundo equivale à dos 2,3 bilhões de habitantes mais pobres do planeta (45% da população mundial). As três pessoas mais ricas do mundo possuem mais do que o Produto Interno Bruto combinado dos 48 países menos desenvolvidos do mundo. O 1% mais rico da população mundial tem uma renda equivalente à dos 57% mais pobres. O equivalente a 10% da população americana de renda mais alta ganha tanto quanto os 2 bilhões de habitantes mais pobres do mundo (United Nations, 2002b).

De acordo com as Nações Unidas, 800 milhões de pessoas no mundo são desnutridas e 4 bilhões de pessoas — dois terços da população mundial — são pobres, sendo a pobreza definida como a incapacidade de se conseguir alimento, vestimentas, abrigo e outras necessidades básicas de forma adequada. Para as Nações Unidas (United Nations, 1994: 2): "Um quinto da população dos países em desenvolvimento vai dormir com fome, um quarto não tem acesso a sequer uma necessidade básica como água potável e um terço vive em um estado de pobreza abjeta em um grau tão marginal de humanidade que as palavras simplesmente não podem descrever". Os cidadãos dos cerca de 20 países mais ricos do mundo gastam mais em cosméticos, álcool, sorvetes ou comida para animais de estimação do que seria necessário para prover educação básica, água e esgoto, ou saúde e nutrição básicas para todos os habitantes do mundo (Tabela 14.4).

Tabela 14.4 Prioridades globais: custo anual de diversos bens e serviços

Bem/Serviço	Custo anual (em bilhões de dólares)
Educação básica para todas as pessoas do mundo	6
Cosméticos nos Estados Unidos	8
Água e esgoto para todas as pessoas do mundo	9
Sorvete na Europa	11
Saúde reprodutiva para todas as mulheres do mundo	12
Perfumes na Europa e nos Estados Unidos	12
Saúde e nutrição básicas para todas as pessoas do mundo	13
Alimentos para animais de estimação na Europa e nos Estados Unidos	17
Indústria do entretenimento no Japão	35
Cigarros na Europa	50
Bebidas alcoólicas na Europa	105
Narcóticos no mundo	400
Despesas militares no mundo	780

Nota: os itens em itálico representam estimativas do que custariam. Os outros itens representam uma estimativa de seu custo real.
Fonte: United Nations (1998b: 37).

Do 1,3 bilhão de pessoas no mundo que vive com um dólar ou menos por dia, 1 bilhão é mulher. Também são mulheres cerca de 64% dos 854 milhões de adultos analfabetos do mundo (United nations, 2002b). Além disso, minorias raciais e outros grupos minoritários freqüentemente são prejudicados em relação aos seus co-cidadãos de grupos majoritários nos países em desenvolvimento. Por exemplo, praticamente a totalidade dos sul-africanos brancos é alfabetizada, em contraste com apenas 50% dos negros. A expectativa de vida para os brancos daquele país é de 70 anos, comparada com 59 anos para os negros (United Nations, 1998b).

Será que a desigualdade global tem aumentado ou diminuído ao longo do tempo? A Figura 14.5 ajuda a responder essa questão. Entre 1975 e 2000, a distância anual entre a renda dos cerca de 20 países mais ricos e o resto do mundo aumentou drasticamente. A renda média em duas regiões — a África subsaariana e o leste europeu e a ex-União Soviética — chegou a cair. A Tabela 14.6 focaliza a *renda individual*, em vez da regional. A tabela mostra que a parcela da renda mundial relativa aos 10% mais ricos aumentou de 42,8% em 1820 para 53,4% em 1992. No mesmo período, a parcela da renda referente aos 20% mais pobres caiu de 4,7% para apenas 2,2%, uma tendência que vem se mantendo a partir de então. Em uma perspectiva um pouco menos sombria, o número de pessoas vivendo em situação de extrema pobreza (um dólar ou menos por dia) chegou ao seu auge em 1950 e depois começou a diminuir gradualmente. Em termos percentuais, o número dessas pessoas caiu de 83,9% em 1820 para 23,7% em 1992. Apesar disso, como a Tabela 14.5 mostra, se considerarmos apenas os países menos desenvolvidos, o número de pessoas vivendo com um dólar ou menos por dia *aumentou* cerca de 20 milhões na década de 1990. Mesmo de acordo com as interpretações mais otimistas, esses números revelam pouco motivo para comemoração: em 1999, 47% da população mundial vivia com dois ou menos dólares por dia.

As estatísticas nunca falam por si mesmas: precisamos de teorias para interpretá-las. Façamos agora um esboço das duas principais teorias que tentam explicar as origens e a persistência da desigualdade global.

Tabela 14.5 Número de pessoas vivendo com 1 dólar ou menos por dia, 1990-1999

Região	Porcentagem		Número (milhões)	
	1990	1999	1990	1999
África subsaariana	47,7	46,7	242	300
Leste asiático (excluindo a China)	27,6	14,2	452	260
Sul da Ásia	44,0	36,9	495	490
América Latina	16,8	15,1	74	77
Leste Europeu e Ásia Central	1,6	3,6	7	17
Oriente Médio e Norte da África	2,4	2,3	6	7
Total	28,1	24,5	916	936

Fonte: Human Development Report 2002, United Nations Development Programme. Copyright © 2002 do United Nations Development Programme. Usado com a permissão da Oxford University Press.

Tabela 14.6 Tendências na desigualdade global, 1820-1992

	1820	1970	1910	1929	1950	1970	1992
Porcentagem da renda mundial para os 10% mais ricos	42,8	47,6	50,9	49,8	51,3	50,8	53,4
Porcentagem da renda mundial para os 20% mais pobres	4,7	3,8	3,0	2,9	2,4	2,2	2,2
Porcentagem de pessoas vivendo com 1 dólar ou menos, ajustada à inflação	3,9	75,4	65,6	53,3	54,8	35,6	23,7
Número de pessoas vivendo com 1 dólar ou menos, ajustado à inflação (em milhões)	887	954	1128	1150	1376	1305	1294

Fonte: Centre for Economic Policy Research (2002: 57).

Teorias do Desenvolvimento e Subdesenvolvimento

A análise do desenvolvimento desigual em diferentes regiões do planeta encontra-se subjacente ao surgimento da sociologia, a qual foi marcada por uma visão evolucionista da história. Por exemplo, de acordo com as perspectivas de Augusto Comte e Karl Marx, os países industrializados da Europa representavam o estágio mais avançado da evolução humana. É também nesse sentido que Émile Durkheim propõe uma oposição de duas formas básicas de sociedades — as de solidariedade mecânica e as de solidariedade orgânica, ou as simples e as complexas. Max Weber, sem necessariamente recorrer a uma perspectiva evolucionista, questiona-se sobre o porquê de apenas no Ocidente ter se desenvolvido um tipo específico de racionalidade que caracteriza seu capitalismo como um tipo único. Desde o surgimento da sociologia, dois eixos principais têm orientado os debates sobre desenvolvimento desigual: por um lado, a oposição entre tradicional e moderno; por outro, o tema da racionalidade.

Esse debate assumiu particular importância no período do pós-guerra, no contexto da Guerra Fria, quando a geopolítica configurava-se pela disputa entre o capitalismo, hegemonizado pelos Estados Unidos, e o socialismo, hegemonizado pela União Soviética, concretizada na influência desses sobre as demais nações.

Duas escolas dominaram a literatura sobre desenvolvimento naquele período. A primeira, a teoria da modernização, cuja base de análise encontrava-se no estrutural-funcionalismo de Talcott Parsons, acentuava fatores condicionantes internos do desenvolvimento. A segunda visão, a teoria do subdesenvolvimento — que mais tarde originará a teoria da dependência —, partiu de uma análise macroeconômica, isto é, enfatizando fatores econômicos externos. Isso envolvia uma análise da relação entre o desenvolvimento do capitalismo nos países industrializados e o subdesenvolvimento de grande parte das nações, em particular do que se costumava chamar de "terceiro mundo".

Teoria da Modernização

De acordo com a **teoria da modernização**, a desigualdade global resulta de várias características disfuncionais das sociedades pobres. Mais especificamente, os teóricos da modernização afirmam que os cidadãos dessas sociedades não têm *capital* suficiente para investir na agricultura e na indústria de tipo ocidental; não têm *técnicas comerciais* racionais de marketing, contabilidade, vendas e finanças e, como resultado, sua produtividade e sua lucratividade permanecem baixas. Os cidadãos de sociedades pobres também não têm *governos* de tipo ocidental que possam oferecer uma base segura para seus investimentos. Por fim, eles não têm uma *mentalidade* de tipo ocidental: valores que enfatizem a necessidade de poupança, investimento, inovação, educação, empreendedorismo e autocontrole no que diz respeito ao número de filhos (Inkeles e Smith, 1976; Rostow, 1960). Segundo os teóricos da modernização, sociedades caracterizadas por essas disfunções são pobres e, em conseqüência, a melhor maneira dos habitantes dos países ricos ajudarem seus primos-pobres seria transferir cultura e capital ocidentais a fim de eliminar essas disfunções: apenas dessa forma os países pobres poderão reduzir o crescimento populacional, estimular a democracia e revitalizar a produção agrícola e industrial. A ajuda externa de governo a governo poderia alcançar alguns desses objetivos, mas também deveria se encorajar as empresas ocidentais a investir diretamente nos países pobres e aumentar o comércio entre países ricos e pobres.

Teoria da Dependência

Os proponentes da **teoria da dependência** foram rápidos em demonstrar as principais falhas da teoria da modernização (Baran, 1957; Cardoso e Faletto, 1970; Wallerstein, 1974; 1989). Eles evidenciaram que, nos últimos 500 anos, os países mais poderosos do mundo deliberadamente empobreceram os países menos poderosos. Concentrar-se em características internas acaba condenando a vítima, em lugar do algoz. Em conseqüência, uma teoria adequada da desigualdade global não deveria focar as características internas dos países pobres, mas deveria seguir os princípios da teoria do conflito e prestar atenção a padrões de dominação e submissão — nesse caso, a relação entre países ricos e pobres. É justamente isso que a teoria da dependência faz.

O que se conhece como teoria da dependência compreende um conjunto diferenciado de abordagens com pressupostos teóricos e políticos distintos, mas que têm como componente comum a idéia de que o desenvolvimento dos países capitalistas centrais tem de ser analisado a partir de sua relação com o desenvolvimento ou subdesenvolvimento dos países periféricos. Nesse sentido, ela se confunde, em parte, com a teoria do subdesenvolvimento.

Podemos identificar dois momentos distintos na teoria da dependência. O primeiro, concomitante à teoria da modernização, tem início com as reflexões da Comissão Econômica para a América Latina (Cepal), com sede em Santiago do Chile. Esse órgão foi criado pelo Conselho Econômico e Social das Nações Unidas, em 1948, para coordenar as políticas direcionadas à promoção do desenvolvimento econômico da região latino-americana. Entre 1949 e 1950, a Cepal produziu dois textos, hoje considerados clássicos: *Estudio Económico de América Latina y el Caribe* e *El Desarrollo Económico de América Latina y Algunos de sus Principales Problemas,* escrito por Raul Prebisch, um de seus intelectuais mais proeminentes. O ponto de partida desses dois textos é uma crítica à chamada "lei das vantagens comparativas", inspirada no pensamento econômico de David Ricardo. Segundo essa lei, o comércio internacional levaria à especialização da produção por país, segundo seus recursos e custos da mão-de-obra, gerando ganhos para todos. O *insight* crucial de Prebisch foi que, ao contrário do que pressupunha a lei das vantagens comparativas, o sistema mundial não era um mercado livre com contratos simétricos, mas um mercado dividido em economias centrais fortes e economias periféricas sem poder. Isso resultava em uma distribuição *desigual* dos benefícios e do progresso técnico. Em termos de estratégia política, Prebisch defendia o incentivo à industrialização, na qual o Estado teria um papel fundamental. Diante da falta de capital nos países periféricos, defendia-se também a abertura para investimentos de capital estrangeiro.

Essa política passou a ser conhecida como "substituição de importações", isto é, em vez de importar produtos manufaturados, defendia-se sua produção interna para que se pudesse desenvolver uma economia não dependente no interior do sistema global. Essa idéia caracterizou o período desenvolvimentista do Brasil, na segunda metade dos anos de 1950. É dentro desse contexto que se situam as obras de Celso Furtado que, como membro da Cepal, partiu das idéias de Prebisch, mas enfatizou uma perspectiva histórica para compreender o subdesenvolvimento. Entre suas obras, destacam-se a *Formação Econômica do Brasil,* publicada em 1959, e *Desenvolvimento e Subdesenvolvimento,* de 1961.

O segundo momento da teoria da dependência consiste em uma crítica, feita por autores marxistas, às perspectivas da Cepal e à teoria da modernização. Em linhas gerais, defendia-se que o subdesenvolvimento não poderia ser adequadamente compreendido sem uma análise das estruturas de classe e da política de poder vigente (Baran, 1957; Frank, 1967; Marini, 1969; Cardoso e Faletto, 1970; 1985). Por exemplo, em *Dependência e Desenvolvimento na América Latina,* Fernando Henrique Cardoso e Enzo Faletto não negam que a penetração imperialista é resultado de forças sociais *externas,* mas insistem que o sistema de dominação do capitalismo global se reproduz a partir de forças *internas.* Isso porque os valores e interesses de grupos políticos e classes sociais internos podem coincidir com os das forças sociais externas. Assim, além dos aspectos históricos e econômicos enfatizados no primeiro momento do desenvolvimento da teoria da dependência, passou-se a considerar também a dimensão política e as relações de classe internas às sociedades periféricas.

Para além de suas diferenças, os teóricos da dependência concordavam que havia menos desigualdade global em 1500, ou mesmo em 1750, do que nos dias de hoje. Entretanto, a partir de cerca de 1500, as forças armadas dos países mais poderosos do mundo subjugaram e depois anexaram ou colonizaram a maior parte do resto do mundo. Por volta de 1780, teve início a Revolução Industrial, o que possibilitou a grande parte dos países europeus, à Rússia, ao Japão e aos Estados Unidos amealhar grande riqueza, utilizada para expandir seu alcance global. Eles forçaram suas colônias a se tornarem fonte de matérias-primas, mão-de-obra barata, oportunidades de investimento e mercados para as nações conquistadoras. Assim, os colonizadores impediram a industrialização e encerraram as colônias em sua pobreza.

Nas décadas seguintes à Segunda Guerra Mundial, praticamente todas as colônias do mundo tornaram-se independentes. No entanto, de acordo com a teoria da dependência, a exploração por meio do controle político direto foi substituída por novas maneiras de se alcançar o mesmo fim: investimento estrangeiro substancial, apoio a regimes autoritários e dívida externa crescente.

- *Investimento estrangeiro substancial.* Corporações multinacionais investiram pesadamente nos países pobres a fim de drenar sua riqueza por meio da extração de matérias-primas e lucros. Embora alguns empregos tenham sido gerados nesse processo, empregos muito melhores e em maior número foram criados nos países ricos em que essas matérias-primas eram usadas para produzir os bens manufaturados que, por sua vez, eram vendidos para os países pobres a fim de aumentar os lucros dos primeiros.
- *Apoio a regimes autoritários.* As corporações multinacionais e os países ricos continuaram explorando os países pobres no período pós-colonial ao oferecer apoio econômico e militar a governos locais autoritários. Esses governos conseguiam manter sua população subjugada na maior parte do tempo, mas, quando isso não era possível, os governos dos países ricos enviavam tropas e conselheiros militares, engajando-se no que ficou conhecido como

"diplomacia de canhoneira". O termo foi criado em tempos coloniais, quando, em 1839, os chineses se rebelaram contra a importação britânica de ópio para a China e os britânicos responderam enviando uma canhoneira pelo rio Yangtze, dando início à Guerra do Ópio. O resultado da guerra foi que os britânicos conseguiram o controle de Hong Kong e o acesso a cinco portos chineses: o que começou como uma diplomacia de canhoneira, terminou como um festim para os comerciantes britânicos. No período pós-colonial, os americanos foram particularmente ativos no uso da diplomacia de canhoneira na América Central. Um caso clássico é o da Guatemala dos anos de 1950 (LaFeber, 1993). Em 1952, o governo democrático da Guatemala deu início a um processo de reforma agrária. Parte da terra distribuída entre a população pobre era de propriedade da United Fruit Company, corporação multinacional com base nos Estados Unidos e a maior proprietária de terras da Guatemala. Dois anos mais tarde, a CIA apoiou um golpe de Estado de direita no país, impossibilitando a reforma agrária e fazendo que a United Fruit Company desse prosseguimento ao seu negócio altamente rentável, como de costume.

- *Dívida externa crescente.* Os governos dos países pobres lutaram para criar infra-estruturas de transporte (aeroportos, estradas, portos etc.), construir um sistema educacional e prover uma infra-estrutura sanitária e de saúde básica para seus cidadãos. A fim de conseguir isso, tiveram de pedir emprestado a bancos e a governos de países ricos, fazendo com que a dívida externa — e os juros inevitáveis que a acompanham — crescesse a cada ano. Em 1999, os países pobres deviam aos países ricos cerca de 2,6 trilhões de dólares. Esse montante é cerca de 54% superior ao que se devia em 1992, mesmo considerando a inflação do período. Com uma taxa de juros de 5%, manter a dívida no mesmo patamar exigiria o pagamento de 130 bilhões de dólares por ano. O pagamento desses juros deixa os governos dos países em desenvolvimento com muito pouco dinheiro para suas obras de infra-estrutura e desenvolvimento. A ajuda internacional auxilia, mas não muito, uma vez que não chegou a 49 bilhões de dólares em 1999. Ao fim do século XX, os países pobres estavam pagando mais de duas vezes e meia em juros aos bancos e governos dos países ricos do que recebiam em ajuda externa (ver, no Capítulo 1, a Figura 1.3).

Efeitos do Investimento Externo

Os sociólogos são praticamente unânimes ao concordar que a teoria da dependência está correta em um ponto fundamental: a partir de cerca de 1500, Espanha, Portugal, Holanda, Inglaterra, França, Itália, Estados Unidos, Japão e Rússia lidaram com o resto do mundo de maneira brutal a fim de enriquecer. Eles racionalizaram suas ações ao afirmar que estavam oferecendo "civilização" aos "selvagens" e ao inventar máximas como a dos colonizadores holandeses do Brasil do século XVII de que "não existe pecado ao sul do equador". O colonialismo teve um impacto econômico e humano devastador nos países pobres do mundo e, na era pós-colonial, a carga da dívida externa inviabilizou muitos dos esforços de desenvolvimento nesses países.

Dito isso, uma grande questão continua sem resposta: será que os investimentos estrangeiros e as políticas comerciais liberais têm efeitos positivos ou negativos nos dias de hoje? Os teóricos da modernização achavam que deveria haver mais investimento externo nos países pobres e políticas comerciais mais liberais por acreditarem que isso promoveria o crescimento econômico e o bem-estar generalizado. Os teóricos da dependência, em sua segunda fase, de cunho mais marxista, se opunham diametralmente a essa estratégia: acreditavam que o investimento externo acabava com a riqueza dos países pobres e que, portanto, eles deveriam impor barreiras ao comércio e aos investimentos livres e encontrar seu próprio caminho para o bem-estar econômico.

Nas últimas décadas, diversos pesquisadores examinaram cuidadosamente os efeitos do comércio e do investimento livre. O resultado de suas análises depende, em parte, de quais variáveis eles consideraram, quais períodos de tempo analisaram, que países incluíram e que técnicas estatísticas empregaram (Bornschier e Chase-Dunn, 1985; Centre for Economic Policy Research, 2002; DeSoya e O'Neal, 1999; Firebaugh e Beck, 1994; Weisbrot et al., 2003; Weisbrot e Baker, 2002). Não deve nos surpreender, portanto, o fato de que se você considerar uma combinação diferente de países, variáveis, períodos de tempo e técnicas estatísticas em sua receita, acabará com pratos diferentes. Apesar disso, um resumo recente das pesquisas nessa área chega a duas conclusões que devem, entretanto, ser consideradas com cautela (Centre for Economic Policy Research, 2002). Em primeiro lugar, nos anos de 1980 e 1990, mas não nas décadas de 1960 e 1970, a abertura ao comércio e aos investimentos internacionais parece ter estimulado o crescimento econômico. Em segundo lugar, nos casos mais bem documentados, a abertura ao comércio e aos investimentos internacionais também gerou desigualdades. Poucos benefícios do crescimento econômico foram distribuídos aos mais necessitados. Isso foi verdadeiro para China, Malásia, Tailândia, Chile, Colômbia, México e, conforme vimos no Capítulo 6, "Estratificação Social: Brasil e Perspectivas Globais", no Brasil. Por outro lado, a abertura ao comércio e aos investimentos internacionais nem sempre aumentou as desigualdades. Esse foi o caso em Taiwan e (com restrições) na Indonésia.

Essas descobertas sugerem que é equivocado englobar todos os períodos históricos e todos os países ao considerar os efeitos da abertura no crescimento econômico e na desigualdade; afinal, os países têm uma história e uma estrutura social distintas. Eles podem adotar uma variedade de políticas econômicas que influenciam os efeitos do comércio internacional e do investimento externo direto de diversas maneiras. Em conseqüência, isso produz efeitos diferentes em épocas e locais distintos. Fatores históricos, socioestruturais e políticos importam grandemente na determinação de como um país em particular responde ao investimento e ao comércio internacional.

Centro, Periferia e Semiperiferia

Immanuel Wallerstein propõe uma variação nesse tema ao argumentar que o desenvolvimento capitalista resultou na criação de um "sistema mundial" integrado, composto de três elementos. Em primeiro lugar, existem os **países capitalistas centrais** (os Estados Unidos, o Japão e a Alemanha), que são as principais fontes de capital e tecnologia. Em segundo lugar, há os **países periféricos** (as ex-colônias), grandes fontes de matérias-primas e mão-de-obra barata. Por fim, existem os **países semiperiféricos** (como a Coréia do Sul, Taiwan, Israel e o Brasil), ex-colônias que vêm fazendo enormes progressos em suas tentativas de se tornar prósperos. Para dar um exemplo dramático desse processo, consideremos Gana e Coréia do Sul, que se encontravam entre as nações mais pobres do mundo em 1960. Gana ainda permanece como tal, mas a Coréia do Sul, que recebeu grandes somas de investimento e ajuda internacional, estava nove vezes mais rica do que Gana em 1997 (com base no seu Produto Interno Bruto, segundo os cálculos do World Bank, 1999c: 193). A comparação entre países periféricos que se saíram melhor ou pior representa um experimento natural útil, pois aponta para algumas circunstâncias que ajudaram alguns países pobres a superar os piores efeitos do colonialismo.

Os países semiperiféricos diferem dos periféricos em quatro aspectos principais (Kennedy, 1993: 193-227; Lie, 1998), listados a seguir.

Tipo de Colonialismo

Mais ou menos na virada do século XX, Taiwan e Coréia tornaram-se colônias japonesas, permanecendo como tal até 1945. Entretanto, em comparação com os colonizadores europeus da América Latina, da África e de outras partes da Ásia, os japoneses construíram uma base sólida para a economia de suas colônias, estabelecendo redes de transportes e sistemas de comunicação. Após o fim do colonialismo japonês, Taiwan e Coréia do Sul apresentavam algumas vantagens em relação a países como Gana, por exemplo, à época que os ingleses perderam o controle do país. A Coréia do Sul e Taiwan puderam usar a infra-estrutura e a mão-de-obra treinada pelos japoneses como um trampolim para o desenvolvimento.

Posição Geopolítica

Embora os Estados Unidos fossem a maior potência mundial econômica e militar ao fim da Segunda Guerra Mundial, sua supremacia começou a ser ameaçada no final dos anos de 1940 pela União Soviética e pela China. Temendo que a Coréia do Sul e Taiwan pudessem se tornar países comunistas, os Estados Unidos forneceram ajuda sem precedentes a ambos os países nos anos de 1960, ofereceram empréstimos a juros muito baixos e abriram seu mercado aos produtos daqueles países. Israel, que também era percebido pelos americanos como um aliado crucial no Oriente Médio, igualmente recebeu ajuda econômica substancial. Outros países, com importância estratégica menor para os Estados Unidos, receberam menos ajuda em seus programas de industrialização.

Política de Estado

Um terceiro fator que ajuda e explicar o sucesso relativo de alguns países em seus esforços para se industrializar e se tornar prósperos diz respeito às políticas de Estado. Como legado do colonialismo, os Estados de Taiwan e da Coréia do Sul se desenvolveram com base em um modelo japonês segundo o qual os salários eram mantidos baixos, o crescimento dos sindicatos era restrito e a disciplina nas fábricas era quase militar. Além disso, ao impor altos impostos em relação aos bens de consumo e impedir seus cidadãos de investir seu dinheiro fora do país, acabaram encorajando as pessoas a colocar seu dinheiro nos bancos. Essa situação gerou um grande capital para a expansão industrial. Os Estados taiwanês e sul-coreano também ofereceram subsídios, fundos de treinamento e proteção tarifária para as indústrias de exportação a partir dos anos de 1960. Essas políticas estimularam grandemente o crescimento industrial. Por fim, os Estados investiram pesadamente em educação básica, saúde, estradas e outros bens públicos. Uma força de trabalho saudável e educada, combinada com sistemas de transporte e de comunicação eficientes, atuou como base sólida para o crescimento econômico.

Estrutura Social

Taiwan e Coréia do Sul são países coesos, o que facilita a geração de consenso acerca de políticas de desenvolvimento. A solidariedade em Taiwan e na Coréia do Sul baseia-se, em parte, em uma reforma agrária generalizada, conduzida entre o final dos anos de 1940 e início dos anos de 1950. Ao redistribuir a terra para pequenos produtores, ambos os países eliminaram a classe dos grandes proprietários, diminuindo a desigualdade econômica. A reforma agrária acabou, assim, com uma grande fonte potencial de conflito social. Em contraste com isso, muitos países da América Latina, incluindo o Brasil, e da África não passaram por uma reforma agrária. Os Estados Unidos freqüentemente intervieram militarmente na América Latina a fim de garantir que isso não aconteceria porque seus interesses comerciais eram beneficiados com a existência de grandes plantações (LaFeber, 1993).

Outro fator subjacente à solidariedade social em Taiwan e na Coréia do Sul é que nenhum desses países passou por conflitos internos como os que vitimam a África, ao sul do deserto do Saara. Colonizadores europeus britânicos e franceses, entre outros, freqüentemente estabeleceram as fronteiras dos países africanos a fim de manter tribos antagônicas vivendo lado a lado na mesma jurisdição e, não raro, fomentavam os conflitos tribais. A manutenção das tensões entre as tribos tornava possível manipulá-las umas contra as outras, tornando mais fácil o governo das potências imperiais. Essa política levou a muito conflito social e político na África pós-colonial. Hoje em dia, a região é palco de muitas guerras civis, golpes de estado e rebeliões, constituindo-se na área mais conflituosa do mundo. Por exemplo, a guerra civil na República Democrática do Congo vem se arrastando desde 1998 e, até 2003, já tinha resultado em 3,5 milhões de mortes. Esse alto nível de conflito interno tem agido como uma barreira para o desenvolvimento econômico da África subsaariana.

Em resumo, algumas condições parecem permitir que os investimentos externos tenham efeitos econômicos positivos. Países pós-coloniais que detêm uma infra-estrutura industrial sólida, importância geopolítica (estratégica) e Estados fortes com políticas de desenvolvimento também fortes, assim como populações coesas, estão em melhor posição para se juntar ao *ranking* dos países ricos nas próximas décadas. Podemos esperar que países que tenham algumas dessas características experimentem um crescimento econômico e um aumento no bem-estar de suas populações em um futuro próximo. Tais países incluem o Chile, a Tailândia, a Indonésia, o México, a China, a Índia e o Brasil. Em contraste com isso, os países africanos ao sul do Saara encontram-se na pior situação de todas: herdaram as conseqüências mais danosas do colonialismo e detêm poucas das condições que poderiam ajudar a escapar da história que lhes foi imposta.

Resumo

1. **O que diz a teoria malthusiana do crescimento populacional?**
   Robert Malthus argumentou que, enquanto o suprimento de alimentos aumenta lentamente, as populações aumentam rapidamente. Devido a essas supostas leis naturais, apenas as guerras, a peste e a fome poderiam manter o crescimento populacional sob controle. Diversos elementos colocaram em xeque a teoria de Malthus: os limites ao tamanho da população são mais altos do que Malthus esperava; alguns países são muito populosos e, ainda assim, são prósperos; alguns países têm políticas de bem-estar social generosas e conseguem manter as taxas de crescimento populacional baixas; o uso de contraceptivos é um fenômeno generalizado.

2. **Em que consiste a teoria da transição demográfica?**
   A teoria da transição demográfica sustenta que os principais fatores subjacentes à dinâmica populacional são a industrialização e o crescimento dos valores culturais modernos. Na era pré-industrial, tanto as taxas brutas de natalidade quanto as de mortalidade eram altas,

o que tornava o crescimento populacional lento. Nos primeiros estágios da industrialização, as taxas brutas de mortalidade decresceram, o que fez com que o crescimento populacional se acelerasse. À medida que a industrialização progrediu e os valores acerca do significado de se ter filhos mudaram, a taxa bruta de natalidade decresceu, resultando em um crescimento mais lento outra vez. Por fim, na era pós-industrial, a taxa bruta de mortalidade aumentou acima da taxa bruta de natalidade em muitos países e, como resultado, suas populações vêm declinando gradualmente, exceto quando existe um grande fluxo de imigrantes.

3. **Que outros fatores, além do nível de industrialização, afetam o crescimento populacional?**
O nível de desigualdade entre mulheres e homens, assim como entre as classes, afeta a dinâmica populacional, sendo que níveis mais baixos de desigualdade social normalmente resultam em taxas de natalidade mais baixas e, portanto, em menores taxas de crescimento populacional.

4. **A urbanização pode ser considerada uma função da industrialização?**
Muito do processo de urbanização é associado ao crescimento do sistema de fábricas; no entanto, necessidades religiosas, políticas e comerciais deram origem a muitas cidades na era pré-industrial. Além disso, as cidades que mais crescem no mundo, nos dias de hoje, encontram-se em países semi-industrializados. Na maioria dos países da América Latina, Ásia e África, a urbanização não decorre da industrialização, mas de grandes ondas migratórias em direção às cidades. Por outro lado, a urbanização pós-industrial, característica de diversos países da Europa e da América do Norte, não mais depende da industrialização, mas de uma preferência pela residência em cidades de médio porte, que são percebidas como oferecendo uma melhor qualidade de vida.

5. **Quais são as principais contribuições da Escola de Chicago para nossa compreensão do crescimento das cidades?**
Os membros da Escola de Chicago descreveram e explicaram as dimensões sociais e espaciais da cidade industrial. Desenvolveram uma teoria da ecologia humana que explicava o crescimento urbano como resultado da diferenciação, competição, sucessão ecológica e segregação. Descreveram o arranjo espacial da cidade industrial como uma série de círculos concêntricos em expansão, com as principais empresas de negócios, entretenimento e compras localizavam-se no centro e a posição de classe dos residentes se elevando à medida que se movia em direção aos círculos mais periféricos.

6. **Quais são as principais limitações das análises urbanas da Escola de Chicago?**
O modelo de zonas concêntricas era aplicável às cidades industriais americanas do primeiro quarto do século XX. Cidades pré-industriais, fora dos Estados Unidos ou contemporâneas, não podem ser adequadamente explicadas pelo modelo das zonas concêntricas. As cidades da América Latina, por exemplo, se estruturam de forma oposta às cidades americanas, isto é, com os mais ricos habitando próximos da infra-estrutura do centro da metrópole e os pobres, nas cidades-dormitório, distantes e carentes. Além disso, as cida-

des brasileiras se assemelhariam mais a um mosaico, uma estrutura não-concêntrica e não contígua entre espaços com conteúdos sociais similares, com bairros e favelas dentro de uma mesma favela, ricos e pobres habitando lado a lado etc. Finalmente, a nova sociologia urbana criticou a Escola de Chicago por fazer com que o crescimento das cidades parecesse com um processo natural, minimizando o poder dos conflitos e da busca pelo lucro na evolução dessas cidades.

7. **Quais são as principais mudanças que vêm ocorrendo nas cidades a partir da Segunda Guerra Mundial?**
A cidade corporativa emergiu após a Segunda Guerra Mundial e era um veículo para o acúmulo de capital que estimulou o crescimento dos subúrbios e resultou no declínio das áreas centrais das cidades. A cidade pós-moderna, que tomou forma nas últimas décadas do século XX em alguns países capitalistas avançados, caracteriza-se pela crescente globalização da cultura, fragmentação dos estilos de vida e privatização dos espaços. Além disso, em algumas regiões do mundo as cidades têm se tornado suburbanas e exurbanas à medida que se espraiam em áreas semi-rurais. No processo, áreas rurais e pequenas cidades têm se urbanizado parcialmente.

8. **Quais são as principais teorias do desenvolvimento econômico?**
A teoria da modernização argumenta que a desigualdade global ocorre porque alguns países não detêm capital, valores ocidentais, práticas de comércio racionais e governos estáveis. A teoria da dependência contra-argumenta afirmando que a desigualdade global resulta das relações de exploração desenvolvidas entre países ricos e pobres. Um teste importante para essas duas teorias refere-se ao efeito dos investimentos estrangeiros no crescimento econômico, mas as pesquisas sobre essa questão são inconclusivas. Aparentemente, fatores históricos, socioestruturais e políticos afetam muito a maneira como um país específico responde ao comércio internacional e ao investimento externo direto.

9. **Quais são as principais características dos países que conseguiram emergir de uma situação de pobreza?**
Os países pobres que tiveram maior sucesso em emergir da pobreza têm um passado colonial que os deixou com uma boa infra-estrutura industrial, têm uma posição geopolítica favorável, implementaram políticas fortemente orientadas ao crescimento econômico e têm populações socialmente coesas.

Questões para Reflexão

1. Você acha que um crescimento populacional acelerado é motivo para alarme? Por quê? Em caso afirmativo, que aspectos do crescimento populacional global são especialmente preocupantes? O que deve ser feito?

2. Como a globalização afetou sua vida e sua cidade? Como seria a vida em um local que não tivesse sido afetado pela globalização?

Glossário

Áreas metropolitanas incluem o núcleo das cidades e suas áreas periféricas, que podem ser municípios circunvizinhos.

A **armadilha malthusiana** refere-se a um ciclo de crescimento populacional seguido deflagração de guerras, peste ou fome, e que mantém esse crescimento sob controle.

A **cidade corporativa** refere-se à concepção de cidade como um veículo de acúmulo de capital.

A **cidade pós-moderna** é uma forma urbana nova, mais privatizada e social e culturalmente fragmentada e globalizada do que a cidade corporativa.

Cidades globais são centros de decisão econômica e financeira e *locus* de inovações nos quais novos produtos e modas têm origem.

Cidades marginais são conjuntos exurbanos de *shoppings*, escritórios e complexos de diversão nos pontos de convergência das rodovias mais importantes.

Competição, na teoria da ecologia humana, refere-se à luta de diferentes grupos para residir nos melhores locais e estabelecer seus negócios.

Em **condomínios fechados**, moradores de classe média alta pagam altas taxas para manter a comunidade vigiada por sistemas de segurança e protegida do mundo exterior.

Demógrafos são cientistas sociais que analisam a população humana.

A **diferenciação**, na teoria da ecologia humana, refere-se ao processo pelo qual a população urbana e suas atividades se tornam mais complexas e heterogêneas através do tempo.

A **ecologia humana** é uma perspectiva teórica da sociologia urbana que toma emprestados elementos da biologia e da ecologia para enfatizar as relações existentes entre as dimensões físicas e sociais das cidades, identificando a dinâmica e os padrões do crescimento urbano.

Emigração é o fluxo de saída de pessoas de um país e sua permanência em outro ou outros países.

A **Escola de Chicago** criou a sociologia urbana nos Estados Unidos nas primeiras décadas do século XX. Seus membros se distinguiram por suas descrições e análises vívidas e detalhadas da vida urbana e pelo desenvolvimento da teoria da ecologia humana.

Espraiamento urbano é a expansão das cidades em áreas cada vez mais amplas das zonas rurais circunvizinhas.

Exúrbios são áreas residenciais rurais localizadas dentro do perímetro de transporte da cidade.

Gentrificação é o processo de reabilitação de áreas deterioradas da cidade, por meio de investimentos públicos e privados, para fins de habitação ou lazer.

Imigração é o fluxo de entrada de pessoas em um país, oriundas de um ou mais países, e sua permanência no país de destino.

O **nível de substituição** é o número de filhos que cada mulher deve ter em média para que o tamanho da população permaneça estável. Ignorando qualquer fluxo de migrantes de outros países (imigração) ou o fluxo para outros países (emigração), o nível de substituição é 2.1.

A **nova sociologia urbana** emergiu nos anos de 1970 e enfatiza que o crescimento da cidade é um processo enraizado em relações de poder e na busca pelo lucro.

Países capitalistas centrais são países ricos — como os Estados Unidos, o Japão e a Alemanha — que representam as principais fontes de capital e tecnologia no mundo capitalista.

Países periféricos são ex-colônias pobres e que representam as maiores fontes de matérias-primas e mão-de-obra barata.

Países semiperiféricos — tais como a Coréia do Sul, Taiwan, Israel e o Brasil — são ex-colônias que têm obtido grandes resultados em suas tentativas de industrialização.

A **razão sexual** é a proporção de mulheres para homens em uma área geográfica.

Segregação, na teoria da ecologia humana, refere-se à separação espacial de determinados grupos em função de raça, etnicidade ou classe social.

Suburbanismo é um modo de vida fora dos centros da cidade que se organiza principalmente em torno das necessidades das crianças e envolve níveis mais altos de conformismo e sociabilidade que a vida no centro da cidade.

Sucessão ecológica, na teoria da ecologia humana, refere-se ao processo pelo qual um determinado grupo urbano se muda de uma área para outra e um segundo grupo chega para substituir o primeiro.

A **taxa bruta de mortalidade** é o número anual de mortes por 1.000 pessoas em uma população.

A **taxa bruta de natalidade** é o número anual de pessoas nascidas vivas por 1.000 mulheres em uma população.

A **teoria da dependência** percebe o subdesenvolvimento econômico como resultado das relações de exploração desenvolvidas entre países ricos e pobres.

A **teoria da modernização** argumenta que o subdesenvolvimento econômico decorre do fato de alguns países não deterem capital, valores ocidentais, técnicas comerciais racionais e governos estáveis.

A **teoria da transição demográfica** explica como mudanças na natalidade e na mortalidade afetaram o crescimento populacional do período pré-industrial ao pós-industrial.

Urbanismo é um modo de vida que, segundo Louis Wirth, envolve tolerância crescente, mas também distanciamento emocional e interações especializadas, impessoais e baseadas no interesse individual.

CAPÍTULO 15

Ação Coletiva e Movimentos Sociais

Neste capítulo, você aprenderá que:

- Algumas vezes, as pessoas promovem linchamentos e revoltas e se envolvem em outras formas de ação de grupo não-usuais a fim de corrigir o que percebem como injustiças. Esses eventos são raros, espontâneos, freqüentemente violentos e têm curta duração. Eles subvertem instituições e práticas estabelecidas. No entanto, a maior parte das ações coletivas não-usuais requer organização social e as pessoas que participam delas com freqüência agem de forma calculada.
- A ação coletiva pode resultar na criação de uma ou mais organização formal ou burocracia a fim de direcionar e ampliar os objetivos de seus membros. A institucionalização de protestos dá margem ao o estabelecimento de um movimento social.
- As pessoas estão mais propensas a se rebelar contra condições existentes quando laços sociais fortes as ligam a muitas outras pessoas que se sentem igualmente injustiçadas, quando têm tempo, dinheiro e outros recursos necessários para protestar e quando as estruturas e os processos políticos oferecem oportunidades para expressar seu descontentamento.
- A fim de que os movimentos sociais cresçam, seus membros devem tornar as atividades, os objetivos e a ideologia do movimento consistentes com os interesses, as crenças e os valores de membros potenciais.
- A história dos movimentos sociais é a história da luta para a aquisição de direitos cada vez mais amplos — assim como de oposições a essas lutas.

Como Gerar uma Revolta

O Fim de Minha Carreira Política — História Pessoal

Certa ocasião, Robert Brym quase gerou uma pequena revolta. "Aconteceu no final do ensino médio", conta Robert, "logo depois que fiquei sabendo que água combinada com dióxido de enxofre produz ácido sulfúrico. A notícia veio como um choque. Para entender o porquê, você deve saber que eu morava cem quilômetros a leste do estado americano do Maine e a cerca de 100 metros da maior fábrica de papel e celulose do Canadá. Ondas de dióxido de enxofre saíam dia e noite das chaminés da fábrica. O cheiro de ovo podre disseminado pela cidade era uma reclamação constante na área mas, para mim, o nojo transformou-se em raiva quando soube que os vapores eram tóxicos. De repente, ficou claro por que muitas pessoas que eu conhecia — em especial aquelas que moravam mais perto da fábrica — acordavam de manhã com uma espécie de tosse típica de fumante. O simples ato de respirar fazia que misturássemos o gás com a umidade de nossos corpos e gerássemos um ácido que nossos pulmões tentavam expulsar, mas com sucesso apenas parcial.

"Vinte anos mais tarde, li os resultados de uma pesquisa médica indicando que os moradores daquela área apresentavam uma taxa de doenças respiratórias — incluindo enfisema e câncer de pulmão — significativamente maior do que a média para a América do Norte. Mas, mesmo em 1968, era evidente que minha cidade natal tinha um problema sério e, assim, desenvolvi um plano. Nossa escola estava prestes a fazer sua representação anual do que deveria ser um parlamento modelo. O evento era reconhecidamente chato, em parte porque todos os anos quase todos votavam no mesmo partido, o dos conservadores. Mas ali estava uma questão que podia mudar a ordem das coisas, pensei. O dono da fábrica era um residente local, K.C. Irving, considerado pela revista financeira *Forbes* como um dos homens mais ricos do mundo. Calculei que quando contasse minha descoberta aos meus colegas de escola, eles imediatamente exigiriam o fechamento da fábrica até que Irving garantisse uma operação não-poluente."

"Como eu era ingênuo! Como diretor do minúsculo Partido Liberal, eu tinha de me dirigir a todo o corpo discente durante a assembléia no dia da eleição para resumir a plataforma do partido e angariar votos. Quando cheguei à parte do meu discurso em que explicava por que Irving era nosso inimigo, os sussurros na audiência, que vinham num crescendo como o som emitido por um animal prestes a se lançar sobre sua presa, explodiram em vaias poderosas. Alguns estudantes subiram no palco e o diretor da escola apareceu de repente, mandando os estudantes se acalmarem. Em seguida, ele me pegou pelo braço e me informou que, para minha própria segurança, meu discurso tinha acabado. Assim como tinha acabado o Partido Liberal da minha escola e, como descobri mais tarde, minha carreira política como estudante do ensino médio."

"Esse incidente me incomodou por vários anos — em parte por causa do embaraço que causou, em parte devido às questões que plantou em minha mente. Por que eu quase gerei uma pequena revolta? Por que meus colegas de escola não se rebelaram, da forma como eu achava que se rebelariam? Por que eles continuaram a apoiar um estado de coisas que enriquecia um homem ao custo da saúde da comunidade? Será que eles não percebiam a injustiça? Outras pessoas perceberam. O ano de 1968 não foi apenas o ano do meu fracasso político na escola, foi também o ano em que as revoltas estudantis na França quase derrubaram o governo. No México, a supressão de greves estudantis por parte do governo deixou dezenas de estudantes mortos. Nos Estados Unidos, estudantes de diversas universidades fizeram passeatas em defesa da livre expressão nos *campi* universitários, do fim da Guerra do Vietnã, do aumento dos direitos civis dos cidadãos negros e da ampliação da participação das mulheres na esfera pública. Era, afinal de contas, os anos de 1960."

Robert não sabia disso na época, mas, ao se perguntar por que os estudantes em Paris, na Cidade do México ou nos Estados Unidos se rebelaram, diferentemente do que aconteceu com seus colegas de escola, ele estava levantando a principal questão relativa ao estudo das ações coletivas e dos movimentos sociais. Sob quais condições as pessoas agem em conjunto para mudar ou resistir a mudanças na sociedade? Essa é a principal questão que trabalharemos neste capítulo.

Dividimos este capítulo em três seções:

1. Inicialmente, discutiremos as condições sociais que levam à formação de turbas de linchamento, revoltas e outras formas não-usuais de **ação coletiva**. Quando as pessoas se engajam em ações coletivas, elas agem em conjunto a fim de gerar ou resistir a mudanças sociais, políticas e econômicas (Schweingruber e McPhail, 1999: 453). Algumas formas de ação coletiva são "usuais" e outras, "não-usuais" (Useem, 1998: 219). As primeiras são normalmente não-violentas e seguem padrões estabelecidos de comportamento em estruturas sociais burocráticas. Por exemplo, quando um grupo de pessoas forma uma associação de moradores para reivindicar a urbanização de seu bairro, quando os trabalhadores sem-terra fazem um *lobby* ou organizam uma passeata pela reforma agrária no Brasil ou quando uma categoria profissional decide formar um sindicato, eles estão se engajando em formas usuais de ação coletiva. Algumas vezes, entretanto, "as convenções deixam de guiar a ação social e as pessoas transcendem, abandonam ou subvertem os padrões e as estruturas institucionais estabelecidos" (Turner e Killian, 1987 [1957]: 3). Nessas ocasiões, as pessoas se engajam em ações coletivas não-usuais, que são com freqüência breves e, algumas vezes, violentas. Elas podem, por exemplo, formar turbas de linchamento e se engajar em revoltas. Até o início dos anos de 1970, aceitava-se amplamente a idéia de que as

pessoas que se envolviam em ações coletivas não-usuais perdiam a individualidade e a capacidade de raciocínio. Turbas de linchamento e revoltas eram normalmente percebidas como incidentes bárbaros e não coordenados, mais parecidos com o estouro de uma boiada do que com um processo social estruturado. Como veremos, no entanto, os sociólogos demonstraram mais tarde que essa caracterização é um exagero, pois desvia a atenção da organização social e da lógica interna de eventos sociológicos pouco freqüentes[1].

2. Em seguida, esboçaremos as condições para a formação de **movimentos sociais**. Movimentos sociais são tentativas coletivas, de longa duração e em geral burocraticamente organizadas, de mudar total ou parcialmente a ordem social (ou de resistir à mudança). Isso é alcançado por meio de petições, greves, passeatas e pelo estabelecimento de *lobbies*, associações e partidos políticos. Veremos que uma explicação adequada de formas de protesto institucionalizadas também requer a introdução de uma série de questões sociológicas relativas à distribuição de poder na sociedade e à formulação de agendas políticas de forma que pareçam atraentes a muitas pessoas.
3. Por fim, faremos algumas observações acerca do caráter dinâmico dos movimentos sociais. Argumentaremos que a história dos movimentos sociais é a história das tentativas de grupos desprivilegiados de ampliar os direitos de cidadania de seus membros e aumentar o escopo dos protestos do nível local para os níveis nacional e global.

Iniciaremos tecendo algumas considerações sobre a turba de linchamento, uma forma bastante estudada de ação coletiva não-usual.

Ação Coletiva Não-Usual: A Turba de Linchamento

O Linchamento de Claude Neal

Em 27 de outubro de 1934, um homem negro foi linchado próximo a Greenwood, uma cidade no condado de Jackson, Flórida, Estados Unidos. Claude Neal, 23 anos, foi acusado de estuprar e assassinar Lola Cannidy, uma bela jovem de 19 anos, branca, filha de seu patrão. As evidências contra Neal não eram totalmente convincentes e algumas pessoas acreditavam que ele tinha confessado o crime sob coação. Mas a reputação de Neal na comunidade branca era a de um "crioulo mau", "arrogante", "insolente" e "altivo", o que ajudou a selar seu destino (McGovern, 1982: 51). Ele foi capturado e preso e, depois, para sua própria segurança, removido para a prisão em Brewton, Alabama, a cerca de 190 quilômetros da cena do crime.

Quando os moradores brancos de Greenwood e cercanias descobriram que Neal fora levado da prisão local, rapidamente formaram uma turba de linchamento para encontrá-lo. Assim que, misteriosamente, vazaram informações de que ele estava em Brewton, 15 homens em três carros imediatamente se dirigiram para lá. Descobriram uma forma de fazer com que o xerife saísse da prisão, enviando-o para uma caçada de gansos selvagens, e, entrando na cadeia munidos de revól-

[1] Refletindo novas pesquisas e perspectivas teóricas, o termo usado anteriormente, *comportamento coletivo*, foi abandonado nos anos de 1990. Isso porque o termo *comportamento* sugere um nível relativamente baixo de autoconsciência e, portanto, uma conduta não inteiramente racional. De acordo com Weber (1947), *ação* denota um grau maior de autoconsciência e, portanto, de racionalidade.

veres e dinamite, ameaçaram explodir o local se o único carcereiro de plantão não entregasse Neal. O carcereiro concordou, e eles amarraram as mãos de Neal com uma corda e o colocaram no banco traseiro de um carro para levá-lo de volta ao condado de Jackson. Lá, uma turba de 200 ou 300 pessoas se juntou próximo à casa de Cannidy.

A turba encontrava-se em um estado de violenta agitação. Bebendo uísque caseiro e gritando "queremos o crioulo", muitos deles "queriam tanto colocar as mãos em Neal que mal podiam se conter", conforme afirmou uma testemunha. No entanto, os seqüestradores temeram que a turba ficasse incontrolável e que seus membros pudessem ferir uns aos outros em meio ao seu furor de vingança contra Neal; assim, levaram o prisioneiro para uma mata. Dez dias depois, um investigador entrevistou um dos membros da turba e descreveu o que aconteceu nas seguintes palavras:

> *(...) Após levar o crioulo para a mata, a cerca de 6 quilômetros de Greenwood, cortaram seu pênis. Ele foi forçado a comê-lo. Depois, cortaram seus testículos e fizeram com que comesse e dissesse que havia gostado. Depois, retalharam seu torso e abdome com facas e, de vez em quando, alguém cortava um dedo do pé ou da mão. Ferros em brasa foram usados no crioulo para queimá-lo de alto a baixo.*

"De vez em quando, durante a tortura", continuou o investigador, "uma corda era amarrada ao pescoço de Neal e ele era içado de um galho e deixado lá até quase sufocar, quando era abaixado, e a tortura tinha início outra vez" (McGovern, 1982: 80).

Após dispor de Neal dessa maneira, os seqüestradores amarraram uma corda ao redor de seu corpo, prenderam-na a um carro e o arrastaram vários quilômetros em direção à turba, na frente da casa de Cannidy. Lá, diversas pessoas enfiaram facas no cadáver, de acordo com um relatório, "praticamente dilacerando o corpo" (McGovern, 1982: 81). O avô de Lola Cannidy pegou sua arma calibre 45 e atirou três vezes na testa do cadáver. Algumas pessoas chutaram o corpo; outras o atropelaram; crianças foram encorajadas a enfiar estacas afiadas na carne do morto. Depois, alguns membros da multidão correram em direção a casebres próximos habitados por pessoas negras e atearam fogo em tudo. Outros levaram o corpo nu e mutilado de Claude Neal para o jardim em frente ao palácio de justiça do condado de Jackson, pendurando-o em uma árvore. A justiça, pensaram, havia sido feita. Mais tarde, venderam uma fotografia do corpo pendurado de Neal como cartão-postal.

● **Figura 15.1** Em seguida ao linchamento, o corpo de Claude Neal foi pendurado em uma árvore no jardim do palácio de justiça do condado de Jackson. Mais tarde, seus assassinos venderam a fotografia de seu corpo mutilado como um cartão-postal, de onde esta imagem foi tirada

Teoria do Colapso

Até cerca de 1970, a maioria dos sociólogos acreditava que pelo menos uma de três condições deveria ser preenchida para que ações coletivas não-usuais, como o linchamento de Claude Neal, pudessem ocorrer. Primeiro, um grupo de pessoas deveria ser economicamente destituído ou socialmente desenraizado; segundo, suas normas deveriam ser distorcidas ou rompidas; terceiro, seus membros deveriam perder a capacidade de agir racionalmente ao se verem envolvidos na loucura inerente às multidões. De acordo com Charles Tilly e seus colaboradores, podemos considerar esses fatores, conjuntamente, como constituintes da **teoria do colapso**. Isso porque todos os três pressupõem que a ação coletiva resulta do distúrbio ou do colapso das normas, das expectativas e dos padrões de comportamento tradicionais (Tilly, Tilly e Tilly, 1975: 4-6).

Em um nível mais abstrato, a teoria do colapso pode ser considerada uma variante do funcionalismo, uma vez que concebe a ação coletiva como uma forma de desequilíbrio social resultante do mau funcionamento de várias instituições sociais (ver o Capítulo 1, "Uma Bússola Sociológica"). Mais especificamente, a maioria dos sociólogos antes dos anos de 1970 teria afirmado que o linchamento de Claude Neal foi causado por um ou mais dos seguintes fatores:

1. *Uma situação de privação econômica envolvendo os membros mais pobres e marginalizados da comunidade.* O próprio ano do linchamento de Claude Neal aponta para uma recessão econômica nos Estados Unidos: 1934 correspondia à metade da Grande Depressão americana que durou de 1929 a 1939. Tão rapidamente quanto diminuíra a renda dos fazendeiros de algodão do falido condado de Jackson, aumentavam as falências e o desemprego rural. Privações econômicas severas podem ter resultado no aumento de tensões na área, o que fazia com que necessitassem apenas de uma fagulha para explodirem. Além disso, os negros podem ter se tornado o alvo coletivo da frustração dos brancos porque um total de um quarto de todos os fazendeiros negros no condado de Jackson possuía sua própria terra e recebia ajuda governamental sob a forma de crédito rural. Por outro lado, muitos brancos eram migrantes sem terra vindos de outros estados, ou meeiros pobres que podem ter se ressentido do fato de os negros estarem recebendo ajuda do governo federal (McGovern, 1982: 39-41).

   Os proponentes da teoria do colapso afirmam com freqüência que não é a miséria ou a **privação absoluta** que dá origem às ações coletivas, mas a **privação relativa**. A privação relativa refere-se ao crescimento de um abismo intolerável entre as recompensas sociais que as pessoas esperam receber e as que elas efetivamente recebem. As recompensas sociais são bens amplamente valorizados, incluindo dinheiro, educação, segurança, prestígio etc. Dessa forma, as pessoas estão mais propensas a se rebelar quando as expectativas crescentes (geradas, por exemplo, pelo rápido crescimento econômico e pela migração) são substituídas por um súbito declínio nas recompensas sociais recebidas (devido, por exemplo, à recessão econômica ou à guerra) (Davies, 1969; Gurr, 1970). A partir dessa perspectiva, o rápido crescimento econômico dos anos de 1920, seguido pelo colapso econômico de 1929, provavelmente teria causado uma privação relativa generalizada no condado de Jackson.
2. *A irracionalidade inerente ao comportamento das multidões* é um segundo fator provável a ser enfatizado em qualquer explicação do linchamento de Claude Neal anterior a 1970. Gustave Le Bon, compatriota contemporâneo de Durkheim que se dedicou à interpretação do comportamento das multidões, afirmou que uma pessoa isolada pode ser um indivíduo culto, mas que, no meio de uma multidão, essa pessoa se transforma em um "bárbaro", alguém que "age por instinto" e possui a "violência espontânea" e a "ferocidade" de "seres primitivos" (Le Bon, 1969 [1895]: 28). Le Bon argumentou que essa

transformação ocorre porque as pessoas perdem sua individualidade e sua força de vontade quando se juntam a uma multidão, adquirindo, ao mesmo tempo, uma sensação de poder de grupo invencível que deriva do simples tamanho da multidão. O sentimento de invencibilidade permite que dêem vazão a instintos que normalmente manteriam sob controle. Além disso, se as pessoas permanecerem em uma multidão por tempo suficiente, entram em uma espécie de transe coletivo, o que as torna propensas a sugestões de líderes manipuladores e assegura que paixões extremadas se espalhem pela multidão como uma doença contagiosa. (Os sociólogos chamam o argumento de Le Bon de **teoria do contágio**.) Por todas essas razões, Le Bon argumentou, as pessoas em multidões são freqüentemente capazes de desempenhar ações fora do comum e, muitas vezes, chocantes. "Fora do comum" e "chocante" são, com certeza, termos apropriados para as ações cometidas pelos cidadãos do condado de Jackson em 1934.

3. *A violação crítica das normas* é o terceiro fator que os sociólogos pré-1970 provavelmente teriam enfatizado ao tentar explicar o linchamento de Neal. Nos anos de 1930, o contato íntimo entre negros e brancos no sul dos Estados Unidos era estritamente proibido. Naquele contexto, estupros e assassinatos de brancos por negros não eram apenas os crimes mais graves da região, mas, possivelmente, constituíam a violação mais profunda das normas locais. Os supostos crimes de Neal eram, portanto, passíveis de suscitar uma reação muito forte por parte do grupo étnico dominante. Em geral, antes de cerca de 1970, os sociólogos enfatizaram as rupturas em normas tradicionais que precediam a ação coletiva, às vezes se referindo a elas como indicadores de **tensão** (Smelser, 1963: 47-8, 75).

Avaliando a Teoria do Colapso

Será que a privação, o contágio e a tensão podem realmente explicar o que aconteceu na mata do condado de Jackson na madrugada de 27 de outubro de 1934? Será que a teoria do colapso pode explicar adequadamente a ação coletiva, em geral? A resposta mais curta é "não". Desde 1970, os sociólogos vêm revelando cada vez mais falhas na teoria e proposto perspectivas alternativas para a compreensão da ação coletiva. Para ajudar você a perceber a necessidade dessas alternativas, consideremos os três elementos da teoria do colapso no contexto do linchamento de Neal.

Privação

As pesquisas não mostram nenhuma associação clara entre as flutuações no bem-estar econômico (medido, por exemplo, pelo preço do algodão no sul dos Estados Unidos) e o número de linchamentos ocorrido a cada ano entre 1880 e 1930 (Mintz, 1946). Além disso, no caso do linchamento de Neal, os principais instigadores não eram economicamente desprivilegiados. Os homens que seqüestraram Neal da prisão de Brewton eram fazendeiros de classe média a classe média baixa, comerciantes, vendedores e outras ocupações do gênero. Mesmo no auge da Grande Depressão, eles não eram economicamente insolventes e tinham dinheiro, carros e tempo livre suficiente para ficar dois dias sem trabalhar a fim de organizar o linchamento. Também não eram "agitadores externos", socialmente marginalizados, ou migrantes recentes, desenraizados. Gozavam de boa reputação na comunidade, como cidadãos respeitáveis, homens de religião e com um senso bem desenvolvido de responsabilidade civil. Os indivíduos verdadeiramente marginalizados socialmente não participavam de linchamentos (McGovern, 1982: 67-8, 85). Esses dados se encaixam em um padrão geral: na maioria dos casos de ação coletiva, os líderes e os primeiros membros do grupo são bem integrados em suas comunidades, e não forasteiros (Brym, 1980; Brym e Economakis, 1994; Economakis e Brym, 1995; Lipset, 1971 [1951]). Níveis de privação, sejam relativos ou absolutos, não são normalmente associados à freqüência ou à intensidade de explosões de ação coletiva (McPhail, 1994).

Contágio

Apesar de seu caráter de barbárie, o linchamento de Neal não foi um evento espontâneo e desorganizado. A invasão da cadeia de Brewton exigiu um planejamento sofisticado, por exemplo, se considerarmos a astúcia envolvida no afastamento do xerife. Mesmo os eventos horrendos ocorridos em frente à residência de Cannidy não podem ser considerados uma erupção repentina e espontânea devido à "loucura" da multidão. Por exemplo, horas antes que o corpo de Neal fosse levado até a casa de Cannidy, alguns adultos tiveram a idéia de afiar longos galhos, empilhá-los e instruir as crianças a usá-los como estacas para enfiar no corpo de Neal. Como esse exemplo demonstra, e como pesquisas sobre revoltas, multidões e passeatas têm consistentemente confirmado, ações coletivas não-usuais podem ser tempestuosas, mas em geral são estruturadas. Em primeiro lugar, a ação coletiva não-usual é estruturada por idéias e normas que surgem na própria multidão, como ocorreu com a idéia de preparar estacas para o linchamento de Neal (Turner e Killian, 1987 [1957]). Em segundo lugar, a ação coletiva não-usual é estruturada pelas predisposições que unem os membros da multidão e que antecedem sua ação coletiva. Os participantes do linchamento de Neal, por exemplo, estavam predispostos a participar de ações racistas, caso contrário nunca teriam se unido para o linchamento (Berk, 1974; Couch, 1968; McPhail, 1991). Terceiro, a ação coletiva não-usual é estruturada pelo *grau* segundo o qual diferentes tipos de participantes aderem a normas pré-existentes e emergentes. Líderes, seguidores e espectadores aderem a essas normas em graus variáveis (Zurcher e Snow, 1981). Em quarto lugar, relações sociais pré-existentes entre os partícipes estruturam a ação coletiva não-usual. Por exemplo, parentes, amigos e conhecidos estão mais propensos do que estranhos a se juntar e a interagir em multidões, revoltas, passeatas e linchamentos (McPhail, 1991; McPhail e Wohlstein, 1983; Weller e Quarantelli, 1973).

Tensão

Os supostos estupro e assassinato de Lola Cannidy por Claude Neal violaram as normas mais profundas do sul dos Estados Unidos com base em um padrão freqüentemente repetido. Existem dados sobre 4.752 linchamentos ocorridos nos Estados Unidos entre 1882 e 1964, quando o último deles foi registrado. Três quartos desse total correspondem a linchamento de negros por brancos e quase dois terços foram motivados por supostos estupros ou assassinatos (calculado a partir de Williams, 1970: 12-5).

Apesar disso, o linchamento tem raízes mais profundas que mera violação de normas que regulam as relações entre brancos e negros. De maneira significativa, era também uma forma por meio da qual os trabalhadores negros eram disciplinados e "presos" à indústria do algodão no sul dos Estados Unidos depois que a abolição da escravidão ameaçou perturbar a oferta de trabalho cativa tradicional. Nesse sentido, o linchamento tinha um aspecto duplo e a teoria do colapso nos chama a atenção para apenas um deles. O linchamento era, em parte, uma reação à violação de normas que ameaçava desorganizar o modo de vida tradicional no sul dos Estados Unidos. Entretanto, a teoria desvia a atenção do outro lado do fenômeno: o linchamento também era uma forma de ação coletiva que se originou da — e, de fato, tinha a função de manter a — *organização* tradicional da indústria algodoeira do sul dos Estados Unidos. Sem aquela organização, não haveria linchamentos (Tolnay e Beck, 1995).

Boatos, Pânico e Revoltas

O estudo do boato reforça a idéia segundo a qual a organização social subjaz a toda ação coletiva, mesmo em suas formas aparentemente mais fugazes e desestruturadas. **Boatos** são afirmações sobre o mundo que não se baseiam em informações abonadas. São uma forma de comunicação que ocorre quando as pessoas tentam construir uma interpretação significativa em uma situação ambígua. São, com freqüência, fugazes, embora possam se tornar recorrentes (Shibutani, 1966: 17). Os boatos podem levar a diferentes manifestações, como o pânico ou a revolta.

Embora a transmissão de boatos seja uma forma de ação coletiva por si só, ela em geral se intensifica imediatamente antes e durante as revoltas porque a tensão e a incerteza sobre o futuro próximo aumentam nesses momentos. O aumento na transmissão de boatos, por sua vez, tende a incitar mais revoltas. Assim, os boatos agravam significativamente as revoltas, como ocorreu na chamada "Revolta da Vacina". Essa revolta aconteceu no Rio de Janeiro, em novembro de 1904. No dia 10 daquele mês, dia da fundação da Liga Contra a Vacinação Obrigatória, uma multidão concentrou-se no Largo de São Francisco para protestar contra uma das primeiras ações promovidas pelo governo federal para a prevenção de diversas doenças que assolavam o país. De repente, soou o grito de guerra: "Abaixo a Vacina!", incitando a multidão a atacar os bondes e apedrejar as lojas do centro da cidade. Nas ruas, colchões ardiam em meio a latas viradas e os confrontos com a polícia se multiplicavam por todos os lados. Barricadas pareciam surgir do nada. No entanto, um conjunto de fatores pode explicar essa revolta, a maioria relativa ao caráter autoritário das medidas adotadas. O médico sanitarista Oswaldo Cruz foi encarregado de combater as epidemias e, apoiado por uma lei federal, determinou que brigadas sanitárias invadissem as residências e vacinassem as pessoas à força. Houve ainda a reforma urbana promovida pelo prefeito Pereira Passos. Nessa reforma, cortiços foram demolidos para possibilitar o alargamento de ruas e a construção de avenidas, agravando o enorme déficit habitacional decorrente das migrações das populações negras de ex-escravos, recém-libertadas. Outro fator diz respeito ao estabelecimento do Regulamento Sanitário, no governo do presidente Rodrigues Alves, como parte do projeto de saneamento do Rio de Janeiro (na época, o Distrito Federal). O Regulamento Sanitário, ou Lei de Março de 1904, tinha um caráter intervencionista e permitia a invasão, a vistoria, a fiscalização e a demolição de casas e de construções por parte dos agentes sanitários (Palma, 2003; Sevcenko, 1984).

José Murilo de Carvalho, em uma análise minuciosa sobre as motivações daquela revolta, aponta ainda um fator moral. Correu o *boato* de que os agentes de saúde aplicariam a vacina não nos braços, conforme fora determinado, mas na coxa ou na altura da virilha das mulheres. Isso gerou uma onda de indignação que mobilizou os operários em defesa da honra doméstica (Carvalho, 1987). Os ânimos só se acalmaram quando o presidente Rodrigues Alves revogou a Lei da Vacina Obrigatória no dia 16 de novembro, que havia sido aprovada pelo Congresso Nacional em 31 de outubro de 1904. O conflito resultou em 945 prisões, 461 deportações, 110 feridos e 30 mortos.

"O boato", escreveu Shakespeare em *Henrique IV*, "é uma flauta soprada por suposições, ciúmes, conjecturas". Análises recentes relacionam os boatos às emoções primárias de esperança, medo e raiva. A *esperança* dá origem a *quimeras* ou sonhos impossíveis, uma espécie de satisfação pública de desejos. Isso ocorreu, por exemplo, no ano de 2003, quando surgiu o boato de que lacres de latas de alumínio teriam um alto valor comercial. Essa falsa informação espalhou-se pelo Brasil e mobilizou milhares de pessoas desempregadas ou em dificuldades financeiras, particularmente em São Paulo, que viram nisso uma possibilidade de aumentar seus rendimentos. De acordo com o boato, um quilo de lacres valeria mais de R$ 200,00. O problema é que não havia compradores e, assim, restou apenas o mito dos lacres de alumínio e a esperança frustrada (Associação Brasileira de Alumínio, 2003). O *medo* dá origem a *boatos assustadores*. Em 1975, em uma das maiores cheias da bacia do Rio Capibaribe, 25 municípios do Nordeste foram atingidos e 80% da cidade do Recife ficou inundada. Morreram 107 pessoas e outras 350 mil ficaram desabrigadas. Quando as águas baixaram e as pessoas começaram a retomar a vida, o *pânico* tomou conta da população nas ruas do Recife em conseqüência do boato de que a barragem de Tapacurá teria estourado e a cidade seria arrasada. De acordo com um relato dramático da situação, "a multidão corria de um lado para outro sem saber aonde ir; mulheres desmaiavam; os carros não respeitavam sinais nem contra-mão; guardas de trânsito abandonavam seus postos; várias pessoas foram atropeladas; bancos, casas comerciais e a agência central dos Correios fecharam as portas; no Hospital Barão de Lucena, várias pessoas pularam do primeiro andar; enquanto o boato se espalhava de boca em boca" (Pernambuco de A/Z, 2005). A *raiva* dá origem a *boatos de discórdia*, que dividem as populações em grupos antagônicos. As fugas, as rebeliões e os motins são comuns em presídios e em unidades da Fundação Estadual do Bem-Estar do Menor (Febem). Tanto fugas quanto rebeliões e motins tendem a ocorrer com mais freqüência em períodos de festas, como o Natal e o Carnaval, nos quais a reclusão é mais difícil de ser aceita. A superpopulação e a precariedade das instalações são freqüentes e, em muitos casos, basta um boato para que a raiva se manifeste sob a forma de uma rebelião ou revolta. Por exemplo, no carnaval de 2005, diante do boato de que os internos da Febem do Tatuapé, em São Paulo, ficariam trancados durante todo o carnaval, os adolescentes da unidade 12 teriam ido ao telhado e convocado a unidade 23 a integrar um protesto contra a suposta determinação. O protesto transformou-se em rebelião quando os internos fizeram três reféns entre os funcionários da unidade 23, que só foram liberados após negociação com a diretoria do complexo mediante a intervenção da tropa de choque da polícia militar (*O Estado de S.Paulo*, 09/02/2005; *Folha de S.Paulo*, 09/02/2005). Embora já existisse um antagonismo entre os internos e as forças repressoras do Estado, tais como as representadas pela polícia militar, um boato pode dar visibilidade a uma tensão latente, passando a delimitar melhor o antagonismo existente entre os grupos.

Os boatos são freqüentemente falsos ou inverificáveis, podendo parecer críveis para os membros do grupo, mas inverossímeis para os estranhos. Apesar disso, não se deve desprezá-los por sua frivolidade: da mesma forma que raios X podem revelar falhas na estrutura de uma ponte, a compreensão sociológica dos boatos pode revelar algo sobre a distribuição de esperança, medo e raiva em uma sociedade, e as falhas estruturais por trás dessas emoções (Figura 15.2). Por exemplo, não existem evidências para se corroborar o boato de que os internos da Febem do Tatuapé permaneceriam presos em suas celas durante o carnaval; ainda assim, o boato é uma expressão fiel de alguns fatos sociais subjacentes. São bem conhecidas a precariedade física e a superlotação das instituições de reclusão e carcerárias no Brasil, assim como o uso da violência contra internos. Por si só, esses elementos criam as condições ideais para o surgimento de revoltas. Some-se a isso o fato de que se trata, em sua maioria, de adolescentes negros e pobres, e surge a crença ou o sentimento generalizado, por parte daqueles internos, de que os agentes do Estado, responsáveis pela sua ressocialização, conspiram contra eles. Essa crença é reforçada pelo uso de uma disciplina punitiva por parte daqueles agentes que, por sua vez, acreditam no caráter supostamente irrecuperável dos adolescentes infratores. A falta de esperança, o medo e a raiva sentidos por esses adolescentes em relação aos agentes de ressocialização, assim como a grupos rivais dentro da instituição, terminam por transformá-la em uma verdadeira "escola do crime". Isso, por sua vez, reforça a crença na impossibilidade de sua recuperação e ressalta os antagonismos existentes entre eles e os agentes de ressocialização. Configura-se, assim, um círculo infernal de violência muito propício ao surgimento de revoltas e rebeliões.

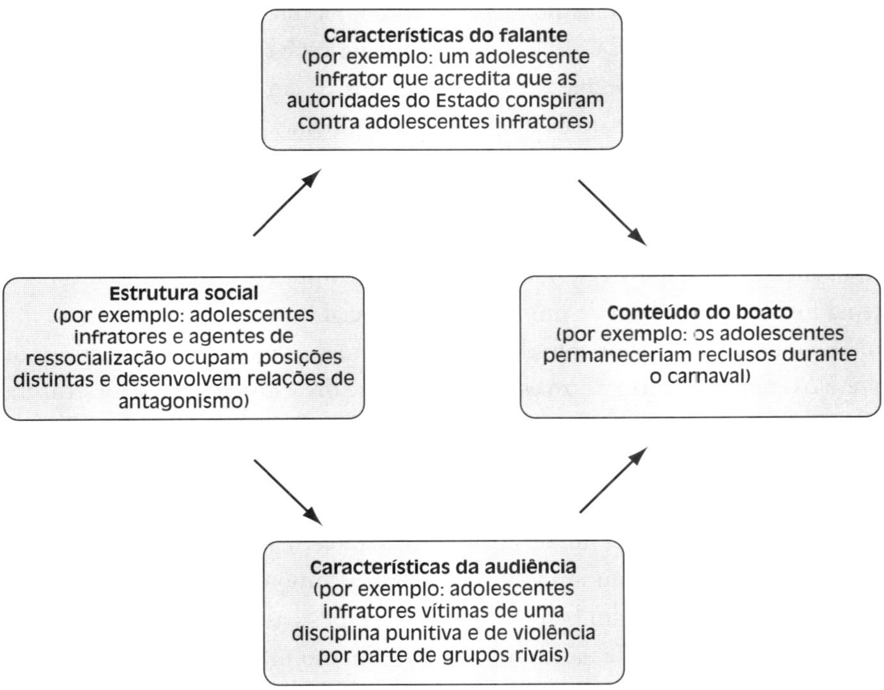

Figura 15.2 Os determinantes sociais dos boatos
Fonte: adaptado de Fine e Turner (2001: 79).

Nossa discussão sobre os linchamentos nos levou a concluir que a ação coletiva raramente é uma reação de curto prazo à desorganização social e à privação econômica. Ao contrário, ela geralmente é parte de uma tentativa de longo prazo de corrigir injustiças percebidas e requer uma base social e organizacional sólida. Observamos que uma segunda forma de ação coletiva — a transmissão de boatos — também tem raízes na organização social. Dessa forma, chegamos ao ponto de partida da maioria das teorias da ação coletiva e dos movimentos sociais pós-1970. Por mais de 30 anos, a maioria dos estudiosos do assunto reconheceu que podemos compreender melhor a ação coletiva se nos concentrarmos em suas raízes sociais e organizacionais.

Movimentos Sociais

Teoria da Solidariedade

De acordo com a teoria do colapso, as pessoas normalmente se rebelam após mudanças sociais bruscas. De acordo com essa perspectiva, a rápida urbanização, a industrialização, a migração em massa, o desemprego e as guerras geralmente levam ao estabelecimento de privações ou à violação de normas importantes. Sob essas condições, as pessoas logo saem às ruas.

Na realidade, entretanto, as pessoas geralmente acham difícil transformar sua insatisfação em um movimento social duradouro. Os movimentos sociais emergem da ação coletiva apenas quando os insatisfeitos são bem-sucedidos no recrutamento e na filiação de membros e na construção de uma base organizacional que se revelem relativamente estáveis. Uma vez satisfeitas essas condições, as pessoas normalmente se afastam do foco exclusivo em ações de curta duração, como as passeatas, em direção a atividades mais duradouras e rotineiras. Essas atividades incluem o estabelecimento de um departamento de publicidade, de um jornal ou periódico e a candidatura a cargos políticos. Empreendimentos como esses requerem a contratação de pessoas trabalhando em tempo integral em várias atividades do movimento. Assim, a criação de uma burocracia demanda tempo, energia e dinheiro. Esse fato, isoladamente, indica que não se pode esperar que uma crise resulte na formação imediata de um movimento social.

Pesquisas conduzidas desde os anos de 1970 mostram que, na realidade, as crises sociais geralmente não têm os efeitos de curto prazo esperados porque diversos fatores socioestruturais modificam os efeitos da crise na ação coletiva. Por exemplo, Charles Tilly e seus colaboradores estudaram a ação coletiva na França, na Itália e na Alemanha nos séculos XIX e XX (Lodhi e Tilly, 1973; Snyder e Tilly, 1972; Tilly, 1979a; Tilly, Tilly e Tilly, 1975). Eles leram de forma sistemática jornais, notas de governos e outras fontes a fim de analisar uma amostra representativa de greves, passeatas e atos de violência coletiva. (Definiram violência coletiva como eventos nos quais grupos de pessoas se apropriavam ou danificavam bens e machucavam pessoas.) Mensuraram os colapsos ou as crises sociais por meio da coleta de dados sobre o crescimento urbano, os suicídios, os crimes graves, os preços, os salários e o valor da produção industrial. A teoria do colapso seria corroborada se eles tivessem descoberto que os níveis de crise social aumentavam e diminuíam em consonância com as ações coletivas. Mas não houve essa correlação positiva. Por exemplo, como o painel superior da Tabela 15.1 mostra em relação à França, praticamente todas as correlações entre as ações coletivas e os indicadores de privação são próximas de zero. Isso significa que os atos de violência coletiva não aumentaram em razão das crises sociais que surgiam, nem diminuíram em períodos marcados por menos crises.

De maneira significativa, no entanto, Tilly e seus colaboradores encontraram correlações mais fortes entre a violência coletiva e algumas outras variáveis. Você pode observá-las no painel inferior da Tabela 15.1. Essas correlações apontam para três lições fundamentais da **teoria da solidariedade**, uma variante da teoria do conflito e a abordagem mais influente sobre o assunto desde os anos de 1970.

Tabela 15.1 Correlações entre violência coletiva e variáveis das diferentes teorias dos movimentos sociais — França, 1830-1960

Variável	Correlação com a freqüência da violência coletiva
Variáveis de colapso	
Número de suicídios	0,00
Número de crimes graves	-0,16
Variáveis de privação	
Preços de bens manufaturados	0,05
Preços dos alimentos	0,08
Valor da produção industrial	0,10
Salários reais	0,03
Variável organizacional	
Número de membros sindicalizados	0,40
Variável de processo político	
Eleições nacionais	0,17
Variável de repressão do Estado	
Dias na prisão	-0,22

Notas: (1) Correlações estatísticas podem variar de -1,0 (indicando uma correlação perfeita inversamente proporcional, ou uma correlação negativa perfeita) a 1,0 (indicando uma correlação perfeita diretamente proporcional ou uma correlação positiva perfeita). Uma correlação de zero indica que não há uma relação. (2) A correlação entre crimes graves e a taxa de violência coletiva é negativa, mas, de acordo com a teoria do colapso, deveria ser positiva. (3) O número exato de anos relativo a cada correlação varia.
Fonte: adaptado de Tilly, Tilly e Tilly (1975: 81-2).

1. Examinando a Tabela 15.1, inicialmente observamos que a violência coletiva na França aumentou quando o número de sindicatos cresceu e diminuiu quando esse número declinou. Por quê? Porque a organização sindical deu aos trabalhadores mais poder e esse poder aumentou sua capacidade de lutar por seus objetivos — se necessário, por meio de passeatas, de greves e do engajamento em violência coletiva. Podemos generalizar a partir do caso francês da seguinte maneira: a maior parte das ações coletivas é uma luta de poder; essa luta geralmente se intensifica à medida que os grupos desprivilegiados se tornam mais poderosos em relação a grupos privilegiados. E como os grupos desprivilegiados se tornam mais poderosos? Ao recrutar mais membros, ao se tornar mais organizados e ao aumentar seu acesso a recursos escassos, como dinheiro, empregos e meios de comunicação (Bierstedt, 1974). A sindicalização francesa é, portanto, apenas um exemplo de **mobilização de recursos**, processo por meio do qual os grupos se engajam em mais ações coletivas à medida que seu poder aumenta devido ao aumento de tamanho e a um maior acesso a recursos materiais, organizacionais e outros (Gamson, 1975; Jenkins, 1983; McCarthy e Zald, 1977; Oberschall, 1973; Tilly, 1978; Zald e McCarthy, 1979).
2. A Tabela 15.1 também mostra que havia uma quantidade maior de violência coletiva na França à medida que ocorriam eleições. Mais uma vez, por quê? Porque as eleições propor-

cionavam às pessoas novas oportunidades de protesto. De fato, ao prover um foco para o descontentamento e uma chance de se colocarem novos representantes com novos programas políticos em posições de autoridade, as campanhas eleitorais freqüentemente servem como convites para o engajamento em ações coletivas. Afinal de contas, em que outras circunstâncias surgem oportunidades políticas para os descontentes? Oportunidades de protesto também emergem quando aliados influentes oferecem apoio, quando coalizões políticas no poder se tornam instáveis e quando os grupos de elite se dividem e entram em conflito uns com os outros (Tarrow, 1994: 86-9; Useem, 1998). Em outras palavras, a ação coletiva ocorre e os movimentos sociais se cristalizam, não apenas quando grupos em desvantagem se tornam mais poderosos, mas quando grupos privilegiados e as instituições que eles controlam se dividem, tornando-se, portanto, mais fracos. Como o economista John Kenneth Galbraith uma vez afirmou acerca da fragilidade da classe governante russa à época da revolução de 1917, se alguém consegue quebrar uma porta podre com um chute, algum mérito deve ser atribuído à porta. Em resumo, esse segundo *insight* importante da teoria da solidariedade relaciona o momento da ação coletiva e da formação do movimento social ao surgimento de novas **oportunidades políticas** (McAdam, 1982; Piven e Cloward, 1977; Tarrow, 1994).

3. A terceira principal lição da teoria da solidariedade é que as reações do governo aos protestos influenciam os protestos subseqüentes. Mais especificamente, os governos podem tentar diminuir a freqüência e a intensidade dos protestos ao adotar diversas medidas de **controle social** (Oberschall, 1973: 242-83). Essas medidas incluem as concessões aos que protestam, a cooptação dos líderes que causam mais problemas (por exemplo, nomeando-os consultores) e a repressão violenta da ação coletiva. O último ponto explica a correlação modesta, na Tabela 15.1, entre a freqüência da violência coletiva e a prisão de pessoas por um longo período de tempo. Na França, protestos mais violentos freqüentemente resultaram em mais repressão por parte do Estado; entretanto, a correlação é modesta porque medidas de controle social nem sempre geram o efeito desejado. Por exemplo, se as queixas são profundamente sentidas, e as concessões aos reclamantes aumentam muito sua esperança, seus recursos e suas oportunidades políticas, então concessões por parte do governo podem encorajar o aumento das reivindicações. Além disso, embora o uso firme e decisivo da força geralmente detenha os protestos, seu uso moderado ou inconstante pode ter um resultado contrário ao desejado porque a agitação em geral aumenta quando aqueles que protestam são levados a crer que o governo é fraco ou mostra-se hesitante (Piven e Cloward, 1977: 27-36; Tilly, Tilly e Tilly, 1975: 244).

Discussões acerca de tensões, privação e contágio dominaram as análises da ação coletiva e dos movimentos sociais antes de 1970. Depois disso, análises sobre mobilização de recursos, oportunidades políticas e controle social passaram a prevalecer.

Enquadrando os Descontentes

Como vimos, a teoria da solidariedade ajuda a explicar a emergência de muitos movimentos sociais. Ainda assim, o surgimento de um movimento social às vezes surpreende os teóricos da solidariedade mais radicais. Da mesma forma, para eles é surpreendente o fracasso, por parte de um grupo lesado, em reivindicar seus direitos por meio de uma ação coletiva. Parece, portanto, que existe algo entre (1) a capacidade de pessoas em desvantagem mobilizar recursos para a ação coletiva e (2) o recrutamento de um número substancial de membros para o movimento. Esse "algo" é o **alinhamento de quadros de referência** (Benford, 1997; Goffman, 1974; Snow et al., 1986; Valocchi, 1996). O alinhamento de quadros de referência é o processo por meio do qual interesses, crenças e valores individuais tornam-se congruentes com as atividades, as idéias e os objetivos do movimento, ou fracassam nesse sentido. Graças aos esforços de intelectuais que trabalham, sobretudo, na tradição do interacionismo simbólico, o alinhamento de quadros de referência tem se tornado objeto de investigação sociológica contínua.

O alinhamento de quadros de referência pode ser encorajado de diversas formas. Por exemplo, líderes de movimentos sociais podem buscar outras organizações nas quais eles acreditam existir pessoas que possam simpatizar com as causas de seu movimento. Assim, os líderes de um movimento antinuclear podem usar os meios de comunicação de massa, campanhas telefônicas e malas diretas para apelar para organizações feministas, anti-racistas e ambientais. Ao fazê-lo, têm como pressuposto a idéia de que essas organizações provavelmente possuem membros que concordariam, ao menos em termos gerais, com a plataforma antinuclear.

Os ativistas dos movimentos também podem enfatizar valores populares que, até o momento, não tenham sido considerados pelos membros em potencial. Além disso, podem aumentar a importância de crenças positivas sobre o movimento e o que ele defende. Por exemplo, ao tentar recrutar novos membros, os ativistas podem enfatizar a seriedade dos propósitos do movimento social; podem analisar as causas do problema que o movimento está tentando resolver de forma clara e convincente; ou podem enfatizar as chances de sucesso do movimento. Ao fazer isso, pode-se aumentar a atratividade do movimento por parte de membros potenciais e, talvez, convencê-los a ingressar nele.

Por fim, os movimentos sociais podem ampliar seus objetivos e suas atividades a fim de ganhar adeptos que, de início, não simpatizam com seus objetivos originais. Isso pode envolver uma "diluição" dos ideais do movimento. Alternativamente, os líderes podem decidir agir de forma calculada a fim de atrair não-simpatizantes que acreditam ter pouco ou nada a ver com os propósitos do movimento. Quando bandas de rock, punk ou reggae tocam em manifestações contra o desarmamento ou em festivais gays, não é necessariamente porque a música é relevante para os objetivos do movimento, nem porque seus membros querem se divertir. O propósito também é o de atrair não-membros. Uma vez atraídos pela música, entretanto, não-membros podem fazer amizade ou conhecer pessoas no movimento e depois serem encorajados a participar de uma reunião mais "séria".

Em resumo, existem muitas formas por meio das quais os movimentos sociais podem tornar suas idéias mais atraentes para mais pessoas. Todas envolvem o aumento do alinhamento entre a forma pela qual os membros dos movimentos e os membros em potencial enquadram as questões.

A Teoria dos Novos Movimentos Sociais

As perspectivas norte-americanas mencionadas anteriormente tinham como preocupação central entender *como* os movimentos sociais surgem e se constituem, deixando em segundo plano as *razões* ou os *porquês* de seu surgimento. Isso será enfatizado por uma vertente européia, conhecida como **teoria dos novos movimentos sociais**. Segundo essa teoria, de inspiração marxista, os movimentos sociais devem ser entendidos como atores coletivos que se opõem às classes dirigentes que impedem os dominados de falar e agir em prol de seus interesses. Seus defensores entendem que as classes dirigentes representam os interesses do capital e, ao se opor a esses interesses e às classes dominantes, os movimentos sociais representariam uma oposição ao próprio capitalismo. Nesse sentido, passam a prevalecer noções como a de conflito e enfatiza-se o caráter global dos novos movimentos sociais.

A teoria dos novos movimentos sociais teve influência marcante no Brasil, em especial, por meio de autores como Manuel Castells (1983), Jean Lojkine (1977) e Alain Touraine (1978). De forma sintética, eles reformularam o debate sobre classes sociais ao apontar para uma nova fase do capitalismo, mais global e dominado por grandes organizações transnacionais. Nessa nova fase, chamada por Castells de *capitalismo monopolista*, as ações coletivas e os movimentos sociais adquiriram uma importância fundamental. Ao contrário do que ocorria no capitalismo industrial, as reivindicações de classe do capitalismo monopolista vão além de uma simples recusa da inserção em uma lógica capitalista voltada para a produção de bens e mercadorias. A luta política passa a incorporar, além da dimensão econômica, um conjunto de reivindicações por direitos de cidadania e por qualidade de vida (Cardoso, 1983). Por essa razão, os autores entendiam que o *locus* dos conflitos de classe é o Estado, e os movimentos sociais — e não mais a classe operária — seriam os atores privilegiados da sociedade civil na luta contra o capitalismo em sua nova fase. Isso porque os movimentos sociais representariam interesses mais amplos da sociedade civil e possibilitariam uma oposição mais eficaz a uma classe dirigente com domínio sobre *o conjunto* dos campos da vida social e não apenas sobre a esfera de produção (Touraine, 1978; 1984; Cardoso, 1983; Moisés, 1982; Evers et al., 1982).

Em anos recentes, os estudos sobre os movimentos sociais têm tentado estabelecer uma síntese entre aquelas teorias que procuram explicar o *como* e aquelas que tentam explicar os *porquês* de seu surgimento. Voltaremos a esse ponto no final deste capítulo, ao falarmos sobre os novos movimentos sociais. Agora, tentaremos tornar essas novas idéias um pouco mais concretas por meio da análise de um importante movimento social do Brasil no final século XX, o Movimento Sanitarista. Nossa primeira tarefa será contextualizar seu surgimento no regime autoritário vigente entre 1964 e 1984.

O Movimento Sanitarista no Brasil

Em 1964, diante da crise econômica e do crescimento da esquerda, os militares perpetraram um golpe de Estado sob a alegação de evitar a implantação de um regime comunista no Brasil. O golpe se inseriu no quadro político mundial pós-Segunda Guerra, no auge da guerra fria, quando os Estados Unidos e a União Soviética disputavam a hegemonia mundial. Após o golpe, o recém-criado governo militar desenvolveu uma política repressiva fazendo uso das leis de exceção e atos institucionais, reprimiu organizações sindicais, promoveu a cassação de políticos, cerceou os meios de comunicação e fechou organizações (ver o Capítulo 10, "Política"). Em um breve período, entre 1970 e 1973, o país experimentou um crescimento econômico devido ao contexto favorável do mercado mundial. Esse crescimento, denominado "milagre econômico", serviu de argumento para legitimar o governo autoritário. Sabe-se, no entanto, que esse crescimento econômico não beneficiou o conjunto da população. Ao contrário, o "milagre" se efetivou por meio do aumento da dívida externa contraída para financiar as grandes obras, da exclusão econômica de setores populares e da despolitização das questões sociais, o que fortaleceu os argumentos que colocavam em questão a legitimidade do regime militar (Cruz e Martins, 1983; O'Donnell, 1982). Para piorar a situação, a crise mundial do petróleo, ocorrida em 1973, alterou o quadro das oportunidades econômicas no mercado mundial e revelou a fragilidade do modelo de desenvolvimento econômico adotado naquele período, fazendo desmoronar um dos argumentos mais contundentes de legitimação utilizados pelo regime militar no Brasil.

O ano de 1974 é considerado o ano de *inflexão descendente* do regime militar no país, isto é, o ano em que o regime começa a perder parte de sua força. As promessas de desenvolvimento econômico serviram, em grande medida, como justificativa ideológica para o período mais repressivo do regime, em especial durante o governo do general Emílio Garrastazu Médici, conhecido como "os anos negros da ditadura". A crise econômica e as promessas não cumpridas geraram e aprofundaram a crise de legitimidade do governo, criando um clima de descontentamento geral, propício para o surgimento de movimentos sociais. Em março de 1974, o general Ernesto Geisel assumiu a presidência da República. Seu governo propôs um projeto de abertura política "lenta, gradual e segura", dando margem tanto para o arrefecimento das medidas repressivas quanto para a utilização dessas medidas a fim de manter o controle político. Mesmo com a referida política de abertura e a retomada de uma política social, ainda que incipiente, o governo não conseguiu conquistar a legitimidade. É nesse contexto de crise do regime militar que diversos movimentos sociais surgem e adquirem visibilidade.

Os sintomas da crise tornaram-se mais evidentes nas eleições de 1974, 1976 e 1978, com a vitória do partido de oposição, o Movimento Democrático Brasileiro (MDB), nas principais cidades do país, constituindo maioria no Parlamento. Em 1977, multiplicaram-se as ações coletivas nas manifestações de rua, como a promovida pelos estudantes universitários a fim de protestar contra o governo, contra a dívida externa, a favor do aumento dos recursos na área de educação e pelo fim da intervenção em sua organização principal, a União Nacional dos Estudantes (UNE), ocorrida em 1964. A luta pela reestruturação da UNE revelou a preocupação da sociedade civil em garantir a transformação dessas ações coletivas em movimentos sociais. As ações coletivas desse período não se restringiram àquelas organizadas pelos estudantes. Entre 1977 e 1979, ganhou força o Movimento pela Anistia dos presos e exilados políticos durante os anos negros da ditadura e multiplicaram-se as manifestações e as greves de trabalhadores, em particular no ABC paulista. Essas manifestações prepararam o terreno para o surgimento de diversos partidos políticos, entre eles o Partido dos Trabalhadores, e de centrais sindicais nos primeiros anos da década de 1980 (ver o Capítulo 9, "Economia e Trabalho"). O ápice das ações de contestação ao regime ocorreu por ocasião das mobilizações pelas "Diretas Já", movimento de democratização cuja demanda mais urgente era a de eleições diretas para presidente da República. O Movimento pelas Diretas resultou na eleição (indireta) de Tancredo Neves, o primeiro presidente civil do Brasil depois do golpe.

Embora o conjunto dos movimentos que emergiu naquele contexto tivesse como objetivo comum a oposição ao regime militar, a amplitude de suas demandas fica mais clara ao examinarmos o Movimento Sanitarista. Isso porque, embora aparentemente restrito à questão da saúde, veremos que ele envolve um dos principais problemas levantados pelas teorias dos novos movimentos sociais: a oposição ao Estado como forma de garantir os interesses dos grupos dominados e a preocupação com a cidadania e a qualidade de vida.

O Movimento Sanitarista inovou o debate sobre saúde pública, que começa a fazer parte da pauta política brasileira no início do século XX com a Revolta da Vacina, exposta anteriormente. O governo brasileiro passou a se preocupar de maneira mais efetiva com a saúde pública quando fatores como a imigração e o crescimento das cidades favoreceram o surgimento de epidemias que afetaram não só as camadas mais pobres da população mas também as elites. A partir daí, as doenças epidêmicas passaram a ser percebidas como um "mal público". Na primeira Constituição da República brasileira, a saúde pública era atribuição dos estados da federação até a década de 1920. Apesar das iniciativas de saneamento do Distrito Federal em 1904, foi apenas em 1916 que ocorreu uma "virada" na questão da saúde pública brasileira, que passou a ser responsabilidade do governo federal (Santos, 1985). Naquele ano, o Instituto Oswaldo Cruz publicou os cadernos de viagem dos médicos Artur Neiva e Belisário Pena por vários estados do Nordeste e por Goiás como parte de uma missão iniciada pelo Instituto em 1912. O Relatório Neiva-Pena, como ficou conhecida a publicação, apresentou um diagnóstico social dos sertões e permitiu às elites urbanas uma visão da precariedade das populações do interior do país. O debate que se seguiu à missão do Instituto Oswaldo Cruz contribuiu para a inauguração do Movimento Sanitarista de 1916. Segundo o pesquisador Luiz de Castro Santos, a missão não provocou mudanças imediatas nas políticas de saúde e o Movimento Sanitarista de 1916 podia ser considerado um movimento de elite. Seus limites de atuação prática eram decorrentes do regime oligárquico, que não tinha interesse em uma mobilização popular. Apesar disso, o movimento teve grande relevância política porque, do ponto de vista ideológico, gerou um projeto de construção da nacionalidade que exigiu que as elites voltassem o olhar para o interior do Brasil. A reintegração dos sertões à sociedade brasileira representava um grande desafio para o fortalecimento da nacionalidade na medida em que se estabelecia uma relação de equivalência entre população doente, "raça fraca" e nação sem futuro (Santos, 1985: 203) (ver também o debate sobre miscigenação e formação da identidade nacional no Capítulo 7, "Raça e Etnicidade"). Para intelectuais como Monteiro Lobato, que defendiam a idéia de que o problema brasileiro não estava nas raças ou na miscigenação, mas nas doenças endêmicas, a campanha do saneamento seria "o derradeiro cartucho na defesa da nacionalidade vacilante" (citado em Santos, 1985: 197). Foi, portanto, por essa via ideológica que o Movimento Sanitarista do início do século XX contribuiu para a centralização da política sanitária, culminando com a criação do Ministério da Saúde em 1953 (DeSwann, 1990, Hochman, 1998, Oliveira, 2004; Santos, 1980). Como veremos, o caráter elitista e oficial centralizador distingue o Movimento Sanitarista do início do século XX do Movimento Sanitarista constituído no final da década de 1970. É essa distinção que nos possibilita caracterizar esse último como um movimento social com características mais democráticas e mais voltado para a ação.

Durante o regime militar, o Sistema Nacional de Saúde, herdeiro da centralização do movimento sanitarista do início do século, caracterizou-se pelo predomínio financeiro e político das instituições previdenciárias, pelo afastamento dos trabalhadores no processo de gestão e pelos interesses empresariais que conduziam a uma mercantilização da saúde (Escorel, 1998). A concentração de renda e o crescimento das regiões metropolitanas resultantes do modelo econômico adotado pelos governos militares afetaram negativamente as condições de vida da população. Para agravar ainda mais a situação, os baixos investimentos na área de saúde durante o regime militar propiciaram a decadência do sistema de saúde pública.

Durante os anos negros da ditadura, deu-se o surgimento de um discurso sobre saúde pública no Brasil conhecido como "discurso médico-social" (Escorel, 1998: 29). O que se denominou discurso médico-social deve ser compreendido a partir de seu confronto com dois modelos que o precederam: o modelo *curativo* e o modelo *preventivista*. O primeiro enfatizava o avanço científico e tecnológico na produção de drogas, com a conseqüente redução da noção de saúde ao uso das terapias medicamentosas (Luz, 1997). O modelo preventivista, por sua vez, enfatizava a prevenção de doenças por meio de saneamento e de fatores como renda, escolaridade, ocupação etc. Partia-se do pressuposto de que todos esses elementos podiam contribuir para a saúde da população. O problema com essa abordagem é que renda, escolaridade e ocupação são concebidos como "atributos pessoais", isto é, como algo que diz respeito à situação dos indivíduos, sem considerar que essa situação é determinada por fatores de ordem política e social. O que está implícito nessa abordagem é que aqueles atributos pessoais são de responsabilidade do indivíduo, e não do Estado.

Tendo como base o modelo preventivista, a Reforma Universitária de 1968 tornou obrigatória a implementação dos departamentos de Medicina Preventiva nas universidades brasileiras. Foi no interior desses departamentos que se começou a questionar os pressupostos do modelo preventivista e se desenvolveu o chamado discurso médico-social que viria a servir de *quadro de referência* para o movimento sanitarista. Em uma contraposição ao modelo preventivista, o discurso médico-social concebia a saúde pública a partir de um processo democrático que enfatizava quatro elementos: que a saúde era um direito inalienável do ser humano; que a preservação da saúde dependia de condições de caráter socioeconômico; que os médicos possuíam responsabilidade parcial, porém intransferível, na promoção de saúde; e que, diante do caráter social do direito à saúde, cabia à coletividade e ao Estado sua implementação efetiva (Escorel, 1998). Observa-se, portanto, a transferência da responsabilidade pela efetivação das condições que garantiam a saúde da população para o Estado e para a coletividade, não mais para o indivíduo, como o discurso preventivista enfatizava.

Vejamos agora como esse novo *quadro de referência*, representado pelo discurso médico-social, pôde ser aplicado mediante as novas *oportunidades políticas* surgidas com a crise de legitimidade do regime militar. Como vimos anteriormente, a partir do governo do general Ernesto Geisel, houve uma retomada da política social a fim de minimizar as críticas ao regime. Isso abriu novos espaços institucionais para o desenvolvimento de políticas sociais e a disponibilização de recursos para sua implantação. Por exemplo, a partir de 1974, o Ministério da Saúde permitiu a contratação de novos profissionais que puderam desenvolver uma série de projetos visando à reformulação dos serviços de saúde. O projeto mais conhecido desse período foi o Projeto Montes Claros, uma espécie de teste-piloto para o desenvolvimento de um programa de planejamento familiar em nível nacional (Escorel, 1998). Os recursos disponibilizados pelo governo foram mobilizados pelos agentes de saúde para o desenvolvimento de outros programas de saúde pública, entre eles, os programas de medicina da comunidade e de regionalização da saúde. Outro fator político importante foi a redefinição do *status* da profissão médica que, ao tornar profissionais de saúde trabalhadores assalariados, aproximou esses profissionais do movimento sindical.

Há o reconhecimento, ainda, da influência das discussões propostas pela Organização Pan-Americana da Saúde (Opas) e pela Organização Mundial da Saúde (OMS). É no âmbito da OMS que se desenvolvem os conceitos de "extensão de cobertura", "participação comunitária", "auxiliar de comunidade" (agente de saúde), entre outros. Esses conceitos estabelecem uma relação mais ou menos direta entre saúde e desenvolvimento, propondo que as atividades de saúde devem "ser desenvolvidas conjuntamente com a adoção de medidas tais como a melhoria da nutrição, especialmente materno-infantil; o aumento da produção e do emprego e uma distribuição mais eqüitativa da renda pessoal; o combate à pobreza; e a proteção e a melhoria do meio-ambiente" (OMS, 1979: 15). Evidencia-se, assim, a necessidade de se estabelecer relações entre a saúde e outras questões sociais como estrutura fundiária, gênero, abastecimento de água, saneamento, habitação, comunicação, educação, emprego, meios de comunicação de massa e participação política. Esse referencial será adotado em conjunto com o discurso médico-social, constituindo, assim, um *alinhamento de quadros de referência.*

Os objetivos e as propostas do movimento sanitarista foram difundidos por meio de diferentes canais. Um desses canais foram as instituições de ensino superior, com destaque para alguns programas: o Programa de Estudos Socioeconômicos em Saúde (Peses), o Programa de Estudos Populacionais e Epidemiológicos, a Escola Nacional de Saúde Pública (ENSP/Fiocruz) e o curso de mestrado em Medicina Social do Instituto de Medicina Social (IMS/Uerj). O IMS, em particular, divulgou a nova perspectiva por meio dos cursos básicos de saúde pública ministrados em diversas regiões do país, expandindo-a para além do eixo Rio-São Paulo. Um outro canal importante de difusão dos quadros de referência do movimento foi o Movimento Estudantil da área de medicina, que promoveu as Semanas de Estudos sobre Saúde Comunitária (Sesacs) e, mais tarde, os Encontros Científicos dos Estudantes de Medicina. Esses espaços de discussão possibilitaram o estabelecimento de vínculos entre pesquisadores e estudantes de medicina de diferentes regiões. Outro espaço de difusão foi a Sociedade Brasileira para o Progresso da Ciência (SBPC), a partir da qual foi criado o Centro Brasileiro de Estudos de Saúde (Cebes). O Cebes foi o principal responsável pela difusão do pensamento médico-social, por meio da revista *Saúde em Debate*, e cujo lema foi, por um longo período, "Saúde e Democracia". O Cebes exerceu, ainda, papel fundamental na articulação do Movimento com o Parlamento.

As oportunidades políticas, a capacidade de articulação e a ocupação de novos espaços institucionais possibilitaram uma maior *mobilização de recursos* para o crescimento do Movimento Sanitarista. Isso também fez com que fossem superados os limites acadêmicos, abrindo caminho para a articulação desse movimento com movimentos sociais que eclodiram no mesmo período em outras áreas da sociedade brasileira. Foi especialmente importante o papel desempenhado por entidades religiosas e organizações não-governamentais que, no início da década de 1970, constituíam-se em um dos poucos locais de organização das "classes populares" (Sader, 1988; Scherer-Warren, 1994; Scherer-Warren e Krischke, 1987; Gohn, 1985; 1988). Em termos de práticas no campo da saúde, essas entidades tinham as proposições da OMS como uma de suas referências, estabelecendo, inclusive, convênios com organismos internacionais que possibilitaram grande mobilização de recursos humanos e materiais para apoiar essas ações.

Como vimos, o Movimento Sanitarista tinha como proposta deter o empresariamento da medicina, transformando os atos médicos em bem social. Isso seria alcançado por meio da criação de um Sistema Único de Saúde (SUS). Ao contrário do que ocorreu no início do século XX, um dos objetivos do SUS é a descentralização dos serviços e recursos da federação para os estados e municípios, visando uma maior eficiência dos serviços oferecidos, assim como a participação democrática da população na definição de políticas e no controle dos recursos destinados à saúde. Esses objetivos foram institucionalizados na Constituição de 1988, embora ainda haja muito a ser feito no sentido de implementá-los. Há nessa ampla articulação a confluência de diferentes discursos em torno da questão dos direitos e da redefinição do papel do Estado.

Torna-se claro, portanto, que a formação e o desenvolvimento do Movimento Sanitarista envolveu um processo complexo de construção de um discurso "contra-hegemônico" que evoluiu para além de seu âmbito, preconizando uma democracia participativa e inserindo-o no Movimento pela Redemocratização. Como tende a ocorrer com os grandes movimentos sociais, o Movimento Sanitarista surgiu da articulação entre iniciativas da sociedade civil e programas governamentais a fim de promover amplas mudanças institucionais para garantir o exercício da cidadania. No entanto, ao contrário do que ocorreu com o Movimento Sanitarista no Brasil, algumas políticas governamentais podem ter um efeito desmobilizador sobre os movimentos sociais (Mutzenberg, 2002). Esse parece ter sido o caso em relação ao Movimento dos Sem-Terra (ver o Quadro 15.1).

Refrão: De Volta a 1968

A teoria do alinhamento dos quadros de referência enfatiza as estratégias de interação face a face empregadas pelos membros do movimento a fim de recrutar membros que pensam como eles, que são apáticos, ou até que se opõem aos seus objetivos. A teoria da mobilização de recursos se concentra nas condições socioestruturais gerais que facilitam o surgimento dos movimentos sociais. A teoria dos novos movimentos sociais enfatiza os movimentos sociais como um importante ator coletivo que pode se opor ao Estado e ao capitalismo como um todo. Uma teoria pode complementar a outra de forma muito útil.

Essas teorias certamente ajudam a esclarecer o incidente ocorrido na escola e descrito no início deste capítulo. À luz de nossa discussão, parece evidente que três fatores principais impediram que Robert Brym influenciasse seus colegas quando lhes falou sobre os perigos da poluição industrial gerada pela fábrica de papel e celulose.

Em primeiro lugar, ele morava em uma região pobre e relativamente não-industrializada do Canadá, na qual as pessoas podiam mobilizar poucos recursos para defender seus interesses. A renda *per capita* e o nível de sindicalização encontravam-se entre os mais baixos de todas as províncias da América do Norte. A taxa de desemprego estava entre as mais altas. Em contraste com isso, K. C. Irving, o dono da fábrica de papel, era tão poderoso que a maioria das pessoas na região não podia sequer conceber a necessidade de se rebelar contra as condições de vida que ele criara para elas. Ele possuía a maior parte dos estabelecimentos industriais da província. Todos os jornais diários, a maioria dos semanais, todas as estações de TV e a maioria das estações de rádio também pertenciam a ele. Não é de se estranhar que raramente se ouvisse uma palavra que criticasse suas operações. Muitas pessoas acreditavam que Irving podia compor ou derrubar os governos locais. Será que devemos nos surpreender com o fato de que meros estudantes do ensino médio tenham se recusado a se opor a ele? Em sua relutância, os colegas de Robert estavam apenas imitando seus pais que, de forma geral, tinham tão pouco poder quanto Irving era poderoso (Brym, 1979).

Em segundo lugar, muitos dos colegas de Robert não compartilhavam do seu sentimento de injustiça. A maioria deles considerava Irving um grande provedor. Eles achavam que sua fábrica de papel, assim como a miríade de outros estabelecimentos industriais que ele possuía, proporcionavam muitos empregos. Eles percebiam esse fato como mais importante para suas vidas e a vida dos membros de suas famílias do que o problema de poluição levantado por Robert. A teoria do alinhamen-

■ Quadro 15.1: Política Social: O que Você Acha? O Movimento Social pela Reforma Agrária: entre o Estado e o Mercado

Ao contrário do que ocorreu em muitos países desenvolvidos, o Brasil até hoje não resolveu seu problema fundiário. Para além da concentração da propriedade da terra, o problema mais grave reside na dimensão das terras improdutivas. Segundo dados do Cadastro de Imóveis Rurais do Incra de 1992, 185 milhões de hectares eram considerados terras aproveitáveis não-exploráveis (Wanderley, 1996: 34). Por outro lado, as transformações recentes na agricultura provocaram a expulsão massiva de trabalhadores do meio rural, levando parte dessa população a viver de maneira precária nos centros urbanos. A equação básica da questão fundiária no Brasil pode ser resumida na confluência entre a grande dimensão de terras improdutivas e uma expressiva demanda de terras por trabalhadores sem-terra. Daí resulta a relevância da reforma agrária para a sociedade brasileira contemporânea.

A Constituição Federal de 1988 atribui à União a competência para desapropriar terras por interesse social para fins de reforma agrária (artigos 184-186). A partir dos anos de 1990, uma série de fatores levou o governo federal a agir de modo mais contundente em relação à questão agrária. Entre esses fatores destacam-se: o aumento da violência no campo com os assassinatos de trabalhadores rurais pela polícia militar em Corumbiara e Eldorado dos Carajás; o crescimento das ocupações de terra pelo Movimento dos Trabalhadores Rurais Sem Terra (MST); e o sucesso da "Marcha Nacional por Reforma Agrária, Emprego e Justiça", que desencadeou uma série de manifestações internacionais em favor da reforma agrária e em apoio ao MST.

Esses acontecimentos desgastaram a imagem do governo Fernando Henrique Cardoso, que passou a adotar uma série de medidas que resultaram na multiplicação dos processos de desapropriação e dos assentamentos em todas as regiões do país. Entre essas medidas, destacamos a adoção do Modelo de Reforma Agrária de Mercado (MRAM) do Banco Mundial no Brasil.

O MRAM contrapõe-se ao modelo até então vigente, baseado na desapropriação pelo Estado das terras consideradas não-produtivas. Essas terras eram doadas a grupos de trabalhadores rurais que eram assessorados e apoiados por políticas de crédito e tecnicamente orientados a fim de tornarem-se produtores autônomos. O modelo do Banco Mundial criticou essa forma de ação do Estado, argumentando que a "distribuição de terras pelo governo é um círculo vicioso: a terra é redistribuída onde há conflitos sociais e os conflitos pressionam o programa de redistribuição de terras do governo" (Banco Mundial, citado em Pereira, 2005a: 4). Podemos dizer que o ponto central desse discurso é afirmar que o Estado, ao promover a desapropriação das terras, fortalece movimentos sociais como o MST, percebido como parte do conflito. Outra forma de solucionar o problema seria reduzir a ênfase nas desapropriações a fim de romper a ligação entre a política de reforma agrária do governo e os conflitos rurais. Foi justamente isso que o governo Fernando Henrique Cardoso fez. Sua atuação pode ser definida como uma política estatal que combina dois elementos: *transação patrimonial privada* e *política distributiva*. Na transação patrimonial privada, o governo entra com o financiamento para a compra e venda voluntária da terra entre agentes privados (o proprietário da terra e os trabalhadores sem-terra).

A *política distributiva*, por sua vez, envolve a transferência de recursos para que os novos proprietários possam investir em infra-estrutura e produção.

Diversas críticas foram levantadas em relação ao modelo desenvolvido pelo Banco Mundial. Destacamos aqui as principais: a) o MRAM tende a combater e a substituir a reforma agrária; b) na prática, o MRAM não alcançou os efeitos esperados de uma política distributiva (esse argumento baseia-se na análise dos resultados de programas similares adotados na África do Sul, na Colômbia, na Guatemala); c) o MRAM favorece setores dominantes (os proprietários) ao evitar os efeitos da desapropriação da terra e ao adquirir as terras a preços de mercado; ao mesmo tempo, esvazia os espaços de luta do movimento social dos trabalhadores sem-terra; d) a crítica do Banco Mundial à "reforma agrária conduzida pelo Estado", que era o modelo vigente no Brasil antes do governo Cardoso, funciona como um ataque ideológico ao papel distributivo do Estado (Pereira, 2005b: 1).

O exemplo aqui apresentado revela como as políticas públicas podem ter efeitos negativos em relação aos movimentos sociais, ao mesmo tempo que nos permite questionar sobre as formas mais desejáveis de relações entre o Estado e a sociedade civil, representada aqui pelos movimentos sociais. O que você pensa a respeito dessa questão? Que tipo de relações seria desejável entre os movimentos sociais e a política de reforma agrária do Estado? O MRAM poderia ser um dos mecanismos de acesso à terra no Brasil ao lado dos processos de desapropriação da terra? Ou esses dois modelos são excludentes? Será que, ao adotar uma política cujo objetivo principal seja a diminuição das pressões exercidas pelos movimentos sociais, o Estado estaria comprometendo a democracia?

to dos quadros de referência sugere que Robert precisava encontrar maneiras de construir uma ponte entre a forma como seus colegas percebiam a questão e a forma como ele próprio a percebia.

Por fim, embora o incidente tenha ocorrido em uma época anterior ao que os teóricos dos novos movimentos sociais denominaram "capitalismo monopolista", Robert provavelmente teria obtido mais sucesso em convencer seus colegas se tivesse enfatizado a importância dos movimentos sociais como atores coletivos que podem se opor ao Estado e aos grupos dominantes. Como ele não fez isso, foi recebido sem qualquer tipo de simpatia.

Onde Você se Encaixa?

Tente aplicar as teorias da solidariedade, do alinhamento dos quadros de referência e dos novos movimentos sociais a momentos em que você sentiu uma grande sensação de injustiça por parte de uma instituição como uma escola, uma organização, uma empresa ou um governo. Você fez algo a respeito? Se não, por que não? Em caso afirmativo, o que você fez? Por que você pôde agir da maneira como agiu? Tentou convencer outras pessoas a se juntar a você em sua ação? Se não, por que não? Se sim, como conseguiu convencê-las? Conseguiu alcançar o objetivo a que se propôs? Se não, por que não? Em caso afirmativo, o que possibilitou seu sucesso? Se você nunca esteve envolvido em uma ação coletiva para corrigir algo que tenha percebido como uma injustiça, tente analisar um filme sobre uma ação coletiva usando elementos retirados das teorias da solidariedade e do alinhamento dos quadros de referência.

Movimentos Sociais do Século XVII ao Século XXI

Tentativas de síntese das teorias de formação da ação coletiva e dos movimentos sociais estão em seu estágio inicial (Diani, 1996; McAdam e Zald, 1996; Tarrow, 1994). Apesar disso, podemos fazer um breve resumo do que aprendemos sobre ação coletiva e movimentos sociais com a ajuda da Figura 15.3. A teoria do colapso responde, em parte, a questão do *porquê* de as insatisfações serem algumas vezes expressadas coletivamente e de formas não-usuais. A industrialização, a urbanização, a migração em massa, a desaceleração econômica e outras mudanças sociais freqüentemente provocam deslocamentos que engendram sentimentos de tensão, privação e injustiça. A teoria da solidariedade se concentra em *como* essas mudanças sociais podem, por fim, facilitar o surgimento de movimentos sociais. Elas geram uma reorganização nas relações sociais, alterando o equilíbrio de poder existente entre grupos em desvantagem e grupos privilegiados. A teoria da solidariedade também tem algo a dizer sobre a questão de *quando* irrompem as ações coletivas e emergem os movimentos coletivos. A abertura e o fechamento de oportunidades políticas, assim como o exercício do controle social por parte das autoridades, ajudam a determinar o momento em que a ação coletiva ocorre. Ao analisar as estratégias cotidianas empregadas para recrutar não-membros, a teoria do alinhamento dos quadros de referência dirige nossa atenção para a questão de *quem* é recrutado nos movimentos sociais. A teoria dos novos movimentos sociais, ao tocar as mudanças ocorridas no capitalismo, busca explicar o porquê de seu surgimento. Tomadas em seu conjunto, portanto, as teorias consideradas possibilitam uma representação bastante compreensiva do porquê, como, quando e quem das ações coletivas e dos movimentos sociais.

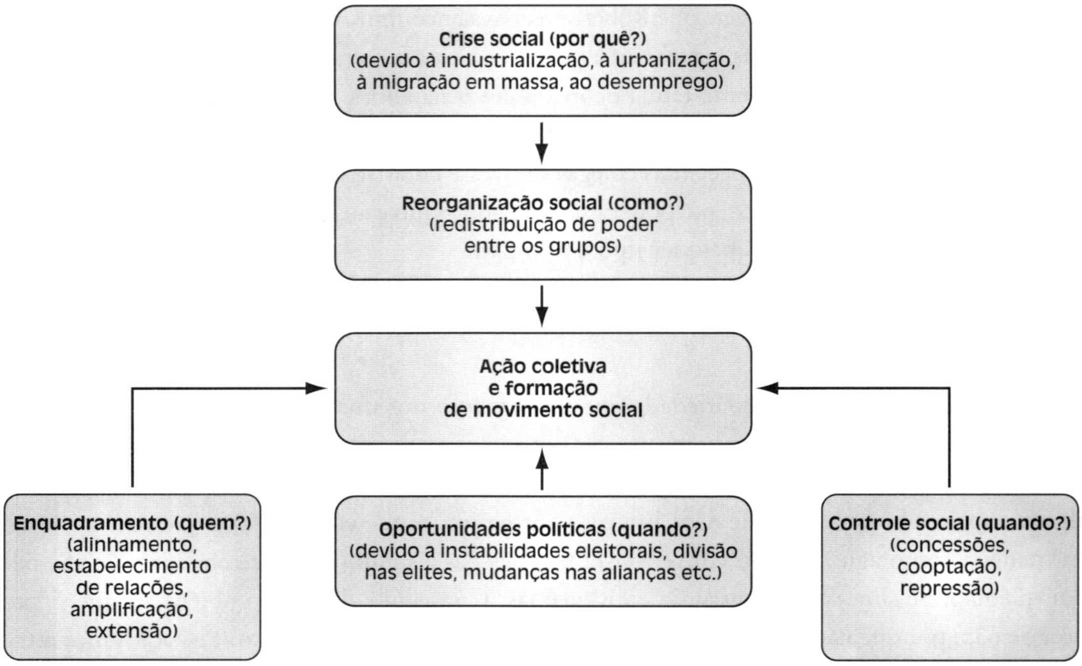

● **Figura 15.3** Os determinantes da ação coletiva e da formação dos movimentos sociais

Com este resumo em mente, podemos agora nos dedicar ao objetivo final deste capítulo: um esboço, com pinceladas rápidas e amplas, do desenvolvimento histórico e de alguns aspectos prováveis do desenvolvimento futuro dos movimentos sociais.

A História dos Movimentos Sociais

Em 1700, os movimentos sociais eram geralmente pequenos, localizados e violentos. Na Europa, os moradores pobres das cidades podiam se revoltar contra funcionários públicos em reação a um aumento no preço do pão ou dos impostos. Os camponeses em uma propriedade rural podiam incendiar o celeiro de um proprietário de terras (ou até o próprio proprietário) em represália à sua demanda por uma parcela maior da colheita. Entretanto, à medida que o Estado passou a ter um papel mais importante, a forma de protesto mudou. O Estado começou cobrando impostos cada vez mais altos da quase totalidade de seus cidadãos à medida que expandia a oferta de seus serviços. Impôs uma língua uniforme e, não raro, um currículo comum em um sistema educacional compulsório. Exigiu o alistamento da maioria dos jovens do sexo masculino no serviço militar. Incutiu em seus cidadãos todas as armadilhas ideológicas do nacionalismo moderno, de hinos a bandeiras e mitos históricos.

Quando o Estado passou a englobar a maioria dos aspectos da vida, os movimentos sociais mudaram de três maneiras. Primeiro, tornaram-se nacionais em seu escopo, isto é, em geral se dirigiam a governos centrais, deixando de lado os alvos locais. Segundo, o número de adeptos cresceu, em parte porque os membros em potencial eram agora alfabetizados e podiam se comunicar por meio da palavra escrita, em parte porque novos ambientes sociais — fábricas, escritórios, vizinhanças urbanas densamente povoadas — podiam servir como base de recrutamento. Terceiro, os movimentos sociais se tornaram menos violentos, isto é, seu tamanho e sua organização tornavam possível que eles se burocratizassem, estabilizassem e se tornassem poderosos o suficiente para que não precisassem recorrer constantemente a medidas extremas (Tilly, 1978; 1979a; 1979b; Tilly, Tilly e Tilly, 1975).

Os movimentos sociais freqüentemente usavam seu poder para expandir os direitos dos cidadãos. Podemos identificar quatro etapas nesse processo ao focarmos o Reino Unido e os Estados Unidos. No Reino Unido, grandes proprietários lutaram contra o rei no século XVIII por **cidadania civil**. A cidadania civil reconhece os direitos à liberdade de expressão, de culto religioso e de justiça perante a lei. Homens da classe média e dos estratos mais altos da classe trabalhadora lutaram contra os grandes proprietários, no século XIX, por **cidadania política**. A cidadania política diz respeito ao direito de votar e de ser votado. No início do século XX, no Reino Unido, as mulheres e os trabalhadores mais pobres foram bem-sucedidos na aquisição desses mesmos direitos, apesar da oposição dos homens das classes mais altas, em particular. Durante o restante do século, trabalhadores de escritório e de fábricas lutaram contra os ricos por **cidadania social**. A cidadania social refere-se ao direito a certo nível de segurança econômica e participação integral na vida social com a ajuda do estado de bem-estar social (Marshall, 1965).

O ritmo da luta por direitos de cidadania foi diferente nos Estados Unidos. Em particular, o sufrágio universal para homens brancos foi adquirido mais cedo no século XIX do que na Europa. Isso explica, em parte, o maior radicalismo da classe trabalhadora européia. Ela teve de se engajar em uma luta longa e árdua pelo direito de votar, enquanto a classe trabalhadora americana já estava incorporada ao sistema político (Lipset, 1977). Outra diferença importante em relação aos Estados Unidos diz respeito aos afro-americanos. A 15ª emenda da Constituição concedeu a eles o direito ao voto em 1870. No entanto, a maioria deles ficou impedida de exercer esse direito, ao menos no sul do país, do final do século XIX até os anos de 1960. Isso devido a diversas restrições relativas ao registro eleitoral, incluindo impostos eleitorais e exames de alfabetização. O movimento pelos direitos civis dos anos de 1960 foi, em parte, uma luta contra esse problema. Ele ajudou a criar uma comunidade mais radical do ponto de vista político do que a de seus co-cidadãos brancos.

Caracterizando os Novos Movimentos Sociais

Em parte porque o sucesso do movimento pelos direitos civis os inspirou, os chamados **novos movimentos sociais** surgiram nos anos de 1970 (Melucci, 1980; 1995). A novidade desses movimentos sociais é o escopo de seus objetivos, os tipos de pessoas que eles atraem e seu potencial de globalização. Consideremos agora cada um desses aspectos.

Objetivos

Alguns novos movimentos sociais promovem direitos como a paz, a segurança e o meio ambiente seguro para a humanidade como um todo, e não apenas para grupos específicos. Esses movimentos incluem o movimento pela paz, o movimento pelos direitos humanos e o movimento ambiental. Outros novos movimentos sociais — como é o caso do movimento de mulheres e o movimento pelos direitos de gays e lésbicas — promovem os direitos de grupos específicos excluídos de participação social integral. Assim, diversos grupos de direitos gays vêm lutando pela eliminação de todas as formas de discriminação baseadas em orientação sexual. Eles também lutam pelo fim de leis que discriminam em função da orientação sexual, como leis que restringem a reprodução assistida financiada pelo Estado a casais heterossexuais e leis que impossibilitam a adoção de crianças por parte de casais homossexuais (ver o Capítulo 8, "Sexualidade e Gênero"). No Brasil, o movimento feminista e de mulheres teve mais sucesso na aprovação de leis. Em 1996, por exemplo, as mulheres conseguiram a exclusão do tema "virgindade" do código penal, obtiveram o reconhecimento legal da união estável como entidade familiar e, em 2005, o movimento feminista e de mulheres foi bem-sucedido ao conseguir eliminar o termo "mulher honesta" do código penal. O surgimento dos movimentos pela paz, meio ambiente, direitos humanos, direitos homossexuais e de mulheres marcou o início de um quarto estágio na história dos movimentos sociais. Esse quarto estágio envolve a promoção da **cidadania universal**, ou a extensão dos direitos de cidadania para todos os membros adultos da sociedade e para a sociedade como um todo (Roche, 1995; Turner, 1986: 85-105; Scherer-Warren, 1997).

Afiliação

Os novos movimentos sociais também são novos no sentido de que atraem um grande contingente de pessoas com elevado grau de escolaridade e aqueles que se destacam nas áreas social, educacional e cultural. Entre essas pessoas incluem-se professores, jornalistas, assistentes sociais, artistas, escritores e estudantes dessas áreas. Por diversas razões, pessoas ligadas a essas áreas estão mais propensas a participar dos novos movimentos sociais do que pessoas ligadas a outras. Seu alto grau de escolaridade as expõe a idéias radicais e torna essas idéias atraentes. Elas tendem a trabalhar fora da comunidade de negócios, que freqüentemente se opõe a seus valores. Além disso, em geral se envolvem de forma pessoal com os problemas de seus clientes e de suas audiências, muitas vezes se tornando seus defensores (Brint, 1984; Rootes, 1995).

Potencial de Globalização

Por fim, os novos movimentos sociais são novos no sentido de apresentar um maior potencial de globalização do que os antigos movimentos sociais.

Até os anos de 1960, os movimentos sociais eram, geralmente, nacionais em seu escopo. É por essa razão, por exemplo, que a intensidade e a freqüência das revoltas camponesas no Brasil nos anos de 1960 não dependiam tanto de condições locais, como o acesso à terra em uma determinada região. Em vez disso, as Ligas Camponesas e o Movimento Sindical Rural passaram a acreditar que os problemas fundiários decorriam de fatores como a ausência de uma política agrícola voltada para o financiamento da pequena produção rural e a pouca atuação por parte do Estado no sentido de garantir o cumprimento da legislação trabalhista, entre outros. Em outras palavras, esses problemas eram de ordem nacional e passíveis de serem solucionados apenas pelo governo federal. De forma geral, esses movimentos não tinham a percepção de que seus problemas estavam ligados a uma conjuntura global que também impactava nas condições nacionais.

Muitos novos movimentos sociais que ganharam força nos anos de 1970 aumentaram o âmbito de protesto para além do nível nacional. Por exemplo, os membros do movimento pela paz perceberam o estabelecimento de leis federais que banissem as armas nucleares como algo necessário. Os ambientalistas se sentiram da mesma forma em relação a leis de proteção ao meio ambiente. Entretanto, eles também reconheceram que as condições da floresta amazônica afetam as condições climáticas do mundo como um todo. Da mesma forma, os ativistas pela paz compreenderam que a difusão de armas de destruição em massa pode dizimar toda a humanidade. Assim, os membros desses movimentos fizeram pressão no sentido do estabelecimento de acordos internacionais que comprometessem todos os países na proteção do meio ambiente e no fim das armas nucleares. Os movimentos sociais tornaram-se globais.

A globalização dos movimentos sociais foi facilitada pelo barateamento da comunicação e das viagens internacionais. Novas tecnologias tornaram mais fácil a união internacional de ativistas de diversos movimentos nacionais com idéias semelhantes. Na era da TV a cabo, das passagens de avião mais baratas, dos aparelhos de fax, da internet e do correio eletrônico, tornou-se possível não apenas perceber a conexão entre problemas aparentemente locais e suas fontes globais mas também o desejo de se agir tanto local quanto globalmente.

Considere o caso do Greenpeace. O Greenpeace é um movimento ambiental extremamente bem-sucedido que teve origem em Vancouver, Canadá, em meados dos anos de 1970. Atualmente, ele tem escritórios em 38 países e seu escritório internacional fica em Amsterdã (Greenpeace, 2000). Dentre inúmeras iniciativas, o movimento estabeleceu uma campanha para eliminar o transporte e o despejo de lixo tóxico. Seus representantes visitaram grupos ambientalistas locais em países em desenvolvimento da África e de outros lugares, oferecendo-lhes *kits* de organização para ajudá-los a ligar seus problemas locais aos esforços políticos internacionais. Eles também publicaram um boletim a fim de manter os ativistas informados sobre questões legais. Dessa forma, o Greenpeace coordenou uma campanha global que possibilitou a organizações ambientais menores, nos países em desenvolvimento, agir com mais eficiência. Sua campanha também envolveu o levantamento dos custos envolvidos na continuação do comércio internacional de lixo tóxico.

O Greenpeace não está sozinho em seus esforços de se tornar global. Em 1953, havia 110 organizações de movimentos sociais internacionais ao redor do globo. Em 1993, existiam 631, sendo que cerca de um quarto delas eram organizações de direitos humanos, e cerca de um sétimo, organizações ambientais. Estas últimas representam o tipo que mais tem crescido (Smith, 1998: 97).

Mesmo os "velhos" movimentos sociais podem se tornar globais devido a mudanças na tecnologia envolvida para a mobilização de seus defensores e simpatizantes. Em 1994, por exemplo, os camponeses de Chiapas, uma região ao sul do México, deram início a uma revolta contra o governo mexicano. Oprimidos pelos europeus e seus descendentes por quase 500 anos, os povos indígenas do sul do México encontravam-se diante de um decreto do governo que os impedia de ter acesso a terras anteriormente comunais. Eles queriam a terra para praticar uma agricultura de subsistência, mas o governo queria garantir que ela permanecesse nas mãos de fazendeiros de origem hispânica que podiam gerar receita externa por meio da exportação de produtos para os Estados Unidos e para o Canadá, de acordo com os termos do Nafta (o acordo de livre comércio entre México, Estados Unidos e Canadá). Os camponeses invadiram um grande número de fazendas e ranchos, liderados por um mascarado misterioso, conhecido simplesmente como "subcomandante Marcos". Utilizando de maneira eficaz a internet e os meios de comunicação de massa internacionais como suas armas secretas contra o governo mexicano, o subcomandante Marcos liderou o que o jornal *The New York Times* chamou de "primeira revolução pós-moderna", que combinava um levante camponês com a internet, rádio de ondas curtas, fotografias e entrevistas publicadas na revista *Marie Claire*. Ao manter o movimento sob a mira da opinião pública internacional por meio do uso engenhoso das modernas tecnologias de comunicação, o subcomandante Marcos mobilizou apoio internacional e limitou as retaliações do governo mexicano (*A Place Called Chiapas*, 1998; Jones, 1999).

A globalização dos movimentos sociais pode, ainda, ser ilustrada por meio do retorno à história pessoal descrita no início deste capítulo. Em 1991, Robert Brym visitou sua cidade natal pela primeira vez em muitos anos. Quando entrou na cidade, teve a sensação difusa de que algo havia mudado. "Não pude identificar a mudança até que cheguei à fábrica de papel", conta Robert. "De repente, tornou-se óbvio: o cheiro de ovo podre tinha praticamente desaparecido. Descobri que, em 1970, uma moradora local, cujo filho tinha desenvolvido uma forma severa de asma, abriu um processo contra a fábrica e acabou ganhando. O dono da fábrica foi obrigado a instalar um filtro na chaminé principal a fim de remover a maior parte das emissões de dióxido de enxofre. Em seguida, houve uma grande pressão do governo federal para que a fábrica purificasse a água poluída antes de despejá-la no rio local." Ao que tudo indica, alguns cidadãos locais e o movimento ambiental tinham provocado uma grande mudança na opinião dos moradores da área, fazendo com que o governo obrigasse o dono da fábrica a gastar milhões de dólares a fim de torná-la menos poluente. Levou décadas, mas o que havia sido uma heresia política em 1968 tornou-se prática instituída em 1991. Isso porque preocupações com o meio ambiente haviam sido amplificadas pela voz de um movimento que assumira proporções globais. De forma geral, como esse caso ilustra, a globalização ajuda a garantir que muitos novos movimentos sociais transcendam as fronteiras locais e nacionais e passem a promover objetivos universais.

Resumo

1. **Tanto o senso comum quanto algumas teorias sociológicas sugerem que as turbas de linchamento, as revoltas e outras formas de ação coletiva são irracionais e não estruturadas, ocorrendo quando existem privações e raiva. Essa visão é correta?**
No curto prazo, a privação e as tensões que se seguem a algumas mudanças sociais bruscas normalmente *não* estão associadas a um aumento das ações coletivas e à formação de movimentos sociais. Turbas, revoltas e outras formas de ação coletiva podem ser turbulentas e violentas, mas muito do comportamento das multidões baseia-se em racionalidade e organização social.

2. **Que aspectos da organização social facilitam a rebelião contra o *status quo*?**
As pessoas estão mais propensas a se rebelar contra o *status quo* quando alguns laços sociais as unem a muitas outras pessoas que se sentem igualmente prejudicadas, e quando dispõem de tempo, dinheiro e outros recursos necessários para protestar. Além disso, as ações coletivas e os movimentos sociais têm mais probabilidade de ocorrer quando existem oportunidades políticas. Essas oportunidades surgem em eleições, com o aumento do apoio por parte de aliados influentes, com a instabilidade das alianças políticas no poder e com a divisão entre grupos de elite.

3. **Como as tentativas das autoridades de controlar as agitações afetam a ação coletiva?**
As tentativas de controle das agitações, por parte das autoridades, influenciam sobretudo o momento da emergência da ação coletiva. Elas podem oferecer concessões aos insurgentes, cooptar líderes e fazer uso da coerção.

4. **O que é "enquadramento"?**
Para que os movimentos sociais cresçam, seus membros devem tornar as atividades, os objetivos e a ideologia do movimento congruentes com os interesses, as crenças e os valores de recrutas em potencial. Esse processo é conhecido como "enquadramento", ou alinhamento dos quadros de referência.

5. **Como os movimentos sociais mudaram nos últimos três séculos?**
   Em 1700, os movimentos sociais eram geralmente pequenos, localizados e violentos. Em meados do século XX, eram, com freqüência, grandes, nacionais e menos violentos. Ao final do século XX, os novos movimentos sociais desenvolveram objetivos mais amplos, recrutaram pessoas com maior grau de escolaridade e desenvolveram um potencial para o crescimento.

6. **Como a história dos movimentos sociais está ligada à luta pela aquisição de direitos de cidadania?**
   A história dos movimentos sociais é a história da luta pela aquisição de direitos de cidadania cada vez mais amplos. Esses direitos incluem (a) o direito à liberdade de expressão, de culto religioso e de justiça perante a lei (cidadania civil), (b) o direito de votar e de ser votado (cidadania política), (c) o direito a um certo nível de segurança econômica e participação integral na vida social (cidadania social), e (d) o direito de grupos marginais à cidadania integral e o direito da humanidade como um todo à paz e à segurança (cidadania universal).

Questões para Reflexão

1. Como se alcança um objetivo político? Conceba uma estratégia detalhada para alcançar um objetivo claramente definido, tal como a redução no imposto de renda ou um aumento no financiamento governamental das universidades. Quem você recrutaria para lhe ajudar a alcançar seu objetivo? Por quê? Que ações coletivas você acha que teriam mais chances de sucesso? Por quê? Para quem essas ações deveriam ser dirigidas? Por quê? Escreva um manifesto delimitando seu argumento de forma culturalmente atraente para os recrutas em potencial.

2. Você acha que os movimentos sociais serão mais ou menos disseminados no século XXI em relação ao século XX? Por quê? Que tipos de movimentos sociais você acha que predominarão?

Glossário

A **ação coletiva** ocorre quando as pessoas agem em conjunto a fim de gerar ou resistir a mudanças sociais, políticas e econômicas. Algumas formas de ação coletiva são "usuais" e outras, "não-usuais". As primeiras são normalmente não-violentas e seguem padrões estabelecidos de comportamento em estruturas sociais burocráticas. Ações coletivas não-usuais ocorrem quando as convenções deixam de guiar a ação social e as pessoas transcendem, abandonam ou subvertem os padrões e as estruturas institucionais estabelecidos.

Alinhamento de quadros de referência ou enquadramento é o processo por meio do qual interesses, crenças e valores individuais tornam-se congruentes com as atividades, as idéias e os objetivos de um movimento social.

Boatos são afirmações sobre o mundo que não têm base em informações abonadas.

São uma forma de comunicação que ocorre quando as pessoas tentam construir uma interpretação significativa em uma situação ambígua.

A **cidadania civil** reconhece os direitos à liberdade de expressão, de culto religioso e de justiça perante a lei.

A **cidadania política** reconhece direito de votar e de ser votado.

A **cidadania social** reconhece o direito a um certo nível de segurança econômica e participação integral na vida social.

A **cidadania universal** reconhece o direito de grupos marginais à cidadania plena e os direitos da humanidade como um todo.

O **controle social** refere-se aos por meio dos quais as autoridades tentam conter as ações coletivas, incluindo o uso da cooptação, das concessões e da coerção.

Mobilização de recursos é um processo por meio do qual os grupos se engajam em mais ações coletivas à medida que seu poder aumenta devido ao aumento de tamanho e a um maior acesso a recursos materiais, organizacionais e outros.

Movimentos sociais são tentativas coletivas, de longa duração e em geral burocraticamente organizadas, de mudar (ou resistir à mudança) total ou parcial da ordem social. Isso é alcançado por meio de petições, greves, passeatas e pelo estabelecimento de *lobbies*, associações e partidos políticos.

Os **novos movimentos sociais** tornaram-se proeminentes a partir da década de 1970. Eles atraem um número grande de pessoas com elevado grau de escolaridade e aqueles que se destacam nas áreas social, educacional e cultural e universalizam a luta pela cidadania.

As **oportunidades políticas** para a ação coletiva e para o crescimento dos movimentos sociais ocorrem durante campanhas eleitorais, quando os aliados influentes oferecem apoio aos insurgentes, quando as alianças políticas do governo se tornam instáveis e quando os grupos de elite se dividem e entram em conflito entre eles.

A **privação absoluta** refere-se a uma condição de extrema pobreza.

A **privação relativa** refere-se ao crescimento de um abismo intolerável entre as recompensas sociais que as pessoas esperam receber e as que elas efetivamente recebem.

Tensão refere-se a colapsos em normas tradicionais e que precedem a ação coletiva.

A **teoria da solidariedade** sugere que os movimentos sociais são organizações que surgem quando os membros em potencial podem mobilizar recursos, beneficiar-se de novas oportunidades políticas e evitar níveis muito altos de controle social por parte das autoridades.

A **teoria do colapso** sugere que os movimentos sociais emergem quando normas e padrões tradicionais de organização social são quebrados.

Teoria do contágio tenta explicar o processo por meio do qual paixões extremadas supostamente se espalham de forma rápida pela multidão como uma doença contagiosa.

A **teoria dos novos movimentos sociais** defende que os movimentos sociais devem ser entendidos como atores coletivos que se opõem às classes dirigentes que impedem os dominados de falar e agir em prol de seus interesses. Seus defensores entendem que as classes dirigentes representam os interesses do capital e, ao se opor a esses interesses e às classes dominantes, os movimentos sociais representariam uma oposição ao próprio capitalismo, tendo, assim um alcance global.

Bibliografia

"40 ANOS da Rede Globo: Não Há Nada para Comemorar". *Intervozes*: Coletivo Brasil de Comunicação Social, 27 de abril de 2005. Disponível em: <http://www.piratininga.org.br/artigos/2005/67/intervozes-redeglobo40anos.html>. Acessado em 10 de maio de 2005.

"A MULHER e os Meios de Comunicação". *Relatório Sobre o Capítulo J*: Plataforma de Ação de Pequim - IV Conferência Mundial sobre a Mulher. Instituto Patrícia Galvão, 2000. Disponível em: <http://www.patriciagalvao.org.br/novo2/t3.htm>. Acessado em 10 de maio de 2005.

A Place Called Chiapas. Vancouver: Canada Wild Productions, 1998, filme.

ABELMANN, Nancy; LIE, John. *Blue Dreams*: Korean Americans and the Los Angeles Riots. Cambridge, MA: Harvard University Press, 1995.

ABRAMOVAY, Miriam; CASTRO, Mary Garcia; SILVA, L. B. *Juventudes e Sexualidade*. Brasília: Unesco, 2004.

ACHILLES, Rhona. Desperately Seeking Babies: New Technologies of Hope and Despair. In: FOX, Bonnie J. (ed.) *Family Patterns, Gender Relations*. Toronto: Oxford University Press, p. 214-29, 1993.

ADAMS, Henry E.; WEIGHT, Lester W.; LOHR, Bethany A. "Is Homophobia Associated with Homosexual Arousal?". *Journal of Abnormal Psychology*, n. 105, p. 440-5, 1998.

ADORNO, Sérgio. "Discriminação Racial e Justiça Criminal em São Paulo". *Novos Estudos*, v. 43, p. 45-63, 1995.

AHMAD, Imad-ad-Dean. "Female Genital Mutilation: An Islamic Perspective", 2000. Disponível em: <http://www.minaret.org/fgm-pamphlet.htm>. Acessado em 20 de janeiro de 2003.

AKIN, David. "Kevin Warwick is a Borg". *Globe and Mail*, 1º de junho de 2002. Caderno F7.

ALBUQUERQUE, Roberto Cavalcante. "As Desigualdades de Renda". *Folha de S.Paulo*, São Paulo, 28 de outubro de 2004.

ALDRICH, Howard E. *Organizations and Environments*. Englewood Cliffs: Prentice Hall, 1979.

ALFORD, Robert R.; FRIEDLAND, Roger. *Powers of Theory*: Capitalism, the State, and Democracy. Cambridge: Cambridge University Press, 1985.

ALMEIDA, Angela Mendes et al. *Pensando a Família no Brasil*: Da Colônia à Modernidade. Rio de Janeiro: Espaço e Tempo, p. 53-66, 1987.

ALMEIDA, Maria Hermínia Tavares de. "De los Desafíos de la Reforma Social en Brasil: Continuando con el Cambio". *Nueva Sociedad*, n. 187, p. 101-3, 2003.

ALMEIDA, Rodrigo. "Brasil Desperdiça Cientistas: Ministro Eduardo Campos Assume Missão de Dar Emprego aos 6 Mil Doutores Formados por Ano no País e Evitar Êxodo". *JBOnline*, 3 de fevereiro de 2004. Disponível em: <http://www.marcilio.eti.br/eng/text_doutores.htm>. Acessado em 28 de março de 2004.

ALMEIDA, Ronaldo R. M. "O Trânsito Religioso no Cotidiano do País". *Valor Econômico*, São Paulo, 4 de setembro de 2003.

________; MONTERO, Paula. "Trânsito Religioso no Brasil". *São Paulo em Perspectiva*, n. 15, v. 3, p. 92-101, 2001.

ALMEIDA, Sebastião; NASCIMENTO, Paula; QUAIOTI, Teresa Cristina. "Quantidade e Qualidade de Produtos Alimentícios Anunciados na Televisão Brasileira". *Revista de Saúde Pública*, n. 36, v. 3, p. 353-5, 2002.

ALVIM, Rosilene. Olhares sobre a Juventude. In: NOVAES, Regina; PORTO, Marta; HENRIQUES, Ricardo (orgs.). Juventude, Cultura e Cidadania. *Comunicações do ISER*, Ed. Especial, ano 21, p. 43-56, 2002.

AMATO, Paul R.; KEITH, Bruce. "Parental Divorce and the Well-Being of Children: A Meta-Analysis". *Psychological Bulletin*, n. 110, p. 26-46, 1991.

AMERICAN PSYCHOLOGICAL ASSOCIATION. "Answers to Your Questions About Sexual Orientation and Homosexuality", 1998. Disponível em: <http://www.apa.org/pubinfo/orient.html>. Acessado em 14 de junho de 2000.

ANDERSON, Benedict O. *Imagined Communities*: Reflections on the Origin and Spread of Nationalism. Londres: Verso, 1991.

ANGIER, Natalie. "Do Races Differ? Not Really, DNA Shows". *The New York Times on the Web*, 22 de agosto de 2000. Disponível em: <http://www.nytimes.com/library/national/science/082200sci-genetics-race.html>. Acessado em 24 de agosto de 2000.

ANTUNES, Ricardo. *Adeus ao Trabalho?* — Ensaio Sobre as Metamorfoses e a Centralidade do Mundo do Trabalho. São Paulo/Campinas: Cortez/Unicamp, 1998.

ARBIX, Glauco. "Políticas do Desperdício e Assimetria entre Público e Privado na Indústria Automobilística". *Revista Brasileira de Ciências Sociais*, São Paulo, n. 48, v. 17, p. 109-228, fevereiro de 2002.

ARENDT, Hannah. *The Origins of Totalitarianism*. Nova York: A Harvest, HBJ Book, 1979 [1973].

________. *Eichmann em Jerusalém* — Um Relato sobre a Banalidade do Mal. Tradução de José Rubens Siqueira. São Paulo: Cia das Letras, 2003 [1963].

ARIÈS, Phillipe. *Centuries of Childhood*: A Social History of Family Life. Tradução de Robert Baldick. Nova York: Knopf, 1962 [1960].

ARNETT, Jeffrey Jensen. "Adolescents' Uses of Media for Self-Socialization". *Journal of Youth and Adolescence*, n. 24, p. 519-33, 1995.

ARTERTON, F. Christopher. *Teledemocracy*: Can Technology Protect Democracy? Newbury Park, CA: Sage Publications, 1987.

ASSOCIAÇÃO BRASILEIRA DE ALUMÍNIO. "O Mito dos Lacres das Latas de Alumínio", 2003. Disponível em: <http://www.abal.org.br/noticias/jul2003/notic_1jul2003.htm>. Acessado em 12 de julho de 2005.

ASSOCIAÇÃO BRASILEIRA DE ANTROPOLOGIA. "O Caso Sigfried Ellwanger". Documentos. Brasília, 19 de setembro de 2003. Disponível em: <http://www.abant.org.br/informacoes/documentos/documentos_019.shtml>. Acessado em 6 de dezembro de 2004.

ATHIAS, Renato. Diversidade Étnica, Direitos Indígenas e Políticas Públicas. Trabalho não publicado. Programa de Pós-Graduação em Antropologia, Universidade Federal de Pernambuco, 2004.

ATLAS DE DESENVOLVIMENTO Humano no Brasil. PNUD, Ipea, Fundação João Pinheiro. Disponível em: <http://www.undp.org.br/default1.asp?par=17>. Acessado em 28 de agosto de 2004.

ATLAS RACIAL BRASILEIRO. PNUD, 2004. Disponível em:<http://www.pnud.org.br/publicacoes/atlas_racial/index.php>. Acessado em 15 de junho de 2005.

AUDI, Patrícia. "Combate ao Trabalho Escravo: Avanços e Desafios". Organização Internacional do Trabalho. Artigos, 11 de maio de 2005. Disponível em: <http://www.oit.org.br/news/artigos/ler_artigos.php?id=753>. Acessado em 12 de julho de 2005.

AUTOMOTIVE INTELLIGENCE. "Volkswagen do Brasil". Resende, Brasil. Disponível em: <http://www.autointell.com/european_companies/volkswagen/vw_marke/volkswag13.htm>. Acessado em 20 de outubro de 2004.

AZEVEDO, Marta. Censos Demográficos e os Índios: Dificuldades para Reconhecer e Contar. In: *Povos Indígenas no Brasil*: 1996/2000. São Paulo: Instituto Socioambiental, 2000.

BABBIE, Earl. *The Practice of Social Research*. 9.ed., Belmont CA: Wadsworth, 2000 [1973].

BACA ZINN, M.; EITZEN, D. Stanley. *Diversity in American Families*. 3.ed. Nova York: HarperCollins, 1993 [1988].

BAGDIKIAN, Ben H. *The Media Monopoly*. 5. ed. Boston: Beacon, 1997 [1983].

BAIROCH, Paul. *Cities and Economic Development:* From the Dawn of History to the Present. Tradução de Christopher Braider. Chicago: University of Chicago Press, 1988 [1985].

BALES, Kevin. *Disposable People*: New Slavery in the Global Economy. Berkeley: University of California Press, 1999.

________ . The Social Psychology of Modern Slavery. *Scientific American*, n. 286 (4), p. 80-8, 2002.

BALL, Howard; BERKOWITZ, S. D.; MZAMANE, Mbulelo (eds.). *Multicultural Education in Colleges and Universities*: A Transdisciplinary Approach. Mahwah, NJ: Lawrence Erlbaum Associates, 1998.

BANDEIRA, Lourdes. Um Recorrido pelas Estatísticas da Violência Sexual no Distrito Federal. In: SUÁREZ, Mireya; BANDEIRA, Lourdes (orgs.). *Violência, Gênero e Crime no Distrito Federal*. Brasília: Paralelo 15/Ed. Universidade de Brasília, 1999a.

BANDEIRA, Lourdes. Violência Sexual, Imaginário de Gênero e Narcisismo. In: SUÁREZ, Mireya; BANDEIRA, Lourdes (org.). *Violência, Gênero e Crime no Distrito Federal*. Brasília: Paralelo 15/Ed. Universidade de Brasília,1999b.

BARAN, Paul A. *The Political Economy of Growth*. Nova York: Monthly Review Press, 1957.

BARASH, David. *The Whispering Within*. Nova York: Penguin, 1981.

BARNARD, Jessie. *The Future of Marriage*. Nova York: World, 1972.

BAR-ON, Dan. *The Indescribable and the Undiscussable*: Reconstructing Human Discourse After Trauma. Ithaca, NY: Cornell University Press, 1999.

BARTFELD, Judi. "Child Support and the Postdivorce Economic Well-Being of Mothers, Fathers, and Children". *Demography*, n. 37, p. 203-13, 2000.

BASSANEZI, Carla. Mulheres dos Anos Dourados. In: DEL PRIORE, Mary (org.). *História das Mulheres no Brasil*. São Paulo: Contexto/Unesp, 1997.

BASTIDE, Roger. *As Religiões Africanas no Brasil*. São Paulo: Pioneira, 1971.

________ ; FERNANDES, Florestan. *Relações Raciais entre Negros e Brancos em São Paulo*. São Paulo: Anhembi, 1955.

BASTOS, Elide Rugai. Gilberto Freyre: Casa Grande & Senzala. In: MOTA, Lourenço Dantas (org.). *Introdução ao Brasil*: Um Banquete no Trópico. v. 1, 4. ed. São Paulo: Senac, 2004 [2001].

BAUDRILLARD, Jean. *Simulations*. Nova York: Semiotext(e), 1983.

________ . *America*. Tradução de Chris Turner. Londres: Verso, 1988 [1986].

BAUMAN, Zygmunt. *Modernity and the Holocaust*. Ithaca, NY: Cornell University Press, 1991 [1989].

BECK, Ulrich; BECK-GERNSHEIM, Elizabeth. *Das Ganz Normale Chaos der Liebe*. Frankfurt : Suhrkamp, 1994.

BECKER, Gary. *The Economic Approach to Human Behavior*. Chicago: University of Chicago Press, 1976.

BEER, Frances A. *How Much War in History*: Definitions, Estimates, Extrapolations and Trends. Beverly Hills, CA: Sage, 1974.

BELL, Daniel. *The End of Ideology*. Nova York: Collier, 1960.

________ . *The Coming of Post-Industrial Society*: A Venture in Social Forecasting. Nova York: Basic Books, 1973.

BELLOW, Saul. *Herzog*. Nova York: Fawcett World Library, 1964.

BENFORD, Robert D. "An Insider's Critique of the Social Movement Framing Perspective". *Sociological Inquiry*, v. 67, p. 409-39, 1997.

BENSON, April Lane. *I Shop, Therefore I Am*: Compulsive Buying and the Search for Self. Northvale, NJ: Jason Aronson Inc, 2000.

BERGER, Peter L. *O Dossel Sagrado*: Elementos para uma Teoria Sociológica da Religião. São Paulo: Paulus, 1985.

________ . *Rumor de Anjos*: A Sociedade Moderna e a Redescoberta do Sobrenatural. Petrópolis: Vozes, 1996.

________ ; LUCKMANN, Thomas. *The Social Construction of Reality*: A Treatise in the Sociology of Knowledge. Garden City, NY: Doubleday, 1966.

BERGER, Suzanne; DORE, Ronald. *National Diversity and Global Capitalism*. Ithaca, NY: Cornell University Press, 1996.

BERK, Richard A. *Collective Behavior*. Dubuque, IA: Wm. C. Brown, 1974.

BERKOWITZ, Stephen D. *An Introduction to Structural Analysis*: The Network Approach to Social Research. Toronto: Butterworths, 1982.

BERNERS-LEE, Tim. "Tim Berners-Lee", 1999. Disponível em: <http://www.w3.org/People/Berners-Lee/Overview.html>. Acessado em 2 de maio de 2000.

BERQUÓ, E. S. Uma Visão Demográfica dos Arranjos Familiares no Brasil. In: SCHWARCZ, Lilia Moritz (org.). *História da Vida Privada no Brasil*. v. 4. São Paulo: Cia das Letras, 1998.

BETTO, Frei. "O que É a Teologia da Libertação". *Comunicações do ISER*, ano 6, n. 25, p. 108-16, 1987.

BIANCHI, Suzanne M.; SPAIN, Daphne. "Women, Work, and Family in America". *Population Bulletin*, n. 51, v. 3, p. 2-48, 1996.

BIERSTEDT, Robert. *The Social Order*. Nova York: McGraw-Hill, 1963.

BIERSTEDT, Robert. An Analysis of Social Power. In: *Power and Progress*: Essays in Sociological Theory. Nova York: McGraw-Hill, p. 220-41, 1974.

BJORHUS, Jennifer. "Gap Between Execs, Rank-and-file Grows Wider". *San Jose Mercury News*, 18 de junho de 2000. Disponível em: <http://www.mercurycenter.com/premium/business/docs/disparity18.htm>. Acessado em janeiro de 2004.

BJÖRKLUND, Anders; JÄNTTI, Markus. "Intergenerational Mobility of Socio-Economic Status in Comparative Perspective". *Nordic Journal of Political Economy*, n. 26, v. 1, p. 3-33, 2000.

BLAU, Peter M. *Exchange and Power in Social Life*. Nova York: Wiley, 1964.

BLAUNER, Robert. *Racial Oppression in America*. Nova York: Harper & Row, 1972.

BLOCK, Fred. The Ruling Class Does Not Rule. In: QUINNEY, R. (ed.). *Capitalist Society*. Homewood, IL: Dorsey Press, 1979.

BLUESTONE, Barry; HARRISON, Bennett. *The Deindustrialization of America*. Nova York: Basic Books, 1982.

BLUM, Deborah. *Sex on the Brain*: The Biological Differences Between Men and Women. Nova York: Penguin, 1997.

BLUMER, Herbert. *Symbolic Interactionism*: Perspective and Method. Englewood Cliffs: Prentice Hall, 1969.

BOAS, Taylor C. "Television and Neopopulism in Latin America: Media Effects in Brazil and Peru". *Latin American Research Review*, n. 2, v. 40, p. 27-49, junho de 2005.

BOBBIO, Norberto; MATTEUCCI, Nicola; PASQUINO, Gianfranco. *Dicionário de Política*. Brasília: Ed. Universidade de Brasília, 1998.

BÓGUS, Lucia Machado; PASTERNAK, Suzana. "A Cidade dos Extremos". In: XIV Encontro Nacional de Estudos Populacionais, setembro de 2004, Caxambu-MG. Disponível em: <http://www.centrodametropole.org.br/textos.html>. Acessado em 20 de setembro de 2005.

BONACICH, Edna. "A Theory of Ethnic Antagonism: The Split Labor Market". *American Sociological Review*, n. 37, p. 547-59, 1972.

________. "A Theory of Middleman Minorities". *American Sociological Review*, n. 38, p. 583-94, 1973.

BONNIE J, Fox. *From Culture to Power:* The Sociology of English Canada. Toronto: Oxford University Press, 1989.

BORNSCHIER, Volker; CHASE-DUNN, Christopher. *Transnational Corporations and Underdevelopment*. Nova York: Praeger, 1985.

BOTTOMORE, Tom. *As Elites e a Sociedade*. Rio de Janeiro: Jorge Zahar, 1965.

________. *Dicionário do Pensamento Marxista*. Rio de Janeiro: Jorge Zahar, 1988.

BOUDON, Raymond. *A Desigualdade das Oportunidades*. Brasília: Ed. Universidade de Brasília, 1981.

BOURDIEU, Pierre. *Outline of a Theory of Practice*. Tradução de Richard Nice. Cambridge: Cambridge University Press, 1977 [1972].

________. *Distinction:* A Social Critique of the Judgment of Taste. Tradução de Richard Nice. Cambridge, MA: Harvard University Press, 1984 [1979].

________. *On Television*. Nova York: New Press, 1998 [1996].

________. *Razões Práticas*: Sobre a Teoria da Ação. São Paulo: Papirus, 2001.

________; PASSERON, Jean-Claude. *Reproduction in Education, Society and Culture*. Tradução de Richard Nice. Londres: Sage, 1990 [1977].

BOWLES, Samuel; GINTIS, Herbert. *Schooling in Capitalist America*: Educational Reform and the Contradictions of Economic Life. Nova York: Basic Books, 1976.

________; ________. "The Inheritance of Inequality". *Journal of Economic Perspectives*, n. 16, v. 3, p. 3-30, 2002.

BOYD, Monica. "Feminizing Paid Work". *Current Sociology*, n. 45, p. 49-73, 1997.

________ et al. *Ascription and Achievement*: Studies in Mobility and Status Attainment in Canada. Ottawa: Carleton University Press, 1985.

BRAVERMAN, Harry. *Labor and Monopoly Capital*: The Degradation of Work in the Twentieth Century. Nova York: Monthly Review Press, 1974.

BRINT, Stephen. "New Class and Cumulative Trend Explanations of the Liberal Political Attitudes of Professionals". *American Journal of Sociology*, n. 90, p. 30-71, 1984.

"BRITISH MAGAZINES Agree to Ban Ultra-thin Models". *National Post*, 23 de junho de 2000. Caderno A2.

BROMLEY, Julian V. *Present-Day Ethnic Processes in the USSR*. Moscou: Progress Publishers, 1982 [1977].

BROOKS, Clem; MANZA, Jeff. "Do Changing Values Explain the New Politics? A Critical Assessment of the Postmaterialist Thesis". *Sociological Quarterly*, n. 35, p. 541-70, 1994.

BROWER, David. *Training the Nihilists*: Education and Radicalism in Tsarist Russia. Ithaca, NY: Cornell University Press, 1975.

BROWN, David K. *Degrees of Control*: A Sociology of Educational Expansion and Occupational Credentialism. Nova York: Teachers College Press, 1995.

BROWN, Lyn Mikel; GILLIGAN, Carol. *Meeting at the Crossroads*: Women's Psychology and Girls' Development. Cambridge, MA: Harvard University Press, 1992.

BROWNE, Malcolm W. "From Science Fiction to Science: The Whole Body Transplant". *The New York Times*, 5 de maio de 1998. Caderno B16.

BROWNING, Christopher R. *Ordinary Men*: Reserve Police Battalion 101 and the Final Solution in Poland. Nova York: HarperCollins, 1992.

BRUMBERG, Joan Jacobs. *The Body Project*: An Intimate History of American Girls. Nova York: Random House, 1997.

BRYM, Robert J. Political Conservatism in Atlantic Canada. In: BRYM, Robert J.; SACOUMAN, R. James (ed.). *Underdevelopment and Social Movements in Atlantic Canada*. Toronto: New Hogtown Press, p. 59-79, 1979.

________ . *Intellectuals and Politics*. Londres: George Allen & Unwin, 1980.

________ ."Cultural versus Structural Explanations of Ethnic Intermarriage in the USSR: A Statistical Re-analysis". *Soviet Studies*, v. 36, p. 594-601, 1984.

________ . "Sociology, *Perestroika*, and Soviet Society". *Canadian Journal of Sociology*, n. 15, p. 207-15, 1990.

________ . "Voters Quietly Reveal Greater Communist Leanings". *Transition*: Events and Issues in the Former Soviet Union and East-Central and Southeastern Europe, n. 1, v. 16, p. 32-5, 1995.

________ . "The Ethic of Self-reliance and the Spirit of Capitalism in Russia". *International Sociology*, n. 11, p. 409-26, 1996a.

________ . "Reevaluating Mass Support for Political and Economic Change in Russia". *Europe-Asia Studies*, v. 48, p. 751-66, 1996b.

________ . "The 'Third Rome' and 'The End of History': Notes on Russia's Second Communist Revolution". *Canadian Review of Sociology and Anthropology*, v. 33, p. 391-406, 1996c.

________ . The Turning Point in the Presidential Campaign. In: *The 1996 Presidential Election and Public Opinion*. Moscou: VTsIOM, 1996d.

________ ; ECONOMAKIS, Evel. "Peasant or Proletarian? Blacklisted Pskov Workers in St. Petersburg, 1913". *Slavic Review*, n. 53, p. 120-39, 1994.

________ ; FOX, Bonnie J. *From Culture to Power*: The Sociology of English Canada. Toronto: Oxford University Press, 1989.

________ ; GILLESPIE, Michael; LENTON, Rhonda L. "Class Power, Class Mobilization, and Class Voting: The Canadian Case". *Canadian Journal of Sociology*, n. 14, p. 25-44, 1989.

________ ; ________ ; GILLIS, A. Ron. "Anomie, Opportunity, and the Density of Ethnic Ties: Another View of Jewish Outmarriage in Canada". *Canadian Review of Sociology and Anthropology*, n. 22, p. 102-12, 1985.

________ ; LENTON, Rhonda. *Love Online*: A Report on Digital Dating in Canada. Toronto: MSN.CA, 2001.

________ ; RYVKINA, Rozalina. *The Jews of Moscow, Kiev and Minsk:* Identity, Antisemitism, Emigration. Nova York: New York University Press, 1994.

BRZEZINSKI, Zbigniew. *Out of Control*: Global Turmoil on the Eve of the Twenty-first Century. Nova York: Scribner, 1993.

BURAWOY, Michael. *Manufacturing Consent*: Changes in the Labor Process Under Monopoly Capitalism. Chicago: University of Chicago Press, 1979.

________ et al. *Global Ethnography*: Forces, Connections and Imaginations in a Postmodern World. Berkeley: University of California Press, 2000.

BURITY, Joanildo A. *Identidade e Política no Campo Religioso*: Estudos sobre Cultura, Pluralismo e o Novo Ativismo Eclesial. Recife: Editora Universitária da UFPE, 1997.

BURLEIGH, Michael. *The Third Reich*: A New History. Nova York: Hill & Wang, 2000.

BURNS, Tom; STALKER, G. M. *The Management of Innovation*. Londres: Tavistock, 1961.

BUSH, George W. "Address to a Joint Session of Congress and the American People", 2001. Disponível em: <http://www.whitehouse.gov/news/releases/2001/09/20010920-8.html>. Acessado em 22 de dezembro de 2002.

BUSS, D. M. *The Evolution of Desire*. Nova York: Basic Books, 1994.

________. The Psychology of Human Mate Selection: Exploring the Complexity of the Strategic Repertoire". In: CRAWFORD, C.; KREBS, D. L. (ed.). *Handbook of Evolutionary Psychology*: Ideas, Issues, and Applications. p. 405-29. Mahwah, NJ: Erlbaum, 1998.

CABLE AND TELECOMMUNICATIONS Association for Marketing. "Cable Television Customers Say 'Yes' to Interactive Television", 2001. Disponível em: <http://www.ctam.com/ctam/about/pressreleases/images/010110.pdf>. Acessado em 28 de maio de 2003.

CALLINICOS, Alex. *Social Theory*: A Historical Introduction. Nova York: New York University Press, 1999.

CAMARGO, José Márcio. "Gastos Sociais: Focalizar *Versus* Universalizar." *Boletim de Políticas Sociais:* Acompanhamento e Análises. Rio de Janeiro: Ipea, n. 7, p. 117-21, 2003.

CAMPBELL, Donald; STANLEY, Julian. *Experimental and Quasi-Experimental Designs for Research*. Chicago: Rand McNally, 1963.

CAMURÇA, Marcelo Ayres; TAVARES, Fátima Regina Gomes. "Juventude e Religião no Brasil: Uma Revisão Bibliográfica". *Numem*, Juiz de Fora, v. 7, n. 1, p. 11-46, 2004.

CANCLINI, Néstor García. *A Globalização Imaginada*. São Paulo: Iluminuras, 2003.

CARDOSO, Fernando Henrique; FALETTO, Enzo. *Dependência e Desenvolvimento na América Latina*: Ensaio de Interpretação Sociológica. Rio de Janeiro: Zahar, 1970.

________; ________. Repensando Dependência e Desenvolvimento na América Latina. In: SORJ, Bernardo; CARDOSO, Fernando Henrique; FONT, Mauricio (org.). *Economia e Movimentos Sociais na América Latina*. São Paulo: Brasiliense, 1985.

CARDOSO, Ruth. Movimentos Sociais Urbanos: Balanço Crítico. In: ALMEIDA, Maria Hermínia T. de. *Sociedade e Política no Brasil Pós-64*. São Paulo: Brasiliense, p. 215-39, 1983.

CARLINI, E. A. et al. *I Levantamento Domiciliar Sobre o Uso de Drogas Psicotrópicas no Brasil*: Estudo Envolvendo as 107 Maiores Cidades do País, 2001. São Paulo: Cebrid/Unifesp, 2002. Disponível em: <http://www.cebrid.epm.br/levantamento_brasil/parte_1.pdf>. Acessado em 20 de junho de 2004.

CARRAHER, Terezinha; CARRAHER, David; SCHLIEMANN, Analúcia. *Na Vida Dez, na Escola Zero*. São Paulo: Cortez, 1988.

CARVALHO, José Murilo de. *Os Bestializados*: O Rio de Janeiro e a República que não Foi. São Paulo: Cia. das Letras, 1987.

CARVALHO, Lejeune de. "20 anos da Lei da Profissão de Sociólogo no Brasil: História da Organização Profissional dos Sociólogos Brasileiros e Propostas para o Alargamento de seu Mercado de Trabalho". *CSOnline*: Revista Eletrônica de Ciências Sociais. Ano I, n. 1, jul.-dez. 2001. Disponível em: <http://www.csonline.ufjf.br/txtlm.htm>. Acessado em 10 de julho de 2004.

CASTELLS, Manuel. *A Questão Urbana*. São Paulo: Paz e Terra, 1983.

________. *A Era da Informação*: Economia, Sociedade e Cultura. v. 1.Tradução de Roneide Venâncio Majer. São Paulo: Paz e Terra, 1999a.

________. *A Era da Informação*: Economia, Sociedade e Cultura. v. 2. Tradução de Klauss Brandini Gerhardt. São Paulo: Paz e Terra, 1999b.

CASTRO, Mary Garcia; ABRAMOVAY, Miriam. "Marcas de Gênero na Escola: Sexualidade e Violências/Discriminações: Representações de Alunos e Professores". *Observatório de Violência nas Escolas*. Brasília: Universidade Católica de Brasília/Unesco, 2003. Disponível em: <http://observatorio.ucb.unesco.org.br/artigos/>. Acessado em: 20 de janeiro de 2005.

CAVALLI-SFORZA, L. Luca; MENOZZI, Paolo; PIAZZA, Alberto. *The History and Geography of Human Genes*. Princeton, NJ: Princeton University Press, 1994.

CENTRAL INTELLIGENCE AGENCY. *The World Factbook 2002*. Disponível em: <http://cia.gov./cia/publicatinos/factbook>. Acessado em 10 de janeiro de 2002.

CENTRAL INTELLIGENCE AGENCY. *Economy*. 2004a. Disponível em: <http://www.cia.gov/cia/publications/factbook/>. Acessado em 23 de setembro de 2005.

________ . *The World Factbook 2004*. 2004b. Disponível em: <http://www.cia.gov/cia/publications/factbook>. Acessado em 14 de julho de 2004.

CENTRE FOR ECONOMIC Policy Research. *Making Sense of Globalization*: A Guide to the Economic Issues. Londres, 2002.

CHALOULT, Yves. *Estado, Acumulação e Colonialismo Interno*. Petrópolis: Vozes, 1978.

CHAVES, Mark. "Secularization as Declining Religious Authority". *Social Forces*, n. 72, p. 749-74, 1994.

CHERLIN, Andrew J. *Marriage, Divorce, Remarriage*. Cambridge, MA: Harvard University Press, 1992 [1981].

________ et al. "Longitudinal Studies of Effects of Divorce on Children in Great Britain and the United States". *Science*, v. 252, p. 1386-9, 1991.

CHESNAIS, Jean-Claude. *The Demographic Transition*: Stages, Patterns, and Economic Implications. Tradução de Elizabeth Kreager e Philip Kreager. Oxford: Clarendon Press, 1992 [1986].

CLAWSON, Dan. *Bureaucracy and the Labor Process*: The Transformation of U.S. Industry, 1860-1920. Nova York: Monthly Review Press, 1980.

________ ; NEUSTADTL, Alan; SCOTT, Denise. *Money Talks*: Corporate PACS and Political Influence. Nova York: Basic Books, 1992.

COALE, Ansley J. "The History of Human Population". *Scientific American*, n. 23, v. 3, p. 41-51, 1974.

________ ; WATKINS, Susan C. (eds.). *The Decline of Fertility in Europe*. Princeton, NJ: Princeton University Press, 1986.

COHN, Gabriel. Florestan Fernandes: A Integração do Negro na Sociedade de Classes. In: MOTA, Lourenço Dantas (org.). *Introdução ao Brasil*: Um Banquete no Trópico. v. 2, 2.ed. São Paulo: Senac, 2002.

COLAPINTO, John. "The True Story of John/Joan". *Rolling Stone*, 11 de dezembro, p. 54-73, 92-7, 1997.

COLEMAN, James S. *The Adolescent Society*. Nova York: Free Press, 1961.

________ et al. *Equality of Educational Opportunity*. Washington, D.C.: U.S. Department of Health, Education, and Welfare, Office of Education, 1966.

COLLINS, Randall. *The Credential Society*: An Historical Sociology of Education and Stratification. Nova York: Academic Press, 1979.

________ . *Sociological Insights*: An Introduction to Nonobvious Sociology. Nova York: Oxford University Press, 1982.

________ ; COLTRANE, Scott. *Sociology of Marriage and the Family*: Gender, Love, and Property. 3.ed. Chicago: Nelson-Hall, 1991 [1985].

COMMINS, Patricia. 1997. "Foreign Sales Prop Up McDonald's". *Globe and Mail*, 26 de agosto de 1997.

COMTE, Auguste. *Auguste Comte*: The Foundation of Sociology. THOMPSON, Kenneth (ed.). Nova York: Wiley, 1975.

________ . *Curso de Filosofia Positiva/Discurso Preliminar sobre o Conjunto do Positivismo/Catecismo Positivista*. Traduzido por José Arthur Gianotti e Miguel Lemos. São Paulo: Nova Cultural, 1988.

CONATRAE (Comissão Nacional para Erradicação do Trabalho Escravo). "Desmascarando as Mentiras mais Contadas sobre o Trabalho Escravo no Brasil", 2004. Disponível em: <http://www.oitbrasil.org.br/trabalho_forcado/brasil/documentos/mentiras_final.pdf >. Acessado em 28 de junho de 2005.

CONDRY, J.; CONDRY, S. "Sex Differences: The Eye of the Beholder". *Child Development*, n. 47, p. 812-9, 1976.

CONFERÊNCIA NACIONAL DE MULHERES Brasileiras. *Plataforma Política Feminista*. Brasília: Athalaia, 2002.

CONSÓRCIO DE INFORMAÇÕES SOCIAIS, 2004. Disponível em: <http://www.nadd.prp.usp.br/cis/index.aspx>. Acessado em 20 de maio de 2005.

CONVERSE, Jean M.; PRESSER, Stanley. *Survey Questions*: Handcrafting the Standardized Questionnaire. Newbury Park, CA: Sage, 1986.

COOLEY, Charles Horton. *Human Nature and the Social Order*. Nova York: Scribner's, 1902.

COONTZ, Stephanie. *The Way We Never Were*: American Families and the Nostalgia Trip. Nova York: Basic Books, 1992.

________ ; HENDERSON, Peta (eds.). *Women's Work, Men's Property*: The Origins of Gender and Class. Londres: Verso, 1986.

CORPORATE WATCH. "High Tech Sweathshops". Disponível em: <http://www.corpwatch.org/trac/gallery/sweat/27a.html>Acessado em 20 de junho de 2003.

COUCH, Carl J. "Collective Behavior: An Examination of Some Stereotypes". *Social Problems*, v. 15, p. 310-22, 1968.

CREEDON, Jeremiah. "God With a Million Faces". *Utne Reader*, n. 48, p. 42-8, jul.-ago. 1998.

CROTEAU, David; HOYNES, William. *Media/Society*: Industries, Images, and Audiences. Thousand Oaks, CA: Pine Forge Press, 1997.

CROTHERS, Charles. "On the Myth of Rural Tranquility: Comment on Webb and Collette". *American Journal of Sociology*, n. 84, p. 429-37, 1979.

CRUCEFIX, Linda. "Do the Inuit Really Have 200 Words for 'Snow'?". *Ask Us @ U of T*. Disponível em: <http://www.newsandevents.utoronto.ca/bios/askus3.htm>. Acessado em 22 de janeiro de 2003.

CRUZ, Sebastião e Velasco; MARTINS, Carlos Estevan. De Castello a Figueiredo: Uma Incursão na Pré-História da "Abertura". In: ALMEIDA, Maria Hermínia T. de. *Sociedade e Política no Brasil Pós-64*. São Paulo: Brasiliense, p. 13-61, 1983.

CUNHA, Luiz Antônio. "O Ensino Superior no Octênio FHC". *Educação e Sociedade*, n. 24, v. 82, p. 37-61, 2003.

D'INCAO, Maria Ângela. Mulher e Família Burguesa. In: DEL PRIORE, Mary (org.). *História das Mulheres no Brasil*. São Paulo: Contexto/Unesp, p. 223-40, 1997.

DAHL, Robert A. *Who Governs?* New Haven, CT: Yale University Press, 1961.

DAMATTA, Roberto. *Carnavais, Malandros e Heróis*: Para Uma Sociologia do Dilema Brasileiro. Rio de Janeiro: Rocco, 1997.

DARWIN, Charles. *On the Origin of Species by Means of Natural Selection*. Londres: John Murray, 1859.

DATASUS (Departamento de Informática do SUS). *Sistema de Informações Sobre Mortalidade*. Dados da Declaração de Óbito. Brasília: Ministério da Saúde, 2004. Disponível em: <http://tabnet.datasus.gov.br/cgi/tabcgi.exe?sim/cnv/obtuf.def>. Acessado em 20 de julho de 2004.

DAVIES, Christine. *Jokes and Their Relation to Society*. Berlim: Mouton de Gruyter, 1998.

DAVIES, James C. Toward a Theory of Revolution. In: McLAUGHLIN, Barry (ed.). *Studies in Social Movements*: A Social Psychological Perspective. Nova York: Free Press, p. 85-108, 1969.

DAVIES, Mark; KANDEL, Denise B. "Parental and Peer Influences on Adolescents' Educational Plans: Some Further Evidence". *American Journal of Sociology*, n. 87, p. 363-87, 1981.

DAVIS, Fred. *Fashion, Culture and Identity*. Chicago: University of Chicago Press, 1992.

DAVIS, Jim. "AOL Previews TV Plans". *CNET News*, 6 de janeiro de 2000. Disponível em: <http://news.cnet.com/category/0-1006-200-1516271.html>. Acessado em 2 de maio de 2000.

DAVIS, Kingsley; MOORE, Wilbert E. "Some Principles of Stratification". *American Sociological Review*, n. 10, p. 242-9, 1945.

DAVIS, Mike. *City of Quartz*: Excavating the Future in Los Angeles. Nova York: Verso, 1990.

DAWIDOWICZ, Lucy S. *The War Against the Jews, 1933-1945*. Nova York: Rinehart & Winston, 1975.

DE SWANN, A. *In Care of the State*. Oxford: Oxford University Press, 1990.

DE WAAL, Alexander. *Famine That Kills*: Darfur, Sudan, 1984-1985. Oxford: Clarendon Press, 1989.

DEDECCA, Cláudio Savadori. Anos 1990: A Estabilidade com Desigualdade. In: SANTANA, Marco Aurélio; RAMALHO, José Ricardo (orgs.). *Além da Fábrica*: Trabalhadores, Sindicatos e a Nova Questão Social. São Paulo: Boitempo, 2003.

DEMO, David H.; ACOCK, Alan C. "Family Diversity and the Division of Domestic Labor: How Much Have Things Really Changed?". *Family Relations*, v. 42, p. 323-31, 1993.

"DEMOCRATIZAR A COMUNICAÇÃO para Democratizar a Sociedade". *Boletim Prometheus*, 7 de maio de 2005. Disponível em: <http://www.freelists.org/archives/radiolivre/05-2005/msg00016.html>. Acessado em 10 de maio de 2005.

DENZIN, Norman K. *Symbolic Interactionism and Cultural Studies*: The Politics of Interpretation. Oxford: Blackwell, 1992.

DEPARTAMENT OF GEOGRAPHY, Slippery Rock University. " World's Largest Cities, 1900", 1997. Disponível em: <http://www.sru.edu/depts/artsci/ges/discover/d-6-8.htm>. Acessado em 02 de maio de 2000.

_________ . " World's Largest Agglomerations, 2015", 2003. Disponível em: <http://www1.sru.edu/gge/faculty/hughes/100/100-6/d-6-9b.htm>. Acessado em 02 de agosto de 2003.

DERBER, Charles. *The Pursuit of Attention*: Power and Individualism in Everyday Life. Nova York Oxford University Press, 1979.

________ ; SCHWARTZ, William A.; MAGRASS, Yale. *Power in the Highest Degree*: Professionals and the Rise of a New Mandarin Order. Nova York: Oxford University Press, 1990.

DESLANDES, Suely F.; GOMES, Romeu; SILVA, Cosme Marcelo F. P. "Caracterização dos Casos de Violência Doméstica Contra a Mulher Atendidos em Dois Hospitais Públicos do Rio de Janeiro". In: *Cadernos de Saúde Pública*, Rio de Janeiro, n. 1, v. 16, p. 129-37, jan.-mar. 2000.

DeSOYA, Indra; O'NEAL, John. "Boon or Bane? Reassessing the Productivity of Foreign Direct Investment with New Data". *American Sociological Review*, n. 64, p. 766-82, 1999.

Di LAMPEDUSA, Giuseppe Tomasi. *The Leopard*. Nova York: Pantheon, 1991 [1958].

DIAMOND, Larry. "Is the Third Wave Over?". *Journal of Democracy*, n. 7, v. 3, p. 20-37, 1996. Disponível em <http://muse.jhu.edu/demo/jod/7.3diamond.html>. Acessado em 1º de maio de 2000.

DIANI, Mario. "Linking Mobilization Frames and Political Opportunities: Insights from Regional Populism in Italy". *American Sociological Review*, v. 6, p. 1053-69, 1996.

DIBBELL, Julian. "A Rape in Cyberspace". *The Village Voice*, n. 21, p. 36-42, dezembro 1993. Disponível em <http://www.levity.com/julian/bungle.html>. Acessado em 29 de abril de 2000.

DIEGUES, Manuel. *Etnias e Culturas no Brasil*. Rio de Janeiro: Paralelo/ INL, 1972.

DIETZ, Tracy L. "An Examination of Violence and Gender Role Portrayals in Video Games: Implications for Gender Socialization and Aggressive Behavior". *Sex Roles*, n. 38, p. 425-42, 1998.

"DIGITAL DILEMMAS." *The Economist*, p. 3-26, 25 de janeiro de 2003. Disponível em: <http://www.economist.com/displayStory.cfm?Story_id=1534303>. Acessado em 29 de maio de 2003.

DiMAGGIO, Paul. "Cultural Capital and School Success: The Impact of Status Culture Participation on the Grades of U.S. High School Students". *American Sociological Review*, n. 47, p. 189-201, 1982.

________ ; POWELL, Walter W. "The Iron Cage Revisited: Institutional Isomorphism and Collective Rationality in Organizational Fields". *American Sociological Review*, n. 48, p. 147-60, 1983.

DORE, Ronald. "Goodwill and the Spirit of Market Capitalism". *British Journal of Sociology*, n. 34, p. 459-482, 1983.

DOREMUS, Paul N. et al. *The Myth of the Global Corporation*. Princeton, NJ: Princeton University Press, 1998.

DOUGLAS, Jack D. *The Social Meanings of Suicide*. Princeton, NJ: Princeton University Press, 1967.

DOUGLAS, Susan J. *Where the Girls Are*: Growing Up Female with the Mass Media. Nova York: Random House, 1994.

DOWLING, Michael; LECHNER, Christian; THIELMANN, Bodo. "Convergence: Innovation and Change of Market Structures Between Television and Online Services". *Electronic Marketing*, n. 8, v. 4. 1998. Disponível em: <http://www.electronicmarkets.com/netacademy/publications.nsf/all_pk/1124>. Acessado em 2 de maio de 2000.

DRAIBE, Sonia. Políticas sociais nos anos 90. In: BAUMANN, Renato (org.). *Brasil, uma Década de Transição*. Brasília: Cepal/Campus, 1999.

DRÈZE, Jean; SEN, Amartya. *Hunger and Public Action*. Oxford: Clarendon Press, 1989.

DUFFY, Jim; GUNTHER, Georg; WALTERS, Lloyd. "Gender and Mathematical Problem Solving". *Sex Roles*, n. 37, p. 477-94, 1997.

DURHAM, William H. *Scarcity and Survival in Central America*: Ecological Origins of the Soccer War. Stanford, CA: Stanford University Press, 1979.

DURKHEIM, Émile. *Education and Sociology*. Tradução de Sherwood D. Fox. Nova York: Free Press, 1956.

DURKHEIM, Émile. *Moral Education*: A Study in the Theory and Application of the Sociology of Education. Tradução de Everett K. Wilson e Herman Schnurer. Nova York: Free Press, 1961 [1925].

__________. *O Suicídio*: Estudo de Sociologia. Tradução de Mônica Stahel. São Paulo: Martins Fontes, 2000 [1897].

__________ . *As Formas Elementares da Vida Religiosa*. São Paulo: Martins Fontes, 2003 [1915].

DWECK, Denise. "O Caminho do Dinheiro". *Revista Exame*, São Paulo, 28 de setembro de 2004. Disponível em: <http://cnbweb.cenibra.com.br/-clipping/ed_anteriores/280904/c3_280904ex1.html>. Acessado em 23 de agosto de 2004.

E.HARLEQUIN.COM. *About eHarlequin.com*. 2000. Disponível em: <http://eharlequin.women.com/harl/globals/about/00bkrd11.htm>. Acessado em 17 de maio de 2000.

EAGLEY, Alice H.; WOOD, Wendy. "The Origins of Sex Differences in Human Behavior: Evolved Dispositions Versus Social Roles". *American Psychologist*, n. 54, p. 408-23, 1999.

ECCLES, J. S.; JACOBS, J. E.; HAROLD, R. D. "Gender Role Stereotypes, Expectancy Effects and Parents' Socialization of Gender Differences". *Journal of Social Issues*, n. 46, p. 183-201, 1990.

ECONOMAKIS, Evel; BRYM, Robert J. "Marriage and Militance in a Working Class District of St. Petersburg, 1896-913". *Journal of Family History*, n. 20, p. 23-43, 1995.

EDEL, Abraham. Social Science and Value: A Study in Interrelations. In: HOROWITZ, Irving Louis (ed.). *The New Sociology*: Essays in Social Science and Social Theory in Honor of C. Wright Mills. Nova York: Oxford University Press, 1965.

EDGAR, Andrew; SEDGWICK, Peter. Capital Cultural. In: *Teoria Cultural de A a Z*: Conceitos-Chave para Entender o Mundo Contemporâneo. Tradução de Marcelo Rollemberg. São Paulo: Contexto, 2003.

"EDITORA ABRIL DIVULGA Balanço", 2005. Disponível em: <http://www.abril.com.br/br/imprensa/conteudo_74940.shtml>. Acessado em 23 de agosto de 2005.

EHRLICH, Paul R. *The Population Bomb*. Nova York: Ballantine, 1968.

__________ ; EHRLICH, Anne H. *The Population Explosion*. Nova York: Simon & Schuster, 1990.

"ETHNIC GROUPS IN THE WORLD". *Scientific American*, 2001. Disponível em: <http://www.sciam.com/1998/0998issue/0998numbers.html>. Acessado em 4 de dezembro de 2001.

EICHLER, Margrit. *Nonsexist Research Methods*: A Practical Guide. Boston: Unwin Hyman, 1988.

EINSTEIN, Albert. *Ideas and Opinions*. SEELIG, Carl (ed.). Tradução de Sonja Bargmann. Nova York: Crown, 1954.

EISLER, Riane. *The Chalice and the Blade*: Our History, Our Future. Nova York: HarperCollins, 1995 [1987].

EKMAN, Paul. *Facial Action Coding System*. Nova York: Consulting Psychologists Press, 1978.

ELIAS, Norbert. *The Civilizing Process*. Tradução de Edmund Jephcott. Oxford: Blackwell, 1994 [1939].

ELLIOTT, H. L. "Living Vicariously Through Barbie", 1995. Disponível em: <http://ziris.syr.edu/path/public_html/barbie/main.html>. Acessado em 19 de novembro de 1998.

ELLIS, Brett Easton. *American Psycho*. Nova York: Vintage, 1991.

ELSTER, Jon. *Solomonic Judgements*: Studies in the Limitations of Rationality. Cambridge/Paris: Cambridge University Press/Editions de la Maison des Sciences de L'Homme, 1992.

EMBRAPA. "Tecnologias de Produção de Soja: Região Central do Brasil", 2004. *Embrapa Soja, Sistema de Produção*, n. 1, 2004. Disponível em: <http://www.cnpso.embrapa.br/producaosoja/SojanoBrasil.htm>. Acessado em 28 de agosto de 2004.

ENGELS, Frederick. *The Origins of the Family, Private Property and the State*. LEACOCK, Eleanor Burke (ed.). Nova York: International Publishers, 1970 [1884].

ENGLAND, Paula. *Comparable Worth*: Theories and Evidence. Hawthorne, NY: Aldine de Gruyter, 1992a.

__________ . "From Status Attainment to Segregation and Devaluation". *Contemporary Sociology*, n. 21, p. 643-47, 1992b.

"ENQUETE ELETRÔNICA". *Marie Claire*, São Paulo, n. 159, junho de 2004.

ENTWISLE, Doris R.; ALEXANDER, Karl L. "A Parent's Economic Shadow: Family Structure versus Family Resources as Influences on Early School Achievement". *Journal of Marriage and the Family*, n. 57, p. 399-410, 1995.

ERIKSON, Robert; GOLDTHORPE, John H. *The Constant Flux:* A Study of Class Mobility in Industrial Societies. Oxford: Clarendon Press, 1992.

ESCOREL, Sarah. *Reviravolta na Saúde*: Origem e Articulação do Movimento Sanitarista. Rio de Janeiro: FioCruz, 1998.

ESPING-ANDERSEN, G. *The Three Worlds of Welfare Capitalism*. Princeton, NJ: Princeton University Press, 1990.

ESTRELA. "Brinquedos Estrela: Susi", 2004. Disponível em: <http://www.estrela.com.br/htm/default.htm>. Acessado em 20 de junho de 2004.

EVANS, Peter B., RUESCHEMEYER, Dietrich; SKOCPOL, Theda. *Bringing the State Back In*. Cambridge: Cambridge University Press, 1985.

EVERS, T. et al. Movimentos de Bairro e Estado: Lutas na Esfera da Reprodução na América Latina. In: MOISÉS, José Álvaro et al. *Cidade, Povo e Poder*. v.5. Rio de Janeiro: Paz e Terra, p. 110-74, 1982.

"FACE OF THE WEB Study Pegs Global Internet Population at More than 300 Million", 2000. Disponível em: <http://www.angusreid.com/media/content/displaypr.cfm?id_to_view=1001>. Acessado em 2 de outubro de 2000.

FAGOT, Beverly I.; RODGERS, Caire S.; LEINBACH, Mary D. Theories of Gender Socialization. In: ECKES, T. (ed.). *The Developmental Social Psychology of Gender*. Mahwah NJ: Lawrence Erlbaum Associates, p. 65-89, 2000.

FASS, Paula S. *Outside In*: Minorities and the Transformation of American Education. Nova York: Oxford University Press, 1989.

FAVA, Sylvia Fleis. "Suburbanism as a Way of Life". *American Sociological Review*, n. 21, p. 34-7, 1956.

FEARON, E. R. "Human Cancer Syndrome: Clues to the Origin and Nature of Cancer". *Science*, n. 278, p. 1043-50, 1997.

FEATHERMAN, David L.; HAUSER, Robert M. "Sexual Inequalities and Socioeconomic Achievement in the U.S. 1962-1973". *American Sociological Review*, n. 41, p. 462-83, 1976.

__________ ; __________ . *Opportunity and Change*. Nova York: Academic Press, 1978.

__________ ; JONES, F. Lancaster; HAUSER, Robert M. "Assumptions of Mobility Research in the United States: The Case of Occupational Status". *Social Science Research*, n. 4, p. 329-60, 1975.

FEBVRE, Lucien; MARTIN, Henri-Jean. *The Coming of the Book*: The Impact of Printing 1450-1800. Londres: NLB, 1976 [1958].

FELSON, Richard B. "Mass Media Effects on Violent Behavior". *Annual Review of Sociology*, n. 22, p.103-28, 1996.

FERNANDES, Florestan. *A Integração do Negro na Sociedade de Classes*. v. 1. São Paulo: Dominus/Edusp, 1965.

__________ . *A Função Social da Guerra na Sociedade Tupinambá*. São Paulo: Pioneira/Edusp, 1970 [1952].

__________ . *O Negro no Mundo dos Brancos*. São Paulo: Difel, 1972.

__________ . *A Investigação Etnológica no Brasil e Outros Ensaios*. Petrópolis: Vozes, 1975a.

__________ . *A Universidade Brasileira*: Reforma ou Revolução? São Paulo: Alfa-Omega, 1975b.

__________ . *A Integração do Negro na Sociedade de Classes*. v. 2, 2. ed. São Paulo: Ática, 1978 [1965].

__________ . *A Questão da USP*. São Paulo: Brasiliense, 1984.

__________ . *A Organização Social dos Tupinambá*. São Paulo: Hucitec; Brasília: Ed. Universidde de Brasília, 1989 [1948].

__________ . *O Significado do Protesto Negro*. São Paulo: Cortez, 1989.

FERNANDEZ-DOLS, J-M. et al. "Are Spontaneous Expressions and Emotions Linked? An Experimental Test of Coherence". *Journal of Nonverbal Behavior*, n. 21, p. 163-77, 1997.

FERRANTE, Joan; BROWN Jr., Pierre. (eds.). *The Social Construction of Race and Ethnicity in the United States*. 2. ed. Upper Saddle River, NJ: Prentice Hall, 2001 [1998].

FERREIRA, J. "O Alfabeto da Vida". *Lua Nova*, São Paulo, p. 219-40, 2002, v. 55-56.

FIGART, Deborah M.; LAPIDUS, June. "The Impact of Comparable Worth on Earnings Inequality". *Work and Occupations*, n. 23, p. 297-318, 1996.

FINE, Gary Alan; TURNER, Patricia A. *Whispers on the Color Line*: Rumor and Race in America. Berkeley: University of California Press, 2001.

FINKE, Roger; STARK, Rodney. *The Churching of America, 1776-1990*: Winners and Losers in Our Religious Economy. New Brunswick, NJ: Rutgers University Press, 1992.

FINNIE, Ross. "Women, Men and the Economic Consequences of Divorce: Evidence from Canadian Longitudinal Data". *Canadian Review of Sociology and Anthropology*, n. 2, v. 30, p. 205-41, 1993.

FIREBAUGH, Glenn; BECK, Frank D. "Does Economic Growth Benefit the Masses? Growth, Dependence and Welfare in the Third World". *American Journal of Sociology*, n. 59, p. 631-53, 1994.

FISCHER, Claude S. "The Public and Private Worlds of City Life". *American Sociological Review*, n. 46, p. 306-16, 1981.

________. *The Urban Experience*. Nova York: Harcourt Brace Jovanovich, 1984 [1976].

FISCHER, Rosa Maria Bueno. "Mídia e Educação da Mulher: Uma Discussão Teórica Sobre Modos de Enunciar o Feminino na TV". *Estudos Feministas*, ano 9, 2º semestre, p. 586-99, 2001.

FONSECA, Ana Maria Medeiros. *Família e Política de Renda Mínima*. São Paulo: Cortez, 2001.

FONTES, Breno; EICHNER, Klaus. A Formação do Capital Social em uma Comunidade de Baixa Renda. In: MARTINS, Paulo Henrique; NUNES, Brasilmar Ferreira (orgs.). *A Nova Ordem Mundial*: Perspectivas da Solidariedade Contemporânea. Brasília: Ed. Universidade de Brasília, 2004.

FORBES.com. "The World's Richest People", 2004. Disponível em: <http://www.forbes.com/2004/02/25/bill04land.html>. Acessado em 30 de junho de 2004.

FOUCAULT, Michel. *The History of Sexuality*: An Introduction. v.1. Tradução de Robert Hurley. Nova York: Vintage, 1990 [1978].

FRANCO, Maria Laura P. B. Ensino Médio. In: FRANCO, Maria Laura P. B. et al. *Ensino Médio e Ensino Técnico no Brasil e em Portugal*: Raízes Históricas e Panorama Atual. Campinas: Autores Associados, 2004.

FRANK, André Gundar. *Capitalism and Underdevelopment in Latin America*: Historical Studies of Chile and Brazil. Nova York: Monthly Review Press, 1967.

FRANKE, Richard H.; KAUL, James D. "The Hawthorne Experiments: First Statistical Interpretation". *American Sociological Review*, n. 43, p. 623-3, 1978.

FRANKE, Richard W.; CHASIN, Barbara H. *Kerala*: Development Through Radical Reform. San Francisco: Institute for Food and Development Policy, 1992.

FRANKLIN, Karen. Psychosocial Motivations of Hate Crime Perpetrators. In: The Annual Meetings of the American Psychological Association. *Anais*. San Francisco: 16 de agosto de 1998.

FREEDMAN, Jonathan L. *Media Violence and Its Effect on Aggression*: Assessing the Scientific Evidence. Toronto: University of Toronto Press, 2002.

FREIRE, Paulo. *The Pedagogy of the Oppressed*. Nova York: Herder and Herder, 1972.

FREITAS, Alexandre Simão. *Fundamentos para uma Sociologia Crítica da Formação Humana*: Um Estudo sobre Redes Associacionistas. Recife: UFPE, 2005. Tese (Doutorado em Sociologia), Programa de Pós-Graduação em Sociologia, Universidade Federal de Pernambuco, 2005.

FREUD, Sigmund. *Civilization and Its Discontents*. Tradução de James Strachey. Nova York: W. W. Norton, 1962 [1930].

________. *Introductory Lectures on Psychoanalysis*. STRACHEY James; RICHARDS, Angela (eds.). Harmondsworth, UK: Penguin, 1973 [1915-17].

________. *On Sexuality*. Tradução de James Strachey; editado por Angela Richards. Harmondsworth, UK: Penguin, 1977 [1905].

FREYRE, Gilberto. *Sobrados e Mocambos*: Decadência do Patriarcado Rural e Desenvolvimento do Urbano. 2.ed. Rio de Janeiro: José Olympio, 1951.

________. *Ordem e Progresso*. Rio de Janeiro: José Olympio, 1959.

________. *Casa Grande & Senzala:* Formação da Família Brasileira sob o Regime de Economia Patriarcal. 49. ed. São Paulo: Global, 2003 [1933].

FRIEDENBERG, Edgar Z. *The Vanishing Adolescent*. Boston: Beacon Press, 1959.

FRIEDKIN, Noah E. *A Structural Theory of Social Influence*. Cambridge: Cambridge University Press, 1998.

FRY, Peter. "A Feijoada Mudou". *Folha de S.Paulo*, São Paulo, 19 de junho de 2005a. Caderno Mais, p. 10.

________. "O Outro Lado da 'Democracia Racial'". *O Estado de S. Paulo*, São Paulo, 26 de junho de 2005b. Caderno 2, p. D9.

FRY, Peter; MAGGIE, Yvonne. "A Reserva de Vagas para Negros nas Universidades Brasileiras." *Estudos Avançados*, São Paulo, n. 50, v. 18, p. 67-80, 2004a.

________ ; ________ . "Cotas Raciais: Construindo um País Dividido". *Econômica*, Rio de Janeiro, n. 1, v. 6, p. 153-61, 2004b.

FURSTENBERG Jr., Frank F.; CHERLIN, Andrew. *Divided Families:* What Happens to Children When Parents Part. Cambridge, MA: Harvard University Press, 1991.

FURTADO, Celso. *Desenvolvimento e Subdesenvolvimento.* Rio de Janeiro: Fundo de Cultura, 1961.

________ . *Formação Econômica do Brasil.* 11.ed. São Paulo: Cia. Editora Nacional, 1971.

GALPER, Joseph. "Schooling for Society". *American Demographics*, n. 20, v. 3, p. 33-4, 1998.

GAMBLE, Sarah (ed.). *The Icon Critical Dictionary of Feminism and Postfeminism.* Cambridge: Icon Books, 1999.

GAMSON, William A. *The Strategy of Social Protest.* Homewood, IL: Dorsey Press, 1975.

GANS, Herbert. *Deciding What's News*: A Study of CBS Evening News, NBC Nightly News, Newsweek and Time. Nova York: Pantheon, 1979a.

________ . "Symbolic Ethnicity: The Future of Ethnic Groups and Cultures in America". In: GANS, Herbert et al. (eds.). *On the Making of Americans*: Essays in Honor of David Reisman. Filadélfia: University of Pennsylvania Press, 1979b.

GARFINKEL, Harold. *Studies in Ethnomethodology.* Englewood Cliffs: Prentice Hall, 1967.

GARKAWE, Sam. "The Impact of the Doctrine of Cultural Relativism on the Australian Legal System". *E Law*, n. 2, v. 1, 1995. Disponível em: <http://www.murdoch.edu.au/elaw/issues/v2n1/garkawe.txt >. Acessado em 10 de maio de 2000.

GARRAU, Joel. *Edge City*: Life on the New Frontier. Nova York: Doubleday, 1991.

GASPAR, Malu. "As Tentações Autoritárias do Governo Lula". *Veja*, n. 33, 18 de agosto de 2004.

GATES, Bill; MYHRVOLD, Nathan; RINEARSON, Peter. *The Road Ahead.* Nova York: Penguin, 1996.

GAUVAIN, Mary et al. "Instruction by Mothers and Fathers During Problem Solving with Their Young Children". *Journal of Family Psychology*, n. 6, p. 81-90, 2002.

GAY, Peter. *Freud*: Uma Vida para o Nosso Tempo. São Paulo: Companhia das Letras, 1989.

GEERTZ, Clifford. *The Interpretation of Cultures:* Selected Essays. Nova York: Basic Books, 1973.

GELLES, Richard J. *Intimate Violence in Families.* 3.ed. Thousand Oaks, CA: Sage, 1997 [1985].

GELLNER, Ernest. *Plough, Sword and Book*: The Structure of Human History. Chicago: University of Chicago Press, 1988.

GERBER, Theodore P.; HOUT, Michael. "More Shock than Therapy: Market Transition, Employment, and Income in Russia, 1991-1995". *American Journal of Sociology*, n. 104, p. 1-50, 1998.

GERMANI, Gino; SILVERT, Kalman. "Politics, Social Structure and Military Intervention in Latin America". *European Journal of Sociology*, n. 11, p. 62-81, 1961.

GHEVENTER, Alexandre. "A Dimensão Política da Legislação Antitruste". *Boletim Latino-Americano de Concorrência*, n. 18, fevereiro de 2004. Disponível em: <http://europa.eu.int/comm/competition/international/others/latin_america/boletin/boletin_18_1.pdf>. Acessado em 28 de maio de 2005.

GIDDENS, Anthony. *Sociology*: A Brief But Critical Introduction. 2.ed. Nova York: Harcourt Brace Javanovic, 1987.

________ . *The Consequences of Modernity.* Stanford, CA: Stranford University Press, 1990.

GILLE, Zsuzsa; RIAIN, Seán Ó. "Global Ethnography". *Annual Review of Sociology*, n. 28, p. 271-95, 2002.

GILLIGAN, Carol. *In a Different Voice*: Psychological Theory and Women's Development. Cambridge, MA: Harvard University Press, 1982.

________ ; LYONS, Nona P.; HANMER, Trudy J. (eds.). *Making Connections*: The Relational Worlds of Adolescent Girls at Emma Willard School. Cambridge, MA: Harvard University Press, 1990.

GILMAN, Sander L. *The Jew's Body.* Nova York: Routledge, 1991.

GIMBUTAS, Marija. *Goddesses and Gods of Old Europe.* Berveley: University of California Press, 1982.

GITLIN, Todd. *Inside Prime Time.* Nova York: Pantheon, 1983.

GLASER, Barney; STRAUS, Anselm. *The Discovery of Grounded Theory.* Chicago: Aldine, 1967.

GLAZER, Nathan. *We Are All Multiculturalists Now.* Cambridge, MA: Harvard University Press, 1997.

GLEICK, James. *Faster*: The Acceleration of Just About Everything. Nova York: Vintage, 2000 [1999].

GLOBAL REACH. "Global Internet Statistics (by Language)", 2001. Disponível em: <http://www.glreach.com/globstats/index.php3>. Acessado em 29 de setembro de 2001.

GLOCK, Charles Y. "On the Study of Religious Commitment". *Religious Education*, n. 62, v. 4, p. 98-110, 1962.

GLS PLANET. "Casamento Homossexual: Certo ou Errado?", 2000. Disponível em <http://glsplanet.terra.com.br/especial/casamento.htm>. Acessado em 11 de maio de 2005.

GOFFMAN, Erving. *The Presentation of Self in Everyday Life.* Garden City, NY: Anchor Books, 1959 [1956].

________ . *Asylums*: Essays on the Social Situation of Mental Patients and Other Inmates. Garden City, NY: Anchor Books, 1961.

________ . *Behavior in Public Places*: Notes on the Social Organization of Gatherings. Nova York: Free Press, 1963a.

________ . *Relations in Public*: Microstudies of the Public Order. Nova York: Basic Books, 1971.

________ . *Frame Analysis.* Cambridge, MA: Harvard University Press, 1974.

GOHN, Maria da Glória. *A Força da Periferia.* Petrópolis: Vozes, 1985.

________ . *Movimentos Sociais Populares*: Tendências e Perspectivas. São Paulo: Ansur, 1988.

"GOING NATIVE: Dinner Parties", 2003. Disponível em: <http://www.geocities.com/robainsley2/eikoku/1.html>. Acessado em 3 de fevereiro de 2003.

GOLDTHORPE, John H.; LLEWELLYN, Catriona; PAYNE, Clive. *Social Mobility and Class Structure in Modern Britain.* 2.ed. Oxford: Clarendon Press, 1987 [1980].

GOLDURÓZ, José Carlos; NOTO, Ana Regina; CARLINI, E. A. *IV Levantamento Sobre Uso de Drogas entre Estudantes de 1º e 2º Graus em 10 Capitais Brasileiras.* São Paulo: Cebrid/Unifesp, 1997. Disponível em: <http://www.cebrid.epm.br/estudantes/sintese.htm>. Acessado em 20 de junho de 2004.

GOLL, Davis. "True Priority of Office Ethics Clouded by Scandals". *East Bay Business Times*, 19 de agosto de 2002. Disponível em: <http://eastbay.bizjournals.com/eastbay/stories/2002/08/19/smallb3.html>. Acessado em 13 de janeiro de 2004.

GOOGLE GROUPS, 2003. Disponível em: <http://groups.google.com/>. Acessado em 31 de maio de 2003.

GORDON, David M.; EDWARDS, Richard; REICH Michael. *Segmented Work, Divided Workers*: The Historical Transformation of Labor in the United States. Nova York: Cambridge University Press, 1982.

"GORE-BUSH RACE Reflects Many Divisions in Nation", 2000. Disponível em: <http://www.cnn.com/2000/ALLPOLITICS/stories/11/08/exit.polls>. Acessado em 8 de novembro de 2000.

GOTTDIENER, Mark; HUTCHISON, Ray. *The New Urban Sociology.* 2.ed. Boston: McGraw-Hill, 2000 [1994].

GOULD, Stephen Jay. *The Mismeasure of Man.* Nova York: W. W. Norton, 1996 [1981].

________ ; LEWONTIN, R. C. "The Spandrels of San Marco and the Panglossian Paradigm: A Critique of the Adaptationist Programme". *Proceedings of the Royal Society of London*, Series B, Biological Sciences, n. 205, v. 1161, p. 581-98, 1979.

GOULDNER, Alvin W. *Patterns of Industrial Bureaucracy*: A Case Study of Modern Factory Administration. Nova York: Free Press, 1954.

GRANOVETTER, Mark. "The Strength of Weak Ties". *American Sociological Review*, n. 78, p. 1360-80, 1973.

________ . "Small is Bountiful". *American Sociological Review*, n. 49, p. 323-34, 1984.

________ . *Getting a Job*: A Study of Contacts and Careers. Cambridge, MA: Harvard University Press, 1995 [1974].

GREENPEACE. "Greenpeace Contacts Worldwide", 2000. Disponível em: <http://adam.greenpeace.org/information.shtml>. Acessado em 2 de maio de 2000.

GREENSTEIN, Theodore N. "Husbands' Participation in Domestic Labor: Interactive Effects of Wives' and Husbands' Gender Ideologies". *Journal of Marriage and the Family*, n. 58, p. 585-95, 1996.

GRESCOE, P. *The Merchants of Venus:* Inside Harlequin and the Empire of Romance. Vancouver: Raincoast, 1996.

GRISWOLD, Wendy. *Cultures and Societies in a Changing World.* Thousand Oaks, CA: Pine Forge Press, 1994.

GRUPO GAY DA BAHIA. *Homossexuais assassinados no Brasil*, 2002. Disponível em: <http://www.ggb.org.br/crime.html>. Acessado em 12 de agosto de 2005.

_____________. *Homossexuais assassinados no Brasil*, 2004. Disponível em: <http://www.ggb.org.br/crime.html>. Acessado em 12 de agosto de 2005.

GRUSKY, David B.; HAUSER, Robert M. "Comparative Social Mobility Revisited: Models of Convergence and Divergence in 16 Countries". *American Sociological Review*, n. 49, p. 19-38, 1984.

GRYNSZPAN, Mario. "A Teoria das Elites e sua Genealogia Consagrada". *Bib*: Revista Brasileira de Informação Bibliográfica em Ciências Sociais, Rio de Janeiro, n. 41, p. 35-83, 1996.

GUILLÉN, Mauro. "Is Globalization Civilizing, Destructive or Feeble? A Critique: of Five Key Debates in the Social Science Literature". *Annual Review of Sociology*, n. 27, 2001. Disponível em <http://knowledge.wharton.upenn.edu/PDFs/938.pdf>. Acessado em 6 de fevereiro de 2003.

GURR, Ted Robert. *Why Men Rebel.* Princeton, NJ: Princeton University Press, 1970.

HAAS, Jack; SHAFFIR, William. *Becoming Doctors*: The Adoption of a Cloak of Competence. Greenwich, CT: JAI Press, 1987.

HABERMAS, Jürgen. *The Structural Transformation of the Public Sphere.* Tradução de Thomas Burger. Cambridge, MA: MIT Press, 1989.

HAGAN, John; SIMPSON, John; GILLIS, A. R. "Class in the Household: A Power-Control Theory of Gender and Delinquency". *American Journal of Sociology*, n. 92, p. 788-816, 1987.

HAHNER, June E. *Emancipação do Sexo Feminino*: A Luta pelos Direitos da Mulher no Brasil, 1850-1940. Tradução de Eliane Tejera Lisboa. Florianópolis: Ed. Mulheres/Santa Cruz do Sul: Edunisc, 2003.

HALFPENNY, Peter. *Positivism and Sociology*: Explaining Social Life. Londres: George Allen e Unwin, 1982.

HALL, Edward. *The Silent Language.* Nova York: Doubleday, 1959.

_________. *The Hidden Dimension.* Nova York: Doubleday, 1966.

HALL, Stuart. Encoding/Decoding. In: HALL, Stuart et al. (eds.). *Culture, Media, Language*: Working Papers in Cultural Studies, *1972-79.* Londres: Hutchinson, p. 128-38, 1980.

_________. The Question of Cultural Identity. In: HALL, Stuart; HELD, David; McGREW, Tim (eds.). *Modernity and its Futures.* Cambridge: Polity and Open University Press, p. 274-313, 1992.

_________. Quem Precisa da Identidade? In: SILVA, Tomaz Tadeu da (org.). *Identidade e Diferença: A Perspectiva dos Estudos Culturais.* Petrópolis: Vozes, 2004 [1992].

HALSEY, A. H.; HEATH, A. F.; RIDGE, J. M. *Origins and Destinations*: Family, Class and Education in Modern Britain. Oxford: Clarendon Press, 1980.

HAMACHEK, D. "Self-concept and School Achievement: Interaction Dynamics and a Tool for Assessing the Self-concept Component". *Journal of Counseling and Development*, n. 73, p. 419-25, 1995.

HAMLIN, Cynthia Lins. *Beyond Relativism*: Raymond Boudon, Cognitive Rationality and Critical Realism. Londres e Nova York: Routledge, 2002.

_________; BRYM, Robert J. "The Return of the Native: A Cultural and Social-Psychological Critique of Durkeim's Suicide based on the Guarani-Kaiowá of Southwestern Brazil". *Sociological Theory*, n. 24, v. 1, p. 42-57, 2006.

HAMPTON, Janie. *Internally Displaced People*: A Global Survey. Londres: Earthscan, 1998.

HANDELMAN, Stephen. *Comrade Criminal*: Russia's New Mafiya. New Haven, CT: Yale University Press, 1995.

HANDY, Bruce. "Glamour with Altitude". *Vanity Fair*, p. 214-288, outubro de 2002.

HANEY, Craig; W. BANKS, Curtis; ZIMBARDO, Philip G. "Interpersonal Dynamics in a Simulated Prison". *International Journal of Criminology and Penology*, n. 1, p. 69-97, 1973.

HANKE, Robert. "Yo Quiero Mi MTV!" Making Music Television for Latin America. In: SWISS, Thomas; HERMAN, Andrew; SLOOP, John M. (ed.). *Mapping the Beat*: Popular Music and Contemporary Theory. Oxford: Blackwell, p. 219-45, 1998.

HANNIGAN, John. "The Postmodern City: A New Urbanization?". *Current Sociology*, n. 43, p. 151-217, 1995a.

_________. *Environmental Sociology*: A Social Constructionist Perspective. Londres: Routledge, 1995b.

_________. *Fantasy City*: Pleasure and Profit in the Postmodern Metropolis. Nova York: Routledge, 1998a.

________ . Urbanization. In: BRYM, Robert J. (ed.). *New Society*: Sociology for the 21st Century. 2. ed. Toronto: Harcourt Brace Canada, p. 337-59, 1998b [1995].

HANNON, Roseann et al. "Dating Characteristics Leading to Unwanted vs. Wanted Sexual Behavior". *Sex Roles*, n. 33, p. 767-83, 1995.

HARRIS, Marvin. *Cows, Pigs, Wars and Witches*: The Riddles of Culture. Nova York: Random House, 1974.

HARRISON, Bennett. *Lean and Mean*: The Changing Landscape of Corporate Power in the Age of Flexibility. Nova York: Basic Books, 1994.

HARVEY, Andrew S.; MARSHALL, Katherine; FREDERICK, Judith A. *Where Does the Time Go?* Ottawa: Statistics Canada, 1991.

HASENBALG, Carlos. *Discriminações e Desigualdades Raciais no Brasil*. Rio de Janeiro: Graal, 1979.

________ ; VALLE E SILVA, Nelson. *Estrutura Social, Mobilidade e Raça*. São Paulo: Vértice/Editora Revista dos Tribunais; Rio de Janeiro: Iuperj, 1988.

________ ; ________ (orgs.). *Origens e Destinos*: Desigualdades Sociais ao Longo da Vida. Rio de Janeiro, *Topbooks*: 2003.

HAUB, Carl. "How Many People Have Ever Lived on Earth?", 2000. Disponível em: <http://www.discover.com/ask/main57.html>. Acessado em 5 de junho de 2003.

HAWLEY, Amos. *Human Ecology*: A Theory of Community Structure. Nova York: Ronald Press, 1950.

HAYTHORNWAITE, Caroline; WELLMAN, Barry. The Internet in Everyday Life: An Introduction. In: *The Internet in Everyday Life*. Oxford: Blackwell, 2002.

HECHTER, Michael. *Internal Colonialism:* The Celtic Fringe in British National Development, 1536-1966. Berkeley: University of California Press, 1974.

________ . Desnaturalizar a Desigualdade e Erradicar a Pobreza: Por um Novo Acordo Social no Brasil. In: *Desigualdade e Pobreza no Brasil*. Rio de Janeiro: Ipea, 2000.

HENRIQUES, Ricardo. *Desigualdade e Pobreza no Brasil*. Rio de Janeiro: Ipea, 2000.

________ . *Desigualdade Racial no Brasil*: Evolução das Condições de Vida na Década de 90. Brasília: Ipea, 2001.

HENSON, Kevin Daniel. *Just a Temp*. Filadélfia: Temple University Press, 1996.

HERMAN, Edward S.; CHOMSKY, Noam. *Manufacturing Consent*: The Political Economy of the Mass Media. Nova York: Pantheon, 1988.

HERSCH, Patricia. *A Tribe Apart*: A Journey into the Heart of American Adolescence. Nova York: Ballantine Books, 1998.

HEWITT ASSOCIATES. "Workers Around the World Gear Up for Summer Vacation", 2000. Disponível em: <http://www.hewittasia.com/hewitt/ap/resource/newsroom/pressrel/2000/06-06-00.htm>. Acessado em 21 de maio de 2003.

HIRATA, Helena. "Reestruturação Produtiva, Trabalho e Relações de Gênero". *Revista Latino-americana de Estudos do Trabalho*: Gênero, Tecnologia e Trabalho, n. 17, ano IV, p. 5-27, 1998.

HIRSCHI, Travis; SELVIN, Hanan C. Principles of Causal Analysis. In: LAZARSFELD, Paul F.; PASANELLA, Ann K.; ROSENBERG, Morris (eds.). *Continuities in the Language of Social Research*. Nova York: Free Press, 1972.

HOBBES, Thomas. *Leviathan*. Middlesex, UK: Penguin, 1968 [1651].

HOCHMAN, Gilberto. *A Era do Saneamento*: As Bases da Política de Saúde Pública no Brasil. São Paulo: Hucitec, 1998.

HOCHSCHILD, Arlie Russell. "Emotion Work, Feeling Rules, and Social Structure". *American Journal of Sociology*, n. 85, p. 551-75, 1979.

________ . *The Managed Heart*: Commercialization of Human Feeling. Berkeley: University of California Press, 1983.

________ ; MACHUNG, Anne. *The Second Shift*: Working Parents and the Revolution at Home. Nova York: Viking, 1989.

HODGE, Robert; TRIPP, David. *Children and Television*: A Semiotic Approach. Cambridge: Polity, 1986.

HODSON, Randy; SULLIVAN, Teresa. *The Social Organization of Work*. 2.ed. Belmont, CA: Wadsworth, 1995 [1990].

HOGGART, Richard. *The Uses of Literacy*. Harmondsworth, UK: Penguin, 1958.

HÖLLINGER, Franz. Social and Cultural Determinants of the Vitality of Religion in Brazil. In: FRANZMANN, Manoel et al. (eds.). *Religion in der säkularisierten Welt, Verlag für Sozialwissenschaften*. Opladen: no prelo.

HOLLIS, Martin. *Rational Economic Man*: A Philosophical Critique of Neo-classical Economics. Londres: Cambridge University Press, 1976.

HOMANS, George Caspar. *Social Behavior*: Its Elementary Forms. Nova York: Harcourt, Brace and World, 1961.

________ . Social Behavior as Exchange. In: HARE, Paul; BORGATTA, Edgar; BALES, Robert (eds.). *Small Groups*: Studies in Social Interaction. Nova York: Alfred A. Knopf, 1965.

"HOMOSEXUAL (SAME-SEX) Marriages". *Religioustolerance.org*, 2000. Disponível em: <http://www.religioustolerance.org/hom_marr.htm >. Acessado em 20 de agosto de 2002.

HOOVER, Robert N. "Cancer: Nature, Nurture, or Both". *New England Journal of Medicine*, n. 343, v. 2, 2000. Disponível em: <http://www.nejm.org/content/2000/0343/0002/0135.asp>. Acessado em 16 de julho de 2000.

HORAN, Patrick M. "Is Status Attainment Research Atheoretical?". *American Sociological Review*, n. 43, p. 534-41, 1978.

HORKHEIMER, Max; ADORNO, Theodor W. *Dialectic of Enlightenment*. Tradução de John Cumming. Londres: Verso, 1986 [1944].

HOUSEKNECHT, Sharon K.; SASTRY, Jaya. "Family 'Decline' and Child Well-Being: A Comparative Assessment". *Journal of Marriage and the Family*, n. 58, p. 726-39, 1996.

HOUT, Michael. "More Universalism, Less Structural Mobility: The American Occupational Structure in the 1980s". *American Journal of Sociology*, n. 93, p. 1358-400, 1988.

________ ; MORGAN, William R. "Race and Sex Variations in the Causes of the Expected Attainments of High School Seniors". *American Journal of Sociology*, n. 81, p. 364-94, 1975.

HUGHES, Fergus P. *Children: Play and Development*. 2. ed. Boston: Allyn and Bacon, 1995 [1991].

HUGHES, H. Stuart. *Consciousness and Society*: The Reorientation of European Social Thought, 1890-1930. Londres: Macgibbon and Kee, 1967.

HUMAN RIGHTS WATCH. *The Human Rights Watch Global Report on Women's Human Rights*. Nova York: Human Rights Watch, 1995.

HUNTER, James Davison. *Culture Wars*: The Struggle to Define America. Nova York: Basic Books, 1991.

HUNTINGTON, Samuel. *The Third Wave*: Democratization in the Late Twentieth Century. Norman: University of Oklahoma Press, 1991.

IBGE: *Anuário Estatístico 1981*. Disponível em: <http://www.ibge.gov.br/ > Acessado em 24 de junho de 2005.

________ : *Anuário Estatístico 1985*. Disponível em: <http://www.ibge.gov.br/>. Acessado em 24 de junho de 2005.

________ : *Anuário Estatístico 1986*. Disponível em: <http://www.ibge.gov.br/>. Acessado em 24 de junho de 2005.

________ : *Anuário Estatístico 1991*. Disponível em: <http://www.ibge.gov.br/>. Acessado em 24 de junho de 2005.

________ : *Anuário Estatístico 1994*. Disponível em: <http://www.ibge.gov.br/>. Acessado em 24 de junho de 2005.

________ : *Anuário Estatístico 2000*. Disponível em: <http://www.ibge.gov.br/>. Acessado em 24 de junho de 2005.

________ : *Cadastro Central de Empresas 2002*. Disponível em: <http://www.sidra.ibge.gov.br/bda/pesquisas/cempre/default.asp?o=1&i=P>. Acessado em 15 de maio de 2005.

________ : *Censo 1940*. Disponível em: <http://www.ibge.gov.br>. Acessado em 2 de julho de 2005.

________ : *Censo 1950*. Disponível em: <http://www.ibge.gov.br>. Acessado em 2 de julho de 2005.

________ : *Censo 1960*. Disponível em: <http://www.ibge.gov.br>. Acessado em 2 de julho de 2005.

________ : *Censo 1970*. Disponível em: <http://www.ibge.gov.br>. Acessado em 2 de julho de 2005.

________ : *Censo 1980*. Disponível em: <http://www.ibge.gov.br>. Acessado em 2 de julho de 2005.

________ : *Censo 1991*. Disponível em: <http://www.ibge.gov.br>. Acessado em 2 de julho de 2005.

________ : *Censo 2000*. Disponível em: <http://www.ibge.gov.br/>. Acessado em 28 de agosto de 2004.

________ : *Diretoria de Pesquisa, Departamento de Contas Nacionais*: Contas Regionais do Brasil 1997-2000, 2000. Disponível em: <http://ibge.com.br/home/estatistica/economia/contasregionais/default.stml>. Acessado em 24 de agosto de 2004.

IBGE: *Pesquisa Sindical 2001.* Disponível em: <http://www.ibge.gov.br/home/default.php>. Acessado em 12 de fevereiro de 2005.

________ : *PNAD 2002.* Disponível em: <http://www.sidra.ibge.gov.br/bda/pesquisas/pnad/default.asp>. Acessado em 12 de janeiro de 2005.

________ : *Estatísticas do Século XX.* 2003a. Disponível em: <http://www.ibge.gov.br/home/default.php#>. Acessado em 12 de janeiro de 2005.

________ : *PNAD 2003.* 2003b. Disponível em: <http://ibge.com.br>. Acessado em 23 de outubro de 2004.

________ : *Pesquisa de Registro Civil 2003.* 2003c. Disponível em: <http://www.ibge.gov.br/>. Acessado em 24 de junho de 2005.

________ : *Síntese dos Indicadores Sociais 2003.* 2003d. Disponível em: <http://www.ibge.gov.br>. Acessado em 18 de abril de 2005.

________ : *Síntese dos Indicadores Sociais 2004.* Disponível em: <http://www.ibge.gov.br>. Acessado em 20 de setembro de 2005.

IGNATIEFF, Michael. *The Rights Revolution.* Toronto: Anansi, 2000.

IGNATIEV, Noel. *How the Irish Became White.* Nova York: Routledge, 1995.

IGREJA VIRTUAL EVANGÉLICA. "Histórico da Igreja Virtual Evangélica", 2004. Disponível em: <http://www.nbz.com.br/igrejavirtual/historico.htm>. Acessado em 20 de março de 2004.

IMD International. "World Competitiveness Yearbook", 2003. Disponível: em <http://www01.imd.ch/wcy/ranking/>. Acessado em 21 de maio de 2003.

INEP. "Sistema Nacional de Avaliação da Educação Básica". *Sinopse Estatística da Educação Básica 2003.* Disponível em: <http://www.inep.gov.br/basica/censo/Escolar/Sinopse/sinopse.asp>. Acessado em 12 de agosto de 2005.

________ . "Educação Infantil é um dos Maiores Desafios do Plano Nacional de Educação". *Informativo*, ano 2, v. 55, setembro de 2004. Disponível em: <http://www.inep.gov.br/informativo/informativo55.htm>. Acessado em 20 de setembro de 2005.

________ . "Preferência Feminina é por Ciências Humanas e Saúde". *Informativo Inep*, ano 3, n. 79, 9 de março de 2005. Disponível em: <http://www.inep.gov.br/informativo/informativo79.htm>. Acessado em 15 de março de 2005.

INKELES, Alex; SMITH, David H. *Becoming Modern*: Individual Change in Six Developing Countries. Cambridge, MA: Harvard University Press, 1976.

INSTITUTO SOCIOAMBIENTAL. *Povos Indígenas do Brasil*, 1996-2000. São Paulo, 2004.

"INTERNATIONAL SOCIAL SURVEY 2002". Disponível em: <http://www.niwi.knaw.nl/nl/databestanden/>. Acessado em 21 de julho de 2005.

INTERNATIONAL SOCIETY OF AESTHETIC Plastic Surgery. "Three Most Popular Procedures per Country". *ISAPS 2004 Statistics.* Disponível em: <http://www.isaps.org/Stats2004PopProc.asp>. Acessado em 28 de setembro de 2005.

"INTERNET GROWTH", 1999. Disponível em: <http://citywideguide.com/InternetGrowth.html>. Acessado em 29 de abril de 2000.

"INTERNET SOFTWARE CONSORTIUM: Distribution by Top-Level Domain Name by Host Count, July 1999", 2000. Disponível em: <http://www.isc.org/ds/WWW-9907/dist-bynum.html>. Acessado em 2 de maio de 2000.

"INTERNET USAGE STATISTIC", 2005. Disponível em: <http://www.internetworldstats.com>. Acessado em 17 de julho de 2005.

"INTERNOS LIBERTAM REFÉNS e encerram rebelião na Febem do Tatuapé". *Folha de S.Paulo*, 2 de fevereiro de 2005. Disponível em: <http://www1.folha.uol.com.br/folha/cotidiano/ult95u105055.shtml>. Acessado em 10 de julho de 2005.

"IRAQ BODY COUNT", 2003. Disponível em: <http://www.iraqbodycount.net/bodycount.htm>. Acessado em 7 de junho de 2003.

ISAJIW, W. Wsevolod. Olga in Wonderland: Ethnicity in a Technological Society. In: DRIEDGER, Leo (ed.). *The Canadian Ethnic Mosaic*: A Quest for Identity. Toronto: McClelland & Stewart, p. 29-39, 1978.

IVANHOE, P. J. *Confucian Moral Self-Cultivation.* Indianapolis, IN: Hackett, 2000 [1993].

IYENGAR, Shanto. *Is Anyone Responsible?* How Television Frames Political Issues. Chicago: University of Chicago Press, 1991.

JACCOUD, Luciana; BEGHIN, Nathalie. Desigualdades Raciais no Brasil: Um Balanço da Intervenção Governamental. Brasília: Ipea, 2002.

JACOBS, Jane. *The Death and Life of Great American Cities.* Nova York: Random House, 1961.

________. *The Economy of Cities.* Nova York: Random House, 1969.

JAMBEIRO, Othon. *A TV no Brasil do Século XX.* Salvador: Edufba, 2001.

JAMES, William. *The Varieties of Religious Experience*: A Study in Human Nature. Nova York: Collier Books, 1976 [1902].

JENCKS, Christopher et al. *Inequality*: A Reassessment of the Effect of Family and Schooling in America. Nova York: Basic Books, 1972.

JENKINS, J. Craig. "Resource Mobilization Theory and the Study of Social Movements". *Annual Review of Sociology*, v. 9, p. 527-53, 1983.

JENKINS, Richard. *Pierre Bourdieu.* Londres: Routledge, 2002.

JENSEN, Margaret Ann. *Love's Sweet Return*: The Harlequin Story. Toronto: Women's Press, 1984.

JOHNS, Adrian. *The Nature of the Book*: Print and Knowledge in the Making. Chicago: University of Chicago Press, 1998.

JONES, Brian; GALLAGHER III, Bernard J.; McFALLS Jr., Joseph A. *Sociology*: Micro, Macro, and Mega Structures. Fort Worth: Harcourt Brace College Publishers, 1995.

JONES, Christopher. "Chiapas' Well-Connected Rebels". *Wired News*, 1º de fevereiro de 1999. Disponível em: <http://www.wired.com/news/print/0,1294,17633,00.html>. Acessado em 30 de julho de 2000.

JUERGENSMEYER, Mark. *Terror in the Mind of God*: The Global Rise of Religious Violence. Berkeley: University of California Press, 2000.

JUPITER MEDIA METRIX. "Waiting for Critical Mass: Timing Investments in the Fragmented iTV Market". *iTV Marketer*, 2001. Disponível em: <http://www.itvmarketer.com/mktres/northamerica/mrna03.htm>. Acessado em 28 de maio de 2003.

KALMIJN, Matthijs. "Intermarriage and Homogamy: Causes, Patterns, Trends". *Annual Review of Sociology*, v. 24, p. 395-421, 1998.

KANTER, Rosabeth Moss. *When Giants Learn to Dance*: Mastering the Challenges of Strategy, Management, and Careers in the 1990s. Nova York: Simon & Schuster, 1989.

KARKLINS, Rasma. *Ethnic Relations in the USSR*: The Perspective from Below. Londres: Unwin Hyman, 1986.

KARP, David A.; YOELS, William C. "The College Classroom: Some Observations on the Meaning of Student Participation". *Sociology and Social Research*, n. 60, p. 421-39, 1976.

KARRAKER, Katherine Hildebrandt; VOGEL, Dena Ann; LAKE, Margaret Ann. "Parents' Gender-Stereotyped Perceptions of Newborns: The Eye of the Beholder Revisited". *Sex Roles*, n. 33, p. 687-701, 1995.

KATZ, Elihu. "The Two-Step Flow of Communication: An Up-to-Date Report on an Hypothesis". *Public Opinion Quarterly*, n. 21, p. 61-78, 1957.

KATZNELSON, Ira; WEIR, Margaret. *Schooling for All*: Class, Race, and the Decline of the Democratic Ideal. Nova York: Basic Books, 1985.

KEMPER, T. D. *A Social Interactional Theory of Emotion.* Nova York: Wiley, 1978.

________. "How Many Emotions are There? Wedding the Social and Autonomic Components". *American Journal of Sociology*, n. 93, p. 263-89, 1987.

KENNEDY, Paul. *Preparing for the Twenty-First Century.* Nova York: HarperCollins, 1993.

KEPEL, Gilles. *The Revenge of God*: The Resurgence of Islam, Christianity and Judaism in the Modern World. Tradução de Alan Braley. University Park: Pennsylvania State University Press, 1994 [1991].

KERIG, Patricia K.; COWAN Philip A.; COWAN, Carolyn Pape. "Marital Quality and Gender Differences in Parent-Child Interaction". *Developmental Psychology*, n. 29, p. 931-9, 1993.

KEVLES, Daniel J. "Cancer: What Do They Know?", *New York Review of Books*, n. 46, v. 14, p. 14-21, 1999.

KIMMERLING, Baruch. *The Invention and Decline of Israeliness*: State, Society, and the Military. Berkeley: University of California Press, 2001.

KINSEY, Alfred C.; POMEROY, Wardell B.; MARTIN, Clyde E. *Sexual Behavior in the Human Male*. Filadéfia: W. B. Saunders, 1948.

KLEIN, Naomi. *No Logo*: Taking Aim at the Brand Bullies. Nova York: HarperCollins, 2000.

KLING, Kristen C. et al., "Gender Differences in Self-Esteem: A Meta-Analysis." *Psychological Bulletin*, n. 125, v. 4, p. 470-500, 1999.

KLINGEMANN, Hans-Dieter. Mapping Political Support in the 1990s: A Global Analysis. In: NORRIS, Pippa (ed.). *Critical Citizens*: Global Support for Democratic Governance. Oxford: Oxford University Press, 1999. Disponível em: <http://www.ksg.harvard.edu/people/pnorris/Chapter_2.htm>. Acessado em 20 de outubro de 1999.

KOEPKE, Leslie; HARE, Jan; MORAN, Patricia B. "Relationship Quality in a Sample of Lesbian Couples with Children and Child-Free Lesbian Couples". *Family Relations*, v. 41, p. 224-29, 1992.

KOHLBERG, Lawrence. *The Psychology of Moral Development*: The Nature and Validity of Moral Stages. Nova York: Harper & Row, 1981.

KOHN, Alfie. "Make Love, Not War". *Psychology Today*, n. 22, v. 6, p. 35-8, 1988.

KOLBERT, E. "Americans Despair of Popular Culture". *The New York Times*, 20 de agosto de 1995, p. 23.

KORPI, Walter. *The Democratic Class Struggle*. Londres: Routledge & Kegan Paul, 1983.

________ ; PALME, Joakim. "New Politics and Class Politics in the Context of Austerity and Globalization: Welfare State Regress in 18 Countries, 1975-95". *American Political Science Review*, n. 97, p. 425-46, 2003.

KOURY, Mauro G. P. *Introdução à Sociologia da Emoção*. João Pessoa: Manufatura/Grem, 2004.

KRAHN, Harvey; LOWE, Graham. *Work, Industry, and Canadian Society*. 3.ed.Toronto: ITP Nelson, 1998.

KRAMER, Sônia. A Fundação Carlos Chagas e a Educação Infantil no Brasil: Uma Trajetória de Produção. In: COSTA, Albertina de Oliveira; FRANCO, Maria Laura P. B.; MARTINS, Angela Maria (orgs.). *Uma História para Contar*: A Pesquisa na Fundação Carlos Chagas. São Paulo: Annablume, 2004.

KUHN, Thomas. *The Structure of Scientific Revolutions*. 2.ed. Chicago: University of Chicago Press, 1970 [1962].

KUMAR, Krishan. *Da Sociedade Pós-Industrial à Pós-Moderna*: Novas Teorias Sobre o Mundo Contemporâneo. Rio de Janeiro: Jorge Zahar, 1997.

KURZWEIL, Ray. *The Age of Spiritual Machines*: When Computers Exceed Human Intelligence. Nova York: Viking Penguin, 1999.

________ . "Ser Humano Versão 2.0". *Folha de S.Paulo*, 23 de março de 2003. Caderno Mais!, p. 4-9.

KUTTNER, Robert. "The Limits of Markets". *The American Prospect*, v. 31, p. 28-41, 1997. Disponível em: <http://www.prospect.org/archives/31/31kuttfs.html>. Acessado em 30 de abril de 2000.

LaFEBER, Walter. *Inevitable Revolutions*: The United States in Central America. 2.ed. Nova York: W. W. Norton, 1993.

LANTZ, Herman; SCHULTZ, Martin; O'HARA, Mary. "The Changing American Family from the Preindustrial to the Industrial Period: A Final Report". *American Sociological Review*, v. 42, p. 406-21, 1977.

LAPIDUS, Gail Warshofsky. *Women in Soviet Society*: Equality, Development, and Social Change. Berkeley: University of California Press, 1978.

LARANGEIRA, Sônia. Qualificação. In: CATTANI, Antonio David (org.). *Trabalho e Tecnologia*: Dicionário Crítico. Petrópolis: Vozes, 1997.

LASSWELL, Harold. *Politics*: Who Gets What, When and How. Nova York: McGraw-Hill, 1936.

Le BON, Gustave. *The Crowd*: A Study of the Popular Mind. Nova York: Ballantine Books, 1969 [1895].

LEACOCK, Eleanor Burke. *Myths of Male Dominance*: Collected Articles on Women Cross-Culturally. Nova York: Monthly Review Press, 1981.

LEE, Richard B. *The !Kung San:* Men, Women and Work in a Foraging Society. Cambridge: Cambridge University Press, 1979.

LEHOCZKY, Etelka. "Stewardess Chic". *Chicago Tribune On-line Edition*, 2 de abril de 2003. Disponível em: <http://www.chicagotribune.com/shopping/chi-0304020338apr0203507596.story?coll=chi-shopping-hed>. Acessado em 6 de abril de 2003.

LEITE, Rogério Proença. *Contra-usos da Cidade*: Lugares e Espaço Público na Experiência Urbana Contemporânea. Aracaju e Campinas: Editora da Universidade Federal de Sergipe e Editora da Unicamp, 2004.

LENSKI, Gerhard. *Power and Privilege:* A Theory of Social Stratification. Nova York: McGraw-Hill, 1966.

________ ; NOLAN, Patrick; LENSKI, Jean. Human Societies: An Introduction to Macrosociology. 7.ed. Nova York: McGraw-Hill, 1995.

LENTON, Rhonda. Sex, Gender, and Sexuality. In: Brym, Robert J. (ed.). *New Society*: Sociology for the 21st Century. 4.ed. Toronto: Nelson, 2004.

LERNER, Gerda. *The Creation of Patriarchy*. Nova York: Oxford University Press, 1986.

LESSA, Renato. "Democracia e Instituições Democráticas (Com um Comentário Sobre os Casos Argentino e Brasileiro)". *Organization of American States*: Department of Democratic and Political Affairs. Courses on Democracy, 2003. Disponível em: <http://www.upd.oas.org/cursos/documentos/aspSmartupload/files/lessa-Brasil.doc>. Acessado em 12 de maio de 2005.

LEVIN, Jack. *Estatística Aplicada a Ciências Humanas*. 2.ed. São Paulo: Harbra, 1987.

LEVINE, David. *Reproducing Families*: The Political Economy of English Population History. Cambridge: Cambridge University Press, 1987.

________ ; MAZUMDER, Bhaskhar. "Choosing the Right Parents: Changes in the Intergenerational Transmission of Inequality Between 1980 and the Early 1990s". *Working Paper Series, Federal Reserve Bank of Chicago*, 2002. Disponível em: <http://www.chicagofed.org/publications/workingpapers/papers/wp2002-08.pdf>. Acessado em 26 de março de 2003.

LEWIS, Bernard. *What Went Wrong?* Western Impact and Middle Eastern Response. Nova York: Oxford University Press, 2002.

LEWONTIN, Richard C. *Biology as Ideology*: The Doctrine of DNA. Nova York: HarperCollins, 1991.

LICHTENSTEIN, Paul et al. "Environment and Heritable Factors in the Causation of Cancer: Analyses of Cohorts of Twins from Sweden, Denmark, and Finland". *New England Journal of Medicine*, n. 343, v. 2, 2000. Disponível em: <http://content.nejm.org/cgi/content/short/343/2/78>. Acessado em 12 de julho de 2001.

LIE, John. "The Concept of Mode of Exchange". *American Sociological Review*, v. 57, p. 508-23, 1992.

________ . *Han Unbound*: The Political Economy of South Korea. Stanford, CA: Stanford University Press, 1998.

________ . *Multiethnic Japan*. Cambridge, MA: Harvard University Press, 2001.

LIEBERSON, Stanley. *A Piece of the Pie*: Blacks and White Immigrants Since 1880. Berkeley: University of California Press, 1980.

LIGHT, Ivan. Immigrant and Ethnic Enterprise in North America. In: YETMAN, Norman R. (ed.). *Majority and Minority:* The Dynamics of Race and Ethnicity in American Life. 5.ed. Boston: Allyn & Bacon, 1991.

LIMA, Venício. *Mídia*: Teoria e Política. São Paulo: Fundação Perseu Abramo, 2004.

LINDNER, Rolf. *The Reportage of Urban Culture*: Robert Park and the Chicago School. Cambridge: Cambridge University Press, 1996 [1990].

LIPSET, Seymour Martin. *Agrarian Socialism*: The Cooperative Commonwealth Federation in Saskatchewan. Berkeley: University of California Press, 1971 [1951].

________ . Why No Socialism in the United States? In: BIALER, Seweryn; SLUZAR, Sophia (eds.). *Sources of Contemporary Radicalism*. Boulder, CO: Westview Press, p. 31-363, 1977.

________ . *Political Man*: The Social Bases of Politics. 2.ed. Baltimore: Johns Hopkins University Press, 1981 [1960].

________ ; ROKKAN, Stein. Cleavage Structures, Party Systems, and Voter Alignments: An Introduction. In: LIPSET, Seymour Martin; ROKKAN, Stein (eds.). *Party Systems and Voter Alignments*: Cross-National Perspectives. Nova York: Free Press, 1967.

LISAK, David. "Sexual Aggression, Masculinity, and Fathers". *Signs*, n. 16, p. 238-62, 1992.

LIVI-BACCI, Massimo. *A Concise History of World Population*. Cambridge, MA: Blackwell, 1992.

LODHI, Abdul Qaiyum; TILLY, Charles. "Urbanization, Crime, and Collective Violence in 19th Century France". *American Journal of Sociology*, v. 79, p. 296-318, 1973.

LOFLAND, John; LOFLAND, Lyn H. *Analyzing Social Settings:* A Guide to Qualitative Observation and Analysis. 3.ed. Belmont, CA: Wadsworth, 1995 [1971].

LOFLAND, Lyn H. "The Social Shaping of Emotion: Grief in Historical Perspective". *Symbolic Interaction*, n. 8, p. 171-90, 1985.

LOGAN, John R.; MOLOTCH, Harvey L. *Urban Fortunes*: The Political Economy of Place. Berkeley: University of California Press, 1987.

LOHR, Steve. "Whatever Will be Will be Free on the Internet". *The New York Times*, 14 de setembro de 2003. Disponível em: <www.nytimes.com>. Acessado em 14 de setembro de 2003.

LOJKINE, J. *Le Marxisme, l'État et la Question Urbaine*. Paris: Presses Universitaires de France, 1977.

________ . *O Estado Capitalista e a Questão Urbana*. São Paulo: Martins Fontes, 1983.

LONG, Elizabeth. *From Sociology to Cultural Studies*. Malden, MA: Blackwell, 1997.

LOPES, José Sérgio Leite. História e Transformações do Sindicalismo Brasileiro. In: *Social Movements in the South* (Brazil, Índia, South Africa). Harvard University, School of Government John F. Kennedy, 16-20 de maio de 2002. mimeo.

________ . Classe, Etnicidade e Cor na Formação do Futebol Brasileiro. In: BATALHA, Cláudio; SILVA, Fernando Teixeira; FORTES, Alexandre (orgs.). *Culturas de Classe*. Campinas: Editora da Unicamp, 2004.

LUCAS, Samuel Roundfield. *Tracking Inequality*: Stratification and Mobility in American High Schools. Nova York: Teachers College Press, 1999.

LURIE, Alison. *The Language of Clothes*. Nova York: Random House, 1981.

LUZ, Mandel T. Novas Realidades em Saúde, Novos Objetos em Ciências Sociais. In: CANESQUI, Ana Maria (org.). *Ciências Sociais e Saúde*. São Paulo: Hucitec/Abrasco, 1997.

LYNCH, Michael; BOGEN, David. "Sociology's Asocilogical 'Core': An Examination of Textbook Sociology in Light of the Sociology of Knowledge" . *American Sociological Review*, v. 62, p. 481-93, 1997.

MacDONALD, K.; PARKE R. D. "Parent-Child Physical Play: The Effects of Sex and Age on Children and Parents". *Sex Roles*, n.15, p. 367-78, 1986.

MACHADO DA SILVA, Luiz Antonio. Mercado de Trabalho, Ontem e Hoje: Informalidade e Empregabilidade como Categorias de Entendimento. In: SANTANA, Marco Aurélio; RAMALHO, José Ricardo (orgs.). *Além da Fábrica*: Trabalhadores, Sindicatos e a Nova Questão Social. São Paulo: Boitempo, 2003.

MACHADO, Lia Zanotta. "Famílias e Individualismo: Tendências Contemporâneas no Brasil". *Interface* – Comunicação, Saúde, Educação, n. 8, v. 4, p. 11-26, 2001.

MACHUNG, Anne. "Talking Career, Thinking Jobs: Gender Differences in Career and Family Expectations of Berkeley Seniors." *Feminist Studies*, n. 15, p. 35-58, 1989.

MACIONIS, John J. *Sociology*. 6.ed. Upper Saddle River, NJ: Prentice Hall, 1997 [1987].

MACKLIN, Eleanor D. "Nontraditional Family Forms: A Decade of Research". *Journal of Marriage and the Family*, n. 42, p. 905-22, 1980.

MAHONY, Rhona. *Kidding Ourselves*: Breadwinning, Babies, and Bargaining Power. Nova York: Basic Books, 1995.

MAIO, Marcos Chor. *A História do Projeto Unesco*: Estudos Raciais e Ciências Sociais no Brasil. Rio de Janeiro: Iuperj, 1997. Tese (Doutorado em Ciência Política), Instituto Universitário de Pesquisas do Rio de Janeiro, 1997.

________ ; VENTURA, Ricardo. "Política de Cotas Raciais, os Olhos da Sociedade e os Usos da Antropologia: o Caso do Vestibular da Universidade de Brasília". *Horizontes Antropológicos*, n. 23, 2005. Disponível em: <http://www.scielo.br>. Acessado em 3 de março de 2005.

MAKABE, Tomoko. "The Theory of The Split Labor Market: A Comparison of the Japanese Experience in Brazil and Canada". *Social Forces*, n. 3, v. 59, p. 786-809, 1981.

MALTHUS, Thomas Robert. *An Essay on the Principle of Population*. Londres: Macmillan, 1966 [1798].

MALUF, Marina; MOTT, Maria Lúcia. Recônditos do Mundo Feminino. In: SEVCENKO, Nicolau (org.). *História da Vida Privada no Brasil*. v. 3. São Paulo: Companhia das Letras, 1998.

MANKIW, N. Gregory. *Principles of Macroeconomics*. Fort Worth, TX: The Dryden Press, 1998.

MANN, Susan A. et al. "Paradigm Shifts in Family Sociology? Evidence From Three Decades of Family Textbooks." *Journal of Family Issues*, n. 18, p. 315-49, 1997.

MANZA, Jeff; HOUT, Michael; BROOKS, Clem. "Class Voting in Capitalist Democracies Since World War II: Dealignment, Realignment, or Trendless Fluctuation?". *Annual Review of Sociology*, n. 21, p. 137-62, 1995.

"MAPA DA EXCLUSÃO Digital". Fundação Getúlio Vargas, 2003. Disponível em: <http://www2.fgv.br/ibre/cps/mapa_exclusao/apresentacao/apresentacao.htm>. Acessado em 15 de agosto de 2005.

MARIANO, Ricardo; PIERUCCI, Antônio Flávio. "O Envolvimento dos Pentecostais na Eleição de Collor". *Novos Estudos CEBRAP*, n. 34, p. 92-106, 1992.

MARINI, Ruy Mauro. *Sudesarrollo e Revolución*. México: Siglo Veintiuno, 1969.

MARSHALL, Gordon et al. *Social Class in Modern Britain*. Londres: Hutchinson, 1988.

MARSHALL, Monty G.; GURR, Ted Robert. *Peace and Conflict 2003*. College Park: Department of Government and Politics, University of Maryland, 2003. Disponível em: <http://www.cidcm.umd.edu/inscr/PC03print.pdf>. Acessado em 3 de junho de 2003.

MARSHALL, T. H. Citizenship and Social Class. In: MARSHALL, T. H. (ed.). *Class, Citizenship, and Social Development*: Essays by T. H. Marshall. Garden City, NY: Anchor, p. 71-134, 1965.

MARTINEAU, Harriet. *Harriet Martineau on Women*. YATES, Gayle Graham (ed.). New Brunswick, NJ: Rutgers University Press, 1985.

MARTINS, Ana Luiza. *Revistas em Revista*: Imprensa e Práticas Culturais em Tempos de República, São Paulo (1890-1922). São Paulo: Editora da Universidade de São Paulo/Fapesp/Imprensa Oficial do Estado, 2001.

MARTINS, José de Souza (org.). *O Massacre dos Inocentes*: A Criança sem Infância no Brasil. São Paulo: Hucitec, 1993.

MARTINS, Paulo Henrique. *Contra a Desumanização da Medicina*: Crítica Sociológica das Práticas Médicas Modernas. Petrópolis: Vozes, 2003.

MARX, Karl. *A Contribution to the Critique of Political Economy*. Tradução de N. Stone. Chicago: Charles H. Kerr, 1904 [1859].

________ . *Critique of Hegel's "Philosophy of Right"*. Tradução de Annette Jolin e Joseph O'Malley. Cambridge: Cambridge University Press, 1970 [1843].

________ ; ENGELS, Friedrich. Manifesto of the Communist Party. In: TUCKER, R. (ed.). *The Marx-Engels Reader*. Nova York: W. W. Norton, p. 331-62, 1972 [1848].

MASSEY, Douglas S. et al. *The Source of the River*: The Social Origins of Freshmen at America's Selective Colleges and Universities. Princeton, NJ: Princeton University Press, 2002.

McADAM, Doug. *Political Process and the Development of Black Insurgency, 1930-1970*. Chicago: University of Chicago Press, 1982.

________ ; McCARTHY, John D.; ZALD, Mayer N. Introduction: Opportunities, Mobilizing Structures, and Framing Processes: Toward a Synthetic, Comparative Perspective on Social Movements. In: McADAM, Doug; McCARTHY, John D.; ZALD, Mayer N. (eds.). *Comparative Perspectives on Social Movements*: Political Opportunities, Mobilizing Structures, and Cultural Framing. Nova York: Cambridge University Press, p. 1-20, 1996.

________ ; ZALD, Mayer. *Comparative Perspectives on Social Movements*: Political Opportunities, Mobilizing Structures, and Cultural Framing. Cambridge: Cambridge University, 1996.

________ . "Resource Mobilization and Social Movements: A Partial Theory". *American Journal of Sociology*, n. 82, p. 1212-41, 1977.

McCARTHY, John D.; ZALD, Mayer N. "Resource Mobilization and Social Movements: A Partial Theory". *American Journal of Sociology*, v. 82, p. 1212-41, 1997.

McCHESNEY, Robert W. "Oligopoly: The Big Media Game Has Fewer and Fewer Players". *The Progressive*, p. 20-4, novembro de 1999. Disponível em: <http://www.progressive.org/mcc1199.htm>. Acessado em 7 de agosto de 2000.

McCLENDON, McKee J. "The Occupational Status Attainment Processes of Males and Females". *American Sociological Review*, n. 41, p. 52-64, 1976.

McCONAGHY, Nathaniel. "Unresolved Issues in Scientific Sexology". *Archives of Sexual Behavior*, n. 28, v. 4, p. 285-318, 1999.

McCRUM, Robert; CRAN, William; MacNEIL, Robert. *The Story of English*. Londres: Faber and Faber, 1992.

McGOVERN, James R. *Anatomy of a Lynching*: The Killing of Claude Neal. Baton Rouge: Louisiana State University Press, 1982.

McKENNA, Barrie. "Clinton Says, 'I'm Sorry' as Old Allies Desert Him". *Globe and Mail*, 5 de setembro de 1998. Cadernos A1, A12.

McLAUGHLIN, Margaret L.; OSBORNE, Kerry K.; SMITH, Christine B. Standards of Conduct on Usenet. In: JONES, Steven G. (ed.). *CyberSociety*. Thousand Oaks, CA: Sage, p. 90-111, 1995.

McLUHAN, Marshall. *Understanding Media*: The Extensions of Man. Nova York: McGraw-Hill, 1964.

McMAHON, Walter W. *Education and Development*: Measuring the Social Benefits. Oxford: Oxford University Press, 1999.

McNEILL, William H. *Population and Politics since 1750*. Charlottesville, WV: University Press of Virginia, 1990.

McPHAIL, Clark. *The Myth of the Madding Crowd*. Nova York: Aldine de Gruyter, 1991.

________ . "The Dark Side of Purpose: Individual and Collective Violence in Riots". *The Sociological Quarterly*, v. 35, p. 1-32, 1994.

McPHAIL, Clark; WOHLSTEIN, Ronald T. "Individual and Collective Behaviors Within Gatherings, Demonstrations, and Riots". *Annual Review of Sociology*, v. 9, p. 579-600, 1983.

MEAD, George Herbert. *Mind, Self and Society*. Chicago: University of Chicago Press, 1934.

MEDAWAR, Peter. *The Strange Case of the Spotted Mice and Other Classic Essays on Science*. Nova York: Oxford University Press. 1996.

"MEDIA MERGERS, Consolidation, and Conglomeration", 2000. Disponível em: <http://fargo.itp.tsoa.nyu.edu/~walter/foi/index.htm>. Acessado em 2 de maio de 2000.

MEEK, Ronald L. (ed.) *Marx and Engels on the Population Bomb*: Selections from the Writings of Marx and Engels Dealing with the Theories of Thomas Robert Malthus. Tradução de Dorothea L. Meek e Ronald L. Meek. Berkeley, CA: Ramparts Press, 1971.

MEISENHEIMER II, Joseph R. "The Service Industry in the 'Good' Versus 'Bad' Jobs Debate". *Monthly Labor Review*, v. 121, n. 2, p. 22-47, 1998.

MELLO, Luiz. "O Tesouro Embaixo do Arco-Íris". Grupo Gay da Bahia, Salvador, 2005. Disponível em: <http://www.ggb.org.br/tesouro_abaixo_do_arcoiris.html>. Acessado em 11 de maio de 2005.

MELTON, J. Gordon. *Encyclopedia of American Religions*. 5. ed. Detroit: Gale, 1996 [1978].

MELUCCI, Alberto. "The New Social Movements: A Theoretical Approach". *Social Science Information*, v. 19, p. 199-226, 1980.

________ . The New Social Movements Revisited: Reflections on a Sociological Misunderstanding. In: MAHEU, Louis (ed.). *Social Classes and Social Movements*: The Future of Collective Action. Londres: Sage, p. 107-19, 1995.

MERTON, Robert K. *Social Theory and Social Structure*. Nova York: Free Press, 1968 [1949].

MESSNER, Michael. Boyhood, Organized Sports, and the Construction of Masculinities. In: KIMMEL, Michael S.; MESSNER Michael A. *Men's Lives*. 3.ed. Boston: Allyn & Bacon, p. 102-14, 1995 [1989].

MEYER, John W.; RAMIREZ, Francisco O.; SOYSAL, Yasemin Nuhoglu. "World Expansion of Mass Education, 1870-1980". *Sociology of Education*, n. 65, p. 128-49, 1992.

________ ; SCOTT, Richard. *Organizational Environments*: Ritual and Rationality. Beverly Hills, CA: Sage, 1983.

MICHAEL, Robert T. et al. *Sex in America*: A Definitive Survey. Boston: Little Brown, 1994.

MICHELS, Robert. *Political Parties*: A Sociological Study of the Oligarchical Tendencies of Modern Democracy. Tradução de E. e C. Paul. Nova York: Free Press, 1949 [1911].

MIGUEL, Luis Felipe. "Representação Política em 3-D: Elementos para uma Teoria Ampliada da Representação Política". *Revista Brasileira de Ciências Sociais*, São Paulo, n. 51, v. 18, p. 123-93, 2003.

MILEM, Jeffrey F. "Attitude Change in College Students: Examining the Effect of College Peer Groups and Faculty Normative Groups". *The Journal of Higher Education*, n. 69, p. 117-40, 1998.

MILES, Robert. *Racism*. Londres: Routledge, 1989.

MILGRAM, Stanley. *Obedience to Authority*: An Experimental View. Nova York: Harper, 1974.

MILLER, Robert L. "The Limited Concerns of Social Mobility Research". *Current Sociology*, n. 4, v. 46, p. 145-70, 1998.

MILLS, C. Wright. *The Power Elite*. Nova York: Oxford University Press, 1956.

________ . *A Imaginação Sociológica*. Tradução de Waltensir Dutra. Rio de Janeiro: Zahar, 1965 [1959].

MILLS, Janet Lee. "Body Language Speaks Louder Than Words". *Horizons*, p. 8-12, fevereiro de 1985.

MINISTÉRIO DA AGRICULTURA, Industria e Commercio. População do Brazil. *Synopse do Recenseamento Realizado em 1 de Setembro de 1920.* Directoria Geral da Estatística. Typographia da Estatística: Rio de Janeiro, 1922.

MINISTÉRIO DA CIÊNCIA e Tecnologia. *Agência CT*, 3 de maio de 2004. Disponível em: <http://agenciact.mct.gov.br/index.php?action=/content/view&cod_objeto=17009>. Acessado em 5 de junho de 2005.

MINISTÉRIO DA SAÚDE. *Brasil sem Homofobia*: Programa de Combate à Violência e à Discriminação contra GLTB e Promoção da Cidadania Homossexual. Conselho Nacional de Combate à Discriminação. Brasília: Ministério da Saúde, 2004a.

________. *Doação de Órgãos no Brasil*, 2004b. Disponível em: <http://dtr2001.saude.gov.br/transplantes/hotsite/doacao.htm>. Acessado em 22 de junho de 2004.

________. *Ministério da Saúde Lança Política Nacional que Amplia Acesso ao Planejamento Familiar*, 2005. Disponível em: <http://portal.saude.gov.br/portal/aplicacoes/noticias/noticias_detalhe.cfm?co_seq_noticia=13728>. Acessado em 11 de maio de 2005.

MINISTÉRIO DAS COMUNICAÇÕES. "História dos Correios no Brasil", 2005. Disponível em: <http://www.correios.com.br/institucional/conheca_correios/historia_correios/historia_correios_brasil.cfm>. Acessado em 20 de setembro de 2005.

MINISTÉRIO EXTRAORDINÁRIO de Segurança Alimentar e Combate à Fome. "Política de Segurança Alimentar para o Brasil". Disponível em: <http://www.fomezero.gov.br/download/Seguranca_Alimentar.pdf>. Acessado em 17 de julho de 2004.

MINKEL, J. R. "A Way with Words". *Scientific American*, 25 de março de 2002. Disponível em: <http://www.mit.edu/~lera/sciam>. Acessado em 21 de janeiro de 2003.

MINTZ, Alexander. "A Re-Examination of Correlations Between Lynchings and Economic Indices". *Journal of Abnormal and Social Psychology*, v. 41, p. 154-60, 1946.

MOISÉS, José Álvaro. "O Estado, as Contradições Urbanas e os Movimentos Sociais". In: MOISÉS, José Álvaro et al. *Cidade, Povo e Poder*. Rio de Janeiro: Paz e Terra, p. 14-29, 1982.

MOLM, Linda. *Coercive Power in Social Exchange*. Cambridge: Cambridge University Press, 1997.

MOMMSEN, W. "Max Weber's 'Grand Sociology': The Origins and Composition of Wirtschaft und Gesellschaft. Soziologie." *Hist. Theory*, n. 39, p. 364-83, 2000.

MOORE Jr., Barrington. *Social Origins of Dictatorship and Democracy*: Lord and Peasant in the Making of the Modern World. Boston: Beacon Press, 1967.

MORAES SILVA, Maria A. de. Se Eu Pudesse, Eu Quebraria Todas as Máquinas. In: *Idéias*: Revista do Instituto de Filosofia e Ciências Humanas. Dossiê: O Avesso do Trabalho. Campinas: Ed. Unicamp, 2002-2003.

MORAES, Dênis de. *Planeta Mídia*: Tendências da Comunicação na Era Global. Campo Grande: Letra Livre, 1998.

MORTIMER, Jeylan T.; SIMMONS, Roberta G. "Adult Socialization". *Annual Review of Sociology*, v. 4, p. 421-54, 1978.

MOTT, Luiz. "A Sexualidade no Brasil Colonial". *Diário Oficial de Leitura*, São Paulo n. 141, p. 6-8, fevereiro de 1994.

________. Ethno-Histoire de L'Homossexualité en Amérique Latine. In: CROUZET, François (ed.). Pour L'Histoire du Brésil. Paris: L'Harmattan, p. 285-303, 2000. Disponível em: <http://geocities.yahoo.com.br/luizmottbr/artigos06.html>. Acessado em 11 de janeiro de 2005.

________. Por que os Homossexuais são os Mais Odiados Dentre Todas as Minorias? In: CORREA, Mariza (org.). *Gênero e Cidadania*. Campinas: Unicamp, Coleção Encontros, p. 143-55, 2002. Disponível em: <http://geocities.yahoo.com.br/luizmottbr/artigos09.html>. Acessado em 11 de janeiro de 2005.

MOTTA, Roberto. "Body Trance and Word Trance in Brazilian Religion". *Current Sociology*, n. 53, v. 2, p. 293-308, 2005.

"MOVIMENTO NACIONAL em Defesa da Língua Portuguesa". Projeto de Lei nº 1.676 de 1999, 2000. Disponível em: <http://www.novomilenio.inf.br/idioma/>. Acessado em 16 de dezembro de 2004.

MUMFORD, Lewis. *The City in History*: Its Origins, Its Transformations, and Its Prospects. Nova York: Harcourt, Brace, & World, 1961.

MUNDELL, Helen. "How the Color Mafia Chooses your Clothes". *American Demographics*, novembro de 1993. Disponível em: <http://www.demographics.com/publications/ad/93_ad/9311_ad/ad281.htm>. Acessado em 2 de maio de 2000.

MURDOCK, George Peter. "Comparative Data on the Division of Labor by Sex". *Social Forces*, v. 15, p. 551-3, 1937.

________. *Social Structure*. Nova York: Macmillan, 1949.

MUSEO CRIMINOLOGICO. *Il Museo di Cesare Lombroso*. Ministero della Giustizia. Dipartimento dell'Administrazione Penitenziaria, 2004. Disponível em: <http://www.museocriminologico.it/storia_2.htm>. Acessado em 16 de julho de 2004.

MUTZENBERG, Remo. *Ações Coletivas, Movimentos Sociais*: Aderências, Conflitos e Antagonismo Social. Recife: Universidade Federal de Pernambuco, 2002.

MYLES, John. "The Expanding Middle: Some Canadian Evidence on the Deskilling Debate". *Canadian Review of Sociology and Anthropology*, v. 25, p. 335-64, 1988.

________. *Old Age in the Welfare State*: The Political Economy of Public Pensions. 2.ed. Lawrence: University Press of Kansas, 1989 [1984].

NAJAR, Alberto Lopes; MARQUES, Eduardo César. "A Sociologia Urbana, os Modelos de Análise da Metrópole e a Saúde Coletiva: Uma Contribuição para o Caso Brasileiro". *Ciência e Saúde Coletiva*, n. 8. v. 3, p. 703-12, 2003.

NATIONAL OPINION RESEARCH Center. *General Social Survey, 1972-2000*. Chicago: University of Chicago, 2002.

NEGREIROS, Davys Sleman. "Mídia e Política — A Metamorfose do Poder". *Democracia Viva*, n. 24, p. 3-10, out.-dez. 2004.

NEVITTE, Neil. *The Decline of Deference*. Peterborough, Canada: Broadview Press, 1996.

NIELSEN NETRATINGS. Brazil: Web Usage, 2004. Disponível em: <http://www.nielsen-netratings.com/news.jsp?section=dat_to&country=br>. Acessado em 10 de novembro de 2004.

________. Global Internet Index: Average Usage, 2005. Disponível em: <http://www.nielsen-netratings.com/news.jsp?section=dat_to>. Acessado em 15 de agosto de 2005.

NIETZSCHE, Friedrich. *Assim Falou Zaratrusta*. Rio de Janeiro: Civilização Brasileira, 2000 [1883].

NOGUEIRA, Oracy. "O Preconceito Racial de Marca e o Preconceito Racial de Origem (Sugestão de um Quadro de Referência para a Interpretação do Material Sobre Relações Raciais no Brasil)". In: XXXI Congresso Internacional dos Americanistas. *Anais*. São Paulo: Anhembi, 1955.

"NOP WORLD". *Culture Score Index*, 2005. Disponível em: <http://www.nopworld.com/news.asp?go=news_item&key=179>. Acessado em 12 de setembro de 2005.

NORONHA, Eduardo G. "Informal, Ilegal, Injusto: Percepções do Mercado de Trabalho no Brasil". *Revista Brasileira de Ciências Sociais*, v. 18, n. 53, São Paulo, outubro de 2003.

NOTESTEIN, F. W. Population: The Long View. In: SCHULTZ, T. W. (ed.). *Food for the World*. Chicago: University of Chicago Press, p. 36-57, 1945.

NOVAES, R. C. R. Juventude, Percepções e Comportamentos: e a Religião faz Diferença? In: ABRAMO, Helena; MARTONI, Pedro Paulo (orgs.). *Retratos da Juventude Brasileira*. São Paulo: Fundação Perseu Abramo, 2004.

NOWELL, Amy; HEDGES, Larry V. "Trends in Gender Differences in Academic Achievement from 1960 to 1994: An Analysis of Differences in Mean, Variance, and Extreme Scores". *Sex Roles*, n. 39, p. 21-43, 1998.

O'CONNOR, Julia S.; OLSEN, Gregg M. (eds.). *Power Resources Theory and the Welfare State*: A Critical Approach. Toronto: University of Toronto Press, 1998.

________; BRYM, Robert J. "Public Welfare Expenditure in OECD Countries: Towards a Reconciliation of Inconsistent Findings". *British Journal of Sociology*, n. 39, p. 47-68, 1988.

O'DONNELL, Guilhermo. Tensões no Estado Autoritário: Burocracia e a Questão da Democracia. In: COLLIER, D. (org.). *O Novo Autoritarismo na América Latina*. Rio de Janeiro: Paz e Terra, 1982.

OAKES, Jeannie. *Keeping Track*: How Schools Structure Inequality. New Haven, CT: Yale University Press, 1985.

OBERSCHALL, Anthony. *Social Conflict and Social Movements*. Englewood Cliffs, NJ: Prentice-Hall, 1973.

OECD. *Employment Outlook 2002*. Disponível em: <http://www.oecdwash.org/DATA/STATS/employment_outlook_2002.pdf>. Acessado em 21 de maio de 2003.

OLIVEIRA FILHO, João Pacheco. A Problemática dos 'Índios Misturados' e os Limites dos Estudos Americanistas: Um Encontro entre Antropologia e História. In: SCOTT, Parry; ZARUR, George (org.). *Identidade, Fragmentação e Diversidade na América Latina*. Recife: Editora Universitária, 2003.

OLIVEIRA, Roberto Cardoso de. *A Sociologia do Brasil Indígena*. 2.ed. Rio de Janeiro e Brasília: Tempo Brasileiro, Ed. Universidade de Brasília, 1978 [1972].

OLIVEIRA, Vanessa Elias de. "Política de Saúde: As Bases Históricas da Estruturação do SUS". Trabalho apresentado no 4º Encontro Nacional da ABCP — Associação Brasileira de Ciência Política, Área Estado e Políticas Públicas. Painel 3. Inovações Institucionais e a Provisão de Serviços Públicos no Brasil. 21— 24 de julho de 2004, PUC, Rio de Janeiro. Disponível em: <http://www.cienciapolitica.org.br/EPP3-Vanessa%20Elias%20de%20Oli veira.pdf >. Acessado em 10 agosto de 2005.

OLSEN, Gregg; BRYM, Robert. Between American Exceptionalism and Swedish Social Democracy: Public and Private Pensions in Canada. In: SHALEV, Michael (ed.). *The Privatization of Social Policy?* Occupational Welfare and the Welfare State in America, Scandinavia and Japan. Londres: Macmillan, 1996.

________ . *The Politics of the Welfare State*: Canada, Sweden, and the United States. Toronto: Oxford University Press, 2002.

OMI, Michael; WINANT, Howard. *Racial Formation in the United States*. Nova York: Routledge,1986.

OMS — Organização Mundial da Saúde. *Cuidados Primários de Saúde*. Brasília: Unicef, 1979.

ORNSTEIN, Michael. "Survey Research". *Current Sociology*, n. 46, v. 4, p. 1-87, 1998.

ORTIZ, Renato; BORELLI, Silvia Helena Simões; RAMOS, José Mário Ortiz. *Telenovela*: História e Produção. São Paulo: Brasiliense, 1991.

OSÓRIO, Rafael. "O Sistema Classificatório de 'Cor ou Raça' do IBGE". *Texto para Discussão n. 996*, Ipea, Rio de Janeiro, 2003.

OSSOWSKI, Stanislaw. *Class Structure in the Social Consciousness*. Tradução de S. Patterson. Londres: Routledge & Kegan Paul, 1963.

PACHECO, Eliezer. "Discriminação Racial é Componente para Produtividade Escolar". *Informativo Inep*, ano 3, n. 88, 11 de maio de 2005. Disponível em: <http://www.inep.gov.br/informativo/informativo88.htm>. Acessado em 20 de junho de 2005.

PALMA, Ana. "Dias de Revolta". *Revista de Manguinhos*. Rio de Janeiro, v. 5, agosto de 2003.

PARETO, Vilfredo. *The Rise and Fall of the Elites*: An Application of Theoretical Sociology. Nova Jersey: Bedminster Press, 1968.

PARK, Robert Ezra. "Racial Assimilation in Secondary Groups". *Publications of the American Sociological Society*, n. 8, p. 66-72, 1914.

________ . *Race and Culture*. Nova York: Free Press, 1950.

________ ; BURGESS, Ernest W.; McKENZIE, Roderick D. *The City*. Chicago: University of Chicago Press, 1967 [1925].

PARSONS, Talcott. *The Social System*. Nova York: Free Press, 1951.

________ . The American Family: Its Relation to Personality and to the Social Structure". In: BALES, Robert F. (ed.). *Family, Socialization and Interaction Process*. Nova York: Free Press, p. 3-33, 1955.

PASCHOAL, Engel. "A Cada 15 Segundos, uma Mulher é Agredida no Brasil". *Portal da Violência Contra a Mulher*, março de 2005. Disponível em: <http://copodeleite.rits.org.br/apc-aa-patriciagalvao/home/noticias.shtml?x=122>. Acessado em 15 de setembro de 2005.

PASCUAL, Brian. "Avril Lavigne Hates Britney Spears". *ChartAttack*, 19 de abril de 2002. Disponível em: <http://teenmusic.about.com/gi/dynamic/offsite.htm?site=http%3A%2F%2Fwww.charttack.com%2Fdamn%2F2002%2F04%2F1901.cfm>. Acessado em 15 de janeiro de 2003.

PASTORE, José. *Desigualdade e Mobilidade Social no Brasil*. São Paulo: T.A. Queiroz/Edusp, 1979.

PATRIOTA, Karla Regina. Fé na Prateleira de Vendas: A Sedução do Marketing Religioso. In: *O Fenômeno do Marketing Religioso*: Análise do Discurso da Igreja Renascer em Cristo na Mídia. Dissertação de Mestrado em Comunicação. Recife: UFPE, 2003.

PEACOCK, Mary. "The Cult of Thinness", 2000. Disponível em: <http://www.womenswire.com/image/toothin.html>. Acessado em 13 de junho de 2000.

PELAYES, Héctor Dario. "Argentina-Brazil Matches 1914-2001", 2001. Disponível em: <http://www.rsssf.com/tablesb/brasargres.html>. Acessado em 6 de junho de 2004.

PEREIRA, João Márcio Mendes. "A Luta Política no Brasil em Torno da Implementação do Modelo de Reforma Agrária de Mercado — O Banco Mundial Durante o Governo Cardoso". Rio de Janeiro: Instituto Rosa Luxemburgo; Laboratório de Políticas Públicas/UERJ, 2005a. Disponível em: <http://www.lpp-uerj.net/outrobrasil/Artigos_Destaque.asp?Id_Sub_Artigo=85>. Acessado em 3 de agosto de 2005.

________. "Da Panacéia à Crise: Crítica à Política de Reforma Agrária de Mercado do Banco Mundial com Base na sua Experimentação na África do Sul, Colômbia, Guatemala e Brasil", Disponível em: <http://www.desempregozero.org.br/reforma_agraria/luta_politica_no%20brasil.pdf>. Acessado em 3 de agosto de 2005.

PEREIRA, Raimundo Rodrigues. *Retrato do Brasil.* v. 5. São Paulo: Editora Política, p. 13-6, 1984.

"PERNAMBUCO DE A/Z. Enchente e Pânico". Disponível em: <http://www.pe-az.com.br/tragedias/enchente_panico.htm>. Acessado em 4 de julho de 2005.

PESSEN, Edward. *The Log Cabin Myth*: The Social Backgrounds of the Presidents. New Haven, CT: Yale University Press, 1984.

PEW RESEARCH CENTER for the People and the Press. "Overwhelming Support for Bush, Military Response but... American Psyche Reeling from Terror Attacks", 2001. Disponível em: <http://www.pewtrusts.com/pubs/pubs_item.cfm?image=img5&content_item_id=749&content_type_id=18&page=p1>. Acessado em 22 de dezembro de 2002.

PIAGET, Jean; INHELDER, Bärbel. *The Psychology of the Child.* Tradução de Helen Weaver. Nova York: Basic Books, 1969.

PIERSON, Donald. *Estudos de Ecologia Humana.* v. 1. São Paulo: Livraria Martins Editora, 1970.

________. *Brancos e Pretos na Bahia:* Estudo de Contato Racial. 2.ed. São Paulo: Editora Nacional, 1971 [1945].

PIERUCCI, Antônio Flavio. "Reencantamento e Dessecularização: A Propósito do Auto-engano em Sociologia da Religião". *Novos Estudos Cebrap*, n. 49, p. 99-117, novembro de 1997.

________. "'Bye bye, Brasil': O Declínio das Religiões Tradicionais no Censo 2000". *Estudos Avançados*, v. 52, n. 18, p. 17-28, 2004.

PIMENTA, Rosângela Duarte. *Arte e Força no Futebol Brasileiro.* Fortaleza: UFC, 2002. Dissertação (Mestrado em Sociologia). Departamento de Ciências Sociais, Universidade Federal do Ceará, 2002.

PINKER, Steven. "Apes: Lost for Words", *New Statesman and Society*, p. 30-1, 15 de abril de 1994.

________. "Talk of Genetics and Vice Versa". *Nature*, n. 413, v. 6855, p. 465-66, 4 de outubro de 2001.

________. *The Blank Slate*: The Modern Denial of Human Nature. Nova York: Viking, 2002.

PITANGUY, Jacqueline. Violência de Gênero e Saúde: Interseções. In: BERQUÓ, Elza (org.). *Sexo & Vida*: Panorama da Saúde Reprodutiva no Brasil. Campinas: Ed. Unicamp, 2003.

PIVEN, Frances Fox; CLOWARD, Richard A. *Poor People's Movements*: Why They Succeed, How They Fail. Nova York: Vintage, 1977.

PNUD/IPEA. "Relatório Sobre o Desenvolvimento Humano no Brasil", 1996. Disponível em: <http://www.undp.org.br/HDR/Hdr96/rdhb3.htm>. Acessado em 11 de maio de 2005.

POCHMANN, Márcio et al. (orgs.). *Atlas da Exclusão Social.* v. 3. São Paulo: Cortez, 2004.

PODOLNY, Joel M.; PAGE, Karen L. "Network Forms of Organization". *Annual Review of Sociology*, n. 24, p. 57-76, 1998.

POLANYI, Karl. *The Great Transformation*: The Political and Economic Origins of Our Time. Boston: Beacon Press, 1957 [1944].

POLSBY, Nelson W. "Three Problems in the Analysis of Community Power". *American Sociological Review*, n. 24, p. 796-803, 1959.

POPENOE, David. *Disturbing the Nest: Family Change and Decline in Modern Societies.* Nova York: Aldine de Gruyter, 1988.

________. "Family Decline in the Swedish Welfare State". *Public Interest*, n. 102, p. 65-78, 1991.

________. "Family Decline: A Rejoinder". *Public Interest*, n. 109, p. 116-8, 1992.

________. "American Family Decline, 1960-1990: A Review and Appraisal". *Journal of Marriage and the Family*, n. 55, p. 527-55, 1993.

________. *Life Without Father*: Compelling New Evidence that Fatherhood and Marriage are Indispensable for the Good of Children and Society. Nova York: Martin Kessler Books, 1996.

"POPULATION EXPLOSION!". *Cyberatlas,* 2003. Disponível em: <http://cyberatlas.internet.com/big_picture/geographics/article/0,1323,5911_151151,00.html>. Acessado em 23 de maio de 2003.

POPULATION REFERENCE BUREAU. "2003 World Population Data Sheet", 2003. Disponível em: <http://www.prb.org/pdf/WorldPopulationDS03_Eng.pdf>. Acessado em 2 de agosto de 2003.

PORTELLA, Ana Paula et al. *Homens*: Sexualidades, Direitos e Construção da Pessoa. Recife: SOS Corpo Instituto Feminista para a Democracia/Instituto Papai, 2003.

PORTES, Alejandro; RUMBAUT, Rubén G. *Immigrant America*: A Portrait. Berkeley: University of California Press, 1990.

________ ; MANNING, Robert D. The Immigrant Enclave: Theory and Empirical Examples. In: YETMAN, Norman R. (ed.). *Majority and Minority*: The Dynamics of Race and Ethnicity in American Life. 5.ed. Boston: Allyn & Bacon, 1991.

POSTMAN, Neil. *The Disappearance of Childhood.* Nova York: Delacorte, 1982.

PRANDI, Reginaldo. "Religião Paga, Conversão e Serviço". *Novos Estudos Cebrap*, São Paulo, n. 45, p. 65-78, 1996.

________ . *Segredos Guardados.* São Paulo: Companhia das Letras, 2005.

PRESS, Andrea. *Women Watching Television*: Gender, Class and Generation in the American Television Experience. Filadélfia: University of Pennsylvania Press, 1991.

________ ; COLE, Elizabeth R. *Speaking of Abortion*: Television and Authority in the Lives of Women. Chicago: University of Chicago Press, 1999.

PRESS, Eyal. "A Nike Sneak". *The Nation,* 5 de abril de 1999. Disponível em: <http://www.thenation.com/issue/990405/0405press.shtml>. Acessado em 8 de agosto de 2000.

PRIGERSON, Holly Gwen. "Socialization to Dying: Social Determinants of Death Acknowledgement and Treatment Among Terminally Ill Geriatric Patients". *Journal of Health and Social Behavior*, n. 33, p. 378-95, 1992.

PRITTIE, Jennifer. "The Serious Business of Rubber Noses and Big Shoes". *National Post,* 29 de março de 2000, A1-A2.

"PRODUÇÃO E VENDAS do Setor Editorial Brasileiro". Câmara Brasileira do Livro, 2005. Disponível em: <http://www.cbl.com.br/pages.php?recid=58>. Acessado em 15 de setembro de 2005.

"PROGRAMA DAS NAÇÕES UNIDAS Para o Desenvolvimento (PNUD)". *Relatório do Desenvolvimento Humano 2004.* Lisboa: Mensagem, 2004. Disponível em: <http//undr.udp.org>. Acessado em 12 de dezembro de 2004.

PROVINE, Robert R. *Laughter*: A Scientific Investigation. Nova York: Penguin, 2000.

QUEIROZ, Maria Isaura Pereira de. "Identidade Cultural, Identidade Nacional no Brasil". *Tempo Social,* v. 1, n. 1, p. 29-46, 1989.

RAAG, Tarja; RACKLIFF, Christine L. "Preschoolers' Awareness of Social Expectations of Gender: Relationships to Toy Choices". *Sex Roles,* n. 38, p. 685-700, 1998.

RAMALHO, José Ricardo; SANTANA, Marco Aurélio. Trabalhadores, Sindicatos e a Nova Questão Social. In: *Além da Fábrica*: Trabalhadores, Sindicatos e a Nova Questão Social. São Paulo: Boitempo, 2003.

RAMINELLI, R. J. Eva Tupinambá. In: DEL PRIORE, Mary (org.). *História das Mulheres no Brasil.* São Paulo: Contexto/Unesp, 1997.

RAMOS, Arthur. Introdução à Primeira Edição Brasileira. In: PIERSON, Donald. *Brancos e Pretos na Bahia: Estudo de Contato Racial.* 2.ed. São Paulo: Editora Nacional, 1971 [1945].

RAMPTON, Sheldon; STAUBER, John. *Trust Us, We're Experts*: How Industry Manipulates Science and Gambles with Your Future. Nova York: Jeremy P. Tarcher/Putnam, 2001.

RAPP, R.; ROSS, E. The 1920s: Feminism, Consumerism and Political Backlash in the U.S. In: FRIEDLANDER, J. *Women in Culture and Politics.* Bloomington: Indiana University Press, p. 52-62, 1986.

READERS, Georges. *O Conde de Gobineau no Brasil.* Tradução de Rosa Freire d'Aguiar. Rio de Janeiro: Paz e Terra, 1997.

"REBELIÃO NA FEBEM do Tatuapé dura duas horas". *O Estado de S.Paulo*, São Paulo, 1° de fevereiro de 2005. Disponível em: <http://www.estadao.com.br/rss/agestado/2005/fev/09/13.htm>. Acessado em 10 de julho de 2005.

REMENNICK, Larissa I. "The Cancer Problem in the Context of Modernity: Sociology, Demography, Politics". *Current Sociology,* n. 46, v. 1, p. 1-150, 1998.

REMNICK, David. "How Russia Is Ruled". *New York Review of Books*, n. 45, v. 6, p. 10-5, 1998.

RESKIN, Barbara; PADAVIC, Irene. *Women and Men at Work*. 2.ed. Thousand Oaks, CA: Pine Forge, 2002 [1994].

REZENDE, Cláudia. "Representações sobre Amizade e Pessoa: Uma Reflexão Comparativa entre Ingleses e Brasileiros". *Estudos de Sociologia*, Recife, n. 2, v. 1, p. 85-96, 1995.

________ . "Mágoas de Amizade: Um Ensaio em Antropologia das Emoções". *Mana*, n. 8, v. 2, p. 69-89, 2002.

RIBEIRO, Marili; ZORZETTO, Ricardo. "O Avesso de Narciso". *Revista Pesquisa Fapesp*, n. 10, setembro de 2004. Disponível em: <http://www.revistapesquisa.fapesp.br/?lang=pt>. Acessado em 20 de abril de 2005.

RICHER, Stephen. *Boys and Girls Apart*: Children's Play in Canada and Poland. Ottawa: Carleton University Press, 1990.

RIEDMANN, Agnes. *Science That Colonizes*: A Critique of Fertility Studies in Africa. Filadélfia: Temple University Press, 1993.

RIFKIN, Jeremy. *The End of Work*: The Decline of the Global Labor Force and the Dawn of the Post Market Era. Nova York: G. P. Putnam's Sons, 1995.

RILEY, Nancy. "Gender, Power, and Population Change". *Population Bulletin*, n. 52, v. 1, 1997. Disponível em: <http://www.prb.org/pubs/population_bulletin/bu52-1.htm>. Acessado em 25 de agosto de 2000.

RIOS-NETO, Eduardo Luiz. "Os Diferentes não Podem ser Tratados Como Iguais". *Boletim Informativo da UFMG*, ano XXIX, n. 1392, 17 de abril de 2003. Disponível em: <http://www.ufmg.br/boletim/bol11394/quarta.shtlm>. Acessado em 10 de março de 2005.

RIST, Ray C. "Student Social Class and Teacher Expectations: The Self-fulfilling Prophecy in Ghetto Education". *Harvard Educational Review*, n. 40, p. 411-51, 1970.

ROCHA, Sonia. "Pobreza no Brasil: O que Mudou nos Últimos 30 anos?". *Estudos e Pesquisa*, n. 83. Seminário Especial: Minifórum em Homenagem aos 40 Anos do Ipea. Rio de Janeiro, 2004. Disponível em: <http://www.forumnacional.org.br/publi/ep/EP0083.pdf>. Acessado em 17 de julho de 2004.

ROCHE, Maurice. Rethinking Citizenship and Social Movements: Themes in Contemporary Sociology and Neoconservative Ideology. In: MAHEU, Louis (ed.). *Social Classes and Social Movements*: The Future of Collective Action. Londres: Sage, p. 186-219, 1995.

RODRIGUES, Cátia. "Comida Leve, Lucros Gordos". *Pequenas Empresas, Grandes Negócios*, fevereiro de 2005. Disponível em: <http://empresas.globo.com/Empresasenegocios/0,19125,ERA501615-2481,00.html>. Acessado em 20 de abril de 2005.

RODRIGUES, Raymundo Nina. *Os Africanos no Brasil*. 2.ed. São Paulo: Editora Nacional, 1935.

ROEDIGER, David R. *The Wages of Whiteness*: Race and the Making of the American Working Class. Londres: Verso, 1991.

ROGERS, Everett M. *Diffusion of Innovations*. 4.ed. Nova York: Free Press, 1995.

ROGERS, Jackie Krasas; HENSON, Kevin D. "'Hey, Why Don't You Wear a Shorter Skirt?' Structural Vulnerability and the Organization of Sexual Harassment in Temporary Clerical Employment". *Gender and Society*, n. 11, p. 215-37, 1997.

ROLLINS, Boyd C.; CANNON Kenneth L. "Marital Satisfaction over the Family Life Cycle". *Journal of Marriage and the Family*, n. 36, p. 271-284, 1974.

ROOTES, Chris. A New Class? The Higher Educated and the New Politics. In: MAHEU, Louis (ed.). *Social Classes and Social Movements*: The Future of Collective Action. Londres: Sage, p. 220-35, 1995.

ROSEMBERG, Fúlvia. Educação Infantil, Gênero e Raça. In: GUIMARÃES, Antonio Sérgio; HUNTLEY, Lynn (orgs.). *Tirando a Máscara*: Ensaios sobre o Racismo no Brasil. São Paulo: Paz e Terra, 2000.

ROSENTHAL, Robert; JACOBSON, Lenore. *Pygmalion in the Classroom*: Teacher Expectation and Pupils' Intellectual Development. Nova York: Holt, Rinehart, & Winston, 1968.

ROSTOW, W. W. *The Stages of Economic Growth*: A Non-Communist Manifesto. Nova York: Cambridge University Press, 1960.

ROTHMAN, David. "The International Organ Traffic". *New York Review of Books*, n. 45, v. 5, p. 14-7, 1998.

RUBIN, J. Z.; PROVENZANO, F. J.; LURRA, Z. "The Eye of the Beholder". *American Journal of Orthopsychiatry*, n. 44, p. 512-19, 1974.

RUESCHEMEYER, Dietrich; STEPHENS Evelyne Huber; STEPHENS, John. *Capitalist Development and Democracy*. Chicago: University of Chicago Press, 1992.

RYAN, Kathryn M.; KANJORSKI, Jeanne. "The Enjoyment of Sexist Humor, Rape Attitudes, and Relationship Aggression in College Students". *Sex Roles*, n. 38, p. 743-56, 1998.

RYTINA, Steve. "Scaling the Intergenerational Continuity of Occupation: Is Occupational Inheritance Ascriptive After All?". *American Journal of Sociology*, n. 97, p. 1658-88, 1992.

SADER, Eder. *Quando Novos Personagens Entram em Cena*: Falas e Lutas dos Trabalhadores da Grande São Paulo, 1970-1980. Rio de Janeiro: Paz e Terra, 1988.

SALES, Ronaldo L. A Imprensa e o "Debate" Sobre Cotas: O Mito da Democracia Racial e o Desconhecimento Ideológico na Formação da Opinião Pública. In: *Compromissos e Comprometimentos da Psicologia.* Recife: Editora Universitária, 2004.

SALES, Teresa. *Brasileiros Longe de Casa.* São Paulo: Cortez, 1998.

SAMUELS, David. "Determinantes do Voto Partidário em Sistemas Eleitorais Centrados no Candidato: Evidências sobre o Brasil". *Dados*: Revista de Ciências Sociais, Rio de Janeiro, n. 3, v. 40, 1997.

SAMUELSSON, Kurt. *Religion and Economic Action.* Tradução de E. French. Estocolmo: Scandinavian University Books, 1961 [1957].

SANDQVIST, Karin; ANDERSSON, Bengt-Erik. "Thriving Families in the Swedish Welfare State". *Public Interest*, v. 109, p. 114-6, 1992.

SANSONE, Lívio. "O Local e o Global da Afro-Bahia Contemporânea". *Revista Brasileira de Ciências Sociais*, v. 10, n. 29, p. 65-84, 1995.

________. "Racismo sem Etnicidade: Políticas Públicas e Discriminação Racial em Perspectiva Comparada". *Dados*: Revista de Ciências Sociais, Rio de Janeiro, v. 41, n. 4, p. 751-83, 1998. Disponível em: <http://www.scielo.br/scielo.php?script=sci_arttext&pid=S0011-52581998000400003&lng=en&nrm=iso>. Acessado em 6 de janeiro de 2005.

SANTOS, José Alcides Figueiredo. "A Teoria e a Tipologia de Classe Neomarxista de Erik Olin Wright". *Dados*: Revista de Ciências Sociais, Rio de Janeiro, n. 2, v. 41, p. 377-410, 1998. Disponível em: <http://www.scielo.br/scielo.php?script=sci_arttext&pid=S0011-52582001000100005&lng=pt&nrm=iso>. Acessado em 4 de novembro de 2004.

________. "Mudança na Estrutura de Posições e Segmentos de Classe no Brasil". *Dados*: Revista de Ciências Sociais, Rio de Janeiro, v. 44, n. 1, 2001. Disponível em: <http://www.scielo.br/scielo.php?script=sci_arttext&pid=S0011-52581998000200004&lng=pt&nrm=isso>. Acessado em 4 de novembro de 2004.

SANTOS, Luiz Antonio de Castro. Estado e Saúde Pública no Brasil, 1889-1930. *Dados:* Revista de Ciências Sociais, Rio de Janeiro, v. 23, n. 2, p. 237-250, 1980.

________. "O Pensamento Sanitarista na Primeira República: Uma Ideologia de Construção da Nacionalidade". *Dados:* Revista de Ciências Sociais, Rio de Janeiro, n. 2, v. 28, p. 193-210, 1985. Disponível em: <http://www4.prossiga.br/chagas/sobrech/sec/eh-594.PDF>. Acessado em 10 de agosto de 2005.

SANTOS, Wanderley Guilherme. "O Século de Michels: Competição Oligopólica, Lógica Autoritária e Transição na América Latina". *Dados*: Revista de Ciências Sociais, Rio de Janeiro, n. 3, v. 28, p. 283-310, 1985.

SARTRE, Jean-Paul. *Anti-Semite and Jew.* Tradução de George J. Becker. Nova York: Schocken, 1965 [1948].

SASAKI, Elisa Massae. Dekasseguis: Migrantes Brasileiros no Japão. In: XI Encontro Nacional de Estudos Populacionais da Abep, 1998. *Anais.* Disponível em: <http://www.abep.org.br/usuario/GerenciaNavegacao.php?caderno_id=125&nivel=2>. Acessado em 2 de dezembro de 2004.

SASSEN, Saskia. *The Global City*: New York, London, Tokyo. Princeton, NJ: Princeton University Press, 1991.

SAX, Leonard. "How Common is Intersex? A Response to Anne Fausto-Sterling". *The Journal of Sex Research*, n. 39, v. 3, p. 174-78, 2002.

SCALON, Celi. O que os Brasileiros Pensam das Desigualdades Sociais? In: *Imagens da Desigualdade* (org.). Belo Horizonte: UFMG, p. 17-35, 2004.

SCHERER-WARREN, Ilse. *Cidadania sem Fronteiras*: Ações Coletivas na Era da Globalização. São Paulo: Hucitec, 1997.

SCHERER-WARREN, Ilse. "Organizações Não-Governamentais na América Latina: Seu Papel na Construção da Sociedade Civil". *São Paulo em Perspectiva*, São Paulo, Seade, n. 3, v. 8, jun.-set. 1994.

________; KRISCHKE, Paulo J. *Uma Revolução no Cotidiano.* São Paulo: Brasiliense, 1987.

SCHILLER, Herbert I. *Culture Inc.*: The Corporate Takeover of Public Expression. Nova York: Oxford University Press, 1989.

SCHLESINGER, Arthur. *The Disuniting of America*: Reflections on a Multicultural Society. Nova York: W. W. Norton, 1991.

SCHMITZ, John Robert. "Algumas Considerações sobre o Projeto de Lei nº 1.676 de 1999, da autoria de Aldo Rebelo (PC do B), e a Recepção do Mesmo na Cidade de São Paulo e no Interior do Estado". *Página Pessoal de John Robert Schmitz*, 2000. Disponível em: <http://www.unicamp.br/iel/site/docentes/John/ENPLE.html>. Acessado em 16 de dezembro de. 2004.

SCHOR, Juliet B. *The Overworked American*: The Unexpected Decline of Leisure. Nova York: Basic Books, 1992.

________ . *The Overspent American*: Why We Want What We Don't Need. Nova York: Harper, 1999.

SCHUDSON, Michael. "National News Culture and the Rise of the Informational Citizen". In: WOLFE, Alan (ed.). *America at Century's End*. Berkeley: University of California Press, p. 265-82, 1991.

________ . *The Power of News*. Cambridge, MA: Harvard University Press, 1995.

SCHWARCZ, Lília Moritz. *O Espetáculo das Raças*: Cientistas, Instituições e a Questão Nacional (1980-1930). São Paulo: Companhia das Letras, 2000 [1993].

________ ; MAIO, Marcos Chor. "A Pedagogia Racial do MEC". *Folha de S.Paulo*, São Paulo, 16 de junho de 2005. Caderno 1, p. 3.

SCHWARTZ, James. "Oh My Darwin! Who's the Fittest Evolutionary Thinker of Them All?". *Língua Franca*, n. 9, v. 8, 1999. Disponível em: <http://www.mit.edu/~pinker/darwin_wars.html>. Acessado em 20 de janeiro de 2003.

SCHWEINGRUBER, David; McPHAIL, Clark. "A Method for Systematically Observing and Recording Collective Action". *Sociological Methods and Research*, v. 27, p. 451-98, 1999.

SCOCUGLIA, Jovanka Baracuhy C. *Revitalização Urbana e (Re)Invenção do Centro Histórico na Cidade de João Pessoa (1987-2002)*. João Pessoa: Ed. Universitária, 2004a.

________ . *Cidadania e Patrimônio Cultural*: Oficina-Escola, Projeto Folia Cidadã e Acervo no Centro Histórico de João Pessoa. João Pessoa: Ed. Universitária, 2004b.

SCOTT, James C. *Seeing Like a State*: How Certain Schemes to Improve the Human Condition Have Failed. New Haven, CT: Yale University Press, 1998.

SCOTT, Janny. "Manners and Civil Society". *Journal*, n. 2, v. 3, 1998. Disponível em: <http://www.civnet.org/journal/issue7/ftjscott.htm>. Acessado em 12 de abril de 2003.

SCOTT, Parry R. "O Homem na Matrifocalidade: Gênero, Percepção e Experiências do Domínio Doméstico". *Cadernos de Pesquisa*: Revista de Estudos e Pesquisas em Educação. Fundação Carlos Chagas, maio, n. 73, p. 38-47, 1990.

________ . Patriarcalismo e Idéias Salvacionistas. In: SCOTT, Parry R.; ZARUR, George (orgs.). *Identidade, Fragmentação e Diversidade na América Latina*. Recife: Editora Universitária, 2003.

"SEARCH ENGINES of All Countries in All Languages as of August 27, 2002". *WebMasterAid.com*, 2002. Disponível em: <http://webmasteraid.com/cgi-bin/d.cgi>. Acessado em 25 de maio de 2003.

SECCOMBE, Wally. *A Millennium of Family Change*: Feudalism to Capitalism in Northwestern Europe. Londres: Verso, 1992.

SEGATO, Rita. A Estrutura de Gênero e a Injunção do Estupro. In: SUÁREZ, Mireya; BANDEIRA, Lourdes (orgs.). *Violência, Gênero e Crime no Distrito Federal*. Brasília: Paralelo 15, Ed. Universidade de Brasília, 1999.

SEGUNDO, Juan Luis S. J. *The Liberation of Theology*. Tradução de John Drury. Maryknoll, NY: Orbis, 1976 [1975].

SEITER, Ellen. *Television and New Media Audiences*. Oxford: Clarendon Press, 1999.

SEN, Amartya. *Poverty and Famines*: An Essay on Entitlement and Deprivation. Oxford: Clarendon Press, 1981.

________ . "More than 100 Million Women are Missing". *New York Review of Books*, p. 61-6, 20 de dezembro de 1990.

________ . "Population: Delusion and Reality". *New York Review of Books*, n. 41, v. 15, p. 62-71, 1994.

________ . "Many Faces of Gender Inequality". *The Frontline*, 9 de novembro de 2001. Disponível em: <http://www.ksg.harvard.edu/gei/Text/Sen-Pubs/Sen_many_faces_of_gender_inequality.pdf>. Acessado em 5 de agosto de 2003.

SEVCENKO, Nicolau. *A Revolta da Vacina*: Mentes Insanas em Corpos Rebeldes. São Paulo: Brasiliense, 1984. Disponível em: <http://www2.prossiga.br/ocruz/textocompleto/nicolau_sevcenko_revolta_vacina.pdf>. Acessado em 4 junho de 2005.

SEWELL, William H. "Infant Training and the Personality of the Child". *American Journal of Sociology*, n. 64, p. 150-59, 1958.

SEYFERTH, Giralda. Pluralismo, Etnia e Representação Política. In: PALMEIRA, Moacir; GOLDMAN, Marcio (orgs.). *Antropologia, Voto e Representação Política*. Rio de Janeiro, 1996.

________. Estudos Sobre Reelaboração e Segmentação da Identidade Étnica. In: SCOTT, Parry; ZARUR, George (orgs.). *Identidade, Fragmentação e Diversidade na América Latina*. Recife: Editora Universitária, 2003.

SHALEV, Michael. Class Politics and the Western Welfare State. In: SPIRO, S. E.; YUCHTMAN-YAAR, E. (eds.). *Evaluating the Welfare State*: Social and Political Perspectives. Nova York: Academic Press, 1983.

SHANKER, Stuart. "The Generativist-Interactionist Debate over Specific Language Impairment: Psycholinguistics at a Crossroad". *American Journal of Psychology*, n. 115, p. 415-50, 2002.

SHATTUCK, Roger. *The Forbidden Experiment*: The Story of the Wild Boy of Averyon. Nova York: Farrar, Straus, & Giroux, 1980.

SHEA, Christopher. "'Gender Gap' on Examinations Shrank Again This Year". *Chronicle of Higher Education*, n. 41, v. 2, p. 54, 1994.

SHELTON, Beth Anne; JOHN, Daphne. "The Division of Household Labor". *Annual Review of Sociology*, n. 22, p. 299-322, 1996.

SHERKAT, Darren E. "Counterculture or Continuity? Competing Influences on Baby Boomers' Religious Orientations and Participation". *Social Forces*, n. 76, p. 1087-115, 1998.

SHIBUTANI, Tamotsu. *Improvised News*: A Sociological Study of Rumor. Indianapolis, IN: Bobbs-Merrill, 1966.

SHULMAN, Alix Kates. *Memoirs of an Ex-Prom Queen*. Nova York: Penguin, 1997 [1969].

SILBERMAN, Steve. "Talking to Strangers". *Wired*, n. 8. p. 225-33; 288-96, 2000. Disponível em: <http://www.wired.com/wired/archive/8.05/translation.html>. Acessado em 23 de maio de 2000.

SILVA, José Graziano. *A Modernização Dolorosa:* Estrutura Agrária, Fronteira Agrícola e Trabalhadores Rurais no Brasil. Rio de Janeiro: Jorge Zahar, 1981.

SILVA, Nadilson Manoel. "Globalização e Diversidade Cultural: O Caso do Manguebeat na Música Brasileira Contemporânea". *Estudos de Sociologia*, Recife, n. 1 e 2, v. 2, 2004.

SILVA, Rosane C. R.; MALINA, Robert. "Nível de Atividade Física em Adolescentes do Município de Niterói". Rio de Janeiro, Brasil. *Cadernos de Saúde Pública*, n. 16, v. 4, p. 1091-97, out.-dez. 2000.

SIMMEL, Georg. *The Sociology of Georg Simmel*. WOLFF, Kurt H. (ed.). Nova York: Free Press, 1950.

SINDICATO DOS BANCÁRIOS DA CUT – Paraná. História. Disponível em: <http://www.fetecpr.org.br/new/service/entidade/historia/> Acessado em 18 de maio de 2005.

SINDICATO NACIONAL DOS AERONAUTAS. *Regulamentação Profissional*. Disponível em: <http://www.aeronautas.org.br/sejur/lei7183.html>. Acessado em 28 de novembro de 2004.

SJÖBERG, Gideon. *The Preindustrial City*: Past and Present. Nova York: Free Press, 1960.

SKOCPOL, Theda. *States and Revolutions*: A Comparative Analysis of France, Russia, and China. Cambridge: Cambridge University Press, 1979.

SKOLNICK, Arlene. *Embattled Paradise*: The American Family in an Age of Uncertainty. Nova York: Basic Books, 1991.

SMELSER, Neil. *Theory of Collective Behavior*. Nova York: Free Press, 1963.

SMITH, Adam. *An Inquiry into the Nature and Causes of the Wealth of Nations*. Indianapolis, IN: Liberty Press, 1981 [1776].

SMITH, Anthony. *Goodbye Gutenberg*: The Newspaper Revolution of the 1980s. Nova York: Oxford University Press, 1980.

SMITH, Christian. *The Emergence of Liberation Theology*: Radical Religion and Social Movement Theory. Chicago: University of Chicago Press, 1991.

SMITH, Jackie. "Global Civil Society? Transnational Social Movement Organizations and Social Capital". *American Behavioral Scientist*, v. 42, p. 93-107, 1998.

SMITH, Michael. "Patriarchal Ideology and Wife Beating: A Test of a Feminist Hypothesis". *Violence and Victims*, v. 5, p. 257-73, 1990.

SMITH, Tom W. "A Methodological Analysis of the Sexual Behavior Questions on the GSS". *Journal of Official Statistics*, n. 8, p. 309-25, 1992.

SNOW, David A. et al. "Frame Alignment Processes, Micromobilization, and Movement Participation". *American Sociological Review*, v. 51, p. 464-81, 1986.

SNYDER, David; TILLY, Charles. "Hardship and Collective Violence in France, 1830-1960". *American Sociological Review*, v. 37, p. 520-32, 1972.

SOARES, Eliane Veras. *Florestan Fernandes*: O Militante Solitário. São Paulo: Cortez, 1997.

________ ; BRAGA, Maria Lúcia de S.; COSTA, Diogo V. de A. "O Dilema Racial Brasileiro: de Roger Bastide a Florestan Fernandes ou da Explicação Teórica à Proposição Política". *Cultura e Sociedade*, n. 1, v. 5, p. 35-52, 2004.

SOARES, Fábio Veras. "Conditional Cash Transfer: A Vaccine Against Poverty and Inequality?" *United Nations Development Programme*. International Poverty Centre, Brasília, n. 3, outubro de 2004. Disponível em: <http://www.undp.org/povertycentre/newsletters/OnePager3.pdf>. Acessado em 12 de novembro de 2004.

SOARES, Sergei S. D. "O Perfil da Discriminação no Mercado de Trabalho: Homens Negros, Mulheres Brancas e Mulheres Negras". *Texto para Discussão n. 769*, Instituto de Pesquisa Econômica Aplicada, Rio de Janeiro, 2000.

SOFSKY, Wolfgang. *The Order of Terror*: The Concentration Camp. Tradução de William Templer. Princeton, NJ: Princeton University Press, 1997.

SORENSON, Aage B. "Women, Family and Class". *Annual Review of Sociology*, n. 18, p. 39-61, 1992.

SORENSON, Elaine. *Comparable Worth*: Is It a Worthy Policy? Princeton, NJ: Princeton University Press, 1994.

SORJ, Bila. Estudos de Gênero: A Construção de um Novo Campo de Pesquisas no País. In: COSTA, Albertina de Oliveira; MARTINS, Ângela Maria; FRANCO, Maria Laura Pluglisi Barbosa (orgs.). *Uma História para Contar*: A Pesquisa na Fundação Carlos Chagas. São Paulo: Annablume, 2004.

SOUZA, Ana Paula. "Na TV, Tática de Guerra". *Carta Capital*, n. 304, 18 de agosto de 2004.

SOUZA, Edinilsa; MINAYO, Maria Cecília; MALAQUIAS, Juaci. "Suicídio de Jovens nas Principais Capitais do Brasil". *Cadernos de Saúde Pública*, Rio de Janeiro, n. 93, v. 18, p. 673-83, mai.-jun. 2002.

SOUZA, Marcelo Medeiros Coelho. "A Importância de se Conhecer Melhor as Famílias para a Elaboração de Políticas Sociais na América Latina". *Texto para Discussão n. 699*, Instituto de Pesquisa Econômica Aplicada, Rio de Janeiro, p. 1-16, 2000.

SPENCER, Herbert. *The Principles of Sociology*. 3.ed. Westport, CT: Greenwood Press, 1975 [1897-1906].

SPITZ, René A. Hospitalism: An Inquiry into the Genesis of Psychiatric Conditions in Early Childhood. In: *The Psychoanalytic Study of the Child*. v. 1. Nova York: International Universities Press, 1945.

________ . Autoerotism Re-examined: The Role of Early Sexual Behavior Patterns in Personality Formation. In: *The Psychoanalytic Study of the Child*. v. 17. Nova York: International Universities Press, 1962.

SRINIVAS, M. N. *Religion and Society Among the Coorgs of South India*. Oxford: Oxford University Press, 1952.

STACK, Stephen; ESHLEMAN, J. Ross. "Marital Status and Happiness: A 17-Nation Study". *Journal of Marriage and the Family*, n. 60, p. 527-36, 1998.

STANFIELD, Rochelle L. "Blending of America". *National Journal*, n. 13, p. 1780-82, setembro de 1997.

STARBUCK, Gene H. *Families in Context*. Belmont, CA: Wadsworth, 2002.

STARK, Rodney. *Sociology*. Belmont, CA: Wadsworth, 1985.

STARK, Rodney; BAINBRIDGE, William Sims. "Of Churches, Sects, and Cults: Preliminary Concepts for a Theory of Religious Movements". *Journal for the Scientific Study of Religion*, n. 18, p. 117-31, 1979.

STATISTICS CANADA. "Highligths for: Greater Napanee (Town), Ontario". 2002. Disponível em: <http://www12.statcan.ca/english/Profil01/Details/details1.cfm?SEARCH=BEGINS&D=6690&PSGC=35&SGC=3511015&DataType=1&LANG=E&Province=35&PlaceName=napanee&CMA=&CSDNAME=Greater%20Napanee&A=&TypeNameE=Town&Prov=>. Acessado em 15 de janeiro de 2003.

STEELE, Claude M. "Race and the Schooling of Black Americans". *The Atlantic Monthly*, abril de 1992. Disponível em: <http://www.theatlantic.com/unbound/flashbks/blacked/steele.htm>. Acessado em 2 de maio de 2000.

STEELE, Claude M. "A Threat in Thin Air: How Stereotypes Shape Intellectual Identity and Performance". *American Psychologist*, n. 52, p. 613-29, 1997.

STEINBERG, Stephen. *The Ethnic Myth*: Race, Ethnicity, and Class in America. Boston: Beacon Press, 1989 [1981].

STEINEM, Gloria. *Moving Beyond Words*. Nova York: Simon & Schuster, 1994.

STERNBERG, Robert J. "A Triangular Theory of Love". *Psychological Review*, v. 93, p. 119-35, 1986.

________ . *In Search of the Human Mind*. 2. ed. Fort Worth, TX: Harcourt Brace, 1998 [1995].

STEWART, Abigail et al. *Separating Together:* How Divorce Transforms Families. Nova York: The Guilford Press, 1997.

STOLZENBERG, Ross. M. "Ethnicity, Geography, and Occupational Achievement of Hispanic Men in the United States". *American Sociological Review*, n. 55, p. 143-54, 1990.

STONE, Lawrence. *The Family, Sex and Marriage in England, 1500-1800*. Nova York: Harper & Row, 1977.

STOTSKY, Sandra. *Losing our Language*: How Multicultural Classroom Instruction Is Undermining Our Children's Ability to Read, Write, and Reason. Nova York: Free Press, 1999.

STRAUSS, Anselm L. *Continual Permutations of Action*. Nova York: Aldine de Gruyter, 1993.

SUASSUNA, Ariano. "Um Projeto de Lei". *Folha de S.Paulo*, 25 de abril de 2000. Disponível em: <http://www.novomilenio.inf.br/idioma/20000425.htm>. Acessado em 16 de dezembro de 2004.

SUDWEEKS, Fay; MCLAUGHLIN, Margaret; RAFAELI, Sheizaf (eds.). *Network and Netplay*: Virtual Groups on the Internet. Menlo Park, CA: AAAI Press, 1999.

SUMNER, William Graham. *Folkways*. Boston: Ginn, 1940 [1907].

SWEEZY, Kate; TIEFENTHALER, Jill. "Do State-Level Variables Affect Divorce Rates?". *Review of Social Economy*, v. 54, p. 47-65, 1996.

SWIDLER, Ann. Love and Adulthood in American Culture. In: SMELSER, Neil J.; ERIKSON, Erik H. (eds.). *Themes of Work and Love in Adulthood*. Cambridge, MA: Harvard University Press, 1980.

SZRETER, Simon. *Fertility, Class and Gender in Britain, 1860-1940*. Cambridge: Cambridge University Press, 1996.

TANNEN, Deborah. *You Just Don't Understand Me*: Women and Men in Conversation. Nova York: William Morrow, 1990.

________ . *Talking from 9 to 5*: How Women's and Men's Conversational Styles Affect Who Gets Heard, Who Gets Credit, and What Gets Done at Work. Nova York: William Morrow, 1994a.

________ . *Gender and Discourse*. Nova York: Oxford University Press, 1994b.

TARROW, Sidney. *Power in Movement*: Social Movements, Collective Action and Politics. Cambridge: Cambridge University Press, 1994.

TASCHNER, Suzana; BÓGUS, Lucia M. "São Paulo: O Caleidoscópio Urbano". *São Paulo em Perspectiva*, n. 15, v. 1, p. 31-44, 2001.

TASKER, Fiona L.; GOLOMBOK, Susan. *Growing Up in a Lesbian Family*: Effects on Child Development. Nova York: The Guilford Press, 1997.

TAVARES, Fátima Regina et al. "Crenças e Pertenças, Moral e Sexualidade na Juventude Mineira". *Numem*, Juiz de Fora, v. 7, p. 63-80, 2004.

TAVRIS, Carol. *The Mismeasure of Woman*. Nova York: Simon & Schuster, 1992.

TEC, Nechama. *When Light Pierced the Darkness*: Christian Rescue of Jews in Nazi-occupied Poland. Nova York: Oxford University Press, 1986.

TELLES, Edward. *Racismo à Brasileira*: Uma Nova Perspectiva Sociológica. Tradução de Ana Arruda Calado, Nadjeda Rodrigues Marques e Camila Olsen. Rio de Janeiro: Relume Dumará, Fundação Ford, 2003.

TELLES, Norma. Escritoras, Escritas, Escrituras. In: DEL PRIORI, Mary; BASSANEZI, Carla (orgs.). *História das Mulheres no Brasil*. São Paulo: Contexto/Unesp, 1997.

"THE 50 LARGEST (Population) Countries in the World". *GeoHive*, 2003. Disponível em: <http://www.geohive.com/global/c_p_pop50.php>. Acessado em 24 de maio de 2003.

"THE CHANGING RATE of Major Depression". *Journal of the American Medical Association*, v. 268, n. 21, p. 3098-4005, 1992.

"THE MUD CONNECTOR", 2003. Disponível em: <http://www.mudconnect.com/>. Acessado em: 31 de maio de 2003.

"THE NIKE CAMPAIGN", 2000. Disponível em: <http://www.web.net/~msn/3nike.htm>. Acessado em 23 de junho de 2005.

"THE SILENT BOOM". *Fortune*, p. 170-71, 7 de julho de 1998.

THEODORO, Mário; DELGADO, Guilherme. "Política Social: Universalização ou Focalização — Subsídios para o Debate". *Boletim de Políticas Sociais: Acompanhamento e Análises*, n. 7, p. 122-6, Ipea, 2003.

THOITS, Peggy A. "The Sociology of Emotions". *Annual Review of Sociology*, n. 15, p. 317-42, 1989.

THOMAS, Keith. *Religion and the Decline of Magic*. Londres: Weidenfeld and Nicholson, 1971.

THOMAS, William Isaac. The Relation of Research to the Social Process. In: JANOWITZ, Morris (ed.). *W.I. Thomas on Social Organization and Social Personality*. Chicago: University of Chicago Press, 1966 [1931].

THOMAS, William Isaac; ZNANIECKI, Florian. *The Polish Peasant in Europe and America*: Monograph of an Immigrant Group. 2.ed. Nova York: Dover Publications, 1958 [1918-20].

THOMPSON, E. P. "Time, Work Discipline, and Industrial Capitalism". *Past and Present*, n. 38, p. 59-67, 1967.

________ . *The Making of the English Working Class*. Harmondsworth, UK: Penguin, 1968.

THORNE, Barrie. *Gender Play*: Girls and Boys in School. New Brunswick, NJ: Rutgers University Press, 1993.

"THREE MILLION DEAD in Congo War: Relief Group". *CBC News*, 9 de abril de 2003. Disponível em: <http://www.cbc.ca/stories/2003/04/08/congo030407>. Acessado em 7 junho de 2003.

TIENDA, Marta; LII, Ding-Tzann. "Minority Concentration and Earnings Inequality: Blacks, Hispanics, and Asians Compared". *American Journal of Sociology*, n. 93, p. 141-65, 1987.

TILLY, Charles. *From Mobilization to Revolution*. Reading, MA: Addison-Wesley, 1978.

________ . Collective Violence in European Perspective. In: GRAHAM, H.; GURR, T. (eds.). *Violence in America*: Historical and Comparative Perspective. 2.ed. Beverly Hills, CA: Sage, p. 83-118, 1979a.

________ . Repertoires of Contention in America and Britain, 1750-1830. In: ZALD, Mayer N.; McCARTHY, John D. (eds.). *The Dynamics of Social Movements*: Resource Mobilization, Social Control, and Tactics. Cambridge, MA: Winthrop Publishers, p. 126-55, 1979b.

________ . "Violence, Terror, and Politics as Usual". Trabalho não publicado. *Department of Sociology*, Columbia University, 2002.

________ ; TILLY, Louise; TILLY, Richard. *The Rebellious Century, 1830-1930*. Cambridge, MA: Harvard University Press, 1975.

TILLY, Chris. *Half a Job*: Bad and Good Part-Time Jobs in a Changing Labor Market. Filadélfia: Temple University Press, 1996.

TKACIK, Maureen. "The Return of Grunge". *Wall Street Journal*, 11 de dezembro de 2002. Cadernos B1, B10.

TODESCHINI, Remígio. "Combate ao Desemprego Juvenil no Brasil: a Proposta do Ministério do Trabalho e Emprego". Brasília, Ipea, 2003. Disponível em: <http://www.ipea.gov.br/pub/bcmt/mt_021g.pdf>. Acessado em 15 de maio de 2005.

TOFFLER, Alvin. *Powershift*: Knowledge, Wealth, and Violence at the Edge of the 21st Century. Nova York: Bantam, 1990.

TOLEDO, Luiz S. "What, Why, Who, When, Where and How: Some Highlights and Facts". *ISAPS Statistics*, 2003. Disponível em: <http://www.isaps.org/stats2003res.asp>. Acessado em 20 de junho de 2004.

TOLNAY, Stewart E.; BECK, E. M. *A Festival of Violence*: An Analysis of Southern Lynchings, 1882-1930. Urbana: University of Illinois Press, 1995.

TÖNNIES, Ferdinand. *Community and Society (Gemeinschaft und Gesselschaft)*. New Brunswick, NJ: Transaction, 1988 [1887].

TOOBY, John; COSMIDES, Leda. The Psychological Foundations of Culture. In: BARKOW, Jerome; COSMIDES, Leda; TOOBY, John (eds.). *The Adapted Mind*: Evolutionary Psychology and the Generation of Culture. Nova York: Oxford University Press,1992.

TORRES, Haroldo da Gama. Fronteira Paulistana. In: XIV Encontro Nacional de Estudos Populacionais, setembro de 2004, Caxambu-MG. Disponível em: <http://www.centrodametropole.org.br/textos.html>. Acessado em 20 de setembro de 2005.

TOURAINE, Alain. Os Movimentos Sociais. In: FORACCHI, Marialice Mencarini; MARTINS, José de Souza. *Sociologia e Sociedade* — Leituras de Introdução à Sociologia. Rio de Janeiro: Livros Técnicos e Científicos, 1978.

________ . *Le Retour De L'acteur*. Paris: Fayard, 1984.

TRIBUNAL SUPERIOR ELEITORAL. "Relatório das Eleições de 2002". Disponível em: <http://www.tse.gov.br/eleicoes/resultados/2002/relatorio/anexos.zip>. Acessado em 20 de maio de 2005.

TROELTSCH, Ernst. *The Social Teaching of the Christian Churches*. Tradução de Olive Wyon. Londres: George Allen and Unwin, 1931 [1923].

TROIANO CONSULTORIA de Marca. "Case C&A", 2000. Disponível em: <http://www.troiano.com.br/cli-cases-cea.asp>. Acessado em 15 de dezembro de 2004.

TSCHANNEN, Olivier. "The Secularization Paradigm: A Systematization". *Journal for the Scientific Study of Religion*, n. 30, p. 395-415, 1991.

TSUTSUI, William M. *Manufacturing Ideology*: Scientific Management in Twentieth-Century Japan. Princeton, NJ: Princeton University Press, 1998.

TUMIN, Melvin. "Some Principles of Stratification: A Critical Analysis". *American Sociological Review*, n. 18, p. 387-94, 1953.

TURKLE, Sherry. *Life on the Screen*: Identity in the Age of the Internet. Nova York: Simon & Schuster, 1995.

TURNBULL, Colin M. *The Forest People*. Nova York: Doubleday, 1961.

TURNER, Bryan S. *Citizenship and Capitalism*: The Debate over Reformism. Londres: Allen & Unwin, 1986.

TURNER, Ralph H.; KILLIAN, Lewis M. *Collective Behavior*. Englewood Cliffs, NJ: Prentice-Hall, 1987 [1957].

TWENGE, Jean M. "Changes in Masculine and Feminine Traits Over Time: A Meta-analysis". *Sex Roles*, n. 36, p. 305-25, 1997.

U.S. CENSUS Bureau. "Resident Population Estimates of the United States by Sex, Race, and Hispanic Origin: April 1, 1990 to July 1, 1999, with Short-Term Projection to March 1, 2000", 2000. Disponível em: <http://www.census.gov/population/estimates/nation/intfile3-1.txt >. Acessado em 25 de maio de 2000.

________ . "Statistical Abstract of the United States 2001". Disponível em: <http://www.census.gov/prod/2002pubs/01statab/pop.pdf>. Acessado em 9 de junho de 2003.

________ . "Statistical Abstract of the United States 2002". Disponível em: <http://www.census.gov/prod/www/statistical-abstract-02.html>. Acessado em 19 de junho de 2003.

________ . "International Data Base: Population Pyramids", 2005a. Disponível em: <http://www.census.gov/ipc/www/idbpyr.html>. Acessado em 20 de setembro de 2005.

________ . "U.S. and World Population Clocks", 2005b. Disponível em: <http://www.census.gov/main/www/popclock.html>. Acessado em 20 de setembro de 2005.

U.S. Code. "Title 18: Crimes and Criminal Procedure. Part I. Crimes. Chapter 7, Assault". 1998. Disponível em: <http://www.fgm.org/USCode.html>. Acessado em 20 de janeiro de 2003.

U.S. INFORMATION AGENCY. The People Have Spoken: Global Views of Democracy, Washington, D.C.: Office of Research and Media Reaction. 1998-1999.

UNESCO. "World Culture Report 2000: Cultural Trade and Communications Trends: International Tourism", 2001. Disponível em: <http://www.unesco.org/culture/worldreport/html_eng/stat2/table18.pdf>. Acessado em 6 de fevereiro de 2003.

________ . "Education Goals Remain Elusive in More Than 70 Countries. 2002". Disponível em: <http://portal.unesco.org/uis/ev.php?URL_ID=5175&URL_DO=DO_TOPIC&URL_SECTION=201&reload=1044561680>. Acessado em 6 de fevereiro de 2003.

UNITED AIRLINES. "Flight Attendant History". Disponível em <http://www.ual.com/page/article/0,1360,3191,00.html>. Acessado em 6 de abril de 2003.

UNITED NATIONS. *Human Development Report 1994*. Nova York: Oxford University Press, 1994.

________ . "International Study of Firearm Regulation", 1997a. Disponível em: <http://www.uncjin.org/Statistics/firearms/index.htm#data>. Acessado em 23 de junho de 2004.

UNITED NATIONS. "Percentage of Population Living in Urban Areas in 1996 and 2030", 1997b. Disponível em: <http://www.undp.org/popin/wdtrends/ura/uracht1.htm>. Acessado em 2 de maio de 2000.

________ . *Human Development Report 1998*. Nova York: Oxford University Press, 1998.

________ . "Table 1: Total Population by Sex and Sex Ratio, by Country, 2000 (medium-variant)", 2000. Disponível em: <http://www.un.org/esa/population/publications/wpp2000/annex-tables.pdf>. Acessado em 15 de agosto de 2003.

________ . "Gender Empowerment Measure", 2002a. Disponível em: <http://hdr.undp.org/reports/global/2002/en/indicator/indicator.cfm?File=indic_482_1_1.html>. Acessado em 2 de fevereiro de 2003.

________ . *Human Development Report 2002*. Nova York: Oxford University Press, 2002b. Disponível em: <http://hdr.undp.org/reports/global/2002/en/>. Acessado em 16 abril de 2003.

________ . "Declaração Universal dos Direitos Humanos", 2004a. Disponível em: <http://www.unhchr.ch/udhr/lang/por.htm>. Acessado em 15 de dezembro de 2004.

________ . "Statistical Databases 2004", 2004b. Disponível em: <http://millenniumindicators.un.org/unsd/mi/mi_series_results.asp?rowID=563>. Acessado em 17 de julho de 2004.

________ . "Human Development Report 2004", 2004c. Disponível em: <http://hdr.undp.org/reports/global/2004/pdf/hdr04_frontmatter.pdf>. Acessado em 23 de setembro de 2005.

USEEM, Bert. "Breakdown Theories of Collective Action". *Annual Review of Sociology*, n. 24, p. 215-38, 1998.

VALOCCHI, Steve. "The Emergence of the Integrationist Ideology in the Civil Rights Movement". *Social Problems*, n. 43, p. 116-30, 1996.

VAN DE KAA, Dirk. "Europe's Second Demographic Transition". *Population Bulletin*, n. 42, v. 1, p.1-58, 1987.

VEBLEN, Thorstein. "The Theory of the Leisure Class", 1899. Disponível em: <http://socserv2.socsci.mcmaster.ca/~econ/ugcm/3ll3/veblen/leisure/index.html>. Acessado em 29 de abril de 2000.

VEIGA, José Eli. *Cidades Imaginárias*: O Brasil é Menos Urbano do que se Calcula. Campinas: Autores Associados, 2002.

VELLOSO, Jacques (org.). *A Pós-Graduação no Brasil*: Formação e Trabalho de Mestres e Doutores no País. Brasília: Fundação Coordenação de Aperfeiçoamento de Pessoal de Nível Superior, 2002.

VENÂNCIO, Renato Pinto. Maternidade Negada. In: DEL PRIORE, Mary (org.). *História das Mulheres no Brasil*. São Paulo: Contexto/Unesp, p. 189-222, 1997.

VENKATRAMAN, Subramaniyam. "Realismo Crítico e Desenvolvimento Rural no Sul da Índia". *Estudos de Sociologia*, Recife, v. 6, n. 2, p. 117-35, jul.-dez. 2000.

VERBA, Sidney; SCHLOZMAN, Kay Lehman; BRADY, Henry E. "The Big Tilt: Participatory Inequality in America". *The American Prospect*, n. 32, p. 74-80, 1997.

VERNAREC, Emil. "Depression in the Work Force: Seeing the Cost in a Fuller Light". *Business and Health*, v. 18, n. 4, p. 48-55, 2000.

VEUGELERS, John. "Social Cleavage and the Revival of Far Right Parties: The Case of France's National Front". *Acta Sociologica*, n. 40, p. 31-49, 1997.

VINCENT, David. *The Rise of Mass Literacy*: Reading and Writing in Modern Europe. Cambridge: Polity Press, 2000.

WAISELFISZ, Jacobo. "Brasil Registra mais Mortes por Armas de Fogo do que Conflitos Armados Internacionais". Unesco Brasil, 2002. Disponível em: <http://www.unesco.org.br/noticias/releases/livromortes/mostra_documento> Acessado em 23 de junho de 2004.

WALDFOGEL, Jane. "The Effect of Children on Women's Wages". *American Sociological Review*, n. 62, p. 209-17, 1997.

WALLACE, Anthony F. C. *The Long, Bitter Trail: Andrew Jackson and the Indians*. Nova York: Hill Wang, 1993.

WALLACE, James; ERICKSON, Jim. *Hard Drive*: Bill Gates and the Making of the Microsoft Empire. Nova York: Wiley, 1992.

WALLERSTEIN, Immanuel. *The Modern World-System*. Nova York: Academic Press, 1974-1989.

WALLERSTEIN, Judith S.; BLAKESLEE, Sandra. *Second Chances*: Men, Women, and Children a Decade After Divorce. Nova York: Ticknor & Fields, 1989.

________ ; LEWIS, Julia; BLAKESLEE, Sandra. *The Unexpected Legacy of Divorce: A 25 Year Landmark Study*. Nova York: Hyperion, 2000.

WANDERLEY, Maria de Nazareth Baudel. "A Modernização Sob o Comando da Terra: Os Impasses da Agricultura Moderna no Brasil". *Idéias*, n. 2, v. 3 , p. 25-54, 1996.

________ . Regards sur le Rural Brésilien. In: ZANONI, Magda; LAMARCHE, Hugues (orgs.). *Agriculture et Ruralité au Brésil*: Un Autre Modèle de Développement. Paris: Éditions Karthala, 2001.

WASSERMAN, Stanley; FAUST, Katherine. *Social Network Analysis:* Methods and Applications. Cambridge: Cambridge University Press, 1994.

WATERS, Darren. "Music Industry Plots Sales Recovery". *BBC News*, 9 de abril de 2003. Disponível em: <http://news.bbc.co.uk/1/low/entertainment/music/2931897.stm>. Acessado em 25 de maio de 2003.

WATKINS, S. Craig; EMERSON. Rana A. "Feminist Media Criticism and Feminist Media Practices". *Annals of the American Academy of Political and Social Science*, n. 571, p. 151-66, 2000.

WATTS, Duncan J. *Six Degrees*: The Science of a Connected Age. Nova York: W. W. Norton, 2003.

WEBB, Eugene J. et al. *Unobtrusive Measures*: Nonreactive Research in the Social Sciences. Chicago: Rand McNally, 1966.

WEBB, Stephen D.; COLLETTE, John. "Rural-Urban Differences in the Use of Stress-Alleviating Drugs". *American Journal of Sociology*, n. 83, p. 700-7, 1977.

________ ; ________ . "Reply to Comment on Rural-Urban Differences in the Use of Stress-Alleviating Drugs". *American Journal of Sociology*, n. 84, p. 1446-52, 1979.

WEBCAMSEARCH.com, 2003. Disponível em: <http://webcamsearch.com/>. Acessado em 31 de maio de 2003.

WEBER, Max. "Objectivity" in Social Science and Social Policy. In: SHILS, Edward A.; FINCH, Henry A. (eds.). *The Methodology of the Social Sciences*. Nova York: Free Press of Glencoe, 1964 [1949].

________ . *From Max Weber*: Essays in Sociology. GERTH, Hans; WRIGHT, C. Mills (eds.). Nova York: Oxford University Press, p. 180-5, 1946 [1922].

________ . *The Sociology of Religion*. Tradução de Ephraim Fischoff. Boston: Beacon Press, 1963.

________ . *A Ética Protestante e o Espírito do Capitalismo*. São Paulo: Pioneira, 1994 [1904].

________ . *Economia e Sociedade*: Fundamentos da Sociologia Compreensiva. Tradução de Regis Barbosa e Karen Elsabe Barbosa. Brasília: UnB, 1991, v. 1.

WEBER, Silke. Políticas do Ensino Fundamental em Revista: Um Debate pela Democracia. In: COSTA, Albertina de Oliveira; FRANCO, Maria Laura P. B.; MARTINS, Angela Maria (orgs.). *Uma História para Contar*: A Pesquisa na Fundação Carlos Chagas. São Paulo: Annablume, 2004.

________ . Para Onde Vai a Pós-Graduação Brasileira? In: SOBRAL, Fernanda (orgs.). *Para Onde Vai a Pós-Graduação Brasileira*: Conquistas e Avanços do Passado, Desafios do Presente. Bauru: Edusc, 2005.

WEEKS, Jeffrey. *Sexuality*. Londres: Routledge, 1986.

WEINSTEIN, Rhona S. *Reaching Higher*: The Power of Expectations in Schooling. Cambridge, MA: Harvard University Press, 2002.

WEISBROT, Mark; BAKER, Dean. "The Relative Impact of Trade Liberalization on Developing Countries". Center for Economic and Policy Research, 11 de junho de 2002. Washington, D.C. Disponível em: <http://www.cepr.net/relative_impact_of_trade_liberal.htm>. Acessado em 10 de fevereiro de 2003.

________ et al. "The Scorecard on Globalization, 1980-2000". Center for Economic and Policy Research, Washington, D.C. Disponível em: <http://www.cepr.net/globalization/scorecard_on_globalization.htm>. Acessado em 10 de fevereiro de 2003.

WELLER, Jack M.; QUARANTELLI, E. L. "Neglected Characteristics of Collective Behavior". *American Journal of Sociology*, n. 79, p. 665-85, 1973.

WELLMAN, Barry. "The Community Question: The Intimate Networks of East Yorkers". *American Journal of Sociology*, n. 84, p. 201-31, 1979.

WELLMAN, Barry et al. "Computer Networks as Social Networks: Collaborative Work, Telework, and Virtual Community". *Annual Review of Sociology*, n. 22, p. 213-38, 1996.

________ ; BERKOWITZ, Stephen D. *Social Structures*: A Network Approach. Greenwich, CT: JAI Press, 1997 [1988].

WELLMAN, Barry; CARRINGTON, Peter J.; HALL, Alan. Networks as Personal Communities". In: WELLMANN, Barry; BERKOWITZ, S. D. (eds.). *Social Structures*: A Network Approach. Greenwich, CT: JAI Press, 1997 [1988].

WELSH, Sandy. "Gender and Sexual Harassment". *Annual Review of Sociology*, n. 25, p.169-90, 1999.

WEST, Candace; ZIMMERMAN, Don. "Doing Gender". *Gender and Society*, n. 1, p. 125-51, 1987.

WESTEN, Tracy. "Can Technology Save Democracy?". *National Civic Review*, n. 87, p. 47-56, 1998.

WHITEFIELD, S.; EVANS, G. "The Russian Election of 1993: Public Opinion and the Transition Experience". *Post-Soviet Affairs*, n. 10, p. 38-60, 1994.

WHORF, Benjamin Lee. *Language, Thought, and Reality*. Cambridge, MA: MIT Press, 1956.

"WHY BRITNEY SPEARS Matters". *The Laughing Medusa*: Online Literary Journal of Women's Studies, 2001. Disponível em: <http://www.gwu.edu/~medusa/2001/britney.html>. Acessado em 17 de janeiro de 2003.

WILENSKY, Harold L. *Organizational Intelligence*: Knowledge and Policy in Government and Industry. Nova York: Basic Books, 1967.

WILLIAMS, Daniel T. "The Lynching Records at Tuskegee Institute". *Eight Negro Bibliographies*. Nova York: Kraus Reprint Co., 1970.

WILLIS, Paul. *Learning to Labour*: How Working-Class Kids Get Working-Class Jobs. Nova York: Columbia University Press, 1984 [1977].

WILSON, Edward O. *Sociobiology*: The New Synthesis. Cambridge, MA: Belknap Press of the Harvard University Press, 1975.

WINCH, Donald. *Malthus*. Oxford: Oxford University Press, 1987.

WIRTH, Louis. "Urbanism as a Way of Life". *American Journal of Sociology*, n. 44, p. 1-24, 1938.

WOLF, Diane Lauren. *Factory Daughters*: Gender, Household Dynamics, and Rural Industrialization in Java. Berkeley: University of California Press, 1992.

WOLFF, Janet. "Cultural Studies and the Sociology of Culture". *Invisible Culture*, n. 1., 1999. Disponível em: <http://www.rochester.edu/in_visible_culture/issue1/wolff/wolff.html>. Acessado em 10 de maio de 2000.

WOOD, Julia. *Everyday Encounters*: An Introduction to Interpersonal Communication. 2.ed. Belmont, CA : Wadsworth,1999 [1996].

WOODBURY, Anthony. "Endangered Languages". *Linguistic Society of America*, 2003. Disponível em: <http://www.lsadc.org/web2/endangeredlgs.htm>. Acessado em 19 de julho de 2003.

WOORTMANN, K. *A Família das Mulheres*. Rio de Janeiro: Tempo Brasileiro/CNPQ, 1987.

WORDSWORTH, Araminta. "Family Planning Officials Drown Baby in Rice Paddy". *National Post*, 25 de agosto de 2000. Caderno A10.

"WORK-RELATED STRESS: A Condition Felt 'Round the World". *HR Focus*, n. 4, p. 17, v. 72, 1995.

WORLD BANK. "Aid Dependency", 1999a. Disponível em: <http://worldbank.org/dat/wdi/pdfs/tab6_10.pdf>. Acessado em 27 de abril de 2000.

________ . "Global Development Finance", 1999b. Disponível em: <http://worldbank.org/prospects/gdf > Acessado em 27 de abril de 2000.

________ . "GNP Per Capita 1997, Atlas Method and PPP", 1999c. Disponível em: <http://www.worldbank.org/data/databytopic/GNPPC97.pdf>. Acessado em 10 de julho de 1999.

________ . 4.16 External Debt. In: *2001 World Development Indicators*. 2001a. Disponível em: <http://worldbank.org/data/wdi2001/pdfs/tab4_16.pdf>. Acessado em 9 de julho de 2002.

________ . 6.10 Aid Dependency. In: *2001 World Development Indicators*. 2001b. Disponível em: <http://worldbank.org/data/wdi2001/pdfs/tab6_10.pdf>. Acessado em 9 de julho de 2002.

________ . *2003 World Development Indicators*. 2003. Disponível em: <http://www.worldbank.org/data/wdi2003/>. Acessado em 28 de agosto de 2004.

________ . *Aid Dependency, 2004*. 2004a. Disponível em: <http://www.worldbank.org/data/wdi2004/pdfs/Table6_10.pdf>. Acessado em 27 de abril de 2000.

________ . *Doing Business*. 2004b. Disponível em: <http://rru.worldbank.org/Documents/DoingBusiness/2004/db2004-chapter-2.pdf>. Acessado em 5 de outubro de 2004.

WORLD BANK. *Summary Gender Profile, 2004*. 2004c. Disponível em: <http://devdata.worldbank.org/genderstats/genderRpt.asp?rpt=profile&cty=BRA,Brazil&hm=home>. Acessado em 23 de agosto de 2004.

WORLD HEALTH ORGANIZATION. "Female Genital Mutilation", 2001. Disponível em: <http://www.who.int/frh-whd/FGM/>. Acessado em 20 de janeiro de 2003.

WORLD VALUE SURVEY. *Complete surveys and Sampling*, 2000. Disponível em: <http://www.worldvaluessurvey.org/statistics/index.html>. Acessado em 20 de fevereiro de 2004.

WRIGHT, Charles Robert. *Mass Communication:* A Sociological Perspective. Nova York: Random House, 1975.

WRIGHT, Erik Olin. *Classes*. Londres: Verso, 1985.

________. *Class Counts*: Comparative Studies in Class Analysis. Cambridge: Cambridge University Press, 1997.

WVS (World Values Survey). *Surveys in Brazil*, 1995. Disponível em: <http://www.worldvaluessurvey.org/statistics/index.html>. Acessado em 20 de fevereiro de 2004.

____________. *Surveys in Brazil*, 1997. Disponível em: <http://www.worldvaluessurvey.org/statistics/index.html>. Acessado em 20 de fevereiro de 2004.

YAMANE, David. "Secularization on Trial: In Defense of a Neosecularization Paradigm". *Journal for the Scientific Study of Religion*, n. 36, p. 109-122, 1997.

YANCEY, William L.; ERICKSEN, Eugene P.; LEON, George H. "Emergent Ethnicity: A Review and Reformulation". *American Sociological Review*, n. 41, p. 391-403, 1976.

ZAKARIA, Fareed. "The Rise of Illiberal Democracy". *Foreign Affairs*, n. 76, v. 6, p. 22-43, 1997.

ZALD, Meyer N.; McCARTHY, John D. *The Dynamics of Social Movements*. Cambridge, MA: Winthrop, 1979.

ZALUAR, Alba. *A Máquina e a Revolta*: As Organizações Populares e o Significado da Pobreza. São Paulo: Brasiliense, 1994 [1985].

________. "Exclusão e Políticas Públicas: Dilemas Teóricos e Alternativas Políticas". *Revista Brasileira de Ciências Sociais*, São Paulo, v. 12, n. 35, p. 29-47, 1997.

ZASLAVSKY, Victor; BRYM, Robert J. "The Functions of Elections in the USSR". *Soviet Studies*, v. 30, p. 62-71, 1978.

________; ________. *Soviet Jewish Emigration and Soviet Nationality Policy*. Londres: Macmillan, 1983.

ZERUBAVEL, Eviatar. *Hidden Rhythms*: Schedules and Calendars in Social Life. Chicago: University of Chicago Press, 1981.

ZIMBARDO, Philip G. "Pathology of Imprisonment". *Society*, n. 9, v. 6, p. 4-8, 1972.

ZIMMERMANN, Rachel. 2002. "Botox Gives a Special Life to These Soirees". *Wall Street Journal*, 16 de abril de 2002. Cadernos B1, B3.

ZUBOFF, Shoshana. *In the Age of the Smart Machine*: The Future of Work and Power. Nova York: Basic Books, 1988.

ZUKIN, Sharon. "A Decade of the New Urban Sociology". *Theory and Society*, n. 9, p. 539-74, 1980.

ZURCHER, Louis A.; SNOW, David A. Collective Behavior and Social Movements. In: ROSENBERG, Morris; TURNER, Ralph. *Social Psychology*: Sociological Perspectives. Nova York: Basic Books, p. 447-82, 1981.

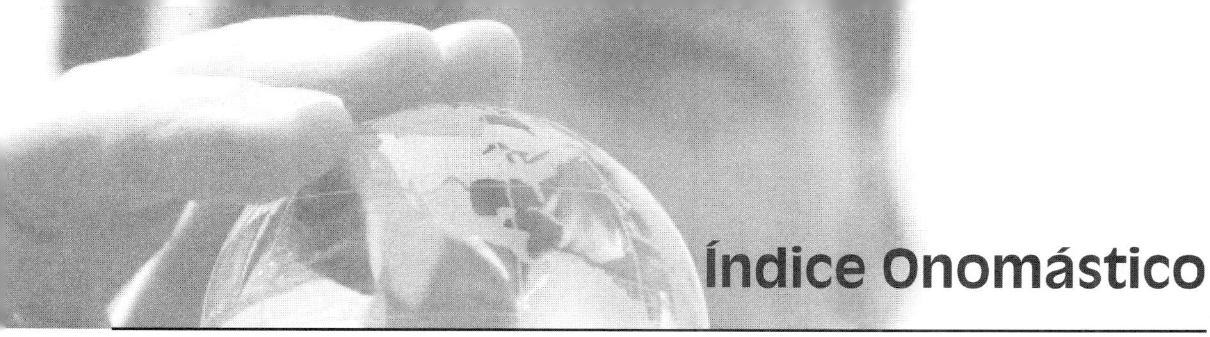

Índice Onomástico

Índice Remissivo

E

J

L

M

Q

R

IMPRESSÃO E ACABAMENTO:
YANGRAF Fone/Fax: 6195.77.22
e-mail:yangraf.comercial@terra.com.br